2025 황영구 경찰학 기출
[이론편/법령편]

경찰시험 대비 최적의 기본서!!

- 기출 및 중요 지문파악 가능
- 이론 두문자 자료 수록

PREFACE

이 책의 **머리말**

2025년 황영구 경찰학 기출문제집을 출간하며…

그 동안 대학 및 경찰고시학원에서 21년간 학생들을 지도할 때마다 아쉬운 점은 시중에 많은 경찰학개론 수험서가 나와 있지만, 짧은 시간에 반복하여 학습효과를 얻을 수 있는 교재가 그리 많지가 않다는 것입니다. 특히, 기존 경찰학개론 수험서는 너무 방대한 내용으로 수험생 스스로 중요내용을 파악하여 정리하기에는 너무 어렵게 구성이 되어 있습니다.

따라서 본 저자는 "2025년 경찰학 기본서(출간예정)"를 이론과 법령을 완전히 구분해서 효율적으로 공부를 할 수 있도록 출간하였고 이에 맞추어서 기출문제집도 이론과 법령내용을 구분해서 "2025년 황영구 경찰학 기출문제집"을 출간하게 되었습니다.

2025년 황영구 경찰학 기출문제집의 가장 큰 특징은 다음과 같습니다.

> 첫째 순경공채시험 기출문제(2001~2024.8), 경찰승진시험 기출문제(1996~2024.1), 그 밖에 경찰간부시험 기출문제, 해양경찰시험 기출문제, 경찰 실무문제집 등을 분석하여 정리한 문제집입니다.
>
> 둘째 최근에 개정 및 제정된 법규를 철저히 반영하였습니다.
>
> 셋째 기존 경찰학개론 문제집과 달리 모든 문제에 대한 풍부한 해설을 통해 문제 및 이론정리가 가능하도록 하였습니다.

끝으로, 본서의 출간을 위하여 수고해 주신 도서출판 참다움 김진연 대표님을 비롯하여 출판부 직원 여러분께 진심으로 감사를 드립니다.

편저자
경찰학박사 황영구 씀

CONTENTS
이 책의 목차

제1편 총론

Chapter 01 경찰학의 기초이론 / 10

- 제1절 경찰학의 등장 ··· 10
- 제2절 경찰의 개념 ··· 13
- 제3절 경찰의 임무 ··· 30
- 제4절 경찰의 수단 ··· 37
- 제5절 경찰권(경찰활동의 기초) ··· 38
- 제6절 경찰의 관할(경찰권의 범위) ··· 40
- 제7절 경찰의 기본이념 ··· 45
- 제8절 경찰의 윤리(경찰활동의 기준) ··· 48
- 제9절 경찰직업의 전문화 ··· 52
- 제10절 경찰의 문화 ··· 55
- 제11절 경찰의 부패 ··· 58
- 제12절 민주경찰의 사상적 토대 ··· 67

Chapter 02 한국경찰사 / 71

- 제1절 한국경찰의 시대적 구분 ··· 71
- 제2절 갑오경장 이전의 경찰 ··· 72
- 제3절 갑오경장~한일합병 이전의 경찰 ·· 78
- 제4절 일제 식민지기의 경찰 ··· 81
- 제5절 미군정하의 경찰 ··· 86
- 제6절 정부수립 이후의 경찰 ··· 89

Chapter 03 비교경찰제도 / 101

제1절 경찰제도의 3가지 모델 ··· 101
제2절 영국경찰사 ··· 102
제3절 미국 경찰사 ··· 106
제4절 독일 경찰사 ··· 110
제5절 프랑스 경찰사 ··· 113
제6절 일본 경찰사 ··· 116
제7절 중국 경찰사 ··· 118

Chapter 04 경찰행정법 / 119

제1절 경찰법의 개요 ··· 119
제2절 경찰작용법 ··· 134

Chapter 05 경찰행정학 / 168

제1절 경찰관리의 이론적 배경 ··· 168
제2절 경찰기획관리 ··· 169
제3절 경찰조직관리 ··· 173
제4절 경찰인사관리 ··· 191
제5절 경찰사기관리 ··· 200
제6절 경찰예산관리 ··· 201
제7절 경찰홍보 ··· 207

Chapter 06 경찰에 대한 통제방안 및 향후과제 / 212

제1절 경찰에 대한 통제방안 ··· 212
제2절 경찰의 향후과제 ··· 219

CONTENTS

이 책의 **목차**

제2편 각론

Chapter 01 생활안전경찰활동 / 224

제1절 범죄학 이론 ········· 224
제2절 범죄예방활동 ········· 252
제3절 지역경찰활동 ········· 265
제4절 민간협력 범죄예방활동 ········· 269

Chapter 02 경비경찰활동 / 271

제1절 경비경찰의 개관 ········· 271
제2절 경비경찰의 활동 ········· 276

Chapter 03 수사경찰활동 / 297

제1절 수사의 기초이론 ········· 297

Chapter 04 교통경찰활동 / 304

제1절 교통경찰의 일반 ········· 304
제2절 교통사고처리 ········· 305
제3절 관련 판례 ········· 307

Chapter 05 정보경찰활동 / 320

제1절 정보일반 ··· 320
제2절 정보의 순환 ··· 332
제3절 정보경찰의 의의 ··· 344
제4절 정보경찰의 주요활동 ······································ 346

Chapter 06 보안경찰활동 / 348

제1절 보안경찰의 의의 ··· 348
제2절 보안경찰의 활동 ··· 349

Chapter 05 외사경찰활동 / 364

제1절 외사경찰의 일반 ··· 364
제2절 외사경찰의 주요활동 ······································ 366
제3절 외국군대 및 군함 ··· 372
제4절 외교사절의 외교특권 ······································ 374
제5절 주한미군지위협정(SOFA) ······························· 379

황영구 경찰학(이론서)

PART

01

총론

CHAPTER 01 경찰학의 기초이론
CHAPTER 02 한국경찰사
CHAPTER 03 비교경찰제도
CHAPTER 04 경찰행정법
CHAPTER 05 경찰에 대한 통제방안 및 향후과제

CHAPTER 01 경찰학의 기초이론

제1절 경찰학의 등장

01 다음 중 경찰학의 성립에 대한 설명 중 틀린 것은? 응용문제

① 17~18세기 중세의 절대군주국가의 통치학인 관방학에서 찾을 수 있다.
② 관방학자인 유스티(J. H. Justi)는 국가목적을 실현하기 위한 국가자원의 확보에 경찰학의 임무가 있다고 하였다.
③ 절대군주국가시대의 경찰학은 내무행정 전체를 대상으로 한 것으로서 국가의 목적을 수행하는 데 필요한 절대주의적 국가권력을 기초 지우는 학문으로 오늘날 경찰학의 적용범위·목적·내용이 같다.
④ 외국에서는 경찰학을 범죄학, 형사사법학, 법학 등의 일부분으로 연구하였다.

해설 오늘날 경찰학의 적용범위·목적·내용과 다르다.

02 아래는 경찰학의 접근방법들의 특징을 설명한 것이다. 그 설명과 경찰학의 접근방법이 바르게 연결된 것은? 응용문제

> ㉠ 경찰현상을 비롯한 사회적 현상도 자연과학과 마찬가지로 엄밀한 과학적 연구가 가능하다고 간주한다. 인간의 주관이나 의식을 배제하여야 하며, 인식론적 근거로 논리실증주의를 신봉하고 있다.
> ㉡ 각종 경찰제도의 진정한 성격과 그 제도가 형성되어 온 특수한 방법을 인식하는 유일한 수단을 제공해 준다. 사회제도 또는 제도의 개혁과 관련된 정책연구에 유용한 시사점을 제공해 주는 것으로 인정되고 있다.
> ㉢ 경찰과정을 바라보는 시각이 편협하고 왜곡되기 쉽다. 또한 기준이나 지침이 명확하지 않은 경우가 많아 정확한 해석이 가능할 것인가에 대한 의문이 있다. 가장 결정적인 단점은 경찰과정의 역동적 측면을 파악할 수 없다는 점이다

Answer 01 ③ 02 ④

① ㉠ 체제론적 접근방법　㉡ 법률적 접근방법　㉢ 제도적 접근방법
② ㉠ 행태론적 접근방법　㉡ 체제론적 접근방법　㉢ 제도적 접근방법
③ ㉠ 체제론적 접근방법　㉡ 제도적 접근방법　㉢ 역사적 접근방법
④ ㉠ 행태론적 접근방법　㉡ 역사적 접근방법　㉢ 법률적 접근방법

해설 ▶ **경찰학의 접근방법**

역사적 접근방법	의의	과거의 경찰에서 발생한 사건들을 찾아내고, 그것을 비판적으로 평가·기술하는 동시에 사건들 간의 인과관계를 규명하는 접근방법
	내용	㉠ 각종 경찰제도의 진정한 성격과 그 제도가 형성되어 온 특수한 방법을 인식하는 유일한 수단을 제공해 준다. ㉡ 과거와 현재의 사건들이 다양한 방식으로 상호 연계되어 있어 과거의 충분한 이해가 현재의 문제를 효과적으로 해결하는 데 도움을 준다. ㉢ 인간행태에 초점을 두는 미시적 연구가 아닌 사회제도 또는 제도의 개혁과 관련된 정책연구에 유용한 시사점을 제공해 주는 것으로 인정되고 있다.
행태론적 접근방법	의의	**경찰조직 구성원의 행동양식의 연구에 초점을 두는 접근방법**
	특징	㉠ 경찰현상을 비롯한 사회적 현상도 자연과학과 마찬가지로 엄밀한 과학적 연구가 가능하다고 간주한다. ㉡ 사회현상을 관할 가능한 객관적 대상으로 보고, 인간의 주관이나 의식을 배제해야 하며, 인식론적 근거로 논리실증주의를 신봉하고 있다.
법률적 접근방법	의의	법치주의 원리를 바탕으로 하고 있는 경찰국가에서 가장 중요시되는 접근방법이고 또한 가장 오래된 접근방법이다.
	장점	㉠ 경찰현상을 분석하는 민주이론과 양립되어 조화를 이룬다는 점 ㉡ 시민은 물론 경찰관의 권익을 보장한다. ㉢ 경찰행위와 결정에 대한 긍정적 또는 부정적 법령을 분석
	단점	㉠ 경찰과정을 바라보는 시각이 편협하고, 왜곡되기 쉽다는 점 ㉡ 법적 기준이나 지침이 명확하지 않는 경우가 많아 정확한 해석이 어렵다는 점 ㉢ 경찰과정의 역동적 측면을 파악할 수 없다는 점, 즉 경찰 내부에서 이루어지고 있는 정책결정이나 가치갈등 같은 동태적 측면들을 파악할 수 없다는 점
체제론적 접근방법	의의	연구의 기본적 관점을 체제로 파악하며, 특히 오늘날 중요시되는 접근방법
	내용	정치사회와 제도의 관념을 부인하고, 체계적이고 발전적으로 사회가 변동한다는 관점에 입각하고 있다.
제도적 접근방법	의의	경찰제도를 중심으로 서술적인 연구를 수행하는 방법으로 경찰과 관련된 각종 기관이나 직제에 비중을 두고, 그에 대한 구체적 기술에 관심을 갖는 접근방법
	장점	제도나 법규에 관한 자료는 도서관 또는 관련기관으로부터 쉽게 구할 수 있기 때문에 연구에 용이하다는 점
	단점	㉠ 공식적 제도나 법률에 기반하고 있기 때문에 정태적이다. ㉡ 제도 이면의 동태적 측면을 파악하기 어렵다는 점 ㉢ 제도와 실제간의 괴리를 설명하지 못한다는 점

03 경찰행정의 특수성에 관한 설명으로 가장 적절하지 않은 것은?

24. 순경

① 경찰은 각종 위험의 제거를 그 주요 기능으로 하고 있고, 그 수단으로서 명령·강제 등 경찰권을 발동할 수 있으며 필요한 경우 실력행사를 위하여 무기와 장구를 휴대하는데 이러한 특성을 위험성이라 한다.
② 경찰조직은 예측하기 어려운 다양한 사안에 대해 고도의 민첩성을 갖추고 타 부서 혹은 직원들과의 유기적인 공조체제를 갖추어 돌발적으로 발생하는 범죄사건과 사고에 즉시 대응하여 합리적인 방법으로 해결할 수 있도록 해야 하는데 이러한 특성을 조직성이라 한다.
③ 경찰 업무는 대부분 즉시 해결하지 못하면 그 피해의 회복이 영원히 불가능하거나 현저하게 어려운 경우가 많은 바, 돌발적으로 발생하는 경찰행정 수요에 즉시 대응하기 위해 기동장비 확보, 초동대처시간 단축을 위해 훈련을 해야 하는데 이러한 특성을 기동성이라 한다.
④ 경찰은 본질적으로 사회공공의 안녕과 질서를 유지하기 위하여 국민에게 명령·강제하는 권력작용의 특성을 보이는데 이러한 특성을 권력성이라 한다.

해설 ▶ 경찰행정의 특수성

위험성	① 경찰의 역할 중 중요한 요소로 '시민의 신체 및 재산에 대한 공격에 대한 대처'를 들 수 있으므로 경찰관은 그의 담당업무에 관계없이 폭력을 행사하는 범인의 검거에 대한 책임을 진다. 시민의 생명신체에 대한 위협·지역사회에 대한 위험의 해소가 경찰이 존재하는 이유이다. ② 경찰은 각종 위험의 제거를 주요기능으로 하고, 그 수단으로 경찰권을 발동할 수 있으며 무기와 장구를 휴대하게 된다.
돌발성	돌발적으로 발생하는 범죄사건과 사고에 즉시 대응하여 합리적인 방법으로 해결하도록 민첩성을 갖추고 타 부서 또는 직원들과의 유기적인 공조체제를 갖춘다.
기동성	① 범죄발생에 즉시 대응하기 위해 항공기·순찰차량 등 기동장비를 확보한다. 범죄에 대한 대응에 있어 범인의 체포와 증거의 확보에 결정적인 요인이며, 시민신고가 접수되면 이에 신속한 대응을 할 수 있도록 초동대처시간을 단축시키기 위해 훈련을 한다. ② 웨슬리 : "경찰의 기동성이 경찰과 지역사회를 대립하게 하고, 경찰은 지역사회 주민들로부터 고립된 사회적 집단이 되게 한다."고 지적하였다.
권력성	① 경찰은 질서유지를 위해 법에 근거하여 시민에게 일정한 사항을 지시·명령함으로써 시민 행동의 자유를 제한 할 수 있다. ② 경찰의 권력적 요소가 경찰에 대한 반감을 초래하는 주요한 원인이라고 주장한 윌슨처럼 시민은 자유가 제한된 데에 대해 경찰의 권위를 경시하거나 직무수행에 대해 비우호적 태도를 보임으로 경찰관들에게 사회적 고립감을 느끼게 한다.
조직성	① 경찰은 사건사고 발생시 시급하게 해결하고, 경찰업무는 위험성을 띠기 때문에 이의 수행을 위해 기동성, 협동성을 발휘할 수 있도록 치밀하게 조직되어야 한다. ② 경찰조직은 안정되고 능률적이며 계급사회로 이루며, 제복을 착용한다.
고립성	맥킨스는 "경찰관은 반시민과 동일한 위치에 있는 것이 아니다."라고 주장하면서 시민으로부터의 고립의 근거라고 지적한다. 이러한 소외감은 경찰에 대한 존경심 결여, 법 집행에 대한 협조 부족, 경찰업무에 대한 이해 부종 등으로 비롯된다. 그러나 영국경찰은 시민경찰로서 인식되고 있다.
보수성	경찰은 헌법을 수호하여 공공의 안녕과 질서를 유지하는 것을 임무로 하기 때문에 변화를 추구하기보다는 현상유지적인 행태적 특성을 지녀 보수적인 색체가 매우 강하다

Answer 03 ②

제2절 경찰의 개념

01 경찰개념의 변천과정에 대한 설명 중 적절하지 않은 것은 모두 몇 개인가? 　73기 경간부

> 가. 16세기 독일의 제국경찰법(1530년)에서 교회행정을 제외한 모든 국가활동을 경찰이라 했다.
> 나. 17세기 경찰국가시대의 경찰개념은 외교·국방·재정·사법을 제외한 내무행정 전반을 의미했다.
> 다. 18세기 계몽철학의 영향으로 경찰의 개념이 소극적 위험방지 분야로 한정되었다.
> 라. 프랑스 지방자치법전(1884년)에서 처음으로 행정경찰과 사법경찰을 구분했다.
> 마. 프로이센 경찰행정법(1931년)은 경찰의 직무를 적극적 복리 증진으로 규정했다.

① 1개　　　　② 2개
③ 3개　　　　④ 4개

해설　라. **프랑스 죄와 형벌법전(1795년)**에서 처음으로 행정경찰과 사법경찰을 구분했다.
　　　마. 프로이센 경찰행정법(1931년)은 경찰의 직무를 **소극적 목적에 한정**한다고 규정하였다.

보충1 대륙법계 국가의 경찰개념 변천과정

시대	경찰개념	특징
고대국가시대	국정 전반	경찰과 다른 국가작용의 **미분화**
중세국가시대	프랑스 → 독일 계수, 모든 국가작용 ▶ 교회행정을 제외	
경찰국가시대	내무행정전반 : 경찰행정(소극적)+복지행정(적극적) ▶ 군사, 사법, 재무, 외무행정 제외	경찰과 다른 국가작용의 **분화**
법치국가시대	경찰행정 : 소극적인 질서유지에 한정(위험방지) ▶ 복지행정 제외	
2차 대전 이후	보안경찰 ▶ 협의의 행정경찰 제외	

보충2 치안행정 : 소극적 위험방지분야에 한정

프로이센 일반란트법 (1794)	독일에서는 칸트 등의 계몽주의와 자연법 사상하에서 "**경찰관청은 공공의 평온·안녕 및 질서를 유지하고, 또한 공중 및 그의 개개 구성원들에 대한 절박한 위험을 방지하기 위하여 필요한 조치를 취하는 것이 경찰의 직무이다.**"라고 규정하고 있다.
죄와형벌법전 (= 경죄처벌법전) (1795)	프랑스의 죄와형벌법전에서 "**경찰은 공공의 질서·자유·재산 및 개인의 안전의 보호를 임무로 한다.**"고 규정하고 있다. ▶ **행정·사법경찰의 구별을 처음으로 법제화** ▶ 일본의 "행정경찰규칙"의 모범
프로이센 경찰행정법 (1850)	1850년 프로이센 경찰행정법을 제정할 당시 정부의 설명도 **경찰의 영역이 거의 무제한적**이라고 하여, 경찰의 영역이 소극적 질서유지와 적극적 복리작용을 규정하였다. ▶ 절대국가시대 초기로 회기

Answer 01 ②

지방자치법전 (1884)	프랑스의 지방자치법전에서 "자치제경찰은 공공의 질서·안전 및 위생을 확보함을 목적으로 한다."고 규정하고 있으며, 경찰의 직무를 소극목적에 한정하고 있다. ▶ 위생사무 등 협의의 행정경찰적 사무가 포함
프로이센 경찰행정법(1931)	경찰관청은 일반 또는 개인에 대한 공공의 안녕과 질서를 위협하는 위험을 방지하기 위하여 현행법의 범위 내에서 의무에 합당한 재량에 따라 필요한 조치를 취하지 않으면 안 된다. (소극적 질서유지)

02 경찰개념의 형성 및 변천과 관련한 외국의 판례에 관한 설명으로 가장 적절하지 않은 것은?

72기 경간부

① 경찰개입청구권을 최초로 인정한 판결은 띠톱 판결이다.
② 일반적 수권조항에 근거한 경찰권의 발동은 소극적인 위험방지 분야에 한정된다는 사상을 확립시킨 계기가 된 판결은 1882년 크로이츠베르크(Kreuzberg) 판결이다.
③ 위법수집증거 배제법칙이 확립된 판결은 맵(Mapp) 판결이다.
④ 국가배상이 인정된 최초의 판결은 에스코베도(Escobedo) 판결이다.

해설 국가배상이 인정된 최초의 판결은 **블랑코 판례**이다.

03 경찰개념에 관한 설명 중 가장 적절하지 않은 것은?

22. 순경

① 경찰의 개념에 대한 정의는 시대 및 역사 그리고 각국의 전통과 사상을 배경으로 발달하기 때문에 일률적으로 정의를 내리기 어렵다.
② 1648년 독일은 베스트팔렌 조약을 계기로 사법이 국가의 특별작용으로 인정되면서 경찰과 사법이 분리되었다.
③ 독일은 제2차 세계대전 이후 보안경찰 이외의 행정경찰사무, 즉 영업경찰, 건축경찰, 보건경찰 등의 경찰사무를 다른 행정 관청의 분장사무로 이관하는 비경찰화 과정을 거쳤다.
④ 독일 프로이센 고등행정법원의 크로이쯔베이크 판결을 계기로 경찰의 권한은 소극적 위험방지 분야로 한정하게 되었으며, 비로소 이 취지의 규정을 둔 「경죄처벌법전」(죄와형벌법전)이 제정되었다.

해설 크로이쯔베로크 판결(1882)은 **죄와형벌법전(1795) 제정 이후에 판결**되었다.

04 경찰개념에 대한 설명으로 옳지 않은 것은?
71기 경간부

① 1794년 프로이센 일반란트(주)법은 '공공의 평온, 안전과 질서를 유지하고 공중 또는 그 구성원에 대한 절박한 위험을 제거하기 위하여 필요한 수단을 강구하는 것이 경찰의 책무이다'라고 규정하였다.
② 1884년 프랑스의 자치경찰법전에 의하면 자치체경찰은 공공의 질서·안전 및 위생을 확보함을 목적으로 하며 행정경찰과 사법경찰을 최초로 구분하여 법제화하였다.
③ 크로이츠베이크(Kreuzberg)판결은 경찰관청이 일반수권규정에 근거하여 법규명령을 발할 수 있는 분야는 소극적인 위험방지에 한정된다는 사상이 법 해석상 확정되는 계기가 되어 경찰작용의 목적 축소에 기여하였다.
④ 띠톱판결은 행정(경찰)개입청구권을 최초로 인정한 판결이다.

해설 1795년 프랑스의 **죄와형벌법전**에서 행정경찰과 사법경찰을 최초로 구분하여 법제화하였다.

05 프랑스 경찰개념의 발달과정에 대한 설명으로 가장 적절하지 않은 것은?
71기 경간부

① 11세기 경 프랑스에서는 법원과 경찰기능을 가진 프레보(Prevot)가 파리에 도입되었고, 프레보는 왕이 임명하였다.
② 프랑스에서 경찰권이론은 14세기에 등장하였는데, 이 이론에 따르면 군주는 개인 간의 결투와 같은 자구행위를 억제하기 위하여 공동체의 원만한 질서를 보호할 권리와 의무를 갖고 있으며, 이를 위한 필수불가결한 조치를 경찰권에 근거하여 갖고 있다고 보았다.
③ 14세기 프랑스 경찰권 개념은 라 폴리스(La Police)라는 단어에 의해 대표 되었는데, 이 단어의 뜻은 초기에는 '공동체의 질서 있는 상태'를 의미했다가 나중에는 '국가목적 또는 국가작용'을 의미하였다.
④ 15세기 말 프랑스에서 독일로 도입된 경찰권이론은 '국민의 공공복리를 위해 강제력을 동원할 수 있는 통치자의 권한'으로 인정되어 절대적 국가권력의 기초를 제공하였다.

해설 14세기 말의 프랑스의 라 폴리스(La Police)라는 개념은 초기에는 '**국가목적 또는 국가작용**'을 의미했다가 나중에는 '**공동체의 질서 있는 상태**'를 의미하였다.

06 실질적 의미의 경찰개념의 역사적 발전과정에 관한 설명 중 가장 적절하지 않는 것은?
22. 순경

① 요한 쉬테판 퓨터가 자신의 저서인 「독일공법제도」에서 주장한 "경찰의 직무는 임박한 위험을 방지하는 것이다. 복리증진은 경찰의 본래 직무가 아니다."라는 내용은 경찰국가시대를 거치면서 확장된 경찰의 개념은 제한하기 위한 노력의 일환으로 볼 수 있다.
② 크로이츠베르크 판결(1882)은 승전기념비의 전망을 확보할 목적으로 주변 건축물의 고도를 제한하기 위해 베를린 경찰청장이 제정한 법규명령은 독일의 「제국경찰법」상 개별적 수권조항에 위반되어 무효라고 하였다.

Answer 04 ② 05 ③ 06 ②

Part 01. 총론 15

③ 독일의 경우, 15세기부터 17세기에 이르기까지 경찰은 공동체의 질서정연한 상태 또는 공동체의 질서정연한 상태를 창설하고 유지하기 위한 활동으로 이해되었고, 이러한 공동체의 질서정연한 상태를 창설·유지하기 위하여 신민(臣民)의 거의 모든 생활영역이 포괄적으로 규제될 수 있었다.

④ 1931년 제정된 「프로이센 경찰행정법」 제14조 제1항은 "경찰행정청은 현행법의 범위 내에서 공공의 안녕 또는 공공의 질서를 위협하는 위험으로부터 공중이나 개인을 보호하기 위하여 필요한 조치를 의무에 적합한 재량에 따라 취하여야 한다."라고 규정하여 크로이츠베르크 판결(1882)에 의해 발전된 실질적 의미의 경찰개념을 성문화시켰다.

> **해설** 크로이즈 베르크 판결을 통해 경찰행정관청이 **일반적 수권 규정을 근거하여** 법규명령을 발할 수 있는 분야는 소극적인 위험방지에 한정된다는 법해석상 확정되는 계기를 마련하였다.

07 대륙법계 경찰개념의 발전과정에 관한 설명의 순서가 가장 올바르게 연결된 것은? 응용문제

가. 프로이센 일반란트법이 제정되어 공공의 안녕과 질서를 유지하고 절박한 위험을 방지하는 것이 경찰의 직무라고 하였다.
나. 프랑스 경죄처벌법(죄와형벌법전)이 제정되어 경찰은 공공의 질서 및 개인의 안전 보호를 임무로 하였다.
다. 프로이센 고등행정법원이 크로이쯔베르크 판결을 통해 경찰의 직무가 위험방지에 한정된다고 하였다.
라. 독일 제국경찰법에서는 교회행정을 제외한 국가행정을 경찰이라고 하였다.
마. 프랑스 지방자치법전에서는 자치제 경찰은 공공의 질서·안전 및 위생을 확보함을 목적으로 한다고 하였다.

① 가 - 나 - 다 - 라 - 마
② 나 - 다 - 라 - 마 - 가
③ 다 - 라 - 마 - 가 - 나
④ 라 - 가 - 나 - 다 - 마

> **해설** 가. 1794년 프로이센 일반란트법
> 나. 1795년 경죄처벌법(죄와형벌법전)
> 다. 1882년 크로이쯔베르크 판결
> 라. 1530년 제국경찰법
> 마. 1884년 지방자치법전

Answer 07 ④

08 행정법·형사법 관련 판결에 대해 옳고 그름의 표시(○, ×)가 바르게 된 것은? 응용문제

㉠ Blanco 판결은 Blanco란 소년이 국영담배공장 운반차에 부상을 당하여 민사법원에 소를 제기하였는데 손해가 공무원에 의하여 발생한 것이라는 이유에서 행정재판소 관할로 옮겨진 사건으로, 공무원에 의한 손해는 국가에 배상책임이 있고 그 관할은 행정재판소라는 원칙이 확립되는 계기가 되었다.
㉡ Kreuzberg 판결을 통해 경찰관청이 일반수권 규정에 근거하여 법규명령을 발할 수 있는 분야는 위험방지 분야에 한정된다고 판시하였다.
㉢ Escobedo 판결은 변호인과의 접견교통권을 침해하여 획득한 자백의 증거능력을 부정한 판결이다.
㉣ Miranda 판결은 변호인선임권, 접견교통권 및 진술거부권을 고지하지 않은 상태에서 이루어진 자백의 증거능력을 부정하여, 자백의 임의성과 관계없이 채취과정에 위법이 있는 자백을 배제하게 되는 계기가 되었다.

① ㉠(×) ㉡(○) ㉢(×) ㉣(○)
② ㉠(○) ㉡(×) ㉢(○) ㉣(×)
③ ㉠(○) ㉡(○) ㉢(○) ㉣(○)
④ ㉠(○) ㉡(○) ㉢(×) ㉣(○)

해설 모두 옳은 지문이다.
▶ 경찰권에 관련된 기타 중요 판례

크로이쯔베르크 (Kreuzberg) 판결(1882)	위험방지 분야에 한정 : 경찰의 임무는 소극적인 위험방지에 한정**된다**는 사상이 법해석상 확정되는 계기를 만든 판결
맵(Mapp)판결	**불법수색과 불법압수로 수집한 증거는 피고인에게 불리하게 사용될 수 없다**는 판결
Escobedo판결	변호인과의 접견교통권을 침해하여 **획득한 자백의 증거능력을 부정한 판결**
Miranda판결	**변호인선임권, 접견교통권 및 진술거부권을 고지하지 않은 상태에서 이루어**진 자백의 증거능력을 부정하여, 자백의 임의성과 관계없이 채취과정에 위법이 있는 자백을 배제하게 된 판결
미망인판결 (Witwen Urteil)	신의성실의 원칙을 근거로 원고의 **신뢰보호를 최초로 인정한 판결**
띠톱사건	**독일에서 최초로 경찰개입청구권을 인정한 사건**
인구조사판결	인구조사판결은 국가에 의한 **개인정보수집의 기본권 침해를 인정한 판결**
Blanco판결	공무원에 의한 손해배상책임 있고, 그 관할은 **행정재판소라는 원칙이 확립되는 계기가 된 판결**

Answer 08 ③

09 대륙법계 경찰개념에 관한 설명으로 가장 적절하지 않은 것은? 23. 순경

① 경찰이란 용어는 라틴어의 Politia에서 유래한 것으로 도시국가에 관한 일체의 정치, 특히 헌법을 지칭하였다.
② 경찰국가시대는 국가작용의 분화현상이 나타나 경찰개념이 외교·군사·재정·사법을 제외한 내무행정 전반에 국한되었다.
③ 크로이쯔베이크(Kreuzberg) 판결에 의하면 경찰관청이 일반수권규정에 근거하여 법규명령을 발할 수 있는 분야는 소극적 위험방지 분야에 한정된다.
④ 경찰은 시민으로부터 자치권한을 위임받은 조직체로서 시민을 위한 기능과 역할에 초점을 맞추어 형성되었다.

해설 ④ **영미법계**에 대한 설명이다.

▶ 대륙법계 경찰개념과 영미법계 경찰개념 형성과정 비교

	대륙법계(프, 독)	영미법계(영, 미)
개념	전통적 개념	현대적 개념
중심학자	행정법학자 중심	행정학자 중심
경찰권 기초	**통치권적**	**자치권적**
경찰의 개념	경찰은 무엇인가? 경찰권의 발동범위·성질을 기준으로 형성	경찰활동은 무엇인가? 경찰은 무엇을 할 것인가? 경찰의 역할 및 기능을 기준으로 형성
임무	공공의 안녕·질서유지(국가안전)	국민의 생명·신체·재산(개인안전)
수단	**권력적 작용**(명령, 강제)	**비권력적 작용**(서비스)
행정경찰과 사법경찰의 구분	**행정, 사법 구분(○)** 행정경찰만 경찰의 고유한 임무로 봄	**행정, 사법 구분(×)** 행정·사법(수사)경찰 모두를 경찰의 고유한 임무로 봄
시민과의 관계	경찰과 시민은 대립관계(객체)	경찰과 시민은 상호 협력 및 동반자 관계(주체)
관계	**대립**, 반비례, 수직	동등(동반자), 비례, 수평
역사	**경찰권 발동범위 축소 역사**	경찰권 활동범위 **확대** 경향

10 영미법계 국가의 경찰에 관한 설명으로 가장 적절하지 않은 것은? 24. 순경

① 영미법계 경찰개념은 '시민으로부터 부여받은 자치권에 근거하여 국민의 생명·신체·재산을 보호하고 범죄를 수사하며, 다양한 공공서비스를 제공하는 작용'이라고 설명된다.
② 영미법계 경찰개념은 국왕의 절대적 권력으로부터 유래된 경찰권을 전제로 한다.
③ 영미법계 경찰개념은 경찰과 국민을 수평적·상호협력 동반자 관계로 본다.
④ 영미법계 경찰은 비권력적 수단을 중시한다.

해설 ②은 **대륙법계의 경찰 개념**이다.

Answer 09 ④ 10 ②

11. 실질적 의미의 경찰과 형식적 의미의 경찰에 대한 설명으로 적절한 것은?

73기 경간부

가. 실질적 의미의 경찰은 프랑스 행정법학에서 유래한다.
나. 형식적 의미의 경찰과 실질적 의미의 경찰은 일치한다.
다. 사무를 기준을 하였을 때 우리나라 자치경찰은 형식적 의미의 경찰과 실질적 의미의 경찰 모두에 해당한다.
라. 공물경찰은 실질적 의미의 경찰에 해당한다.
마. 사법경찰은 실질적 의미의 경찰에 해당한다.

① 1개 ② 2개
③ 3개 ④ 4개

해설
가. 실질적 의미의의 경찰은 **독일** 행정법학에서 유래한다.
나. 형식적 의미의 경찰과 실질적 의미의 경찰은 **각각 다른 개념**으로 어느 하나가 다른 하나를 포괄하는 관계가 아니다.
마. 사법경찰은 **형식적 의미의 경찰**에 해당한다.

▶ 형식적 의미의 경찰과 실질적 의미의 경찰의 구분

	형식적 의미의 경찰	실질적 의미의 경찰
구별 기준	조직중심 - 어디서 하느냐?	작용중심 - 무슨 일을 하느냐?
의의	실정법(국자법 제3조, 경찰관직무집행법 제2조, 정부조직법 등)상 **보통경찰기관(경찰청, 시·도경찰청, 경찰서)에 분배되어 있는 모든 작용**	**일반통치권을 근거**하여 국민에게 명령·강제하는 **권력적 작용** ➡ 특별권력에 의거하여 명령·강제하는 활동(의원경찰, 법정경찰 등)은 제외
성질	① **실무상 개념**이며, 조직을 중심으로 **역사적·제도적인 면에서 정립된 개념** ② 각국마다 시대와 역사에 따라 다르며, **유동적·상대적 개념**	경찰개념을 조직이 아닌 **작용·성질을 중심**으로 파악된 개념이며, **이론적·학문적인 면에서 정립된 개념**이며 독일의 행정법학에서 유래
범위	① 소극적 질서유지+적극적 서비스 ② 경찰법 제3조, 경찰관직무집행법 제2조에 규정된 직무범위 ③ 행정경찰과 사법경찰의 성질을 가진 것 ④ 권력작용과 무관해도 경찰조직이 현실적으로 수행한다면 경찰로 봄(봉사, 지원, 정보경찰, 보안(대공) 경찰)	① 소극적으로 사회공공의 현재 및 장래의 안녕·질서 유지함을 목적으로 하는 **사회목적적 작용** ➡ 적극적 복리작용(×), 사법(수사)작용(×) 외사, 정보, 보안(대공) 등의 국가목적적 작용(×) ② 경찰조직이 아닌 다른 국가기관의 권력작용(명령, 강제)을 포함하는 개념 ➡ 일반행정기관에서도 "경찰기능"을 담당한다고 할 때의 경찰기능은 일반행정기관이라는 "조직적 측면"에서 바라본 실질적 경찰개념을 의미함
예	국자법 제3조, 경찰관직무집행법 제2조에 규정된 직무범위 8가지	**건축경찰, 위생경찰, 산업경찰, 철도경찰, 산림경찰, 경제경찰** 등

Answer 11 ②

12 경찰의 개념 중 형식적 의미의 경찰과 실질적 의미의 경찰에 관한 설명으로 가장 적절한 것은?

24. 승진

① 형식적 의미의 경찰개념은 실정법상 보통경찰기관에 맡겨져 있는 경찰작용을 의미한다.
② 형식적 의미의 경찰개념은 작용을 중심으로 파악한 것이다.
③ 실질적 의미의 경찰개념은 경찰의 사법경찰활동과 같이 주로 현재 또는 장래의 위험방지를 개념요소로 한다.
④ 실질적 의미의 경찰개념은 사회 질서유지와 봉사활동과 같은 현대 경찰의 핵심적인 기능을 수행하는 경찰을 의미한다.

(해설) ② **실질적 의미의 경찰개념**은 작용을 중심으로 파악한 것이다.
③ 실질적 의미의 경찰개념은 경찰의 **사법경찰활동과 달리** 주로 현재 또는 장래의 위험방지를 개념요소로 한다.
④ 실질적 의미의 경찰개념은 사회공공의 안녕과 질서유지를 위한 명령강제하는 작용이므로 **봉사활동은 해당되지 않는다.**

13 형식적 의미의 경찰과 실질적 의미의 경찰에 관한 설명으로 가장 적절하지 않은 것은?

23. 순경

① 형식적 의미의 경찰은 실정법상 개념으로 보통경찰기관에 분배되어 있는 임무를 달성하기 위하여 행하여지는 일체의 경찰작용이다.
② 형식적 의미의 경찰은 모두 실질적 의미의 경찰에 포함된다.
③ 실질적 의미의 경찰은 독일의 행정법학에서 정립된 학문상 개념이다.
④ 실질적 의미의 경찰은 사회공공의 안녕, 질서유지와 같은 소극적 목적을 위한 작용이다.

(해설) 형식적 의미의 경찰은 실질적 의미의 경찰에 **포함되는 개념이 아니다.**

14 경찰개념에 관한 설명으로 가장 적절하지 않은 것은?

23. 순경

① 경찰개념은 역사적으로 발전되고 형성된 개념이므로, 근대국가에서의 일반적인 경찰개념을 '공공의 안녕과 질서유지를 위한 권력작용'이라고 할 경우, 이는 각국의 실정법상 경찰개념과 반드시 일치한다고는 할 수 없다.
② 실질적 의미의 경찰을 보안경찰과 협의의 행정경찰로 구분하는 것이 일반적 견해라고 할 때, 보안경찰은 독립적인 경찰기관이 관할하지만, 협의의 행정경찰은 각종의 일반행정기관이 함께 그것을 관장하는 경우가 많다.
③ 18~19세기에 등장한 법치국가는 절대주의적 경찰국가에 대항하는 의미에서 자유주의적 법치국가의 성격을 띠었고, 이와 같은 법치국가적 경찰개념이 처음으로 법제화된 경우로는 1794년의 '프로이센 일반란트법'을 들 수 있다.

Answer 12 ① 13 ② 14 ④

④ 경찰의 개념을 형식적 의미의 경찰과 실질적 의미의 경찰로 구분할 때, 사법경찰(수사경찰)은 실질적 의미의 경찰에 포함된다.

해설) 사법경찰(수사경찰)은 **형식적 의미의 경찰**에 포함된다.

15 형식적 의미의 경찰개념과 실질적 의미의 경찰개념에 관한 설명으로 옳은 것은? 23. 승진

㉠ 정보경찰은 권력적 작용이므로 실질적 의미의 경찰이다.
㉡ 실질적 의미의 경찰의 국가의 일반통치권에 근거하여 국민에게 명령·강제하는 권력적 작용으로 독일의 전통적 행정법학에서 정립된 학문상 개념이다.
㉢ 형식적 의미의 경찰은 실정법상 보통경찰기관에 분배된 임무를 달성하기 위하여 행해지는 경찰활동으로 그 범위는 나라마다 차이가 있을 수 있다.
㉣ 실질적 의미의 경찰은 형식적 의미의 경찰을 모두 포괄한다.

① ㉠㉡
② ㉡㉢
③ ㉠㉡㉢
④ ㉡㉢㉣

해설) ㉠ 정보경찰은 비권력적 작용이므로 **형식적 의미의 경찰**이다.
㉣ 실질적 의미의 경찰은 형식적 의미의 경찰을 **모두 포괄하는 것이 아니다**.

16 경찰의 개념에 관한 설명으로 가장 적절하지 않은 것은? 23. 경특

① 1530년 독일의 「제국경찰법」은 교회행정을 제외한 나머지 국가행정을 경찰의 개념으로 규정하였다.
② 형식적 의미의 경찰개념은 경찰작용의 성질에 따른 것으로서 보건·산림·세무·의료·환경 등을 담당하는 국가기관(특별사법 경찰기관)의 권력작용을 포함하여 지방자치단체(특별시, 광역시, 시·군·구)의 권력작용도 경찰로 간주된다.
③ 실질적 의미의 경찰개념은 학문상 정립된 경찰개념이며, 사회 공공의 안녕과 질서를 유지하기 위해 국가의 일반통치권에 근거하여 국민에게 명령·강제하는 작용이다.
④ 경찰의 개념을 '경찰업무의 독자성' 여부에 따라 보안경찰과 협의의 행정경찰로 구분한다.

해설) **실질적 의미의 경찰개념**은 경찰작용의 성질에 따른 것으로서 보건·산림·세무·의료·환경 등을 담당하는 국가기관(특별사법 경찰기관)의 권력작용을 포함하여 지방자치단체(특별시, 광역시, 시·군·구)의 권력작용도 경찰로 간주된다.

Answer 15 ② 16 ②

17 경찰의 개념에 대한 설명 중 가장 적절하지 않은 것은? 〔21. 승진〕

① 실질적 의미의 경찰은 사회공공의 안녕, 질서유지와 같은 소극적 목적을 위한 작용이다.
② 실질적 의미의 경찰은 특별통치권에 근거하여 국민에게 명령·강제하는 권력적 작용으로 독일의 행정법학에서 정립된 학문상 개념이다.
③ 형식적 의미의 경찰작용은 실정법상 보통경찰기관에 분배된 사무를 말하며, 이에 따른 경찰활동의 범위는 나라마다 차이가 있을 수 있다.
④ 형식적 의미의 경찰이 언제나 실질적 의미의 경찰이 되는 것은 아니고, 또한 실질적 의미의 경찰이 모두 형식적 의미의 경찰이 되는 것도 아니다.

> 해설) 실질적 의미의 경찰은 **일반통치권에 근거**하여 국민에게 명령·강제하는 권력적 작용으로 독일의 행정법학에서 정립된 학문상 개념이다.

18 경찰개념에 대한 설명 중 옳지 않은 것은? 〔20. 경간부〕

① 일반행정기관이 실질적 의미의 경찰작용을 하는 경우는 있으나, 형식적 의미의 경찰작용을 하지는 않는다.
② 정보경찰의 활동은 실질적 의미의 경찰보다는 형식적 의미의 경찰과 관련이 깊다.
③ 실질적 의미의 경찰은 형식적 의미의 경찰 개념보다 넓은 의미로 형식적 의미의 경찰을 모두 포괄하는 상위 개념이다.
④ 실질적 의미의 경찰은 사회공공의 안녕, 질서유지와 같은 소극적 목적을 위한 권력적 작용이다.

> 해설) 형식적 의미와 실질적 의미의 경찰은 **반드시 일치하는 것은 아니다**.

19 경찰개념 형성 및 변천에 관한 설명 중 가장 적절한 것은? 〔74기 경간부〕

① 2차 세계대전 이후 독일에서는 보안경찰사무를 다른 일반행정기관으로 이관하는 비경찰화 과정이 일어나게 되었다.
② 1884년 프랑스의 「지방자치법전」은 자치경찰의 직무범위에서 위생사무 등 협의의 행정경찰 사무를 제외시켰다.
③ 영·미법계 경찰개념은 경찰권 발동의 성질과 범위를 중심으로 형성되었다는 특징이 있다.
④ 우리나라의 미군정 시기 경찰은 경제경찰과를 폐지하고 종래에 경찰에서 담당하던 위생사무를 위생국으로 이관하였다

> 해설) ① 2차 세계대전 이후 독일에서는 **보안경찰사무를 제외한** 협의의 행정경찰사무를 일반행정기관으로 이관하는 비경찰화 과정이 일어나게 되었다.
> ② 1884년 프랑스의 「지방자치법전」은 자치경찰의 직무범위에서 위생사무 등 **협의의 행정경찰 사무를 포함**시켰다.
> ③ 영·미법계 경찰개념은 **경찰의 역할과 기능을 중심**으로 형성되었다는 특징이 있다.

Answer 17 ② 18 ③ 19 ④

20 실질적 의미의 경찰과 형식적 의미의 경찰개념에 관한 설명으로 가장 적절하지 않은 것은?

23. 승진

① 실질적 의미의 경찰은 조직보다는 작용 중심으로 경찰개념을 파악하는 것으로, 일반행정기관이 공공의 안녕과 질서 유지를 위해 일반통치권에 근거하여 국민에게 명령·강제하는 권력적 작용은 실질적 의미의 경찰로 보아야 한다.
② 형식적 의미의 경찰개념에 따른 경찰활동의 범위는 국가마다 상이하고, 한 국가 내에서도 시간 변화에 따라 달라질 수 있다.
③ 업무의 독자성 여부로 구분되는 협의의 행정경찰은 실질적 의미의 경찰에 해당하고, 형식적 의미의 경찰에는 해당하지 않는다.
④ 보통경찰기관의 범죄 예방, 정보 수집·작성·배포 활동은 실질적 의미의 경찰뿐만 아니라 형식적 의미의 경찰에도 해당하지 않는다.

(해설) 보통경찰기관에서 하는 범죄예방, 정보수집 등의 활동은 **형식적 의미의 경찰에 해당**한다.

21 다음은 형식적 의미의 경찰개념과 실질적 의미의 경찰개념에 대한 설명이다. 옳은 것은?

20. 순경

㉠ 형식적 의미의 경찰이 언제나 실질적 의미의 경찰이 되는 것은 아니며, 실질적 의미의 경찰이 모두 형식적 의미의 경찰이 되는 것도 아니다.
㉡ 실질적 의미의 경찰은 사회공공의 안녕과 질서유지를 위한 권력적 작용이므로 소극목적에 한정된다.
㉢ 형식적 의미의 경찰은 사회목적적 작용을 의미하며 작용을 중심으로 파악된 개념이고, 실질적 의미의 경찰은 조직을 기준으로 파악된 개념이다.
㉣ 실질적 의미의 경찰은 실무상 정립된 개념이 아니라 학문적으로 정립된 개념으로 독일 행정법학에서 유래하였다.
㉤ 「경찰관 직무집행법」 제2조에 규정된 경찰의 직무범위가 우리나라에서의 형식적 의미의 경찰개념에 해당한다.

① 2개   ② 3개
③ 4개   ④ 5개

(해설) ㉢ **실질적 의미의 경찰**은 **사회목적적 작용**을 의미하며 **작용을 중심**으로 파악된 개념이고 형식적 의미의 경찰은 조직을 기준으로 파악한 개념이다.

Answer   20 ④   21 ③

22 근대 한국의 경찰개념 형성에 대한 설명으로 가장 적절하지 않은 것은?　71기 경간부

① 유길준은 경찰의 기본 업무로 치안에 집중할 것을 강조하면서 '위생'을 경찰업무에서 제외할 것을 주장하였다.
② 유길준은 「서유견문」 '제10편 순찰의 규제'를 통해 경찰제도 개혁을 주장하였다.
③ 유길준은 경찰제도를 행정경찰과 사법경찰로 구분할 것을 주장하였다.
④ 김옥균, 박영효 등이 일본의 경찰제도로부터 영향을 받은 반면, 유길준은 영국의 경찰제도로부터 영향을 받았다.

해설 ▶ 근대적 경찰개념 형성
① 한국에서 근대적 경찰개념 및 제도가 도입된 것은 **갑오경장(1894)**이후이다.
② 유길준은 경찰의 기본 업무로 치안에 집중할 것을 강조하면서 '위생'을 경찰업무에서 포함할 것을 주장하였다.
③ 유길준은 「서유견문」 '제10편 순찰의 규제'를 통해 경찰제도 개혁을 주장하였다.
④ 유길준은 경찰제도를 **행정경찰과 사법경찰**로 구분할 것을 주장하였다.
⑤ **김옥균, 박영효** 등이 **일본**의 경찰제도로부터 영향을 받은 반면, 유길준은 **영국**의 경찰제도로부터 영향을 받았다.

23 다음에서 설명하는 경찰의 분류에 관한 내용과 가장 관계가 깊은 것은?　24. 순경

> 보통경찰기관이 사회공공의 안녕과 질서를 유지하기 위하여 강제력을 수단으로 즉시강제, 「경범죄 처벌법」 또는 「도로교통법」 위반자에 대한 통고처분 등 법집행을 행하는 경찰활동

① 고등경찰　② 예방경찰
③ 질서경찰　④ 협의의 행정경찰

해설 ▶ 경찰활동의 질과 내용

질서경찰	강제력을 수단으로 사회질서 유지를 위한 법집행, 권력적 작용 예 범죄수사, 다중범죄진압, **교통위반자에 대한 통고처분** 등
봉사경찰	강제력이 아닌 계몽, 지도 서비스 수단으로 하는 비권력적 작용 예 방범지도, 청소년 선도, 교통정보의 제공, 방범순찰, 수난구호 등

Answer　22 ①　23 ③

24 다음의 ㉠, ㉡에 들어갈 내용으로 가장 적절한 것은?

> (㉠)과 (㉡)의 구별은 프랑스에서 유래한 것으로, 경찰에 의하여 보호되는 법익을 기준으로 한다. 원래 (㉠)은 사회적으로 보다 우월한 가치를 지닌 법익을 보호하기 위한 경찰활동을 의미하였으나, 나중에는 사상·종교·집회·결사·언론의 자유에 대한 정보수집·단속과 같은 국가의 존립과 유지를 보장하기 위하여 국가적 기관 및 제도에 대한 위해를 방지하는 활동을 의미하게 되었다. 이에 비해 (㉡)은 교통의 안전, 풍속의 유지, 범죄의 예방·진압과 같이 일반 사회의 안녕과 질서유지를 목적으로 하는 활동을 의미한다.

① ㉠ 행정경찰   ㉡ 사법경찰
② ㉠ 진압경찰   ㉡ 예방경찰
③ ㉠ 비상경찰   ㉡ 평시경찰
④ ㉠ 고등경찰   ㉡ 보통경찰

해설 ▶ 보호되는 법익의 가치 → 프랑스에서 유래

고등경찰	정치, 사상 ▶ 사상·종교·집회·결사·언론·출판 등에 관계된 경찰작용
보통경찰	사회, 개인 ▶ 교통경찰, 풍속경찰 등

25 경찰의 분류에 대한 설명으로 가장 적절하지 않은 것은?

① 우리나라는 조직법상 행정경찰과 사법경찰의 구분이 없으며, 보통경찰기관이 양 사무를 모두 담당한다.
② 예방경찰과 진압경찰은 경찰권 발동 시점에 따른 구분이다.
③ 행정경찰은 주로 과거의 상황에 대하여 작용하며, 사법경찰은 주로 현재 또는 장래의 상황에 대하여 작용한다.
④ 질서경찰과 보통경찰은 경찰 활동 시 강제력의 사용유무로 구분된다.

해설 ▶ 직접적인 목적

(광의) 행정경찰	① 공공질서의 유지 및 범죄예방을 목적 ② 각종 경찰법에 의하여 적용 ③ **현재 및 장래의 사태에 대하여 발동하는 작용** ④ 경찰청장의 지휘 및 감독 ⑤ 실질적 의미의 경찰
사법경찰	① 범죄의 수사 및 체포를 목적 ② 형사소송법에 의한 권한 행사 ③ **과거의 사태에 대한 작용** ④ 검사의 지휘 및 감독 ⑤ 형식적 의미의 경찰

Answer 24 ④   25 ③

26
경찰의 종류와 구별기준의 연결이 가장 적절하지 않은 것은?   23. 순경

① 질서경찰 – 봉사경찰 : 경찰의 목적에 따른 분류
② 예방경찰 – 진압경찰 : 경찰권 발동시점에 따른 분류
③ 국가경찰 – 자치경찰 : 권한과 책임의 소재에 따른 분류
④ 평시경찰 – 비상경찰 : 위해정도 및 담당기관, 적용법규에 따른 분류

해설 질서경찰과 봉사경찰은 **질과 내용에 대한 분류**이다.

27
국가경찰과 자치경찰에 대한 설명으로 적절하지 않은 것은 모두 몇 개인가?   72기 경간부

> 가. 자치경찰은 국가경찰과 비교하여 비권력적 수단보다는 권력적 수단을 통해 국민의 생명과 신체·재산을 보호하고자 한다.
> 나. 국가경찰은 자치경찰과 비교하여 타 행정부문과의 긴밀한 협조·조정이 원활하다.
> 다. 국가경찰은 자치경찰과 비교하여 지역실정을 반영한 경찰조직의 운영·관리가 용이하다.
> 라. 국가경찰은 자치경찰과 비교하여 지역주민에 대한 경찰의 책임의식이 높다.

① 1개
② 2개
③ 3개
④ 4개

해설
가. 자치경찰은 국가경찰과 비교하여 **권력적 수단보다는 비권력적 수단을 통**해 국민의 생명과 신체·재산을 보호하고자 한다.
다. 국가경찰은 자치경찰과 비교하여 지역실정을 반영한 경찰조직의 운영·관리가 **용이하지 않다**.
라. 국가경찰은 자치경찰과 비교하여 지역주민에 대한 **경찰의 책임의식이 낮다**.

▶ **국가경찰과 자치경찰의 장·단점**

	국가경찰	자치경찰
장점	㉠ 강력한 집행력 행사가 가능하고 비상시 유리 ㉡ 전국에 걸쳐 통일적으로 조직운영·관리 ㉢ 경찰활동의 기동성과 능률성 발휘 ㉣ 전국적 통계자료의 정확성 ㉤ 타 행정부문과의 긴밀한 협조·조정이 원활 ㉥ 다른 지방자치경찰과의 협조가 원활 ㉦ 경찰기관 사이의 협조성 ㉧ 업무집행의 통일성	㉠ **지역실정에 맞는 경찰행정이 가능** ㉡ **지역주민에 대한 경찰의 책임감이 높음** ㉢ 자치단체별로 독립되어 있어 **조직운영의 개혁이 용이** ㉣ 인권보장과 민주성이 보장되어 **주민의 지지가 용이** ㉤ **주민의견 수렴이 용이**하여 주민들의 지지를 받기 쉬움 ㉥ 재원과 책임의 분담 ㉦ **경찰과 시민과의 유대강화** ㉧ **주민협력** 치안 활성화

Answer 26 ① 27 ③

단점	㉠ 경찰 본연의 업무 이외 타 행정 업무에 이용 ㉡ 지방 실정에 적합한 치안행정 수립 곤란 ㉢ 관료화되어 지역주민을 위한 봉사자 의식 희박 ㉣ 각 지방의 특수성과 창의성의 저해 ㉤ 조직이 비대화되고 관료화될 우려가 큼	㉠ 집행력과 기동성이 약함 ㉡ 전국적·통일적·광의적 경찰활동 곤란 ㉢ 지방세력가의 경찰행정 개입으로 경찰부패 초래 ㉣ 전국적 통계자료의 정확성의 곤란 ㉤ 다른 경찰기관 및 국가행정기관과의 협조, 응원체제가 곤란 ㉥ 기동화, 광역화범죄에 대처하기 어려움 ㉦ 전국적인 범죄예방과 대응능력의 분산

28 국가경찰제도와 자치경찰제도에 관한 설명으로 가장 적절하지 않은 것은? `22. 경특`

① 국가경찰제도는 자치경찰제도와 비교하여 전국적으로 균등한 경찰 서비스를 제공할 수 있다.
② 국가경찰제도는 자치경찰제도와 비교하여 광역적 범죄 수사가 용이하다.
③ 자치경찰제도는 국가경찰제도와 비교하여 지방에 적합한 경찰행정이 가능하다.
④ 자치경찰제도는 관할지역이 광범위하지 않아 타 기관 간 협조가 원활하며 통계자료의 정확성을 기할 수 있는 반면 국가경찰제도는 관할지역이 광범위하여 타 기관과의 협조가 어렵고, 전국적인 통계자료의 정확성 또한 기할 수 없다.

해설 자치경찰제도는 관할지역이 광범위하지 않아 **타 기관과의 협조가 어렵고, 전국적인 통계자료의 정확성 또한 기할 수 없는** 반면 국가경찰제도는 관할지역이 광범위하여 **타 기관 간 협조가 원활하며 통계자료의 정확성을 기할 수 있다.**

29 다음은 국가경찰과 자치경찰에 대한 설명이다. 옳은 것으로 묶인 것은? `20. 순경`

㉠ 국가경찰은 자치경찰과 비교하여 인권과 민주성이 보장되어 주민들의 지지를 받기 쉽다.
㉡ 자치경찰은 국가경찰과 비교하여 권력적 수단보다는 비권력적 수단을 통해 국민의 생명과 신체·재산을 보호하고자 한다.
㉢ 국가경찰은 자치경찰과 비교하여 타 행정부문과의 긴밀한 협조·조정이 원활하다는 장점이 있다.
㉣ 자치경찰은 국가경찰과 비교하여 지역실정을 반영한 경찰조직의 운영·관리가 용이하다.
㉤ 국가경찰은 자치경찰과 비교하여 지역주민에 대한 경찰의 책임의식이 높다.

① ㉠㉡㉣   ② ㉡㉢㉣
③ ㉡㉢㉤   ④ ㉠㉣㉤

해설 ㉠ **자치경찰은** 인권과 민주성이 보장되어 주민들의 지지를 받기 쉽다.
㉤ **자치경찰은** 지역주민에 대한 경찰의 책임의식이 높다.

Answer 28 ④ 29 ②

30 경찰의 분류에 설명으로 적절한 것은 모두 몇 개인가? 〔71기 경간부〕

가. 고등경찰과 보통경찰의 구별은 독일에서 유래한 것으로 경찰에 의하여 보호되는 법익을 기준으로 한 구별이다.
나. 질서경찰과 봉사경찰은 경찰서비스의 질과 내용에 따라 구분한 것으로 범죄수사는 질서경찰에 해당하고 방범순찰은 봉사경찰에 해당한다.
다. 평시경찰과 비상경찰은 위해의 정도 및 담당기관에 따라 구분한 것으로 평시경찰은 보통경찰기관이 행하는 경찰작용이고 비상경찰은 비상사태 발생으로 계엄이 선포될 경우 계엄법에 따라 군대가 담당하는 경찰작용이다.
라. 보안경찰과 협의의 행정경찰은 권한의 책임과 소재에 따라 구분한 것으로 풍속경찰은 보안경찰에 해당하고 산림경찰은 협의의 행정경찰에 해당한다.
마. 행정경찰과 사법경찰은 경찰의 목적에 따른 구분이며 삼권분립 사상에서 유래하였다.

① 2개   ② 3개
③ 4개   ④ 5개

해설 가. 고등경찰과 보통경찰의 구별은 **프랑스에서 유래한 것**으로 경찰에 의하여 보호되는 법익을 기준으로 한 구별이다.
라. 보안경찰과 협의의 행정경찰은 **타행정작용에 부수하느냐의 여부에 따른 구분**한 것이며 권한의 책임과 소재에 따라 국가경찰과 자치경찰로 구분된다.

31 경찰의 분류와 구분기준에 대한 설명 중 옳지 않은 것은 모두 몇 개인가? 〔71기 경간부〕

가. 보안경찰과 협의의 행정경찰은 업무의 독자성에 따른 구분 또는 경찰작용이 다른 행정작용에 부수(수반) 여부를 기준으로 한다.
나. 예방경찰과 진압경찰은 경찰권 발동 시점에 따라 분류된다.
다. 광의의 행정경찰과 사법경찰은 경찰의 목적·임무를 기준으로 한 구분이며 이러한 경찰개념의 구분은 삼권분립 사상에 투철했던 프랑스에서 확립된 개념이다.
라. 국가경찰과 자치경찰은 경찰유지의 권한과 책임의 소재(경찰의 조직·인사·비용 부담)에 따른 분류이다.
마. 평시경찰과 비상경찰은 위해의 정도 및 담당기관에 따른 구분이다.
바. 질서경찰과 봉사경찰은 경찰서비스의 질과 내용에 따른 구분이다.

① 0개   ② 1개
③ 2개   ④ 3개

해설 모두 맞는 지문이다.

Answer 30 ② 31 ①

32. 경찰의 분류에 관한 설명으로 적절한 것은 모두 몇 개인가?

74기 경간부

가. 보안경찰과 협의의 행정경찰은 경찰업무의 독자성에 따라 구분하며, 교통경찰은 보안경찰에 해당하고 건축경찰은 협의의 행정경찰에 해당한다.
나. 질서경찰과 봉사경찰은 경찰서비스의 질과 내용에 따라 구분하며, 봉사경찰은 서비스·계몽·지도 등 비권력적인 수단을 통하여 경찰의 직무를 수행하는 경찰활동으로 방범지도, 청소년 선도, 교통정보제공 등이 이에 해당한다.
다. 예방경찰과 진압경찰은 경찰권 발동 시점에 따라 구분하며, 예방경찰은 경찰상 위해가 발생하기 전에 이를 방지하기 위한 경찰활동으로 총포·도검의 취급 제한, 타인에게 해를 끼칠 우려가 있는 정신착란자를 보호하는 활동 등이 이에 해당한다.
라. 국가경찰과 자치경찰은 경찰권과 관련하여 권한과 책임소재에 따라 구분하며, 자치경찰은 국가경찰과 비교하여 전국적으로 균등한 서비스를 제공할 수 있다.
마. 행정경찰과 사법경찰은 경찰의 목적·임무에 따라 구분하며, 프랑스의 「죄와 형벌법전」은 최초로 이를 구분하였다.

① 1개 ② 2개
③ 3개 ④ 4개

해설) 라. 국가경찰과 자치경찰은 경찰권과 관련하여 권한과 책임소재에 따라 구분하며, **전국적으로 균등한 서비스를 제공할 수 있는 것은 국가경찰의 장점에 해당**한다.

Answer 32 ④

제3절 경찰의 임무

01 경찰의 임무를 공공의 안녕과 질서에 대한 위험의 방지라고 정의할 때, 위험에 관한 설명으로 가장 적절한 것은?

24. 승진

① '위험'이란 보호법익의 정상적 상태의 객관적 감소를 뜻하며, 보호법익에 대한 현저한 침해가 있어야 한다.
② 위험에 대한 인식에 따라 외관적 위험, 위험혐의, 오상위험으로 구분할 수 있다.
③ 추상적 위험의 경우 경찰권 발동에 있어 사실적 관점에서의 위험에 대한 예측까지는 필요하지 않다.
④ 위험의 혐의만 존재하는 경우 위험의 존재가 명백해지기 전까지는 경찰관에게 예비적 조치로서 위험의 존재 여부를 조사할 권한은 없다.

해설 ① '**손해**'이란 보호법익의 정상적 상태의 객관적 감소를 뜻하며, 보호법익에 대한 현저한 침해가 있어야 한다.
③ 추상적 위험의 경우 경찰권 발동에 있어 **사실적 관점에서 위험에 대한 예측이 필요하다.**
④ 위험의 혐의만 존재하는 경우 위험의 존재가 명백해지기 전까지는 경찰관에게 예비적 조치로서 위험의 존재 여부를 **조사할 권한은 있다.**

▶ 개념

경찰상의 위험	「가까운 장래에 공공의 안녕(또는 질서)에 손해가 나타날 수 있는 가능성이 **개개의 경우에 충분히 존재하는 상태**」로서, 경찰상 보호법익에 대한 침해 가능성을 말하며, 경찰개입의 전제조건이 된다.
경찰법상의 손해	보호받는 개인 및 공동의 법익에 관한 정상적 상태의 **객관적 감소**를 뜻하며 보호법익의 현저한 침해행위가 있어야만 한다.
위해(경찰위반)	**위험과 장해**(이미 침해가 발생된 상태)를 말한다.

▶ 위험의 종류

추상적 위험 이전상태	위험의 존재는 **경찰개입의 최소요건으로 위험 이전 단계**에서 사전배려차원의 개입은 허용되지 않으며, 구체적 또는 추상적 위험이 존재할 때 개입이 가능하다. → 사전배려의 원칙 인정(×) {예외 : 환경행정분야 인정(○)}
추상적 위험	위험 가능성 존재 → 경찰개입을 위한 최소요건
구체적 위험	① 위험 존재 → 경찰개입을 위한 요건 ② 경찰개입은 구체적 위험이 존재하는 경우에 가능하지만, 위험이 보호를 받게 되는 법익에 대해 필수적으로 존재해야 하는 것은 아니다.

Answer 01 ②

02 경찰의 임무를 공공의 안녕과 질서에 대한 위험의 방지라고 정의할 때, 위험에 대한 설명으로 가장 적절한 것은?
20. 승진

① '위험'은 보호받는 개인 및 공동의 법익에 관한 정상적 상태의 객관적 감소를 뜻한다.
② 위험에 대한 인식은 외관적 위험, 위험혐의, 추상적 위험으로 구분할 수 있다.
③ '위험혐의'란 경찰이 의무에 합당한 사려 깊은 판단을 할 때 실제로 위험의 가능성은 예측되나 불확실한 경우를 말한다.
④ 외관적 위험에 대한 경찰권 발동은 경찰상 위험에 해당하는 적법한 개입이므로 경찰관에게 민·형사상 책임을 물을 수 없고, 국가의 손실보상 책임도 발생하지 않는다.

해설 ① **손해**는 보호받는 개인 및 공동의 법익에 관한 정상적 상태의 객관적 감소를 뜻한다.
② 위험에 대한 인식은 외관적 위험, 위험혐의, **오상위험**으로 구분할 수 있다.
④ 외관적 위험은 국가의 손실보상 책임은 특별한 희생이 발생했을 때에는 발생할 수도 있다.

03 경찰권 행사에 대한 설명으로 가장 적절하지 않은 것은?
73기 경간부

① 공공의 안녕은 법질서의 불가침성, 국가존립과 기능성의 불가침성, 개인의 권리와 법익의 보호로 구성되며, 경찰은 사회공공과 관련하여 국가의 존립과 기능을 보호할 의무가 있다.
② 위험은 경찰개입의 전제요건이므로 보호를 받게 되는 법익에 구체적으로 존재해야만 하고 경찰책임자가 누구인지는 불문한다.
③ 범죄수사에 있어서 범죄피해자를 위한 사법경찰권의 적극적인 개입을 인정하는 입법례가 증가하는 추세이다.
④ 공공질서와 관련하여 경찰이 개입할 것인가의 여부는 경찰의 결정에 맡겨져 있더라도 헌법상 과잉금지원칙의 준수되어야 한다.

해설 보호를 받게 되는 법익에 **구체적으로 존재하지 않아도 경찰개입이 가능하다**. 위험 존재의 가능성 즉 **추상적 위험만 존재해도 된다**.

04 경찰의 기본적 임무 중 '공공의 안녕과 질서에 대한 위험의 방지'에 관한 설명으로 가장 적절하지 않은 것은?
23. 경특

① 경찰의 개입은 구체적 위험 내지 적어도 오상위험이 있을 때 가능하다.
② 법질서의 불가침성은 공공의 안녕의 제1요소로서, 민주적 정당성을 부여받은 입법자가 창조하고 형성한 법질서는 그 전체로서 보호되어야 한다.
③ 국가의 존립과 기능성을 위험으로부터 보호하기 위하여 가벌성의 범위 내에 이르지 아니하더라도 국민의 자유나 권리를 침해하지 않는 범위 내에서 수사·정보·안보경찰의 첩보수집활동을 할 수 있다.
④ 공공의 안녕을 위해 경찰은 개인의 권리와 법익을 보호해야 한다. 다만 사법(私法)에서 인정되는 사적인 권리확보수단이 존재하는 경우에는 경찰의 보충적인 보호만 인정된다.

해설 경찰의 개입은 구체적 위험 내지 적어도 **추상적위험이 있을 때 가능하다**.

Answer 02 ③ 03 ② 04 ①

05 경찰의 임무를 공공의 안녕과 질서에 대한 위험의 방지라고 정의할 때, 이에 대한 설명으로 가장 적절한 것은? 20. 순경

① '공공의 안녕'이란 개념은 '법질서의 불가침성'과 '국가의 존립 및 국가기관 기능성의 불가침성', '개인의 권리와 법익의 보호'를 포함하며, 이 중 공공의 안녕의 제1요소는 '개인의 권리와 법익의 보호'이다.
② '공공의 질서'란 원만한 공동체 생활을 위해 개인이 준수해야 할 불문규범의 총체를 의미하여, 법적 안전성 확보를 위해 불문규범이 성문화되어가는 현상으로 인하여 그 영역이 점차 축소되고 있다.
③ 경찰이 의무에 합당한 사려 깊은 상황판단을 했음에도 불구하고 위험을 잘못 긍정한 경우를 '오상위험'이라고 한다.
④ 위험의 현실화 여부에 따라 '추상적 위험'과 '구체적 위험'으로 구분할 수 있으며 경찰의 개입은 구체적 위험의 경우에만 정당화된다.

(해설) ① '공공의 안녕'의 제1요소는 **법질서의 불가침성**이다.
③ 경찰이 의무에 합당한 사려 깊은 상황판단을 했음에도 불구하고 위험을 잘못 긍정한 경우를 '**외관적위험**'이라고 한다.
④ 위험의 현실화 여부에 따라 '추상적 위험'과 '구체적 위험'으로 구분할 수 있으며 **경찰의 개입은 구체적 위험 내지 추상적 위험이 있는 경우에 정당화된다**.

▶ 위험의 인식여부

외관적 위험 (표현위험)	합당한 상황판단을 했음에도 불구하고 위험을 잘못 긍정한 경우 적법한 개입이므로 손해배상 문제(×), 예외적으로 손실보상 문제(○)
오상위험 (추정성 위험)	외관적 위험, 위험혐의, 정당화되지 않은 상태에서 위험존재를 잘못 추정한 경우 위법한 개입이므로 경찰개인에게는 민·형사 책임, 국가에게는 손해배상 문제(○)
위험혐의 (위험의심)	① 실제 위험의 가능성은 예측되나 불확실한 경우 ② 경찰의 개입은 위험의 존재여부가 명백해질 때까지는 조사차원의 예비적 조치에만 한정되어야 한다.

06 경찰의 위험방지 임무에서 말하는 '위험'에 관한 설명으로 가장 적절하지 않은 것은? 23. 순경

① 경찰개입의 대상이 되는 위험은 행위책임에 기인한 것일 수도 있고 상태책임에 기인한 것일 수도 있다.
② 외관상 위험이 존재할 때의 경찰개입이 적법하더라도, 원칙적으로 국가의 손해배상책임을 발생시킨다.
③ 경찰의 범죄예방 및 위험방지 행위의 준비는 추상적 위험이 존재하는 경우에도 가능하다.
④ 위험혐의의 존재는 위험조사차원의 경찰개입을 정당화시킨다.

(해설) 외관적 위험은 적법한 개입이므로 **손해배상책임을 발생하지 않고**, 예외적으로 손실보상문제가 발생할 수 있다.

Answer 05 ② 06 ②

07 경찰의 기본적 임무인 '위험의 방지'에 대한 설명으로 가장 적절하지 않은 것은? 22. 승진

① 경찰개입을 위해서는 구체적 위험이 존재해야 하지만, 범죄예방 및 위험방지 행위의 준비는 추상적 위험 상황에서도 가능하다.
② 오상위험이란 경찰이 상황을 합리적으로 사려 깊게 판단하여 위험이 존재한다고 인식하여 개입하였으나 실제로는 위험이 없던 경우를 말하며 이 경우 국가의 손실보상책임이 발생할 수 있다.
③ 위험혐의란 경찰이 의무에 합당한 사려 깊은 상황 판단을 할 때, 위험의 발생 가능성은 예측되지만, 위험의 실제 발생 여부가 불확실한 경우를 의미한다.
④ 손해란 보호법익에 대한 현저한 침해행위를 의미하고 정상적 상태의 객관적 감소이어야 하므로, 단순한 성가심이나 불편함은 경찰개입의 대상이 아니다.

> 해설 **외관적 위험**이란 경찰이 상황을 합리적으로 사려 깊게 판단하여 위험이 존재한다고 인식하여 개입하였으나 실제로는 위험이 없던 경우를 말하며 이 경우 국가의 손실보상책임이 발생할 수 있다.

08 경찰이 임무를 공공의 안녕과 공공의 질서에 대한 위험의 방지라고 정의할 때, 위험에 관한 설명 중 가장 적절하지 않는 것은? 22. 순경

① 구체적 위험은 개별사례에서 실제로 또는 최소한 경찰관의 사전적 시점에서 사실관계를 합리적으로 평가하였을 때, 가까운 장래에 공공의 안녕이나 공공의 질서에 대한 손해가 발생할 충분한 개연성이 있는 상황과 관련이 있다.
② 오상위험에 근거한 경찰의 위험방지조치가 위법한 경우에는 경찰관 개인에게는 민·형사상 책임이 문제되고 국가에게는 손해배상책임이 발생할 수 있다.
③ 외관적 위험은 경찰관이 의무에 합당한 사려 깊은 상황판단을 하였음에도 위험을 잘못 긍정하는 경우이다.
④ 위험의 혐의만 존재하는 경우에 위험의 존재가 명백해지기 전까지는 예비적 조치로서 위험의 존재 여부를 조사할 권한은 없다.

> 해설 위험혐의는 예비적 조치로서 **위험의 존재여부를 조사할 권한이 있다.**

Answer 07 ②   08 ④

09 경찰의 기본적 임무에 대한 설명 중 옳지 않은 것은 모두 몇 개인가?

71기 경간부

가. '공공질서'는 원만한 공동체 생활을 영위하기 위한 불가결적 전제조건이 되는 각 개인의 행동에 대한 불문규범의 총체로서 오늘날 공공질서 개념의 사용 가능 분야는 확대되고 있다.

나. 오늘날 복지국가적 행정을 요구하고 있는 시대적 요청에 따라 경찰행정 분야에서도 각 개인이 경찰권의 발동을 요청할 수 있는 권리인 경찰개입청구권을 인정하기에 이르렀는데 이는 '재량권의 0으로의 수축이론'과 관련이 있다.

다. 인간의 존엄·자유·명예·생명 등과 같은 개인적 법익뿐만 아니라 사유재산적 가치나 무형의 권리에 대한 위험방지도 경찰의 임무에 해당한다. 그러나 개인적 권리와 법익이 보호된 경우라고 하더라도 경찰의 원조는 잠정적인 보호에 국한되어야 하고, 최종적인 권리구제는 법원(法院)에 의하여야 한다.

라. 법적 안정성의 확보를 위해 불문규정이 성문화되어 가는 현상으로 인하여 오늘날 공공의 질서라는 개념은 그 범위가 점차 축소되고 있다.

마. 위험은 경찰개입의 전제조건이나 위험이 보호를 받게 되는 법익에 구체적으로 존재해야 하는 것은 아니기 때문에 보행자의 통행이 거의 없는 밤 시간에 횡단보도 보행자 신호등이 녹색등 일 때 정지하지 않고 진행한 경우에도 통행한 운전자는 경찰 책임자가 된다. 이는 공공의 안녕을 보호법익으로 하는 「도로교통법」을 침해함으로써 법질서의 불가침성을 침해하기 때문이다.

바. 외관적 위험에 대한 경찰권 발동은 경찰상 위험에 해당하는 적법한 개입이므로 경찰관에게 민·형사상 책임을 물을 수 없다. 단, 경찰개입으로 인한 피해가 '공공필요에 의한 특별한 희생'에 해당하는 경우에는 국가의 손실보상 책임은 발생할 수 있다.

① 0개
② 1개
③ 2개
④ 3개

해설 가. '공공질서'는 원만한 공동체 생활을 영위하기 위한 불가결적 전제조건이 되는 각 개인의 행동에 대한 불문규범의 총체로서 오늘날 **공공질서 개념의 사용 가능 분야는 축소되고 있다.**

▶ 공공의 질서

의 의	① **공공질서라 함은** 시대의 지배적 윤리와 가치관에 따를 때, 인간의 원만한 공동체 생활을 위한 불가결적 전제조건을 말하며, **공공사회에서의 각 개개인의 행동에 대한 불문규범의 총체를 의미**한다. ② 시대에 따라 변화하는 **상대적·유동적인 개념이지, 절대적·고정적인 개념이 아니다.**
적용한계	① 오늘날 거의 모든 영역에 대해 법적 규범화가 이루어지고 있기 때문에 **공공질서 개념의 사용 가능 분야는 점점 축소되고 있다.** ② 법치주의, 민주주의의 원칙에서 보아 법규범이 아닌 사회규범에 의하여 요구되는 것을 경찰권력에 의해 강요할 수 없으므로, 통치권의 집행을 위한 개입의 근거로 사용될 수 있는 개념은 **엄격한 합헌성을 요구받는다.**
경찰의 개입 여부	**공공질서 위반 시 경찰의 개입에 대해서는 경찰권의 재량적 결정에 맡겨지나**, 기본적 인권의 헌법적 보호규정을 준수하는 범위 내에서 **경찰관청의 의무에 합당한 재량행사에 따라야 한다.**

Answer 09 ②

10 공공질서에 관한 설명으로 가장 적절하지 않은 것은? 〈23. 순경〉

① 원만한 공동체 생활을 위한 불가결적 전제조건으로서 공공사회에서 각 개인의 행동에 대한 불문규범의 총체이다.
② 공공질서의 개념은 절대적인 것이 아니라, 시대에 따라 변화하는 상대적이고 유동적인 개념이다.
③ 공공질서 개념의 적용 가능분야는 점차 확대되고 있다.
④ 통치권 집행을 위한 개입근거로 활용될 수 있는 공공질서 개념은 엄격한 합헌성이 요구되고, 제한적인 사용이 필요하다.

> 해설 ③ 공공질서 개념의 적용 가능분야는 점점 축소되고 있다

11 경찰의 임무에 관한 설명으로 적절하지 않은 것은 모두 몇 개인가? 〈74기 경간부〉

> 가. 실정법상의 규정을 토대로 경찰의 임무를 살펴보면, 궁극적으로는 공공의 안녕과 질서유지를 그 임무로 하고 있다.
> 나. 경찰의 임무를 공공의 안녕과 질서에 대한 위험의 방지라고 정의할 때, 공공의 안녕의 제1요소는 '국가의 존립 및 국가기관 기능성의 불가침'이다.
> 다. 경찰의 임무를 공공의 안녕과 질서에 대한 위험의 방지라고 정의할 때, '위험'은 위험의 현실화 여부에 따라 '구체적 위험'과 '추정적 위험'으로 구분할 수 있고, 위험에 대한 인식에 따라 '외관적 위험', '오상 위험', '위험혐의'로 구분한다.
> 라. 경찰의 임무를 공공의 안녕과 질서에 대한 위험의 방지라고 정의할 때, '공공의 질서'란 원만한 공동체 생활을 위한 필수적인 전제조건으로 시대에 따라 변화하는 상대적이고 유동적인 개념이다.
> 마. 경찰의 임무를 치안서비스의 제공으로 볼 때, 현대 국가는 복지국가를 지향하는 만큼 오늘날 국민에게 봉사하고 서비스하는 경찰의 역할이 점차 중요해지고 있다.

① 0개 ② 1개
③ 2개 ④ 3개

> 해설 나. 경찰의 임무를 공공의 안녕과 질서에 대한 위험의 방지라고 정의할 때, 공공의 안녕의 제1요소는 '**법질서의 불가침**'이다.
> 다. 경찰의 임무를 공공의 안녕과 질서에 대한 위험의 방지라고 정의할 때, '위험'은 위험의 현실화 여부에 따라 '구체적 위험'과 '**추상적 위험**'으로 구분할 수 있고, 위험에 대한 인식에 따라 '외관적 위험', '오상 위험', '위험혐의'로 구분한다.

Answer 10 ③ 11 ③

12. 경찰의 임무와 관할에 대한 설명으로 적절하지 않은 것은 모두 몇 개인가?

72기 경간부

가. 「국가경찰과 자치경찰의 조직 및 운영에 관한 법률」은 경찰의 임무로 국민의 생명·신체 및 재산의 보호, 범죄의 예방·진압 및 수사, 범죄피해자 보호, 교통의 단속과 위해의 방지, 외국 정부기관 및 국제기구와의 국제협력 등을 규정하고 있다.
나. 인간의 존엄·자유·명예·생명 등과 같은 개인적 법익뿐만 아니라 사유재산적 가치에 대한 위험방지도 경찰의 임무에 해당하나, 무형의 권리에 대한 위험방지는 경찰의 임무에 해당하지 아니한다.
다. 경찰공무원이 국회 안에서 현행범인을 체포한 후에는 국회의장의 지시를 받을 필요가 없지만, 회의장 안에 있는 국회의원에 대하여는 국회의장의 명령 없이 체포할 수 없다.
라. 재판장은 법정에서의 질서유지를 위해 필요하다고 인정할 때에는 개정 전후에 상관 없이 관할 경찰서장에게 경찰공무원의 파견을 요구할 수 있으며, 파견된 경찰공무원은 법정 내에서만 질서유지에 관하여 재판장의 지휘를 받는다.

① 0개 ② 1개
③ 2개 ④ 3개

해설
나. 인간의 존엄·자유·명예·생명 등과 같은 개인적 법익뿐만 아니라 사유재산적 가치에 대한 위험방지도 경찰의 임무에 해당하나, **무형의 권리에 대한 위험방지도 경찰의 임무에 해당한다.**
다. 경찰공무원이 국회 안에서 현행범인을 체포한 후에는 **국회의장의 지시를 받아야 하며,** 회의장 안에 있는 국회의원에 대하여는 국회의장의 명령 없이 체포할 수 없다.
라. 재판장은 법정에서의 질서유지를 위해 필요하다고 인정할 때에는 개정 전후에 상관 없이 관할 경찰서장에게 경찰공무원의 파견을 요구할 수 있으며, 파견된 경찰공무원은 **법정 내외에서** 질서유지에 관하여 재판장의 지휘를 받는다.

Answer 12 ④

제4절 경찰의 수단

01 다음 중 경찰의 수단에 대한 설명 중 틀린 것은? 　　　　　　　　　　　　응용문제

① 권력적 수단이란 명령·강제, 국민의 이익을 침해하는 침익적 행위를 말한다.
② 비권력적 수단이란 국민에게 이익을 주는 수익적 행위를 말한다.
③ 권력적 수단으로는 반드시 조직법, 작용법적 근거가 필요하며, 비권력적 수단은 조직법적 근거만으로도 가능하다.
④ 일상적인 교통의 관리, 행정지도, 정보경찰의 정보수집·작성·배포활동은 권력적 수단에 속한다.

해설 일상적인 교통의 관리, 행정지도, 정보경찰의 정보수집·작성·배포활동은 **비권력적 수단**에 속한다.

▶ 경찰작용의 구체적 수단

행정경찰작용을 위한 수단	권력적 수단	① 명령·강제, 국민의 이익을 침해하는 **침익적 행위** ② **반드시 법적 근거(조직법, 작용법)가 필요함**.
	비권력적 수단	① 국민에게 이익을 주는 **수익적 행위** ② **조직법적 근거만으로 가능**(임무에 관한 일반조항만으로도 가능)
범죄수사를 위한 수단	임의수단 (원칙)	상대방의 동의나 임의의 협력을 얻어서 행해지는 수사활동 ▶ 피의자신문, 참고인 조사, 사실조회 등
	강제수단 (예외)	상대방의 의사에 반해 행해지는 수사활동 ▶ 체포·구속, 압수·수색·검증 등

Answer　01 ④

제5절 경찰권(경찰활동의 기초)

01 다음 내용 중 틀린 것은 몇 개인가?   응용문제

> ㉠ 경찰권 행사로 국민이 받는 이익이 반사적 이익인 경우 경찰개입청구권이 인정된다.
> ㉡ 공공안녕과 질서유지에 관계없는 사적관계에 대해서는 경찰권 발동이 안 된다.
> ㉢ 협의의 경찰권 발동은 긴급한 경우 예외적으로 법적 근거가 없어도 인정된다.
> ㉣ 허가는 특별한 규정이 없는 한 재량행위로 본다.
> ㉤ 재량에는 어떤 조치나 수단을 선택할 것인가의 결정이 포함된다.

① 4개   ② 3개
③ 2개   ④ 1개

해설 ㉠ 경찰권의 행사로 인해 국민이 받는 이익이 반사적 이익에 해당하는 경우에는 법적 보호의 대상이 될 수 없기 때문에 **경찰개입청구권이 인정될 수가 없다.**
㉢ 협의의 경찰권의 발동은 예외적으로 **법령상 근거가 있고, 긴급한 필요가 있는 경우**에는 경찰책임자가 아닌 자에게도 가능하다.
㉣ 허가는 **원칙적으로 기속행위 또는 기속재량행위**이다.

▶ **광의의 경찰권(협의의 경찰권+수사권)**
1) 협의의 경찰권

개 념	① 협의의 경찰권은 사회공공의 안녕과 질서를 유지하기 위하여 일반통치권에 의거 국민에게 명령·강제하는 권한을 말한다. ② 협의의 경찰권은 국가와 국민사이의 일반통치관계를 의미한다. ▶ 통행금지처분, 다중범죄진압, 노점상의 단속 등	
대 상	원칙	법률에 특별한 규정이 없는 한 **통치권에 복종하는 모든 자는 자연인·법인, 내국인·외국인을 불문하고 경찰권의 대상**이 된다.
	예외	**협의의 경찰권은 특별권력에 의한 명령·강제작용은 경찰이 아니다.** 따라서, 국회의장 **국회경호권한**(국회법 제143조), **법원의 법정경찰권**(법원조직법 제58조)은 일반통치권을 전제로 하지 않고, 내부질서를 목적으로 하는 경우에는 **원칙적으로 일반경찰권에 우선**한다. 즉, 협의의 경찰권 대상에 해당되지 않는다.

2) 수사권

개 념	**국가 형벌권을 행사하기 위해 형사소송법에 의거 경찰에게 부여된 권한**을 말한다.
성 질	**수사권 발동은 사법경찰작용에 해당**되고, 형식적 의미의 경찰작용의 기초가 된다.
대 상	특별한 규정이 없는 한 **자연인(내국인, 외국인 불문)에게 수사권이 발동**될 수 있으나, **예외적으로 법인(제한 있음)에게 적용되는 경우도 많다.**
수사대상의 제한	① 외국원수 및 외교사절 ② SOFA협정에 의거 공무집행중인 미군범죄(1차 재판권 - 미군당국) ③ 대통령 - 대통령의 형사상 특권(헌법 제84조) ④ 국회의원 - 의원의 불체포특권(헌법 제44조), 의원의 면책특권(헌법 제45조) ☞ 한국주재 외국상사 직원은 일반경찰권의 대상

Answer 01 ②

02 협의의 경찰권에 관한 설명으로 가장 적절하지 않은 것은? 〈74기 경간부〉

① 사회공공의 안녕과 질서를 유지하기 위하여 일반통치권에 근거하여 국민에게 명령·강제하는 권한을 의미한다.
② 경찰기관 외의 일반행정기관에서는 발동할 수 없다.
③ 협의의 경찰권은 경찰책임자에게 발동되는 것이 원칙이지만, 법령상 근거가 있고 긴급한 필요가 있을 때에는 경찰상 위해나 장애에 직접 책임이 없는 제3자에게도 권한이 발동될 수 있다.
④ 국회의장의 국회경호권이나 법원의 법정질서유지권은 협의의경찰권에 해당하지 않는다.

(해설) 일반행정기관에서도 **협의의 경찰권을 발동할 수 있다.**

Answer 02 ②

제6절 경찰의 관할(경찰권의 범위)

01 경찰의 관할에 대한 설명으로 가장 적절하지 않은 것은? 23. 순경
① 사물관할이란 경찰이 처리할 수 있고 또 처리해야 하는 사무 내용의 범위를 말한다.
② 인적관할이란 광의의 경찰권이 어떤 사람에게 적용되는가의 문제이다.
③ 우리나라는 대륙법계의 영향으로 범죄수사를 경찰의 사물관할로 인정하고 있다.
④ 헌법상 대통령은 내란 또는 외환의 죄를 범한 경우를 제외하고는 재직 중 형사상의 소추를 받지 아니한다.

해설) 우리나라는 **영미법계의 영향**으로 범죄수사를 경찰의 사물관할로 인정하고 있다.

02 경찰의 관할에 대한 설명으로 가장 적절하지 않은 것은? 20. 순경
① 사물관할은 경찰이 처리할 수 있고 또 처리해야 하는 사무내용의 범위를 말하며 우리나라는 범죄수사에 대한 임무가 경찰의 사물관할로 인정되고 있다.
② 경찰은 중대한 죄를 범하고 도주하는 현행범인을 추적하는 때에는 주한미군 시설 및 구역 내에서 범인을 체포할 수 있다.
③ 외교공관은 국제법상 치외법권지역이나 화재, 감염병 발생과 같은 긴급한 상황에서는 외교사절의 동의 없이도 외교공관에 들어갈 수 있다.
④ 국회 경위와 경찰공무원은 국회 안에 현행범인이 있을 때에는 국회의장의 지시를 받은 후 체포하여야 한다.

해설) 국회 경위와 경찰공무원은 국회 안에 현행범인이 있을 때에는 **체포한 후 국회의장의 지시를 받아야 한다**. 다만, 국회의원은 회의장 안에 있어서는 의장의 명령 없이 이를 체포할 수 없다.

▶ 지역관할

의 의		광의의 경찰권이 발동될 수 있는 지역적 범위를 말한다.
범 위		일반통치권을 근거로 하므로 대한민국의 영역 내의 모든 지역에 적용됨이 원칙이다.
지역관할의 예외	해양경찰	해양경찰은 해양에서의 경찰사무에 대하여 관할권을 가진다.
	철도경찰	① 철도시설 및 열차 안에서 발생하는 범죄와 역구내 및 열차 안에서 발생한 현행범인(철도경찰), 역구내 및 열차 안에서 발생한 현행범 중 살인, 화재, 변사 등 중요사건(협조의뢰시 경찰청) ② 열차사고는 경찰청에서 처리함을 원칙으로 한다.
	국회	① 국회의장은 국회의 경호를 위하여 필요한 때에는 **국회운영위원회의 동의**를 얻어 일정한 기간을 정하여 **정부에 대하여** 필요한 국가경찰공무원의 파견을 요구할 수 있는데, 이때 의장의 지휘를 받아 **경위는 회의장 건물안에서, 국가경찰공무원은 회의장 건물밖에서** 경호한다.

Answer 01 ③ 02 ④

지역관할의 예외		② 국회 안 현행범인이 있을 경우에는 경위 또는 국가경찰공무원이 **체포한 후 국회의장 지시받아야** 하며, 국회의원은 **국회의장 명령없이 체포할 수 없다.**(국회법 제150조)
	법원	재판장은 **법정질서 유지**를 위해 개정전후를 불문하고 관할경찰서장에게 경찰관을 파견을 요구할 수 있으며, 파견된 경찰관은 법정내외의 질서유지를 위해 재판장 지휘를 받는다.
	치외법권 원칙	**외교공관·외교관의 사택**(외교사절의 승용차, 보트 등 교통수단 포함)은 **치외법권** 지역이므로 경찰은 직무수행을 위해 들어갈 수 없다. 따라서 외교사절의 요구나 동의가 없는 한, 경찰은 직무수행을 이유로 함부로 출입할 수 없다.
	예외	**화재나 전염병의 발생 등과 같이 상태책임의 경우에는 외교사절의 동의가 없이도 공관에 들어갈 수 있다.**(국제적 관습) 즉, 외교공관도 상태책임의 대상이 될 수 있다.

03 경찰의 관할에 관한 설명으로 가장 적절하지 않은 것은?   24. 순경

① 사물관할이란 경찰이 처리할 수 있고 처리해야 하는 사무내용의 범위를 말하는 것으로 「국가경찰과 자치경찰의 조직 및 운영에 관한 법률」과 「경찰관 직무집행법」에 규정되어 있다.
② 재판장은 법정에서의 질서유지를 위하여 필요하다고 인정할 때에는 개정 전에 한하여 관할 경찰서장에게 경찰공무원의 파견을 요구할 수 있다. .
③ 국회의원은 현행범인인 경우를 제외하고는 회기 중 국회의 동의 없이 체포 또는 구금되지 아니한다. 그리고 국회의원이 회기 전에 체포 또는 구금된 때에는 현행범인이 아니니한 국회의 요구가 있으면 회기 중 석방된다.
④ 지역관할과 인적관할은 광의의 경찰권이 발동될 수 있는 지역적 범위와 인적 범위를 말하고, 광의의 경찰권은 협의의 경찰권, 수사권, 비권력적 활동 권한을 포함하는 개념이다.

해설 ▶법원
① 법원의 법정경찰권 행사는 재판장이 행한다.
② 재판장은 법정에서의 질서유지를 위하여 필요하다고 인정할 때에는 **개정 전후에** 상관없이 **관할 경찰서장에게** 경찰공무원의 파견을 요구할 수 있다. 재판장의 요구에 따라 파견된 경찰공무원은 **법정 내외의** 질서유지에 관하여 **재판장의 지휘**를 받는다.

Answer 03 ②

04 경찰의 관할에 대한 설명 중 가장 옳지 않은 것은?
응용문제

① 국회의장은 국회의 경호를 위하여 필요한 때에는 국회운영위원회의 동의를 받아 일정한 기간을 정하여 정부에 대하여 필요한 국가경찰공무원의 파견을 요구할 수 있다.
② 국회 안에 현행범인이 있을 때에는 경위 또는 국가경찰공무원은 이를 체포한 후 국회의장의 지시를 받아야 한다. 다만, 국회의원은 회의장 안에 있어서는 국회의장의 명령 없이 이를 체포할 수 없다.
③ 재판장은 법정에서의 질서유지를 위해 필요하다고 인정할 때에는 개정 전후에 상관없이 관할경찰서장에게 국가경찰 공무원의 파견을 요구할 수 있으며, 파견된 국가경찰공무원은 법정 내외의 질서유지에 관하여 재판장의 지휘를 받는다.
④ 외교공관과 외교관의 개인주택은 국제법상 치외법권 지역으로 불가침의 대상이 되지만 외교사절의 승차, 보트, 비행기 등 교통수단은 불가침의 대상이 아니다.

해설 외교공관과 외교관의 개인주택은 국제법상 치외법권 지역으로 불가침의 대상이 되며, **외교사절의 승용차, 보트, 비행기 등 교통수단도 불가침의 대상**이다.

▶ 인적관할

의의	광의의 경찰권이 발동될 수 있는 인적범위를 말한다. ➡ 원칙적으로 국가의 일반통치권에 복종하는 모든 사람이다.	
예외	국내법	① **대통령(형사상특권)** : 대통령은 내란 또는 외환의 죄를 범한 경우를 제외하고는 재직 중 형사상의 소추를 받지 아니한다. ② **국회의원(불체포특권)** 　㉠ 국회의원은 현행범인인 경우를 제외하고는 회기 중 국회의 동의없이 체포 또는 구금되지 아니한다. 　㉡ 국회의원이 회기 전에 체포 또는 구금된 때에는 현행범인이 아닌 한 국회의 요구가 있으면 회기 중 석방된다. ③ **국회의원(면책특권)** : 국회의원은 국회에서 직무상 행한 발언과 표결에 관하여 국회 외에서 책임을 지지 않는다.
	국제법	외교사절(면책특권), 주한 미군(SOFA협정)에 일정한 제한이 있다.

▶ 사물관할

의의	경찰이 처리해야 하는 사무내용의 범위를 말한다. ➡ 조직법적 임무규칙
근거법규	국가경찰과 자치경찰의 조직 및 운영에 관한 법률 제3조와 경찰관직무집행법 제2조
특징	① 사물관할은 조직법적 임무규정에 의함이 원칙이나, 우리나라의 경우 조직법인 국가경찰과 자치경찰의 조직 및 운영에 관한 법률(1991) 외에 **경찰작용법인 경찰관직무집행법에 조직법적인 임무규정이 포함되어 있는 것이 특징**이 있다. ② 영·미의 경찰개념의 영향으로 범죄수사에 관한 임무가 경찰의 사물관할로서 규정되어 있다.

Answer 04 ④

05 경찰의 관할에 관한 설명 중 가장 적절하지 않은 것은? 22. 순경

① 「국회법」상 경위(警衛)나 경찰공무원은 국회 안에 현행범인이 있을 때에는 체포한 후 국회의장 지시를 받아야 한다. 다만, 회의장 안에서 국회의장의 명령 없이 국회의원을 체포할 수 없다.
② 「법원조직법」상 재판장은 법정에서의 질서유지를 위하여 필요하다고 인정할 때에는 개정 전후에 상관없이 관할 경찰서장에게 경찰공무원의 파견을 요구할 수 있으며, 이에 따라 파견된 경찰공무원의 파견을 요구할 수 있으며, 이에 따라 파견된 경찰공무원은 법정 내외의 질서유지에 관하여 재판장의 지휘를 받는다.
③ 헌법상 대통령은 내란 또는 외환의 죄를 범한 경우를 제외하고는 재직중 형사상의 소추를 받지 아니한다.
④ '사물관할'이란 경찰권이 발동될수 있는 지역적 범위를 말하고, 대한민국의 영역 내 모든 범위에 적용되는 것이 원칙이다.

해설 지역관할에 대한 내용이다.

06 경찰의 관할에 대한 다음 설명 중 가장 옳은 것은? 응용문제

① 인적관할이란 협의의 경찰권이 발동될 수 있는 인적 범위를 의미한다.
② 우리나라는 대륙법계의 영향을 받아 범죄수사에 관한 임무가 경찰의 사물관할로 인정되고 있다.
③ 재판장은 법정에서의 질서유지를 위해 필요하다고 인정할 때에는 개정 전후를 불문하고 관할 경찰서장에게 국가경찰공무원의 파견을 요구할 수 있으며, 파견된 국가경찰공무원은 법정 내외의 질서유지에 관하여 재판장의 지휘를 받는다.
④ 국회 안에 현행범이 있을 때에는 국가경찰공무원은 반드시 사전에 국회의장의 지시를 받아 체포하여야 한다.

해설 ① 인적관할이란 **광의의 경찰권**이 발동될 수 있는 인적 범위를 의미한다.
② 우리나라는 **영미법계의 영향을 받아** 범죄수사에 관한 임무가 경찰의 사물관할로 인정되고 있다.
④ 국회 안에 현행범이 있을 때에는 국가경찰공무원은 **체포한 후 국회의장의 지시를 받는다**.

Answer 05 ④ 06 ③

07 경찰의 관할에 관한 설명으로 적절하지 않은 것은?

74기 경간부

가. 경찰권은 원칙적으로 대한민국 영역 내 모든 지역에 적용되나 국내법적 또는 국제법적 근거에 의해 일정한 한계가 있다.
나. 「외교관계에 관한 비엔나협약」에 따르면 공관지역과 외교관의 개인주거는 불가침이다.
다. 「범죄수사규칙」에 따르면 경찰관은 외교관 또는 외교관의 가족, 그 밖의 외교의 특권을 가진 사람 등의 관련범죄를 수사함에 있어서 외교특권을 침해하는 일이 없도록 주의하여야 한다.
라. 「외교관계에 관한 비엔나협약」에 따르면 외교관은 어떠한 형태의 체포 또는 구금도 당하지 아니한다.

① 0개   ② 1개
③ 2개   ④ 3개

해설) 모두 옳은 지문이다.

Answer 07 ①

제7절 경찰의 기본이념

01 경찰의 기본이념에 대한 설명으로 옳은 것은? 71기 경간부

① 경찰의 중앙과 지방간의 권한 분배, 경찰행정정보의 공개, 성과급제도 확대는 경찰의 민주성 확보방안이다.
② 인권존중주의는 비록 「경찰법」에서는 언급이 없으나, 「헌법」상 기본권 조항 등을 통하여 당연히 유추된다.
③ 경찰위원회제도, 「부패방지 및 국민권익 위원회의 설치와 운영에 관한 법률」상 국민감사청구제도, 경찰책임의 확보 등은 경찰의 민주성을 확보하기 위한 대내적 민주화 방안이다.
④ 국민의 모든 자유와 권리는 국가안전보장·질서유지 또는 공공복리를 위하여 필요한 경우에 한하여 법률로써 제한할 수 있으며 제한하는 경우에도 자유와 권리의 본질적인 내용을 침해할 수 없다.

해설　① 성과급제도 확대는 **경찰의 효율성의 확보방안**이다.
　　　② 인권존중주의는 「**국가경찰과 자치경찰의 조직 및 운영에 관한 법률**」 5조에서 **규정**되어 있다.
　　　③ **경찰위원회제도**, 「**부패방지 및 국민권익 위원회의 설치와 운영에 관한 법률**」상 국민감사청구제도 경찰책임의 확보는 **대외적 민주화 방안**이다.

▶ 경찰의 민주성을 확보하기 위한 방안

대외적 민주성	국민에게 책임을 지는 행정, 즉 대응성을 보장하는 행정 예 적절한 권한 분배, 국가경찰위원회제도 실시, **「부패방지 및 국민권익 위원회의 설치와 운영에 관한 법률」상 국민감사청구제도, 경찰책임 확보**, 시민참여, 정보공개, 엽관주의, 대표관료제, 행정절차법, 행정구제제도, 행정통제 강화, 정책공동체 등
대내적 민주성	행정조직 내부의 민주화, 즉 조직관리의 민주화. 예 하의상달(참여), 민주형 리더십, 권한위임, 분권화, 탈관제제, Y이론적 관리, MBO 등

02 다음은 경찰활동의 기본이념과 관련된 법적 근거를 제시한 것이다. 이와 관련하여 〈보기 1〉과 〈보기 2〉의 내용이 가장 적절하게 연결된 것은? 22. 순경

〈보기 1〉
(가) 헌법 제1조 제2항에서는 "대한민국 주권은 국민에게 있고, 모든 권력은 국민으로부터 나온다"라고 규정하고 있다.
(나) 헌법 제37조 제1항에서는 "국민의 자유와 권리는 헌법에 열거되지 아니한 이유로 경시되지 아니한다"라고 규정하고 있다.
(다) 「국가공무원법」 제65조 제1항에서는 "공무원은 정당이나 그 밖의 정치단체의 결성에 관여하거나 이에 가입할 수 없다"라고 규정하고 있다.

Answer　01 ④　02 ③

```
┌─────────────────────────〈보기 2〉─────────────────────────┐
│  ㉠ 인권존중주의                    ㉡ 민주주의              │
│  ㉢ 법치주의                        ㉣ 정치적 중립주의        │
└──────────────────────────────────────────────────────┘
```

	(가)	(나)	(다)
①	㉡	㉣	㉠
②	㉢	㉡	㉣
③	㉡	㉠	㉣
④	㉢	㉠	㉣

해설 (가) 민주주의 (나) 인권존중주의 (다) 정치적 중립주의

---

03 경찰의 기본이념에 관한 설명으로 가장 적절하지 않은 것은? _{24. 순경}

① 법치주의 : 자치경찰제도를 도입하여 중앙정부의 경찰권을 자치단체에 위임하고, 국가경찰위원회 및 시·도자치경찰위원회 제도, 행정정보공개제도 등을 통해 경찰에 대한 민주적 통제와 참여 장치를 마련한다.

② 정치적 중립주의 : 공무원은 국민 전체의 봉사자이며 국민에 대하여 책임을 진다. 경찰공무원을 비롯한 공무원의 신분과 정치적 중립성은 제도적으로 보장된다.

③ 민주주의 : 국민의 자유과 권리를 보호하고 공공의 안녕과 질서를 유지하는 경찰의 임무 수행은 국민을 위하여 행하는 것이며, 경찰권은 국민에게서 부여받은 것이다.

④ 인권 존중주의 : 경찰은 직무를 수행할 할 때 헌법과 법률에 따라 국민의 자유와 권리 및 모든 개인이 가지는 불가침의 기본적 인권을 보호한다.

해설 ▶**민주주의**에 대한 내용이다.
㉠ 국민의 경찰에 대한 민주적 통제(예 경찰위원회)
㉡ 국민의 참여기회의 보장 및 경찰활동의 공개
   (행정절차법, 공공기관의 정보공개에 관한 법률)
㉢ 경찰조직 내부의 적절한 권한 분배
㉣ 개개 경찰관의 민주주의 의식이 확립
㉤ 경찰간부의 민주적 리더쉽 요구
㉥ 경찰활동의 투명
㉦ 경찰조직내부의 민주화 필요

Answer 03 ①

04 다음은 경찰의 기본이념 및 그와 관련된 사항에 관한 甲~丁의 주장을 나열한 것이다. 이 중 잘못된 주장을 하고 있는 사람은 누구인가?

응용문제

> 甲 : 경찰권은 국민으로부터의 위임에 근거한 것이라는 태도는 민주주의 이념과 관련이 깊다.
> 乙 : 경찰작용은 그 침익적 성격으로 인해 법치주의의 엄격한 적용을 받지만, 순전한 임의(비권력적)활동의 경우라면 개별적 수권규정이 없이도 가능하다. 단 이 경우에도 조직법적 근거는 있어야 하므로 직무범위 내에서 행해져야 한다.
> 丙 : 경찰의 이념 중 민주주의 이념은 대국민과의 관계에서만이 아니라 조직 내부의 관계에서도 중요하다.
> 丁 : 경찰의 이념 중 인권존중주의는 비록 「경찰법」에서는 언급이 없으나, 「헌법」상 기본권 조항 등 통하여 당연히 유추된다.

① 甲
② 乙
③ 丙
④ 丁

해설 국가경찰과 자치경찰의 조직 및 운영에 관한 법률 제5조에서 경찰은 직무를 수행함에 있어 헌법과 법률에 따라 국민의 자유와 권리를 존중해야 한다고 **명문화 하고 있다.**

▶ 경찰의 기본이념

민주주의 (국자법 제1조)	경찰의 조직이나 작용이 민주적(경찰조직의 민주화)이어야 하며, **경찰권은 국민에게 있고 모든 경찰권력은 국민으로부터 나온 것**이므로 경찰은 국민을 위하여 경찰권을 행사하여야 한다.
법치주의 (국자법 제5조)	① 국가 권력의 행사는 국민의 의사를 대변하는 국회에서 만든 **법률에 근거해야 한다는 주의**이다. ② 국민의 모든 자유와 권리는 국가안전보장·질서유지 또는 공공복리를 위하여 필요한 경우에 한하여 **법률로써 제한**할 수 있으며, 제한하는 경우에도 **국민자유와 권리의 본질적 내용은 법률의 수권이 있어도 제한할 수 없다.**
인권 존중 주의 (국자법 제5조)	① 국민의 모든 자유와 권리를 제한하고자 할 경우 법률로써만 가능하며, 자유와 권리의 본질적인 내용을 침해할 수 없다는 것이 헌법상 요청이다. ② 수사경찰에게 가장 요구되는 경찰의 이념은 인권존중주의이다.
정치적 중립 주의 (국자법 제5조)	경찰은 **특정정당 기타 정치단체의 이익이나 이념을 위해 활동할 수 없으며**, 오로지 주권자인 전체국민과 국가를 위하여 활동해야 한다는 원칙이다.
경영 주의	**불필요한 부서의 폐지, 통합, 축소 등 조직의 슬림화나 인력재배치, 예산의 적재적소에의 사용 등을 통하여 생산성을 높이고, 기업 구성원의 구태의연한 관행과 행태를 척결해야 한다는 이념**이다.

Answer 04 ④

제8절 경찰의 윤리(경찰활동의 기준)

01 경찰윤리학의 접근법에 대한 설명으로 틀린 것은? 〔응용문제〕

① 지금까지 경찰윤리교육은 거시적 접근법 위주로 이루어져 왔다.
② 경찰윤리 중 충성심을 강조하는 것은 미시적 접근법이다.
③ 거시적 접근법과 미시적 접근법은 상호 보완관계이다.
④ 부패의 원인을 예산부족 등에서 찾는 것은 거시적 접근법이다.

[해설] 지금까지 경찰윤리교육은 **미시적 접근법 위주**로 이루어져 왔다.

▶ 경찰윤리학의 접근법

미시적 접근법	거시적 접근법
① **개인행동**에 대한 처방과 평가	① **사회제도**구조에 대한 처방과 평가
② 숲은 보지 못하고 **나무만** 본다.	② 나무는 보지 못하고 **숲만** 본다.
③ 대상을 **좁게** 본다.	③ 대상을 넓게 본다.
④ 경찰윤리 중 충성심·청렴도를 강조한다.	④ 부패의 원인을 **예산부족** 등에서 찾는 것은 **거시적 접근법** 위주이다.
⑤ 지금까지 **경찰윤리교육은 미시적 접근법** 위주로 이루어져 있다.	

02 다음 〈보기〉는 경찰윤리 교육의 목적 중 어떤 목적에 대한 사례인가?

> 김형사는 사건관련자가 돈 100만원을 주면서 잘 처리하여 달라고 하자 처음에는 거절하다가 결국 돈을 받았다.

① 도덕적 결의의 강화
② 도덕적 감수성의 배양
③ 도덕적 결의의 약화
④ 도덕적 전문능력 함양

[해설] **도덕적 결의의 약화**에 대한 사례에 해당한다.

▶ 경찰윤리 교육의 목적

도덕적 결의의 강화		경찰관은 내부 및 외부로부터 **여러 압력과 유혹에도 굴복하지 않고 자신의 소신과 직업의식에 따라 일을 처리하는 것**이다.
	도덕적 결의의 약화	[사례1] 김형사는 사건관련자가 돈 50만 원을 주면서 잘 처리하여 달라고 하자 처음에는 거절하다가 결국은 돈을 받았다.
	도덕적 결의의 강화	[사례2] 중앙경찰학교의 교관 김 경위는 신임순경에 '경찰이 받는 돈은 불과 몇 십만 원인데, 뇌물수수로 파면될 경우 퇴직금을 받기 힘드니 돈 받는 사람은 멍청한 사람이다.'라고 하였다.
도덕적 감수성의 배양		실무에서 경찰이 **다양한 계층의 사람들에게 모두 인간으로서 존중하고 공평하게 봉사하는 것**이다.
도덕적 전문능력 함양		경찰이 비판적이고 반성적인 사고방식을 배양하여 **조직 내에 관습적으로 내려오는 관행을 비판적으로 검토하여 수용하는 것**이며, 가장 중요한 목적이다.

Answer 01 ① 02 ③

03 경찰윤리강령이 갖는 대내적 기능에 대한 설명으로 가장 옳지 않은 것은? _{응용문제}

① 조직구성원의 자질통제기준
② 조직구성원 간의 소속감 고취
③ 국민과의 공공관계 개선
④ 조직구성원에 대한 교육자료

해설 ▶ 경찰윤리강령의 기능

대내적 기능	① 개인적 기준 ② 조직의 기준 ③ 조직에 대한 소속감 고취 ④ 조직구성원에 대한 교육자료
대외적 기능	① 서비스 수준의 확신부여, 보장 ② 과도한 요구에 대한 책임제한 ③ 국민과의 공공관계의 개선

04 경찰윤리강령에 관한 설명으로 가장 적절하지 않은 것은? _{24. 순경}

① 법적 강제력이 없기 때문에 위반했을 경우 제재할 방법이 미흡하다.
② 민주적 참여에 의한 제정보다는 상부에서 제정되고 일방적으로 하달되어 냉소주의를 불러일으키는 단점이 있다.
③ 우리나라의 경찰윤리강령은 경찰윤리헌장 – 새경찰신조 – 경찰헌장 – 경찰서비스헌장 순서로 제정되었다.
④ 1945년 10월 21일 국립경찰의 탄생 시 이념적 지표가 된 경찰정신은 대륙법계의 영향으로 '봉사'와 '질서'를 경찰의 행동강령으로 삼았다.

해설 **영미법계 영향**을 받아서 봉사와 질서를 경찰의 행동강령으로 삼았다.

05 다음 「경찰헌장」에 대한 내용으로 가장 적절하게 연결된 것은? _{17. 순경}

㉠ 정의의 이름으로 진실을 추구하며, 어떠한 불의나 불법과도 타협하지 않는 경찰
㉡ 국민의 신뢰를 바탕으로 오직 양심에 따라 법을 집행하는 경찰
㉢ 건전한 상식 위에 전문지식을 갈고 닦아 맡은 일을 성실하게 수행하는 경찰
㉣ 모든 사람의 인격을 존중하고 누구에게나 따뜻하게 봉사하는 경찰

ⓐ 친절한 경찰   ⓑ 근면한 경찰
ⓒ 의로운 경찰   ⓓ 공정한 경찰

① ㉠ – ⓑ
② ㉡ – ⓒ
③ ㉢ – ⓓ
④ ㉣ – ⓐ

Answer 03 ③　04 ④　05 ④

해설 ㉠ - ⓒ
　　　㉡ - ⓓ
　　　㉢ - ⓑ
　　　㉣ - ⓐ

▶ 경찰헌장의 5대 덕목

근면한 경찰	**성실**하게 업무를 수행하는 경찰
공정한 경찰	**양심**에 따라 법을 집행하는 경찰
친절한 경찰	누구에게나 따뜻하게 **봉사**하는 경찰
의로운 경찰	**정의**의 이름으로 진실을 추구하며, 어떠한 불의나 불법과도 타협하지 않는 경찰
깨끗한 경찰	항상 규율을 지키며 **검소**하게 생활하는 경찰

06 「경찰헌장」의 내용 중 괄호 안에 들어갈 가장 적절한 표현은? 23. 승진

> 우리는 조국 광복과 함께 태어나 나라와 겨레를 위하여 충성을 다하며 오늘의 자유민주사회를 지켜온 대한민국 경찰이다(중략)
> 1. 우리는 정의의 이름으로 진실을 추구하며 어떠한 불의나 불법과 타협하지 않는 (㉠) 경찰이다.
> 1. 우리는 국민의 신뢰를 바탕으로 오직 양심에 따라 법을 집행하는 (㉡) 경찰이다.
> 1. 우리는 화합과 단결 속에 항상 규율을 지키며 검소하게 생활하는 (㉢)경찰이다.

① ㉠ 의로운 - ㉡ 공정한 - ㉢ 깨끗한
② ㉠ 의로운 - ㉡ 깨끗한 - ㉢ 친절한
③ ㉠ 공정한 - ㉡ 깨끗한 - ㉢ 근면한
④ ㉠ 공정한 - ㉡ 의로운 - ㉢ 깨끗한

해설 ㉠ **의로운** - ㉡ **공정한** - ㉢ **깨끗한**

07 경찰 윤리강령에 따라 발생할 수 있는 문제점에 관한 설명으로 가장 적절하지 않은 것은? 23. 경특

① 냉소주의 : 직원의 참여에 의하여 이루어지는 것이 아니라 상부에서 제정하여 하달되기 때문에 발생할 수 있는 문제
② 비진정성 : 전문직업인의 내부규율로서 선언적 효력을 가질 뿐 법적인 강제력이 없기 때문에 이를 위반했을 경우 제재할 방법이 미흡하며, 지나친 이상추구의 성격 때문에 발생할 수 있는 문제
③ 행위중심적 성격 : 행위중심적으로 규정되어 있어서 행위 이전의 의도나 동기를 소홀히 하기 때문에 발생할 수 있는 문제

Answer 06 ①　07 ②

④ 최소주의 위험 : 경찰관이 최선을 다하여 헌신과 봉사를 하려다가도 경찰윤리강령에 포함된 정도의 수준으로만 근무를 하려하기 때문에 발생할 수 있는 문제

해설 집행(실행)가능성의 문제 : 전문직업인의 내부규율로서 선언적 효력을 가질 뿐 법적인 강제력이 없기 때문에 이를 위반했을 경우 제재할 방법이 미흡하며, 지나친 이상추구의 성격 때문에 발생할 수 있는 문제

▶ 경찰윤리강령의 문제점

집행가능성의 문제	경찰강령은 **법적강제력이 없기 때문에 위반시 제재방법이 미흡**하다.
냉소주의의 문제	경찰강령은 직원들의 참여에 의하여 이루어지는 것이 아니라 상부에서 제정하여 **일방적 하달**의 방식으로 이루어지고 또한 그 이상적 규정으로 조직원의 냉소주의를 야기할 수 있다.
최소주의의 위험	경찰관이 최선을 다하여 헌신과 봉사를 하려다가도 **경찰강령에 포함된 정도의 수준으로만 근무를 하여 경찰강령이 근무수준의 최소기준**이 될 수 있다.
비진정성의 조장	경찰관의 도덕적 자각에 따른 **자발적인 행동이 아니라 외부로부터 요구된 것으로서 비자발적 행동으로 인해 진정한 봉사가 이루어지지 않**을 수 있다.
우선순위 미결정	업무의 우선 순위 결정기준이 못된다.
행위중심적 성격	행위 중심적으로 규정되어 있어 **행위 이전의 의도나 동기를 소홀히 할 수** 있다.

08 경찰윤리강령에 대한 설명으로 가장 적절하지 않은 것은? 응용문제

① 경찰윤리강령은 경찰윤리헌장, 새경찰신조, 경찰헌장, 경찰서비스헌장 순으로 제정되었다.
② 경찰윤리강령의 문제점 중 최소주의의 위험은 강령에 규정된 수준 이상의 근무를 하지 않으려 하는 근무수준의 최저화 경향을 말한다.
③ 경찰헌장에서는 '우리는 정의의 이름으로 진실을 추구하며, 어떠한 불의나 불법과도 타협하지 않는 의로운 경찰'이라고 규정되어 있다.
④ '경찰공무원은 직위 또는 직권을 이용, 부당하게 타인의 민사분쟁에 개입해서는 안 된다.'는 규정을 대통령령인 경찰청 공무원행동강령에 규정하고 있다.

해설 '경찰공무원은 직위 또는 직권을 이용, 부당하게 타인의 민사분쟁에 개입해서는 안된다.'는 규정을 대통령령인 **경찰공무원복무규정 제10조에 규정**하고 있다.

Answer 08 ④

제9절 경찰직업의 전문화

01 다음 사례에서 나타나는 전문직업인으로서 경찰의 윤리적 문제점으로 가장 적절한 것은?

22. 순경

> ○○경찰서 경비과 소속 경찰관 甲은 집회 현장에서 시위대가 질서유지선을 침범해 경찰관을 폭행하자 교통, 정보, 생활안전 등 다른 전체적인 분야에 대한 고려 없이 경비 분야만 생각하고 검거 결정을 하였다.

① 부권주의 ② 소외
③ 차별 ④ 사적 이익을 위한 이용

해설 소외에 해당하는 사례이다.

▶ 경찰직업 전문화의 문제점

전문직업적 부권주의	① 아버지가 자식의 문제를 모두 결정하듯이 전문가가 상대방의 입장을 고려하지 않고 일방적으로 결정하는 것을 말한다. ② 전문직업적 부권주의는 치안서비스의 질을 저해할 수 있다.
소 외	나무는 보고 숲을 보지 못하듯 전문가가 자신의 국지적 분야만 보고 전체적인 맥락을 보지 못하는 것이다.
차 별	① 전문직이 되는 데 장기간의 교육과 비용이 들어 가난한 사람은 전문가가 되는 기회를 상실한다. ② 경찰이 전문직업화되어 자신의 이익을 추구함에 따라 경제적, 교육적 약자에게 경찰에의 접근을 차단하는 현상이 발생한다.
사적인 이익을 위한 이용	전문직들은 그들의 지식과 기술로 상당한 사회적 힘을 소유함. 그러나 이러한 힘을 때때로 공익보다는 사적인 이익을 위해서만 이용하기도 함

02 경찰의 전문직업화에 대한 설명으로 가장 적절하지 않은 것은?

20. 승진

① 클라이니히는 고전적 전문직의 특징으로 공공서비스의 제공, 윤리강령의 제정, 전문지식과 전문기술, 고등교육의 이수, 자율적 자기통제를 제시하였다.
② 관료제의 획일적 명령체계는 전문화를 저해한다.
③ 전문직업화의 윤리적 문제점 중 '소외'는 전문직이 되는 데 장기간 교육과 많은 비용이 들어, 가난한 사람은 전문가가 되는 기회를 상실하는 것이다.
④ 전문직업화의 윤리적 문제점 중 '부권주의'는 아버지가 자식의 문제를 모두 결정하듯이 전문가가 상대방의 입장을 고려하지 않고 일방적으로 결정하는 것을 말한다.

해설 차별에 대한 내용이다.

Answer 01 ② 02 ③

03 전문직업의 윤리적 문제점에 대한 설명으로 적절한 것을 모두 고른 것은? 　　　　　　응용문제

> ㉠ 학자들이 제시하는 전문직업의 윤리적 문제점으로는 차별, 부권주의, 사적인 이익을 위한 이용, 소외 등이 있다.
> ㉡ '차별'은 나무는 보고 숲은 보지 못하듯 자신의 국지적 분야만 보고 전체적인 맥락을 보지 못하는 것을 말한다.
> ㉢ '소외'는 전문직이 되는 데 장기간의 교육이 필요하고 비용이 들어, 가난한 사람은 전문가가 되는 기회를 상실하는 것을 말한다.
> ㉣ '부권주의'란 아버지가 자식의 문제를 모두 결정하듯이 전문가가 상대방의 입장을 고려하지 않고 일방적으로 결정하는 것을 말한다.

① ㉠㉢　　　　　　　　　　　　② ㉡㉢
③ ㉠㉣　　　　　　　　　　　　④ ㉡㉣

해설　㉡ 소외, ㉢ 차별에 대한 설명이다.

04 경찰의 전문직업화에 대한 설명으로 가장 적절한 것은?　　　　　71기 경간부

① 미국의 서덜랜드(Edwin H. Sutherland)는 경찰의 높은 사회적 지위를 확보하기 위하여 전문직업화를 추진하였다.
② 경찰의 전문직업화는 경찰이 시민의 입장을 고려하지 않고 전문지식을 바탕으로 일방적으로 의사결정을 하므로 치안서비스의 질이 향상된다.
③ 경찰의 전문직업화는 경제적·사회적 약자가 경찰에 진출할 기회를 증대시켜 준다.
④ 경찰의 전문직업화는 경찰위상과 사기제고, 치안서비스 질의 향상 등의 이점이 있다.

해설　① 미국의 **오거스트 볼머**(August Vollmer)**에 의해** 경찰의 전문직업화 운동이 추진된 이래 경찰의 높은 사회적 지위를 확보하기 위하여 지속적으로 추구되고 있다.
② 경찰의 전문직업화는 경찰이 시민의 입장을 고려하지 않고 전문지식을 바탕으로 일방적으로 의사결정을 하므로 **치안서비스의 질이 떨어진다**.
③ 경찰의 전문직업화는 전문직이 되는데 **장기간의 교육과 비용이 들어 가난한 사람은 전문가가 되는 기회를 차단하는 차별의 문제점이 있다**.

Answer　03 ③　04 ④

05 경찰 전문직업화의 문제점에 관한 설명으로 가장 적절하지 않은 것은? 〔74기 경간부〕

① 전문가가 상대방의 입장을 고려하지 않고 일방적으로 결정하는 부권주의가 발생할 우려가 있다.
② 전문가가 자신의 국지적 분야만 보고 전체적인 맥락을 보지 못하는 소외의 문제가 발생할 수 있다.
③ 전문직들은 그들의 지식과 기술로 상당한 사회적 힘을 소유하지만, 이러한 힘을 공적 이익에만 이용하는 문제점이 있다.
④ 전문직업화를 위해 고학력을 요구할 경우, 경제적 약자 등은 교육기회를 갖지 못하게 되어 공직 진출이 제한되는 등 차별을 야기할 수 있다.

> 해설   전문직들은 그들의 지식과 기술로 상당한 사회적 힘을 소유하지만, 이러한 힘을 **사적 이익에만 이용하는 문제점**이 있다.

Answer 05 ③

제10절 경찰의 문화

01 다음에서 설명하는 경찰문화를 극복하기 위한 방안으로 가장 적절하지 않은 것은? 24. 순경

> 경찰청에서 새로운 성과평가 제도를 시행하겠다고 발표하자, A순경은 '나랑 상관없어. 이런 건 전시행정이야'라고 비웃었다. 평소 그는 기존의 사회체계에 대한 신뢰가 없으며 개선시키겠다는 의지도 없는 사람이다.

① 의사결정과정에 일선 경찰관들의 참여를 확대시킨다.
② 업무량과 성과에 대한 적절한 보상을 강조하며, 관리층이 적극적으로 개입하고 통제하는 임무를 맡아야 한다.
③ 상사와 부하의 신뢰를 회복하기 위해 노력한다.
④ 상급자의 일방적 지시와 명령을 줄이고 상의하달의 의사소통 과정을 개선한다.

(해설) ②은 X이론에 대한 내용이다.

▶ 냉소주의 극복방안
① 의사결정 과정에의 참여 확대
② 상사와 부하의 신뢰회복
③ 커뮤니케이션 과정의 개선(상의하달의 의사소통과정 개선)
④ **Y이론(조직목적에 적극 참여)** ↔ X이론(조직목적에 무관심)

02 경찰조직의 냉소주의에 관한 설명으로 가장 적절한 것은? 23. 순경

① 니더호퍼(Niederhoffer)는 사회체계에 대한 기존의 신념체제가 붕괴된 후 새로운 신념체제에 의해 급하게 대체될 때 냉소주의가 나타날 수 있다고 하였다.
② 조직 내 팽배한 냉소주의는 경찰의 전문직업화를 저해하는 기제로 작동할 수 있다.
③ 회의주의와 비교할 때, 냉소주의는 조직 내 특정한 대상을 합리적 의심을 통해 신뢰하지 않는 것과 관련이 있다.
④ 냉소주의 극복을 위한 가장 효과적인 조직관리방안은 인간을 본래 게으르고 생리적 욕구 또는 안전의 욕구에 자극을 주는 금전적 보상이나 제재 등 외재적 유인에 반응한다고 상정하여 조직이 권위적으로 관리할 필요가 있다는 맥그리거(McGregor)의 인간모형에 기초한다.

(해설) ① 니더호퍼는 냉소주의가 자신의 신념체제가 붕괴되었지만 **새로운 것에 의해 대체되지 않을 때** 나타나는 아노미 현상이라고 주장하였다.
③ **회의주의가** 조직 내 특정 대상으로 합리적 의심을 통해 신뢰하지 않는 것과 관련이 있다.
④ 냉소주의 극복을 위한 가장 효과적인 조직관리 방안은 **맥그리거의 Y이론에 해당**한다. 그러나 주어진 내용은 X이론에 해당하는 내용이다.

Answer 01 ② 02 ②

03 경찰문화의 냉소주의를 극복하기 위한 방안에 대한 설명이다. ㉠부터 ㉤까지 ( ) 안에 들어갈 용어를 나열한 것으로 가장 적절한 것은?

22. 승진

> 인간관 중 (㉠) 이론은 인간이 책임감 있고 정직하여 (㉡)적인 관리를 해야 한다는 이론이고, (㉢) 이론은 인간을 게으르고 부정직한 것으로 보아 (㉣)적으로 관리해야 한다는 이론으로, (㉤) 이론에 의한 관리가 냉소주의를 극복하는 방안이 된다.

① ㉠ X ㉡ 민주 ㉢ Y ㉣ 권위 ㉤ X
② ㉠ X ㉡ 권위 ㉢ Y ㉣ 민주 ㉤ Y
③ ㉠ Y ㉡ 민주 ㉢ X ㉣ 권위 ㉤ Y
④ ㉠ Y ㉡ 권위 ㉢ X ㉣ 민주 ㉤ X

해설 인간관 중 (**Y**) 이론은 인간이 책임감 있고 정직하여 (**민주**)**적인 관리**를 해야 한다는 이론이고, (**X**) **이론**은 인간을 게으르고 부정직한 것으로 보아 (**권위**)**적으로 관리**해야 한다는 이론으로, (**Y**) **이론**에 의한 관리가 냉소주의를 극복하는 방안이 된다.

▶ 냉소주의와 회의주의 비교

	냉소주의(Cynicism)	회의주의(Scepticism)
의의	정치일반, 경찰제도 전반에 대하여 합리적인 근거없이 신뢰하지 않는 것(신념의 결여)으로 대안없이 대상을 무시하는 것	개별적 사안에서 합리적 의심을 하여 비판(방향제시)을 하는 것
대상	대상이 특정화되어 있지 않음 (정치일반, 경찰제도 전반을 대상으로 함)	대상이 특정화되어 있음
의심	합리적 근거없이 신뢰하지 않음	특정대상을 합리적으로 의심
개선의지	대상을 개선시키겠다는 의지가 없음	대상을 개선시키겠다는 의지가 있음
공통점	양자 모두 **불신**을 바탕으로 한다.	

04 경찰문화의 냉소주의를 극복하기 위한 방안으로 가장 적절하지 않은 것은 무엇인가? 응용문제

① 중요 의사결정 때 부하의 의견을 청취
② 맥그리거(McGregor)의 X이론에 입각한 행정관리
③ 상사와 부하의 신뢰회복
④ 커뮤니케이션 과정의 개선

해설 ▶ 냉소주의 극복방안
① 의사결정 과정에의 참여
② 상사와 부하의 신뢰회복
③ 커뮤니케이션 과정의 개선
④ **Y이론(조직목적에 적극 참여)** ↔ X이론(조직목적에 무관심)

Answer 03 ③ 04 ②

05 냉소주의와 회의주의에 대한 설명으로 가장 적절하지 않은 것은? 응용문제

① 양자 모두 불신을 바탕으로 한 공통점이 있다.
② 건전한 회의주의는 대상을 개선시키겠다는 의지가 있다.
③ 냉소주의는 조직에 대한 반발과 일탈현상을 초래할 수 있다.
④ 냉소주의는 충성의 도덕적 규범을 강화시킨다.

(해설) 냉소주의는 충성의 도덕적 규범을 강화시키는 것이 아니라, **조직에 대한 반발을 초래한다**.

Answer 05 ④

제11절 경찰의 부패

01 다음은 하이덴하이머(A. J. Heidenheimer)의 부정부패 개념 정의 및 분류에 관한 것이다. ㉠부터 ㉢까지 들어갈 말로 옳은 것은?   22. 경특

> ㉠ 고객들은 잘 알려진 위험을 감수하고라도 원하는 이익을 받는 것을 확실히 하기 위하여 높은 가격(뇌물)을 지불하는 결과로 부패가 발생한다.
> ㉡ 부패는 뇌물수수행위와 특히 결부되어 있지만, 반드시 금전적인 형태일 필요가 없는 사적 이익을 고려한 결과로 권위를 남용하는 경우를 포괄하는 용어이다.
> ㉢ 공직자가 법적으로 규정되어 있지 않은 금전적인 또는 다른 형태의 보수에 의하여 그 보수를 제공한 사람들에게 이로운 행위를 함으로써 공중의 이익에 손해를 끼칠 때 부패가 발생한다.

	㉠	㉡	㉢
①	시장중심적 정의	관직중심적 정의	공익중심적 정의
②	관직중심적 정의	시장중심적 정의	공익중심적 정의
③	시장중심적 정의	공익중심적 정의	관직중심적 정의
④	관직중심적 정의	공익중심적 정의	시장중심적 정의

해설 ▶ 하이덴 하이머의 부패정의

관직 중심적 정의(㉡)	부패는 뇌물수수와 특히 결부되어 있지만 반드시 금전적인 형태일 필요 없으며 사적인 이익 고려하여 권위를 남용하는 경우
시장 중심적 정의(㉠)	고객이 위험 감수하고 이익 받는 것을 확실히 하기 위하여 높은 가격(뇌물)을 지불하는 결과
공익 중심적 정의(㉢)	관직 가진 사람이 법적으로 규정되어 있지 않은 보수에 의하여 그런 보수를 제공하는 사람들에게 이로운 행위함으로써 공중의 이익에 손해 가져올 때 부패 발생

02 하이덴하이머(Heidenheimer)의 경찰부패에 관한 설명으로 가장 적절하지 않은 것은?   24. 순경

① 백색부패는 선의의 목적으로 행해지는 부패행위를 말한다.
② 회색부패은 사회 전체에 명백하고 심각한 해를 끼치는 부패이며 흑색부패로 악화될 수 있다.
③ 업무와 관련된 대가성 있는 뇌물을 받는 경우는 흑색부패에 해당한다.
④ 관직중심적 부패는 관료들이 직무를 수행하는 과정에서 사적 이익의 추구를 위하여 권한을 악용하여 조직이 규범을 일탈하는 행위를 말한다.

Answer 01 ① 02 ②

해설 ▶ 부정부패의 정의 및 유형

백색부패	이론상 일탈행위로 규정되나 구성원 다수가 어느 정도 용인(선의의 부패 또는 관례화된 부패)
회색부패	① 백색과 흑색의 중간에 위치하는 유형을 얼마든지 흑색부패로 발전할 수 있는 잠재성을 지닌 것 ② 일부집단은 처벌을 원하지만, 다른 일부집단은 처벌을 원하지 않는 경우
흑색부패	사회전체에 심각한 해를 끼치는 부패로 구성원 모두가 인정하고 처벌을 원하는 부패

03 경찰 부패의 원인을 설명할 수 있는 학설에 관한 설명으로 가장 적절하지 않은 것은?

24. 승진

① '전체사회가설'은 윌슨(Wilson)이 주장한 이론으로, 사회 전체가 경찰의 부패를 묵인하거나 조장할 때 경찰은 자연스럽게 부패행위를 하게 된다고 설명한다.
② '미끄러지기 쉬운 경사로 이론'은 셔먼(Sherman)이 주장한 이론으로, 부패에 해당하지 않는 작은 호의를 허용하면 나중에는 엄청난 부패로 이어진다는 이론이다.
③ '썩은 사과 가설'은 일부 부패경찰이 조직 전체를 부패로 물들게 한다는 이론으로, 부패의 원인을 조직의 체계적 결함으로 보고 있으며, 신임경찰 채용단계의 중요성을 강조한다.
④ '구조원인 가설'은 니더호퍼, 로벅, 바커 등이 주장한 이론으로, 조직의 부패전통 내에서 청렴한 신임경찰이 선배경찰에 의해 사회화되어 신임경찰도 부패로 물들게 된다는 이론이다.

해설 '썩은 사과 가설'은 일부 부패경찰이 조직 전체를 부패로 물들게 한다는 이론으로, 부패의 원인을 **개인의 일탈**로 보고 있으며, 신임경찰 채용단계의 중요성을 강조한다.

▶ 경찰부패의 원인

전체사회 가설	① 미국 시카고경찰의 부패원인을 분석하던 윌슨이 내린 결론이다. 즉 미국의 윌슨은 '시카고 **시민**이 경찰을 부패시켰다.'고 주장하였다. ② 미끄러지기 쉬운 경사로 이론과 유사하다.
구조원인 가설	① **니더호퍼, 로벅, 바커 등이 주장**하였으며, 이는 **신참경찰관들이** 그들의 **고참 동료들에 의해** 조직의 부패전통 내에서 **사회화됨으로써** 부패의 길로 들어선다는 입장이다. ② 구조원인 가설은 부패의 원인을 개인적 결함보다는 **조직의 체계적 원인**으로 보고 있다.
썩은사과 가설	① 부패의 원인은 **자질이 없는 경찰관**들이 모집단계에서 배제되지 못하고 조직 내에 유입됨으로써 경찰의 부패가 나타난다는 이론이다. ② 썩은 사과 가설은 부패의 원인을 조직의 체계적 원인보다는 **개인적 결함**으로 보고 있다.

Answer 03 ③

04 경찰의 부패원인가설 중 '구조원인가설'에 관한 설명으로 가장 적절하지 않은 것은? 23. 경특

① 부패의 관행이 경찰조직 내부에서 '침묵의 규범'으로 받아들여진다.
② 니더 호퍼(Niederhoffer), 로벅(Roebuck), 바커(Barker)등이 주장하였다.
③ 정직하고 청렴한 신임순경 A가 상사인 B로부터 관내 유흥업소 업자들을 소개받고, 이후 B와 함께 근무를 하면서 B가 유흥업소 업자들로부터 정기적으로 금품을 받는 것을 보고, 점차 부패 관행을 학습한 경우로 설명할 수 있다.
④ 경찰의 부패원인을 조직의 체계적 원인보다는 개인적 결함으로 보고 있다.

해설 경찰의 부패원인을 개인적 결함보다는 **조직의 체계적 원인으로 보고 있다**.

05 경찰부패의 원인에 관한 설명으로 가장 적절하지 않은 것은? 23. 순경

① 윌슨은 '시카고 시민이 경찰을 부패시켰다'고 주장하였는데, 이는 시민사회의 부패가 경찰부패의 주원인이라고 보는 입장이다.
② 구조원인가설은 신임경찰관들이 그들의 선배경찰관들에 의해 조직의 부패한 전통 내에서 사회화됨으로써 부패의 길로 들어선다는 이론이다.
③ '미끄러운 경사로 이론'은 사회전체가 경찰의 부패를 묵인하거나 조장할 때 경찰관은 자연스럽게 부패행위를 하게 되며, 초기단계에서는 설령 불법적인 행위를 하지 않더라도 작은 호의에 길들여져 나중에는 명백한 부정부패로 빠져들게 된다는 것이다.
④ 전체사회가설은 니더호퍼, 로벅, 바커 등이 주장한 가설이다.

해설 구조원인가설은 니더호퍼, 로벅, 바커 등이 주장한 가설이며, 전체사회가설은 '윌슨'이 주장한 가설이다.

06 다음은 경찰의 부정부패 이론(가설)에 관한 설명이다. 주장한 학자와 이론이 가장 적절하게 연결된 것은? 22. 순경

> ㉠ 부패의 사회화를 통하여 신임경찰이 기존의 부패한 경찰에게 물들게 된다는 것으로 부패의 원인을 개인적 결함이 아닌 조직의 체계적 원인으로 보고 있다.
> ㉡ 시카고 경찰의 부패 원인 중 하나로 '시카고 시민이 경찰을 부패시켰다'라는 주장이 거론된 것처럼 시민사회가 경찰관의 부패를 묵인하거나 용인할 때 경찰관이 부패 행위에 빠져들게 된다.

① ㉠ 델라트르 - 미끄러지기 쉬운 경사로 이론
  ㉡ 니더호퍼, 로벅, 바커 - 구조원인가설
② ㉠ 셔먼 - 구조원인가설
  ㉡ 델라트르 - 미끄러지기 쉬운 경사로 이론

Answer 04 ④ 05 ④ 06 ③

③ ㉠ 니더호퍼, 로벅, 바커 – 구조원인가설
    ㉡ 윌슨 – 전체사회가설
④ ㉠ 윌슨 – 전체사회가설
    ㉡ 펠드버그 – 구조원인가설

해설) ㉠ 구조원인가설, (바커, 로벅, 니더호퍼)
      ㉡ 전체사회가설(윌슨)

07 경찰의 부패이론과 내부고발에 대한 설명으로 가장 적절한 것은? 〔71기 경간부〕

① '구조원인설'은 니더호퍼, 로벅, 바커, 윌슨 등이 주장한 이론으로서 신임경찰들이 선배 경찰에 의해 조직의 부패전통 내에서 사회화되어 신임경찰도 기존 경찰처럼 부패로 물들게 된다는 이론이다.
② '썩은사과 가설'은 부패의 원인을 개인적 결함보다는 조직의 체계적 원인으로 보고 있으며 신임경찰 채용단계의 중요성을 강조한다.
③ '미끄러지기 쉬운 경사로 이론'은 펠드버그가 주장한 이론으로 공짜 커피나 작은 선물 등의 사소한 호의가 나중에 엄청난 부패로 이어진다는 이론이다.
④ 내부고발의 정당화 요건으로 적절한 도덕적 동기, 최후수단성, 성공 가능성, 중대성, 급박성 등이 있다.

해설) ① '구조원인설'은 **니더호퍼, 로벅, 바커** 등이 주장한 이론이다.
     ② '썩은사과 가설'은 부패의 원인을 **조직의 체계적인 원인보다는 개인적 결함**으로 보고 있으며 신임경찰 채용단계의 중요성을 강조한다.
     ③ '미끄러지기 쉬운 경사로 이론'은 **셔먼 등이 주장한 이론**이다.

08 부정부패에 관한 설명을 가장 적절하지 않은 것은? 〔23. 순경〕

① 작은 호의를 제공받은 경찰관이 도덕적 부채를 느껴 이를 보충하기 위해 결과적으로 선한 후속행위를 하는 상황은 미끄러운 경사(slippery slope) 가설의 맥락에서 이해할 수 있다.
② 대의명분 있는 부패(noble cause corruption)와 Dirty Harry문제는 부패의 개념적 징표를 개인적 이익 추구를 넘어 조직 혹은 사회적 차원의 이익 추구로 확대하고자 하는 시도라고 볼 수 있다.
③ 고객이 위험을 감수하고서라도 원하는 이익을 확실히 취하기 위해 높은 가격의 뇌물을 지불하는 상황을 부패로 이해한다면, 이는 하이덴하이머(Heidenheimer)가 제시한 세 가지 유형의 부정부패 정의 중 시장중심적 정의와 가장 관련이 크다.
④ 공직자가 직무와 관련하여 그 지위 또는 권한을 남용하거나 법령을 위반하여 자기 또는 제3자의 이익을 도모하는 행위는 「부패방지 및 국민권익위원회의 설치와 운영에 관한 법률」상 부패행위에 해당한다.

Answer 07 ④ 08 ①

해설 작은 호의를 제공받은 경찰관이 **도덕적 부채를 느껴 이를 보충하기 위해 하다보면 결과적으로 더 깊은 부패로 빠지는 상황**은 미끄러운 경사 가설의 맥락에서 이해할 수 있다.

▶ 작은 호의에 대한 논의

작은 호의 의의	작은 호의란 경찰인의 활동에 대해 시민이 사적으로 선물이나 식사 등의 사례와 호의를 표시하는 것을 말한다.	
미끄러지기쉬운 경사로 이론(셔먼)	① **셔먼 등에 의하여 주장**된 이론으로 공짜 커피, 작은 선물 등의 사소한 호의가 습관화 될 경우 미끄러운 경사로를 타고 내려오듯이 나중에는 엄청난 부패로 이어진다는 이론이다. → **바늘도둑이 소도둑 된다는 관점**이다.	
	델라트르	작은 호의를 금지해야 한다고 주장하였다.
	패트릭 머피	'봉급 이외에 깨끗한 돈이라는 것은 없다.'고 하였다.
	윌슨	경찰인은 어떤 작은 호의도 받도록 허용되어서는 안 된다. 라고 하였다.
펠드버그	펠드버그는 **작은 호의에 대해서는 경찰관들이 뇌물과 작은 호의를 구별**할 수 있다고 보았다.	
형성재 이론	작은 사례나 호의는 시민과의 **긍정적인 사회관계**를 만들어주는 형성재라는 것으로, 작은 호의의 **긍정적 효과**를 강조하는 이론이다.	

09 다음은 경찰의 부패원인에 대한 설명이다. 아래 ㉠부터 ㉣까지의 설명 중 옳고 그름의 표시(○, ×)가 바르게 된 것은?

20. 승진

㉠ '전체사회 가설'은 시민사회의 부패가 경찰부패의 주요 원인이라고 보는 이론이다.
㉡ '썩은 사과 가설'은 선배경찰의 부패행태로부터 신임경찰이 차츰 사회화되어 신임경찰도 기존 경찰처럼 부패로 물들게 된다고 보는 이론이다.
㉢ 셔먼의 '미끄러지기 쉬운 경사로 이론'에 대해 펠드버그는 작은 호의를 받았다고 해서 반드시 경찰이 큰 부패를 범하는 것은 아니라고 비판한다.
㉣ '구조원인 가설'은 부패에 해당하지 않는 작은 호의가 습관화될 경우 더 큰 부패와 범죄로 빠진다고 보는 이론이다.

① ㉠(○) ㉡(×) ㉢(○) ㉣(×)　　② ㉠(○) ㉡(○) ㉢(○) ㉣(×)
③ ㉠(×) ㉡(○) ㉢(○) ㉣(×)　　④ ㉠(○) ㉡(×) ㉢(○) ㉣(○)

해설 ㉡ '**구조원인가설**'에 대한 내용이다.
㉣ '**미끄러운 경사로 이론**'에 대한 내용이다.

Answer 09 ①

10
다음은 경찰부패에 대한 설명이다. 빈칸 ㉠부터 ㉣까지 들어갈 것으로 가장 적절하게 짝지어진 것은?

20. 순경

- (㉠)은 니더호퍼, 로벅, 바커 등이 제시한 이론으로 부패의 사회화를 통하여 신임 경찰이 기존의 부패한 경찰에 물들게 된다는 입장이다.
- (㉡)은(는) 남의 비행에 대하여 일일이 참견하면서 도덕적 충고를 하는 것을 의미한다.
- (㉢)은 공짜 커피, 작은 선물 등의 사소한 호의가 나중에는 큰 부패로 이어질 수 있다는 점을 강조한다.
- (㉣)은(는) 도덕적 가치관이 붕괴되어 동료의 부패를 부패라고 인식하지 못하는 것을 의미하며, 부패를 잘못된 행위로 인식하고 있지만 동료라서 모르는 척하는 침묵의 규범과는 구별되는 개념이다.

	㉠	㉡	㉢	㉣
①	전체사회가설	Whistle blowing	사회 형성재 이론	Moral hazard
②	구조원인가설	Whistle blowing	미끄러지기 쉬운 경사로 이론	Deep throat
③	전체사회가설	Busy bodiness	사회 형성재 이론	Deep throat
④	구조원인가설	Busy bodiness	미끄러지기 쉬운 경사로 이론	Moral hazard

해설
㉠ 구조원인가설
㉡ Busy bodiness
㉢ 미끄러지기 쉬운 경사로 이론
㉣ Moral hazard

11
경찰의 부패원인가설에 대한 설명이 가장 적절하게 짝지어진 것은?

22. 승진

㉠ P경찰관은 부서에서 많은 동료들이 단독 출장을 가면서도 공공연하게 두 사람의 출장비를 청구하고 퇴근 후 잠깐 들러서 시간외 근무를 한 것으로 퇴근 시간을 허위 기록되게 하는 것을 보고, P경찰관도 동료들과 같은 행동을 하였다.
㉡ 경찰관은 순찰 중 주민으로부터 피로회복 음료를 무상으로 받았고, 그 다음주는 식사대접을 받았다. 순찰나갈 때마다 주민들에게 뇌물을 받는 습관이 들었고, 주민들도 경찰관이 순찰을 나가면 마음의 선물이라며 뇌물을 주는 것이 관례가 되어 버렸다.

① ㉠ - 전체사회가설 ㉡ - 구조원인가설
② ㉠ - 썩은 사과가설 ㉡ - 구조원인가설
③ ㉠ - 구조원인가설 ㉡ - 전체사회가설
④ ㉠ - 구조원인가설 ㉡ - 썩은 사과가설

해설
㉠ - 구조원인가설
㉡ - 전체사회가설

Answer 10 ④　11 ③

12 경찰의 부패에 관한 설명 중 가장 적절하지 않은 것은?
22. 순경

① 'Dirty Harry 문제'는 도덕적으로 선한 목적을 위해 윤리적, 정치적, 법적으로 더러운 수단을 동원하는 것이 적절한가와 관련된 딜레마적 상황이다.
② 구조화된 조직적 부패는 서로가 문제점을 알면서도 눈감아주는 침묵의 규범 형성의 가능성을 높인다.
③ 셔먼(1985)의 미끄러운 경사 개념은 작은 호의를 받는 것에 익숙해진 경찰관들이 결국 부패에 연루될 수 있음을 경고한다.
④ 전체사회가설은 신임경찰관이 조직의 부패 전통 내에서 고참동료들에 의해 사회화됨으로써 부패의 길로 들어선다는 입장이다.

(해설) 구조원인 가설에 대한 내용이다.

13 경찰부패에 대한 설명으로 가장 적절하지 않은 것은?
71기 경간부

① 미끄러지기 쉬운 경사로 이론(Slippery slope theory)은 공짜 커피, 작은 선물 등의 사소한 호의가 나중에는 큰 부패로 이어질 수 있다는 점을 강조한다.
② 썩은 사과 이론(Rotten apple theory)은 부패의 원인을 개인적 결함보다는 조직의 체계적 원인으로 보고 있으며 조직차원의 경찰윤리교육의 중요성을 강조한다.
③ 구조원인 가설(Structural hypothesis)는 신임경찰들이 선배 경찰에 의해 조직의 부패전통 내에서 사회화되어 신임경찰도 기존경찰처럼 부패로 물들게 된다는 이론이다.
④ 윤리적 냉소주의 가설(Ethical cynicism hypothesis)은 경찰에 대한 외부통제 기능을 수행하는 정치권력, 대중매체, 시민단체의 부패는 경찰의 냉소주의를 부채질하고 부패의 전염효과를 가져온다고 한다.

(해설) 썩은 사과 이론(Rotten apple theory)은 부패의 원인을 **개인적 결함으로 보고 있으며**, 모집단계에서 부패 가능성 있는 자의 배제를 중시한다.

14 경찰의 일탈과 부패에 대한 설명으로 가장 적절하지 않은 것은?
72기 경간부

① 펠드버그는 경찰이 시민의 작은 호의를 받았다고 해서 반드시 큰 부패를 범하는 것은 아니라고 하였다.
② 델라트르는 '미끄러지기 쉬운 경사로이론'에 따라 시민의 작은 호의를 받은 경찰관 중 큰 부패로 이어지는 경찰관은 일부에 불과하므로 시민의 작은 호의를 금지할 필요는 없다고 하였다.
③ 윌슨(O.W.Wilson)은 '경찰은 어떤 작은 호의, 심지어 한 잔의 공짜 커피도 받도록 허용되어서는 안된다.'라고 주장하였다.

Answer 12 ④ 13 ② 14 ②

④ 셔먼의 '미끄러지기 쉬운 경사로이론'은 부패에 해당하지 않는 작은 선물 등의 사소한 호의를 허용하면 나중에는 엄청난 부패로 이어진다는 이론이다.

해설) **펠드버그**는 '미끄러지기 쉬운 경사로이론'에 따라 시민의 작은 호의를 받은 경찰관 중 큰 부패로 이어지는 경찰관은 일부에 불과하므로 시민의 작은 호의를 금지할 필요는 없다고 하였다.

15 다음 중 (㉠)과 (㉡)에 들어갈 내용으로 가장 적절한 것은?
응용문제

> 경찰관의 동료나 상사의 부정부패에 대하여 감찰이나 외부의 언론매체에 대하여 공표하는 것을 (㉠)(이)라고 하고, (㉡)은/는 그와 반대로 동료의 부정부패에 대하여 눈감아 주는 것을 말한다.

① ㉠ - 침묵의 규범   ㉡ - 딥 스로트(Deep Throat)
② ㉠ - 딥 스로트(Deep Throat)   ㉡ - 침묵의 규범
③ ㉠ - 침묵의 규범   ㉡ - 휘슬블로잉(Whistleblowing)
④ ㉠ - 휘슬블로잉(Whistleblowing)   ㉡ - 딥 스로트(Deep Throat)

해설) 경찰관의 동료나 상사의 부정부패에 대하여 감찰이나 외부의 언론매체에 대하여 공표하는 것을 (**딥 스로트**)라고 하고, (**침묵의 규범**)은 그와 반대로 동료의 부정부패에 대하여 눈감아 주는 것을 말한다.

▶ 동료의 부패에 대한 반응

휘슬블로잉 (내부고발 = 딥스로트)	동료나 상사의 부정에 대하여 감찰이나 외부의 언론매체를 통하여 공표하는 **내부고발행위**를 말한다.
침묵의 규범	**동료나 상사의 부정부패에 대하여 눈감아 주는 것**을 말한다.
비지 바디니스	타인의 비행에 대하여 **일일이 참견하는 도덕적 충고**를 말한다.
Moral hazard	도덕적 해이를 말한다.

16 존 클라이니히(J. Kleinig)의 내부고발의 윤리적 정당화 요건으로 가장 적절하지 않은 것은?
24. 순경

① 내부고발자는 특별한 경우를 제외하고는 공표 전 자신의 이견을 표시하기 위한 내부적 채널을 모두 사용했어야 한다.
② 내부고발자는 부적절한 행동을 하도록 지시되었다는 자신의 신념이 합리적 증거에 근거하였는지 확인해야 한다.
③ 적절한 도덕적 동기에 의해 내부고발이 이루어져야 하며, 성공가능성은 불문한다.
④ 도덕적 위반이 얼마나 중대한가, 도덕적 위반이 얼마나 급박한가 등에 대한 세심한 고려가 있어야 한다.

Answer   15 ②   16 ③

해설 ▶ 내부고발의 정당화 요건
① 적절한 **도덕적 동기에 의해** 이루어져야 한다.
　　개인의 출세, 보복하려는 동기에 의한 내부고발은 정당하지 않다고 봄
② 내부고발자는 특별한 경우를 제외하고 **공표를 하기 전에 자신의 이견을 표시하기 위한 모든 내부적 채널을 다 사용**하여야 한다.
③ 내부고발자는 부적절한 행동을 하도록 지시되었다는 자신의 신념이 합리적 증거에 근거하였는지 확인해야 한다.
④ 내부고발자는 도덕적 위반이 얼마나 중대한가, 도덕적 위반이 얼마나 급박한가 등의 세심한 고려가 있어야 한다.
⑤ 어느 정도의 성공가능성이 있어야 한다.

17 클라이니히(John Kleinig)가 제시한 내부고발(whistleblowing)의 정당화 요건 중 가장 적절하지 않은 것은?　　　　　　　　　　　　　　　　　　　　　응용문제

① 어느 정도 성공할 가능성이 있어야 한다.
② 공표 전 다른 채널을 통하여 이견을 말하여야 한다.
③ 부패가 발견되면 제일 먼저 외부에 공개하여야 한다.
④ 적절한 도덕적 동기에 의하여 이루어져야 한다.

해설 내부고발자는 특별한 경우를 제외하고 **공표를 하기 전에 자신의 이견을 표시하기 위한 모든 내부적 채널을 다 사용**하여야 한다.

Answer 17 ③

제12절 민주경찰의 사상적 토대

01 코헨(Cohen)가 펠드버그(Feldberg)가 사회계약설로부터 도출한 경찰활동의 기준과 그 내용의 연결이 가장 적절하지 않은 것은? 23. 순경

① 생명과 재산의 안전보호 – 경찰활동은 시민의 생명과 재산의 보호가 궁극적인 목적이며 법집행 자체가 목적은 아니다.
② 냉정하고 객관적인 자세 – 과거 아버지의 가정폭력을 경험한 甲경찰관이 가정폭력 사건을 처리하면서 모든 문제는 남편에게 있다고 단정지어 생각하는 경우는 이 기준에 어긋난다.
③ 공공의 신뢰 – 乙경찰관이 공명심이 앞서서 상부에 보고도 없이 탈주범을 혼자서 검거하려다 실패하였다면 이 기준에 어긋난다.
④ 공정한 접근 보장 – 경찰의 법집행 과정에서 발생하는 차별과 편들기는 이 기준에 어긋난다.

해설 협동과 역할관계에 대한 사례이다.

▶ 코헨과 펠드버그의 민주사회국가에서 경찰이 지향해야 할 윤리 기준

시민의 생명과 재산의 안전보호	① 법집행 자체는 목적이 아니고 시민의 생명과 재산의 안전을 유지하고 보호하기 위한 수단이다. ② 시민의 생명과 재산의 안전에 대한 이익이 엄격한 법집행에 우선한다.
경찰서비스에 대한 공정한 접근의 보장	① 공정한 접근이란 치안서비스는 일종의 사회적 공공재로서 누구나 차별 없이 공정하게 제공되어야 한다는 것이다. ② 경찰관이 법을 집행하면서 '성별, 나이, 전과의 유무, 인종·종교·사회적 신분, 장애인, 부자·빈자가 범죄신고를 한 경우, 평소의 경찰에 대한 협력유무 등에 의한 차별을 해서는 안 된다.
협동과 역할관계	역할한계와 팀워크는 경찰에게 부여된 사회적 역할범위 내에서 활동을 함에 있어서도 상호협력을 통해 경찰목적을 달성해야 한다는 것이다.
사회구성원들로부터 공공의 신뢰확보	① 경찰권은 시민으로부터 위임받은 것이므로 경찰관은 시민들의 신뢰에 합당한 방식으로 권한을 행사하여야 한다. ② 시민은 경찰이 반드시 법집행을 할 것을 신뢰한다. ③ 경찰은 자의적으로 권한을 행사해서는 안 되며, 최소한의 물리력을 행사하여 국민의 자유와 권리보호라는 공공의 신뢰를 충족시켜야 한다.
냉정하고 객관적인 자세로 업무수행	① 경찰관은 사회의 일부분이 아닌 사회 전체의 이익을 염두에 두어야 하며, 시민들에 대해 냉정하고 객관적인 방식들로 업무를 처리하도록 기대한다. 개인 편견×). ② 경찰관이 냉정을 잃게 되는 경우는 과도한 개입과 무관심이다.

Answer 01 ③

02 코헨(Cohen)과 펠드버그(Feldberg)는 사회계약설로부터 도출한 경찰활동의 기준(윤리표준)을 제시하였다. 이와 관련된 〈보기1〉과 〈보기2〉의 내용이 가장 적절하게 연결된 것은?

21. 순경

〈보기 1〉
(가) 경찰은 사회 전체의 필요에 의해 생겨난 조직으로, 경찰서비스에 대한 동등한 필요를 가진 사람들이 그것을 받을 동등한 기회를 가져야 한다.
(나) 경찰관은 자의적으로 권한을 행사해서는 안 되고, 물리력의 행사는 필요최소한에 그쳐야 하며, 시민의 신뢰에 합당한 방식으로 권한을 행사해야 한다.
(다) 경찰은 그들에게 부여된 사회적 역할 범위 내에서 활동을 하여야 하며, 이러한 범위 내의 활동을 함에 있어서도 상호협력을 통해 경찰목적을 달성해야 한다.

〈보기 2〉
㉠ 공공의 신뢰 확보   ㉡ 생명과 재산의 안전 보호
㉢ 공정한 접근의 보장   ㉣ 협동과 역할 한계 순수

	(가)	(나)	(다)		(가)	(나)	(다)
①	㉠	㉡	㉣	②	㉠	㉣	㉡
③	㉢	㉡	㉣	④	㉢	㉠	㉣

해설 (가) - ㉢
     (나) - ㉠
     (다) - ㉣

03 다음 각 사례와 가장 관련 깊은 경찰활동의 기준을 연결한 것 중 틀린 것은?

71기 경간부

가. 김순경은 절도범을 추격하던 중 도주하는 범인의 등 뒤에서 권총을 쏘아 사망하게 하였다. ─「공공의 신뢰」
나. 1주일간 출장을 마치고 집에 돌아온 A는 자신의 TV가 없어진 것을 발견하였다. 그래서 여기저기 찾아보던 중에 평소부터 사이가 좋지 않던 옆집의 B가 A의 TV를 몰래 훔쳐가 사용 중인 것을 창문너머로 확인하였다. 이 때 A는 몽둥이를 들고 가서 직접 자기의 TV를 찾아오려다가 그만두고, 경찰에 신고하여 TV를 되찾았다. ─「공공의 신뢰」
다. 박순경은 순찰 근무 중 달동네는 가려하지 않고 부자 동네인 구역으로만 순찰을 다니려고 하였다. ─「공정한 접근」
라. 이순경은 어렸을 적 아버지로부터 가정폭력을 경험하였는데, 가정폭력 사건을 처리하면서 모든 잘못은 남편에게 있다고 단정 지었다. ─「냉정하고 객관적인 자세」

Answer 02 ④   03 ①

마. 최순경은 경찰입직 전 집에 도둑을 맞은 경험이 있었다. 그런데 경찰에 임용되어 절도범을 검거하자, 과거의 도둑맞은 경험이 생각나 피의자에게 욕설과 가혹행위를 하였다. -「냉정하고 객관적인 자세」
바. 탈주범이 자기 관내에 있다는 첩보를 입수한 한순경이 상부에 보고하지 않고 공명심에 단독으로 검거하려다 탈주범 검거에 실패하였다. -「협동」
사. 은행강도가 어린이를 인질로 잡고 차량도주를 하고 있다면 경찰은 주위 시민들의 안전에 대한 위험에도 불구하고 추격(법집행)을 하여야 한다. -「생명과 재산의 안전확보」

① 0개 ② 1개
③ 2개 ④ 3개

해설 모두 맞는 지문이다.

04 코헨과 펠드버그가 제시한 윤리표준과 구체적 위반 사례의 연결이 가장 적절하지 않은 것은?
20. 승진

① 생명과 재산의 안전 – 인질이 된 사람의 목숨을 구하는 것보다 교통법규의 준수를 우선함
② 공정한 접근 – 잘 아는 경찰관의 음주운전 무마
③ 역할한계와 팀워크 – 정의감이 투철한 형사가 사건을 취급하면서 좋은 사람과 나쁜 사람을 구별하여 나쁜 사람에게 면박을 주는 경우
④ 공중의 신뢰 – 순찰근무 중 가난한 구역 순찰 누락 사례

해설 공정한 접근 – 순찰근무 중 가난한 구역 순찰 누락 사례

05 코헨과 펠드버그는 사회계약설로부터 도출되는 경찰활동의 기준을 제시하였다. 다음 각 사례와 가장 연관이 깊은 경찰활동의 기준으로 바르게 연결된 것은 모두 몇 개인가?
응용문제

㉠ 甲순경은 절도범을 추격하던 중 도주하는 범인의 등 뒤에서 권총을 쏘아 사망하게 하였다. -〈공정한 접근〉
㉡ 乙경장은 순찰 근무 중 달동네는 가려고 하지 않고 부자 동네인 구역으로만 순찰을 다니려고 하였다. -〈공공의 신뢰〉
㉢ 丙순경은 경찰 입직 전 집에 도둑을 맞은 경험이 있었다. 그런데 경찰이 되어 절도범을 검거하자, 과거 도둑맞은 경험이 생각나 피의자에게 욕설과 가혹행위를 하였다. -〈냉정하고 객관적인 자세〉
㉣ 丁순경은 강도범을 추격하다가 골목길에서 칼을 든 강도와 조우하였다. 丁순경은 계속 추격하는 척하다가 강도가 도망가도록 내버려 두었다. -〈공정한 접근〉
㉤ 戊경장은 어렸을 적 아버지로부터 가정폭력을 경험하였는데, 가정폭력사건을 처리하면서 모든 잘못은 남편에게 있다고 단정지었다. -〈공공의 신뢰〉

Answer 04 ④ 05 ①

① 1개 ② 2개
③ 3개 ④ 4개

해설 ㉠ 〈공공의 신뢰〉
㉡ 〈공정한 접근〉
㉢ 〈공공의 신뢰〉
㉣ 〈냉정하고 객관적인 자세〉

06 코헨(Cohen)과 펠드버그(Feldberg)가 제시한 경찰활동의 윤리적 표준에 대한 설명으로 가장 적절하지 않은 것은?

22. 승진

① 경찰관이 절도범을 추격하던 중 도주하는 범인의 등 뒤에서 권총을 쏘아 사망하게 하는 경우는 '공공의 신뢰' 위반에 해당한다.
② 경찰관이 우범지역인 A지역과 B지역의 순찰업무를 맡았으나, A지역에 가족이 산다는 이유로 A지역에서 순찰 근무시간을 대부분 할애한 경우는 '공정한 접근' 위반에 해당한다.
③ 불법 개조한 오토바이를 단속하던 경찰관이 정지명령에 불응하는 오토바이를 향하여 과도하게 추격한 결과 운전자가 전신주를 들이받고 사망한 경우는 '시민의 생명과 재산의 안전' 위반에 해당한다.
④ 경찰이 사익을 위해 공권력을 사용하거나 필요한 최소한의 강제력을 초과하여 사용하였다면 '공정한 접근' 위반에 해당한다.

해설 경찰이 사익을 위해 공권력을 사용하거나 필요한 최소한의 강제력을 초과하여 사용하였다면 '**공공의 신뢰확보**' **위반에 해당**한다.

Answer 06 ④

CHAPTER 02 한국경찰사

제1절 한국경찰의 시대적 구분

01 다음 한국경찰의 시대별 내용으로 틀린 것은? 응용문제

① 전근대적 경찰시대에는 중국의 영향을 받았다.
② 근대적 경찰시대에는 일본의 영향을 받았으며, 경찰의 조직법적·작용법적 근거를 마련함으로써 근대적 경찰로 탄생하는 계기가 되었다.
③ 현대적 경찰시대에는 영국의 영향을 받았으며, 경찰사에 있어서 새로운 출발을 지향한 시기였다.
④ 1991년 이후에는 경찰청이 외청으로 독립되었으며, 민주경찰로의 발전계기가 되었다.

해설 현대적 경찰시대에는 **미국의 영향을 받았으며**, 경찰사에 있어서 새로운 출발을 지향한 시기였다.

Answer 01 ③

제2절 갑오경장 이전의 경찰

01 한국경찰제도의 역사에 관한 다음 설명 중 옳지 않은 것은? 18. 경간부

> 가. 통일신라시대 이방부는 범죄의 수사와 집행을 담당하였다.
> 나. 고려의 순마소는 방도금란의 임무와 왕권보호 업무를 담당하였다.
> 다. 조선의 암행어사제도는 정보와 감찰의 성격을 지니고 있었다.
> 라. 조선의 장예원은 형조의 속아문으로 노예의 장적과 노비송사를 담당하였다.
> 마. 동예에서는 각 읍락의 경계를 침범하는 경우 노예나 우마로써 배상하는 책화제도가 있었다.
> 바. 조선의 사헌부는 왕명을 받들고 왕족범죄, 모반·반역죄, 국사범 등 중요 특별범죄를 관장하였다.
> 사. 조선의 전옥서는 형조의 속아문으로 감옥과 죄수에 관한 사무를 담당하였다.

① 0개 ② 1개
③ 2개 ④ 3개

해설 바. **의금부**에 대한 설명이다.

▶ 갑오경장 이전 경찰제도

부족 국가시대	고조선	팔조금 (살인, 상해, 절도)
	한사군	지방의 군(태수, 도위), 현(위), 경(삼로, 유요), 정(정장), 리(이괴)(풍속담당) → 위, 유요, 정장에게 활·창·방패·검·갑옷의 오병이 주어짐.
	부여	일책십이법
	고구려	일책십이법
	동예	책화제도
	삼한	제정분리(일치×), 천군(소도)
삼국시대	고구려	지방장관 **욕살**
	백제	㉠ 수도(5부) : **달솔** ㉡ 지방(5방제) : **방령**
	신라	지방의 **군주**
통일 신라시대	중앙	이방부(범죄의 수사와 집행), 병부, **사정부**(감찰, 풍속 담당)
	지방	**총관**
고려시대	중앙 경찰기관	㉠ 형부(사법경찰 업무) ㉡ 병부(군무 외에 기타 경찰 업무) ㉢ 중추원(왕명출납, 군사기무, 업무) ㉣ 어사대(풍속경찰의 임무)
	군	**금오위** (비위예방, 포도금란, 수도개경 순찰)
	지방 경찰기관	**안찰사**, 병마사, 각 지방의 수령 – 행정·사법·군사·경찰 기능을 통합적으로 수행
	순군만호부	**방도금란**의 임무 외에 왕권보호, 정치경찰적 기능수행
	현의 위아	현재의 경찰서, 현위(경찰서장)
조선시대 (갑오개혁 이전)	중앙	㉠ 의금부(중대범죄) ㉡ **사헌부(풍속경찰)** ㉢ 포도청
	지방	**관찰사**와 각 지방의 수령 – 행정과 사법경찰 통괄

Answer 01 ②

02 한국경찰의 역사에 대한 다음 설명 중 옳은 것은?

17. 경간부

> ㉠ 고구려와 동예에는 절도범에게 12배의 배상책임을 묻는 일책십이법이 있었다.
> ㉡ 통일신라시대에 이르러 비로소 공무원에 해당하는 관인들의 범죄가 새롭게 처벌대상이 되었다.
> ㉢ 고려시대 순군만호부는 왕권보호를 위해 정치경찰적 활동을 수행하기도 하였다.
> ㉣ 조선시대 안찰사의 사법상 권한은 지방통치에서 발생하는 행정, 형사, 민사에 이르는 광범위하고 포괄적인 것이었다.
> ㉤ 1894년에 제정된 경무청관제직장은 일본의 행정경찰규칙(1875)과 위경즉결례(1885)를 혼합하여 만든 한국경찰 최초의 경찰작용법이라고 할 수 있다.
> ㉥ 1919년 3·1 운동으로 인해 헌병경찰제도에서 보통경찰제도로 전환되면서 경찰의 임무범위는 축소되고 그 권한도 많이 약화되었다.

① 1개   ② 2개
③ 3개   ④ 4개

해설 ㉠ **고구려와 부여**에 일책십이법이 있었다.
㉡ **백제**에서 관인수재죄(공무원범죄)를 새롭게 처벌대상이 되었다.
㉣ **고려시대에** 대한 내용이다.
㉤ 1894년에 제정된 **행정경찰장정**은 일본의 행정경찰규칙(1875)과 위경즉결례(1885)를 혼합하여 만든 한국경찰 최초의 경찰작용법이라고 할 수 있다.
㉥ **경찰의 임무범위는 변함이 없었다.**

03 부족국가시대의 경찰제도에 관한 설명으로 틀린 것은?

15. 경간부

① 고조선시대에는 팔조금법이라는 형벌법이 있었다.
② 삼한은 천군이 관할하는 소도라는 별읍이 있어 죄인이 도망하여도 잡지 못하였다.
③ 부족국가시대의 경찰기능은 지배체제 유지를 위하여 군사, 재판, 형집행, 공물확보 등의 기능분화 없이 통합적으로 작용하였다.
④ 부족국가 시대 동예에서는 각 읍락이 서로 경계를 침범하면 곡물로써 배상하는 책화제도가 전해진다.

해설 부족국가 시대 동예에서는 각 읍락이 서로 경계를 침범하면 **노예나 우마**로써 배상하는 책화제도가 전해진다.

Answer 02 ① 03 ④

04 고려시대 경찰제도에 대한 설명 중 가장 잘못된 것은?
14. 경간부

① 중앙에서는 형부, 병부, 어사대, 금오위 등이 경찰업무를 수행하였다.
② 지방에서는 위아를 장으로 하는 현위라는 지방경찰기관이 있었다.
③ 순군만호부는 방도금란 외에 왕권보호의 정치경찰적 기능도 수행하였다.
④ 어사대는 풍속교정 및 관리의 비위를 규탄하는 풍속경찰의 임무를 수행하였다.

(해설) 지방에서는 **현위를** 장으로 하는 **위아라는** 지방경찰기관이 있었다.

05 부족국가시대의 경찰제도에 관한 설명으로 가장 적절하지 않은 것은?
14. 승진

① 고조선시대에는 팔조금법이라는 형벌법이 있었다.
② 삼한은 천군이 관할하는 소도라는 별읍이 있어 죄인이 도망하여도 잡지 못하였다.
③ 부족국가시대의 경찰기능은 지배체제 유지를 위하여 군사, 재판, 형집행, 공물확보 등의 기능분화 없이 통합적으로 작용하였다.
④ 동예에는 절도범에게 12배의 배상을 하도록 하는 일책십이법이 있었다.

(해설) 일책십이법(一責十二法)은 **고구려와 부여의** 제도이다.

06 부족국가 시대부터 조선시대 (갑오개혁 이전)까지의 경찰제도에 대한 설명 중 가장 적절하지 않은 것은?
13. 경간부

① 부족국가 시대 동예에서는 각 읍락이 서로 경계를 침범하면 노예나 우마로써 배상하는 책화제도가 전해진다.
② 삼국시대 고구려에서는 신분관제로서 10여 관등체계를 갖추고, 지방을 5부로 나누어 욕살이라는 지방장관을 두었으며, 반역죄·절도죄·살인행겁죄·전쟁에 패배하거나 항복한 죄·가축살상죄 등이 전해진다.
③ 통일신라시대에는 병부, 사정부, 이방부 등에서 경찰업무를 수행하였으며, 특히 이방부는 좌이방부, 우이방부로 나뉘어 범죄의 수사와 집행을 맡아보았다.
④ 고려시대의 중앙관제는 3성 6부제이고, 형부와 병부가 경찰기능을 담당하였으며, 특히 금오위는 풍속교정을 담당하는 등 풍속경찰의 임무수행 및 관리탄핵, 규찰을 주 임무로 하였다.

(해설) **어사대는** 풍속교정을 담당하는 등 풍속경찰의 임무수행 및 관리탄핵, 규찰을 주 임무로 하였다.

Answer 04 ② 05 ④ 06 ④

07 한국경찰의 역사와 제도에 대한 설명 중 옳은 것은 모두 몇 개인가?

11. 경간부

㉠ 고구려는 신분관제로 10여 관등체계를 갖추고, 지방을 5부로 나누어 욕살이라는 지방장관을 두었고, 경찰권도 이들 지배세력에 의하여 행사되었다.
㉡ 통일신라시대 경찰과 관련되는 조직은 창부, 사정부, 이방부 등이다.
㉢ 조선시대에는 모반·대역죄, 살인죄, 절도죄 등 전통적 범죄 외에 사회발달에 따른 범죄인 공무원 범죄, 문서훼손죄, 무고죄, 도주죄, 방화죄, 성범죄, 도박죄, 유기죄, 인신매매죄, 장물죄 등이 새롭게 처벌되었다.
㉣ 통일신라시대에는 모반죄, 불휼국사죄, 배공영사죄와 같은 왕권보호 범죄가 등장하였다.
㉤ 백제는 수도에 5방을 두어 달솔로 하여금 다스리게 하였다.

① 1개
② 2개
③ 3개
④ 4개

해설 ㉡ **창부는 신라시대 국가 재정을 맡아보던 관청**, 신라의 중앙관제 중 경찰과 관련된 조직은 **병부, 사정부, 이방부** 등이다.
㉢ **고려시대** 내용이다.
㉣ **배공영사죄는 관리들의 직무와 관련된 범죄**이다.
㉤ 달솔은 수도의 **5부**를 담당했다.

08 한국 경찰사에 관한 설명 중 틀린 것은?

10. 승진

① 동예에는 읍락의 경계를 침범할 경우에 노예나 우마로써 배상하는 제도인 책화제도가 있다.
② 통일신라시대에는 지역사불고언죄는 관리들의 직무와 관련된 범죄이고, 배공영사죄는 왕권을 보호하기 위한 범죄이다.
③ 고려시대에는 모반·대역죄, 살인죄, 절도죄 등 전통적 범죄 외에 사회발달에 따른 범죄인 공무원범죄, 문서훼손죄, 무고죄, 도주죄, 방화죄, 성범죄, 도박죄, 유기죄, 인신매매죄, 장물죄 등이 새롭게 처벌되었다.
④ 1894년에 설치된 경무청은 한성부 내의 경찰·감옥사무를 담당하여 수도경찰적 성격에 그쳤다.

해설 통일신라시대의 지역사불고언죄는 **왕권보호와 관련된 범죄**이고, 배공영사죄는 **관리들의 직무보호와 관련된 범죄**이다.

Answer 07 ① 08 ②

09 다음 중 한국 경찰의 역사에 대한 설명으로 맞는 것은?

10. 순경

㉠ 고조선의 팔조금법은 개인적 법익에 대해서 전혀 보호하고 있지 않다.
㉡ 고구려는 지방을 5부로 나누어 달솔이라는 지방장관을 두어 지방치안을 담당하게 하였다.
㉢ 고려는 금오위가 수도경찰로서 순찰 및 포도금란의 업무와 비위예방을 담당하였다.
㉣ 조선시대의 포도청은 성종 2년 포도장제에 기원하고 포도청이란 명칭은 중종 차세기에 처음 등장하였다.

① 1개 ② 2개
③ 3개 ④ 4개

(해설) ㉠ 고조선의 팔조금법은 **개인적 법익에 대해서 보호하고 있다.**
㉡ 고구려는 지방을 5부로 나누어 **욕살**이라는 지방장관을 두어 지방치안을 담당하게 하였다.

10 한국 경찰사에 관한 설명 중 틀린 것은 몇 개인가?

10. 승진

㉠ 삼국시대에는 행정과 군사 및 경찰이 일체를 이루어 경찰기능의 분화는 이루어지지 않았다.
㉡ 통일신라시대에는 모반죄, 불휼국사죄, 배공영사죄와 같은 왕권보호 범죄가 등장하였다.
㉢ 고려시대에는 도의 장인 관찰사가 경찰업무를 포함하여 행정, 사법, 군사 등의 사무를 통합적으로 처리하였다.
㉣ 1894년 한국 경찰 최초의 경찰작용법인 경무청관제직장이 제정되었다.
㉤ 백제는 수도에 5방을 두어 달솔로 하여금 다스리게 하였다.

① 1개 ② 2개
③ 3개 ④ 4개

(해설) ㉡ 통일신라시대에는 **불휼국사죄, 배공영사죄와 같은 관리직무 범죄**가 등장하였다.
㉢ 고려시대에는 도의 장은 **안찰사**이다.
㉣ 1894년 한국 경찰 최초의 경찰작용법인 **행정경찰장정**이 제정되었다.
㉤ 백제는 수도에 **5부**를 두었다.

Answer 09 ② 10 ④

11 갑오경장 이전 한국 경찰제도에 대한 설명 중 옳지 않은 것은?

10. 경간부

> ㉠ 고조선시대에 상해한 자는 곡물로 배상하여야 하고, 남의 물건을 훔친 자는 남자인 경우 그 집의 奴(노)로, 여자인 경우 婢(비)로 되나, 스스로 贖(속)하려 하는 자는 오십만 전을 내야 한다.
> ㉡ 한의 사군의 행정체계는 군·현·경·정·리의 체계를 갖추고, 卿(경)에는 교화를 주관하는 三老(삼로)와 里(리)에는 里魁(이괴)를 두어 풍속 등을 담당케 하였다.
> ㉢ 고려의 금오위는 범죄의 수사와 형의 집행을 담당하였다.
> ㉣ 관리의 직무에 대해 백제는 관인수재죄를, 신라는 불휼국사죄와 배공영사죄를 두어 처벌하였다.
> ㉤ 포도청은 성종2년에 포도장제에서 유래하였다

① 1개 ② 2개
③ 3개 ④ 4개

해설 ㉢ 고려의 금오위는 **수도의 경찰업무를** 담당하여, **수도 개경의 순찰 및 포도금란의 업무와 비위예방을 담당**하였다.
㉣ **통일신라는 불휼국사죄와 배공영사죄를 두어 처벌**하였다.

Answer 11 ②

제3절 갑오경장~한일합병 이전의 경찰

01 갑오개혁 및 광무개혁 당시 경찰제도에 관한 설명 중 옳지 않은 것은?
20. 경간부

> 가. 일본의 「행정경찰규칙」(1875년)과 「위경죄즉결례」(1885년)를 혼합하여 만든 「행정경찰장정」에서 영업·시장·회사 및 소방·위생, 결사·집회, 신문잡지·도서 등 광범위한 영역의 사무가 포함되었다.
> 나. 광무개혁 당시인 1900년에는 중앙관청으로서 경부가 한성 및 개항시장의 경찰업무와 감옥사무를 통할하였고, 이를 지휘하는 경부감독소를 두었다.
> 다. 1895년 「내부관제」의 제정을 통해 내부대신의 경찰에 대한 지휘감독권을 정비하였고, 1896년 「지방경찰규칙」을 제정하여 지방경찰의 작용법적 근거를 마련하였다.
> 라. 「경무청관제직장」에 의해 당시의 좌우포도청을 합하여 경무청을 신설하고(장으로 경무관을 둠), 한성부 내 일체의 경찰사무를 관장하게 하였다.
> 마. 1900년 경부 신설 이후 잦은 대신 교체 등으로 문제가 많아 경무청이 경부의 업무를 관리하게 되었다.

① 1개   ② 2개
③ 3개   ④ 4개

해설 나. 이를 지휘하는 **경무감독소**를 두었다.
라. 경무청장으로 **경무사**를 두었다.

02 1894년 갑오개혁 당시 추진되었던 경찰제의 내용으로 적절한 것을 모두 고른 것은?
71기 경간부

> 가. 좌우포도청을 통합하여 경무청을 신설하고 전국의 경찰 사무를 관장토록 하였다.
> 나. 경무청은 최초에 법무아문 소속으로 설치하였으나, 곧 내무아문 소속으로 변경되었다.
> 다. 「경무청관제직장」은 일본의 「행정경찰규칙」을 모방한 것이다.
> 라. 한성부의 5부 내에 경찰지서를 설치하고 서장을 경무사로 보하였다.
> 마. 경무청은 영업·소방·전염병 등 광범위한 직무를 담당하였다.

① 가, 나   ② 나, 다
③ 나, 마   ④ 라, 마

해설 가. 좌우포도청을 통합하여 경무청을 신설하고 **한성부내 일체의 경찰 사무를 관장**하였으며 **전국의 경찰 사무를 관장한 경무청체제(1902) 경무청**이다.
다. 「경무청관제직장」은 **일본의 「경시청관제」를 모방한 것이다. 일본의 행정경찰규칙과 위경죄즉결례를 혼합하여 제정된 것이 「행정경찰장정」이다.**
라. 한성부의 5부 내에 경찰지서를 설치하고 서장을 '**경무관**'으로 보하였다.

Answer 01 ②   02 ③

03 갑오개혁부터 일제강점기 이전의 경찰에 대한 설명으로 가장 적절하지 않은 것은? 19. 승진

① 일본각의의 결정에 따라, '각아문관제'에서 처음으로 경찰이라는 용어를 사용하였다.
② '경무청관제직장'에 의해 당시의 좌우포도청을 합하여 경무청을 신설하고(장으로 경무사를 둠) 내무아문에 예속되어 한성부 내 일체의 경찰사무를 관장하였다.
③ 광무개혁에 따라 중앙관청으로서 경부가 한성 및 개항시장의 경찰업무와 감옥사무를 통할하였다.
④ 을사조약에 의거 통감부에 의한 통감정치가 시작되면서 경무청을 전국을 관할하는 기관으로 확대하여 사실상 한국경찰을 장악하였다.

(해설) 경무청을 한성부 내의 경찰로 축소시켰다.

04 갑오개혁 이후 한일합방 이전의 경찰변천사에 대한 아래 ㈀부터 ㈃까지의 설명이 시대 순으로 바르게 나열된 것은? 17. 승진

㈀ '내부관제'의 제정을 통해 내부대신의 경찰에 대한 지휘감독권 정비
㈁ '지방경찰규칙'이 제정되어 지방경찰의 작용법적 근거 마련
㈂ 통감부에 의한 통감정치가 시작
㈃ 광무개혁 당시 독립된 중앙관청으로서 경부 설치

① ㈀ - ㈁ - ㈂ - ㈃
② ㈀ - ㈁ - ㈃ - ㈂
③ ㈃ - ㈀ - ㈁ - ㈂
④ ㈃ - ㈁ - ㈀ - ㈂

(해설) ㈀ '내부관제'의 제정을 통해 내부대신의 경찰에 대한 지휘감독권 정비(1895년)
㈁ '지방경찰규칙'이 제정되어 지방경찰의 작용법적 근거 마련(1896년)
㈂ 통감부에 의한 통감정치가 시작(1905년)
㈃ 광무개혁 당시 독립된 중앙관청으로서 경부 설치(1900년)

05 갑오개혁부터 한일합병 이전 한국 경찰의 역사에 대한 설명으로 가장 적절하지 않은 것은? 14. 승진

① '경무청관제직장'에 의해 당시의 좌우포도청을 합하여 경무청을 신설하였다.
② 한성과 부산 간의 군용전신선의 보호를 명목으로 일본의 헌병대가 주둔하게 되었다.
③ 경찰조직법·경찰작용법적 근거 마련으로 외형상 근대국가적 경찰체제가 갖추어졌다고 볼 수 있으나, 일본 경찰체제 이식을 통한 지배전략의 일환이라는 한계를 가졌다.
④ 경찰의 임무영역에서 위생경찰, 영업경찰 등이 제외되었다.

(해설) 경찰의 임무영역에서 위생경찰, 영업경찰 등이 **포함**되었다.

06 갑오개혁 및 광무개혁 당시 경찰제도에 관한 설명 중 가장 적절하지 않은 것은? 14. 승진

① 1894년에 제정된 '경무청관제직장'은 한국경찰 최초의 경찰조직법이라 할 수 있다.
② 일본의 행정경찰규칙(1875년)과 위경죄즉결례(1885년)를 혼합하여 만든 '행정경찰장정'에서 영업·시장·회사 및 소방·위생, 결사·집회, 신문잡지·도서 등 광범위한 영역의 사무가 포함되었다.
③ 광무개혁에 따라 1900년 중앙관청으로서 경부(警部)가 한성 및 개항시장의 경찰업무와 감옥사무를 통할하였다.
④ 1894년 갑오개혁 이후 한성부에 종전의 좌우포도청을 합하여 경무청을 창설하였는데 초기에는 외무아문 소속이었다.

(해설) 1894년 경무청 창설 초기에는 **내무아문** 소속이었다.

07 보기의 설명은 갑오개혁(1894) 이후 한일합방 이전의 경찰 변천사에 대한 내용이다. 시대 순으로 가장 적절하게 나열한 것은? 12. 승진

> ㉠ 경무청관제직장에 의해 당시 좌·우포도청을 합쳐 경무청을 신설하고, 내무아문에 예속되어 한성부내 일체의 경찰사무를 관장하였다.
> ㉡ 경부가 한성 및 개항시장의 경찰업무와 감옥사무를 통할하게 되었는데 궁내경찰서와 한성부내 5개 경찰서, 3개 분서를 두고, 이를 지휘하는 경무감독소를 두며, 한성부 이외의 각 관찰부에 총순 등을 둘 것을 정하였다.
> ㉢ 통감부에 의한 통감정치가 시작되면서, 경무청을 한성부 내의 경찰로 축소시키는 한편 통감부 산하에 별도의 경찰조직을 설립, 직접 지휘하였다.
> ㉣ '내부관제'의 제정을 통해 내부대신의 경찰에 대한 지휘감독관이 정비되었으며, '지방경찰규칙'이 제정되어 지방경찰의 작용법적 근거가 마련되었다.

① ㉠ – ㉣ – ㉡ – ㉢
② ㉣ – ㉠ – ㉡ – ㉢
③ ㉠ – ㉡ – ㉣ – ㉢
④ ㉠ – ㉡ – ㉢ – ㉣

(해설)
㉠ 1894년
㉣ 1896년
㉡ 1900년
㉢ 1905년

Answer 06 ④ 07 ①

제4절 일제 식민지기의 경찰

01 일제 강점기 경찰제도에 관한 다음 설명 중 옳지 않은 것은 모두 몇 개인가?   19. 경간부

> 가. 1910년 일본은 통감부에 경무총감부를, 각 도에 경무부를 설치하여 경찰사무를 관장, 서울과 황궁의 경찰사무는 경무총감부의 직할로 하였다.
> 나. 1910년 「조선주차헌병조령」에 의해 헌병이 일반치안을 담당할 법적 근거를 마련하여 일반경찰은 도시나 개항장 등에, 헌병은 주로 군사경찰상 필요한 지역 또는 의병활동 지역 등에 배치되었다.
> 다. 3·1운동을 계기로 헌병경찰제도에서 보통경찰제도로 전환, 총독부 직속 경무총감부는 폐지되고 경무국이 경찰사무와 위생사무를 감독하였다.
> 라. 3·1운동을 기화로 치안유지법을 제정, 단속체계를 갖추었다.
> 마. 일제 강점기의 경찰은 일본 식민지배의 중추기관이었고, 총독에게 주어진 명령권·제령권 등을 통하여 각종 전제주의적·제국주의적 경찰권의 행사가 가능하였다.

① 없음 ② 1개
③ 2개 ④ 3개

해설 라. 3·1운동을 기화로 **정치범처벌법**을 제정, 단속체계를 갖추었다.
마. **총독에게 주어진 제령권과 경무총장과 경무부장에게** 주어진 명령권을 주어졌다.

보충 식민지 경찰시대

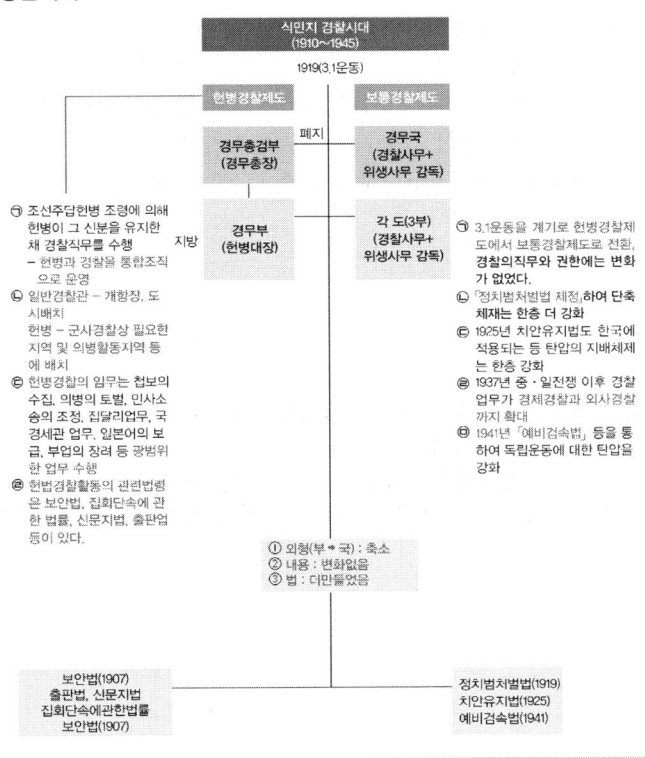

Answer 01 ③

02 한국 근·현대 경찰사에 대한 설명으로 가장 적절한 것은? 　　　　18. 순경

① 일제 강점기에는 총독·경무총장에게 주어진 제령권과 경무부장에게 주어진 명령권 등을 통해 각종 전제주의적·제국주의적 경찰권 행사가 가능하였다는 특징이 있다.
② 「경무청관제직장」에 의해 당시의 좌우포도청을 합하여 경무청을 신설(장으로 경무관을 둠)하였다.
③ 3·1운동 이후 「치안유지법」을 제정하고 일본에서 제정된 「정치범처벌법」을 국내에 적용하는 등 탄압의 지배체제를 더욱 강화하였다.
④ 1894년 「각아문관제」에서 처음으로 경찰이란 용어를 사용하였다.

해설　① 총독에게 주어진 제령권과 경무총장과 경무부장에게 주어진 명령권을 주어졌다.
　　　② 경무청장으로 경무사를 두었다.
　　　③ 3·1운동 이후 「정치범처벌법」을 제정하고 일본에서 제정된 「치안유지법」을 국내에 적용하는 등 탄압의 지배체제를 더욱 강화하였다.

03 한국 경찰사에 대한 설명 중 옳은 것은 모두 몇 개인가? 　　　　15. 경간부

가. 법률 제1호인 정부조직법에서 기존의 경무부를 내무부의 일국인 치안국에서 인수하도록 함으로써 경찰조직은 '부'에서 '국'으로 격하되었다.
나. 1919년 3·1 운동을 계기로 헌병경찰제도에서 보통경찰제도로의 전환은 이루어졌으나, 오히려 3·1 운동을 기화로 일본에서 제정된 정치범처벌법을 우리나라에 적용하는 등 탄압의 지배체제가 강화되었다.
다. 1896년 한성과 부산 간의 군용전신선의 보호를 명목으로 일본의 헌병대가 주둔하게 되었는데, 헌병은 사법경찰을 제외한 군사경찰·행정경찰을 겸하였다.
라. 1894년 일본각의의 결정에 따라 김홍집내각은 '각아문관제'에서 처음으로 경찰이라는 용어를 사용하고, 동년 7월 14일(음력) '경무청관제직장'과 '행정경찰규칙'을 제정하였다

① 1개　　　　② 2개
③ 3개　　　　④ 4개

해설　나. 오히려 3·1 운동을 기화로 국내에서 제정된 정치범처벌법을 우리나라에 적용하는 등 탄압의 지배체제가 강화되었다.
　　　다. 헌병은 사법경찰을 포함한 군사경찰·행정경찰을 겸하였다.
　　　라. 동년 7월 14일(음력) '경무청관제직장'과 '행정경찰장정'을 제정하였다.

Answer　02 ④　03 ①

04 갑오개혁부터 한일합병 이전의 경찰역사에 대한 다음 설명 중 가장 적절한 것은? 13. 순경

① 경찰에 관한 조직법적・작용법적 근거가 마련되어 외형상 근대 국가적 경찰체제가 갖추어졌다고 볼 수 있다.
② 일본각의의 결정에 따라 김홍집 내각은 경찰을 내무아문에 창설하였으나, 곧 법무아문으로 소속을 변경시켰다.
③ 경무청관제직장에 의해 당시의 좌우포도청을 합하여 경부를 신설하였다.
④ 일본의 행정경찰규칙과 위경죄즉결례를 혼합하여 우리나라 최초의 조직법인 행정경찰장정을 제정하였다

해설 ② 1894년 6년 28일 김홍집 내각은 경찰을 '**법무아문**' 하에 **창설**하였다.
③ 경무청관제직장에 의해 당시의 좌우포도청을 합하여 **경무청을 신설**하였다
④ 행정경찰규칙과 위경죄즉결례를 혼합하여 **우리나라 최초 작용법**인 '행정경찰작용법'을 제정하였다.

05 갑오개혁이후 경찰제도에 대한 설명으로 가장 적절한 것은? 13. 승진

① 한국 경찰 최초의 조직법인 '경무청관제직장'에 의해 당시의 좌우포도청을 합하여 경부를 신설하였다.
② '행정경찰장정'은 일본의 '행정경찰규칙(1875)'과 '위경죄즉결례(1885)'를 혼합하여 만든 한국 경찰 최초의 작용법이다.
③ 1910년 '조선주차헌병조령'에 의해 헌병이 일반치안을 담당할 법적 근거를 마련하였으며, 헌병 경찰은 주로 도시나 개항장 등에 배치되었다.
④ 일제강점기에는 총독에게 주어진 명령권과 경무총장, 경무부장 등에게 주어진 제령권 등을 통해 각종 전체주의적・제국주의적 경찰권 행사가 가능하였다는 특징이 있다.

해설 ① 당시의 좌우포도청을 합하여 만든 것은 **경무청**이다.
③ 일제 식민지기에는 **군사경찰상 필요한 지역 또는 의병활동 지역등에는 헌병경찰을 주로 배치**하였다.
④ **총독에게는 제령권을, 경찰에게는 명령권을 부여**하여 전체주의적・제국주의적 경찰권의 행사를 가능하게 하였다.

Answer 04 ① 05 ②

06
다음 보기와 같이 구한말 일본에 의한 한국의 경찰권이 상실되어 가는 일련의 과정이 순서대로 올바르게 나열된 것은?

응용문제

> ㉠ 한국경찰에 관한 취극서
> ㉡ 한국사법 및 감옥사무 위탁에 관한 각서
> ㉢ 한국경찰사무 위탁에 관한 각서
> ㉣ 재한국 외국인민에 대한 경찰에 관한 한일협정

① ㉠ - ㉡ - ㉢ - ㉣
② ㉠ - ㉣ - ㉡ - ㉢
③ ㉠ - ㉢ - ㉣ - ㉡
④ ㉠ - ㉡ - ㉣ - ㉢

해설 ㉠ - ㉣ - ㉡ - ㉢

▶ 한국의 경찰권의 상실과정

경찰사무에 관한 취극서 (1908. 10. 29.)	주한 일본인에 대한 경찰사무의 지휘감독권을 일본관헌의 지휘감독을 받아 일본계 한국경찰관이 행사토록 하였지만, **한국경찰의 주요 요직은 일본인들이 독차지한 상태**였다.
재한국 외국인민에 대한 경찰에 관한 한일협정(1909. 3. 15.)	주한 외국인에 대한 경찰사무 지휘감독권을 일본계 한국경찰이 행사토록 하였지만, **한국경찰은 외국인에 대한 경찰권을 행사하지 못한 상태**였다.
한국 사법 및 감옥사무 위탁에 관한 각서(1909. 7. 12.)	한국의 사법권과 감옥사무가 일본으로 넘어가게 되었다.
한국 경찰사무 위탁에 관한 각서 (1910. 6. 24.)	경찰에 관한 법규였던 '내부관제', '지방관제'에서 경찰에 관한 규정이 삭제되고, 경시청 관제가 폐지되었으며, 이를 계기로 **한국의 경찰사무가 일본으로 넘어가게 되었으며, 새로이 헌병경찰제도가 시작**되었다.

07
대한민국 임시정부의 경찰에 대한 설명으로 가장 적절하지 않은 것은?

71기 경간부

① 상해임시정부는 1919년 11월 「대한민국임시관제」를 제정하여 내무부에 경무국을 두고 초대 경무국장으로 김구를 임명하였다.
② 상해 교민단 산하에 의경대를 설치하여 교민단의 치안을 보전하고 일정을 색출하는 역할을 수행하였다.
③ 상해임시정부는 연통제를 실시하여 도(道)에 경무사를 두었다.
④ 중경임시정부에는 내무부 아래에 경무국을 두었고, 별도로 경위대를 설치하였다.

해설 ① 상해임시정부는 **1919년 4월 25일 「대한민국임시정부장정」를 제정**하고 내무부에 경무국을 두고 초대 경무국장으로 김구를 임명하였다.
④ 중경임시정부에는 내무부 아래에 **경무과**를 두었고, 1941년 내무부 직속으로 **경찰조직인 경위대**를 설치하였다.

Answer 06 ②   07 ①④

08 다음 설명 중 가장 적절한 것은? 22. 순경

① 1919년 3월 1일 운동을 계기로 헌병경찰제도에서 보통경찰제도로의 전환은 이루어졌으나, 일본에서 제정된 「정치범처벌법」을 우리나라에 적용하는 등 일제의 탄압적 지배체제가 강화되었다.
② 미군정기에 고등경찰제도가 폐지되었으며, 경찰에 정보업무를 담당하는 정보과와 경제사범단속을 위한 경제경찰이 신설되었다.
③ 1953년 경찰작용의 기본법인 「경찰관직무집행법」이 제정되어 경감 이상의 계급정년제가 도입되었고, 1969년 「경찰공무원법」이 제정되어 경정 및 경장 계급이 신설되었다.
④ 대한민국 정부 수립이후 1974년 내무부 치안국이 치안본부로 개편되었고 2006년 제주특별자치도 '자치경찰단'이 창설되었다.

해설
① 일본에서 제정한 것은 **치안유지법**이고, 정치범처벌법은 국내에서 제정한 것이다.
② 미군정시대에 **경제경찰은 폐지**되었다.
③ **1969년 경찰공무원법이 제정되어 경감 이상의 계급정년제가 도입**되고, 경정 및 경장 계급이 신설되었다.

Answer 08 ④

제5절 미군정하의 경찰

01 일제강점기와 미군정 시기의 한국경찰에 대한 설명으로 가장 적절하지 않은 것은? 23. 경간부

① 미군정하에서는 조직법적, 작용법적 정비가 이루어지고 경찰제도의 개혁이 이루어져 경찰의 활동영역이 확대되었다.
② 광복 이후 신규경찰 채용과정에서 일제 강점기 경찰경력자들이 다수 임용되었으나, 독립운동가 출신들도 상당히 많이 채용되었다.
③ 의경대는 상해임시정부시기 운영된 경찰기구로서 교민사회의 안녕과 질서유지, 호구조사 등을 담당하였다.
④ 3·1운동을 계기로 헌병경찰제도에서 보통경찰제도로 전환되었다.

해설 미군정하에서는 조직법적, 작용법적 정비가 이루어지고 경찰제도의 개혁이 이루어져 **경찰의 활동영역이 축소되었다.**

02 미군정시기 경찰에 관한 설명으로 가장 적절하지 않은 것은? 24. 순경

① 경찰이 담당하였던 위생사무 등 행정경찰사무가 경찰관할에서 분리되는 비경찰화 작업이 진행되었다.
② 일제강점기 치안입법이 정리된 시기로 1945년 「보안법」이 폐지되었고, 1948년 「예비검속법」이 순차적으로 폐지되었다.
③ 1946년 여자경찰제도가 신설되었다.
④ 1947년 6인의 위원으로 구성된 중앙경찰위원회를 설치하였다.

해설 예비검속법은 정치범처벌법과 치안유지법과 함께 **1945. 10월에 폐지**가 되고, **보안법은 1948년 4월에 폐지**가 된다.

03 미군정시기 경찰에 관한 설명으로 가장 적절하지 않은 것은? 24. 순경

① 예비검속법, 치안유지법 등이 폐지되는 등 법적 정비가 이루어졌다.
② 1945년 '법무국 검사에 관한 훈령 제3호'가 발령되어 '수사는 경찰, 기소는 검사' 체제가 도입되어 경찰의 독자적 수사권이 인정되었다.
③ 1946년 경무국을 경무부로 승격시키고, 기존 경무국의 과(課)를 국(局)으로 승격시켰다.
④ '태평양미군총사령포고 제1호'를 통해 미군정을 실시하였으며, 일제강점기 시대의 경찰 인력을 현직에서 청산함으로써 경찰의 인적 구성원을 대거 쇄신하였다.

Answer 01 ① 02 ② 03 ④

해설 ▶ 미군정시대의 경찰조직 및 인력 개혁의 미흡
① 미국은 한국을 독립대상이 아니라 점령통치의 대상으로 삼아 조선총독부를 통한 통치가 유지되고, 태평양 미군총사령부포고 1호를 통하여 군정의 실시와 **구관리의 현직유지**가 이루어져 **인력개혁이 시행될 수 없었다.**
② 경찰의 경우에도 조선총독부의 경무국과 지방의 도지사 밑의 경찰부가 그대로 답습되어 경무국이 군정청의 일국으로서 유지되었다. 즉, 일제시대의 경찰을 그대로 유지한 것에 지나지 않았다.

04 미군정시기의 경찰에 대한 설명으로 가장 적절하지 않은 것은? 21. 순경

① 경무국을 경무부로 승격·개편하였다.
② 소방업무를 민방위본부로 이관하고 경제경찰과 고등경찰을 폐지하는 등 비경찰화를 단행하였다.
③ 「정치범처벌법」, 「치안유지법」, 「예비검속법」이 폐지되었다.
④ 여자경찰제도를 신설하였다.

해설 소방본부를 민방위본부로 이관한 것은 **제4공화국 시기인 1975년 단행**되었다.

보충 ▶ 미군정하의 경찰시대

미군정하의 경찰시대 (1945~1948)

군정청

- 조선총독부(경무국) — 승격 → 경무부 — 격하 일본 행정조직 모방
- 도지사(경찰부) — 경무총감부(서울, 대구, 전주) — 관구경찰청(11개)
  - 처음에는 시도지사 소속하에 두었지만, 후에는 분리함
  - 중앙의 경무부장 명령 없이는 관구경찰청에 명령할 수 없음(감찰감독기구에 불과)
  - 도지사로부터 독립 (기존 도경찰부 폐지)

㉠ 조선총독부에 경무국, 지방의 도지사 밑에 경찰부가 그대로 답습(인적쇄신 ×)
㉡ 경찰사무와 조직정비
  고등경찰이 폐지되는 대신에 정보과가 신설되어 정보경찰 업무를 담당
㉢ 치안입법의 철저한 정비
  1945년 10월에 치안유지법, 정치범처벌법, 예비검속법 등은 폐지, 1948년 4월에 보안법 등이 폐지
㉣ 비경찰화
  위생사무가 위생국 사무로 전환되었을 뿐만 아니라 경제경찰업무도 경찰로부터 제외되는 등 경찰활동도 축소

폐지	고등경찰, 경제경찰, 경찰의 사법권
신설	여자경찰, 중앙경찰위원회, 정보과
이관	출판검열, 서장의 즉결처분권과 훈방권 위생사무
경찰담당	공연장 질서업무

※ 폐지순서
(정치범처벌법 → 치안유지법 → 예비검속법 → 보안법)

Answer 04 ②

05 다음 설명 중 틀린 것은 모두 몇 개인가?

응용문제

가. 한국 경찰의 최초의 조직법은 경무청관제직장이고, 최초의 경찰작용법은 행정경찰장정이다.
나. 1919년 3·1 운동을 계기로 헌병경찰제도가 보통경찰제도로 전환되었다.
다. 3·1 운동 이후 정치범처벌법을 제정하고 일본에서 제정된 치안유지법을 국내에 적용하는 등 탄압의 지배체제를 더욱 강화하였다.
라. 미군정 하에서 경제경찰·고등경찰·정보경찰이 폐지되는 등 비경찰화 작업이 진행되었다.
마. 미군정 하에서 6인의 위원으로 구성된 중앙경찰위원회가 설치되었다.

① 1개 ② 2개
③ 3개 ④ 4개

해설 라. 정보경찰은 신설된 부서이다.

06 다음 보기 중 '미군정시기'의 경찰에 대해 설명한 것으로 틀린 것은 몇 개인가?

응용문제

㉠ 경찰의 조직법적·작용법적 정비가 이루어졌으며, 비경찰화 작업이 이루어져 경찰의 활동영역이 축소되었다.
㉡ 비경찰화 작용의 일환으로 위생사무를 위생국으로 이관하였고, 정보경찰과 고등경찰을 폐지하였다.
㉢ 1946년 여자경찰제도를 신설하여 14세 미만의 소년범죄와 여성관련 업무 등을 담당하게 하였다.
㉣ 1947년 6인의 위원으로 구성된 중앙경찰위원회가 설치되어 경찰의 민주화 개혁에 성공하였다.
㉤ 영미법의 영향을 받아 경찰의 이념 및 제도에 민주적 요소가 도입되었다.

① 0개 ② 1개
③ 2개 ④ 3개

해설 ㉡ 정보경찰은 신설되어 **정보경찰사무는 유지**되었다.
㉣ 1947년 6인의 위원으로 구성된 중앙경찰위원회가 설치되어 **경찰의 민주화 개혁에 실패**하였다.

Answer 05 ① 06 ③

제6절 정부수립 이후의 경찰

01 한국 경찰사에 대한 설명으로 적절한 것은 모두 몇 개인가?   23. 경간부

> 가. 광복 이후 미군정은 일제가 운용하던 비민주적 형사제도를 상당 부분 개선하고, 영미식 형사제도를 도입하기도 하였는데, 1945년 미군정 법무국 검사에 대한 훈령 제3호가 발령되어 수사는 경찰, 기소는 검사 체제가 도입되며 경찰의 독자적 수사권이 인정되었다.
> 나. 경찰작용에 관한 기본법으로서 「경찰관 직무집행법」은 정부수립 이후 1948년 제정되었다.
> 다. 경찰법이 제정될 때까지 경찰체제의 근거가 되는 법률은 「정부조직법」이었다.
> 라. 한국경찰 최초의 작용법은 행정경찰장정이고, 한국경찰 최초의 조직법은 경무청관제직장이다.
> 마. 1969년 「경찰공무원법」이 처음으로 제정되어 그동안 「국가공무원법」에 의거하던 경찰공무원을 특별법으로 규율하게 되었다.

① 1개   ② 2개
③ 3개   ④ 4개

해설 나. 경찰작용에 관한 기본법으로서 「경찰관 직무집행법」은 정부수립 이후 **1953년 제정**되었다.

02 한국경찰의 역사에 관한 설명으로 옳은 것은 모두 몇 개인가?   22. 경특

> ㉠ 여성경찰제도는 1946년에 도입되었고 여성경찰은 여성과 15세 미만 아동 대상 사건 등 풍속·소년·여성 보호 업무를 담당하였다.
> ㉡ 상해시기 초대 경무국장인 백범 김구 선생이 지휘한 임시 정부 경찰은 우리 역사상 최초 민주공화제 경찰로 정식예산은 편성되지 않았지만, 규정에 의해 소정의 월급이 지급되었다.
> ㉢ 미군정하의 경찰의 경우 1947년 7인으로 구성된 중앙경찰위원회가 법령 제157호로 설치되었다.
> ㉣ 임시정부경찰은 임시정부를 수호하고 일제 밀정을 방지하는 임무를 통해서, 임시정부의 항일투쟁을 수행하는데 핵심적 역할을 수행하였다.

① 1개   ② 2개
③ 3개   ④ 4개

해설 ㉠ 여성경찰제도는 1946년에 도입되었고 여성경찰은 여성과 **14세 미만 아동** 대상 사건 등 풍속·소년·여성 보호 업무를 담당하였다.
㉡ 상해시기 초대 경무국장인 백범 김구 선생이 지휘한 임시 정부 경찰은 우리 역사상 최초 민주공화제 경찰로 **정식예산이 편성되었고**, 규정에 의해 소정의 월급이 지급되었다.
㉢ 미군정하의 경찰의 경우 1947년 **6인으로 구성**된 중앙경찰위원회가 법령 제157호로 설치되었다.

Answer 01 ④   02 ①

03 정부수립 이후 1991년 이전의 경찰의 특징으로 옳지 않은 것은?

20. 경간부

가. 종래 식민지배에 이용되거나 또는 군정통치로 주권이 없는 상태하에서 활동하던 경찰이 비로소 주권국가 대한민국의 존립과 안녕, 대한민국 국민의 생명과 신체 및 재산의 보호라는 경찰 본연의 임무를 수행하였다.
나. 독립국가로서 한국 역사상 최초로 자주적인 입장에서 경찰은 운용하였다.
다. 경찰작용에 관한 기본법으로서「경찰관 직무집행법」이 제정되었다.
라. 경찰의 부정선거 개입 등으로 정치적 중립이 경찰에 대한 국민의 요청이었던 바, 그 연장선상에서 경찰의 기구독립이 조직의 숙원이었다.
마. 해양경찰업무, 전투경찰업무가 경찰의 업무범위에 추가되었다.
바. 1969년 1월 7일「경찰법」이 처음으로 제정되어 그동안「국가공무원법」에서 의거 하던 경찰공무원을 특별법으로 규율하게 되었다.

① 1개 ② 2개
③ 3개 ④ 4개

해설 바. 1969년「경찰공무원법」이 제정되었으며,「경찰법」제정은 1991년이다.

▶ 현대경찰시대

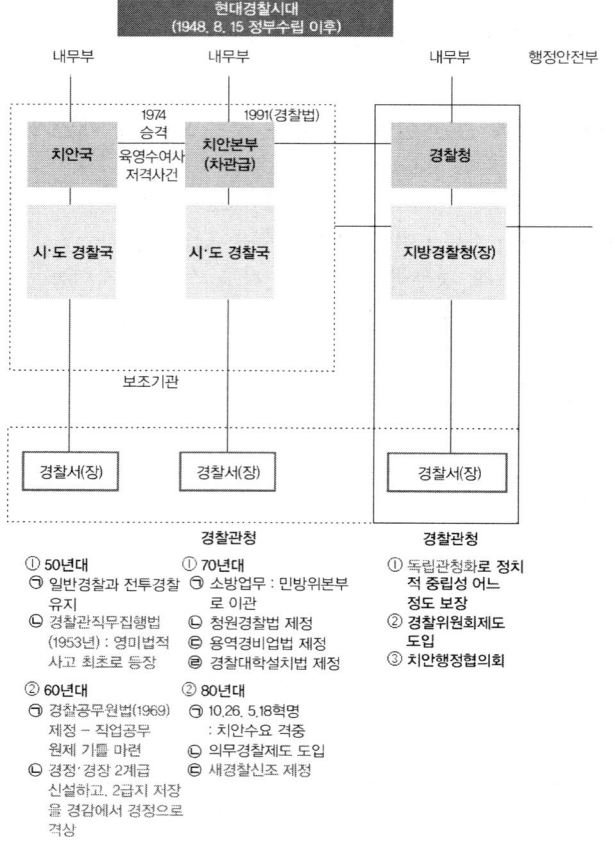

Answer 03 ①

04 경찰의 역사와 제도에 대한 설명으로 가장 적절하지 않은 것은? 　20. 승진

① 대한민국 임시정부 초대 경무국장은 백범 김구이며, 대한민국 경찰 역시 임시정부의 경찰활동 또는 경찰 정신을 계승하고 있다고 보아야 할 것이다.
② 미군정 시기에는 경찰작용에 관한 기본법인「경찰관 직무집행법」이 제정되는 등 조직·작용법적 정비가 이루어졌다.
③ 1946년 이후 중앙행정기관이었던 경무부(警務部)가 1948년「정부조직법」상에서 내무부 산하의 국(局)으로 격하되었다.
④ 1969년「국가공무원법」의 특별법인「경찰공무원법」이 제정되었다.

(해설)「경찰관 직무집행법」은 미군정 시기(1945년 8월 15일 이후부터 1948년 8월 15일)에 제정된 것이 아니라 **정부 수립 이후(1953. 12. 14.) 제정**되었다.

05 갑오개혁 이후 한국 경찰의 역사와 제도에 대한 설명으로 가장 적절한 것은? 　응용문제

① 1894년에 제정된 행정경찰장정은 일본의 행정경찰규칙(1875년)과 위경죄즉결례(1885년)를 혼합하여 만든 한국경찰 최초의 경찰작용법으로 영업·시장·회사 및 소방·위생, 결사·집회, 신문잡지·도서 등 광범위한 영역의 사무가 포함되었다.
② 1919년 3·1운동을 계기로 보통경찰제도로 전환되면서 경찰의 업무영역에 많은 변화가 발생하였으며, 이를 기화로 정치범처벌법을 제정하여 단속체계를 갖추었다.
③ 미군정시대에는 경찰의 이념에 민주적인 요소가 도입되면서 최초로 6인으로 구성된 '중앙경찰위원회'가 설치되었으며 경제경찰, 정보경찰 등의 사무가 폐지되는 등 비경찰화가 이루어졌다.
④ 최규식 경무관은 1968년 무장공비침투사건 당시 공비들의 근거지가 될 수 있는 사찰들을 불태우라는 상부의 명령에도 불구하고 화엄사, 천은사, 선운사 등 우리 문화재를 수호한 문화경찰의 표본이다.

(해설) ② 1919년 3·1운동을 계기로 보통경찰제도로 전환되면서 **경찰의 업무영역에 변동이 없었다.**
③ **정보경찰은 창설된 사무**이다.
④ **차일혁 경무관에 대한 내용**이다.

Answer　04 ②　05 ①

06
다음은 한국 근·현대 경찰의 역사에 대한 설명이다. 아래 ㉠부터 ㉣까지의 내용 중 옳고 그름의 표시(○, ×)가 바르게 된 것은?

> ㉠ '경무청관제직장'에 의해 당시의 좌·우포도청을 합하여 경무부를 신설하고, 경무부의 장으로 경무사를 두었다.
> ㉡ 미군정 시기에는 경찰이 담당하였던 위생사무가 위생국으로 이관되는 등 비경찰화 작업이 진행되었다.
> ㉢ 구한말 일본이 한국의 경찰권을 강탈해 가는 과정은 '경찰사무에 관한 취극서' – '재한국 외국인민에 대한 경찰에 관한 한일협정' – '한국 사법 및 감옥사무 위탁에 관한 각서' – '한국 경찰사무 위탁에 관한 각서'의 순서로 진행되었다.
> ㉣ 1953년 「경찰관 직무집행법」이 제정되었으며, 국민의 생명·신체·재산의 보호라는 영·미법적 사고가 반영되었다.

① ㉠(○) ㉡(○) ㉢(○) ㉣(○)
② ㉠(×) ㉡(○) ㉢(○) ㉣(○)
③ ㉠(×) ㉡(○) ㉢(×) ㉣(○)
④ ㉠(○) ㉡(×) ㉢(○) ㉣(×)

해설 ㉠ 경무청관제직장에 의해 당시의 좌·우포도청을 합하여 **경무청을 신설**하고, 경무청의 장으로 경무사를 두었다.

07
한국 근·현대 경찰사에 관한 다음 설명 중 옳지 않은 것으로 묶인 것은?

> 가. 1894년 일본각의의 결정에 따라 '각아문관제'에서 처음으로 경찰이란 용어를 사용하였다.
> 나. 경무청의 장(경무사)은 경찰사무를 비롯해 감옥사무를 총괄하였으며, 범죄인을 체포·수사하여 법사에 이송하는 업무를 담당하였다.
> 다. 1906년 통감부가 설치되면서 헌병은 일본의 「헌병조례」에 의해 군사경찰업무와 사법경찰업무만을 수행하였다.
> 라. 미군정기에 고등경찰제도가 폐지되었으며, 정보업무를 담당할 정보과와 경제사범 단속을 위한 경제경찰이 신설되었다.
> 마. 미군정기에 6인으로 구성된 중앙경찰위원회가 설치되었으며, 중요한 경무정책의 수립·경찰관리의 소환·심문·임면·이동 등에 관한 사항을 심의하였다.
> 바. 경찰법이 제정될 때까지 경찰체제의 근거가 되는 법률은 「경찰관 직무집행법」이었다.
> 사. 소방업무가 경찰업무에서 배제된 것은 소방업무가 민방위본부로 이관되면서부터이다.

① 가, 나, 다
② 다, 라, 마
③ 마, 바, 사
④ 다, 라, 바

해설 다. 헌병은 일본의 「헌병조례」에 의해 **군사경찰와 사법경찰 및 행정경찰 모두 겸했다.**
라. **경제경찰은 폐지**되었다.
바. 경찰법이 제정될 때까지 경찰체제의 근거가 되는 법률은 「**정부조직법**」이었다.

Answer 06 ② 07 ④

08. 1991년 제정된 경찰법의 역사적 의의에 대한 설명으로 가장 적절하지 않은 것은? [응용문제]

① 경찰법 제정으로 내무부의 보조기관이었던 치안본부가 내무부의 외청인 경찰청으로 분리·승격되었다.
② 당시 경찰제도개혁 논의는 선거부처에서 독립하여 정치적 중립성을 확보하는 데 초점이 맞추어졌으나 경찰을 선거부처로부터 완전히 독립시키지 못하여 정치적 중립 확보에 다소 미흡한 아쉬움이 있다.
③ 경찰청장은 독립관청화하였으나, 시·도경찰청장을 독립관청화하지 못한 아쉬움이 있다.
④ 경찰에 대한 민주적 통제시스템의 구축을 위한 토대로 경찰위원회제도를 도입한 데 역사적 의의가 있다.

[해설] 1991년 경찰법이 제정된 이후부터는 **경찰청장과 시·도경찰청장을 독립관청화**하였다.

09. 자랑스러운 경찰의 표상에 관한 내용과 인물이 바르게 연결된 것은? [24. 승진]

㉠ 성산포경찰서장 재직 시, 계엄군으로부터 예비검속자들을 총살 집행 후 보고하라는 공문을 받고, 그 공문에 직접 "부당함으로 불이행"이라 쓰고 지시를 거부하였다. 자신의 목숨이 위태로울 수 있음에도 용기있는 결단으로 예비검속자들의 목숨을 구해냈다.

㉡ 5·18 광주 민주화운동 당시 전남지역 치안의 총책임자로서 무장 강경진압 방침이 내려오자, '데모 저지에 임하는 경찰의 방침'(주동자 외는 연행금지, 경찰봉 사용 유의, 절대 희생자가 발생하지 않도록 할 것 등)이라는 근무지침을 전파하여 시민과 경찰 양측의 안전을 우선시하고 인권에 유의한 집회·시위 관리를 강조하였다.

㉢ 1946년 여자경찰간부 1기로 경찰에 투신하여 1952년 서울 여자경찰서장에 취임하였다. 5·16군사정변 당시 군부로부터 정권에 합류를 권유받았으나, 민주주의를 부정한 군사정권에 협력할 수 없다며 거부하고 경찰에서 퇴직하였다.

㉣ 1950년 순경으로 임용, 1986년 총경으로 승진하였지만, 수사현장을 끝까지 지킨다는 의지로 경찰서장 보직을 희망하지 않고 수사·형사과장으로만 재직하였다. MBC 드라마 수사반장의 실제 모델이며, 1963년, 1968년, 1969년에 치안국의 포도왕(검거왕)으로 선정되었다.

	㉠	㉡	㉢	㉣
①	문형순	안병하	안맥결	최중락
②	노종해	안종삼	안맥결	이준규
③	문형순	문형순	김해수	이준규
④	노종해	노종해	김해수	최중락

[해설] ㉠ 문형순 ㉡ 안병하 ㉢ 안맥결 ㉣ 최중락

Answer 08 ③ 09 ①

10 우리나라 경찰의 표상이 되는 인물과 활동에 대한 설명이다. 아래 가.부터 라.까지의 설명 중 옳고 그름의 표시(O, X)가 바르게 된 것은? 73기 경간부

> 가. 차일혁 경무관 – 일제 강점기에 항일투쟁을 하였고 6·25전쟁 기간 제18전투경찰대장으로 부임하여 빨치산토벌작전에서 탁월한 전공을 세웠으며, 1954년 충주경찰서장으로서 충주직업청소년학교를 설립하여 전쟁고아들에게 학교공부와 직업교육의 기회를 주었다.
> 나. 안종삼 총경 – 1950년 7월 24일 구례경찰서 서장으로서 경찰서에 구금 중이던 480명의 국민보도연맹원들을 사살하라는 상부의 명령을 받았으나, 이를 거부하고 전원 석방함으로써 국가범죄의 비극적 살육을 막아냈다.
> 다. 박재표 경위 – 1956년 8월 13일 제2대 지방의원 선거 당시 정읍 소성지서에서 순경으로 근무하던 중 투표함을 바꿔치기 하는 부정선거를 목격하고 이를 기자회견을 통해 세상에 알리는 양심적 행동을 하였다.
> 라. 이준규 총경 – 1980년 5·18민주화운동 당시 목포 경찰서장으로서 시민과의 유혈충돌을 방지하기 위해 보유 중인 총기들을 목포 인근에 위치한 섬으로 이동시켰고 신군부의 강경한 시위진압에 거부하는 등 시민을 보호하였다.

① 가(O), 나(O), 다(O), 라(O)
② 가(O), 나(O), 다(O), 라(X)
③ 가(X), 나(O), 다(O), 라(X)
④ 가(X), 나(X), 다(O), 라(X)

해설 모두 옳은 지문이다.

---

11 다음은 자랑스러운 경찰의 표상에 관한 서술이다. 해당 인물을 바르게 나열한 것은? 23. 순경

> ㉠ 성산포경찰서장 재직 시 계엄군의 예비검속자 총살 명령에 '부당함으로 불이행'한다고 거부하고 주민들을 방면함
> ㉡ 5·18 광주 민주화운동 당시 무장 강경진압 방침이 내려오자 '분산되는 자는 너무 추적하지 말 것, 부상자가 발생하지 않도록 할 것' 등을 지시하여 비례의 원칙에 입각한 경찰권 행사 및 인권보호를 강조함
> ㉢ 임시정부 경무국 경호원 및 의경대원으로 활동하였고 1926년 12월 식민수탈의 심장인 식산은행과 동양척식회사에 폭탄을 투척함
> ㉣ 구례경찰서장 재임 당시, 재판을 받지 않고 수감된 보도연맹원 480명을 방면하였으며, '내가 만일 반역으로 몰려 죽는다면 나의 혼이 여러분 각자의 가슴에 들어가 지킬 것이니 새 사람이 되어주십시오'라고 당부함

Answer 10 ① 11 ③

	㉠	㉡	㉢	㉣
①	문형순	안병하	차일혁	안종삼
②	이준규	최규식	안맥결	나석주
③	문형순	안병하	나석주	안종삼
④	이준규	최규식	정종수	나석주

해설 ㉠ 문형순 ㉡ 안병하 ㉢ 나석주 ㉣ 안종삼

12 우리나라 경찰의 역사에 관한 설명 중 가정 적절하지 않은 것은? 22. 순경

① 고려시대 중앙에는, 형부, 병부, 어사대, 금오위 등이 경찰업무를 수행하였고, 이 중 어사대는 관리의 비리를 규탄하고 풍속교정을 담당하는 등 풍속경찰의 임무를 수행하였다.
② 이준규 서장은 보도연맹원들에 대한 총살명령이 내려오자 480명의 예비검속자 앞에서 "내가 죽더라도 방면하겠으니 국가를 위해 충성해 달라"라는 연설 후 전원 방면하였다.
③ 정부수립 이후 1991년 이전 경찰의 특징을 살펴보면, 전투경찰 업무가 경찰의 업무 범위에 추가되었고 소방업무가 경찰의 업무범위에서 배제되는 등 경찰활동의 영역에 변화가 있었다.
④ 구「경찰법」이「국가경찰과 자치경찰의 조직 및 운영에 관한 법률」로 개정됨에 따라 자치경찰사무를 관장하게 하기 위하여 특별시장·광역시장·특별자치시장·도지사·특별자치도지사 소속으로 시·도자치경찰위원회를 두었다.

해설 **안종삼**에 대한 내용이다.

13 한국경찰사에 관한 설명으로 가장 적절하지 않은 것은? 23. 경특

① 우리나라에 근대적 의미의 경찰개념이 도입된 것은 갑오개혁 이후로 이 시기에 처음으로 경찰이라는 용어를 사용하였다.
② 한국경찰사 주요 인물 중 1936년 임시정부 군자금 조달 혐의로 5개월간 구금된 인물은 도산 안창호 선생의 조카딸인 안종삼이다.
③ 미군정 시기에는 광범위하게 이루어지던 행정경찰사무가 경찰의 관할에서 분리되는 비경찰화 작업이 진행되었다.
④ 1953년「경찰관 직무집행법」이 제정되었으며, 국민의 생명·신체·재산의 보호라는 영·미법적 사고가 반영되었다.

해설 한국경찰사 주요 인물 중 1936년 임시정부 군자금 조달 혐의로 5개월간 구금된 인물은 도산 안창호 선생의 조카딸인 **안맥결**이다.

Answer 12 ② 13 ②

14 한국 경찰사의 자랑스러운 경찰의 표상에 대한 설명 중 연결이 바르지 않은 것은? 20. 승진

① 빨치산 토벌의 주역이며, 화엄사 등 문화재를 수호한 인물 - 차일혁
② 5·18 광주 민주화운동 당시 비례의 원칙에 입각한 경찰권 행사 강조 - 최규식
③ 1968년 무장공비 침투사건 당시 무장공비를 온몸으로 막아내고 순국 - 정종수
④ 1919년 상하이에서 수립한 대한민국 임시정부의 초대 경무국장 - 김구

(해설) 5·18 광주 민주화운동 당시 비례의 원칙에 입각한 경찰권 행사 강조 - **안병하**

15 다음은 한국경찰사에 대한 설명이다. 아래 ( )난에 들어갈 내용으로 가장 적절하게 짝지어진 것은? 22. 승진

> 안병하 치안감은 5.18 광주 민주화운동 당시 전라남도 경찰국장으로서 전라남도 경찰들에게 '분산되는 자는 추적하지 말 것' 등을 지시하고, '연행과정에서 학생의 피해가 없도록 유의하라'고 지시하여 (㉠)에 입각한 경찰권 행사 및 시위대의 (㉡)를 강조하였다.

① ㉠ - 호국정신 ㉡ - 인권보호
② ㉠ - 비례의 원칙 ㉡ - 질서유지
③ ㉠ - 호국정신 ㉡ - 질서유지
④ ㉠ - 비례의 원칙 ㉡ - 인권보호

(해설) 안병하 치안감은 5.18 광주 민주화운동 당시 전라남도 경찰국장으로서 전라남도 경찰들에게 '분산되는 자는 추적하지 말 것' 등을 지시하고, '연행과정에서 학생의 피해가 없도록 유의하라'고 지시하여 **비례의 원칙**에 입각한 경찰권 행사 및 시위대의 **인권보호**를 강조하였다.

▶ 한국 경찰사의 자랑스러운 경찰의 표상

안병하	대한민국의 경찰이다. 제37대 전라남도지방경찰청장을 지냈다. 1980년 5·18 광주 민주화 운동 당시 광주 시민들을 향한 발포 명령을 거부했다가 직위해제된 뒤 보안사령부에서 고문을 당하고 그 후유증으로 1988년 10월 10일 사망했다. ▶ 민주·인권경찰의 표상
최규식	대한민국의 경찰관으로 1968년 김신조(金新朝)를 비롯한 무장 공비들에 의한 1·21 사태 때 사망했다. ▶ 호국경찰의 표상
정종수	종로경찰서 수사과에 순경으로 재직 중 1968년 1월 21일 북한의 124부대 무장공비 31명의 청와대 습격을 저지하는데 큰 공을 세웠습니다. ▶ 호국경찰의 표상
차일혁	1951년 무장공비침투사건 당시 공비들의 근거지가 될 수 있는 사찰들을 불태우라는 상부의 명령에도 불구하고 화엄사, 천은사, 선운사 등 우리 문화재를 수호한 문화경찰의 표본이다. ▶ 호국·인권·문화경찰의 표상

Answer 14 ② 15 ④

김구	① 1919년 상하이에서 수립한 대한민국 임시정부의 초대 경무국장 ② 1932년에는 직접 대한교민단 의경대장(32.1.11.~32.2)에 취임하여 일제의 밀정색출, 친일파 처단 및 상해 교민사회의 질서유지 등 임무를 수행 하였다. ▶ 민족의 사표
안맥결	① 독립운동가 출신의 여성경찰관이며 도산 안창호 선생의 조카딸로서, 1919년 10월 평양 숭의여학교 재학 중 만세시위에 참여하다 체포되어 20일간 구금되었다. ② 1946년 5월 미군정하 제1기 여자경찰간부로 임용되어 국립경찰에 투신하였고 1952년부터 2년간 서울여자경찰서장을 역임하며 풍속·소년·여성보호 업무를 담당하였다.
문형순	① 제주 4·3사건 당시인 1948년 12월, 제주 대정읍 하모리에서 검거된 좌익총책의 명단에 연루된 100여명의 주민들이 처형위기에 처하자 당시 모슬포서장 문형순은 조남수 목사의 선처 청원을 받아들여 이들에게 자수토록 하고, 1949년 초에 자신의 결정으로 전원 훈방하였다. ② 1950년 8월 30일 성산포경찰서장 재직 시 계엄군의 예비검속자 총살명령에 '부당함으로 불이행'한다고 거부하고 278명 방면하였다. ▶ 민주·인권경찰의 표상
이준규	이준규 서장은 1948. 3. 31. 경찰입직(순경공채)하였고, 1980년 5·18당시 목포경찰서장으로 재임하면서 안병하 국장의 방침에 따라 경찰 총기 대부분을 군부대 등으로 사전에 이동시켰고 자체 방호를 위해 가지고 있던 소량의 총기마저 격발할 수 없도록 방아쇠 뭉치를 모두 제거해 경찰관들과 함께 고하도 섬으로 이동시키는 등 원천적으로 시민들과의 유혈충돌을 피하도록 조치하여 광주와 달리 목포에서는 사상자가 거의 나오지 않았다. ▶ 민주·인권경찰의 표상
최중락	최중락 총경은 1950.11월 경찰에 입직(순경공채). '63·'68·'69년 치안국 검거왕으로 선정되었고 재직 중 1,300여 명의 범인을 검거하는 등 수사경찰의 상징적인 존재이다. ▶ 수사경찰의 표상
김 석	경대원으로 활동하면서 윤봉길 의사를 배후 지원하였다.
김용원	김구 선생의 뒤를 이어 경무국장을 역임하였고, 귀국 후 군자금 모금, 체포와 병보석을 반복하다가 순국하였다.
김 철	의경대 심판을 역임하였으며, 상하이 프랑스 조계에 잠입하였다가 일제 경찰에 체포되어 감금당하였다

16 자랑스러운 경찰의 표상에 관한 인물과 활동내용에 대한 설명으로 적절하지 않은 것은 모두 몇 개인가?

74기 경간부

> 가. 나석주 : 임시정부 경무국 경호원 및 의경대원으로 활동하면서 식민수탈의 심장인 식산은행과 동양척식주식회사에 폭탄을 투척하였
> 나. 김 석 : 의경대원으로 활동하면서 윤봉길 의사를 배후 지원하였다.
> 다. 김용원 : 김구 선생의 뒤를 이어 경무국장을 역임하였고, 귀국 후 군자금 모금, 체포와 병보석을 반복하다가 순국하였다.
> 라. 김 철 : 의경대 심판을 역임하였으며, 상하이 프랑스 조계에 잠입하였다가 일제 경찰에 체포되어 감금 당하였다.

Answer 16 ①

① 0개 ② 1개
③ 2개 ④ 3

(해설) 모두 옳은 지문이다.

17. 다음 우리나라 경찰윤리강령들을 제정된 연도가 빠른 것부터 느린 순으로 바르게 연결한 것은?

23. 경간부

가. 새경찰신조　　　　　　　나. 경찰헌장
다. 경찰윤리헌장　　　　　　라. 경찰서비스헌장

① 가 → 나 → 다 → 라　　② 나 → 가 → 다 → 라
③ 나 → 라 → 가 → 다　　④ 다 → 가 → 나 → 라

(해설) 다(1966) → 가(1980) → 나(1991) → 라(1998)

18. 한국경찰의 역사적 사실을 과거에서부터 현재 순으로 바르게 나열한 것은?

23. 순경

㉠ 경찰청 사이버테러대응센터 신설　　㉡ 경찰서비스헌장 제정
㉢ 국가수사본부 신설　　　　　　　　㉣ 「경찰법」 제정
㉤ 제주특별자치도 자치경찰단 설치

① ㉣-㉡-㉠-㉤-㉢　　② ㉡-㉣-㉤-㉠-㉢
③ ㉡-㉣-㉠-㉢-㉤　　④ ㉣-㉠-㉡-㉤-㉢

(해설) 경찰법 제정(1991) - 경찰서비스헌장 제정(1998) - 경찰청 사이버테러대응센터 신설(2000) 제주도 자치경찰단 설치(2006) - 국가수사본부 신설(2020)

19. 우리나라 경찰의 역사와 제도에 대한 설명이다. 시기가 올바르게 묶인 것은?

응용문제

가. 1947년 경찰병원 설치
나. 1953년 경찰관직무집행법 제정
다. 1956년 국립과학수사연구소 설치
라. 1966년 경찰관 해외주재관 제도 신설
마. 1970년 경찰공무원법 제정
바. 1974년 내무부 치안국을 치안본부로 개편
사. 1996년 해양경찰청을 해양수산부로 이관
아. 2005년 제주도 자치경찰출범

Answer　17 ④　18 ①　19 ④

① 가, 나, 사, 아 ② 가, 라, 마, 아
③ 나, 라, 바, 아 ④ 나, 라, 바, 사

해설 가. 1949년 경찰병원 설치
다. 1955년 국립과학수사연구소 설치
마. 1969년 경찰공무원법 제정
아. 2006년 제주도 자치경찰출범

20 한국 경찰의 역사와 제도에 대한 아래 사건들을 시대순으로 바르게 나열한 것은? 〔71기 경간부〕

> 가. 국립과학수사연구소 설치   나. 「경찰공무원법」 제정
> 다. 「경찰관 직무집행법」 제정 라. 내무부 치안국을 치안본부로 개편

① 가 – 다 – 나 – 라 ② 다 – 가 – 라 – 나
③ 다 – 가 – 나 – 라 ④ 가 – 다 – 라 – 나

해설 가. 국립과학수사연구소 설치(1955. 03. 25)
나. 「경찰공무원법」 제정(1969. 01. 07)
다. 「경찰관 직무집행법」 제정(1953. 12. 14)
라. 내무부 치안국을 치안본부로 개편(1974. 12. 24)

▶ 우리나라 경찰의 연혁

미군정 시대	1945. 10. 21.	경찰 창설기념
	1946. 1.	경무국을 경무부로 승격
	1946. 5.	최초로 여자경찰관 채용
	1947. 11.	**중앙경찰위원회 설치**
치안국 시대	1948. 11.	내무부장관 산하에 치안국 설치
	1949. 10. 18.	경찰병원 설치
	1953. 12. 14.	경찰관직무집행법 제정
	1953. 12. 23.	**해양경찰대 발족**
	1954. 4.	**경범죄처벌법 제정**
	1955. 3. 25.	국립과학수사연구소 설치
	1966. 7. 1.	경찰관 해외주재관 제도 신설
	1966. 12.	경찰윤리헌장 선포
	1968. 9.	**전투경찰대 발족(1 · 21 사태 계기)**
	1969. 1. 7.	① 경정, 경장 2계급 신설 ② 2급지 서장을 경감에서 경정으로 격상, 경찰공무원법 제정(1969)
치안본부 시대	1974. 12. 24.	내무부 치안국을 치안본부로 개편
	1975	소방업무가 민방위본부로 이관
	1979. 12. 28.	경찰대학설치법 제정 공포

Answer 20 ③

	1991. 8. 1.	① 치안본부의 경찰청으로 승격 ② 지방경찰국의 지방경찰청으로 승격, 경찰법 제정(1991)
	1996. 8. 8.	해양경찰청의 해양수산부로 이관
	1999. 5. 24.	경찰서에 '청문관제' 도입
경찰청 시대	1999. 12. 28.	면허시험장을 책임운영기관화하여 청장직속의 '운전면허시험관리단' 신설 → 2010 도로교통공단으로 이관
	2000. 9. 29.	사이버테러대응센터 신설
	2005. 7. 5.	경찰청 생활안전국에 여성청소년과 신설
	2005. 12. 30.	경찰병원을 추가로 책임운영기관화
	2006. 3. 30.	경찰청 외사관리관을 '외사국'으로 확대 개편
	2006. 7. 1.	제주도 자치경찰 출범
	2006. 10. 31.	제주지방경찰청장을 치안감급으로 격상
	2006. 10. 31.	경찰청 수사국 내에 '인권보호센터' 신설

두문자 : **여중**생이 **병**직해에 **경과실주**를 윤리전공인 **치소대**생과 함께 **경지수청사**에서 **여성외제인**과 마셨다.

21 우리나라 경찰의 역사와 제도에 대한 설명이다. 시대 순으로 나열한 것은? 응용문제

㉠ 「경찰법」 제정 ㉡ 「경찰관 직무집행법」 제정
㉢ 최초로 여성 경찰관 채용 ㉣ 제주 자치경찰 출범
㉤ 내무부 치안국을 치안본부로 개편

① ㉡ - ㉢ - ㉤ - ㉣ - ㉠
② ㉡ - ㉢ - ㉤ - ㉠ - ㉣
③ ㉢ - ㉡ - ㉠ - ㉤ - ㉣
④ ㉢ - ㉡ - ㉤ - ㉠ - ㉣

해설 ㉢ (1946) - ㉡ (1953) - ㉤ (1974) - ㉠ (1991) - ㉣ (2006)

Answer 21 ④

CHAPTER 03 비교경찰제도

제1절 경찰제도의 3가지 모델

01 다음 국가 중 경찰체제의 성격이 다른 하나는? 04. 승진

① 프랑스 ② 스웨덴
③ 호주 ④ 덴마크

해설 중앙집권형 국가 - **프랑스**, 이탈리아, 핀란드, 이스라엘, 태국, 대만, **덴마크**, **스웨덴**, 한국

02 다음 중 중앙정부와 지방정부가 경찰에 대한 통제권한을 공유하고 있는 경찰체제는? 04. 승진

① 집권형 ② 통제한
③ 분권형 ④ 통합형

해설 중앙정부와 지방정부가 경찰에 대한 통제권한을 공유하고 있는 경찰체제는 **통합형**이다.

03 다음 중 경찰의 제도모형에 대하여 바르게 기술한 것이 아닌 것은? 01. 순경

① 국가적 전통에 따라 경찰의 역할이 다르게 강조된다.
② 경찰제도의 모형은 분권형, 집권형, 절충형 체제로 나누어 볼 수 있다.
③ 민주국가는 분권형 체제를, 비민주국가는 집권형 체제를 채택한다.
④ 절충형 체제는 경찰통제 대한 권한을 중앙정부와 지방정부가 공유하는 형태이다.

해설 집권형 또는 분권형이라는 제도 그 자체가 민주주의와 직접적인 연관성을 갖는 것이 아니다.

Answer 01 ③ 02 ④ 03 ③

제2절 영국경찰사

01 런던수도경찰청을 창시(1829년)한 로버트 필 경(Sr. Robert Peel)이 경찰조직을 운영하기 위하여 제시한 기본적인 원칙(경찰개혁안 포함)에 대한 설명으로 가장 적절하지 않은 것은?

23. 경간부

① 경찰은 정부의 통제하에 있어야 한다.
② 범죄발생 사항은 반드시 전파되어야 한다.
③ 단정한 외모가 시민의 존중을 산다.
④ 경찰의 효율성은 항상 범죄나 무질서를 진압하는 가시적인 모습으로 판단하는 것이다.

해설 로버트 필의 9가지 경찰원칙 중 9번째를 보면 "언제나 경찰의 효율성은 범죄와 무질서의 감소나 부재로 판단되는 것이지 **범죄나 무질서를 진압하는 가시적인 모습으로 인정받는 것은 아니라는 점을 명심해야 한다.**"라고 되어 있다.

02 1829년 영국에서 수도경찰청의 창설을 주도한 Rebort Peel경이 제시한 지휘지침에 속하지 않는 것은?

01. 순경

① 경찰의 1차 목적은 범죄진압이다.
② 경찰관은 그 권위를 드러내려고 부주의하게 간섭하는 일이 없어야 한다.
③ 경찰관은 완벽하게 자기 기분을 다스릴 줄 알아야 한다.
④ 임무와 권한에 관해 잘못된 관념을 형성하지 않도록 신임경찰관들에 대한 특별한 보살핌이 필요하다.

해설 경찰의 제1목적은 '범죄진압'이 아니라 **범죄예방**'에 있음을 밝혔다.

03 현대경찰의 형성에 지대한 영향을 미친 영국의 로버트 필(R. Peel)경이 주장한 경찰활동의 원리(police principles)가 아닌 것은?

09. 순경

① 경찰의 기본적 사명은 범죄와 무질서를 예방하는 것이다.
② 경찰은 공공의 협조를 확보하고 유지하여야만 한다.
③ 경찰은 경찰목적을 달성하는데 필요하면 적극적으로 물리력을 행사하여야 한다.
④ 경찰은 비당파적인 치안서비스를 제공하여야 한다.

해설 경찰은 경찰목적을 달성하는데 필요하면 최소한의 물리력을 행사하여야 한다.

Answer 01 ④ 02 ① 03 ③

04 1829년 런던수도경찰청을 창설한 로버트 필 경(Sir. Robert Peel)이 경찰조직을 운영하기 위하여 제시한 기본적인 원칙에 해당하지 않는 것은? 71기 경간부

① 경찰은 안정되고 능률적이며, 군대식으로 조직되어야 한다.
② 경찰의 기본적인 의무는 범죄와 무질서의 예방이다.
③ 모방범죄 예방을 위해 범죄정보는 유출되어서는 안된다.
④ 적합한 경찰관들의 선발과 교육은 필수적인 것이다.

> **해설** 범죄발생 사항은 **반드시 전파** 되어야 한다.
>
> ▶ **필경의 원칙**(Police Principles)
> ① 경찰의 기본적인 임무는 범죄와 무질서의 예방이다.
> ② 경찰의 업무달성 능력은 국민의 지지에 의하여 결정된다.
> ③ 경찰은 국민들의 준법정신 향상을 위하여 적극적으로 협력하여야 한다.
> ④ 경찰의 물리력 사용은 국민의 지지를 받기 위하여 최소한으로 사용되어야 한다.
> ⑤ 경찰은 여론이 아니라 절대적으로 공정한 법 집행을 통하여 국민의 지지를 얻고자 노력해야 한다.
> ⑥ 경찰도 전체 국민의 복지와 안전을 위하여 항상 노력하는 국민의 한 구성원임을 명심해야 한다.
> ⑦ 경찰은 기능수행에 필요한 정도의 권한만을 행사해야 한다.
> ⑧ 경찰의 능력은 가시적인 경찰력의 행사가 아닌, 실제적인 범죄와 무질서의 감소에 의해서만 평가받아야 한다.
> ☞ 경찰은 경찰목적을 달성하는 데 필요하다면 적극적으로 물리력을 행사해서는 안 되며, 무력사용의 최대한 자제를 강조하였다.

05 외국경찰에 관한 설명으로 가장 적절하지 않은 것은? 24. 순경

① 11세기경 프랑스의 앙리 1세는 파리의 치안을 유지하기 위해 법원과 경찰기능을 가진 프레보(Prebot)를 창설하였다.
② 독일경찰은 1949년 「기본법」의 제정으로 대부분의 주(州)에서 주(州)단위 국가경찰제도를 채택하였다.
③ 영국의 지방경찰은 2011년 「경찰개혁 및 사회책임법」 제정을 통해 기존의 3원 체제(지방경찰청장, 지방경찰위원회, 내무부장관)에서 4원 체제(지역치안위원장, 지역치안평의회, 지방경찰청장, 내무부장관)로 변화하면서 자치경찰의 성격이 약화되었다.
④ 미국의 20세기 초 경찰개혁을 이끈 대표적 인물로 1인 순찰제의 효과성을 연구한 윌슨(O. W. Wioson)과 대학에 경찰 관련 교육과정을 개설한 어거스트 볼머(August Vollmer)가 있다.

> **해설** 3원체제(지방경찰위원회, 지방경찰청장, 내무부 장관)에서 4원체제(지역치안위원장, 지역치안평의회, 지방경찰청장, 내무부장관)로 변화하면서 **자치경찰의 성격이 강화**되었다.

Answer 04 ③   05 ③

06. 영국 경찰에 관한 설명으로 가장 적절하지 않은 것은?
74기 경간부

① 1829년 근대경찰의 아버지로 불리는 로버트 필경(Sir RobertPeel)의 제의로 영국 최초의 근대 경찰조직인 수도경찰청이 창설되었다.
② 1964년 「경찰법」을 통해 내무부장관, 지방경찰위원회, 지방경찰청장을 중심으로 하는 경찰 3원 체제를 설정하였다.
③ 2002년 「경찰개혁법」이 제정되어 지방경찰위원회 및 지방경찰청장에 대한 내무부장관의 권한이 약화되었다.
④ 2011년 「경찰개혁 및 사회책임법」은 지역치안위원장, 지역치안평의회, 지방경찰청장, 내무부장관을 중심으로 하는 4원 체제로의 변화를 통해 자치경찰의 성격을 강화하였다.

해설) 2002년 경찰개혁법이 제정되었고, **내무부장관의 지방경찰에 대한 중앙집권적 통제가 강화되면서 지방경찰위원회의 역할이 축소**되어 그 결과 지방경찰위원회가 약하게 전락하게 되었다는 비판이 제기된 바 있다.

07. 영국경찰은 관리 및 운영면에서 내무부 장관, 경찰위원회, 경찰청장 간의 3원체제를 갖는데 각각의 권한과 책임에 대한 설명 중 바른 것은?
05. 순경

① 경찰위원회는 차량, 장비, 피복 등을 경찰에 제공한다.
② 내무부장관은 경찰위원회의 동의를 얻어 경찰청장을 임명한다.
③ 경찰위원회는 각 경찰청 예산의 50% 이상을 지원한다.
④ 경찰청장은 경찰의 근무조건, 행정 등에 관한 규칙제정권을 보유한다.

해설) ② 경찰위원회는 **내무부장관의 동의를 얻어** 경찰청장을 임명한다.
③ 내무부장관은 각 경찰청 예산의 **50% 이하를** 지원한다.
④ **내무부장관은** 경찰의 근무조건, 행정 등에 관한 규칙제정권을 보유한다.

08. 영국의 중대조직범죄청(SOCA)에 대한 설명으로 틀린 것은?
08. 승진

① 대형조직범죄 소탕을 목적으로 2006년 설립
② 기존 중앙범죄정보국, 중앙범죄수사대와 함께 3대 국가수사관체제 확립
③ 영국판 FBI로 불리고 있음.
④ 중앙정부 예산으로 운영

해설) 2006년에 대형조직범죄 소탕을 목적으로 **기존 중앙범죄정보국(NCIS)과 중앙범죄수사대(NCS), 국가하이테크범죄국, 세관과 이민국의 일부를 통합하여 중대조직범죄청(SOCA)을 창설**하였으며, 영국판 FBI로 불리고 있다.

Answer 06 ③ 07 ① 08 ②

09 잉글랜드와 웨일즈의 특별경찰에 관한 설명 중 틀린 것은?
08. 승진

① 항만경찰 – 부두, 운하, 다리, 철도와 공장이나 토지 및 인접 1마일 이내 지역관할, 런던 항만경찰은 치안법관이 임명하고, 전국항만 경찰은 런던항만관리청이 임명
② 운하 및 하천경찰 – 운하와 하천, 이에 소속한 공장 또는 위 회사에 소속한 철도, 궤도, 방파제, 수문, 육영시설 및 인접 1/4마일 이내의 지역 관할
③ 공원경찰 – 공중위생법이 정한 공원과 유원지를 관할하고 지방자치단체가 소속직원을 공원관리 목적으로 경찰관 임명
④ 군대 및 원자력위원회경찰 – 군대 및 원자력위원회의 소유이나 특별구역 및 군대의 군사목적이나 그 목적 수행과 관련하여 사용하는 지역과 15마일 이내의 구역을 관할

해설 런던항만경찰은 **런던항만관리청이 임명**하고, 전국항만 경찰은 **치안법관이 임명**

▶ 특별경찰

공원경찰	① 공중위생법이 정한 공원과 유원지를 관할 ② 지방자치단체가 소속직원을 공원관리 목적으로 경찰관으로 임명
군대·원자력 위원회경찰	① 군대 및 원자력위원회의 소유나 특별구역 및 군대의 군사목적이나 목적 수행과 관련하여 사용하는 지역과 15마일 이내의 구역을 관할 ② 육군최고회의, 해군본부, 공군최고회의 및 원자력위원회의 지명으로 임명
대학경찰	① 대학구내 및 인접 4마일 이내 관할 ② 대학법에 의해 대학총장(부총장)이 임명·면직
민간 항공경찰	① 교통부장관 관할구역 내에서 민간항공과 관련하여 경찰임무를 수행 ② 교통부장관의 추천으로 치안법관이 임명
운하 및 하천경찰	① 운하와 하천 및 이에 소속한 공장 또는 위 회사에 소속한 철도, 궤도, 방파제, 수문, 육영시설 및 인접 1/4마일 이내의 지역을 관할 ② 하천경영자의 회사관리위원회 등의 신청으로 치안법관이 임명
철도경찰	① 운수위원회가 소유하거나 임차 중인 철도, 항만, 수로, 정류장, 방파제, 호텔, 공장 및 그 인접지역을 관할 ② 운수위원회의 요청으로 치안법관이 임명
라인강경찰	① 라인강과 그 연안을 관할 ② 관리기관은 라인강개발위원회이나 실제로는 그 소속의 경찰위원회에 모든 권한을 위임
항만경찰	① 부두, 운하, 다리, 철도와 공장이나 토지 및 인접 1마일 이내 지역관할 ② 런던항만경찰은 런던항만관리청이 임명하고, 전국항만 경찰은 치안법관이 임명

10 영국의 특별경찰 중 임명권자가 다른 것은?
06. 순경

① 철도경찰 ② 운하 및 하천경찰
③ 군대 및 원자력위원회경찰 ④ 민간항공경찰

해설 ▶ **치안법관이 임명권자인 특별경찰**
민간항공경찰, 운하 및 하천경찰, 철도경찰, 전국항망경찰

Answer 09 ① 10 ③

제3절 미국 경찰사

01 미국 경찰제도에 관한 설명 중 틀린 것은? 04. 순경

① 영국의 경찰제도가 각 지방 나름대로 도입되면서 시작되었다.
② 윌슨(O. W. Wilson)은 경찰 조직구조, 순찰운용, 통신의 효율성을 통한 경찰업무의 혁신과 전문직화를 추진하였다.
③ 최초의 주경찰로서 1835년 시카고경찰이 설립되었다.
④ 미국 도시경찰의 시초는 1637년 보스턴 시의 야경제도(Night Watch System)이다.

(해설) 1835년에 **최초의 주경찰인 텍사스 레인저가 탄생**되었다.

02 다음 미국경찰에 대하여 잘못 서술한 것은? 03. 순경

① 연방정부는 헌법상 명문으로 경찰권을 가지고 있지 아니하지만 헌법이 부여한 과세권 및 주간통상 규제권 등의 행사로 사실상 경찰권을 행사한다.
② 최초의 주경찰을 보유하게 된 곳은 펜실베이니아 주경찰이다.
③ 미국이 연방범죄수사국 이외에는 모두 특정한 법 영역만을 담당한다.
④ 미국의 도시경찰의 관리형태는 자치제정부이며 관리형태에 따라 다양하다.

(해설) ▶ 주 경찰기관의 설립순서

텍사스 레인저(1835)(T) → 매사추세츠 주(1865, 주경찰청의 설립은 1920년)(M) → 펜실베이니아(P)(1905)

03 1935년 미국에서 연방범죄수사국이 창설된 배경과 가장 관계가 먼 것은? 02. 승진

① 도량형 표준화
② 화폐위조사범 증가
③ 우편사무의 증가
④ 절도사범의 증가

(해설) 주(州) 간 교역의 증가에 따른 화폐위조의 증가, 우편사무의 증가, 도량형 표준화에 기인한 것이다. **절도사범의 증가와는 관련이 없다.**

Answer 01 ③ 02 ② 03 ④

04. 20세기 미국경찰에 대한 설명으로 적절하지 않은 것은 모두 몇 개인가? 〈73기 경간부〉

가. 워커샴 위원회(Wickersham Commission) 보고서에서는 경찰전문성 향상을 위해 경찰관 채용기준 강화, 임금 및 복지개선, 교육훈련 증대의 필요성이 제기되었다.
나. 오거스트 볼머(August Vollmer)는 경찰관 선발을 지원하기 위해서 지능·정신병·신경학 검사를 도입했다.
다. 윌슨(O. W. Wilson)은 1인 순찰제의 효과성에 관한 체계적인 연구를 수행했다.
라. 루즈벨트(F. D. Roosevelt) 대통령의 지시로 1903년 최초의 연방수사 기구가 재무부에 창설되었다.

① 1개　　② 2개
③ 3개　　④ 4개

해설 라. 1908년 7월 26일 시어도어 루즈벨트 대통령의 명령으로 당시 법무장관이었던 찰스 조셉 보나파르트는 **법무부** 수사국(BOI, Bureau of Investigation)을 창설했다

05. 미국의 연방보안관에 대한 설명으로 타당하지 않은 것은? 〈09. 경간부〉

① 건국 초기 연방정부의 유일한 일방적 법 집행권을 가진 조직이었으며, 형사사법 관계의 각종임무를 수행한 적도 있다.
② 연방보안관의 임기는 4년으로, 하원의 조언과 승인에 따라 대통령이 임명하는 독립된 관직이다.
③ 각 연방법원과 같은 관할이며, 연방범죄 피의자 호송 및 증인의 신변안전, 지역적 소요의 진압 등의 임무를 수행한다.
④ 연방부보안관은 연방보안관의 임무수행을 보조하며, 통상의 연방공무원 시험에 합격한 일반직 공무원이다.

해설 ▶ 연방보안관(USMS)

설립	① 미국의 연방경찰 중 영국보통법의 전통을 이어 받은 제도로서 1789년 워싱턴 대통령이 처음 13명을 임명한 이래 계속되어 온 **미국 최초의 연방법집행기관**이다. ② 건국 초기 연방정부의 유일한 일반적 법집행권을 가지는 조직이었고, 형사사법관계의 각종 임무를 수행한 적도 있었다.
조직	연방보안관	**상원의 조언과 승인에 따라 대통령이 임명**하며, **임기는 4년**이다. 관할은 각 연방지방법원과 동일한 지역관할을 가지고 있다.
	부 보안관	**통상 연방공무원 시험에 합격한 일반직 공무원으로 임명**하며, 연방보안관의 임무수행을 보조하는 역할을 한다.
	연방보안관실	**연방보안관은 독립된 관직이지만, 법무부 내에 수석연방 보안관을 장으로 하는 연방보안관실을 두어서 각 연방보안관 사무소의 직무지도·조정·직원의 훈련 등을 담당**하고 있다.

Answer　04 ①　05 ②

06 미국의 주경찰에 대한 설명이다. 옳지 못한 것은? 〈02. 순경〉

① 20세기 초부터 주경찰을 조직하기 시작하였다.
② 각 주별로 임무와 조직형태가 다르다.
③ 각 주별로 경찰의 관리형태가 다양하다.
④ 주에는 모든 경찰청이 설치되어 있다.

해설 **하와이를 제외한** 미국의 모든 주(州)는 주경찰의 가장 일반적인 3가지 형태(주경찰국, 고속도로순찰대, 주경찰청)를 가지고 있다.

07 미국의 주경찰에 대한 설명으로 틀린 것은? 〈04. 순경〉

① 펜실베이니아 주 - 주지사 직속으로 주 경찰국을 두고 있다.
② 조지아 주 - 주지사 밑에 경찰위원회를 두고 관리하고 있다.
③ 뉴욕 주 - 주지사 밑에 경찰위원회를 두고 관리하고 있다.
④ 일리노이 주 - 주지사 밑에 주경찰을 두고 있다.

해설 ▶ 주경찰의 관리형태

경찰국	주지사 직속으로 경찰국을 두고 중간관리자 없이 주지사가 직접 주경찰을 지휘·감독하는 형태이다. 예 펜실베이니아
경찰위원회	주지사 아래에 경찰(공안)위원회를 두어 경찰을 관리하는 형태이며, **최초로 주 경찰조직을 창설한 도시는 텍사스이다.** 예 텍사스 주, 조지아 주, 뉴 멕시코 주, 뉴욕 주
법집행청	주지사 아래에 법집행청을 두어 관리하는 **형태**이다. 예 일리노이 주, 플로리다 주

08 다음 미국경찰제도에 대한 설명 중 틀린 것은? 〈01. 순경〉

① 연방경찰은 국가적 범죄 및 주(州)간 범죄단속에 한정된다.
② 일리노이 주는 주지사 직속으로 주 경찰국을 두고 있다.
③ 최초의 도시경찰은 보스턴의 야경인제도이다.
④ 최초의 주경찰을 둔 곳은 텍사스 주이다.

해설 일리노이 주는 주지사 아래에 **법집행청을 두어 관리하는 형태**이다.

Answer 06 ④ 07 ④ 08 ②

09 미국의 지방경찰에 대한 설명 중 잘못된 것은?

05. 승진

① 민경찰과 치안관제도가 모두 유지되고 있다.
② 군보안관은 대부분 선거로 선출된다.
③ 지방경찰은 중요범죄의 수사에는 주경찰의 지휘를 받는다.
④ 선거로 선출되는 검사관의 주된 임무는 범죄혐의가 있는 변사체의 검시이다.

해설 미국경찰이 본질적으로 가지고 있는 분권화의 결과로 **주경찰과 지방경찰의 관계는 상하관계가 아닌 지원·협력·응원관계**이다.

Answer 09 ③

제4절 독일 경찰사

01 독일 경찰의 조직에 관한 설명 중 잘못된 것은? 03. 승진

① 경찰권은 원칙적으로 주정부에 속해 있다.
② 1949년 제정된 독일기본법에 의하면 대부분의 주에서는 자치제 경찰제도가 확립되었다.
③ 연방경찰과 주경찰은 상호 독자적인 지위를 유지하고 있다.
④ 전국적인 특수상황에 대비하기 위한 연방경찰이 있다.

(해설) 대부분의 주정부에서는 자체입법으로 주단위의 **국가경찰제도를 채택**하고 있다.

02 독일의 연방경찰과 주경찰의 소속으로 바르게 짝지은 것은? 06. 승진

① 연방경찰은 연방정부의 법무부, 주경찰은 주정부의 내무부
② 연방경찰은 연방정부의 내무부, 주경찰은 주정부의 내무부
③ 연방경찰은 연방정부의 법무부, 주경찰은 주정부의 법무부
④ 연방경찰은 연방정부의 내무부, 주경찰은 주정부의 법무부

(해설) 연방경찰은 **연방정부의 내무부**, 주경찰은 **주정부의 내무부**에 속한다.

03 다음 독일의 경찰조직에 관한 설명 중 잘못된 것은? 03. 순경

① 경찰권은 원칙적으로 주정부에 속해 있다.
② 연방경찰과 주경찰과는 상명하복관계에 있다.
③ 전통적인 특수상황에 대비하기 위한 연방경찰이 있다.
④ 주를 국가로 하는 국가경찰을 원칙으로 한다.

(해설) 연방제 국가인 독일에서는 연방경찰은 주경찰은 상호 독자적 지위를 유지하고 있으며, 양자 간의 관계는 상명하복관계가 아니라 **상호협력관계**이다

04 독일의 연방경찰에 대한 설명이다. 가장 거리가 먼 것은? 02. 순경

① 연방경찰은 국경경비와 특수한 업무만을 담당하고 있다.
② 연방경찰은 주경찰에 대하여 재정부담의 의무를 갖는다.
③ 연방범죄수사국이 설립되어 있다.
④ 연방경찰은 전국적 사항이니 국가적 긴급사태에 대처하기 위하여 설치되었다.

(해설) 영국과는 달리 독일 연방경찰은 주경찰에 대하여 **재정부담의 의무를 갖지 않는다.**

Answer   01 ②   02 ②   03 ②   04 ②

05 독일의 '연방헌법보호국(BFVS)'에 대한 설명 중 틀린 것은?

08. 경간부

① 1950년 「독일기본법」을 근거로 설치했다.
② 극좌, 극우의 합법, 비합법단체, 스파이등 기본법 위반의 혐의가 있는 모든 행위에 대한 감시업무와 정보수집·분석업무를 그 임무로 한다.
③ 구속, 압수, 수색은 할 수 없다. 신문을 위한 소환이나 강제수단도 행할 수 없다. 다만, 정보수집을 위하여 의회의 감독 아래 우편개봉이나 전화도청을 할 수 있다.
④ 각 주에 설치된 주 헌법보호국에 대한 지휘권을 행사한다.

[해설] 지방조직으로 각 주에 주헌법보호국을 두고 있지만, **연방헌법보호국과 주헌법보호국은 조직상 상하관계가 아니다.**

▶ 연방헌법 보호청(BVS)=연방헌법 보호국(BFVS)의 임무

설치	1950년 독일기본법을 근거로 설치되었다.
임무	① 국가방첩임무 ② 반국가단체 및 문제 인물에 대한 감시업무 ③ 극좌·극우의 합법·비합법단체 및 스파이 등 기본법 위반의 혐의가 있는 모든 행위에 대한 감시업무 ④ 정보수집 및 분석임무를 담당
권한	① **연방헌법보호국은 넓은 의미의 경찰기관이지만, 법률상 집행업무를 할 수 없고, 경찰권도 행사할 수 없다.** ② **구속·압수·수색·소환 등의 권한이 없다.** ③ 감시업무 및 정보수집을 위하여 의회의 감독 아래 우편개봉이나 전화감청을 할 수 있다. ④ 연방헌법보호국은 **우리의 국가정보원과는 달리 반국가사범에 대한 수사권을 가지고 있지 않다.**
지방조직과의 관계	지방조직으로 각 주에 주헌법보호국을 두고 있지만, **연방헌법보호국과 주헌법보호국은 조직상 상하관계가 아니다.**

▶ 연방범죄 수사국(BKA)

설치	① 각 주에서 발생하는 전국적인 범죄에 대한 경찰수사의 원활한 협조와 조정을 위해 1951년 "비스바덴"에 본부를 두고 창설되었다. ② **국가보호, 경호안전, 기술업무 등 3개과는 "멕켄하임"에 있으며, 나머지는 모두 "비스바덴"에 소재한다.** ③ **연방내무부산하의 외청으로 내무부장관 지휘를 받는다.**
임무	연방관련 주요 사건만을 담당할 뿐 전국경찰의 수사활동과는 큰 연관이 없다. ① 국제형사기구(인터폴)의 독일사무국 – 외국의 경찰 및 사법기관과의 국제적인 수사공조업무를 관장 ② 관할 주 수사기관의 요청 또는 위임, 연방내무부장관의 지시, 연방검사의 요청이 있을 경우에 한해서 제한적으로 업무를 수행 ③ 국제적 범죄, 조직범죄, 무기밀매, 마약 및 폭발물 관련범죄, 위조지폐, 자금세탁, 요인암살기도 등의 범죄에 대해서는 직접수사 권한을 가짐. ⑤ 연방범죄수사국은 주 경찰의 범죄수사를 지원하는 기관이며, 수사경찰의 총본부가 아님.

Answer 05 ④

06 BKA(연방범죄수사국)에 대한 설명 중 옳지 않은 것은?

09. 승진

① 연방내무부장관의 지휘를 받으며, 경찰분야의 전산업무 및 수사경찰의 교육업무도 담당하고 있다.
② 독일의 연방범죄수사국이라고도 하며 인터폴 사무총국이 설치되어 있다.
③ 1951년 각 주에서 발생하는 전국적인 범죄에 대처하기 위해 연방내무부 산하에 설치되었고, 국가보호, 경호안전, 기술업무 등 3개과는 멕켄하임, 그 외는 비스바덴에 소재하고 있다.
④ 독일 수사경찰의 총본부로 전국 범죄수사를 실질적으로 지휘한다.

해설 연방범죄수사국은 주경찰의 범죄수사를 지원하는 기관이며, **독일 수사경찰의 총본부가 아니다.** 전국경찰의 수사 활동과 큰 관련성 없다.

07 독일 경찰에 대한 설명 중 틀린 것은?

10. 승진

① 독일 연방범죄수사국은 범죄관련 정보를 총괄하는 조직이며, 주 수사경찰에 대한 실질적, 일반적 지휘권은 존재하지 않는다.
② 독일의 검찰조직은 연방법인 법원조직법에서 규율하고 있으며, 주 검찰청에 대한 지휘감독권은 연방검찰청에 있다.
③ 검사는 자체 수사인력과 수사장비가 전무하므로 경찰의 도움 없는 독자적 수사는 불가능하다.
④ 독일 연방헌법재판소의 1983년 '인구조사판결'은 국가에 의한 개인정보수집의 기본권 침해를 인정한 것에 의의가 있다.

해설 **연방검찰청은 지방검찰청을 지휘감독하지 않고,** 지방검찰청은 주 법무부장관이 지휘감독한다.

Answer 06 ④ 07 ②

제5절 프랑스 경찰사

01 프랑스 경찰에 대한 설명 중 옳은 것은? 08. 승진

① 행정경찰과 사법경찰의 구별이 모호해지는 경향을 보였다.
② 1789년 프랑스 혁명을 수립된 혁명정부는 혁명의 완수를 위해 지방경찰체제 경찰제도를 강화하였다.
③ 군인경찰은 군인으로서 군인만을 상대로 경찰업무를 수행한다.
④ 국가경찰과 자치제경찰은 각자의 경찰업무가 명확하지 않아 상호 충돌이 빈번히 발생한다.

해설 ① 행정경찰(제복경찰)과 사법경찰이 **명백히 구분**되어 있다.
③ 군인경찰은 전원이 사법경찰권을 가지고 있으며, **일반국민을 대상으로 2만 미만**의 경찰서 미설치 지역에서 도로교통업무 등 **경찰업무를 담당**한다.
④ 국가경찰과 자치제 경찰은 관할과 경찰업무가 명확히 구분되어 있어 분업 및 협동체계를 이루게 되어 **상호 충돌이 없다.**

02 다음 중 프랑스 국가경찰과 자치제경찰관계를 설명한 것으로 틀린 것은? 03. 승진

① 각자 담당하는 관할이 명확히 구분되어 있다.
② 각자의 경찰업무가 명확하지 않아 상호 충돌이 빈번히 발생한다.
③ 국가경찰은 방범·수사·교통·질서유지 등 일반 경찰업무를 한다.
④ 자치제 경찰은 자치단체장의 규칙 등 극히 지역적 경찰업무를 한다.

해설 ▶국가경찰과 자치제경찰과의 관계

	국가경찰	자치제 경찰
업무	방범·수사·교통·질서유지 등 일반경찰업무	자치단체장의 규칙 등 지역적 경찰업무
관계	국가경찰과 자치제 경찰은 관할과 경찰업무가 명확히 구분되어 있어 분업 및 협동체계를 이루게 되어 **상호 충돌이 없다.**	

03 근대 프랑스의 경찰제도에 대한 설명 중 옳지 않은 것은? 02. 순경

① 1881년 경찰을 감독하기 위하여 내무부소속으로 경찰청이 창설되었다.
② 1934년 내무부 경찰청을 국립경찰청으로 변경하면서 중앙집권화를 강화하였다.
③ 인구 3만 명 이상의 도시는 모두 국가경찰화하였다.
④ 관할구역에 관계없이 활동하는 군경찰기동대를 창설하였다.

해설 인구 2만 명 이상의 도시는 모두 국가경찰화하였다.

Answer 01 ② 02 ② 03 ③

04 다음 프랑스 경찰에 대한 설명 중 틀린 것은? 02. 순경

① 국가경찰체제로서 내무부장관의 지휘 하에 전국적인 조직을 갖고 있다.
② 자치제경찰은 인구 3만 명 미만의 지역에서 제한적으로 실시되고 있다.
③ 군인경찰은 국립경찰이 배치되지 않은 코뮌에서 도지사의 지휘를 받아 지방경찰의 인원 부족을 보충하는 역할을 한다.
④ 관할구역에 관계없이 활동하는 군인경찰기동대를 창설하였다.

(해설) 자치제경찰은 1884년경부터 읍·면의 장이 질서유지를 위하여 설치하였으며, 1996년에는 명령에 의하여 **인구 2만 미만의 지역**에 자치경찰의 설립이 일부 꼬민만 제한적으로 허용되었다.

05 다음 중 행정경찰과 사법경찰을 엄격히 구분하고 있는 나라는? 01. 순경

① 영국
② 프랑스
③ 독일
④ 일본

(해설) 프랑스의 죄와형벌법전(경죄처벌법전)에서 **행정·사법경찰의 구별을 처음으로 법제화**하였다.

06 대부분의 국가는 경찰관의 노동조합 결성권을 인정하지 않고 있으나, 이를 명문으로 인정하고 있는 국가는? 02. 승진

① 영국
② 프랑스
③ 한국
④ 일본

(해설) **프랑스는 법으로 경찰관의 노동조합결성권을 명문으로 인정**하고 있으며, 단결권과 단체교섭권만 인정하고, 동맹파업권은 금지된다.

07 프랑스 경찰제도에서 군경찰은 전국적인 제2의 경찰력으로서 일반 경찰 사무도 담당하고 있다. 다음 중 관계없는 것은? 06. 경간부

① 군경찰은 국방부장관 소속이다.
② 군경찰은 국립경찰이 배치되지 않은 지역에서 도지사의 지휘를 받아 일반 경찰 업무를 수행한다.
③ 사법상의 명령에 의한 수사업무도 수행한다.
④ 국립경찰과의 직무부담은 인구 3만 명 이상의 지역은 국립경찰이, 3만 명 미만의 지역에서는 군경찰이 담당한다.

(해설) 국립경찰관과 군경찰의 직무분담은 **일반적으로 인구는 2만 명 이상의 지역에서는 국립경찰이, 2만 명 미만의 지역에서는 군경찰이 담당**한다.

Answer 04 ② 05 ② 06 ② 07 ④

08 프랑스 군인경찰과 국립경찰과의 차이점을 설명한 것으로 틀린 것은?   05. 승진

> ⊙ 군인경찰은 전원이 사법경찰관리의 권한을 가진다.
> ⓒ 군인경찰은 국립경찰과 같이 노동조합을 결성할 수 있다.
> ⓒ 일정 인구 미만의 소도시, 농촌지역을 자치제경찰과 함께 담당한다.
> ⓔ 전쟁이나 내란의 경우에 군대로 출동한다.
> ⓟ 군인경찰은 모두 정복경찰이다.
> ⓗ 군인경찰은 평상시에는 국방부, 비상시에는 내무부에 소속된다.

① 1개   ② 2개
③ 3개   ④ 4개

해설 ⓒ 군인경찰은 신분상 국방부에 소속된 군인으로서 **국립경찰과 같이 노동조합을 결성할 수 없다.**
ⓟ 군인경찰은 **일부 관리부서를 제외하고** 전원 정복경찰이며, 전차·장갑차 등 중화기를 가지고 있다.
ⓗ 군인경찰은 **내무부장관 밑에서 근무**하지만 그 소속은 국방부이다. 하지만 경찰업무를 집행할 때는 국가경찰의 모든 법령에 따른다.

Answer 08 ③

제6절 일본 경찰사

01 일본에서 명치유신 이후 제2차 세계대전까지의 경찰제도의 특징에 대한 설명이다. 옳지 않은 것은? 01. 순경

① 국내안정을 위하여 근대적 경찰제도를 정비하였다.
② 1874년 내무성 관할 하에 동경경시청이 창설되었다.
③ 헌병은 군사경찰활동 이외에 행정경찰업무만 겸하였다.
④ 일본 경찰의 사상적 토대는 정부를 국민들로부터 지키는 경찰국가의 철학이었다.

해설 | 헌병조례에 의하여 설치된 헌병은 **군사경찰 이외의 행정경찰 및 사법경찰의 임무를 겸임**하였다.

02 일본의 경찰조직에 대한 설명 중 잘못된 것은? 03. 순경

① 도도부현에 소속된 경찰관은 모두 국가공무원에 해당한다.
② 경찰청은 국가공안위원회의 관리를 받는다.
③ 국가공안위원회는 내각총리대신의 소할이다.
④ 대규모 재해 등 긴급사태 발생 시 중앙통제를 인정한다.

해설 | 도도부현에 소속된 경찰은 지방공무원이지만, **경시정 이상 공무원은 국가 공무원에 해당**한다.

03 다음은 외국 경찰의 수사권에 관한 설명이다. 어느 나라 경찰에 관한 것인가? 11. 순경

> 수사권의 주체를 1차적으로 수사권을 행사하는 일반사법경찰직원, 특수한 사항에 관해서만 1차적 수사권을 행사하는 특별사법경찰직원, 이들에 대해서 보충적 입장에서 모든 사항에 관해서 2차적 수사권을 행사하는 검찰관으로 구분할 수 있다. 경찰은 독자적 수사권을 가지며, 검사와는 상호 협력관계에 있다. 원칙적으로 경찰은 1차적 수사기관이며, 검찰은 2차적 수사권 및 소추권을 가진다. 경찰은 모든 사건에 대한 수사권을 행사하나, 검찰은 모든 범죄에 대한 수사는 가능하지만, 통상 정치·금융·경제·저명인사 사건에 대한 중요 사건에 대해서 직접 수사를 한다.

① 독일
② 미국
③ 영국
④ 일본

해설 | **일본은** 경찰에게 독자적인 수사권인 1차적 수사권을 부여하고, 검사는 2차적 수사권을 부여하는 2원적 수사구조를 가지고 있다.

Answer 01 ③ 02 ① 03 ④

04 외국의 경찰에 대한 설명으로 가장 적절하지 않은 것은? 〔23. 경간부〕

① 미국은 경찰업무의 집행에 있어 범죄대응의 효율성보다는 인권보장에 중점을 두어 적법절차(Due Process of Law)를 강조하는데, 이는 연방대법원의 판결을 통해 확립되어 있다.
② 프랑스 군경찰은 군인의 신분으로 국방임무를 수행하면서, 행정경찰과 사법경찰의 기능을 수행한다.
③ 일본 경찰은 일반적으로 수사의 개시·진행권 및 종결권을 가지고 있으며, 검찰과 상호 대등한 협력관계를 이룬다.
④ 독일경찰은 연방차원에서는 각 주(州)가 경찰권을 가지고 있는 자치경찰이지만, 주(州)의 관점에서 본다면 주(州) 내무부장관을 정점으로 하는 주(州)단위의 국가경찰체제이다.

(해설) 종결권은 검사가 가진다.

05 외국경찰제도에 관한 설명으로 가장 적절한 것은? 〔24. 순경〕

① 일본의 사법경찰(직원)은 1차적 수사기관으로 인정받고 있어, 수사를 개시·진행·종결까지 독자적으로 한 이후 감사에게 송치하는 것이 원칙이다.
② 프랑스에서는 수사의 주체가 수사판사 또는 검사이고, 국립경찰소속 사법경찰뿐만 아니라 사법경찰활동을 하는 군경찰도 수사판사 또는 검사의 수사지휘를 받아야 한다.
③ 독일에서는 주별로 법률이 독자적으로 제정·운영되고 있어 주 경찰중심으로 일반적 경찰권을 행사하나, 수사권에 있어서는 통일적 업무수행을 위해 연방(범죄)수사청이 주 소속 수사경찰을 지휘·감독한다.
④ 미국경찰에는 기본적으로 지방경찰, 주 경찰, 연방경찰이 존재하며, 이 중 광범위한 경찰권을 행사하여 법집행의 범위가 가장 넓은 것은 주 경찰이다.

(해설) ① 일본의 **사법경찰은 1차적 수사권(개시, 진행)**을, 검사는 **2차적 수사권(종결)**을 가진다.
③ 연방수사청과 주 수사청은 **지휘감독관계가 아니라 독립된 기관**이다.
④ 가장 넓은 관할권을 가지는 것은 **연방경찰**이다.

06 각 국의 수사기관에 관한 설명으로 가장 적절하지 않은 것은? 〔23. 순경〕

① 영국의 국립범죄청(NCA)은 2013년 중대조직범죄청(SOCA)과 아동범죄대응센터(CEOPC)를 통합하여 출범하였다.
② 미국의 연방수사국(FBI)은 2001년 9·11 테러 이후 테러예방과 수사에 많은 역량을 집중시키고 있다.
③ 독일의 연방범죄수사청(BKA)은 연방헌법기관 요인들에 대한 신변경호도 담당한다.
④ 한국의 국가수사본부는 고위공직자범죄등에 관한 수사를 독립적으로 수행하기 위하여 법무부장관 소속으로 설치되었다.

(해설) ④ 국가수사본부는 경찰청 소속으로 설치되어 있다.

Answer 04 ③ 05 ② 06 ④

제7절 중국 경찰사

01 중국의 전국인민대표대회에 대한 설명으로 틀린 것은? 05. 순경

① 전국인민대표대회의 비상설기관으로 상무위원회가 있다.
② 상무위원회는 헌법, 법률을 직권으로 해석한다.
③ 전국인민대표대회는 입법과 집행을 함께 행하는 국가최고권력기관이다.
④ 인민법원이 전국인민대표대회 상무위원회에 종속다.

해설 ▶ 중국 중앙조직의 권력기관

전국인민대표대회	① 실제로 법과 사실상의 집행을 행하는 **헌법상 규정된 최고국가권력기관**이다. 형식적으로 전국인민대표대회가 입법, 국가 주석 및 국무원은 행정, 인민법원 및 인민검찰원은 사법을 담당하고 있다. ② **비상설조직**이다.
전국인민대표대회 상무 위원회	① 전인대 폐회기간 동안 전인대의 직권을 행사하는 **상설기구**이다. ② 전인대 상무위원회 위원은 전인대 대표 중에서 선거로 선출하며, **선출된 위원들은 겸직할 수 없다.** ③ **전인대 상무위원회 위원의 임기는 5년**이며, 위원장과 부위원장은 연임할 수 있지만, 초과하여 선임될 수는 없다.

02 다음 인터폴 중앙사무국 소속기관 중 옳은 것은? 08. 순경

① 영국 - 중대조직범죄청(SOCA)
② 미국 - 국토안보부(DHS)
③ 프랑스 - 경찰청 국제협력국
④ 중국 - 공안부 변방관리국

해설 ▶ 각국의 인터폴(Interpol) 중앙사무국 소속기관

국가	소속기관
한국	**경찰청 국제협력관 국제협력담당관**
영국	중대·조직범죄청(SOCA)
미국	**연방 법무부**
독일	연방범죄수사국(BKA, 연방범죄수사청)
프랑스	**내무부 형사국(사법경찰국) 공조수사과**
일본	장관관방 국제부
중국	공안부 형사정사국 → **공안부 국제협작국 소속 인터폴 업무처**

Answer 01 ① 02 ①

CHAPTER 03 경찰행정법

제1절 경찰법의 개요

01 다음 중 법과 경찰활동의 관계에 대한 설명으로 가장 적절하지 않은 것은? 응용문제

① 조직규범이란 모든 경찰기관의 활동은 법률(경찰법 제3조)에 정해진 권한의 범위 내에서 행해져야 하며, 경찰관이 조직법상의 직무범위 외의 행위는 직무행위로 볼 수 없으며, 그 효과는 국가에 귀속되지 않는다.
② 제약규범이란 률은 행정에 우위에 있으므로, 경찰관청은 법률에 저촉되는 명령을 발할 수 없다는 원칙이다.
③ 근거규범이란 일정한 경찰권 발동에는 개별적인 법률의 근거(수권)을 요한다는 원칙이다.
④ 법률유보의 논의대상은 작용법적 근거가 아니라 조직법적 근거이며, 일정한 영역에만 적용된다.

해설 법률유보의 논의대상은 조직법적 근거가 아니라 **작용법(수권규범, 근거규범)적 근거**이며, 일정한 영역에만 적용된다.

▶ 법과 경찰행정의 관계

조직규범 (합법성의 원칙)	① 모든 경찰기관의 활동은 **법률에 정해진 권한의 범위 내에서** 행해져야 한다. ② 경찰관이 조직법상의 **직무범위 외의 행위는 직무행위로 볼 수 없으며, 그 효과는 국가에 귀속되지 않는다.**
제약규범 (=저촉규범) (법률우위의 원칙)	① 법률은 행정에 우위에 있으므로, **경찰관청은 법률에 저촉되는 명령을 발할 수 없다는 원칙**이다. ② 어떠한 경찰활동도 경찰활동을 제약하는 법률의 규정에 위반해서는 안 된다. ③ **법률우위의 원칙**은 행정의 성질에 관계없이 **경찰행정의 모든 영역에서 적용**되며, 법치주의의 소극적 기능에 해당하게 된다.
근거규범 (=수권규범) (법률유보의 원칙)	① 일정한 경찰권 발동에는 **개별적인 법률의 근거(수권)을 요한다는 원칙**이다. ② **법률유보의 논의대상은** 조직법적 근거가 아니라 **작용법(수권규범, 근거규범)적 근거이며, 일정한 영역에만 적용**된다.

Answer 01 ④

02 법치행정의 원칙에 관한 설명으로 가장 적절하지 않은 것은?(다툼이 있는 경우 판례에 의함)
24. 순경

① 법률우위원칙은 행정의 종류를 불문하고 모든 행정 영역에 적용된다.
② 법률유보원칙은 법류에 의한 규율을 뜻하므로 위임입법에 의해 기본권 제한을 할 수 없다.
③ 헌법상 보장된 국민의 자유나 권리를 제한할 때에는 적어도 그 제한의 본질적인 사항에 관하여 국회가 법률로써 스스로 규율하여야 한다.
④ 집회나 시위 해산을 위한 살수차 사용은 기본권에 대한 중대한 제한이므로, 살수차 사용 요건이나 기준은 법률에 근거를 두어야 한다.

해설 입법자는 행정부로 하여금 규율하도록 입법권을 위임할 수 있으므로, **법률에 근거한 행정입법에 의해서도 기본권 제한이 가능**하다.

03 행정의 법률적합성 원칙(법치행정의 원칙)에 관한 설명 중 가장 적절한 것은?(다툼이 있는 경우 판례에 의함)
22. 순경

① 법치행정의 원칙에 관한 전통적 견해는 '법률의 지배', '법률의 우위', '법률의 유보'를 내용으로 한다.
② '법률의 우위'에서의 법률에는 형식적 의미의 법률뿐만 아니라 그 밖에 성문법과 불문법이 포함된다.
③ 법규명령에는 위임명령과 집행명령이 있으며, 모두 국민의 권리·의무에 관한 사항을 규정할 수 있다.
④ 법령의 구체적 위임 없이 최루액의 혼합·살수 방법 등을 규정한 경찰청장의「살수차운용지침」(2014. 4. 3.)은 법률유보의 원칙에 위배되는 측면이 있으나, 그 지침에 따라 살수한 경찰관의 행위는 집회를 해산하기 위한 불가피한 조치라는 점에서 반드시 위헌·위법이라 할 수 없다.

해설 ① 법치행정의 원칙에 대한 전통적 견해는 '**법률의 법규창조력**', '법률의 우위', '법률의 유보'를 내용으로 한다.
③ 집행명령은 **국민의 권리, 의무에 관한 사항을 규정할 수 없다**.
④ ▶ **헌법재판소 2018. 5. 31.자 2015헌마476 전원재판부 결정**

> 살수차는 물줄기의 압력을 이용하여 군중을 제압하는 장비이므로, 그 용도로만 사용되어야 하고, 살수차로 최루액을 분사하여 살상능력을 증가시키는 혼합살수방법은 '새로운 위해성 경찰장비'로서 법령에 근거가 있어야 함에도, **현행 법률 및 대통령령에 근거가 없고, 이 사건 지침에 혼합살수의 근거 규정을 둘 수 있도록 위임하고 있는 법령은 없다**. 따라서 '경찰관 직무집행법'이나 이 사건 대통령령 등 법령의 구체적 위임 없이 혼합살수방법을 규정하고 있는 이 사건 지침은 법률유보원칙에 위배되고, **이 사건 지침만을 근거로 한 이 사건 혼합살수행위는 청구인들의 신체의 자유와 집회의 자유를 침해한 공권력 행사로 헌법에 위반된다**.

Answer 02 ② 03 ②

04 개인의 자유를 침해하거나 의무를 부과하는 행정은 반드시 법률의 근거가 있어야 한다는 원칙을 전제할 때, 법률의 근거 없이도 가능한 것을 모두 고른 것은?(다툼이 있는 경우 판례에 의함)
22. 순경

> ㉠ 경찰관의 학교 앞 등교지도
> ㉡ 주민을 상대로 한 교통정책홍보
> ㉢ 기초생활수급자에 대한 생계비지원
> ㉣ 공무원에 대해 특정종교를 금지하는 훈령
> ㉤ 자살을 시도하는 사람에 대한 경찰관서 보호
> ㉥ 붕괴위험시설에 대한 예방적 출입금지

① ㉠㉡㉢   ② ㉠㉡㉤
③ ㉠㉢㉤   ④ ㉡㉢㉣㉥

(해설) 침해유보설 – 국민의 이익을 침해할 때 법적 근거가 있어야 하는 원칙
㉣㉤㉥ – 법적근거가 있어야 한다.

05 경찰행정법의 법원(法源)에 관한 설명으로 가장 적절하지 않은 것은?(다툼이 있는 경우 판례에 의함)
23. 순경

① 경찰행정법의 법원(法源)은 일반적으로 성문법원과 불문법원으로 나눌 수 있으며 헌법, 법률, 조례와 규칙은 성문법원에 해당한다.
② 대통령령, 총리령 및 부령은 특별한 규정이 없으면 공포한 날부터 20일이 경과함으로써 효력을 발생한다.
③ 지방자치단체의 장은 법령의 범위에서 그 사무에 관하여 조리(條理)를 제정할 수 있다.
④ 사회의 거듭된 관행으로 생성한 사회생활규범이 사회의 법적확신과 인식에 의하여 법적 규범으로 승인·강행되기에 이른 것을 관습법이라 한다.

(해설) ③ 지방자치단체의 장은 법령의 범위에서 그 사무에 관하여 **규칙**을 제정할 수 있다.

Answer 04 ① 05 ③

06
경찰법의 법원(法源)에 관한 설명이다. 아래 가.부터 라.까지 설명 중 옳고 그름의 표시(O, X)가 바르게 된 것은?

23. 경간부

> 가. 헌법은 국가의 기본적인 통치구조를 정한 기본법으로서 행정의 조직이나 작용의 기본원칙을 정한 부분은 그 한도 내에서 경찰법의 법원이 된다.
> 나. 경찰권 발동은 법률에 근거해야 하므로, 법률은 경찰법상의 법률관계에 있어서 중요한 법원이다.
> 다. 불문법원으로서 일반적으로 정의에 합치되는 보편적 원리로서 인정되고 있는 모든 원칙을 조리라 하고, 경찰관청의 행위가 형식상 적법하면 조리에 위반하더라도 위법이 될 수 없다.
> 라. 경찰법의 법원은 일반적으로 성문법원과 불문법원으로 나눌 수 있으며 헌법, 법률, 조약과 국제법규, 규칙은 성문법원이다.

① 가.(O) 나.(X) 다.(X) 라.(O)
② 가.(O) 나.(O) 다.(X) 라.(X)
③ 가.(O) 나.(O) 다.(X) 라.(O)
④ 가.(X) 나.(O) 다.(X) 라.(O)

(해설) 다. 불문법원으로서 일반적으로 정의에 합치되는 보편적 원리로서 인정되고 있는 모든 원칙을 조리라 하고, 경찰관청의 행위가 형식상 적법하면 조리에 위반하더라도 **위법이 될 수 있다.**

07
법률과 법규명령의 공포 및 효력발생시기에 관한 설명으로 가장 적절하지 않은 것은?

23. 승진

① 국회에서 의결된 법률안은 정부에 이송되어 15일 이내에 대통령이 공포한다.
② 법률은 특별한 규정이 없는 한 공포한 날로부터 20일을 경과함으로써 효력을 발생한다.
③ 대통령령, 총리령 및 부령은 특별한 규정이 없으면 공포한 날부터 20일이 경과함으로써 효력을 발생한다.
④ 국민의 권리 제한 또는 의무 부과와 직접 관련되는 법률, 대통령령, 총리령 및 부령은 긴급히 시행하여야 할 특별한 사유가 있는 경우를 제외하고는 공포일로부터 적어도 20일이 경과한 날부터 시행되도록 하여야 한다.

(해설) 국민의 권리 제한 또는 의무 부과와 직접 관련되는 법률, 대통령령, 총리령 및 부령은 긴급히 시행하여야 할 특별한 사유가 있는 경우를 제외하고는 **공포일부터 적어도 30일이 경과한 날부터 시행되도록 하여야 한다.**

Answer 06 ③ 07 ④

08 경찰법의 법원에 대한 설명 중 옳지 않은 것을 모두 고른 것은?

20. 승진

㉠ 경찰법의 법원은 일반적으로 성문법과 불문법원으로 나눌 수 있으며, 헌법, 법률, 조약과 국제법규, 조리와 규칙은 성문법원이다.
㉡ 국회의 의결을 거치지 않고 행정기관에 의하여 제정된 성문법규를 법규명령이라고 한다.
㉢ 국무총리는 직권으로 총리령을 발할 수 있으나, 행정각부의 장은 직권으로 부령을 발할 수 없다.
㉣ 지방의회가 법령의 범위 안에서 제정하는 자치법규를 규칙이라고 한다.

① ㉠㉡
② ㉠㉢
③ ㉠㉡㉣
④ ㉠㉢㉣

해설
㉠ **조리는 불문법원에 해당**한다.
㉢ 국무총리 또는 행정각부의 장은 소관사무에 관하여 **법률이나 대통령령의 위임 또는 직권으로 총리령 또는 부령을 발할 수 있다**(헌법 제75조).
㉣ 지방의회가 법령의 범위 안에서 제정하는 자치법규는 조례이다.

▶ **경찰법의 법원(성문법)**

헌법	국가의 기본적인 통치구조를 정한 기본법으로 **경찰법의 최고법원**
법률	① 법률은 **국회가 제정하는 법형식**으로 국민의 권리와 의무에 관계되는 국가의 일체의 법규는 법률에 의하여 정해진다. ② 법률은 특별한 규정이 없는 한 **공포한 날로부터 20일을 경과함으로써 효력**을 발생한다. ③ **법률의 위헌결정은 법원, 국가기관 및 지방자치단체를 기속**한다.
조약 · 국제법규	① 헌법에 의하여 체결·공포된 조약과 일반적으로 승인된 국제법규는 **국내법(법률)과 같은 효력을 가진다.** 따라서 조약이나 국제법규가 국내에 적용되기 위해서 **별도의 국내법을 제정할 필요는 없다.** 즉, 별도의 국내법 제정절차 없이도 경찰활동을 위한 법원이 된다. ② 조약의 **국제법적 효력은 국회의 동의는 필요 없고 대통령의 비준만으로 발생**하며, **국내법적 효력은 국회의 동의와 대통령의 비준 후에 그 효력이 발생**한다. 따라서 국회의 동의를 얻지 못한 조약은 국내법적으로 효력을 상실하나 국제법적으로는 효력을 상실하는 것이 아니다. ③ **현행법상 조약이 국내법보다 우선적으로 적용된다고 명문으로 규정한 경우가 있다.**
행정입법 (명령)	① 법규명령이란 행정권이 정립하는 일반·추상적인 규정으로서 법규성을 지닌 것을 말한다. ② 행정규칙은 행정기관이 법률의 수권 없이 권한 범위 내에서 만든 일반적·추상적 명령을 말한다.
조례 · 규칙	① 조례란 **지방자치단체인 의회가** 법령의 범위 안에서 지방자치권에 의거하여 제정하는 법규를 말한다. ② 규칙이란 **지방자치단체의 장이** 법령 또는 조례가 위임한 범위 안에서 그 권한에 속하는 사무에 관하여 제정하는 법규를 말한다.

Answer 08 ④

09 「경찰법」의 법원에 대한 설명으로 가장 적절하지 않은 것은? _{응용문제}

① 법규명령의 특징은 국민과 행정청을 동시에 구속하는 양면적 구속력을 가짐으로써 재판규범이 된다.
② 대통령령, 총리령 및 부령은 특별한 규정이 없으면 공포한 날부터 14일이 경과함으로써 효력을 발생한다.
③ 국민의 권리 제한 또는 의무 부과와 직접 관련되는 법률, 대통령령, 총리령 및 부령은 긴급히 시행하여야 할 특별한 사유가 있는 경우를 제외하고는 공포일로부터 적어도 30일이 경과한 날부터 시행되도록 하여야 한다.
④ 법규명령의 한계로 행정권에 대한 입법권의 일반적·포괄적 위임은 인정될 수 없고, 국회 전속적 법률사항의 위임은 원칙적으로 금지되며, 법률에 의하여 위임된 사항을 전부 하위명령에 재위임하는 것은 금지된다.

(해설) 대통령령, 총리령 및 부령은 특별한 규정이 없으면 **공포한 날부터 20일**이 경과함으로써 효력을 발생한다.

10 경찰의 법원(法源)에 대한 설명이다. 옳은 것은 모두 몇 개인가? _{71기 경간부}

가. 경찰법의 법원은 일반적으로 성문법원과 불문법원으로 나눌 수 있으며, 헌법, 법률 조약과 국제법규, 조리와 규칙은 성문법원이다.
나. 국회에서 의결을 거치지 않고 행정기관에 의하여 제정된 법규를 법규명령이라고 한다.
다. 조례와 규칙은 지방의회가 정한다.
라. 헌법은 국가의 기본적인 통치구조를 정한 기본법으로 행정의 조직이나 작용의 기본원칙을 정한 부분은 그 한도 내에서 경찰법의 법원이 된다.
마. 위임명령은 법규명령이고 집행명령은 행정규칙이다.
바. 헌법재판소의 위헌결정은 법원이나 기타 국가기관 및 지방 자치단체를 기속(羈束)하므로 법원성이 인정된다.
사. 조리는 평등의 원칙, 비례의 원칙, 금반언의 원칙, 신의성실의 원칙, 신뢰보호의 원칙 등으로 구성되어 있으며 오늘날 법의 일반원칙은 성문화되어 가는 추세에 있다.

① 1개 ② 2개
③ 3개 ④ 4개

(해설) 가. **조리는 불문법원**이다.
다. 조례는 지방의회가, **규칙은 지방자치단체장**이 정한다.
마. **위임명령, 집행명령 모두 법규명령**이다.

Answer 09 ② 10 ④

▶ 법규명령과 행정규칙의 구별

	법규명령	행정규칙
법형식	대통령령·총리령·부령	훈령·지시·예규·일일명령·고시
권력의 기초	일반통치권에 의해 발해진다.	특별권력에 의해 발해진다.
법규성	법규성 인정	법규성 부정(원칙), 인정(예외)
구속력	대내적·대외적 구속력	대내적 구속력
위반의 효과	위법(무효 또는 취소사유)	원칙은 유효(징계책임)
입법사항 규율	㉠ 위임명령 : 새로운 입법사항 규율 가능 ㉡ 집행명령 : 새로운 입법사항 규율 불가	×
법적근거	위임명령(○), 집행명령(×)	×(행정권의 고유한 권능)
공포	공포하여 효력 발생	공포는 불요
한계	법률유보·법률우위의 원칙 적용	법률우위의 원칙 적용
공통점	대내적 효력(○), 법률우위의 원칙 적용	

11 법규명령과 행정규칙에 대한 설명으로 가장 옳은 것은?(판례에 의함)   71기 경간부

① 법령 규정이 특정 행정기관에 그 법령 내용의 구체적 사항을 정할 수 있는 권한을 부여하면서 그 권한 행사의 절차나 방법을 특정하고 있지 않아 수임행정기관이 행정규칙의 형식으로 그 내용을 구체적으로 정하고 있다면 그 행정규칙은 대외적 구속력이 있는 법규명령으로서의 효력을 가진다.
② 행정입법이란 행정부가 제정하는 법을 의미하며, 행정조직 내부의 사무처리기준에 관한 법규명령과 국민을 구속하는 효력이 있는 행정규칙으로 구분된다.
③ 법규명령의 제정에는 헌법·법률 또는 상위명령의 근거가 필요하지 않아 독자적인 행정입법 작용이 허용된다.
④ 법규명령은 특별한 규정이 없는 한 공포일로부터 30일이 경과해야 효력이 발생하나 행정규칙은 공포를 요하지 않는다.

해설 ② 행정입법이란 행정부가 제정하는 법을 의미하며, 행정조직 내부의 사무처리기준에 관한 **행정규칙**과 국민을 구속하는 효력이 있는 **법규명령**으로 구분된다.
③ 법규명령의 제정에는 헌법·법률 또는 상위명령의 **근거가 필요하다.**
④ 법규명령은 특별한 규정이 없는 한 공포일로부터 **20일이 경과해야 효력이 발생**하나 행정규칙은 공포를 요하지 않는다.

Answer 11 ①

12 법규명령과 행정규칙에 대한 설명 중 가장 적절하지 않은 것은? 21. 승진

① 행정규칙에 따른 종래의 행정관행이 위법한 경우에는 행정청은 자기구속을 당하지 않는다.
② 법규명령이란 국회의 의결을 거치지 않고 행정기관에 의하여 제정된 성문법규를 말하며, 그 종류에는 위임명령과 집행명령이 있다.
③ 국민의 권리 제한 또는 의무 부과와 직접 관련되는 법률, 대통령령, 총리령 및 부령은 긴급히 시행하여야 할 특별한 사유가 있는 경우를 제외하고는 공포일로부터 적어도 30일이 경과한 날부터 시행되도록 하여야 한다.
④ 위임명령은 상위법령의 집행 시 필요한 절차나 형식을 정하는 데 그쳐야 하며 새로운 법규사항을 정하여서는 안 된다.

(해설) **집행명령**은 상위법령의 집행 시 필요한 절차나 형식을 정하는 데 그쳐야 하며 새로운 법규사항을 정하여서는 안 된다.

13 행정규칙과 법규명령에 대한 설명으로 가장 적절하지 않은 것은? 응용문제

① 법규명령은 대외적 구속력을 갖기 때문에 그에 반하는 행정권 행사는 위법하다.
② 법규명령은 특별한 규정이 없는 한 공포한 날로부터 20일을 경과함으로써 효력을 발생한다.
③ 위임명령은 법규명령이고, 집행명령은 행정규칙이다.
④ 법규명령의 형식(부령)을 취하고 있지만 그 내용이 행정규칙의 실질을 가지는 경우 판례는 당해 규범을 행정규칙으로 보고 있다.

(해설) 위임명령, 집행명령 **모두 법규명령**이다.

14 법규명령과 행정규칙에 대한 설명으로 가장 적절하지 않은 것은? 응용문제

① 법규명령은 국민과 행정청을 동시에 구속하는 양면적 구속력을 가짐으로써 재판규범이 된다.
② 법규명령의 한계로 행정권에 대한 입법권의 일반적·포괄적 위임은 인정될 수 없으며, 국회 전속적 법률사항의 위임은 원칙적으로 금지된다.
③ 행정규칙의 종류로는 고시·훈령·예규·일일명령 등이 있다.
④ 행정규칙은 행정기관이 법률의 수권 없이 권한 범위 내에서 만든 일반적·추상적 명령을 말하며 대내적 구속력을 갖고 있으므로 경찰관이 이를 위반하면 반드시 위법이 된다.

(해설) 경찰관이 이를 위반하면 **징계사유에 해당**된다.

Answer 12 ④ 13 ③ 14 ④

15 다음 중 위임명령의 한계에 대한 내용 중 틀린 것은? *응용문제*

① 법치행정의 원리에 따라 구체적으로 범위를 정하여 위임받은 사항만을 위임할 수 있고, 법률에 의한 포괄적·일반적 수권은 허용되지 않는다.
② 국회의 전속적 법률사항의 위임은 원칙적으로 금지되지만, 입법사항을 반드시 법률로 정해야 하는 것은 아니고, 그 본질적인 내용을 포함한 세부적 사항에 관하여 위임이 가능하다.
③ 죄형법정주의의 원칙상 벌칙을 명령으로 규정하도록 일반적으로 위임할 수 없다. 그러나 범죄의 구성요건의 구체적 기준을 정하여 위임할 수 있고, 형벌의 정도에 관하여 법률이 형벌의 상한을 정하여 위임하는 것은 가능하다.
④ 법규명령 간의 재위임에 있어서는 법률로써 명시적 규정이 없다 하더라도 개별적·구체적 재위임(하위명령)은 가능하나 수임권한을 전부 다시 위임하는 것은 실질적으로 수권법의 내용을 바꾸는 것으로 허용되지 않는다.

(해설) 국회의 전속적 법률사항의 위임은 원칙적으로 금지되지만, 입법사항을 반드시 법률로 정해야 하는 것은 아니고, **그 본질적인 내용을 제외한** 세부적 사항에 관하여 위임이 가능하다.

---

16 경찰관청의 '권한의 대리'와 '권한의 위임'에 관한 설명 중 가장 적절하지 않은 것은?(다툼이 있는 경우 판례에 의함) *22. 순경*

① 권한을 위임받은 수임청은 자기의 이름 및 자기의 책임으로 권한을 행사한다.
② 수임청 및 피대리관청은 항고소송에서 피고가 된다.
③ 법정대리의 경우 피대리관청이 사고 등으로 인해 공석이므로 대리의 법적 효과는 대리관청에 귀속된다.
④ 「국가경찰과 자치경찰의 조직 및 운영에 관한 법률」상 "경찰청장이 부득이한 사유로 직무를 수행할 수 없을 때에는 경찰청 차장이 그 직무를 대행한다"는 대리방식을 '협의의 법정대리'라고 한다.

(해설) 법정대리는 대리의 법적 효과는 **피대리관청에 귀속**된다.

▶ 권한의 대리 & 권한의 위임

	권한의 위임	권한의 대리	
		임의대리	법정대리
개념	법령에 근거하여 자기의 의사로써 자기의 권한의 일부를 위임	대리권을 부여하는 일방적 수권행위에 의하여	법령의 규정에 의하여 법정된 사실의 발생으로, 또는 일정한 자의 지정
법적 근거	법적 근거 ○	법적 근거 ×	법적 근거 ○
권한이전 (권한귀속)	수임청으로 이전	권한 이전 안 됨.	권한 이전 안 됨.
발생원인	법령에 근거한 위임청의 일방적 행위	수권행위에 의한 피대리관청의 일방적 행위	법정사실의 발생에 의해

Answer 15 ② 16 ③

상대방	주로 하급관청	주로 보조기관	주로 보조기관
행위방식 (명의)	수임청 명의 (현명주의 적용 ×)	대리기관 명의(피대리관청을 위한 것임을 표시 : 현명주의 ○)	대리기관 명의(피대리관청을 위한 것임을 표시 : 현명주의 ○)
권한범위	일부 위임	일부 대리	전부 대리
효과귀속	수임청	피대리관청	피대리관청
책임귀속 (소송의 피고)	수임청	① 대리기관은 대리한 업무에 대해 피대리관청이 책임 부담(행정소송의 피고) ② 대리행위에 관해서는 대리자 자신이 책임	
직무대행권	위임된 사항에 대해 대행 ×	대리된 사항에 대해 대행 ○	×
지휘·감독권	지휘·감독 ○	지휘·감독 ○	지휘·감독 ×
형식적 권한	위임 인정 ×	대리 인정 ×	대리 인정 ○
복대리·재위임	재위임 가능	복대리 ×	복대리 ○ (복대리는 임의대리)

17 행정관청의 권한의 대리에 대한 설명 중 가장 적절하지 않은 것은? 20. 승진

① 권한의 대리에는 임의대리와 법정대리가 있는데, 보통 대리는 임의대리를 의미한다.
② 법정대리는 협의의 법정대리와 지정대리가 있는데, 협의의 법정대리는 일정한 법정 사유가 발생하면 당연히 대리권이 발생하는 경우를 말한다.
③ 권한의 대리는 피대리자의 권한의 전부 또는 일부를 대리자가 피대리자를 위한 것임을 표시하고 자기의 명의로 대행하는 것으로 그 행위는 대리자의 행위로서 효과가 발생한다.
④ 임의대리는 피대리관청의 대리자에 대한 지휘·감독이 가능하나, 법정대리는 원칙적으로 피대리관청의 대리자에 대한 지휘·감독이 불가능하다.

해설   권한의 대리는 피대리자의 권한의 전부 또는 일부를 대리자가 피대리자를 위한 것임을 표시하고 자기의 명의로 대행하는 것으로 그 행위는 **피대리자의 행위로서 효과가 발생한다**.

18 경찰관청의 권한의 위임·대리에 대한 설명으로 가장 적절한 것은? 응용문제

① 권한의 위임은 보조기관, 권한의 대리는 하급관청이 주로 상대방이 된다.
② 권한의 위임으로 인한 사무처리에 소요되는 인력·예산 등은 수임자 부담이 원칙이다.
③ 권한의 위임 시 수임기관의 사무처리가 위법·부당하다고 인정될 때에는 위임기관은 이를 취소 또는 정지할 수 있고, 수임기관에 대하여 사전승인을 받거나 협의할 것을 요구할 수 있다.
④ 임의대리는 원칙적으로 복대리가 허용되지 않으며 피대리관청은 대리자에 대한 지휘·감독이 가능하나, 법정대리는 복대리가 허용되며 피대리관청의 대리자에 대한 지휘·감독이 불가능하다.

Answer 17 ③   18 ④

해설 ① 권한의 위임은 하급관청, 권한의 대리는 **보조기관이 주로 상대방**이 된다.
② 인력·예산 등은 **위임자 부담**이 원칙이다.
③ 수임기관에 대하여 **사전승인을 받거나 협의할 것을 요구할 수 없다**.

19. 행정관청의 권한의 위임과 대리에 대한 설명이다. 아래 ㉠부터 ㉣까지의 설명 중 옳고 그름의 표시(○, ×)가 바르게 된 것은?

응용문제

㉠ 권한의 위임이란 상급관청이 하급관청에 권한의 전부를 이전하여 수임기관의 권한으로 행하도록 하는 것으로 위임의 범위에는 제한이 없는 것이 원칙이다.
㉡ 권한의 위임은 수임관청에 권한이 이전되므로 수임관청에 효과가 귀속되나, 권한의 대리는 직무의 대행에 불과하므로 임의대리든 법정대리든 피대리관청에 효과가 귀속된다.
㉢ 원칙적으로 임의대리는 권한의 일부에 대해서만 가능하고 복대리가 불가능하나, 법정대리는 권한의 전부에 대해서 가능하고 복대리가 가능하다.
㉣ 임의대리의 경우 피대리관청은 대리기관의 행위에 대한 지휘·감독상의 책임을 지나, 법정대리의 경우 피대리관청은 원칙적으로 지휘·감독상의 책임을 지지 않는다.

① ㉠(○) ㉡(○) ㉢(×) ㉣(○)
② ㉠(×) ㉡(○) ㉢(○) ㉣(×)
③ ㉠(×) ㉡(○) ㉢(○) ㉣(○)
④ ㉠(×) ㉡(×) ㉢(○) ㉣(×)

해설 권한의 위임이란 상급관청이 하급관청에 **권한의 일부를 이전하여** 수임기관의 권한으로 행하도록 하는 것으로 위임의 범위에는 제한이 있는 것이 원칙이다.

20. 권한의 위임과 대리에 관한 설명으로 가장 적절하지 않은 것은?

응용문제

① 임의대리는 복대리가 허용되지 않는 것이 원칙이다.
② 복대리의 성격은 임의대리에 해당한다.
③ 원칙적으로 대리관청이 대리행위에 대한 행정소송의 피고가 된다.
④ 수임관청이 권한의 위임에서 쟁송의 당사자가 된다.

해설 원칙적으로 **피대리관청이** 대리행위에 대한 행정소송의 피고가 된다.

Answer 19 ③ 20 ③

21 훈령과 직무명령에 관한 설명으로 가장 적절하지 않은 것은?(단, 다툼이 있는 경우 통설·판례에 의함) `22. 경특`

① 직무명령은 상관이 직무에 관하여 부하 공무원에게 발하는 명령으로 명령을 받은 당해 공무원만을 구속함으로 따라 특별한 법적근거 없이 발할 수 있다.
② 직무명령은 훈령의 성격을 가지지 못한다.
③ 직무명령과 훈령 모두 법규가 아니므로 대내외적 구속력이 없어 직무명령과 훈령을 위반한 경우 대내적으로도 징계책임을 지지않는다.
④ 직무명령은 부하 공무원 개인을 구속함으로 수명 공무원의 변동이 있는 경우에는 당연히 효력을 상실하게 된다.

(해설) 직무명령과 훈령 모두 법규가 아니지만 **대내적 구속력은 있어 직무명령과 훈령을 위반한 경우 대내적으로도 징계책임을 진다.**

22 훈령과 직무명령에 대한 설명으로 가장 옳지 않은 것은? `71기 경간부`

① 훈령은 원칙적으로 일반적·추상적 사항에 대해서 발해지지만, 개별적·구체적 사항에 대해서도 발해질 수 있다.
② 훈령과 직무명령 모두 법령의 구체적 근거가 없어도 발할 수 있다.
③ 훈령은 법규의 성질을 갖지 않기에 하급경찰관청의 법적 행위가 훈령에 위반하여 행해진 경우에도 위법이 아니며 행위자체의 효력에도 영향이 없다.
④ 훈령의 실질적 요건으로는 훈령이 법규에 저촉되지 않을 것, 공익에 반하지 않을 것, 실현 가능성이 있을 것, 훈령권이 있는 상급관청이 발할 것 등이 있다.

(해설) **훈령권이 있는 상급관청이 발할 것은 훈령의 형식적 요건**이다.

▶ 훈령과 직무명령

		훈 령	직무명령
의 의		훈령권이란 상급관청이 하급관청의 권한행사를 지휘함을 내용으로 하는 권한을 말하며, 이를 위하여 발하는 명령	상관이 직무에 관하여 그 부하에게 발하는 명령
종 류	협의의 훈령	상급경찰관청이 하급경찰관청의 권한행사를 상당히 장기간에 걸쳐 일반적으로 지휘하기 위해 발하는 명령	
	지시	상급경찰관청이 하급경찰관청에 대하여 개별적·구체적으로 발하는 명령	
	예규	반복적 경찰사무의 기준을 제시하기 위해 발하는 명령	
	일일명령	당직·출장·휴가 등의 일일업무에 관하여 발하는 명령	

Answer 21 ③ 22 ④

위반 행위의 효과	① 훈령(직무명령)이 법규의 성질을 갖지 않으므로 하급경찰관청의 법적 행위가 훈령 (직무명령)에 위반하여 행해진 경우 위법이 아니며, 행위 자체의 효력에는 영향이 없다(유효). ② 위반행위를 한 경찰공무원의 직무상 의무위반이 문제가 되어 징계사유가 된다.	
훈령의 경합	① 주관 상급관청의 훈령에 따라야 한다. ② 주관 상급관청이 서로 상하관계에 있을 때에는 직 근 상급관청의 훈령에 따라야 한다. ③ 주관 상급관청이 불명확한 때에는 주관쟁의 방법으 로 해결하여야 한다.	2인 이상의 상관으로부터 서로 모순된 직무명령을 받았을 때에 는 직근 상관의 명령에 복종하여 야 한다.
공통점	① 법적 근거를 요하지 않는다. ② 경찰법의 법원이 아니다.	
차이점	① 상급관청의 하급관청에 대한 명령 ② 경찰기관 의사를 구속, 즉 기관 구성자 가 변경·교체 되더라도 훈령의 효력에 영향이 없다. ③ 행정기관의 소관사무에 대해서만 구속 할 수 있다. ④ 훈령은 동시에 직무명령으로서의 성질 을 갖게 되는 것이 보통이다.	① 상관의 부하에 대한 직무상 명령 ② 공무원 개인을 구속, 즉 경찰공무원의 변경·교체에 의해 당연히 효력이 상실 ③ 직무사항 외의 직무수행이 필요하다고 인정된 공무원의 생활행동까지도 구속 할 수 있다.(직무와 관련 없는 사생활×) ④ 직무명령은 언제나 훈령으로서의 성질을 갖는 것은 아니다.

23 훈령의 형식적 요건에 해당하지 않은 것은?

23. 경특

① 훈령권이 있는 상급관청이 발한 것일 것
② 직무상 독립한 범위에 속하는 사항이 아닌 것
③ 내용이 적법하고 타당할 것
④ 하급관청의 권한 내의 사항에 관한 것일 것

(해설) 내용이 적법하고 타당할 것 - 실질적 요건이다.

▶ 형식적 요건 & 실질적 요건 비교

형식적 요건	① 훈령권 있는(정당한 권한을 가진) 상 급관청이 발한 것일 것 ② 하급관청의 권한 내의 사항에 관한 것 일 것 ③ 하급관청의 직무상 독립된 범위에 속 하는 사항이 아닐 것 ④ 훈령을 발하는데 있어 법정의 형식과 절차가 있으면 그를 구비할 것	① 권한이 있는 상관이 발할 것 ② 부하공무원의 직무상 독립된 범위에 속 하는 사항이 아닐 것 ③ 부하공무원의 직무상 범위 내에 속하는 사항이어야 함 ④ 직무명령을 발하는 데 있어 법정의 형식 과 절차가 있으면 그를 구비할 것
실질적 요건	① 훈령이 상위법규에 저촉되지 않을 것 ② 공익에 반하지 않을 것 ③ 실현 가능하고 명백할 것	① 내용이 법령에 저촉되지 않아야 할 것 ② 공익에 적합할 것 ③ 실현 가능하고 명백할 것

Answer 23 ③

24 훈령에 대한 설명으로 가장 적절하지 않은 것은? 20. 승진

① 훈령의 형식적 요건으로는 훈령권이 있는 상급관청이 발한 것일 것, 하급관청의 권한 내의 사항에 관한 것일 것, 하급관청의 직무상 독립성이 보장된 사항일 것을 들 수 있다.
② 훈령의 실질적 요건으로는 내용이 실현 가능하고 명확할 것, 내용이 적법하고 타당할 것, 내용이 공익에 반하지 않을 것을 들 수 있다.
③ 훈령은 원칙적으로 일반적·추상적 사항에 대해서 발해야 하지만, 개별적·구체적 사항에 대해서도 발해질 수 있다.
④ 하급관청 구성원에 변동이 있더라도 훈령의 효력에는 영향이 없다.

해설 훈령의 형식적 요건으로는 하급관청의 **직무상 독립성이 보장된 사항이 아닐 것**을 들 수 있다.

25 훈령과 직무명령에 대한 설명으로 옳지 않은 것은? 20. 경간부

① 상호 모순되는 둘 이상의 상급관청의 훈령이 경합할 경우 주관상급관청이 불명확한 때에는 직근상급행정관청의 훈령에 따른다.
② 훈령이란 상급관청이 하급관청의 권한행사를 지휘하기 위하여 발하는 명령으로 구성원의 변동이 있는 경우에도 효력에는 영향이 없다.
③ 훈령은 직무명령의 성격을 가지나 직무명령은 훈령의 성격을 갖지 못한다.
④ 훈령은 원칙적으로 일반적 추상적 사항에 대해서 발해야 하지만, 개별적 구체적 사항에 대해서도 발해질 수 있다.

해설 주관상급관청이 불명확한 때에는 **주관쟁의의 방법으로 해결**하여야 한다.

26 훈령과 직무명령에 관한 설명 중 옳지 않은 것을 모두 고른 것은? 응용문제

㉠ 직무명령은 직무와 관련 없는 사생활에는 그 효력이 미치지 않는다.
㉡ 훈령은 일반적·추상적 사항에 대하여만 발할 수 있으며, 개별적·구체적 사항에 대해서는 발할 수 없다.
㉢ 훈령을 발하기 위해서는 법령의 구체적 근거를 요하나, 직무명령은 법령의 구체적 근거가 없이도 발할 수 있다.
㉣ 훈령의 종류에는 '협의의 훈령', '지시', '예규', '일일명령' 등이 있으며, 이 중 예규는 반복적 경찰사무의 기준을 제시하기 위하여 발하는 명령을 의미한다.
㉤ 훈령은 직무명령을 겸할 수 있으나, 직무명령은 훈령의 성질을 가질 수 없다.

① ㉠㉢
② ㉡㉢
③ ㉢㉤
④ ㉣㉤

Answer 24 ① 25 ① 26 ②

해설 ⓒ 훈령은 일반적·추상적 사항에 대하여만 발할 수 있으며, **개별적·구체적 사항에 대해서도 발할 수 있다.**
ⓒ 훈령과 직무명령 모두 **법령의 구체적 근거를 요하지 아니한다.**

27 훈령과 직무명령에 대한 설명으로 가장 적절하지 않은 것은? _{응용문제}

① 훈령이란 상급관청이 하급관청의 권한행사를 지휘하기 위하여 발하는 명령으로 구성원의 변동이 있는 경우에는 당연히 효력을 상실하게 된다.
② 직무명령이란 상관이 부하공무원에게 발하는 명령으로, 특별한 작용법적 근거 없이 발할 수 있다.
③ 훈령의 형식적 요건으로 훈령권이 있는 상급관청이 발한 것일 것, 하급관청의 권한 내의 사항에 관한 것일 것, 직무상 독립한 범위에 속하는 사항이 아닐 것을 들 수 있다.
④ 훈령은 원칙적으로 일반적·추상적 사항에 대해서 발해야 하지만, 개별적·구체적 사항에 대해서도 발해질 수 있다.

해설 구성원의 변동이 있는 경우에는 **당연히 효력에는 영향이 없다.**

28 훈령에 대한 설명으로 가장 적절하지 않은 것은?(단, 다툼이 있는 경우 통설·판례에 의함) _{응용문제}

① 훈령은 원칙적으로 일반적·추상적 사항에 대해서 발해야 하지만, 개별적·구체적 사항에 대해서도 발해질 수 있다.
② '하급관청의 직무상 독립한 범위에 속하는 사항이 아닐 것'은 훈령의 형식적 요건에 해당한다.
③ 하급관청 구성원의 변동이 있더라도 훈령은 그 효력에 영향을 받지 않는다.
④ 훈령은 내부적 구속력을 갖고 있어, 훈령을 위반한 공무원의 행위는 징계의 사유가 되고, 무효 또는 취소사유에 해당한다.

해설 훈령을 위반한 공무원의 행위는 징계사유는 해당하나 위법이 아니므로 무효 또는 취소사유에 해당되지 않는다.

Answer 27 ① 28 ④

제2절 경찰작용법

01 「경찰관직무집행법」제2조 제7호의 개괄적 수권조항 인정 여부에 있어 찬성 측의 논거로 가장 적절하지 않은 것은?

응용문제

① 경찰권의 성질상 경찰권의 발동사태를 상정해서 경찰권 발동의 요건·한계를 입법기관이 일일이 규정한다는 것은 불가능하다.
② 개괄적 수권조항은 개별조항이 없는 경우에만 보충적으로 적용하면 된다.
③ 개괄적 수권조항으로 인한 경찰권 남용의 가능성은 조리 상의 한계 등으로 충분히 통제가 가능하다.
④ 「경찰관직무집행법」제2조 제7호는 단지 경찰의 직무범위만을 정한 것으로서 본질적으로는 조직법적 성질의 규정이다.

해설 ▶ 경찰관직무집행법 제2조 8호의 개괄적 수권조항 인정여부

긍정설	① 일반(개괄)조항을 확대해석 하거나 남용한 경우에는 법원의 심판을 받는다. ② 경찰권의 성질상 입법기관의 미리 경찰권 발동사태를 상정해서 모든 요건을 규정하는 것은 사실상 불가능하다. ③ **개괄적 수권조항(일반조항)은 개별조항이 없는 경우에만 보충적으로 적용하면 된다.** ④ 일반조항으로 인한 경찰권 남용의 가능성은 **조리상의 한계 등으로 충분히 통제가 가능하다.** ⑤ 독일에서의 학설·판례가 일반조항을 인정하고 있다.
부정설	① 경찰작용은 대표적인 권력적 작용으로 **법률유보 원칙의 엄격한 적용을 받으므로 경찰권의 발동에는 개별적 수권조항이 요구된다.** ② 헌법은 질서유지를 위한 국민의 자유와 권리의 제한은 법률로서만 할 수 있도록 하고 있어서 경찰권의 발동에는 **반드시 법률의 근거가 있어야 한다.** ③ 경찰관직무집행법 제2조 제7호(기타 공공의 안녕과 질서유지)는 경찰권의 발동근거에 관한 개괄조항은 아니고, 그것은 다만 경찰의 직무범위만을 정한 것으로서, 본질적으로는 조직법적 성질을 규정한 것에 불과하다.
판례태도	판례는 청원경찰의 경찰권발동의 적법성을 판단하면서 경찰관 직무집행법 제2조 8호 (기타 공공의 안녕과 질서유지)를 **경찰권발동의 일반적 근거조항으로 인정하고 있다.**

02 경찰비례의 원칙에 관한 설명으로 가장 적절하지 않은 것은?(다툼이 있는 경우 판례에 의함)

23. 순경

① 경찰비례의 원칙은 일반적 수권조항에 근거하여 경찰권을 발동하는 경우는 물론, 개별적 수권조항에 근거하여 경찰권을 발동하는 경우에도 적용된다.
② 적합성의 원칙은 경찰기관의 어떤 조치가 경찰목적 달성을 위해 필요한 경우라고 하여도 그 조치에 따른 불이익이 그 조치로 인해 발생하는 이익보다 큰 경우에는 경찰권을 발동해서는 안된다는 원칙이다.

Answer 01 ④ 02 ②

③ 필요성의 원칙(최소침해의 원칙)은 목적을 달성할 수 있는 수단이 여러 가지가 있는 경우에 적합한 여러 가지 수단 중에서 가장 적게 침해를 가져오는 수단을 선택해야 한다는 원칙이다.
④ 경찰비례의 원칙은「행정기본법」제10조,「경찰관 직무집행법」제1조 제2항 등에서 근거를 찾아볼 수 있다.

해설 상당성의 원칙에 대한 내용이다.

03 행정법상 비례의 원칙에 관한 설명으로 가장 적절하지 않은 것은? 24. 순경

① 비례의 원칙이란 행정작용에 있어서 행정목적과 행정수단 사이에는 합리적인 비례관계가 있어야 한다는 원칙을 말한다.
② 비례의 원칙은 헌법 제37조 제2항,「행정기본법」제10조,「경찰관 직무집행법」제1조 제2항에서 근거를 찾을 수 있다.
③ 적합성의 원칙은, 행정조치는 설정된 목적 달성을 위해 필요 최소한의 한도 내에서 이루어져야 한다는 것으로, 협의의 비례원칙이라고도 한다.
④ 행정조치를 취함에 따른 불이익이 그것에 의해 달성되는 이익 보다 심히 큰 경우에는 그 행정조치를 취해서는 아니된다는 원칙을 상당성의 원칙이라 한다.

해설 ▶ 경찰비례의 원칙(= 과잉금지의 원칙)(경찰권 발동의 조건과 정도)

개념		경찰권은 공공의 안녕과 질서유지를 위하여 묵과할 수 없는 장해가 발생한 경우에(경찰권 발동의 조건), 이를 해결하기 위하여 필요한 최소한도의 범위 내에서 발동되어야 한다(경찰권 발동의 정도).
경찰권 발동의 정도		비례원칙은 경찰조치를 취함에 있어 적합한 수단, 적합한 수단 중에서 필요한 수단을, 필요한 수단 중에서 상당성이 있는 수단을 선택해야 한다는 단계구조를 이루고 있다. 즉, **3가지 수단을 모두 충족되어야 적법한 행정작용**이 될 수 있다.
	적합성의 원칙	① **수단의 적합성, 방법의 적정성**이라고도 한다. ② 경찰기관이 취하는 조치 또는 수단이 그 기관이 의도하는 **목적을 달성하기에 적합하여야 한다는 원칙**을 말한다.
	필요성의 원칙	① **최소침해의 원칙, 침해의 최소성**이라고도 한다. ② 경찰기관의 조치는 그 목적달성을 위해 필요한 한도 이상으로 행해져서는 안된다는 것으로 목적달성에 적합한 **여러 수단 중 국민에게 가장 적은 부담을 주는 수단을 선택하라는** 원칙이다.
	상당성의 원칙	① **협의의 비례의 원칙, 수인가능성의 원칙, 이익의 균형성, 법익의 균형성**이라고도 한다. ② 경찰기관의 어떤 조치가 경찰목적달성을 위해 필요한 경우라 하여도 그 조치를 취함에 따른 **불이익이 그 조치로 인해 발생되는 이익보다 큰 경우에는 그 조치를 취해서는 안 된다는** 원칙이다.
적용범위		비례원칙은 초기에 경찰행정영역에서, **오늘날에는 모든 행정영역에서 적용**된다.
위반의 효과		비례의 원칙을 위반한 경찰권 행사는 **위헌·위법**의 문제가 발생하여 손해배상이나 행정쟁송의 대상이 될 수 있다.

Answer 03 ③

04 경찰비례의 원칙에 대한 설명으로 가장 적절하지 않은 것은? 20. 순경

① 독일에서 경찰법상의 판례를 중심으로 발달하여 왔고 오늘날에는 행정법의 모든 영역에서 적용되는 원칙으로 이해되고 있다.
② 최소침해의 원칙은 협의의 비례원칙이라고도 불린다.
③ 「경찰관 직무집행법」제1조 제2항이 명문으로 규정하고 있을 뿐만 아니라 「헌법」제37조 제2항으로부터도 도출된다.
④ 적합성, 필요성, 상당성의 원칙으로 이루어져 있다.

(해설) 최소침해의 원칙은 **필요성의 원칙**, 협의의 비례원칙은 **상당성의 원칙**이라고도 불린다.

05 경찰비례의 원칙에 대한 설명으로 가장 적절하지 않는 것은? 22. 순경

① 행정영역에서 적용되는 원칙으로서, 일반적 수권조항에 근거하여 경찰권을 발동하는 경우는 물론, 개별적 수권조항에 근거하여 경찰권을 발동하는 경우에도 적용된다.
② 경찰행정관청의 특정행위가 공적 목적 달성을 위해 적합하고, 국민에게 가장 피해가 적으며, 달성되는 공익이 침해되는 사익보다 더 커야 적법한 행정작용이 될 수 있다.
③ 상당성의 원칙(협의의 비례원칙)은 경찰기관의 어떤 조치가 경찰목적 달성을 위해 필요한 경우라고 하여도 그 조치에 다른 불이익이 그 조치로 인해 발생하는 이익보다 큰 경우에는 경찰권을 발동해서는 안된다는 원칙이다.
④ 경찰비례의 원칙은 법률에 명문의 규정은 존재하지 않지만 이를 위반한 경찰작용은 위법한 것으로 평가되어 행정소송의 대상이 되며, 국가배상청구의 대상이 될 수 있다.

(해설) 경찰비례의 원칙은 법률에 **명문의 규정으로는** 헌법 제37조 제2항과 경찰관직무집행법 제1조 제2항 등이 있다.

06 경찰비례의 원칙에 대한 설명 중 가장 적절하지 않은 것은? 20. 승진

① 경찰작용에 있어 목적실현을 위한 수단과 당해 목적 사이에 합리적인 비례관계가 있어야 한다는 것으로 「경찰관 직무집행법」에 명시적으로 규정되어 있다.
② 경찰비례의 원칙의 내용으로서 '적합성의 원칙', '필요성의 원칙', '상당성의 원칙'이 있으며 적어도 하나는 충족해야 위법하지 않다.
③ 비례의 원칙을 위반한 국가작용은 행정소송의 대상이 되며, 국가배상책임이 성립할 수 있다.
④ '경찰은 대포로 참새를 쏘아서는 안 된다'는 법언은 상당성의 원칙을 잘 표현한 것이다.

(해설) 경찰비례의 원칙의 내용으로서 '적합성의 원칙', '필요성의 원칙', '상당성의 원칙'이 있으며 **3가지 모두 충족해야 적법한 행위**가 된다.

Answer 04 ② 05 ④ 06 ②

07 경찰권 발동의 조리상 한계에 대한 설명으로 가장 적절하지 않은 것은? 응용문제

① 경찰비례의 원칙이란 경찰작용에 있어 목적 실현을 위한 수단과 당해 목적 사이에 합리적인 비례관계가 있어야 한다는 원칙이다.
② 경찰비례의 원칙의 내용 중 상당성의 원칙은 경찰권 발동에 따른 이익보다 사인의 피해가 더 큰 경우 경찰권을 발동해서는 안 된다는 원칙으로서 최소침해원칙이라고도 한다.
③ 경찰책임의 원칙이란 경찰권은 경찰위반상태에 책임이 있는 자에게만 발동되어야 한다는 원칙이다.
④ 경찰책임 원칙의 예외로서 긴급한 필요가 있는 경우 경찰책임 있는 자가 아닌 제3자에 대한 경찰권 발동이 허용되는 경우가 있다.

> 해설 최소침해원칙이라 함은 **필요성의 원칙**을 말한다.

08 행정법의 일반원칙에 관한 설명 중 가장 적절하지 않은 것은?(다툼이 있는 경우 판례에 의함) 22. 순경

① 폐기물처리업에 대하여 사전에 관할 관청으로부터 적정통보를 받고 막대한 비용을 들여 허가요건을 갖춘 다음 허가신청을 하였음에도 관할 관청으로부터 '다수 청소업자의 난립으로 안정적이고 효율적인 청소업무의 수행에 지장이 있다'는 이유로 불허가처분을 받은 경우, 그 처분은 신뢰보호원칙 위반으로 인한 위법한 처분에 해당된다.
② 지방자치단체장이 사업자에게 주택사업계획승인을 하면서 그 주택사업과는 아무런 관련이 없는 토지를 기부채납하도록 하는 부관을 주택사업계획승인에 붙인 경우, 그 부관은 부당결부금지 원칙에 위반되어 위법하다.
③ 같은 정도의 비위를 저지른 자들 사이에 있어서도 그 직무의 특성, 비위의 성격 및 정도를 고려하여 징계종류의 선택과 양정을 차별적으로 취급하는 것은 합리적 차별로서 평등원칙에 반하지 아니한다.
④ 적법 및 위법을 불문하고 재량준칙에 따른 행정관행이 성립한 경우라면, 행정의 자기구속 원칙이 적용될 수 있다.

> 해설 재량준칙이 위법한 경우에는 **행정의 자기구속법리는 인정되지 않는다.**

Answer 07 ② 08 ④

09 부당결부금지의 원칙에 관한 설명으로 가장 적절한 것은?(다툼이 있는 경우 판례에 의함)

23. 순경

① 행정청은 행정작용을 할 때 상대방에게 해당 행정작용과 실질적인 관련이 없는 의무를 부과해서는 아니 된다는 원칙이다.
② 현행법상 명시적인 규정은 없지만 법치국가의 원리와 자의금지의 원칙으로부터 도출되는 행정법의 일반원칙이다.
③ 지방자치단체장이 사업자에게 주택사업계획승인을 하면서 그 주택사업과는 아무런 관련이 없는 토지를 기부채납하도록 하는 부관을 붙인 경우에는, 기부채납한 토지 가액이 그 주택사업계획의 100분의 1 상당의 금액에 불과하고 사업자가 이의를 제기하지 아니하다가 지방자치단체장이 업무착오로 기부채납한 토지에 대하여 보상협조요청서를 보내자 그때서야 비로소 부관의 하자를 들고 나왔다고 하더라도 그 부관은 당연무효이다.
④ 甲이 혈중알코올농도 0.140%의 주취상태로 배기량 125cc 이륜자동차를 운전하였다는 이유로 甲의 자동차운전면허[제1종 대형, 제1종 보통, 제1종 특수(대형견인·구난), 제2종 소형]를 취소한 것은 甲이 음주상태에서 운전을 하지 않으면 안 되는 부득이한 사정이 없었더라도 재량권을 일탈·남용한 것이다.

해설　② 실정법적 근거는 헌법 제37조 제2항, 행정기본법 제13조 등이다.
　　　③ 지방자치단체장이 사업자에게 주택사업계획승인을 하면서 그 주택사업과는 아무런 관련이 없는 토지를 기부채납하도록 하는 부관을 주택사업계획승인에 붙인 경우, **그 부관은 부당결부금지원칙에 위반되어 위법하지만 당연무효는 아니다.**
　　　④ 모든 면허를 취소하더라도 부당결부금지의 원칙에 위배가 되지 않는다.

10 경찰책임의 원칙에 대한 설명 중 옳지 않은 것은?

20. 경간부

① 경찰책임의 주체는 모든 자연인이 될 수 있다. 또한 권리능력 유무에 관계없이 모든 사법인도 경찰책임자가 될 수 있다.
② 경찰이 경찰긴급권에 의하여 예외적으로 경찰책임이 없는 자에게 경찰권을 발동함으로써 제3자에게 손실을 입히는 경우에는 그 손실을 보상하여야 한다.
③ 다수인의 행위 또는 다수인이 지배하는 물건의 상태로 인하여 하나의 질서위반상태가 발생한 경우, 일부 또는 전체에 대하여 경찰권 발동이 가능하다.
④ 타인을 보호 감독할 지위에 있는 자가 피지배자의 행위로 발생한 경찰위반에 대하여 경찰책임을 지는 경우, 자기의 지배범위 내에서 발생한 데에 대한 대위책임이다.

해설　사용자가 피사용자의 행위에 책임을 질 때 그 책임은 **자기책임의 성질을 갖는다는 것이 통설**이다.

Answer　09 ①　10 ④

▶ 경찰책임의 원칙(경찰권 발동의 대상)

개 념	① 경찰권 발동의 대상에 관한 원칙이다. ② 경찰권의 행사는 원칙적으로 직접 책임을 질 자(경찰책임자, 장해자)에 대해서만 발동될 수 있고, 관계없는 제3자에게는 발동할 수 없다는 원칙을 말한다. 예외적으로 **법령상 근거가 있는 경우의 경찰긴급사태에 대해서는 비책임자(비장해자)에 대하여도 경찰책임이 인정되는 경우**가 있다.
특 성	① 경찰책임은 단지 **사회공공의 안녕과 질서에 대한 객관적인 위험 상황이 존재한다는 것이 문제가 될 뿐이기 때문에 행위자의 국적, 자연인·법인의 여부, 고의·과실·위법성의 유무, 위험에 대한 인식여부, 행위자의 행위능력·불법행위능력·형사책임능력, 정당한 권원의 유무 등은 문제되지 않는다.** ② 물건의 소유권자와 사실상의 지배권자가 다를 경우 사실상의 지배권자가 우선적으로 책임을 진다. ③ 협의의 경찰권은 경찰책임자 뿐만 아니라 경찰비책임자에게 발동할 수 있지만, 수사권은 피의자 등 형사소송법상 규정된 자 이외의 자에게는 발동할 수 없다. ④ 경찰책임은 **민·형사상의 책임과 달리 고의·과실을 요하지 않는다.**

11 경찰책임에 대한 설명으로 가장 적절하지 않은 것은? 23. 경간부

① 형사미성년자도 행위책임의 주체가 될 수 있다.
② 행위자의 고의나 과실에 무관하게 행위책임을 진다.
③ 행위자의 작위나 부작위에 상관없이 위험을 야기시키면 행위책임을 진다.
④ 경찰책임자에 대한 경찰의 경찰권발동으로 경찰책임자에게 재산적 손해가 발생한 경우, 그 경찰책임자에게 손실보상청구권이 인정된다.

해설 경찰책임자에 대한 경찰의 경찰권발동으로 경찰책임자에게 재산적 손해가 발생한 경우, 그 **경찰책임자에게 원칙적으로 손실보상청구권이 인정되지 않지만**… 특별한 희생이 발생할때에는 손실보상이 인정되는 경우도 있다.

12 다음 상황에 대한 설명으로 가장 적절하지 않은 것은? 23. 경간부

> A는 자신이 운영하는 옷가게에서 여자모델 B에게 수영복만을 입게 하여 쇼윈도우에서 있도록 하였다. 지나가던 사람들이 이를 구경하기 위해 쇼윈도우 앞에 몰려들어 도로교통상의 심각한 장해가 발생하였다.

① 조건설에 의하면 군중, A, B 모두 경찰책임자가 된다.
② 의도적 간접원인제공자이론(목적적 원인제공자책임설)을 인정한다면 A에게 경찰권을 발동하여 A로 하여금 B를 쇼윈도우에서 나가도록 하라고 할 수 있다.
③ 직접원인설에 의할 때 경찰책임자는 B이다.
④ 교통장해가 그다지 중대하지 않다면 A를 경찰책임자로 보아서는 안 될 것이다.

해설 직접원인설에 의할 때 경찰책임자는 **군중들**이다.

Answer 11 ④ 12 ③

13. 경찰상 긴급상태(경찰비책임자에 대한 경찰권발동)에 대한 설명으로 가장 적절하지 않은 것은?

23. 경간부

① 위험이 이미 현실화되었거나 위험의 현실화가 목전에 급박하여야 한다.
② 경찰상 긴급상태에 대한 일반적 근거는 「경찰관 직무집행법」에 규정되어 있다.
③ 경찰비책임자에 대한 경찰권발동을 위해서 보충성은 전제조건이므로 경찰책임자에 대한 경찰권발동 또는 경찰 자신의 고유한 수단으로는 위험방지가 불가능한지 여부를 먼저 심사하여야 한다.
④ 경찰권발동으로 인하여 손실을 입은 경찰비책임자에게는 정당한 보상이 행해져야 하며, 결과제거청구와 같은 구제수단이 마련되어야 한다.

해설 경찰상 긴급상태에 대한 **일반적 근거는 없으며**, 개별법(소방법 등)이 있다.

14. 경찰책임의 원칙에 관한 설명으로 가장 적절하지 않은 것은?

응용문제

① 경찰책임의 원칙이란 경찰위반상태에 책임 있는 자에게만 경찰권이 발동되어야 한다는 원칙을 의미한다.
② 경찰책임의 예외로서 경찰긴급권은 급박성, 보충성 등의 요건이 충족되는 경우 경찰책임자가 아닌 제3자에게 경찰권 발동이 인정되는 경우를 의미한다. 법적근거는 요하지 않으나 제3자의 승낙이 있는 경우에 한하여 경찰긴급권의 발동이 허용된다. 다만 이 경우에도 생명·건강 등 제3자의 중대한 법익에 대한 침해는 허용되지 않는다.
③ 경찰책임의 종류에는 행위책임, 상태책임, 복합적 책임이 있다. 먼저 행위책임은 사람의 행위로 인해 경찰위반상태가 발생한 경우를 의미하며, 상태책임은 물건 또는 동물의 소유자·점유자·관리자가 그 지배범위 안에 속하는 물건·동물로 인해 경찰위반상태가 발생한 경우를 의미한다. 마지막으로 복합적 책임은 다수인의 행위책임, 다수의 상태책임 또는 행위·상태 책임이 중복되는 경우를 의미한다.
④ 경찰책임은 사회 공공의 안녕과 질서에 대한 객관적 위험상황이 존재하면 인정되며, 자연인·법인, 고의·과실, 위법성 유무, 의사·행위·책임능력의 유무 등을 불문한다.

해설 경찰책임의 예외로서 경찰긴급권은 급박성, 보충성 등의 요건이 충족되는 경우 경찰책임자가 아닌 제3자에게 경찰권 발동이 인정되는 경우를 의미한다. 이 경우 **법적근거를 요한다.**

15. 경찰책임의 원칙에 대한 다음 설명 중 가장 옳지 않은 것은?

응용문제

① 경찰책임은 그 위해의 발생에 대한 고의·과실, 위법성의 유무, 위험에 대한 인식 여부 등을 묻지 않는다.
② 모든 자연인은 경찰책임자가 될 수 있으므로 행위능력, 불법행위능력, 형사책임능력, 국적여부 등은 문제되지 않는다.

Answer   13 ②   14 ②   15 ④

③ 사법인뿐만 아니라 권리능력 없는 사단도 경찰책임자가 될 수 있다.
④ 긴급한 필요가 있는 경우 예외적으로 경찰책임자가 아닌 자에 대해서 법령상 근거 없이 경찰권을 발동할 수 있다.

해설 긴급한 필요가 있는 경우 예외적으로 경찰책임자가 아닌 자에 대해서 **법령상 근거가 있어야 경찰권을 발동할 수 있다**

16 경찰책임의 원칙에 대한 설명 중 가장 옳지 않은 것은? 응용문제

① 질서위반상태 야기자가 고의나 과실이 없더라도 책임을 물을 수 있다.
② 경찰권은 원칙적으로 경찰상의 장해에 책임 있는 자에게 발동한다.
③ 경찰책임은 사회공공의 질서를 유지함에 있어서 장해의 상태가 존재하는 한 작위·부작위를 가리지 않는다.
④ 경찰긴급권은 경찰책임의 원칙에 부합하는 대표적인 예로 볼 수 있다.

해설 경찰권은 원칙적으로 질서위반상태를 발생하게 한 직접책임자에 대해서만 발동을 해야 하지만 **예외적으로 긴급한 경찰상의 위해방지나 장애제거를 위하여 질서위반과 관계가 없는 제3자에게 경찰권을 발동하는 경우가 인정되는데 이를 경찰긴급권**이라 한다.

▶ 경찰책임에 대한 예외(경찰긴급권)

경찰책임에 대한 예외 (경찰긴급권)	의 의	경찰책임은 위험발생에 대하여 직접적으로 원인을 제공한 자에 부과되는 것이 원칙이나, **예외적으로 긴급한 필요가 있는 경우 또는 본래의 경찰책임자에 대한 경찰권 발동으로는 경찰상 장해를 제거할 수 없는 경우에 그 이외의 제3자에게도 부과되는 경우가 있다**. ▶ 화재현장에 있는 자를 소화작업에 동원하는 경우(소방기본법), 수난구호를 위한 징용(수난구호법) 등
	법적 근거	⊙ 경찰긴급권은 **예외적인 것으로 목전에 급박한 위해를 제거하는 경우에 한하여 반드시 법령에 근거하여 행하여져야 한다.** ⓒ 경찰긴급권에 대한 일반법은 존재하지 않으며, 개별법으로 소방기본법, 경범죄처벌법, 경찰관직무집행법, 수난구호법 등이 있다.
	요 건	⊙ 제1차적 경찰책임자에 대한 경찰권발동으로는 목적을 달성할 수 없을 것 ⓒ 위험이 현존하고 급박할 것 ⓒ 법적 근거가 있을 것 ② 제3자의 생명이나 건강을 해치지 않고, 그의 본래의 업무를 방해하지 않을 것 ⑩ 경찰권발동의 대상이 된 제3자가 입은 손실에 대한 보상이 행해질 것 ⑭ 다른 방법을 통한 위험방지가 불가능할 것
위반의 효과		① 경찰권의 발동이 경찰책임의 원칙에 위반되면 그것은 위법행위로서 무효·취소의 사유가 된다. ② 경찰책임이 없는 자에 대한 경찰권의 발동으로 손실이 발생한 경우에는 보상하여야 한다.

Answer 16 ④

17 경찰권 발동의 근거와 한계에 관한 설명으로 가장 옳은 것은?   응용문제

① 「경찰관직무집행법」 제2조 제6호는 경찰권 발동권한을 포괄적으로 수권하는 규정이지만, 개별적 수권규정이 없는 때에 한하여 제2차적·보충적으로 적용된다는 것이 판례의 견해다.
② 띠톱판결은 경찰법상의 일반수권조항의 해석에 있어 무하자재량행사청구권을 인정하고 재량권 확대 이론에 의거하여 원고의 청구를 인용한 판결로서 경찰개입청구권을 인정한 판결의 효시로 평가된다.
③ 경찰권은 공공의 안녕과 질서의 유지에 관계없는 사적관계에 발동되어서는 안 된다는 것은 경찰소극목적의 원칙이다.
④ 편의주의 원칙은 범죄수사에 있어서의 수사법정주의 원칙의 개념으로 경찰위반의 상태가 있는 경우에는 반드시 경찰권을 발동해야 하는 것은 아니고, 발동의 여부 또는 어떠한 수단의 선택에 있어서 당해 경찰관청의 의무에 합당한 재량에 따른다는 원칙이다.

해설 ② 독일연방재판소는 경찰법상의 일반수권조항의 해석에 있어, 인근주민의 무하자재량행사청구권을 인정하고 **재량권의 영으로의 수축이론에 의거하여** 원고의 청구를 인용하였다.
③ **경찰공공의 원칙**이다.
④ **경찰은 편의주의에 따라 수사의 여부를 결정할 재량이 없으며** 범죄행위가 있으면 친고죄 등 특별히 법정된 경우를 제외하고는 원칙적으로 수사를 하여야 할 의무가 발생한다.

18 경찰권 발동의 근거와 한계에 관한 설명으로 가장 적절하지 않은 것은?(다툼이 있는 경우 판례에 의함)   23. 순경

① 일반수권조항이란 경찰권의 발동근거가 되는 개별적인 작용법적 근거가 없을 때 경찰권 발동의 일반적·보충적 근거가 될 수 있도록 개괄적으로 수권된 일반조항을 말한다.
② 「경찰관 직무집행법」 제5조는 형식상 경찰관에게 재량에 의한 직무수행권한을 부여한 것처럼 되어 있으나, 경찰관에게 그러한 권한을 부여한 취지와 목적에 비추어 볼 때 구체적인 사정에 따라 경찰관이 그 권한을 행사하여 필요한 조치를 취하지 아니하는 것이 현저하게 불합리하다고 인정되는 경우에는 그러한 권한의 불행사는 직무상의 의무를 위반한 것이 되어 위법하게 된다.
③ 경찰청장과 해양경찰청장은 경찰관이 「경찰관 직무집행법」 제2조 각 호에 따른 직무의 수행으로 인하여 민·형사상 책임과 관련된 소송을 수행할 경우 변호인 선임 등 소송 수행에 필요한 지원을 할 수 있다.
④ 「경찰관 직무집행법」은 "경찰공무원은 직위 또는 직권을 이용하여 부당하게 타인의 사생활에 개입하여서는 아니된다"고 규정하고 있다.

해설 경찰관직무집행법에는 **명문규정이 없는 내용**이다.

Answer 17 ① 18 ④

19 경찰재량에 관한 설명 중 가장 적절하지 않은 것은? (다툼이 있는 경우 판례에 의함) 22. 순경

① 「도로교통법」상 교통단속임무를 수행하는 경찰공무원을 폭행한 사람의 운전면허를 취소하는 것은 행정청이 재량여지가 없으므로 재량권의 일탈·남용과는 관련이 없다.
② 재량을 선택재량과 결정재량으로 나눌 경우, 경찰공무원의 비위에 대해 징계처분을 하는 결정과 그 공무원의 건강 등 제반사정을 고려하여 징계처분을 하지 않는 결정 사이에서 선택권을 갖는 것을 결정재량이라 한다.
③ 재량의 일탈·남용뿐만 아니라 단순히 재량권 행사에서 합리성을 결하는 등 재량을 그르친 경우에도 행정심판의 대상이 된다.
④ 재량권의 일탈이란 재량권의 내적 한계(재량권이 부여된 내재적 목적)를 벗어난 것을 말하며, 재량권의 남용이란 재량권의 외적한계(법적·객관적 한계)를 벗어난 것을 의미한다.

(해설) **재량권의 일탈이란** 법규가 허용하는 **외형적 범위의 한계**를 넘는 재량권 행사를 말하며 **재량권의 남용이란** 법규가 허용한 범위 안에서도 재량권 행사는 재량권을 부여한 목적에 적합하여야 하며, 그에 위반한 재량권 행사는 **내적 한계를 벗어난 행위**로서 위법이 되어 사법심사 대상이 된다.

20 다음 기속행위와 재량행위에 대한 내용 중 틀린 것은? 응용문제

① 기속행위와 재량행위의 구별 필요성은 행정행위에 대한 사법심사의 한계(심판대상자)를 설정하기 위함이다.
② 기속행위란 법이 정한 일정한 요건이 충족되어 있을 때 법이 정한 효과로서 일정한 행정행위를 반드시 하도록 되어 있는 경우의 행정행위를 말하며, 이를 위반할 경우에는 위법이다.
③ 재량행위란 행정법규가 행정청에 대하여 그 요건의 판단 또는 효과의 결정에 있어서 많은 가능성 중에서 선택의 여지를 부여하고 있는 경우의 행정행위를 말한다.
④ 경찰관에게 재량권의 행사가 인정되어 있다고 하여 어떠한 조치를 하여도 된다는 완전한 자유재량이 인정되지는 않기 때문에 법규가 허용한 범위 안에서도 재량권 행사는 재량권을 부여한 목적에 적합하여야 하지만 사법심사의 대상은 되지 않는다.

(해설) 경찰관에게 재량권의 행사가 인정되어 있다고 하여 어떠한 조치를 하여도 된다는 완전한 자유재량이 인정되지는 않기 때문에 법규가 허용한 범위 안에서도 재량권 행사는 재량권을 부여한 목적에 적합하여야 하며, 그에 위반한 재량권 행사는 내적 한계를 벗어난 행위로서 위법이 되어 **사법심사의 대상이 된다**.

Answer 19 ④ 20 ④

▶ 재량의 한계

의 의	① 경찰관에게 재량권의 행사가 인정되어 있다고 하여 **어떠한 조치를 하여도 된다는 완전한 자유재량이 인정되지는 않는다**. ② 경찰관의 재량권의 행사는 의무에 합당할 것, 즉 재량권의 목적과 한계를 벗어나지 않는 행위를 할 것이 요청된다. ③ 이러한 한계를 벗어난 행위를 한 경우 재량권이 일탈되거나 남용되었다고 볼 수 있으므로 이는 **재량하자의 문제가 되어 사법심사의 대상**이 된다.
재량권의 일탈	법규가 허용하는 외형적 범위의 한계를 넘는 재량권 행사를 말한다. ▶ 1월 이내의 영업정지처분을 할 수 있다는 규정이 있음에도 행정청이 3월의 영업정지처분을 한 경우
재량권의 남용	① 법규가 허용한 범위 안에서도 재량권 행사는 재량권을 부여한 목적에 적합하여야 하며, 그에 위반한 재량권 행사는 내적 한계를 벗어난 행위로서 위법이 되어 사법심사의 대상이 된다. ② 비례원칙에 위반한 재량권의 행사는 재량의 남용에 해당한다. ▶ 비례원칙, 평등원칙 등 일반법원칙에 위반한 재량권 행사
한 계	재량에도 한계가 있으며, 그 한계를 넘어서는 경우에는 위법이 된다.

21 경찰하명에 관한 설명으로 가장 적절하지 않은 것은? (다툼이 있는 경우 판례에 의함)

23. 순경

① 경찰하명은 경찰상의 목적을 위하여 국가의 일반통치권에 의거, 개인에게 특정한 작위·부작위·수인 또는 급부의 의무를 명하는 행정행위이다.
② 부작위하명은 적극적으로 어떤 행위를 하지 말 것을 명하는 것으로 '면제'라 부르기도 한다.
③ 경찰하명에 위반한 행위는 강제집행이나 처벌의 대상이 되지만, 원칙적으로 사법(私法)상의 법률적 효력까지 부인하는 것은 아니다.
④ 위법한 경찰하명으로 인하여 권리·이익이 침해된 자는 행정쟁송 또는 손해배상을 청구할 수 있다.

(해설) 부작위 하명를 **금지**라고 하며, 이를 해제하는 것은 허가라 한다.

22 경찰하명에 대한 설명으로 적절한 것은 모두 몇 개인가?

73기 경간부

가. 「경찰관 직무집행법」 제4조의 강제보호조치 대상자에 대한 응급을 요하는 구호조치에 따른 수인의무는 하명이 아니다.
나. 대간첩 지역이나 국가중요시설에 대한 접근제한명령이나 통행제한명령은 수인의무를 명하는 행위로서 하명의 성질이 아니다.
다. 「경찰관 직무집행법」 제5조 제1항 제3호의 관계인에게 '필요한 조치를 하게 하는 것'은 상대방이 필요한 조치를 하도록 명하는 행위이더라도 하명의 성질은 아니다.
라. 도로교통법 위반에 의한 과태료납무의무는 하명이 아니다.

Answer 21 ② 22 ①

① 없음 　　　　　　　　　　② 1개
③ 2개 　　　　　　　　　　④ 3개

해설　가. 응급을 요하는 구호조치에 따른 수인의무는 **하명이다**.
　　　　나. 국가중요시설에 대한 접근제한 명령이나 통행제한 명령은 수인의무를 명하는 행위로서 **하명이다**.
　　　　다. 상대방이 필요한 조치를 하도록 명하는 행위이더라도 **하명이다**.
　　　　라. 도로교통법위반에 의한 과태료납부의무는 **하명이다**.

23 행정행위에 대한 설명으로 옳지 않은 것은? 　　　　71기 경간부

① 경찰하명이란 일반통치권에 기인하여 경찰목적을 달성하기 위해 국민에 대하여 작위·부작위·급부·수인 등 의무의 일체를 명하는 법률행위적 행정행위를 말하며 경찰관의 수신호나 교통신호의 신호도 의무를 부과하는 행위로서 경찰하명에 해당한다.
② 부작위 하명의 유형으로는 절대적 금지와 상대적 금지가 있으며, 청소년에게 술이나 담배 판매금지는 절대적 금지이고, 유흥업소의 영업금지는 상대적 금지에 해당한다.
③ 법률행위적 행정행위는 명령적 행정행위(하명·허가·면제 등)와 형성적 행정행위(특허·인가·대리)로 구분할 수 있고, 준법률행위적 행정행위는 확인, 공증, 통지, 수리 등으로 구분할 수 있다.
④ 경찰하명에 위반하여 이루어진 행위는 원칙적으로 그 법적효력에는 아무런 영향을 받지 않는다. 그러나 영업정지 명령에 위반하여 영업을 계속하였을 경우는 당해 영업에 대한 거래행위의 효력이 부인된다.

해설　경찰하명에 위반하여 이루어진 행위는 원칙적으로 그 법적효력에는 아무런 영향을 받지 않는다. 그러나 영업정지 명령에 위반하여 영업을 계속하였을 경우는 당해 영업에 대한 거래행위의 효력이 **인정된다**.

24 경찰하명에 대한 설명 중 가장 적절하지 않은 것은? 　　　　20. 승진

① 경찰하명은 경찰목적을 위하여 국가의 일반통치권에 의거 개인에게 특정한 작위·부작위·수인 또는 급부의 의무를 명하는 행정행위이다.
② 부작위하명은 소극적으로 어떤 행위를 하지 말 것을 명하는 것으로 '금지'라 부르기도 한다.
③ 공공시설에서 공중의 건강을 위하여 흡연행위를 금지하는 것은 부작위하명이다.
④ 위법한 하명으로 인하여 권리·이익이 침해된 자는 손실보상을 청구할 수 있다.

해설　위법한 하명으로 인하여 권리·이익이 침해된 자는 **손해배상을 청구할 수 있다**.

Answer　23 ④　24 ④

▶ 경찰하명의 효과

경찰의무의 발생	① 경찰하명을 받은 특정인(하명처분) 또는 불특정인(법규하명)은 경찰의무의 발생과 자연적 자유가 제한되지만, 개인의 법률상 능력에는 영향이 없다. ② 하명의 수명자는 하명을 발한 행정주체에 대해서만 부담할 뿐이고 그 이외의 제3자에 대하여서는 법적 의무를 부담하지 않는다. 즉, 하명의 효과로 제3자가 반사적 이익을 받을지라도 사법상의 청구권을 발생시키지 않는다.
공법상의 효과	작위·수인·급부의 경찰의무를 불이행한 경우에는 행정상 강제집행이 행하여지며, 부작위 경찰의무를 위반한 경우에는 경찰벌(경찰형법, 경찰질서법)이 가해진다.
사법상의 효과	① 하명은 행위의 **적법요건일 뿐 유효요건이 아니다.** ② 하명에 위반한 행위의 **사법적 효과에는 영향이 없다.** ③ 경찰하명 자체의 효력으로서 하명에 위반한 법률행위의 효과까지 부인되는 것은 아니며, 따라서 효력은 유효하다. ▶ ⊙ 무면허 음식물 판매행위가 처벌의 대상이 되지만 판매행위가 무효가 되는 것은 아니다. ⓒ 영업정지명령에 위반하여 영업을 계속하였을 경우 당해 영업에 관한 거래행위의 효력까지 부인되지는 않는다.

25 경찰하명에 대한 설명으로 가장 적절하지 않은 것은?   응용문제

① 경찰하명이란 경찰목적을 달성하기 위해 상대방에게 일정한 작위·부작위·수인·급부의 의무를 명하는 행정행위이다.
② 경찰하명 위반 시에는 경찰상 강제집행의 대상이 되거나 경찰벌이 과해질 수 있으나, 하명을 위반한 행위의 법적 효력에는 원칙적으로 영향을 미치지 않는다.
③ 경찰하명의 상대방인 수명자는 수인의무를 지므로 경찰하명이 위법하더라도 손해배상을 청구할 수 없다.
④ 경찰하명이 있는 경우, 상대방은 행정주체에 대하여만 의무를 이행할 책임이 있고 그 이외의 제3자에 대하여 법상 의무를 부담하는 것은 아니다.

(해설) 경찰하명의 상대방인 수명자는 수인의무를 지므로 경찰하명이 위법하더라도 **손해배상을 청구할 수 있다.**

▶ 경찰하명에 대한 구제

적법한 경찰하명	경찰하명의 수명자는 수인의무가 있으므로 적법한 경찰하명으로 인하여 손실이 발생하였다 하더라도 **원칙적으로 손실보상청구할 수 없다.** 다만 수명자에게 수인할 수 없는 **특별한 희생이 있는 경우에는 손실보상을 청구할 수 있다.**
위법한 경찰하명	손해배상이나 행정쟁송 등에 의해 구제받을 수 있다.

Answer 25 ③

26 경찰하명에 대한 다음 설명 중 가장 옳지 않은 것은?

응용문제

① 하명이란 법령에 의한 일반적·상대적 금지를 특정한 경우에 해제함으로써 일정한 행위를 적법하게 행할 수 있도록 자연의 자유를 회복시켜 주는 행정행위를 말한다.
② 작위, 부작위, 급부, 수인하명이 있으며, 그 효과는 원칙적으로 수명자에게만 발생한다.
③ 청소년 대상 주류 판매금지, 불량(부패)식품 판매금지 등은 부작위하명에 해당한다.
④ 위법한 하명으로 인하여 권리·이익이 침해된다는 행정심판 또는 행정소송을 제기하여 하명의 취소 등을 구하거나, 손해배상소송을 제기하여 손해배상을 청구할 수 있다.

해설 허가란 법령에 의한 일반적·상대적 금지를 특정한 경우에 해제함으로써 일정한 행위를 적법하게 행할 수 있도록 자연의 자유를 회복시켜 주는 행정행위를 말한다.

▶ **경찰허가의 의의 및 대상**

의의	① 경찰허가라 함은 국가의 일반통치권에 의거하여 **일반적·상대적 금지(절대적 금지는 허가대상×)**를 특정한 경우에 해제하여 적법하게 특정행위를 할 수 있도록 **자연적 자유를 회복시켜주는 행정행위**를 말한다. ② 실정법상으로는 허가, 면허, 인가, 승인 등으로 용어가 혼용되어 사용되고 있다. ▶ 자동차 운전면허, 건축허가, 수렵면허, 야간통행금지해제, 총포소지허가, 공연허가, 공중목욕탕 영업허가, 사행행위허가, 이용사면허 등
허가대상	원칙적으로 사실행위이지만, 예외적으로 법률행위일 때도 있다. ▶ 사실행위(통행금지허가, 건축허가 등) 법률행위(영업허가, 무기판매허가 등)
허가 상대방	**원칙적으로 특정인을 대상**으로 한다. 그러나 **예외적으로 불특정 다수인에 대하여** 행하여지는 경우도 있다. ▶ 야간통행금지의 해제

27 경찰작용에 관한 설명으로 가장 적절하지 않은 것은?

23. 승진

① 행정목적을 위하여 국가의 일반통치권에 의거 개인에게 특정한 작위·부작위·수인 또는 급부의 의무를 명하는 행정행위, 개인에게 특정의무를 명하는 명령적 행정행위를 하명이라 한다.
② 법령에 의한 일반적·절대적 금지를 특정한 경우에 해제하여 적법하게 일정한 행위를 할 수 있게 하는 행정행위를 허가라 한다.
③ 부관은 조건·기한·부담·철회권의 유보 등과 같이 주된 처분에 부가되는 종된 규율로서, 주된 처분의 효과를 제한하거나 의무를 부과함으로써 국민의 권리·의무에 영향을 미치는 효과가 있다.
④ 행정지도는 일정한 행정목적을 달성하기 위해 상대방인 국민에게 임의적인 협력을 요청하는 비권력적 사실행위를 말한다.

해설 법령에 의한 **일반적·상대적 금지**를 특정한 경우에 해제하여 적법하게 일정한 행위를 할 수 있게 하는 행정행위를 허가라 한다.

Answer 26 ① 27 ②

28 경찰상 경찰허가에 관한 설명 중 가장 적절한 것은? (다툼이 있는 경우 판례에 의함)
22. 순경

① 특별한 규정이 없는 한 허가를 받게 되면 다른 법령상의 제한들도 모두 해제되는 것이 원칙이다.
② 특별한 규정이 없는 한 허가는 법령이 부과한 작위의무, 부작위의무 및 급부의무를 모두 해제하는 것이다.
③ 강학상 허가와 강학상 특허는 당사자의 신청이 없어도 가능하다는 점에서 공통점이 있다.
④ 일반적으로 영업허가를 받지 아니한 상태에서 행한 사법상 법률행위는 유효하다.

해설 ① 특별한 규정이 없는 한 허가를 받게 되면 **타법상의 제한까지 해제되는 것은 아니다**.
② **허가는 부작위 의무를 해제**하는 것이고, **면제는 작위, 수인, 급부의무를 해제**하는 것이다.
③ 허가는 신청이 없어도 가능한 경우가 있으나 특허는 신청을 해야 가능하다.

29 허가에 대한 설명으로 가장 적절한 것은?
응용문제

① 허가란 법령에 의하여 과하여진 작위·급부·수인의무를 특정한 경우에 해제하여 주는 행정행위이다.
② 허가는 행위의 '적법요건'이지만 '유효요건'은 아니므로, 무허가행위는 행정상 강제집행 또는 행정벌의 대상은 되지만, 행위 자체의 법적 효력은 영향을 받지 않는 것이 원칙이다.
③ 허가는 허가가 유보된 상대적 금지뿐만 아니라 절대적 금지의 경우에도 인정된다.
④ 허가는 상대방의 신청에 의하여 행하여지는 것으로 신청에 의하지 않고는 행하여질 수 없다.

해설 ① 허가란 **부작위의무를 특정한 경우에 해제하여 주는 행정행위**이다.
③ **상대적 금지에만 인정**되고 절대적 금지의 경우에는 인정되지 아니한다.
④ 신청에 의하여 행하여지는 것이 보통이나 **신청에 의하지 않고도 행해질 수 있다**.

30 허가에 대한 다음 설명 중 가장 적절한 것은? (다툼이 있는 경우 판례에 의함)
응용문제

① 허가는 허가가 유보된 상대적 금지에 인정되며, 절대적 금지의 경우에는 인정되지 않는다.
② 허가는 행위의 유효요건일 뿐, 적법요건은 아니다.
③ 판례에 의하면 허가여부의 결정기준은 특별한 사정이 없는 한 원칙적으로 신청 당시의 법령에 의한다.
④ 허가는 법령에 의하여 과하여진 작위·급부·수인의무를 특정한 경우에 해제하여 주는 경찰상의 행정행위이다.

Answer 28 ④ 29 ② 30 ①

해설 ② 허가는 **행위의 적법요건이나 유효요건은 아니다.**
③ 판례에 의하면 허가여부의 결정기준은 특별한 사정이 없는 한 원칙적으로 **심사 당시의 법령**에 의한다.
④ 허가는 법령에 의하여 과하여진 **부작위를 특정한 경우에 해제**하여 주는 경찰상의 행정행위이다.

▶ 경찰허가의 효과

경찰금지의 해제	허가는 상대방에게 새로운 권리·능력 기타의 힘을 설정시켜 주는 행위가 아니라 제한되었던 자유를 회복시켜 주는 효과를 갖는데 불과하므로 상대방이 허가에 의하여 어떤 이익을 얻는다 해도 그것은 원칙적으로 반사적 이익에 불과하다. 그러나 예외적으로 관계법령의 목적·취지가 공익뿐만 아니라 사익도 보호하는 것으로 해석될 경우에는 단순한 반사적 이익이 아니라 법률상 이익이 된다.
타 법률과의 관계	특별한 규정이 없는 한 관계법령상의 금지가 해제될 뿐이고, 타법상의 제한까지 해제되는 것은 아니다. 즉 허가의 효과는 상대적이다. ▶ 경찰공무원이 음식점영업허가를 받는다 해도 식품위생법상의 금지만을 해제한 것이고, 국가공무원법상의 제한(영리업무금지)까지 해제하는 것은 아니므로 경찰공무원은 당해 영업을 못한다.
행위의 적법성 부여	허가는 행위의 **적법요건이지, 유효요건이 아니므로** 이를 위반하면 위법하나 무효가 되는 것은 아니다. 따라서 무허가 행위는 강제집행이나 경찰벌의 대상이 되지만(공법적 효과) 사법상 효력은 없다. 단, 행위 자체의 효력은 유효하다.

31 다음 중 경찰허가에 대한 설명으로 가장 타당하지 않은 것은? _{응용문제}

① 경찰허가는 일반적·상대적 금지사항을 특정한 경우에 해제하여 자연적 자유를 회복시키는 것이다.
② 경찰허가는 항상 구체적인 처분의 형식으로 행해지며 법규허가는 성질상 불가능하다.
③ 경찰허가는 일정한 시험에 합격한 자에 한하여 부여하는 경우가 있고 수수료를 징수하기도 한다.
④ 경찰허가는 반드시 상대방의 출원에 의하여 서면으로 행하여지고 요식행위를 필요로 한다.

해설 경찰허가는 상대방의 신청에 의하여 행하여지는 것이 보통이나 법령에 특별한 규정이 없는 한 신청은 허가의 필요요건은 아니므로 **허가는 신청 없이도 행해질 수 있다.** 또한 **불요식 행위인 것이 보통**이다.

Answer 31 ④

32 경찰면제에 대한 설명 중 가장 적절한 것은?   응용문제

① 경찰면제란 법령에 의하여 과하여진 경찰상의 작위·부작위·급부·수인의 의무를 특정한 경우에 해제하여 주는 경찰상의 행정행위를 말한다.
② 경찰상의 의무를 해제하여 주는 행위이므로 법률행위적 행정행위 중에서 형성적 행위에 속한다.
③ 경찰면제는 수익적 경찰작용이다.
④ 경찰면제는 경찰허가(작위)와 면제(부작위·수인·급부) 모두 의무의 해제라는 공통점이 있다.

해설 ① 경찰면제란 법령에 의하여 과하여진 경찰상의 **작위·급부·수인의 의무를 특정한 경우에 해제하여 주는 경찰상의 행정행위**를 말한다.
② 경찰상의 의무를 해제하여 주는 행위이므로 법률행위적 행정행위 중에서 **명령적 행위**에 속한다.
④ 경찰면제는 **경찰허가(부작위)**와 면제(작위·수인·급부) 모두 **의무의 해제**라는 공통점이 있다.

▶ 경찰면제

의 의	경찰면제란 법령에 의하여 과하여진 경찰상의 **작위·급부·수인의 의무를 특정한 경우에 해제하여 주는 경찰상의 행정행위**를 말한다. ▶ 체납처분의 집행면제, 시험의 면제, 수수료의 면제, 예방접종면제, 병역면제, 조세면제, 납기의 연기 등	
경찰허가와 비교	공통점	**경찰허가(부작위)와 면제(작위·수인·급부) 모두 의무의 해제**라는 공통점이 있다.
	차이점	경찰허가는 **부작위 의무를 해제**하고, 경찰면제는 **작위, 급부, 수인 의무를 해제**하는 행위이다.

33 다음 중 행정행위의 무효로 볼 수 있는 경우가 아닌 것은? (다툼이 있는 경우 판례에 의함)   24. 순경

① 음주운전을 단속한 경찰관 명의로 행한 운전면허정지처분의 효력
② 임용권자의 과실에 의한 임용결격자에 대한 경찰공무원 임용 행위의 효력
③ 행정처분의 처분 방식에 관한 「행정절차법」 제24조 제1항을 위반한 처분의 효력
④ 임면권자가 아닌 국가정보원장이 5급 이상의 국가정보원직원에 대하여 한 의원면직처분의 효력

해설 ▶ 대법원 2007. 7. 26. 선고 2005두15748 판결
5급 이상의 국가정보원직원에 대한 의원면직처분이 임면권자인 대통령이 아닌 국가정보원장에 의해 행해진 것으로 위법하고, 나아가 국가정보원직원의 명예퇴직원 내지 사직서 제출이 직위해제 후 1년여에 걸친 국가정보원장 측의 종용에 의한 것이었다는 사정을 감안한다 하더라도 그러한 하자가 중대한 것이라고 볼 수는 없으므로, 대통령의 내부결재가 있었는지에 관계없이 당연무효는 아니다.

Answer 32 ③ 33 ④

34
경찰허가의 효과를 제한 또는 보충하기 위하여 주된 의사표시에 부가된 종된 의사표시를 부관이라고 한다. 부관에 대한 설명으로 옳지 않은 것은? 71기 경간부

① 법정부관의 경우 처분의 효과제한이 직접 법규에 의해서 부여되는 부관으로서 이는 행정행위의 부관과는 구별되는 개념으로 원칙적으로 부관의 개념에 속하지 않는다.
② 부담은 그 자체가 하나의 행정행위이다. 즉, 하명으로서의 성격을 지니기 때문에 분리가 가능하지만 그 자체가 독립적으로 행정쟁송 및 경찰강제의 대상이 될 수 없다.
③ 부담과 정지조건의 구별이 불분명한 경우에는 최소침해의 원칙에 따라 부담으로 보아야 한다.
④ 수정부담은 새로운 의무를 부가하는 것이 아니라 상대방이 신청한 것과는 다르게 행정행위의 내용을 정하는 부관을 말하며 상대방의 동의가 있어야 효력이 발생한다.

해설 ▶ 대법원 1992. 1. 21. 선고 91누1264 판결
행정행위의 부관 중에서도 행정행위에 부수하여 그 행정행위의 상대방에게 일정한 의무를 부과하는 행정청의 의사표시인 부담인 경우에는 다른 부관과는 달리 행정행위의 불가분적인 요소가 아니고 그 존속이 본체인 행정행위의 존재를 전제로 하는 것일 뿐이므로 **부담 그 자체로서 행정쟁송의 대상이 될 수 있다**"라고 판시하고 있다

35
다음 행정행위의 부관에 대한 내용으로 가장 적절한 것은? 응용문제

① 행정행위의 부관이란 행정행위의 일반적 효과를 제한 또는 새로운 의무를 부과하거나 법정요건을 보충하기 위해서 행정청의 주된 행위에 부가된 종된 규율을 말한다.
② 부관의 종류 중 조건은 행정행위의 효력의 발생 또는 소멸을 장래의 도래가 확실한 사실에 의존하게 하는 의사표시를 말하며, 기한은 경찰처분의 효과의 발생 또는 소멸을 장래 도래가 불확실한 사실에 의존하게 하는 경찰권의 의사표시를 말한다.
③ 정지조건은 행정행위의 효력의 소멸을 장래의 불확실한 사실에 의존시키는 부관을 말하며, 해제조건은 행정행위의 효력의 발생을 장래의 불확실한 사실에 의존시키는 부관을 말한다.
④ 부담이란 행정행위에 부가하여 새로운 의무를 부과하는 것이 아니라, 상대방이 신청한 내용과 다르게 행정행위의 내용 자체를 수정·변경하는 형태의 부관을 말한다.

해설 ② 부관의 종류 중 조건은 행정행위의 효력의 발생 또는 소멸을 장래의 도래가 **불확실한 사실**에 의존하게 하는 의사표시를 말하며, 기한은 경찰처분의 효과의 발생 또는 소멸을 장래 도래가 **확실한 사실**에 의존하게 하는 경찰권의 의사표시를 말한다.
③ 정지조건은 행정행위의 효력의 **발생을** 장래의 불확실한 사실에 의존시키는 부관을 말하며, 해제조건은 행정행위의 효력의 **소멸을** 장래의 불확실한 사실에 의존시키는 부관을 말한다.
④ **수정부담**에 대한 내용이다.

Answer 34 ② 35 ①

36. 행정행위의 부관에 관한 설명으로 가장 적절한 것은?(다툼이 있는 경우 판례에 의함) 24. 순경

① 행정청은 처분에 재량이 없는 경우에는 법률에 근거가 있더라도 부관을 붙일 수 없다.
② 기한은 법률행위 효력의 발생 또는 소멸을 장래의 불확실한 사실에 의존하게 하는 법률행위의 부관이다.
③ 장래의 사실이더라도 그것이 장래 반드시 실현되는 사실이면 실현되는 시기가 비록 확정되지 않더라도 이는 조건으로 보아야 한다.
④ 행정청이 종교단체에 대하여 기본재산전환인가를 함에 있어 인가조건을 부가하고 그 불이행시 인가를 취소할 수 있도록 한 경우, 그 인가조건의 의미를 철회권의 유보로 본다.

해설 ▶ (①) 행정기본법 제17조(부관)
② 행정청은 처분에 재량이 없는 경우에는 법률에 근거가 있는 경우에 부관을 붙일 수 있다.

▶ 부관의 종류

조건	의의	행정행위의 **효력의 발생 또는 소멸**을 장래의 도래가 불확실한 사실에 의존하게 하는 **의사표시**를 말한다. 물론 조건이 성취되면 당연히 행정행위의 효력이 발생하거나 소멸한다.
	정지조건	행정행위의 효력의 **발생**을 장래의 **불확실한 사실**에 의존시키는 부관을 말한다. ▶ 도로확장을 조건으로 한 자동차운수사업면허, 시설완성을 조건으로 한 호텔경영허가, 재해시설 완비를 조건으로 하는 도로사용 허가, 우천이 아닐 경우 옥외집회장소의 허가 등
	해제조건	행정행위의 효력의 **소멸**을 장래의 **불확실한 사실**에 의존시키는 부관을 말한다. ▶ 2월 이내에 공사에 착수하지 않으면 효력을 상실한다는 건축허가, 명일 비가 오면 집회 취소, 비가 많이 오기 전에 제방축조할 것을 조건으로 하는 허가 등
기한	의의	(②) 경찰처분의 **효과의 발생 또는 소멸**을 장래 도래가 확실한 사실에 의존하게 하는 경찰권의 의사표시를 말한다.
	효력 발생 시기 - 시기	기한이 도래하면 행정행위의 효력이 비로소 발생하는 경우 ▶ ~부터 : 10월 1일부터 허가한다.
	효력 발생 시기 - 종기	기한의 도래로 효력이 소멸하는 경우 ▶ ~까지 : 10일 30일까지 허가한다.
	기한의 종류 - 확정기한	도래가 확실함은 물론이고 도래하는 시기까지 확실한 경우 ▶ 일주일 후, 3개월까지 등
	기한의 종류 - 불확정기한	(③) 도래는 확실하나 도래 시기는 불확실한 경우 ▶ 비가 오면~, 네가 사망하면~ 등
부담		부담이란 행정행위의 효과를 받는 상대방에게 일정한 **작위·부작위·수인·급부의 의무를 과하는 행정행위의 부관**이다. ▶ 도로점용허가 시 도로점용료의 납부명령, 수수료 납부를 전제로 한 다방영업 허가, 영업을 허가하되 수수료를 납부하라고 명하는 경우, 종업원의 정기건강진단을 요건으로 하는 영업허가 등

Answer 36 ④

수정부담	의의	① 행정행위에 부가하여 새로운 의무를 부과하는 것이 아니라, **상대방이 신청한 내용과 다르게 행정행위의 내용 자체를 수정·변경하는 형태의 부관**을 말한다. ② 상대방이 수정된 내용에 동의하여야 효력이 발생한다.
	사례	① 미국에 대한 소고기 수업허가 신청 : 행정청은 호주로부터의 소고기 수입허가 부여 ② 화물차량의 A도로 통행허가 신청에 B도로 통행을 허가한 경우 ③ A도로에 시위행진허가신청을 하였더니 허가청이 B도로로 허가한 경우
철회권 (취소권) 유보		행정행위의 주된 의사표시에 부가하여 **장래에 일정한 사유가 발생하는 경우에는 행정행위를 철회할 수 있는 권리를 유보하는 부관**을 말한다. ▶ 숙박영업허가를 하면서 성매매알선행위를 하면 허가를 취소(철회)한다는 것, 미성년자를 고용하면 유흥업소 영업허가를 취소(철회)하겠다는 것 등

37 경찰허가의 부관에 대한 설명으로 가장 적절하지 않은 것은? 　　　　응용문제

① 경찰허가의 효과의 소멸을 장래의 도래가 불확실한 사실에 의존시키는 부관은 '정지조건'이다.
② 경찰허가의 효과의 발생 또는 소멸을 장래의 도래가 확실한 사실에 의존시키는 부관은 '기한'이다.
③ 철회권이 유보된 경우라도 철회권의 행사를 위해서는 철회에 관한 일반적 요건이 구비되어야 한다.
④ 상대방이 신청한 것과 다르게 경찰허가의 내용을 정하는 부관을 수정부담이라 하고, 화물차량의 A도로 통행허가 신청에 대하여 B도로 통행을 허가한 경우가 이에 해당한다.

해설　경찰허가의 효과의 소멸을 장래의 도래가 불확실한 사실에 의존시키는 부관은 '**해제조건**'이다.

38 행정행위의 부관은 (　　)인 경우를 제외하고는 독립하여 행정소송의 대상이 될 수 없다. 빈칸에 들어갈 말로 가장 적절한 것은?(다툼이 있는 경우 판례에 의함) 　　　23. 순경

① 부담　　　　　　　　　　　② 조건
③ 기한　　　　　　　　　　　④ 기간

해설　**부담**만 독립된 행정행위이므로 행정쟁송대상이 된다.

Answer　37 ①　38 ①

39 경찰작용에 대한 판례의 설명으로 가장 적절하지 않은 것은? 73기 경간부

① 경찰관이 구체적 상황에 비추어 인적 및 물적 능력의 범위 내에서 적절한 조치라는 판단에 따라 범죄의 진압 및 수사에 관한 직무를 수행한 경우에는 그러한 직무수행이 객관적 정당성을 상실하여 현저하게 불합리한 것으로 인정되지 않는 한 이를 위법하다고 할 수는 없다.
② 본래 범의를 가지지 아니한 자에 대하여 수사기관이 사술이나 계략 등을 써서 범의를 유발케 하여 범죄인을 검거하는 함정 수사는 위법함을 면할 수 없고, 범의를 가진 자에 대하여 단순히 범행의 기회를 제공하는 것에 불과한 경우라도 위법한 함정수사이다.
③ 「경찰관 직무집행법」제6조 제1항의 '경찰관의 제지에 관한 부분'은 범죄의 예방을 위한 경찰행정상 즉시강제, 즉 눈앞의 급박한 경찰상 장해를 제거하여야 할 필요가 있고 의무를 명할 시간적 여유가 없거나 의무를 명하는 방법으로는 그 목적을 달성하기 어려운 상황에서 의무불이행을 전제로 하지 않고 경찰이 직접 실력을 행사하여 경찰상 필요한 상태를 실현하는 권력적 사실행위에 관한 근거조항이다.
④ 주거지에서 음악 소리를 크게 내거나 큰 소리로 떠들어 이웃을 시끄럽게 하는 행위는 「경범죄 처벌법」제3조 제1항 제21호에서 경범죄로 정한 '인근소란 등'에 해당하고, 경찰관은 「경찰관 직무집행법」에 따라 경범죄에 해당하는 행위를 예방·진압·수사하고, 필요한 경우 제지할 수 있다.

> (해설) 범의를 가지지 아니한 자에 대한 수사기관이 사술이나 계략 등을 써서 범죄를 유발하게 하여 범죄인을 검거하는 수사방법은 **함정수사(범의유발형)이다. 즉 위법이다.**
> 그러나 범의를 가진 자에 대하여 범행의 기회를 주거나 단순히 사술이나 계략 등을 써서 범죄인을 검거하는 데 불과한 경우에는 이를 **함정수사라고 할 수 없다(범죄기회형).**

40 경찰작용에 있어서 행정소송에 대한 설명으로 가장 적절한 것은 모두 몇 개인가?(다툼이 있는 경우 판례에 의함) 73기 경간부

> 가. 관할 경찰청장은 운전면허와 관련된 처분권한을 각 경찰서장에게 위임하였고, 이에 따라 A경찰서장은 자신의 명의로 甲에게 운전면허정지처분을 하였다면, 甲의 운전면허정지처분 취소소송의 피고적격자는 A경찰서장이 아니라 관할 경찰청장이다.
> 나. 혈중알콜농도 0.13%의 주취상태에서 차량을 운전하다가 적발된 乙에게 관할 경찰청장이 「도로교통법」에 의거 운전면허취소처분을 하였을 경우, 乙은 행정심판을 거치지 않고 바로 행정소송을 제기할 수 있다.
> 다. 도로 외의 곳에서의 음주운전·음주측정거부 등에 대해서는 형사처벌도 가능하고 운전면허취소처분도 부과할 수 있다.
> 라. 경찰청장을 피고로 하여 취소소송을 제기하는 경우, 대법원 소재지를 관할하는 행정법원이 제1심 관할 법원으로 될 수 있다.

Answer 39 ② 40 ①

① 1개 ② 2개
③ 3개 ④ 4개

해설 가. 관할 경찰청장은 운전면허와 관련된 처분권한을 각 경찰서장에게 위임하였고, 이에 따라 A경찰서장은 자신의 명의로 甲에게 운전면허정지처분을 하였다면, 甲의 운전면허정지처분 취소소송의 피고적격자는 **A경찰서장**이다.
나. 이 법에 따른 처분으로서 해당 처분에 대한 행정소송은 **행정심판의 재결(裁決)을 거치지 아니하면 제기할 수 없다.**
다. ▶대법원 2021. 12. 10. 선고 2018두42771 판결

> 음주운전·음주측정거부 등에 관한 형사처벌 규정인 도로교통법 제148조의2가 포함되어 있으나, 행정제재처분인 운전면허 취소·정지의 근거 규정인 도로교통법 제93조는 포함되어 있지 않기 때문에 도로 외의 곳에서의 음주운전·음주측정거부 등에 대해서는 형사처벌만 가능하고 운전면허의 취소·정지 처분은 부과할 수 없다.

41. 경찰권의 발동과 한계에 대한 설명으로 가장 적절하지 않은 것은?(다툼이 있는 경우 판례에 의함)

73기 경간부

① 「경찰관 직무집행법」 제1조 제2항은 경찰비례의 원칙을 명시적을 선언하고 있는 것이며, 이는 공공의 안녕과 질서유지라는 공익목적과 이를 실현하기 위하여 개인의 권리나 재산을 침해하는 수단 사이에는 합리적인 비례관계가 있어야 한다는 의미를 갖는다.
② 「경찰관 직무집행법」상 경찰장비 규정은 경찰관의 직무수행 중 경찰장비의 사용 여부, 용도, 방법 및 범위에 관하여 재량의 한계를 정한 것이라 할 수 있고, 특히 위해성 경찰장비는 그 사용의 위험성과 기본권 보호 필요성에 비추어 볼 때 본래의 사용방법에 따라 지정된 용도로 사용되어야 하며 다른 용도나 방법으로 사용하기 위해서는 반드시 법령에 근거가 있어야 한다.
③ 형법상 공무집행방해죄는 공무원의 직무집행이 적법한 경우에 한하여 성립하며, 이때 적법한 공무집행은 그 행위가 공무원의 추상적 권한에 속할 뿐 아니라 구체적 직무집행에 관한 법률상 요구건과 방식을 갖춘 경우를 가리키므로, 경찰관이 적법절차를 준수하지 않은 채 실력으로 현행범인을 연행하려 하였다면 적법한 공무집행이라고 할 수 없다.
④ 위법이나 비난의 정도가 미약한 사안을 포함한 모든 경우에 부정 취득하지 않은 운전면허까지 필요적으로 취소하고 이로 인해 2년 동안 해당 운전면허 여기 받을 수 없게 하는 것은, 공익의 중대성을 감안하더라도 지나치게 기본권을 제한하는 것이 아니므로 비례의 원칙에 위배되지 않는다.

해설 ▶헌법재판소 2020. 6. 25. 선고 2019헌가9, 10(병합)
위법이나 비난의 정도가 미약한 사안을 포함한 모든 경우에 부정 취득하지 않은 운전면허까지 필요적으로 취소하고 이로 인해 2년 동안 해당 운전면허 역시 받을 수 없게 하는 것은 공익의 중대성을 감안하더라도 **지나치게 기본권을 제한하는 것이므로 비례의 원칙에 위배된다.**

Answer 41 ④

42. 행정상 법률관계에 관한 설명으로 가장 적절하지 않은 것은?(다툼이 있는 경우 판례에 의함)
23. 순경

① 국유재산의 관리청이 그 무단점유자에 대하여 하는 변상금부과처분은 순전히 사경제 주체로서 행하는 사법상의 법률행위이다.
② 국가나 지방자치단체에 근무하는 청원경찰은 「국가공무원법」이나 「지방공무원법」상의 공무원은 아니지만 그 근무관계를 사법상의 고용계약관계로 보기는 어렵다.
③ 원천징수의무자가 비록 과세관청과 같은 행정청이라 하더라도 그의 원천징수행위는 법령에서 규정된 징수 및 납부의무를 이행하기 위한 것에 불과한 것이지, 공권력의 행사로서의 행정처분을 한 경우에 해당되지 아니한다.
④ 국립 교육대학 학생에 대한 퇴학처분은 행정처분이다.

해설 대법원은 **국유재산의 무단점유에 대한 변상금부과는** 관리청이 우월한 지위에서 행한 것으로 행정소송의 대상이 되는 **행정처분이라고 보았고**(=공법관계), 국유 일반재산의 대부행위는 국가가 사경제 주체로서 상대방과의 대등한 위치에서 행하는 것으로서 사법상의 계약이다.

43. 경찰상 의무이행 확보수단을 전통적 의무이행 확보수단과 새로운 의무이행 확보수단으로 구분할 때, 새로운 의무이행 확보수단에 해당하지 않는 것은?
23. 경특

① 과징금
② 수익적 행정행위의 취소·철회
③ 공급거부
④ 행정질서벌

해설 행정질서벌은 **전통적 의무이행 확보수단**에 해당한다.

44. 경찰의무의 이행확보수단에 대한 설명으로 가장 적절한 것은?
23. 경간부

① 형사처벌과 이행강제금을 병과하는 것은 헌법상의 이중처벌금지의 원칙에 위반된다.
② 경찰상의 강제집행의 실정법적 근거로는 「경찰관 직무집행법」이 유일하다.
③ 즉시강제는 경찰상의 이행을 확보하기 위한 가장 효과적인 수단이며, 공공의 안녕 또는 질서에 대한 급박한 위해가 존재하는 경우에는 국가는 그 위해를 제거하여 공공의 안녕과 질서를 유지할 자연법적 권리와 의무를 가지므로, 특별한 법률적 근거가 없다 하더라도 경찰상의 즉시강제가 가능하다.
④ 경찰상의 강제집행을 하기 위해서는 경찰의무를 부과하는 경찰하명의 근거가 되는 법률 이외에 경찰상의 강제집행을 위한 별도의 법적 근거가 있어야 한다.

해설 ① 형사처벌과 이행강제금을 병과하는 것은 헌법상의 이중처벌금지의 원칙에 **위반되지 않는다.**
② 경찰상의 강제집행의 실정법적 근거로는 「**행정대집행법」, 「국세징수법」**이 있다.
③ 즉시강제는 경찰상의 이행을 확보하기 위한 가장 효과적인 수단이며, 공공의 안녕 또는 질서에 대한 급박한 위해가 존재하는 경우에는 국가는 그 위해를 제거하여 공공의 안녕과 질서를 유지할 자연법적 권리와 의무를 가지므로, **엄격한 법적근거가 있어야** 경찰상의 즉시강제가 가능하다.

Answer 42 ① 43 ④ 44 ④

45. 행정의 실효성 확보수단에 관한 설명 중 가장 적절한 것은?(다툼이 있는 경우 판례에 의함)
22. 순경

① 통고처분은 형식적 의미의 행정이며 실질적 의미의 사법이다.
② 작위의무를 부과한 행정처분의 법적 근거가 있다면 행정대집행은 별도의 법적 근거를 요하지 아니하며, 즉시강제는 법률의 근거가 없더라도 일반긴급권에 기초하여 행사할 수 있다.
③ 행정대집행과 행정상 즉시강제는 제3자에 의해 집행될 수 없고 행정청이 직접 행사해야 한다.
④ 「관세법」상 통고처분 여부는 관세청장의 재량에 맡겨져 있지만, 「경범죄처벌법」 및 「도로교통법」상 토고처분은 재량의 여지가 없다.

해설 ② 대집행과 즉시강제 모두 법적 근거 있어야 한다.
③ 대집행은 제3자에 의해 집행이 될 수 있다.
④ 경범죄처벌법, 도로교통법은 경찰서장은 통고처분 할 수 있다(재량)

46. 행정상 의무이행 확보수단에 관한 설명으로 가장 적절하지 않은 것은? (다툼이 있는 경우 판례에 의함)
23. 순경

① 질서위반행위에 대하여 과태료 부과의 근거 법률이 개정되어 행위 시의 법률에 의하면 과태료 부과대상이었지만 재판 시의 법률에 의하면 과태료 부과대상이 아니게 된 때에는 개정 법률의 부칙에서 종전 법률 시행 당시에 행해진 질서위반행위에 대해서는 행위 시의 법률을 적용하도록 특별한 규정을 두지 않은 이상 재판 시의 법률을 적용하여야 하므로 과태료를 부과할 수 없다.
② 경찰서장이 범칙행위에 대하여 통고처분을 한 이상 통고처분에서 정한 범칙금 납부기간까지는 원칙적으로 경찰서장은 즉결심판을 청구할 수 없다.
③ 피고인이 즉결심판에 대하여 제출한 정식재판청구서에 피고인의 자필로 보이는 이름이 기재되어 있고 그 옆에 서명이 되어 있어 위 서류가 작성자 본인인 피고인의 진정한 의사에 따라 작성 되었다는 것을 명백하게 확인할 수 있더라도 피고인의 인장이나 지장이 찍혀 있지 않다면 정식재판청구는 부적법하다고 보아야 한다.
④ 「질서위반행위규제법」에 따르면 고의 또는 과실이 없는 질서위반행위는 과태료를 부과하지 아니한다.

해설 ▶ 대법원 2019. 11. 29.자 2017모3458 결정
피고인이 즉결심판에 대하여 제출한 정식재판청구서에 피고인의 자필로 보이는 이름이 기재되어 있고 그 옆에 서명이 되어 있어 위 서류가 작성자 본인인 피고인의 진정한 의사에 따라 작성되었다는 것을 명백하게 확인할 수 있으며 형사소송절차의 명확성과 안정성을 저해할 우려가 없으므로, 정식재판청구는 **적법하다고 보아야 한다.** 피고인의 인장이나 지장이 찍혀 있지 않다고 해서 이와 달리 볼 것이 아니다.

Answer 45 ① 46 ③

47 경찰행정의 실효성 확보수단에 관한 설명으로 가장 적절하지 않은 것은? (다툼이 있는 경우 판례에 의함)

24. 순경

① 행정대집행은 대체적 작위의무 불이행에 대하여 다른 수단으로는 그 이행을 확보하기 곤란하고 불이행을 방치하면 공익을 크게 해칠 것으로 인정될 때에 행정청이 의무자가 하여야 할 행위를 스스로 하거나 제3자에게 하게 하고 그 비용을 의무자로부터 징수하는 것을 말한다.
② 행정청은 의무자가 행정상 의무를 이행할 때까지 이행강제금을 반복하여 부과할 수 있으나, 의무자가 의무를 이행하면 이미 부과한 이행강제금을 징수하여서는 안 된다.
③ 직접강제는 행정대집행이나 이행강제금 부과로는 행정상 의무이행을 확보할 수 없거나 그 실현이 불가능한 경우에 실시하여야 한다.
④ 경찰행정상 즉시강제는 눈앞의 급박한 경찰상 장해를 제거하여야 할 필요가 있고 의무를 명할 시간적 여유가 없거나 의무를 명하는 방법으로는 그 목적을 달성하기 어려운 상황에서 의무불이행을 전제로 하지 않고 경찰이 직접 실력을 행사하여 경찰상 필요한 상태를 실현하는 권력적 사실행위이다.

해설 행정청은 의무자가 행정상 의무를 이행할 때까지 이행강제금을 반복하여 부과할 수 있다. 다만, 의무자가 의무를 이행하면 **새로운 이행강제금의 부과를 즉시 중지**하되, **이미 부과한 이행강제금은 징수하여야 한다.**(법 31조 5항)

48 경찰상 의무이행 확보수단을 전통적 수단과 새로운 수단으로 구분할 때, 전통적 수단에 해당하지 않는 것은?

20. 경간부

① 대집행 ② 집행벌
③ 과징금 ④ 강제징수

해설 과징금은 **새로운 의무이행 확보수단에 해당**한다.

▶ 의무이행 확보수단

전통적 의무이행 확보수단	경찰강제	강제집행	① **대집행** : 대체적 작위의무(**행정대집행법** : 일반법) ② **집행벌** : 비대체적 작위의무·부작위의무(개별법) ③ **직접강제** : 모든 의무(개별법) ④ **강제징수** : 공법상 금전급부의무(**국세징수법** : 일반법)
		즉시강제	① 일반법 : **경찰관직무집행법**은 즉시강제의 일반적 지위를 가진다. ② 의무를 부과할 시간적 여유가 없거나 성질상 의무를 부과하여서는 목적을 달성할 수 없는 경우
		경찰조사	① 강제조사(권력적 조사) ② 임의조사(비권력적 조사) ③ 일반법 : **행정조사기본법**
	경찰벌		① 경찰형벌 : 형법의 9가지 형벌로 처벌 ② 경찰질서벌 : 과태료(비송사건절차법상)

Answer 47 ② 48 ③

새로운 의무이행 확보수단	비금전적 제재	공급거부, 공표제도(명단공개), 관허사업의 제한, 국외여행 제한
	금전적 제재	과징금, 가산금, 부당이득세 등
직접적 이행확보수단		경찰강제(대집행, 직접강제, 강제징수), 경찰상 즉시강제
간접적 이행확보수단		경찰벌, 집행벌, 기타 새로운 의무이행 확보수단

49 경찰상 강제집행의 수단에 대한 설명이다. 다음 중 옳은 것은? 71기 경간부

① 대집행의 절차는 계고 → 통지 → 비용의 징수 → 실행 순이다.
② 집행벌은 경찰벌과 병과해서 행할 수 없다.
③ 강제징수 절차는 독촉 → 압류 → 매각 → 청산순으로 진행한다.
④ 강제집행과 즉시강제는 선행의무 불이행을 전제하지 않는다.

해설 ① 대집행의 절차는 **계고 → 통지 → 실행 → 비용의 징수** 순이다.
② 집행벌은 경찰벌과 **병과해서 행할 수 있다.**
④ **강제집행은 선행의무 불이행을 전제하며**, 즉시강제는 전제로 하지 않는다.

▶ 대집행

의의		경찰상의 대체적 작위의무를 이행하지 않는 경우 경찰기관이 스스로 또는 제3자로 하여금 의무이행과 동일한 상태를 실현시킨 후, 그 비용을 의무자로부터 징수하는 강제집행인 권력적 사실행위를 말한다.
주체 (대집행권자)		경찰의무를 부과한 당해 경찰관청, 즉 **처분청을 의미하며, 감독청은 대집행권을 가지지 않는다.** 다만 당해 행정청의 위임이 있으면 다른 행정청도 대집행의 주체가 될 수 있다.
절차	대집행의 계고	대집행을 하기 위하여는 상당한 이행기간을 정하여 그 기한까지 이행되지 아니할 때에는 **대집행을 한다는 뜻을 미리 문서로서 계고**하여야 한다.
	대집행영장 에 의한 통지	의무자가 계고를 받고 그 지정 기한까지 그 **의무를 이행하지 아니**할 때에는 당해 행정청은 대집행영장으로써 한다는 뜻을 미리 문서로서 **계고하여야 한다.**
	대집행의 실행	대집행 실행행위는 물리력을 행사하는 **권력적 사실행위**로서 영장에 기재된 시기에 **대집행책임자가 실행**한다.
	비용의 징수	① **대집행의 비용은 원칙상 의무자가 부담**하여야 한다. ② 대집행비용의 징수에 있어서는 행정청은 그 금액과 그 납기일을 정하여 의무자에게 문서로서 그 납부를 명하여야 하고, 납부하지 않을 경우 국세징수법의 예에 의하여 강제징수할 수 있다.
대상		경찰법상의 **대체적 작위의무에 한한다.**
비용		원칙상 **의무자가 부담**하여야 한다.
근거		**일반법으로는 행정대집행법**이 있으며, 단행법은 토지수용법, 건축법, 지방재정법 등이 있다.

Answer 49 ③

50 경찰상 강제집행 및 그 수단에 대한 설명으로 가장 적절하지 않은 것은? 21. 순경

① 경찰상 강제집행은 경찰하명에 의한 의무의 존재 및 그 불이행을 전제로 한다는 점에서 의무불이행을 전제로 하지 않는 경찰상 즉시강제와 구별된다.
② 경찰상 강제집행은 장래에 향하여 의무이행을 강제한다는 점에서 과거의 의무위반에 대한 제재인 경찰벌과 구별된다.
③ 강제징수란 의무자가 관련 법령상의 대체적 작위의무를 이행하지 않을 경우, 당해 경찰관청이 스스로 행하거나 또는 제3자로 하여금 의무자가 하여야 할 행위를 하게 함으로써 의무의 이행이 있는 것과 같은 상태를 실현시킨 후 그 비용을 의무자로부터 징수하는 것이다.
④ 대집행의 근거가 되는 일반법으로는 「행정대집행법」이 있다.

해설) **대집행이란** 의무자가 관련 법령상의 대체적 작위의무를 이행하지 않을 경우, 당해 경찰관청이 스스로 행하거나 또는 제3자로 하여금 의무자가 하여야 할 행위를 하게 함으로써 의무의 이행이 있는 것과 같은 상태를 실현시킨 후 그 비용을 의무자로부터 징수하는 것을 말한다.

51 경찰상 의무이행 확보수단에 대한 설명으로 가장 적절한 것은? 21. 승진

① 경찰상 강제집행은 경찰하명에 따른 경찰의무의 불이행이 있는 경우에 상대방의 신체 또는 재산이나 주거 등에 실력을 행사하여 경찰상 필요한 상태를 실현하는 작용으로 간접적 의무이행확보 수단이다.
② 강제징수란 국민이 국가 또는 공공단체에 대해 부담하고 있는 공법상의 금전급부의무를 이행하지 않는 경우에 행정청이 강제적으로 의무가 이행된 것과 동일한 상태를 실현하는 작용으로 새로운 의무이행확보 수단이다.
③ 집행벌은 의무이행을 위한 강제집행이라는 점에서 의무위반에 대한 제재인 경찰벌과 구별되며, 경찰벌과 병과해서 행할 수 있고, 의무이행될 때까지 반복적으로 부과하는 것도 가능하다.
④ 해산명령 불이행에 따른 해산조치, 불법영업소의 폐쇄조치, 감염병 환자의 즉각적인 강제격리는 모두 즉시강제에 해당한다.

해설) ① 경찰상 강제집행은 **직접적 의무이행확보 수단**(대집행, 직접강제, 강제징수), 간접적 의무이행확보수단(집행벌)이다.
② 강제징수란 **전통적 의무이행확보 수단이다**.
④ **직접강제**(해산명령 불이행에 따른 해산조치, 불법영업소의 폐쇄조치), 즉시강제(감염병 환자의 즉각적인 강제격리)에 해당한다.

Answer 50 ③   51 ③

52 경찰상 즉시강제에 대한 설명으로 가장 적절하지 않은 것은? 20. 순경

① 경찰상 즉시강제는 권력적 사실행위인 처분이기 때문에 행정쟁송이 가능하다.
② 즉시강제의 절차적 한계에 있어서 영장주의의 적용 여부에 대하여 영장필요설이 통설과 판례이다.
③ 경찰상 즉시강제시 필요 이상으로 실력을 행사하여 경찰책임자 이외의 자에게 유형력을 행사하는 것은 위법이 된다.
④ 적법한 즉시강제에 대한 구제로 손실보상을 청구할 수 있으며, 일정한 요건하에서 「형법」상 위법성조각 사유에 해당하는 긴급피난도 가능하다.

해설 즉시강제의 절차적 한계에 있어서 영장주의의 적용 여부에 대하여 **절충설이 통설과 판례**이다.

53 경찰상 강제집행의 수단에 대한 설명으로 가장 적절하지 않은 것은? 20. 승진

① 직접강제란 의무의 불이행이 있는 경우 직접 의무자의 신체·재산에 실력을 가하여 의무의 이행이 있었던 것과 같은 상태를 실현하는 작용을 말한다.
② 강제징수의 일반법으로서 「국세징수법」이 있다.
③ 집행벌은 반복적으로 부과하는 것도 가능하다.
④ 대집행이란 비대체적 작위의무의 불이행이 있는 경우 행정청이 의무자의 작위의무를 스스로 행하거나 또는 제3자로 하여금 이를 행하게 하고 그 비용을 의무자로부터 징수하는 것을 말한다.

해설 대집행이란 **대체적 작위의무의 불이행이 있는 경우** 행정청이 의무자의 작위의무를 스스로 행하거나 또는 제3자로 하여금 이를 행하게 하고 그 비용을 의무자로부터 징수하는 것을 말한다.

▶ **직접강제**

의의	**경찰상의 대체적 작위의무뿐만 아니라 비대체적 작위의무, 부작위의무, 수인의무 등 모든 의무불이행이 있는 경우에 의무자의 신체·재산 등에 직접적으로 실력을 가함으로써 의무의 이행과 동일한 상태를 실현하는 작용**을 말한다. ▶ 실력에 의한 예방접종, 무허가영업소의 강제폐쇄, 사증 없이 입국한 외국인의 강제퇴거, 집시법상의 해산명령 후 집회자 강제해산 등
성질	① 직접강제는 행정상 강제집행 수단 중에서 국민의 인권을 가장 크게 제약하기 때문에 **최후의 수단**으로 인정되고 있다. ② 강제집행 중 가장 강력한 수단으로서 **2차적·보충적으로 활용**되어야 하며, 그 수단의 목적과 침해 사이에 **엄격한 비례성이 유지되는 한도 내에서만 사용**될 수 있다.
근거	일반법은 없고, 개별법으로서 출입국관리법, 식품위생법, 도로교통법 등이 있다.
한계	직접강제는 강제집행수단 중에서도 **가장 강력한 수단**이라고 할 수 있으므로 국민의 기본권을 침해할 가능성이 가장 높다. 따라서 **반드시 법률에 근거가 있는 경우에만 행사되어야 하며, 과잉금지의 원칙(비례의 원칙)의 준수 하에 제2차적·최후수단 (보충성의 원칙)으로서 활용**하여야 할 것이다.

Answer 52 ② 53 ④

54 경찰의 기본적 임무 및 수단에 대한 설명으로 가장 적절하지 않은 것은? 　　응용문제

① 경찰강제에는 경찰상 강제집행(대집행·강제징수·집행벌·즉시강제 등)과 경찰상 직접강제가 있는데, 경찰상 강제집행은 의무의 존재 및 그 불이행을 전제로 한다는 점에서 이를 전제로 하지 아니하고 급박한 경우에 행하여지는 경찰상 직접강제와 구별된다.
② 공공질서란 각 개인의 행동에 대한 불문규범의 총체로, 시대에 따라 변화하는 상대적·유동적 개념이다.
③ 경찰의 직무에는 범죄의 예방·진압, 범죄피해자 보호가 포함된다.
④ 「형사소송법」은 임의수사를 원칙으로 하고, 강제수사를 예외적으로 허용하고 있다.

(해설) 경찰강제에는 경찰상 강제집행(대집행·강제징수·집행벌·**강제집행** 등)과 경찰상 즉시강제가 있는데, 경찰상 강제집행은 의무의 존재 및 그 불이행을 전제로 한다는 점에서 이를 전제로 하지 아니하고 급박한 경우에 행하여지는 **경찰상 즉시강제**와 구별된다.

55 경찰상 강제집행의 수단에 대한 설명이다. ㉠부터 ㉣까지의 설명과 명칭이 가장 적절하게 연결된 것은? 　　응용문제

㉠ 대체적 작위의무의 불이행이 있는 경우 행정청이 의무자의 작위의무를 스스로 행하거나 제3자로하여금 이를 행하게 하고 그 비용을 의무자로부터 징수하는 행위
㉡ 경찰상 의무를 이행하지 않는 경우에 그 이행을 강제하기 위해 과하는 금전벌
㉢ 국민이 국가 또는 공공단체에 대해 부담하고 있는 공법상의 금전급부의무를 이행하지 않는 경우 행정청이 강제적으로 의무가 이행된 것과 동일한 상태를 실현하는 작용
㉣ 경찰상 의무불이행에 대해 최후의 수단으로서 직접 의무자의 신체나 재산에 실력을 가하여 의무 이행이 있었던 것과 동일한 상태를 실현하는 작용

① ㉠ - 대집행　㉡ - 집행벌　㉢ - 강제징수　㉣ - 직접강제
② ㉠ - 집행벌　㉡ - 강제징수　㉢ - 대집행　㉣ - 직접강제
③ ㉠ - 대집행　㉡ - 강제징수　㉢ - 직접강제　㉣ - 집행벌
④ ㉠ - 강제징수　㉡ - 집행벌　㉢ - 직접강제　㉣ - 대집행

(해설) ㉠ - 대집행
㉡ - 집행벌
㉢ - 강제징수
㉣ - 직접강제

Answer　54 ①　55 ①

56 다음은 경찰상 의무이행 확보수단이다. 간접적인 의무이행 확보수단은 모두 몇 개인가?

응용문제

> ㉠ 경찰벌 ㉡ 집행벌
> ㉢ 경찰상 즉시강제 ㉣ 대집행
> ㉤ 강제징수 ㉥ 공급거부
> ㉦ 명단공개 ㉧ 관허사업의 제한

① 3개 ② 4개
③ 5개 ④ 6개

해설) ㉠ 경찰벌, ㉡ 집행벌, ㉥ 공급거부, ㉦ 명단공개, ㉧ 관허사업의 제한으로 간접적 의무이행확보수단이다. 나머지는 직접적 의무이행확보수단이다.

57 다음 경찰형벌과 경찰질서벌에 대한 내용으로 틀린 것은?

응용문제

① 경찰형벌은 간접적으로 행정법상 질서에 장해를 줄 위험성이 있는 행위에 대하여 과하는 반면에 경찰질서벌은 직접적으로 행정목적을 침해한 행위에 대하여 과한다.
② 경찰형벌은 형법 총칙상의 9가지 형을 과하는 반면에 경찰질서벌은 형법 총칙에 규정이 없는 벌, 즉 과태료를 과한다.
③ 경찰형벌은 형법 총칙상 벌을 과하므로 행정형벌에는 형법총칙이 적용되는 반면에 경찰질서벌은 법 총칙이 없는 과태료로 벌하므로 경찰질서벌에는 형법총칙이 적용되지 않는다.
④ 양자 모두 비행자의 주소지를 관할하는 지방법원에서 과함이 원칙이며, 서로 병과할 수 없다(다수설). 단 판례는 병과할 수 있다는 입장이다.

해설) 경찰형벌은 **직접적으로 행정목적을 침해한 행위**에 대하여 과하는 반면에 **경찰질서벌은 간접적으로 행정법상 질서에 장해를 줄 위험성이 있는 행위**에 대하여 과한다.

▶ 경찰형벌(행정형벌)과 경찰질서벌(행정질서벌)의 차이점

	경찰형벌	경찰질서벌
대 상	직접적으로 행정목적을 침해한 행위에 대하여 과한다.	간접적으로 행정법상 질서에 장해를 줄 위험성이 있는 행위에 대하여 과한다.
처 벌	형법 총칙상의 **9가지 형**을 과한다.	형법 총칙에 규정이 없는 벌, 즉 **과태료**를 과한다.
근 거	형법 총칙상 벌을 과하므로 행정형벌에는 **형법총칙이 적용**된다.	형법 총칙이 없는 과태료로 벌하므로 경찰질서벌에는 **형법총칙이 적용되지 않는다.**
고의·과실	고의·과실, 위법성의 인식에 대해 처벌한다.	질서위반행위규제법상 고의·과실, 위법성의 인식이 있어야 처벌한다.
절 차	**원칙상 형사소송법절차**에 의해, **예외적으로 통고처분, 즉결심판절차**에 따라 처벌된다. - 법원에서 부과	**질서위반행위규제법**이 정하는 절차에 따라 처벌된다. - 행정청에서 부과
병과여부	양자 모두 비행자의 주소지를 관할하는 지방법원에서 과함이 원칙이며, 서로 병과할 수 없다(다수설). 단 **판례는 병과할 수 있다는** 입장이다.	

Answer 56 ③ 57 ①

58. 다음 경찰구제에 있어서 사전적 구제에 해당하는 것은 모두 몇 개인가?

응용문제

㉠ 옴부즈맨제도 ㉡ 손실보상
㉢ 행정심판   ㉣ 직권시정
㉤ 행정소송   ㉥ 행정절차

① 1개   ② 2개
③ 3개   ④ 4개

해설 ▶ 사전적 구제 & 사후적 구제

사전적 구제	행정절차, 옴부즈맨제도, 정당방위, 직권시정, 청원, 국민고충처리제도, 국민권익위원회
사후적 구제	손실보상, 손해배상, 행정심판, 행정소송

59. 국가배상에 관한 설명으로 가장 적절하지 않은 것은? (다툼이 있는 경우 판례에 의함)

24. 순경

① 경찰관의 부작위를 이유로 한 국가배상책임을 인정하기 위한 요건으로서의 '법령 위반'이란 형식적 의미의 법령에 명시적으로 공무원의 작위의무가 규정되어 있는데도 이를 위반하는 경우를 의미하며, 인권존중·권력남용금지·신의성실과 같이 공무원으로서 마땅히 지켜야 할 준칙이나 규범을 지키지 않고 위반한 경우는 포함되지 않는다.

② 경찰관의 직무집행이 법령이 정한 요건과 절차에 따라 이루어진 것이라면 특별한 사정이 없는 한 이는 법령에 적합한 것이고 그 과정에서 개인의 권리가 침해되었다고 하여 그 법령적합성이 곧바로 부정되는 것은 아니다.

③ 공무원에게 부과된 직무상 의무의 내용이 전적으로 또는 부수적으로 사회구성원 개인의 구체적 안전과 이익을 보호하기 위하여 설정된 것이라면, 공무원이 그와 같은 직무상 의무를 위반함으로써 개인이 입게 된 손해는 상당인과관계가 인정되는 범위 안에서 국가가 그에 대한 배상책임을 부담하여야 한다.

④ 시위진압이 불필요하거나 또는 불법시위의 태양 및 시위 장소의 상황 등에서 예측되는 피해 발생의 구체적 위험성의 내용에 비추어 시위진압의 계속 수행 내지 그 방법 등이 현저히 합리성을 결하였다면 경찰관의 직무집행이 법령에 위반한 것이라고 할 수 있다.

해설 ▶ 대법원 2022. 7. 14. 선고 2017다290538 판결
'법령 위반'이란 엄격하게 형식적 의미의 법령에 명시적으로 공무원의 작위의무가 규정되어 있는데도 이를 위반하는 경우만을 의미하는 것은 아니고, **인권존중·권력남용금지·신의성실과 같이 공무원으로서 마땅히 지켜야 할 준칙이나 규범을 지키지 않고 위반한 경우를 포함**하여 널리 객관적인 정당성이 없는 행위를 한 경우를 포함한다.

Answer 58 ③   59 ①

60 다음 중 사후구제 제도 중 손해배상에 대한 내용이다. 틀린 것은? 　　　　응용문제

① 헌법 제29조 제1항에 "공무원의 직무상 불법행위로 손해를 받은 국민은 법률이 정하는 바에 의하여 국가 또는 공공단체에 정당한 배상을 청구할 수 있다. 이 경우 공무원 자신의 책임은 면제되지 아니한다."라고 규정하여 공무원의 직무상 불법행위에 대하여 국민의 국가배상청구권을 인정하고 있으나, 공공영조물의 설치·관리의 하자로 인한 국가배상책임은 규정하고 있지 않다.
② 헌법에는 군인·군무원·경찰공무원 기타 법률이 정하는 자가 전투·훈련등 직무집행과 관련하여 받은 손해에 대하여는 법률이 정하는 보상 외에 국가 또는 공공단체에 공무원의 직무상 불법행위로 인한 배상은 청구할 수 없다.
③ 국가배상법상 배상청구권의 주체(원고)는 국민이며, 배상책임의 주체(피고)는 국가와 공공단체이다.
④ 국가배상법은 국가 또는 지방자치단체의 손해배상책임에 관한 일반법적 성격을 가진다.

해설　국가배상법상 배상청구권의 주체(원고)는 국민이며, 배상책임의 **주체(피고)는 국가와 지방자치단체**이다.

61 다음 중 국가배상법에 대한 내용이다. 틀린 것은? 　　　　응용문제

① 국가배상법은 다수설에 의하면 국가배상법은 공법이고, 배상청구권은 공권이며 이 경우 국가배상에 관한 소송은 공법상 당사자소송에 의하게 된다.
② 국가배상법은 판례에 따르면 국가배상책임이론은 민법상 일반 불법행위 책임의 한 유형에 불과하므로 국가배상법은 민법의 특별법의 지위에 있는 사법이고, 배상청구권은 사권이며 이 경우 국가배상에 관한 소송은 민사소송에 의하게 된다.
③ 국가배상법에는 공무원의 직무상 불법행위에 대하여 국민의 국가배상청구권을 인정하고 있으나, 공공영조물의 설치·관리의 하자로 인한 국가배상책임은 규정하고 있지 않다.
④ 외국인 피해자인 경우에는 해당 국가와 상호의 보증이 있는 때에만 적용한다.

해설　**공무원의 직무상 불법행위, 공공영조물의 설치·관리의 하자로 인한 국가배상책임은 규정**하고 있다.

Answer　60 ③　61 ③

62 다음 「국가배상법상」 공무원의 직무상의 불법행위로 인한 손해배상에 대한 내용으로 틀린 것은?
응용문제

① 국가 또는 지방자치단체는 공무원이 그 직무를 집행함에 당하여 고의 또는 과실로 법령에 위반하여 타인에게 손해를 가하거나, 자동차손해배상보장법의 규정에 의하여 손해배상의 책임이 있는 때에는 이 법에 의하여 그 손해를 배상하여야 한다.
② 공무원의 신분을 가진 자(국가공무원법이나 지방공무원법상의 공무원, 입법·사법·행정 모두 포함)는 물론 널리 공무를 위임받아 이에 종사하는 모든 사람 및 사실상 공무원, 공무를 위탁받은 사인도 포함된다.
③ 행위의 외관을 객관적으로 관찰하여 공무원의 직무행위로 보여질 때에는 비록 그것이 실질적으로 직무집행행위이거나 아니거나 또는 행위자의 주관적 의사에 관계없이 그 행위를 공무원의 직무집행행위라고 본다.
④ 국가배상법은 무과실책임주의를 취하고 있기 때문에 당해 공무원에게 고의·과실이 없어도 배상청구를 할 수 있다.

해설 국가배상법은 공무원의 직무상의 불법행위로 인한 손해배상은 과실책임주의를 취하고 있기 때문에 당해 공무원에게 **고의·과실이 없으면 배상청구를 할 수 없다.**

63 다음 「국가배상법상」 영조물의 설치·관리의 하자로 인한 손해배상책임에 대한 내용으로 틀린 것은?
응용문제

① 영조물에는 개개의 물건뿐만 아니라 물건의 집합체인 공공시설도 포함된다.
② 영조물의 설치·관리상의 하자란 영조물이 통상적으로 갖추어야 할 안전성을 결여한 상태를 말하며, 영조물의 설치·관리의 하자 유무는 객관적으로 판단되어야 하므로 하자발생에 있어서 관리자의 고의·과실이 있어야 한다.
③ 국가 등이 손해를 배상한 경우에 손해의 원인에 대하여 책임을 질 자가 따로 있을 때에는 국가 또는 지방자치단체는 그 자에 대하여 구상할 수 있다.
④ 국가 또는 지방자치단체가 자동차 소유자로서 운행이익 또는 운행 지배를 갖고 있다면 자동차 손해배상보장법이 적용된다.

해설 영조물의 설치·관리상의 하자란 영조물이 통상적으로 갖추어야 할 안전성을 결여한 상태를 말하며, 영조물의 설치·관리의 하자 유무는 객관적으로 판단되어야 하므로 하자발생에 있어서 **관리자의 고의·과실은 문제되지 않는다.**

Answer 61 ④ 62 ②

64 다음 판례 내용 가운데 국가의 배상책임을 부정한 것은?   응용문제

① 무장공비와 격투 중에 있는 청년의 가족의 요청을 받고도 경찰관이 출동하지 않아 결과적으로 그 청년이 공비에게 사살된 경우(김신조 사건)
② 상설검문서 근무 경찰관이 통행금지 또는 비상경계령이 내려 있지 않는데도 검문소 운영요강을 지키지 아니하고 도로상에 방치해 둔 바리케이드에 오토바이 운행자가 충돌하여 사망한 경우
③ 전경들이 서총련의 불법시위 해산 과정에서 단순히 전경들의 도서관 진입에 항의한 학생 등 시위와 무관한 자들을 강제로 연행한 경우
④ 경찰관들의 시위진압에 대항하여 시위자들이 던진 화염병에 의하여 발생한 화재로 손해를 입은 주민이 국가를 상대로 국가배상을 청구한 경우

해설 ▶ 대법원 1997. 7. 25. 선고 94다2480 판결
경찰관들의 시위진압에 대항하여 시위자들이 던진 화염병에 의하여 발생한 화재로 인하여 손해를 입은 주민의 국가배상청구를 인정하지 않았다.

Answer 64 ④

CHAPTER 04 경찰행정학

제1절 경찰관리의 이론적 배경

01 고위관리자 (최고관리층)의 역할로 가장 보기가 어려운 것은?   응용문제

① 조직의 비전 제시
② 조정과 통합
③ 전문적인 지식과 기술
④ 환경에 대한 적응성 확보

해설 ▶ 경찰 고위관리자(최고관리층)의 역할
㉠ 조직의 비전의 제시   ㉡ 환경에 대한 적응성 확보
㉢ 조정과 통합   ㉣ 직원의 지도·육성
㉤ 직원의 사기관리   ㉥ 직원의 생활지도
※ 전문적인 지식과 기술 – 중간관리자의 역할

02 다음 중 경찰관리자에 대한 설명으로 적절하지 못한 것은?   응용문제

① 경찰조직에서 계장, 과장, 반장 등의 관리자는 중간관리자로 일컫는다.
② 경찰관리자는 조직구성원에 대해 리더십을 발휘하여야 한다.
③ 총경급 이상의 고위관리자는 상하수평의 의사소통이 잘 되도록 하여야 한다.
④ 직원들의 사기와 자질향상을 위해 노력해야 한다.

해설 중간관리자는 상하수평의 의사소통이 잘 되도록 하여야 한다.

Answer 01 ③   02 ③

제2절 경찰기획관리

01 기획에 대한 다음 설명 중 옳지 않은 것은? 응용문제

① 기획은 계획을 세워 가는 절차와 과정을 의미한다.
② 기획활동과정을 거쳐서 나온 최종 산출물이 계획이다.
③ 기획은 활동목표와 수단이 문서로 체계화된 것이다.
④ 기획은 장기적·동적·절차적 개념이다.

해설 ▶ 구분

기획	**계획을 세워 가는 절차와 과정**이며, 장기적·동적·절차적 개념이다.
계획	① **활동목표와 수단이 문서로 체계화된 것**이며, 단기적·구체적·최종적·산출적 개념이다. ② 기획활동과정을 거쳐서 나온 최종 산출물이 계획이다.
정책·기획 계획의 관계	정책은 **기획을 거친 다음 계획을 통해 구체화**된다.(정책 > 기획 > 계획)
정책·기획의 관계	① 정책 : 일반성·추상성·기획방향의 결정 ② 기획 : 특정성·구체성·참모적 기능

02 다음 중 기획의 과정을 순서대로 나열한 것은? 응용문제

가. 대안의 탐색과 결과 나. 목표의 설정
다. 상황분석 라. 기획전제의 설정

① 라 - 나 - 다 - 가   ② 나 - 다 - 라 - 가
③ 나 - 가 - 다 - 라   ④ 나 - 라 - 가 - 다

해설 ▶ 기획 과정

1단계	**목**표의 설정
2단계	**상**황의 분석(정보의 수집·분석)
3단계	**기**획전제의 설정(미래예측)
4단계	**대**안의 탐색과 비교·평가
5단계	**최**종대안의 선택

Answer 01 ③   02 ②

03 Raymond E. miles(마일즈)와 charles C. snow(스노우)조직유형을 4가지 전략적 형태에 구분 중 어느 전략에 대한 설명인가?

응용문제

> ㉠ 환경의 압력에 대해 조직활동을 조정하기는 하지만 반응도 부적절하고 성과도 낮다.
> ㉡ 환경변화를 인지하면서도 현재의 전략-구조관계를 유지하려는 경향이 강하다.
> ㉢ 환경에 따라 일관성 있는 해결방안을 수립하지 못하여 수동형 또는 낙오형으로 불리기도 한다.

① 반응형 전략
② 방어형 전략
③ 탐색형 전략
④ 분석형전략

해설 ▶ Miles & Snow의 환경에 대한 대응전략유형

방어형 전략	경쟁자들이 자신의 영역으로 들어오지 못하도록 적극 경계하는 매우 안정적·소극적·폐쇄적 전략이다.
탐색형 전략	이 전략의 성공여부는 환경변화 및 상황추세의 분석능력에 달려 있으며, 매우 공격적·변화지향적 전략이다.
분석형 전략	방어형과 탐색형의 장점을 모두 살려 안정과 변화를 동시에 추구하는 전략이다.
반응형 전략	① 방어형, 탐색형, 분석형 전략이 부적절할 때 나타나는 비일관적이고 불안정한 전략이다. ② 환경에 대해 조직활동을 조정하지만 반응이 부적절하고 성과도 낮은 소극적이고 수동적인 낙오형이다. ③ 환경의 압력에 대해 조직활동을 조정하기는 하지만 반응도 부적절하고 성과도 낮다. ④ 환경변화를 인지하면서도 현재의 전략-구조관계를 유지하려는 경향이 강하다. ⑤ 환경에 따라 일관성 있는 해결방안을 수립하지 못하여 수동형 또는 낙오형으로 불리기도 한다.

04 정책결정이 일정한 규칙에 따라 이루어지는 것이 아니라 문제, 해결책, 선택기회, 참여자의 네 요소가 뒤죽박죽으로 움직이다가 어떤 계기로 만나게 될 때 이루어진다고 보는 정책결정모델은 무엇인가?

23. 경간부

① 카오스모델
② 쓰레기통모델
③ 아노미모델
④ 혼합탐사모델

해설 쓰레기통모델에 대한 내용이다.

Answer 03 ① 04 ②

▶ 정책결정 이론모형

합리모형	인간은 누구나 이성과 합리성에 따라 결정하고 행동한다고 보는 이론이다.
만족모형	사이몬(H. Simon)과 마치(J. G. March)에 의한 행태론적 의사결정론과 관계된 것으로서, 절대적 합리성의 기준보다 제한된 합리성의 기준에, 최적대안보다는 현실적으로 만족할 만한 만족대안의 선택에 이론적 근거를 둔 모형이다.
점증모형	린드블룸과 윌다브스키 등에 의해서 제시된 것으로서 합리모형의 비판 및 정책의 실현가능성에 초점을 둔 이론모형이다.
최적모형	드로어(Dror)가 제시한 모형으로서, 그는 만족모형이나 점증모형이 지니는 보수성을 비판하고, 제한된 자원, 불확실한 상황, 지식 및 정보의 결여 등이 항시 결정과정에서의 합리성을 제약하므로 직관·판단과 같은 초합리적 요인을 중요시해야 한다는 것이다.
혼합관조 모형	합리모형과 점증모형의 혼합으로 에치오니(A. Etzion)는 규범적·이상적인 합리모형과 현실적·실증적인 점증모형의 장점을 교호적으로 혼용하는 이른바 제3의 접근법이다.
쓰레기통 모형	코헨(Cohen), 마치(March), 올센(Olsen) 등이 주장하였으며, 조직화된 무정부상태나 변동 상황 속에서 조직이 어떠한 결정행태를 보여 주는가를 설명하기 위한 모형이다.
연합모형	사이어트(Cyert)와 마치(March)가 개인적 의사결정에 치중한 만족모형을 한층 더 발전시켜 그것을 조직에서의 의사결정에 적용시킴으로써 만족모형의 적용범위를 확대시킨 것으로 일명 회사모형이라고도 한다.

05 정책결정 모델과 그에 대한 설명으로 가장 적절한 것은? 73기 경간부

① 엘리트 모델에 의하면 정책결정자는 고도의 합리성을 기반으로 최선의 대안을 결정한다.
② 사이버네틱스 모델은 설정된 목표를 달성하기 위해 정보분석과 환류과정을 통해 자신의 행동을 스스로 조정해 나간다고 가정한다.
③ 혼합탐사 모델은 합리모델의 비현실성과 점증모델의 보수성을 극복하기 위한 모델로 기존의 정책을 바탕으로 이루어지는 점증주의 성향을 비판하면서, 새로운 정책을 내릴 때마다 정책방향도 다시 검토할 것을 주장한다.
④ 관료정치 모델에 의하면 정책결정시 정치적 합리성을 기반으로 기존 정책의 문제점을 부분적으로 수정하거나 약간의 향상을 가져오는 결정을 한다.

해설 ① 합리모형 ③ 최적모형 ④ 점증모형

06 정책결정자가 문제상황에 대해 완전한 정보를 갖고 있으며 고도의 합리성을 기반으로 최선의 대안을 결정하는 모델은 무엇인가? 24. 순경

① 합리 모델(Rational model) ② 만족 모델(Satisfying model)
③ 엘리트 모델(Elite model) ④ 쓰레기통 모델(Garbage model)

해설 합리모형에 대한 내용이다.

Answer 05 ② 06 ①

07 다음 중 시위 진압시 과도 시위와 과잉진압으로 사상자가 발생한 경우에 경찰과 시민연대, 농민회가 연합하여 함께 대처했다면 이와 관련된 모형은? 응용문제

① 합리적 모형
② 점진모형
③ 최적모형
④ 쓰레기통 모형

(해설) 쓰레기통 모형에 대한 내용이다.

08 정책결정 모델에 대한 설명으로 가장 적절하지 않은 것은? 응용문제

① 만족 모델(Satisfying model)은 정책결정자가 최선의 합리성을 추구하기 보다는, 시간적·공간적·재정적측면에서 여러 요인을 고려하여 만족할 만한 수준에서 결정한다.
② 쓰레기통 모델(Garbage can model)은 설정된 목표를 달성하기 위해 정보분석과 환류과정을 통해 자신의 행동을 스스로 조정해 나간다고 가정하는 모델이다.
③ 혼합탐사 모델(Mixed scanning model)은 점증 모델(Incremental model)의 단점을 합리 모델(Rational model)과의 통합을 통해서 보완하기 위해 주장된 것이다. 정책결정을 근본적 결정과 세부적 결정으로 나누고, 합리적 결정과 점증적 결정을 적절하게 혼합하여 의사결정을 한다.
④ 최적 모델(Optimal model)은 합리 모델의 비현실성과 점증 모델의 보수성을 극복하기 위하여 이상주의와 현실주의의 통합을 시도한 것이다. 이 모델은 기존의 정책을 바탕으로 이루어지는 점증주의 성향을 비판하면서, 새로운 결정을 내릴 때마다 정책방향도 다시 검토할 것을 주장한다.

(해설) **사이버네틱스모델에 대한 설명**이다. 쓰레기통 모델(Garbage can model)은 무질서(혼란)상태 즉, 무정부상태에서 응집력이 매우 약한 조직이 어떤 의사결정형태를 나타내는가에 분석의 초점을 두는 이론이다.

Answer 07 ④ 08 ②

제3절 경찰조직관리

01 막스 베버(M. Weber)의 '이상적 관료제'의 구조적 특성에 대한 설명 중 가장 적절하지 않은 것은?

20. 승진

① 관료의 권한과 직무 범위는 법규와 관례에 의해 규정된다.
② 직무의 수행은 서류에 의해 이루어진다.
③ 직무조직은 계층제적 구조로 구성된다.
④ 구성원 간 또는 직무 수행상 감정의 배제가 필요하다.

해설 ▶ 관료제의 특징

법규의 지배	관료의 권한과 직무범위는 관례가 아니라 법규에 의해 규정
계층제적 조직구조	모든 직위는 피라미드식의 계층 내에서 배치, **상하계층은 명령복종체제**
문서주의	직무의 수행은 문서에 의해 이루어지며 **기록은 장기간 보존**
비개인성	개인적인 감정에 의하지 않고 법규에 따라 임무를 수행(**공사구분**)
전문가에 의한 직무수행	모든 직무는 전문지식과 기술을 지닌 관료가 담당, **시험 또는 자격 등에 의해 공개적으로 채용**
관료의 전임화	관료는 직무수행의 대가로 **급료를 정규적으로 받고, 승진 및 퇴직금 등의 직업적 보상을 받음.**
고용관계의 자유계약성	관료제에서 구성원은 신분의 계급에 의한 관계가 아니라 **계약관계**

▶ 관료제의 역기능

할거주의의 경향	관료는 자기가 소속한 조직단위나 기관에만 충성심을 가질뿐, 다른 부서에 대한 배려가 없어 조정·협조가 잘 이루어지지 않음(부서 및 부처 이기주의).
변화에 대한 저항과 보수주의	관료들이 자기유지에 대한 불안감 때문에 보수주의적 폐단이 생기고, 신기술, 신지식의 도입이 어려움.
동조과잉과 목표·수단의 전환(목적전치주의)	목표가 소홀히 되고 수단이 중시되는 목표, 수단의 전환 현상이 발생
기 타	⊙ 무사안일주의 : 책임회피, 복지부동 ⓒ 몰주관성 : 인격적 관계의 상실 ⓒ 서면주의 : 번문욕례(red-tape)·형식주의 ② 전문화로 인한 무능 : 훈련된 무능으로 새로운 일에 **소극적 형태**를 보임

Answer 01 ①

02 다음에서 설명하는 조직편성의 원리와 가장 관계가 깊은 것은? 24. 순경

- 업무를 그 종류와 성질별로 구분하여 구성원에게 가능한 한 한가지의 주된 업무를 부담시킴으로써 조직 관리상의 능률을 향상시키려는 원리이다.
- 한 사람이 수행할 수 있는 업무의 양과 시간에는 한계가 있고, 서로 다른 특성을 가진 업무를 한 사람이 맡아서 하는 것은 비효율적이다.
- 다수가 일을 함에 있어서 각자의 임무를 나누어서 분명하게 부과하고 협력을 하도록 하는 것으로, 인간능력의 한계를 극복하고 업무를 효율적으로 수행하기 위한 것이다.

① 이 원리는 구조조정의 문제와 깊은 관련성이 있다.
② 이 원리에 따르면 업무에 대한 신속결단과 결단내용의 지시가 단일한 명령계통이어야 한다.
③ 이 원리의 장점은 권한과 책임을 계층에 따라 분배하여 의사결정의 검토가 이루어져 신중한 업무처리가 가능하다는 것이다.
④ 이 원리의 단점은 정형적·반복적 업무수행에 기인하여 작업에 대한 흥미 상실과 노동의 소외화나 인간기계화를 심화시키며, 부처간의 할거주의가 초래될 수 있다는 것이다.

(해설) ④ **전문화 원리**에 대한 내용이다.
① 통솔범위의 원리
② 명령통일의 원리
③ 계층제의 원리

03 한정된 인력이나 예산을 가지고 갈등이 생기는 경우에 업무추진의 우선순위를 지정하는 등의 방법으로 갈등을 해결하는 조직편성원리로 가장 적절한 것은? 21. 승진

① 조정과 통합의 원리
② 명령통일의 원리
③ 계층제의 원리
④ 통솔범위의 원리

(해설) ▶ 갈등원인 및 해결방안

갈등 원인	① **갈등의 가장 큰 원인은 분업의 원리로서, 업무의 과다한 분화와 이로 인한 의사소통의 단절은 조직목적 달성에 장애가 된다.** ② 목표나 이해관계의 상충, 인적자원 또는 물적 자원에 대한 경쟁, 가치관이나 신념의 차이, 지위나 신분역할의 애매성 등이 갈등의 원인이 된다. ③ 경찰조직의 경우 특히 나타나기 쉬운 갈등은 인적자원에 대한 경쟁, 지위나 신분이동의 불공정성에 대한 것이 많다.

Answer 02 ④ 03 ①

갈등 해결 방안	단기적인 해결방안	① 갈등의 원인이 세분화된 업무처리에 있다면 업무처리과정의 통합 또는 연결 장치 등으로 세분화된 업무에 대한 조정에 힘써야 한다. ② 부서 간의 갈등이 일어나고 있을 때는 더 높은 상위목표를 서로 이해하고 양보하도록 하여야 한다. ③ **한정된 인력이나 예산을 가지고 갈등이 생기는 경우에는 가능하면** 예산과 인력을 확보하고 업무추진의 우선순위를 관리자가 정해 주어야 한다. ④ 문제를 해결해 주는 것이 어려울 때는 갈등을 완화하거나 양자 간의 타협을 이끌어 내거나, 또는 관리자가 갈등을 초래할 수 있는 결정을 보류 또는 회피하거나 하는 방법을 쓸 수 있다. ⑤ 갈등을 해결하는 방법은 우선 갈등의 원인을 진단하고 갈등이 생기는 원인을 근원적으로 찾아내어 문제를 해결해주는 것이 좋을 것이다. ⑥ 시간적으로 급박하거나 이해관계가 첨예할 경우 최후의 수단으로 상관의 판단과 명령에 의해 해결하는 방법을 택할 수 있다.
	장기적인 해결방안	① **조직의 구조, 보상체계, 인사 등의 문제점을 제도개선을 통해 해결**하는 것이 필요하다. ② **조직원의 형태를 협력적이고 합리적으로 변화시키는 노력도 필요**하다.

04 조직 내부 갈등의 해결방법에 대한 설명으로 가장 적절하지 않은 것은? 〔응용문제〕

① 부서 간의 갈등이 일어나고 있을 때는 더 높은 상위목표를 제시, 상호 간 이해와 양보를 유도하는 것이 바람직하다.
② 문제해결이 어려운 경우에는 갈등을 완화하거나 관리자가 갈등을 초래할 수 있는 결정을 보류 또는 회피하는 방식을 사용할 수 있다.
③ 갈등의 장기적 대응을 위해서 조직의 구조, 보상체계, 인사 등의 제도개선과 조직원의 행태를 합리적으로 개선하는 방안이 있다.
④ 갈등의 원인이 세분화된 업무처리에 있다면 업무추진의 우선순위를 정해주는 것이 바람직하고 한정된 인력이나 예산으로 갈등이 생기는 경우 전체적인 업무처리과정의 조정과 통합이 바람직하다.

〔해설〕 갈등의 원인이 한정된 인력이나 예산으로 갈등이 생기는 경우 **업무추진의 우선순위를 정해주는 것이 바람직**하고 세분화된 업무처리에 있다면 **전체적인 업무처리과정의 조정과 통합**이 바람직하다.

05 경찰조직편성의 원리에 대한 설명으로 가장 적절하지 않은 것은? 〔20. 순경〕

① 계층제의 원리의 무리한 적용은 행정능률과 횡적 조정을 저해한다.
② 통솔범위의 원리에서 통솔범위는 계층 수, 업무의 복잡성, 조직 규모의 크기와 반비례 관계이다.
③ 관리자의 공백 등에 의한 업무의 공백에 대비하기 위하여 조직은 권한의 위임·대리 또는 유고관리자의 사전지정 등을 활용하여 명령통일의 한계를 완화할 수 있다.
④ 분업화의 정도가 높아질수록 조정과 통합이 어려워져서 할거주의가 초래될 수 있다.

Answer 04 ④ 05 ①

해설) 명령통일의 원리의 무리한 적용은 행정능률과 횡적 조정을 저해한다.

▶ 명령통일의 원리

개념	명령통일의 원리란 조직의 구성원 간에 지시나 보고를 주고받는 과정에서 **지시는 한 사람만이 할 수 있고, 보고도 한사람에게만 하여야 한다는 원리**를 말한다.
장점 (순기능)	① 책임의 소재를 명확히 한다. ② 조직 내 혼란·갈등을 방지한다. ③ 업무의 신속성·능률성을 확보할 수 있다. ④ 경찰조직의 구성원으로 하여금 누구에게 보고하여야 하며, 누구로부터 보고를 받는가를 명시해 줌으로써 지위의 안정감을 갖게 한다.
단점 (역기능)	① 직접 감독하지 않는 참모 및 계선조직이 부하들에게 유익한 자문을 하도록 허용치 않는다. ② 한 사람의 상관을 통한 의사전달을 강조하면 **행정능률과 횡적인 조정을 저해**한다. ③ 비상상태 또는 직접적인 감독자가 감독을 할 수 없을 때에는 업무가 마비될 수 있다.

06 다음에서 설명하는 조직편성원리의 특징으로 가장 적절하지 않은 것은? 〔74기 경간부〕

> 조직의 목적을 수행하기 위하여 구성원의 임무를 권한과 책임에 따라 나누어 배치하고 상위로 갈수록 권한과 책임이 무거운 임무를 수행하도록 편성한다.

① 지도와 감독을 통해서 행정의 질서와 통일성을 확보할 수 있다.
② 계층에 따라 의사결정의 검토가 이루어져 신중한 업무처리가 가능하다.
③ 조직의 경직화를 초래하여 새로운 기술이나 지식의 신속한 도입이 어렵다.
④ 특정분야의 전문성 확보에 용이하며 업무의 세분화로 인해 시간과 경비가 절약될 수 있다.

해설) 지문은 **계층제 원리에 대한 내용**이다. ④은 **전문화 원리에 해당**한다.

07 경찰조직편성의 원리 중 통솔범위의 원리에 관한 설명으로 가장 적절하지 않은 것은? 〔23. 경특〕

① 업무의 종류가 동질적이고, 단순할수록 통솔범위는 넓어진다.
② 교통기관이 발달할수록 통솔범위는 넓어진다.
③ 조직규모가 작을수록 통솔범위는 작아진다.
④ 통솔범위의 원리는 구조조정의 문제와 깊은 관련성이 있다.

해설) 조직규모가 작을수록 통솔범위는 **넓어진다**.

Answer 06 ④ 07 ③

08 통솔범위의 원리에 관한 설명으로 가장 적절하지 않은 것은? 22. 경특

① 계층의 수가 많을수록 통솔범위는 좁아지고, 계층의 수가 적을수록 통솔범위는 넓어진다.
② 부하의 능력 및 경험이 높아질수록 통솔범위가 넓어지고, 감독자의 능력 및 경험이 높아질수록 통솔범위가 넓어진다.
③ 업무의 종류가 전문적일수록 통솔범위는 넓어지고, 업무의 종류가 단순할수록 통솔범위는 좁아진다.
④ 조직의 규모가 클수록 통솔범위는 좁아지고, 조직의 규모가 작을수록 통솔범위는 넓어진다.

해설 업무의 종류가 전문적일수록 통솔범위는 **좁아지고**, 업무의 종류가 단순할수록 통솔범위는 **넓어진다**.

▶ 통솔범위의 원리

개념	① 통솔의 범위는 한 사람의 상관이 효과적으로 **직접 통솔할 수 있는 최대한의 부하의 수**를 말한다. ② 관리자의 통솔범위로 적정한 부하의 수가 어느 정도인가는 관리의 효율성을 좌우하는 중요한 원리이다. ③ 최근 부각되는 구조조정의 문제와 깊은 관련성을 가지고 있다.
결정요인	① 조직운영이 잘 되면 통솔의 범위는 넓어진다. ② **업무의 종류가 단순할수록** 통솔의 범위는 넓어지고 업무의 종류가 복잡할수록 통솔의 범위는 좁아진다.(업무의 성격) ③ **오래된 부서**보다는 신생부서의 경우에 통솔범위가 좁아진다. 즉, 오래된 부서일수록 업무숙련도가 높아지고 관리노하우가 쌓여 통솔범위가 넓어진다.(부서의 역사) ④ **유능한 부하만을 감독한다면** 많은 부하를 거느릴 수 있다. ⑤ **부하의 능력, 의욕, 경험** 등이 높아질수록 통솔범위는 넓어진다. ⑥ **관리자의 리더쉽 능력이 높으면** 통솔범위도 넓어질 수 있다. ⑦ **경찰관간의 의사전달이 잘 되면** 통솔의 범위는 넓어진다. ⑧ 더 많은 감독자를 고용할 수 있는 **기관의 재정능력이 좋으면** 통솔의 범위는 넓어진다. ⑨ 위기보다 정상적인 **작업조건에서는** 통솔의 범위는 넓어진다. ⑩ 조직의 규모가 클수록 세분화되므로 통솔의 범위는 좁아지고 **조직의 규모가 작을수록** 통솔의 범위는 넓어진다. ⑪ 지리적으로 분산된 부서가 **근접한 부서**보다 통솔범위가 좁아진다.(지리적 분포) ⑫ 시간적인 면에서 **기성조직의 책임자**는 신설조직의 책임자보다 많은 수의 부하를 거느릴 수 있다. ⑬ **교통·통신의 발달**은 통솔범위를 더욱 확대시킨다. ⑭ **참모·관리정보체제가 발달**되어 있으면 통솔범위가 더 넓어진다. ⑮ 전문적인 업무의 경우에 통솔범위가 좁아진다. ☞ 청사 또는 예산의 규모(×)

Answer 08 ③

09 경찰조직의 편성원리에 대한 설명으로 가장 적절하지 않은 것은? 73기 경간부

① 계층제의 원리 – 권한 및 책임 한계가 명확하며 경찰행정의 능률성과 조직의 안정성을 확보할 수 있다.
② 분업의 원리 – 업무의 전문화를 통해 업무습득에 걸리는 시간을 단축할 수 있지만 분업의 정도가 높아질수록 조직 할거주의가 초래될 수 있다.
③ 명령통일의 원리 – 업무수행의 혼선을 방지하여 신속한 의사결정을 하도록 한다.
④ 통솔범위의 원리 – 업무의 종류가 단순할수록 통솔범위는 좁아지며 계층의 수가 많을수록 통솔범위는 넓어진다.

해설 단순할수록 통솔범위는 **넓다**, 계층수의 수가 많을수록 통솔범위는 **좁아진다**.

10 경찰조직편성의 원리에 대한 설명으로 가장 적절하지 않은 것은? 23. 경간부

① 통솔범위의 원리에서 조직의 역사, 교통통신의 발달, 관리자의 리더십(Leadership), 부하의 능력 등은 통솔범위의 중요 요소이다.
② 통솔범위의 원리는 직무를 책임과 난이도에 따라 상하로 나누어 배치하고 상하계층간에 명령복종관계를 적용하는 조직편성원리로 상위로 갈수록 권한과 책임이 무거운 임무를 수행한다는 원리이다.
③ 무니(J. Mooney)는 조정·통합의 원리를 조직의 제1원리이며 가장 최종적인 원리라고 하였다.
④ 명령통일의 원리는 조직구성원 누구나 한 사람의 상관에게 보고하며 한 사람의 상관으로부터 명령을 받아야 한다는 원리이다.

해설 **계층제 원리는** 직무를 책임과 난이도에 따라 상하로 나누어 배치하고 상하계층간에 명령복종관계를 적용하는 조직편성원리로 상위로 갈수록 권한과 책임이 무거운 임무를 수행한다는 원리이다.

11 경찰조직 편성원리에 관한 설명 중 옳지 않은 것을 모두 고른 것은? 23. 승진

㉠ 통솔범위의 원리는 관리자의 능률적인 감독을 위해서는 통솔하는 대상의 범위를 적정하게 제한하여야 한다는 것으로 관리의 효율성을 좌우하는 중대한 원리이다.
㉡ 조직의 집단적 노력을 질서있게 배열하는 과정으로 개별적인 활동을 전체적인 관점에서 통일하여 조직의 목표달성도를 높이려는 조직편성의 원리를 명령통일의 원리라고 한다.
㉢ 계층제의 원리는 관리자의 공백 등을 대비하여 대리, 위임, 유고관리자 사전지정 등이 필요하다.
㉣ 조정과 통합의 원리는 조직편성 원리의 장단점을 조화롭게 승화시키는 원리로, 무니(Mooney)는 조정의 원리를 '제1의 원리'라고 하였다.

Answer 09 ④ 10 ② 11 ③

① ㉠㉡   ② ㉠㉢
③ ㉡㉢   ④ ㉢㉣

> (해설) ㉡ 조직의 집단적 노력을 질서있게 배열하는 과정으로 개별적인 활동을 전체적인 관점에서 통일하여 조직의 목표달성도를 높이려는 조직편성의 원리를 **조정과 통합의 원리**라고 한다.
> ㉢ **명령통일의 원리**는 관리자의 공백 등을 대비하여 대리, 위임, 유고관리자 사전지정 등이 필요하다.

12 경찰조직편성의 원리에 관한 설명으로 가장 적절하지 않은 것은? 23. 순경

① 분업의 원리 – 가급적 한 사람에게 동일한 업무를 분담시킴으로써 특정 분야에 대한 업무를 전문화 확보를 가능하게 한다.
② 계층제의 원리 – 권한과 책임의 정도에 따라 직무를 계층화 함으로써 상·하 계층 간에 직무상 지휘·감독 관계 있도록 한다.
③ 조정과 통합의 원리 – 구성원의 노력과 행동을 질서있게 배열하고 통일시키는 작용을 작용을 함으로써 경찰행정의 목표를 효율적으로 달성할 수 있게 한다.
④ 통솔범위의 원리 – 1인의 상관 또는 감독자가 직접 통솔할 수 있는 부하직원의 수를 의미하며, 무니(Mooney)는 이러한 통솔범위의 원리를 조직편성 제1의 원리라고 하였다.

> (해설) Mooney는 **조정과 통합의 원리**를 조직편성 제1의 원리라고 하였다.

13 경찰조직편성의 원리에 관한 설명으로 가장 적절하지 않은 것은? 23. 순경

① 할거주의는 조정과 통합의 원리를 실현시키는 필수적 요소이다.
② 계층제는 조직의 경직화를 초래하여 환경변화에 대한 조직의 신축적 대응을 어렵게 한다.
③ 명령통일의 원리는 부하직원이 한 사람의 상관으로부터만 명령을 받고, 보고도 그 상관에게만 하도록 하는 것을 의미한다.
④ 통솔의 범위는 한 사람의 상관이 효과적으로 감독할 수 있는 최대한의 부하의 수를 의미한다.

> (해설) 할거주의는 조정과 통합의 원리를 실현시키는 **방해요소**이다.

Answer 12 ④   13 ①

14 다음에서 설명하는 조직편성원리에 관한 내용과 가장 관계가 깊은 것은? 24. 순경

> 한 사람이 직접적으로 감독할 수 있는 부하의 수는 업무의 성질, 고용기술, 작업성과 기준에 달려 있으며, 모든 조직은 일반적으로 상관보다 부하가 더 많다. 이러한 이유 때문에 경찰 조직은 사다리 모양보다는 피라미드 모양을 취하고 있다.

① 조직의 경직화를 초래하여 환경변화에 따른 새로운 개술의 신속한 도입이 어렵다.
② 부하들을 직접 감독하지 않는 참모 및 계선조직이 부하들에게 유익한 자문을 하는 것을 허용하지 않는다.
③ 경과 제도를 통한 특정업무의 세분화 및 시간과 경비를 절약 할 수 있다.
④ 구조조정의 문제와 깊은 관련성이 있다.

해설 ▶ **통솔범위의 원리**
① 통솔의 범위는 한 사람의 상관이 효과적으로 직접 통솔할 수 있는 최대한의 부하의 수를 말한다.
② 관리자의 통솔범위로 적정한 부하의 수가 어느 정도인가는 관리의 효율성을 좌우하는 중요한 원리이다.
③ 최근 부각되는 구조조정의 문제와 깊은 관련성을 가지고 있다.

15 다음에 설명하는 내용을 볼 때, 경찰조직에 필요한 조직편성의 원리로 가장 적절한 것은? 71기 경간부

> 경찰은 대부분의 경우 예기치 못한 사태가 돌발적으로 발생하며, 시급히 해결하지 않으면 피해를 회복하기 곤란한 경우가 많아 신속한 집행을 필요로 하는데, 이때 지시가 분산되고 여러 사람으로부터 지시를 받는다면, 범인을 놓친다든지 사고처리가 늦어 인명이나 재산의 피해에 신속한 대응이 불가능하다.

① 계층제의 원리(Hierarchy)
② 통솔범위의 원리(Span of Control)
③ 명령통일의 원리(Unity of Command)
④ 조정과 통합의 원리(Coordination)

해설 **명령통일의 원리**에 대한 내용이다.

Answer 14 ④ 15 ③

16 경찰조직편성의 원리에 관한 설명 중 가장 적절하지 않은 것은? 22. 순경

① '통솔의 범위'는 한 사람의 상관이 효과적으로 감독할 수 있는 최대한 부하의 수를 말한다.
② '계층제'는 권한과 책임의 정도에 따라 직무를 등급화 함으로써 상·하계층 간 직무상 지휘·감독관계에 놓이게 하는 것을 말한다.
③ '명령통일의 원리'는 조직구성원들은 한 사람의 상관으로부터만 명령을 받고, 보고도 그 상관에게만 하여야 한다는 것을 의미한다.
④ '할거주의'는 타 기관 및 타부처에 대한 횡적인 조정과 협조를 용이하게 만드는 대표적인 요인으로 조정·통합의 원리에 필수적인 요소이다.

해설   할거주의란 타 기관 및 타 부처에 대한 **횡적인 조정과 협조를 어렵게 하는 대표적인 요인**이다.

17 다음 중 경찰조직이론 중에서 동기부여의 과정이론에 해당하는 것은? 응용문제

㉠ 매슬로우의 욕구5단계 욕구설
㉡ 하즈버그의 욕구충족2요인이론(동기, 위생요인)
㉢ 브롬의 기대이론
㉣ 아지리스의 성숙·미성숙이론
㉤ 포터와 롤러의 성과·만족이론
㉥ 맥그리그의 X·Y이론

① 2개
② 3개
③ 4개
④ 5개

해설 ▶ 내용이론 & 과정이론

내용이론(욕구이론)	과정이론
사람을 움직이고 일하게 하는 실체가 인간의 마음속에 있다는 이론	인간의 욕구가 곧바로 인간행동을 유발하는 것이 아니라 자신의 행동이 가져오는 결과를 고려하여 행동한다는 이론
㉠ 과학적 관리론과 인간관계론 ㉡ 매슬로우의 욕구5단계 욕구설 ㉢ 하즈버그의 욕구충족2요인이론(동기, 위생요인) ㉣ 아지리스의 성숙·미성숙이론 ㉤ 리커트의 관리체제이론 ㉥ 앨더퍼의 ERG이론 ㉦ 맥그리그의 X·Y이론 ㉧ 맥클랜드의 성취동기이론 ㉨ 룬트스테트와 로렌스의 Z이론 등	㉠ **브롬의 기대이론** ㉡ **포터와 롤러의 성과·만족이론** ㉢ 아담스의 공정성이론 ㉣ 조지오플러스의 통로목표이론 ㉤ 아킨슨의 기대이론 등

Answer 16 ④   17 ①

18 동기부여이론 중 내용이론에 해당하는 것으로 적절하지 않은 것은? 23. 순경

① 매슬로우(Maslow)의 욕구단계이론
② 맥그리거(McGregar)의 X이론·Y이론
③ 포터와 롤러(Porter & Lawler)의 업적만족이론
④ 허즈버그(Herzberg)의 욕구충족요인 이원론(동기위생이론)

해설 포터와 롤러의 업적만족이론은 **과정이론**에 속한다.

19 다음 중 인간의 동기가 어떤 과정을 거쳐서 유발되는지에 초점을 두는 이론으로 가장 적절하지 않은 것은? 22. 경특

① 아담스(Adams)의 공정성이론
② 아지리스(Argyris)의 성숙-미성숙이론
③ 포터&롤러(Poter & Lawler)의 업적만족이론
④ 브롬(Vroom)의 기대이론

20 경찰조직관리를 위한 동기부여이론을 내용이론과 과정이론으로 나눌 때 내용이론을 주창한 사람이 아닌 자는? 23. 경간부

① 맥클랜드(McClelland)   ② 허즈버그(Herzberg)
③ 아담스(Adams)   ④ 매슬로우(Maslow)

해설 **과정이론**은 브롬의 기대이론, 포터와 롤러의 성과만족이론, **아담스의 공정성이론**, 이킨스의 기대이론 등이 있다.

21 매슬로우(Maslow)의 욕구 5단계 이론에 관한 설명으로 가장 적절하지 않은 것은? 23. 경특

① 생리적 욕구, 안전의 욕구, 애정욕구(사회적 욕구), 존경의 욕구, 자아실현 욕구로 구분하였으며, 이러한 인간의 5가지 욕구는 한 단계의 욕구가 충족되어야 비로소 다음 단계의 욕구로 순차적·상향적으로 진행된다.
② 생리적 욕구는 의·식·주 및 건강 등에 관한 것으로 신분보장, 연금제도 등을 통해 충족시켜 줄 수 있다.
③ 자아실현 욕구는 조직목표와 가장 조화되기 어려운 욕구이다.
④ 애정욕구(사회적 욕구)는 직원들의 불만·갈등을 평소 들어줄 수 있도록 상담창구 마련 등을 통해 충족시켜 줄 수 있다.

해설 신분보장, 연금제도 등은 **안전의 욕구**를 충족시켜 줄 수 있다.

Answer 18 ③   19 ②   20 ③   21 ②

22 매슬로우 (Maslow)의 욕구계층이론에 대한 설명으로 가장 적절한 것은? 〔19. 승진〕

① 경찰관이 포상휴가를 가는 것보다 유능한 경찰관이라는 인정을 받고 싶어서 열심히 범인을 검거하였다면 자아실현의 욕구를 충족하고 싶은 것이다.
② 매슬로우는 5단계 기본욕구가 우선순위의 계층을 이루고 있어 한 단계의 욕구가 충족되어야 비로소 다음 단계의 욕구가 발로된다고 보았다.
③ 소속 직원들 간 인간관계의 개선, 공무원 단체의 활용, 고충처리 상담, 적정한 휴양제도는 사회적 욕구를 충족시켜 주기 위한 방안에 해당한다.
④ 경찰관에 대한 공정하고 합리적인 승진제도를 마련하고 권한의 위임과 참여를 확대하는 것은 자아실현의 욕구를 충족시켜 주기 위한 방안에 해당한다.

해설 ① **존경의 욕구**를 충족하고 싶은 것이다.
③ 공무원 단체의 활용은 **자아실현의 욕구 충족 수단**이며, 적정한 휴양제도는 **생리적 욕구 충족 수단**이다.
④ 권한의 위임과 참여를 확대하는 것은 **존경의 욕구 충족 방안**이다.

23 매슬로 (Maslow)가 주장하는 5단계 기본욕구와 그 욕구를 충족시키는 것을 바르게 연결한 것은? 〔응용문제〕

① 안전욕구 - 적정보수제도, 휴양제도
② 사회적 욕구 - 인간관계의 개선, 고충처리 상담
③ 존경욕구 - 신분보장, 연금제도
④ 생리적 욕구 - 참여확대, 권한의 위임, 제안제도, 포상제도

해설 ① **생리적 욕구** - 적정보수제도, 휴양제도
③ **안전의 욕구** - 신분보장, 연금제도
④ **자기존중의 욕구** - 참여확대, 권한의 위임, 제안제도, 포상제도

24 인간욕구이론에 대한 설명 중 틀린 것은? 〔응용문제〕

① 매슬로(Maslow) - 생리적 욕구, 안전의 욕구, 사회적 욕구, 존경의 욕구, 자아실현 욕구를 주장
② 매슬로는 존경의 욕구를 충족시켜 주는 것으로는 참여확대, 권한의 위임, 제안제도, 포상제도 등이 있다고 주장하였다.
③ 매슬로는 궁극적 욕구는 자아실현 욕구이고, 우선순위가 가장 높은 것은 안전의 욕구이다라고 주장하였다.
④ 맥클랜드(David McClelland) - 친교욕구, 성취욕구, 권력욕구를 주장하였다.

해설 최하위에 있는 가장 기초적인 욕구로서 우선순위가 가장 높은 것은 **생리적 욕구**이다

Answer 22 ② 23 ② 24 ③

25 다음 중 E. Schein의 4대 인간관이론에 대한 내용으로 연결이 틀린 것은? 응용문제

① 합리적 경제인관 – 인간이 경제적 이득을 계산하여 행동한다고 것으로 관리자는 수당과 보수같은 경제적인 유인보다는 사기나 리더십이 인간통제의 수단으로 활용할 수 있다고 본다.
② 사회인관 – 직원은 업무나 경제적인 보상보다는 직장내외의 인간관계, 사교 내지는 동료관계가 동기유발에 중요하다고 보는 것으로 관리자는 직원의 인간관계욕구의 충족을 위해 노력해야 한다.
③ 자기실현인관 – 직원은 자아실현욕구를 가지고 있고 스스로 자기통제를 해나간다고 보는 것으로 관리자는 통제자가 아니라 직원이 보람을 느낄 수 있도록 촉진자, 촉매자로 행동하는 것이 생산성을 높여준다.
④ 복잡인관 – 인간은 다양한 특성을 가지고 있다고 보는 것으로 관리자는 직원의 다양한 능력과 욕구를 감지하여 그 특성을 이용한 관리를 해야 한다.

해설 합리적 경제인관 – 인간이 경제적 이득을 계산하여 행동한다고 것으로 **관리자는 사기나 리더십보다는 수당과 보수같은 경제적인 유인을 인간통제의 수단으로 활용**할 수 있다고 본다.

▶ E. Schein의 4대 인간관이론

	개념	관리자
합리적 경제인관	인간이 **경제적 이득을 계산하여** 행동한다고 본다.	관리자는 사기나 리더십보다는 **수당과 보수같은 경제적인 유인을 인간통제의 수단으로 활용**할 수 있다고 본다.
사회인관	직원은 업무나 경제적인 보상보다는 **직장내외의 인간관계, 사교 내지는 동료관계가 동기유발에 중요**하다고 본다.	관리자는 직원의 **인간관계욕구의 충족**을 위해 노력해야 한다.
자기실현인관	직원은 **자아실현욕구를 가지고 있고** 스스로 자기통제를 해나간다고 본다.	관리자는 통제자가 아니라 **직원이 보람을 느낄 수 있도록 촉진자, 촉매자로 행동**하는 것이 생산성을 높여준다.
복잡인관	인간은 **다양한 특성을 가지고 있다고 본다.	관리자는 **직원의 다양한 능력과 욕구를 감지하여 그 특성을 이용한 관리**를 해야 한다.

26 다음 중 허즈버그(Herzberg)의 욕구충족 2요인이론 중 만족요인에 해당하는 내용은 모두 몇 개인가? 응용문제

㉠ 성장 ㉡ 승진
㉢ 작업 조건 ㉣ 직무상의 성취
㉤ 봉급 ㉥ 지위

① 2개 ② 3개
③ 4개 ④ 5개

Answer 25 ① 26 ②

해설 ▶ 욕구충족 2요인이론

만족요인 (동기부여 요인)	㉠ 성장 ㉣ 직무성취에 대한 인정	㉡ 직무상의 성취 ㉤ 보람 있는 일	㉢ 승진 ㉥ 책임
불만족요인 (위생요인)	㉠ 조직의 정책과 관리 ㉣ 감독 ㉥ 작업 조건	㉡ 대인 관계 ㉤ 봉급 ㉧ 지위	㉢ 직무 안정 ㉥ 개인적 생활

27. 다음 중 허즈버그(Herzberg)의 욕구충족 이원인론의 특징 중에서 불만족 요인의 특징으로 틀린 것은?

응용문제

① 일하고 있는 환경과 관련되지만, 이를 개선하면 불만을 줄이거나 방지하게 된다.
② 충족되지 않으면 심한 불만을 일으키지만, 충족되어도 적극적으로 만족감을 느끼게 하여 근무의욕을 향상시키지는 않는다.
③ 불만요인이 제거되어도 근무태도의 단기적 변동만 가져올 뿐 장기적 효과는 없다.
④ 인간의 정신적 측면이나 자기실현 욕구·존경욕구 등 상위욕구 또는 이른바 아브라함 본성(Abraham Nature)과 관련되고 장기적 효과를 가진다.

해설 ④는 **만족 요인의 특징**에 속한다.

▶ 허즈버그(Herzberg)의 욕구충족 2요인이론(동기, 위생요인)

의의	허즈버그의 이론은 만족요인(동기요인)과 불만족요인(위생요인)으로 이원화되어 있으며, 조직생활에서 만족을 주는 요소와 불만을 주는 요소는 서로 다르다고 한다.		
욕구충족 이원론	만족요인 (동기부여 요인)	㉠ 성장 ㉢ 보람 있는 일 ㉤ 직무성취에 대한 인정	㉡ 승진 ㉣ 직무상의 성취 ㉥ 책임
	불만족 요인 (위생요인)	㉠ 조직의 정책과 관리 ㉣ 대인 관계 ㉥ 직무 안정	㉡ 감독 ㉤ 봉급 ㉧ 개인적 생활	㉢ 작업 조건 ㉥ 지위
욕구충족 이원론의 특징	만족 요인의 특징	① 일 자체에 대한 욕구로서 일의 성취와 이를 통한 자기실현이 이에 속하고 충족되면 적극적인 만족감을 느끼고 근무의욕이 향상될 수 있다. ② 인간의 정신적 측면이나 **자기실현 욕구·존경욕구 등 상위욕구 또는 이른바 아브라함 본성(Abraham Nature)과 관련되고 장기적 효과**를 가진다. ③ 동기를 적극적으로 유발하게 되는 자기실현욕구·존경욕구를 충족하는데는 능력발휘의 기회를 더 많이 주고 일에 대한 책임과 자유를 더 확대시켜 자기통제를 할 수 있게 함으로써 이른바 직무충실화가 이루어진다는 데 중점을 둔다.		
	불만족 요인의 특징	① 일하고 있는 환경과 관련되지만, 이를 개선하면 불만을 줄이거나 방지하게 된다. ② 충족되지 않으면 심한 불만을 일으키지만, 충족되어도 적극적으로 만족감을 느끼게 하여 근무의욕을 향상시키지는 않는다. ③ 불만요인이 제거되어도 근무태도의 단기적 변동만 가져올 뿐 장기적 효과는 없다. ④ 인간의 동물적·본능적 측면이나 이른바 **아담 본성(Adam Nature) 또는 욕구계층상의 하위욕구(생리적 욕구, 안전욕구)와 관계**가 있다		

Answer 27 ④

28 다음 중 롤러와 포터(Lawler & Porter)의 기대이론에 대한 내용으로 틀린 것은? 응용문제

① 인간의 욕구가 바로 인간행동을 유발하는 것이 아니며, 인간은 자신의 행동이 가져오는 결과를 고려하여 행동한다는 이론이다.
② 보상은 외재적 보상과 내재적 보상으로 나눌 수 있는데 내재적 보상은 주로 정신적인 측면으로 가시적이지는 않다.
③ 외재적 보상은 제도적 측면의 조직의 통제 아래에 있으며, 매슬로우 모형의 생리적 욕구 및 안전욕구의 충족 수단들이다.
④ 경찰은 보상을 함에 있어 특진, 휴가, 승진, 표창 등 주로 외재적 보상에 의존하는 비중이 내재적 보상에 의존하는 비중보다 적다.

(해설) 경찰은 보상을 함에 있어 특진, 휴가, 승진, 표창 등 주로 외재적 보상에 의존하는 비중이 **내재적 보상에 의존하는 비중보다 크다.**

▶ 롤러와 포터(Lawler & Porter)의 기대이론

의 의	인간의 욕구가 바로 인간행동을 유발하는 것이 아니며, **인간은 자신의 행동이 가져오는 결과를 고려하여 행동한다는 이론**이다.
내 용	① 과거에 습득한 경험이나 **미래에 대한 기대감에 의해서 동기부여**가 된다. ② 동기부여이론에서는 생산성에 영향을 미치는 요인으로 조직구성원의 사기나 만족보다는 노력이 중요하다고 본다. ③ 롤러·포터는 인간의 기대, 업적, 보상을 연결시켜 동기부여 과정을 설명한다. ④ **높은 성과를 올릴수록 많은 보상을 받아야 하고 그 보상은 공평해야 하며 보상이 공정하지 않으면 만족감이 적어진다고 한다.**
보 상	① **보상은 외재적 보상과 내재적 보상으로 나눌 수 있다.** ② **내재적 보상은 주로 정신적인 측면으로 가시적이지는 않다.** ③ **외재적 보상은 제도적 측면의 조직의 통제 아래에 있으며, 매슬로우 모형의 생리적 욕구 및 안전욕구의 충족 수단들이다.** ④ **경찰은 보상을 함에 있어 특진, 휴가, 승진, 표창 등 주로 외재적 보상에 의존하는 비중이 내재적 보상에 의존하는 비중보다 크다.**

29 다음 중 브룸(Vroom)의 기대이론에 대한 내용으로 틀린 것은? 응용문제

① 욕구충족을 위해 어떠한 방법으로 행동선택을 하는가에 초점을 두는 이론이다.
② 브룸(Vroom)의 기대이론의 3가지 변수로는 기대성, 수단성, 유의성이 있다.
③ 수단성은 일정한 노력을 기울이면 일정한 수준의 성과를 가져올 수 있다는 가능성에 대한 주관적인 믿음을 뜻한다
④ 브룸의 3가지 변수의 상관관계를 보면 일정한 노력을 기울이면 일정한 성과가 온다는 기대감, 성과가 달성되면 반드시 보상이 뒤따른다는 기대감(수단성), 결과에 대해 개인이 갖고 있는 매력성(유의성)에 달려 있다고 주장하였다.

(해설) **기대감**은 일정한 노력을 기울이면 일정한 수준의 성과를 가져올 수 있다는 가능성에 대한 주관적인 믿음을 뜻한다.

Answer 28 ④ 29 ③

30 다음 중 앨더퍼(C. P. Alderfer)의 ERG이론에 대한 내용으로 틀린 것은?   응용문제

① 맥클리랜드(D. C. McClelland)의 성취동기이론을 수정하여 인간의 동기(motive)에 관한 체계적인 연구를 통하여 높은 수준의 욕구나 낮은 수준의 욕구 모두가 어느 시점에서 동기부여의 역할을 한다는 이론이다.
② 존재욕구는 허기, 갈증, 주거 등과 같은 모든 형태의 생리적, 물질적 욕구들이다. 이는 매슬로우 이론의 생리적 욕구와 안전의 욕구가 이 범주에 속한다.
③ 관계욕구는 대인관계와 관련된 모든 욕구 즉 개인간의 사교 소속감, 자존심 등을 의미한다. 이는 매슬로우의 대인 관계 측면의 안전욕구, 사회적 욕구 중 애정욕구 및 소속감과 일부 존경욕구와 유사하다.
④ 성장욕구는 창조적, 개인적 성장을 위한 개인적 노력과 관련된 욕구를 의미한다. 이는 매슬로우의 자아실현 욕구와 일부 존경의 욕구(자기 확신의 자존심)가 이 범주에 속한다.

해설 매슬로의 욕구 5단계 이론을 수정하여 인간의 동기(motive)에 관한 체계적인 연구를 통하여 높은 수준의 욕구나 낮은 수준의 욕구 모두가 어느 시점에서 동기부여의 역할을 한다는 이론이다.

▶ 앨더퍼(C. P. Alderfer)의 ERG이론

의의	매슬로의 욕구 5단계 이론을 수정하여 인간의 동기(motive)에 관한 체계적인 연구를 통하여 높은 수준의 욕구나 낮은 수준의 욕구 모두가 어느 시점에서 동기부여의 역할을 한다는 이론이다.	
기본 욕구	존재욕구 (Existence needs : E)	존재욕구는 허기, 갈증, 주거 등과 같은 모든 형태의 생리적, 물질적 욕구들이다. 이는 인간의 생존을 위하여 필요로 하는 욕구로서 가장 기본적인 동기라 할 수 있다. 즉, 인간의 생존에 기본적으로 필요한 음식, 안전 등을 나타내는 개념이다. 따라서 존재욕구는 신체적 안녕, 복지를 유지하기 위해 본질적으로 필요한 생리적 욕구와 안정의 욕구를 포함하는 것이다. 이는 **매슬로우 이론의 생리적 욕구와 안전의 욕구**가 이 범주에 속한다.
	관계욕구 (Relatedness needs : R)	관계욕구는 대인관계와 관련된 모든 욕구 즉 개인간의 사교 소속감, 자존심 등을 의미한다. 개인의 이러한 유형의 욕구의 충족은 타인과의 상호 교류를 통하여 자신의 감정과 생각을 교환함으로서 이루어진다. 이는 **매슬로우의 대인 관계 측면의 안전욕구, 사회적 욕구 중 애정욕구 및 소속감과 일부 존경욕구와 유사**하다.
	성장욕구 (Growth needs : G)	성장욕구는 창조적, 개인적 성장을 위한 개인적 노력과 관련된 욕구를 의미한다. 이러한 성장욕구의 충족은 자신의 능력을 최대한 발휘할 수 있을 뿐만 아니라 새로운 능력개발을 필요로 하는 업무에 종사함으로써 획득할 수 있다. 이는 **매슬로우의 자아실현 욕구와 일부 존경의 욕구(자기 확신의 자존심)**가 이 범주에 속한다.

31 다음 중 아지리스(C. Argyris)의 성숙·미성숙이론에서 미성숙에 해당하는 내용은 모두 몇 개인가?

응용문제

> ㉠ 수동적 활동   ㉡ 다양한 행동양식
> ㉢ 단기적 안목   ㉣ 자아의식과 자기통제
> ㉤ 타인에 대한 독립적 상태   ㉥ 단순한 행동양식의 제한

① 2개   ② 3개
③ 4개   ④ 5개

31. ②

해설 ▶ 인간의 Personality의 변화모형

미성숙 (Immature Infant Behavior)	㉠ 수동적 활동 ㉢ 단순한 행동양식의 제한 ㉤ 단기적 안목 ㉦ 자아의식의 결여	㉡ 타인에 대한 의존적 상태 ㉣ 변덕스럽고 얕은 관심 ㉥ 타인에 대한 종속적 지위
성숙 (Mature Behavior)	㉠ 능동적 활동 ㉢ 다양한 행동양식 ㉤ 장기적 안목 ㉦ 자아의식과 자기통제	㉡ 타인에 대한 독립적 상태 ㉣ 길고 강한 관심 ㉥ 타인에 대한 대등 혹은 우월한 지위

32 다음 학자와 그가 주장하는 이론에 대한 설명으로 적절한 것은?

73기 경간부

> 가. 맥클리랜드(McClelland) - 개인마다 욕구의 계층은 차이가 있다고 보았으며 인간의 욕구를 성취 욕구, 자아실현 욕구, 권력 욕구로 구분하였다.
> 나. 허즈버그(Herzberg) - 주어진 일에 대한 성취감, 주변의 인정, 승진 가능성 등은 동기(만족)요인으로, 열악한 근무 환경, 낮은 보수 등은 위생요인으로 구분하였으며 두 요인은 상호 독립되어 있다고 보았다.
> 다. 맥그리거(McGregor) - 인간의 욕구는 5단계의 계층으로 이루어지며 하위 욕구부터 상위 욕구로 발달한다고 보았다.
> 라. 앨더퍼(Alderfer) - 인간의 욕구를 계층화하여 생존(Existence) 욕구, 존경(Respect) 욕구, 성장(Growth)욕구의 3단계로 구분하였다.

① 1개   ② 2개
③ 3개   ④ 4개

해설 가. 맥클리랜드는 성취욕구, **친교욕구**, 권력욕구를 가지고 있다고 주장하였다.
다. **매슬로우**의 욕구계층이론이다.
라. 앨더퍼는 존재욕구(E), **관계욕구(R)**, 성장욕구(G)로 구분하였다.

Answer 31 ② 32 ①

33. 동기부여이론에 관한 설명과 학자가 가장 적절하게 연결된 것은? 〔22. 순경〕

> ⊙ 인간은 자신의 욕구를 충족시키기 위해서 노력하며 하위 단계의 욕구가 충족되어야 다음 단계로 발전되는 순차적 특성을 갖는다.
> ⓒ Y이론적 인간형은 부지런하고, 책임과 자율성 및 창의성을 발휘하기를 좋아하고, 스스로 통제와 발전이 가능하기 때문에 민주적이고 인간적인 동기유발 전략이 필요한 유형이다.
> ⓒ 인간의 개인적 성격과 성격의 성숙과정을 '미성숙에서 성숙으로'라고 보고, 관리자는 조직 구성원을 최대의 성숙상태로 실현시켜야 한다고 하였다.
> ⓔ 위생요인을 제거해주는 것은 불만을 줄여주는 소극적 효과일 뿐이기 때문에, 근무태도 변화에 단기적 영향을 주어 사기는 높여줄 수 있으나 생산성을 높여주지는 못한다. 만족요인이 충족되면 자기실현욕구를 자극하여, 적극적 만족을 유발하고 동기유발에 장기적 영향을 준다.

① ⊙ 매슬로우(Maslow) ⓒ 맥그리거(McGregor)
  ⓒ 아지리스(Argyris) ⓔ 허즈버그(Gerzberg)
② ⊙ 매슬로우(Maslow) ⓒ 아지리스(Argyris)
  ⓒ 맥그리거(McGregor) ⓔ 허즈버그(Gerzberg)
③ ⊙ 매슬로우(Maslow) ⓒ 맥그리거(McGregor)
  ⓒ 허즈버그(Gerzberg) ⓔ 아지리스(Argyris)
④ ⊙ 맥그리거(McGregor) ⓒ 아지리스(Argyris)
  ⓒ 허즈버그(Gerzberg) ⓔ 매슬로우(Maslow)

해설 ⊙ 매슬로우 ⓒ 맥그리거 ⓒ 아지리스 ⓔ 허즈버그

34. A경찰서장은 동기부여이론 및 사기이론을 활용하여 소속 경찰관들의 사기를 높이기 위한 방안을 모색하였다. 이론의 적용으로 가장 적절하지 않은 것은? 〔20. 순경〕

① Maslow의 욕구계층이론에 다라 존경의 욕구를 충족시켜주기 위하여 권한위임을 확대하였다.
② Herzberg의 동기위생요인이론에 따르면 사기진작을 위해서는 동기요인이 강화되어야 하므로 적성에 맞는 직무에 배정하고 책임감과 성취감을 느낄 수 있도록 독려하여야 한다.
③ McGregor X이론에 따르면 인간은 근본적으로 업무에 대한 의욕을 가지고 있기 때문에 이러한 의욕을 강화시키기 위해 금전적 보상과 포상제도를 강화하였다.
④ McGregor Y이론을 적용하여 상급자의 일방적 지시와 명령을 줄이고 의사결정 과정에 일선경찰관들의 참여를 확대시키도록 지시하였다.

해설 McGregor Y이론에 따르면 인간은 근본적으로 업무에 대한 의욕을 가지고 있다.

Answer 33 ① 34 ③

35 동기부여이론 중 '내용이론'에 대한 설명으로 가장 옳은 것은? 응용문제

① Maslow의 욕구단계이론에 의하면 인간의 욕구는 "생리적 욕구 → 안전의 욕구 → 존경의 욕구 → 애정의 욕구 → 자아실현의 욕구"의 5단계로 이루어져 있다.
② Alderfer의 ERG이론에 의하면 Maslow의 5단계 욕구를 3단계, 즉 성취욕구, 권력욕구, 친교욕구로 구분한다.
③ Herzberg 2요인론에 의하면 근무조건, 조직의 정책과 관리, 보수 등의 환경적 요인은 동기부여요인(만족요인)이다.
④ Argyris의 성숙 – 미성숙이론에 의하면 조직과 개인의 목표는 상호 대립적인 것이 보통이다.

해설 ① Maslow의 욕구단계이론에 의하면 인간의 욕구는 **생리적 욕구 → 안전의 욕구 → 애정의 욕구 → 존경의 욕구 → 자아실현의 욕구**의 5단계로 이루어져 있다.
② **데이비드 맥클리랜드의 성취동기이론**에 대한 내용이다.
③ Herzberg(허즈버그)의 2요인론에 의하면 근무조건, 조직의 정책과 관리, 보수 등의 환경적 요인은 **동기부여요인(불만족요인)**이다.

Answer 35 ④

제4절 경찰인사관리

01 인사행정에 대한 설명으로 가장 옳지 않은 것은? _{응용문제}

① 실적주의는 공무원 임용기준이 직무수행능력과 성적이다.
② 각국의 인사행정은 실적주의와 엽관주의가 적절히 조화되어 실행되고 있고, 우리나라는 실적주의를 주로 하되 엽관주의적 요소가 가미된 것으로 이해할 수 있다.
③ 엽관주의는 인사행정의 기준을 당파성과 정실에 두는 제도로 행정을 단순하게 보아 누구나 수행할 수 있는 것으로 보기 때문에 법령에 저촉되지 않는 한 일체의 신분상의 불이익을 받지 않는다.
④ 실적주의는 19세기 말 미국 등에서 공직의 매관매직·공직부패 등이 문제되어 대두되었고, 공직은 모든 국민에게 개방되며 어떠한 차별도 받지 않는다.

(해설) 공무원은 법령에 저촉되지 않는 한 일체의 신분상의 불이익을 받지 않는 신분보장을 받는 것은 **실적주의 내용**이다.

▶ 실적주의

의의	① 실적주의란 **공무원인사제도의 기준을 공무원 개개인의 자격과 능력에 따라 행하는 것**으로 공무원의 신분보장을 통한 직업공무원제의 확립을 위한 기반이 된 제도이다. ② 실적주의 인사제도는 공무원의 신분보장, 정치적 중립성을 구성요소로 하며 **미국 자유민주주의 발전과정에서 도입**되었다. ③ 미국은 1883년 펜들턴법의 제정, 영국은 1870년 제2차 추밀원령 제정으로 실적주의로 전환하였다.
장점	① 공무원의 정치적 중립 ② 부패방지에 기여 ③ 신분보장으로 인한 행정의 능률성·전문성·안정성·계속성 확보 ④ 공직기회의 균등 실현
단점	① 인사행정의 소극화·형식화·집권화 초래 ② 정책의 효율적인 수립·집행곤란 ③ 관료의 보수화·특권화 ④ 정당이념의 행정에 대한 반영 곤란 ⑤ 공무원의 신분보장으로 인한 민주적 통제의 곤란 ⑥ 국민요구에 대응하지 않을 우려가 있다.

02 인사행정에 대한 이론적 설명으로 가장 적절하지 않은 것은? _{응용문제}

① 엽관주의는 미국 7대 잭슨 대통령이 '전리품은 승자에게 속한다.'라는 구호와 함께 공직을 널리 민중에게 개방함으로써 도입하게 되었고 상류계층이 독점하였던 공직을 대중에게 개방하려는 민주주의의 이념과 함께 시작 되었다.
② 엽관주의의 폐해로는 관료가 관직을 계속 유지하기 위하여 정당에 정치자금을 헌납하는 등 관료의 부패를 조장하게 되었다는 점 등이 있다.

Answer 01 ③ 02 ④

③ 정실주의란 국왕 개인이나 의회에 대한 충성심을 인사행정의 기준으로 삼은 제도이다.
④ 정실주의의 장점으로는 개인의 충성심에 의한 공무원 임용기준을 마련함으로서 기존의 부패한 관료사회를 변화시킬 수 있었다는 데 있다.

해설 정실주의가 국왕에 대한 개인의 충성심에 따라 공무원을 임용하므로 **무능한 공무원을 임명하여 관료사회를 부패하게 하는 단점이 있다.**

▶ 엽관주의

의의	① 공직임용에 있어서 **능력, 자격, 업적보다는 충성심, 당파성 등에 기준을 두는 인사제도**로서 선거에서 승리한 정당이 모든 관직을 전리품처럼 획득하고 선거에서의 충성도에 따라 공직을 정당원들에게 임의대로 처분할 수 있는 정치적 인사제도이다. ② 미국의 자유민주정치 발전과정에서 도입된 인사행정제도이다. ③ 주의할 것은 **행정을 단순하게 보아 누구나 수행할 수 있는 것으로 보는 것은 엽관주의 발달원인 중 하나라는 점이다.**
장점	① 정당정치의 발전과 책임행정 ② 민주적 통제 강화와 시민의 요구에 따른 행정의 수행이 이루어진다. ③ 공무원의 적극적인 충성심 유도 ④ 관료의 특권화(관료주의화) 방지와 공직침체의 방지
단점	① 행정의 비능률성·비전문성 초래 ② 부정부패의 만연 ③ 공무원은 국민보다 정당을 위해 봉사 ④ 기회균등의 원리에 위배 ⑤ 행정의 계속성·안정성 저해 ⑥ 정당에 충성한 사람들을 많이 임용하기 위하여 불필요한 관직을 증설하여 예산 낭비 초래

03 다음 중 엽관주의의 단점에 대한 설명이 아닌 것은 몇 개인가?   응용문제

㉠ 인사행정의 소극화·형식화·집권화를 초래할 수 있다.
㉡ 행정의 계속성·일관성·안정성을 훼손할 수 있다.
㉢ 국민요구에 대응하지 않을 우려가 있다.
㉣ 인사의 기준이 객관적이지 않아 인사의 공정성이 약하게 된다.
㉤ 인사부패가 연관되기 쉽다.
㉥ 인사관리의 경직성을 초래할 수 있다.

① 2개   ② 3개
③ 4개   ④ 5개

해설 ㉠ 인사행정의 소극화·형식화·집권화를 초래할 수 있다는 것은 **실적주의 제도의 단점**이다.
㉢ 국민요구에 대응하지 않을 우려가 있다는 것은 **실적주의 제도의 단점**이다.
㉥ 인사관리의 경직성을 초래할 수 있다는 것은 **실적주의 제도의 단점**이다.

Answer 03 ②

04 엽관주의와 실적주의에 관한 설명으로 옳은 것을 모두 고른 것은? 24. 승진

⊙ 엽관주의는 정치지도자의 국정지도력을 강화함으로써 공공정책의 실현을 용이하게 해준다.
⊙ 잭슨(Jackson) 대통령이 암살당한 사건은 미국에서 실적주의 도입의 배경이 되었다.
⊙ 엽관주의는 행정의 안정성과 지속성을 확보하기 어렵다.
⊙ 실적주의는 정치적 중립에 집착하여 인사행정을 소극화·형식화시켰다.

① ㉠㉡   ② ㉡㉢
③ ㉠㉢㉣   ④ ㉠㉡㉢㉣

해설) ㉡ **가필드 대통령**이 암살당한 사건은 미국에서 실적주의 도입의 배경이 되었다.

05 개방형 직위제도에 관한 설명으로 가장 적절하지 않은 것은? 20. 승진

① 정실에 의한 자의적 인사의 우려가 있다.
② 재직자의 능력발전이나 승진 및 경력발전 기회의 제약으로 재직자들의 사기를 저하시킬 수 있다.
③ 폭넓은 지식을 갖춘 일반행정가를 육성하는 데에 효과적이다.
④ 중앙행정기관은 고위공무원단 직위 총수의 100분의 20의 범위에서 개방형 직위를 지정하되, 중앙행정기관과 소속 기관 간 균형을 유지하도록 하여야 한다.

해설) 개방형 직위제도는 **전문가 영입으로 보직순환에 따른 전문성 미흡한 부분을 해결하는 데 장점**이 있다.

▶ 개방형 직위제도의 장단점

장점	능률성 측면	㉠ **경직성 해소**: 조직순혈주의의 방지로 침체방지를 통한 경쟁의식 제고 ㉡ **전문성과 효율성 증대**: 전문가 영입으로 보직순환에 따른 전문성 미흡 해결 ㉢ **성과관리 촉진**: 조직 공헌도에 따른 실적과 성과 공헌도 중시 ㉣ **무사 안일주의 타파**: 조직 내부의 경쟁요소 도입에 따른 적극적 행정 실현
	민주성 측면	㉠ 정치적 리더십의 강화 ㉡ 공직임용에의 진입장벽 제거 ㉢ 행정의 분권화와 대응성 증대
단점		㉠ 공직사회의 불안과 사기저하 – 기득권 침해와 신분불안으로 사기저하 ㉡ 공직의 안정성 및 계속성 손상 – 공공서비스의 안정적 성격 경시 ㉢ 정실인사: 개혁 변화를 위한 목적론적 임용에 정실인사의 정당화 수단으로 전락 가능 ㉣ 민간인 임용자가 행정정보를 수집하여 민간에서 활용하는 문제 ㉤ 조직문화의 비적응성 문제 – 2차 사회화의 어려움(직업공무원제와의 충돌)

06. 직업공무원제도에 대한 설명이다. 아래 가.부터 라.까지 설명 중 옳고 그름의 표시(O, X)가 바르게 된 것은?
73기 경간부

> 가. 직업공무원제도는 신분보장, 정치적 중립, 자격이나 능력 중시, 개방형 인력충원 방식의 선호라는 점에서 실적주의와 공통점을 가진다.
> 나. 직업공무원제도의 성공적 정착을 위해서는 공직에 대한 사회의 높은 평가가 필요하며 퇴직 후의 불안해소와 생계보장을 위해 적절한 연금제도가 확립되어야 한다.
> 다. 직업공무원제도는 장기적인 발전가능성을 선발기준으로 삼고 있으며 직위분류제가 계급제보다 직업공무원제도의 정착에 더 유리하다.
> 라. 직업공무원제도는 행정의 안정성과 독립성 확보에 용이하며 외부환경 변화에 신속하게 대응한다는 장점이 있다.

① 가.(O), 나.(O), 다.(O), 라.(X)
② 가.(X), 나.(O), 다.(X), 라.(X)
③ 가.(O), 나.(O), 다.(X), 라.(O)
④ 가.(X), 나.(O), 다.(O), 라.(X)

해설
가. 실적주의는 정치적 중립을 주요 요소로서 포함하고 있으나, 직업공무원제도는 **반드시 정치적 중립을 요구하지는 않는다.**
다. **계급제가 직업공무원제도의 정착에 더 유리**하다.
라. 직업공무원제는 공직계층의 중간에 외부인의 자유로운 충원이 곤란하기 때문에 **국민의 요구와 환경 변화에 둔감하여 대응성이 떨어질 수 있는 단점**이 있다.

07. 직업공무원제도에 관한 설명으로 가장 적절한 것은?
24. 순경

① 개방형 충원체제로 넓은 시야를 가진 유능한 인재의 등용 및 분야별 전문인력을 확보하는 데 용이하다.
② 공무원의 일체감과 단결심 및 공직에 헌신하려는 정신을 강화하는 데 불리한 제도이다.
③ 연령제한이 필수적이나 직위분류제를 원칙으로 한다는 점에서 실적주의와 공통점이 있다.
④ 공무원들의 성실한 직무수행과 장기근속을 유도하기 위한 제도와 원칙들을 토대로 한다.

해설
① **직위분류제**이다.
② 공무원의 일체감과 단결심 및 공직에 헌신하려는 정신을 강화하는데 **유리한 제도**이다.
③ 연령제한은 **필수적인 것도 아니며, 원칙은 계급제**로 한다.

08. 직업공무원제의 확립요건으로 가장 적절하지 않은 것은?
20. 승진

① 젊은 사람보다는 직무경험이 있는 사람을 더욱 중시
② 민주적 공직관에 입각한 공공봉사자로서의 높은 사회적 평가 유지
③ 재직 중은 물론 퇴직 후의 생계 안정화
④ 승진·전보·훈련 등을 통한 능력 발전의 기회를 공정하게 제공

Answer 06 ② 07 ④ 08 ①

해설 ▶ 직업공무원제의 확립요건

실적주의의 확립	직업공무원제가 발달되기 위해서는 그 기반으로서 실적제가 확립되어야 한다. 즉, 능력에 의한 임용, 공무원의 정치적 중립, 신분보장 등이 이루어져야 한다.
공직에 대한 높은 사회적 평가	공직이 권력행사 및 벼슬 덤과 같은 특권적 지위로서가 아닌, 민주적 공직관에 의한 높은 평가를 받아야 한다.
젊은 사람의 채용 (연령 제한)	학교를 갓 졸업한 유능한 젊은 사람이 공무원으로 채용되어 실적에 따라 높은 상위직까지 일생을 근무하면서 승진할 수 있는 절차가 마련되어야 한다.
재직자 훈련에 의한 능력개발	재직자 훈련을 활성화시켜서 공무원의 능력과 잠재력을 개발시키고 자기실현욕구에 의한 동기부여가 이루어지도록 하여야 한다.
승진 전보 전직제도의 합리적 운영	사기를 좌우하는 승진제도를 합리적으로 운영하고 인사교류를 활성화시킴으로써 근무고충의 해소 및 능력발전 기회를 부여하여야 한다.
직급별 인력수급계획의 수립	유능한 사람을 적시에 공급하고 무능한 사람을 퇴직시키는 인력의 수요공급을 위한 정원관리 방안 등이 강구되어야 한다
보수의 적정화와 적절한 연금제도의 확립	민간기업과의 보수적 형평성을 유지하고 연금제도를 합리적으로 실시하면 근무의욕이 고취되므로 직업공무원제가 정착된다.

09 계급제와 직위분류제의 관계에 관한 설명으로 가장 적절하지 않은 것은? 　24. 순경

① 직무분석과 직무평가의 충실한 수행을 강조하는 것은 직위분류제이다.
② 계급제는 직업공무원제도 정착에 유리하다.
③ 양자는 양립할 수 없는 상호 배타적인 관계가 아니라 서로의 결함을 시정할 수 있는 상호 보완적인 관계이다.
④ 계급제는 '동일직무에 대한 동일보수의 원칙'을 확립함으로써 보수제도의 합리적 기준을 제시한다.

해설　직위분류제에 대한 내용이다.

10 직위분류제와 계급제에 관한 비교설명이다. 적절한 것은 모두 몇 개인가? 　24. 승진

가. 직위분류제는 일반행정가 양성에 유리하다.
나. 직위분류제는 부서 간의 횡적 협조에 용이하다.
다. 직위분류제는 인사배치의 신축성과 융통성을 확보할 수 있다.
라. 계급제는 보수체계의 합리적 기준을 제시한다.
마. 계급제는 권한과 책임의 한계를 명확히 할 수 있다.
바. 계급제는 공무원의 신분보장이 미약하여 행정의 안정성을 저해하기 쉽다.

① 0개　　　　　　　　　② 1개
③ 2개　　　　　　　　　④ 3개

Answer　09 ④　10 ①

해설 가. **계급제**는 일반행정가 양성에 유리하다.
    나. **계급제**는 부서 간의 횡적 협조에 용이하다.
    다. **계급제**는 인사배치의 신축성과 융통성을 확보할 수 있다.
    라. **직위분류제**는 보수체계의 합리적 기준을 제시한다.
    마. **직위분류제**는 권한과 책임의 한계를 명확히 할 수 있다.
    바. **직위분류제**는 공무원의 신분보장이 미약하여 행정의 안정성을 저해하기 쉽다.

11 계급제와 직위분류제에 관한 설명으로 가장 적절하지 않은 것은?   23. 순경

① 직위분류제는 사람 중심 분류로서 계급제보다 인사배치의 신축성 측면에서 유리하다.
② 우리나라의 공직분류는 계급제 위주에 직위분류제적 요소를 가미한 혼합 형태하고 할 수 있다.
③ 직위분류제는 미국에서 실시된 후 다른 나라로 전파되었다.
④ 직위분류제는 계급제에 비해서 보수결정의 합리적인 기준을 제시하는 것이 장점이다.

해설 직위분류제는 **직무 중심 분류**로서 계급제보다 인사배치의 신축성 측면에서 **불리하다**.

12 직위분류제와 계급제에 관한 설명으로 가장 적절하지 않은 것은?   20. 승진

① 직위분류제는 공무원 개개인의 능력이나 자격을 기준으로 공직분류체계를 형성한다.
② 계급제는 인적자원 활용의 수평성은 높으나 수직적 융통성은 낮은 편이다.
③ 계급제는 공무원 간의 유대의식이 높아 협력을 통한 능률성을 제고할 수 있다.
④ 직위분류제는 조직계획의 단기적 합리성을 확보할 수 있다.

해설 **계급제**는 공무원 개개인의 능력이나 자격을 기준으로 공직분류체계를 형성한다.

▶ 계급제와 직위분류제의 비교

	계급제	직위분류제
분류방법	사람중심(일반행정가 양성에 유리)	직무중심(전문행정가 양성에 유리)
분류기준	개인의 자격·능력·신분(사람차이)	직무의 곤란성·책임도(직무차이)
충원방식	폐쇄형	개방형
인사관리	신축적·탄력적·융통성	비신축적·비융통적·경직적
행정계획	장기적 사업계획 → 환경에 동태적 적용	단기적 사업계획 → 능률성 확보
조정·협조	기관 간 협조·조정이 용이	기관 간 협조·조정이 곤란
신분보장	강함	미약(민주적 통제가 용이)
권한·책임	불명확	명확
직업공무원제	확립 용이	확립 곤란
공무원의 격	일반행정가	전문행정가
보수체계	생활급(동일계급에 동일보수) → 보수의 적정화·현실화(생계비)	직무급(동일직무에 동일보수) → 보수제도의 합리적 기준을 제시

Answer 11 ①   12 ①

인사행정 합리성	낮음(정실개입 가능성 높음).	높음(정실 개입 가능성 낮음).
교육훈련	일반지식, 교육훈련수요나 내용파악이 곤란	전문지식, 교육훈련수요의 정확한 파악 가능
적용국가	영국·독일·프랑스·일본·한국 등	미국의 시카고 시에서 처음 시작
상호관계	계급제와 직위분류제는 서로 양립될 수 없는 상호 배타적인 관계가 아니라 상호 결점을 치유할 수 있는 상호보완적인 관계에 있다고 볼 수 있다.	

13 계급제와 직위분류제를 비교한 것으로 가장 적절한 것은? *응용문제*

① 계급제는 공직을 분류함에 있어서 행정기관을 구성하는 개개의 직위에 내포되어 있는 직무의 종류와 책임도 및 곤란도에 따라 여러 직종과 등급 및 직급을 분류하는 제도이다.
② 계급제는 보통 계급의 수가 적고 계급 간의 차별이 심하며, 동일한 직무를 장기간 담당하게 되어 직위분류제에 비해 행정의 전문화에 기여한다.
③ 직위분류제는 직무중심의 분류방법으로 시험·채용·전직의 합리적 기준을 제공하여 계급제에 비해 인사배치의 신축성을 기할 수 있다.
④ 직위분류제는 권한과 책임의 한계를 명확히 하는 장점이 있지만, 유능한 일반행정가의 확보 곤란, 신분보장의 미흡 등의 단점이 있다.

> **해설**
> ① **직위분류제**에 대한 내용이다.
> ② 동일한 직무를 장기간 담당하게 되어 직위분류제에 비해 행정의 전문화에 기여한다는 것은 **직위분류제에 대한 설명**이다.
> ③ 전직의 합리적 기준을 제공하지만 계급제에 비해 **인사배치의 신축성을 기할 수 없다.**

14 공직분류방식에 대한 설명으로 가장 적절한 것은? *응용문제*

① 계급제는 인간중심의 분류방법으로 널리 일반적 교양·능력을 가진 사람을 채용하여 신분보장과 함께 장기간에 걸쳐 능력이 키워지므로 공무원이 보다 종합적·신축적인 능력을 가질 수 있다.
② 직위분류제는 동일한 직무를 장기간 담당하게 되어 행정의 전문화에 유용하나, 권한과 책임의 한계가 불명확하다는 단점이 있다.
③ 계급제는 충원방식에서 폐쇄형을 채택하여 인사배치가 비융통적이나, 직위분류제는 개방형을 채택하고 있어 인사배치의 신축성이 있다.
④ 직위분류제는 계급제에 비해서 보수결정의 합리적인 기준을 제시할 수 있으며, 직무분석을 통한 이해력이 넓어져 기관 간의 횡적 협조가 용이한 편이다.

> **해설**
> ② 책임의 한계가 **명확하다는 장점**이 있다.
> ③ 계급제는 충원방식에서 폐쇄형을 채택하여 인사배치가 **융통적**이나, 직위분류제는 개방형을 채택하고 있어 인사배치의 **비신축성**이 있다.
> ④ 기관 간에 횡적 협조가 용이한 것은 **계급제에 대한 설명**이다.

Answer   13 ④   14 ①

15 계급제와 직위분류제에 대한 설명으로 가장 적절하지 않은 것은?   응용문제

① 직위분류제의 경우 직무중심 분류로서 계급제보다 인사배치에 신축성을 기할 수 있다.
② 계급제의 경우 널리 일반적 교양, 능력을 갖춘 사람을 채용하여 장기간에 걸쳐 능력을 향상시키므로 공무원이 종합적, 신축적인 능력을 갖출 수 있다.
③ 직위분류제의 경우 동일한 직무를 장기간 담당하게 되어 행정의 전문화에 기여한다.
④ 우리나라의 공직분류는 계급제 위주에 직위분류제적 요소를 가미한 혼합 형태라고 할 수 있다.

해설   직위분류제의 경우 직무중심 분류로서 **계급제보다 인사배치에 신축성이 떨어진다.**

16 계급제와 직위분류제를 비교한 것으로 가장 적절한 것은?   응용문제

① 계급제는 직무를, 직위분류제는 사람을 중요시한다.
② 우리나라의 공직분류제도는 계급제를 원칙으로 하고 직위분류제적 요소가 가미되어 있다.
③ 계급제는 충원방식이 개방형이나 직위분류제는 폐쇄형이다.
④ 계급제는 인사배치가 비융통적이나 직위분류제는 보다 신축적이다

해설   ① 계급제는 **사람을**, 직위분류제는 **직무를** 중요시한다.
③ 계급제는 충원방식이 **폐쇄형**이나 직위분류제는 **개방형**이다.
④ 계급제는 인사배치가 보다 **신축적**이나 직위분류제는 **비융통적**이다.

17 계급제와 직위분류제에 대한 설명으로 가장 적절하지 않은 것은?   응용문제

① 계급제는 사람중심, 직위분류제는 직무중심이며 계급제는 충원방식에서 폐쇄형을 직위분류제는 개방형을 채택하고 있고, 계급제는 인사배치의 신축성이 있으나 직위분류제는 보다 비융통적이다.
② 중간계급에의 진입을 허용하지 않는 계급제가 공직을 평생직장으로 이해하는 직업공무원제도의 정착에 보다 유리하다.
③ 계급제와 직위분류제의 관계는 양립될 수 없는 상호배타적인 관계가 아니라 서로의 결함을 시정할 수 있는 상호보완적인 관계에 있다고 볼 수 있다.
④ 직위분류제는 시험·채용·전직의 합리적 기준을 제공하여 인사행정의 합리화를 기할 수 있고, 동일직무에 대한 동일보수의 원칙을 확립함으로써 보수제도의 합리적 기준을 제시할 수 있으나, 전직이 제한되고 행정의 전문화가 곤란하며 권한과 책임의 한계가 불명확하고 신분보장이 미흡하다는 단점이 있다.

해설   **직위분류제는 전직이 제한되고 동일한 직무를 장기간 담당하게 되어 행정조직의 전문화·분업화에 기여하고, 권한·책임한계의 명확화한 장점이 있다.**

Answer   15 ①   16 ②   17 ④

18 다면평가제에 대한 설명 중 옳은 것은? 응용문제

① 민간기업을 중심으로 확산되어 공기업, 공공기관에서도 지도력과 관리능력이 요구되는 고위직에 적용되는 추세이다.
② 참여정부 출범이후 다면평가제 확대실시로 고위직은 물론 모든 관리직의 임용 시에도 본격적으로 적용되고 있다.
③ 다면평가제는 근무성적에 따른 뚜렷한 서열정립이 쉽다.
④ 다면평가방법은 빠르고 쉬운 평정방식이다.

해설 ▶ 전통적 평가방식과 다면평가제의 비교

	전통적 평가방식	다면평가방식
평가목적	실적평가의 판단 목적이 중심	업무형태변화의 **능력향상을 위한 발전적 목적**+실적평가의 판단목적
평가방식	상급자에 의한 일방적 평가	**상급자, 민원인, 동료, 하급자의 평가가 포함**
서열정립	피평가자의 근무성적을 비교하여 **서열을 정하는 방식**	근무성적에 따른 뚜렷한 **서열 정립이 어렵다.**
시간과 비용	**빠르고 쉬운 평가방식**	**정교하고 구체적인 평정방식**

19 상사에 의한 평가 중심인 전통적 평가방식과 다면평가제를 비교 설명한 것 중 잘못된 것은? 응용문제

① 전통적 평가방식은 상급자에 의한 일방적 평가인 데 반해, 다면평가방식은 동료, 하급자의 평가가 포함된다.
② 전통적 평가방식은 피평가자의 근무성적을 비교하여 서열을 정하는 방식인 데 반해, 다면 평가제는 근무성적에 따른 뚜렷한 서열 정립이 어렵다.
③ 전통적 평가방식은 실적 평가의 판단목적이 중심인 데 반해, 다면평가방식은 업무형태 변화와 능력향상을 위한 발전적 목적도 있다.
④ 전통적 평가방식이 정교하고 구체적 평가인 반면, 다면평가방식은 빠르고 쉬운 평정방식이다.

해설 전통적 평가방식이 **빠르고 쉬운 평정방식**인 반면, 다면평가방식은 **정교하고 구체적 평정방식**이다.

Answer 18 ① 19 ④

제5절 경찰사기관리

01 다음 경찰사기 진작의 효과에 대한 설명 중 틀린 것은? 응용문제

① 능률적인 직무의 수행 가능
② 규칙이나 직무명령 및 규범들을 자발적으로 준수
③ 경찰기관의 위기극복능력을 증대
④ 담당직무에 대한 관심이 높아지고 창의성을 저하

해설 ▶ 사기진작의 효과
① 능률적인 직무의 수행 가능
② 보다 우수한 자질을 갖춘 인재가 경찰기관에 지원
③ 경찰조직과 그 관리자에게 충성
④ 규칙이나 직무명령 및 규범들을 자발적으로 준수
⑤ 경찰기관의 위기극복능력을 증대
⑥ **담당직무에 대한 관심이 높아지고 창의성을 발휘**

Answer 01 ④

제6절 경찰예산관리

01 예산제도에 관한 설명으로 가장 적절하지 않은 것은? 23. 경특

① 정부는 예산안을 국회에 제출한 후 부득이한 사유로 인하여 그 내용의 일부를 수정하고자 하는 때에는 국무회의의 심의를 거쳐 대통령의 승인을 얻은 준예산안을 국회에 제출할 수 있다.
② 예산과정상 분류에서 본예산은 정부가 매년 정기적으로 다음 연도의 세입과 세출을 예산안으로 최초 편성하여 국회에서 심의·의결하여 확정된 예산을 말한다.
③ 성과주의 예산제도는 정부가 구입하는 물품보다 정부가 수행하는 업무에 중점을 두는 관리지향적 예산제도이다.
④ 중앙관서의 장은 예산의 목적범위 안에서 재원의 효율적 활용을 위하여 대통령령이 정하는 바에 따라 기획재정부장관의 승인을 얻어 각 세항 또는 목의 금액을 전용할 수 있다.

(해설) 정부는 예산안을 국회에 제출한 후 부득이한 사유로 인하여 그 내용의 일부를 수정하고자 하는 때에는 국무회의의 심의를 거쳐 대통령의 승인을 얻은 **수정예산안을** 국회에 제출할 수 있다.

02 예산제도에 관한 설명으로 가장 적절하지 않은 것은? 23. 순경

① 영기준 예산제도는 전년도 예산을 기준으로 하여 점증적으로 예산액을 결정하는 데서 생기는 폐단을 시정하려고 개발한 것이다.
② 품목별 예산제도는 일반 국민들이 정부사업에 대한 이해를 용이하게 하지만 인건비 등 경직성 경비적용에 어려움이 있다.
③ 계획예산의 핵심은 프로그램 예산형식을 따르는 것으로서, 기획(planning), 사업구조화(programming), 예산(budgeting)을 연계시킨 시스템적 예산제도이다.
④ 준예산은 새로운 회계연도가 개시될 때까지 국회에서 예산안이 의결되지 못한 경우 예산안이 의결될 때까지 전년도 예산에 준하여 지출하는 예산이다.

(해설) **성과주의 예산제도** 내용이다.

03 예산제도에 관한 설명으로 가장 적절한 것은? 74기 경간부

① 품목별예산제도는 행정의 재량범위가 확대되어 예산유용 및 부정을 방지할 수 있다.
② 성과주의예산제도는 국민이 정부의 활동과 목적을 이해하는데 용이하나 단위원가를 산출하는 것이 곤란하다.
③ 자본예산제도는 기획(planning), 사업구조화(programming), 예산(budgeting)을 연계시킨 시스템적 예산제도이다.

Answer 01 ① 02 ② 03 ②

④ 영기준예산제도는 모든 사업에 대한 근본적인 재평가를 실시하며 장기적인 계획에 중점을 둔다.

> (해설) ① 품목별예산제도는 행정의 **재량범위가 축소**되어 부정과 예산남용을 방지할 수 있다.
> ③ **계획예산제도**에 대한 내용이다.
> ④ **영기준예산제도**는 단기적인 계획(1년)에 중점을 둔다.

04 예산제도에 관한 설명으로 가장 적절하지 않은 것은? <small>24. 순경</small>

① 영기준예산제도는 정부지출의 전체적인 성과파악이 곤란하고 예산운영의 신축성 부족 등이 단점으로 평가되고 있다.
② 성과주의예산제도는 정부가 무슨 일을 하느냐에 중점을 두는 제도로 관리지향성을 지닌다.
③ 품목별예산제도는 정부지출 대상이 되는 물품, 품목 등을 기준으로 한 예산제도로서 예산의 남용이나 오용을 방지하는 데 도움이 된다.
④ 계획예산제도는 의사결정을 일관성 있게 합리화하려는 제도이지만 하향적(top-down)인 방식으로 집권화되어 있기 때문에 조직구성원들의 참여를 저해한다는 한계가 있다.

> (해설) ① **품목별 예산제도**에 해당한다.

05 예산제도의 유형에 관한 설명으로 가장 적절한 것은? <small>20. 승진</small>

① 목표관리 예산제도(MBO)의 도입 취지는 불요불급한 지출을 억제하고 감축관리를 지향하는 데 있다.
② 영기준예산제도(ZBB)가 단위사업을 사업 – 재정계획에 따라 장기적인 예산편성 쪽으로 잡았다면, 계획예산제도(PPBS)는 당해 연도의 예산 제약 조건을 먼저 고려한다.
③ 계획예산제도(PPBS)는 모든 사업이 목표달성을 위해 유기적으로 연계되어 있어 부처 간의 경계를 뛰어넘는 자원배분의 합리화를 가져올 수 있다.
④ 성과주의예산제도(PBS)는 예산배정 과정에서 필요 사업량이 제시되지 않아서 사업계획과 예산을 연계할 수 없다.

> (해설) ① **영기준예산제도(ZBB)의 내용**이다. 목표관리제 예산(MBO)은 부서별 목표와 예산의 연계성을 중시한다.
> ② **계획예산제도(PPBS)**에 대한 내용이다.
> ④ 성과주의예산제도(PBS)는 예산배정 과정에서 **필요 사업량이 제시되므로 사업계획과 예산을 연계시킬 수 있다.**

Answer 04 ① 05 ③

▶ 성과주의 예산제도(PBS : Performance Budget Sytem)

의의	① 성과주의 예산제도는 **업무단위의 원가와 양을 계산**(단위원가×업무량=예산액)해서 **사업별, 활동별로 분류해서 예산을 편성하는 것**을 말한다. ② 예산의 통제보다는 **성과에 초점**을 두며, 업무단위의 비용과 업무량을 측정함으로써 정보의 계량화를 통하여 관리의 능률성을 향상시키고자 하는 **관리지향적 예산**이다. ③ 성과주의 예산제도는 정부가 하고 있는 일에 중점을 두며 예산운용에서 능률성을 중시한다.
장점	① **정부정책이나 계획수립이 용이**하며, 입법부의 예산심의가 간편하다. ② 예산편성에 있어서 자원배분을 합리화할 수 있고, 예산의 집행에 있어서도 **신축성을 부여**할 수 있다. ③ 예산집행 결과에 대한 평가를 통한 해당 부서의 업무능률을 측정하여 다음 연도 예산에 반영할 수 있다. ④ 국민의 입장에서 볼 때 예산을 통한 경찰활동을 이해하는 데 용이하다.
단점	① 동질적이고 계량화할 수 있는 최종산출물을 찾기가 곤란하기 때문에 **업무측정 단위 선정이 어렵고**, 단위원가 계산에 어려움이 있다. ② 투자사업 등에 소요되는 예산에는 적용이 용이하나, **공무원의 봉급 등 인건비에 들어가는 행정 기본경비에 대해서는 적용하기 어려운 점**이 있다.

06 예산제도에 대한 설명으로 가장 적절한 것은? 응용문제

① 품목별 예산제도는 지출의 대상·성질을 기준으로 세출예산의 금액을 분류하는 통제지향적 제도로 회계책임의 명확화를 통해 계획과 지출의 불일치를 극복할 수 있다는 장점이 있다.
② 성과주의 예산제도는 정부가 구입하는 물품보다 정부가 수행하는 업무에 중점을 두는 관리지향적 예산제도로 기능의 중복을 피하기가 곤란하고 인건비 등 경직성 경비에 적용이 어렵다.
③ 영기준 예산제도는 예산편성 시 전년도 예산을 기준으로 점증적으로 예산을 책정하는 폐단을 탈피하기 위한 예산제도이다.
④ 일몰법은 특정의 행정기관이나 사업이 일정기간 지나면 의무적·자동적으로 폐지되게 하는 예산제도로 행정부가 예산편성을 통해 정하며 중요사업에 대해 적용된다.

(해설) ① 회계책임의 명확하지만 **계획과 지출의 불일치를 극복할 수 없다는 단점**이 있다.
② **기능의 중복을 피할 수 있으나** 인건비 등 경직성 경비에 적용이 어렵다.
④ **입법부**가 예산편성을 통해 정하며 중요사업에 대해 적용된다.

Answer 06 ③

▶ **품목별 예산제도(LIBS : Line Item Budget System) → 한국 경찰예산제도**

의의	① 품목별예산은 지출의 대상과 성질에 따라 세출예산을 **인건비, 운영경비, 시설비 등으로 구분하는 방법**으로 그 비용이 얼마인지에 따라 예산을 배정하는 제도이다. ② 이 분류는 **가장 오래되고 가장 많이 이용되고 있는 방법**으로서 차기회계연도의 예산 증가 또는 감소를 산출하는 데 평가기준으로서 전년도의 예산을 활용한다. ③ 예산을 품목별로 분류하는 방식으로서 행정책임의 소재와 회계책임에 대한 감독부서 및 **국회의 통제가 용이하도록** 하기 위한 제도이다. ④ **통제지향적**이라 볼 수 있으며, 예산담당 공무원들에게 필요한 핵심적 기술은 회계기술이다.
장점	① 회계 집행내용 및 **책임의 소재가 명확**하다. ② 예산의 집행과 집행에 대한 **통제가 용이**하다. ③ 인사행정에 유용한 정보·자료를 제공하고, 행정의 재량범위가 축소된다. ④ 경비주체 및 집행이 품목별로 표시되어 작성이 용이다. ⑤ 행정의 재량범위가 축소되며, 재량범위를 출입으로써 부정과 **예산의 남용을 방지**한다.
단점	① 투입측면에만 초점을 두고 편성되므로 지출에 따른 **성과측정이 곤란**하다. ② **계획과 지출의 불일치, 기능의 중복을 피하기 곤란**하다. ③ 의사결정을 위한 충분한 자료제시가 부족하다. ④ 품목과 비용을 따지는 미시적 관리로 정부 전체의 활동의 통합조정에 필요한 수단을 제공하지 못한다. ⑤ 품목별 예산은 사업대안의 우선순위를 제시하지 못한다. ⑥ 품목별 예산제도는 품목중심으로 예산집행의 유연성이 낮아 환경변화가 심할 때 능동적 대처가 불가능하다. ⑦ 지출대상 및 금액이 명확히 설정되어 있으므로 **예산집행의 신축성이 저해**된다.

07 예산제도에 관한 설명으로 적절하지 않은 것을 모두 고른 것은? 응용문제

㉠ 품목별 예산제도는 비교적 운용하기 쉬우나 회계책임이 분명하지 아니한 단점이 있다.
㉡ 영점기준 예산제도는 3년 주기로 사업의 우선순위를 새로이 결정하여 그에 따라 예산을 책정하는 방식이다.
㉢ 계획예산제도는 정부활동의 목표와 그 성취에 초점을 맞추고 예산기능과 계획기능의 연계를 강조하는 모형이다.
㉣ 성과주의 예산제도는 국민의 입장에서 경찰활동을 쉽게 이해할 수 있는 장점이 있다.

① ㉠㉡ ② ㉠㉢
③ ㉡㉢ ④ ㉢㉣

해설 ㉠ 품목별 예산제도는 비교적 운용하기 쉬우나 **회계책임이 분명하다는 장점이 있다.**
㉡ 영점기준 예산제도는 **매년 주기로** 사업의 우선순위를 새로이 결정하여 그에 따라 예산을 책정하는 방식이다.

Answer **07** ①

▶ 영기준예산제도(ZBBS : Zero-Base Budget Sytem)
① 영기준예산제도란 예산을 편성·결정함에 있어서 **전년도의 예산에 구애됨이 없이 조직체의 모든 사업과 활동에 대하여 영기준을 적용해서 각각의 효율성과 효과성 및 중요도 등을 체계적으로 분석하고 그에 따라 우선순위가 높은 사업과 활동을 선택하고 실행예산을 결정하는 예산제도**를 말한다.
② **감축관리와 관련이** 깊으며, 작은 정부시대·자원난 시대에 **각광받는 예산제도**이다.
③ 예산계획에 특정활동의 목표, 비용, 성과의 척도, 활동대안, 비용편익 등에 관한 정보가 포함되어야 한다.
④ 영기준예산은 안목이 **단기적**이다.
⑤ 전년도 관행을 무시하고 원점에서부터 계속사업 및 신규사업에 대한 우선순위를 분석하려는 것으로 점증주의적 의사결정 방식을 탈피하려는 예산제도이다.

08 다음 중 품목별 예산제도에 대한 설명으로 틀린 것은 몇 개인가?   응용문제

㉠ 정부가 수행하는 업무에 중점을 두는 관리지향적 예산제도이다.
㉡ 회계 집행내용과 책임의 소재가 명확하다.
㉢ 지출대상 및 금액이 명확히 설정되어 있어 예산집행의 신축성이 제약된다.
㉣ 인사행정의 유용한 자료를 제공한다.
㉤ 감독부서 및 국회의 통제가 비교적 용이하다.
㉥ 인건비 등 경직성 경비의 적용이 어려워 기본경비에 대해서는 적용이 곤란하다.
㉦ 일반국민이 정부사업을 이해하는 데 용이하다.

① 2개   ② 3개
③ 4개   ④ 5개

해설 ㉠ 정부가 수행하는 업무에 중점을 두는 관리지향적 예산제도는 **성과주의**이다.
㉥ 인건비 등 경직성 경비의 적용이 **쉬워** 기본경비에 대해서는 **적용이 용이하다.**
㉦ **성과주의**에 해당한다.

09 예산제도에 대한 설명 중 틀린 것은 모두 몇 개인가?   응용문제

㉠ 품목별 예산제도는 회계책임이 명확하고, 계획과 지출이 일치한다는 장점이 있다.
㉡ 성과주의 예산제도는 기능의 중복을 피하기 곤란하고, 의사결정을 위한 충분한 자료제시가 부족하다는 단점이 있다.
㉢ 일몰법은 매년 사업의 우선순위를 새로이 결정하고 그에 따라 예산을 책정한다.
㉣ 자본예산은 정부예산을 경상지출과 자본지출로 구분하여 경상지출은 경상수입으로 충당시켜 균형을 이루게 하고 자본지출은 적자재정과 공채발행으로 그 수입에 충당하게 함으로써 균형을 이루게 하는 예산제도이다

Answer 08 ②   09 ④

① 1개　　　　　　　　　　② 2개
③ 3개　　　　　　　　　　④ 4개

해설　㉠ 품목별 예산제도는 회계책임이 명확하고, **계획과 지출이 불일치한다는** 단점이 있다.
　　　　㉡ **품목별 예산제도**에 해당한다.
　　　　㉢ **영기준 예산제도**에 해당한다.
　　　　㉣ 자본예산은 정부예산을 경상지출과 자본지출로 구분하여 경상지출은 경상수입으로 충당시켜 균형을 이루게 하고 자본지출은 적자재정과 공채발행으로 그 수입에 충당하게 함으로써 **불균형을 이루게** 하는 예산제도이다.

제7절 경찰홍보

01 경찰과 대중매체 관계에 관한 내용과 인물을 바르게 연결한 것은? 　　24. 순경

> ⊙ 경찰과 대중매체가 서로를 필요로 하기 때문에 둘 사이에는 공생관계가 발달한다고 주장하였다.
> ⓒ 경찰과 대중매체는 서로 연합하여 그 사회의 일탈에 대한 개념을 규정하며, 도덕성과 정의를 규정짓는 사회적 엘리트 집단을 구성한다.
> ⓒ 경찰과 대중매체의 관계를 "단란하고 행복스럽지는 않지만, 오래 지속되는 결혼생활"에 비유하였다.

① ⊙ - G. Crandon　　ⓒ - R. Mark　　ⓒ - R. Ericson
② ⊙ - R. Ericson　　ⓒ - G. Crandon　ⓒ - R. Mark
③ ⊙ - R. Mark　　　ⓒ - R. Ericson　　ⓒ - G. Crandon
④ ⊙ - G. Crandon　　ⓒ - R. Ericson　　ⓒ - R. Mark

[해설] 공생관계 - G. Crandon
엘리트 - R. Ericson
결혼생활 - R. Mark

02 다음 ( ) 안에 들어갈 인물을 바르게 나열한 것은? 　　응용문제

> 경찰과 대중매체의 관계를 '단란하고 행복스럽지 않더라도, 오래 지속되는 결혼생활'에 비유한 사람은 (⊙)이고, '경찰과 대중매체는 서로를 필요로 하기 때문에 둘 사이에는 공생관계가 발달한다.'고 주장한 사람은 (ⓒ)이다.

① ⊙ Ericson ⓒ Crandon
② ⊙ Crandon ⓒ Sir Robert Mark
③ ⊙ Sir Robert Mark ⓒ Ericson
④ ⊙ Sir Robert Mark ⓒ Crandon

[해설] ▶ 경찰과 대중매체와의 관계

로버트 마크 (R. Mark)	단란하고 행복스럽지는 않더라도, 오래 지속되는 **결혼생활**
에릭슨 (R. Ericson)	경찰과 대중매체는 서로 연합하여 그 사회의 일탈에 대한 개념을 규정하며, 도덕성과 정의를 규정짓는 사회적 **엘리트 집단**을 구성한다고 주장
크랜돈 (G. Crandon)	경찰과 대중매체는 상호 필요성 때문에 **공생관계**로 발전

Answer　01 ④　02 ④

03 경찰홍보와 관련하여 다음 ( ) 안에 들어갈 말을 나열한 것으로 가장 적절한 것은? [응용문제]

(㉠)는 신문·잡지·TV 등의 보도기능에 대응하는 활동으로 대개 사건·사고에 대한 질의에 답하는 대응적이고 소극적인 홍보활동을 말하고, (㉡)는 주민을 소비자로 보는 관점으로 유료광고·캐릭터 활용 등의 방법이 있다.

① ㉠ 언론관계 ㉡ 지역공동체관계
② ㉠ 언론관계 ㉡ 기업식 경찰홍보
③ ㉠ 대중매체관계 ㉡ 지역공동체관계
④ ㉠ 대중매체관계 ㉡ 기업식 경찰홍보

해설 ▶ 유형

구분	내용
협의의 홍보 (PR : Public Relations)	**유인물, 인쇄매체, 각종 매체 등을 통해** 개인이나 단체의 좋은 점을 일방적으로 알리는 활동을 말한다.
지역공동체 관계 (CR : Community Relations)	**지역사회 내에서 경찰과 주민이 직접적인 대화를 통하여** 문제점을 해결하고 경찰업무를 설명하여 상호 이해와 협력을 얻는 동시에 경찰활동을 널리 알리는 종합적인 지역사회 홍보체계를 의미하며, CR의 수단으로서 가장 효과적인 것은 지역경찰관의 활동이다.
언론관계 (PR : Press Relations)	신문, TV, 라디오 등 뉴스 프로그램의 보도기능에 대응하는 활동으로 **대개 사건·사고에 대한 기자들의 질의에 답하는 대응적이고 소극적인 홍보활동**을 말한다.
기업 이미지식 경찰홍보	① 소비자주권시대를 맞아 경찰업무의 서비스 개념, 즉 주민을 소비자로 보는 관점에서 발달한 개념이다. ② 조직이미지를 고양하여 높아진 주민 지지도를 바탕으로 예산획득, 형사사법 환경하의 협력확보 등의 목적을 달성하는 종합적이고 계획적인 홍보활동이다. ③ **캐릭터(포돌이)를 이용한 활동이 여기에 해당**된다.
대중매체 관계 (MR : Media Relations media Services)	종합적인 홍보활동으로 신문, 방송 및 영상물 등 **각종 대중매체 제작자와 긴밀한 협조관계를 구축, 유지하여 대중매체의 필요를 충족시켜 주면서** 경찰의 긍정적인 측면을 널리 알리는 **적극적인 활동**을 말한다.

04 경찰홍보의 유형과 관련하여 (가)와 (나)의 내용을 가장적절하게 나열한 것은? [74기 경간부]

(가)는 인쇄매체, 유인물 등 각종 대중매체를 통하여 개인이나 단체의 긍정적인 점을 일방적으로 알리는 활동을 의미하고,
(나)는 단순히 기자들의 질문에 응답만 하는 것이 아니라 신문·방송 등 대중매체와 긴밀한 협조관계를 구축하여 대중매체가 원하는 바를 충족시켜주는 것과 동시에 경찰의 긍정적인 측면을 널리 알리는 활동을 말한다.

Answer 03 ② 04 ②

	(가)	(나)
①	협의의 홍보	언론관계(Press Relations)
②	협의의 홍보	대중매체관계(Media Relations)
③	기업 이미지식	경찰홍보 언론관계(Press Relations)
④	기업 이미지식	경찰홍보 대중매체관계(Media Relations)

해설   가. **협의의 홍보**
        나. **대중매체관계**(Media Relations)

05 경찰공보 활동으로서 PR과 CR의 비교 설명이다. 맞지 않는 것은? 응용문제

① PR은 대중매스컴을 통한 간접수단적 성격이고, CR은 주민과 대화를 통한 직접수단적 성격을 가진다.
② PR은 불특정 다수를 대상으로 하고, CR은 특정 다수를 대상으로 한다.
③ PR은 대외적 공보활동으로서의 성격을 가지고, CR은 대내적 공보활동으로서의 성격을 가진다.
④ CR은 넓게는 PR의 개념에 포함된다고 볼 수 있다.

해설 ▶ **협의의 홍보(PR)과 지역공동체관계(CR)**

	협의의 홍보(PR)	지역공동체관계(CR)
대 상	일반국민(불특정 다수인)	지역사회주민(특정 다수인)
수 단	대중매스컴을 통한 간접수단	주민과 대화를 통한 직접수단
공통점	국민이나 주민 등의 협력을 얻기 위한 대외적 공보(홍보)활동	
관계	CR은 넓게는 PR의 개념에 포함된다고 볼 수 있다	

06 경찰홍보에 대한 설명 중 옳은 것은 모두 몇 개인가? 응용문제

가. 공공관계(PR)는 상대방의 지지를 얻기 위한 노력이나 활동이라는 점에서 선전과 유사하다.
나. 보도관련 용어 중 off the record는 보도하지 않을 것을 조건으로 하는 자료나 정보제공을 말한다.
다. Crandon은 경찰과 대중매체는 서로 얽혀서 범죄와 정의, 사회질서의 현실을 해석하고 규정짓는 사회기구의 역할을 수행한다고 주장하였다.
라. 주민의 지지도를 바탕으로 예산획득, 형사사법 환경하의 협력확보 등의 목적을 달성하는 종합적이고 계획적인 홍보활동을 기업 이미지식 경찰홍보라고 한다.
마. Ericson은 경찰과 대중매체는 서로를 필요로 하기 때문에 둘 사이에는 공생관계가 발달한다고 주장하였다.
바. 경찰의 홍보활동과 관련하여 헌법상 사생활의 보호와 알 권리 간의 균형있는 조화가 필요하다

Answer   05 ③   06 ③

① 2개   ② 3개
③ 4개   ④ 5개

해설
다. Ericson은 경찰과 대중매체는 서로 얽혀서 범죄와 정의, 사회질서의 현실을 해석하고 규정짓는 사회기구의 역할을 수행한다고 주장하였다.
마. Crandon은 경찰과 대중매체는 서로를 필요로 하기 때문에 둘 사이에는 공생관계가 발달한다고 주장하였다.

07 경찰홍보에 관한 설명이다. 가장 적절하지 않은 것은?   응용문제

① 기업 이미지식 경찰홍보란 포돌이처럼 상징물을 개발, 전파하는 등 조직이미지를 고양하여 높아진 주민 지지도를 바탕으로 예산획득, 형사사법 환경하의 협력확보 등의 목적을 달성하는 종합적이고 계획적인 홍보활동을 말한다.
② 경찰과 대중매체의 관계를 '단란하고 행복스럽지는 않더라도, 오래 지속되는 결혼생활'에 비유한 사람은 Sir. Robert Mark이다.
③ 적극적 홍보전략으로는 대중매체 이용, 언론접촉 장려, 홍보와 타기능의 연계, 비밀주의와 공개최소화원칙이 있다.
④ 협의의 홍보란 유인물, 팜플렛 등 각종 매체를 통해 개인이나 단체의 좋은 점을 일방적으로 알리는 활동이다.

해설 비밀주의와 공개최소화원칙은 소극적 홍보전략이다. 적극적 홍보전략은 **공개주의와 비밀최소화원칙이다.**

▶ 홍보전략

소극적 홍보전략	① 홍보실과 기자실 ② 홍보와 타 기능의 분리 ③ 언론접촉 규제 **④ 비밀주의와 공개최소화 원칙**
적극적 홍보전략	① 대중매체의 이용 **② 공개주의와 비밀최소화 원칙** ③ 전 경찰의 홍보요원화 ④ 언론접촉 장려 ⑤ 홍보와 타 기능의 연계를 통한 총체적 홍보전략

08 보도 관련 용어에 대한 설명 중 가장 옳지 않은 것은?   응용문제

① Issue : 가사 내용을 요약해서 1~2줄 정도로 간략하게 쓴 글
② Deadline : 취재된 기사를 편집부에 넘겨야 하는 기사 마감시간
③ Embargo : 어느 시한까지 보도하지 않을 것을 전제로 자료 제공이 이루어지는 관행
④ Off the record : 보도하지 않을 것을 조건으로 하는 자료나 정보제공

Answer   07 ③   08 ①

해설 ▶ 보도관련 용어

보도용 설명 (On The Record)	제공하는 정보를 즉시 기사화할 수 있는 경우를 말하며, 취재원의 이름과 직책이 기사에 이용될 수 있다. 대부분의 보도자료 제공에는 이 방법을 사용하고 있다.	
비보도 (Off The Record)	보도하지 않을 것을 전제로 자료제공이 이루어지는 관행을 말한다.	
	전면적 비보도	취재한 내용을 어떠한 형식으로도 보도하지 못하는 것
	취재원 및 소속기관 비보도	취재원을 보호하기 위하여 소속기관까지도 공표하지 않을 것을 약속하는 것
	취재원 비보도	취재원의 신원만을 밝히지 않을 것을 조건으로 하는 것
가십(Gossip)	원래 험담이나 루머 등 확인되지 않은 뉴스를 말하나, 우리 언론에서는 스트레이트로 처리하기 힘든 **흥밋거리, 뒷이야기, 스케치 등을 함축성 있게 처리한 기사**로 사용하고 있다.	
라운드업(Round Up)	한동안 보도되어 온 중요뉴스나 사건의 전말을 종합적으로 정리한 기사	
리드(Lead)	전문(前文)으로 기사내용을 1~2줄 정도로 간략하게 쓴 글이다.	
엠바고(Embargo)	**어느 시한까지 보도하지 않을 것을 전제로 자료제공이 이루어지는 관행**	
콘티(Continuity)	방송용의 비디오 대본이나 준비된 방송자료	
크레디트(Credit)	외신 기사머리에 발신, 통신사명 등을 밝히는 것으로 기사의 신뢰성과 계약관계를 명시한다.	
이슈(Issue)	일정시점에서 중요시되어 토론, 논쟁이나 갈등의 요인이 되는 **사회, 문화, 경제, 정치적 관점이나 사고**	
데드라인(Deadline)	취재된 기사를 편집부에 넘겨야 하는 **기사 마감시간**	

CHAPTER 05 경찰에 대한 통제방안 및 향후과제

제1절 경찰에 대한 통제방안

01 경찰통제의 요소 중 행정통제의 근본 또는 전체요소라고 볼 수 있는 것은? 응용문제

① 권한의 분산   ② 공개
③ 참여   ④ 책임

해설 ▶ **경찰통제의 기본요소**

환 류	경찰행정의 목표와 관련하여 그 수행 과정의 적정 여부를 확인하는 과정으로 이의 확인 결과에 따라 책임을 추구하고 나아가 환류를 통하여 순환을 발전적으로 유도하여야 한다.
정보의 공개	① **경찰통제의 요소 중 행정통제의 근본 또는 전제요소라고 볼 수 있다.** ② 정보의 공개가 없으면 참여가 불가하고 그 결과 통제가 불가하게 된다. 그러므로 경찰기관의 **정보는 과감하게(원칙적, 적극적) 공개하여야 한다.** ③ 국민의 알권리를 보장하고 국정에 대한 국민의 참여와 국정운영의 투명성을 확보하기 위해 행정기관의 정보공개가 강력히 요청된다.
책 임	① 경찰에 대한 **통제의 과정에서 잘못으로 드러난 문제에 대해서는 분명히 책임**(형사책임, 민사책임, 징계책임 등)을 추궁해야 한다. ② 통제는 자기통제가 바람직하나, 조직의 자기비호와 변화를 거부하는 속성상 외부통제가 필요하다. ③ 외부기관에 의한 업무의 상시적인 지휘는 조직의 자율성을 저해하는 등의 문제점이 있으므로 바람직하지 않다.
참 여	① **국민의 행정참여 기회의 소홀** : 주권자인 국민에게는 사전적 절차로서 자기의 권리를 보호해 나가기 위해 행정에 참여할 기회가 인정되지 않아 행정의 절차적 통제가 소홀히 되어 온 것이 사실이다. ② **국민의 경찰행정에 대한 참여 도모** : 민주적 통제 장치의 일환으로서 국민의 경찰행정에 대한 참여를 도모하기 위한 목적으로 경찰위원회가 구성되어 있는 등 제한적이나마 간접적 참여의 장치도 마련되어 있다.
권한의 분산	권한이 중앙이나 일부에 집중되어 있을 때 남용의 위험이나 정치적 유혹 또는 이용의 대상이 되기 쉬우므로 **경찰의 중앙조직과 지방조직간의 권한의 분산, 상위계급자와 하위계급자 간의 권한의 분산 등이 필요**하다.

Answer 01 ②

02 경찰통제의 필요성과 기본요소를 구분할 때, 경찰통제의 기본요소에 관한 설명으로 가장 적절하지 않은 것은?

74기 경간부

① 권한의 분산 : 경찰의 중앙조직과 지방조직 간의 권한 분산, 상위계급자와 하위계급자 간의 권한 분산 등이 필요하다.
② 정보의 공개 : 경찰의 정보공개를 통해 행정기관의 투명성이 확보된다면 독선과 부패는 억제될 수 있다.
③ 인권의 보호 : 경찰활동은 특성상 국민의 인권과 직결되는 부분이 많기 때문에 인권침해를 방지해야 한다.
④ 참여의 보장 : 경찰은 국민에게 행정참여를 보장함으로써 행정의 공정성, 투명성 및 신뢰성을 확보해야 한다.

해설 ▶ **경찰통제의 기본요소 및 필요성**

경찰통제의 기본요소	㉠ 권한분산, ㉡ 정보공개, ㉢ 국민참여, ㉣ 책임, ㉤ 환류
경찰통제의 필요성	㉠ 경찰의 민주적 운영, ㉡ 경찰의 정치적 중립 확보 ㉢ 경찰활동의 법치주의 도무, ㉣ **국민의 인권보호,** ㉤ 조직자체의 부패방지

03 행정책임과 행정통제에 관한 설명으로 가장 적절하지 않은 것은?

응용문제

① 행정책임이란 행정조직이 직무를 수행할 때 주권자인 국민의 기대와 요구에 부응하여 공익·근무규율 등 일정한 기준에 따라 행동하여야 할 의무를 말한다.
② 보통 행정책임을 확보하기 위한 수단으로서 행정통제가 행하여진다.
③ 행정책임과 행정통제는 민주성 확보와 법치주의 확립 및 정치적 중립성 확보를 위해 필요하다.
④ 경찰에 대한 통제의 필요성은 경찰의 민주적 운영을 위해서라기보다는 경찰의 능률성을 확보하기 위해서 더 필요하다.

해설 경찰에 대한 통제의 필요성은 **경찰의 민주적 운영을 위해서 필요한 수단**이다.

04 다음 중 경찰통제에 대한 설명으로 가장 옳지 않은 것은?

응용문제

① 민주적 통제는 경찰조직의 민주성을 확보하기 위한 통제방법으로 각국의 행정체계에 따라 다르다. 우리나라에서는 경찰조직의 민주성 확보를 위해 경찰위원회 제도를 두고 있으나 선거제도와 자치경찰제는 시행하고 있지 않다.
② 경찰활동이 행정편의주의에 입각한 고도의 재량행위지만, 오늘날에는 재량의 일탈과 남용에 대해서는 사법심사의 대상이 된다고 보고 있는데, 이 경우 실체적 심사뿐만 아니라 재량의 절차적 통제가 가능하다고 본다.

Answer 02 ③ 03 ④ 04 ①

③ 오늘날에는 행정청의 행위로 권리나 이익을 침해받기 전에 국민이 절차적으로 참여하는 등 사전통제를 강화하는 추세이다.
④ 사법통제는 사후통제이기 때문에 행정결정에 대하여 효과적인 구제책이 되지 못하고, 소송절차가 복잡하고 시간과 경비가 많이 소요되며, 위법성 여부만을 다툴 수 있을 뿐이며 행정의 비능률성이나 부당한 재량행위는 다툴 수 없다는 점 등이 문제점으로 제기되고 있다.

해설 우리나라에서는 경찰청장 등에 대한 선거제도는 없으나 **자치경찰제는 일부(제주자치경찰) 시행하고 있다**.

▶ 민주적 통제와 사법적 통제

민주적 통제 (영미법계)	① **절차적·사전통제 중심**이다. ② **경찰의 민주성 확보를 위한 제도적 장치를 마련하여 시민이 직접 또는 그 대표기관을 통한 참여와 감시를 가능케 하는 민주적 통제장치를 구축하고 있다.** ▶ 경찰위원회제도, 자치경찰제도, 경찰책임자의 선거제도 등 ③ **영미법계 국가에서는 경찰조직의 민주성을 확보하기 위한** 제도적 장치마련에 관심을 가지고 있다
사법적 통제 (대륙법계)	① **실체적·사후통제 중심**이다. ② 경찰행정에 대한 **사법심사 등을 통해** 법원이 행정부의 행위를 심사함으로써 통제하는 사법적 통제장치를 구축하고 있다. ▶ 국가배상제도, 행정소송제도 ③ **대륙법계의 국가에서는** 초기 행정소송 등의 **열기주의에서 개괄주의로 전환함으로써 행정에 대한 법원의 통제를 확대**하고 있으며, 이는 국민의 사법적 구제의 길을 넓힘으로써 행정에 대한 통제를 강화하는 효과를 가져왔다.

05 경찰통제에 대한 설명으로 가장 적절하지 않은 것은? 20. 순경

① 경찰위원회제도와 국민감사청구제도는 경찰행정에 대하여 국민들의 참여를 보장하는 민주적 통제장치이다.
② 경찰의 위법행위에 대한 국가배상판결이나 행정심판에 의한 통제는 사법통제이며, 국가인권위원회와 국민권익위원회에 의한 통제는 행정통제이다.
③ 상급기관이 갖는 훈령권·직무명령권은 하급기관의 위법이나 재량권 행사의 오류를 시정할 수 있는 내부적 통제장치이다.
④ 국회가 갖는 입법권과 예산심의권은 사전통제에 해당하나 예산결산권과 국정감사·조사권은 사후통제에 해당한다.

해설 국가인권위원회와 국민권익위원회에 의한 통제는 **외부통제**이다.

Answer 05 ②

▶ 사전통제와 사후통제(경찰권 발동의 시점에 따라 구분)

의의		① 사전통제와 사후통제의 구분은 "경찰권 발동의 시점"을 기준으로 한다. ② 오늘날 행정청에 대해서는 권리나 이익이 침해받기 전에 절차적으로 참여하는 등 사전통제를 강화하고 있다.
사전통제	행정절차법	① 행정에 대한 사전통제를 규정하고 있는 기본법이다. ② 의견청취제도, 입법예고제, 행정예고제 등이 있다.
	정보공개청구권	① 국민의 알권리를 보장하고 국정에 대한 국민의 참여와 국정운영의 투명성을 확보함을 목적으로 행정기관의 정보공개가 강력히 요청되고 있다. ② 정보의 공개는 행정통제의 근본이 되고 있다.
	입법기관인 국회	입법권, 국회의 예산심의권, 경찰청장의 인사청문회 등을 통하여 경찰관계 법령의 제정이나 경찰예산의 편성과정에서 통제가 가능하다.
사후통제	행정부에 의한 통제	① 행정부의 행정심판 ② 소청심사위원회의 소청심사 ③ 징계책임 ④ 상급기관의 하급기관에 대한 감사(감독)권
	사법부에 의한 통제	① 행정소송 ② 국가배상청구소송 ③ 사법부의 사법심사에 의한 통제
	입법부에 의한 통제	① 국정감사 및 조사권 ② 경찰청장의 탄핵소추권 ③ 국회의 예산결산권

06 경찰 통제에 대한 설명 중 가장 적절하지 않은 것은? _{20. 승진}

① 18세 이상의 국민은 경찰을 비롯한 공공기관의 사무처리가 법령위반 또는 부패행위로 인하여 공익을 현저히 해하는 경우 200인 이상의 연서로 감사원에 감사를 청구할 수 있다.
② 경찰위원회 제도는 경찰의 주요정책 등에 관하여 심의·의결하는 권한을 가지고 있으므로 민주적 통제에 해당하고, 행정안전부 소속으로 외부적 통제에도 해당한다.
③ 청문감사관 제도는 경찰 내부적 통제이다.
④ 행정절차법은 입법예고, 행정예고 등 행정에 대한 사전 통제를 규정하고 있다.

해설 18세 이상의 국민은 경찰을 비롯한 공공기관의 사무처리가 법령위반 또는 부패행위로 인하여 공익을 현저히 해하는 경우 **300인 이상의 연서로 감사원에 감사를 청구할 수 있다.**

07 경찰통제의 유형에 대한 설명 중 옳은 것은? _{20. 경간부}

① 행정절차법, 국회에 의한 예산결산권은 사전통제에 해당한다.
② 경찰청의 감사관, 시·도경찰청의 청문감사인권담당관, 경찰서의 청문감사인권관은 외부통제에 해당한다.
③ 국가인권위원회의 통제는 협의의 행정통제로서 외부통제에 해당한다.

Answer 06 ① 07 ④

④ 행정안전부장관의 경찰청장과 경찰위원회 위원의 임명제청권은 행정통제로서 외부통제에 해당한다.

해설 ① 국회에 의한 예산결산권은 사후통제에 해당한다.
② 청문감사관제도는 내부적 통제에 해당한다.
③ 국가인권위원회의 통제는 독립기관이므로 '광의의 행정부'에 의한 통제이다.

08 다음은 경찰의 사전통제와 사후통제, 내부통제와 외부통제를 구분없이 나열한 것이다. 이 중 사전통제와 내부통제에 관한 것으로 올바르게 짝지어진 것은? 응용문제

〈사전통제와 사후통제〉
가. 행정절차법에 의한 청문
나. 국회의 입법권
다. 국회의 국정감사·조사권
라. 사법부에 의한 사법심사
마. 국회의 예산심의권

〈내부통제와 외부통제〉
㉠ 경찰위원회의 심의·의결
㉡ 감사원에 의한 직무감찰
㉢ 청문감사관 제도
㉣ 경찰청장의 훈령권
㉤ 중앙행정심판위원회의 심리·재결

① 사전통제 : 가, 나 내부통제 : ㉠, ㉢
② 사전통제 : 나, 라 내부통제 : ㉢, ㉣
③ 사전통제 : 라, 마 내부통제 : ㉡, ㉤
④ 사전통제 : 나, 마 내부통제 : ㉢, ㉣

해설 가, 나, 마 – 사전
다, 라 – 사후
㉠, ㉡, ㉤ – 외부
㉢, ㉣ – 내부

09 다음 경찰의 통제유형 가운데 사후통제인 동시에 외부통제에 해당하는 것은 몇 개인가? 응용문제

가. 청문감사관제도   나. 국회의 예산심의권
다. 국회의 국정감사   라. 경찰위원회의 심의·의결
마. 법원의 사법심사   바. 감사원의 직무감찰

① 2개   ② 3개
③ 4개   ④ 5개

해설 사후, 외부 : 다, 마, 바
사후, 내부 : 가
사전, 외부 : 나, 라

Answer 08 ④ 09 ②

10 경찰통제에 관한 설명 중 가장 적절하지 않은 것은? 　　22. 순경

① 국회는 입법권과 예산심의권을 통해 경찰을 사전 통제할 수 있다.
② 「부패방지 및 국민권익위원회의 설치와 운영에 관한 법률」 및 동법 시행령에 따르면, 18세 이상의 국민은 경찰 등 공공기관의 사무처리가 법령위반 또는 부패행위로 인하여 공익을 현저히 해하는 경우, 100명 이상의 국민의 연서로 감사원에 감사를 청구할 수 있다.
③ 상급자의 하급자에 대한 직무명령권은 내부적 통제의 일환이다.
④ 경찰의 위법한 처분에 대한 행정소송제도는 사법통제로서 외부적 통제장치이다.

(해설) 300명 이상의 국민의 연서로 감사원에 감사를 청구할 수 있다.

11 다음 경찰통제의 유형 중 내부적 통제에 해당하는 것은 모두 몇 개인가? 　　23. 순경

㉠ 청문감사인권관제도	㉡ 국민권익위원회
㉢ 국가경찰위원회	㉣ 소청심사위원회
㉤ 경찰청장의 훈령권	㉥ 국회의 입법권

① 2개　　② 3개
③ 4개　　④ 5개

(해설) 내부통제로는 ㉠ ㉤이다.

12 경찰통제의 유형 중 가장 적절하게 연결된 것은? 　　23. 승진

① 민주적 통제 - 국가경찰위원회, 국민감사청구, 국가배상제도
② 사전통제 - 입법예고제, 국회의 예산심의권, 사법부의 사법심사
③ 외부통제 - 소청심사위원회, 행정소송, 훈령권
④ 사후통제 - 행정심판, 국정 감사·조사권, 국회의 예산결산권

(해설) ① **국가배상제도**는 사법적 통제이다.
② **사법부의 사법심사**는 사후통제이다.
③ **훈령권**은 내부통제이다.

13 경찰통제에 관한 설명으로 가장 적절하지 않은 것은? 　　22. 경특

① 상급기관의 하급기관에 대한 감독권은 사후통제이며, 국회의 입법권·예산심의권은 사전통제이다.
② 법원은 행정소송, 규칙심사를 통해 외부통제가 가능하다.

Answer　10 ②　11 ①　12 ④　13 ④

③ 경찰은 감사관 제도를 통해 내부통제를 하고 있다.
④ 경찰은 국가경찰위원회라는 내부통제 조직을 가짐으로써 민주적 통제의 기반을 마련하였다.

(해설) 경찰은 국가경찰위원회라는 **외부통제 조직을 가짐으로써** 민주적 통제의 기반을 마련하였다.

14 경찰 통제에 관한 설명으로 가장 적절한 것은? 23. 경특

① 대통령에 의한 통제, 감사원에 의한 통제, 국민권익위원회에 의한 통제, 중앙행정심판위원회에 의한 통제, 소청심사위원회에 의한 통제, 경찰청장에 대한 탄핵소추의결권에 의한 통제는 외부통제로서 사법통제에 해당한다.
② 경찰서의 감찰·감사업무, 민원인의 고충 상담, 인권보호 상황을 확인·점검하는 감사관제(청문감사인권관)는 내부통제에 해당한다.
③ 국가경찰위원회는 심의·의결하는 권한을 가지고 있으므로 민주적 통제에 해당하고 내부통제에 해당된다.
④ 사법부에 의한 사법심사(행정소송) 및 국회에 의한 예산결산권, 국정감사권·조사권은 사전통제에 해당된다.

(해설) ① 대통령에 의한 통제, 감사원에 의한 통제, 국민권익위원회에 의한 통제, 중앙행정심판위원회에 의한 통제, 소청심사위원회에 의한 통제는 **행정통제**이며, 경찰청장에 대한 탄핵소추의결권은 **입법통제**라고 할 수 있다.
③ 국가경찰위원회는 심의·의결하는 권한을 가지고 있으므로 민주적 통제에 해당하고 **외부통제에 해당**된다.
④ 사법부에 의한 사법심사(행정소송) 및 국회에 의한 예산결산권, 국정감사권·조사권은 **사후통제**에 해당된다.

15 경찰통제에 관한 설명으로 옳은 것은 모두 몇 개인가? 24. 순경

㉠ 경찰이 보유·관리하는 정보는 국민의 알권리 보장 등을 위하여 「공공기관의 정보공개에 관한 법률」에서 정하는 바에 따라 적극적으로 공개하는 것이 기본 원칙이다.
㉡ 국회에 의한 입법통제 방식에는 사전통제 방식과 사후통제 방식이 존재한다.
㉢ 행정부에 의한 통제유형에는 중앙행정심판위원회에 의한 통제, 국정조사·감사권 등이 포함된다.
㉣ 「경찰감찰규칙」에서는 조사대상자가 영상녹화를 요청하는 경우에 감찰관이 재량적으로 판단할 수 있도록 하고 있다.

① 없음 ② 1개
③ 2개 ④ 3개

(해설) ㉢ 국정조사 및 국정감사권은 **입법부에 의한 통제에 해당**한다.
▶ (㉣) 제30조(영상녹화)
① 감찰관은 조사대상자가 영상녹화를 요청하는 경우에는 그 조사과정을 영상녹화하여야 한다.

Answer 14 ② 15 ③

제2절 경찰의 향후과제

01 경찰서장 甲은 관할서에 부임한 뒤 기존 직원들의 관행을 타파하기 위하여 많은 행정개혁을 시도하였으나, 직원들의 저항에 부딪히게 되었다. 이러한 저항이 발생하는 원인 및 이에 대한 극복 방안에 대한 설명 중 가장 옳지 않은 것은? _{응용문제}

① 甲이 무궁화 포럼에서 직원들 전체를 모아 놓고 교육훈련을 통해 의식개혁을 시도하였다면 이는 Etzioni의 공리적 전략에 해당한다고 볼 수 있다.
② 甲은 직원들이 개혁에 대해 저항하는 원인에는 기득권의 침해 등이 포함되어 있다고 생각하였다.
③ 甲은 개혁을 실행함에 있어서 직원들의 저항을 최소화하기 위하여 참여적·상향적 개혁 전략을 채택하기로 하였다.
④ 만약 甲이 취임사를 통해 부정부패 척결을 위해 직원들에게 유흥업소에서 절대 금품을 받지 말라고 지시하면서 단돈 1천원이라도 받으면 중징계 하겠다고 공언하였다면 이는 Etzioni의 강제적 전략에 해당한다고 볼 수 있다.

해설 ▶ 조직혁신의 저항 극복방안(에치오니 A.Etzioni)

강제적 전략	저항에 대한 제재(징계, 감봉, 처벌 등)를 사용하여 개혁에 동참시키는 전략이며, 극복방안으로는 **바람직하지 못한 방법**이다. 따라서 **최후의 수단으로 한정적**으로 사용하는 것이 바람직하다. ▶ 단돈 1000원이라도 받으면 중징계를 하겠다고 공언
규범적 (사회적) 전략	구성원의 참여, 교육훈련 실시, 개혁지도자의 카리스마 등 윤리규범을 이용해 잠재적 저항심리를 완화시키거나 혁신에 동조하도록 하는 전략으로서 **가장 바람직한 방법**이다. ▶ 국민의 신뢰를 받는 경찰상을 구현하기 위해서는 새로운 개혁추진이 필요하다는 정신교육을 강화
공리적 (기술적) 전략	기득권 침해에 대한 경제적 보상, 기득권 불침해 보장 및 이득을 실증해 보이는 전략이다. ▶ 기존의 조사요원들이 인수하여 오던 기소중지자를 관내 소재수사를 담당하는 추적수사요원으로 하여금 인수토록 조치하면서, 추적수사요원의 불만을 해소하기 위하여 수당을 지급

02 에치오니 (A. Etzioni)의 저항극복전략 설명으로 틀린 것은? _{응용문제}

① 에치오니는 개혁에 대한 저항극복 전략으로 공리적 전략, 강제적 전략, 규범적 전략으로 나누었다.
② 공리적 전략이란 경제적 보상을 이용하여 개혁에 동참시키고자 하는 전략이다.
③ 강제적 전략이란 혁신에 저항하는 행위에 대한 제재로 위협함으로써 혁신에 동참시키는 것이다.

Answer 01 ① 02 ④

④ 규범적 전략이란 개혁지도자의 카리스마 등을 통하여 혁신에 동참시키는 것으로 최후의 수단으로 사용하는 것이 바람직하다.

해설) **강제적 전략은** 다른 전략에 비해서 혁신대상자들이나 집행자들의 자발적 동의를 유도하기 어렵다는 점에서 최후의 수단으로 한정적으로 사용하는 것이 바람직하다.

03 행정개혁의 추진전략에 관한 다음 설명 중 틀린 것은? 응용문제

① 명령적·하향적 전략은 지속화에 곤란하다는 단점이 있다.
② 점진적·부분적 전략은 완만하게 추진하는 전략으로 소극적 개혁에 속한다.
③ 참여적·상향적 전략은 신속한 변화에 어려움이 있다.
④ 개발도상국에서는 참여적·상향적 전략을 주로 사용한다.

해설) ▶ 행정개혁의 추진전략

개혁의 폭과 속도에 따른 전략	급진적/전면적 전략	근본적인 변화를 일시에 달성하려는 광범위하고 빠른 속도의 추진전략으로 **개발도상국에서 주로 사용**
	점진적/부분적 전략	개혁의 영향, 수용태세, 동원자원을 감안하여 완만하게 추진하는 전략으로 주로 **선진국에서 사용** ▶ 소극적 개혁, 저항의 감소
개혁의 추진방향에 따른 전략	명령적/하향적 전략	대내외의 참여 없이 상층부에서 일방적으로 추진하는 전략으로 **개발도상국에서 사용** ▶ 저항유발, 지속화 곤란
	참여적/상향적 전략	구성원의 아이디어를 수집하고 그들의 의견을 반영하여 추진하는 전략으로 주로 **선진국에서 사용** ▶ 저항최소화, 신속한 변화 곤란

04 오늘날 우리나라 경찰의 변화에 관한 설명 중 가장 적절하지 않은 것은? 22. 순경

① 수사절차 전반에 걸쳐 주관적인 시각으로 사건을 살펴보고 오류를 바로잡을 수 있도록 하기 위하여 일선 지구대 및 파출소에 '영장심사관', '수사심사관' 제도를 도입·운영하고 있다.
② 집회·시위에 대한 관점을 스웨덴 집회·시위관리 정책을 벤치마킹한 '대화경찰관제'를 도입·시행하고 있다.
③ 국경을 초월하는 국제범죄에 능동적으로 대응하고 재외국민 보호를 위해 치안시스템 전수, 외국경찰 초청연수, 치안 인프라 구축사업 등을 내용으로 하는 치안한류 사업을 추진하고 있다.
④ 2020년 12월 「국가정보원법」 개정에 따라 국가정보원의 국가 안보 관련 수사업무가 경찰로 이관될 예정이다.

해설) 수사, 영장심사관 제도는 2020. 2월부터 경찰수사의 전문성, 공정성 확보를 위해서 시행되고 있는 제도로서 **경감이상 경찰관 중 수사경력 7년 이상의 수사전문가 또는 수사경력 2년 이상의 변호사 자격자 중에서 선발하며, 지방청과 경찰서에 배치를 한다.**

Answer 03 ④ 04 ①

PART 02

각론

CHAPTER 01 생활안전경찰활동
CHAPTER 02 경비경찰활동
CHAPTER 03 수사경찰활동
CHAPTER 04 교통경찰활동
CHAPTER 05 정보경찰활동
CHAPTER 06 보안경찰활동
CHAPTER 07 외사경찰활동

CHAPTER 01 생활안전경찰활동

제1절 범죄학 이론

01 범죄의 개념에 대한 설명이 옳지 않은 것은? _{응용문제}

① 법률적 개념에서 범죄는 법규를 위반하는 행위이다.
② 낙인이론적 개념에 있어 범죄는 특정한 계급이나 권력층에 의해 정의되어진 행위이다.
③ 범죄는 각 시대의 사회, 문화적 상황에도 불구하고 절대적인 개념이다.
④ 해악기준의 개념에 따르면 범죄는 해악이라는 가치적인 측면에 치중한 개념이라는 비판이 있다.

해설 ▶ 범죄의 개념에 대한 이론을 주장한 학자

서덜랜드	① 화이트칼라 범죄에 대한 해악과 사회적 심각성에 대한 연구 ② 상위계층에 의한 경제범죄에 관심
허만 & 스벤딩거 부부	① 범죄는 인간의 기초적 인권을 침해하는 해악적 행위라고 규정 ② 인간의 생존욕구와 자존의 욕구를 침해하는 범죄행위에 대한 심각한 고려가 요구된다고 주장
미칼로스키	① 범죄는 불법과 유사하나 일부는 법적으로 용인되기도 한다고 주장 ② 법적으로는 개념화되지 않은 사회적 해악 행위도 포함시켜야 한다고 주장
사이키스	① 범죄는 사회규범에 대한 위반행위로서 **각 시대의 사회적·역사적, 문화적 환경에 따라 다르다고 주장** ② 법이 금지한 행위

02 다음 설문이 설명하는 범죄의 개념은 어느 것인가? _{응용문제}

㉠ 범죄에 대한 개념의 규정은 주로 사법기관에 의해 이루어진다.
㉡ '바다이야기'와 같은 성인용 게임의 폐해가 사회적 이슈로 문제가 되면서 게임업자에게만 적용되었던 게임 관련 단속 법규를 게임이용자에게도 형법상 도박죄를 적용하여 처벌하겠다는 정책을 결정하였다.
㉢ 시간과 국가별로 실체적 내용이 상이한 경우가 있다.
㉣ 청소년들의 건전한 육성과 유해한 환경으로부터의 보호필요성에 대한 사회적 합의에 기초하여 1997년 「청소년보호법」을 제정하여 청소년들에 대한 담배나 주류의 판매행위를 범죄로 규정하였다.

Answer 01 ③ 02 ③

① 해악기준의 개념　　　　　　② 낙인이론적 개념
③ 법집행 과정상의 개념　　　　④ 법제정 과정상의 개념

해설 법집행 과정상의 개념에 해당된다.

▶ 법제정 및 집행상 개념

법제정 과정상의 개념	① 법규가 형성되는 과정을 중심으로 한 개념이다. ② 사회적 환경변화에 따라 범죄의 개념이 다르다. ③ 법제정기관인 의회의 방침과 정책에 따라 범죄의 개념이 다르다.
법집행 과정상의 개념	① **시간과 국가마다 법집행기관의 방침과 정책에 따라** 범죄의 개념이 다르다. ② 범죄에 대한 개념의 규정은 주로 사법기관에 의해 이루어진다. ③ 사회적 이슈에 대한 경찰의 정책과 방침이 범죄형성에 중요한 역할을 수행한다. "바다이야기" 게임과 같은 불법오락의 보다 효과적이고 철저한 단속을 위해서는 오락행위자에 대해서도 처벌할 필요성이 제기되어 2006년 경찰청에서는 오락행위자들에 대해 그동안 적용하지 않았던 형법상의 "도박죄"를 적용하였다.

03 화이트칼라범죄(White-collar crimes)에 관한 설명으로 가장 적절하지 않은 것은?　　23. 순경

① 초기 화이트칼라범죄를 정의한 학자는 서덜랜드(Sutherland)이다.
② 화이트칼라범죄는 직업활동과 관련하여 높은 지위를 가지고 있는 사람에 의해 저질러지는 범죄이다.
③ 일반적으로 살인·강도·강간범죄는 화이트칼라범죄로 분류된다.
④ 화이트칼라범죄는 상류계층의 경제범죄에 대한 사회적 심각성을 연구하는 과정에서 등장한 개념이다.

해설 횡령, 자금유용, 증권절도, 뇌물수수 및 착복, 내부거래, 컴퓨터 범죄 등과 여러 가지 사기 행위가 있다. 화이트칼라 범죄는 극히 다양하여 거래제한(독점 및 가격조작), 허위광고, 부당노동행위, 작업장에서의 위생 및 안전수칙 위반, 소득세 탈세 외에 갖가지 금융조작이 포함된다. 화이트칼라 범죄는 통상 절도·강도·위조·약탈 등의 범죄보다 훨씬 큰 재정적인 손실을 가져온다.

04 범죄의 개념에 대한 설명 중 틀린 것은?　　　　　　　　　　　　　　　　▶ 응용문제

① J. F. Sheley가 주장한 범죄인의 입장에서 바라본 범죄를 일으키는 필요조건은 범행의 동기, 사회적 제재로부터의 자유, 범행의 기술, 보호자의 부재이다.
② 중화기술이론은 중화의 기술로서 행위에 대한 책임의 회피, 행위로 인한 피해발생의 부정, 피해자의 부정, 비난자에 대한 비난, 보다 높은 충성심에의 호소 등을 설정하였다.
③ G. M. Sykes는 범죄는 각 시대의 사회적, 문화적, 역사적 상황과 환경에 따라 다른 모습을 하게 되는 상대적 개념이라고 주장하였다.

Answer　03 ③　04 ①

④ 범행피해 리스크 수준을 결정하는 4가지 요소인 'VIVA 모델'은 가치(Value), 이동의 용이성(Inertia), 가시성(Visibility), 접근성(Access)으로 구성된다.

해설) J. F. Sheley가 주장한 범죄인의 입장에서 바라본 범죄를 일으키는 필요조건은 범행의 동기, 사회적 제재로부터의 자유, 범행의 기술, **범행의 기회**이다.

05 억제이론(Deterrence theory)에 관한 설명으로 가장 적절하지 않은 것은? 〈22. 경특〉

① 억제(deterrence)는 고전주의 범죄학파의 주요 개념 중 하나이다.
② 효과적인 범죄억제를 위해서는 처벌이 확실하고 엄격하며 신속해야 한다.
③ 일반억제(general deterrence)는 전과자를 대상으로 한 재범방지에 중점을 둔다.
④ 촉법소년의 연령 하향을 주장하는 학자들의 이론적 근거 중 하나이다.

해설) **일반억제**는 범죄자에 대한 처벌을 통해서 **일반대중이 범죄비용을 인식하게 하여 일반대중의 범죄를 줄이는 것**이며, **특별억제**는 형벌을 통해서 범죄자의 처벌에 대한 민감성을 자극하여 **범죄자의 재범을 줄이는 효과**가 있다.

06 고전주의 범죄학의 억제이론(Deterrence Theory)은 베카리아(Beccaria)와 벤담(Bentham)의 주장에 근거한다. 기본전제는 인간이 자유의지를 가지고 합리적인 판단에 의해 행동한다는 것이다. 이를 기반으로 한 처벌은 계량된 처벌의 고통과 범죄로 인한 이익 사이의 함수관계로 설명되는데 이 이론의 핵심적인 내용에 해당되는 것은? 〈24. 순경〉

① 처벌의 확실성, 처벌의 엄격성, 처벌의 신속성
② 처벌의 확실성, 처벌의 엄격성, 처벌의 신중성
③ 처벌의 엄격성, 처벌의 신속성, 처벌의 신중성
④ 처벌의 엄격성, 처벌의 신속성, 처벌의 지속성

해설) 형벌의 집행이 가져야 할 중요한 3가지 요소는 **처벌의 확실성, 처벌의 엄격성, 처벌의 신속성**이다.

07 범죄예방이론에 관한 설명으로 가장 적절하지 않은 것은? 〈24. 순경〉

① 일상활동이론(Routine Actibity Theory), 합리적 선택이론(Rational Choice Theoty), 범죄패턴이론(Crime Pattern Theoty)등은 상황적 범죄예방(Situational Crime Prevention)의 중요한 이론적 배경이 되고 있다.
② 환경 설계를 통한 범죄예방(CPTED)은 물리적 환경설계 또는 재설계를 통해 범죄기회를 차단하고 시민의 범죄에 대한 불안을 감소시키는 전략이다.
③ 특별예방이론이 잠재적 범죄자인 일반인에 대한 형벌의 예방 기능을 강조한 것이라면, 일반예방이론은 형벌을 구체적인 범죄자 개인에 대한 영향력의 행사라고 보고, 범죄자를 교화함으로써 재범하지 않도록 하는 것이다.

Answer 05 ③ 06 ① 07 ③

④ 범죄예방에 질병의 예방과 치료의 개념을 도입하여 소개한 브랜팅햄(P. J. Brantingham)과 파우스트(F. L. Faust)는 범죄예방을 1차적 범죄예방, 2차적 범죄예방, 3차적 범죄예방으로 나누고 있다. 1차적 범죄예방은 일반대중, 2차적 범죄예방은 범죄우범자나 집단, 그리고 3차적 범죄예방은 범죄자가 주요 대상이라고 할 수 있다.

> (해설) **특별예방이론은** 범죄자에 대해 교정, 교화함으로써 재범방지를 위한 목적이고, **일반예방이론은** 형벌을 구체적인 범죄자 개인에 대한 영향력의 행사와 일반인에 대한 형벌의 예방기능을 강조한 이론이다.

08 범죄학에서 고전주의와 실증주의에 관한 설명으로 옳지 않은 것은? _{응용문제}

① 고전주의가 범죄행위에 초점을 둔다면, 실증주의는 개별적 범죄인에 초점을 둔다.
② 고전주의가 계몽주의 사조의 영향을 받았다면, 실증주의는 자연과학 발전의 영향을 받았다.
③ 실증주의가 인간행동에 대해 결정론적으로 해석을 한다면, 고전주의는 자유의지를 강조한 편이다.
④ 고전주의는 행위자의 위험성을 형벌부과의 기초로 한다.

> (해설) 고전주의 범죄학은 **범죄행위에 초점**을 두었다.
> ▶ 고전주의 범죄학과 실증주의 범죄학의 비교

	학자(이론)	내 용	비 고
고전주의 범죄학	베카리아	형벌은 범죄에 비례하여 부과	① 자유의사 ② 범죄행위에 관점 ③ 일반예방효과(처벌의 확실성)에 중점
	벤담	형벌을 통한 범죄통제	
실증주의 범죄학	생물학적 이론	생래적 범죄인설	① 자유의사가 아닌 외적요소에 의한다. ② 범죄자에 관점 ③ 특별예방효과(처벌의 엄격성)에 중점
	심리학적 이론	범죄원인은 정신이상, 모방학습에 기인한다.	

09 생물학적 범죄이론에 관한 내용으로 가장 적절한 것은? _{22. 경특}

① 셸던(Sheldon)은 인간의 체형을 중배엽형(mesomorph), 내배엽형(endomorph), 외배엽형(ectomorph)으로 구분하고, 이중 외배엽형은 활동적이고, 공격적이며, 폭력적 면모를 가진다고 주장하였다.
② 고링(Goring)은 수형자와 일반사회인에 대한 비교 연구를 통해 유전보다는 환경의 역할이 결정적이라고 주장하였다.
③ 초남성(supermale)으로 불리는 XXY 성염색체를 가진 남성은 보통 남성보다 공격성이 더 강한 것으로 알려져 있다.

Answer 08 ④ 09 ④

④ 범죄성 유전에 대한 가계도 연구는 쥬크(Juke)가(家)와 칼리카크(Kallikak)가(家)에 대한 연구가 대표적이다.

해설) ① 셀던(Sheldon)은 인간의 체형을 중배엽형, 내배엽형, 외배엽형으로 구분하고, 이중 **중배엽형**은 활동적이고, 공격적이며, 폭력적 면모를 가진다고 주장하였다.
② 고링(Goring)은 수형자와 일반사회인에 대한 비교 연구를 통해 환경적 역할보다는 **유전적인 요인이 크다고 주장**하였다.
③ 초남성(supermale)으로 불리는 **XYY 성염색체**를 가진 남성은 보통 남성보다 공격성이 더 강한 것으로 알려져 있다.

10 범죄원인에 대한 학설에 대한 설명 중 사회적 수준의 사회구조원인에 대한 학설은 모두 몇 개인가? 응용문제

가. 생물학적 이론 　　　　　나. 사회학습이론
다. 낙인이론 　　　　　　　라. 하위문화이론
마. 심리학적 이론 　　　　　바. 동조성전념이론
사. 차별적 접촉이론 　　　　아. 견제이론
자. 중화기술이론 　　　　　차. 긴장(아노미)이론
카. 사회해체론

① 2개　　　　　　　　　　② 3개
③ 4개　　　　　　　　　　④ 5개

해설) ▶ 범죄학 이론

사회구조이론	아노미(긴장)이론, 사회해체이론, 하위문화이론
사회과정이론	차별적접촉이론, 차별적 동일시 이론, 중화기술이론, 견제이론 사회적 유대이론, 낙인이론

11 사회학적 범죄학 이론 중에서 사회구조원인론 분류하기에 가장 적절하지 않은 이론을 설명한 것은? 24. 순경

① 사람들은 '잠재적 범죄자'로 간주하고 사회적 결속과 유대의 약화로 인해 비행이 발생한다고 주장한다.
② 하류계층 청소년들은 '지위좌절'이라는 갈등의 형태를 경험하면서 중류계층의 가치관에 대한 적대적 반응을 갖게 되고, 목표달성의 어려움을 극복하기 위해 자신들만의 하위문화를 만들게 된다고 주장한다.
③ 사회규범의 붕괴로 무규범 상태가 되고 이러한 무규범 상태에서 범죄가 발생한다고 주장한다.

Answer　10 ②　11 ①

④ 산업화 및 도시화 과정에서 그 지역의 사회조직이 극도로 해체되었기 때문에 범죄와 비행이 발생한다고 주장한다.

> 해설
> ① 허쉬의 사회적 유대이론 – 사회통제이론
> ② 코헨의 비행행위문화이론 – 사회구조이론
> ③ 뒤르켐의 아노미이론 – 사회구조이론
> ④ 쇼와 멕케이 사회해체이론 – 사회구조이론

12 사회적 수준의 범죄원인론 중 '사회과정원인'에 해당하지 않는 것은? 　21. 승진

① Sutherland의 차별적 접촉이론에 따르면, 범죄는 범죄적 전통을 가진 사회에서 많이 발생하며, 이러한 사회에서 개인은 범죄에 접촉·동조하면서 학습한다.
② Cohen은 하류계층의 청소년들이 목표달성의 어려움을 극복하기 위해 자신들만의 하위문화를 만들고, 범죄는 이러한 하위문화에 의해 저질러진다고 주장하였다.
③ Matza & Sykes에 따르면, 청소년은 비행 과정에서 '책임의 회피', '피해자의 부정', '피해 발생의 부인', '비난자에 대한 비난', '충성심에의 호소' 등 5가지 중화기술을 통해 규범, 가치관 등을 중화시킨다.
④ Hirshi에 따르면, 범죄는 사회적인 유대가 약화되어 통제되지 않기 때문에 발생하고, 사회적 결속은 애착, 참여, 전념, 신념의 4가지 요소에 영향을 받는다.

> 해설　Cohen의 비행하위문화이론은 **사회구조원인에 해당**된다.

13 범죄원인론과 관련된 설명으로 연결이 틀린 것은? 　응용문제

① 사회적 유대이론 – 사람은 일탈할 잠재적인 가능성을 가지고 있고, 이것을 통제하는 시스템에 장애가 생기면 통제가 이완되어 범죄가 발생한다고 봄
② 사회해체론 – 도심지의 특정 지역에서 비행이 일반화되는 이유는 산업화·도시화과정에서 그 지역의 사회조직이 극도로 해체되기 때문이며, 이러한 지역은 구성원이 바뀌더라도 비행발생률은 변하지 않는다고 봄
③ 아노미이론 – 구조적으로 야기된 경제적 문제나 신분·지위의 문제를 범죄의 원인으로 봄
④ 차별적 접촉이론 – 범죄의 원인을 물리적 환경으로 보아서, 분화된 사회조직 속에서 분화적으로 범죄문화에 접촉·참가·동조함에 의해서 범죄행동이 학습되는 것으로 봄

> 해설　뒤르켐의 아노미 이론을 일반화, 체계화시킨 학자가 머튼이다. **머튼의 긴장이론은** 구조적으로 야기된 경제적 문제나 신분·지위의 문제를 범죄의 원인으로 보았다.

Answer　12 ②　13 ③

▶ 아노미 이론

에밀 뒤르켐의 아노미이론	① 뒤르켐은 아노미상황이 사회 구성원 개인의 욕구와 욕망에 대한 통제력을 상실했을 때 일어나는 것으로 주로 경제공황, 전쟁, 기아와 같은 재난으로부터 일어나지만 갑작스러운 행운으로 인해 규범이나 규칙에 대한 관념을 혼란시키는 상황에서도 일어날 수 있다고 주장하였다. ② 아노미는 **사회준칙이 붕괴되어 급격한 사회변화·전쟁·사태·소요 등의 기간 동안에 제대로 작용하지 못하는 상태**이다.
로버트 머튼의 긴장이론	① 머튼은 사회문화적 목표를 모든 사회구성원이 공유하고 있으나 이 목표를 성취하기 위한 수단은 계층에 따라 차등화 되어 목표성취가 어려운 계층에게는 분노와 좌절이라는 긴장이 유발되고 결국 비합법적인 수단이나 일탈행위로 표출 된다는 것이다. ② **긴장이론은 구조적으로 야기된 경제적 문제나 신분·지위의 문제를 범죄의 원인으로 보는 이론**이다. ▶ 성적이 오르지 않는 저학력 학생의 욕구불만 ③ 범죄는 정상적인 것이며 불가피한 사회적 행위라는 범죄에 대한 새로운 시각을 제시하였다. ④ 머튼(Merton)은 아노미의 발생원인을 문화적 목표와 제도화된 수단 간의 괴리에서 찾았다. ⑤ 머튼은 **아노미상태에서 개인의 적응방식을 동조형, 혁신형, 의례형, 도피형, 반역형으로 나누고, 그 중 혁신형이 범죄와 가장 깊은 관련이 있다**고 보았다.

14 [보기 2]는 [보기1]에 열거한 학자들이 제시한 견해들이다. 옳게 연결된 것은? 응용문제

〈보기 1〉
1. 롬브로소(C. Lombroso)   2. 가로팔로(R. Garofalo)
3. 페리(E. Ferri)

〈보기 2〉
a. 인간의 근본적 품성인 연민이나 정직성의 결여로 저질러지는 살인·절도와 같은 자연범은 생래적인 것이므로 사형이나 유형에 처해야 한다.
b. 생물학적 퇴행성 때문에 범죄를 저지를 수밖에 없는 생래적 범죄인은 교정의 효과를 거의 기대할 수 없으므로 영구 격리 또는 도태처분을 해야 한다.
c. 범죄를 일으키는 원인으로 물리적 요인, 인류학적 요인, 사회적 요인이 있는데, 어느 사회에나 이 세 가지 요인에 상응하는 일정량의 범죄가 발생한다.

① 1 - a   ② 1 - b
③ 2 - b   ④ 3 - a

해설 a. - 가로팔로
b. - 롬브로조
c. - 페리

Answer 14 ②

▶ 학자

롬브로조	① 저서 『범죄인』을 통해 범죄자는 원시인의 속성을 격세유전을 통해 전수받은 자들이라는 "생래적 범죄인설"을 주장하였다. ② 생물학적 퇴행성 때문에 범죄를 저지를 수 밖에 없는 생래적 범죄인은 교정의 효과를 거의 기대할 수 없으므로 영구 격리 또는 도태처분을 해야 한다고 주장하였다.
페리	① 1917년 저서 『범죄사회학』을 통해 범죄인을 생래적 범죄인, 격정범, 기회범, 정신병적 범죄인 4가지 유형으로 나누고 범죄의 원인이 존재하는 사회에서는 이에 상응하는 일정한 양의 범죄가 반드시 발생한다는 "범죄포화의 법칙"을 주장하였다. ② 범죄를 일으키는 원인으로 ㉠ 인류학적 요인, ㉡ 물리적 요인, ㉢ 사회적 요인이 있다. ③ 형벌을 통한 직접적인 대응보다는 범죄 충동을 없앨 대체 수단이 필요하다고 주장하였다.
가로팔로	① 1885년 저서 『범죄학』을 통해 범죄를 자연범과 법정범으로 구별하였다. ② 인간의 근본적 품성인 연민이나 정직성의 결여로 저질러지는 살인, 절도와 같은 자연범은 생래적인 것이므로 사형이나 유형에 처해야 한다고 주장하였다.

15 서덜랜드(Sutherland)의 차별접촉이론(Differential Association Theory)에 관한 설명으로 가장 적절하지 않은 것은? 　　　　　　　　　　　　　　　　　　　　　　22. 경특

① 기존 생물학적 범죄이론에서 강조한 개인의 범인성을 부정한다.
② 범죄행위를 학습할 때 학습은 범죄기술, 구체적 동기나 욕구, 합리화, 태도 등을 포함한다.
③ 범죄행위의 학습은 타인과의 의사소통과정에서 이루어지는 상호작용의 산물이다.
④ 갓프레드슨(Cottfredson)과 허쉬(Hirschi)의 자기통제이론과 달리 하류계층의 반사회적 행동을 설명하는데 국한된다.

(해설) 사회학습 이론의 설명력은 하류층의 갱 행동과 같은 반사회적 행동에 **국한되지 않는다**. 이 이론은 중산층이나 상류층의 범죄나 비행 행동도 설명할 수 있다.

16 서덜랜드(E. Sutherland)의 차별적 접촉이론(differential association theory)에 관한 설명으로 옳지 않은 것은? 　　　　　　　　　　　　　　　　　　　　　　응용문제

① 범죄행위 학습의 중요한 부분들은 친밀한 관계를 맺고 있는 집단들에서 일어난다.
② 범죄행위는 일반적 욕구나 가치관의 표현이지만, 일반적 욕구나 가치관으로만 범죄행위를 설명할 수 없다.
③ 범죄행위를 학습할 때에 학습되는 내용은 범죄기술, 범죄행위에 유리한 동기, 충동, 합리화방법, 태도 등이다.
④ 범죄자와 비범죄자 간의 차이는 접촉유형의 차이가 아니라 학습과정의 차이이다.

Answer　15 ④　16 ④

해설 ▶ 서덜랜드(E. Sutherland)의 차별적 접촉이론(differential association theory)
① 서덜랜드는 쇼와 맥케이의 사회해체라는 개념 대신 사회조직의 분화라는 개념으로 대체하면서 분화된 사회조직 속에서 범죄행동이 정상적으로 학습된다고 보는 사회적 학습의 개념을 도출하였다.
② **특정한 개인이 분화된 사회조직 속에서 분화적(차별적)으로 범죄문화에 접촉, 참가, 동조함에 의해서 범죄행동이 학습되어 범죄가 발생한다.**
③ 범죄행위 학습의 중요한 부분들은 친밀한 관계를 맺고 있는 집단들에서 일어나며, 범죄행위는 일반적 욕구나 가치관의 표현이지만, 일반적 욕구나 가치관으로만 범죄행위를 설명할 수 없다.
④ 범죄행위를 학습할 때에 학습되는 내용은 범죄기술, 범죄행위에 유리한 동기, 충동, 합리화 방법, 태도 등이다.
⑤ 범죄의 원인을 물리적 환경, 범행의 기회로 본다.

17 허쉬(T. Hirschi)의 사회통제이론(social control theory)에 관한 설명으로 옳지 않은 것은?

응용문제

① 범행을 야기하는 이유보다 특정한 사람들이 범죄를 저지르지 않는 이유에 초점을 둔다.
② 부모와의 애착관계가 긴밀할수록 범죄를 저지를 가능성이 낮다.
③ 공식적 사회와의 유대감이 클수록 범죄를 저지를 가능성이 높다.
④ 범죄를 저지를 잠재적 가능성은 누구에게나 있지만, 범죄의 통제가 가능한 것은 개인이 사회와 맺고 있는 유대관계 때문이다.

해설 ▶ 허쉬(T. Hirschi)의 사회통제이론(social control theory)
① 허쉬(T. Hirschi)는 저서 『비행원인』에서 범죄는 범행하지 못하게 억제하는 요인이 약화되었기 때문이라고 주장하였다.

〈범죄통제를 강화시키는 요인〉

애착	부모나, 학교, 동료와 같이 자신에게는 매우 중요한 사람들에 대한 결속
전념	관습적인 생활방식과 활동에 투자하는 시간과 정열
참여	전념의 결과로 관습적인 일들에 동참
신념	선생님, 경찰, 법률과 같은 공적인 권위의 정당성과 같은 관습적 도덕 가치를 믿는 것

② 위 4가지의 결속을 다지는 유대가 약화됨으로써 사회의 통제를 적게 받게 되고 그만큼 일탈할 수 있는 가능성은 높아진다는 것이다.
③ 범행을 야기하는 이유보다 특정한 사람들이 범죄를 저지르지 않는 이유에 초점을 둔다.
④ 부모와의 애착관계가 긴밀할수록 범죄를 저지를 가능성이 낮다.
⑤ **공식적 사회와의 유대감이 클수록 범죄를 저지를 가능성이 낮다.**
⑥ 규범에 대한 믿음이 약할수록 범죄를 저지를 가능성이 높다.
⑦ 범죄를 저지를 잠재적 가능성은 누구에게나 있지만, 범죄의 통제가 가능한 것은 개인이 사회와 맺고 있는 유대관계 때문이다.

Answer 17 ③

18 다음은 사이크스(Sykes)와 마차(Matza)의 중화기술에 관한 내용이다. ㉠, ㉡에 해당되는 유형이 가장 적절하게 짝지어진 것은?

22. 경특

> ㉠ 범죄자 甲은 이 세상은 타락했고 경찰도 부패했다며 '왜 나만 갖고 그래!'라고 소리쳤다.
> ㉡ 범죄자 乙은 자신에게 폭행당한 사람에게 '네가 힘없는 부녀자를 때렸기 때문에 넌 맞아도 돼!'라고 말했다.

① ㉠ 비난자에 대한 비난(Condomnation of condemners)
　㉡ 피해자의 부정(Denial of Victim)
② ㉠ 책임의 부정(Denial of Responsibility)
　㉡ 피해의 부정(Denial of Injury)
③ ㉠ 책임의 부정(Denial of Responsibility)
　㉡ 피해자의 부정(Denial of Victim)
④ ㉠ 비난자에 대한 비난(Condomnation of condemners)
　㉡ 책임의 부정(Denial of Responsibility)

해설 ㉠ 비난자에 대한 비난(Condomnation of condemners)
　　㉡ 피해자의 부정(Denial of Victim)

19 범죄원인에 대한 제학설의 설명으로 가장 옳지 않은 것은?

응용문제

① 급격한 사회변화로 인해 규범이 붕괴되고 작동하지 않는 상태를 아노미라 한다.
② 사회해체론에서 범죄원인의 특성은 인구밀집, 불안정한 주거환경, 빈곤, 실업, 제한된 경제적 기회, 적절한 역할모델의 부재 등을 들고 있다.
③ 중화기술이론은 Sutherland에 의해 주장된 이론으로 주로 청소년의 범죄에 있어 합법적, 전통적 관습 및 규범의식이나 가치관이 중화된다는 이론이다.
④ 낙인이론은 범죄자로 만드는 것이 행위 질적인 면이 아니라 사람들의 인식이라고 본다.

해설 사이키스(Sykes)는 중화기술이론을 통해 청소년은 비행의 과정에서 합법적, 전통적 관습, 규범, 가치관 등을 중화시킨다고 주장하였다.

▶ 사이크스의 중화기술 이론

의의	① 사이크스(G. M. Sykes)와 맛차(D. Matza)는 청소년의 경우 비행화의 과정에서 이미 내면화되어 있는 합법적·전통적 규범의식이나 가치관을 중화시킨 결과로서 범죄나 비행이 일어나게 된다는 것이다. ② 사이크스(Sykes)는 중화기술이론을 통해 청소년은 비행의 과정에서 합법적, 전통적 관습, 규범, 가치관 등을 중화시킨다고 주장하였다.

Answer 18 ① 19 ③

유형	비난자에 대한 비난	조그만 잘못을 저지른 비행청소년이 자신보다 단속하는 경찰관, 교사, 법관 등이 더 나쁜 사람이라고 스스로를 합리화시킨다. ▶ 검사나 경찰들이 더 악랄하다고 주장
	책임의 회피	자신의 행위가 의도적인 것이 아니고 자신의 잘못도 아니다라고 주장한다. ▶ 갑작스럽게 오줌이 마려워 노상방뇨를 하는 것
	손해(피해) 발생 부정	자신의 행위로 인해 누구도 손해를 입지 않았다고 주장한다. ▶ 안전벨트 착용하지 않는 것, 마약 복용하는 것, 매춘을 하는 것, 도박행위를 하는 것 등
	피해자의 부정	피해자는 응징을 당해야 마땅한 사람이라고 주장한다. ▶ 돈을 빌려 주었는데 돈을 갚지 않자 폭력행사
	보다 높은 충성심에의 호소	자신의 행동이 옳지는 않으나 친구나 주변의 친한 사람을 위해 어쩔 수 없었다는 충성심에 호소한다. ▶ 친구한테 빌려 주는 돈이 도박자금인 줄 알았지만 친한 친구라 모른 척하는 것

20 범죄원인에 관한 제학설 중 틀린 것은? 응용문제

① 사이키스는 중화기술이론을 통해 청소년은 비행의 과정에서 합법적, 전통적 관습, 규범, 가치관 등을 중화시킨다고 주장하였다.
② 서덜랜드는 분화적접촉이론을 통해 사회적 요인이 범죄의 요소이며 범죄행위는 비정상적으로 학습된 행위라고 주장하였다.
③ 실증주의 범죄학에서는 범죄가 자유의지보다 외부적 요소에 의해 강요되는 것이라고 보았다.
④ 시카고 학파는 각 지역사회의 문화적 갈등을 통해 범죄나 비행이 발생한다고 보았다.

해설 서덜랜드(E. H. Sutherland)는 분화적접촉이론을 통해 사회적 요인이 범죄의 요소이며 범죄행위는 **정상적으로** 학습된 행위라고 주장하였다.

21 범죄원인이론에 대한 설명 중 가장 적절하지 않은 것은? 20. 승진

① Miller는 범죄는 하위문화의 가치와 규범이 정상적으로 반영된 것이라고 하였다.
② Cohen은 하류계층의 청소년들이 목표와 수단의 괴리로 인해 중류계층에 대한 저항으로 비행을 저지르며, 목표달성의 어려움을 극복하기 위해 자신들만의 하위문화를 만들게 되는데 범죄는 이러한 하위문화에 의해 저질러진다고 한다.
③ '사회해체론'과 '아노미이론'은 범죄의 원인을 사회적 구조의 특성에서 찾는 사회적 수준의 범죄원인이론이다.
④ Durkheim은 좋은 자아관념이 주변의 범죄적 환경에도 불구하고 비행행위에 가담하지 않도록 하는 중요한 요소라고 한다.

Answer 20 ② 21 ④

해설 **Reckless**는 좋은 자아관념은 주변의 범죄적 환경에도 불구하고 비행행위에 가담하지 않도록 하는 중요한 요소라고 한다.

▶ 레크리스의 견제이론(봉쇄이론)
① 레크리스(W. Reckless)는 **범죄나 비행으로 이끄는 힘이 있더라도 차단하는 힘이 강하면 범죄나 비행이 통제된다고 주장**하였다.
② 나쁜 친구는 범죄나 비행으로 이끄는 유인요인이 될 수 있으며, 좌절감에 대한 내성 및 자기통제력은 범죄나 비행을 차단하는 내적 봉쇄요인에 해당한다고 주장하였다.
③ **외적 봉쇄요인이 약하더라도 내적 봉쇄요인이 강하면 범죄나 비행이 통제될 수 있다고 주장**하였다.

22 하위문화이론(Subcultural Theory)에 관한 설명이다. 이와 관련된 〈보기 1〉의 설명과 〈보기 2〉의 학자를 가장 적절하게 연결한 것은? 22. 경특

〈보기 1〉
(가) 하류계층의 비행은 범죄적(Criminal), 갈등적(conflict), 은둔(도피)적(retreatist) 유형으로 구분된다.
(나) 하류계층의 청소년들은 중류사회의 성공목표를 합법적으로 성취할 수 없기 때문에 지위좌절(status frustration)이라고 하는 문화갈등을 경험하게 된다.
(다) 하류계층 비행청소년들의 비행하위문화는 비실리적(non-utilitarian), 악의적(malicilus), 부정적(negativistic)이라는 특성을 보인다.
(라) 「비행과 기회(Delinquency and Opportunity)」라는 저서를 통해 불법적인 기회에 대한 접근이 불평등하게 분포되어 있다고 주장하였다.
(마) 신체적 강건함, 싸움능력 등을 중시하는 강인함(toughness)이 하류계층의 주된 관심 중 하나라고 주장한다.

〈보기 2〉
㉠ 코헨(Cohen)   ㉡ 클라워드(Cloward)와 올린(Ohlin)   ㉢ 밀러(Miller)

	(가)	(나)	(다)	(라)	(마)
①	㉠	㉡	㉢	㉢	㉡
②	㉡	㉠	㉠	㉡	㉢
③	㉡	㉡	㉠	㉢	㉠
④	㉡	㉠	㉡	㉠	㉢

해설 (가) 하류계층의 비행은 범죄적(Criminal), 갈등적(conflict), 은둔(도피)적(retreatist) 유형으로 구분된다. — ㉡ 클라워드(Cloward)와 올린(Ohlin)
(나) 하류계층의 청소년들은 중류사회의 성공목표를 합법적으로 성취할 수 없기 때문에 지위좌절(status frustration)이라고 하는 문화갈등을 경험하게 된다. — ㉠ 코헨(Cohen)

Answer 22 ②

(다) 하류계층 비행청소년들의 비행하위문화는 비실리적(non-utilitarian), 악의적(malicilus), 부정적(negativistic)이라는 특성을 보인다. - ㉠ 코헨(Cohen)
(라) 「비행과 기회(Delinquency and Opportunity)」라는 저서를 통해 불법적인 기회에 대한 접근이 불평등하게 분포되어 있다고 주장하였다. - ㉡ 클라워드(Cloward)와 올린(Ohlin)
(마) 신체적 강건함, 싸움능력 등을 중시하는 강인함(toughness)이 하류계층의 주된 관심 중 하나라고 주장한다. - ㉢ 밀러(Miller)

23 다음에서 설명하는 범죄원인론과 학자를 바르게 연결한 것은? 24. 승진

> 이 이론은 특정 지역에서의 범죄가 다른 지역에 비해서 많이 발생하는 이유를 규명하고자 하였으며, 연구결과 진이지역(transitional zone)은 타 지역에 비해 범죄율이 상대적으로 높게 나타났다. 또한 '낮은 경제적 지위', '민족적 이질성', '거주 불안정성'을 중대한 3요소로 제시하였으며, 이로 인해 지역 주민은 서로를 모르기 때문에 공동체 의식이 발달하지 못하고 사회적 통제가 약화된다고 보았다.

① 뒤르켐(Durkheim) - 아노미이론
② 코헨(Cohen) - 하위문화이론
③ 갓프레드슨과 허쉬(Gottfredson & Hirschi) - 자기통제이론
④ 쇼와 맥케이(Shaw & Mckay) - 사회해체이론

24 범죄 원인에 관한 학설의 설명으로 가장 적절하지 않은 것은? 24. 순경

① 뒤르켐(Durkheim)은 사회규범이 붕괴되어 규범에 대한 억제력이 상실된 상태를 아노미(Anomie)라고 하고 이러한 무규범상태에서 범죄가 발생한다고 주장하였다.
② 글레이저(Glaser)는 차별적 동일시이론을 통해 범죄의 원인이 개인이 아닌 사회구조의 변화에 있다고 설명하였다.
③ 탄넨바움(Tannenbaum)은 낙인이론을 통해 범죄자라는 낙인이 어떠한 결과를 낳는가에 관심을 가졌다.
④ 코헨(Cohen)은 목표와 수단이 괴리된 하류계층 청소년들이 중산층에 대한 저항으로 비행을 저지르며 목표달성의 어려움을 극복하기 위해 자신들의 하위문화를 만들게 된다고 주장하였다.

해설) 글래저의 차별적 동일시이론은 범죄의 원인이 **개인에 있다고 설명**하고 있다. 범죄자와 직접적인 접촉보다는 TV 등을 통해 보고 듣던 사람들과 동일시를 통해서 보다 잘 이루어질 수 있다고 본 이론이다.

Answer 23 ④ 24 ②

25. 범죄원인에 대한 이론을 설명한 것이다. 옳은 것은 모두 몇 개인가? 〈71기 경간부〉

가. 아노미이론은 Cohen에 의해 주장되었으며 '범죄는 정상적인 것이며 불가피한 사회적 행위'라는 입장에서 사회 규범의 붕괴로 인해 범죄가 발생한다고 보고 있다.
나. J. F. Sheley가 주장한 범죄유발의 4요소는 범죄의 동기, 사회적 제재로부터의 자유, 범죄피해자, 범행의 기술이다.
다. 사회학습이론 중 Burgess & Akers의 차별적 강화이론에 의하면 청소년들이 영화의 주인공을 모방하고 자신과 동일시 하면서 범죄를 학습한다고 한다.
라. Hirschi는 범죄의 원인은 사회적인 유대가 약화되어 통제되지 않기 때문이라고 보고, 비행을 통제할 수 있는 사회적 통제의 결속을 애착, 전념, 기회, 참여하고 하였다.
마. 합리적 선택이론에서는 인간의 자유의지를 인정하는 결정론적 인간관에 입각하여 범죄자는 비용과 이익을 계산하고 자신에게 유리한 경우에 범죄를 행한다고 본다.
바. 일상생활 이론은 범죄자의 입장에서 범행을 결정하는데 고려되는 4가지 요소로 가치, 이동의 용이성, 가시성, 접근성을 들고 있다.
사. 범죄패턴 이론은 지역사회 구성원들이 범죄문제를 해결하기 위해 적극적으로 참여하는 것이 중요한 범죄예방의 열쇠라고 한다.

① 0개 ② 1개
③ 2개 ④ 3개

해설
가. 긴장(아노미)이론은 **머튼에 의해 주장**되었다.
나. J. F. Sheley가 주장한 범죄유발의 4요소는 범죄의 동기, 사회적 제재로부터의 자유, **범행의 기회**, 범행의 기술이다.
다. **글래저의 차별적 동일시이론에 의하면** 청소년들이 영화의 주인공을 모방하고 자신과 동일시 하면서 범죄를 학습한다고 한다.
라. Hirschi는 범죄의 원인은 사회적인 유대가 약화되어 통제되지 않기 때문이라고 보고, 비행을 통제할 수 있는 사회적 통제의 결속을 애착, 전념, **신념**, 참여하고 하였다.
마. 합리적 선택이론에서는 인간의 자유의지를 인정하는 **비결정론적 인간관에 입각**하여 범죄자는 비용과 이익을 계산하고 자신에게 유리한 경우에 범죄를 행한다고 본다.
사. **집합효율성이론**에 대한 내용이다.

Answer 25 ②

26 다음은 관할지역 내 범죄문제 해결을 위해 경찰서별로 실시하고 있는 활동들이다. 각 활동들의 근거가 되는 범죄원인론을 가장 적절하게 연결한 것은? 응용문제

> ㉠ A경찰서는 관내에서 음주소란과 폭행 등으로 적발된 청소년들을 형사입건하는 대신 지역사회 축제에서 실시되는 행사에 보안요원으로 봉사할 수 있는 기회를 제공하였다.
> ㉡ B경찰서는 지역사회에 만연해 있는 경미한 주취소란에 대해서도 예외 없이 엄격한 법집행을 실시하였다.
> ㉢ C경찰서는 관내 자전거 절도사건이 증가하자 관내 자전거 소유자들을 대상으로 자전거에 일련번호를 각인해 주는 서비스를 제공하였다.
> ㉣ D경찰서는 관내 청소년 비행 문제가 증가하자 청소년들을 대상으로 폭력 영상물의 폐해에 관한 교육을 실시하고, 해당 유형의 영상물에 대한 접촉을 삼가도록 계도하였다.

① ㉠ – 낙인이론 ㉡ – 깨진 유리창 이론 ㉢ – 상황적 범죄예방 이론 ㉣ – 차별적 동일시 이론
② ㉠ – 낙인이론 ㉡ – 깨진 유리창 이론 ㉢ – 상황적 범죄예방 이론 ㉣ – 차별적 접촉 이론
③ ㉠ – 상황적 범죄예방 이론 ㉡ – 깨진 유리창 이론 ㉢ – 낙인이론 ㉣ – 차별적 접촉 이론
④ ㉠ – 상황적 범죄예방 이론 ㉡ – 낙인이론 ㉢ – 깨진 유리창 이론 ㉣ – 차별적 동일시 이론

해설 ㉠ – **낙인이론**
㉡ – 깨진 유리창 이론
㉢ – 상황적 범죄예방 이론
㉣ – 차별적 동일시 이론

27 상황적 범죄예방과 관련된 이론에 대한 설명으로 가장 적절하지 않은 것은? 71기 경간부

① 일상활동이론을 주장한 코헨(Cohen)과 펠슨(Felson)은 절도범죄를 설명하면서 VIVA 모델을 제시했는데, 알파벳 I는 Inertia의 약자로서 '이동의 용이성'을 의미한다.
② 범죄패턴 이론은 브랜팅험(Brantingham)이 제시한 이론으로서 지리적 프로파일링의 이론적 배경이 되었다.
③ 상황적 범죄예방이론은 범죄 전이효과가 있다는 비판이 있다.
④ 상황적 범죄예방이론은 개인의 범죄성에 초점을 맞춘 이론으로서 범죄성향이 높은 개인들에게 범죄예방 역량을 집중할 것을 주장한다.

해설 상황적 범죄예방이론은 **범죄행위에 대한 위험과 어려움을 높여 범죄기회를 줄이고 범죄이익을 감소시킴으로써 범죄를 예방하는** 이론이다.

Answer 26 ② 27 ④

▶ 상황적 예방이론

일상 활동 (생활) 이론	① **코헨(L. Cohen)과 펠슨(M. Felson)**은 본래 지역 사회의 차등적 범죄율과 변화를 지역사회의 구조적 특성의 변화가 아닌 개인들의 일상활동의 변화에서 찾고자 한 이론이다. ② 일상활동이론은 잠재적 범죄자는 시대를 불문하고 동일한 수준으로 존재한다는 가정을 기본 전제로 한다. ③ 범죄발생요인을 범죄욕구, 범죄능력, 범죄기회로 구분하고, 범죄가 발생하는 상황적 요인, 특히 범죄기회를 통제하여 범죄를 예방하려고 한다. ④ 범죄기회가 주어지면 누구든지 범죄를 저지를 수 있다고 **보아, 모든 개인을 잠재적 범죄자로 파악하고 있다.** ⑤ 미시적 범죄분석을 토대로 범죄예방 모델을 도출하고자 한다.
합리적 선택 이론	① **클락과 코니쉬(1985)**는 제한된 자유의지 또는 제한된 합리적 인간성을 기본 가정으로 하여 각각 상황에 따른 잠재적 범죄자의 의사결정과정을 설명하는데 잠재적 범죄자는 가능한 적은 비용이나 위험을 감수하고 많은 것을 취하려 한다고 주장한다. ② 인간의 자유의지를 전제로 한 비결정론적 인간관에 입각하고 있다. ③ 범죄행위는 비용과 이익을 고려하여 합리적으로 선택한다.
생태학적 이론	① 최근 선진국에서는 범죄발생을 용이하게 하는 환경요소를 파악하여 주택 및 도시 건설에 있어 설계단계부터 이를 개선함으로서 범죄발생을 줄이려는 노력을 기울이고 있는 것과 관련깊은 이론으로 범죄취약요인을 제거함으로써 범죄예방을 하고자 하는 이론이다. ② **제인 제이콥스(1961)는** 물리적 환경의 변화를 통해 범죄예방을 할 수 있다는 환경설계를 통한 범죄예방(CPTED)을 주장하였다.
범죄패턴 이론	**브랜팅햄(1993)**은 범죄에는 일정한 **장소적 패턴**이 있는데, 이러한 패턴은 범죄자의 일상적인 행동패턴과 유사하다고 주장하였다.

28 다음 경찰활동 예시의 근거가 되는 범죄원인론으로 가장 관련성이 높은 것은? 22. 순경

A경찰서는 관내에서 폭행으로 적발된 청소년을 형사입건하는 대신, 학교전담경찰관이 외부 전문가와 함께 3일 동안 다양한 활동으로 구성된 선도프로그램을 제공함으로써 해당 청소년에게 스스로 잘못을 뉘우치고 장차 지역사회로 다시 통합될 수 있는 기회를 제공하였다.

① 낙인이론
② 일반긴장이론
③ 깨진 유리창 이론
④ 일상활동이론

해설   낙인이론에 대한 내용이다.

Answer 28 ①

29 뉴먼(1972)은 방어공간의 구성요소를 구분하였다. 이와 관련된 〈보기 1〉의 설명과 〈보기2〉의 구성요소가 가장 적절하게 연결된 것은? 　　22. 순경

〈보기1〉
(가) 지역의 외관이 다른 지역과 고립되어 있지 않고, 보호 되고 있으며, 주민의 적극적 행동의지를 보여줌
(나) 지역에 대한 소유의식은 일상적이지 않은 일이 있을 때 주민으로 하여금 행동을 취하도록 자극함
(다) 특별한 장치의 도움없이 실내와 실외의 활동을 관찰할 수 있는 능력임

〈보기 2〉
㉠ 영역성　　　㉡ 자연적 감시
㉢ 이미지　　　㉣ 환경

	(가)	(나)	(다)		(가)	(나)	(다)
①	㉢	㉣	㉠	②	㉢	㉠	㉡
③	㉣	㉠	㉢	④	㉣	㉢	㉡

(해설) (가) – 이미지, (나) – 영역성, (다) – 자연적 감시

---

30 범죄통제이론에 대한 설명으로 가장 적절하지 않은 것은? 　　응용문제

① '억제이론'은 인간의 자유 의지를 인정하지 않는 결정론적 인간관에 바탕을 두고 특별예방효과에 중점을 둔다.
② '치료 및 갱생이론'은 생물학적·심리학적 범죄 이론에 바탕을 두고 있다.
③ '합리적 선택이론'은 인간이 자유 의지를 가지고 있다고 가정하고 합리적인 인간관을 전제로 하므로 비결정론적 인간관에 바탕을 두고 있다.
④ '일상활동이론'의 범죄 발생 3요소는 '동기가 부여된 잠재적 범죄자(motivated offender)', '적절한 대상(suitable target)', '보호자의 부재(absence of capable guardianship)'이다.

(해설) 억제이론은 인간의 자유의지를 강조하고 비결정론적 인간관에 입각한 **일반예방효과에 중점**을 두고 있다.

Answer　29 ②　30 ①

31. 범죄예방 관련 이론에 대한 설명으로 가장 적절하지 않은 것은?

21. 순경

① 합리적 선택이론은 거시적 범죄예방모델에 입각한 특별예방효과에 중점을 둔다.
② 깨진유리창이론에 이론적 근거를 두고 있는 무관용 경찰활동은 처벌의 확실성을 높여 범죄를 억제하는 전략이다.
③ 범죄패턴이론은 지리적프로파일링을 통한 범행지역 예측 활성화에 기여할 수 있다.
④ 집합효율성은 지역사회 구성원 간의 연대감, 그리고 문제 상황 발생 시 구성원의 적극적인 개입의지를 결합한 개념이다.

해설 합리적 선택이론은 고전주의 범죄이론에 바탕을 이론으로 **일반예방효과**에 중점을 둔다.

32. 범죄 통제이론에 대한 설명 중 적절하지 않은 것은 몇 개인가?

응용문제

㉠ 억제이론은 고전학파의 입장으로 폭력과 같은 충동적 범죄에는 적용에 한계가 있다.
㉡ 치료 및 갱생이론은 비용부담이 많고, 적극적 범죄예방에는 한계가 있다.
㉢ 상황적 범죄예방이론의 일종인 합리적 선택이론은 억제이론과 같이 인간의 자유의지를 전제로, 범죄자는 비용과 이익을 계산하여 자신에게 유리한 경우에 범죄를 저지른다고 한다.
㉣ 방어공간이론은 지역사회 구성원들의 유대강화와 범죄 등 사회문제에 대한 적극적인 개입 등 공동의 노력이 있다면 얼마든지 범죄문제에 효과적으로 대응할 수 있다고 한다.
㉤ 상황적 범죄예방이론의 일종인 일상활동이론에서 범죄의 3가지 요인으로는 동기가 부여된 잠재적 범죄자, 보호자의 부재, 범행의 기술이 있다.
㉥ 일상활동이론은 시간과 공간적 변동에 따른 범죄발생양상·범죄기회·범죄조건 등에 대한 추상적이고 거시적인 분석을 토대로 구체적인 상황에 맞는 범죄예방활동을 하고자 한다.

① 2개 ② 3개
③ 4개 ④ 5개

해설 ㉣ **집합효율성 이론**에 대한 내용이다.
㉤ 일상활동이론의 범죄 3가지 요인은 동기가 부여된 잠재적 범죄자, 보호자의 부재, **적절한 대상**이다.
㉥ 일상활동이론은 구체적이고 **미시적인 분석**을 토대로 구체적인 상황에 맞는 범죄예방활동을 하고자 한다.

Answer 31 ① 32 ②

33 브랜팅햄 (P. Brantingham)과 파우스트(F. Faust)의 3단계 범죄예방모델에서 '2차 예방 (secondary prevention)'에 대한 설명으로 가장 적절한 것은?　　　　　응용문제

① 상습범 대책수립 및 재범억제를 지향하는 전략
② 범죄의 기회를 제공하는 물리적 환경조건을 찾아 개입하는 전략
③ 잠재적 범죄자를 초기에 발견하여 개입하는 전략
④ 범죄발생 원인에 영향을 미치는 경제 및 사회 조건에 개입하는 전략

해설　▶ 브랜팅햄(P. Brantingham)과 파우스트(F. Faust)

1차적 예방	대상	일반 대중
	내용	일반대중을 대상으로 물리적, 사회적 환경 중에서 범죄원인이 되는 조건들을 개선시키는 데 초점 ▶ 환경설계, 민간경비, 방범교육, CCTV설치, 금은방에 비상벨 설치 등
	전략	① 범죄의 기회를 제공하는 물리적 환경조건을 찾아 개입하는 전략 ② 범죄발생 원인에 영향을 미치는 경제 및 사회조건에 개입하는 전략
2차적 예방	대상	우범자, 우범집단, 우범지역
	내용	잠재적 범죄자를 초기에 발견하고 기회를 차단하기 위하여 비합법적 행위가 발생하기 전에 예방하는 데 우범자·우범지역에 초점 ▶ 잠재적 범죄인이 실제 범죄를 저지르지 않도록 우범지역을 단속하는 활동
	전략	잠재적 범죄자를 초기에 발견하여 개입하는 전략
3차적 예방	대상	범죄자
	내용	실제 범죄자를 대상으로 범죄자들이 더 이상 범죄를 저지르지 않도록 체포, 구속, 교도소 구금, 치료, 사회복귀 등에 초점 ▶ 민간단체나 지역사회의 교정프로그램
	전략	상습범 대책수립 및 재범억제를 저항하는 전략

34 다음 중 범죄예방에 대한 설명으로 바르지 못한 것은?　　　　　응용문제

① 브랜팅햄은 1차적 예방, 2차적 예방, 3차적 예방으로 나누어 설명한다.
② C. R. Jeffery는 자신의 범죄통제 모델에서 사회환경개선을 통한 범죄통제모델을 제시하였다.
③ 미국 범죄예방연구소(NCPI)에서는 범죄욕구나 기술에 대한 예방이라고 하였다.
④ Lap은 범죄예방을 실제의 범죄발생과 범죄에 대한 두려움을 감소시키는 사전활동이라고 하였다.

해설　▶ 미국 범죄예방연구소

미국 범죄예방 연구소(NCPI)	범죄예방이란 **범죄적 기회를 감소시키는 사전활동**이며, 범죄에 관련된 환경적 기회를 제거하는 직접적 통제활동으로 규정하고 있다
랩(S. P. Lab) 의 범죄예방	① 범죄예방이란 **실제의 범죄발생과 범죄에 대한 공중의 두려움을 줄이는 사전활동**으로 규정하고 있다. ② 범죄예방에 대한 **통계적 측면과 심리적 측면**을 동시에 고려하였다

Answer　33 ③　34 ③

35 범죄예방이론과 관련된 다음 설명 중 옳지 못한 것은 몇 개인가? 응용문제

○ ⊙ 억제이론은 범죄에 대한 국가의 강력하고 확실한 처벌이 범죄예방에 효과적이라고 본다.
○ ⊙ 생물학적·심리학적 범죄이론에서는 범죄자의 치료와 갱생이 범죄예방에 효과적이라고 본다.
○ ⓒ 치료 및 갱생이론에서는 범죄는 개인의 책임이 아니라 사회의 책임이라고 본다.
○ ⓔ 상황적 범죄예방이론에서는 개인의 성장발달 과정의 차이에 의해 범죄 상황의 발생이 좌우된다고 본다.
○ ⓜ 합리적 선택이론을 주장한 학자는 코헨과 펠슨이다.
○ ⓗ 일상활동이론에서 주장하는 범죄의 3요소는 동기가 부여된 잠재적 범죄자, 적절한 대상, 범행의 동기이다.
○ ⓢ 집합효율성이란 지역주민간의 상호신뢰 또는 연대감과 범죄에 대한 적극적인 개입과 결합을 의미한다.
○ ⓞ 미국범죄예방연구소(National Crime Prevention Institute)에서는 범죄예방을 범죄에 관련된 환경적 기회를 제거하는 간접적 통제활동을 규정하고 있다.

① 2개 ② 3개
③ 4개 ④ 5개

(해설) ⓔ 상황적 범죄예방이론에서는 개인의 성장발달 과정이 아니라 **범죄발생의 기회와 요소가 범죄 상황을 결정한다.**
ⓜ 합리적 선택이론을 주장한 학자는 클락, 코니쉬이다. **코헨과 펠슨은 일상활동이론을 주장**했다.
ⓗ 동기가 많이 부여된 범죄자, 범죄에 적당한 대상, **감시의 부재**라는 세 가지 조건이 동시에 충족될 때 발생한다고 본다.
ⓞ 범죄에 관련된 **환경적 기회(범죄기회)를 제거하는 직접적 통제활동을 규정**하고 있다.

36 다음 학자들이 주장한 범죄예방이론에 대한 설명 중 가장 옳지 않은 것은? 응용문제

① 클락&코니쉬의 합리적 선택이론 - 체포의 위험성과 처벌의 확실성을 높여 효과적으로 범죄를 예방할 수 있다.
② 브랜팅햄의 범죄패턴이론 - 범죄에는 일정한 시간적 패턴이 있으므로, 일정 시간대의 집중 순찰을 통해 효율적으로 범죄를 예방할 수 있다.
③ 로버트 샘슨의 집합효율성 이론 - 지역사회 구성원들이 범죄문제를 해결하기 위해 적극적으로 참여하면 효과적으로 범죄를 예방할 수 있다.
④ 윌슨&켈링의 깨진 유리창 이론 - 경미한 무질서에 대한 무관용원칙과 지역주민 간의 상호협력이 범죄를 예방하는 데 중요한 역할을 한다.

(해설) 브랜팅햄의 범죄패턴이론 - 범죄에는 일정한 **장소적 패턴**이 있으므로, 일정 장소에 집중 순찰을 통해 효율적으로 범죄를 예방할 수 있다.

Answer 35 ③ 36 ②

37 범죄이론과 범죄통제이론에 대한 설명으로 적절하지 않은 것을 모두 고른 것은? 응용문제

> ㉠ 고전학파 범죄이론은 범죄에 대한 국가의 강력하고 확실한 처벌을 통해 범죄를 억제할 수 있다고 본다.
> ㉡ 생물학·심리학적 이론은 범죄자의 치료와 갱생을 통한 범죄통제를 주요내용으로 하며, 범죄자를 대상으로 하므로 일반예방효과에 한계가 있다는 비판이 존재한다.
> ㉢ 사회학적 이론은 범죄기회의 제거와 범죄행위의 이익을 감소시키는 것을 내용으로 한다.
> ㉣ 상황적 범죄예방이론은 사회발전을 통해 범죄의 근본적인 원인을 제거하고자 하나, 폭력과 같은 충동적인 범죄에는 적용하는 데 한계가 있다.

① ㉠㉡
② ㉠㉢
③ ㉡㉢
④ ㉢㉣

해설 ㉢ **상황적 범죄예방이론**에 대한 설명이다.
㉣ **사회학적 이론**에 대한 내용이다.

38 범죄예방 환경설계(CPTED : Crime Prevention Through Environmental Design)에 관한 설명으로 가장 적절하지 않은 것은? 24. 순경

① 접근통제(Access control) 전략의 주요 기능은 보행로, 조경 등을 통해 일정 공간으로 유도함과 동시에 허가받지 않은 사람들의 진·출입을 차안하여 목표물로의 접근을 막고 대상물의 강화를 통해 범죄자에게 심리적 부담과 위험을 인지시키는 것이다.
② 영역성(Territoriality) 전략의 물리적 디자인은 사용자들이 소유권과 점유권의 개념을 발전시키는 잠재적 범죄자들은 영역성의 영향을 인지하게 되어 정당한 사용자들의 권리와 재산권에 대한 관념을 강화하는 개념이다.
③ 자연적 감시(Natural surveillance) 전략은 공공장소의 활발한 사용을 유도하여 일상활동의 활성화를 위해 거리에 더 많은 눈(more eyes)을 통해 자연스러운 감시 기능을 강화하여 범죄 위험을 감소시키고 주민들의 안전감을 향상시키는 것이다.
④ 유지관리(Maintenance) 전략은 어떤 시설물이나 공공장소를 처음 디자인하거나 이를 개선한 의도대로 범죄예상 기능을 지속적으로 발휘하도록 하여, 공간을 의도한 목적에 맞게 지속적으로 사용하도록 하는 것이다.

해설 활동의 활성화에 대한 내용이다.

Answer 37 ④ 38 ③

▶ 환경설계를 통한 범죄예방(CPTED)

기본원리	유지관리	① 처음 설계된 대로 혹은 개선한 의도대로 기능이 지속적으로 유지되도록 관리함으로써 범죄예방을 위한 환경 설계의 장기적이고 지속적 효과를 유지하는 원리이다. ② 최초 환경설계의 취지가 유지되도록 지속적인 관리의 실천이다. ▶ 파손의 즉시보수, 청결유지, 조명, 조경의 관리
	영역성의 강화	① 사적 공간에 대한 경계를 표시하여 주민들의 책임의식과 소유의식을 증대함으로써 사적공간에 대한 관리권과 권리를 강화시키고, 외부인들에게는 침입에 대한 불법사실을 인식시켜 범죄기회를 차단하는 원리이다. ② 경계선의 구분을 통해 거주자의 소유의식과 책임의식을 증대시키는 원리이다. ▶ 울타리·펜스의 설치, 사적·공적 공간의 구분
	자연적 접근 통제	일정한 지역에 접근하는 사람들을 정해진 공간으로 유도하거나 외부인의 출입을 통제하도록 설계함으로써 접근에 대한 심리적 부담을 증대시켜 범죄를 예방하려는 원리이다. ▶ 차단기, 방범창, 잠금장치, 통행로의 설치, 출입구의 최소화
	활동의 활성화	지역사회 설계시 주민들의 의사소통과 유대감을 강화하기 위한 공공장소의 설치하고 이용하도록 함으로써 "거리의 눈"을 활용한 자연적 감시와 접근 통제의 기능을 확대하는 원리이다. ▶ 놀이터·공원의 설치·체육시설의 접근성과 이용의 증대, 벤치·정자의 위치 및 활용성에 대한 설계
	자연적 감시	① 건축물이나 시설물의 설계 시 가시권을 최대한 확보하여 외부침입에 대한 감시기능을 확대함으로써 범죄위험을 증가시키고, 기회를 감소시킬 수 있다는 원리이다. ② 가시권 확보를 통해 외부침입자에 대한 감시기능을 강화하는 원리다. ▶ 조명·조경·가시권 확대를 위한 건물의 배치 등

39 환경설계를 통한 범죄예방(CPTED)의 기본원리에 관한 설명으로 가장 적절한 것은? 24. 승진

① '활동의 활성화'는 주민들이 모여서 상호의견을 교환하고 유대감을 증대할 수 있는 공공장소를 설치하여 이를 이용하도록 함으로써, '거리의 눈'에 의한 자연적인 감시와 접근 통제의 기능을 확대하는 것이다. 놀이터와 공원의 설치, 벤치·정자의 위치 및 활용성에 대한 설계를 예로 들 수 있다.

② '영역성의 강화'는 일정한 지역에 접근하는 사람들을 정해진 공간으로 유도하거나 외부인의 출입을 통제하도록 설계함으로써, 접근에 대한 심리적 부담을 증대시켜 범죄를 예방하는 것이다. 출입구의 최소화, 통행로의 설계, 울타리 및 표지판의 설치를 예로 들 수 있다.

③ '유지관리'는 시설물이나 공공장소의 기능을 처음 설계되거나 개선한 의도대로 지속적으로 이용될 수 있도록 관리함으로써, 범죄예방을 위한 환경설계의 장기적이고 지속적 효과를 유지하는 것이다. 청결유지, 파손의 즉시 보수, 체육시설의 접근성 및 이용의 증대를 예로 들 수 있다.

Answer 39 ①

④ '자연적 접근통제'는 건축물이나 시설물의 설계 시 가시권을 최대한 확보하고 외부 침입에 대한 감시기능을 확대함으로써, 범죄 발각 위험을 증가시키고 범행 기회를 감소시키는 것이다. 가시권 확대를 위한 건물의 배치, 조명 및 조경 설치를 예로 들 수 있다.

> 해설 ② '자연적 접근통제'는 일정한 지역에 접근하는 사람들을 정해진 공간으로 유도하거나 외부인의 출입을 통제하도록 설계함으로써, 접근에 대한 심리적 부담을 증대시켜 범죄를 예방하는 것이다. 출입구의 최소화, 통행로의 설계, 울타리 및 표지판의 설치를 예로 들 수 있다.
> ③ 체육시설의 접근성 및 이용의 증대는 **활동의 활성화**와 관련이 있다.
> ④ '자연적 감시'는 건축물이나 시설물의 설계 시 가시권을 최대한 확보하고 외부 침입에 대한 감시기능을 확대함으로써, 범죄 발각 위험을 증가시키고 범행 기회를 감소시키는 것이다. 가시권 확대를 위한 건물의 배치, 조명 및 조경 설치를 예로 들 수 있다.

40 환경설계를 통한 범죄예방(CPTED)에 관한 설명이다. 이에 관한 ㉠부터 ㉣까지의 설명 중 옳고 그름의 표시(O, X)가 모두 바르게 된 것은?   22. 순경

> ㉠ 건축물이나 시설물의 설계 시 가시권의 최대 확보, 외부침입에 대한 감시기능을 확대하여 범죄행위의 발견 가능성은 증가시키고 범죄기회는 감소시킬 수 있다는 원리를 자연적 감시라고 하며, 이에 대한 종류로는 조명, 조경, 가시권 확대를 위한 건물의 배치 등이 있다.
> ㉡ 지역사회의 설계 시 주민들이 모여서 상호의견을 교환하고 유대감을 증대할 수 있는 공공장소를 설치하고 이용하도록 함으로써 '거리의 눈'을 활용한 자연적 감시와 접근통제의 기능을 확대하는 원리를 활동의 활성화(활용성의 증대)라고 하며, 이에 대한 종류로는 놀이터·공원의 설치, 벤치·정자의 위치 및 활용성에 대한 설계, 통행로의 설계 등이 있다.
> ㉢ 사적 공간에 대한 경계를 표시하여 주민들의 책임의식과 소유의식을 증대함으로써 사적 공간에 대한 관리권과 권리를 강화시키고, 외부인들에게는 침입에 대한 불법 사실을 인식시켜 범죄기회를 차단하는 원리를 자연적 접근통제하고 하며, 이에 대한 종류로는 방범창, 출입구의 최소화 등이 있다.
> ㉣ 처음 설계된 대로 혹은 개선한 의도대로 기능을 지속적으로 유지하도록 관리함으로써 범죄예방을 위한 환경설계의 장기적이고 지속적인 효과를 유지하는 원리를 유지관리라고 하며, 이에 대한 종류로는 청결유지, 파손의 즉시보수, 조명의 관리 등이 있다.

① ㉠(O) ㉡(X) ㉢(X) ㉣(O)   ② ㉠(O) ㉡(O) ㉢(X) ㉣(O)
③ ㉠(X) ㉡(X) ㉢(O) ㉣(O)   ④ ㉠(O) ㉡(O) ㉢(O) ㉣(X)

> 해설 ㉡ 통행로의 설계는 **자연적 접근통제**이다.
> ㉢ **영역성 강화**에 대한 내용이다. 그리고 방범창, 출입구의 최소화는 자연적 접근통제에 대한 내용이다.

Answer **40** ①

41 환경설계를 통한 범죄예방(CPTED)에 관한 설명으로 가장 적절하지 않은 것은? 23. 순경

① CPTED는 근본적이고 효과적인 범죄예방을 위한 방안으로 물리적 환경설계 또는 재설계를 통해 범죄 기회를 차단하는 것이 핵심이다.
② '자연적 감시(natural surveillance)'는 건축물이나 시설물의 설계시 가시권을 확보하여 외부침입에 대한 감시기능을 확대함으로써 범죄행위 발견 가능성을 증가시켜 범죄의 기회를 감소시킬 수 있다는 원리이다.
③ '영역성 강화(territorial reinforcement)'는 사적공간에 대한 경계표시로 주민들의 책임의식과 소유의식을 증대함으로써 사적공간에 대한 관리권과 권리를 강화시키는 원리이다.
④ '유지·관리(maintenance and management)'는 차단기, 방범창, 잠금장치의 파손을 수리하지 않고 유지하는 원리이다.

(해설) ④ **자연적 접근통제**는 차단기, 방범창, 잠금장치의 파손을 수리하지 않고 유지하는 원리이다.

42 환경설계를 통한 범죄예방(CPTED)에 관한 설명으로 가장 적절하지 않은 것은? 22. 경특

① CPTED는 물리적 환경설계를 통한 범죄예방전략을 의미한다.
② 목표물 견고화(target hardening)란 잠재적 범행대상이 쉽게 피해를 보지 않도록 하는 일련의 조치를 말한다.
③ CPTED의 기본원리 중 자연적 접근통제(natural access control)란 사적 공간, 준사적 공간, 공적 공간상의 경계를 분명히 하여 공간이용자들이 사적 공간에 들어갈 때 심리적 부담을 주는 원리를 의미한다.
④ 2세대 CPTED는 범죄예방에 필요한 매개요인들에 대한 직접 개입을 주목적으로 하지만, 3세대 CPTED는 장소, 사람, 기술 및 네트워크를 핵심요소로 하여 안전한 공동체 형성을 지향한다.

(해설) CPTED의 기본원리 중 **영역성 강화**란 사적 공간, 준사적 공간, 공적 공간상의 경계를 분명히 하여 공간이용자들이 사적 공간에 들어갈 때 심리적 부담을 주는 원리를 의미한다.

Answer 41 ④ 42 ③

43. 다음은 환경설계를 통한 범죄예방(CPTED)에 대한 설명이다. 〈보기 1〉과 〈보기 2〉의 내용이 가장 적절하게 연결된 것은?

20. 순경

〈보기 1〉
(가) 사적공간에 대한 경계를 표시하여 주민들의 책임의식과 소유의식을 증대함으로써 사적공간에 대한 관리권과 권리를 강화시키고, 외부인들에게는 침입에 대한 불법사실을 인식시켜 범죄기회를 차단하는 원리
(나) 건축물이나 시설물 설계 시 가시권을 최대한 확보, 외부침입에 대한 감시기능을 확대함으로써 범죄행위의 발견 가능성을 증가시키고 범죄기회를 감소시킬 수 있다는 원리
(다) 일정한 지역에 접근하는 사람들을 정해진 공간으로 유도하거나 외부인의 출입을 통제하도록 설계함으로써 접근에 대한 심리적 부담을 증대시켜 범죄를 예방하는 원리
(라) 지역사회 설계 시 주민들이 모여서 상호의견을 교환하고 유대감을 증대할 수 있는 공공장소를 설치하고 이용하도록 함으로써 '거리의 눈'을 활용한 자연적 감시와 접근통제의 기능을 확대하는 원리

〈보기 2〉
㉠ 조명, 조경, 가시권 확대를 위한 건물의 배치
㉡ 체육시설의 접근성과 이용의 증대, 벤치・정자의 위치 및 활용성에 대한 설계
㉢ 울타리・펜스의 설치, 사적・공적 공간의 구분
㉣ 잠금장치, 통행로의 설계, 출입구의 최소화

	(가)	(나)	(다)	(라)
①	㉢	㉡	㉣	㉠
②	㉣	㉠	㉢	㉡
③	㉢	㉠	㉣	㉡
④	㉣	㉡	㉢	㉠

해설 (가) **영역성강화** – ㉢
(나) **자연적 감시** – ㉠
(다) **자연적접근** – ㉣
(라) **활동의 활성화** – ㉡

44. 환경설계를 통한 범죄예방 (CPTED)의 기본원리에 대한 내용과 종류의 연결이 가장 옳지 않은 것은?

응용문제

① 자연적 감시 – 조명・조경・가시권확대를 위한 건물의 배치
② 자연적 접근 통제 – 울타리・펜스의 설치, 사적・공간의 구분

Answer 43 ③   44 ②

③ 활동성의 활성화 – 놀이터·공원의 설치, 체육시설의 접근성과 이용의 증대
④ 유지관리 – 파손의 즉시보수, 청결유지, 조명·조경의 관리

해설 **영역성 강화** – 울타리·펜스의 설치, 사적·공간의 구분

45 환경설계를 통한 범죄예방(CPTED)에 대한 설명으로 가장 적절하지 않은 것은? 71기 경간부

① 뉴먼(O. Newman)과 제프리(C. R. Jeffery)가 주장하였다.
② 방어공간(Defensible Space)과 관련하여 영역성, 감시, 이미지, 안전지대의 4가지 관점을 제시하였다.
③ 기본원리 중 자연적 접근통제란 건축물이나 시설을 설계함에 있어서 가시권을 최대한 확보하고, 외부침입에 대한 감시기능을 확대하여 범죄기회를 감소시키는 원리이다.
④ 우리나라에서는 서울시 마포구 염리동에서 적용한 사례가 있고, 자치단체 조례로 「서울특별시 마포구 범죄예방을 위한 도시환경디자인 조례」가 2018년 제정되어 시행되고 있다.

해설 건축물이나 시설을 설계함에 있어서 가시권을 최대한 확보하고, 외부침입에 대한 감시기능을 확대하여 범죄기회를 감소시키는 원리는 **자연적 감시의 원리**에 대한 설명이다.

46 다음은 경찰이 수행하는 범죄예방활동 사례(〈보기 1〉)와 톤리와 패링턴(Tonry & Farrington)의 구분에 따른 범죄예방전략 유형(〈보기 2〉)이다. 〈보기 1〉과 〈보기 2〉의 내용이 가장 적절하게 연결된 것은? 23. 순경

〈보기 1〉
(가) 경찰서의 여성청소년 담당부서에서 운영하고 있는 학교전담 경찰관(SPO)은 학교에 배치되어 학교폭력예방교육 등 학교폭력 관련 예방과 가해학생 선도 등 사후관리 역할을 담당하고, 학대예방경찰관(APO)은 미취학 혹은 장기결석아동에 대해 점검하고 학대피해 우려가 높은 아동에 대해 지속적으로 모니터링을 실시함으로써 아동학대의 위험성을 감소시키고 아동의 안전 등을 확인하는 역할을 담당하고 있다.
(나) 여성 1인 가구 밀집지역에 대한 경찰순찰을 확대함으로써 공식적 감시기능을 강화하거나 혹은 아파트 입구 현관문에 반사경을 부착함으로써 출입자의 익명성을 감소시켜 범행에 수반되는 발각 위험을 증대하기 위한 조치를 취하고 있다.
(다) 위법행위에 대한 단속을 강화하는 무관용 경찰활동을 지향함으로써 처벌의 확실성을 높여 범죄를 억제하고자 노력하고 있다.

Answer 45 ③ 46 ④

<보기 2>
㉠ 상황적 범죄예방　　　　　　　㉡ 지역사회 기반 범죄예방
㉢ 발달적 범죄예방　　　　　　　㉣ 범집행을 통한 범죄억제

	(가)	(나)	(다)
①	㉡	㉣	㉠
②	㉢	㉡	㉣
③	㉡	㉢	㉠
④	㉢	㉠	㉣

해설　가 - 발달적 범죄예방
　　　나 - 상황적 범죄예방
　　　다 - 법집행을 통한 범죄억제

47. 다음 미국의 지역사회 범죄예방활동 프로그램을 설명한 것 중 틀린 것은? 〔응용문제〕

① Safer City Program - 미국정부와 민간단체에서 프로그램으로 비행소년이나 비행에 빠질 가능성이 높은 청소년을 대상으로 직업훈련, 재정지원, 교육, 취업알선을 하는 프로그램
② Diversion Program - 비행을 저지른 소년이 주변의 낙인의 영향으로 심각한 범죄자로 발전하는 것을 방지하기 위해 형사법적 제재를 가하지 않고 지역사회의 보호 및 관찰로 대처하여 범죄를 예방하려는 프로그램
③ Head Start Program - 미국의 빈곤계층 아동들이 적절한 사회화 과정을 거치게 함으로써 장차 범죄를 저지를 수 있는 잠재성을 감소시키려는 범죄예방 프로그램
④ Crime Stopper Program - 범죄에 관한 정보를 가지고 있는 주민이 신고할 수 있도록 동기부여를 하기 위해 현금보상을 실시하는 범죄정보 보상 프로그램

해설　▶ 외국의 범죄예방프로그램

미국 언론의 범죄예방 프로그램	범죄분쇄방안 (Take A Bite Out of Crime)	미 범죄예방협회가 운영하는 대중홍보 프로그램으로서 **개를 식별**로 등장시켜 가상 범죄상황에 대한 적절한 대처방안을 가르쳐 주는 형식으로 구성되어 범죄예방요령을 알려 주는 프로그램을 말한다.
	범죄해결사 (Crime Stopper Program)	동기부여를 위하여 범죄정보를 신고하는 시민에게 **현금 보상을 실시**하는 범죄정보 보상프로그램을 말한다.

Answer　47 ①

	Head Start Program	빈곤계층 아동들에게 적절한 사회화과정을 거치게 함으로써 장차 범죄를 저지를 수 있는 잠재성을 감소시키려는 교육 프로그램을 말한다.
미국 학교의 범죄예방 프로그램	총체적 교육을 통한 긍정적 활동 (PATHE Program)	교사 학교경영자, 학생, 학부모 등이 함께 학교운영이나 교육에 참여하여 **비행소년에 대한 관리와 특별교육을 실시하는** 프로그램이다.
	전환제도 (Diversion Program)	비행을 저지른 청소년이 주변의 낙인으로 심각한 범죄자로 발전하는 것을 방지하기 위하여 **형사처벌이 아니라 지역사회의 보호 및 관찰로 대처**하여 범죄를 예방하려는 제도이다.
	National Alliance of Businessmen's JOBS Program	미국 정부와 민간단체에서 전국적으로 전개하는 **직업기회제공 프로그램**을 비행소년이나 비행에 빠질 가능성이 높은 청소년을 대상으로 **직업훈련**, 재정지원, 교육, **취업알선**을 하는 프로그램을 말한다.
영국 범죄예방 프로그램	Safe City Program(SCP)	지역사회 발전 프로그램을 통한 사회환경개선으로 범죄원인을 제거하고자 하는 **영국의 범죄예방 프로그램**을 말한다.

48 멘델존(Mendelsohn)의 피해자 유형 분류 중 가해자와 같은 정도의 책임이 있는 피해자에 해당하는 사례로 가장 적절하지 않은 것은? 24. 순경

① 동반자살 피해자
② 부모에게 살해된 패륜아
③ 자살미수 피해자
④ 촉탁살인에 의한 피살자

해설 ▶ 맨델존의 범죄피해자 유형

피해자의 유형	내용
완전히 책임 없는 피해자	영아살해에 있어서의 영아,
책임이 조금 있는 피해자	무지에 의한 낙태여성
가해자와 같은 정도의 책임이 있는 피해자	**촉탁살인에 의한 피살자** **동반 자살 피해자** **자살 미수 피해자**
가해자보다 더 책임이 있는 피해자	자신의 부주의로 인한 피해자 **부모에게 살해된 패륜아**
가장 책임이 높은 피해자	공격을 가한 자신이 피해자가 되는 가해적 피해자

49 Mendelshon의 범죄피해자 유형론에 대한 연결 중 가장 적절하지 않은 것은? 응용문제

① 가해자보다 더 책임이 있는 피해자 → 촉탁살인에 의한 피살자
② 책임이 조금 있는 피해자 → 무지에 의한 낙태여성
③ 가장 책임이 높은 피해자 → 공격을 가한 자신이 피해자가 되는 가해적 피해자
④ 완전히 책임 없는 피해자 → 영아살해에 있어서의 영아

해설 가해자와 같은 정도의 책임이 있는 피해자 → 촉탁살인에 의한 피살자

Answer 48 ② 49 ①

제2절 범죄예방활동

01 바람직한 경찰의 역할모델 중 '범죄와 싸우는 경찰모델'에 관한 설명으로 가장 적절하지 않은 것은?
24. 순경

① 경찰활동의 전 부분을 포괄하는 용어로 가장 바람직한 모델이다.
② 경찰역할을 뚜렷이 인식시켜 '전문직화'에 기여한다.
③ 수사, 형사 등 법 집행을 통한 범법자 제압 측면을 강조한 모델로서 시민들은 범인을 제압하는 것이 경찰의 주된 임무라고 인식한다.
④ 범법자는 적이고, 경찰은 정의의 사자라는 흑백논리에 따른 이분법적 오류에 빠질 경우 인권침해 등의 우려가 있다.

> [해설] **범죄와 싸우는 경찰모델**은 대중매체나 언론매체 등을 통하여 범죄를 추격 검거하는 경찰의 이미지가 크게 작용한 모델로서 경찰은 범죄와 싸우는 자로 경찰역할을 명확히 인식시켜 경찰의 전문직화에 기여한다. 하지만 경찰업무를 포괄하지 못하여 교통지도, 범죄예방교육 및 서비스를 간과할 우려가 있고, 법 집행 과정의 흑백논리 유발, 범죄진압 이외 업무에 종사하는 경찰인의 사기저하, 수사 이외의 다른 분야 업무기법 개발의 등한시 등의 문제가 발생될 우려가 있다.

02 지역사회 경찰활동(COP)에 관한 설명으로 가장 적절하지 않은 것은?
23. 순경

① 경찰과 시민 모두 지역문제 해결을 위한 치안주체로서 인정하고 협력을 강조한다.
② 업무평가의 주요한 척도는 사전예방을 강조한 범죄나 무질서의 감소율이다.
③ 프로그램으로는 전략지향적 경찰활동(Strategy Oriented Policing : SOP), 이웃지향적 경찰활동(Neighborhood Oriented Policing : NOP)등이 있다.
④ 범죄신고에 대한 출동소요시간을 바탕으로 효과성을 평가한다.

> [해설] 지역사회 경찰활동은 **지역주민과 얼마만큼 협력이 잘 되는가**로 효과성이 평가된다.

03 경찰학의 기초이론에 관한 설명으로 가장 적절하지 않은 것은?
23. 경특

① 지역사회 경찰활동은 지역사회에서 발생하는 범죄와 무질서보다 체포율과 적발 건수가 얼마나 감소하였는지가 업무평가의 기준이 된다.
② 지역사회 경찰활동에서 경찰의 역할은 폭넓은 지역문제를 해결하는 것이다.
③ 정보 주도적 경찰활동은 범죄자의 활동, 조직범죄집단, 중범죄자 등에 관한 관리, 예방 등에 초점을 두고, 증가하는 범죄를 감소시키기 위해 범죄정보를 통합한 법집행 위주의 경찰활동을 말한다.
④ 문제 지향적 경찰활동의 목표는 특정한 문제들을 해결하기 위해서 경찰과 지역사회가 함께 노력하고 적절한 대응방안을 개발함으로써, 문제해결에 대한 특별한 관심을 이끌어 내는 것이다.

Answer 01 ①   02 ④   03 ①

해설 지역사회 경찰활동은 체포율과 적발 건수가 얼마나 감소하였는가보다는 **지역사회에서 발생하는 범죄와 무질서가 업무평가의 기준**이 된다.

04 다음에 가장 부합되지 않는 경찰활동은?   응용문제

> ⊙ 범인검거에서 범죄예방분야로의 역량을 강화하기 위해 사후적 검거활동에서 사전적 예방활동으로 전환하고, 범죄예방을 위한 다양한 자원을 투입하였으며, 경찰평가의 기준으로 검거실적에서 범죄예방노력과 범죄발생률로 전환하였다.
> ⓒ 지역사회와의 협력치안을 강화하기 위해 경찰력에만 의존한 치안정책에서 지역사회 협력치안으로 전환하고, 지역사회 문제해결과 주민의 경찰행정 참여기회를 보장하였다.
> ⓒ 경찰 내부의 개혁으로는 권한의 집중에서 권한분산을 통한 경찰책임의 증대로 권한과 책임의 일치를 추구하고, 상의하달의 의사구조를 하의상달의 구조로 상호교류를 확대하였다

① 심각한 범죄에 대한 신속하고 효과적인 대응보다는 지역사회와의 밀접한 상호 작용에 가치를 둔다.
② 경찰의 능률성은 체포율과 적발 건수보다는 범죄와 무질서의 부재에 있다.
③ 경찰의 효과성은 현장임장 시간보다는 대중의 협조에 무게를 둔다.
④ 경찰의 역할은 폭넓은 지역문제를 해결하는 것보다는 범죄를 해결하는 것이다.

해설 ④ **전통적 경찰활동**에 대한 내용이다.

▶지역사회 경찰활동

주 체	범죄에 대한 책임은 경찰과 주민
역 할	폭넓은 지역 문제를 해결
업무평가 방식	범죄와 무질서의 부재(사전통제)
예방 및 검거 중 우선순위	사전적 범죄예방활동을 우선
경찰업무의 우선순위	범죄와 폭력퇴치뿐만 아니라 지역사회질서문란행위 등 시민불편에 우선
경찰의 주된 업무	⊙ 주민의 문제 및 관심사항 ⓒ 시민의 문제와 걱정거리
효과성	지역주민과의 협력정도, 대중의 협조
조직구조	분권화
경찰관의 관계	타 기관과의 관계는 갈등보다는 원활한 협조
주민참여 형태	자발적·능동적 참여
의사소통	쌍방의 의사소통(하의상달구조)
경찰과 지역사회의 관계	주민참여 모형, 공동생산 모형
전 술	문제해결과 상황적 범죄예방이 주된 전술

Answer 04 ④

05 전통적 경찰활동과 비교한 지역사회 경찰활동의 특징으로 적절하지 않은 것은? 응용문제

① 범죄 이외의 문제도 중요한 경찰업무로 취급한다.
② 체포율과 적발건수로 경찰의 능률을 측정한다.
③ 문제해결(problem solving)과 상황적 범죄예방(situational crime prevention)이 주된 전술이다.
④ 사전적 범죄예방활동을 우선시한다.

해설 ▶ 전통적인 경찰활동

주 체	범죄에 대한 책임은 경찰
역 할	범죄해결
업무평가 방식	체포율과 적발건수(검거건수), 범인검거율(사후통제)
예방 및 검거 중 우선순위	사후적 범죄검거활동을 우선
경찰업무의 우선순위	범죄와 폭력퇴치에 우선
경찰의 주된 업무	범죄사건들
효과성	대응시간
조직구조	집권화
경찰관의 관계	우선사항에 대해서는 종종 갈등
주민참여 형태	수동적인 참여
의사소통	경찰의 일방적 의사전달(상의하달구조)
경찰과 지역사회의 관계	공공관계(PR) 모형
전 술	문제해결만이 주된 전술

06 지역사회 경찰활동(Community Policing)에 대한 설명으로 가장 적절하지 않은 것은?
20. 순경

① 업무평가의 주요한 척도는 사후진압을 강조한 범인검거율이 아닌 사전예방을 강조한 범죄나 무질서의 감소율이다.
② 지역사회 경찰활동의 프로그램으로 이웃지향적 경찰활동, 전략지향적 경찰활동, 문제지향적 경찰활동 등이 있다.
③ 타 기관과는 권한과 책임 문제로 인한 갈등구조가 아닌 지역사회 문제해결의 공동목적 수행을 위한 협력구조를 이룬다.
④ 지역사회 문제해결을 위한 경찰업무 영역의 확대로 일선 경찰관에 대한 감독자의 지휘·통제가 강조된다.

해설 지역사회 문제해결을 위한 경찰업무 영역의 확대로 일선 경찰관에 대한 **지역문제 해결을 강조**된다.

Answer 05 ② 06 ④

07 문제지향경찰활동에 대한 설명으로 가장 옳지 않은 것은? 71기 경간부

① 문제지향경찰활동은 경찰활동이 단순한 법집행자의 역할에서 지역사회 범죄문제의 근원적 원인을 확인하고 해결하는 역할로 전환할 것을 추구한다.
② 지역사회 문제 해결을 위해 SARA모형이 강조되며 이는 조사(Scanning) – 평가(Assessment) – 대응(Response) – 분석(Analysis)으로 진행되는 문제해결 단계를 제시한다.
③ 문제지향경찰활동에서는 문제들에 대한 효과적인 대응 전략들을 마련하면서 필요한 경우 경찰과 지역사회가 협력할 수 있는 대응전략들에 보다 높은 가치를 부여한다.
④ 문제지향경찰활동은 종종 지역사회경찰활동과 병행되어 실시되곤 한다.

[해설] 지역사회 문제 해결을 위해 SARA모형이 강조되며 이는 **조사**(Scanning) – **분석**(Analysis) – **대응**(Response) – **평가**(Assessment)으로 진행되는 문제해결 단계를 제시한다.

▶ 문제지향 경찰활동

학자		골드슈타인, 에크와 스펠만
문제해결 과정 (에크와 스펠만)	조사(Scanning)	지역 내 문제들을 찾아내는 과정
	분석(Anaysis)	문제의 원인과 효과를 파악하는 단계
	대응(Response)	문제해결을 위한 행동하는 단계
	평가(Assessment)	대응책의 적절성 여부 평가단계
내용		① 문제지향적 경찰활동은 전통적인 경찰활동의 중앙집권적인 경찰조직구조와 명령의 하향식 전달, 범죄에 대한 사후 대응, 시민과의 분리 등의 특성이 범죄예방에는 **한계가 있다는 점**에서 **출발**하였으며, 경찰활동에 대한 접근방법을 지역 사회의 문제해결 중심으로 변경할 필요성이 제기되었다. ② 문제지향적 경찰활동은 경찰의 의사결정 과정에 있어 **단순히 개별사건 하나하나를 해결하기보다는 기본문제 해결을 강조**하였다. ③ 문제지향적 경찰활동은 **범죄뿐만 아니라 폭넓은 다른 문제들의 범위**를 다룬다.

08 에크와 스펠만(Eck & Spelman)은 경찰관서에서 문제지향 경찰활동을 지역문제의 해결에 보다 쉽게 적용할 수 있도록 4단계의 문제해결과정(이른바 SARA 모델)을 제시하였다. 개별 단계에 관한 설명으로 가장 적절하지 않은 것은? 23. 순경

① 조사단계(scanning)는 일반적으로 지역사회에서 일회적으로 발생하지만 대중의 이목을 집중시키는 심각한 중대범죄 사건을 우선적으로 조사대상화하는 데에서 출발한다.
② 분석단계(analysis)에서는 각종 통계자료 등 수집된 자료를 활용하여 심층적인 분석을 실시하며, 당면 문제의 성격을 정확하게 파악하기 위해 분제분석 삼각모형(problem analysis triangle)을 유용한 분석도구로 활용할 수 있다.
③ 대응단계(response)에서는 경찰이 보유한 자원과 역량만으로는 한계가 있으므로 지역사회 내의 여러 다른 기관들과의 협력을 통한 대응방안을 추구하며, 상황적 범죄예방에서 제시하는 25가지 범죄예방기술을 적용해 볼 수도 있다.

Answer 07 ② 08 ①

④ 평가단계(assessment)는 과정평가와 효과평가의 두 단계로 구성되며, 이전 문제해결과 정에의 환류를 통해 각 단계가 지속적인 순환과정으로 작동할 수 있도록 한다는 점에서 중요한 의미를 가진다.

> **해설** 조사단계 – 경찰이 지역사회의 문제나 쟁점사항 등을 인식하는 활동으로 단순한 사고나 범죄구분을 넘어서 문제들의 범주를 넓히는 단계이다.

09 문제해결과정인 'SARA 모형'에 관한 설명으로 가장 적절하지 않은 것은? 24. 순경

① 조사단계(Scanning)는 지역에서 반복적으로 발생하고 있는 문제를 파악하는 데에서 출발하여 문제라고 여겨지는 개인과 관련된 사건을 분류하고, 정확하게 유용한 용어를 활용하여 이러한 문제를 조사한다.
② 분석단계(Analysis)는 지역사회와 경찰이 협력하는 등의 방법으로 문제의 원인을 파악하고, 분석하는 단계이다.
③ 대응단계(Response)는 경찰이 보유한 자원과 역량만으로는 한계가 있기 때문에 경찰관은 지역사회 내의 여러 다른 기관들과 협력을 통한 대응방안을 추구한다.
④ 평가단계(Assessment)는 대응의 적절성을 평가하며, 효과평가와 결과평가의 두 단계로 이루어진다.

> **해설** ▶ 문제해결과정(SARA)

학자		골드슈타인, 에크와 스펠만
문제해결과정 (에크와 스펠만)	조사(Scanning)	지역 내 문제들을 **찾아내는** 과정
	분석(Anaysis)	문제의 원인과 효과를 **파악하는** 단계
	대응(Response)	문제해결을 위한 **행동하는** 단계
	평가 (Assessment)	대응책의 **적절성 여부** 평가단계
		과정평가: 대응방안(개입)이 계획대로 이루어졌는지와 시행과정에서 어떤 변경이 있었는가의 여부를 검토하는 평가
		영향평가: 선택된 대응방안이 범죄나 무질서 등을 포함한 문제를 해소하는데 기여하고 있는가에 초점을 두는 평가

10 지역사회경찰활동의 구성요소에 관한 설명으로 가장 적절하지 않은 것은? 24. 순경

① 지역중심적 경찰활동(COP) – 지역사회에서의 전반적인 삶의 질 향상을 목표로, 지역사회와 경찰 사이의 새로운 관계를 증진시키는 조직적인 전략원리를 말한다.
② 전략지향적 경찰활동(SOP) – 확인된 문제에 대한 전략적 대응을 위해 경찰자원을 배분하고, 전통적인 경찰활동과 절차를 통해 범죄적 요소나 사회무질서의 원인을 효과적으로 제거하는 경찰활동을 말한다.

Answer 09 ④ 10 ④

③ 이웃지향적 경찰활동(NOP) - 지역사회경찰활동을 위하여 경찰과 주민의 의사소통라인을 개설하려는 모든 프로그램을 말한다.
④ 문제지향적 경찰활동(POP) - 지역조직은 거주자들에게 지역에 관한 정보를 제공하며 경찰과 협동하여 범죄를 억제하는 기능을 수행한다.

해설 이웃지향적 경찰활동에 대한 내용이다.

11 다음 문제지향적 경찰활동에 대한 설명으로 가장 적절하지 않은 것은? 20. 순경

① 일선경찰관에게 문제해결 권한과 필요한 시간을 부여하고 범죄분석자료를 제공한다.
② 조사 - 분석 - 대응 - 평가로 이루어진 문제해결과정을 제시한다.
③ 「형법」의 적용은 여러 대응 수단 중 하나에 불과하다.
④ 거주자들에게 지역에 관한 정보를 제공하며, 주민들은 민간순찰을 실시한다.

해설 이웃지향적 경찰활동 - 거주자들에게 지역에 관한 정보를 제공하며, 주민들은 민간순찰을 실시한다.
▶ 이웃지향적 경찰활동

학 자	윌리엄스
내 용	① 지역에서 범죄는 비공식적 사회통제의 약화와 경제적 궁핍이 소외를 정당화하기 때문에 발생 ▶ 의사소통프로그램 ② 지역조직은 경찰관에게 중요한 역할을 부여받으며, 서로를 위해 감시하고 공식적인 민간순찰을 실시 ▶ 지역사회순찰, 이웃감시제도 ③ 지역조직은 거주자들에게 지역에 관한 정보를 제공하며 경찰과 협동해서 범죄를 억제하는 기능을 수행 ▶ 시민경찰학교, 지역방범세미나 및 공청회

12 경찰활동 전략별 주요 내용에 대한 설명으로 가장 적절하지 않은 것은? 22. 승진

① 경찰활동(community-oriented policing)은 경찰이 지역 사회 구성원과 함께 지역이 당면한 문제를 확인하고 우선순위를 정하여 해결하고자 노력하는 것을 의미한다.
② 지역중심 경찰활동과 문제지향적 경찰활동(problem-oriented policing)은 병행되어 실시될 때 효과성이 제고된다.
③ 무관용 경찰활동(zero tolerance policing)은 지역사회 문제해결을 위해 SARA모형이 강조되는데, 이 모형은 조사(Scanning) - 분석(Analysis) - 대응(Response) - 평가(Assenssment)로 진행된다.
④ 문제지향적 경찰활동은 지역문제들에 대한 효과적인 대응 전략들을 고려하면서, 필요시에는 경찰과 지역사회의 협력 전략에 보다 높은 가치를 부여한다.

해설 문제지향적 경찰활동은 지역사회 문제해결을 위해 SARA모형이 강조되는데, 이 모형은 조사(Scanning) - 분석(Analysis) - 대응(Response) - 평가(Assenssment)로 진행된다.

Answer 11 ④ 12 ③

13 지역사회 경찰활동(Community Oriented Policing)에 대한 설명으로 가장 적절하지 않은 것은?

71기 경간부

① 전략지향 경찰활동(Strategic Oriented Policing), 문제지향 경찰활동(Problem Oriented Policing), 이웃지향 경찰활동(Neighborhood Oriented Policing)등으로 구성되어 있다.
② 경찰의 역할에서 범죄투사(Crime fighter)의 역할보다 문제해결자(Problem solver)로서의 역할에 중점을 둔다.
③ 범죄의 진압. 수사 같은 사후대응적 경찰활동(Reactive Policing)보다는 범죄예방과 같은 사전예방적 경찰활동을 강조한다.
④ 윌슨(W. Wilson)과 사이몬(H. A. Siomon)이 연구한 경찰활동 개념이다.

(해설) 지역사회 경찰활동(Community Oriented Policing) 이론을 정립한 학자로 평가받는 사람은 **트로야노비치(Robert C. Trojanowicz)**이다.

14 지역사회 경찰활동의 개념 중 '이웃지향적 경찰활동'에 대한 설명 중 가장 옳은 것은?

응용문제

① '이웃지향적 경찰활동'을 주장한 대표적인 학자는 골드슈타인이다.
② 일선경찰관에 대한 문제해결 권한과 필요한 시간을 부여하고 범죄분석자료를 제공, 대중정보와 비평을 적극적으로 수용
③ 지역사회와 경찰사이의 새로운 관계를 증진시키는 조직적인 전략이고 원리
④ 지역조직은 거주자들에게 지역에 관한 정보를 제공하며 경찰과 협동해서 범죄를 억제하는 기능을 수행

(해설) ▶ **지역중심 경찰활동**

학 자	스콜닉 & 베일리
의 의	지역사회와 경찰사이의 새로운 관계를 증진시키는 조직적이고 전략적인 원리이다.
내 용	문제발생 전에 문제해결을 통한 사전 예방적 대응

(해설) ① '이웃지향적 경찰활동'을 주장한 대표적인 학자는 **윌리엄스**다.
② **문제지향적 경찰활동의 내용**이다.
③ **지역중심 경찰활동의 내용**이다.

Answer 13 ④ 14 ④

15 지역사회 경찰활동(Community Policing)의 프로그램에 관한 설명으로 가장 적절하지 않은 것은? 22. 경특

① 문제지향적 경찰활동은 경찰활동이 단순한 법집행자의 역할에서 지역사회 범죄문제의 근원적 원인을 확인하고 해결하는 역할로 전환될 것을 추구하며 지역사회 문제 해결을 위해 조사(Scanning)-분석(Analysis)-대응(Response)-평가(Assessment)로 진행되는 문제해결 단계를 제시한다.
② 사건지향적 경찰활동은 범죄를 감소시키기 위해서 범죄의 정보와 분석기법을 통합한 법집행 위주의 경찰활동을 말하며, 범죄의 분석 등을 통해 정보에 입각한 범죄다발지역에 대한 강력한 순찰 등이 있다.
③ 전략지향적 경찰활동은 전통적 경찰활동 및 절차들을 이용하여 범죄요소나 무질서의 원인을 제거하고 효과적으로 범죄를 진압·통제하려는 경찰활동을 말하며 지역사회 참여가 경찰임무의 중요한 측면이라 인식한다.
④ 이웃지향적 경찰활동은 경찰과 주민 사이의 의사소통 라인을 개설하는 모든 프로그램을 말하고 거주자들에게 지역에 관한 정보를 제공하며, 주민들은 민간순찰을 실시한다.

(해설) **정보주도적 경찰활동**은 범죄를 감소시키기 위해서 범죄의 정보와 분석기법을 통합한 법집행 위주의 경찰활동을 말하며, 범죄의 분석 등을 통해 정보에 입각한 범죄다발지역에 대한 강력한 순찰 등이 있다.

16 지역사회 내의 각종 기관 및 주민들과 유기적인 연락 및 협조체계를 구축하여 지역사회 각계각층의 문제·요구·책임을 발견하고 지역사회의 문제해결과 적극적인 지역사회 프로그램을 위해 경찰과 지역사회가 공동으로 노력하는 것을 무엇이라고 하는가? 71기 경간부

① Public Relations(PR : 공공관계)
② Police - Press Relations(PPR : 경찰과 언론관계)
③ Police - Media Relations(PMR : 경찰과 대중매체관계)
④ Police - Community Relations(PCR : 경찰과 지역사회관계)

(해설) Police-Community Relations (**PCR : 경찰과 지역사회관계**)에 대한 내용이다.

17 '지역사회경찰활동(Community Policing)에 관한 설명으로 가장 적절하지 않은 것은? 23. 순경

① 범죄가 자주 발생하는 지점에 경찰력을 집중적으로 배치하여 범죄예방효과를 극대화하는 데 중점을 둔다.
② 경찰활동의 목적과 우선순위를 결정할 때 시민의 참여가 중요하다.
③ 사후적 대응보다 사전적 예방 중심의 경찰활동 전개에 주력한다.
④ 경찰은 지역사회 내 지방자치단체, 학교 등 공적 주체들은 물론 시민단체 등 사적 주체들과도 파트너십을 형성할 필요가 있다.

(해설) **범죄다발지역 경찰활동**에 대한 내용이다.

Answer 15 ② 16 ④ 17 ①

18 지역사회 경찰활동 프로그램 중 이웃 지향적 경찰활동에 관한 설명으로 가장 적절한 것은?

74기 경간부

① 확인된 문제에 대응하기 위해 전략적으로 경찰인력과 자원을 배치하여 범죄나 무질서에 대한 예방을 강조한다.
② 시민의 서비스 요청에 반응하는 경찰활동의 반응적 기능, 경찰관들이 확인된 범죄문제에 대해 조직화된 순찰전략을 개발·기획하는 사전적 기능과 범죄와 무질서 문제를 확인하고 알려주기 위한 경찰과 시민 사이의 적극적인 협력적 기능을 연결하고자 시도한다.
③ 범죄자의 활동과 조직범죄집단·중범죄자 등에 대한 관리·예방등에 초점을 두며 증가되는 범죄를 감소시키기 위해 범죄정보를 통합한 법집행 위주의 경찰활동을 강조한다.
④ 형법에 지나치게 의존하는 것 대신에 문제해결에 대한 합리적·분석적 접근법을 강조한다.

(해설) ① 전략지향적 경찰활동
③,④ 문제지향적 경찰활동

19 지역사회 경찰활동에 관한 설명으로 옳은 것을 모두 고른 것은?

24. 순경

㉠ 이웃지향적 경찰활동(NOP)은 경찰과 지역주민 사이에 좋은 관계를 유지하고 경찰활동을 널리 지역주민에게 이해시키고, 범죄예방활동에 지역주민을 적극적으로 참여시키 협력해주도록 하는 경찰활동을 말한다.
㉡ 문제지향적 경찰활동(POP)은 반복된 사건을 야기하는 근본적인 원인을 해결해야 한다고 주장하며, 현장 경찰관에게 자유재량을 부여하고, 범죄분석자료를 제공, 대중정보와 비평을 적극적으로 수용한다.
㉢ 전략지향적 경찰활동(SOP)은 치안유지를 위한 각 기관들의 정보 취합과 활용 그리고 지역사회 참여를 업무 처리 방식의 틀로 사용하고, 사건 분석을 위해 지리정보시스템을 활용하여 분석 기법을 사용한 법집행 위주의 경찰활동이다.
㉣ 증거기반 경찰활동(evidence-based policing)은 경찰정책과 의사결정에 있어서 과학적·의학적 증거에 기반하여 증거의 개발, 검토, 활용을 위해 경찰관 및 직원이 연구기관과 함께 활동하는 접근방법이다.

① ㉠㉡　　　　　　　　② ㉠㉢
③ ㉡㉣　　　　　　　　④ ㉢㉣

(해설) ㉠ 지역중심 경찰활동
㉢ 정보주도적 경찰활동

Answer 18 ② 19 ③

20. 다음 중 범죄다발지역 경찰활동에 대한 내용으로 틀린 것은? 응용문제

① 윌슨(1995)은 특정지역 또는 한정된 지역에서 경찰신고 전화가 집중되는 것을 발견하게 되고, 이러한 범죄다발지역에 경찰력을 집중할 경우 매우 효과적이라는 결과를 보여 주었다.
② 범죄다발지역 경찰활동은 범죄신고나 무질서 행위가 줄고, 전체적인 범죄나 마약, 총기 범죄의 감소가 다른 지역에 비해 현저히 감소하였다.
③ 범죄의 전이란 범죄가 많이 발생하는 지역에 경찰력을 집중할 경우 범죄가 일어나지 않는 지역으로 이동하는 것을 말하며, 일명 풍선효과라고 부르기도 한다.
④ 범죄의 전이효과에 대한 우려는 실제 많은 연구에서는 발견되지 않았으며, 오히려 경찰력이 범죄가 많이 발생하는 우범지역에 집중됨으로써 주변 지역에 대해서도 범죄를 통제하게 되는 효과가 확산되었다는 주장이 제기되는데 이것이 바로 범죄 억제효과의 확산이론이다.

> **해설** 셔먼(1995)의 주장이다.
>
> ▶ 범죄다발지역 경찰활동
> ① **셔먼(1995)**은 특정지역 또는 한정된 지역에서 경찰신고 전화가 집중되는 것을 발견하게 되고, 이러한 범죄다발지역에 경찰력을 집중할 경우 매우 효과적이라는 결과를 보여 주었다.
> ② 범죄다발지역 경찰활동은 범죄신고나 무질서 행위가 줄고, 전체적인 범죄나 마약, 총기 범죄의 감소가 다른 지역에 비해 현저히 감소하였다.
> ③ 범죄의 전이란 **범죄가 많이 발생하는 지역에 경찰력을 집중할 경우 범죄가 일어나지 않는 지역으로 이동하는 것**을 말하며, **풍선효과**라고 부르기도 한다.
> ④ 범죄의 전이효과에 대한 우려는 실제 많은 연구에서는 발견되지 않았으며, 오히려 경찰력이 범죄가 많이 발생하는 우범지역에 집중됨으로써 주변 지역에 대해서도 범죄를 통제하게 되는 효과가 확산되었다는 주장이 제기되는데 이것이 바로 범죄 억제효과의 확산이론이다.

21. 다음 중 무관용 경찰활동에 대한 내용으로 틀린 것은? 응용문제

① 무관용 원칙이란 사소한 규칙위반에도 관용을 베풀지 않는 정책을 말한다.
② 무관용 경찰활동은 1990년대 뉴욕에서 본격적으로 시행되었으며, 셔먼의 깨진유리창이론에 근거를 두고 있다.
③ 경미한 비행자에 대한 무관용 개입은 낙인효과를 유발할 수 있다는 비판이 있다.
④ 직접적인 피해자가 없는 무질서 행위를 용인하는 전통적 경찰활동의 전략을 비판하고, 지역 주민들의 적극적 이해와 참여를 유도함으로써 집합 효율성을 강화시킬 수 있는 삶의 질 경찰활동 또는 지역사회 경찰활동 계승하였다는 평가를 받고 있다.

> **해설** 무관용 경찰활동은 1990년대 뉴욕에서 본격적으로 시행되었으며, 윌슨과 켈링의 깨진유리창이론에 근거를 두고 있다.

Answer 20 ① 21 ②

▶ 무관용 경찰활동
① 무관용 원칙이란 **사소한 규칙위반에도 관용을 베풀지 않는 정책**을 말한다.
② 무관용 경찰활동은 1990년대 뉴욕에서 본격적으로 시행되었으며, **윌슨과 켈링의 깨진유리창이론에 근거를 두고 있다.**
③ 경미한 비행자에 대한 무관용 개입은 낙인효과를 유발할 수 있다는 비판이 있다.
④ 직접적인 피해자가 없는 무질서 행위를 용인하는 전통적 경찰활동의 전략을 비판하고, 지역주민들의 적극적 이해와 참여를 유도함으로써 집합 효율성을 강화시킬 수 있는 삶의 질 경찰활동 또는 지역사회 경찰활동 계승하였다는 평가를 받고 있다.

22. 다음은 전통적 경찰활동과 지역사회 경찰활동에 관한 비교설명이다(Sparrow, 1988). 질문과 답변의 연결이 가장 적절하지 않은 것은?

22. 순경

① 경찰은 누구인가? – 전통적 경찰활동의 관점에서는 법집행을 주로 책임지는 정부기관이라고 답변할 것이며, 지역사회 경찰활동의 관점에서는 경찰이 시민이고 시민이 경찰이라고 답변할 것이다.
② 언론 접촉 부서의 역할은 무엇인가? – 전통적 경찰활동의 관점에서는 현장경찰관들에게 대한 비판적 여론을 차단하는 것이라고 답변할 것이며, 지역사회 경찰활동의 관점에서는 지역사회와의 원활한 소통창구라고 답변할 것이다.
③ 경찰의 효과성은 무엇이 결정하는가? – 전통적 경찰활동의 관점에서는 경찰의 대응시간이라고 답변할 것이며, 지역사회 경찰활동의 관점에서는 시민의 협조라고 답변할 것이다.
④ 가장 중요한 정보란 무엇인가? – 전통적 경찰활동의 관점에서는 범죄자 정보(개인 또는 집단의 활동사항 관련 정보)라고 답변할 것이며, 지역사회 경찰활동의 관점에서는 범죄사건 정보(특정범죄사건 또는 일련의 범죄사건 관련 정보)라고 답변할 것이다.

(해설) **지역사회 경찰활동의 관점에서는** 범죄자 정보(개인 또는 집단의 활동사항 관련 정보)라고 답변할 것이며, **전통적 경찰활동의 관점에서는** 범죄사건 정보(특정범죄사건 또는 일련의 범죄사건 관련 정보)라고 답변할 것이다.

23. 지역사회 경찰활동(Community Policing)에 대한 설명으로 가장 적절하지 않은 것은?

73기 경간부

① 지역중심적 경찰활동(Community Oriented Policing) – 경찰과 지역사회가 협력하여 길거리 범죄, 물리적 무질서 등을 확인하고 해결함으로써 주민들의 삶의 질을 개선하고자 노력한다.
② 문제지향적 경찰활동(Problem Oriented Policing) – 경찰과 지역사회가 전통적인 경찰업무로 해결할 수 없거나 그것의 해결을 위하여 특별히 관심을 필요로 하는 사안들에 있어서 그 상황에 맞는 대안을 개발하기 위해 노력하는 활동에 주력한다.

Answer 22.④ 23.④

③ 이웃지향적 경찰활동(Neighborhood Oriented Policing) − 경찰과 주민의 의사소통을 활성화하고 주민들에 의한 순찰을 실시하는 등 지역사회에 기초를 둔 범죄예방 활동 등을 위해 노력한다.
④ 관용중심적 경찰활동(Tolerance Oriented Policing) − 소규모 지역공동체 모임의 활성화를 통해 상호감시를 증대하고 단속 중심의 경찰활동을 전개함으로써 범죄에 대응하는 전략을 추진한다.

(해설) 단속 중심의 경찰활동을 전개함으로써 범죄에 대응하는 전략을 추진하는 것은 **무관용 경찰활동**과 관련이 있다.

24 무관용 경찰활동(Zero-Tolerance Policing)에 관한 설명으로 가장 적절하지 않은 것은?

22. 경특

① 깨진유리창이론(Broken Window Theory)에 근거를 두고 있다.
② 범죄해결에 집중하는 전통적 경찰활동의 전략을 계승하였다.
③ 무관용 개입으로 낙인효과를 유발할 수 있다는 비판이 있다.
④ 일선 경찰관들의 재량권 수준이 낮다.

(해설) 범죄 예방에 집중하는 **지역사회 경찰활동의 전략**을 택한다.

25 무관용 경찰활동(Zero Tolerance Policing)에 관한 설명으로 가장 적절하지 않은 것은?

23. 순경

① 사소한 무질서에 관대하게 대응했던 전통적 경찰활동의 전략을 계승하였다.
② 무관용 경찰활동은 1990년대 뉴욕에서 본격적으로 시행되었다.
③ 윌슨(Wilson)과 켈링(Kelling)의 '깨어진 창 이론'에 기초하였다.
④ 경미한 비행자에 대한 무관용 개입은 낙인효과를 유발할 수 있다는 비판이 있다.

(해설) 범죄 예방에 집중하는 **지역사회 경찰활동의 전략을 계승하였다.**

Answer 24 ② 25 ①

26 다음은 범죄자 甲과 乙의 범행장소 선정에 관한 가상 시나리오이다. 경찰의 순찰강화가 B지역과 C지역에 미친 효과에 해당하는 것으로 가장 적절하게 연결한 것은?   22. 경특

> 범죄자 甲은 A지역에서 범죄를 할 예정이었으나, A지역의 순찰이 강화된 것을 확인하고 C지역으로 이동해서 범죄를 저질렀다. 범죄자 乙은 B지역에서 범행을 계획하였으나, A지역의 순찰이 강화된 것을 인지하고 A지역과 인접한 B지역 대신 멀리 떨어진 C지역으로 이동해서 범죄를 저질렀다.

① B지역 - 이익의 확산(diffusion of benefits)
　C지역 - 범죄전이(crime displacement)
② B지역 - 범죄전이(crime displacement)
　C지역 - 억제효과(deterrent effect)
③ B지역 - 범죄전이(crime displacement)
　C지역 - 이익의 확산(diffusion of benefits)
④ B지역 - 이익의 확산(diffusion of benefits)
　C지역 - 억제효과(deterrent effect)

(해설) B지역 - 이익의 확산(diffusion of benefits)
　　　C지역 - 범죄전이(crime displacement)

Answer　26 ①

제3절 지역경찰활동

01 경찰순찰에 대한 설명으로 가장 적절한 것은? 21. 순경

① 뉴왁(Newark)시 도보순찰실험은 도보순찰을 강화하여도 해당 순찰구역의 범죄율을 낮추지는 못하였으나, 도보순찰을 할 때 시민이 경찰서비스에 더 높은 만족감을 드러냈음을 확인하였다.
② 「지역경찰의 조직 및 운영에 관한 규칙」상 순찰팀장은 일근근무를 원칙으로 하며, 휴게시간, 휴무횟수 등 구체적인 사항은 「국가공무원 복무규정」 및 「경찰기관 상시근무 공무원의 근무시간 등에 관한 규칙」이 규정한 범위 안에서 지역경찰관서장이 정한다.
③ 「지역경찰의 조직 및 운영에 관한 규칙」상 순찰근무를 지정받은 지역경찰은 지정된 근무구역에서 경찰사범의 단속 및 검거, 경찰방문 및 방범진단, 시설 및 장비의 작동여부 확인, 각종 현황, 통계, 자료 부책 관리와 같은 업무를 수행한다.
④ 워커는 순찰의 3가지 기능으로 범죄의 억제, 대민 서비스 제공, 교통지도단속을 언급하였다.

해설 ② **시·도경찰청장**이 정한다.
③ 경찰사범의 단속 및 검거, 경찰방문 및 방범진단은 **순찰근무자**, 시설 및 장비의 작동여부 확인은 **상황근무자**, 각종 현황, 통계, 자료 부책 관리는 **행정근무자**가 수행한다.
④ **교통지도단속은 해밀(C·D Hale)이 언급한 순찰의 기능에 해당**한다.

▶ 할레(C. D. Hale)와 워크(S.Walker)

할레 (C. D. Hale)	분류	① 교통지도단속　② 범죄예방과 범인검거 ③ 법집행　　　　④ 대민서비스 제공 ⑤ 질서유지
	주장	모든 경찰활동의 목적은 순찰을 통해 달성된다.
워크 (S. Walker)	분류	① 공공안전감 증진　② 범죄의 억제 ③ 대민서비스 제공
	주장	순찰은 경찰활동의 핵심이며, 주민들에게 심리적 안전감을 주기 위해서라도 반드시 가시적인 순찰이 필요하다.

02 순찰노선에 대한 내용과 특성에 대한 설명 중 가장 적절한 것은? 응용문제

① 정선순찰 : 장점으로는 순찰노선이 일정하고 경찰관의 행동이 규칙적이므로 감독 및 연락이 용이하나 단점으로는 근무자의 태만과 소홀을 조장할 우려가 있다.
② 난선순찰 : 장점으로는 범죄자의 예측을 교란시킬 수 있고, 종횡무진한 순찰을 통하여 범죄예방을 증대 시킬 수 있으나, 단점으로는 범죄행위자들이 이를 예측하고 출현할 수 있다.

Answer 01 ① 　 02 ④

③ 요점순찰 : 정선순찰과 난선순찰의 장점을 살리고 단점도 보완되도록 절충한 방식으로 순찰구역 내의 중요지점을 지정하여 순찰자는 반드시 그곳을 통과하며, 지정된 요점과 요점 사이에서는 정선순찰방식에 따라 순찰하는 방법이다.
④ 구역책임 자율순찰 : 지구대 관할지역을 몇 개의 소구역으로 나누고 지정된 개인별 담당구역을 요점순찰하는 방법으로 구역순찰과 자율순찰을 결합하여 외근 경찰관의 자율과 책임의식을 바탕으로 하는 순찰방법이다.

[해설] ① 근무자의 태만과 소홀을 조장할 우려는 **난선순찰의 단점**이다.
② 범죄행위자들이 이를 예측하고 출현할 수 있다는 것은 **정선순찰의 단점**이다.
③ 요점순찰은 지정된 요점과 요점 사이에서는 **난선순찰방식에 따라 순찰하는 방법**이다.

▶ 순찰노선에 의한 구분정

정선 순찰	의의	① 인간에 대한 **불신을 바탕**으로 강제를 통하여 경찰관 개인의 직업윤리의식 수준과 상관없이 일정한 산출을 올리려는 제도이다. ② 가급적 관할 구역 내에 전부 미칠 수 있도록 **사전에 정하여진 노선을 지정된 시간에 규칙적으로 순찰을 하면서 순찰함에 기록**하도록 하는 순찰방법이다.
	장점	순찰노선이 일정하고 경찰관 행동이 규칙적이므로 **감독·연락이 용이**하다.
	단점	① **범죄행위자들이 이를 예측하고 출현**할 수 있는 단점이 있다. ② 순찰 여부의 감독에는 효과가 있으나, **순찰근무자의 자율성을 저해하여 기계적**이고, 형식적인 책임회피식의 순찰이 될 위험성과 낭비의 우려가 있다.
난선 순찰	의의	① 인간에 대한 **신뢰를 바탕**으로 임의로 경찰사고 발생상황을 고려하여 순찰지역이나 노선을 선정하여 **불규칙적으로 순찰**하는 방법이다. ② 사전에 순찰노선을 정해놓지 않고 임의로 불규칙적으로 수행하며, **순찰함이 없게 된다**.
	장점	**범죄자의 예측을 교란**시킬 수 있고, 종횡무진한 순찰을 통하여 범죄 예방을 증대시킬 수 있다.
	단점	**순찰근무지의 위치추적이 곤란**하고, 근무자의 태만과 소홀을 조장할 우려가 있다.
요점 순찰		① 순찰구역 내의 중요지점을 지정하여 순찰자는 반드시 그곳을(순찰함 설치) 통과하며, 지정된 요점과 요점 사이에는 난선순찰을 실시하는 방법이다. ② **정선순찰과 난선순찰의 장점을 살리고 단점도 보완하도록 절충한 방식**이다. ③ 중요 요점에만 순찰함이 놓이게 되므로 **순찰함이 정선순찰에 비해 적게 소요**된다.
구역책임 자율순찰		① **담당구역 내 범죄취약 시간과 지점을 적극적으로 분석 및 활용하는 자율성과 창의성을 기반으로 하는 순찰제도**이다. ② 순찰자의 적극성과 책임감이 부족한 경우에 순찰의 효과를 보기 어렵다.

03. 순찰노선 유형에 대한 설명으로 틀린 것은? 응용문제

① 정선순찰은 감독은 용이하나, 범죄행위자가 예측할 수 있다는 단점이 있다.
② 난선순찰은 순찰근무지의 위치추정이 곤란하고, 근무자의 태만을 조장할 우려가 있다.
③ 요점순찰은 요점과 요점사이에 난선순찰방식에 따라 순찰한다.
④ 요점순찰은 구역순찰과 자율순찰을 결합하여 외근경찰관과 자율과 책임의식을 바탕으로 하는 순찰방식이다.

(해설) 요점순찰은 **정선순찰과 난선순찰의 장점을 살리고 단점도 보완한 절충적 방식**이다.

04. 공식적 범죄가 증가하였음에도 불구하고 도보순찰 결과 시민들은 오히려 안전하다고 생각한다는 연구결과를 나타낸 실험은? 응용문제

① 뉴욕의 경찰의 작전25실험
② 캔사스의 예방순찰 실험
③ 뉴욕시의 도보순찰 실험
④ 플린트의 도보순찰 프로그램

(해설) ▶ 플린트 도보순찰 프로그램
① 플린트 도보순찰 프로그램은 **실험지역이 다른 지역에 비해 범죄가 감소되었음이 발견되었고 시민들은 경찰관의 도보순찰로 안전하다고 느꼈다.**
② 실험기간 중 범죄발생 건수가 증가했음에도 불구하고, 도보순찰과 시민들은 더 안전하다고 느꼈다.

05. 차량순찰 수준을 증가해도 범죄는 감소하지 않았고, 일상적인 순찰을 생략해도 범죄는 증가하지 않았다는 실험은? 응용문제

① 뉴욕 경찰25구역 순찰실험
② 캔자스시 도보순찰 프로그램
③ 플린트 도보순찰프로그램
④ 뉴왁시 도보순찰실험

(해설) ▶ 캔자스시의 범죄예방 순찰실험
① 캔자스시의 범죄예방 순찰실험은 캔자스 시내에 15개의 순찰구역을 5개씩 3개의 그룹으로 나누어 1구역은 사후 대응적으로, 2구역은 구역당 순찰차 한대의 평균적인 수준으로 표준 예방순찰을 하는 통제적 순찰로, 3구역은 사전예방적으로 실시하였다.
② **차량순찰 수준을 증가해도 범죄는 감소하지 않았고, 일상적인 순찰을 생략해도 범죄는 증가하지 않았다.**
③ 순찰의 증감이 범죄율과 시민의 안전감에 영향을 미치지 못한다는 결과를 도출하여 **경찰의 순찰활동전략을 재고하게 만든 연구**였다.

Answer 03 ④ 04 ④ 05 ②

06 다음 중 순찰예방실험 효과 및 순찰방법에 대한 설명으로 바르지 않은 설명은 몇 개인가?

응용문제

> ㉠ 캔자스시의 예방순찰 실험은 차량순찰수준을 증가하여도 범죄는 감소하지 않았고, 반면에 일상적인 순찰을 생략해도 범죄는 증가하지 않았다는 결과를 나타낸 실험이다.
> ㉡ 플린트 도보순찰 프로그램의 평가결과에 의하면 공식적인 범죄가 실험기간 동안에 증가하였음에도 불구하고 도보순찰의 결과 시민들은 오히려 더 안전하다고 느끼고 있음이 밝혀졌다.
> ㉢ 뉴왁시의 도보순찰실험은 도보순찰을 증가하여도 범죄발생은 감소되지 않으나 주민들은 자신들의 구역 내에서 범죄가 줄고 있다고 생각하고 있었다는 것이다.
> ㉣ 순찰은 도보 및 기동순찰로 구분하고 2인 1조로 실시하는 것이 원칙이며, 기동순찰은 112순찰 차량에 의해 실시하는 것을 원칙으로 하되 필요시 오토바이 또는 자전거 등에 의해 실시한다.

① 0개
② 1개
③ 2개
④ 3개

(해설) 모두 옳은 지문이다.

07 지역사회 경찰활동 (Community policing)의 내용 중 대역적 권위(Stand-in authority)에 의한 활동에 대한 설명으로 가장 적절하지 않은 것은?

응용문제

① 사회영역에서 공식적이고 명백한 권한의 근거가 없는 경우에도 비공식적 또는 관행적으로 사회봉사활동에 관여하는 경찰활동이다.
② 경찰의 24시간 근무와 지역적으로 널리 퍼져 있는 조직 특성 때문에 발생하는 것으로 지속적이며 전문적인 것이다.
③ 법적 근거를 가진 사회봉사활동 기관의 활동 내에서 이루어져야 하고 이 범위를 넘어서는 안 된다.
④ 지역사회 경찰활동의 관념에서 이루어진다고 볼 수 있다.

(해설) 경찰의 24시간 근무와 지역적으로 널리 퍼져 있는 조직 특성 때문에 발생하는 것으로 **일시적이고 임시방편적인 것이다**

Answer 06 ① 07 ②

제4절 민간협력 범죄예방활동

01 공경비(Public Service)를 민간경비(Private Service)와 대비할 때 공경비의 내용으로 틀린 것은?　　응용문제

① 대가의 유무, 다과에 따라 차등 지급되는 경합적 서비스이다.
② 공공의 질서유지 및 범인체포와 같은 법집행적 측면을 강조한다.
③ 민간경비에 비하여 권한이 제한적이지 않다.
④ 업무의 주체면에서 정부기관에 의한 비영리활동이다.

해설　▶ 민간경비와 공경비의 관계

민간경비	목 적	특정한 의뢰자에 대하여 그 대가만큼 범죄예방·억제 및 경제적 손실방지 → **예방적 측면을 중시**
	주 체	**영리기업**
	권 한	경찰에 비해 **권한이 한정**되어 있거나 **각종 제약**을 받음
	서비스 내용	민간경비업의 서비스는 민간재이므로 대가의 유무나 다소에 따라 서비스의 내용이 달라지는 **경합적 서비스**
공경비	목 적	일반대중을 대상으로 범인체포 및 범죄수사를 위한 법집행 → **법집행적 측면을 중시**
	주 체	**정부기관**
	권 한	법집행에 관한 **일반적인 권한**을 가짐
	서비스 내용	경찰의 서비스는 공공재로서 모든 사람이 동등하게 소비할 수 있는 **비경합적 서비스**

02 민간경비에 대한 설명 중 가장 옳지 않은 것은?　　응용문제

① 공경비에 대비한 개념으로 각종 위해로부터 개인의 생명·신체·재산 등을 보호하기 위하여 특정 고객으로부터 받은 보수에 따른 경비서비스를 제공하는 개인, 단체, 영리기업의 활동을 말한다.
② 우리나라에서는 청원경찰과 「경비업법」에 의한 경비업이 이에 속하며 기능상으로는 청원경찰은 경비과에서, 경비업은 생활안전과 소관업무에 해당한다.
③ 인경비는 순수한 인력으로 지키는 경비로 상주경비, 순찰경비, 행사안전경비 등이 있다.
④ 우리나라의 「경비업법」에서는 경비업을 시설경비업무, 행사안전경비업무, 호송경비업무, 신변보호업무, 기계경비업무 등의 전부 또는 일부를 도급받아 행하는 업무로 규정하고 있다.

해설　「경비업법」에서 경비업 업무로는 시설경비업무, 호송경비업무, 신변보호업무, **특수경비업무**, 기계경비업무 혼잡·교통유도경비업무에 국한하고 있다.

Answer　01 ①　02 ④

03 우리나라 민간경비업에 대한 설명 중 가장 옳지 않은 것은?   응용문제

① 경비업은 허가권자는 시·도경찰청장이다.
② 법인의 명칭이나 대표자·임원을 변경할 때는 시·도경찰청장에게 다시 허가를 받아야 한다.
③ 경비업 허가의 유효기간은 허가받은 날부터 5년이다.
④ 기계경비업무의 수행을 위한 관제시설을 신설·이전 또는 폐지한 때는 시·도경찰청장에게 신고하여야 한다.

(해설) 법인의 명칭이나 대표자·임원을 변경은 **시·도경찰청장에게 신고하여야 한다.**

Answer 03 ②

CHAPTER 02 경비경찰활동

제1절 경비경찰의 개관

01 경비경찰의 특징에 대한 설명으로 가장 옳지 않은 것은? _{응용문제}

① 복합기능적 활동 - 경비사태가 발생한 후의 진압뿐만 아니라 특정한 사태가 발생하기 전에 경계·예방 역할을 수행한다.
② 현상유지적 활동 - 경비활동은 기본적으로 현재의 질서상태를 보존하는 것에 가치를 둔다고 할 수 있다. 따라서, 동태적·적극적 질서유지가 아닌 새로운 변화와 발전을 보장하기 위한 정태적·소극적 의미의 유지작용이다.
③ 즉시적(즉응적) 활동 - 경비상황은 국가적으로나 사회적으로 중대한 영향을 미치므로 신속한 처리가 요구된다. 따라서, 경비사태에 대한 기한을 정하여 진압할 수 없으며 즉시 출동하여 신속하게 조기에 제압한다.
④ 하향적 명령에 의한 활동 - 경비활동은 주로 개선조직의 지휘관이 내리는 지시나 명령에 의하여 움직이므로 활동의 결과에 대해서도 지휘관이 지휘책임을 지는 것이 일반적이다.

> **해설** 현상유지적 활동이란 정태적·소극적 질서유지가 아닌 새로운 변화와 발전을 보장하기 위한 **동태적·적극적 의미의 유지작용**이다.

▶ 경비경찰의 특징

복합기능적 활동	**경비경찰은 예방과 진압을 아울러 수행**한다. 그리고 교통경찰이나 정보·수사·보안경찰과 밀접한 기능적 관련을 맺고 있으므로 **다른 업무보다도 종합업무성이 강하다.**
현상유지적 활동	① **경비활동은 기본적으로 현재의 질서상태를 보존하는 것에 가치를 둔다고 볼 수 있다.** ② 이때 보존은 소극적·정태적인 질서유지(질서가 무너졌을 때 개입)가 아니라 새로운 변화와 발전을 보장하기 위한 **적극적·동태적인 의미의 유지작용**(질서가 무너질 기미가 보일 때 개입)이어야 한다.
즉응적 활동	경비사태는 **항상 긴급을 요하는 것**으로 국가적으로나 사회적으로 중대한 영향을 주므로 **신속한 처리가 요망**된다.
조직적인 부대활동	경비경찰은 개인적인 활동으로 이루어지기보다는 **항상 부대활동으로 훈련을 하고 근무를 하며** 경비사태 발생 시 조직적이고 집단적이며 물리적인 힘으로 대처하는 것을 특징으로 한다.

Answer 01 ②

직접적인 사회공공의 안녕 및 질서유지활동	경비경찰의 대상은 직접적으로 공공의 안녕과 질서를 파괴하는 범죄 그 자체로서 이러한 점에서 생활안전경찰이나 수사경찰과 구별된다.
하향적 명령에 의한 활동	경비경찰의 활동은 조직적인 부대활동이며, **하향적인 명령에 의해 움직이는 활동**이다.

02 경비경찰의 특징에 대한 다음 설명 중 가장 적절하지 않은 것은? 응용문제

① 경비사태가 발생한 후의 진압뿐만 아니라 특정한 사태가 발생하기 전의 경계·예방의 역할을 수행한다는 점에서 복합기능적 활동이라 할 수 있다.
② 경비경찰은 경비사태 발생시 조직적이고 집단적인 대응이 요구되므로 조직적 부대활동에 중점을 둔다.
③ 경비경찰의 현상유지적 활동이란 기본적으로 적극적·동태적 개념의 활동이 아니라 현재의 질서상태를 보존하는 소극적·정태적 활동만을 의미하는 것이다.
④ 경비경찰의 활동은 하향적인 명령에 의하여 이루어지며, 그 결과에 대하여 일반적으로 지휘관의 지휘책임을 강조한다.

해설 경비경찰의 현상유지적 활동이란 유동적 경비사태에 대한 **적극적·동태적 개념의 활동**을 의미한다.

03 경비경찰의 조직운영과 관련하여 옳은 것은 몇 개인가? 응용문제

㉠ 지시는 한 사람에 의해서 행해져야 하고, 보고도 한 사람을 통해서 이루어져야 한다.
㉡ 의사결정은 신속하고 효과적인 절차를 위해 결정과정을 단일화해야 한다.
㉢ 임무를 중복 부여하여 최악의 경우를 대비한다.
㉣ 주민의 협력을 받아 효과적으로 목적을 달성한다.
㉤ 치안협력성의 원칙은 업무수행의 신속성과는 관련이 적다.
㉥ 부대단위로 활동을 할 때에 반드시 지휘관이 있어야 하는 것은 아니다.

① 1개 ② 2개
③ 3개 ④ 4개

해설 ㉡ 의사결정과정을 단일화가 아니라 **집행과정의 단일화**이다.
㉢ **임무를 명확히 구분하여 분담하여야 한다.**
㉥ 부대단위로 활동을 할 때에 **반드시 지휘관이 있어야 한다.**

▶ 경비경찰의 조직운영의 원칙

부대단위 활동의 원칙	① 경비경찰의 활동은 부대단위로 운영되어야 한다는 원칙이다. ② 부대의 관리와 임무수행을 위한 **최종결정은 지휘관만이 할 수 있으며**, 부대의 성패도 지휘관에 의해 크게 좌우된다.

Answer 02 ③ 03 ③

지휘관 단일성의 원칙	① 긴급성과 신속성을 요하는 경비업무의 효율적인 수행을 위하여 지휘관을 한 사람만 두어야 한다는 원칙이다. → 의사집행의 단일(○), 의사결정의 단일(×) ② 지시는 한 사람에 의해서 행해져야 하고, 보고도 한 사람을 통해서 이루어져야 한다는 명령통일의 원칙에서 도출되는 원칙이다.
체계통일성의 원칙	① 조직의 상하 계급 간에 일정한 관계가 형성되어 책임과 임무의 분담이 명확히 이루어지고 명령과 복종의 체계가 통일되어야 한다는 원칙이다. ② 경비조직의 모든 단위나 체계는 당해 경비조직이 추구하는 목적을 위해 일관되게 작용하여야 한다. → 임무를 중복 부여(×)
치안협력성의 원칙	① 업무 수행과정에서 국민과 협력을 이루어야 효과적인 목적달성이 가능하다는 원칙이다. → 신속히 목적 달성(×), 효율적인 목적 달성(○) ② 경비조직이 모든 사태에 세밀히 대처할 수 없기 때문에 국민들과의 협력을 필수요소로 하여야 한다.

04 경비조직운영의 원리에 대한 설명 중 틀린 것은? 응용문제

① 부대의 관리와 임무의 수행을 위한 최종결정은 지휘관만이 할 수 있고, 부대의 성패는 지휘관에 의해 크게 좌우된다.
② 경비조직의 모든 단위나 체계는 당해 경비조직이 추구하는 목적을 위해 일관되게 적용하여야 한다.
③ 경비조직이 아무리 완벽하게 경비활동을 수행하더라도 각종 위해요소들을 직접 인지할 수 없고, 모든 사태에 세밀히 대처할 수 없기 때문에 국민들과의 협력을 필수요소로 하여야 한다.
④ 임무를 중복으로 부여하여 최악의 경우에 대비하여야 한다.

해설 체계통일성의 원칙이란 조직의 상하 계급 간에 일정한 관계가 형성되어 책임과 임무의 분담이 명확히 이루어지고 명령과 복종의 체계가 통일되어야 한다는 원칙이다.

05 경비경찰의 수단에 대한 설명 중 가장 적절하지 않은 것은? 응용문제

① 한정의 원칙 – 상황과 대상에 따라 주력부대와 예비부대를 적절하게 활용하여 한정된 경력으로 최대한의 성과를 거양하는 것이다.
② 위치의 원칙 – 실력행사시 상대하는 군중보다 유리한 지점과 위치를 확보하여 작전수행이나 진압을 실시하는 것이다.
③ 적시의 원칙 – 가장 적절한 시기에 실력행사를 하는 것으로 상대의 허약한 시점을 포착하여 실력행사를 하는 것이다.
④ 안전의 원칙 – 작전시 변수의 발생은 사회적으로 큰 파장을 미칠 수 있으므로 사고없는 안전한 진압을 하는 것이다.

Answer 04 ④ 05 ①

해설 ▶ 경비수단의 원칙

균형의 원칙	① 경비수단으로 실력을 행사할 때 경력운영을 균형 있게 하여야 한다는 원칙이다. ② 경비사태의 상황에 따라 **주력부대와 예비부대를 유효적절하게 활용**함으로써 **한정된 경찰력을 가지고 최대의 성과**를 올릴 수 있어야 한다.
안전의 원칙	경비사태 발생 시 경비하는 **경찰력이나 군중들이 사고 없이 안전하게 진압되어야 한다는 원칙**을 말한다.
시점(적시)의 원칙	① 특정한 경비상황에 있어 **경찰력을 통한 실력행사를 할 경우 가장 적절한 시점을 이용하여야 한다는 원칙**이다. ② 상대방의 기세와 힘이 가장 허약한 시점을 포착하여 집중적이고 강력한 실력행사를 감행하는 것을 말한다.
위치의 원칙	① **경비사태에 실력행사를 할 경우 유리한 지점과 위치를 확보하여야 한다는 원칙**이다. ② 경비사태로 상대하는 군중보다 유리한 지점과 위치를 선점하는 것이 작전수행이나 진압을 용이하게 한다.

06 경비경찰의 경비수단에 대한 설명으로 가장 적절하지 않은 것은? _{응용문제}

① 경비수단 중 경고는 간접적 실력행사이고, 제지와 체포는 직접적 실력행사이다.
② 실력의 행사는 반드시 경고, 제지, 체포의 순서로 행사되어야 한다.
③ 균형의 원칙은 예비대와 주력부대를 적절하게 활용하여 최대한의 성과를 거양하는 것을 말한다.
④ 적시의 원칙은 가장 적절한 시기에 실력행사를 하는 것으로 상대의 허약한 시점을 포착하여 실력행사를 하는 것을 말한다.

해설 실력의 행사는 **반드시 경고, 제지, 체포의 순서로 행사되는 것은 아니다.**

▶ 경비수단의 종류

간접적 실력행사	경고	① 경고는 범죄실행의 의사를 자발적으로 포기하도록 하는 **간접적 실력행사**이다. ② 경고는 관계자에게 주의를 촉구하는 사실상의 통지행위이다. ③ 경고는 **임의처분**이며 **경찰비례의 원칙이 적용**된다. ④ **경찰관직무집행법 제5조(위험발생의 방지)에 근거**를 두고 있으며, 경비사태를 예방·경계·진압하기 위하여 발할 수 있는 조치이다.
직접적 실력행사	제지	① 경비사태를 예방·진압하기 위한 **강제처분**으로 무기사용이 허용된다. ② 강제해산·세력분산·통제·파괴·주동자 및 주모자의 격리 등을 실시하는 **직접적 실력행사**이다. ③ **경찰관직무집행법 제6조(범죄의 예방과 제지)에 근거**하고 있으며, 즉시강제에 해당하는 강제처분이다.
	체포	① 상대방의 신체를 구속하는 **강제처분**이며, **직접적 실력행사**이다. ② **형사소송법에 근거**를 두고 있다. ③ 체포는 명백한 위법일 때 실력을 행사하는 행위이다

Answer 06 ②

07 경비경찰은 공공의 안녕과 질서를 파괴하는 국가비상사태, 긴급한 주요 사태 등이 발생하거나 발생할 우려가 있는 경우 이러한 상황이나 범죄를 예방·경계·진압·검거하는 경찰활동이다. 다음 경비경찰의 수단에 관한 설명으로 가장 적절하지 않은 것은? _{응용문제}

① 경비수단의 원칙으로 위치의 원칙, 안전의 원칙, 적시의 원칙, 균형의 원칙이 있다.
② 경비수단은 간접적 실력행사인 경고와 직접적 실력행사인 제지·체포로 구분할 수 있다.
③ 간접적 실력행사인 경고가 반드시 직접적 실력행사인 제지·체포에 선행되어야 하는 것은 아니다.
④ 간접적 실력행사인 경고는 경찰관직무집행법 제5조(위험발생의 방지), 직접적 실력행사인 제지·체포는 경찰관직무집행법 제6조(범죄의 예방과 제지)에 근거한다.

(해설) 체포는 형사소송법에 근거한다.

08 경비수단의 종류에 대한 설명으로 맞는 것은? _{응용문제}

① 경고는 사실상 통지행위로 간접적 실력행사이므로 경찰비례의 원칙이 적용되지 않는다.
② 제지는 주동자 격리 등 직접적 실력행사로서 행정상 즉시강제에 해당한다.
③ 체포는 직접적 실력행사로서 경찰관직무집행법이 법적 근거가 된다.
④ 경비수단을 통해 실력을 행사할 경우 반드시 경고, 제지, 체포의 단계적 절차를 거쳐 행해져야 한다.

(해설) ① 경고는 사실상 통지행위로 간접적 실력행사이므로 **경찰비례의 원칙이 적용된다.**
③ 체포는 직접적 실력행사로서 **형사소송법이 법적 근거**가 된다.
④ 경비수단을 통해 실력을 행사할 경우 **정해진 순서는 없다.**

Answer 07 ④ 08 ②

제2절 경비경찰의 활동

01 경비경찰의 대상에 대한 설명으로 가장 적절하지 않은 것은? 응용문제
① 경비경찰의 대상은 크게 개인적·단체적불법행위와 자연적·인위적 재난으로 나뉜다.
② 행사안전경비의 대상은 조직화되지 않은 군중을 대상으로 한다.
③ 피경호자의 신변을 보호하는 호위와 경비활동도 경비경찰의 대상이다.
④ 자연적·인위적 재난은 치안경비와 재난경비로 구성된다.

> 해설 자연적·인위적 재난은 **행사안전경비와 재난경비로 구성**된다.

▶ 경비경찰의 대상

개인적·단체적 불법행위	치안경비 (다중범죄 진압경비)	공안을 해하는 다중범죄 등 집단적인 범죄사태가 발생하거나 발생할 우려가 있는 경우에 대비하여 적절히 사태를 예방·경계·진압하기 위한 경비활동
	특수경비 (대테러)	총포·도검·폭발물 등에 의한 인질난동, 살상 등 사회이목을 집중시키는 중요사건의 예방·경계·진압하는 경비활동
	경호경비	정부요인을 암살하려는 행위를 미연에 방지하고 피경호자의 신변을 보호하는 경비활동
	중요시설경비	국가산업시설, 국가행정시설을 적의 공격으로부터 방호하기 위한 경비활동
자연적·인위적 혼잡·재난	행사안전경비 (혼잡경비)	공연, 기념행사, 경기대회 등 각종행사에 의해 야기되는 자연적·인위적인 환란상태를 예방·경계·진압하는 경비활동
	재난경비	천재지변, 화재 등의 자연적·인위적 돌발사태로 인하여 인명 또는 재산상 피해가 야기될 경우 이를 예방·경계·진압하는 활동

02 수익성 행사에 대한 경찰활동 중 가장 적절하지 않은 것은? 응용문제
① 원칙적으로 행사장의 안전은 수익자 부담 원칙에 따라 주최측이 지도록 한다.
② 수익성 행사의 관리는 행사 주최 측에서 민간경비업체 등을 적극 활용하도록 유도한다.
③ 사인이라 할지라도 영리목적이 없는 공익적 행사의 경우에는 행사안전경비를 할 수 있다.
④ 주최측의 경비 협조 요청시에는 경찰책임으로 행사안전을 확보한다.

> 해설 주최측의 경비 협조 요청시에도 수익성 행사에 있어 행사안전의 **1차적 책임은 주최측에 있고 경찰은 최소한도로 개입하는 것이 원칙**이다.

Answer 01 ④   02 ④

03 군중정리의 원칙에 대한 설명 중 옳고 그름의 표시 (○, ×)가 바르게 된 것은? 〔응용문제〕

> ⊙ 밀도의 희박화 – 제한된 면적에 사람이 많이 모이면 충돌과 혼잡이 야기되어 거리감과 방향감각을 잃고 혼란한 상태에 이르므로 가급적 많은 사람이 모이는 것을 회피하게 하는 것을 말한다.
> ⓒ 지시의 철저 – 사태가 혼잡할 경우 계속적이고도 자세한 안내방송으로 지시를 철저히 해서 혼잡한 사태를 정리하고 사고를 미연에 방지할 수 있는 것을 말한다.
> ⓒ 경쟁적 사태의 해소 – 경쟁적 사태는 남보다 먼저 가려고 하는 군중의 심리상태로 순서에의하여 움직일 때 순조롭게 모든 일이 잘 될 수 있다는 것을 납득시켜야 한다. 차분한 목소리로 안내방송을 하는 것도 한 방법이다.
> ⓔ 이동의 일정화 – 군중은 현재의 자기 위치와 갈 곳을 잘 알지 못해 불안감과 초조감을 갖게 되므로 일정 방향으로 이동시켜 주위의 상황을 파악할 수 있는 여건을 조성하는 것을 말한다.

① ⊙(○) ⓒ(×) ⓒ(○) ⓔ(○)
② ⊙(○) ⓒ(○) ⓒ(×) ⓔ(○)
③ ⊙(×) ⓒ(×) ⓒ(○) ⓔ(×)
④ ⊙(○) ⓒ(○) ⓒ(○) ⓔ(○)

해설 모두 옳은 지문이다.

▶ 행사안전경비(혼잡경비)상 군중정리의 원칙

이동의 일정화	군중은 현재의 자기 위치와 갈 곳을 모르면 불안감과 초조감을 갖게 되므로 **일정한 방향과 속도로 이동**을 주어 주위상황을 파악할 수 있는 여건을 조성함으로써 심리적 안정감을 갖도록 하는 것이다.
경쟁적 활동의 지양	질서를 지키면 손해를 볼 수 있다는 분위기를 느끼게 되면 **남보다 먼저 가려고 하는 심리상태**로 인하여 혼란상태가 발생하게 되므로 질서 있게 행동하면 모든 일이 잘 될 수 있다는 것을 납득시켜야 한다.
지시의 철저	계속적이고도 **자세한 안내방송**을 함으로써 혼잡사태와 사고를 방지할 것이다.
밀도의 희박화	제한된 면적에 많이 사람들이 모이게 되면 혼잡을 야기하게 되므로, **가급적 많은 사람이 모이는 것을 회피**하게 하는 것이다. 즉, **대규모 군중이 모이는 장소는 사전에 블록화**한다.

04 군중정리의 원칙에 대한 설명으로 가장 적절하지 않은 것은? 〔응용문제〕

① 경쟁적 사태의 해소 – 남보다 먼저 가려는 심리상태를 억제하는 것으로 차분한 목소리로 안내방송 하는 것도 한 방법이다.
② 이동의 일정화 – 대규모 군중이 모이는 장소는 사전에 블록화하고 여러 방향으로 이동시켜 주위의 상황을 파악할 수 있는 여건을 조성한다.
③ 지시의 철저 – 사태가 혼잡할 경우 계속적이고 자세한 안내방송으로 지시를 철저히 해서 혼잡한 사태를 정리하고 사고를 미연에 방지한다.
④ 밀도의 희박화 – 많은 사람이 모이면 충돌과 혼잡이 야기되므로 가급적 제한된 장소에 많은 사람이 모이는 것을 회피한다.

Answer 03 ④ 04 ②

해설 대규모 군중이 모이는 장소는 사전에 블록화하고 → **밀도의 희박화 내용이며**, 일정한 방향으로 이동시켜 주위의 상황을 파악할 수 있는 여건을 조성한다는 것은 **이동의 일정화에 대한 내용**이다.

05 군중정리의 원칙에 대한 설명 중 가장 옳지 않은 것은? 〈11. 승진〉

① 제한된 면적에 사람이 많이 모이면 충돌과 혼잡이 야기되어 거리감과 방향감각을 잃고 혼란한 상태에 이르므로 가급적 많은 사람이 모이는 것을 회피하게 한다. 대규모 군중이 모이는 장소는 사전에 불록화한다.
② 군중들은 현재의 자기 위치와 갈 곳을 잘 알지 못함으로써 불안감과 초조감을 갖게 되므로 여러 방향으로 이동시켜 주위의 상황을 파악할 수 있는 여건을 조성한다.
③ 경쟁적 사태는 남보다 먼저 갈려고 하는 군중의 심리상태로 순서에 의하여 움직일 때 순조롭게 모든 일이 잘 될 수 있다는 것을 납득시켜야 한다. 차분한 목소리로 안내방송을 하는 것도 한 방법이다.
④ 사태가 혼잡할 경우 계속적이고도 자세한 안내방송으로 지시를 철저히 해서 혼잡한 사태를 정리하고 사고를 미연에 방지할 수 있다.

해설 군중들은 현재의 자기 위치와 갈 곳을 잘 알지 못해 불안감과 초조감을 갖게 되므로 **일정방향으로 일정한 속도로 이동을 시켜** 주위의 상황을 파악할 수 있는 시간적 여건을 조성함으로써 안정감을 갖도록 하여야 한다.

06 행사안전경비에 대한 설명으로 가장 적절한 것은? 〈20. 승진〉

① 행사안전경비는 조직화된 군중에 의하여 발생하는 자연적인 혼란상태를 사전에 예방·경계하는 활동이다.
② 군중정리의 원칙 중 군중들은 현재의 자기 위치와 갈 곳을 잘 알지 못함으로써 불안감과 초조감을 갖게 되므로 일정 방향으로 이동시켜 주위의 상황을 파악할 수 있는 여건을 조성하여야 한다는 원칙은 지시의 철저 원칙이다.
③ 「공연법」상 재해대처계획을 신고하지 아니한 자에게는 2천만원 이하의 과태료를 부과한다.
④ 「공연법」제11조에 의하면 공연장운영자는 재해대처계획을 수립하여 매년 관할 특별자치시장·특별자치도지사·시장·군수·구청장에게 신고하여야 한다. 이 경우 특별자치시장·특별자치도지사·시장·군수·구청장은 신고받은 재해대처계획을 관할 경찰서장에게 통보하여야 한다.

해설 ① 행사안전경비는 **미조직화된 군중에 의하여** 발생하는 자연적인 혼란상태를 사전에 예방·경계하는 활동이다.
② **이동의 일정화 원칙**에 대한 내용이다.
④ 특별자치시장·특별자치도지사·시장·군수·구청장은 신고받은 재해대처계획을 관할 **소방서장에게 통보**하여야 한다.

Answer 05 ② 06 ③

07 재난상황실의 설치 및 운용에 관한 설명으로 가장 적절하지 않은 것은? 응용문제

① 재난은 발생 가능 정도에 따라 관심, 주의, 경계, 심각 4단계로 구분하여 관리한다.
② 재난상황실은 경찰청 경비국장 또는 시·도경찰청장·경찰서장이 필요하다고 판단한 경우, 재난 구분에 상관없이 설치·운용할 수 있다. 다만, 심각단계에서는 반드시 설치하도록 규정하고 있다.
③ 주의단계는 전국적 기상특보 발령 등 재난발생 징후의 활동이 비교적 활발하여 재난으로 발전할 수 있는 일정 수준의 경향이 나타나는 상태를 말한다.
④ 관심단계는 재난이 발생하였거나 재난의 발생이 확실시되는 상태를 말한다.

(해설) 지문은 **심각단계**에 대한 설명이다.

▶ 재난관리 단계(재난의 발생 가능 정도)

관심단계	일부지역 기상특보 발령 등 재난발생 징후와 관련된 현상이 나타나고 있으나 그 활동수준이 낮아서 **재난으로 발전할 가능성이 적은 상태**
주의단계	전국적 기상특보 발령 등 재난발생 징후의 활동이 비교적 활발하여 재난으로 발전할 수 있는 **일정수준의 경향이 나타나는 상태**
경계단계	전국적 기상특보 발령 등 재난발생 징후의 활동이 활발하여 **재난으로 발전할 가능성이 농후한 상태**
심각단계	재난이 발생하였거나 **재난의 발생이 확실시되는 상태**

08 재난경비에 관한 설명으로 가장 적절하지 않은 것은? 응용문제

① 재난의 발생 가능 정도에 따라 재난관리 단계를 관심 – 주의 – 경계 – 심각의 4단계로 구분하여 관리한다.
② 통제선 설치시 일반적으로 2선으로 구분하여 1선은 경찰, 2선은 소방에서 담당한다.
③ 재난 4단계 중 주의단계는 전국적 기상특보 발령 등 재난발생 징후의 활동이 비교적 활발하여 재난으로 발전할 수 있는 일정 수준의 경향이 나타나는 상태이다.
④ 재난 지역에서의 긴급차량 출동로 확보는 교통 기능에서 수행한다.

(해설) 1선은 소방, 2선은 경찰에서 담당한다.

▶ 경찰통제선

경찰 통제선	설치 목적	경찰통제선은 위험으로부터 **주민을 보호**하고 구조 등 작업에 장애를 주는 **요소를 제거**하여, **장비 차량의 효과적인 투입**을 지원하기 위해 설치한다.
	설치 및 운영	① 설치범위는 구조 및 복구작업에 지장이 없도록 **초기단계에는 넓게 설정**하고 상황의 진전에 따라 축소 또는 확대하도록 한다. ② 보통 **제1통제선**(통제관 : 소방서장·소방본부장)은 **소방**, **제2통제선**(통제관 : 경찰서장·지방경찰청장)은 **경찰이 담당**한다. ③ 구조활동에 직접 가담하는 인원·장비 외에는 통제구역 안으로의 출입을 통제하나, 출입이 필요한 자는 적당한 표시를 하여 출입을 허용한다. ④ 출입구는 통제구역 안으로 들어가는 **입구 1개를 원칙**으로 하되, **필요시 반대편에 1개를 추가**할 수 있으며, 출입이 필요하다고 인정되는 자는 적당한 표시를 하여 출입을 허용한다.

Answer 07 ④ 08 ②

경찰정보지원센터 설치	설치목적	경찰정보지원센터는 재난현장에 설치하여 **관계인에게 피해상황을 적절히 알려 주는 기능을 수행**하는데, 다수의 인명피해가 발생하여 문의하는 사람이 많은 경우에 설치한다.
	설치장소 및 홍보	① 사고수습 활동에 지장을 주지 않도록 **경찰통제선 밖에 설치**하여 인근에 공공기관, 교회 등 적절한 장소가 없는 경우 경찰버스 등을 활용한다. ② 책임간부는 공보기능과 협조하여 정보센터 활동을 적극적으로 홍보한다.

09 다음 재난경비에 관한 설명이다. 그 내용이 틀린 것은?　　응용문제

㉠ 경찰통제선은 주민을 보호하고 구호작업의 효율성을 높이기 위해 설치한다.
㉡ 경찰통제선은 보통 제1통제선과 제2통제선으로 구분하여 운영되는데 제1통제선은 경찰, 제2통제선은 소방이 담당한다.
㉢ 경찰통제선 출입구는 원칙적으로 출구와 입구 2개소를 설치한다.
㉣ 현장지휘본부 설치 여부에 대한 판단은 시·도경찰청장, 경찰서장이 피해 규모 범위 등 고려, 경찰청장은 현장지휘본부 설치 필요가 인정될 경우 소속지휘관에게 지시할 수 있다.

① ㉠, ㉡
② ㉡, ㉢
③ ㉢, ㉣
④ ㉡, ㉢, ㉣

해설　㉡ 일반적으로 **제1통제선은 소방이, 제2통제선은 경찰이 담당**한다.
　　　㉢ 출입구는 통제구역 안으로 들어가는 **입구 1개를 원칙**으로 하되, 필요시 반대편에 1개를 추가할 수 있다

10 재난현장에 설치하는 경찰통제선에 대한 설명으로 틀린 것은?　　응용문제

① 위험으로부터 주민을 보호하고 구조 등 작업에 장애를 주는 요소를 제거하여 차량, 장비의 효과적인 투입을 지원하기 위해 설치한다.
② 설치범위는 구조 및 복구작업에 지장이 없도록 초기단계에는 좁게 설정하고 상황의 진전에 따라 축소 또는 확대하도록 한다.
③ 출입구는 통제구역 안으로 들어가는 입구 1개를 원칙으로 하되 필요시 반대편에 1개를 추가할 수 있다.
④ 통제구역 안으로는 구조활동에 직접 참가하는 인원, 장비 이외에는 출입을 통제한다. 다만, 출입이 필요하다고 인정되는 자는 적당한 표시를 하여 출입을 허용한다.

해설　설치범위는 구조 및 복구작업에 지장이 없도록 **초기단계에는 넓게 설정**하고 상황의 진전에 따라 축소 또는 확대하도록 한다.

Answer　09 ②　10 ②

11 국가중요시설에 대한 설명 중 가장 옳지 않은 것은? 응용문제

① 국가중요시설의 관리자(소유자를 제외한다)는 경비·보안 및 방호책임을 지며, 통합방위사태에 대비하여 자체방호계획을 수립하여야 한다.
② 국가중요시설의 관리자는 자체방호계획을 수립하기 위하여 필요하면 시·도경찰청장 또는 지역군사령관에게 협조를 요청할 수 있다.
③ 시·도경찰청장 또는 지역군사령관은 통합방위사태에 대비하여 국가중요시설에 대한 방호지원계획을 수립·시행하여야 한다.
④ 국가중요시설의 자체방호, 방호지원계획, 그 밖에 필요한 사항은 대통령령으로 정한다.

(해설) 소유자를 **포함**한다.

▶**국가중요시설의 경비·보안 및 방호**
① 국가중요시설의 관리자(소유자 **포함**)는 경비·보안 및 방호책임을 지며, 통합방위사태에 대비하여 자체방호계획을 수립하여야 한다.
② **시·도경찰청장 또는 지역군사령관**은 통합방위사태에 대비하여 국가중요시설에 대한 방호지원계획을 수립·시행하여야 한다.
③ 국가중요시설의 평시 경비·보안활동에 대한 지도·감독은 **관계 행정기관의 장과 국가정보원장**이 수행한다.
④ 국가중요시설은 **국방부장관이 관계 행정기관의 장 및 국가정보원장과 협의**하여 지정한다.

12 국가중요시설에 대한 설명으로 가장 적절한 것은? 20. 승진

① 국가중요시설은 국가정보원장이 관계 행정기관의 장 및 국방부장관과 협의하여 지정한다.
② 적에 의하여 점령 또는 파괴되거나 기능이 마비된 때 광범위한 지역의 통합방위 작전 수행이 요구되고 국민생활에 결정적인 영향을 미칠 수 있는 시설은 '가'급에 해당한다.
③ 적에 의하여 점령 또는 파괴되거나 기능이 마비된 때 제한된 지역에서 단기간 통합방위 작전 수행이 요구되고 국민생활에 상당한 영향을 미칠 수 있는 시설은 '나'급에 해당한다.
④ 적에 의하여 점령 또는 파괴되거나 기능이 마비된 때 일부 지역의 통합방위작전 수행이 요구되고 국민생활에 중대한 영향을 미칠 수 있는 시설은 '다'급에 해당한다.

(해설) ① 국가중요시설은 **국방부장관**이 관계 행정기관의 장 및 **국가정보원장**과 협의하여 지정한다.
③ '**다**'급에 **해당**한다.
④ '**나**'급에 **해당**한다.

Answer 11.① 12.②

13 다음 중 경비경찰의 임무대상인 중요시설에 관한 설명으로 틀린 것은? 응용문제

① 국가중요시설은 시설의 기능, 역할의 중요성과 가치의 정도에 따라서 가, 나, 다급으로 분류한다.
② 적에 의하여 점령 또는 파괴되거나 기능마비시 광범위한 지역의 통합방위 작전수행이 요구되고 국민생활에 결정적인 영향을 미칠 수 있는 시설은 가급으로 분류된다.
③ 적에 의하여 점령 또는 파괴되거나 기능마비시 일부지역의 통합방위 작전수행이 요구되고 국민생활에 중대한 영향을 미칠 수 있는 시설은 나급으로 분류된다.
④ 다급은 적에 의하여 파괴되거나 기능마비시 제한된 지역에서 장기간 통합방위 작전수행이 요구되고 국민생활에 상당한 영향을 미칠 수 있는 시설은 다급으로 분류된다.

(해설) 다급은 적에 의하여 파괴되거나 기능마비시 제한된 지역에서 **단기간의 통합방위 작전수행**이 요구되고 국민생활에 상당한 영향을 미칠 수 있는 시설을 말한다.

14 다음 중요시설의 실질적 분류 중 연결이 틀린 것은? 응용문제

① 가급 - 청와대, 국회, 대법원, 정부, 국방부, 국가정보원, 한국은행 본점
② 나급 - 경찰청, 대검찰청, 국책은행, 시중은행 본점
③ 다급 - 중앙행정기관의 청, 국세청, 병무청
④ 기타 급 - 한국은행 본점, 경찰청, 대검찰청, 외교부

(해설) 기타 급은 없다.

▶ **시설이 국가안전에 미치는 영향(중요도)에 따른 분류**

기 준		시설이 국가안전에 미치는 영향(**중요도**)에 따른 분류
가 급	의의	적에 의하여 점령 또는 파괴되거나 기능 마비시 **광범위한 지역**의 통합방위 작전 수행이 요구되고 국민생활에 **결정적인 영향**을 미칠 수 있는 시설
	예	**청와대, 국회의사당, 대법원, 정부중앙청사, 국방부, 국가정보원, 한국은행 본점, 원자력발전소 등**
나 급	의의	적에 의하여 점령 또는 파괴되거나 기능 마비시 **일부지역**의 통합방위 작전 수행이 요구되고 국민생활에 **중대한 영향**을 미칠 수 있는 시설
	예	**중앙행정기관 각 부(部)·처(處) 및 이에 준하는 기관, 경찰청, 대검찰청, 기상청, 한국산업은행, 한국수출입은행 본점 등**
다 급	의의	적에 의하여 파괴되거나 기능 마비시 **제한된 지역**에서 **단기간** 통합방위 작전 수행이 요구되고 국민생활에 **상당한 영향**을 미칠 수 있는 시설
	예	중앙행정기관의 청사, 한국은행 각 지부, 다수의 정부기관이 입주한 남북출입관리시설, 기타 중요 국·공립기관 등

Answer 13 ④ 14 ④

15 3지대 개념 중 주방어지대에 관한 설명으로 맞는 것은? *응용문제*

① 시설 울타리를 연하는 안쪽으로서 방호시설물을 집중 설치
② 예상 접근로상의 목지점과 감제고지(瞰制高地)를 장악
③ 지하화 혹은 위장 실시
④ 항상 경비원의 통제 실시

해설 ▶ 중요시설 3지대 방호

제1지대 (경계지대)	의의	시설 울타리 전방 취약지점에서 **시설에 접근하기 전에 저지할 수 있는 예상 접근로상의 "목" 지점 및 감제고지 등을 통제하는 지대**
	대책	불규칙적인 지역수색·**매복활동**으로 적 은거 및 탐지활동 시행, 장애물을 설치하여 방호 실시
제2지대 (주방어 지대)	의의	시설 내부 및 핵심시설로 **침투하는 적을 결정적으로 거부**하기 위한 지대로서 시설 및 울타리를 연결하고 외곽의 소총 유효사거리를 고려하여 설정하는 지대
	대책	**시설 자체 경계요원, 주·야간 초소 및 순찰활동, CCTV 등 설치·운영**
제3지대 (핵심방어 지대)	의의	시설의 주기능에 결정적인 영향을 미치는 주요핵심시설로서 **주방어지대에 중심을 보강**하고 **침투한 적을 최종적으로 격멸**하는 핵심 방어지대
	대책	주·야간 경계요원에 대한 계속적인 감시·통제가 될 수 있도록 **경비인력 운용, 시설의 보강(지하화, 방호벽, 방탄막 등), CCTV 설치 등 최우선 설치**하여야 하며, 유사시는 결정적인 보호가 될 수 있도록 경비인력을 증가 배치

16 다음 중 경비경찰에 대한 설명으로 가장 적절하지 않은 것은? *20. 승진*

① 행사장 경호와 관련하여 제1선(안전구역)에서는 출입자 통제관리 및 MD 설치 운용을 한다.
② 개표소 경비와 관련하여 제2선(울타리 내곽)에서는 선거관리위원회와 합동으로 출입자를 통제한다.
③ 국가중요시설 경비와 관련하여 제2지대(주방어지대)에서는 주·야간 경계요원에 대한 계속적인 감시·통제가 될 수 있도록 경비인력을 운용한다.
④ 국가중요시설 경비와 관련하여 제3지대(핵심방어지대)에서는 시설의 보강(지하화, 방호벽, 방탄막 등)을 최우선으로 한다.

해설 국가중요시설 경비와 관련하여 **제3지대(핵심방어지대)**에서는 주·야간 경계요원에 대한 계속적인 감시·통제가 될 수 있도록 경비인력을 운용한다.

Answer 15 ① 16 ③

17 다중범죄의 특징에 대한 설명으로 가장 적절하지 않은 것은? 20. 승진

① 확신적 행동성 – 다중범죄를 발생시키는 주동자나 참여하는 자들은 자신의 사고가 정의라는 확신을 가지고 행동하므로 전투적인 경우가 많다.
② 조직적 연계성 – 다중범죄는 특정한 조직에 기반을 두고 뚜렷한 목적의식을 가지고 있으므로 소속되어 있는 단체의 설립목적이나 행동방침을 분명하게 파악하는 것이 사태의 진상파악에 도움이 된다.
③ 부화뇌동적 파급성 – 다중범죄는 조직이 상호 연계되어 있으므로 어느 한 곳에서 시위사태가 발생하면 같은 상황이 전국적으로 파급되기 쉽다.
④ 비이성적 단순성 – 시위군중은 과격·단순하게 행동하며 비이성적인 경우가 많다. 점거농성할 때 투신이나 분신자살 등이 그 대표적인 예이다.

해설) 점거 농성할 때 투신이나 분신자살 등은 확신성 행동성에 대한 대표적인 예이다.

▶ 다중범죄진압경비의 특징

부화뇌동적 파급성	다중범죄의 발생은 군중심리로 인하여 발생되는 경우가 많으므로 일단 **발생되면 부화뇌동으로 인하여 갑자기 확대**될 수 있다.
비이성적 단순성	시위군중은 **이성적인 판단능력을 상실함으로써 과격·단순·편협하여 타협이나 설득이 어려운 경우가 많다.**
조직적 연계성	다중범죄는 **특정한 조직에 기반을 두고** 조직의 뜻대로 계획해서 뚜렷한 목적의식을 가지고 감행되는 경우가 대부분이다.
확신적 행동성	다중범죄의 참여자는 **자신의 주장이 옳다는 확신**을 가지고 사회정의를 위하여 투쟁한다는 생각으로 **투신, 자살 등 전투적인 행동을 하는 경우가 많다.**

18 다중범죄의 특징 중 "확신적 행동성"에 관한 설명으로 가장 적절한 것은? 응용문제

① 다중범죄를 발생시키는 주동자나 참여하는 자들은 자신의 사고가 정의라는 확신을 가지고 행동하므로 과감하고 전투적인 경우가 많다. 점거농성 때 투신이나 분신자살 등이 그 대표적인 예이다.
② 다중범죄의 발생은 군중심리의 영향을 많이 받아 일단 발생하면 부화뇌동으로 인하여 갑자기 확대될 수도 있다. 조직도 상호 연계되어 있으므로 어느 한 곳에서 시위사태가 발생하면 같은 상황이 전국으로 파급되기 쉽다.
③ 시위군중은 행동에 대한 의혹이나 불안을 갖지 않고 과격·단순하게 행동하며 비이성적인 경우가 많아 주장내용이 편협하고 타협, 설득이 어렵다.
④ 현대사회의 문제는 전국적으로 공통성이 있으며 조직도 전국적으로 연계된 경우가 많다. 다중범죄는 특정한 조직에 기반을 두고 뚜렷한 목적의식을 가지고 있으므로 소속되어 있는 단체의 설치목적이나 활동방침을 분명하게 파악하는 것이 사태의 진상파악에 도움이 된다.

해설) ② 부화뇌동적 파급성
③ 비이성적 단순성
④ 조직적 연계성

Answer 17 ④ 18 ①

19 다중범죄의 정책적 치료법과 그에 대한 내용으로 가장 적절한 것은? 응용문제

① 선수승화법 – 불만집단의 고조된 주장을 시간을 끌어 이성적으로 사고할 기회를 부여하고 정서적으로 감정을 둔화시켜서 흥분을 가라앉게 하는 방법
② 전이법 – 다중범죄의 발생징후나 이슈가 있을 때 집단이나 국민들의 관심을 집중시킬 수 있는 경이적인 사건을 폭로하거나 규모가 큰 행사를 개최하여 그 발생징후나 이슈가 상대적으로 약화되도록 하는 방법
③ 지연정화법 – 불만집단에 반대하는 대중의견을 크게 부각시켜 불만집단이 위압되어 자진해산 및 분산되도록 하는 방법
④ 경쟁행위법 – 특정한 불만집단에 대한 정보활동을 강화하여 사전에 불만 및 분쟁요인을 찾아내어 해소시켜 주는 방법

해설 ① 지연정화법
③ 경쟁행위법
④ 선수승화법

▶ **다중범죄의 정책적 치료법**

경쟁행위법	① 반대의견의 부각 ② 불만집단과 반대되는 대중의견을 크게 부각시켜 불만집단이 위압되어 스스로 해산 및 분산되도록 하는 방법 ▶ 서울지하철노조의 명분 없는 파업에 대해 언론에 일반시민의 불만과 비난의 목소리가 커지자 이에 지하철노조가 굴복하여 파업을 철회하는 경우
전이법	① 다른 이슈의 제기 ② 다중범죄의 발생징후나 이슈가 있을 때 집단이나 국민들의 관심을 집중시킬 수 있는 경이적인 사건을 폭로하거나 규모가 큰 행사를 개최하여 원래의 이슈가 상대적으로 약화되도록 하는 방법 ▶ 다중범죄의 징후가 있을 때 국민들의 관심을 집중시킬 수 있는 대규모 행사를 개최하여 이전 이슈를 상대적으로 약화시킨 경우
지연정화법	① 시간의 지연 ② 불만집단의 고조된 주장에 대해 시간을 끌어 이성적으로 생각할 기회를 부여하고 정서적으로 감정을 둔화시켜서 흥분을 가라앉게 하는 방법
선수승화법	① 사전해결 ② 특정한 불만집단이나 정보활동을 강화하여 사전에 불만 및 분쟁요인을 찾아내어 해소시켜 주는 방법 ▶ 특정지역의 재개발과 관련하여 일부 세입자의 시위가 예상되어 경찰서 정보과에서 관계인면담을 주선하여 대화에 의한 타협을 본 경우

Answer 19 ②

20 다중범죄의 정책적 치료법 및 진압의 기본원칙에 대한 설명으로 가장 적절하지 않은 것은?

22. 승진

① 전이법은 불만집단과 이에 반대하는 대중의견을 크게 부각시켜 불만집단이 자진해산 및 분산하게 하는 정책적 치료법이다.
② 봉쇄·방어는 군중이 중요시설이나 기관 등 보호대상물의 점거를 기도할 경우, 사전에 부대가 선점하여 바리케이트 등으로 봉쇄하는 방어조치로 충돌없이 효과적으로 무산시키는 진압의 기본원칙이다.
③ 세력분산은 일단 시위대가 집단을 형성한 이후에 부대가 대형으로 진입하거나 장비를 사용하여 시위집단의 지휘·통제력을 차단하며, 수개의 소집단으로 분할시켜 시위의사를 약화시키는 진압의 기본원칙이다.
④ 지연정화법은 시간을 지연시킴으로써 불만집단의 고조된 주장을 이성적으로 사고할 기회를 부여하고 정서적으로 감정을 둔화시켜서 흥분을 가라앉게 하는 정책적 치료법이다.

해설 **경쟁행위법**은 불만집단과 이에 반대하는 대중의견을 크게 부각시켜 불만집단이 자진해산 및 분산하게 하는 정책적 치료법이다.

21 다중범죄의 진압이론과 관련하여 정책적 치료법의 설명으로 연결이 옳은 것은? 응용문제

㉠ A지역의 재건축과 관련하여 일부 세입자들이 이주비 보상 및 영구임대아파트 보장을 요구하며 시위를 벌이려고 한다는 첩보가 입수되어 A경찰서 정보과에서는 구청장 및 재건축 조합장과의 면담을 주선하여 대화에 의한 타협을 보았다.
㉡ 서울지하철노조가 객관적으로 명분 없는 지하철 운행중단을 실시하자 언론에 일반시민의 불만과 비난의 목소리가 크게 부각되었다. 이에 당황한 지하철 노조는 스스로 지하철 정상운행에 복귀하였다.

① ㉠ 전이법(轉移法) ㉡ 경쟁행위법(競爭行爲法)
② ㉠ 선수승화법(先手昇化法) ㉡ 지연정화법(運延種化法)
③ ㉠ 지연정화법(運延種化法) ㉡ 전이법(轉移法)
④ ㉠ 선수승화법(先手昇化法) ㉡ 경쟁행위법(競爭行爲法)

해설 ㉠ 선수승화법(先手昇化法)
     ㉡ 경쟁행위법(競爭行爲法)

Answer 20 ① 21 ④

22 집회·시위의 단계적 조치사항에 대한 내용이다. 아래 ㉠부터 ㉥까지 사항 중 사전조치와 사후조치에 해당하는 것을 바르게 연결한 것은?

18. 승진

┌───┐
│ ㉠ 예고정보수집과 상황판단   ㉡ 부대의 배치 │
│ ㉢ 경비부대의 편성   ㉣ 조사활동 및 보고 │
│ ㉤ 응원·파견의 요구   ㉥ 자체평가 분석 및 보완 │
└───┘

① 사전조치 - ㉠㉢ 사후조치 - ㉤㉣
② 사전조치 - ㉠㉣ 사후조치 - ㉡㉥
③ 사전조치 - ㉢㉤ 사후조치 - ㉣㉥
④ 사전조치 - ㉠㉤ 사후조치 - ㉡㉥

해설 사전조치 - ㉠㉢㉤
사후조치 - ㉣㉥
현장조치 - ㉡

▶ 단계별 조치사항

사전조치	예고정보수집과 상황판단, 경비방침의 수립, 경비실시계획의 수립, 경비요원의 소집, 경비부대의 편성, 응원·파견의 요구, 진압·통신·운송장비의 점검, 출동태세의 점검
현장조치	부대의 배치, 현장정보활동, 현장선무활동, 단계별 실력행사(위력시위 → 대형공격 → 가스공격), 현장검거 및 채증활동
사후조치	부대의 단계별 철수, 재집결 방지, 조사활동 및 보고, 피검거자처리 및 증거확보, 자체평가 분석 및 보완

23 경호경비에 대한 설명 중 옳은 것은 모두 몇 개인가?

응용문제

┌───┐
│ ㉠ 경호란 정부요인, 국내외 중요인사 등 피경호자의 신변에 대하여 직·간접의 위해를 사전에 제거하여 피경호자의 안전을 도모하는 활동이다. │
│ ㉡ 경호의 4대 원칙 중 '목적물 보존의 원칙'이란 암살기도자 또는 위해를 가할 가능성 있는 불순분자로부터 피경호자를 떼어 놓는 원칙을 말한다. │
│ ㉢ 행사장 경호에 있어 제1선은 경비구역으로서 MD를 설치 운용하고 비표확인 및 출입자 감시가 이루어진다. │
│ ㉣ 교통경찰관이 연도경호를 실시할 때 단계별 우회조치요령 중 제1단계로 조치할 내용은 군중 수송버스를 측방우회조치 하는 것이다. │
│ ㉤ 경호는 호위와 경비를 포함한다. 호위는 생명 또는 신체를 보호하기 위하여 특정한 지역을 경계·순찰·방비하는 행위이고, 경비는 신체에 대하여 직접적으로 위해를 근접에서 방지 또는 제거하는 행위이다 │
└───┘

Answer 22 ③   23 ②

① 1개 ② 2개
③ 3개 ④ 4개

해설 ⓒ 제1선은 안전구역이다.
ⓔ 교통경찰관이 연도경호를 실시할 때 단계별 우회조치요령 중 **제3단계**로 조치할 내용은 군중 수송버스를 측방우회조치 하는 것이다.
ⓜ 경호란 호위와 경비를 종합한 개념으로 '**호위**'라 **함은** 신체에 대하여 직접적으로 가해지는 위해를 근접에서 방지·제거하는 행위를 말하며, '**경비**'라 **함은** 생명·신체를 보호하기 위하여 특정한 지역을 경계, 순찰, 방비하는 행위를 말한다.

▶ 연도경호시 단계별 조치내용

제1단계	화물차, 위험물 적재차량, 대형차량은 원거리에서 우회조치
제2단계	승용차량은 중간교차로에서 우회조치
제3단계	군중 수송버스는 측방우회조치

24. 다음 중 경호의 구분에 대한 설명으로 옳지 않은 것은?   응용문제

① 외국귀빈 중 국왕은 A·B·C·D등급 경호대상이다.
② 국내요인 중 국회의장은 을호 경호대상이다.
③ 경호대상 중 외빈 A·B·C·D등급 경호대상자는 경찰책임 하에 경호를 실시하고, 이때에는 총기를 휴대한 근접경호 실시가 가능하다.
④ A·B·C·D등급 외빈경호 대상으로 결정된 국빈 행사시에는 경호 1등급 연도경호 대상이다.

해설 ▶ 경호대상

국내 요인	甲호	① 대통령과 그 가족 ② 대통령 당선인과 그 가족 ③ 대통령권한대행과 그 배우자 ④ 퇴임 후 10년 이내 전직대통령과 그 배우자	대통령실 소속 경호처
	乙호	① 국회의장, 대법원장, 국무총리, 헌법재판소장 ② 대통령선거후보자 ③ 퇴임 후 10년이 경과한 전직대통령	경찰
	丙호	甲호, 乙호 외에 경찰청장이 필요하다고 인정한 사람	
국외 요인	A, B, C, D등급	① **대통령, 국왕, 행정수반(수상포함)** ② **행정수반이 아닌 총리, 부통령** ③ A, B, C, D등급은 **경호처장**이 정한다.	대통령실 소속 경호처
	E, F 등급	① 부총리, 왕족, A, B, C, D등급의 배우자 단독 방한 ② 전직대통령, 전직총리, 국제기구·국제회의 중요인사 ③ 기타 장관급 이상으로 경찰청장이 경호가 필요하다고 인정한 사람 ④ E, F등급은 **경찰청장**이 정한다.	경찰

Answer 24 ③

25 경찰의 경호경비에 대한 설명으로 틀린 것은?   응용문제

① 경호경비는 완벽하여야 하며 한번 실패하면 사후에 보완이 불가능한 특성이 있다.
② "암살기도자나 위해를 가할 가능성이 있는 불순분자로부터 피경호자를 격리해야 한다." 는 것은 경호경비의 4대 원칙 중 "목표물 보존의 원칙"에 해당된다.
③ 행사장 안전검측을 할 때에는 외부, 내부, 공중지역, 연도를 구분하여 실시한다.
④ 행사장 경호는 경호활동지역을 제1선(안전구역), 제2선(경계구역), 제3선(경비구역)으로 구분하여 실시하되, 제1선의 경비는 경호처에서 담당하고, 제2선과 제3선의 경비는 경찰이 담당한다.

해설 행사장 경호는 경호활동지역을 제1선(안전구역), **제2선(경비구역), 제3선(경계구역)**으로 구분하여 실시하되, 제1선의 경비는 경호처에서 담당하고, 제2선과 제3선의 경비는 경찰이 담당한다.

▶ **직접경호지역(경찰활동지역)**

제1선 (안전 구역 : 내부)	의의	① 절대 안전 확보지역 → 완벽통제 ② 피경호자에게 직접적으로 위해를 가할 수 있는 거리내의 지역 ③ 통상 수류탄 투척거리 또는 권총 유효사거리로서 실내행사는 행사장 내부, 실외행사는 행사장 반경 50m 내외 ④ 경호에 대한 주관 및 책임은 **대통령실 소속 경호처**
	주요활동	출입자 통제관리, MD설치 운용, 비표확인 및 출입자 감시
제2선 (경비 구역 : 내곽)	의의	① 주경비지역 → 부분적 통제 ② 제1선을 제외한 행사장 중심으로 반경 500m 내외의 취약개소 ③ 실내행사는 건물내부 또는 담장을 연하는 경계책 내곽, 실외행사는 소총 유효사거리 내외 ④ **경호책임은 경찰이 담당하고, 군부대 내일 경우 군이 책임**
	주요활동	**돌발사태 대비 예비대 운영 및 구급차, 소방차 대기, 바리케이드 등 장애물 설치 등**
3선 (경계 구역 : 외곽)	의의	① 조기경보지역 → 보안 및 수색활동 ② 소구경 곡사화기의 유효사거리를 고려한 1~2km권 내 지역 ③ 실내행사는 소총 유효사거리, 실외행사는 소구경 곡사화기의 유효사거리를 고려한 거리 ④ **경호책임은 통상 경찰이 책임**
	주요활동	감시조 운영, 도보등 원거리 기동순찰조 운영, 원거리 불심자 검문차단

26 경호경비업무를 수행함에 있어 행사장 경호는 3선(1선 안전구역, 2선 경비구역, 3선 경계구역) 개념의 경력을 배치, 운영을 하고 있다. 1선 안전구역 근무자의 임무에 관한 설명으로 가장 적절한 것은?   응용문제

① 행사장 입장자에 대한 비표 확인 및 신원 불심자에 대하여 검문을 실시
② 행사장 접근로에 바리케이드를 설치
③ 돌발사태에 대비하여 예비대 및 비상통로, 소방차, 구급차 등을 확보
④ 원거리부터 불심자 및 집단사태를 적발·차단하고 경호상황본부에 상황전파로 경력이 대처할 시간을 제공

Answer 25 ④   26 ①

해설 ② 2선 경비구역
③ 2선 경비구역
④ 3선 경계구역

27. 행사장 경호경비의 요령으로 가장 옳지 않은 것은? 〔응용문제〕

① 제1선(안전구역 - 내부)은 절대안전 확보구역으로 MD설치 운용, 비표확인 및 출입자 감시가 이루어진다.
② 제1선(안전구역 - 내부)은 승·하차장, 동선 등의 취약개소로 피경호자에게 직접적으로 위해를 가할 수 있는 거리 내의 지역을 말한다.
③ 제2선(경비구역 - 내곽)에 대한 경호책임은 경찰이 담당하고 군부대 内일 경우에도 마찬가지이다.
④ 제3선(경계구역 - 외곽)은 조기경보지역으로 주변 동향파악과 직시고층건물 및 감제고지에 대한 안전을 확보한다.

해설 제2선(경비구역 - 내곽)에 대한 경호책임은 경찰이 담당하고 **군부대 内일 경우에는 군이 책임을** 진다.

28. 경호경비 중 행사장 경호에 대한 설명으로 가장 적절하지 않은 것은? 〔응용문제〕

① 제1선(안전구역 - 내부)은 승·하차장, 동선 등의 취약개소로 피경호자에게 직접적으로 위해를 가할 수 있는 거리 내의 지역 등을 말한다.
② 제1선(안전구역 - 내부)은 절대안전 확보구역으로 MD설치 운용, 출입자 통제관리를 실시하며, 원거리 기동순찰조를 운영한다.
③ 제2선(경비구역 - 내곽)에 대한 경호책임은 경찰이 담당하고 군부대 내(内)일 경우에는 군이 책임을 진다.
④ 제3선(경계구역 - 외곽)은 조기경보지역으로 우발사태에 대한 대비책을 강구하고 통상 경찰이 책임을 진다.

해설 **제3선(경계구역 - 외곽)은 원거리 기동순찰조를 운영**한다.

Answer 27 ③ 28 ②

29 행사장 경호와 관련하여 제 2선(경비구역 - 내곽)에 대한 설명으로 옳은 것은 몇 개인가?

응용문제

> ㉠ 승·하차장, 동선 등의 취약개소로 피경호자에게 직접적으로 위해를 가할 수 있는 거리내의 지역을 말한다.
> ㉡ 바리케이트 등 장애물을 설치한다.
> ㉢ 감시조를 운영하여 불심자 검문 및 차단의 역할을 수행한다.
> ㉣ 돌발사태를 대비하여 원거리 기동순찰조를 운영하고 구급차, 소방차를 대기하게 한다.
> ㉤ 주경비지역이라고도 하며, 경호책임은 경호처에서 담당하고 경찰은 경호처의 요청 시 경력 및 장비를 지원한다.
> ㉥ 직시고층건물 및 감제고지에 대한 안전 확보를 한다.

① 1개 ② 4개
③ 5개 ④ 6개

해설 ㉠ 제1선 안전구역
㉢ 제3선 경계구역
㉣ 원거리 기동순찰조 운영은 **제3선**, 구급차, 소방차 대기는 **제2선**이다.
㉤ 2선의 경호책임은 **경찰이 담당**한다.
㉥ 제3선 경계구역

30 경호의 대상 및 경호활동의 구분에 대한 설명으로 가장 적절한 것은?

20. 승진

① 전직대통령(퇴임 후 10년 경과), 대통령선거 후보자, 대통령 권한대행과 그 배우자는 을호 경호대상이다.
② 왕족, 국제기구대표, 행정수반, 기타 장관급 이상 외빈은 외빈 A·B등급으로 경찰청장이 등급을 분류한다.
③ 행사성격에 의한 구분 중 정무 또는 사무상 필요에 의해 사전통보나 절차 없이 이루어지는 행사 때 실시하는 경호를 "비공식"경호라고 하며, 현장방문행사 등이 이에 해당한다.
④ 활동시점 및 경호 방법에 의한 구분으로 선발경호, 수행경호가 있다.

해설 ① 대통령 권한대행과 그 배우자는 **갑호 경호대상**이다.
② 왕족, 국제기구대표, 행정수반, 기타 장관급 이상 외빈은 **외빈 E·F등급**으로 경찰청장이 등급을 분류한다.
③ **완전비공식** 경호라고 한다.

Answer 29 ① 30 ④

▶ 행사성격에 의한 구분

완전공식	대규모 국가적인 행사로 사전에 **언론을 통해 완전히 공개된 행사시 실시하는 경호** ▶ 대통령 취임식, 월드컵축구경기, 아시아 유럽정상회의 ASSEM 등
공식	**연례적·통상적으로 실시하는 공개된 행사시 경호** ▶ 국경일, 기공식 및 준공식, 기념일 등
비공식	**보안유지가 요구되는 비공개 행사시 실시하는 경호** ▶ 현장방문행사 등
완전비공식 (880행사)	정무상 필요에 의해 **사전통보나 절차 없이 이루어지는 행사시 실시하는 경호** ▶ 비공식방문(민정시찰·사저행차), 운동, 공연관람 등

31 경호에 대한 설명으로 옳지 않은 것은 모두 몇 개인가? 　응용문제

가. 경호란 경호 대상자의 생명과 신체에 가하여지는 위해(危害)를 방지하거나 제거하고, 특정 지역을 경계·순찰 및 방비하는 등의 모든 안전활동이다.
나. 연도경호는 물적 위해요소가 방대하여 엄격하고 통제된 3중 경호원리를 적용하기 어렵다.
다. 행사장 경호에 있어 제1선은 경비구역으로 MD를 설치·운용하고 비표확인 및 출입자 감시가 이루어진다.
라. 행사장 경호에 있어 제3선은 경계구역으로서 돌발사태에 대비하여 예비대 및 비상통로, 소방차, 구급차 등을 확보한다.

① 1개　　② 2개
③ 3개　　④ 4개

해설　다. 행사장 경호에 있어 **제1선은 안전구역**이다.
　　　라. 돌발사태에 대비하여 예비대 및 비상통로, 소방차, 구급차 등을 확보한다는 내용은 행사장 경호에 있어 **제2선 경비구역**에 대한 설명이다.
　　　※ 연도경호 : 경호대상자가 통과할 것으로 예측되는 길목에서 위해요소를 사전에 배제하는 활동

32 다음 **경비경찰과 관련된** 설명으로 가장 적절하지 않은 것은? 　응용문제

① 경호의 4대 원칙으로는 자기희생의 원칙, 자기담당구역 책임의 원칙, 다양하게 통제된 지점을 통한 접근의 원칙, 목표물 보존의 원칙을 들 수 있다.
② 진압의 기본원칙으로는 봉쇄·방어, 차단·배제, 세력분산, 주동자 격리의 원칙을 들 수 있다.
③ 행사장 안전경비에 있어 군중정리에는 밀도의 희박화, 이동의 일정화, 경쟁적 사태의 해소, 지시의 철저의 4가지 원칙이 적용되어야 한다.
④ 경비경찰의 조직운용원리로는 부대단위활동의 원칙, 지휘관 단일성의 원칙, 체계통일성의 원칙, 치안협력성의 원칙의 4가지를 들 수 있다.

Answer　31 ②　32 ①

해설 ▶ 경호경비의 4대 원칙

자기담당구역 책임의 원칙	경호원은 **자기담당구역 내에서 일어나는 어떠한 사태에 대하여도** 다른 사람이 아닌 **자기만이 책임을 지고 해결하여야 한다는** 원칙이다.
자기희생의 원칙	경호원은 피경호자가 위기가 처해졌을 때는 **육탄방어의 정신으로 피경호자를 보호하여야 한다는** 원칙이다.
하나의 통제된 지점을 통한 접근의 원칙	피경호자에게 접근할 수 있는 통로는 **경호상 통제된 유일한 통로만이 필요하고 여러 개의 통로는 필요가 없는** 원칙이다.
목표(적)물 보존의 원칙	**피경호자(목표물)를 암살기도나 위해를 가할 가능성이 있는 자들로부터 분리(격리)시켜야 한다는 원칙**을 말하며, 다음의 사항을 고려하여야 한다. ① 행차코스·행사할 예정 장소 등은 원칙적으로 비공개되어야 한다. ② 동일한 장소에 수차 행차하였던 곳은 가급적 변경하여야 한다. ③ 대중에게 노출된 도보행차는 가급적 제한되어야 한다.

33 선거경비와 관련된 설명으로 가장 적절한 것은? 응용문제

① 대통령선거, 국회의원선거, 지방선거 모두 선거일 06 : 00부터 개표 종료시까지 을호비상이 원칙이다.
② 대통령선거, 국회의원선거, 지방선거에 있어서 선거운동기간은 후보자 등록 마감일의 다음날부터 선거일 전일까지 한하여 할 수 있다.
③ 투표소 경비는 위해를 차단하기 위한 예방으로 무장 정복경찰 2명을 고정배치한다.
④ 개표소 경비관련 3선 개념에 의하면 제1선은 개표소 내부, 제2선은 울타리 내곽, 제3선은 울타리 외곽으로 구분한다.

해설 ① 대통령선거, 국회의원선거, 지방선거 모두 선거일 06 : 00부터 개표 종료시까지 **갑호비상이 원칙**이다.
② **대통령선거에 있어서 선거운동기간은 후보자 등록 마감일의 다음날부터 선거일 전일까지** 한하여 할 수 있다. 국회의원선거, 지방선거는 **후보자 등록 마감일 후 6일 부터 선거일 전일까지** 한하여 할 수 있다.
③ 투표소 경비는 무장 정복경찰을 **고정배치하지 않는다.**

34 선거경비에 대한 설명으로 가장 적절하지 않은 것은? 응용문제

① 누구든지 투표소 안에서는 무기나 흉기 또는 폭발물을 지닐 수 없으므로, 투표소의 질서를 유지하기 위하여 정복을 한 경찰공무원도 무기를 휴대할 수 없다.
② 선거관리위원회위원장의 요구로 개표소 안에 들어간 경찰관은 위원장의 지시를 받아야 한다.
③ 제3선(울타리 외곽)은 검문조·순찰조를 운영하여 위해 기도자 접근을 차단한다.
④ 선거관리위원회와 협조하여 경찰서에서 보안안전팀을 운영함으로써 개표소 내·외곽에 대한 사전 안전검측을 실시, 안전을 유지하고 채증요원을 배치하여 운용한다.

해설 누구든지 투표소 안에서는 무기나 흉기 또는 폭발물을 지닐 수 없다 다만, 투표소의 질서를 유지하기 위하여 원조 요청 받은 정복을 한 경찰공무원은 **무기를 휴대할 수 있다.**

Answer 33 ④ 34 ①

35 선거경비에 대한 설명으로 가장 적절하지 않은 것은? 22. 승진

① 개표소 경비에 대한 3선 개념 중 제3선은 울타리 외곽으로, 검문조·순찰조를 운영하여 위해 기도자의 접근을 차단한다.
② 「공직선거법」상 구·시·군선거관리위원회위원장이나 위원이 개표소의 질서유지를 위하여 정복을 한 경찰공무원 또는 경찰관서장에게 원조를 요구할 수 있으며, 이와 같은 요구에 의해 개표소안에 들어간 경찰공무원 또는 경찰관서장은 질서가 회복되거나 위원장의 요구시 개표소에서 퇴거할 수 있다.
③ 「공직선거법」상 투표소 안에서 또는 투표소로부터 100미터 안에서 소란한 언동을 하거나 특정 정당이나 후보자를 지지 또는 반대하는 언동을 하는 자가 있는 때에는 투표관리관 또는 투표사무원은 이를 제지하고, 그 명령에 불응하는 때에는 투표소 또는 그 제한거리 밖으로 퇴거하게 할 수 있다.
④ 「공직선거법」상 투표관리관 또는 투표사무원은 투표소의 질서가 심히 문란하여 공정한 투표가 실시될 수 없다고 인정하는 때에는 투표소의 질서를 유지하기 위하여 정복을 한 경찰공무원 또는 경찰관서장에게 원조를 요구할 수 있다.

해설 「공직선거법」상 구·시·군선거관리위원회위원장이나 위원이 개표소의 질서유지를 위하여 정복을 한 경찰공무원 또는 경찰관서장에게 원조를 요구할 수 있으며, 이와 같은 요구에 의해 개표소안에 들어간 경찰공무원 또는 경찰관서장은 질서가 회복되거나 위원장의 요구시 개표소에서 **퇴거하여야 한다**.

▶ 개표소 3선 경비

제1선 (개표소 내부)	① 내부질서유지는 **선거관리위원장의 책임하에 질서를 유지**하며, 사태발생 시 개표소 내부에는 **선거관리위원장 또는 선거관리위원의 요청이 있는 경우에만 정복경찰관을 투입**할 수 있다. ② 개표소 내부의 질서가 회복되거나 선거위원장의 요구가 있을 때는 퇴거한다.
제2선 (울타리 내곽)	**선거관리위원회와 합동으로 출입자를 통제**하며, 2선 출입문은 되도록 정문만 사용하고 기타 출입문은 시정해야 한다.
제3선 (울타리 외곽)	외곽정문에 선거관리위원회 직원과 합동근무, 불순자에 대해 출입을 통제하며, **검문조·순찰조를 운용하여 위해 기도자 접근을 차단**한다.

※ 개표소별로 충분한 예비대를 확보·운영한다.

36 선거경비에 대한 설명으로 가장 적절하지 않은 것은? 응용문제

① 개표소 경비 관련 3선 개념에 의하면 제1선은 개표소 내부, 제2선은 울타리 내곽, 제3선은 울타리 외곽으로 구분한다.
② 제1선 개표소 내부에서 질서문란행위가 발생한 경우 선거관리위원회위원장 또는 선거관리위원회위원의 요청이 없더라도 경찰 자체판단으로 경찰력을 투입하여야 한다.
③ 제3선 울타리 외곽은 검문조·순찰조를 운영하여 위해(危害) 기도자 접근을 차단한다.
④ 개표소별로 충분한 예비대를 확보, 운영한다.

해설 제1선 개표소 내부에서 질서문란행위가 발생한 경우 **선거관리위원회위원장 또는 선거관리위원회 위원의 요청이 있을 경우** 경찰력을 투입하여야 한다.

Answer 35 ② 36 ②

37 선거경비에 대한 설명으로 가장 적절하지 않은 것은? 　　　　응용문제

① 개표소 내에서는 무기나 흉기 또는 폭발물을 지닐 수 없으므로, 원조요구를 받은 경찰관은 절대 무기를 휴대할 수 없다.
② 투표함 운송경비는 선거관리위원회 직원과 합동으로 한다.
③ 개표소 경비 관련 3선 개념에 의하면 제1선은 개표소 내부, 제2선은 울타리 내곽, 제3선은 울타리 외곽으로 구분한다.
④ 선거경비는 후보자의 자유로운 선거운동과 민주적 절차에 의한 선거를 보장하는데 역점을 둔다.

(해설) 원조요구를 받은 경찰관은 예외적으로 **무기를 휴대할 수 있다.**

38 개표소 경비에 대한 설명으로 틀린 것은?　　　　응용문제

① 제1선(개표소 내부)에는 선거관리위원회 위원장의 요청 시 경찰을 투입하고, 개표소 내부의 질서가 회복되거나 선거관리위원장의 요구가 있을 때는 퇴거한다.
② 제2선(울타리 내곽)에서는 경찰 단독으로 출입자를 통제한다.
③ 제3선(울타리 외곽)에서는 검문조와 순찰조를 운용한다.
④ 개표소 내곽 또는 외곽에 대한 사전 안전검측 및 안전유지는 선거관리위원회와 협조하여 경찰에서 보안안전팀을 운영하여 실시한다.

(해설) 제2선(울타리 내곽)에서는 선거관리위원회와 합동으로 출입자를 통제한다.

39 A경찰서 경비계장은 지방선거를 앞두고 개표소 경비대책을 수립하였다. ㉠부터 ㉣까지의 내용 중 적절하지 않은 것을 모두 고른 것은?　　　　응용문제

> ㉠ 제1선(개표소 내부)은 선거관리위원회위원장의 책임하에 질서를 유지한다.
> ㉡ 「공직선거법」상 누구든지 개표소 안에서 무기 등을 지닐 수 없으므로 선거관리위원회위원장의 원조요구가 있더라도 개표소 안으로 투입되는 경찰관에게 무기를 휴대할 수 없도록 한다.
> ㉢ 제2선(울타리 내곽)에서는 선거관리위원회와 합동으로 출입자를 통제하며, 2선의 출입문은 수개로 하는 것이 원칙이므로 정문과 후문을 개방한다.
> ㉣ 우발사태에 대비하여 개표소별로 예비대를 확보하고 소방·한전 등 관계요원을 대기시켜 자가발전시설이나 예비조명기구를 확보하여 화재·정전사고 등에 대비한다.

① ㉠㉡　　　　　　　　　　　　② ㉠㉢
③ ㉡㉢　　　　　　　　　　　　④ ㉢㉣

Answer　37 ①　38 ②　39 ③

해설 ⓒ 선거관리위원회위원장의 원조요구로 개표소 안으로 투입되는 경찰관은 **예외적으로 무기 등을 휴대할 수 있다.**
ⓒ 2선의 출입문은 **되도록 정문만을 사용**하고 기타 출입문은 시정한다.

40 다음 중 인질사건 발생시 나타날 수 있는 현상으로 (가)항목의 요소와 (나)항목의 요소가 올바르게 연결된 것은?

응용문제

(가)
㉠ 스톡홀름증후군   ㉡ 리마증후군

(나)
ⓐ 페루 수도 소재 일본대사관에서 발생하였던 투팍아마르 혁명운동 소속 게릴라들에 의해 발생한 인질사건에서 유래되었다.
ⓑ 심리학에서는 오귀인 효과라고도 한다.
ⓒ 인질이 인질범에게 동화되는 현상으로 이는 시간이 경과할수록 인질이 인질범을 이해하는 일종의 감정이입이 이루어져 상호간에 친근감을 갖게 되는 현상을 말한다.
ⓓ 인질범이 인질들의 문화를 학습하거나 정신적으로 동화되어 결과적으로 공격적인 태도가 완화되는 현상을 말한다.

① ㉠ – ⓐ, ⓑ
② ㉠ – ⓑ, ⓓ
③ ㉡ – ⓔ, ⓒ
④ ㉡ – ⓐ, ⓓ

해설 ㉠ 스톡홀름증후군 – ⓑ, ⓒ
㉡ 리마증후군 – ⓐ, ⓓ

▶ **스톡홀름증후군과 리마증후군**

리마증후군	인질범이 인질에게 동화되는 현상
스톡홀름증후군(오귀인 효과)	인질이 인질범에게 동화되는 현상

Answer 40 ④

CHAPTER 03 수사경찰활동

제1절 수사의 기초이론

01 수사실행의 5대 원칙에 대한 설명으로 가장 적절한 것은?   21. 승진

① 수사자료 감식·검토의 원칙 : 수사관의 상식적 검토·판단에만 의할 것이 아니라 감식과학이나 과학적 지식 또는 시설장비를 최대한 활용하여 수사를 해야 한다는 원칙으로, 수사의 기본방법 중 제1조건이다.

② 적절한 추리의 원칙 : 추측 시에 수집된 자료를 기초로 합리적인 판단을 하고, 추측은 수사결과에 대한 확정적 판단이므로, 신뢰성이 검증된 증거를 바탕으로 추측을 하여야 한다.

③ 검증적 수사의 원칙 : 여러 가지 추측 중에서 어떤 추측이 정당한 것인가를 가리기 위해서는 그들 추측 하나를 모든 각도에서 검토해야 한다는 원칙으로, 수사방법의 결정 → 수사사항의 결정 → 수사실행이라는 순서에 따라 검토한다.

④ 사실판단 증명의 원칙 : 수사관이 한 판단의 진실성이 증명되기 위해서는 누구에게나 그 진위가 확인될 수 있어야 하며, 판단이 언어나 문자로 표현되고 근거의 제시로서 객관화되어야 한다는 원칙이다.

해설 ① 수사의 기본방법 중 제1조건은 **수사자료 완전수집의 원칙**이다.
② 적절한 추리의 원칙 : 추측 시에 수집된 자료를 기초로 합리적인 판단을 하고, **추측은 모든 경우를 고려하여** 합리적으로 판단하여야 한다. **수사결과에 대한 확정적 판단이 객관화되어야 한다는 것은 사실판단 증명의 원칙과 관련**이 있다.
③ 검증적 수사의 원칙 : 여러 가지 추측 중에서 어떤 추측이 정당한 것인가를 가리기 위해서는 그들 추측 하나를 모든 각도에서 검토해야 한다는 원칙으로, **수사사항의 결정 → 수사방법의 결정 → 수사실행**이라는 순서에 따라 검토한다.

▶ 수사실행의 5원칙

수사자료 완전 수집의 원칙 (제1단계)	수사의 제1법칙은 기초수사를 철저히 함으로써 **대소의 자료를 완전히 수집하는 것**이다.
수사자료 감식·검토의 원칙 (제2단계)	수사관의 상식적인 검토나 경험적인 판단에 그치지 말고 **과학적 지식 또는 시설을 유용하게 이용해야 한다**는 것이다.
적절한 추리의 원칙 (제3단계)	수집과 검토 후에 이것을 기초로 사건에 대해 **가상의 추측과 판단을 할 필요**가 있다. 추측의 대상은 범인과 범죄사실에 대하여 행해진다.

Answer 01 ④

		여러 가지 추측 중에서 과연 어떤 추측이 정당한가를 가리기 위해서는 **추측 하나 하나를 모든 각도에서 검토해야 한다는 것이다.**
검증적 수사의 원칙 (제4단계)	수사**사항**의 결정	① 무엇을 확인할 것인가? ② 추측이 정당하다고 하기 위해서 확인해야 할 사항
	수사**방법**의 결정	① 어떤 수단과 방법으로 실행할 것인가? ② 사건의 성질이나 양상에 따라 다를 수밖에 없으므로 알맞은 방법을 선택
	수사의 실행	① 수사방침이 수립되면 수사가 실행된다. ② 추측을 확인하는 작업인 동시에 또 다른 면으로 볼 때에는 새로운 자료수집이라고 할 수 있다. ③ 수사실행에 의한 자료수집은 수사순서를 반복하는 기초가 된다.
사실판단 증명의 원칙(제5단계)		수사관의 주관적인 판단에 그칠 것이 아니라 다른 누구에 대해서도 그 판단이 진실이라는 것을 **객관적으로 증명하지 않으면 안된다.**

02 경찰 수사와 관련한 설명으로 가장 적절하지 않은 것은? 응용문제

① 「경찰법」 제3조와 「경찰관 직무집행법」 제2조에서 범죄수사를 명백히 경찰의 임무(직무)로 규정하고 있다.
② 수사진행에 있어 핵심이라 할 수 있는 영장청구는 사법경찰관이 직접 판사에게 할 수 있다.
③ 「형사소송법」과 「검찰청법」은 2011년 일부개정을 통해 사법경찰관의 수사개시권을 명문화하고 검사의 직무상 명령에 복종하도록 한 기존 규정을 삭제하였으나, 한편으로는 사법경찰관의 모든 수사에 대한 검사의 지휘권을 명시하였다.
④ 2019년 '검·경 수사권 조정을 위한 「형사소송법」·「검찰청법」 일부 개정안'이 국회에서 신속처리법안으로 지정되었다.

(해설) 수사진행에 있어 핵심이라 할 수 있는 영장청구는 **사법경찰관이 검사에게 신청하여 검사가 판사에게 청구**한다.

03 다음 중 수사구조개혁 찬성 측에서 채택할 수 있는 논거로 가장 적절하지 않은 것은? 20. 승진

① 수사·기소 단계의 권한을 분산하여 견제와 균형을 이루고 있는 주요국과 달리 우리나라는 모든 권한이 검사에 집중되어 있어 각종 폐해가 발생하더라도 견제나 감시가 사실상 불가능하다.
② 수사와 기소의 분리, 형사사법 권한의 분산을 통해 경찰과 검찰이 각자 고유의 역할에 충실하도록 함으로써 형사사법 정의의 실현은 물론 국민 편익 제고가 가능하다.

Answer 02 ② 03 ④

③ 경찰은 수사의 책임성 제고를 위해 수사지휘 역량 및 수사 과정의 인권보장제도 강화와 수사 전문성 함양에 노력하고 있고, 경찰권을 분산하고 공정성을 높이기 위해 자치경찰제 도입, 국가수사본부 설치, 정보경찰 개혁 등 다양한 경찰개혁을 추진하고 있다.
④ 막강한 정보수집력을 가지고 있는 경찰에게 독자적 수사권을 부여할 경우 경찰에의 권력 집중으로 인한 폐해가 발생할 수 있고, 경찰 수사에 대한 통제가 어렵게 된다.

(해설) ④은 수사구조개혁 반대하는 입장이다.

04 압수 · 수색의 절차에 대한 설명으로 가장 적절한 것은? (다툼이 있는 경우 판례에 의함)
21. 승진

① 수색한 경우 증거물 · 몰수물이 없으면 수색증명서를 교부하고, 압수한 경우에는 목록을 작성하여 소유자, 소지자, 보관자 기타 이에 준할 자에게 교부하여야 한다.
② 압수 · 수색영장 집행 전에 피처분자에게 영장을 제시하는 것이 현실적으로 불가능하더라도 영장을 제시하지 아니한 채 압수 · 수색을 진행하면 위법하다.
③ 피의자를 신문하던 중 제출된 압수물에 대하여, 피의자신문조서에 압수의 취지를 기재함으로써 압수조서에 갈음할 수는 없다.
④ 압수 · 수색영장은 사법경찰리 명의로 검사에게 신청하고, 영장신청서에는 피의자의 인적 사항, 죄명, 범죄사실의 요지, 압수 · 수색 · 검증의 사유 등을 기재하여야 한다.

(해설) ② 압수 · 수색영장 집행 전에 피처분자에게 영장을 제시하는 것이 현실적으로 불가능한 경우에는 영장을 제시하지 아니한 채 압수 · 수색을 하더라도 **위법하다고 볼 수 없다.**
③ 피의자신문조서에 압수의 취지를 기재함으로써 **압수조서에 갈음할 수는 있다.**
④ 압수 · 수색영장은 **사법경찰관 명의**로 검사에게 신청하고, 영장신청서에는 피의자의 인적 사항, 죄명, 범죄사실의 요지, 압수 · 수색 · 검증의 사유 등을 기재하여야 한다.

05 통신수사에 대한 설명으로 가장 적절하지 않은 것은? (다툼이 있는 경우 판례에 의함)
21. 승진

① 「형법」 제283조 제2항의 '존속협박'으로는 통신제한조치허가서를 청구할 수 없다.
② 통신자료에는 이용자의 성명, 주민등록번호, 주소, 가입일 또는 해지일, 전화번호, ID 등이 포함된다.
③ 통신사실확인자료 중 수사를 위한 정보통신기기 관련 실시간 추적자료, 컴퓨터 통신 · 인터넷 로그기록 자료는 다른 방법으로 범행 저지, 범인의 발견 · 확보, 증거의 수집 · 보전이 어려운 경우에만 해당 자료의 열람이나 제출 요청이 가능하다.
④ 통신제한조치는 당사자의 동의 없이 개봉 등의 방법으로 우편물의 내용을 지득 · 채록 · 유치하는 것을 의미하는 우편물의 검열과 당사자의 동의 없이 전자장치등을 사용하여 전기통신의 음향 · 문언 · 부호 · 영상을 청취 · 공독하여 그 내용을 지득 · 채록하거나 전기통신의 송 · 수신을 방해하는 전기통신의 감청이 있다.

Answer 04 ① 05 ③

해설) 통신사실확인자료 중 **실시간 추적자료**, 특정한 기지국에 대한 통신사실확인자료가 필요한 경우에는 다른 방법으로 범행 저지, 범인의 발견·확보, 증거의 수집·보전이 어려운 경우에만 해당 자료의 열람이나 제출 요청이 가능하다.

06 다음은 리드(REID) 테크닉을 활용한 신문기법의 순서이다. A부터 D까지 각 단계에 대한 설명으로 가장 적절하지 않은 것은?
21. 승진

> 직접적 대면 → 신문화제의 전개 → (A) → 반대논리 격파 → (B) → (C) → 양자택일적 질문하기 → (D) → 구두자백의 서면화

① A단계는 용의자가 수사관의 신문화제 전개를 방해하는 혐의를 부인하는 진술을 하지 못하게 억지한다.
② B단계는 전(前)단계가 효과적이라면 피의자가 수사관을 회피하기 쉬우므로 시선을 맞추고 화제를 계속 반복하는 동시에 피의자의 긍정적 측면을 부각한다.
③ C단계는 동정과 이해를 표시하고, 끝까지 피의자를 추궁하여 자백할 것을 촉구한다.
④ D단계는 용의자가 수사관의 질문에 선택적으로 답하는 단계를 지나 적극적으로 범행에 대하여 진술하도록 한다.

해설) C단계는 수사관은 용의자의 소극적인 상태를 알아차린다.

▶ 리드(REID) 테크닉 신문기법

1단계	직접적 대면	수사관은 용의자를 단도직입적이고 유죄 단정적인 태도로 대한다.
2단계	신문 화제의 전개	수사관은 신문의 화제를 제시한다.
3단계	부인(否認) 다루기	수사관은 용의자 범죄사실의 초기의 부인을 다룬다.
4단계	반대논리 격파	수사관은 용의자의 반론을 압도한다.
5단계	관심 이끌어내기	수사관은 용의자의 주의를 끌고 신뢰감을 보여준다.
6단계	우울한 기분 달래주기	수사관은 용의자의 소극적인 상태를 알아차린다.
7단계	양자택일적 질문하기	수사관은 용의자에게 선택적 질문을 하여 그가 답변을 선택하게 한다.
8단계	세부사항 질문	수사관은 용의자로 하여금 범죄사실에 대해서 상세하게 설명하게 한다.
9단계	구두 자백의 서면화	수사관은 용의자의 구두 자백을 서류화하여 기록한다.

07 마약류에 대한 설명으로 가장 적절한 것은?
20. 승진

① 한외마약이란 일반약품에 마약성분을 미세하게 혼합한 약물로 신체적·정신적 의존성을 일으킬 염려가 없어 감기약 등으로 판매되는 합법의약품이다.
② 향정신성의약품 중 덱스트로 메트로판은 강한 중추신경 억제성 진해작용이 있으며 의존성과 독성이 강하다.

Answer 06 ③ 07 ①

③ 마약의 분류 중 합성 마약으로는 헤로인, 옥시코돈, 하이드로폰 등이 있다.
④ GHB는 무색·무취의 짠맛이 나는 액체로 소다수 등의 음료에 타서 복용하며, 특히 미국, 유럽 등지에서 성범죄용으로 악용되어 '정글 주스'라고도 불린다.

(해설) ② 덱스트로 메트로판(=러미나)은 강한 중추신경 억제성 진해작용이 있으며 반면 **의존성과 독성은 없어** 감기약으로 널리 시판되고 있다.
③ 헤로인, 옥시코돈, 하이드로폰 등은 **반합성 마약**에 속한다.
④ GHB는 성범죄용으로 악용되어 '**데이트 강간 약물**'이라고도 한다.

08 향정신성의약품 중 LSD에 관한 설명으로 옳은 것은 모두 몇 개인가? 24. 순경

㉠ 근육강화 호르몬 분비효과가 있으며, 소다수 등에 타서 타인에게 복용하게 하여 성범죄 등에 악용한다.
㉡ 곡물의 곰팡이, 보리 맥각에서 추출한 물질을 인공적으로 합성시켜 만들어낸 것을 무색, 무취, 무미하다.
㉢ 미량을 우편, 종이 등의 표면에 묻혔다가 뜯어서 입에 넣는 방법으로 복용하기도 한다.
㉣ 강한 중추신경 억제성 진해작용이 있으며 코데인 대용으로 시판되고 있다.
㉤ 일부 남용자들은 실제로 사용하지 않는데도 환각현상을 경험하는 '플레쉬백 현상'을 일으키기도 한다.

① 1개 ② 2개
③ 3개 ④ 4개

(해설) ㉠ 물뽕(GHB)
㉣ 러미나

09 향정신성의약품 중 덱스트로메트로판 (일명 러미라)에 대한 설명으로 가장 적절하지 않은 것은? 20. 승진

① 중추신경에 작용하여 골격 근육을 이완시키는 효과가 있으며, 과다 사용하면 치명적으로 인사불성, 혼수쇼크, 호흡저하, 사망에까지 이르게 된다.
② 청소년들 사이에서 소주 등에 타서 마시기도 하는데, 이를 '정글 주스'라고 한다.
③ 진해거담제로서 의사의 처방전이 있으면 약국에서 구입할 수 있다.
④ 도취감 혹은 환각작용을 맛보기 위해 사용량의 수십 배에 해당하는 양을 흔히 남용하기도 한다.

(해설) **카리소프로돌(일명 S정)**에 대한 내용이다.

Answer 08 ③ 09 ①

10 다음은 마약류에 대한 설명이다. 옳은 것으로 묶인 것은?   응용문제

> ㉠ 마약이라 함은 양귀비, 아편, 대마와 이로부터 추출되는 모든 알칼로이드로서 대통령령으로 정하는 것을 말한다.
> ㉡ GHB(일명 물뽕)는 무색, 무취, 무미의 액체로 유럽 등지에서 데이트 강간약물로도 불린다.
> ㉢ LSD는 곡물의 곰팡이, 보리 맥각에서 추출한 물질을 인공 합성시켜 만든 것으로 무색, 무취, 무미하다.
> ㉣ 코카인은 「마약류 관리에 관한 법률」에서 규제하는 향정신성의약품에 해당한다.
> ㉤ 마약성분을 갖고 있으나 다른 약들과 혼합되어 마약으로 다시 제조하거나 제제할 수 없고, 그것에 의하여 신체적 또는 정신적 의존성을 일으키지 아니하는 것으로서 총리령으로 정하는 것을 한외마약이라고 한다.
> ㉥ 한외마약은 코데날, 코데잘, 코데솔, 코데인, 유코데, 세코날 등이 있다.

① ㉠㉥   ② ㉡㉢
③ ㉢㉤   ④ ㉣㉤

해설
㉠ 대마는 해당하지 않는다.
㉡ GHB(일명 물뽕)는 **짠맛이 난다.**
㉣ 코카인은 「마약류 관리에 관한 법률」에서 규제하는 **마약에 해당**한다.
㉥ **코데인은 반합성 마약에 해당**한다.

▶ 마약류관리에 관한 법률상 분류

마약	천연마약	㉮ 양귀비·아편 또는 코카엽
	반합성마약	옥시코돈, 히드로코돈, 히드로모르폰, 모르핀, 헤로인, 테바콘, 테바인, **코카인**,, **코데인**, 아세토르핀, 등
	합성마약	메타조신, 메타돈, **페**티딘 페나조신, 아세틸메타돌, 프로폭시펜 등
	코데솔, 코데잘, 코데날, 유코데, 후리코, 아티반 등	
향정신성 의약품	LSD, 메스칼린, 사일로시빈, 크라톰, 페이오트 등 → **환각제**	
	암페타민, 메스암페타민, MDMA, 케타민, 등 → **각성제**	
	아로바르비탈, 바르비탈, 펜타조신 등 → **억제제(진정제)**	
	알프라졸람, 암페프라몬, 디아제팜, 펜플루라민, 로라제팜, 날부핀, 지에이치비(GHB), 덱스트로메토르판, 카리소프로돌, 쿠아제팜, 프로포폴 등 → **억제제(진정제)**	
대마	대마초	대마초(칸나비스사티바엘)와 그 수지 및 대마초 또는 그 수지를 원료로 하여 제조된 일체의 제품을 말한다(다만, 대마초의 종자·뿌리 및 성숙한 대마초의 줄기와 그 제품을 제외)
	대마수지 (해쉬쉬)	
	대마수지 기름 (해쉬쉬오일)	

Answer 10 ③

11 변사사건 및 지문에 대한 설명으로 가장 적절하지 않은 것은? 22. 승진

① 전당포, 금은방 등에 비치된 거래대장에 압날된 지문과 같이 준현장지문은 범죄현장 이외의 장소에서 채취한 지문을 말한다.
② 「경찰수사규칙」상 사법경찰관이 검시를 할 때에는 검시 조사관을 참여시켜야 하며, 검시에 참여한 검시 조사관은 변사자조사결과 보고서를 작성해야 한다.
③ 「지문 및 수사자료표 등에 관한 규칙」상 '지문자동검색시스템(AFIS : Automated Fingerprint Identification System)'은 주민등록증발급신청서·외국인의 생체정보·수사자료표의 지문을 원본 그대로 암호화하여 데이터베이스에 저장하고, 채취한 지문과의 동일성 검색에 활용하는 전산시스템을 말한다.
④ 「경찰수사규칙」상 사법경찰관리는 검시에 특별한 지장이 없다고 인정하면 변사자의 가족·친족, 이웃사람·친구, 시·군·구·읍·면·동의 공무원이나 그 밖에 필요하다고 인정하는 사람을 검시에 참여시켜야 한다.

(해설) 사법경찰관은 검시를 하는 경우에는 **의사를 참여시켜야 하며**, 그 의사로 하여금 검안서를 작성하게 해야 한다. 이 경우 **사법경찰관은 검시 조사관을 참여시킬 수 있다.**

Answer 11 ②

CHAPTER 04 교통경찰활동

제1절 교통경찰의 일반

01 다음 중 「도로교통법」상 도로가 아닌 것은? 〈응용문제〉

① 「도로법」에 의한 도로
② 일반교통에 사용되는 모든 도로
③ 일반교통에 사용되지 않은 대학구내 도로
④ 「유료도로법」에 의한 유료도로

해설 ▶ 도로해당 여부

도로에 해당하는 경우	도로에 해당하지 않는 경우
① 울산 현대조선소 구내	① 학교구내(교정), 역구내
② 누구나 출입이 허용되는 아파트단지 내의 도로	② 경비원이 차단기 등으로 일반인의 출입을 통제하는 아파트 단지 내의 도로
③ 시청내의 광장 주차장	③ 경찰서 주차장
④ 도정 공장 내 마당	④ 개인차고
⑤ 크라운제과 직매장 마당	⑤ 나이트클럽의 주차장
⑥ 부두의 경우 도로의 연장 인정	⑥ 주점 옆 주차장
⑦ 농로, 임도, 광산로, 사도, 아파트 내의 큰길, 공지, 광장, 해변 그 밖의 도로에 연결되는 길	⑦ 대형건물 부설 주차장
⑧ 논둑길, 밭둑길도 도로가 될 수 있는 경우가 있음	⑧ 노상 주차장(주차장법 적용됨) 등

Answer 01 ③

제2절 교통사고처리

01 교통사고 조사의 목적에 해당하지 않는 것은? *응용문제*

① 사고방지 대책을 위한 정확한 원인의 조사
② 사고확대의 방지와 교통소통의 회복
③ 부상자 구호 및 사체의 처리
④ 피해의 신속한 회복

> **해설** ▶ 교통사고 조사의 목적
> ① 사고방지 대책을 위한 정확한 원인의 조사
> ② 부상자 구호 및 사체의 처리
> ③ 사고확대의 방지와 교통소통의 회복
> ☞ 피해의 신속한 회복은 교통사고처리특례법의 목적이다.

02 교통사고란 차의 교통으로 인하여 사람을 사상하거나 물건을 손괴하는 것을 말하는데, 다음 중 올바르게 설명한 것은? *응용문제*

① 교통사고는 기본적으로 고의범이다.
② 경운기·기차·전동차는 도로교통법상의 차의 개념에 해당한다.
③ 교통사고에 있어서는 교통의 직접적인 차의 운행에 한하며 차의 운행과 관련된 부수적인 행위는 포함되지 않는다.
④ 행정법규상의 문제는 별론으로 하더라도 차의 운행 중 충돌·접촉 등으로 인한 것이라고 해도 피해가 발생하지 않을 경우에는 교통사고에 해당되지 않는다.

> **해설** ▶ 교통사고의 구성요건
>
> | | |
> |---|---|
> | 차에 의한 사고일 것 | 차는 자동차(덤프트럭), 건설기계, 원동기장치자전거, 자전거(성인용), 또는 사람 또는 가축의 힘이나 그 밖의 동력에 의하여 도로에서 운전되는 것을 말하며, **기차, 항공기, 선박, 케이블카, 유모차, 장애자용 의자차(휠체어), 궤도차·레일차(전동차), 소아용의 자전거(세발자전거)** 등은 제외된다. |
> | 교통으로 인하여 발생한 사고일 것 | ① 교통사고에 있어서 **교통이라 함은 차의 운전**을 말하는데, 이는 사람의 왕래나 화물의 운반을 위한 운행을 뜻하는 것으로서 차를 본래의 사용방법에 따라 사용하는 것을 말하며 **조종을 포함**한다. 따라서 **조수석에서 차안의 기기를 만지다 핸드브레이크가 풀러 시동이 걸리지 않은 채 10cm 밀려 내려가 사고난 경우에는 운전에 해당하지 않는다.**
 ② 직접적인 **차의 운행뿐만 아니라 차의 운행과 밀접하게 관련된 부수적인 행위를 포함**하며, 차량자체에 의하여 발생한 경우뿐만 아니라 차량에 적재된 화물 등 차량과 밀접하게 연결된 부위에 의하여 발생된 경우를 포함한다.
 ③ 도로교통법상의 사고는 도로에서의 사고에 한하지만, **교통사고처리특례법상의 사고는 도로에서의 사고에 한정되지 않고, 도로가 아닌 곳에서 발생한 사고도 포함**된다. |

Answer 01 ④ 02 ④

피해의 결과가 발생할 것	① 타인의 **유형적 피해만을** 의미하며, **정신적 손해 등 무형적인 피해는 제외**된다. ② 차의 운행 중 충돌, 접촉 등으로 인한 것이라 해도 피해가 없을 경우에는 교통사고에 해당되지 않으며, 다만 행정법규위반을 고려한 문제가 됨에 그친다.
업무상 과실이 있을 것	① 교통사고는 **기본적으로 과실범**이고 **결과범**이므로, 교통사고 조사시에는 운전자의 과실을 명백히 가리고 발생 여부 및 정도를 조사하는 것이 반드시 필요하다. ② 고의에 의한 범행은 교통사고가 아니라 일반 형사사건이다.

03 다음은 안전거리에 관한 설명이다. 빈칸에 들어갈 용어가 가장 적절하게 연결된 것은?

응용문제

> 운전자가 위험을 느끼고 브레이크를 밟았을 때 자동차가 제동되기 시작하기까지의 사이에 주행하는 거리를 (㉠)라 하고, 자동차가 실제로 제동되기 시작하여 정지하기까지의 거리를 (㉡)라 하며, 이 둘을 더한 거리를 (㉢)라 한다.

① ㉠ 공주거리 – ㉡ 제동거리 – ㉢ 정지거리
② ㉠ 제동거리 – ㉡ 정지거리 – ㉢ 공주거리
③ ㉠ 정지거리 – ㉡ 제동거리 – ㉢ 공주거리
④ ㉠ 공주거리 – ㉡ 정지거리 – ㉢ 제동거리

해설 운전자가 위험을 느끼고 브레이크를 밟았을 때 자동차가 제동되기 시작하기까지의 사이에 주행하는 거리를 (**공주거리**)라 하고, 자동차가 실제로 제동되기 시작하여 정지하기까지의 거리를 (**제동거리**)라 하며, 이 둘을 더한 거리를 (**정지거리**)라 한다.

04 안전거리와 관련된 다음의 설명 중 타당하지 않는 것은?

응용문제

① 주행 중인 모든 차량은 앞차가 급정거하는 경우에 앞차와의 추돌을 피할 수 있을 정도의 안전한 차간거리를 유지해야 한다.
② 안전거리라는 것은 정지거리보다 약간 긴 정도의 거리이다.
③ 브레이크를 밟은 후 자동차가 실제로 제동되기 시작하여 자동차가 정지할 때까지 진행한 거리가 정지거리다.
④ 운전자가 위험을 느끼고 브레이크를 밟았을 때 자동차가 제동되기까지의 사이에 주행하는 거리를 공주거리라고 한다.

해설 **제동거리**란 브레이크를 밟은 후 자동차가 실제로 제동되기 시작하여 자동차가 정지할 때까지 진행한 거리를 말한다.

Answer 03 ① 04 ③

제3절 관련 판례

01 다음 설명 중 가장 적절하지 않은 것은? (다툼이 있으면 판례에 의함)   응용문제

① 화물차를 주차한 상태에서 적재된 상자 일부가 떨어지면서 지나가던 피해자에게 상해를 입힌 경우, 교통사고로 볼 수 없다.
② 연속된 교통사고로 피해자가 사망한 경우 후행 교통사고 운전자에게 책임을 물으려면 후행 교통사고를 일으킨 사람이 주의의무를 게을리 하지 않았다면 피해자가 사망에 이르지 않았을 것이라는 사실이 증명되어야 한다.
③ 「특정범죄 가중처벌 등에 관한 법률」 제5조의3 도주차량죄의 교통사고는 「도로교통법」이 정하는 도로에서의 교통사고로 제한하여야 한다.
④ 아파트 단지 내 통행로가 왕복 4차선의 외부도로와 직접 연결되어 있고, 외부차량의 통행에 제한이 없으며, 별도의 주차관리인이 없다면 도로교통법상 도로에 해당된다.

> **해설** ▶ 대법원 2004. 8. 30. 선고 2004도3600 판결
> 특정범죄가중처벌등에관한법률 제5조의3 도주차량죄의 교통사고는 차의 교통으로 인한 업무상과실치사상의 사고를 **도로교통법이 정하는 도로에서의 교통사고로 제한되지 않는다.**

02 교통사고에 대한 다음 설명 중 가장 적절하지 않은 것은? (다툼이 있는 경우 판례에 의함)   20. 승진

① 선행 교통사고와 후행 교통사고 중 어느 쪽이 원인이 되어 피해자가 사망에 이르게 되었는지 밝혀지지 않은 경우 후행 교통사고를 일으킨 사람의 과실과 피해자의 사망 사이에 인과관계가 인정되기 위해서는 후행 교통사고를 일으킨 사람이 주의의무를 게을리하지 않았다면 피해자가 사망에 이르지 않았을 것이라는 사실이 증명되어야 하고, 그 증명책임은 검사에게 있다.
② 피고인이 야간에 오토바이를 운전하다가 전방좌우의 주시를 게을리한 과실로 도로를 횡단하던 피해자를 충격하여 피해자로 하여금 위 도로상에 넘어지게 하고, 그로부터 약 40초 내지 60초 후에 다른 사람이 운전하던 타이탄트럭이 도로 위에 전도되어 있던 피해자를 역과하여 사망하게 한 경우 피고인의 과실행위와 피해자의 사망 사이에는 상당인과관계가 있다.
③ 신호위반으로 교통사고를 야기한 자가 신호위반의 범칙금을 납부하였더라도, 「교통사고처리 특례법」상 신호위반으로 인한 업무상과실치상죄의 죄책을 물을 수 있다.
④ 사고 운전자가 자신의 명함을 주고 택시 기사에게 피해자의 병원 이송을 의뢰하였으나 피해자가 경찰이 도착하기 전에는 병원에 가지 않겠다고 하여 이송을 못하고 있는 사이 사고 운전자가 현장을 이탈한 경우 「특정범죄 가중처벌 등에 관한 법률」 위반(도주차량) 죄에 해당하지 않는다.

Answer 01 ③ 02 ④

> [해설] ▶ 대법원 2004. 3. 12. 선고 2004도250 판결
> 피해자의 병원이송 및 경찰관의 사고현장 도착 이전에 사고 운전자가 사고현장을 이탈하였다면, 비록 그 후 피해자가 택시를 타고 병원에 이송되어 치료를 받았다고 하더라도 운전자는 피해자에 대한 적절한 구호조치를 취하지 않은 채 사고현장을 이탈하였다고 할 것이어서, 설령 운전자가 사고현장을 이탈하기 전에 피해자의 동승자에게 자신의 신원을 알 수 있는 자료를 제공하였다고 하더라도, 피고인의 이러한 행위는 '피해자를 구호하는 등 조치를 취하지 아니하고 도주한 때'에 해당한다.

03 교통사고처리와 관련된 판례의 입장으로 가장 적절하지 않은 것은? ▶응용문제

① 내리막길에 주차되어 있는 자동차의 핸드 브레이크를 풀어 타력주행을 하는 행위는 운전에 해당되지 않는다.
② 고속도로를 운행하는 자동차 운전자는 고속도로를 무단횡단하는 보행자가 있을 것을 예견하여 운전할 주의의무가 있다.
③ 야간에 무등화인 자전거를 타고 차도를 무단횡단하는 경우까지를 예상하여 감속하고 반대차로상의 동태까지 살피면서 서행운행할 주의의무는 없다.
④ 차에 열쇠를 끼워놓은 채 11세 남짓한 어린이를 조수석에 남겨놓고 차에서 내려온 동안 어린이가 시동을 걸어 차량이 진행하여 사고가 발생한 경우 운전자로서는 열쇠를 빼는 등 사고 예방조치를 취할 주의의무가 있다.

> [해설] ▶ 대법원 2000. 9. 5. 선고 2000도2671 판결
> 고속도로를 운행하는 자동차의 운전자로서는 일반적인 경우에 고속도로를 횡단하는 보행자가 있을 것까지 예견하여 보행자와의 충돌사고를 예방하기 위하여 급정차 등의 조치를 취할 수 있도록 대비하면서 운전할 주의의무가 없고, 다만 고속도로를 무단횡단하는 보행자를 충격하여 사고를 발생시킨 경우라도 운전자가 상당한 거리에서 보행자의 무단횡단을 미리 예상할 수 있는 사정이 있었고, 그에 따라 즉시 감속하거나 급제동하는 등의 조치를 취하였다면 보행자와의 충돌을 피할 수 있었다는 등의 특별한 사정이 인정되는 경우에만 자동차 운전자의 과실이 인정될 수 있다.

04 다음 중 가장 적절하지 않은 것은?(다툼이 있으면 판례에 의함) ▶응용문제

① 삼거리 교차로 좌측도로에서 우회전해 나오는 차량이 반대차로로 넘어들어온 경우 정상 교차로 직진 중인 차에 과실이 있다고 볼 수 없다.
② 일반적으로 넓은 도로를 운행하여 통행의 우선순위를 가진 차량의 운전자는 교차로에서는 좁은 도로의 차량들이 일시정지 하지 않고 계속 진행하여 큰 도로로 진입할 것을 사전에 예견하고 이에 대한 방어조치를 강구할 필요가 있다.
③ 신호에 따라 교차로를 통과하는 차량 운전자에게 신호가 바뀐 후 다른 차량이 신호를 위반하여 교차로에 새로 진입하여 올 경우까지 예상하여야 할 주의의무는 없다.
④ 편도 2차로를 주행 중인 트럭의 우측과 인도 사이로 추월하려는 오토바이에게 진로를 양보할 의무는 없다.

Answer 03 ② 04 ②

> **해설** ▶ 대법원 1977. 3. 8. 선고 77도409 판결
> 일반적으로 넓은 도로를 운행하여 통행의 우선 순위를 가진 차량의 운전사는 교차로에서는 좁은 도로의 차량들이 교통법규에 따라 적절한 행동을 취할 것을 신뢰하여 운전한다고 할 것이므로 좁은 도로에서 진행하는 차량이 일단정지를 하지 아니하고 계속 진행하여 큰 도로로 진입할 것을 사전에 예견하고 이에 대한 방어조치를 강구할 의무가 없다.

05 교통사고와 관련된 내용으로 가장 적절하지 않은 것은? (다툼이 있으면 판례에 의함) [응용문제]

① 신호위반으로 교통사고를 일으킨 사람이 통고처분을 받아 신호위반의 범칙금을 납부하였다면, 「교통사고처리 특례법」상 신호위반으로 인한 업무상과실치상죄의 죄책을 물을 수 없다.
② 교차로와 횡단보도가 연접하여 설치되어 있고 차량용 신호기는 교차로에만 설치된 경우, 교차로의 차량신호등이 적색이고 교차로에 연접한 횡단보도 보행등이 녹색인 경우에 차량 운전자가 위 횡단보도 앞에서 정지하지 아니하고 횡단보도를 지나 우회전하던 중 업무상과실치상의 결과가 발생하면 「교통사고처리 특례법」 제3조 제1항, 제2항 단서 제1호의 '신호위반'에 해당한다.
③ 「특정범죄 가중처벌 등에 관한 법률」 제5조의3 도주차량운전자에 대한 가중처벌규정과 관련하여, 차의 교통으로 인한 업무상과실치사상의 사고는 「도로교통법」이 정하는 도로에서의 교통사고로 제한되지 않는다.
④ 「교통사고조사규칙」에 따라 차대차 사고로서 당사자 간의 과실이 동일한 경우 피해가 경한 당사자를 선순위로 지정한다.

> **해설** ▶ 대법원 2007. 4.12. 선고 2006도4322 판결
> 신호위반 등의 범칙행위로 교통사고를 일으킨 사람이 통고처분을 받아 범칙금을 납부하였다고 하더라도, 업무상과실치상죄 또는 중과실치상죄 위반으로 처벌하는 것이 이중처벌에 해당한다고 볼 수 없다.

06 다음 설명 중 가장 적절하지 않은 것은?(단, 다툼이 있으면 판례에 의함) [응용문제]

① 교차로 직전의 횡단보도에 따라 차량보조등이 설치되어 있지 아니한 경우, 교차로 차량신호등이 적색이고 횡단보도 보행등이 녹색인 상태에서 횡단보도를 지나 우회전하다가 사람을 다치게 한 경우 교통사고처리특례법 상 특례조항인 신호위반에 해당한다.
② 신호위반으로 교통사고를 야기한 자가 신호위반의 범칙금을 납부하였다면, 「교통사고처리특례법」상 신호위반으로 인한 업무상과실치상죄의 죄책을 물을 수 없다.
③ 부득이한 사정으로 중앙선을 침범하여 교통사고를 야기한 경우 중앙선침범에 해당되지 않는다.

Answer 05 ① 06 ①

④ 횡단보도의 신호가 적색인 상태에서 반대차선에 정지 중인 차량 뒤에서 보행자가 건너올 것까지 예상하여 주의의무를 다하여야 한다고 할 수 없다.

> 해설 ▶ 대법원 2011. 7. 28. 선고 2009도8222 판결
> 교차로 직전의 횡단보도에 따로 차량보조등이 설치되어 있지 아니한 경우, 교차로 차량신호등이 적색이고 횡단보도 보행등이 녹색인 상태에서 횡단보도를 지나 우회전하다가 업무상과실치상의 결과가 발생하면 교통사고처리 특례법 제3조 제1항, 제2항 단서 제1호의 '신호위반'에 해당한다.

07 다음 설명 중 가장 적절하지 않은 것은? (다툼이 있으면 판례에 의함)   응용문제

① 화물차를 주차한 상태에서 적재된 상자 일부가 떨어지면서 지나가던 피해자에게 상해를 입힌 경우 교통사고로 볼 수 없다.
② 교통사고로 인한 물적 피해가 경미하고, 파편이 도로상에 비산되지도 않았다고 하더라도, 가해차량이 즉시 정차하는 등 필요한 조치를 취하지 아니한 채 그대로 도주한 경우에는 「도로교통법」 제54조 제1항 위반죄가 성립한다.
③ 교차로 직전의 횡단보도에 따로 차량 보조등이 설치되어 있지 아니한 경우, 교차로 차량신호등이 적색이고 횡단보도 보행등이 녹색인 상태에서 횡단보도를 지나 우회전하다가 사람을 다치게 하였다면 「교통사고처리 특례법」상 특례조항인 신호위반에 해당하지 않는다.
④ 교차로에 교통섬이 설치되고 그 오른쪽으로 직진 차로에서 분리된 우회전 차로가 설치된 경우, 우회전 차로가 아닌 직진 차로를 따라 우회전하는 행위는 교차로 통행방법을 위반한 것이다.

> 해설 ▶ 대법원 2012. 4. 12. 선고 2011도9821 판결
> '도로의 구조·시설 기준에 관한 규칙' 제2조 제24호, 제43호, 제32조 제3항의 내용과 취지 등을 종합하면, 교통섬이 설치되고 그 오른쪽으로 직진 차로에서 분리된 우회전차로가 설치되어 있는 교차로에서 우회전을 하고자 하는 운전자는 특별한 사정이 없는 한 도로 우측 가장자리인 우회전 차로를 따라 서행하면서 우회전하여야 하고, 우회전차로가 아닌 직진 차로를 따라 교차로에 진입하는 방법으로 우회전하는 것은 교차로 통행방법에 위반된다.

08 교통사고에 대한 판례의 태도로 가장 적절하지 않은 것은? (다툼이 있는 경우 판례에 의함)   응용문제

① 음주로 인한 특정범죄가중처벌 등에 관한 법률 위반(위험운전치사상)죄와 도로교통법 위반(음주운전)죄가 모두 성립하는 경우 두 죄는 실체적 경합관계에 있다.
② 택시 운전자인 甲이 교차로에서 적색등화에 우회전하다가 신호에 따라 진행하던 乙의 승용차를 충격하여 乙에게 상해를 입혔다면 「교통사고처리 특례법」 제3조 제2항 단서 제1호에서 정한 '신호위반'으로 인한 사고에 해당한다.

Answer 07 ④ 08 ②

③ 「특정범죄 가중처벌 등에 관한 법률」 제5조의3 도주차량죄의 교통사고는 「도로교통법」이 정하는 도로에서의 교통사고에 제한되지 않는다.
④ 보행자가 횡단보도 보행신호등의 녹색등화의 점멸신호 전에 횡단을 시작하였는지 여부를 가리지 아니하고 보행신호등의 녹색등화가 점멸하고 있는 동안에 횡단보도를 통행하는 모든 보행자는 횡단보도에서의 보행자 보호의무의 대상이 된다.

해설 ▶ 대법원 2011. 7. 28. 선고 2011도3970 판결
택시 운전자인 피고인이 교차로에서 적색등화에 우회전하다가 신호에 따라 진행하던 피해자 운전의 승용차를 충격하여 그에게 상해를 입혔다고 하여 구 교통사고처리 특례법 위반으로 기소된 사안에서, 위 사고가 같은 법 제3조 제2항 단서 제1호에서 정한 '신호위반'으로 인한 사고에 해당하지 아니한다.

09 교통사고와 관련된 내용으로 가장 적절하지 않은 것은? (다툼이 있으면 판례에 의함) 20. 승진

① 교통사고로 인한 물적 피해가 경미하고 파편이 도로상에 비산되지도 않았다고 하더라도, 가해차량이 즉시 정차하는 등 필요한 조치를 취하지 아니한 채 그대로 도주한 경우에는 「도로교통법」 제54조 제1항 위반죄가 성립한다.
② 보행자가 횡단보도 보행신호등의 녹색등화의 점멸신호 전에 횡단을 시작하였다면, 보행신호등의 녹색등화가 점멸하고 있는 동안에 횡단보도를 통행하고 있다 해도 횡단보도에서의 보행자 보호의무의 대상이 되지 않는다.
③ 교통조사관은 「교통사고조사규칙」에 따라 차대차 사고로서 당사자 간의 과실이 동일한 경우 피해가 경한 당사자를 선순위로 지정한다.
④ 택시 운전자인 甲이 교차로에서 적색등화에 우회전하다가 신호에 따라 진행하던 乙의 승용차를 충격하여 乙에게 상해를 입혔다면, 당해 사고는 「교통사고처리 특례법」 제3조 제2항 단서 제1호에서 정한 '신호위반'으로 인한 사고에 해당하지 아니한다.

해설 ▶ 대법원 2009. 5. 14. 선고 2007도9598 판결
보행신호등의 녹색등화의 점멸신호 전에 횡단을 시작하였는지 여부를 가리지 아니하고 보행신호등의 녹색등화가 점멸하고 있는 동안에 횡단보도를 통행하는 모든 보행자는 도로교통법 제27조 제1항에서 정한 횡단보도에서의 보행자보호의무의 대상이 된다.

10 다음 설명 중 가장 적절한 것은?(다툼이 있으면 판례에 의함) 응용문제

① 일반적으로 고속도로를 운전하는 자동차 운전자에게 도로상에 장애물이 나타날 것을 예견하여 제한속도 이하로 감속 운행할 주의 의무가 있다.
② 자동차를 움직이게 할 의도 없이 다른 목적을 위하여 자동차의 원동기(모터)의 시동을 걸었는데, 실수로 기어 등 자동차의 발진에 필요한 장치를 건드려 원동기의 추진력에 의하여 자동차가 움직인 경우 자동차의 운전에 해당한다.

Answer 09 ② 10 ④

③ 무면허운전으로 인한 도로교통법위반죄에 있어서는 어느 날에 운전을 시작하여 다음날까지 동일한 기회에 일련의 과정에서 계속 운전을 한 경우 등 특별한 경우를 제외하고는 사회통념상 운전한 날을 기준으로 운전한 날마다 1개의 운전행위가 있다고 보는 것은 상당하지 않다.

④ 특별한 이유 없이 호흡측정기에 의한 측정에 불응하는 운전자에게 경찰공무원이 혈액채취에 의한 측정방법이 있음을 고지하고 그 선택 여부를 물어야 할 의무가 있다고는 할 수 없다.

> [해설] ▶ (①) 대법원 1981. 12. 8. 선고 81도1808 판결
> 일반적으로 고속도로를 운전하는 자동차운전자에게 도로상에 장애물이 나타날 것을 예견하여 제한속도 이하로 감속 서행할 주의의무가 없다
>
> ▶ (②) 대법원 2004. 4. 23. 선고 2004도1109 판결
> 어떤 사람이 자동차를 움직이게 할 의도 없이 다른 목적을 위하여 자동차의 원동기(모터)의 시동을 걸었는데, 실수로 기어 등 자동차의 발진에 필요한 장치를 건드려 원동기의 추진력에 의하여 자동차가 움직이거나 또는 불안전한 주차상태나 도로여건 등으로 인하여 자동차가 움직이게 된 경우는 자동차의 운전에 해당하지 아니한다.
>
> ▶ (③) 대법원 2002. 7. 23. 선고 2001도6281 판결
> 무면허운전으로 인한 도로교통법위반죄에 있어서는 어느 날에 운전을 시작하여 다음날까지 동일한 기회에 일련의 과정에서 계속 운전을 한 경우 등 특별한 경우를 제외하고는 사회통념상 운전한 날을 기준으로 운전한 날마다 1개의 운전행위가 있다고 보는 것이 상당하다.

11 다음 상황에 대한 설명으로 가장 적절하지 않은 것은? (다툼이 있는 경우 판례에 의함)

21. 순경

> 甲은 음주 후 자신의 처(처는 술을 마시지 않음)와 동승한 채 화물차를 운전하여 가다가 음주단속을 당하게 되자 경찰관이 들고 있던 경찰용 불봉을 충격하고 그대로 도주하였다. 단속현장에서 약 3km 떨어진 지점까지 교통사고를 내지 않고 운전하며 진행하던 중 다른 차량에 막혀 더 이상 진행하지 못하게 되자 스스로 차량을 세운 후 운전석에서 내려 도주하려 하였으나, 결국 甲은 경찰관에게 제지되어 체포의 절차에 따르지 않고 甲과 그의 처의 의사에 반하여 지구대로 보호조치되었다. 이후 2회에 걸친 경찰관의 음주측정요구를 거부하였다는 이유로 甲은 「도로교통법」 위반(음주측정거부) 혐의로 기소되었다.

① 경찰관이 甲에 대하여 「경찰관 직무집행법」 제4조에 따른 보호조치를 하고자 하였다면, 당시 옆에 있었던 처에게 甲을 인계하였어야 했고, 특별한 사정이 없는 한 지구대에서 甲을 보호하는 것은 허용되지 않는다.

② 甲은 음주측정거부에 관한 「도로교통법」 위반죄로 처벌될 수 없다.

Answer 11 ③

③ 구「도로교통법」제44조 제2항 및 제148조의2 제2호 규정들이 음주측정을 위한 강제처분의 근거가 될 수 있으므로, 위와 같은 음주측정을 위하여 운전자를 강제로 연행하기 위해서는 수사상 강제처분에 관한「형사소송법」상 절차에 따를 필요가 없다.
④ 경찰관이 甲에 대하여 행한 음주측정요구는「형법」제136조에 따른 공무집행방해죄의 보호대상이 될 수 없다.

해설 ▶ 대법원 2012. 12. 13. 선고 2012도11162 판결
교통안전과 위험방지를 위한 필요가 없음에도 주취운전을 하였다고 인정할 만한 상당한 이유가 있다는 이유만으로 이루어지는 음주측정은 이미 행하여진 주취운전이라는 범죄행위에 대한 증거 수집을 위한 수사절차로서 의미를 가지는데, 도로교통법상 규정들이 음주측정을 위한 강제처분의 근거가 될 수 없으므로 위와 같은 음주측정을 위하여 운전자를 강제로 연행하기 위해서는 **수사상 강제처분에 관한 형사소송법상 절차에 따라야 하고**, 이러한 절차를 무시한 채 이루어진 강제연행은 위법한 체포에 해당한다.

12 「도로교통법」상 음주운전에 대한 설명으로 가장 적절하지 않은 것은? (다툼이 있는 경우 판례에 의함)
21. 승진

① 경찰공무원은 교통의 안전과 위험방지를 위하여 필요하다고 인정하거나, 술에 취한 상태에서 자동차등을 운전하였다고 인정할 만한 상당한 이유가 있는 경우에는 음주측정을 할 수 있다.
② 무면허인데다가 술이 취한 상태에서 오토바이를 운전하였다면 무면허운전죄와 음주운전죄는 실체적 경합관계에 있다.
③ 음주감지기에서 음주반응이 나온 경우, 그것만으로 술에 취한 상태에 있다고 인정할 만한 상당한 이유가 있다고 볼 수 없다.
④ 주차장, 학교 경내 등「도로교통법」상 도로가 아닌 곳에서의 음주운전, 약물운전, 사고 후 미조치에 대하여 형사처벌이 가능하다.

해설 ▶ 대법원 1987. 2. 24. 선고 86도2731 판결
형법 제40조에서 말하는 1개의 행위란 법적 평가를 떠나 사회관념상 행위가 사물자연의 상태로서 1개로 평가되는 것을 말하는 바, 무면허인데다가 술이 취한 상태에서 오토바이를 운전하였다는 것은 위의 관점에서 분명히 1개의 운전행위라 할 것이고 이 행위에 의하여 도로교통법 제111조 제2호, 제40조와 제109조 제2호, 제41조 제1항의 각 죄에 동시에 해당하는 것이니 두 죄는 형법 제40조의 상상적 경합관계에 있다고 할 것이다.

Answer 12 ②

13 음주운전 관련 판례에 대한 설명으로 가장 적절하지 않은 것은? (다툼이 있는 경우 판례에 의함)

20. 순경

① 음주운전 전력이 1회(벌금형) 있는 운전자가 한 달 내 2회에 걸친 음주운전으로 적발되어 두 사건이 동시에 기소된 사안에서, 「도로교통법」 제148조의2 제1항(벌칙)에 규정된 '음주운전 금지규정을 2회 이상 위반한 사람'이란 음주운전으로 2회 이상 형의 선고를 받거나 유죄의 확정판결을 받은 자로 한정하여야 한다.

② 경찰공무원이 술에 취한 상태에 있다고 인정할 만한 상당한 이유가 있는 운전자에게 음주 여부를 확인하기 위하여 음주측정기에 의한 측정의 사전 단계로 음주감지기에 의한 시험을 요구하는 경우, 그 시험 결과에 따라 음주측정기에 의한 측정이 예정되어 있고 운전자가 그러한 사정을 인식하였음에도 음주감지기에 의한 시험에 명시적으로 불응함으로써 음주측정을 거부하겠다는 의사를 표명하였다면, 음주감지기에 의한 시험을 거부한 행위도 음주측정기에 의한 측정에 응할 의사가 없음을 객관적으로 명백하게 나타낸 것으로 볼 수 있다.

③ 주취운전자에 대한 경찰관의 권한 행사가 법률상 경찰관의 재량에 맡겨져 있다고 하더라도, 그러한 권한을 행사하지 아니한 것이 구체적인 상황 하에서 현저하게 합리성을 잃는 경우에는 경찰관의 직무상 의무를 위배한 것으로서 위법하다. 음주운전으로 적발된 주취운전자가 도로 밖으로 차량을 이동하겠다며 단속경찰관으로부터 보관 중이던 차량열쇠를 반환받아 몰래 차량을 운전하여 가던 중 사고를 일으켰다면, 주의의무를 게을리 한 경찰관의 직무상 의무위반에 의한 국가배상 책임이 인정된다.

④ 음주운전과 관련한 「도로교통법」 위반죄의 범죄수사를 위하여 미성년자인 피의자의 혈액 채취가 필요한 경우, 피의자에게 의사능력이 있다면 피의자 본인만이 혈액채취에 관한 유효한 동의를 할 수 있고, 피의자에게 의사능력이 없는 경우에도 명문의 규정이 없는 이상 법정대리인이 피의자를 대리하여 동의할 수 없다.

해설 ▶ 대법원 2018. 11. 15. 선고 2018도11378 판결

행위주체를 단순히 2회 이상 음주운전 금지규정을 위반한 사람으로 정하고 있고, 이러한 음주운전 금지규정 위반으로 형을 선고받거나 유죄의 확정판결을 받은 경우 등으로 한정하고 있지 않다. 이것은 음주운전 금지규정을 반복적으로 위반하는 사람의 반규범적 속성, 즉 교통법규에 대한 준법정신이나 안전의식의 현저한 부족 등을 양형에 반영하여 반복된 음주운전에 대한 처벌을 강화하고, 음주운전으로 발생할 국민의 생명·신체에 대한 위험을 예방하며 교통질서를 확립하기 위한 것으로 볼 수 있다.

Answer 13 ①

14. 음주측정거부에 대한 설명으로 가장 적절하지 않은 것은? (다툼이 있는 경우 판례에 의함)

21. 승진

① 명시적인 의사표시를 하지 않으면서 경찰관이 음주측정 불응에 따른 불이익을 5분 간격으로 3회 이상 고지(최초 측정요구시로부터 15분 경과)했음에도 계속 음주측정에 응하지 않은 때에는 음주측정거부자로 처리한다.
② 음주측정거부 시 1년 이상 5년 이하의 징역이나 5백만원 이상 2천만원 이하의 벌금에 처한다.
③ 흉골골절 등으로 인한 통증으로 깊은 호흡을 할 수 없어 이십여차례 음주측정기를 불었으나 끝내 음주측정이 되지 아니한 경우 음주측정불응죄가 성립하지 아니한다.
④ 여러차례에 걸쳐 호흡측정기의 빨대를 입에 물고 형식적으로 숨을 부는 시늉만 하였을 뿐 숨을 제대로 불지 아니하여 호흡측정기에 음주측정수치가 나타나지 아니하도록 한 행위는 음주측정불응죄에 해당하지 않는다.

> (해설) ▶ 대법원 2000. 4. 21. 선고 99도5210 판결
> 운전자가 경찰공무원으로부터 음주측정을 요구받고 호흡측정기에 숨을 내쉬는 시늉만 하는 등 형식적으로 음주측정에 응하였을 뿐 경찰공무원의 거듭된 요구에도 불구하고 호흡측정기에 음주측정수치가 나타날 정도로 숨을 제대로 불어넣지 아니하였다면 이는 실질적으로 음주측정에 불응한 것이다.

15. 음주운전 관련 판례의 내용으로 가장 적절하지 않은 것은?

응용문제

① 「형사소송법」규정에 위반하여 수사기관이 법원으로부터 영장 또는 감정처분허가장을 발부받지 아니한 채 피의자의 동의 없이 피의자의 신체로부터 혈액을 채취하고 더구나 사후적으로도 지체 없이 이에 대한 영장을 발부받지도 아니하고서 그 강제채혈한 피의자의 혈액 중 알코올농도에 관한 감정결과보고서 등은 피고인이나 변호인의 증거동의가 있다고 하더라도 유죄의 증거로 사용할 수 없다.
② 음주운전과 관련한 도로교통법위반죄의 범죄수사를 위하여 미성년자인 피의자의 혈액채취가 필요한 경우에도 피의자에게 의사능력이 있다면 피의자 본인만이 혈액채취에 관한 유효한 동의를 할 수 있고, 피의자에게 의사능력이 없는 경우에도 명문의 규정이 없는 이상 법정대리인이 피의자를 대리하여 동의할 수는 없다.
③ 「도로교통법」에 규정된 음주측정은 성질상 강제될 수 있는 것이 아니며 궁극적으로 당사자의 자발적인 협조가 필수적인 것이므로 이를 두고 법관의 영장을 필요로 하는 강제처분이라 할 수 없다. 따라서 주취운전의 혐의자에게 영장없는 음주측정에 응할 의무를 지우고 이에 불응한 사람을 처벌한다고 하더라도 영장주의에 위배되지 아니한다.
④ 위드마크 공식은 운전자가 음주한 상태에서 운전한 사실이 있는지에 대한 경험법칙에 의한 증거수집 방법이므로 경찰공무원에게 위드마크 공식의 존재 및 나아가 호흡측정에 의한 혈중알코올농도가 음주운전 처벌기준 수치에 미달하였더라도 위드마크 공식에 의한 역추산 방식에 의하여 운전 당시의 혈중알코올농도를 산출할 경우 그 결과가 음주운전

Answer 14 ④ 15 ④

처벌기준 수치 이상이 될 가능성이 있다는 취지를 운전자에게 미리 고지하여야 할 의무가 있다.

> **해설** ▶ 대법원 2017. 9. 21. 선고 2017도661 판결
> 위드마크 공식은 운전자가 음주한 상태에서 운전한 사실이 있는지에 대한 경험법칙에 의한 증거수집 방법에 불과하다. 따라서 경찰공무원에게 위드마크 공식의 존재 및 나아가 호흡측정에 의한 혈중알코올농도가 음주운전 처벌기준 수치에 미달하였더라도 위드마크 공식에 의한 역추산 방식에 의하여 운전 당시의 혈중알코올농도를 산출할 경우 그 결과가 음주운전 처벌기준 수치 이상이 될 가능성이 있다는 취지를 운전자에게 미리 고지하여야 할 의무가 있다고 보기도 어렵다.

16 음주운전 관련 판례에 대한 설명으로 가장 적절하지 않은 것은? _{응용문제}

① 경찰관이 음주운전 단속시 운전자의 요구에 따라 곧바로 채혈을 실시하지 않은 채 호흡측정기에 의한 음주측정을 하고 1시간 12분이 경과한 후에야 채혈을 하였다는 사정만으로는 위 행위가 법령에 위배된다거나 객관적 정당성을 상실하여 운전자가 음주운전 단속과정에서 받을 수 있는 권익이 현저하게 침해되었다고 단정하기 어렵다.
② 피고인의 음주와 음주운전을 목격한 참고인이 있는 상황에서 경찰관이 음주 및 음주운전 종료로부터 약 5시간 후 집에서 자고 있는 피고인을 연행하여 음주측정을 요구한 데에 대하여 피고인이 불응한 경우, 「도로교통법」상의 음주측정불응죄가 성립하지 않는다.
③ 어떤 사람이 자동차를 움직이게 할 의도 없이 다른 목적을 위하여 자동차의 원동기(모터)의 시동을 걸었는데, 실수로 기어 등 자동차의 발진에 필요한 장치를 건드려 원동기의 추진력에 의하여 자동차가 움직이거나 또는 불안전한 주차상태나 도로여건 등으로 인하여 자동차가 움직이게 된 경우는 자동차의 운전에 해당하지 아니한다.
④ 경찰관이 술에 취한 상태에서 자동차를 운전한 것으로 보이는 피고인을 「경찰관직무집행법」에 따른 보호조치 대상자로 보아 경찰관서로 데려온 직후 음주측정을 요구하였는데 피고인이 불응하여 음주측정불응죄로 기소된 사안에서 위법한 보호조치 상태를 이용하여 음주측정 요구가 이루어졌다는 등의 특별한 사정이 없는 한 피고인의 행위는 음주측정불응죄에 해당한다.

> **해설** ▶ 대법원 2001. 8. 24. 선고 2000도6026 판결
> 피고인의 음주와 음주운전을 목격한 참고인이 있는 상황에서 경찰관이 음주 및 음주운전 종료로부터 약 5시간 후 집에서 자고 있는 피고인을 연행하여 음주측정을 요구한 데에 대하여 피고인이 불응한 경우, 도로교통법상의 음주측정불응죄가 성립한다.

Answer 16 ②

17 다음 중 교통경찰과 관련된 판례의 태도와 부합하지 않는 것은 몇 개인가? 응용문제

㉠ 운전자에게는 특별한 사정이 없는 한 반대차로를 운행하는 차가 갑자기 중앙선을 넘어올 것까지 예견하여 감속하는 등 미리 충돌을 방지할 태세를 갖추어 운전해야 할 주의의무가 있다고는 할 수 없다.
㉡ 특별한 이유 없이 호흡측정기에 의한 측정에 불응하는 운전자에게 경찰공무원이 혈액채취에 의한 측정방법이 있음을 고지하고 그 선택 여부를 물어야 할 의무가 있다고는 할 수 없다.
㉢ 고속도로를 운행하는 자동차 운전자는 고속도로를 무단횡단하는 보행자가 있을 것을 미리 예견하여 운전할 주의의무가 있다.
㉣ 술에 취한 피고인이 자동차 안에서 잠을 자다가 추위를 느껴 히터를 가동하기 위하여 시동을 걸었고, 실수로 제동장치 등을 건드렸다고 하더라도 자동차가 움직였으면 음주운전에 해당한다.
㉤ 약물 등의 영향으로 정상적으로 운전하지 못할 우려가 있는 상태에서 자동차 등을 운전하였다고 인정하려면, 약물 등의 영향으로 인하여 '정상적으로 운전하지 못할 우려가 있는 상태'에서 운전을 하면 바로 성립하고, 현실적으로 '정상적으로 운전하지 못할 상태'에 이르러야만 하는 것은 아니다.
㉥ 횡단보도 보행신호등의 녹색등화가 점멸할 때에는 보행자의 횡단을 금지하고 있으므로 보행자가 녹색등화의 점멸신호 이후에 횡단을 시작하였다면 설사 녹색등화가 점멸 중이더라도 횡단보도에서의 보행자보호의무의 대상으로 보기 어렵다.

① 2개 ② 3개
③ 4개 ④ 5개

해설 ㉥ 녹색등화가 점멸 중이라면 녹색등화 점멸이후에 횡단한 경우라도 **횡단보도에서의 보행자보호의무의 대상으로 본다**.

▶(㉢)대법원 2000. 9. 5. 선고 2000도2671 판결
고속도로를 운행하는 자동차의 운전자로서는 일반적인 경우에 고속도로를 횡단하는 보행자가 있을 것까지 예견하여 보행자와의 충돌사고를 예방하기 위하여 급정차 등의 조치를 취할 수 있도록 대비하면서 운전할 주의의무가 없다.

▶(㉣)
어떤 사람이 자동차를 움직이게 할 의도 없이 다른 목적을 위하여 자동차의 원동기(모터)의 시동을 걸었는데, 실수로 기어 등 자동차의 발진에 필요한 장치를 건드려 원동기의 추진력에 의하여 자동차가 움직이거나 또는 불안전한 주차상태나 도로여건 등으로 인하여 자동차가 움직이게 된 경우는 자동차의 운전에 해당하지 아니한다.

▶(㉥)대법원 2009. 5. 14. 선고 2007도9598 판결
보행신호등의 녹색등화의 점멸신호 전에 횡단을 시작하였는지 여부를 가리지 아니하고 보행신호등의 녹색등화가 점멸하고 있는 동안에 횡단보도를 통행하는 모든 보행자는 도로교통법 제27조 제1항에서 정한 횡단보도에서의 보행자보호의무의 대상이 된다.

Answer 17 ②

18 다음 중 교통관련 대법원 판례와 일치하는 것은? 응용문제

① 횡단보도 보행자가 신호기 녹색에서 예비 점멸 신호로 바뀌는 경우, 녹색에서 적색으로 바뀔 때와 달리 횡단보도에 통행인이 있는지 주의하여야 할 의무는 없다.
② 대도시 육교 아래서 자동차 앞을 무단횡단하려는 사람이 있을 것을 예상하여 운전해야 한다.
③ 아파트 단지의 도로 여부에 대해 경비원이 일반인의 출입을 통제하는 곳은 「도로교통법」 상 도로가 아니다.
④ 일반도로로 운행할 경우, 반대방향차선에서 주행 중인 차량이 중앙선 침범도 예상할 수 있다.

> **해설** 아파트 주출입구와 부출입구에 경비초소, 차단기 등이 없고 경비원이 차량 출입을 통제하지 않아 불특정 다수의 사람이나 차량이 자유롭게 통행할 수 있는 아파트단지 도로는 도로교통법상 도로라고 보았다. 이 사건 아파트 통행로는 외부인의 우회도로로 사용될 여지가 없고 차단시설이 없지만, 경비원이 외부차량 출입을 통제하는 점 등을 고려하면 불특정 다수의 사람이나 차량의 통행로로 사용되는 **도로교통법상 도로라고 볼 수 없다.**

19 음주운전 관련 판례에 대한 설명으로 가장 적절하지 않은 것은? 응용문제

① 위드마크 공식은 운전자가 음주한 상태에서 운전한 사실이 있는지에 대한 경험법칙에 의한 증거수집 방법에 불과하므로, 경찰공무원에게 위드마크 공식의 존재 및 나아가 호흡측정에 의한 혈중알코올농도가 음주운전 처벌기준 수치에 미달하였더라도 위드마크 공식에 의한 역추산 방식에 의하여 운전 당시의 혈중알코올농도를 산출할 경우 그 결과가 음주운전 처벌기준 수치 이상이 될 가능성이 있다는 취지를 운전자에게 미리 고지하여야 할 의무는 없다.
② 경찰관이 음주운전 단속시 운전자의 요구에 따라 곧바로 채혈을 실시하지 않은채 호흡측정기에 의한 음주측정을 하고 1시간 12분이 경과한 후에 채혈을 한 것은 객관적 정당성을 상실하여 운전자가 음주운전 단속과정에서 받을 수 있는 권익이 현저하게 침해되었다고 볼 수 있다.
③ 음주운전 후 4시간 정도 지난 시점에서 물로 입 안을 헹구지 아니한 채 호흡측정기로 측정한 혈중알코올 농도 수치가 0.05%로 나타난 사안에서, 위 증거만으로는 피고인이 혈중알코올 농도 0.05% 이상의 술에 취한 상태에서 자동차를 운전하였다고 인정하기 어렵다.
④ 경찰관이 술에 취한 상태에서 자동차를 운전한 것으로 보이는 피고인을 「경찰관 직무집행법」에 따른 보호조치 대상자로 보아 경찰관서로 데려온 직후 음주측정을 요구하였는데 피고인이 불응하여 음주측정불응죄로 기소된 사안에서, 위법한 보호조치 상태를 이용하여 음주측정 요구가 이루어졌다는 등의 특별한 사정이 없는 한 피고인의 행위는 음주측정불응죄에 해당한다.

Answer 18 ③ 19 ②

> **해설** ▶ 대법원 2008. 4. 24. 선고 2006다32132 판결
> 경찰관이 음주운전 단속시 운전자의 요구에 따라 곧바로 채혈을 실시하지 않은 채 호흡측정기에 의한 음주측정을 하고 1시간 12분이 경과한 후에야 채혈을 하였다는 사정만으로는 위 행위가 법령에 위배된다거나 객관적 정당성을 상실하여 운전자가 음주운전 단속과정에서 받을 수 있는 권익이 현저하게 침해되었다고 단정하기 어렵다.

20 음주운전 관련 판례에 관한 설명 중 가장 적절하지 않은 것은? 22. 순경

① 술에 취해 자동차 안에서 잠을 자다가 추위를 느껴 히터를 가동시키기 위하여 시동을 걸었고, 실수로 자동차의 제동장치 등을 건드렸거나 처음 주차할 때 안전조치를 제대로 취하지 아니한 탓으로 움직여 피해자의 차량 옆면을 충격한 사실은 엿볼 수 있으나 이를 두고 피고인이 자동차를 운전하였다고 할 수는 없다.
② 운전자가 경찰공무원으로부터 음주측정을 요구받고 호흡측정기에 숨을 내쉬는 시늉만 하는 등 형식적으로 음주측정에 응하였을 뿐 경찰공무원의 거듭된 요구에도 불구하고 호흡측정기에 음주측정수치가 나타날 정도로 숨을 제대로 불어넣지 아니하였다면 이는 실질적으로 음주측정에 불응한 것과 다를 바 없다.
③ 음주운전과 관련한 도로교통법 위반죄의 범죄수사를 위하여 미성년자인 피의자의 혈액채취가 필요한 경우에도 피의자에게 동의를 할 수 있고, 피의자에게 의사능력이 없는 경우 명문의 규정이 없더라도 법정대리인이 피의자를 대리하여 동의할 수 있다.
④ 특별한 이유없이 호흡측정기에 의한 측정에 불응하는 운전자에게 경찰공무원이 혈액채취에 의한 측정방법이 있음을 고지하고 그 선택 여부를 물어야 할 의무가 있다고는 할 수 없다.

> **해설** ▶ 대법원 2014. 11. 13. 선고 2013도1228 판결
> 음주운전과 관련한 도로교통법 위반죄의 범죄수사를 위하여 미성년자인 피의자의 혈액채취가 필요한 경우에도 피의자에게 의사능력이 있다면 피의자 본인만이 혈액채취에 관한 유효한 동의를 할 수 있고, 피의자에게 의사능력이 없는 경우에도 명문의 규정이 없는 이상 법정대리인이 피의자를 대리하여 동의할 수는 없다.

Answer 20 ③

CHAPTER 05 정보경찰활동

제1절 정보일반

01 정보의 개념에 대한 주요학자들의 견해 중 가장 적절한 것은? 응용문제

① 마이클 워너(Michael Warner) – 정보는 국가 정책 운용을 위한 지식이며 이를 위해 수집 가공된 것
② 제프리 리첼슨(Jeffery T. Richelson) – 정보는 외국이나 국외지역과 관련된 제반 첩보자료들을 수집·평가·분석·종합·판단의 과정을 거쳐서 생산된 산출물
③ 에이브럼 슐스키(Abram N. Shulsky) – 정부 내에서의 조직된 지식으로 국가정책 운용을 위한 지식이며 활동이고 조직
④ 마이클 허만(Michael Herman) – 정보는 아측에 해악을 끼칠 수 있는 다른 국가나 다양한 적대세력의 영향을 완화시키거나, 그에 영향을 미치거나 또는 단지 그들을 이해하기 위한 노력을 지원하는 비밀스러운 그 무엇

해설 ▶ 정보의 개념에 대한 주요학자들의 견해

클라우제비치 (Clausewitz)	전쟁론에서 정보란 적과 적국에 관한 우리들의 지식의 총체를 의미하며 전쟁에 있어서 아군의 계획 및 행동의 기초를 이루는 것이라고 정의하였다.
위너 (Wiener)	정보란 인간이 외계에 적응하려고 행동하고 그 조절행동의 결과를 외계로부터 감지할 때에 외계와 교환하는 내용이라고 정의하였다.
셔먼 켄트 (Sherman Kent)	정보란 지식이며 조직이고 활동이라고 정의하였다.
데이비스 (Davis)	정보란 받아들이는 사람에게 필요한 형태로 처리된 데이터이며, 현재 또는 장래의 의사결정에 있어서 실현되든가 또는 가치를 인정받는 것이라고 정의하였다.
제프리 리첼슨 (Jeffery T. Richelson)	정보는 외국이나 국외지역과 관련된 제반 첩보자료들을 수집·평가·분석·종합, 판단의 과정을 거쳐서 생성된 산출물이라고 정의하였다.
마이클 허만	정부 내에서의 조직된 지식이라고 정의하였다.
에이브럼 슐스키 (Abram N. Shulsky)	국가안보 이익을 극대화하고, 실제적 또는 잠재적 적대세력의 위험을 취급하는, 정부의 정책 수립과 정책의 구현과 연관된 자료라고 정의하였다.

Answer 01 ② 02 ①

마크 로웬탈 (Mark M. Lowenthal)	① 정보란 정책결정자의 필요에 부응하는 지식을 말하며, 이를 위해 수집 가공된 이라고 정의하였다. ② 정보와 정책에 대해 일정 수준의 분리 필요성을 강조한 전통주의의 대표적 학자로서 '정보는 정책에 의존하여 존재하지만, 정책은 정보의 지지 없이도 존재할 수 있다.'고 주장하였다.
마이클 워너 (Michael Warner)	정보는 우리측에 해악을 끼칠 수 있는 다른 국가나 다양한 적대세력의 영향을 미치거나 또는 단지 그들을 이해하기 위한 노력을 지원하는 비밀스러운 그 무엇이라고 정의하였다.
로저 힐스만	정보생산자는 정책과정에 대해 연구하고 이해해야 한다고 주장하였다.

02 정보의 개념에 대한 설명으로 틀린 것은? 〔응용문제〕

㉠ '적과 적국에 관한 지식의 총체이다.'라고 정의한 학자는 클라우제비츠(Clausewits)이다.
㉡ 우리가 사용하는 정보라는 용어는 독일이 사용하던 군사용어를 번역한 것이다.
㉢ 모든 정보가 첩보는 아니지만, 모든 첩보는 정보라는 말은 성립한다.
㉣ 정보는 특정한 목적에 의해 평가되어 있지 않은 단순한 사실이나 기호를 의미한다.

① 없다 ② 1개
③ 2개 ④ 3개

해설 ㉡ 프랑스군이 사용하던 군사용어를 번역하여 만든 것이다.
㉢ 모든 첩보가 정보는 아니지만, 모든 정보는 첩보라는 말은 성립한다.
㉣ 자료는 특정한 목적에 의해 평가되어 있지 않은 단순한 사실이나 기호를 의미한다.

03 정보경찰활동에 대한 내용으로 옳지 않은 것은? 〔71기 경간부〕

① 첩보와 정보는 구분되며 첩보가 부정확한 견문이나 지식을 포함하는데 반해 정보는 가공을 통해 객관적으로 평가된 지식이다.
② 정보는 사용목적(대상)에 따라 소극정보와 적극정보로 구분되며 국가안전을 유지하는 경찰기능의 기초가 되는 정보를 소극정보라 한다.
③ 2019년 제정된 「정보경찰 활동규칙」에서는 정보활동의 범위를 범죄정보를 포함한 공공안녕에 대한 위험의 예방 및 대응에 관한 정보로 재편하였다.
④ 「정보경찰 활동규칙」에 따라 정보관이 정보를 수집할 때에는 모든 상황에서 신분을 밝히고 목적을 설명하여야 하며, 임의적인 방법을 사용하여야 한다.

해설 「정보경찰 활동규칙」에 따라 정보관이 정보를 수집할 때에는 (모든 상황에서×) 신분을 밝히고 목적을 설명하여야 하며, 임의적인 방법을 사용하여야 한다. 정보관은 **국민의 생명·신체의 안전과 국가안보에 긴박한 위험이 발생할 우려가 있는 경우와 범죄정보를 수집하는 경우에는 신분 밝힘과 목적 설명을 생략할 수 있다.**

Answer 02 ④ 03 ④

04 정보의 특성에 대한 설명 중 틀린 것은? 응용문제

① 적실성 - 정보로서의 가치를 갖기 위해서는 사용권자의 의사결정에 반드시 필요한 내용을 제공해야 한다.
② 무한가치성 - 정보는 주제에 맞는 내용이면서 관련된 모든 사항이 포함되어야 한다.
③ 비이전성 - 정보는 타인에게 전달해도 본인에게 그대로 남아 있다.
④ 신용가치성 - 같은 정보라도 출처의 신뢰도가 높을수록 그 정보의 가치는 높다고 할 수 있다.

해설) 무한가치성 - **필요한 사람이면 누구에게나 가치를 가진다.**

▶ 정보의 특성

비이전성	타인에게 전달해도 본인에게 정보로서의 가치가 그대로 남아 있다.
누적효과성	생산·축적되면 될수록 그 가치가 커진다.
신용가치성	① 같은 정보라도 신뢰도가 높을수록 정보가치가 증가한다. ② 정보출처(정보원)의 신용정도에 따라 가치가 달라진다.
무한가치성	필요한 사람이면 누구에게나 가치를 가진다.
적실성	사용권자의 의사결정에 반드시 필요한 내용을 제공할 때 정보로서의 가치를 발휘하는 특성이 있다.

05 정보의 질적 요건에 대한 설명으로 가장 적절하지 않은 것은? 응용문제

① 정확성(accuracy) - 정보가 사실과 일치되는 성질이다.
② 관련성(relevancy) - 정보가 당면 문제와 관련된 성질이다.
③ 적시성(timeliness) - 정보가 정책결정이 이루어지는 시점에 비추어 가장 적절한 시기에 존재하는 성질이다. 이를 평가할 때 그 기준이 되는 시점은 생산자의 생산시점이다.
④ 완전성(completeness) - 정보가 그 자체로서 정책결정에 필요하고 가능한 모든 내용을 망라하고 있는 성질이다.

해설) 적시성(timeliness) - 이를 평가할 때 그 기준이 되는 시점은 **사용자의 사용시점**이다.

▶ 정보의 질적요건(정보의 가치에 대한 평가기준)

적실성	① 정보가 정보사용자의 사용목적에 **얼마나 관련된 것이냐 여부**이다. ② **정보가 당면문제와 관련되어있는 성질(적합성 또는 관련성)** [사례] A경찰서 정보과에 근무하는 김경사는 9월 중 관내 중소기업체의 노사분규에 대한 정보보고서 작성을 지시받고는 재래시장의 생필품 가격동향, 구로백화점에 매출 추세, 지하철 노조 구로역 지부의 조합비 현황 등을 내용으로 하는 보고서를 작성·제출하였다.

Answer 04 ② 05 ③

정확성	① 정보는 객관적으로 평가된 **정확한 지식**이어야 하며, 정확성을 기하기 위해서는 수집된 첩보가 올바른 것이어야 하며, 다양한 정보원을 활용해야 한다. ② **정보가 사실과 일치되는 성질** [사례] 칭기즈칸은 전쟁을 하기 전에 모든 계층과 여러 인종 중에서 선발된 간첩을 대상으로 변장시킨 후 주변 각지의 부족에 침투시켜 첩보를 수집하였으며, 공격에 앞서 입수된 첩보를 여러 경로로 확인하였다.
적시성	① 정보는 정보사용자의 의사결정에 **필요한 시기**에 제공될 때 그 가치가 높아지며, 일반적으로 시간이 갈수록 가치가 줄어든다. ② 정보가 정책결정이 이루어지는 시점에 비추어 **가장 적절한 시기에 존재하는 성질** [사례1] A경찰서 정보과에 근무하는 김경사는 9월 중 관내 중소기업체의 노사분규에 대한 정보보고서 작성을 지시받고는 해당 기업의 노조위원장 역할, 노조원들의 조직체계 및 성향, 사업주와 노조원들 간의 관계, 노조원들의 행동계획 및 기업의 대처방향, 상급 노동단체의 개입정도, 주변 관련기업체의 분규동향 및 파급영향 등에 대해서 정보를 완전하게 수집하느라 보고기일을 놓쳐서 제출하였다.
완전성	① 정보는 시간이 허용하는 한 **최대의 완전한 지식**이어야만 그 가치가 높아진다. ② **완전성과 적시성은 상호충돌가능성이 높다.** ③ 콜린 파월 – 필요한 정보량이 40~70%에 해당하면 강력하게 업무를 추진한다. ④ 정보가 그자체로서 정책결정에 필요한, 가능한 **모든 내용을 망라하고 있는 성질**
객관성	① 정보가 국가정책에 결정과정에서 사용될 때 국익증대와 안보추구라는 차원에서 **완전한 객관적 입장을 유지**해야 한다. ② 생산자나 사용자의 의도에 따라 정보가 **주관적으로 왜곡되면 안 된다.** [사례1] 임진왜란 직전 전쟁발발 여부를 탐지하기 위해 일본에 파견되었다 돌아온 황윤길과 김성일은 전혀 상반된 내용을 보고하였다. 당시 김성일은 전쟁이 일어난다고 보고하면 온 나라가 놀랄 것이라고 예단, 임금에게 전쟁이 일어나지 않을 것이라고 보고하였다.

06 정보가치에 대한 평가기준을 설명한 것이다. ㉠부터 ㉣까지 정보의 질적 요건을 순서대로 나열한 것 중 적절한 것은?

응용문제

> ㉠ 정보가 사실과 일치되는 성질이다.
> ㉡ 정보가 그 자체로서 정책결정에 필요하고 가능한 모든 내용을 망라하고 있는 성질이다.
> ㉢ 정보가 당면 문제와 관련된 성질이다.
> ㉣ 정보가 생산자나 사용자의 의도에 따라 주관적으로 왜곡되면 선호 정책의 합리화 도구로 전락할 수 있다.

① 적실성 – 완전성 – 정확성 – 객관성
② 정확성 – 객관성 – 완전성 – 적실성
③ 정확성 – 완전성 – 적실성 – 객관성
④ 완전성 – 적실성 – 정확성 – 객관성

해설 ㉠ 정확성 ㉡ 완전성 ㉢ 적실성 ㉣ 객관성

Answer 06 ③

07 정보의 질적 요건 중 다음 사례와 관련이 있는 것으로 가장 적절한 것은? 응용문제

> 임진왜란 직전 전쟁발발 여부를 탐지하기 위해 일본에 파견되었다 돌아온 황윤길과 김성일은 전혀 상반된 내용을 보고하였다. 당시 김성일은 전쟁이 일어난다고 보고하면 온 나라가 놀랄 것이라고 예단, 임금에게 전쟁이 일어나지 않을 것이라고 보고하였다.

① 객관성
② 적실성
③ 완전성
④ 적시성

(해설) 정보의 질적요건 중 **객관성에 해당**한다.

08 정보의 질적 요건 중 다음 사례와 관련이 있는 것으로 가장 적절한 것은? 응용문제

> A경찰서 정보과에 근무하는 甲경사는 5월 중 관내 중소기업체의 노사분규에 대한 정보보고서 작성을 지시 받고는 재래시장의 생필품 가격 동향, 구로백화점 매출추세, 지하철노조 구로역 지부의 조합비 현황 등을 내용으로 하는 보고서를 작성·제출하였다.

① 적실성
② 적시성
③ 필요성
④ 완전성

(해설) 정보의 질적요건 중 **적실성에 해당**한다.

09 다음은 '정보가치에 대한 평가기준'을 설명한 것이다. ㉠~㉣에 해당하는 정보의 질적 요건을 순서대로 옳게 나열한 것은? 응용문제

> ㉠ 정보는 사용자가 필요한 때에 사용할 수 있도록 제공되어야 한다.
> ㉡ 정보가 생산자나 사용자의 의도에 따라 주관적으로 왜곡되면 선호 정책의 합리화 도구로 전락될 수 있다.
> ㉢ 정보는 가능한 주제와 관련된 사항을 모두 망라하여 작성되어야 하며, 부분적 단편적인 정보는 사용자가 의사결정을 하는데 도움을 주지 못한다.
> ㉣ 정보가 정보사용자의 사용목적과 관련된 것이어야 한다.

① 적시성 - 완전성 - 객관성 - 정확성
② 완전성 - 적시성 - 객관성 - 적실성
③ 적시성 - 객관성 - 완전성 - 적실성
④ 적시성 - 객관성 - 정확성 - 적실성

(해설) ㉠ 적시성 ㉡ 객관성 ㉢ 완전성 ㉣ 적실성

Answer 07 ① 08 ① 09 ③

10 정보의 효용에 대한 설명 중 가장 옳지 않은 것은? 응용문제

① 국가 간의 정보역량의 차이는 어떤 국가가 특정 사항에 대해 얼마나 많은 정보를 가지고 있는지에 따라 결정된다고 할 수 있다. '정보는 국력이다.'라는 표현은 정보의 통제효용을 잘 나타내고 있다.
② 정보는 정보사용자의 요구에 맞는 형식에 부합할 때 형식효용이 높다는 평가를 받게 된다.
③ 정보의 효용이란 질적 요건을 갖춘 정보를 어떻게 사용하면 정책결정과정에 기여할 수 있는가에 대한 기준이다.
④ 정보는 정보사용자가 정보를 필요로 하는 시점에 제공될 때 시간효용이 높다는 평가를 받는다.

해설 설문은 **소유효용**의 내용이다.

▶ **정보의 효용을 평가하는 기준**

형식 효용	① 정보는 정보사용자의 요구에 맞는 **형식(형태)에 부합할 때 형식효용이 높다는 평가**를 받게 되며, 정보사용자의 수준에 따라 정보형태가 결정된다. ② 경호처와 전술정보는 형식효용면에서 차이가 있을 수 있다. ③ 경호처는 대통령 등 **최고정책결정자**가 보는 만큼 형식효용에 있어서도 중요한 요소만을 **축약해 놓은 상태(보고서 1면주의 원칙)**가 바람직하지만, 전술정보는 **낮은 수준의 정책결정자나 실무자에게** 제공되므로 **비교적 상세하고 구체적으로 필요**가 있다.
소유 효용	① 정보는 상대적으로 **많이 소유할수록 집적의 효과를 발휘**할 수 있다. ② **'정보는 국력이다.'**라는 표현은 정보의 소유효용을 잘 나타내고 있다.
접근 효용	① 정보는 정보사용자가 **쉽게 접근할 수 있어야 하며**, 정보의 비밀성(통제효용)을 유지해야 할 필요와 충돌할 수 있다. ② 통제효용을 저해하지 않는 범위 내에서 정보자료들의 접근성을 높이는 방향으로 효율적으로 관리하여야 한다. ③ 접근효용을 높이기 위해서는 **정보의 사용절차가 간소화되어야 한다.**
시간 효용	① 정보는 정보사용자가 **정보를 필요로 하는 시점에 제공될 때 시간효용이 높다는 평가**를 받으며, **시간효용은 적시성과 밀접히 관련**되며 정책결정이 이루어지는 시점에 제공되어야 한다. ② 정보의 사용자가 명시적인 정보요구가 없다 하더라도 정보 생산자가 이 정도는 정책결정자(사용자)가 알고 있어야 한다고 판단될 경우 사전적인 정보제공이 이루어진다.
통제 효용 (차단의 원칙)	① 정보는 정보를 **필요로 하는 사람들에게 필요한 만큼 제공되도록 통제**되어야 한다. ② 정보의 통제는 국익과 안보를 위해 필요한 경우 정책판단과 정책결정의 비밀성을 유지하기 위한 것이다. ③ **방첩활동과 가장 밀접하게 관련된 것은 통제효용**이다. ④ '**필요한 사람에게 필요한 만큼**', '**차단의 법칙**'은 횡적인 정보의 통제효용과 관련이 높다.

Answer 10 ①

11 정보의 효용에 대한 설명으로 가장 옳지 않은 것은? 응용문제

① 접근 효용을 높이기 위해서는 정보의 사용 절차가 간소화되어야 한다.
② 접근 효용과 통제효용은 밀접한 관련성이 있다.
③ '필요한 사람에게 필요한 만큼', '차단의 법칙'이라는 말과 가장 관련성이 높은 정보의 효용은 소유효용이다.
④ 정보는 정보를 필요로 하는 사람들에게 필요한 만큼 제공될 수 있도록 통제할 수 있을 때 효용이 커진다.

해설 '필요한 사람에게 필요한 만큼', '차단의 법칙'이라는 말과 가장 관련성이 높은 정보의 효용은 **통제효용**이다.

12 정보생산자와 정보사용자의 관계에 있어 정보사용자로부터의 장애요인으로 볼 수 없는 것은?
20. 승진

① 정책결정자의 선호정보
② 정보에 대한 과도한 기대
③ 판단의 불명확성
④ 판단정보의 소외

해설 **정보생산자로부터의 장애요인**에 해당한다.

▶ 정보생산자(정보분석관)로부터의 장애요인

다른 정보와의 경쟁	신문·방송 및 인터넷 등을 통해 수많은 정보들이 거의 실시간으로 전파되고, 기업 정보부서 등 **사설정보지 등에 의해서도** 정보의 생산·배포가 이루어지고 있다.
적합성의 문제	정보가 정책결정에 어느 정도 관련되는가가 중요한데 **부합하지 않는다면** 도움이 되지 않는다.
편향적 분석의 문제	① 정보분석관들의 **편향적 분석**은 교육배경, 정치적 신념, 가치관 등에 따라 의식적 또는 무의식 중에 나타난다. ② 정보분석관의 객관적 분석의 결여와 더불어, 정보기관의 **집단적 편견**도 정보실패의 주요 원인이다.
적시성의 문제	정책결정자의 **수요에 맞추어 제시간에 정보보고서를 제출**할 수 있어야지 완벽한 보고서를 만든다고 시간변수를 간과한다면 좋은 정보보고서를 만들 수 없다.
판단의 불명확성	① 정책결정자들은 **정보판단이 명확한 답변을 주기를 기대**한다. ② 정책결정자들은 명확한 답변을 원하지만 정보의 속성상 애매하고 **불명확한 사안에 대한 책임 회피와 정보를 왜곡시키기도 하고**, 각주(footnote)를 통해 정보판단보고서의 초점을 흐려 버릴 수도 있다.

Answer 11 ③ 12 ③

13 정보사용자와 정보생산자 사이의 시각 차이에 대한 설명 중 가장 적절하지 않은 것은?

응용문제

① 정보사용자는 현안(현용)정보 보다는 판단정보를 집중적으로 요구한다.
② 정보생산자나 정보사용자가 서로의 시각 차이를 충분히 인식해야 한다.
③ 정보생산자는 정치적 신념이나 가치관에 따라 선입관을 갖기도 한다.
④ 정보사용자는 자신이 선호하는 정책대안을 지지하는 정보판단을 기대한다.

> (해설) 정보사용자는 **현안(현용)정보를 집중적으로 요구**한다.
> ▶ 정보사용자와 정보생산자(정보분석관)의 관계
> ① **정보사용자는 장기적인 판단정보보다는 현용정보를 요구한다.**
> ② 정보사용자는 자신이 선호하는 정책대안을 지지하는 정보판단을 기대한다.
> ③ 정보생산자나 정보사용자는 서로의 시각 차이를 충분히 인식함으로써 합리적인 정보효과를 기대할 수 있다.
> ④ 정보생산자는 정보사용자가 기대하는 수준의 정보를 수집하기 어렵다.
> ⑤ 정보생산자와 정보사용자 양자는 밀접한 관계를 가질수록 정보의 적실성이나 적시성이 높아진다.

14 정보생산자와 정보사용자의 관계에 있어, 정보생산자의 장애요인에 대한 설명 중 틀린 것은 몇 개인가?

응용문제

> ㉠ 정보분석관의 객관적 분석의 결여와 더불어 정보기관의 집단적 편견도 정보실패의 주요원인이다.
> ㉡ 정책결정자의 소요요청에 부합하지 않는다면 정책수립에 도움이 되지 않을 것이다.
> ㉢ 정보 속성상 정보는 애매하고 불명확한 사안을 다루고 있어 여러 가능성을 언급하는 경우가 많다.
> ㉣ 정책결정자의 수요에 맞추어 제 시간에 정보보고서를 제출해야 하는데, 완벽한 보고서를 만든다고 시간변수를 간과한다면 좋은 정보보고서를 만들 수 없다.

① 0개　　　　　　　　　　② 1개
③ 2개　　　　　　　　　　④ 3개

> (해설) 모두 옳은 지문이다.

Answer   13 ①   14 ①

15 정보생산자와 정보사용자의 관계에 관한 설명 중 맞는 것은? _{응용문제}

① 판단의 불명확성은 정보사용자의 장애요인으로서 정보 속성상 정보는 애매하고 불명확한 사안을 다루고 있어 여러 가능성을 언급하는 경우가 많다.
② 정보와 정책에 대해 일정 수준의 분리 필요성을 강조한 전통주의의 대표적 학자 Mark M. Lowenthal은 '정책은 정보에 의존하여 존재하지만, 정보는 정책의 지지 없이도 존재할 수 있다.'고 주장한다.
③ 정책결정자들은 판단정보를 가장 높이 평가하며, 현용정보는 그보다 낮게 평가한다.
④ 행동주의의 대표적 학자인 Roger Hilsman은 '정보생산자는 정책과정에 대해 연구하고 이해해야 한다.'고 주장한다.

해설 ① 판단의 불명확성은 **정보생산자의 장애요인**에 해당한다.
② '**정보는 정책에 의존하여 존재하지만, 정책은 정보의 지지 없이도 존재할 수 있다.**'
③ 정책결정자들은 **현용정보**를 가장 높이 평가하며, **판단정보**는 그보다 낮게 평가한다.

16 다음 중 정보의 분석형태에 따라 분류한 것은? _{응용문제}

① 전략정보, 전술정보
② 적극정보, 소극(보안)정보
③ 정치정보, 경제정보, 사회정보, 군사정보, 과학정보
④ 기본정보, 현용정보, 판단정보

해설 정보의 분류

기 준	종 류
성질(사용수준)에 따른 분류	전략정보(국가정보), 전술정보(부문정보), 방첩정보(大情報)
내용에 따른 분류	정책정보, 민심정보, 상황정보, 범죄정보, 치안정보
사용주체에 따른 분류	내부정보, 외부정보
분석형태(기능)에 따른 분류	기본정보, 현용정보, 판단정보
요소별 분류	정치정보, 경제정보, 사회정보, 군사정보, 지리정보, 수송·통신정보, 과학기술정보
대상에 따른 분류	적극정보, 소극정보(보안정보)
입수형태에 따른 분류	직접정보, 간접정보
경찰업무에 따른 분류	일반정보, 보안정보, 범죄정보, 교통정보, 외사정보
지역(내용)에 따른 분류	국내정보, 국외정보

Answer 15 ④ 16 ④

17. 정보의 분류기능과 내용연결이 틀린 것은 몇 개인가? _{응용문제}

> ㉠ 성질에 따라 – 전략정보, 전술정보, 방첩정보
> ㉡ 사용수준에 따라 – 국가정보, 부분정보
> ㉢ 내용에 따라 – 국내정보, 국외정보
> ㉣ 정보의 기능(분석형태)에 따라 – 기본정보, 현용정보, 판단정보
> ㉤ 대상을 기준(사용목적에 따라) – 적극정보, 소극(보안)정보

① 1개 ② 2개
③ 3개 ④ 없다

해설 모두 옳은 지문이다.

18. 정보의 분류에 대한 다음 설명 중 가장 적절하지 않은 것은? _{응용문제}

① 정보요소에 따른 분류 : 정치정보, 경제정보, 사회정보, 군사정보, 과학정보
② 정보출처에 따른 분류 : 근본 – 부차적 출처, 정기 – 우연 출처, 비밀 – 공개 출처
③ 사용목적에 따른 분류 : 전략정보, 전술정보
④ 분석형태에 따른 분류 : 기본정보, 현용정보, 판단정보

해설 사용 수준에 따른 분류로서 **전략정보, 전술정보, 방첩정보**로 나눈다.

19. 정보의 효용과 정보의 성질에 따른 분류 중 그 설명이 잘못된 것은? _{응용문제}

① 정보의 효용이란 질적 요건을 갖춘 정보를 어떻게 사용하면 정책결정과정에 기여할 수 있는가에 대한 기준을 말한다.
② 정보형태가 의사결정자의 요구사항과 보다 밀접하게 부합될 때 정보의 효용 중 형식효용이 높아진다.
③ 전략정보는 정책결정자나 실무자가 보는 만큼 비교적 상세하고 구체적일 필요가 있으나 전술정보는 낮은 수준의 정책결정자나 실무자가 보는 만큼 중요한 요소를 축약해 놓은 형태가 바람직하다.
④ 방첩활동과 가장 밀접하게 관련된 것은 통제효용이다.

해설 전략정보과 전술정보의 비교

전략정보	전술정보
국가의 기본적인 종합정보	세부적이고 부문적인 정보
기본지침	전략에 종속된 세부적인 지침
역사적 단계에 따라 행동하는 정치노선	단기간에 적용되는 세부적인 행동지침
거시적이면서 불변의 법칙	미시적이고 정세에 따라 수시로 변화

Answer 17 ④ 18 ③ 19 ③

20 정보의 분석형태에 따른 분류에 대한 설명으로 가장 적절하지 않은 것은? 20. 승진

① 켄트는 정보의 사용자가 과거, 현재, 미래의 사항에 관심이 있다는 이론에 근거하여 정보를 분류한다.
② 기본정보는 과거의 사실이나 사건들에 대한 정적인 상태를 기술하여 놓은 정보로서 종합적인 분석과 과학적 추론을 필요로 하므로 가장 정선된 형태의 정보라고 할 수 있다.
③ 현용정보는 모든 사물이나 상태의 동적인 상태를 보고하는 정보로 실시간 보고되는 경찰의 정보상황보고는 성질상 현용정보에 해당한다고 볼 수 있다.
④ 판단정보는 과거와 현재를 바탕으로 하여 미래의 가능성을 예측한 평가정보로 정책결정자에게 정책의 결정에 필요한 사전적인 지식을 제공하는 기능을 한다.

해설 판단정보는 종합적인 분석과 과학적 추론을 필요로 하므로 가장 정선된 형태의 정보라고 할 수 있다.

▶ 분석(기능)에 따른 분류

기본정보	① 모든 상태의 **정적인 상태를 기술한 정보** ② 과거의 사례에 대한 기본적·서술적 또는 일반자료적인 유형의 정보, 즉 **과거에 관한 기초자료** ▶ 2020년 인구통계 등
현용정보	① 모든 상태의 **현재의 동적인 상태**를 현재의 시점에서 객관적으로 기술한 정보 ② 의사결정자에게 그때의 동향을 알리기 위한 정보 ③ **실무상 속보와 가장 관련성이 높다.** ▶ 2021년 노사분규상황 등
판단정보 (기획정보)	① 특정문제를 체계적·실증적으로 연구하여 **미래에 있을 어떤 상태를 추적·평가한 정보** ② 정보사용자는 발등에 떨어진 불인 현안문제해결에 급급하므로 현용정보에 비해 판단정보를 다소 소홀히 하는 경향이 있다. ▶ 2022년 치안전망과 과제 등

21 다음 빈 칸에 들어갈 알맞은 단어끼리 짝지은 것은? 응용문제

A. (㉠)는 과거와 현재를 바탕으로 하여 미래의 가능성을 예측한 평가정보로서 정책결정자에게 정책의 결정에 필요한 사전적인 지식을 제공하는 기능을 한다.
B. (㉡)는 국가안전보장을 위태롭게 하는 간첩활동, 태업 및 전복에 대비할 국가적 취약점의 분석과 판단에 관한 정보를 말한다

① ㉠ - 판단정보, ㉡ - 적극정보
② ㉠ - 판단정보, ㉡ - 보안정보
③ ㉠ - 현용정보, ㉡ - 소극정보
④ ㉠ - 현용정보, ㉡ - 적극정보

해설 A. (판단정보)
B. (보안정보)

Answer 20 ② 21 ②

22 경찰정보에 관한 설명 중 옳지 않은 것은 몇 개인가?

응용문제

㉠ 기본정보, 현용정보, 판단정보는 정보의 기능에 따른 분류이다.
㉡ 전략정보와 전술정보는 형식효용 측면에서 차이가 있을 수 없다.
㉢ 판단의 불명확성은 정보사용자로부터의 장애요인이다.
㉣ 정책과 정보의 관계에 대하여 행동주의를 따를 경우 현용정보에 치중하게 된다.

① 1개 ② 2개
③ 3개 ④ 4개

해설 ㉡ 전략정보와 전술정보는 형식효용에 있어 **차이가 있을 수 있다.**
㉢ 판단의 불명확성은 **정보생산자로부터의 장애요인**이다.
㉣ **판단정보에 정보역량을 집중하게 된다.**

Answer 22 ③

제2절 정보의 순환

01 다음 중 정보의 순환과정을 바르게 기술한 것은? 응용문제

① 정보의 요구 → 첩보의 수집 → 정보의 생산 → 정보의 배포
② 정보의 요구 → 정보의 수집 → 정보의 생산 → 정보의 배포
③ 첩보의 요구 → 첩보의 수집 → 정보의 생산 → 정보의 배포
④ 첩보의 요구 → 정보의 수집 → 정보의 생산 → 정보의 배포

해설) 정보의 순환과정
① 정보**요구**단계 → ② 첩보**수집**단계 → ③ 정보**생산**단계 → ④ 정보**배포**단계

02 EEI(첩보기본요소)에 대한 설명으로 가장 적절하지 않은 것은? 응용문제

① 통계표와 같이 공개적인 것이 많고 문서화되어 있는 것이 대부분이다.
② 사전에 반드시 첩보수집계획서를 작성한다.
③ 광범위한 지역에 걸쳐 수집되어야 할 항시적 요구사항이다.
④ 정보기관의 활동은 주로 EEI에 의한다.

해설) 정보기관의 활동은 주로 SRI에 의한다.

▶ **첩보기본요소(EEI)**

의의	EEI는 일반적·포괄적 의미를 지니고 있으며, **계속적·반복적으로 수집**하여야 할 필요가 있는 경우에 사전 계획서에 의하여 첩보의 수집이 명령되는 것을 말한다.
특징	① 첩보의 기본요소(첩보수집요구의 기본적 지침)이다. ② **첩보수집계획서의 핵심**이며, 국가지도자 또는 정책수립자 임무를 효과적으로 수행하기 위하여 우선적으로 필요로 하는 정보요구사항이다. ③ 전체적인 의미를 가진 일반적인 내용으로 **계속적·반복적으로 수립할 사항**이다. ④ 광범위한 지역에 걸쳐 수집되어야 할 요구사항이다. ⑤ **사전에 반드시 첩보수집요구계획서를 작성**한다. ⑥ 요구형식은 **통상 서면**으로 하는 경우가 많다. ⑦ 대부분 통계표와 같이 공개적인 것이다.

Answer 01 ① 02 ④

03 다음 설명 중 가장 옳지 않은 것은? 응용문제

① PNI는 국가정책의 수립자와 수행자의 질문에 대한 응답을 위하여 선정된 우선적인 정보목표이며, 국가의 전 정보기관 활동의 기본방침이고, 특히 경찰청이 정보수집계획을 수립할 때 가장 중요한 지침이 된다.
② EEI는 사전에 반드시 첩보수집요구계획서를 작성하며, 해당부서의 정보활동을 위한 일반지침이 된다.
③ SRI는 어떤 수시적 돌발상황의 해결에 필요한 한도 내에서 임시적·단편적·지역적인 특수사건을 단기에 해결하기 위하여 필요한 경우에 요구되는 첩보이다.
④ SRI의 경우 사전 첩보수집계획서가 필요하다.

해설) SRI의 경우 **사전 첩보수집계획서가 필요하지 않다.**

▶ **특별요구정보(SRI)**

의의	SRI란 특정지역의 특별한 **돌발상황에 대한 단기적 해결을 위하여** 필요한 범위 내에서 임시적이고 단편적인 첩보를 요구하는 것을 말하며, **일상적 경찰업무에서 활용되는 정보요구는 주로 SRI에 의해 이루어지고 있다.**
특징	① 특수 지역적 문제 해결에 필요한 정보요구이며, 특정 주제에 대하여 구체적 개별적으로 요구한다. ② 수시적 돌발상황의 해결에 필요한 정보요구이며, 수시로 단편적 사항에 대하여 명령되는 것이 원칙이다. ③ **사전 수집계획서는 불필요**하다. ④ 첩보수집지침은 사안과 대상에 따라 상이하며 비교적 구체성·전문성이 요구된다. ⑤ **서면과 구두 모두 가능하지만 구두 요구가 많다.** ⑥ 가장 적합하고 실용적인 요구이다. ▶ 댐을 건설하는 문제와 관련하여 서울시·도경찰청은 종로 경찰서장에게 댐 건설에 반대하는 환경단체의 현황을 파악하여 보고하라고 하는 정보요구를 하달하였다.

04 EEI(첩보기본요소)와 SRI(특별첩보요구)에 대한 설명으로 가장 적절한 것은? 응용문제

① EEI는 단기적 문제해결을 위한 첩보요구이다.
② SRI는 전체적인 의미를 가진 일반적인 내용으로 계속적·반복적으로 요구된다.
③ EEI는 우선적으로 필요로 하는 가장 기본적인 사항으로 첩보수집계획서의 핵심이다.
④ SRI는 사전에 반드시 첩보수집계획서를 작성한다.

해설) ① EEI는 **장기적 문제해결**을 위한 첩보요구이다.
② **EEI는** 전체적인 의미를 가진 일반적인 내용으로 계속적·반복적으로 요구된다.
④ **EEI는** 사전에 반드시 첩보수집계획서를 작성한다.

Answer 03 ④ 04 ③

05 정보요구의 방법 중 SRI(특별첩보요구)에 관한 설명으로 가장 적절한 것은? 응용문제

① 국가안전보장이나 정책에 관련되는 국가정보목표물의 우선순위를 뜻한다.
② 계속적, 반복적으로 전체적 지역에 걸쳐 수집할 것을 지시하는 요구사항을 뜻한다.
③ 어떤 수시적 돌발상황의 해결에 필요한 한도 내에서 임시적·단편적·지역적인 특수사건을 단기에 해결하기 위하여 필요한 경우에 요구되는 첩보를 말한다.
④ 급변하는 정세 변화에 따라 정책상 수정이 필요하거나 또는 이를 위한 자료가 요구될 때 이를 충족시키기 위한 정보요구이다.

(해설) ① PNIO
② EEI
③ SRI
④ OIR

06 정보의 요구방법 중 올바르게 연결된 것은? 응용문제

㉠ 댐을 건설하는 문제와 관련하여 A시·도경찰청에서 B경찰서에 댐건설에 반대하는 환경단체의 현장을 파악하여 보고하라는 지시가 정보요구로 하달되었다.
㉡ 경찰청에서 국민연금제도 실시에 대한 국민 여론이 악화되자 정책수정을 위한 자료를 제공하고자 국민여론 및 연금납부실적 등에 대한 정보를 각 시·도경찰청별로 수집보고하도록 지시하였다.

① ㉠ - SRI ㉡ - PNIO   ② ㉠ - OIR ㉡ - SRI
③ ㉠ - SRI ㉡ - OIR   ④ ㉠ - PNIO ㉡ - OIR

(해설) ㉠ 특별요구정보(SRI)
㉡ 기타정보요구(OIR)에 대한 설명이다.

07 정보의 요구방법 중 무엇에 해당되는가? 응용문제

북한의 연평도 기습포격과 관련하여 전쟁에 대한 우려 심리로 인천지역의 생필품 사재기 등 민심이 동요하고 있다. 이에 대해 경찰청에서는 인천시·도경찰청에 인천지역의 생필품 판매업소의 재고현황, 생필품 판매업소 및 시민여론 등의 첩보를 요구하였다.

① 첩보기본요소(EEI)   ② 국가정보목표우선순위(PNIO)
③ 기타정보요구(OIR)   ④ 특별첩보요구(SRI)

(해설) 특별첩보요구(SRI)는에 대한 사례이다.

Answer   05 ③   06 ③   07 ④

08 정보를 출처에 따라 분류할 때 그 설명 중 가장 적절한 것은?

20. 승진

① 근본출처정보는 정보출처에 대한 별다른 보호조치가 없더라도 상시적으로 정보를 획득할 것으로 기대되는 출처로부터 얻어진 정보이다.
② 비밀출처정보란 정보관이 의도한 정보입수의 시점과는 무관하게 얻어지는 정보이다.
③ 정기출처정보는 정기적으로 정보를 획득할 수 있는 출처로부터 얻은 정보로 일반적으로 우연출처정보에 비해 출처의 신빙성과 내용의 신뢰성 면에서 우위를 점한다고 볼 수 없다.
④ 간접정보란 중간매체가 있는 경우의 정보로 정보관은 이들 매체를 통해 정보를 감지하게 되지만 사실은 그 내용에 해당 매체의 주관이나 편견이 개입될 소지가 있다는 면에서 직접정보에 비해 출처의 신빙성과 내용의 신뢰성이 낮게 평가될 여지가 있다.

해설 ① 공개출처정보
② 우연출처정보
③ 정기출처정보는 정기적으로 정보를 획득할 수 있는 출처로부터 얻은 정보로 일반적으로 우연출처정보에 비해 **출처의 신빙성과 내용의 신뢰성 면에서 우위에** 있다.

▶ **첩보출처에 따른 분류**

정보가 얻어지는 출처에 따른 분류 (입수단계에 따른 분류)	근본 출처	① 정보가 획득되는 **실질적인 원천 그 자체** ② 첩보가 존재하는 근원에서 중간기관의 **변형없이** 그대로의 첩보를 제공받는 출처
	부차적 출처	① **근본출처에서 획득한 정보를 정보작성기관에 전달해 준 사람 또는 기관** ② 부차적 출처에서 얻은 정보는 중간기관에 의해 부분적으로 평가되거나 요약 또는 **변형되어** 전달되는 속성이 있다.
정보가 획득되는 시기에 따른 분류 (주기성에 따른 분류)	정기 출처	**정기적으로 정보를 획득할 수 있는 출처**를 말하는데, 정기간행물, 방송, 신문 등이 이에 속한다. ☞ 정기출처정보가 우연출처정보에 비해 출처의 신빙성이나 내용의 신뢰성면에서 우위를 점한다고 할 수 있다.
	우연 출처	**우연히 정보가 제공되는 출처**
비밀보호의 정도에 따른 분류 (공개여부에 따른 분류)	공개 출처	① **첩보가 공개되어 있어 합법적으로 이용이 가능한 출처**로서 특별한 보호조치가 요구되지 않은 출처로서 일상적인 방법으로 첩보를 수집하는 출처 ② 공개출처에서 얻은 첩보는 약 70%에 이르며 비밀출처에서 얻은 첩보보다 가치가 떨어지는 것은 아니다.
	비공개 출처 (비밀 출처)	① 외부에 노출되면 출처로서의 기능을 상실하게 되는 것은 물론 출처의 입장이 난처해질 위험이 크기 때문에 **외부로부터 강력히 보호를 받아야 하는 출처** ② **비밀출처라고 해서 반드시 공개출처에 비해 신뢰성이 높거나 그 반대의 경우인 것은 아니다.** ③ 국가정보기관의 존재 이유는 비밀출처 정보의 수집이라고 할 수 있다. ④ **비밀출처는 보안성과 높은 기술성이 요구**된다.

Answer 08 ④

09 출처에 따른 정보분류에 대한 설명으로 가장 옳지 않은 것은?   응용문제

① 국가정보기관의 존재이유는 비밀출처 정보의 수집이라 할 수 있다.
② 부차적 출처에서 얻은 정보는 중간기관에 의하여 부분적으로 평가되거나 요약 또는 변형되어 전달되어 속성이 있다.
③ 공개출처에서 얻은 모든 첩보는 비밀출처에서 얻은 첩보보다 가치가 떨어진다.
④ 정기출처란 정기적으로 정보를 얻을 수 있는 출처를 말하는데 정기간행물, 방송, 신문 등이 이에 해당된다.

> 해설 공개출처에서 얻은 첩보는 약 70%에 이르며 비밀출처에서 얻은 첩보보다 **가치가 떨어지는 것은 아니다**.

10 다음 중 정보생산단계의 소순환과정이 순서대로 연결된 것은?   응용문제

㉠ 첩보의 출처 및 내용에 관하여 그 신뢰성과 사실성, 타당성을 판정하는 과정
㉡ 정보의 생산과정에서 수집된 첩보 중 즉각 사용하지 않거나 사용된 첩보를 관리하는 과정
㉢ 수집된 첩보 중에서 긴급성, 유효성 등을 기준으로 필요한 것을 걸러 내는 과정
㉣ 평가단계에서 정선된 첩보를 가지고 정보요구를 해결하기 위한 가설들을 논리적으로 검증하는 일련의 과정
㉤ 부여된 주제에 대한 정보를 생산하기 위하여 동류의 것끼리 분류된 사실을 하나의 통일체로 결합하는 과정
㉥ 평가, 분석, 종합된 생정보에 대하여 그 의미와 중요성을 결정하여 건전한 결론도출을 가능하게 하는 과정

① ㉢ – ㉠ – ㉡ – ㉣ – ㉤ – ㉥
② ㉡ – ㉢ – ㉣ – ㉠ – ㉤ – ㉥
③ ㉡ – ㉠ – ㉢ – ㉤ – ㉣ – ㉥
④ ㉢ – ㉡ – ㉠ – ㉣ – ㉤ – ㉥

> 해설 ▶ 정보생산단계의 소순환과정의 각 개념

첩보의 선택	수집된 첩보 중에서 긴급성·유용성·신뢰성·적합성 등을 기준으로 필요한 첩보와 불필요한 첩보를 **분류하는 과정**으로 제1차적인 평가과정이라 할 수 있다.
첩보의 기록	수집된 첩보 중에 즉각 사용되지 않거나 이미 사용된 첩보를 기록하여 **관리하는 과정**을 말한다.
첩보의 평가	첩보의 출처 및 내용에 관하여 그 신뢰성과 사실성, 즉 타당성을 **판정하는 생산과정**이다.
첩보의 분석	분석은 평가된 첩보를 기본요소별로 분류하고 기존자료에 관계있는 것과 비교하여 상호 관련성을 발견함으로써 이미 평가된 첩보를 **재분류를 하는 과정**이다.
첩보의 종합	부여된 주제에 대한 정보를 생산하기 위하여 동류의 것끼리 분류된 사실을 하나의 **통일체로 결합하는 과정**이다.
첩보의 해석	평가·분석·종합된 새 정보에 대하여 그 의미와 중요성을 결정하고 건전한 **결론을 도출할 수 있게 하는 과정**이다.

Answer 09 ③   10 ④

11 정보의 배포와 관련된 설명으로 ㉠~㉤의 내용 중 옳고 그름의 표시(O, X)가 모두 바르게 된 것은?

응용문제

> ㉠ 정보의 배포란 정보를 필요로 하는 개인이나 기관에게 적합한 내용을 적당한 시기에 제공하는 과정을 말하는 것으로, 적합한 형태를 갖출 필요는 없다.
> ㉡ 보안성의 원칙은 정보연구 및 판단이 누설되면 정보로서의 가치를 상실할 수 있으므로 이를 예방하기 위해 보안대책을 강구해야 한다는 것을 말한다.
> ㉢ 계속성의 원칙은 정보가 정보사용자에게 배포되었다면, 그 정보의 내용이 변화되었거나 관련 내용이 추가적으로 입수되었거나 할 경우 계속적으로 사용자에게 배포되어야 한다는 것을 말한다.
> ㉣ 정보배포의 주된 목적은 정책입안자 또는 정책결정자가 정보를 바탕으로 건전한 정책결정에 이르도록 하는 데 있다.
> ㉤ 정보는 먼저 생산된 것을 우선적으로 배포하여야 한다.

① ㉠(X) ㉡(X) ㉢(O) ㉣(X) ㉤(O)
② ㉠(X) ㉡(O) ㉢(O) ㉣(O) ㉤(X)
③ ㉠(O) ㉡(O) ㉢(X) ㉣(O) ㉤(O)
④ ㉠(X) ㉡(O) ㉢(O) ㉣(X) ㉤(X)

해설 ㉠ 정보의 배포란 정보를 필요로 하는 개인이나 기관에게 적합한 내용을 적당한 시기에 제공하는 과정을 말하는 것으로, **적합한 형태를 갖추어야 한다.**
㉤ 정보는 먼저 생산된 것을 우선적으로 배포하여야 하는 것은 아니다. **정보를 요구한 자에게 원하는 만큼 적당히 적절한 시기에 제공을 해주어야 한다.**

▶ 정보의 배포의 원칙

필요성의 원칙	① **배포대상의 결정기준**이다. ② 정보는 먼저 누구에게 전달할 것인가를 정하여야 하며, 이 같은 배포선의 결정에 기준이 되는 것이 필요성의 원칙이다. ③ 필요성의 원칙은 정보는 **알아야 할 필요가 있는 대상자에게만 알려야 하고, 알 필요가 없는 대상에게는 알려서는 안 된다는 원칙**이다. ④ 배포기관은 누가 어떤 정보를 언제, 어떻게 사용할 것인가를 파악하고 있어야 한다.
적시성의 원칙	① **배포시기의 결정기준**이다. ② 정보는 **사용자가 필요로 하는 적당한 시기에 배포**되어야 한다. 즉 정확하고 완전한 정보라 할지라도 배포과정에서 지연되어 사용 시기를 놓치거나 너무 일찍 전달되면 정보의 가치는 상실된다. ③ 너무 빨리 전달하거나 너무 늦게 배포하는 것은 올바른 정보전달의 방법이 되지 않는다.
계속성의 원칙	어떤 정보가 필요한 어떤 기관에 배포되었으면 그 정보와 관련성을 가진 **새로운 정보가 작성되었을 때는 계속 배포해 줄 필요가 있다.**
보안성의 원칙	① **배포수단을 결정하는 기준**은 적시성과 보안성이다. ② 비밀보호를 위해서는 여러 가지 보안대책을 강구해 나가면서 동시에 **비밀등급을 만들어 꼭 필요한 인가자에게만 배포**함으로만 알고 있는 사람의 수를 줄이는 것이다.
적당성의 원칙	① **배포량의 결정기준**이다. ② 정보의 배포는 사용자의 능력과 상황에 맞추어 **적당한 양을 조절하여 필요한 만큼만 전달**하여야 한다.

Answer 11 ②

12 정보의 배포란 정보를 필요로 하는 개인이나 기관에게 적합한 형태와 내용을 갖추어서 적당한 시기에 제공하는 과정이다. 아무리 중요하고 정확한 정보를 생산했다 하더라도 그 정보가 필요한 사람에게 적절히 전달되지 않는다면 정보의 가치는 상실되고 만다. 다음은 정보 배포의 원칙에 대한 설명 중 옳지 않은 것은 모두 몇 개인가?   응용문제

> ㉠ 필요성 – 정확하고 완전한 정보라 할지라도 배포과정에서 지연되어 사용 시기를 놓치거나 너무 일찍 전달되면 정보의 가치는 상실된다.
> ㉡ 적시성 – 배포기관은 누가 어떤 정보를 언제, 어떻게 사용할 것인가를 파악하고 있어야 한다.
> ㉢ 적당성 – 정보는 사용자의 능력과 상황에 맞추어서 적당한 양을 조절하여 필요한 만큼만 적절한 전파수단을 통해 전달되어야 한다.
> ㉣ 보안성 – 완성된 정보연구 및 판단이 누설되면 정보로서의 가치를 상실할 수 있다.
> ㉤ 계속성 – 배포된 정보와 관련성을 가진 새로운 정보를 조직적이고 계속적으로 배포해야 한다.

① 1개   ② 2개
③ 3개   ④ 4개

해설 ㉠ 적시성 ㉡ 필요성

13 정보의 순환과정에 대한 다음 설명 중 옳은 것은 모두 몇 개인가?   응용문제

> 가. 정보의 순환과정 중 가장 중요하고도 어려운 단계는 정보생산단계이다.
> 나. 첩보수집단계의 소순환과정은 첩보의 기본요소 결정 → 첩보수집계획서의 작성 → 명령·하달 → 사후검토 순이다.
> 다. 정보생산단계의 소순환과정은 선택 → 평가 → 기록 → 분석 → 종합 → 해석이다.
> 라. 정보의 순환은 연속적 또는 동시에 이루어질 수도 있다.
> 마. 정보배포의 원칙 중 '보안성'이란 알아야 할 필요가 있는 대상자에게는 알려야 하고, 알 필요가 없는 대상자에게는 알려서는 안 된다는 것이다.
> 바. 정보배포의 수단 중 '특별보고서'는 어떤 기관 또는 사용자가 요청한 문제에 대하여 정보를 작성하고 배포하는 방법이다.

① 1개   ② 2개
③ 3개   ④ 4개

해설 가. **첩보수집단계**이다.
나. **정보요구단계**의 소순환과정이다.
다. 정보생산단계의 소순환과정은 선택 → **기록** → **평가** → 분석 → 종합 → 해석이다.
마. 정보배포의 원칙 중 '**필요성**'에 대한 내용이다.
바. 정보배포의 수단 중 '**지정된 연구과제보고서**'에 대한 내용이다.

Answer 12 ② 13 ①

14 정보의 순환과정에 대한 설명으로 가장 적절한 것은?   71기 경간부

① 정보의 순환과정은 첩보의 수집 → 정보의 요구 → 정보의 생산 → 정보의 배포 순이다.
② 첩보수집의 소순환과정은 첩보의 수집계획 → 출처개척 → 획득 → 전달 순이다.
③ 정보요구의 소순환과정은 첩보의 선택 → 기록 → 평가 → 분석 → 종합 → 해석 순이다.
④ 정보생산의 소순환과정은 첩보의 기본요소 결정 → 수집계획서의 작성 → 명령하달 → 사후검토 순이다.

> 해설 ① 정보의 순환과정은 **정보의 요구** → **첩보의 수집** → 정보의 생산 → 정보의 배포 순이다.
> ③ **정보생산의 소순환과정**은 첩보의 선택 → 기록 → 평가 → 분석 → 종합 → 해석 순이다.
> ④ **정보요구의 소순환과정**은 첩보의 기본요소 결정 → 수집계획서의 작성 → 명령하달 → 사후검토 순이다.

15 정보경찰활동에 대한 설명으로 가장 적절하지 않은 것은?   20. 승진

① 관련 문서의 배포범위를 제한하거나 폐기 대상인 문서를 파기하는 등의 관리방법은 물리적 보안조치에 해당한다.
② 정보배포의 원칙으로 필요성, 적당성, 보안성, 적시성, 계속성이 있다.
③ 어떤 수시적 돌발상황의 해결에 필요한 한도 내에서 임시적, 단편적, 지역적 특수사건을 단기에 해결하기 위하여 필요한 경우 요구되는 첩보를 SRI(특별첩보요구)라고 한다.
④ 정보배포의 원칙 중 계속성은 특정 정보가 필요한 정보사용자에게 배포되었다면 그 정보의 내용이 계속 변화되었거나 관련 내용이 추가적으로 입수되었거나 할 경우 정보는 계속적으로 사용자에게 배포되어야 한다는 원칙이다.

> 해설 관련 문서의 배포범위를 제한하거나 폐기 대상인 문서를 파기하는 등의 관리방법은 **정보의 분류조치에 해당**한다.

▶ 보안성

정보의 분류조치	문서에 비밀임을 표시하거나 관련 정보나 문서를 열람하는 자격을 제하는 등의 조치, 관련문서의 배포범위를 제한하거나 폐기대상인 문서를 파기하는 등의 관리방법
인사보안조치	민감한 정보를 취급할 가능성이 있는 공무원을 채용하고 관리하는 데 있어서 해당 정보들이 공무원이 될 자 또는 공무원에 의해 유출될 가능성을 차단하는 것
물리적 보안조치	보호가치 있는 정보를 보관하는 보호구역을 지정하여 관리하고 그 시설에 대한 보안죄를 실시하는 방안들을 총칭하는 것
통신보안조치	컴퓨터 네트워크에 대한 보안조치는 오늘날 통신보안의 가장 중요한 분

16 정보의 순환과정을 설명한 것으로 옳지 않은 것은 모두 몇 개인가? 응용문제

> ㉠ 정보의 순환과정에서 학문적 성격이 가장 많이 요구되는 단계는 정보의 생산단계이다.
> ㉡ 정보의 요구단계는 첩보수집계획서의 작성 – 첩보의 기본요소 결정 – 명령하달 – 사후검토 순으로 이루어진다.
> ㉢ 정보의 순환은 연속적으로 이루어지며 전(全) 단계가 동시에 진행될 수도 있다.
> ㉣ 정보의 배포시에는 알아야 할 필요가 있는 대상자에게만 알려야 하고, 알 필요가 없는 대상에게 알려서는 안 되는 '보안성의 원칙'이 요구된다.
> ㉤ 정보생산 단계의 소순환 과정 중 '분석'은 첩보의 출처 및 내용에 관해 신뢰성과 사실성, 즉 타당성을 판정하는 과정이다.

① 1개   ② 2개
③ 3개   ④ 4개

해설 ㉡ 정보요구의 과정은 ① **첩보의 기본요소 결정** – ② **첩보수집계획서의 작성** – ③ 명령 및 하달 – ④ 사후검토로 이루어진다.
㉣ '**필요성의 원칙(차단의 원칙)**'이다.
㉤ 첩보의 출처 및 내용에 관해 신뢰성과 사실성, 즉 타당성을 판정하는 과정은 **평가단계**이다.

17 정보의 순환과정에 대한 설명으로 틀린 것은? 응용문제

① 첩보수집단계에서는 '첩보기본요소 결정 – 첩보수집계획서 작성 – 명령하달 – 조정·감독(사후검토)' 등의 소순환 과정을 거친다.
② 정보생산자단계는 학문적 성격이 가장 많이 요구되는 단계로서, '선택 – 기록 – 평가 – 분석 – 종합 – 해석'의 소순환과정을 거친다.
③ 정보순환은 연속적으로 이루어지며 전 단계 동시에 진행될 수 있다.
④ 정보배포의 원칙 중 필요성이란 정보는 반드시 알 사람에게만 알려야 한다는 것이다.

해설 **정보요구단계**에서는 '첩보기본요소 결정 – 첩보수집계획서 작성 – 명령하달 – 조정·감독(사후검토)' 등의 소순환 과정을 거친다.

Answer 16 ③   17 ①

18 정보의 배포수단에 대한 설명으로 옳은 것을 모두 고른 것은?

20. 승진

㉠ 연구참고용 보고서는 정보사용자들에게는 배포되지 않는 보고서로서 분석관 상호 간의 연구를 돕기 위하여 작성되고 배포된다.
㉡ 통상 다른 배포수단의 설명을 보충하거나 요약하기 위해 이용하는 수단으로, 시각적으로 증명하거나 체계적으로 이해할 수 있도록 하는 효과가 있는 수단은 서적이다.
㉢ 지정된 연구과제 보고서는 통상 광범위한 배포를 위하여 출판되며 방대한 정보를 수록하고 있고, 공인된 사용자가 가장 최근의 중요한 진행상황을 알 수 있도록 하는 배포수단이다.
㉣ 정보사용자 개인 또는 다수에 대하여 정보분석관이 정보의 내용을 요약하여 구두로 설명하는 방법으로, 통상 강연식이나 문답식으로 진행되는데 시간을 절약할 수 있어 현용정보의 배포수단으로 많이 이용하는 방법은 브리핑이다.

① ㉠㉡
② ㉠㉢
③ ㉠㉣
④ ㉢㉣

해설 ㉡ 통상 다른 배포수단의 설명을 보충하거나 요약하기 위해 이용하는 수단으로, 시각적으로 증명하거나 체계적으로 이해할 수 있도록 하는 효과가 있는 수단은 **도표 및 사진**이다.
㉢ **정기간행물**은 통상 광범위한 배포를 위하여 출판되며 방대한 정보를 수록하고 있고, 공인된 사용자가 가장 최근의 중요한 진행상황을 알 수 있도록 하는 배포수단이다.

▶ 배포의 수단

브리핑	정보사용자 또는 다수 인원에 대하여 개인이 **정보내용을 요약하여 구두로 설명**하는 것으로, **통상 강연식이나 문답식으로 진행**되며, 시간을 절약할 수 있어 현용정보의 배포수단으로 많이 이용된다.
메 모	정기간행물에 적절히 포함시킬 수 없는 **긴급한 정보**, 즉 **현용정보를 전달하는 데 주로 사용**하는 정보의 **배포수단**이다.
특별 보고서	축적된 정보가 **다수의 사람이나 기관과 이해관계가 있거나 가치가 있을 때에 사용**하는 정보의 배포수단이다.
전신 전화	**돌발적이고 긴급을 요하는 정보의 배포**를 위하여 이용되는 수단이다.
정기간행물	주간, 월간에 발생하거나 발생할 것으로 예상되는 상황을 정기적인 **문건의 형태로 배포하는 수단**이다.
일일정보 보고서	당일 발생한 상황이나 익일 일어날 것으로 예상되는 상황을 망라한 보고서이다.
서적	정보가 **다수인의 참고나 교범을 위하여 필요할 때 이용**된다.
도표 및 사진	**내용을 쉽게 이해하는 데 효과적**이며 통상 타수단의 설명을 보충하거나 요약하기 위하여 이용된다.
휴대폰 문자메시지	정보사용자가 공식회의·행사 등에 참석하여 **물리적 접촉이 용이하지 않은 경우나 사실확인 차원의 단순보고에 활용**한다.

19 정보의 배포수단에 대한 설명 중 가장 적절하게 연결된 것은?   응용문제

> ㉠ 통상 개인적인 대화의 형태로 이루어지며, 질문에 대한 답변이나 토의 형태로 직접 전달하는 방법이다.
> ㉡ 정보사용자 또는 다수 인원에게 신속히 전달하는 경우에 이용되는 방법으로 강연식이나 문답식으로 진행되며, 현용정보의 배포수단으로 많이 이용된다.
> ㉢ 정보분석관이 가장 많이 활용하는 방법으로 정기간행물에 포함시키는 것이 적절하지 못한 긴급한 정보를 전달하는데 주로 사용되며, 신속성이 중요하다.
> ㉣ 매일 24시간에 걸친 정치, 경제, 사회, 문화 등 제반 정세의 변화를 중점적으로 망라한 보고서로 사전에 고안된 양식에 의해 매일 작성되며, 제한된 범위에서 배포된다.

① ㉠ 비공식적 방법 ㉡ 브리핑 ㉢ 메모 ㉣ 일일정보보고서
② ㉠ 비공식적 방법 ㉡ 브리핑 ㉢ 전신 ㉣ 특별보고서
③ ㉠ 브리핑 ㉡ 비공식적 방법 ㉢ 메모 ㉣ 특별보고서
④ ㉠ 브리핑 ㉡ 비공식적 방법 ㉢ 전신 ㉣ 일일정보보고서

해설 ㉠ 비공식적 방법 ㉡ 브리핑
㉢ 메모 ㉣ 일일정보보고서

20 정보 배포 방법에 대한 설명이 가장 적절하게 연결된 것은?   응용문제

> ㉠ 일반적으로 가장 많이 활용되는 방법으로 생산된 정보의 내용을 서류형태로 보고서화 하여 정보수요자에게 배포하는 방법
> ㉡ 통상 광범위한 배포를 위하여 출판되며 방대한 정보를 수록
> ㉢ 정기간행물에 포함시키는 것이 적절하지 못한 긴급한 정보, 즉, 현용정보를 전달하는데 주로 사용되며 신속성이 중요시됨
> ㉣ 정보사용자 또는 어떤 관이 요청한 문제에 대하여 비교적 심층적인 분석을 통해 작성되는 장문의 보고서

① ㉠ 보고서 ㉡ 정기간행물 ㉢ 메모 ㉣ 연구과제 보고서
② ㉠ 보고서 ㉡ 연구과제보고서 ㉢ 전신 ㉣ 정기간행물
③ ㉠ 일일정보보고서 ㉡ 연구과제보고서 ㉢ 메모 ㉣ 정기간행물
④ ㉠ 일일정보보고서 ㉡ 정기간행물 ㉢ 전신 ㉣ 연구과제 보고서

해설 ㉠ 보고서 ㉡ 정기간행물
㉢ 메모 ㉣ 연구과제 보고서

Answer 19 ① 20 ①

21 정보의 분석방법에 대한 설명으로 가장 적절하지 않은 것은? 　　20. 승진

① 분석보다는 수집에 우선순위를 두는 방법으로, 수집 가능한 첩보의 양이 부족한 경우 단순화의 우려가 있는 분석방법은 자료 위주의 분석방법이다.
② 자료 위주의 분석방법의 대안으로 등장한 상황논리적 분석방법의 종류에는 개념 위주의 분석방법, 이론 적용의 분석방법, 역사적 상황과의 비교에 의한 분석방법이 있다.
③ 현안과 관련된 보편적 이론들을 검토하여 가장 적합한 이론에서 제시하는 결론에 충실한 전망을 내놓는 방법은 이론 적용의 분석방법이다.
④ 현재의 분석대상을 과거의 사례들과 비교하여 결론을 도출하는 방법은 역사적 상황과의 비교에 의한 분석방법이다.

> **해설** 자료 위주의 분석방법의 대안으로 등장한 **개념 위주의 분석방법의 종류**에는 상황논리 분석방법, 이론 적용의 분석방법, 역사적 상황과의 비교에 의한 분석방법이 있다.
> ▶ 정보의 분석방법

자료 위주의 분석방법	㉠ 제기된 현안문제에 대해 가능한 모든 첩보를 수집하고 수집된 정보를 종합하여 현안문제에 대한 결론을 제시하는 분석방법 ㉡ **분석보다 수집에 우선**		
개념 위주의 분석방법	자료 위주의 분석방법의 대안으로 등장		
	상황논리 분석방법	㉠ 구체적인 사실들과 해당지역 또는 시간 시간의 특수성·이해관계부터 출발하여 그 상황이 논리적으로 어떠한 방향으로 전개될 것인지에 대한 결론을 도출하는 방법 ㉡ 정보분석에 있어서 가장 일반적으로 이용되는 것으로 알려진 이론적 모형	
	이론적용 분석방법	㉠ **보편적인 이론을 현안에 적용하여 결론을 도출하는 방식** ㉡ 학생운동을 주도하는 계파가 주장하는 이론적 배경을 우선으로 검토하는 것	
	역사적 상황과의 비교에 의한 분석방법	㉠ **현재의 분석대상을 과거의 사례들과 비교하여 결론을 도출하는 방법** ㉡ 상황논리에 의한 분석에 필요한 충분한 자료가 확보되지 않은 경우 사용될 수 있는 방법	

Answer　21 ②

제3절 정보경찰의 의의

01 프라이버시의 정의에 대한 학자들과 그들의 견해들이 가장 맞게 연결된 것은? <응용문제>

㉠ Alan F. Westin
㉡ Samuel Warren and Louise Brandeis
㉢ Ruth Gavison
㉣ Edward Bluoustine

ⓐ 개인의 혼자 있을 권리
ⓑ 개인, 그룹 또는 조직이 자기에 관한 정보를 언제, 어떻게 또는 어느 정도 타인에게 전할까 하는 것을 스스로 결정할 수 있는 권리
ⓒ 인간의 인격권적 법익이므로 인격의 침해, 개인의 자주성, 존엄과 완전성을 보호하는 것
ⓓ 비밀(secrecy), 익명성(anonymit), 고독(solitude)을 가지며, 그것이 자신의 선택에 의해서 또는 타인의 행동에 의해서 상실할 수 있는 상태e)을 가지며, 그것이 자신의 선택에 의해서 또는 타인의 행동에 의해서 상실할 수 있는 상태

① ㉠ - ⓐ ㉡ - ⓑ ㉢ - ⓒ ㉣ - ⓓ
② ㉠ - ⓑ ㉡ - ⓐ ㉢ - ⓒ ㉣ - ⓓ
③ ㉠ - ⓑ ㉡ - ⓐ ㉢ - ⓓ ㉣ - ⓒ
④ ㉠ - ⓐ ㉡ - ⓑ ㉢ - ⓓ ㉣ - ⓒ

해설 ▶ 학자

사무엘 웨런과 루이스 브렌데이스(Samuel Warren and Louise Brandeis)	프라이버시란 **개인의 혼자 있을 권리**로 이해하여 민주주의에서 가장 중요한 자유로서 헌법에 반영되어야 한다.
알랜 에프 웨스턴 (Alan F. Westin)	프라이버시는 개인, 그룹 또는 조직이 자기에 관한 정보를 언제, 어떻게 또는 어느 정도 타인에게 전할까 하는 것을 **스스로 결정할 수 있는 권리**이다.
에드워드 블라우스턴 (Edward Bloustine)	프라이버시는 인간의 인격권의 법익이므로 **인격의 침해**, 개인의 자주성, 존엄과 완전성을 보호하는 것이다.
루쓰 가비슨 (Ruth Gavison)	프라이버시의 3가지 요소로서 **비밀**, **익명성**, **고독**을 갖으며, 그것이 자신의 선택에 의해서 또는 타인의 행위에 의해서 상실할 수 있는 상태를 말한다.

Answer 01 ③

02 프라이버시의 개념에 대한 설명 중 틀린 것은?

응용문제

① 정보기관이 법적 근거 없이 비밀리에 수집·관리하는 개인정보에 따른 손해는 그 정보가 공개되지 않더라도 발생한다는 것이 판례의 태도이다.
② Edward Bluoustine(에드워드 블라우스틴)은 프라이버시란 인간인격권의 법익이므로 인격의 침해, 개인의 자주성, 존엄과 완전성을 보호하는 것이라고 하였다.
③ Ruth Gavison(루스 가비슨)은 프라이버시의 3가지 요소로 비밀, 익명성, 고독을 가지며, 그것이 자신의 선택에 의해서 또는 타인의 행위에 의해 상실할 수 있는 상태를 말한다고 정의하였다.
④ 특정인의 사진을 현상수배자 리스트에 넣는 행위 등은 W. L. Prosser의 프라이버시 침해유형 중 사적인 사실의 공개에 해당한다.

[해설] 특정인의 사진을 현상수배자 리스트에 넣는 행위 등은 W. L. Prosser의 프라이버시 침해유형 중 **사생활에 대한 판단의 오도에 해당**한다.

▶ 프라이버시의 유형

사적인 일에의 침입	① **개인의 일상적이고 정상적인 사생활을 침해하여 불안이나 불쾌감 등을 유발하는 행위**를 말한다. ② 개인정보취득 수단이 비정상적이고 불법적이면 목적에 관계없이 사생활침해가 되며, 개인뿐만 아니라 공권력에 의해서도 일어날 수 있다. ▶ 개인이나 공권력에 의한 타인의 전화내용을 도청하거나 은행계좌의 불법추적 등
사적인 사실의 공개	① **공개를 원하지 않는 사적인 사실을 일반에게 공개하는 행위**를 말한다. ② 특정 개인의 범죄경력 사실을 언론에 공개하여 현재의 정상적인 사생활이 침해되며, 주로 신문, 잡지, 방송 등의 대중매체의 의해서 이루어진다. ▶ 타인의 범죄경력 사실이나 기형적인 신체 상태를 공개하는 행위
사생활에 관한 판단의 오도	① **사생활의 내용을 공개하거나 간섭하는 행위 이상으로 내용의 본질을 왜곡시켜 대중의 판단을 그릇되게 하여 해당 개인의 신상에 침해를 주는 행위**를 말한다. ② 일반인의 눈에 해당인이 진실과 다르게 보이도록하여 해당 개인에게 정신적인 고통을 주는 행위를 말하며, 형법상 명예훼손의 행위가 될 수도 있다. ▶ 특정인의 사건을 현상수배자 리스트에 넣는 행위
사적인 일의 영리적 이용	① **특정 개인의 이익을 침해하여 경제상의 이익을 취하는 행위로서 특정인의 성명, 사진, 경력을 영업적 이득의 확보를 위해 이용하는 행위**를 말한다. ② 프라이버시의 침해에 대하여 추구하는 보호법익은 정신적 이익의 보호뿐만 아니라 경제적 이익의 보호까지도 포함한다.

Answer 02 ④

제4절 정보경찰의 주요활동

01 정보보고서를 작성할 때 판단을 나타내는 용어와 설명을 연결한 것으로 가장 적절한 것은? 응용문제

① 추정됨 – 구체적인 근거는 없이 현재 나타난 동향의 원인·배경 등을 다소 막연히 추측할 때 사용한다.
② 예상됨 – 어떤 징후가 나타나거나 상황이 전개될 것이 거의 확실시되는 근거가 있는 경우에 사용한다.
③ 판단됨 – 과거의 움직임이나 현재 동향, 미래의 계획 등으로 미루어 장기적으로 활동의 윤곽이 어떠하리라는 예측을 할 경우에 사용한다.
④ 전망됨 – 구체적인 징후는 없으나 그 가능성을 완전히 배제하기 곤란하여 최소한의 대비가 필요한 때 사용한다.

해설) ② 판단됨
③ 전망됨
④ 우려됨

▶ 판단을 나타내는 용어

추정됨	구체적인 근거는 없이 현재 나타난 동향의 원인·배경 등을 **다소 막연히 추측**할 때
판단됨	어떤 징후가 나타나거나 상황이 전개될 것이 **거의 확실시되는 근거**가 있는 경우
예상됨	첩보분석의 결과 **단기적으로** 어떤 상황이 전개될 것이 비교적 확실한 경우
우려됨	구체적인 징후는 없으나 전혀 그 가능성을 배제하기 곤란하여 **최소한의 대비**가 필요한 때
전망됨	과거의 움직이나 현재동향, 미래의 계획 등으로 미루어 **장기적으로 활동의 윤곽**이 어떠하리라는 예측을 할 경우

02 정보보고서를 작성할 때 판단을 나타내는 용어의 설명 중 틀린 것은? 응용문제

① 판단됨 – 어떤 징후가 나타나거나 상황이 전개될 것이 거의 확실시되는 근거가 있는 경우
② 예상됨 – 첩보 등을 분석한 결과 단기적으로 어떤 상황이 전개될 것이 비교적 확실한 경우
③ 전망됨 – 구체적인 근거는 없이 현재 나타난 동향의 원인·배경 등을 다소 막연히 추측할 때
④ 우려됨 – 구체적인 징후는 없으나 전혀 그 가능성을 배제하기 곤란하여 최소한의 대비가 필요한 때

해설) 추정됨

Answer 01 ① 02 ③

03. 다음 중 인질사건 발생시 나타날 수 있는 현상으로 (가)항목의 요소와 (나)항목의 요소가 올바르게 연결된 것은?

응용문제

> (가) ㉠ 스톡홀름증후군 ㉡ 리마증후군
> (나) ⓐ 페루 수도 소재 일본대사관에서 발생하였던 투팍아마르 혁명운동 소속 게릴라들에 의해 발생한 인질사건에서 유래되었다.
> ⓑ 심리학에서는 오귀인 효과라고도 한다.
> ⓒ 인질이 인질범에게 동화되는 현상으로 이는 시간이 경과할수록 인질이 인질범을 이해하는 일종의 감정이입이 이루어져 상호간에 친근감을 갖게 되는 현상을 말한다.
> ⓓ 인질범이 인질들의 문화를 학습하거나 정신적으로 동화되어 결과적으로 공격적인 태도가 완화되는 현상을 말한다

① ㉠ - ⓐ, ⓑ
② ㉠ - ⓑ, ⓓ
③ ㉡ - ⓓ, ⓒ
④ ㉡ - ⓐ, ⓓ

해설 ㉠ 스톡홀름증후군 - ⓑ, ⓒ
㉡ 리마증후군 - ⓐ, ⓓ

▶ **스톡홀름증후군과 리마증후군**

리마증후군	인질범이 인질에게 동화되는 현상
스톡홀름증후군(오귀인 효과)	인질이 인질범에게 동화되는 현상

04. 인질범과의 협상과정에 대한 설명 중 잘못된 것은?

09. 승진

① 인질테러사건의 경우, 일반적으로 초기보다 말기에 테러범의 심리상태가 비이성적이고 불안한 경우가 많다.
② 인질범과의 통신수단으로는 확성기나 메모보다는 협상용 전화를 사용하는 것이 바람직하다.
③ 범인의 요구사항에 대하여도 빠뜨리지 말고 그 처리상황 및 결과를 알려 주어 신뢰를 구축한다.
④ 대화 도중 잠시 대화를 중단하고 침묵을 지키는 것이 효과적일 수 있다.

해설 일반적으로 말기보다 초기에 테러범의 심리상태가 비이성적이고 불안하여 극단적인 행동을 보이는 경우가 많다. **인질이 희생된 경우의 대부분이 인질사건의 초기단계에서 발생한 것이다.**

Answer 03 ④ 04 ①

CHAPTER 06 보안경찰활동

제1절 보안경찰의 의의

01 보안경찰의 특징을 설명한 것으로 타당하지 않은 것은? 응용문제

① 국가의 안전과 사회공공의 안녕 및 질서유지를 목적으로 한다.
② 경찰공무원임용령은 보안경과를 따로 규정하고 있지 않다.
③ 고도의 보안을 요하는 비공개활동을 특징으로 한다.
④ 보안경찰은 방첩공작시 국가정보원장의 조정을 받는다.

해설 ▶ 보안경찰의 특징
① 보안경찰도 정보경찰과 마찬가지로 국가안전과 사회공공의 안녕질서유지를 목적으로 하지만, 국민의 생명·신체·재산의 보호를 목적으로 하는 보통경찰과 다르다.
② 보안경찰도 정보경찰과 마찬가지로 국가적·사회적 침해행위를 그 대상으로 하나 주 대상은 대공에 관한 사항이다.
③ **경찰공무원임용령은 보안경과를 따로 규정하고 있다.**
④ 보안경찰활동은 직접 국가안전보장에 관련되는 범죄를 대상으로 하기 때문에 고도의 보안을 요하는 비공개활동이다.
⑤ 국가안전보장을 위한 가장 중핵적 역할은 국가정보원이 수행하므로 경찰의 보안(방첩)·정보·외사 기능을 정보 및 보안업무의 통합기능 수행을 위하여 필요한 범위 내에서 국가정보원의 조정을 받는다.
⑥ 국가정보원장은 각 정보수사기관의 업무와 행정기관의 정보 및 보안업무를 조정하는 권한을 보유하고 있다.

Answer 01 ②

제2절 보안경찰의 활동

01 다음 중 방첩활동의 기본원칙에 속하지 않는 것은? _{응용문제}

① 방첩기관과 보조기간 및 일반국민의 완전협조가 이루어져야 한다.
② 방첩활동은 치밀한 계획과 준비로서 활동하여야 한다.
③ 간첩 등의 용의자를 발견하면 즉시 검거하여야 한다.
④ 국민의 협력을 얻기 위하여 주민 신고망을 구성한다.

해설 ▶ 방첩활동의 기본원칙

계속접촉의 원칙	방첩기관이 간첩용의자를 발견하였다고 해서 즉시 검거해서는 안 되며, 조직망 전체가 완전 파악될 때까지 계속해서 유형·무형의 접촉을 해야 한다는 원칙이다. ▶ 경찰서 보안과장이 조선족으로 가장한 우회침투간첩 밀입국자를 발견하더라도 직접 검거하지 않고 배후를 파악한 후 검거하라고 지시하는 것 [계속 접촉의 유지단계] ① 계속탐지 → ② 정확한 판명 → ③ 동정을 미행주시 → ④ 행동을 역이용 → ⑤ 완전 일망타진(검거)
완전협조의 원칙	전담기관인 방첩기관과 보조기관 및 일반대중과 완전협조가 이루어져야 방첩목표를 달성할 수 있다는 원칙이다.
치밀의 원칙	적에 대한 정확한 정보판단과 전술전략의 완전한 분석 등 치밀한 계획과 준비로서 방첩활동을 수행하여야 한다는 원칙이다.

02 방첩의 기본원칙 중 하나인 계속접촉의 원칙에서 계속접촉 유지단계의 순서를 바르게 나열한 것은? _{20. 승진}

① 탐지 → 판명 → 이용 → 주시 → 검거
② 탐지 → 주시 → 판명 → 이용 → 검거
③ 탐지 → 주시 → 이용 → 판명 → 검거
④ 탐지 → 판명 → 주시 → 이용 → 검거

해설 ▶ 계속접촉 유지단계의 순서

탐지 → 판명 → 주시 → 이용 → 검거

03 다음 방첩수단 중 적극적 방첩수단에 해당하는 것을 모두 고른 것은? _{응용문제}

㉠ 대상인물 감시　　　　㉡ 보안업무 규정화
㉢ 입법사항 건의　　　　㉣ 양동간계 시위
㉤ 첩보공작 분석

Answer　01 ③　02 ④　03 ①

① ㄱㅁ   ② ㄴㄷ
③ ㄱㄹ   ④ ㄴㅁ

해설 ㄱㅁ은 적극적 방첩수단
ㄴㄷ은 소극적 방첩수단
ㄹ은 기만적 방첩수단

▶ **방첩의 수단**

적극적 방첩수단	개념	침투되어 있는 적 및 적의 공작망을 분쇄하기 위하여 취하는 **공격적인 수단**을 말한다.
	수단	① 적 첩보공작분석 ② 대상인물 감시 ③ 침투공작 전개 ④ 적 첩보수집 ⑤ 간첩을 활용한 역용공작 ⑥ 간첩신문
소극적 방첩수단	개념	적의 비밀공작으로부터 우리 측을 보호하기 위해 자체보안 기능을 발휘하는 **방어적 조치수단**을 말한다.
	수단	① 정보·자재**보안** ② 인원**보안** ③ 시설**보안** ④ **입법**사항 건의 ⑤ **보안**업무의 규정화 → 소극적 방첩수단을 통일성 있게 통제할 수 있는 가장 효과적인방법
기만적 방첩수단	개념	비밀이 적에게 노출되어 있는 상황 하에서 우리가 기도한 바를 적이 **오인하도록** 방해하는 조치이며, 고도의 기술과 계획이 요구되는 수단을 말한다.
	수단	① **허**위정보 유포 ② **유**언비어 유포 ③ **양**동간계시위

04 방첩활동의 수단을 적극적·소극적·기만적 수단으로 분류할 때 수단별로 가장 적절하게 연결된 것은?

응용문제

㉠ 첩보수집   ㉡ 정보·자재보안의 확립
㉢ 대상인물 감시   ㉣ 허위정보 유포
㉤ 역용공작   ㉥ 보안업무 규정화
㉦ 양동간계시위   ㉧ 침투공작
㉨ 첩보공작 분석   ㉩ 입법사항 건의
㉪ 간첩신문   ㉫ 인원·시설보안의 확립
㉬ 유언비어 유포

① 적극적 수단 - ㉨㉠㉢㉤㉧㉪㉫
② 기만적 수단 - ㉣㉦㉧㉪
③ 소극적 수단 - ㉡㉢㉥㉨㉩㉫
④ 적극적 수단 - ㉠㉢㉤㉧㉨㉪

해설 적극적 수단 - ㉠㉢㉤㉧㉨㉪
소극적 수단 - ㉡㉥㉩㉫
기만적 수단 - ㉣㉦㉬

Answer 04 ④

05 간첩에 대한 설명 중 틀린 것은?

① 간첩은 대상국의 기밀을 수집하거나 태업, 전복활동을 하는 모든 조직적 구성분자를 말한다.
② 간첩을 임무에 따라 구분할 때 간첩을 침투시키거나 이미 침투한 간첩에게 필요한 활동자재를 보급·지원하는 간첩을 증원간첩이라고 한다.
③ 간첩을 활동방법에 따라 구분할 때 타국에 공용의 명목 하에 입국하여 합법적인 신분을 갖고 이를 기회로 상대국에 대한 각종 정보를 수집하는 것을 목적으로 하는 간첩을 공행간첩이라고 한다.
④ 간첩망의 형태 중 보안유지가 잘 되고 일망타진 가능성은 적지만, 활동범위가 좁고 공작원 검거 시 간첩 정체가 쉽게 노출되는 것은 삼각형이다.

해설 ▶ 간첩분류 중 임무에 의한 분류

활동방법에 의한 분류	배회간첩	지역의 고정 없이 일정한 공작기간이 설정되어 있는 점이 주된 특징으로서 **전국을 배회하면서 임무를 수행하는 간첩**을 말한다.
	공행간첩	공용으로 입국하여 **합법적 신분을 보유**하면서 정보를 수집하는 간첩을 말한다.
	고정간첩	일정한 공작기간이 없고, **일정지역에서 장기적·고정적으로 간첩활동**을 하도록 임무를 부여받고 활동하는 간첩을 말한다.
임무에 의한 분류	무장간첩	**요인암살·파괴, 간첩의 호송·연락·안내**를 위하여 특별히 무장한 간첩을 말한다.
	보급간첩	간첩을 보내거나 또는 침투된 간첩들에게 필요로 하는 공작금품·장비·증명서원본·화폐 등을 **지원하거나 보급하는 특수목적을 위한 간첩**을 말한다.
	증원간첩	**간첩망의 보강을 위해** 파견되는 간첩 또는 간첩으로 이용할 양민의 납치·월북 등을 주된 임무로 하는 간첩을 말한다.
	일반간첩	일반적으로 간첩이라 하면 이를 지칭하는 것으로 정보수집·태업·전복공작 등을 주로 하는 간첩을 말한다.
활동범위 (인원수)에 의한 분류	대량형 간첩	특수한 대상의 지목 없이 광범위한 분야에서 정보를 입수하여 **주로 전시에 많이 파견되는 간첩**을 말한다.
	지명형 간첩	특정한 목표와 임무를 부여받아 특수한 정보를 수집하는 간첩을 말하며, **평시에 많이 파견이 되며, 색출이 곤란**하다.

06 손자(孫子)가 분류한 간첩의 종류에 대한 설명 중 가장 적절하지 않은 것은?

① 생간(生間) : 적국에 들어가서 정보활동을 전개한 후 살아서 돌아오는 자로 현대국가에서 운용하는 첩보원들이 대부분 이에 해당한다.
② 사간(死間) : 적을 교란하기 위해 적지에 파견하여 적에 붙잡혀 죽게 만든 간자로 어떤 편에서 기만정보를 작성하여 공작원을 통해 다른 편에 전파하는데, 공작원은 자신이 지득한 정보가 고의로 만들어진 기만정보라는 사실을 모른 채 진실이라고 믿고 적진에 전파시킴으로써 적에 붙잡혀 살해 당하게 된다.

Answer 05 ② 06 ④

③ 향간(鄕間) : 수집목표가 위치한 지역에 장기간 거주하여 그 지역 실정에 밝은 사람이 첩보원으로 기용되어 첩보수집, 비밀공작 등 정보활동을 전개하는 것을 말한다.
④ 반간(反間) : 적의 관리를 매수하여 자기편의 간자로 기용한 자를 말한다.

해설 ▶ 손자(孫子)가 간첩을 쓰는 방법

사간(死間)	배반할 염려가 있는 **아군의 간첩에게** 고의로 조작된 사실을 주어 적에게 전언 또는 누설하게 하는 것을 말한다.
생간(生間)	**적국 내에 잠입**하여 정보활동을 하고 돌아와 보고하는 것을 말한다.
내간(內間)	**적의 관리를 매수**하여 정보활동을 시키는 것을 말한다.
반간(反間)	**적의 간첩을 역으로 이용**하여 아군을 위해 활동하는 것을 말한다. [사례] 소련 KGB는 미국 CIA의 對KGB 비밀요원인 에임스를 매수하여 십여 년간 CIA의 각종 비밀활동에 관한 정보를 얻어오다가 발각이 되었다.
향간(鄕間)	**적국의 시민을 이용**하여 정보활동을 하는 것을 말한다.

07 손자병법 중 간첩의 분류가 잘못된 것으로 연결되는 것은? 응용문제

㉠ 향간 – 적국관리를 이용
㉡ 내간 – 적국시민을 이용
㉢ 반간 – 적국간첩을 이용
㉣ 사간 – 고의로 허위사실을 조작하여 배반할 염려가 있는 아군의 간첩으로 하여금 그것을 사실로 알고 적에게 누설하는 법
㉤ 생간 – 적국 내에 잠입하여 정보활동 등을 하고 돌아와 보고하는 것

① ㉠, ㉡
② ㉢, ㉣
③ ㉠, ㉤
④ 없음

해설 ㉠ 내간 – **적국 관리를 이용**
㉡ 향간 – **적국 시민을 이용**

08 간첩망의 형태 중 써클형을 가장 잘 설명한 것은? ▶ 응용문제

① 보안유지가 잘되고 일망타진 가능성은 적지만, 활동범위가 좁고 공작원의 검거 시 간첩 정체가 쉽게 노출된다.
② 간첩활동이 자유롭고 대중적 조직과 동원이 가능한 반면, 간첩의 정체가 폭로되었을 때 외교적 문제가 야기될 수 있다.
③ 보안유지 및 신속한 활동이 가능한 반면, 활동범위가 좁고 공작성과가 비교적 낮다.
④ 일시에 많은 공작을 입체적으로 수행할 수 있고 활동범위가 넓은 반면, 행동의 노출이 쉽고 일망타진 가능성이 높으며 조직구성에 많은 시간이 소요된다.

Answer 07 ① 08 ②

해설 ▶ 간첩망의 형태

삼각형 (①)	의의	지하당 구축에 흔히 사용하는 **형태**로서 간첩이 3명 이내의 공작원을 포섭하여 지휘하여 **공작원간 횡적 연락 차단시키는** 활동조직을 말하며, 북한 간첩이 주로 사용하는 조직형태이다.
	장점	공작원 간의 횡적연락이 안되므로 **비교적 보안유지가 잘 되나, 일망타진의 가능성은 적다.**
	단점	활동범위가 좁고, 공작원 검거 시 간첩 정체가 쉽게 노출된다.
써클형	의의	**첩보전에 많이 이용하는 형태**로서 간첩이 합법적 신분을 이용하여 적국의 이념이나 사상에 동조토록 유도하여 공작목표를 달성하기 위한 조직형태를 말한다.
	장점	**간첩활동이 자유롭고 대중적 조직 및 동원이 가능**하다.
	단점	간첩의 정체가 폭로되었을 때 **외교적 문제가 야기**될 수 있다.
단일형 (③)	의의	**대남간첩이 가장 많이 사용하고 있는 형태**로서 간첩이 특정목적 수행을 위해 동조자 없이 단독으로 활동하는 점조직의 형태를 말한다.
	장점	**보안유지 및 신속한 활동이 가능**하다.
	단점	활동범위가 좁고 공작성과가 낮다.
피라미드형 (④)	의의	간첩이 주공작원 2~3명을 두고, 주공작원은 그 밑에 각각 2~3명의 행동공작원을 두는 **조직형태**를 말한다.
	장점	일시에 많은 공작을 입체적으로 수행할 수 있어 **활동범위가 넓다.**
	단점	**행동의 노출이 쉬워 일망타진 가능성이 높으며, 조직구성에 많은 시간이 소요**된다.
레포형	의의	현재 사용되지 않는 형태로서 **피라미드형 조직에 있어서** 간첩과 주공작원 간, 행동공작원 상호 간에 연락원을 두고 종횡으로 연결하는 조직형태를 말한다.

09 간첩망의 형태에 대한 설명 중 가장 적절한 것은? _{응용문제}

① 단일형은 간첩이 단일 특수 목적을 수행하기 위해 동조자를 포섭하지 않고 단독으로 활동하는 점조직으로 대남간첩이 가장 많이 사용하며, 간첩 상호간에 종적·횡적 연락의 차단으로 보안 유지 및 신속한 활동이 가능하며 활동 범위가 넓고 공작 성과가 높다는 장점이 있다.
② 삼각형은 지하당조직에서 주로 사용하는 간첩망 형태로, 지하당 구축을 하명받은 간첩이 3명 이내의 행동공작원을 포섭하여 직접 지휘하고 포섭된 공작원 간의 횡적 연락을 차단시키는 활동 조직이다.
③ 피라미드형은 간첩 밑에 주공작원 2~3명을 두고, 주공작원은 그 밑에 각각 2~3명의 행동공작원을 두는 조직형태로 일시에 많은 공작을 입체적으로 수행할 수 있어 활동 범위가 넓고 조직 구성에 많은 시간이 소요되지 않는다는 장점이 있다.
④ 레포형은 삼각형 조직에 있어서 간첩과 주공작원 간, 행동공작원 상호간에 연락원을 두고 종·횡으로 연결하는 형태이다.

해설 ① 단일형은 **보안 유지가 잘 되지만 활동 범위가 좁다는 단점**이 있다.
③ 피라미드형은 **조직 구성에 많은 시간이 소요된다는 단점**이 있다.
④ 레포형은 **피라미드형 조직에 있어서** 간첩과 주공작원 간, 행동공작원 상호간에 연락원을 두고 종·횡으로 연결하는 형태이다.

Answer 09 ②

10 대상국의 기밀 탐지, 전복, 태업 등을 효과적으로 수행하기 위한 지하조직형태를 간첩망이라 한다. 다음의 내용이 설명하는 간첩망의 형태를 가장 적절하게 나열한 것은? 응용문제

> ㉠ 지하당 구축에 흔히 사용하는 형태로, 간첩이 3명 이내의 행동공작원을 포섭하여 직접 지휘하고 공작원 간 횡적 연락을 차단시키는 활동조직
> ㉡ 간첩이 주공작원 2~3명을 두고, 주공작원은 그 밑에 각각 2~3명의 행동공작원을 두는 조직형태
> ㉢ 합법적 신분을 이용하여 적국의 이념이나 사상에 동조하도록 유도하여 공작목표를 달성하기 위한 조직형태

① ㉠ 삼각형 ㉡ 피라미드형 ㉢ 서클형
② ㉠ 삼각형 ㉡ 피라미드형 ㉢ 레포형
③ ㉠ 피라미드형 ㉡ 삼각형 ㉢ 서클형
④ ㉠ 피라미드형 ㉡ 삼각형 ㉢ 레포형

해설) ㉠ 삼각형
㉡ 피라미드형
㉢ 서클형

11 간첩망의 형태에 대한 설명 중 옳은 것은 몇 개인가? 응용문제

> ㉠ 삼각형 – 간첩이 주공작원 2~3명을 두고 그 밑에 각각 2~3명의 행동공작원이 있으며, 일시에 많은 공장을 입체적으로 수행할 수 있고 활동 범위가 넓은 반면, 행동의 노출이 쉽고 일망타진 가능성이 높으며 조직구성에 많은 시간이 소요된다.
> ㉡ 써클형 – 합법적 신분 이용 침투, 대상국의 정치·사회문제를 이용하여 적국의 이념이나 사상에 동조하도록 유도한다.
> ㉢ 단일형 – 특수목적을 위하여 단독으로 활동하는 형태로, 보안유지 및 신속한 활동이 가능하여 활동범위가 넓고 공작성과가 비교적 높다.
> ㉣ 피라미드형 – 간첩활동이 자유롭고 대중적 조직과 동원이 가능한 반면, 간첩의 정체가 폭로되었을 때 외교적 문제가 야기될 수 있다.

① 1개 ② 2개
③ 3개 ④ 4개

해설) ㉠ 피라미드형.
㉢ 단일형 – 활동범위가 좁고 공작성과가 낮다.
㉣ 써클형

Answer 10 ① 11 ①

12
대상국의 기밀탐지, 전복, 태업 등을 효과적으로 수행하기 위한 지하조직 형태를 간첩망이라고 한다. 간첩망에 대한 설명 중 옳지 않은 것은 모두 몇 개인가? 응용문제

> ⊙ 삼각형 – 간첩이 주공작원 2~3명을 두고 그 밑에 각각 2~3명의 행동공작원이 있으며 일시에 많은 공작을 입체적으로 수행할 수 있고 활동범위가 넓은 반면, 행동의 노출이 쉽고 일망타진 가능성이 높으며 조직구성에 많은 시간이 소요된다.
> ⓒ 써클형 – 피라미드 형 조직에 있어 간첩과 주 공작원 간, 행동공작원 상호 간에 연락원을 두고 종횡으로 연결하는 방식이다.
> ⓒ 레포형 – 합법적 신분을 이용 침투하고, 대상국의 정치·사회문제를 이용하여 적국의 이념이나 사상에 동조토록 유도하며 간첩활동이 자유롭고 대중적 조직과 동원이 가능한 반면, 간첩의 정체가 폭로되었을 때 외교적 문제가 야기될 수 있다.
> ⓔ 피라미드형 – 간첩이 3명 이내의 공작원을 포섭하여 지휘하고, 포섭된 공작원 간 횡적연락을 차단하며 보안유지가 잘되고 일망타진 가능성은 적지만 활동범위가 좁고 공작원 검거 시 간첩정체가 쉽게 노출된다.

① 1개 ② 2개
③ 3개 ④ 4개

해설 ⊙ 피라미드형 ⓒ 레포형 ⓒ 써클형 ⓔ 삼각형

13
다음 중 태업의 형태에 대한 설명으로 옳지 않은 것은? 응용문제

① 폭파태업 – 범행이 용이하며 사용자가 사전에 결함 발견이 곤란
② 방화태업 – 가장 파괴력이 강하고 우연한 사고로 위장이 용이
③ 선전태업 – 유언비어 유포, 반국가적 여론조성 등으로 사회불안, 국민의 사기전하 등 유도
④ 정치태업 – 정치적 갈등, 부당한 정치적 물의를 일으켜 국민의 일체감을 약화

해설 ▶ 태업의 유형

물리적 태업	방화태업	① 인화물로 목적물에 화재를 발생시키는 행위를 말한다. ② **가장 파괴력이 강하고 우연한 사고로 위장 용이**하다.
	폭파태업	① 폭발물을 사용하여 목표물을 파괴시키는 행위를 말한다. ② **파괴가 전체적이고 즉각적이어야 할 때 주로 사용**한다.
	기계태업	① 철물, 황산 등의 기계투입, 열차탈선 등으로 손실 초래, 주로 장기공작원에 의하여 행해지며 목표물에 접근해 있는 자가 실행한다. ② **범행이 용이하며 사용자가 사전에 결함 발견이 곤란**하다.
심리적 태업	정치태업	**정치적 갈등, 부당한 정치적 물의를 일으켜 국민의 일체감을 약화시키는 태업**을 말한다.
	경제태업	화폐위조 및 남발, 악성 노동쟁의 등으로 **경제질서 혼란 초래하기 위한 태업**을 말한다.
	선전태업	**유언비어 유포, 반국가적 여론조성 등으로 사회불안, 국민의 사기저하 등 유도하는 태업**을 말한다.

Answer 12.④ 13.①

14 방첩활동의 대상이 되는 태업에 대한 설명으로 맞는 것은? 응용문제

① 태업이란 대상국가의 전쟁수행능력·방위력을 약화시키기 위하여 행하여지는 직접·간접의 모든 손상·파괴행위를 말한다.
② 방화태업은 심리적인 태업 중 가장 파괴력이 강하다.
③ 태업의 대상조건은 전술적 가치가 없고 일단 파괴되면 수리하기 어려운 것이어야 한다.
④ 태업은 심리적 태업과 경제적 태업으로 분류한다.

> 해설 ② 방화태업은 **물리적인 태업** 중 가장 파괴력이 강하다.
> ③ 태업의 대상조건은 **전술적 가치가 있고** 일단 파괴되면 수리하기 어려운 것이어야 한다.
> ④ 태업은 **물리적 태업과 심리적 태업으로 분류**한다.

15 다음 중 공작의 4대요소에 해당하지 않는 것은? 응용문제

① 연락
② 주관자
③ 공작원
④ 공작금

> 해설 ▶ 공작의 4대요소

주관자 (공작관)	상부로부터 받는 지령을 계획하고 수행하는 집단으로서 공작의 책임자이며, 대표자는 공작관이다.	
공작목표	공작상황에 따라 결정되며, 개괄적이고 광범위한 것부터 구체적이거나 특정된 것까지 있으나, 공작의 진행에 따라 구체화·세분화되는 것이 특징이다.	
공작원		① 공작원이란 공작관을 대행하여 비밀조직의 최선단계에서 철저한 가장과 통제 하에 공작목표에 대하여 비밀을 탐지하거나 기타 부여받은 공작임무를 수행하는 사람이다. ② 공작망의 책임자인 주공작원과 주공작원의 지휘·조정을 받는 행동공작원, 지원공작원이 있다.
	주공작원	**공작관 밑에 위치하는 공작망의 책임자**이며, 공작관의 명령시달에 의하여 자기 공작망 산하 공작원에 대한 지휘조종의 책임을 담당한다.
	행동 공작원	공작목표에 대하여 실제로 첩보수집 기타 공작임무를 직접 수행하며, **통상 주공작원의 지휘조종을 받아 임무를 수행**한다.
	지원 공작원	비밀활동을 수행하는 공작원·조직체에 공작에 필요한 기술·물자 등을 지원하는 활동을 수행하며, **통상 주공작원의 지휘조종을 받아 임무를 수행**한다.
공작금	선정된 공작목적의 달성을 위한 제한을 극복하기 위해 많은 공작금이 필요하다.	

Answer 14 ① 15 ①

16 다음 비밀공작의 순환과정에 대한 설명으로 가장 적절한 것은? 21. 승진

> 지령 → 계획 → 모집 → 훈련 → 브리핑 → 파견 및 귀환 → 디브리핑 → 보고서 작성 → 해고

① '모집'은 임무수행에 필요한 능력을 배양시키고, 지식과 기술을 습득케 하는 과정이다.
② '브리핑'은 공작에 영향을 주는 새로운 상황과 임무에 대한 상세한 지시를 하는 단계로, 공작원에게 공작수행에 대한 최종적인 설명이 이루어진다.
③ '파견 및 귀환'은 공작계획에 따라 공작을 진행할 사람을 채용하는 과정이다.
④ '보고서 작성'은 지령을 수행하기 위한 수단과 방법을 조직화하는 과정이다.

해설 ① 훈련
③ 모집
④ 계획

▶ 비밀공작의 순환과정

지령	상부로부터 받은 지령에 따라 공작이 진행하는 과정이다.
계획	지령을 수행하기 위한 수단 및 방법을 조직화하는 과정이다.
모집	공작계획에 따라 공작을 진행할 사람을 채용하는 과정이다.
훈련	임무수행에 필요한 능력을 배양시키고 지식과 기술을 습득케 하는 과정이다.
브리핑	공작에 영향을 주는 새로운 상황과 임무에 대한 상세한 지시를 하는 과정이다. 공작원에게 공작수행에 대한 최종적으로 설명을 하는 과정이다.
파견 및 귀환	
디브리핑	공작원이 귀환하면 즉시 디브리핑이 시작되며, 공작원이 체험한 것을 허심탄회하게 발표하게 하는 과정이다.
보고서 작성	
해고	공작순환의 최종 단계로 공작임무가 종결되거나 공작에 부적합할 경우 해당공작원을 해고하는 과정이다.

17 공작에 대한 설명으로 틀린 것은? 응용문제

① 공작의 4대요소는 주관자, 공작목표, 공작원, 공작금이다.
② 공작원은 주공작원, 행동공작원, 지원공작원이 있다.
③ 주공작원은 공작관 바로 밑에 위치하는 공작망의 책임자이다.
④ 비밀공작의 순환과정은 '지령 → 모집·훈련 → 계획 → 브리핑 → 파견·귀환 → 디브리핑 → 보고서 작성 → 해고' 순서에 따라 반복해서 진행된다.

해설 ① 지령 → ② **계획** → ③ 모집 → ④ 훈련 → ⑤ 브리핑(공작관이 공작원에게 임무부여) → ⑥ 파견 및 귀환 → ⑦ 디브리핑(공작원이 공작관에게 보고) → ⑧ 보고서 작성 → ⑨ 해고

Answer 16 ② 17 ④

18 직접망은 최선단에서 활동하는 공작원이 직접 공작관과 연락되어 공작관의 조정 통제를 받는 망형태이다. 이에 대한 장·단점으로 가장 적절하지 않은 것은?　　응용문제

① 양질의 첩보수집과 보안유지가 가능하다.
② 공작원의 업무량이 많다.
③ 공작관의 신분이 알려져 조직 노출의 우려가 있다.
④ 공작비가 많이 든다.

해설　공작비가 적게 든다.

▶ 비밀공작망의 조직형태

직접망	의의	① 최일선에서 활동하는 공작원이 직접 공작관과 연락되어 공작관의 조정 통제를 받는 망형태이다. ② 북한이 최근 이용하는 점조직 간첩망이다.
	장점	① **공작비가 절약**된다. ② 공작원에 대한 **직접적인 조정·통제가 용이**하다. ③ 공작관과 공작원이 직접 접촉하게 되어 공작원에 대한 테스트가 용이하다. ④ 양질의 첩보수집과 **보안유지가 가능**하다.
	단점	① **공작원의 업무량이 많다.** ② 많은 목표를 대상으로 할 수 없다. ③ 공작원이 체포되었을 때 신분이 알려져 조직노출의 위험이 크다.
주 공작원망	의의	공작관으로부터 공작임무를 위임받은 주공작원이 일선에서 공작원을 조정 통제하는 망 형태이다.
	장점	① **많은 공작원을 간접적으로 조정할 수 있다.** ② **공작관이 노출될 염려가 적다** ③ 유용한 공작원의 활용으로 능률이 높다. ④ 국외공작인 경우 주공작원과 일선 공작관의 언어장벽이 해소된다.
	단점	① 공작관이 공작원을 직접 통제 할 수 없다 ② **공작비가 많이 든다.** ③ 공작관이 공작원에 대한 테스트나 가치평가가 어렵다.
혼합망	의의	**직접망과 주공작원망을 혼합하여 조직하는 망형태이다.**
	장점	① **공작관이 직접 주공작원을 통제할 수 있다.** ② 공작관이 공작·첩보보고 등의 진위를 확인할 수 있다.
	단점	주공작원망의 단점과 유사하다.

Answer　18 ④

19 비밀공작망이란 공작임무를 효과적으로 수행하기 위하여 주공작원을 중심으로 공작원과 그의 세포로 구성된 조직을 말한다. 다음 중 비밀공작망의 형태에 대한 설명 중 옳지 않은 것은?

응용문제

① 공작관으로부터 공작임무를 직접 위임받은 주공작원이 일선에서 공작원을 조종·통제하는 주공작원망은 국외공작인 경우 주공작원과 일선 공작원과의 언어 장벽이 해소된다.
② 최일선에 활동하는 공작원이 직접공작관과 연결되어 공작관의 조정통제를 받는 직접망은 공작비가 절약된다.
③ 직접망과 주공작원망은 혼합하여 조직하는 형태인 혼합망은 공작관이 주공작원을 통제할 수 없고 첩보보고의 진부확인이 용이하다.
④ 직접망은 공작원에 대한 테스트가 용이하다.

해설 혼합망은 **공작관이 주공작원을 통제할 수 있다.**

20 다음은 공작활동에 대한 내용이다. 아래 ㉠부터 ㉣까지의 설명 중 옳고 그름의 표시(O, X)가 바르게 된 것은?

20. 승진

> ㉠ '연락'이란 비밀공작을 수행함에 있어서 상·하급 인원이나 기관 간에 비밀을 은폐하려고 기도하는 방법이다.
> ㉡ '신호'란 비밀공작활동에 있어서 조직원 상호 간에 어떠한 의사를 전달하기 위하여 사전에 약정해 놓은 표시를 말한다.
> ㉢ '사전정찰'이란 일정한 목적하에 사물의 현상 및 사건의 전말을 감지하는 과정을 말한다.
> ㉣ '감시'란 장차 공작활동을 위하여 공작 목표나 공작 지역에 대하여 예비지식을 수집하기 위한 사전조사활동이다.

① ㉠(X) ㉡(O) ㉢(O) ㉣(X)
② ㉠(X) ㉡(O) ㉢(O) ㉣(O)
③ ㉠(O) ㉡(X) ㉢(X) ㉣(X)
④ ㉠(O) ㉡(O) ㉢(X) ㉣(X)

해설 ▶ 비밀공작의 수단

가장	정보활동에 관계되는 **모든 요소의 정체가 외부에 노출되지 않도록 꾸며지는 내적·외적인 활동**을 말하며, **외관만을 다르게 꾸미는 위장과는 구별**된다.
신호 (㉡)	비밀공작활동에 있어서 조직원 상호간에 어떤 의사를 전달하기 위하여 **사전에 약정해 놓은 표시**를 말한다.
연락 (㉠)	**비밀공작을 수행함에 있어서 상·하급 인원이나 기관 간에 비밀을 은폐하려고 기도하는 방법**을 말하며, 첩보, 문서, 관념, 물자 등을 전달하기 위하여 강구된 수단·방법의 유지 및 운용을 말한다.
감시	공작대상인 인물·시설·물자 및 지역 등에 대한 정보를 획득할 목적으로 **시각이나 청각 등을 사용하여 관찰하는 기술**을 말한다.
사전정찰 (㉣)	장래의 공작활동을 위하여 공작목표나 공작지역에 대하여 예비지식을 수집하는 **사전조사활동**을 말한다.
관찰·묘사 (㉢)	관찰이란 일정한 목적 하에 사물의 현상 및 사건의 전말을 감지하는 과정을 말하며, **묘사란 관찰한 경험을 재생하여 표현·기술하는 것**이다.

Answer 19 ③ 20 ④

21. 공작에 대한 설명으로 가장 적절한 것은?
20. 승진

① 공작이란 적의 정보활동에 대비하여 자기편을 보호하는 노력으로서 간첩·태업·전복행위 등을 사전 방지하고 적발하기 위한 조직적인 활동이다.
② 공작은 그 목적상 대북공작, 대공산권공작, 대우방공작으로 분류할 수 있다.
③ 주관자란 상부로부터 받은 지령에 따라 계획하고 준비하여 공작을 수행하는 하나의 집단을 말하며, 이 집단을 대표하는 사람을 공작관이라고 한다.
④ 가장이란 비밀공작을 수행함에 있어 인원이나 기관 간에 비밀을 은폐하려고 기도하는 방법을 말한다.

해설 ① **방첩활동의 개념**이다.
② 공작은 **공작대상 지역상** 대북공작, 대공산권공작, 대우방공작으로 분류할 수 있다.
④ **연락의 개념**이다.

22. 다음 중 연락선 조직에 대한 설명으로 타당하지 않은 것은?
응용문제

① 연락선은 정상선, 예비선, 긴급선으로 구분할 수 있다.
② 정상선은 정상적인 공작상황하의 연락선으로 기본선, 보조선, 긴급선이 있다.
③ 예비선은 조직원의 교체 또는 조직의 확장, 부활, 변동 시에 대비한 것이다.
④ 비상선은 공작활동은 계속할 수 없을 만큼 위급한 상황 하의 연락선으로 경고선이라고도 한다.

해설 ▶**연락선의 종류**

정상선	정상적인 공작상황에서 지령, 첩보, 문서 등 통신물을 전달하기 위하여 조직한 접촉수단이며, 기본선, 보조선, 긴급선이라고도 한다.
예비선	조직원의 교체 또는 조직의 변동 등에 대비하여 최초접촉을 위한 선이다.
비상선	위급상황에서 공작의 중단이나 정지를 알리기 위해 조직된 선으로 경고선이라고도 한다.

23. 심리전에 대한 다음 설명 중 가장 옳은 것은?
응용문제

① 심리전은 선전·선동·모략 등의 수단에 의해 직접 상대국 국민 또는 군대에 정신적 자극을 주어 사상의 혼란과 국론의 분열을 유발시킴으로써 자국의 의도대로 유도하는 무력전술이다.
② 심리전의 종류 중 자유진영국가들이 공산진영국가의 국민을 대상으로 전개하는 대공산권방송은 전술심리전에 해당한다.
③ 아측 후방지역의 사기를 앙양시키거나 수복 지역주민들의 협조를 얻고 질서를 유지하는 선전활동으로 타협심리전이라고도 불리우는 심리전은 선무심리전이다.
④ 심리전의 목적에 의한 분류는 공격적 심리전, 방어적 심리전, 공연성 심리전으로 구분된다.

Answer 21 ③ 22 ① 23 ③

해설 ① 심리전은 **비무력전술**이다.
② 대공산권방송은 **전략심리전에 해당**한다.
④ 심리전의 목적에 의한 분류는 공격적 심리전, 방어적 심리전, **선무심리전**으로 구분된다.

▶ 심리전의 의의 및 유형

목적에 의한 분류	선무 심리전	**타협심리전**이라고도 하며, 우리 측 후방지역의 사기를 양양시키거나 **수복지역의 주민들의 협조를 얻어 질서를 유지하는 선전활동**을 말한다.
	공격적 심리전	적측에 대해 특정의 목적을 달성하기 위해 **공격적으로** 행하는 심리전을 말한다.
	방어적 심리전	적측에 가해 오는 공격을 와해·축소시키기 위해 **방어적으로** 행하는 심리전을 말한다.
운용에 의한 분류	전략 심리전	광범위하고 **장기적인 목표** 하에 대상국의 전 국민을 대상으로 실시하는 심리전을 말한다. ▶ 자유진영국가들이 공산진영국가의 국민들을 대상으로 전개하는 대공산권방송 등
	전술 심리전	**단기적인 목표 하에** 즉각적인 효과를 기대하고 실시하는 심리전을 말한다. ▶ 간첩을 체포한 후 널리 공개하는 것
주체에 의한 분류	공연성 심리전	**사실출처를 명시**하면서 실시하는 심리전(통상 백색선전)
	비 공연성 심리전	**출처를 밝히지 않거나 위장·도용하여** 상대국의 시책 등을 모략·비방함으로써 내부혼란을 조장하는 방법으로 전개하는 심리(통상 회색선전, 흑색선전)

24 심리전의 유형에 대한 설명으로 알맞지 않은 것은?   응용문제

① 운영에 따라서 공격적 심리전과 방어적 심리전으로 구분된다.
② 자유진영국가들이 공산세계 국민들을 대상으로 하는 대공산권 방송은 전략심리전의 일종이다.
③ 주체에 따라서 공연성 심리전과 비공연성 심리전으로 구분된다.
④ 간첩을 체포했을 때 널리 공개하는 것은, 단기적인 목표하에 이루어지는 전술심리전의 일종이다.

해설 운영에 따라서 **전략심리전, 전술심리전으로 구분**된다.

Answer 24 ①

25. 전의 종류 중 흑색선전에 대한 설명으로 적절한 것을 모두 고른 것은? 응용문제

㉠ 국가 또는 공인된 기관이 공식보도기관을 통해서 행하며 주제의 선정과 용어의 사용에 있어서 제한을 받는다.
㉡ 적 내부에 모순이 있음을 드러내어 조직을 분열·혼란시켜 사기를 저하시킨다.
㉢ 출처를 밝히지 않고 행하는 선전으로, 선전이라는 선입견을 주지 않고도 효과를 거둘 수 있다.
㉣ 적국 내에서도 수행할 수 있고 즉각적이고 집중적인 효과를 얻을 수 있다는 장점이 있다.
㉤ 선전의 신뢰도가 가장 높다

① ㉠㉢   ② ㉡㉣
③ ㉢㉣   ④ ㉣㉤

해설 ▶ 선전의 종류

백색선전 (㉠㉤)		출처를 공개하고 행하는 선전을 말한다.
	장점	① 국가 또는 공인된 기관이 공식적인 보도기관을 통하여 행하게 되므로 **주제·용어 등에 제한은 받지만 신뢰도가 높다.** ② 적의 의도를 가장 정확하게 판단하는 자료가 된다.
	단점	**적국 내에서 실시가 불가능**하다.
흑색선전 (㉡㉣)		출처를 위장하면서 암암리에 실시하는 선전을 말한다. ▶ 구 한민전의 "구국의 소리" 방송
	장점	① 적으로 하여금 그 내부에 모순이 있음을 드러내어 적 내부를 분열·혼란시켜 사기를 저하시킬 수 있다. ② 적국 내의 백색선전인 것처럼 위장하여 행하게 되므로 **적국 내에서도 수행이 가능**하며, 특정한 목표에 대해 즉각적이고 집중적인 선전을 할 수 있다.
	단점	출처 노출을 피하기 위해 많은 주의가 요구되며, **정상적인 통신망을 이용할 수 없다는 단점**이 있다.
회색선전 (㉢)		**출처를 밝히지 않고 행하는 선전**을 말한다.
	장점	기술적으로 운용을 잘하면 적의 선전이라는 선입관을 주지 않고 효과를 얻을 수 있다.
	단점	**적의 역선전에 취약**하고, 출처의 은폐로 선전의 효과를 거두기 어렵다.

26. 선전과 관련하여 옳은 것은? 응용문제

① 국가 또는 공인된 기관이 공식적인 보도 기관을 통하여 행하게 되므로 주체·용어 등 제한을 받지만 신뢰도가 그리 높지 않는 것은 백색선전이다.
② 선전이라는 선입관을 주지 않고 효과를 얻을 수 있는 장점은 백색선전이다.
③ 선전에 있어 형태, 방법, 목적이 다 동일한 것은 아니다.
④ 출처 노출은 피하기 위하여 많은 주의가 요구되며 특정목표에 대해 부응할 수 있는 장점이 있는 선전은 회색선전이다.

Answer 25 ② 26 ③

해설 ① 백색선전은 **신뢰도가 높다.**
② **회색선전**이다.
④ **흑색선전**이다.

27 다음은 선전에 대한 설명이다. 틀린 것은 몇 개인가?   응용문제

㉠ 출처를 위장하고 하는 선전은 흑색선전이다.
㉡ 즉각적이고 집중적 선전을 할 수 있는 것은 흑색선전이다.
㉢ 선전의 신뢰도가 가장 높은 것은 백색선전이다.
㉣ 흑색선전은 정상적인 통신망을 이용할 수 없다.
㉤ 흑색선전은 적이 감지하여 역선전을 할 경우에 대항이 어렵다.
㉥ 회색선전은 선전이라는 선입감을 주지 않고 효과를 얻을 수 있다

① 1개
② 2개
③ 3개
④ 4개

해설 ㉤ 회색선전 – 적이 감지하여 역선전을 할 경우 대항이 어렵다.

CHAPTER 07 외사경찰활동

제1절 외사경찰의 일반

01 다음은 다문화 사회의 접근유형에 대한 설명이다. 〈보기 1〉과 〈보기 2〉의 내용이 가장 적절하게 연결된 것은? 20. 순경

〈보기 1〉
- (가) 소수집단이 자결(Self-determination)의 원칙을 내세워 문화적 공존을 넘어서는 소수민족 집단만의 공동체 건설을 지향한다.
- (나) 차별을 금지하고 사회참여를 위해 기회평등을 보장하는 것으로, 사회통합을 위해 문화적 다양성을 인정하며 민족 집단의 존재를 인정하지만 시민 생활과 공적 생활에서는 주류 사회의 문화, 언어, 사회관습을 따를 것을 요구한다.
- (다) 다문화주의를 결과에 있어서의 평등보장이라는 측면에서 접근하는 것으로, 문화적 소수자가 현실적으로 문화적 다수자와의 경쟁에서 불리한 위치에 있다는 것을 전제로 소수집단의 사회참가를 촉진하기 위해 적극적인 법적·재정적 원조를 한다.

〈보기 2〉
㉠ 조합주의적 다문화주의　　㉡ 급진적 다문화주의
㉢ 자유주의적 다문화주의

	(가)	(나)	(다)
①	㉠	㉢	㉡
②	㉡	㉢	㉠
③	㉠	㉡	㉢
④	㉡	㉠	㉢

Answer　01 ②

해설 ▶ 다문화 사회의 접근유형

급진적 다문화주의	소수집단이 자결의 원칙을 내세워 문화적 공존을 넘어서는 **소수민족 집단만의 공동체 건설**을 지향한다.
조합주의 다문화주의	다문화주의를 결과에 있어서의 평등보장이라는 측면에서 접근하는 것으로 문화적 소수자가 현실적으로 문화적 다수자와의 경쟁에서 불리한 위치에 있다는 것을 전제로 **소수집단의 사회참가를 촉진하기 위해 적극적인 법적, 재정적 원조**를 한다.
자유주의적 다문화주의	차별을 금지하고 사회참여를 위해 기회평등을 보장하는 것으로, 사회통합을 위해 문화적 다양성을 인정하며 민족 집단의 존재를 인정하지만 **시민 생활과 공적생활에서는 주류 사회의 문화, 언어, 사회관습을 따를 것을 요구**한다.

02

여행경보단계 중 해외체류자는 신변안전에 특별히 유의하여야 하고, 해외여행 예정자는 불필요한 여행을 자제해야 하는 단계는?

21. 승진

① 남색경보
② 황색경보
③ 적색경보
④ 흑색경보

해설 ▶ 여행경보단계

1단계	남색경보	여행유의	신변안전 위험요인 숙지 및 대비단계
2단계	황색경보	여행자제	**여행예정자 불필요한 여행 자제** **체류자 신변안전 특별유의**
3단계	적색경보	철수권고	여행예정자 여행취소 및 연기 체류자 긴요한 용무가 아닌 한 철수
4단계	흑색경보	여행금지	여행예정자 여행금지 준수 체류자 즉시 대피 및 철수

Answer 02 ②

제2절 외사경찰의 주요활동

01 국제형사경찰기구(인터폴)에 대한 설명으로 가장 적절하지 않은 것은?   20. 승진

① 인터폴 협력의 원칙으로는 주권의 존중, 일반법의 집행, 보편성의 원칙, 평등성의 원칙, 업무방법의 유연성 등이 있다.
② 1923년 비엔나에서 19개국 경찰기관장이 참석한 가운데 제2차 국제형사경찰회의가 개최되어 국제형사경찰위원회(ICPC : International Criminal Police Commission)를 창립하였다.
③ 법무부장관은 국제형사경찰기구로부터 외국의 형사사건 수사에 대하여 협력을 요청받거나 국제형사경찰기구에 협력을 요청하는 경우 국제범죄의 정보 및 자료교환, 국제범죄의 동일증명 및 전과조회 등의 조치를 취할 수 있다.
④ 인터폴에서 발행하는 국제수배서에는 변사자 신원확인을 위한 흑색수배서(Black Notice), 장물수배를 위한 장물수배서(Stolen Property Notice), 범죄관련인 소재확인을 위한 청색수배서(Blue Ntice) 등이 있다.

> 해설 ▶ **국제형사경찰기구와의 협력**
> ① **행정안전부장관은** 국제형사경찰기구로부터 외국의 형사사건 수사에 대하여 협력을 요청받거나 국제형사경찰기구에 협력을 요청하는 경우에는 다음 각 호의 조치를 취할 수 있다.
> 1. 국제범죄의 정보 및 자료 교환
> 2. 국제범죄의 동일증명(同一證明) 및 전과 조회
> 3. 국제범죄에 관한 사실 확인 및 그 조사

02 국제형사경찰기구(INTERPOL)에 대한 설명으로 가장 적절한 것은?   20. 승진

① 발전 과정과 관련하여 1923년 비엔나에서 19개국 경찰기관장이 참석한 제2차 국제형사경찰회의가 개최되어 국제형사경찰기구(International Criminal Police Organization)가 발족하였고, 당시 사무총국을 파리에 두었다.
② 국제형사경찰기구(INTERPOL) 조직 중 사무총국은 사무총장(Secretariat General)에 의해 운영되며, 사무총장은 총회에서 3년 임기로 선출된다.
③ 국제형사경찰기구(INTERPOL) 조직 중 집행위원회(Executive Committee)는 총회에서 선출되는 12명의 위원으로 구성되며, 인터폴 회원국으로 가입하기 위해서는 집행위원회(Executive Committee)에서 참석회원 3분의 2 이상의 찬성을 얻어야 한다.
④ 회원국 간 협력의 기본 원칙 중 '평등성'이란 모든 회원국은 재정분담금의 규모와 관계없이 동일한 혜택과 지원을 받을 수 있다는 내용이다.

Answer 01 ③   02 ④

> **해설** ① 1923년 비엔나에서 19개국 경찰기관장이 참석한 제2차 국제형사경찰회의가 개최되어 **국제형사경찰위원회(ICPC)가 발족**하였다.
> ② 사무총장은 총회에서 **5년 임기**로 선출된다.
> ③ 집행위원회는 총회에서 선출되는 **13명의 위원으로 구성된다**.

▶ **국제형사경찰기구(INTERPOL)**

인터폴 헌장 및 회원국의 국내법에 따라 경찰협력을 위해 활동하는 국제기구
① 1914년 **모나코**에서 국제형사경찰회의(International Criminal Police Congress)가 개최되어 국제범죄 기록보관소 설립, 범죄인 인도절차의 표준화 등에 대하여 논의하였는데 이것이 국제경찰협력의 기초가 되었다.
② 1923년 **비엔나**에서 제2차 국제형사경찰회의가 개최되어 국제형사경찰위원회(International Criminal Police Commission)는 근본적으로 유럽대륙 위주의 기구였다는 지역전 한계성을 가지고 있다.
③ 1956년 **비엔나**에서 제25차 국제형사경찰위원회가 개최되어 국제형사경찰기구가 창설하였고, 당시 사무총국을 **파리**에 두었다.
④ 국가중앙사무국(National Central Bureau)은 회원국에 설치된 상설 경찰협력부서로 우리나라의 경우 **경찰청 외사국 외사수사과 인터폴계에 설치**되어 있다.

03 다음 중 국제형사경찰기구 (INTERPOL)에 대한 설명으로 가장 적절한 것은? 응용문제

① 1914년 모나코에서 국제형사경찰회의(International Criminal Police Congress)가 개최되어 국제범죄 기록보관소 설립, 범죄인 인도절차의 표준화 등에 대하여 논의하였는데 이것이 국제경찰협력의 기초가 되었다.
② 1923년 제네바에서 제2차 국제형사경찰회의가 개최되어 국제형사경찰위원회(International Criminal Police Commission)가 창설되었으며 이는 국제형사경찰기구의 전신이라 할 수 있다.
③ 1956년 비엔나에서 제25차 국제형사경찰위원회가 개최되어 국제형사경찰기구가 발족하였고, 당시 사무총국을 리옹에 두었다.
④ 국가중앙사무국(National Central Bureau)은 회원국에 설치된 상설 경찰협력부서로 우리나라의 경우 경찰청 외사국 국제협력과 인터폴계에 설치되어 있다.

> **해설** ② 1923년 **비엔나에서** 제2차 국제형사경찰회의가 개최되어 국제형사경찰위원회는 근본적으로 유럽대륙 위주의 기구였다는 지역전 한계성을 가지고 있다.
> ③ 1956년 비엔나에서 제25차 국제형사경찰위원회가 개최되어 국제형사경찰기구가 창설하였고, 당시 **사무총국을 파리**에 두었다.
> ④ 국가중앙사무국은 회원국에 설치된 상설 경찰협력부서로 우리나라의 경우 **경찰청 외사국 외사수사과 인터폴계**에 설치되어 있다.

Answer 03 ①

04 국제형사경찰기구(INTERPOL) 설립에 대한 설명으로 가장 적절하지 않은 것은? 〔71기 경간부〕

① 1914년 모나코(Monaco)에서 제1회 국제형사경찰회의(International Criminal Police Congress)가 개최되었다.
② 1923년 헤이그(Jague)에서 19개국 경찰기관장이 참석하여 유럽대륙 위주의 국제형사경찰위원회(International Criminal Police Commission)를 창설하였다.
③ 1956년 비엔나(Vienna) 제25차 국제형사경찰위원회 총회에서 국제형사경찰기구(International Criminal Police Organization : ICPO), 즉 인터폴(INTERPOL)로 명칭이 변경되었다.
④ 2021년 현재 본부는 리옹(Lyon)에 있다.

〔해설〕 1923년 **비엔나(Vienna)**에서 제2차 국제형사경찰회의가 개최되어 유럽대륙 위주의 국제형사경찰위원회(International Criminal Police Commission)를 창설하였다.

---

05 유로폴(Europol)과 아세아나폴(ASEANAPOL)에 대한 설명으로 가장 적절하지 않은 것은? 〔20. 승진〕

① 유로폴 각 회원국의 분담금은 국가총생산에 따라 계산된다.
② 유로폴 모든 문서의 원본은 각국어이고, 회의용 언어는 영어, 불어 또는 독일어이다.
③ 아세아나폴은 마약·무기밀매, 신용카드·여권 위변조, 경제범죄분야 등 논의를 위해 3개의 특별위원회를 두고 있다.
④ 아세아나폴 10개 정회원국으로 말레이시아, 인도, 싱가포르, 필리핀, 태국 등이 있다.

〔해설〕 아세아나폴 10개 정회원국으로 필리핀, 태국, **인도네시아**, 말레이시아, 싱가포르, 브루나이, 베트남, 미얀마, 라오스, 캄보디아이다.

▶ **유로폴(Europol)과 아세아나폴(ASEANAPOL)**

아세아나폴	1. 아세안 국가간 국제범죄 공동대응을 위한 범죄정보 교환 및 법집행 관련 노하우 공유 목적으로 **1981년 설립된 치안총수 협의체** 2. 마약·무기밀매, 신용카드·여권 위·변조, 경제범죄분야 등 논의를 위해 3개의 특별위원회를 두고 있다. 3. 10개 회원국이 순번제로 연례행사를 개최하여 아세안 치안총수들이 치안현안을 논의하여, 친목도모를 위한 다양한 문화행사를 갖는다. 4. **아세아나폴은 한국, 중국, 일본, 호주, 뉴질랜드 등 아세안 인접국과 인터폴, 유로폴 등 국제기구를 초청**하고 있으며, 우리나라도 2005년부터 대화국 자격으로 참석하고 있다.
유로폴	유럽연합조약에 근거하여 회원국 간 발생하는 범죄, 특히 마약범죄에 대하여 범죄정보를 교환·조정하는 중앙기구, 네덜란드 헤이그에 본부를 둔 유럽경찰사무소를 설치

Answer 04 ② 05 ④

06 국제경찰공조에 관한 설명으로 가장 적절한 것은? 24. 순경

① 국제형사사법공조와 범죄인 인도는 동일한 법률에 근거하고 있다.
② 「국제형사사법공조법」에는 증거 수집, 압수·수색 또는 검증이 공조의 범위로 포함되어 있다.
③ 국제형사경찰기구(인터폴)의 회원국은 자국 내 설치된 국가중앙사무국을 통해 다른 나라의 국가중앙사무국과 국제범죄정보 및 자료를 교환하며, 임의적 협조라기보다는 강제적 협조의 성격을 가진다.
④ 국제형사경찰기구는 국제형사공조기구로 분류되며, 예외적인 사안에서는 국제형사경찰기구 소속 수사관이 범인을 체포하거나 구속할 수도 있다.

(해설) ① **국제형사사법공조는 국제형사사법공조법**이 적용되고, **범죄인 인도는 범죄인 인도법**이 적용된다.
③ 다른 나라의 국가중앙사무국과 국제범죄정보 및 자료를 교환하며, **강제적 협조라기보다는 임의적 협조의 성격을 가진다.**
④ **인터폴은 직접 수사를 하는 기구가 아니다.** 경찰의 수사권 행사는 엄연히 주권국의 내정(=공권력)에 해당하며, 나라 밖의 국제기구가 간섭할 사안이 아니다. 인터폴에게 범죄 수사권을 위임하는 국제법상 협약 같은 것은 없고, 단지 각국 경찰이 빠른 연락과 정보 공유를 위해 사용하는 협력체에 불과하다.

07 국제형사경찰기구 (INTERPOL)에서 발행하는 국제수배서에 대한 설명으로 가장 적절하지 않은 것은? 20. 승진

① 인터폴 사무총국에서는 폭발물 등 위험물에 대한 경고를 목적으로 오렌지 수배서를 발부하고 있다.
② 청색수배서는 유죄판결을 받은 자, 수배자, 피의자, 참고인, 피해자 등 범죄관련자의 소재확인 목적으로 발부된다.
③ 실종자 소재확인 목적으로 발부되는 것은 흑색수배서이다.
④ 보라색수배서는 세계 각국에서 범인들이 범행 시 사용한 새로운 범죄수법 등을 사무총국에서 집중 관리하고 이를 각 회원국에 배포하여 수사기관으로 하여금 범죄예방과 수사자료로 활용하게 한다.

(해설) 실종자 소재확인 목적으로 발부되는 것은 **황색수배서**이다

▶ **국제수배서**

황색수배서 (가출인수배서 = Yellow Notice)	**가출인의 소재확인** 또는 **기억상실자 등의 신원확인**을 할 목적으로 발행하는 수배서이다.
녹색수배서 (국제경고 수배서 = Green Notice)	상습적으로 범행하였거나 범행할 가능성이 있는 **국제범죄자와 동향을 파악**하여 사전에 그 범행을 방지할 목적으로 발행하는 수배서이다.

Answer 06 ② 07 ③

청색수배서 (국제정보 조회수배서) = Blue Notice)	일반 형법을 위반하여 체포영장이 발부되어 **피수배자의 신원과 소재확인**을 목적으로 수배자의 도피처가 명확한 경우에 한하여 발행하는 수배서이다.
오렌지 수배서 (안전경보 = Orange Notice)	2004년 **폭발물, 테러범** 등에 대하여 경보하기 위하여 발행하는 수배서이다.
적색수배서 (국제체포 수배서 = Red Notice)	**가장 중요한 수배서**로서 일반형법을 위반하여 체포영장이 발부된 범죄인에 대하여 **범죄인 인도를 목적**으로 하는 경우에 발행하는 수배서이다.
장물수배서 (Stolen Notice)	도난당하였거나 불법 취득한 것으로 보이는 물건에 대해 수배를 하는 것을 말한다.
흑색수배서 (변사자수배서 = Black Notice)	**사망자의 신원을 확인**할 수 없거나 또는 사망자가 가명을 사용하였을 경우 정확한 신원을 파악할 목적으로 발행하는 수배서이다.
범죄수법 수배서 (Modus Operandi) = 자주색	각국에서 범인들이 사용한 **새로운 범죄수법** 등을 회원국에 배포할 때 발행하는 수배서이다.

08 다음 중 인터폴에서 발행하는 국제수배서에 대한 설명으로 옳은 것은?   응용문제

㉠ 적색수배서(Red Notice) – 국제체포수배서로 범죄인 인도를 목적으로 발행
㉡ 청색수배서(Blue Notice) – 상습 국제범죄자의 동향 파악 및 범죄예방을 위해 발행
㉢ 황색수배서(Yellow Notice) – 신원불상 사망자 또는 가명사용 사망자의 신원확인을 위해 발행
㉣ 자주색수배서(Purple Notice) – 폭발물 등 위험물에 대한 경고 목적으로 발행
㉤ 흑색수배서(Black Notice) – 가출인의 소재확인 및 심신상실자의 신원확인 목적으로 발행

① 0개   ② 1개
③ 2개   ④ 3개

해설 ㉡ 녹색수배서(Green Notice)
      ㉢ 흑색수배서(Black Notice)
      ㉣ 오렌지수배서(Orange Notice)
      ㉤ 황색수배서(Yellow Notice)

Answer 08 ②

09 인터폴에서 발행하는 국제수배서에 대한 설명 중 적절하지 않은 것으로 묶인 것은? 응용문제

> ㉠ 흑색수배서(Black Notice) - 신원불상사망자 또는 가명사용 사망자의 신원확인
> ㉡ 황색수배서(Yellow Notice) - 도난 또는 불법취득 물건·문화재 등에 대한 수배
> ㉢ 녹색수배서(Green Notice) - 수배자의 신원·전과 및 소재확인
> ㉣ 청색수배서(Blue Notice) - 상습 국제범죄자의 동향 파악 및 범죄예방을 위해 발행
> ㉤ 적색수배서(Red Notice) - 범죄인 인도를 목적으로 발행
> ㉥ 자주색수배서(Purple Notice) - 가출인의 소재확인 및 기억상실자의 신원확인

① ㉠, ㉡, ㉢, ㉣
② ㉡, ㉢, ㉣, ㉥
③ ㉠, ㉡, ㉣, ㉥
④ ㉢, ㉣, ㉤, ㉥

해설 ㉡ 장물수배서
㉢ 청색수배서
㉣ 녹색수배서
㉥ 황색수배서

Answer 09 ②

제3절 외국군대 및 군함

01 외국군함 승무원의 지위 중 가장 옳지 않은 것은? 응용문제
① 공무상 외국의 영토에 상륙한 승무원이 육상에서 공무수행 중 범죄는 관할권이 면제된다.
② 공무상 외국의 영토에 상륙한 승무원의 일시적 신체구속은 가능하나 처벌할 수는 없다.
③ 공무외 외국의 영토에 상륙한 승무원은 연안국의 관할권이 인정되나, 관례상 범인을 군함에 인도한다.
④ 탈주 승무원 발생시 함장은 육상에서 직접 체포할 수 있다.

[해설] 승본국의 **영사를 통하여 지방당국에 체포를 요청**하여야 한다.

▶ 군함 승무원의 지위

공무상 외국의 영토에 상륙한 승무원의 지위	군함의 승무원은 제복을 입고 **공무수행을 위해서 상륙한 경우에는 치외법권**을 가지므로 범죄행위를 한 경우에도 **처벌할 수 없다**.
	그러나 일시적인 신체의 구속은 가능하며, 이 경우에도 함장의 인도요구가 있으면 이를 응하여야 한다.
공무 외의 사유로 외국의 영토에 상륙한 승무원의 지위	**사용(私用) 또는 단순한 휴양 중에 행한 육상범죄에 대해서는 치외법권이 인정되지 않으나**, 실제로는 연안국이 재판권을 행사하지 않고 범인을 군함에 인도하는 경우가 많다.
탈주한 승무원의 지위	**승무원이 탈주한 경우에 지휘관은 그를 육상에서 체포하려고 해서는 안되고, 그 본국의 영사를 통하여 지방당국에 체포를 요청**하여야 하며, 이 경우에도 그 도망자를 군함의 지휘관에게 인도하는 것이 일반적 관행이다.

02 다음 중 국제법상 군함의 일반적 지위에 대한 설명으로 옳지 않은 것은? 응용문제
① 공해상에서 본국 이외의 어느 국가의 관할권으로부터도 면제된다.
② 타국의 영해 및 항만에 있는 경우에도 특권을 향유한다.
③ 타국 정박 시 연안국의 재판권으로부터 면제된다.
④ 무해통항권 중 군함의 경우 우리나라는 5일 전 사전통고를 요건으로 한다.

[해설] ▶ 군함 자체의 지위

불가침권	① 군함은 불가침권을 가지므로 **연안국 관헌은 함장의 동의없이 함내로 들어갈 수는 없다**.
	② 범인이 함내로 도피한 경우에는 함장의 동의를 얻어 들어 가거나 인도를 요청하여야 하며, 함장이 인도를 거부하면 외교경로를 통해 범인의 인도를 요구하여야 한다.
비호권	원칙적으로 범죄자에 대한 **비호권이 없다**.

Answer 01 ④   02 ④

치외법권	군함내의 모든 민사 또는 형사사건뿐만 아니라 군함자체에 관한 사건에 대해서 연안국의 재판관할권으로부터 면제되며, 타국 정박시 연안국의 재판권으로부터 면제된다.
군함의 무해통항권	① **군함은 타국의 영해에서 평시 무해통항권을 가지지 않는다.** ② 무해통항권은 모든 국가의 선박에 대해 인정이 되나, 군함의 경우에는 보통사전 통고제 또는 허가제를 취하고 있으며, **한국은 3일 전 사전통고를 요건으로** 하고 있다.

03 다음은 경찰관의 외국군함대의 출입에 관한 설명이다. 잘못된 것은? 응용문제

① 당해 군함의 함장의 청구가 있는 경우 외에는 출입할 수 없다.
② 중대한 범죄를 범한 자가 도주하여 대한민국영역 안에 있는 외국군함으로 들어갔을 때에는 신속히 국가수사본부장에게 보고하여 지시를 받아야 한다.
③ 급속을 요할 경우 신분을 밝히고 출입할 수 있다.
④ 급속을 요할 때에는 당해 군함의 함장에 대하여 중대한 범죄를 범한 자의 임의의 인도를 요구할 수 있다.

해설 ▶ 경찰관의 외국군함 내에 출입

경찰관의 외국군함 내에 출입	① 외국군함은 항구의 정박 여부를 떠나 외국영토로 인정되며, 외국군함은 국제법상 특권·면제가 인정된다. ② 당해 군함의 함장의 승낙이나 청구가 있는 경우에는 출입할 수 있다. ③ 범죄인의 체포 등 수사에 있어 **급속을 요하는 경우에도 그 신병의 인도(급속을 요할 경우 당해 함장에 대하여 임의의 인도를 요구)나 수사상 협조를 요구할 수 있을 뿐**이며, 중대한 범죄를 범한 자가 도주하여 대한민국 영역 안에 있는 외국군함으로 들어갔을 때는 신속히 국가수사본부장에게 보고하여 지시를 받아야 한다.
외국선박내의 범죄	경찰관은 대한민국의 영해에 있는 외국 선박 내에서 발생한 범죄로서 아래에 해당하는 경우에는 수사를 하여야 한다. ㉠ 대한민국 육상이나 항내의 안전을 해할 때 ㉡ 승무원 이외의 자나 대한민국의 국민에 관계가 있을 때 ㉢ 중대한 범죄가 행하여졌을 때

Answer 03 ③

제4절 외교사절의 외교특권

01 외교사절에 대한 설명 중 가장 옳지 않은 것은? 11. 승진

① 대사대리, 공사, 상무관, 노무관은 외교관에 해당한다.
② 참사관, 각급 서기관, 무관, 공보관은 외교직원에 해당한다.
③ 공관직원이란 외교직원과 행정·기능직원을 말하며 요리사, 사환, 하인 등 노무직원은 공관직원에 해당하지 않는다.
④ 기록보관사, 교정사, 개인비서, 속기사는 행정·기능직원에 해당한다.

해설 ▶ 외교관(공관장＋외교직원)

공관장		대사, 대사대리
공관 직원	외교직원	① 외교관은 공관장과 외교직원으로서 비엔나협약의 모든 특권을 향유한다. ② 공사, 참사관, 각급서기관, 각종 주재관(무관, 공보관) 등 외교관 신분이 부여된 자
	행정·기술직원	① 속기사, 타자수 등 행정·기능직원의 경우 민사, 행정재판권 면제는 직무중의 행위에 한한다. ② 부기사, 개인비서, 속기사, 타자수, 기록보관사, 교정사 등
	업무직원	① 요리사는 노무직원으로 직무대상 중의 행위에 한하여 형사재판권이 면제된다. ② 요리사, 운전사, 사환, 하인 등
개인사용인		사용(私用)노무종사자로서 공관직원의 가사에 종사

02 다른 나라가 파견한 외교관을 접수국이 특정 외교관의 전력, 또는 정상적인 외교 활동을 벗어난 행위를 문제삼아 '비우호적 인물' 또는 '기피 인물'로 선언하는 것은? 08. 승진

① 페르소나 논 그라타 ② 아그레망
③ 비토 ④ 엠바고

해설 ▶ 페르소나 논 그라타(Persona non grate)
비우호적 인물에 대해 접수국은 외교사절과 직원에 대해서 언제든지 'Persona non grate' 선언을 할 수 있고, 이러한 통지를 받은 파견국은 당해 직원을 소환하던지 또는 해임하여야 한다.

Answer 01 ③ 02 ①

03 외교관 신분증의 종류에 대한 설명으로 가장 적절하지 않은 것은? 20. 승진

① 한국정부가 체결한 협정 등에 의거하여 특권 및 면제를 부여받는 자(대표부 직원, 군인, 전문가 등)는 신분증 A 발급 대상이다.
② 국제기구 본부에 의해 임명된 주한 대표사무소 고위직원은 신분증 I 발급 대상이다.
③ 주한 영사기관의 영사관원과 그와 동거할 목적으로 입국한 동반가족은 신분증 C 발급 대상이다.
④ 주한 외교공관의 공관장 및 외교직원은 신분증 D 발급 대상이다.

해설 ▶ 외교관 신분증의 종류

신분증 종류	발급대상
D	㉠ 주한 외교공관의 공관장 및 외교직원 ㉡ 상기 해당자와 동거할 목적으로 입국한 동반가족(14세 미만은 제외)
C	㉠ 주한 영사기관장 및 영사관원 ㉡ 상기 해당자와 동거할 목적으로 입국한 동반가족(14세 미만은 제외) ※ 단, 상기 해당자가 명예영사관원일 경우 본인과 배우자에 대하여서만 H 신분증을 발급하며, 명예영사관원이 한국인일 경우에는 본인에게만 신분증을 발급한다.
I	㉠ 국제기구 본부에 의하여 임명된 주한 대표사무소 고위직원 ㉡ 상기 해당자와 동거할 목적으로 입국한 동반가족(14세 미만은 제외)
A	㉠ 주한 외교공관의 행정 기능직원 및 노무직원 ㉡ 주한 영사기관의 사무직원 및 업무직원 ㉢ 주한 국제기구 대표사무소에 근무하는 일반직원 ㉣ 상기 해당자와 동거할 목적으로 입국한 동반가족(14세 미만은 제외)
B(①)	㉠ 한국 정부가 체결한 협정 등에 의거하여 특권·면제를 부여 받는 자 ㉡ 상기 해당자와 동거할 목적으로 입국한 동반가족(14세 미만은 제외) ㉢ 기타 신분증 발급이 필요하다고 인정되는 자

04 외교사절과 영사의 구별에 관한 설명으로 가장 옳지 않은 것은? 응용문제

① 외교사절은 파견·접수·직무·특권 등을 일반적으로 개별적 조약에 의한다.
② 영사는 국가를 대표해서 외교교섭을 할 권한이 없다.
③ 외교사절은 국제법상 외교교섭을 하는 국가의 대외적 대표기관이다.
④ 영사는 반드시 자국민을 필요는 없다.

해설 ▶ 외교사절과 영사의 비교

	외교사절	영사
성질	정치적 기관 (정치적 대표성)	비정치적·통상적 기관 (기능적 성격)
국적	① 원칙 : 자국민(파견국 국민) ② 예외 : 접수국민이나 제3국인을 임명할 수 있음(접수국의 동의 필요)	자국민일 필요가 없음

Answer 03 ① 04 ①

계급	대사, 공사, 대리공사	총영사, 영사, 부영사, 영사대리
규제법규	일반 국제법(국제관습・협약)	**개별적 조약(영사조약 등)**
아그레망	필요함	필요없음
파견시	신임장 부여	위임장 부여
임무개시	신임장 정본의 제출시	접수국의 영사 인가장 부여시
신체의 불가침	포괄적(일시적 구속 가능)	공무에 한해서 (체포・구속・기소 가능)
공관의 불가침	포괄적(공・사저)	공관만 향유
문서의 불가침	포괄적(공・사문서)	공문서만 보호 (개봉요구 할 수 있음)
치외법권 (면제권)	포괄적으로 향유	공무상 행위만 해당(제한적)

05 다음 중 외교사절 특권에 대한 설명으로 옳지 않은 것은? _{08. 승진}

① 외교사절은 공관・문서・신체 등에 대한 불가침권을 향유한다.
② 원칙적으로 외교사절에 대한 민사소송을 제기할 수 없을 뿐 아니라 수리할 수도 없다. 따라서 강제집행이나 손해배상청구도 일체 허용되지 않는다.
③ 원칙적으로 외교사절은 민・형사사건을 불문하고 법정에 출석하여 증언할 의무가 없음은 물론 관서 내에서 증언할 의무도 없다. 다만 예외적으로 자발적으로 행하는 것은 가능하다.
④ 외교사절이 개인적으로 접수국에서 부동산을 소유하거나 영업에 종사하여도 세금을 부과할 수 없다.

(해설) ▶ 과세권 면제
① 외교사절은 접수국의 과세권으로부터 면제된다.
② 예외적으로 **간접세, 외교사절의 사유부동산에 대한 취득세・상속세 등에 대해서는 면제되지 않는다.**

06 외교사절의 특권과 면제에 관한 설명으로 가장 옳지 않은 것은? _{응용문제}

① 외교사절의 공관과 관사는 불가침권을 가진다.
② 관사라 할지라도 원칙적으로 범죄인의 비호권을 인정되지 않는다.
③ 외교사절의 공문서뿐만 아니라 사문서도 불가침권이 있다.
④ 특권과 면제는 본인과 파견국 정부에 의해서만 포기될 수 있다.

(해설) **외교특권은 개인의 권리가 아니고 파견국의 권리**이므로 파견국이 외교관의 면책특권을 포기할 수는 있지만, **외교관 개인은 포기할 수 없다.**

Answer 05 ④ 06 ④

07 외사 정보경찰관이 주한 외국대사관을 출입할 때의 유의 사항으로 잘못된 것은? 응용문제

① 대사관은 대사관원의 청구가 있을 경우 이외에 들어가서는 안 된다.
② 대사관은 도망한 범인 수사를 위해서는 대사관원의 사전동의를 요한다.
③ 영사관 출입은 아무런 제한이 없다.
④ 중대한 범인이 대사관에 들어가 지체할 수 없는 경우 대사관을 수색할 때는 지체 없이 경찰청장에 보고하여 그의 지시를 받아야 한다.

> 해설) 대사관과 대사나 관원의 사택·별장 혹은 그 숙박하는 장소는 당해 대사나 관원의 청구가 있을 경우 이외에 들어가서는 안 된다. **영사관 출입시에도 같다.**

08 조약의 유형에 대한 설명으로 가장 적절한 것은? 20. 승진

① 협정이란 정치적인 요소가 포함된 전문적·기술적인 주제를 다룸으로써 조정하기 어렵지 아니한 사안에 대한 합의에 사용된다.
② 협약이란 주로 기본적인 문서에 대한 개정이나 보충적인 성격을 띠는 조약에 주로 사용되나, 최근에는 전문적 성격의 다자조약에도 사용된다.
③ 기관 간 약정이란 정부기관이 동일 또는 유사한 업무를 수행하는 외국의 정부기관과 우리나라 국내법상 자신의 소관업무 내지 권한의 범위 내에서 체결하는 법적 구속력이 있는 합의를 말한다.
④ 양해각서란 이미 합의된 내용 또는 조약 용어의 개념들을 명확히 하기 위하여 당사자 간 외교교섭의 결과 상호양해된 사항을 확인·기록하는 데 사용된다.

> 해설) ▶ 조약의 유형

조약	① **가장 격식을 따지는 정식의 문서**로서 주로 당사국간의 정치적, 외교적 기본관계나 지위에 관한 포괄적인 합의를 기록하는데 사용된다. ② **체결주체는 주로 국가**이다. 예) 한미간 상호방위조약, 한일간 기본관계에 관한 조약 등
헌장	주로 **국제기구를 창설**하는 경우에 쓰이는 조약의 명칭으로 사용된다. 예) UN헌장, 유네스코 헌장 등
협정 (①)	① **주로 정치적인 요소가 포함되지 않는 전문적, 기술적인 주제**를 다룸으로써 조정하기가 어렵지 아니한 사안에 대한 합의에 많이 사용된다. ② **체결주체는 주로 정부**이다. 예) 투자보장협정, 무역협정, 문화협정 등
협약	① **양자조약의 경우 특정분야 또는 기술적인 사항에 관한 입법적 성격의 합의**에 많이 사용된다. ② **체결주체는 주로 국가**이다. 예) 외교관계에 관한 비엔나협약, 영사관계에 관한 비엔나협약 등
의정서 (②)	**기본적인 문서에 대한 개정이나 보충적인 성격**을 띠는 조약에 주로 사용되나, 최근에는 **전문적인 성격의 다자조약에도 많이 사용**된다. 예) 오존층 파괴물질에 관한 몬트리올 의정서 등

Answer 07 ③ 08 ④

교환 각서	최근에 자주 사용되는 방식으로 일국의 대표가 자국의 의사를 표시하여 합의가 성립되는 경우에 사용된다. ㉠ 한·미투자보장에 관한 각서교환 등
양해 각서	주로 이미 합의된 조약의 내용이나 조약의 본문에 사용된 용의 명확한 개념규정을 위하여 당사국간에 양해된 사항을 확인하고 이를 기록하는 데 사용되고 있다. ㉠ 한·방글라데시 군수방위산업 양해각서 등
합의 의사록	주로 외교교섭이나 조약의 체결 시에 표명된 견해 또는 상호 합의한 사항을 기록한 문서를 말한다. ㉠ 대한민국과 아메리카합중간의 상호방위조약 제4조에 의한 시설과 구역 및 대한민국에서의 합중국 군대의 지위에 관한 협정의 합의의사록
기관간 약정 (④)	정부기관이 동일 또는 유사한 업무를 수행하는 외국의 정부기관과 우리나라 국내법상 자신의 소관업무 내지 권한의 범위 내에서 체결하는 **법적 구속력이 없는 합의**를 말한다.

제5절 주한미군지위협정(SOFA)

01 다음 중 SOFA(한미행정협정)의 적용대상자가 아닌 것은? 응용문제

① 주한 미육군의 현역
② 미국의 국적을 가진 미군의 군속
③ 주한미군의 25세의 자녀
④ 주한미군의 배우자

해설 ▶ 주민미군지위협정(SOFA)의 적용대상자

미합중국 군대의 구성원	대한민국의 영역 안에 있는 주한미군의 구성원(육군, 해군, 공군)으로서 현역군인을 말한다. ▶ 준외교특권을 누리는 주한미군사고문단원과 주한미대사관에 근무하는 무관은 제외된다.
군속	① 미국의 국적을 가진 민간인으로서 대한민국에 주재하고 있는 미군에 고용되거나 (가족 포함) 근무하는 자를 말한다. ② 한국과 미국의 국적을 모두 가진 이중국적자로서 주한미군에 고용되어 있는 자(가족 포함)를 말한다. ③ 제3국인으로서 주한미군에 고용되어 근무하는 자(동반자 포함)를 말한다.
가족	① 주한미군의 구성원 또는 군속의 가족 중에서 배우자 및 **21세 미만의 자녀**를 말한다. ② 부모 및 21세 이상의 자녀 또는 친척으로서 생계비의 반액 이상을 주한미군 또는 군속에 의존하는 자를 말한다.
초청 계약자	특정한 조건하에 미국정부의 지정에 의한 계약이행만을 위하여 대한민국에 체류하는 자로서 ㉠ 미국의 법률에 따라 조직된 법인, ㉡ 통상적으로 미국에 거주하는 그의 고용원, ㉢ 법인, 고용원의 그 가족을 포함한다.

02 주한미군지위협정 (SOFA)에 대한 설명으로 가장 적절한 것은? 20. 승진

① 주한미군지위협정(SOFA)의 개정논의는 미국만이 요청할 수 있다.
② 한·미 양국의 재판권이 경합하는 경우 모든 사건 처리를 상호 통고하여야 한다.
③ 미군 사병과 카투사 간 상호폭행의 미군범죄에 대해 재판권 경합 시 한국법원이 제1차적 재판권을 행사한다.
④ SOFA 대상 사건에 대한 피해자 손해배상절차 중 비공무 중 사건의 경우 국가배상 청구절차에 따라 우리 정부가 손해배상액을 사정한 후, 주한미군 측이 배상금 지급여부 및 배상액을 최종으로 결정하여 직접 배상한다.

해설 ① 한미군지위협정(SOFA)의 개정논의는 **양국 모두 요청**할 수 있다.
② 미군은 우리가 1차적 재판권을 가지는 경우에만 통고하도록 규정한다.
③ 미군 사병과 카투사 간 상호폭행의 미군범죄에 대해 재판권의 경합시 → **미군당국이 제1차적 재판권을 행사**한다.

Answer 01 ③ 02 ④

03 외사경찰활동과 관련된 설명으로 옳지 않은 것은?   71기 경간부

① 「외사요원 관리규칙」상 외사요원이라 함은 외사기획, 외사정보, 외사수사, 해외주재, 그리고 국제협력업무를 취급하는 경찰공무원을 말한다.
② 「출입국관리법」상 수사기관은 긴급출국금지를 요청한 때로부터 6시간 이내에 법무부장관에게 긴급출국금지 승인을 요청하여야 한다.
③ 수사절차 등과 관련해 일정한 제약을 규정하고 있는 「주한미군지위협정(SOFA)」은 대한민국 영역안에 있는 미국 군대의 구성원, 군속, 그리고 그 가족으로 적용대상을 제한하고 있다.
④ 「범죄수사규칙」상 경찰관은 외국인 관련범죄의 수사를 함에 있어서는 국제법과 국제조약에 위배되는 일이 없도록 유의해야 하며 중요한 범죄에 관하여는 미리 경찰청장에게 보고하여 그 지시를 받아 수사에 착수하여야 한다.

(해설) 수사절차 등과 관련해 일정한 제약을 규정하고 있는 「주한미군지위협정(SOFA)」은 대한민국 영역 안에 있는 미국 군대의 구성원, 군속, 그리고 그 가족으로 적용대상이며, **초청계약자도 적용대상**이다.

04 SOFA 규정상 주한미군 등의 형사재판 관할권에 대한 설명으로 옳지 않은 것은?   응용문제

① 공무집행 중의 작위 또는 부작위에 의한 범죄는 미군당국이 1차적 재판권을 가진다.
② 대한민국의 안전에 관한 범죄는 한국이 전속적 재판권을 가진다.
③ 한국이 계엄령을 선포한 경우, 재판권은 한국측이 해제시까지 행사한다.
④ 미군당국은 평화시에 군속 및 그 가족에 대한 재판권을 가지지 않는다.

(해설) ▶ 재판관할권
① 미군당국은 미국의 구성원, 군속 및 그들의 가족에 대하여 미국 법령이 부여한 모든 형사재판권 및 징계권을 대한민국 안에서 행사할 권리를 갖는다.
② 평화시에는 미군의 군속 및 가족에 대한 형사재판권은 대한민국 당국이 행사한다.
③ 한국이 계엄령을 선포할 경우에는 선포지역 내에서는 형사재판권의 제규정의 효력이 즉시 정지되고, **해제될 때까지 미군당국이 재판권을 행사**한다.

05 외국인 관련 사건처리에 대한 설명 중 가장 적절하지 않은 것은?   22. 승진

① 「범죄인 인도법」상 법원은 범죄인이 인도구속영장에 의하여 구속 중인 경우에 구속된 날부터 2개월 이내에 인도심사에 관한 결정을 하여야 한다.
② 주한미군지위협정(SOFA)상 주한미군의 공무집행 중 작위 또는 부작위에 의한 범죄는 합중국 군 당국의 전속적 재판권 범위에 포함된다.
③ 「국제형사사법 공조법」상 행정안전부장관은 국제형사경찰기구로부터 외국의 형사사건 수사에 대하여 협력을 요청받거나 국제형사경찰기구에 협력을 요청하는 경우에는 국제범죄의 정보 및 자료교환 등의 조치를 취할 수 있다.

Answer 03 ③ 04 ③ 05 ②

④ 「대한민국과 러시아연방간의 영사협약」상 파견국 국민이 영사 관할 구역안에서 구속된 경우, 접수국의 권한있는 당국은 지체없이 파견국의 영사기관에 통보한다.

해설 주한미군지위협정(SOFA)상 주한미군의 공무집행 중 작위 또는 부작위에 의한 범죄는 합중국 군 당국의 1차적 재판권에 포함된다.

06 다음 중 미국시설 및 구역 내의 경찰권에 관한 기술로 잘못된 것은? 응용문제

① 미군당국은 그 시설 및 구역 내에서 범죄를 행한 모든 자를 체포할 수 있다.
② 대한민국 당국이 체포하려는 자로서 미군·군속 또는 그 가족이 아닌 자가 이러한 시설 및 구역 내에서 있을 때에 대한민국 당국이 요청하는 경우에는 미군당국은 그 자를 체포하여 즉시 대한민국당국에 인도하여야 한다.
③ 중대한 죄를 범하고 도주하는 현행범인을 추적하는 때에는 대한민국 당국은 미군시설 및 구역 내에서 미군당국의 동의 없이는 체포할 수 없다.
④ 미군당국도 시설 및 구역 주변에서 국적여하를 불문하고 시설 및 구역의 안전에 대해 현행범을 체포 또는 유치할 수 있다.

해설 ▶ 시설 및 구역 내의 경찰권

시설 및 구역내부 경찰권	① 미군시설 및 구역 내에서 발생한 모든 범죄자에 대해 미군당국이 체포할 수 있다. ② 대한민국 당국이 체포하려는 자로서 한미행정협정 대상이 아닌 자가 이러한 시설 및 구역 내에 있을 때에는 대한민국 당국이 요청하는 경우에 미군당국은 그 자를 체포하여 즉시 인도하여야 한다. ③ ㉠ 미군당국이 동의한 경우 ㉡ 중대한 죄를 범하고 도주하는 현행범인을 추적하는 경우에는 미군시설 및 구역 내에서 대한민국 당국이 체포가 가능하다.
시설 및 구역주변 경찰권	미군당국의 시설 및 구역주변에서 국적 여하를 불문하고 시설 및 구역의 안전에 대해 현행범인을 체포·유치할 수 있다.
압수·수색·검증	대한민국 당국은 미군 당국이 동의가 없으면 시설 또는 구역 내에서 사람이나 재산에 관하여 또는 시설 및 구역 내외를 불문하고 미국재산에 관하여 압수·수색 또는 검증을 할 수 없다. 단, 압수·수색·검증에 관한 대한민국 당국의 요청이 있는 때에는 미군 당국은 필요한 조치를 하여야 한다.

07 한미행정협정(SOFA) 사건에 대한 수사요령 중 틀린 것은? 응용문제

① 미군당국(미헌병)의 신병인도 요청시 인도하고 신병인수증을 수령한다.
② 사건발생시 피의자를 가까운 경찰관서에 동행한 후 미군당국에 통보한다.
③ 피의자신문조서는 입회인 없더라도 증거채택이 가능하다.
④ 신병인도 전에 예비수사를 할 수 있다.

Answer 06 ③   07 ③

해설) 대한민국 당국은 **정부대표의 입회를 흠결하거나 정부대표의 서명이 없이 작성된 신문조서는 그 효력을 상실**한다.

08 휴가 중인 미국 甲병사가 한국인 여성을 강간한 사건을 조사하게 된 乙 경찰서의 조치내용으로 잘못된 것은? 응용문제

① 피의자가 SOFA 대상자인가 여부를 확인한 후 소속·계급·성명 등 기초사실을 조사하고 미군당국에 통고한다.
② 검거 후 24시간 이내에 관할 지방검찰청에 한미행정협정사건 발생보고를 한다.
③ 미군당국이 신병인도를 요구하면 책임장교 서명과 신병인수증을 받은 후 甲을 미군당국에 인도하여야 한다.
④ 미국정부대표가 참석한 가운데 甲을 신문할 경우 피의자신문조서에는 甲의 서명만 필요하고 미국정부대표의 서명은 필요없다.

해설) SOFA 대상 피의자를 조사할 경우 반드시 미국정부대표를 참석시키고 **정부대표의 서명이 있어야 증거능력을 인정받을 수 있다.**

09 한미행정협정 대상자 수사에 대한 내용으로 틀린 것은? 응용문제

① 강간 피의자의 범인 검거 후 48시간 이내에 관할 지방검찰청 검사에게 한미행정협정사건 발생보고를 한다.
② 중대한 범죄를 저지르고 도주하는 현행 범인이 미군시설 내에 들어간 경우 추적하여 체포할 수 있다.
③ 미군이 체포되었을 때 미정부대표는 음식, 침구 등을 제공할 수 있다.
④ 미군이 미군피의자의 신병인도를 요청하는 경우 살인 등 12개 범죄유형 외에는 즉시 신병인도를 하여야 한다.

해설) 피의자에 대한 예비조사 미국당국에 대한 통보가 끝난 후 예비조사 결과를 토대로 사건접수 후 **24시간이내에** 관할 지방검찰청에 SOFA 사건 발생보고를 한다.

Answer 08 ④ 09 ①

경찰채용 / 경찰간부 / 경찰승진 / 경찰특공대
황영구 경찰학

최신판

2025 황영구
경찰학 기출
[법령편]

황영구 편저

경찰시험 대비 최적의 기본서!!
- 기출 및 중요 지문파악 가능
- 이론 두문자 자료 수록

동영상 유스터디 m.ustudy.co.kr / **유튜브 채널** "황영구 경찰학"
다음카페 Cafe.daum.net/police2004

2025 황영구
경찰학 기출
[이론편/법령편]

경찰시험 대비 최적의 기본서!!
- 기출 및 중요 지문파악 가능
- 이론 두문자 자료 수록

CONTENTS

이 책의 **목차**

제1편 총론 1단계

CHAPTER 01	경찰법[법률 시행 2023.2.16.] & 국가경찰위원회 규정 (대통령령 시행 2023.4.18)	10
CHAPTER 02	국가공무원법[법률 시행 2023.10.12.]	24
CHAPTER 03	경찰공무원법[법률 시행 2024.8.14.]	45
CHAPTER 04	경찰공무원 임용령[대통령령 시행 2024.1.16.]	56
CHAPTER 05	경찰공무원 승진임용 규정[법률 시행 2024.7.1.]	66
CHAPTER 06	경찰공무원 징계령[대통령령 시행 2022.3.15.]	74
CHAPTER 07	경찰공무원 징계령 세부시행규칙(경찰청 예규 시행 2021.12.30.) [경찰청예규 시행 2021.12.30.]	84
CHAPTER 08	경찰청 공무원 행동강령[경찰청훈령 시행 2022.10.7.]	87
CHAPTER 09	부정청탁 및 금품등 수수의 금지에 관한 법률[법률 시행 2022.6.8.]	96
CHAPTER 10	경찰관 직무집행법[법률 시행 2024.9.20.]	101
CHAPTER 11	경찰장비관리규칙[경찰청훈령 시행 2024.1.18.]	138
CHAPTER 12	위해성 경찰장비의 사용기준 등에 관한 규정[대통령령 시행 2021.1.5.]	146
CHAPTER 13	보안업무규정[대통령령 시행 2021.1.1.]	150

제2편 각론 1단계

CHAPTER 01	지역경찰의 조직 및 운영에 관한 규칙[경찰청예규 시행 2022.5.31.]	164
CHAPTER 02	가정폭력범죄의 처벌 등에 관한 특례법[법률시행 2023.6.14.]	173
CHAPTER 03	청원경찰법[법률시행 2021.1.1.]	181
CHAPTER 04	통합방위법[법률시행 2024.1.16.]	185
CHAPTER 05	도로교통법[법률시행 2021.10.21.]	191

CHAPTER 06	교통사고처리특례법[법률시행 2017.12.3.]	241
CHAPTER 07	교통사고조사규칙[경찰청훈령 2023.7.31.]	246
CHAPTER 08	집회 및 시위에 관한 법률[법률시행 2021.1.1.]	251
CHAPTER 09	국가보안법[법률시행 2017.7.7.]	275
CHAPTER 10	보안관찰법[법률시행 2020.8.5.]	285
CHAPTER 11	출입국관리법[법률시행 2023.12.14.]	293
CHAPTER 12	범죄인 인도법[법률시행 2021.1.5.]	311
CHAPTER 13	국제형사사법 공조법[법률시행 2021.1.5.]	320

제3편 각론 1단계

CHAPTER 01	가. 경찰 감찰 규칙[경찰청훈령 시행 2022.10.7.]	326
CHAPTER 01	다. 경찰 인권보호 규칙[경찰청훈령시행 2022.10.7.]	334
CHAPTER 01	마. 국가재정법[법률시행 2024.5.17.]	341
CHAPTER 01	바. 물품관리법[법률시행 2020.6.9.]	350
CHAPTER 01	사. 질서위반행위규제법[법률 시행 2021.1.1.]	352
CHAPTER 01	자. 언론중재 및 피해구제 등에 관한 법률(법률 시행 2023.8.8.)	357
CHAPTER 01	카. 공공기관의 정보공개에 관한 법률(법률 시행 2023.11.17.)	362

CONTENTS

이 책의 **목차**

제4편 각론 2단계

CHAPTER 01	풍속영업의 규제에 관한 법률[법률시행 2021.1.1.]	372
CHAPTER 02	경범죄처벌법[법률시행 2017.10.24.]	375
CHAPTER 03	총포·도검·화약류 등의 안전관리에 관한 법률[법률 시행 2021.1.1.]	384
CHAPTER 04	성매매알선 등 행위의 처벌에 관한 법률[법률시행 2021.3.16.]	389
CHAPTER 05	아동·청소년의 성보호에 관한 법률(법률 시행 2024.6.27.)	391
CHAPTER 06	성폭력범죄의 처벌 등에 관한 특례법(법률 시행 2024.1.25.)	396
CHAPTER 07	청소년 보호법[법률시행 2024.3.26.]	398
CHAPTER 08	아동학대범죄의 처벌 등에 관한 특례법[법률시행 2023.12.26.]	403
CHAPTER 09	실종아동등의 보호 및 지원에 관한 법률[법률시행 2021.6.9.]	408
CHAPTER 10	실종아동등 및 가출인 업무처리 규칙(예규 2024.6.5. 시행) [경찰청 예규 시행 2021.6.14.]	410
CHAPTER 11	유실물법[법률시행 2014.1.7.]	414
CHAPTER 12	경비업법[법률시행 2025.1.31.]	417
CHAPTER 13	경찰 비상업무 규칙[경찰청훈령 시행 2024.7.24.]	423
CHAPTER 14	남북교류협력에 관한 법률	432
CHAPTER 15	북한이탈주민의 보호 및 정착지원에 관한 법률[법률시행 2024.8.7.]	436
CHAPTER 16	국민보호와 공공안전을 위한 테러방지법[법률 시행 2024.2.9.]	442
CHAPTER 17	테러취약시설 안전활동에 관한 규칙(훈련시행 2022.2.25.) [경찰청 훈령 시행 2021.1.22.]	445
CHAPTER 18	노. 재난 및 안전관리 기본법[법률시행 2024.7.17.]	447
CHAPTER 19	로. 경찰 재난관리 규칙[시행 2021.7.15.]	450

제5편 총론 3단계

- CHAPTER 01 경찰공무원 복무규정[시행 2021.1.5.] ········· 454
- CHAPTER 02 공직자윤리법[법률시행 2021.10.2.] ········· 457
- CHAPTER 03 부패방지 및 국민권익위원회의 설치와 운영에 관한 법률
  [법률시행 2024.8.14] ········· 461
- CHAPTER 04 행정절차법[법률시행 2023.3.24.] ········· 463
- CHAPTER 05 국가배상법[법률시행 2017.10.31.] ········· 469
- CHAPTER 06 행정심판법[시행 2023.3.21.] ········· 474
- CHAPTER 07 행정소송법[시행 2017.7.26.] ········· 479
- CHAPTER 08 행정기본법[법률시행 20219.24.] ········· 481
- CHAPTER 09 행정조사기본법[법률시행 2024.1.18] ········· 485
- CHAPTER 10 경찰청 감사 규칙[경찰청훈령 시행 2024.5.1.] ········· 488
- CHAPTER 11 경찰 물리력 행사의 기준과 방법에 관한 규칙
  [경찰청예규시행 2019.11.24.] ········· 490
- CHAPTER 12 행정권한의 위임 및 위탁에 관한 규정(대통령령 시행 2024.7.24.) ····· 494
- CHAPTER 13 행정업무의 운영 및 혁신에 관한 규칙(대통령령시행 2024.5.21.) ········ 498
- CHAPTER 14 경찰관의 정보수집 및 처리 등에 관한 규정[대통령령 시행 2021.3.23.] 503
- CHAPTER 15 경찰청과 그 소속기관 직제[대통령령 시행 2024.8.14.] ········· 505
- CHAPTER 16 수사경찰 인사운영규칙[경찰청훈령 시행 2021.11.23.] ········· 507
- CHAPTER 17 법령 등 공포에 관한 법률[법률시행 2018.10.16.] ········· 510
- CHAPTER 18 개인정보 보호법[시행 2024.3.15.] ········· 512

CONTENTS

이 책의 **목차**

제6편 각론 3단계

CHAPTER 01	사격 및 사격장 안전관리에 관한 법률[법률시행 2021.6.9.]	518
CHAPTER 02	사행행위 등 규제 및 처벌 특례법(법률시행 2021.1.1.)	520
CHAPTER 03	112치안종합상황실 운영 및 신고처리규칙[경찰청예규 시행 2024.7.24.]	523
CHAPTER 04	112신고의 운영 및 처리에 관한 법률[법률시행 2024.7.3.]	525
CHAPTER 05	국적법[법률시행 2022.10.1]	527
CHAPTER 06	여권법[법률시행 2024.8.14.]	529
CHAPTER 07	통신비밀보호법[법률시행 2024.7.24.]	532
CHAPTER 08	피의자 유치 및 호송 규칙[경찰청훈령 시행 2023.10.4.]	535
CHAPTER 09	스토킹범죄의 처벌 등에 관한 법률(법률시행 2024.1.12.) [법률 시행 2021.10.21.]	538
CHAPTER 10	범죄피해자 보호법[법률 시행 2017.3.14.]	540
CHAPTER 11	공직자의 이해충돌 방지법[법률 시행 2022.5.19.]	543
CHAPTER 12	적극행정 운영규정[법률 시행 2024.8.14]	547
CHAPTER 13	경찰청 적극행정 면책제도 운영규정[경찰청훈령 시행 2022.10.7.]	550
CHAPTER 14	성폭력범죄의 수사 및 피해자 보호에 관한 규칙	551
CHAPTER 15	특정중대범죄 피의자 등 신상정보 공개에 관한 법률 [법률 시행 2024.1.25.]	552
CHAPTER 16	경찰수사규칙(행안부령시행 2024.5.24.) & 범죄수사규칙 (경찰청훈령시행 2023.11.1.)	555

황영구 경찰학(법령서)

PART 01

총론 1단계

CHAPTER 01 경찰법[법률 시행 2023.2.16.] & 국가경찰위원회 규정 (대통령령 시행 2023.4.18)

01 「국가경찰과 자치경찰의 조직 및 운영에 관한 법률」상 자치경찰사무에 관한 내용 중 가장 적절하지 않은 것은? 22. 순경

① 생활안전을 위한 순찰 및 시설의 운영, 주민참여 방범활동의 지원 및 지도, 주민의 일상생활과 관련된 사회질서의 유지 및 그 위반행위의 지도·단속 등 지역 내 주민의 생활안전 활동에 관한 사무는 자치경찰의 사무에 포함된다.
② 교통법규 위반에 대한 지도·단속, 교통안전시설 및 무인 교통 단속용 장비의 심의·설치·관리 등 지역 내 교통활동에 관한 사무는 자치경찰사무에 포함된다.
③ 학교폭력 등 소년범죄, 가정폭력, 아동학대 범죄, 「형법」제245조에 따른 공연음란 및 「성폭력범죄의 처벌 등에 관한 특례법」제11조에 따른 공중밀집 장소에서의 추행행위에 관한 범죄는 자치경찰사무에 포함된다.
④ 지역 내 주민의 생활안전 활동에 관한 사무, 지역 내 교통활동에 관한 사무, 지역 내 교통활동에 관한 사무, 지역 내 다중운집 행사 관련 혼잡 교통 및 안전관리의 자치경찰사무에 관한 구체적인 사항 및 범위 등은 대통령령으로 정하는 기준에 따라 시·도 조례로 정한다.

> **해설) 제4조(경찰의 사무) - 자치경찰사무**
> 제3조에서 정한 경찰의 임무 범위에서 관할 지역의 생활안전·교통·경비·수사 등에 관한 다음 각 목의 사무
> 가. 지역 내 주민의 생활안전 활동에 관한 사무
> 나. 지역 내 교통활동에 관한 사무
> 다. 지역 내 다중운집 행사 관련 혼잡 교통 및 안전 관리
> 라. 다음의 어느 하나에 해당하는 수사사무
>   1) 학교폭력 등 소년범죄
>   2) 가정폭력, 아동학대 범죄
>   3) 교통사고 및 교통 관련 범죄
>   4) 「형법」제245조에 따른 공연음란 및 **「성폭력범죄의 처벌 등에 관한 특례법」제12조에 따른 성적 목적을 위한 다중이용장소 침입행위에 관한 범죄**
>   5) 경범죄 및 기초질서 관련 범죄
>   6) 가출인 및 「실종아동등의 보호 및 지원에 관한 법률」제2조 제2호에 따른 실종아동등 관련 수색 및 범죄

Answer **01** ③

02 「국가경찰과 자치경찰의 조직 및 운영에 관한 법률」 제10조에 따른 국가경찰위원회의 심의·의결 사항에 관한 내용으로 가장 적절하지 않은 것은?
23. 순경

① 국가경찰사무에 관한 인사, 예산, 장비, 통신 등에 관한 주요 정책 및 경찰 업무 발전에 관한 사항
② 국가경찰사무에 관한 인권보호와 관련되는 경찰의 운영·개선에 관한 사항
③ 지방행정과 치안행정의 업무조정에 관한 사항
④ 제주특별자치도의 자치경찰에 대한 경찰의 지원·협조 및 협약 체결의 조정 등에 관한 주요 정책사항

해설 지방행정과 치안행정의 업무조정에 관한 사항은 **자치경찰위원회 심의의결 내용**이다.

제10조(국가경찰위원회의 심의·의결 사항 등)
① 다음 각 호의 사항은 국가경찰위원회의 심의·의결을 거쳐야 한다.
  1. **국가경찰사무에 관한 인사, 예산, 장비, 통신 등에 관한 주요정책 및 경찰 업무 발전에 관한 사항**
  2. **국가경찰사무에 관한 인권보호와 관련되는 경찰의 운영·개선에 관한 사항**
  3. 국가경찰사무 담당 공무원의 부패 방지와 청렴도 향상에 관한 주요 정책사항
  4. 국가경찰사무 외에 다른 국가기관으로부터의 업무협조 요청에 관한 사항
  5. **제주특별자치도의 자치경찰에 대한 경찰의 지원·협조 및 협약체결의 조정 등에 관한 주요 정책사항**
  6. 제18조에 따른 시·도자치경찰위원회 위원 추천, 자치경찰사무에 대한 주요 법령·정책 등에 관한 사항, 제25조 제4항에 따른 시·도자치경찰위원회 의결에 대한 재의 요구에 관한 사항
  7. 제2조에 따른 시책 수립에 관한 사항
  8. 제32조에 따른 비상사태 등 전국적 치안유지를 위한 경찰청장의 지휘·명령에 관한 사항
  9. 그 밖에 행정안전부장관 및 경찰청장이 중요하다고 인정하여 국가경찰위원회의 회의에 부친 사항

03 「국가경찰과 자치경찰의 조직 및 운영에 관한 법률」상 국가수사본부장에 관한 설명으로 가장 적절하지 않은 것은?
23. 순경

① 국가수사본부장은 치안정감으로 보한다.
② 국가수사본부장을 경찰청 외부를 대상으로 모집하여 임용하는 경우 정당의 당원이거나 당적을 이탈한 날부터 3년이 지나지 아니한 사람은 국가수사본부장이 될 수 없다.
③ 국가수사본부장이 직무를 집행하면서 헌법이나 법률을 위배하였을 때에는 국회는 대통령에게 해임을 건의할 수 있다.
④ 국가수사본부장의 임기는 2년으로 하며, 중임할 수 없다.

해설 제16조(국가수사본부장)
⑤ 국가수사본부장이 직무를 집행하면서 헌법이나 법률을 위배하였을 때에는 **국회는 탄핵 소추를 의결할 수 있다.**

Answer 02 ③ 03 ③

04. 「국가경찰과 자치경찰의 조직 및 운영에 관한 법률」 제20조 시·도자치경찰위원회 위원의 임명 및 결격사유에 대한 설명으로 옳지 않은 것을 모두 고른 것은?

24. 승진

㉠ 시·도자치경찰위원회 위원장은 위원 중에서 시·도지사가 임명하고, 상임위원은 시·도자치경찰위원회의 의결을 거쳐 위원 중에서 시·도경찰청장의 제청으로 시·도지사가 임명한다.
㉡ 경찰, 검찰, 국가정보원 직원 또는 군인의 직에 있거나 그 직에서 퇴직한 날부터 3년이 지나지 아니한 사람은 위원이 될 수 없다.
㉢ 공무원이 아닌 위원에 대해서는 「국가공무원법」 제52조 및 제57조를 준용한다.
㉣ 공무원이 아닌 위원은 그 소관 사무와 관련하여 형법이나 그 밖의 법률에 따른 벌칙을 적용할 때에는 공무원으로 본다.

① ㉠㉡
② ㉠㉢
③ ㉡㉢
④ ㉢㉣

[해설] 제20조(시·도자치경찰위원회 위원의 임명 및 결격사유)
③ (㉠) 시·도자치경찰위원회 위원장은 위원 중에서 시·도지사가 임명하고, 상임위원은 시·도자치경찰위원회의 의결을 거쳐 위원 중에서 **위원장의 제청으로** 시·도지사가 임명한다. 이 경우 위원장과 상임위원은 지방자치단체의 공무원으로 한다.
⑤ (㉢) 공무원이 아닌 위원에 대해서는 「**지방공무원법**」 제52조 및 제57조를 준용한다.

05. 「국가경찰과 자치경찰의 조직 및 운영에 관한 법률」상 시·도자치경찰위원회에 관한 설명으로 가장 적절한 것은?

23. 순경

① 동법 제18조 제1항 단서에 따라 2개의 시·도자치경찰위원회를 두는 경우 해당 시·도자치경찰위원회의 명칭, 관할구역, 사무분장, 그 밖에 필요한 사항은 행정안전부령으로 정한다.
② 시·도자치경찰위원회 비상임 위원은 특정 성이 10분의 6을 초과하지 아니해야 한다.
③ 시·도자치경찰위원회 위원장과 위원의 임기는 3년으로 하되, 위원만 한 차례 연임할 수 있다.
④ 시·도자치경찰위원회의 회의는 정기적으로 개최하여야 한다. 다만 위원장이 필요하다고 인정하는 경우, 위원 2명 이상이 요구하는 경우 및 시·도지사가 필요하다고 인정하는 경우에는 임시회의를 개최할 수 있다.

[해설] ▶①
제18조(시·도자치경찰위원회의 설치)
③ 제1항 단서에 따라 2개의 시·도자치경찰위원회를 두는 경우 해당 시·도자치경찰위원회의 명칭, 관할구역, 사무분장, 그 밖에 필요한 사항은 **대통령령**으로 정한다.

Answer 04 ② 05 ④

▶②
제19조(시·도자치경찰위원회의 구성)
② 위원은 특정 성(性)이 10분의 6을 초과하지 아니하도록 **노력하여야 한다.**
▶③
제23조(시·도자치경찰위원회 위원의 임기 및 신분보장)
① 시·도자치경찰위원회 위원장과 위원의 임기는 3년으로 하며, **연임할 수 없다.**

06 「국가경찰과 자치경찰의 조직 및 운영에 관한 법률」상 시·도 자치경찰위원회의 소관사무에 관한 설명으로 가장 적절하지 않은 것은?
23. 승진

① 자치경찰사무 담당 공무원의 고충심사 및 사기진작
② 국가경찰사무·자치경찰사무의 협력·조정과 관련하여 시·도경찰청장 협의
③ 국가경찰위원회에 대한 심의·조정 요청
④ 그 밖에 시·도지사, 시·도경찰청장이 중요하다고 인정하여 시·도자치경찰위원회의 회의에 부친 사항에 대한 심의·의결

해설 제24조(시·도자치경찰위원회의 소관 사무)
1. 자치경찰사무에 관한 목표의 수립 및 평가
2. 자치경찰사무에 관한 인사, 예산, 장비, 통신 등에 관한 주요정책 및 그 운영지원
3. 자치경찰사무 담당 공무원의 임용, 평가 및 인사위원회 운영
4. 자치경찰사무 담당 공무원의 부패 방지와 청렴도 향상에 관한 주요 정책 및 인권침해 또는 권한남용 소지가 있는 규칙, 제도, 정책, 관행 등의 개선
5. 제2조에 따른 시책 수립
6. 제28조 제2항에 따른 시·도경찰청장의 임용과 관련한 경찰청장과의 협의, 제30조 제4항에 따른 평가 및 결과 통보
7. 자치경찰사무 감사 및 감사의뢰
8. 자치경찰사무 담당 공무원의 주요 비위사건에 대한 감찰요구
9. 자치경찰사무 담당 공무원에 대한 징계요구
10. 자치경찰사무 담당 공무원의 고충심사 및 사기진작
11. 자치경찰사무와 관련된 중요사건·사고 및 현안의 점검
12. 자치경찰사무에 관한 규칙의 제정·개정 또는 폐지
13. 지방행정과 치안행정의 업무조정과 그 밖에 필요한 협의·조정
14. 제32조에 따른 비상사태 등 전국적 치안유지를 위한 경찰청장의 지휘·명령에 관한 사무
15. 국가경찰사무·자치경찰사무의 협력·조정과 관련하여 **경찰청장과 협의**
16. 국가경찰위원회에 대한 심의·조정 요청
17. 그 밖에 시·도지사, 시·도경찰청장이 중요하다고 인정하여 시·도자치경찰위원회의 회의에 부친 사항에 대한 심의·의결

Answer 06 ②

07 「국가경찰과 자치경찰의 조직 및 운영에 관한 법률」상 시·도자치경찰위원회에 대한 설명으로 가장 적절하지 않은 것은?
24. 순경

① 합의제 행정기관으로서 그 권한에 속하는 업무를 독립적으로 수행한다.
② 위원은 시·도의회가 추천하는 2명, 국가경찰위원회가 추천하는 1명, 해당 시·도 교육감이 추천하는 1명, 시·도자치경찰위원회 위원추천위원회가 추천하는 2명, 시·도지사가 지명하는 1명의 사람을 시·도지사가 임명한다.
③ 시·도지사는 시·도자치경찰위원회의 의결이 적정하지 아니하다고 판단할 때에는 재의를 요구할 수 있다.
④ 경찰청장은 시·도자치경찰위원회의 의결이 적정하지 아니하다고 판단되면 국가경찰위원회와 행정안전부장관을 거쳐 시·도지사에게 재의를 요구하게 할 수 있다.

> 해설) 제25조(시·도자치경찰위원회의 심의·의결사항 등)
> ④ 위원회의 의결이 **법령에 위반되거나 공익을 현저히 해친다고 판단되면** 행정안전부장관은 미리 경찰청장의 의견을 들어 국가경찰위원회를 거쳐 시·도지사에게 제3항의 재의를 요구하게 할 수 있고, 경찰청장은 국가경찰위원회와 행정안전부장관을 거쳐 시·도지사에게 재의를 요구하게 할 수 있다.

08 「국가경찰과 자치경찰의 조직 및 운영에 관한 법률」에 대한 설명으로 가장 적절하지 않은 것은?
24. 승진

① 경찰의 민주적인 관리·운영과 효율적인 임무수행을 위하여 경찰의 기본조직 및 직무 범위와 그 밖에 필요한 사항을 규정함을 목적으로 한다.
② 국가와 지방자치단체는 국민의 생명·신체 및 재산을 보호하고 공공의 안녕가 질서유지에 필요한 시책을 수립·시행하여야 한다.
③ 국가는 지방자치단체가 이관받은 사무를 원활히 수행할 수 있도록 인력, 장비등에 소요되는 비용에 대하여 재정적 지원을 하여야 한다.
④ 시·도자치경찰위원회는 자치경찰사무에 대해 심의·의결을 통하여 시·도경찰청장을 지휘·감독한다. 다만, 시·도자치경찰위원회가 심의·의결할 시간적 여유가 없거나 심의·의결이 곤란한 경우 대통령령으로 정하는 바에 따라 시·도자치경찰위원회의 지휘·감독권을 경찰청장에게 위임한 것으로 본다.

> 해설) 제28조(시·도경찰청장)
> ④ 제3항 본문의 경우 시·도자치경찰위원회는 자치경찰사무에 대해 심의·의결을 통하여 시·도경찰청장을 지휘·감독한다. 다만, 시·도자치경찰위원회가 심의·의결할 시간적 여유가 없거나 심의·의결이 곤란한 경우 대통령령으로 정하는 바에 따라 시·도자치경찰위원회의 지휘·감독권을 **시·도경찰청장에게** 위임한 것으로 본다.

Answer 07 ④   08 ④

09 「국가경찰 및 자치경찰의 조직 및 운영에 관한 법률」상 비상사태 등 전국적 치안유지에 대한 설명으로 가장 적절하지 않은 것은?

22. 경간부

① 경찰청장은 비상사태 등 전국적 치안유지를 위한 지휘·명령이 필요한 경우에는 시·도자치경찰위원회에 자치경찰사무를 담당하는 경찰공무원을 직접 지휘·명령하려는 사유 및 내용 등을 구체적으로 제시하여 통보하여야 한다.
② 경찰청장이 비상사태 등 전국적 치안유지를 위한 지휘·명령을 하는 경우에는 국가경찰위원회에 즉시 보고하여야 하지만, 국민안전에 중대한 영향을 미치는 사안에 대하여 다수의 시·도에 동일하게 적용되는 치안정책을 시행할 필요가 있다고 인정할 만한 충분한 사유가 있는 경우에는 미리 국가경찰위원회의 의결을 거쳐야 하며 긴급한 경우에는 우선 조치 후 지체 없이 국가경찰위원회의 의결을 거쳐야 한다.
③ 경찰청장은 비상사태 등 전국적 치안유지를 위한 지휘·명령할 수 있는 사유가 해소된 때에는 경찰공무원에 대한 지휘·명령을 즉시 중단하여야 한다.
④ 시·도자치경찰위원회는 자치경찰사무와 관련하여 해당 시·도의 경찰력으로는 국민의 생명·신체·재산의 보호 및 공공의 안녕과 질서유지가 어려워 경찰청장의 지원·조정이 필요하다고 인정할 만한 충분한 사유가 있는 경우 의결로 지원·조정의 범위·기간 등을 정하여 경찰청장에게 지원·조정을 요청할 수 있다.

> (해설) 제32조(비상사태 등 전국적 치안유지를 위한 경찰청장의 지휘·명령)
> ④ 경찰청장이 제1항에 따라 지휘·명령을 하는 경우에는 국가경찰위원회에 즉시 보고하여야 한다. 다만, **제1항 제3호(자치경찰사무와 관련하여 해당 시·도의 경찰력으로는 국민의 생명·신체·재산의 보호 및 공공의 안녕과 질서유지가 어려워 경찰청장의 지원·조정이 필요하다고 인정할 만한 충분한 사유가 있는 경우)**의 경우에는 미리 국가경찰위원회의 의결을 거쳐야 하며 긴급한 경우에는 우선 조치 후 지체 없이 국가경찰위원회의 의결을 거쳐야 한다.

10 「국가경찰과 자치경찰의 조직 및 운영에 관한 법률」상 자치경찰사무에 대한 설명으로 가장 적절하지 않은 것은?

22. 경간부

① 국가는 지방자치단체가 이관받은 사무를 원활히 수행할 수 있도록 인력, 장비 등에 소요되는 비용에 대하여 재정적 지원을 하여야 한다.
② 자치경찰사무의 수행에 필요한 예산은 관할 시·도경찰청장의 의견을 들어 시·도자치경찰위원회의 심의·의결을 거쳐 시·도지사가 수립한다.
③ 시·도지사는 자치경찰사무 담당 공무원에게 조례에서 정하는 예산의 범위에서 재정적 지원 등을 할 수 있다.
④ 시·도의회는 관련 예산의 효율적인 관리를 위하여 의결로써 자치경찰사무에 대해 시·도자치경찰위원장의 출석 및 자료 제출을 요구할 수 있다.

> (해설) 제35조(예산)
> ① 자치경찰사무의 수행에 필요한 예산은 시·도자치경찰위원회의 심의·의결을 거쳐 시·도지사가 수립한다. 이 경우 시·도자치경찰위원회는 **경찰청장의 의견을 들어야 한다.**

Answer 09 ② 10 ②

11 「국가경찰과 자치경찰의 조직 및 운영에 관한 법률」상 국가 경찰위원회와 시·도 자치경찰위원회에 공통적으로 적용되는 규정 중 가장 적절한 것은?   22. 순경

① 위원장 및 1명의 위원은 상임위원으로 하고 나머지 5명의 위원은 비상임으로 한다.
② 경찰의 직에서 퇴직한 날로부터 3년이 지나지 아니한 사람은 위원이 될 수 없다.
③ 위원 2명이 회의를 요구하는 경우 임시회의를 개최할 수 있다.
④ 보궐위원은 전임자의 남은 임기가 1년 미만인 경우 한 차례에 한해서 연임할 수 있다.

해설 ②은 결격사유(당연퇴직사유로) 공통점에 해당한다.

국가경찰위원회 & 자치경찰위원회 비교

	국가경찰위원회	자치경찰위원회
구성	7명 ① 1명 : 상임위원(정무직 공무원) ② 위원장 및 5명 위원 : 비상임위원	7명 ① 위원장과 1명 : 상임위원(지방자치단체 공무원) ② 5명 : 비상임위원
회의	① 정기회의 : 월 2회 ② 임시회의 : - 위원장 필요시 - 위원 3인이상 요구시 - 행안부장관 요구시 - 경찰청장 요구시	① 정기회의 : 월 1회 이상 ② 임시회의 : - 위원장 필요시 - **위원 2인이상 요구시** - 시·도지사 요구시
임기	3년, 연임(×) 보궐위원의 임기는 전임자 임기의 남은 기간	보궐위원의 임기는 전임자 임기의 남은 기간으로 하되, **전임자의 남은 임기가 1년 미만인 경우 그 보궐위원은 한 차례만 연임할 수 있다.**

12 「국가경찰과 자치경찰의 조직과 운영에 관한 법률」상 국가경찰위원회에 대한 설명으로 적절한 것은 모두 몇 개인가?   22. 경간부

> 가. 국가 경찰위원회는 위원장 1명을 포함한 7명의 위원으로 구성하되, 위원장은 당연직 상임이며, 5명의 위원은 비상임으로 하고, 1명의 위원은 상임으로 한다.
> 나. 위원의 임기는 3년으로 하며, 연임할 수 있다. 이 경우 보궐위원의 임기는 전임자 임기의 남은 기간으로 한다.
> 다. 국가경찰위원회의 사무는 자체에서 수행한다.
> 라. 국가경찰위원회의 회의는 재적위원 과반수의 출석과 출석위원 과반수의 찬성으로 의결한다.

① 0개   ② 1개
③ 2개   ④ 3개

해설 가. **위원장은 비상임**이다.
나. 위원의 임기는 3년으로 하며, 연임할 수 **없**다.
다. 국가경찰위원회의 사무는 **경찰청**에서 수행한다.

Answer 11 ②   12 ②

13
「국가경찰과 자치경찰의 조직 및 운영에 관한 법률」상 시·도자치경찰위원회에 관한 설명으로 옳지 않은 것을 모두 고른 것은?   22. 경특

> ㉠ 위원장은 위원 중에서 시·도지사가 임명하고, 상임위원은 시·도자치경찰위원회의 의결을 거쳐 위원 중에서 위원장의 제청으로 시·도지사가 임명한다.
> ㉡ 위원장이 필요하다고 인정하는 경우, 위원 2명 이상이 요구하는 경우 및 시·도지사가 필요하다고 인정하는 경우에는 임시회의를 개최할 수 있다.
> ㉢ 위원 중 1명은 국가경찰위원회가 추천하고 시·도지사가 임명한다.
> ㉣ 위원 중 1명은 인권문제에 관하여 전문적인 지식과 경험이 있는 사람이어야 한다.
> ㉤ 위원회의 의결된 내용이 법령에 위반되거나 공익을 현저히 해친다고 판단되면 행정안전부장관은 국가경찰위원회와 경찰청장을 거쳐 시·도지사에게 재의를 요구하게 할 수 있다.

① ㉠㉤   ② ㉡㉢
③ ㉢㉣   ④ ㉣㉤

해설 제19조(시·도자치경찰위원회의 구성)
③ (㉣) 위원 중 1명은 인권문제에 관하여 전문적인 지식과 경험이 있는 사람이 **임명될 수 있도록 노력하여야 한다.**

제25조(시·도자치경찰위원회의 심의·의결사항 등)
④ (㉤) 위원회의 의결이 법령에 위반되거나 공익을 현저히 해친다고 판단되면 행정안전부장관은 **미리 경찰청장의 의견을 들어** 국가경찰위원회를 거쳐 시·도지사에게 제3항의 재의를 요구하게 할 수 있고, 경찰청장은 국가경찰위원회와 행정안전부장관을 거쳐 시·도지사에게 재의를 요구하게 할 수 있다.

14
「국가경찰과 자치경찰의 조직 및 운영에 관한 법률」상 경찰청장에 관한 설명으로 옳지 않은 것은 모두 몇 개인가?   22. 경특

> ㉠ 경찰청장은 전시·사변, 천재지변, 그 밖에 이에 준하는 국가 비상사태, 대규모의 테러 또는 소요사태가 발생하였거나 발생할 우려가 있어 전국적인 치안유지를 위하여 긴급한 조치가 필요하다고 인정할 만한 충분한 사유가 있는 경우 자치경찰사무를 수행하는 경찰공무원(제주특별자치도의 자치경찰공무원을 포함한다)을 직접 지휘·명령할 수 있다.
> ㉡ 경찰청장은 ㉠에 따른 조치가 필요한 경우에는 시·도자치경찰위원회에 자치경찰사무를 담당하는 경찰공무원을 직접 지휘·명령하려는 사유 및 내용 등을 구체적으로 제시하여 통보하여야 한다.

Answer 13 ④ 14 ②

ⓒ 경찰청장은 국민의 생명·신체·재산 또는 공공의 안전 등에 중대한 위험을 초래하는 긴급하고 중요한 사건의 수사에 있어서 경찰의 자원을 대규모로 동원하는 등 통합적으로 현장 대응할 필요가 있다고 판단할 만한 상당한 이유가 있는 때에는 직접 개별 사건의 수사에 대하여 구체적으로 지휘·감독할 수 있다.
ⓒ 경찰청장은 개별 사건의 수사에 대한 구체적 지휘·감독을 개시한 때에는 이를 국가수사본부장에게 통보하여야 한다.

① 1개
② 2개
③ 3개
④ 4개

해설 제14조(경찰청장)
⑥ (ⓒ) 경찰청장은 경찰의 수사에 관한 사무의 경우에는 개별 사건의 수사에 대하여 구체적으로 지휘·감독할 수 없다. 다만, 국민의 생명·신체·재산 또는 공공의 안전 등에 중대한 위험을 초래하는 긴급하고 중요한 사건의 수사에 있어서 경찰의 자원을 대규모로 동원하는 등 통합적으로 현장 대응할 필요가 있다고 판단할 만한 상당한 이유가 있는 때에는 제16조에 따른 **국가수사본부장을 통하여** 개별 사건의 수사에 대하여 구체적으로 지휘·감독할 수 있다.
⑦ (ⓒ) 경찰청장은 제6항 단서에 따라 개별 사건의 수사에 대한 구체적 지휘·감독을 개시한 때에는 이를 **국가경찰위원회**에 보고하여야 한다.

15 「국가경찰과 자치경찰의 조직 및 운영에 관한 법률」상 국가수사본부 및 시·도자치경찰위원회에 대한 설명으로 적절하지 않은 것은 모두 몇 개인가?

73기 경간부

가. 대학이나 공인된 연구기관에서 법률학·경찰학 분야에서 조교수 이상의 직이나 이에 상당하는 직에 10년 이상 있었던 사람은 국가수사본부장의 자격이 있다.
나. 국가수사본부장이 직무를 진행하면서 헌법이나 법률을 위배하였을 때에는 국회는 탄핵 소추를 의결할 수 있다.
다. 국가수사본부장의 임기는 2년으로 하며 중임할 수 없고, 임기가 끝나면 당연히 퇴직한다.
라. 시·도자치경찰위원회는 위원장 1명을 포함한 7명의 위원으로 구성하되, 위원장은 상임으로 하고, 나머지 위원은 비상임으로 한다.
마. 시·도자치경찰위원회 위원은 시·도의회가 추천하는 2명, 국가경찰위원회가 추천하는 2명, 해당 시·도 교육감이 추천하는 1명, 시·도자치경찰위원회 위원추천위원회가 추천하는 1명, 시·도지사가 지명하는 1명을 시·도지사가 임명한다.
바. 대학이나 공인된 연구기관에서 법률학·행정학 또는 경찰학 분야의 조교수 이상의 직이나 이에 상당하는 직에 5년 이상 있었던 사람은 시·도자치경찰위원회 위원의 자격이 있다.

Answer 14 ② 15 ②

① 1개 ② 2개
③ 3개 ④ 4개

> **해설** 제19조(시·도자치경찰위원회의 구성)
> ① (라) 시·도자치경찰위원회는 위원장 1명을 포함한 7명의 위원으로 구성하되, **위원장과 1명의 위원은 상임**으로 하고, 5명의 위원은 비상임으로 한다.
>
> 제20조(시·도자치경찰위원회 위원의 임명 및 결격사유)
> ① (마) 시·도자치경찰위원회 위원은 다음 각 호의 사람을 시·도지사가 임명한다.
>   1. 시·도의회가 추천하는 2명
>   2. **국가경찰위원회가 추천하는 1명**
>   3. 해당 시·도 교육감이 추천하는 1명
>   4. **시·도자치경찰위원회 위원추천위원회가 추천하는 2명**
>   5. 시·도지사가 지명하는 1명

16 「국가경찰과 자치경찰의 조직 및 운영에 관한 법률」에 관한 설명으로 가장 적절하지 않은 것은?

23. 경특

① 경찰청장은 국가경찰위원회의 동의를 받아 행정안전부장관의 제청으로 국무총리를 거쳐 대통령이 임명한다. 이 경우 국회의 인사청문을 거쳐야 한다.

② 국가수사본부장을 경찰청 외부를 대상으로 모집하여 임용하는 경우, 정당의 당원이거나 당적을 이탈한 날부터 5년이 지나지 아니한 사람은 국가수사본부장이 될 수 없다.

③ 시·도자치경찰위원회의 위원은 특정 성(性)이 10분의 6을 초과하지 아니하도록 노력하여야 하며 위원 중 1명은 인권문제에 관하여 전문적인 지식과 경험이 있는 사람이 임명될 수 있도록 노력하여야 한다.

④ 시·도경찰위원회 위원의 임명은 시·도의회가 추천하는 2명, 국가경찰위원회가 추천하는 1명, 해당 시·도 교육감이 추천하는 1명, 시·도자치경찰위원회 위원추천위원회가 추천하는 2명, 시·도지사가 지명하는 1명으로 시·도지사가 임명한다.

> **해설** 제16조(국가수사본부장)
> ⑦ 국가수사본부장을 경찰청 외부를 대상으로 모집하여 임용하는 경우 다음 각 호의 어느 하나에 해당하는 사람은 국가수사본부장이 될 수 없다.
>   1. 「경찰공무원법」 제8조 제2항 각 호의 결격사유에 해당하는 사람
>   2. 정당의 당원이거나 당적을 이탈한 날부터 **3년**이 지나지 아니한 사람
>   3. 선거에 의하여 취임하는 공직에 있거나 그 공직에서 퇴직한 날부터 3년이 지나지 아니한 사람
>   4. 제6항 제1호에 해당하는 공무원 또는 제6항 제2호의 판사·검사의 직에서 퇴직한 날로부터 1년이 지나지 아니한 사람
>   5. 제6항 제3호에 해당하는 사람으로서 국가기관등에서 퇴직한 날로부터 1년이 지나지 아니한 사람

Answer 16 ②

17 「국가경찰과 자치경찰의 조직 및 운영에 관한 법률」상 시·도자치경찰위원회에 대한 설명으로 적절한 것만을 모두 고른 것은?

21. 순경

> ㉠ 위원장 1명을 포함한 7명의 위원으로 구성하되, 위원장과 1명의 위원은 상임으로 하고 5명의 위원은 비상임으로 한다.
> ㉡ 위원 중 2명은 법관의 자격이 있는 사람이어야 한다.
> ㉢ 위원은 시·도의회가 추천하는 2명, 국가경찰위원회가 추천하는 1명, 해당 시·도 교육감이 추천하는 1명, 시·도자치경찰위원회 위원추천위원회가 추천하는 2명, 시·도지사가 지명하는 1명을 시·도지사가 임명한다.
> ㉣ 위원장은 비상임위원 중에서 호선하고, 상임위원은 시·도자치경찰위원회의 의결을 거쳐 위원 중에서 위원장의 제청으로 시·도지사가 임명한다. 이 경우 위원장과 상임위원은 지방자치단체의 공무원으로 한다.

① ㉠㉡
② ㉠㉢
③ ㉡㉢
④ ㉢㉣

해설   제8조(국가경찰위원회 위원의 임명 및 결격사유 등)
③ (㉡) 위원 중 2명은 법관의 자격이 있는 사람이어야 한다.

제20조(시·도자치경찰위원회 위원의 임명 및 결격사유)
③ (㉣) 시·도자치경찰위원회 위원장은 **위원 중에서 시·도지사가 임명**하고, 상임위원은 시·도자치경찰위원회의 의결을 거쳐 위원 중에서 위원장의 제청으로 시·도지사가 임명한다. 이 경우 위원장과 상임위원은 지방자치단체의 공무원으로 한다.

18 「국가경찰과 자치경찰의 조직 및 운영에 관한 법률」과 「국가경찰위원회 규정」상 국가경찰위원회에 대한 설명으로 가장 적절한 것은?

20. 승진

① 행정안전부장관은 위원 임명을 동의할 때, 경찰의 정치적 중립이 보장되도록 하여야 한다.
② 위원장은 필요한 경우 임시회의를 소집할 수 있으며, 위원 3인 이상과 행정안전부장관 또는 경찰청장은 위원장에게 임시회의의 소집을 요구할 수 있다.
③ 경찰, 검찰, 법관, 군인의 직에서 퇴직한 날부터 3년이 지나지 아니한 사람은 위원으로 선임될 수 없다.
④ 「국가경찰위원회 규정」에 규정된 사항 외에 위원회의 운영을 위하여 필요한 사항은 위원회의 의결을 거쳐 행정안전부장관이 정한다.

Answer 17 ②   18 ②

해설 ▶ ①, ③

제8조(국가경찰위원회 위원의 임명 및 결격사유 등)
② 행정안전부장관은 위원 임명을 **제청할 때** 경찰의 정치적 중립이 보장되도록 하여야 한다.
⑤ 다음 각 호의 어느 하나에 해당하는 사람은 위원이 될 수 없으며, 위원이 다음 각 호의 어느 하나에 해당하는 경우에는 당연퇴직한다.
  1. 정당의 당원이거나 당적을 이탈한 날부터 3년이 지나지 아니한 사람
  2. 선거에 의하여 취임하는 공직에 있거나 그 공직에서 퇴직한 날부터 3년이 지나지 아니한 사람
  3. **경찰, 검찰, 국가정보원 직원 또는 군인의 직**에 있거나 그 직에서 퇴직한 날부터 3년이 지나지 아니한 사람
  4. 「국가공무원법」 제33조 각 호의 어느 하나에 해당하는 사람. 다만, 「국가공무원법」 제33조 제2호 및 제5호에 해당하는 경우에는 같은 법 제69조 제1호 단서에 따른다.

▶ ④
국가경찰위원회 규정 제11조(운영세칙)
이 영에 규정된 사항외에 위원회의 운영을 위하여 필요한 사항은 위원회의 의결을 거쳐 **위원장**이 정한다.

19 「국가경찰과 자치경찰의 조직과 운영에 관한 법률」상 다음 ( )안에 들어갈 숫자의 합은?

21. 경간부

가. 시·도자치경찰위원회는 위원장 1명을 포함한 ( )명 위원으로 구성하되, 위원장과 ( )명의 위원은 상임으로 하고, ( )명의 위원은 비상임으로 한다.
나. 시·도자치경찰위원회 위원 중 ( )명은 인권문제에 관하여 전문적인 지식과 경험이 있는 사람이 임명될 수 있도록 노력하여야 한다.
다. 시·도자치경찰위원회 위원장과 위원의 임기는 ( )년으로 하며, 연임할 수 없다.

① 17
② 18
③ 19
④ 20

해설 ▶ **제19조(시·도자치경찰위원회의 구성)**
① 시·도자치경찰위원회는 위원장 1명을 포함한 **7명**의 위원으로 구성하되, 위원장과 **1명**의 위원은 상임으로 하고, **5명**의 위원은 비상임으로 한다.
③ 위원 중 **1명**은 인권문제에 관하여 전문적인 지식과 경험이 있는 사람이 임명될 수 있도록 노력하여야 한다.

▶ **제23조(시·도자치경찰위원회 위원의 임기 및 신분보장)**
① 시·도자치경찰위원회 위원장과 위원의 임기는 **3년**으로 하며, 연임할 수 없다.

Answer 19 ①

20 「국가경찰과 자치경찰의 조직 및 운영에 관한 법률」에 대한 설명으로 가장 적절하지 않은 것은? 　22. 승진

① 시·도경찰청장은 경찰청장이 시·도자치경찰위원회와 협의하여 추천한 사람 중에서 행정안전부장관의 제청으로 국무총리를 거쳐 대통령이 임용한다.
② 시·도경찰청 차장은 시·도경찰청장을 보좌하여 소관 사무를 처리하고, 시·도경찰청장이 부득이한 사유로 직무를 수행할 수 없을 때에는 그 직무를 대행한다.
③ 국가수사본부장은 「형사소송법」에 따른 경찰의 수사에 관하여 각 시·도경찰청장과 경찰서장 및 수사부서 소속 공무원을 지휘·감독한다.
④ 국가수사본부장이 직무를 집행하면서 헌법이나 법률을 위해하였더라도 국회는 탄핵 소추를 의결할 수 없다.

> **해설** 제16조(국가수사본부장)
> ⑤ 국가수사본부장이 직무를 집행하면서 헌법이나 법률을 위배하였을 때에는 **국회는 탄핵 소추를** 의결할 수 있다.

21 「국가경찰과 자치경찰의 조직 및 운영에 관한 법률」상 시·도자치경찰위원회의 설명에 관한 내용 중 가장 적절하지 **않은** 것은? 　22. 순경

① 공무원이 아닌 위원에 대해서는 「국가공무원법」 제55조 및 제57조를 준용한다.
② 위원 중 1명은 인권문제에 관하여 전문적인 지식과 경험이 있는 사람이 임명될 수 있도록 노력하여야 한다.
③ 위원은 정치적 중립을 지켜야 하며, 권한을 남용하여서는 아니된다.
④ 시·도자치경찰위원회는 합의제 행정기관으로서 그 권한에 속하는 업무를 독립적으로 수행한다.

> **해설** 제20조(시·도자치경찰위원회 위원의 임명 및 결격사유)
> ⑤ 공무원이 아닌 위원회에 대해서는 「지방공무원법」 제52조(비밀엄수의 의무) 및 제57조(정치운동의 금지)를 준용한다.

22 「국가경찰과 자치경찰의 조직 및 운영에 관한 법률」상 시·도자치경찰위원회 위원의 결격사유에 해당하지 않는 사람은? 　74기 경간부

① 정당의 당적을 이탈한 날부터 1년이 지나지 아니한 사람
② 군인의 직에서 퇴직한 날부터 2년이 지나지 아니한 사람
③ 공립대학의 부교수의 직에서 퇴직한 날부터 3년이 지나지 아니한 사람
④ 선거에 의하여 취임하는 공직에서 퇴직한 날부터 3년이 지나지 아니한 사람

Answer　20 ④　21 ①　22 ③

> **해설** 제20조(시·도자치경찰위원회 위원의 임명 및 결격사유)
> ⑦ 다음 각 호의 어느 하나에 해당하는 사람은 위원이 될 수 없다. 위원이 각 호의 어느 하나에 해당한 경우에는 당연퇴직한다.
>   1. 정당의 당원이거나 당적을 **이탈한 날부터 3년이 지나지 아니한 사람**
>   2. 선거에 의하여 취임하는 공직에 있거나 그 공직에서 **퇴직한 날부터 3년이 지나지 아니한 사람**
>   3. 경찰, 검찰, 국가정보원 직원 또는 **군인의 직**에 있거나 그 직에서 **퇴직한 날부터 3년이 지나지 아니한 사람**
>   4. 국가 및 지방자치단체의 공무원(**국립 또는 공립대학의 조교수 이상의 직에 있는 사람은 제외**)이거나 공무원이었던 사람으로서 퇴직한 날부터 3년이 지나지 아니한 사람. 다만, 제20조 제3항 후단에 따라 위원장과 상임위원이 지방자치단체의 공무원이 된 경우에는 당연퇴직하지 아니한다.
>   5. 「지방공무원법」 제31조 각 호의 어느 하나에 해당하는 사람. 다만, 「지방공무원법」 제31조 제2호 및 제5호에 해당하는 경우에는 같은 법 제61조 제1호 단서에 따른다.

23 「국가경찰과 자치경찰의 조직 및 운영에 관한 법률」에 대한 설명으로 적절한 것은 모두 몇 개인가?

74기 경간부

> 가. 국회의 탄핵 소추 의결의 대상자로는 경찰청장과 국가수사본부장이 규정되어 있다.
> 나. 세종특별자치시 자치경찰위원회에 대해서는 위원장 및 상임위원을 비상임으로 할 수 있다.
> 다. 시·도지사가 시·도자치경찰위원회의 의결에 대해 재의를 요구하려면 해당 의결이 법령에 위반되거나 공익을 현저히 해친다고 판단되어야 한다.
> 라. 자치경찰사무의 수행에 필요한 예산은 시·도자치경찰위원회의 심의·의결을 거쳐 시·도지사가 수립한다. 이 경우 시·도자치경찰위원회는 시·도경찰청장의 의견을 들어야 한다.

① 1개 ② 2개
③ 3개 ④ 4개

> **해설** ▶(나) 제36조(세종특별자치시자치경찰위원회에 대한 특례) - 2022. 11. 15. 개정으로 삭제됨
> ① 세종특별자치시자치경찰위원회에 대해서는 제19조 제1항 및 제20조 제3항에도 불구하고 위원장 및 상임위원을 비상임으로 할 수 있다.
> ▶(다) 제25조(시·도자치경찰위원회의 심의·의결사항 등)
> ③ 시·도지사는 제1항에 관한 시·도자치경찰위원회의 **의결이 적정하지 아니하다고 판단할 때**에는 재의를 요구할 수 있다.
> ④ 위원회의 의결이 법령에 위반되거나 공익을 현저히 해친다고 판단되면 행정안전부장관은 미리 경찰청장의 의견을 들어 국가경찰위원회를 거쳐 시·도지사에게 제3항의 재의를 요구하게 할 수 있고, 경찰청장은 국가경찰위원회와 행정안전부장관을 거쳐 시·도지사에게 재의를 요구하게 할 수 있다.
> ▶(라) 제35조(예산)
> ① 자치경찰사무의 수행에 필요한 예산은 시·도자치경찰위원회의 심의·의결을 거쳐 시·도지사가 수립한다. 이 경우 시·도자치경찰위원회는 **경찰청장의 의견**을 들어야 한다.

Answer 23 ①

CHAPTER 02 국가공무원법 [법률 시행 2023.10.12.]

01 「국가공무원법」상 소청심사에 대한 설명으로 가장 적절하지 <u>않은</u> 것은?   응용문제

① 심사청구가 이유 있다고 인정할 때에는 처분을 취소 또는 변경하거나 처분 행정청에 취소 또는 변경할 것을 명한다.
② 소청인 또는 대리인에게 진술의 기회를 부여하지 아니한 결정은 무효이다.
③ 소청은 징계처분 기타 불이익처분을 받은 자가 심사를 청구하는 것으로, 인사에 관한 일종의 행정심판으로 볼 수 있다.
④ 의원면직의 형식에 의한 면직은 심사대상이 아니다.

해설 ▶ 소청심사 대상

징계처분	파면, 해임, 강등, 정직, 감봉, 견책
기타 의사에 반하는 불리한 처분	① 휴직, 직위해제, 면직, 전보, (기각)계고, (불문)경고 등 ② **의원면직의 형식에 의한 면직**, 전직, 대기명령, 경력평정 등
부작위	복직청구, 봉급 청구 등(당사자의 신청에 대하여 행정청이 상당한 기간내 일정한 처분을 하여야 할 법률적 의무가 있음에도 처분을 하지 않은 경우)

02 「국가공무원법」 및 관련 법령에 따를 때, 소청심사와 관련하여 아래 사례에 관한 설명 중 가장 적절하지 <u>않은</u> 것은?   22. 순경

> ○○경찰서 소속 지구대에서 근무하는 순경 甲이 법령준수 의무위반 등 각종 비위행위로 인하여 관련 절차를 거쳐 징계권자로부터 해임의 징계처분을 받았다. 이에 순경 甲은 소청심사를 제기하고자 한다.

① 소청심사위원회는 소청심사 결과 甲의 비위행위의 정도에 비해 해임의 징계처분이 경미하다는 판단에 이르더라도 파면의 징계처분으로 변경하는 결정을 할 수 없다.
② 소청심사위원회에서 해임처분 취소명령결정을 내릴 경우, 그 해임의 징계처분은 소청심사위원회의 결정에 따른 징계나 그 밖의 처분이 있기 전에 당연히 효력을 상실한다.
③ 소청심사위원회에서 해임처분을 취소 또는 변경하고자 할 경우에는 재적 위원 3분의 2 이상의 출석과 출석 위원 3분의 2 이상의 합의가 있어야 한다.

Answer   01 ④   02 ②

④ 甲이 징계처분사유 설명서를 받은 날부터 30일 이내(甲에게 책임이 없는 사유로 소청심사를 청구할 수 없는 기간은 없다고 전제한다) 소청심사를 제기하지 않은 경우에는 행정소송을 제기할 수 없다.

해설 제14조(소청심사위원회의 결정)
⑦ 소청심사위원회의 취소명령 또는 변경명령 결정은 그에 따른 징계나 그 밖의 처분이 있을 때까지는 종전에 행한 징계처분 또는 제78조의2에 따른 징계부가금(이하 "징계부가금"이라 한다) **부과처분에 영향을 미치지 아니한다.**

03 「국가공무원법」의 소청심사위원회 및 소청심사위원회 위원에 대한 내용이다. 아래 ㉠부터 ㉣까지의 내용 중 옳고 그름의 표시(○, ×)가 바르게 된 것은? 응용문제

㉠ 대학에서 행정학·정치학 또는 법률학을 담당한 부교수 이상의 직에 3년 이상 근무한 자는 위원이 될 수 있다.
㉡ 국회사무처, 법원행정처, 헌법재판소사무처 및 중앙선거관리위원회사무처에 설치된 소청심사위원회는 위원장 1명을 포함한 위원 5명 이상 7명 이하의 상임위원으로 구성한다.
㉢ 소청사건의 결정은 재적위원의 2분의 1 이상의 출석과 출석위원 과반수의 합의에 의하여 결정한다.
㉣ 소청심사위원회의 위원은 벌금 이상의 형벌이나 장기의 심신 쇠약으로 직무를 수행할 수 없게 된 경우 외에는 본인의 의사에 반하여 면직되지 아니한다.

① ㉠(×) ㉡(×) ㉢(○) ㉣(○)
② ㉠(×) ㉡(○) ㉢(×) ㉣(○)
③ ㉠(○) ㉡(×) ㉢(×) ㉣(×)
④ ㉠(×) ㉡(×) ㉢(×) ㉣(×)

해설 소청심사위원회

설치	인사혁신처
설치근거	국가공무원법
구성	① 위원장 1인을 포함한 5인 이상 7인 이내의 상임위원과 상임위원 수의 1/2 이상의 비상임위원으로 구성한다. ② 위원장은 정무직으로 보한다. 국회사무처, 법원행정처, 헌법재판소사무처 및 중앙선거관리위원회사무처에 설치된 소청심사위원회는 위원장 1명을 포함한 위원 5명 이상 7명 이하의 **비상임위원으로 구성**하고, 인사혁신처에 설치된 소청심사위원회는 위원장 1명을 포함한 5명 이상 7명 이하의 상임위원과 상임위원 수의 2분의 1 이상인 비상임위원으로 구성하되, 위원장은 정무직으로 보한다.
임명절차	소청심사위원회의 위원(위원장을 포함)은 **인사혁신처장의 제청, 국무총리 경유, 대통령이 임명**한다.

Answer 03 ④

위원 임명	① 소청심사위원회의 위원(위원장을 포함)은 아래에 해당하고 인사행정에 관한 식견이 풍부한 자 중에서 대통령이 임명한다.
	  1. **법관·검사 또는 변호사**의 직에 **5년 이상** 근무한 자
	  2. 대학에서 행정학·정치학 또는 법률학을 담당한 **부교수 이상**의 직에 **5년 이상** 근무한 자
	  3. 3급 이상 공무원 또는 고위공무원단에 속하는 공무원으로 3년 이상 근무한 자
	② 비상임위원의 자격은 ㉠, ㉡, 상임위원의 자격은 ㉢

임기	① 소청심사위원회의 상임위원의 임기는 3년이며, 1차에 한해 연임 가능하다. ② 상임위원과 비상임위원 모두 신분보장이 되며, 상임위원은 겸직은 허용되지 않는다.
신분 보장	소청심사위원회의 위원은 **금고이상의 형벌**이나 **장기의 심신 쇠약**으로 직무를 수행할 수 없게 된 경우 외에는 본인의 의사에 반하여 면직되지 아니한다.
의결 정족수	재적위원 3분의2이상의 출석과 출석위원 과반수의 합의에 따른다.
결정의 효력	소청심사위원회의 결정은 처분 행정청을 기속한다.

04 「국가공무원법」의 소청심사위원회 및 소청심사위원회 위원에 대한 설명이다. 아래 ㉠부터 ㉣까지의 설명에 대한 옳고 그름의 표시(○, ×)가 바르게 된 것은? 응용문제

> ㉠ 행정기관 소속 공무원의 징계처분, 그 밖에 그 의사에 반하는 불리한 처분이나 부작위에 대한 소청을 심사·결정하게 하기 위하여 인사혁신처에 소청심사위원회를 둔다.
> ㉡ 인사혁신처에 설치된 소청심사위원회는 위원장 1명을 포함한 5명 이상 7명 이하의 비상임위원과 비상임위원 수의 2분의 1 이상인 상임위원으로 구성한다.
> ㉢ 소청심사위원회가 징계처분 또는 징계부가금 부과처분을 받은 자의 청구에 따라 소청을 심사할 경우에는 원징계처분보다 무거운 징계 또는 원징계부가금 부과처분보다 무거운 징계부가금을 부과하는 결정을 하지 못한다.
> ㉣ 소청심사위원회의 위원은 금고 이상의 형벌이나 장기의 심신 쇠약으로 직무를 수행할 수 없게 된 경우 외에는 본인의 의사에 반하여 면직되지 아니한다.

① ㉠(○) ㉡(×) ㉢(○) ㉣(○)   ② ㉠(○) ㉡(×) ㉢(○) ㉣(×)
③ ㉠(×) ㉡(○) ㉢(○) ㉣(×)   ④ ㉠(×) ㉡(×) ㉢(×) ㉣(○)

해설 제9조(소청심사위원회의 설치)
③ (㉡) 국회사무처, 법원행정처, 헌법재판소사무처 및 중앙선거관리위원회사무처에 설치된 소청심사위원회는 위원장 1명을 포함한 위원 5명 이상 7명 이하의 비상임위원으로 구성하고, 인사혁신처에 설치된 소청심사위원회는 위원장 1명을 포함한 5명 이상 7명 이하의 **상임위원**과 **상임위원** 수의 2분의 1 이상인 **비상임위원**으로 구성하되, 위원장은 정무직으로 보한다.

Answer 04 ①

05 경찰공무원의 권익보장제도에 대한 설명으로 적절한 것을 모두 고른 것은? 응용문제

㉠ 경찰공무원에 대하여 징계처분을 할 때에는 그 처분권자 또는 처분제청권자는 처분사유를 적은 설명서를 교부하여야 한다.
㉡ 징계처분으로 처분사유 설명서를 받은 경찰공무원이 그 징계처분에 불복할 때에는 그 설명서를 받은 날부터 30일 이내에 소청심사위원회에 이에 대한 심사를 청구할 수 있다.
㉢ 경찰공무원의 권리구제 범위 확대를 위해 징계처분 등 불리한 처분을 받았을 때 소청심사 청구와 행정소송 제기 중 하나를 선택하는 것이 가능하다.
㉣ 소청심사위원회는 심사 중 다른 비위사실이 발견되는 등 특단의 사정이 없는 한 원징계처분보다 중한 징계를 부과하는 결정을 할 수 없다.

① ㉠㉡
② ㉠㉢
③ ㉡㉣
④ ㉢㉣

해설
▶ 제16조(행정소송과의 관계)
① (㉢) 제75조에 따른 처분, 그 밖에 본인의 의사에 반한 불리한 처분이나 부작위(不作爲)에 관한 행정소송은 **소청심사위원회의 심사·결정을 거치지 아니하면 제기할 수 없다.**(선택사항이 아니다.)

▶ 제14조(소청심사위원회의 결정)
⑧ (㉣) 소청심사위원회가 징계처분 또는 징계부가금 부과처분을 받은 자의 청구에 따라 소청을 심사할 경우에는 **원징계처분보다 무거운 징계 또는 원징계부가금 부과처분보다 무거운 징계부가금을 부과하는 결정을 하지 못한다.**(불이익 변경금지원칙)

06 다음 중 인사혁신처 소속의 '소청심사위원회'를 설명한 것으로 틀린 것은 몇 개인가? 응용문제

㉠ 대학에서 행정학·정치학 또는 법률학을 담당한 부교수 이상의 직에 5년 이상 근무한 자는 위원이 될 수 있다.
㉡ 위원장 1명을 포함한 5명 이상 7명 이내의 상임위원과 상임위원 수의 2분의 1 이상인 비상임위원으로 구성하되, 위원장은 정무직으로 보한다.
㉢ 소청사건의 결정은 재적위원 3분의 2 이상의 출석과 재적위원 과반수의 합의에 따르되, 의견이 나뉠 경우에는 출석위원 과반수에 이를 때까지 소청인에게 가장 불리한 의견에 차례로 유리한 의견을 더하여 그중 가장 유리한 의견을 합의된 의견으로 본다.
㉣ 상임위원의 임기는 3년으로 하며, 연임할 수 없다.
㉤ 상임위원은 다른 직무를 겸할 수 없다.

① 1개
② 2개
③ 3개
④ 4개

Answer 05 ① 06 ②

해설 ▶ 제14조(소청심사위원회의 결정)
① (ⓒ) 소청 사건의 결정은 재적 위원 3분의 2 이상의 출석과 **출석 위원 과반수의 합의**에 따르되, 의견이 나뉘어 출석 위원 과반수의 합의에 이르지 못하였을 때에는 과반수에 이를 때까지 소청인에게 가장 불리한 의견에 차례로 유리한 의견을 더하여 그 중 가장 유리한 의견을 합의된 의견으로 본다.

▶ 제10조(소청심사위원회위원의 자격과 임명)
② (ⓔ) 소청심사위원회의 상임위원의 임기는 3년으로 하며, **한 번만 연임할 수 있다.**

07 「국가공무원법」상 소청심사위원회에 관한 다음 설명 중 적절하지 않은 것은 몇 개인가?

응용문제

㉠ 행정기관 소속 공무원과 국회, 법원, 헌법재판소 및 선거관리위원회 소속 공무원의 소청에 관한 사항을 심사·결정하기 위해 인사혁신처에 소청심사위원회를 둔다.
㉡ 소청심사위원회 위원은 자격정지 이상의 형벌이나 장기의 심신쇠약으로 직무를 수행할 수 없게 된 경우 외에는 본인의 의사에 반하여 면직되지 아니한다.
㉢ 소청사건의 결정은 재적위원 2/3 이상의 출석과 출석위원 과반수의 합의에 따르되, 의견이 나뉠 경우에는 출석위원 과반수에 이를 때까지 소청인에게 가장 불리한 의견에 차례로 유리한 의견을 더하여 그 중 가장 유리한 의견을 합의된 의견으로 본다.
㉣ 소청심사위원회의 상임위원은 다른 직무를 겸할 수 없다.

① 1개 ② 2개
③ 3개 ④ 4개

해설 ▶ 제9조(소청심사위원회의 설치)
③ (㉠) **국회사무처, 법원행정처, 헌법재판소사무처 및 중앙선거관리위원회사무처에 설치된 소청심사위원회**는 위원장 1명을 포함한 위원 5명 이상 7명 이하의 비상임위원으로 구성하고, **인사혁신처에 설치된 소청심사위원회**는 위원장 1명을 포함한 5명 이상 7명 이하의 상임위원과 상임위원 수의 2분의 1 이상인 비상임위원으로 구성하되, 위원장은 정무직으로 보한다.

▶ 제11조(소청심사위원회위원의 신분 보장)
(㉡) 소청심사위원회의 위원은 **금고 이상의 형벌**이나 장기의 심신 쇠약으로 직무를 수행할 수 없게 된 경우 외에는 본인의 의사에 반하여 면직되지 아니한다.

Answer 07 ②

08 경찰공무원 의무와 근거법령이다. 옳지 않은 것은?

21. 경간부

①	경찰공무원법	• 거짓보고 및 직무유기금지 의무 • 지휘권남용금지 의무 • 제복착용 의무
②	국가공무원법	• 법령준수 의무 • 친절공정 의무 • 종교중립 의무
③	경찰공무원 복무규정	• 근무시간 중 음주금지 의무 • 품위유지 의무(직무 내외 불문) • 민사분쟁에 부당개입금지 의무
④	공직자윤리법	• 재산의 등록과 공개 의무 • 선물신고 의무 • 취업금지 의무(퇴직공직자 취업제한)

해설 경찰공무원 의무의 유형

일반 의무	국가공무원법	㉠ 선서의무	㉡ 성실의무	
신분상 의무	국가공무원법	㉠ 비밀엄수 의무 ㉢ **품위유지의무** ㉤ 정치운동 금지의무	㉡ 청렴의무 ㉣ 외국정부의 영예 등의 제한 ㉥ 집단행동 금지의무	
	경찰공무원법	정치관여 금지의무		
	공직자윤리법	㉠ 재산의 등록의무 ㉢ 선물신고의무 ㉤ 취업제한의무	㉡ 재산공개의무 ㉣ 퇴직공직자의	
	부패방지 권익위법	부패행위의 신고의무 공직자의 청렴의무		
직무상 의무	국가공무원법	㉠ 법령준수 의무 ㉢ 직장이탈 금지의무 ㉤ 겸직 금지의무 ㉥ 종교중립 의무	㉡ 복종의무 ㉣ 영리업무 금지의무, ㉥ 친절·공정의무	
	경찰공무원법	㉠ 거짓보고의 금지의무 ㉢ 제복착용 의무	㉡ 지휘권남용 금지의무 ㉣ 직무유기 금지의무	
	경찰공무원 복무규정	㉠ 지정장소 이외에 직무수행 금지 ㉡ 여행의 제한 ㉢ 근무시간 중 음주금지 ㉣ 민사분쟁에의 부당개입금지 ㉤ 상관에 대한 신고 ㉥ 보고 및 통보		

Answer 08 ③

09

「경찰공무원법」상 경찰공무원의 의무에 해당하는 것은 모두 몇 개인가?
21. 경간부

> 가. 정치관여금지 의무　　나. 영리업무종사금지 의무
> 다. 품위유지 의무　　　　라. 법령준수의 의무
> 마. 지휘권 남용 등의 금지 의무　　바. 집단행위금지 의무
> 사. 비밀엄수 의무　　　아. 거짓 보고 등의 금지 의무

① 3개　　　　　　　　② 4개
③ 5개　　　　　　　　④ 6개

해설 경찰공무원법상 경찰공무원 의무는 가, 마, 아 3가지이다.

10

경찰 공무원의 의무를 나열한 것이다. 다음 중 「국가공무원법」상 의무와 「경찰공무원법」상 의무의 개수를 바르게 짝지은 것은?
응용문제

> ㉠ 법령준수의 의무　　　㉡ 비밀엄수의 의무
> ㉢ 집단행위금지의 의무　㉣ 제복착용의 의무
> ㉤ 종교중립의 의무　　　㉥ 복종의 의무
> ㉦ 품위유지의 의무　　　㉧ 재산등록과 공개의 의무
> ㉨ 청렴의 의무　　　　　㉩ 지휘권 남용금지의 의무

① 국가공무원법상 의무 : 6개 − 경찰공무원법상 의무 : 4개
② 국가공무원법상 의무 : 7개 − 경찰공무원법상 의무 : 2개
③ 국가공무원법상 의무 : 7개 − 경찰공무원법상 의무 : 3개
④ 국가공무원법상 의무 : 6개 − 경찰공무원법상 의무 : 3개

해설
- 국가공무원법상 의무 : ㉠㉡㉢㉤㉥㉦㉨
- 경찰공무원법상 의무 : ㉣㉩
- 공직자윤리법상 의무 : ㉧

Answer　09 ①　10 ②

11 경찰공무원의 권리와 의무를 규정하는 법령에 대한 설명으로 가장 적절하지 <u>않은</u> 것은?

21. 승진

① 「공직자윤리법」상 공무원 또는 공직유관단체의 임직원은 외국으로부터 선물(대가 없이 제공되는 물품 및 그 밖에 이에 준하는 것을 말하되, 현금은 제외한다. 이하 같다)을 받거나 그 직무와 관련하여 외국인(외국단체 포함)에게 선물을 받으면 지체없이 소속 기관·단체의 장에게 신고하고 그 선물을 인도하여야 한다.

② ①에 따라 「공직자윤리법 시행령」상 신고하여야 할 선물은 그 선물 수령 당시 증정한 국가 또는 외국인이 속한 국가의 시가로 미국화폐 100달러 이상이거나 국내 시가로 10만원 이상인 선물로 한다.

③ 「공직자윤리법」상 취업심사대상자는 퇴직일부터 3년간 취업심사대상기관에 취업할 수 없다. 다만, 관할 공직자윤리위원회로부터 취업심사대상자가 퇴직 전 5년 동안 소속하였던 부서 또는 기관의 업무와 취업심사대상기관 간에 밀접한 관련성이 없다는 확인을 받으면 취업할 수 있다.

④ 「공무원 재해보상법」에 따른 급여를 받을 권리는 그 급여의 사유가 발생한 날부터 요양급여·재활급여·간병급여·부조급여는 5년간, 그 밖의 급여는 3년간 행사하지 아니하면 시효로 인하여 소멸한다.

> **해설** 공무원 재해보상법 제54조(시효)
> ① 이 법에 따른 급여를 받을 권리는 그 급여의 사유가 발생한 날부터 요양급여·재활급여·간병급여·부조급여는 **3년간**, 그 밖의 급여는 **5년간** 행사하지 아니하면 시효로 인하여 소멸한다.

12 「국가공무원법」상 공무원의 의무에 관한 설명으로 가장 적절하지 <u>않은</u> 것은?

23. 승진

① 공무원은 재직 중은 물론 퇴직 후에도 직무상 알게 된 비밀을 엄수(嚴守)하여야 한다.
② 공무원은 직무와 관련하여 직접적인 사례·증여 또는 향응을 주거나 받을 수 있다.
③ 공무원이 외국 정부로부터 영예나 증여를 받을 경우에는 대통령의 허가를 받아야 한다.
④ 공무원은 종교에 따른 차별 없이 직무를 수행하여야 한다.

> **해설** 제61조(청렴의 의무)
> ① 공무원은 직무와 관련하여 **직접적이든 간접적이든** 사례·증여 또는 향응을 주거나 받을 수 없다.
> ② 공무원은 직무상의 관계가 있든 없든 그 소속 상관에게 증여하거나 소속 공무원으로부터 증여를 받아서는 아니 된다.

Answer 11 ④ 12 ②

13 「국가공무원법」과 「경찰공무원법」상 경찰공무원의 의무에 대한 설명 중 가장 적절한 것은?

20. 승진

① '성실 의무'는 공무원의 기본적 의무로서 모든 의무의 원천이 되므로 법률에 명시적 규정이 없다.
② '비밀엄수의 의무', '청렴의 의무', '친절·공정의 의무'는 신분상의 의무에 해당한다.
③ '거짓 보고 등의 금지', '지휘권 남용 등의 금지', '제복 착용'은 「경찰공무원법」에 규정되어 있다.
④ 「국가공무원법」상 수사기관이 현행범으로 체포한 공무원을 구속하려면 그 소속 기관의 장에게 미리 통보하여야 한다.

해설 ▶①
제56조(성실 의무) 모든 공무원은 법령을 준수하며 성실히 직무를 수행하여야 한다.
▶②
제59조(친절·공정의 의무) 공무원은 국민 전체의 봉사자로서 친절하고 공정하게 직무를 수행하여야 한다. – **직무상 의무에 해당**한다.
▶④
제58조(직장 이탈 금지)
① 공무원은 소속 상관의 허가 또는 정당한 사유가 없으면 직장을 이탈하지 못한다.
② 수사기관이 공무원을 구속하려면 그 소속 기관의 장에게 미리 통보하여야 한다. 다만, **현행범**은 그러하지 아니하다.

14 경찰 공무원의 「국가공무원법」상 의무에 대한 설명으로 가장 적절한 것은?

응용문제

① 공무원의 직무상 의무로서 직무전념의 의무, 친절·공정의 의무, 법령준수의 의무, 종교중립의 의무, 비밀엄수의 의무, 복종의 의무를 규정하고 있다.
② 복종의 의무와 관련하여 국가경찰공무원은 구체적 사건수사와 관련하여 상관의 지휘·감독의 적법성 또는 정당성에 대하여 이견이 있을 때에는 이의를 제기할 수 있다.
③ 공무원은 공무 외에 영리를 목적으로 하는 업무에 종사하지 못하며 소속 기관장의 허가 없이 다른 직무를 겸할 수 없다.
④ 공무원은 종교에 따른 차별 없이 직무를 수행하여야 하며, 소속 상관이 종교중립의 의무에 위배되는 직무상 명령을 한 경우에는 이에 따르지 아니하여야 한다.

해설 ▶①
제60조(비밀 엄수의 의무) – **신분상 의무에 해당**
공무원은 재직 중은 물론 퇴직 후에도 직무상 알게 된 비밀을 엄수(嚴守)하여야 한다.
▶②
국가경찰과 자치경찰의 조직 및 운영에 관한 법률 제6조(직무수행)
② 경찰공무원은 구체적 사건수사와 관련된 제1항의 지휘·감독의 적법성 또는 정당성에 대하여 이견이 있을 때에는 이의를 제기할 수 있다.

Answer 13 ③ 14 ③

▶ ④
제59조의2(종교중립의 의무)
① 공무원은 종교에 따른 차별 없이 직무를 수행하여야 한다.
② 공무원은 소속 상관이 제1항에 위배되는 직무상 명령을 한 경우에는 이에 따르지 **아니할 수 있다**.

15 경찰 공무원의 권리·의무에 대한 설명으로 적절하지 <u>않은</u> 것은 몇 개인가? 응용문제

㉠ 공무 외에 영리를 목적으로 하는 업무에 종사하지 못하며, 소속 상관의 허가 없이 다른 직무를 겸할 수 없다.
㉡ 외국정부로부터 영예나 증여를 받을 경우에는 대통령의 허가를 받아야 한다.
㉢ 직무상 관계가 없을 때에는, 소속 상관에게 증여하거나 소속 공무원으로부터 증여를 받을 수 있다.
㉣ 무기휴대에 관해서는 「경찰관직무집행법」에 규정되어 있고, 무기사용에 관해서는 「경찰공무원법」에 규정되어 있다.

① 1개 ② 2개
③ 3개 ④ 4개

(해설) ▶ 제64조(영리 업무 및 겸직 금지)
① (㉠) 공무원은 공무 외에 영리를 목적으로 하는 업무에 종사하지 못하며 **소속 기관장**의 허가 없이 다른 직무를 겸할 수 없다.
▶ 제61조(청렴의 의무)
② (㉢) 공무원은 **직무상의 관계가 있든 없든** 그 소속 상관에게 증여하거나 소속 공무원으로부터 증여를 받아서는 아니 된다.
㉣ **무기사용은 「경찰관직무집행법」에, 무기휴대는 「경찰공무원법」**에 규정되어 있다.

16 「국가공무원법」 제70조에 따른 직권 면직 요건으로 가장 적절한 것은? 24. 승진

① 전직시험에서 세 번 이상 불합격한 자로서 직무수행 능력이 부족하다고 인정된 때
② 직무수행 능력이 부족하거나 근무성적이 극히 나쁜 자
③ 파면·해임·강등 또는 정직에 해당하는 징계 의결이 요구 중인 자
④ 형사 사건으로 기소된 자(약식명령이 청구된 자는 제외한다)

Answer 15 ③ 16 ①

해설 **직권면직사유**

국가 공무원법 (제70조)	1. 삭제 〈1991. 5. 31.〉 2. 삭제 〈1991. 5. 31.〉 3. 직제와 정원의 개폐 또는 예산의 감소 등에 따라 **폐직** 또는 과원이 되었을 때 4. 휴직 기간이 끝나거나 휴직 사유가 소멸된 후에도 **직무**에 복귀하지 아니하거나 직무를 감당할 수 없을 때 5. 제73조의3 제3항에 따라 대기 명령을 받은 자가 그 기간에 능력 또는 근무성적의 향상을 기대하기 어렵다고 인정된 때 6. **전직시험에서 세 번 이상 불합격한 자로서 직무수행 능력이 부족하다고 인정된 때** 7. 병역판정검사·입영 또는 소집의 명령을 받고 정당한 사유 없이 이를 기피하거나 군복무를 위하여 휴직 중에 있는 자가 군복무 중 군무를 이탈하였을 때 8. 해당 직급·직위에서 직무를 수행하는데 필요한 자격증의 효력이 없어지거나 면허가 취소되어 담당 직무를 수행할 수 없게 된 때 9. 고위공무원단에 속하는 공무원이 제70조의2에 따른 적격심사 결과 부적격 결정을 받은 때
경찰 공무원법 (제28조)	1. 「국가공무원법」 제70조 제1항 제3호부터 제5호까지의 규정 중 어느 하나에 해당될 때 2. 경찰공무원으로는 부적합할 정도로 직무 수행능력이나 **성실성**이 현저하게 결여된 사람으로서 대통령령으로 정하는 사유에 해당된다고 인정될 때 3. 직무를 수행하는 데에 위험을 일으킬 우려가 있을 정도의 성격적 또는 **도덕적 결함**이 있는 사람으로서 대통령령으로 정하는 사유에 해당된다고 인정될 때 4. 해당 경과에서 직무를 수행하는 데 필요한 **자격증**의 효력이 상실되거나 면허가 취소되어 담당 직무를 수행할 수 없게 되었을 때

17 「국가공무원법」에 규정된 직권휴직과 직권면직의 사유에 대한 내용이다. 각 사유를 바르게 나열한 것은? 20. 승진

> ㉠ 해당 직급·직위에서 직무를 수행하는데 필요한 자격증의 효력이 없어지거나 면허가 취소되어 담당 직무를 수행할 수 없게 된 때
> ㉡ 「병역법」에 따른 병역 복무를 마치기 위하여 징집 또는 소집된 때
> ㉢ 신체·정신상의 장애로 장기 요양이 필요할 때
> ㉣ 직제와 정원의 개폐 또는 예산의 감소 등에 따라 폐직 또는 과원이 되었을 때

① 직권면직 - ㉠㉡ 직권휴직 - ㉢㉣
② 직권면직 - ㉡㉢ 직권휴직 - ㉠㉣
③ 직권면직 - ㉠㉣ 직권휴직 - ㉡㉢
④ 직권면직 - ㉠㉢ 직권휴직 - ㉡㉣

Answer 17 ③

해설 면직사유(임용권자는~면직시킬 수 있다.)

사유	동의 여부

1. 경찰공무원으로는 부적합할 정도로 직무 수행능력이나 **성실성**이 현저하게 결여된 사람으로서 **대통령령으로** 정하는 사유에 해당된다고 인정될 때(경찰공무원법 제22조1항2호)
   1. **지**능 저하 또는 판단력 부족으로 경찰업무를 감당할 수 없는 경우
   2. **책**임감의 결여로 직무수행에 성의가 없고 위험한 직무를 고의로 기피하거나 포기하는 경우
	징계위 동의 (○)

2. 직무를 수행하는 데에 위험을 일으킬 우려가 있을 정도의 성격적 또는 **도덕적 결함**이 있는 사람으로서 대통령령으로 정하는 사유에 해당된다고 인정될 때(경찰공무원법 제22조 제1항 제3호)
   1. **인**격장애, 알코올·약물중독 그 밖의 정신장애로 인하여 경찰업무를 감당할 수 없는 경우
   2. **사**행행위 또는 재산의 낭비로 인한 채무과다, 부정한 이성관계 등 도덕적 결함이 현저하여 타인의 비난을 받는 경우	

3. 제73조의3 제3항에 따라 대기 명령을 받은 자가 그 기간에 **능력** 또는 근무성적의 향상을 기대하기 어렵다고 인정된 때(국가공무원법 70조 1항 5호)	6징계위 동의 (×)
4. 직제와 정원의 개폐 또는 예산의 감소 등에 따라 **폐직** 또는 과원이 되었을 때(국가공무원법 70조 1항 3호)	
5. 휴직 기간이 끝나거나 휴직 사유가 소멸된 후에도 **직무**에 복귀하지 아니하거나 직무를 감당할 수 없을 때(국가공무원법 70조 1항 4호)	
6. 해당 경과에서 직무를 수행하는 데 필요한 **자격증**의 효력이 상실되거나 면허가 취소되어 담당 직무를 수행할 수 없게 되었을 때(경찰공무원법 제22조1항4호)	

※ 위 5번 사유에 따른 **직권 면직**일은 휴직 기간이 끝난 날 또는 휴직 사유가 소멸한 날로 한다.

18. 다음 「경찰공무원법」상 경찰공무원의 직권면직사유 가운데 직권면직처분을 위해 징계위원회의 동의가 필요한 사유끼리 묶인 것은?

응용문제

㉠ 직제와 정원의 개폐 또는 예산의 감소 등에 따라 폐직 또는 과원이 되었을 때
㉡ 휴직기간이 끝나거나 휴직 사유가 소멸된 후에도 직무에 복귀하지 아니하거나 직무를 감당할 수 없을 때
㉢ 직위해제로 인한 대기 명령을 받은 자가 그 기간에 능력 또는 근무성적의 향상을 기대하기 어렵다고 인정된 때
㉣ 경찰공무원으로는 부적합할 정도로 직무 수행능력이나 성실성이 현저하게 결여된 사람으로서 대통령령으로 정하는 사유에 해당된다고 인정될 때
㉤ 직무를 수행하는 데에 위험을 일으킬 우려가 있을 정도의 성격적 또는 도덕적 결함이 있는 사람으로서 대통령령으로 정하는 사유에 해당된다고 인정될 때
㉥ 해당 경과에서 직무를 수행하는데 필요한 자격증의 효력이 상실되거나 면허가 취소되어 담당 직무를 수행할 수 없게 되었을 때

Answer 18 ③

① ㉠, ㉡, ㉢
③ ㉢, ㉣, ㉤
② ㉡, ㉢, ㉥
④ ㉢, ㉣, ㉥

(해설) 징계위 동의가 필요한 것은 ㉢, ㉣, ㉤ 3가지이다.

19. 「경찰공무원법」상 경찰공무원의 직권면직사유 중 직권면직 처분을 위해 징계위원회 동의가 필요한 사유로 틀린 것은?

22. 순경

> ㉠ 해당 경과에서 직무를 수행하는 데 필요한 자격증의 효력이 상실되거나 면허가 취소되어 담당 직무를 수행할 수 없게 되었을 때
> ㉡ 직무를 수행하는 데에 위험을 일으킬 우려가 있을 정도의 성격적 또는 도덕적 결함이 있는 사람으로서 대통령령으로 정하는 사유에 해당된다고 인정될 때
> ㉢ 경찰공무원으로는 부적합할 정도로 직무 수행능력이나 성실성이 현저하게 결여된 사람으로서 대통령령으로 정하는 사유에 해당된다고 인정될 때
> ㉣ 휴직 기간이 끝나거나 휴직 사유가 소멸된 후에도 직무에 복귀하지 아니하거나 직무를 감당할 수 없을 때

① 0개 ② 1개
③ 2개 ④ 3개

(해설) 징계위 동의가 필요한 것은 ㉠㉡㉢ **2가지**이다.

20. 「국가공무원법」상 휴직에 대한 설명으로 가장 적절하지 않은 것은?

20. 승진

① 공무원이 천재지변이나 전시·사변, 그 밖의 사유로 생사 또는 소재가 불명확하게 된 때의 휴직기간은 3개월 이내로 한다.
② 공무원이 국외 유학을 하게 된 때 휴직을 원하면 임용권자는 휴직을 명할 수 있으며, 휴직기간은 3년 이내로 하되, 부득이한 경우에는 2년의 범위에서 연장할 수 있다.
③ 휴직 기간 중 그 사유가 없어지면 지체 없이 임용권자 또는 임용제청권자에게 신고하여야 하며, 임용권자는 30일 이내에 복직을 명하여야 한다.
④ 대통령령등으로 정하는 기간 동안 재직한 공무원이 직무 관련 연구과제 수행 또는 자기개발을 위하여 학습·연구 등을 하게 된 때 휴직 기간은 1년 이내로 한다.

(해설) 제73조(휴직의 효력)
② 휴직 기간 중 그 사유가 없어지면 30일 이내에 임용권자 또는 임용제청권자에게 신고하여야 하며, 임용권자는 **지체 없이** 복직을 명하여야 한다.

Answer 19 ② 20 ③

21 「국가공무원법」상 휴직 사유와 휴직 기간에 대한 설명으로 가장 적절하지 않은 것은?

응용문제

① 중앙인사관장기관의 장이 지정하는 연구기관이나 교육기관 등에서 연수하게 된 때 휴직 기간은 3년 이내로 한다.
② 「병역법」에 따른 병역 복무를 마치기 위하여 징집 또는 소집된 때 휴직 기간은 그 복무 기간이 끝날 때까지로 한다.
③ 만 8세 이하 또는 초등학교 2학년 이하의 자녀를 양육하기 위하여 필요하거나 여성공무원이 임신 또는 출산하게 된 때 휴직 기간은 자녀 1명에 대하여 3년 이내로 한다.
④ 외국에서 근무·유학 또는 연수하게 되는 배우자를 동반하게 된 때 휴직 기간은 3년 이내로 하되, 부득이한 경우에는 2년의 범위에서 연장할 수 있다.

해설 ▶ 직권휴직(~ 휴직을 명하여야 한다.)

사유	휴직기간
1. 신체·정신상의 장애로 **장기 요양**이 필요할 때	**1년 이내, 연장 1년** 단, 다만, 「공무원 재해보상법」, 「산업재해보상보험법」상 공무상 질병 또는 부상으로 인한 휴직기간은 3년 이내, 의학적 소견 등 : 2년
2. 삭제	
3. 「병역법」에 따른 병역 복무를 마치기 위하여 징집 또는 **소집**된 때	복무 기간이 끝날 때까지
4. 천재지변이나 전시·사변, 그 밖의 사유로 생사 또는 **소재**가 불명확하게 된 때	3개월 이내
5. 그 밖에 법률의 규정에 따른 의무를 수행하기 위하여 **직무를 이탈**하게 된 때	복무 기간이 끝날 때까지
6. 「공무원의 노동조합 설립 및 운영 등에 관한 법률」제7조에 따라 **노동조합** 전임자로 종사하게 된 때	전임 기간

▶ 의원휴직 (~휴직을 명할 수 있다. 다만, 제4호의 경우에는 대통령령으로 정하는 특별한 사정이 없으면 휴직을 명하여야 한다.)

사유	휴직기간
1. 국제기구, 외국 기관, 국내외의 대학·연구기관, 다른 국가기관 또는 대통령령으로 정하는 민간기업, 그 밖의 기관에 **임시**로 채용될 때	채용 기간 다만, 민간기업이나 그 밖의 기관에 채용되면 3년 이내
2. **국외** 유학을 하게 된 때	3년 이내 부득이한 경우에는 2년의 범위에서 연장
3. 중앙인사관장기관의 장이 지정하는 연구기관이나 교육기관 등에서 **연수**하게 된 때	2년 이내

Answer 21 ①

4. 만 8세 이하 또는 초등학교 2학년 이하의 자녀를 양육하기 위하여 필요하거나 여성공무원이 **임신** 또는 출산하게 된 때	자녀 1명에 대하여 3년 이내
5. 조부모, 부모(배우자의 부모를 포함), 배우자, 자녀 또는 손자녀를 부양하거나 **돌보기** 위하여 필요한 경우. 다만, 조부모나 손자녀의 돌봄을 위하여 휴직할 수 있는 경우는 본인 외에 돌볼 사람이 없는 등 대통령령등으로 정하는 요건을 갖춘 경우로 한정한다.	1년 이내 재직 기간 중 총 3년 초과×
6. 외국에서 근무·유학 또는 연수하게 되는 **배우자**를 동반하게 된 때	3년 이내 부득이한 경우에는 2년의 범위에서 연장
7. 대통령령등으로 정하는 기간 동안 재직한 공무원이 직무 관련 연구과제 수행 또는 자기개발을 위하여 **학습·연구** 등을 하게 된 때	1년 이내

22 「국가공무원법」상 휴직사유와 휴직기간을 연결한 것 중 옳지 <u>않은</u> 것은?   응용문제

> 가. 천재지변이나 전시·사변, 그 밖의 사유로 생사 또는 소재가 불명확하게 된 때 - 1개월이내
> 나. 국제기구, 외국 기관, 국내외의 대학·연구기관, 다른 국가기관 또는 대통령령으로 정하는 민간기업, 그 밖의 기관에 임시로 채용될 때 - 채용기간(단, 민간기업이나 그 밖의 기관에 채용되면 2년 이내로 한다)
> 다. 국외 유학을 하게 된 때 - 2년 이내(부득이한 경우에는 2년의 범위에서 연장 가능)
> 라. 중앙인사관장기관의 장이 지정하는 연구기관이나 교육기관 등에서 연수하게 된 때 - 2년 이내
> 마. 외국에서 근무·유학 또는 연수하게 되는 배우자를 동반하게 된 때 - 3년 이내(부득이한 경우에는 3년의 범위에서 연장 가능)
> 바. 대통령령 등으로 정하는 기간 동안 재직한 공무원이 직무관련 연구과제 수행 또는 자기개발을 위하여 학습·연구 등을 하게 된 때 - 1년 이내

① 1개   ② 2개
③ 3개   ④ 4개

해설 가. 3개월 이내
나. 민간기업이나 그 밖의 기관에 채용되면 **3년 이내**
다. **3년 이내**(부득이한 경우에는 2년의 범위에서 연장 가능)
마. 3년 이내(부득이한 경우에는 **2년의 범위에서 연장 가능**)

Answer 22 ④

23 경찰공무원의 임용에 대한 설명으로 가장 적절하지 않는 것은? 　22. 승진

① 「경찰공무원 임용령」상 시·도경찰청장 및 경찰서장은 지구대장 및 파출소장을 보직하는 경우에는 시·도자치경찰위원회의 의견을 사전에 들어야 한다.
② 「국가공무원법」상 임용권자는 공무원이 중앙인사관장기관의 장이 지정하는 연구기관이나 교육기관 등에서 연수하게 된 때에는 공무원의 의사에도 불구하고 휴직을 명하여야 한다.
③ 「경찰공무원 임용령」상 임용권자 또는 임용제청권자는 경찰공무원을 신규채용 할 때에 경과를 부여해야 한다.
④ 「경찰공무원법」상 총경 이상 경찰공무원은 경찰청장 또는 해양경찰청장의 추천을 받아 행정안전부장관 도는 해양수산부장관의 제청으로 국무총리를 거쳐 대통령이 임용한다. 다만, 총경의 전보, 휴직, 직위해제, 강등, 정직 및 복직은 경찰청장 또는 해양경찰청장이 한다.

> **해설** 제71조(휴직)
> ② 임용권자는 공무원이 다음 각 호의 어느 하나에 해당하는 사유로 휴직을 원하면 **휴직을 명할 수 있다**. 다만, 제4호의 경우에는 대통령령으로 정하는 특별한 사정이 없으면 휴직을 명하여야 한다.
> 1. 국제기구, 외국 기관, 국내외의 대학·연구기관, 다른 국가기관 또는 대통령령으로 정하는 민간기업, 그 밖의 기관에 임시로 채용될 때
> 2. 국외 유학을 하게 된 때
> 3. **중앙인사관장기관의 장이 지정하는 연구기관이나 교육기관 등에서 연수하게 된 때**
> 4. 만 8세 이하 또는 초등학교 2학년 이하의 자녀를 양육하기 위하여 필요하거나 여성공무원이 임신 또는 출산하게 된 때
> 5. 조부모, 부모(배우자의 부모를 포함한다), 배우자, 자녀 또는 손자녀를 부양하거나 돌보기 위하여 필요한 경우. 다만, 조부모나 손자녀의 돌봄을 위하여 휴직할 수 있는 경우는 본인 외에 돌볼 사람이 없는 등 대통령령등으로 정하는 요건을 갖춘 경우로 한정한다.
> 6. 외국에서 근무·유학 또는 연수하게 되는 배우자를 동반하게 된 때
> 7. 대통령령등으로 정하는 기간 동안 재직한 공무원이 직무 관련 연구과제 수행 또는 자기개발을 위하여 학습·연구 등을 하게 된 때

24 「국가공무원법」상 직위해제에 관한 설명으로 가장 적절하지 않은 것은? 　23. 순경

① 임용권자는 직무수행 능력이 부족하거나 근무성적이 극히 나쁜 자에게 직위를 부여하지 아니할 수 있다.
② 형사사건으로 기소된 자(약식명령이 청구된 자는 제외한다)에게는 직위를 부여하지 아니할 수 있다.
③ 제73조의3 제1항에 따라 직위를 부여하지 아니한 경우에 그 사유가 소멸되면 임용권자는 7일 이내에 직위를 부여할 수 있다.
④ 임용권자는 제1항 제2호에 따라 직위해제된 자에게 3개월의 범위에서 대기를 명한다.

> **해설** 제73조의3(직위해제)
> ② 제1항에 따라 직위를 부여하지 아니한 경우에 그 사유가 소멸되면 임용권자는 **지체 없이** 직위를 부여하여야 한다.

Answer　23 ②　24 ③

25. 직위해제에 대한 설명으로 가장 적절하지 않은 것은?

21. 승진

① 직위해제는 휴직과 달리 제재적 성격을 가지는 보직의 해제이다.
② 직무수행능력이 부족하여 직위해제를 한 경우 대기명령 기간 중 근무성적의 향상을 기대하기 어렵다고 인정될 때에는 징계위원회의 동의를 얻어 임용권자가 직권면직시킬 수 있다.
③ 직위해제 기간은 원칙적으로 승진소요 최저근무연수에 포함되지 않으나, 파면·해임·강등 또는 정직에 해당하는 징계 의결 요구로 직위해제된 사람에 대하여 관할 징계위원회가 징계하지 아니하기로 의결한 경우 등은 승진소요 최저근무연수에 포함된다.
④ 「국가공무원법」 제73조의3 제1항 제5호(고위공무원단에 속하는 일반직공무원으로서 제70조의2 제1항 제2호부터 제5호까지의 사유로 적격심사를 요구받은 자)에 따라 직위해제된 사람이 직위해제일부터 3개월이 지나도 직위를 부여받지 못한 경우에는 그 3개월이 지난 후의 기간 중에는 봉급의 50퍼센트를 지급한다.

> **해설** **직위해제 사유**(임용권자는~직위를 부여하지 아니할 수 있다.)

사유	봉급감액
1. 삭제	
2. 직무수행 능력이 부족하거나 근무성적이 극히 나쁜 자	**봉급의 80%**
3. **파면·해임·강등 또는 정직에 해당**하는 징계 의결이 요구 중인 자	**봉급의 50%** 다만, 직위해제일부터 3개월이 지나도 직위를 부여받지 못한 경우에는 그 **3개월이 지난 후의 기간 중에는 봉급의 30%**를 지급한다.
4. **형사 사건**으로 기소된 자(약식명령이 청구된 자는 제외)	
5. 고위공무원단에 속하는 일반직공무원으로서 제70조의2 제1항 제2호부터 제5호까지의 사유로 **적격심사**를 요구받은 자	봉급의 70% 다만, 직위해제일부터 3개월이 지나도 직위를 부여받지 못한 경우에는 그 3개월이 지난 후의 기간 중에는 **봉급의 40%를 지급**한다.
6. **금품비위**, 성범죄 등 대통령령으로 정하는 비위행위로 인하여 감사원 및 검찰·경찰 등 수사기관에서 조사나 수사 중인 자로서 비위의 정도가 중대하고 이로 인하여 정상적인 업무수행을 기대하기 현저히 어려운 자	**봉급의 50%** 다만, 직위해제일부터 3개월이 지나도 직위를 부여받지 못한 경우에는 그 **3개월이 지난 후의 기간 중에는 봉급의 30%**를 지급한다.

Answer 25 ④

26
「국가공무원법」상 직위해제에 대한 설명으로 가장 적절한 것은? 21. 순경

① 임용권자는 형사사건으로 기소된 자(약식명령이 청구된 자를 포함한다)에게 직위를 부여하지 아니할 수 있다.
② 임용권자는 신체·정신상의 장애로 장기 요양이 필요한 자에게 직위를 부여하지 아니할 수 있다.
③ 임용권자는 직무수행 능력이 부족하거나 근무성적이 극히 나빠 직위해제 된 자에게 3개월의 범위에서 대기를 명한다.
④ 「국가공무원법」 제73조의3 제1항에 따라 직위를 부여하지 아니한 경우에 그 직위해체 사유가 소멸되면 임용권자는 직위를 부여할 수 있다.

해설 ① 임용권자는 형사사건으로 기소된 자(약식명령이 청구된 자를 **제외한다**)에게 직위를 부여하지 아니할 수 있다.
② **직권휴직사유에 해당**한다.
④ 「국가공무원법」 제73조의3 제1항에 따라 직위를 부여하지 아니한 경우에 그 사유가 소멸되면 임용권자는 **지체 없이** 직위를 **부여하여야 한다.**

27
「국가공무원법」상 직위해제에 대한 설명 중 가장 적절하지 <u>않은</u> 것은? 20. 승진

① 임용권자는 직무수행 능력이 부족하거나 근무성적이 극히 나쁜 사유로 직위해제된 자에게 3개월 범위에서 대기를 명한다.
② 파면·해임·강등·정직 또는 감봉에 해당하는 징계 의결이 요구 중인 자는 직위해제 대상이다.
③ 직위해제 사유가 소멸한 때에는 임용권자는 지체 없이 직위를 부여하여야 한다.
④ 직위해제는 휴직과 달리 제재적 성격을 가지는 보직의 해제이며 복직이 보장되지 않는다.

해설 제73조의3(직위해제)
① 임용권자는 다음 각 호의 어느 하나에 해당하는 자에게는 직위를 부여하지 아니할 수 있다.
  1. 삭제 〈1973. 2. 5.〉
  2. 직무수행 능력이 부족하거나 근무성적이 극히 나쁜 자
  3. **파면·해임·강등 또는 정직**에 해당하는 징계 의결이 요구 중인 자 **(감봉, 견책은 제외)**
  4. 형사 사건으로 기소된 자(약식명령이 청구된 자는 제외한다)
  5. 고위공무원단에 속하는 일반직공무원으로서 제70조의2 제1항 제2호부터 제5호까지의 사유로 적격심사를 요구받은 자
  6. 금품비위, 성범죄 등 대통령령으로 정하는 비위행위로 인하여 감사원 및 검찰·경찰 등 수사기관에서 조사나 수사 중인 자

Answer 26 ③ 27 ②

28 다음 중 고충심사위원회에 대한 내용으로 가장 적절한 것은? _{응용문제}

① 경찰공무원 고충심사위원회의 심사를 거친 재심청구와 경감 이상의 경찰공무원의 인사상담 및 고충심사는 중앙고충심사위원회에 한다.
② 경찰공무원 고충심사위원회는 위원장 1명을 포함하여 7명 이상 15명 이하의 공무원위원과 민간위원으로 구성한다. 이 경우 민간위원의 수는 위원장을 제외한 위원 수의 3분의 1 이상이어야 한다.
③ 경찰공무원 고충심사위원회의 회의는 위원장과 위원장이 회의마다 지정하는 5명 이상 7명 이하의 위원으로 성별을 고려하여 구성한다. 이 경우 민간위원이 2분의 1 이상 포함되어야 한다.
④ 고충심사위원회는 청구서에 흠이 있다고 인정할 때에는 청구서를 접수한 날로부터 7일 이내에 상당한 기간을 정하여 청구인에게 이의 보완을 요구할 수 있으며, 청구인은 동기간내에 이를 보완하여야 한다.

해설 ▶①
제76조의2(고충 처리)
⑤ 중앙고충심사위원회는 보통고충심사위원회의 심사를 거친 재심청구와 **5급 이상 공무원(경정이상)** 및 고위공무원단에 속하는 일반직공무원의 고충을, 보통고충심사위원회는 소속 6급 이하의 공무원의 고충을 각각 심사한다.
▶②, ③
공무원고충처리규정 제3조의2(경찰공무원 고충심사위원회)
② 「경찰공무원법」 제31조 제1항에 따른 경찰공무원 고충심사위원회(이하 "경찰공무원고충심사위원회"라 한다)는 위원장 1명을 포함하여 7명 이상 15명 이내의 공무원위원과 민간위원으로 구성한다. 이 경우 민간위원의 수는 위원장을 제외한 위원 수의 **2분의 1 이상**이어야 한다.
⑦ 경찰공무원고충심사위원회의 회의는 위원장과 위원장이 회의마다 지정하는 5명 이상 7명 이내의 위원으로 성별을 고려하여 구성한다. 이 경우 민간위원이 **3분의 1 이상** 포함되어야 한다.

29 경찰공무원 고충심사에 관한 설명으로 적절한 것을 모두 고른 것은? _{74기 경간부}

가. 경찰공무원의 인사상담 및 고충을 심사하기 위하여 경찰공무원 고충심사위원회를 두어야 하는 기관에는 시·도자치경찰위원회도 포함된다.
나. 경찰공무원고충심사위원회의 공무원위원은 청구인보다 상위계급 또는 이에 상당하는 소속 공무원 중에서 설치기관의장이 임명한다.
다. 경찰공무원고충심사위원회의 민간위원의 수는 위원장을 제외한 위원 수의 2분의 1 이상이어야 한다.
라. 경찰공무원 고충심사위원회의 심사를 거친 재심청구와 경정이상의 경찰공무원의 인사상담 및 고충심사는 「국가공무원법」에 따라 설치된 중앙고충심사위원회에서 한다.

Answer 28 ④ 29 ④

① 가, 나   ② 가, 다, 라
③ 나, 다, 라   ④ 가, 나, 다, 라

(해설) 모두 옳은 지문이다.

30. 다음 중 고충심사위원회에 대한 내용으로 틀린 것은? [응용문제]

① 고충심사위원회가 청구서를 접수한 때에는 30일 이내에 고충심사에 대한 결정을 하여야 한다. 다만, 부득이하다고 인정되는 경우에는 고충심사위원회의 의결로 30일을 연장할 수 있다.
② 보통고충심사위원회·경찰공무원 고충심사위원회·소방공무원 고충심사위원회 또는 교육공무원 보통고충심사위원회의 고충심사에 대하여 불복이 있어 중앙고충심사위원회 또는 교육공무원 중앙고충심사위원회에 재심을 청구하는 경우에는 그 심사결과를 통보받은 날로부터 30일 이내에 청구서를 제출하여야 한다.
③ 고충심사위원회는 심사일 3일 전까지 청구인 및 처분청에 심사일시 및 장소를 알려야 한다.
④ 경찰공무원 고충심사위원회의 민간위원은 아래에 해당하는 사람 중에서 설치기관의 장이 위촉한다. 이 경우 민간위원의 임기는 2년으로 하며, 한 번만 연임할 수 있다.

(해설) 공무원고충처리규정 제8조(심사일의 통지 등)
   ① 고충심사위원회는 **심사일 5일 전까지** 청구인 및 처분청에 심사일시 및 장소를 알려야 한다.

31. 고충처리에 대한 설명으로 가장 적절하지 않은 것은? [22. 승진]

①「국가공무원법」에 따라 공무원 인사·조직·처우 등 각종 직무조건과 그 밖에 신상 문제와 관련한 고충에 대하여 상담을 신청하거나 심사를 청구할 수 있다.
②「경찰공무원법」에 따라 '경찰공무원 고충심사위원회'의 심사를 거친 재심청구와 경정이상 경찰공무원의 인사상담 및 고충심사는「국가공무원법」에 다라 설치된 중앙고충심사위원회에서 한다.
③「공무원고충처리규정」에 따라 고충심사위원히가 청구서를 접수한 때에는 30일 이내에 고충심사에 대한 결정을 하여야 한다. 다만, 부득이하다고 인정되는 경우에는 고충심사위원회의 의결로 30일을 연장할 수 있다.
④「국가공무원법」에 따라 중앙인사관장기관의 장, 임용권자 또는 임용제청자는 기관 내 성폭력 범죄 또는 성희롱 발생 사실의 신고를 받은 경우에는 지체없이 사실 확인을 위한 조사를 하고 그에 따라 필요한 조치를 할 수 있다.

(해설) 제76조의2(고충 처리)
   ③ 중앙인사관장기관의 장, 임용권자 또는 임용제청권자는 기관 내 성폭력 범죄 또는 성희롱 발생 사실의 신고를 받은 경우에는 지체 없이 사실 확인을 위한 조사를 하고 그에 따라 필요한 **조치를 하여야 한다.**

Answer 30 ③   31 ④

32. 경찰공무원 고충심사에 대한 설명으로 가장 적절하지 않은 것은?

① 계급이 경사인 경찰 공무원이 종교를 이유로 불합리한 차별을 겪어 고충을 당한 사안일 경우, 보통 고충심사위원회에서 고충을 심사하는 것이 부적당하다고 인정될 경우에는 중앙고충심사위원회에서 심사할 수 있다.
② 경찰공무원 고충심사위원회를 두는 「경찰공무원법」 제31조 제1항에서 "대통령령이 정하는 경찰기관"이라 함은 경찰대학·경찰인재개발원·중앙경찰학교·경찰수사연수원·경찰서·경찰기동대·경비함정 기타 경정 이상의 경찰공무원을 장으로 하는 기관 중 행정안전부장관 또는 해양수산부장관이 지정하는 경찰기관을 말한다.
③ 경찰공무원 고충심사위원회는 위원장1명을 포함하여 7명 이상 15명 이하의 공무원위원과 민간위원으로 구성한다. 이 경우 민간위원의 수는 위원장을 제외한 위원 수의 2분의 1이상이어야 한다.
④ 경찰공무원 고충심사위원회의 위원장은 설치기관 소속 공무원 중에서 인사 또는 감사 업무를 담당하는 과장 또는 이에 상당하는 직위를 가진 사람이 된다.

해설 공무원고충처리규정 제3조의2(경찰공무원 고충심사위원회)
① 「경찰공무원법」 제31조 제1항에서 "대통령령이 정하는 경찰기관"이라 함은 경찰대학·경찰인재개발원·중앙경찰학교·경찰수사연수원·경찰서·경찰기동대·경비함정 기타 **경감 이상의 경찰공무원을 장으로 하는 기관** 중 행정안전부장관 또는 해양수산부장관이 지정하는 경찰기관을 말한다.

Answer 32 ②

CHAPTER 03 경찰공무원법 [법률 시행 2024.8.14.]

01 「경찰공무원법」 제7조에 따른 임용권자에 관한 내용으로 가장 적절하지 않은 것은? 23. 순경

① 총경 이상 경찰공무원은 경찰청장 또는 해양경찰청장의 추천을 받아 행정안전부장관 또는 해양수산부장관의 제청으로 국무총리를 거쳐 대통령이 임용한다.
② 총경의 전보, 휴직, 직위해제, 강등, 정직 및 복직은 행정안전부장관 또는 해양수산부장관이 임용한다.
③ 경정 이하의 경찰공무원은 경찰청장 또는 해양경찰청장이 임용한다. 다만, 경정으로의 신규채용, 승진임용 및 면직은 경찰청장 또는 해양경찰청장의 제청으로 국무총리를 거쳐 대통령이 한다.
④ 경찰청장은 대통령령으로 정하는 바에 따라 경찰공무원의 임용에 관한 권한의 일부를 특별시장·광역시장·도지사·특별자치시장 또는 특별자치도지사, 국가수사본부장, 소속 기관의 장, 시·도 경찰청장에게 위임할 수 있다.

해설 제7조(임용권자)
① 총경 이상 경찰공무원은 경찰청장 또는 해양경찰청장의 추천을 받아 행정안전부장관 또는 해양수산부장관의 제청으로 국무총리를 거쳐 대통령이 임용한다. 다만, 총경의 전보, 휴직, 직위해제, 강등, 정직 및 복직은 **경찰청장 또는 해양경찰청장**이 한다.

02 경찰공무원 관련 법령에 따를 때, 경찰공무원의 신분변동에 관한 설명 중 가장 적절한 것은? 22. 순경

① 중징계 의결이 요구 중인 경찰공무원 甲에 대해 직위해제처분을 할 경우, 임용권자는 3개월의 범위 내에서 대기를 명하고 능력 회복이나 근무성적의 향상을 위한 교육훈련 또는 특별한 연구과제의 부여 등 필요한 조치를 하여야 한다.
② 위원장 포함 6명이 출석하여 구성된 징계위원회에서 정직 3월 2명, 정직 1월 2명, 감봉 3월 1명, 감봉 2월 1명, 감봉 1월 3명, 견책 3명으로 의견이 나뉜 경우, 정직 1월로 의결해야 한다.
③ 자치경찰사무를 담당하는 OO경찰서 소속 경위 乙의 경감으로의 승진임용을 시·도지사가 하므로, 경위 乙에 대한 휴직이나 복직도 시·도지사가 한다.
④ 순경 채용후보자 명부에 등재된 채용후보자 본인이 학업을 계속하고자 이를 증명할 수 있는 자료를 첨부하여 임용권자가 정하는 기간 내에 원하는 유예기간을 적어 신청할 경우, 임용권자는 채용후보자 명부의 유효기간 범위에서 기간을 정하여 임용을 유예해야 한다.

Answer 01 ② 02 ②

> **해설** ▶ ①
>
> 국가공무원법 제73조의3(직위해제)
> ③ 임용권자는 제1항 제2호(직무수행 능력이 부족하거나 근무성적이 극히 나쁜 자)에 따라 직위해제된 자에게 3개월의 범위에서 대기를 명한다.
>
> ▶ ③
>
> 경찰공무원임용령 제4조(임용권의 위임 등)
> ④ 제1항에 따라 임용권을 위임받은 시·도지사는 법 제7조 제3항 후단에 따라 경감 또는 경위로의 승진임용에 관한 권한을 제외한 임용권을 **시·도자치경찰위원회**에 다시 위임한다.
>
> ▶ ④
>
> 경찰공무원임용령 제18조의2(임용 또는 임용제청의 유예)
> ① 임용권자 또는 임용제청권자는 채용후보자 명부에 등재된 채용후보자가 다음 각 호의 어느 하나에 해당하는 경우에는 채용후보자 명부의 유효기간의 범위에서 기간을 정하여 임용 또는 임용제청을 **유예할 수 있다**. 다만, 유예기간 중이라도 그 사유가 소멸한 경우에는 임용 또는 임용제청을 할 수 있다.
>   1. 「병역법」에 따른 병역복무를 위하여 징집 또는 소집되는 경우
>   2. 학업을 계속하는 경우
>   3. 6개월 이상의 장기요양이 필요한 질병이 있는 경우
>   4. 임신하거나 출산한 경우
>   5. 그 밖에 임용 또는 임용제청의 유예가 부득이하다고 인정되는 경우

03 「경찰공무원법」상 경찰공무원의 임용에 대한 설명으로 가장 적절한 것은? [응용문제]

① 총경 이상의 경찰공무원은 경찰청장의 제청으로 국무총리를 거쳐 대통령이 임용한다.
② 퇴직한 경찰공무원으로서 퇴직 시에 재직하였던 계급의 채용시험에 합격한 사람을 재임용하는 경우 시보임용을 거치지 않는다.
③ 경찰청장은 경찰공무원의 채용시험 또는 경위 공개경쟁선발시험에서 부정행위를 한 응시자에 대하여는 해당 시험을 정지 또는 무효로 하고, 그 처분이 있은 날부터 3년간 시험응시자격을 정지한다.
④ 경찰청장은 경찰공무원의 임용에 관한 권한의 일부를 소속기관 등의 장에게 위임할 수 없다.

> **해설** ▶ ①, ④
>
> 제7조(임용권자)
> ① 총경 이상 경찰공무원은 **경찰청장 또는 해양경찰청장의 추천**을 받아 행정안전부장관 또는 해양수산부장관의 제청으로 국무총리를 거쳐 대통령이 임용한다. 다만, 총경의 전보, 휴직, 직위해제, 강등, 정직 및 복직은 경찰청장 또는 해양경찰청장이 한다.
> ③ 경찰청장은 대통령령으로 정하는 바에 따라 경찰공무원의 임용에 관한 권한의 일부를 특별시장·광역시장·도지사·특별자치시장 또는 특별자치도지사(이하 "시·도지사"라 한다), 국가수사본부장, 소속 기관의 장, 시·도경찰청장에게 **위임할 수 있다**.
>
> ▶ ③
>
> 제11조(부정행위자에 대한 제재)
> ② 제1항에 따른 처분을 받은 사람에 대해서는 처분이 있은 날부터 **5년의 범위에서** 대통령령으로 정하는 기간 동안 신규채용시험, 승진시험 또는 그 밖의 시험의 응시자격을 정지한다.

Answer 03 ②

04. 다음은 「경찰공무원법」및 「경찰공무원 임용령」상 경찰공무원의 임용에 대하여 설명한 것이다. 옳은 것을 모두 고른 것은?

응용문제

> ⊙ 휴직기간, 직위해제기간 및 징계에 의한 감봉처분 또는 견책처분을 받은 기간은 시보임용기간에 산입하지 아니한다.
> ⓒ 경정으로의 신규채용, 승진임용 및 면직은 경찰청장 또는 해양경찰청장의 제청으로 국무총리를 거쳐 대통령이 한다.
> ⓒ '징계에 의하여 파면 또는 해임처분을 받은 사람'은 경찰공무원으로 임용될 수 없다.
> ⓔ 경찰공무원은 임용장이나 임용통지서에 적힌 날짜에 임용된 것으로 보며, 사망으로 인한 면직은 사망한 날에 면직된 것으로 본다.
> ⓜ 총경의 전보, 휴직, 직위해제, 강등, 정직 및 복직은 경찰청장 또는 해양경찰청장이 한다.

① ⊙ⓒⓔ ② ⊙ⓒⓔ
③ ⓒⓒⓜ ④ ⓒⓒⓔⓜ

해설 ▶ (⊙) 경찰공무원법 제13조(시보임용)
② 휴직기간, 직위해제기간 및 징계에 의한 **정직처분** 또는 감봉처분을 받은 기간은 제1항에 따른 시보임용기간에 산입하지 아니한다.

▶ (ⓔ) 경찰공무원임용령 제5조(임용시기)
① 경찰공무원은 임용장이나 임용통지서에 적힌 날짜에 임용된 것으로 보며, 임용일자를 소급해서는 아니 된다.
② 사망으로 인한 면직은 **사망한 다음 날에** 면직된 것으로 본다.

05. 「경찰공무원법」상 경찰공무원의 임용권자가 틀리게 연결된 것은 모두 몇 개인가?

응용문제

> ⊙ 총경의 휴직 - 경찰청장   ⓒ 총경의 강등 - 대통령
> ⓒ 총경의 복직 - 경찰청장   ⓔ 경정의 면직 - 대통령
> ⓜ 경정으로의 승진 - 경찰청장 ⓗ 총경의 정직 - 대통령

① 1개   ② 2개
③ 3개   ④ 4개

해설 ⓒ 총경의 강등 - **경찰청장**
ⓜ 경정으로의 승진 - **대통령**
ⓗ 총경의 정직 - **경찰청장**

Answer 04 ③ 05 ③

06 경찰공무원 임용에 관한 다음 설명 중 가장 적절한 것은?

① 총경 이상의 경찰공무원은 경찰청장 및 해양경찰청장의 제청으로 국무총리를 거쳐 대통령이 임명한다. 다만, 총경의 전보, 휴직, 직위해제, 강등 및 정직은 경찰청장이 한다.
② 경정 이하의 경찰공무원을 신규채용 할 때에는 1년간 시보로 임용하고, 그 기간이 만료된 날에 정규 경찰공무원으로 임용한다.
③ 경정으로의 신규채용, 승진임용 및 면직은 경찰청장 및 해양경찰청장의 제청으로 국무총리를 거쳐 대통령이 한다.
④ 휴직기간, 직위해제기간 및 징계에 의한 정직처분 또는 견책처분을 받은 기간은 시보임용 기간에 산입하지 아니한다.

해설 ▶ ①
경찰공무원법 제7조(임용권자)
① 총경 이상 경찰공무원은 **경찰청장 또는 해양경찰청장의 추천**을 받아 행정안전부장관 또는 해양수산부장관의 제청으로 국무총리를 거쳐 대통령이 임용한다. 다만, 총경의 전보, 휴직, 직위해제, 강등, 정직 및 복직은 경찰청장 또는 해양경찰청장이 한다.

▶ ②, ④
경찰공무원법 제13조(시보임용)
① 경정 이하의 경찰공무원을 신규 채용할 때에는 1년간 시보(試補)로 임용하고, 그 기간이 **만료된 다음 날**에 정규 경찰공무원으로 임용한다.
② 휴직기간, 직위해제기간 및 징계에 의한 정직처분 또는 **감봉처분**을 받은 기간은 제1항에 따른 시보임용기간에 산입하지 아니한다.

07 「경찰공무원법」상 경찰공무원 임용결격사유는 모두 몇 개인가?

가. 「국적법」에 따른 복수국적자
나. 피한정후견인
다. 파산선고를 받고 복권된 사람
라. 「도로교통법」에 따른 음주운전 후 300만원 벌금형을 선고받고 그 형이 확정된 후 6개월이 지난 사람
마. 「성폭력범죄의 처벌 등에 관한 특례법」에 규정된 죄를 범한 후 100만원의 벌금형을 선고받고 그 형이 확정된 후 2년이 지난 사람
바. 징계로 해임처분을 받은 때부터 3년이 지난 사람

① 2개
② 3개
③ 4개
④ 5개

해설 제8조(임용자격 및 결격사유)
1. 대한민국 국적을 가지지 아니한 사람
2. 「국적법」 제11조의2 제1항에 따른 복수국적자 (가)
3. 피성년후견인 또는 **피한정후견인** (나)

Answer 06 ③ 07 ③

4. 파산선고를 받고 복권되지 아니한 사람
5. 자격정지 이상의 형(刑)을 선고받은 사람
6. 자격정지 이상의 형의 선고유예를 선고받고 그 유예기간 중에 있는 사람
7. 공무원으로 재직기간 중 직무와 관련하여 「형법」 제355조 및 제356조에 규정된 죄를 범한 자로서 300만원 이상의 벌금형을 선고받고 그 형이 확정된 후 2년이 지나지 아니한 사람
8. **「성폭력범죄의 처벌 등에 관한 특례법」 제2조에 규정된 죄를 범한 사람으로서 100만원 이상의 벌금형을 선고받고 그 형이 확정된 후 3년이 지나지 아니한 사람** (마)
9. 미성년자에 대한 다음 각 목의 어느 하나에 해당하는 죄를 저질러 형 또는 치료감호가 확정된 사람(집행유예를 선고받은 후 그 집행유예기간이 경과한 사람을 포함한다)
   가. 「성폭력범죄의 처벌 등에 관한 특례법」 제2조에 따른 성폭력범죄
   나. 「아동·청소년의 성보호에 관한 법률」 제2조 제2호에 따른 아동·청소년대상 성범죄
10. 징계에 의하여 파면 또는 해임처분을 받은 사람 (바)

08 「경찰공무원법」상 경찰공무원의 당연퇴직 사유이다. 적절하지 않은 것은 모두 몇 개인가?

응용문제

> 가. 「국적법」 제11조의2 제1항에 따른 복수국적자
> 나. 자격정지 이상의 형(刑)을 선고받은 사람
> 다. 「형법」 제357조에 규정된 배임수증죄를 범한 사람으로서 자격정지 이상의 형의 선고유예를 받고 그 유예기간 중에 있는 사람
> 라. 미성년자에 대한 「성폭력범죄의 처벌 등에 관한 특례법」 제2조에 따른 성폭력범죄를 저질러 형 또는 치료감호가 확정된 사람(집행유예를 선고받은 후 그 집행유예기간이 경과한 사람을 포함한다

① 0개   ② 1개
③ 2개   ④ 3개

8. ②

해설 ▶ 제27조(당연퇴직)
경찰공무원이 **제8조 제2항 각호의 어느 하나에 해당하게 된 경우**에는 당연히 퇴직한다. 다만, 제8조 제2항 제4호는 파산선고를 받은 사람으로서 「채무자 회생 및 파산에 관한 법률」에 따라 신청기한 내에 면책신청을 하지 아니하였거나 면책불허가 결정 또는 면책 취소가 확정된 경우만 해당하고, 제8조 제2항 제6호는 「형법」 제129조부터 제132조까지, 「성폭력범죄의 처벌 등에 관한 특례법」 제2조, 「아동·청소년의 성보호에 관한 법률」 제2조 제2호 및 직무와 관련하여 「형법」 제355조 또는 제356조에 규정된 죄를 범한 사람으로서 자격정지 이상의 형의 선고유예를 받은 경우만 해당한다.

▶ (다) 제8조(임용자격 및 결격사유)
② 다음 각 호의 어느 하나에 해당하는 사람은 경찰공무원으로 임용될 수 없다.
   1. 대한민국 국적을 가지지 아니한 사람
   2. **「국적법」 제11조의2 제1항에 따른 복수국적자** (가)
   3. 피성년후견인 또는 피한정후견인
   4. 파산선고를 받고 복권되지 아니한 사람

Answer 08 ②

5. **자격정지 이상의 형(刑)을 선고받은 사람** (나)
6. 자격정지 이상의 형의 선고유예를 선고받고 그 유예기간 중에 있는 사람
7. 공무원으로 재직기간 중 직무와 관련하여 **「형법」 제355조(횡령, 배임) 및 제356조(업무상의 횡령과 배임)에 규정된 죄를 범한 자**로서 300만원 이상의 벌금형을 선고받고 그 형이 확정된 후 2년이 지나지 아니한 사람
8. 「성폭력범죄의 처벌 등에 관한 특례법」 제2조에 규정된 죄를 범한 사람으로서 100만원 이상의 벌금형을 선고받고 그 형이 확정된 후 3년이 지나지 아니한 사람
9. **미성년자에 대한 다음 각 목의 어느 하나에 해당하는 죄를 저질러 형 또는 치료감호가 확정된 사람(집행유예를 선고받은 후 그 집행유예기간이 경과한 사람을 포함한다)** (라)
    가. 「성폭력범죄의 처벌 등에 관한 특례법」 제2조에 따른 성폭력범죄
    나. 「아동·청소년의 성보호에 관한 법률」 제2조 제2호에 따른 아동·청소년대상 성범죄
10. 징계에 의하여 파면 또는 해임처분을 받은 사람

09 경찰공무원의 신규임용에 있어서 채용후보자명단 및 채용후보자 등록에 관한 설명 중 옳지 않은 것은 모두 몇 개인가?

응용문제

> ㉠ 채용후보자 명부의 유효기간은 1년의 범위에서 대통령령으로 정하나, 경찰청장 또는 해양경찰청장은 필요에 따라 1년의 범위에서 그 기간을 연장할 수 있으므로 최장 유효기간은 2년이다.
> ㉡ 경찰청장 또는 해양경찰청장은 신규채용시험에 합격한 사람을 대통령령이 정하는 바에 의하여 성적순위에 따라 채용후보자 명부에 등재하여야 한다.
> ㉢ 경찰공무원의 신규채용은 채용후보자 명부의 등재 순위에 따른다. 다만, 채용후보자가 경찰교육기관에서 신임교육을 받은 경우에는 그 교육성적 순위에 따른다.

① 1개 ② 2개
③ 3개 ④ 4개

해설 경찰공무원법 제12조(채용후보자 명부 등)
③ (㉠)제1항에 따른 채용후보자 명부의 유효기간은 **2년의 범위**에서 대통령령으로 정한다. 다만, 경찰청장 또는 해양경찰청장은 필요에 따라 **1년의 범위**에서 그 기간을 연장할 수 있다.

Answer 09 ①

10 경찰공무원 임용에 대한 설명으로 적절하지 <u>않은</u> 것은 모두 몇 개인가? 〈21. 경간부〉

> 가. 채용후보자 명부의 유효기간은 2년으로 하되, 경찰청장은 필요에 따라 1년의 범위에서 그 기간을 연장할 수 있다.
> 나. 임용권자 또는 임용제청권자는 채용후보자 명부에 등재된 채용후보자가 학업을 계속하는 경우 채용후보자 명부의 유효기간의 범위에서 기간을 정하여 임용 또는 임용제청을 유예할 수 있다. 다만, 유예기간 중이라도 그 사유가 소멸한 경우에는 임용 또는 임용제청을 할 수 있다.
> 다. 신규채용시험에 합격한 사람이 채용후보자 명부에 등재된 이후 그 유효기간 내에 「병역법」에 따른 병역 복무를 위하여 군에 입대한 경우(대학생 군사훈련 과정 이수자를 포함한다)의 의무복무기간은 채용후보자 명부의 유효기간에 넣어 계산하지 아니한다.
> 라. 채용후보자가 임용 또는 임용제청에 응하지 아니한 경우에는 채용후보자로서의 자격을 상실한다.

① 없음
② 1개
③ 2개
④ 3개

(해설) 모두 옳은 지문이다.

11 「경찰공무원법」에 대한 설명으로 가장 적절한 것은? 〈73기 경간부〉

① 경정 이하의 경찰공무원을 신규 채용할 때에는 1년간 시보로 임용하고, 그 기간이 만료된 날에 정규 경찰공무원으로 임용한다.
② 경찰공무원의 복제에 관한 사항은 대통령령으로 정한다.
③ 임용권자는 경찰공무원이 해당 경과에서 직무를 수행하는 데 필요한 자격증의 효력이 상실되거나 면허가 취소되어 담당 직무를 수행할 수 없게 되었을 때에는 직권으로 면직시킬 수 있으며, 이 경우에는 징계위원회의 동의를 받아야 한다.
④ 징계처분, 휴직처분, 면직처분, 그 밖에 의사에 반하여 불리한 처분에 대한 행정소송은 경찰청장을 피고로 하는 것이 원칙이며, 예외도 있다.

(해설) ▶①
경찰공무원법 제13조(시보임용)
① 경정 이하의 경찰공무원을 신규 채용할 때에는 1년간 시보(試補)로 임용하고, **그 기간이 만료된 다음 날에** 정규 경찰공무원으로 임용한다.
▶②
경찰공무원법 제26조(복제 및 무기 휴대)
③ 경찰공무원의 복제(服制)에 관한 사항은 **행정안전부령 또는 해양수산부령**으로 정한다.
▶③

Answer 10 ① 11 ④

> 경찰공무원법 제28조(직권면직)
> ① 임용권자는 경찰공무원이 다음 각 호의 어느 하나에 해당될 때에는 직권으로 면직시킬 수 있다.
>   1. 「국가공무원법」 제70조 제1항 제3호부터 제5호까지의 규정 중 어느 하나에 해당될 때
>   2. 경찰공무원으로는 부적합할 정도로 직무 수행능력이나 성실성이 현저하게 결여된 사람으로서 대통령령으로 정하는 사유에 해당된다고 인정될 때
>   3. 직무를 수행하는 데에 위험을 일으킬 우려가 있을 정도의 성격적 또는 도덕적 결함이 있는 사람으로서 대통령령으로 정하는 사유에 해당된다고 인정될 때
>   4. **해당 경과에서 직무를 수행하는 데 필요한 자격증의 효력이 상실되거나 면허가 취소되어 담당 직무를 수행할 수 없게 되었을 때**(징계위 등의 ×)

12. 다음은 경찰공무원 근무관계의 발생, 변동, 소멸에 대한 설명이다. 아래 ㉠~㉣까지의 설명 중 옳고 그름의 표시(○, ×)가 바르게 된 것은?

22. 승진

> ㉠ 「경찰공무원법」상 자치경찰공무원을 그 계급에 상응하는 경찰공무원으로 임용할 때에는 시보임용을 거친다.
> ㉡ 「경찰공무원 승진임용 규정」상 임용권자나 임용제청권자는 심사승진후보자 명부에 기록된 사람이 승진임용되기 전에 정직이상의 징계처분을 받은 경우에는 심사승진후보자 명부에서 그 사람을 제외하여야 한다.
> ㉢ 「국가공무원법」상 임용권자는 금품비위, 성범죄 등 대통령령으로 정하는 비위행위로 인하여 감사원 및 검찰·경찰 등 수사기관에서 조사나 수사 중인 자로서 비위의 정도가 중대하고 이로 인하여 정상적인 업무수행을 기대하기 어려운 자는 직위해제할 수 있다.
> ㉣ 「경찰공무원법」상 임용권자는 경찰공무원이 경찰공무원으로는 부적합할 정도로 직무 수행능력이나 성실성이 현저하게 결여된 사람으로서 대통령령으로 정하는 사유에 해당된다고 인정되는 사람을 직권으로 면직시킬 수 있다.

① ㉠(×), ㉡(○), ㉢(×), ㉣(○)
② ㉠(○), ㉡(×), ㉢(○), ㉣(○)
③ ㉠(×), ㉡(○), ㉢(○), ㉣(○)
④ ㉠(×), ㉡(○), ㉢(○), ㉣(×)

해설 (㉠) 경찰공무원법 제13조(시보임용)
④ 다음 각 호의 어느 하나에 해당하는 경우에는 **시보임용을 거치지 아니한다.**
  1. 경찰대학을 졸업한 사람 또는 경위공개경쟁채용시험합격자로서 정하여진 교육훈련을 마친 사람을 경위로 임용하는 경우
  2. 경찰공무원으로서 대통령령으로 정하는 상위계급으로의 승진에 필요한 자격 요건을 갖추고 임용예정 계급에 상응하는 공개경쟁 채용시험에 합격한 사람을 해당 계급의 경찰공무원으로 임용하는 경우
  3. 퇴직한 경찰공무원으로서 퇴직 시에 재직하였던 계급의 채용시험에 합격한 사람을 재임용하는 경우
  4. **자치경찰공무원을 그 계급에 상응하는 경찰공무원으로 임용하는 경우**

Answer 12 ③

13 「경찰공무원법」 및 「경찰공무원임용령」상 시보임용에 대한 ㉠부터 ㉤ 까지의 설명 중 옳고 그름의 표시(○, ×)가 바르게 된 것은?   응용문제

> ㉠ 신규채용되는 경정 이하의 경찰공무원이 적용대상이다.
> ㉡ 시보로 임용하는 기간은 1년(단, 휴직기간, 직위해제기간 및 징계에 의한 감봉처분 또는 견책처분을 받은 기간 제외)으로 하고, 그 기간이 만료된 다음 날에 정규 경찰공무원으로 임용한다.
> ㉢ 제2평정요소의 근무성적평정점이 만점의 50퍼센트 이하인 경우 시보임용경찰공무원을 정규임용심사위원회의 심사를 거쳐 면직시키거나 면직을 제청할 수 있다.
> ㉣ 교육훈련성적이 만점의 60퍼센트 미만이거나 생활기록이 극히 불량한 경우 시보임용경찰공무원을 정규임용심사위원회의 심사를 거쳐 면직시키거나 면직을 제청할 수 있다.
> ㉤ 경찰대학을 졸업한 사람 또는 경위공채경쟁채용시험 합격자로서 정하여진 교육을 마친 사람을 경위로 임용하는 경우 시보임용을 거치지 아니한다.

① ㉠(○) ㉡(○) ㉢(×) ㉣(○) ㉤(○)
② ㉠(○) ㉡(×) ㉢(×) ㉣(○) ㉤(○)
③ ㉠(×) ㉡(○) ㉢(○) ㉣(×) ㉤(×)
④ ㉠(○) ㉡(×) ㉢(○) ㉣(○) ㉤(○)

해설 ▶ (㉡) **경찰공무원법 제13조(시보임용)**
① 경정 이하의 경찰공무원을 신규 채용할 때에는 1년간 시보(試補)로 임용하고, 그 기간이 만료된 다음 날에 정규 경찰공무원으로 임용한다.
② 휴직기간, 직위해제기간 및 징계에 의한 **정직처분** 또는 감봉처분을 받은 기간은 제1항에 따른 시보임용기간에 산입하지 아니한다.

▶ (㉢) **경찰공무원임용령 제20조(시보임용경찰공무원)**
② 임용권자 또는 임용제청권자는 시보임용경찰공무원이 다음 각 호의 어느 하나에 해당하여 정규 경찰공무원으로 임용하는 것이 부적당하다고 인정되는 경우에는 제3항에 따른 정규임용심사위원회의 심사를 거쳐 해당 시보임용경찰공무원을 면직시키거나 면직을 제청할 수 있다.
  1. 징계사유에 해당하는 경우
  2. 제21조 제1항에 따른 교육훈련성적이 만점의 60퍼센트 미만이거나 생활기록이 극히 불량한 경우
  3. 「경찰공무원 승진임용 규정」제7조 제2항에 따른 제2 평정 요소의 평정점이 만점의 50퍼센트 **미만**인 경우

14 다음 「경찰공무원법」상 경찰공무원의 의무는 모두 몇 개인가?   응용문제

> ㉠ 정치 관여 금지의무   ㉡ 거짓보고 금지의무
> ㉢ 지휘권 남용 등의 금지   ㉣ 직무유기 금지의무
> ㉤ 성실 의무   ㉥ 제복착용 의무

① 2개
② 3개
③ 4개
④ 5개

Answer 13 ② 14 ④

해설 　경찰공무원법상 경찰의 의무

직무상 의무	⊙ 거짓보고 금지의무	ⓒ 지휘권 남용 등의 금지
	ⓒ 제복착용 의무	ⓔ 직무유기 금지의무
신분상 의무	정치관여금지 의무	

15 다음은 「경찰공무원법」상 정년에 대한 내용이다. 다음 각 (　)에 해당하는 숫자의 합은?

응용문제

> ⊙ 계급정년은 치안감 4년, 총경 (　)년이다.
> ⓒ 수사, 정보, 외사, 보안 등 특수 부문에 근무하는 경찰공무원으로서 대통령령으로 정하는 바에 따라 지정을 받은 사람은 총경 및 경정의 경우에는 (　)년의 범위에서 대통령령으로 정하는 바에 따라 계급정년을 연장할 수 있다.
> ⓒ 경찰청장 또는 해양경찰청장은 전시, 사변이나 그 밖에 이에 준하는 비상사태에서는 (　)년의 범위에서 계급정년을 연장할 수 있다.

① 11
② 15
③ 16
④ 17

해설 　경찰공무원법 제30조(정년)
① 경찰공무원의 정년은 다음과 같다.
　1. 연령정년 : 60세
　2. 계급정년
　　치안감 : 4년
　　경무관 : 6년
　　총경 : **11년**
　　경정 : 14년
③ 수사, 정보, 외사, 안보, 자치경찰사무 등 특수 부문에 근무하는 경찰공무원으로서 대통령령으로 정하는 바에 따라 지정을 받은 사람은 총경 및 경정의 경우에는 **4년의 범위**에서 대통령령으로 정하는 바에 따라 제1항 제2호에 따른 계급정년을 연장할 수 있다.
④ 경찰청장 또는 해양경찰청장은 전시·사변이나 그 밖에 이에 준하는 비상사태에서는 **2년의 범위**에서 제1항 제2호에 따른 계급정년을 연장할 수 있다. 이 경우 경무관 이상의 경찰공무원에 대해서는 행정안전부장관 또는 해양수산부장관과 국무총리를 거쳐 대통령의 승인을 받아야 하고, 총경·경정의 경찰공무원에 대해서는 국무총리를 거쳐 대통령의 승인을 받아야 한다.

Answer　15 ④

16 「경찰공무원법」에 대한 설명으로 가장 적절하지 않은 것은?　22. 경간부

① 경위 이하의 경찰공무원으로서 모든 경찰공무원의 귀감이 되는 공을 세우고 전사하거나 순직한 사람에 대하여는 2계급 특별승진 시킬 수 있다.
② 경찰청장은 전시·사변이나 그 밖에 이에 준하는 비상사태에서는 2년의 범위에서 동법에 따른 계급정년을 연장할 수 있고, 이 경우 총경 이상의 경찰공무원에 대하여는 행정안전부장관과 국무총리를 거쳐 대통령의 승인을 받아야 한다.
③ 경찰청 소속 경무관 이상의 강등 및 정직과 경정 이상의 파면 및 해임은 경찰청장의 제청으로 행정안전부장관과 국무총리를 거쳐 대통령이 한다.
④ 경무관 이상의 경찰공무원에 대한 징계의결은 「국가공무원법」에 따라 국무총리 소속으로 설치된 징계위원회에서 한다.

> **해설** 경찰공무원법 제30조(정년)
> ④ 경찰청장 또는 해양경찰청장은 전시·사변이나 그 밖에 이에 준하는 비상사태에서는 2년의 범위에서 제1항 제2호에 따른 계급정년을 연장할 수 있다. 이 경우 **경무관 이상**의 경찰공무원에 대해서는 행정안전부장관 또는 해양수산부장관과 국무총리를 거쳐 대통령의 승인을 받아야 하고, 총경·경정의 경찰공무원에 대해서는 국무총리를 거쳐 대통령의 승인을 받아야 한다.

17 「경찰공무원법」상 경찰공무원의 징계에 관한 설명으로 가장 적절하지 않은 것은?　74기 경간부

① 경무관 이상의 경찰공무원에 대한 징계의결은 「국가공무원법」에 따라 행정안전부장관 소속으로 설치된 징계위원회에서 한다.
② 총경 이하의 경찰공무원에 대한 징계의결을 하기 위하여 대통령령으로 정하는 경찰기관 및 해양경찰관서에 경찰공무원징계위원회를 둔다.
③ 경찰청장이 대통령령으로 정하는 바에 따라 경찰공무원의 임용에 관한 권한의 일부를 시·도경찰청장에게 위임한 경우 징계처분에 대한 행정소송은 그 위임을 받은 자를 피고로 한다.
④ 경무관 이상의 강등 및 정직과 경정 이상의 파면 및 해임은 경찰청장 또는 해양경찰청장의 제청으로 행정안전부장관 또는 해양수산부장관과 국무총리를 거쳐 대통령이 한다.

> **해설** 제32조(징계위원회)
> ① 경무관 이상의 경찰공무원에 대한 징계의결은 「국가공무원법」에 따라 **국무총리 소속**으로 설치된 징계위원회에서 한다.

Answer　16 ②　17 ①

CHAPTER 04 경찰공무원 임용령
[대통령령 시행 2024.1.16.]

01 「경찰공무원 임용령」상 임용권의 위임 등에 관한 설명 중 옳은 것을 모두 고른 것은?

22. 경특

㉠ 경찰청장은 국가수사본부장에게 국가수사본부 안에서의 경정 이하에 대한 임용권을 위임한다.
㉡ 임용권을 위임받은 시·도자치경찰위원회는 시·도지사와 경찰청장의 의견을 들어 그 권한의 일부를 시·도경찰청장에게 다시 위임할 수 있다.
㉢ 시·도경찰청장 및 경찰서장은 지구대장 및 파출소장을 보직하는 경우에는 시·도자치경찰위원회의 추천을 받아야 한다.
㉣ 경찰청장은 수사부서에서 총경을 보직하는 경우에는 국가수사본부장의 추천을 받아야 한다.
㉤ 시·도자치경찰위원회는 임용권을 행사하는 경우에는 시·도경찰청장의 추천을 받아야 한다.

① ㉠
② ㉢㉣
③ ㉣㉤
④ ㉡㉢㉤

해설 **제4조(임용권의 위임 등)**
⑤ (㉡) 제4항에 따라 임용권을 위임받은 시·도자치경찰위원회는 시·도지사와 **시·도경찰청장의 의견을 들어** 그 권한의 일부를 시·도경찰청장에게 다시 위임할 수 있다.
② (㉠) 경찰청장은 법 제7조 제3항 전단에 따라 국가수사본부장에게 국가수사본부 안에서의 경정 이하에 대한 **전보권을 위임**한다.
⑨ (㉢) 시·도경찰청장 및 경찰서장은 지구대장 및 파출소장을 보직하는 경우에는 시·도자치경찰위원회의 **의견을 사전에 들어야 한다.**

Answer 01 ③

02 대통령령인 「경찰공무원임용령」상 경찰의 인사에 관한 다음 설명 중 옳지 않은 것은?

응용문제

> 가. 경찰공무원인사위원회(이하 "인사위원회"라 한다)는 위원장을 포함하여 3명 이상 7명이하의 위원으로 구성한다.
> 나. 인사위원회의 위원장은 경찰청 및 해양경찰청 인사담당국장이 되고, 위원은 경찰청 및 해양경찰청 소속 총경 이상의 경찰공무원 중에서 위원장이 임명한다.
> 다. 회의는 재적위원 과반수의 출석과 출석위원 과반수의 찬성으로 의결한다.
> 라. 경찰청장은 경찰공무원의 임용에 관한 권한의 일부를 소속기관의 장, 시·도경찰청장에게 위임할 수 있다.
> 마. 시·도경찰청장은 소속 경감 이하 경찰공무원에 대한 해당 경찰서 안에서의 전보권을 경찰서장에게 다시 위임할 수 있다.
> 바. 임용권의 위임을 받은 시·도경찰청장은 경감 또는 경위를 신규채용하고자 할 때에는 미리 경찰청장의 승인을 받아야 한다.

① 1개 ② 2개
③ 3개 ④ 4개

해설 국가경찰공무원인사위원회

의의		경찰청 소속 경찰공무원의 인사에 관한 중요사항에 관하여 **경찰청장의 자문에 응하기 위해 경찰청에** 경찰공무원인사위원회를 둠
법적 근거	설치	**경찰공무원법**
	구성 및 운영	**경찰공무원임용령(대통령령)**
구성 및 의결방법	설치	**경찰청에 설치**
	위원	(가) **위원장을 포함하여 5~7인으로 구성**
	위원장	① (나) 위원장은 **경찰청 인사담당국장(경무국장)** 위원은 **경찰청 소속 총경 이상의 경찰관 중에서 경찰청장이 임명** ② 위원장이 부득이한 사유로 직무를 수행할 수 없을 때에는 위원 중에서 최초 상위계급 또는 선임경찰관이 그의 직무를 대행함
회의		① 위원장은 인사위원회의 회의를 소집하고 그 의장이 됨 ② (다) 회의는 **재적위원 과반수의 찬성으로 의결함**
심의사항의 보고		**위원장은** 인사위원회에서 심의된 사항을 **경찰청장에게 보고하여야 함**
운영세칙		경찰공무원임용령에 규정된 것 외에 인사위원회의 운영에 관하여 필요한 사항은 인사위원회의 의결을 거쳐 **위원장이** 이를 정함

Answer 02 ③

03 다음 경찰공무원의 경과제도에 대한 설명 중 틀린 것은? 응용문제

① 총경 이하 경찰공무원에게 부여하는 경과는 일반경과, 수사경과, 안보수사경과, 특수경과가 있으며, 특수경과는 항공경과, 정보통신경과, 해양경과, 운전경과로 구분된다. 다만, 수사경과와 안보수사경과는 경정 이하 경찰공무원에게만 부여한다.
② 임용권자는 경찰공무원을 신규채용할 때에 경과를 부여하여야 한다.
③ 경찰청장 또는 해양경찰청장은 전시·사변 또는 이에 준하는 비상사태에 있어서 필요하다고 인정될 때에는 경과의 일부를 폐지 또는 병합하거나 신설할 수 있다.
④ 신규채용된 경찰공무원에게는 일반경과를 부여한다. 다만, 수사, 안보수사, 항공, 정보통신분야로 채용된 경찰공무원에게는 임용예정 직위의 업무와 관련된 경과를 부여한다.

> 해설 제3조(경과)
> ① 총경 이하 경찰공무원에게 부여하는 경과는 **다음 각 호와 같다.** 다만, **제2호와 제3호**의 경과는 경정 이하 경찰공무원에게만 부여한다.
>   1. 일반경과
>   2. 수사경과
>   3. 안보수사경과
>   4. 특수경과
>   가. 삭제 〈2016. 12. 30.〉
>   나. 삭제 〈2016. 12. 30.〉
>   다. 항공경과
>   라. 정보통신경과

04 다음 경찰공무원의 경과제도에 대한 설명 중 틀린 것은? 응용문제

① 전과는 일반경과에서 수사경과·안보수사경과 또는 특수경과로의 전과만 인정한다. 다만, 정원감축 등 경찰청장이 정하는 사유가 있는 경우 안보수사경과·수사경과 또는 정보통신경과에서 일반경과로의 전과를 인정할 수 있다.
② 경과가 신설되는 경우에는 일반경과·수사경과·안보수사경과 또는 특수경과에서 신설되는 경과로의 전과로, 경과가 폐지되는 경우에는 폐지되는 경과에서 일반경과·수사경과·안보수사경과 또는 특수경과로의 전과를 인정할 수 있다.
③ 현재 경과를 부여받고 1년이 지나지 아니한 사람, 특정한 직무분야에 근무할 것을 조건으로 채용된 경찰공무원으로서 채용 후 2년이 지나지 아니한 사람은 전과를 할 수 없다.
④ 전과하려는 경과와 관련된 자격증을 소지한 사람, 전과하려는 경과와 관련된 분야의 시험에 합격한 사람 등에 해당하는 사람에 대해서만 인정한다.

> 해설 경찰공무원 임용령 시행규칙 제28조(전과의 대상자 및 제한)
> ② 제1항에도 불구하고 다음 각 호의 어느 하나에 해당하는 사람은 제27조 제1항에 따른 전과를 할 수 없다.
>   1. 현재 경과를 부여받고 1년이 지나지 아니한 사람
>   2. 특정한 직무분야에 근무할 것을 조건으로 채용된 경찰공무원으로서 **채용 후 5년이** 지나지 아니한 사람

Answer 03 ① 04 ③

05 「경찰공무원 임용령」상 임용시기에 대한 설명으로 가장 적절하지 않은 것은? 22. 경간부

① 경찰공무원은 임용장이나 임용통지서에 적힌 날짜에 임용된 것으로 보며, 임용일자를 원칙적으로 소급할 수 없다.
② 경찰공무원의 사망으로 인한 면직은 사망한 다음 날에 면직된 것으로 본다.
③ 경찰공무원이 재직 중 전사하거나 순직한 경우로서 특별승진 임용하는 경우에는 사망한 날을 임용일자로 본다.
④ 경찰공무원이 형사사건으로 기소되어 직위해제하는 경우에는 기소된 날을 임용일자로 본다.

해설 제6조(임용시기의 특례)
제5조 제1항에도 불구하고 다음 각 호의 어느 하나에 해당하는 경우에는 다음 각 호의 구분에 따른 일자에 임용된 것으로 본다.
1. 법 제19조 제1항 제2호에 따라 전사하거나 순직한 사람을 다음 각 목의 어느 하나에 해당하는 날을 임용일자로 하여 특별승진임용하는 경우
   가. 재직 중 사망한 경우 : **사망일의 전날**
   나. 퇴직 후 사망한 경우 : 퇴직일의 전날
2. 삭제 〈2023. 6. 7.〉
3. 「국가공무원법」 제70조 제1항 제4호에 따라 직권으로 면직시키는 경우 : 휴직기간의 만료일 또는 휴직사유의 소멸일
4. 법 제10조 제2항에 따른 경찰간부후보생, 「경찰대학 설치법」에 따른 경찰대학의 학생 또는 시보임용예정자가 제21조 제1항에 따른 경찰공무원의 직무수행과 관련된 실무수습 중 사망한 경우 : 사망일의 전날

06 「경찰공무원 임용령」에 관한 설명으로 옳은 것을 모두 고른 것은? 23. 승진

㉠ 경찰공무원은 임용장이나 임용통지서에 적힌 날짜에 임용된 것으로 보며, 임용일자를 소급해서는 아니된다. 사망으로 인한 면직은 사망한 날에 면직된 것으로 본다.
㉡ 「경찰공무원법」 제10조 제3항 제1호에 따라 재임용된 경찰공무원의 계급정년 연한은 재임용 전에 해당 계급의 경찰공무원으로 근무한 연수를 합하여 계산한다.
㉢ 종전의 재직기관에서 감봉 이상의 징계처분을 받은 사람은 경력경쟁채용등의 대상이 될 수 없다.
㉣ 임용권자 또는 임용제청권자는 채용후보자 명부에 등재된 채용후보자가 학업을 계속하는 경우 채용후보자 명부의 유효 기간의 범위에서 기간을 정하여 임용 또는 임용제청을 유예 할 수 있다. 다만, 유예기간 중이라도 그 사유가 소멸한 경우에는 임용 또는 임용제청을 할 수 있다.

① ㉠㉡
② ㉡㉢
③ ㉡㉢㉣
④ ㉠㉢㉣

해설 제5조(임용시기)
① 경찰공무원은 임용장이나 임용통지서에 적힌 날짜에 임용된 것으로 보며, 임용일자를 소급해서는 아니 된다.
② (㉠) 사망으로 인한 면직은 **사망한 다음 날에** 면직된 것으로 본다.

Answer 05 ③ 06 ③

07 「경찰공무원 임용령」 및 「경찰공무원 임용령 시행규칙」상 시보임용경찰공무원에 관한 설명으로 옳은 것을 모두 고른 것은? 24. 승진

> ㉠ 임용권자 또는 임용제청권자는 시보임용경찰공무원의 근무 사항을 항상 지도·감독하여야 한다.
> ㉡ 임용권자 또는 임용제청권자는 시보임용경찰공무원의 교육 훈련성적이 만점의 60퍼센트 미만 또는 근무성적 평정 제2평정 요소의 평정점이 만점의 50퍼센트 미만에 해당하여 정규 경찰공무원으로 임용하는 것이 부적당하다고 인정되는 경우 정규임용심사위원회의 심사를 거쳐 해당 시보임용경찰공무원을 면직시키거나 면직을 제청하여야 한다.
> ㉢ 임용권자 또는 임용제청권자는 시보임용경찰공무원이 징계 사유에 해당하여 정규 경찰공무원으로 임용하는 것이 부적당하다고 인정되는 경우 정규임용심사위원회의 심사를 거쳐 해당 시보임용경찰공무원을 면직시키거나 면직을 제청할 수 있다.
> ㉣ 「경찰공무원 임용령 시행규칙」 제10조 제3항에서는 "시보임용경찰공무원의 면직 또는 면직제청에 따른 동의의 절차는 해당 징계위원회의 해임 의결에 관한 절차를 준용한다."고 규정되어 있다.

① ㉠㉡
② ㉠㉢
③ ㉡㉣
④ ㉢㉣

해설 ▶ (㉡) 경찰공무원임용령 제20조(시보임용경찰공무원)
② 임용권자 또는 임용제청권자는 시보임용경찰공무원이 다음 각 호의 어느 하나에 해당하여 정규 경찰공무원으로 임용하는 것이 부적당하다고 인정되는 경우에는 제3항에 따른 정규임용심사위원회의 심사를 거쳐 해당 시보임용경찰공무원을 면직시키거나 면직을 **제청할 수 있다**.

▶ (㉣) 경찰공무원임용령 시행규칙 제10조(정규임용심사)
③ 시보임용경찰공무원의 면직 또는 면직제청에 따른 동의의 절차는 해당 징계위원회의 **파면 의결**에 관한 절차를 준용한다.

08 「경찰공무원법」, 「경찰공무원 임용령」, 「경찰공무원 승진임용 규정」상 시보임용 및 승진에 대한 설명으로 가장 적절하지 않은 것은? 20. 승진

① 모든 경찰관의 귀감이 되는 공을 세우고 전사하거나 순직한 경위 이하 경찰공무원은 2계급 특별승진시킬 수 있다.
② 임용권자는 경감으로의 근속승진임용을 위한 심사를 할 때에는 연도별로 합산하여 해당 기관의 근속승진대상자의 100분의 50에 해당하는 인원수를 초과하여 근속승진 임용할 수 없다.
③ 계급별로 전체 승진임용 예정 인원에서 특별승진임용 예정 인원을 뺀 인원의 60퍼센트를 심사승진임용 예정 인원으로 시험승진임용 예정 인원은 40퍼센트로 한다.
④ 임용권자 또는 임용제청권자는 시보임용경찰공무원이 제2평정요소에 대한 근무성적 평정점이 만점의 60퍼센트 미만일 경우 해당 시보임용경찰공무원을 면직시키거나 면직을 제청할 수 있다.

Answer 07 ② 08 ④

해설 경찰공무원 임용령 제20조(시보임용경찰공무원)
② 임용권자 또는 임용제청권자는 시보임용경찰공무원이 다음 각 호의 어느 하나에 해당하여 정규 경찰공무원으로 임용하는 것이 부적당하다고 인정되는 경우에는 제3항에 따른 정규임용심사위원회의 심사를 거쳐 해당 시보임용경찰공무원을 면직시키거나 면직을 제청할 수 있다.
1. 징계사유에 해당하는 경우
2. 제21조 제1항에 따른 교육훈련성적이 만점의 60퍼센트 미만이거나 생활기록이 극히 불량한 경우
3. 「경찰공무원 승진임용 규정」 제7조 제2항에 따른 **제2평정 요소의 평정점이 만점의 50퍼센트 미만인 경우**

09 경찰공무원의 분류 및 관계에 관한 설명으로 가장 적절하지 않은 것은? 24. 순경

① 「경찰공무원 임용령」과 「경찰공무원 임용령 시행규칙」에서는 경과별 직무의 종류를 규정하고 있으며, 수사경과·안보수사경과·항공경과·정보통신경과에 속하지 아니하는 직무를 일반경과의 직무로 구분하고 있다.
② 「국적법」 제11조의2 제1항에 따른 복수국적자는 「경찰공무원법」에 규정된 임용의 결격사유에 해당한다.
③ 「경찰공무원법」에 따르면 경정 이하의 경찰공무원은 경찰청장 또는 해양경찰청장이 임용한다. 다만, 경정으로서 신규채용, 승진임용 및 면직은 경찰청장 또는 해양경찰청장의 제청으로 국무총리를 거쳐 대통령이 한다.
④ 「경찰공무원 임용령」에 따르면 임용권자 또는 임용제청권자는 시보임용경찰공무원의 생활기록이 극히 불량할 경우 정규임용심사위원회의 심사를 거쳐 면직시킬 수 있으나, 징계사유에 해당하는 경우에는 그러하지 아니한다.

해설 제20조(시보임용경찰공무원)
② 임용권자 또는 임용제청권자는 시보임용경찰공무원이 다음 각 호의 어느 하나에 해당하여 정규 경찰공무원으로 임용하는 것이 부적당하다고 인정되는 경우에는 제3항에 따른 정규임용심사위원회의 심사를 거쳐 해당 시보임용경찰공무원을 면직시키거나 면직을 제청할 수 있다.
1. **징계사유에 해당하는 경우**
2. 제21조 제1항에 따른 교육훈련성적이 만점의 60퍼센트 미만이거나 생활기록이 극히 불량한 경우
3. 「경찰공무원 승진임용 규정」 제7조 제2항에 따른 제2 평정 요소의 평정점이 만점의 50퍼센트 미만인 경우

Answer 09 ④

10 다음 중 정규임용심사위원회에 대한 내용으로 틀린 것은?   응용문제

① 정규임용심사위원회는 위원장 1명을 포함한 위원 5명 이상 7명 이하로 구성한다.
② 위원장은 위원 중 가장 계급이 높은 경찰공무원이 된다. 다만, 가장 계급이 높은 경찰공무원이 둘 이상인 경우 그 중 해당 계급에 승진임용된 날이 가장 빠른 경찰공무원이 된다.
③ 위원은 소속 경정 이상 경찰공무원 중에서 위원회가 설치된 기관의 장이 임명하되, 심사대상자보다 상위 계급자로 한다.
④ 위원회는 재적위원 3분의 2 이상 출석과 출석위원 과반수 찬성으로 의결한다.

(해설) ▶ 경찰공무원 임용령 시행규칙 제9조(정규임용심사위원회)
③ 위원은 소속 **경감** 이상 경찰공무원 중에서 위원회가 설치된 기관의 장이 임명하되, 심사대상자보다 상위 계급자로 한다.

▶ 정규임용심사위원회

구성	위원장 1명을 포함한 위원 5명 이상 7명 이하로 구성
위원장	위원 중 가장 계급이 높은 경찰공무원 다만, 가장 계급이 높은 경찰공무원이 둘 이상인 경우 그 중 해당 계급에 승진임용된 날이 가장 빠른 경찰공무원
위원	소속 경감 이상 경찰공무원 중에서 위원회가 설치된 기관의 장이 임명
의결정족수	재적위원 3분의 2 이상 출석과 출석위원 과반수 찬성

11 「경찰공무원임용령」상 전보제한 예외사유로 가장 적절하지 않은 것은?   응용문제

① 징계처분을 받은 경우
② 직제상의 최저단위 보조기관(담당관을 포함한다) 내에서의 전보
③ 경비담당 경찰공무원 가운데 부적격자로 인정되는 경우
④ 기구의 개편, 직제 또는 정원의 변경으로 인한 해당 경찰공무원의 전보

(해설) 제27조(전보의 제한) – 예외사유
1. 직제상 최저단위인 보조기관 또는 보좌기관 내에서 전보하는 경우
2. 경찰청과 소속기관등 또는 소속기관등 상호 간의 교류를 위하여 전보하는 경우
3. 기구의 개편, 직제 또는 정원의 변경으로 해당 경찰공무원을 전보하는 경우
4. 승진임용된 경찰공무원을 전보하는 경우
5. 전문직위로 경찰공무원을 전보하는 경우
6. 징계처분을 받은 경우
7. 형사사건에 관련되어 수사기관에서 조사를 받고 있는 경우
8. 경찰공무원으로서의 품위를 크게 손상하는 비위(非違)로 인한 감사 또는 조사가 진행 중이어서 해당 직위를 유지하는 것이 부적절하다고 판단되는 경찰공무원을 전보하는 경우
9. 경찰기동대 등 경비부서에서 정기적으로 교체하는 경우
10. 교육훈련기관의 교수요원으로 보직하는 경우
11. 시보임용 중인 경우
12. 신규채용된 경찰공무원을 해당 계급의 보직관리기준에 따라 전보하는 경우 및 이와 관련한 전보의 경우

Answer 10 ③ 11 ③

13. **감사담당 경찰공무원** 가운데 부적격자로 인정되는 경우
14. 경정 이하의 경찰공무원을 배우자 또는 직계존속이 거주하는 시·군·자치구 지역의 경찰기관으로 전보하는 경우
15. 임신 중인 경찰공무원 또는 출산 후 1년이 지나지 않은 경찰공무원의 모성보호, 육아 등을 위하여 필요한 경우

12 「경찰공무원임용령」상 경찰관의 전보에 대한 설명으로 가장 적절하지 않은 것은? 응용문제

① 전보란 계급의 변화 없이 직위만 바뀌는 것으로 동일한 계급 내의 보직변경이다.
② 전보의 기간이나 시기를 일정하게 정해 놓아야 안정된 심리상태 속에서 업무수행이 가능하다.
③ 전보의 목적은 같은 직위에 장기적으로 근무함으로써 생기는 무기력 현상을 막고 신선한 자극을 주어 활력이 넘치는 업무수행으로 조직 효과성을 높이는 데 있다.
④ 경찰공무원은 예외 없이 어떤 직위에 임용된 날로부터 1년 이내에는 다른 직위로 전보될 수 없다.

(해설) 예외 사유 15개가 있다.

13 다음 「경찰공무원 임용령」상 파견근무 기간이 다른 하나는? 응용문제

① 국가기관 외의 기관·단체에서의 국가적 사업을 수행하기 위하여 특히 필요한 경우
② 다른 기관의 업무폭주로 인한 행정지원의 경우
③ 관련 기관 간의 긴밀한 협조가 필요한 특수업무를 공동으로 수행하기 위하여 필요한 경우
④ 「공무원인재개발법」에 따른 공무원교육훈련기관의 교수요원으로 선발된 경우

(해설) 제30조(파견근무)

사유	파견기간	승인
1. 국가기관 외의 기관·단체에서의 **국가**적 사업을 수행하기 위하여 특히 필요한 경우	2년, 총 파견기간 5년 범위안에 연장	경찰청장의 승인
2. 다른 기관의 **업무폭주**로 인한 행정지원의 경우		
3. 관련 기관 간의 긴밀한 협조가 필요한 **특수**업무를 공동으로 수행하기 위하여 필요한 경우		
4. 「공무원인재개발법」에 따른 **교육훈련**을 위해 필요한 경우	필요한 기간	
5. 「공무원인재개발법」에 따른 공무원교육훈련기관의 **교수요원**으로 선발된 경우	1년, 총 파견시간 2년 범위안에 연장	
6. 국제기구, **외국**의 정부 또는 연구기관에서의 업무수행 및 능력개발을 위하여 필요한 경우	필요한 기간	경찰청장의 승인
7. 국내의 연구기관·**민간**기관 및 단체에서의 관련업무수행·능력개발이나 국가정책수립과 관련된 자료수집 등을 위하여 필요한 경우	2년, 총 파견기간 5년 범위안에 연장	

※ 두문자 : 국가 특수 민간 업무 외의 파견된 교육 공무원

Answer 12 ④ 13 ④

14 다음 「경찰공무원 임용령」상 채용시험에 대한 내용으로 틀린 것은? 응용문제

① 경찰공무원의 채용시험은 계급별로 실시한다. 다만, 결원보충을 원활히 하기 위하여 필요하다고 인정될 때에는 직무분야별·근무예정지역 또는 근무예정기관별로 구분하여 실시할 수 있다.
② 경찰청장은 순경(항공경찰분야에 종사할 사람은 제외)의 공개경쟁채용시험의 실시권과 의무경찰로 임용되어 정해진 복무를 마친 사람에 대한 순경으로의 경력경쟁채용시험등의 실시권을 소속기관등의 장에게 위임하고, 경위공개경쟁채용시험 합격과의 공개경쟁선발시험의 실시권을 경찰인재개발원장에게 위임한다.
③ 경찰청장 또는 제33조에 따라 시험실시권의 위임을 받은 사람은 공개경쟁채용시험을 실시할 때에는 임용예정계급, 응시자격, 선발예정인원, 시험의 방법·시기·장소, 시험과목 및 배점에 관한 사항을 시험실시 20일 전까지 공고하여야 한다. 다만, 시험 일정 등 미리 공고할 필요가 있는 사항은 시험 실시 90일 전까지 공고하여야 한다.
④ 공고내용을 변경할 때에는 시험실시 7일 전까지 그 변경내용을 공고하여야 한다.

> **해설** 제33조(시험실시권의 위임)
> 경찰청장은 법 제20조 제1항 단서에 따라 다음 각 호의 구분에 따른 권한을 시·도경찰청장이나 경찰대학의 장에게 위임한다. 다만, 경찰청장은 시험출제 수준의 균형을 유지하기 위하여 특히 필요하다고 인정하는 경우에는 시험출제 업무를 직접 할 수 있다.
> 1. 순경 공개경쟁채용시험의 실시권 : **시·도경찰청장**
> 2. 경력경쟁채용시험등의 실시권(긴급하게 인원을 보충할 필요가 있거나 업무내용의 특수성 등을 고려하여 채용할 필요가 있는 경우는 제외한다) : 시·도경찰청장
> 3. 경위공개경쟁채용시험 합격과 공개경쟁선발시험의 실시권 : **경찰대학의 장**

15 다음 「경찰공무원 임용령」상 부정행위자에 해당 시험을 정지 또는 무효로 하거나 합격을 취소하고, 그 처분이 있은 날부터 5년간 이 영에 따른 시험에 응시할 수 없는 사유에 속하는 것은? 응용문제

> ㉠ 다른 수험생의 답안지를 보거나 본인의 답안지를 보여주는 행위
> ㉡ 대리 시험을 의뢰하거나 대리로 시험에 응시하는 행위
> ㉢ 시험 시작 전에 시험문제를 열람하는 행위
> ㉣ 시험 시작 전 또는 종료 후에 답안을 작성하는 행위
> ㉤ 부정한 자료를 가지고 있거나 이용하는 행위
> ㉥ 허용되지 아니한 통신기기 또는 전자계산기를 가지고 있는 행위

① 1개 ② 2개
③ 3개 ④ 4개

Answer 14 ② 15 ③

해설 제46조(부정행위자에 대한 조치)

해당 시험을 정지 또는 무효로 하거나 합격을 취소하고, 그 처분이 있은 날부터 5년간 시험에 응시할 수 없는 사유	1. (㉠) 다른 수험생의 답안지를 보거나 본인의 답안지를 보여주는 행위 2. (㉡) 대리 시험을 의뢰하거나 대리로 시험에 응시하는 행위 3. 통신기기, 그 밖의 신호 등을 이용하여 해당 시험 내용에 관하여 다른 사람과 의사소통하는 행위 4. (㉢) 부정한 자료를 가지고 있거나 이용하는 행위 5. 병역, 가점 등 시험에 관한 증명서류에 거짓 사실을 적거나 그 서류를 위조·변조하여 시험결과에 부당한 영향을 주는 행위 6. 체력검사나 실기시험에 영향을 미칠 목적으로 인사혁신처장이 정하여 고시하는 금지약물을 복용하거나 금지방법을 사용하는 행위 7. 그 밖에 부정한 수단으로 본인 또는 다른 사람의 시험결과에 영향을 미치는 행위
시험을 정지하거나 무효하는 사유	1. (㉣) 시험 시작 전에 시험문제를 열람하는 행위 2. (㉤) 시험 시작 전 또는 종료 후에 답안을 작성하는 행위 3. (㉥) 허용되지 아니한 통신기기 또는 전자계산기를 가지고 있는 행위 4. 그 밖에 시험의 공정한 관리에 영향을 미치는 행위로서 시험실시기관의 장이 시험의 정지 또는 무효 처리기준으로 정하여 공고한 행위

CHAPTER 05
경찰공무원 승진임용 규정
[법률 시행 2024.7.1.]

01 다음은 경찰공무원의 승진에 관한 내용이다. 틀린 것은 몇 개인가?   응용문제

> ㉠ 경찰공무원의 승진임용은 심사승진임용·시험승진임용 및 특별승진임용으로 구분한다.
> ㉡ 경찰공무원의 승진임용 시 심사승진후보자와 시험승진후보자가 있을 경우에 승진임용 인원의 50퍼센트를 심사승진후보자로, 50퍼센트를 시험승진후보자로 한다.
> ㉢ 시험으로 승진할 수 있는 계급은 총경까지이다.
> ㉣ 순경, 경장, 경사의 승진소요 최저근무연수는 각각 1년, 1년, 2년이다.
> ㉤ 일정한 계급에서 일정기간 근무하면 승진임용 제한사유에 해당하지 않는 한 경정까지 승진할 수 있다.

① 2개 ② 3개
③ 4개 ④ 5개

해설
▶ (㉡) 제2조(승진임용 예정 인원 결정 등에 관한 특례)
② 이 영 시행일부터 2025년 12월 31일까지 경정 이하 경장 이상 계급으로의 승진임용을 하려는 경우에는 제25조 제1항의 개정규정에도 불구하고 다음 각 호의 구분에 따라 해당 호에서 정하는 바에 따른다.
   1. 2024년 12월 31일까지 : 승진임용 인원의 50퍼센트를 심사승진후보자로, 50퍼센트를 시험승진후보자로 한다.
   2. **2025년 12월 31일까지 : 승진임용 인원의 60퍼센트를 심사승진후보자로, 40퍼센트를 시험승진후보자로 한다.**
▶ (㉢) 경찰공무원법 제15조(승진)
② 경무관 이하 계급으로의 승진은 승진심사에 의하여 한다. 다만, **경정 이하 계급으로의 승진은 대통령령으로 정하는 비율에 따라 승진시험과 승진심사를 병행할 수 있다.**
▶ (㉣) 제5조(승진소요 최저근무연수)
① 경찰공무원이 승진하려면 다음 각 호의 구분에 따른 기간 동안 해당 계급에 재직해야 한다.
   1. 총경 : 3년 이상
   2. 경정 및 경감 : 2년 이상
   3. **경위, 경사, 경장 및 순경 : 1년 이상**
▶ (㉤) 경찰공무원법 제16조(근속승진)
① 경찰청장 또는 해양경찰청장은 제15조 제2항에도 불구하고 해당 계급에서 다음 각 호의 기간 동안 재직한 사람을 **경장, 경사, 경위, 경감**으로 각각 근속승진임용할 수 있다.

Answer 01 ③

02 다음「경찰공무원 승진임용 규정」상 승진에 대한 내용으로 틀린 것은? 응용문제

① 경찰공무원이 승진하려면 총경 : 3년 이상, 경정 및 경감 : 2년 이상, 경위, 경사, 경장 및 순경 : 1년 이상 기간 동안 해당 계급에 재직하여야 한다.
② 근속승진은 순경 4년 이상, 경장 5년 이상, 경사 6년 6개월 이상, 경위 8년 이상 되어야 하며 임용권자는 경감으로의 근속승진임용을 위한 심사를 할 때에는 연도별로 합산하여 해당 기관의 근속승진 대상자의 100분의 40에 해당하는 인원수(소수점 이하가 있는 경우에는 1명을 가산한다)를 초과하여 근속승진임용할 수 없다.
③ 총경 이하의 경찰공무원에 대해서는 매년 근무성적을 평정하여야 하며, 근무성적 평정의 결과는 승진 등 인사관리에 반영하여야 한다.
④ 경찰공무원이 징계처분을 받은 후 해당 계급에서 훈장, 포장, 모범공무원 포상, 대통령표창 또는 국무총리표창 등 받은 경우에는 승진임용 제한기간의 2분의 1을 단축할 수 있다.

해설 제26조(근속승진)
④ 임용권자는 경감으로의 근속승진임용을 위한 심사를 할 때에는 연도별로 합산하여 해당 기관의 근속승진 대상자의 **100분의 50**에 해당하는 인원수(소수점 이하가 있는 경우에는 1명을 가산한다)를 초과하여 근속승진임용할 수 없다.

03 다음「경찰공무원 승진임용 규정」상 승진대상자 명부의 작성자 연결이 틀린 것은? 응용문제

① 경찰청 소속 경정 - 경찰청장
② 시·도경찰청 소속 경감 - 경찰청장
③ 경찰서 소속 경위 - 시·도경찰청장
④ 경찰청 소속 경장 - 국장급 부서장

해설 ▶ 총경이하 경찰공무원 승진대상자 명부 작성권자

	경찰청	시·도경찰청 또는 경찰대학 등	경찰서
경정이상	경찰청장	경찰청장	경찰청장
경감	↓	시·도경찰청 등	시·도경찰청장
경위		↓	↓
경사이하	국장급 부서장		경찰서장

▶ 승진대상자 명부 작성기준 및 제출

승진대상자 명부 작성 기준일	매년 1월 1일을 기준 단, 경무관 및 총경으로의 승진대상자 명부는 매년 11월 1일을 기준
승진대상자 명부 작성	작성기준일부터 20일 이내 제출
승진대상자 명부 제출	작성기준일부터 25일 이내 제출

Answer 02 ② 03 ②

04 다음 「경찰공무원 승진임용 규정」상 승진에 대한 내용으로 틀린 것은? 응용문제

① 중앙승진심사위원회는 위원장을 포함한 5명 이상 7명 이하의 위원으로 구성하며, 위원장은 위원 중 최상위계급 또는 선임인 경찰공무원이 된다.
② 보통승진심사위원회는 경찰청·소속기관등 및 경찰서에 두며, 위원장을 포함한 5명 이상 7명 이하의 위원으로 구성한다.
③ 보통승진심사위원회 위원은 그 보통승진심사위원회가 설치된 경찰기관의 장이 승진심사대상자보다 상위계급인 경감 이상 소속 경찰공무원 중에서 임명하며, 위원장은 위원 중 최상위계급 또는 선임인 경찰공무원이 된다.
④ 승진심사위원회는 ㉠ 총경 이상 계급으로의 승진심사는 중앙승진심사위원회 ㉡ 경정 이하 계급으로의 승진심사는 해당 경찰관이 소속한 경찰기관의 보통승진심사위원회(㉢의 경우는 제외), ㉢ 경찰서 소속 경찰공무원의 경감 이상 계급으로의 승진심사 : 시·도경찰청 보통승진심사위원회에서 경찰공무원의 승진심사를 관할한다.

> 해설 제16조(보통승진심사위원회의 구성)
> ③ 보통승진심사위원회 위원은 그 보통승진심사위원회가 설치된 경찰기관의 장이 승진심사대상자보다 상위계급인 **경위 이상** 소속 경찰공무원 중에서 임명하며, 위원장은 위원 중 최상위계급 또는 선임인 경찰공무원이 된다.

05 다음 「경찰공무원 승진임용 규정」상 승진에 대한 내용으로 틀린 것은? 응용문제

> ㉠ 중앙승진심사위원회의 회의는 경찰청장이 소집하며, 보통승진심사위원회의 회의는 해당 경찰기관의 장이 경찰청장(경찰서 보통승진심사위원회 회의의 경우 시·도경찰청장을 말한다)의 승인을 받아 소집한다.
> ㉡ 승진심사위원회의 회의는 재적위원 과반수의 찬성으로 의결한다. 승진심사위원회의 회의는 공개로 한다.
> ㉢ 임용권자나 임용제청권자는 심사승진후보자 명부에 기록된 사람이 승진임용되기 전에 감봉 이상의 징계처분을 받은 경우에는 심사승진후보자 명부에서 그 사람을 제외하여야 한다.
> ㉣ 경찰청장은 경정 이하 계급으로의 시험을 소속기관등의 장에게 위임할 수 있다.

① 1개   ② 2개
③ 3개   ④ 4개

> 해설 ▶ (㉡) 제18조(승진심사위원회의 회의)
> ② 승진심사위원회의 회의는 재적위원 과반수의 찬성으로 의결한다.
> ③ 승진심사위원회의 회의는 **비공개**로 한다.
> ▶ (㉢) 제24조(심사승진후보자 명부의 작성)
> ③ 임용권자나 임용제청권자는 심사승진후보자 명부에 기록된 사람이 승진임용되기 전에 **정직 이상**의 징계처분을 받은 경우에는 심사승진후보자 명부에서 그 사람을 제외하여야 한다.

Answer 04 ③   05 ②

06 경찰의 근무성적평정에 관한 설명 중 가장 적절하지 않은 것은? 　22. 순경

① 공무원에 대한 근무성적평정은 현대에 이르러 조직발전의 기초로 작용하는 공무원의 능력개발과 행정제도개선의 수단으로도 활동될 수 있다.
② 전통적 근무성적평정제도는 생산성과 능률성에 중점을 두어 공무원의 직무수행능력을 측정하고 이를 인사행정의 표준화와 직무수행의 통제를 위한 수단으로 활용하였다.
③ 근무성적평정과정에서 평정자에 의한 집중화·엄격화 등의 오류를 방지하기 위해 경찰서 수사과에서 고소·고발 등에 대한 조사업무를 직접 처리하는 경위 계급의 경찰공무원의 제2 평정요소에 따른 근무성적 평정은 수 20%, 우 40%, 양 30%가 10%로 분배해야 한다.
④ 총경에 대한 근무성적평정은 매년 하되, 근무실적, 직무수행능력 및 직무수행태도로만 평정한다.

> **해설** 경찰공무원 승진임용 규정 제7조(근무성적 평정)
> ③ 제2 평정 요소에 따른 근무성적 평정은 평정대상자의 계급별로 평정 결과가 다음 각 호의 분포 비율에 맞도록 하여야 한다. 다만, 평정 결과 제4호에 해당하는 사람이 없는 경우에는 제4호의 비율을 제3호의 비율에 가산하여 적용한다.
>   1. 수 : 20퍼센트
>   2. 우 : 40퍼센트
>   3. 양 : 30퍼센트
>   4. 가 : 10퍼센트
> ④ 제11조 제2항 단서에 해당하는 경찰공무원과 경찰서 수사과에서 고소·고발 등에 대한 조사업무를 직접 처리하는 경위 계급의 경찰공무원을 평정할 때에는 **제3항의 비율을 적용하지 아니할 수 있다.**

07 다음 「경찰공무원 승진임용 규정」상 승진임용의 제한에 대한 내용으로 틀린 것은? 　응용문제

① 징계의결 요구, 징계처분, 직위해제, 휴직(「공무원 재해보상법」에 따른 공무상 질병 또는 부상으로 인하여 「국가공무원법」 제71조 제1항 제1호에 따라 휴직한 사람을 제37조 제1항 제4호 또는 같은 조 제2항에 따라 특별승진임용하는 경우는 제외) 또는 시보임용 기간 중에 있는 사람에 해당하는 경찰공무원은 승진임용될 수 없다.
② 징계처분의 집행이 끝난 날부터 강등·정직은 18개월, 감봉은 12개월, 견책은 6개월(「국가공무원법」 제78조의2 제1항 각 호의 어느 하나에 해당하는 사유로 인한 징계처분과 성폭력, 성희롱 및 성매매, 소극행정, 음주운전(음주측정거부 포함)에 따른 징계처분의 경우에는 각각 3개월을 더한 기간)이 지나지 아니한 사람에 해당하는 경찰공무원은 승진임용될 수 없다.
③ 승진임용 제한기간 중에 있는 사람이 다시 징계처분을 받은 경우 승진임용 제한기간은 전(前) 처분에 대한 승진임용 제한기간이 끝난 날부터 계산하고, 징계처분으로 승진임용 제한기간 중에 있는 사람이 휴직하는 경우 징계처분에 따른 남은 승진임용 제한기간은 복직일부터 계산한다.

Answer　06 ③　07 ②

④ 경찰공무원이 징계처분을 받은 후 해당 계급에서 훈장, 포장, 모범공무원 포상, 대통령 표창 또는 국무총리표창, 제안이 채택·시행되어 받은 포상을 받은 경우에는 ②에 따른 승진임용 제한기간의 2분의 1을 단축할 수 있다.

> **해설** 제6조(승진임용의 제한)
> 2. 징계처분의 집행이 끝난 날부터 다음 각 목의 구분에 따른 기간[「국가공무원법」 제78조의2 제1항 각 호의 어느 하나에 해당하는 사유로 인한 징계처분과 소극행정, 음주운전(음주측정에 응하지 않은 경우를 포함한다), 성폭력, 성희롱 및 성매매에 따른 징계처분의 경우에는 **각각 6개월**을 더한 기간]이 지나지 않은 사람
> 가. 강등·정직 : 18개월
> 나. 감봉 : 12개월
> 다. 견책 : 6개월

08 다음 「경찰공무원 승진임용 규정」상 승진에 대한 내용으로 가장 적절한 것은? [응용문제]

① 시험은 매년 1회 실시한다. 시험을 실시하려는 경우에는 그 일시·장소, 그 밖에 시험 실시에 필요한 사항을 시험 실시 20일 전까지 공고하여야 한다.
② 경감 이하 계급으로의 시험의 경우 특수분야 중 경찰청장이 지정하는 분야에 대해서는 필기시험과 면접시험으로 구분하여 실시할 수 있다. 다만, 경찰청장이 필요하다고 인정할 때에는 면접시험을 생략할 수 있다.
③ 경찰공무원의 특별승진은 경찰청장이 특히 필요하다고 인정하는 경우에 수시로 실시할 수 있다. 다만, 제37조 제1항 제2호에 해당하는 경찰공무원의 특별승진은 경찰청장이 정하는 바에 따라 연 3회 이하로 실시한다.
④ 임용권자나 임용제청권자는 소속 경찰공무원을 특별승진시키려면 중앙승진심사위원회의 심사를 거쳐야 한다. 다만, 경감 이하 경찰공무원을 특별승진시키려는 경우에는 경찰청장이 정하는 바에 따라 보통승진심사위원회의 심사로 중앙승진심사위원회의 심사를 갈음할 수 있다.

> **해설** ▶(①) 제30조(시험의 시행 및 공고)
> ① 시험은 매년 1회 실시한다.
> ② 시험을 실시하려는 경우에는 그 일시·장소, 그 밖에 시험 실시에 필요한 사항을 **시험 실시 15일 전까지 공고**하여야 한다.
> ▶(③) 제39조(특별승진의 실시)
> 경찰공무원의 특별승진은 경찰청장이 특히 필요하다고 인정하는 경우에 수시로 실시할 수 있다. **단서는 삭제되었다.**
> ▶(④) 제41조(특별승진심사)
> ① 임용권자나 임용제청권자는 소속 경찰공무원을 특별승진시키려면 중앙승진심사위원회의 심사를 거쳐야 한다. 다만, **경위 이하** 경찰공무원을 특별승진시키려는 경우에는 경찰청장이 정하는 바에 따라 보통승진심사위원회의 심사로 중앙승진심사위원회의 심사를 갈음할 수 있다.

Answer 08 ②

09 경찰공무원의 근무성적평정에 대한 내용 중 옳지 않은 것은 모두 몇 개인가?

21. 경간부

가. 총경 이하의 경찰공무원에 대해서는 매년 근무성적을 평정하여야 하며, 근무성적 평정의 결과는 승진 등 인사관리에 반영하여야 한다.
나. 근무성적 평정 시 제2평정(주관)요소들에 대한 평정은 수(20%), 우(40%), 양(30%), 가(10%)의 분포비율에 맞도록 하여야 한다.
다. 근무성적평정 결과는 공개한다. 다만, 경찰청정은 근무성적 평정이 완료되기 전이라도 필요하면 평정 대상 경찰공무원에게 해당 근무성적 평정 예측결과를 통보할 수 있다.
라. 정기평정 이후에 신규채용되거나 승진임용된 경찰공무원에 대해서는 3개월이 지난 후부터 근무성적을 평정하여야 한다.
마. 근무성적 평정은 연 1회 실시하며, 근무성적 평정자는 3명으로 한다.

① 2개
② 3개
③ 4개
④ 5개

해설 ▶ (다) 제7조(근무성적 평정)
  ⑤ 근무성적 평정 결과는 **공개하지 아니한다.** 다만, 경찰청장은 근무성적 평정이 완료되면 평정 대상 경찰공무원에게 해당 근무성적 평정 결과를 통보할 수 있다.
▶ (라) 제8조(근무성적 평정의 예외)
  ⑤ 정기평정 이후에 신규채용되거나 승진임용된 경찰공무원에 대해서는 **2개월**이 지난 후부터 근무성적을 평정하여야 한다.

10 다음 「경찰공무원 승진임용 규정 시행규칙」상 대우공무원제도에 대한 내용으로 가장 적절한 것은?

응용문제

① 대우공무원으로 선발되기 위해서는 승진소요 최저근무연수가 지난 총경 이하 경찰공무원으로서 해당 계급에서 총경·경정 5년 이상, 경감 이하 7년 이상 기간 동안 근무하여야 한다. 다만, 국정과제를 담당하여 높은 성과를 내거나 적극적인 업무수행으로 경찰공무원의 업무행태 개선에 기여하는 등 직무수행능력이 탁월하고 경찰행정 발전에 공헌을 했다고 경찰청장 또는 소속기관등의 장이 인정하는 경우에는 그 기간을 1년 단축할 수 있다.
② 임용권자나 임용제청권자는 매 분기 말 5일 전까지 대우공무원 발령일을 기준으로 하여 대우공무원 선발요건을 충족하는 대상자를 결정하여야 하고, 그 다음 분기 첫 달 1일에 일괄하여 대우공무원으로 발령하여야 한다.
③ 대우공무원이 징계 또는 직위해제 처분을 받거나 휴직하여도 대우공무원수당은 계속 지급한다. 다만, 「공무원수당 등에 관한 규정」에서 정하는 바에 따라 대우공무원수당을 줄여 지급한다.

Answer 09 ① 10 ③

④ 정직·감봉·직위해제 및 휴직으로 봉급이 감액 지급되는 사람에게는 대우공무원수당을 지급하지 아니한다.

> **해설** ▶ (①) 경찰공무원 승진임용 규정 시행규칙 제35조(대우공무원 선발을 위한 근무기간)
> ① 영 제43조 제1항에 따라 대우공무원으로 선발되기 위해서는 영 제5조 제1항에 따른 승진소요 최저근무연수가 지난 총경 이하 경찰공무원으로서 해당 계급에서 다음 각 호의 구분에 따른 기간 동안 근무하여야 한다. 다만, 국정과제를 담당하여 높은 성과를 내거나 적극적인 업무수행으로 경찰공무원의 업무행태 개선에 기여하는 등 직무수행능력이 탁월하고 경찰행정 발전에 공헌을 했다고 경찰청장 또는 소속기관등의 장이 인정하는 경우에는 그 기간을 1년 단축할 수 있다.
>   1. **총경·경정 : 7년 이상**
>   2. **경감 이하 : 4년 이상**
> ▶ (②) 경찰공무원 승진임용 규정 시행규칙 제36조(대우공무원의 선발 절차 및 시기)
> ① 임용권자나 임용제청권자는 **매월 말 5일 전까지** 대우공무원 발령일을 기준으로 대우공무원 선발요건을 충족하는 대상자를 결정하여야 하고, **그 다음 달 1일**에 일괄하여 대우공무원으로 발령하여야 한다.
> ▶ (④) 공무원수당 등에 관한 규정 제6조의2(대우공무원수당)
> ③ 정직·감봉·직위해제 및 휴직으로 봉급이 감액 지급되는 사람에게는 대우공무원수당을 **감액하여 지급한다**

11 경찰공무원 관련 법령에 따를 때, 승진에 관한 설명 중 가장 적절하지 않은 것은? (다툼이 있는 경우 판례에 의함) 22. 순경

① ○○지구대에 근무하는 순경 甲이 승진후보자명부에 등재된 후 경장으로 승진임용되기 전에 정직 3개월의 징계처분을 받아 임용권자가 순경 甲등을 승진후보자명부에서 삭제함으로써 순경 甲이 승진임용의 대상에서 제외되었다면, 임용권자의 승진 후보자명부에서의 삭제 행위 그 자체는 행정처분에 해당한다.
② 만 7세인 초등학교 1학년 외동딸을 양육하기 위하여 1년간 휴직한 경사 乙의 위 휴직기간 1년은 승진소요 최저근무연수에 포함된다.
③ 통상적인 근무시간보다 짧은 시간을 근무하는 시간선택제전환 경찰공무원으로 경위 계급에서 1년간 근무한 경우 丙의 위 근무기간 1년은 승진소요 최저근무연수에 포함된다.
④ 위법·부당한 처분과 직접적 관계없이 50만 원의 향응을 받아 감봉 1개월의 징계처분을 받은 경감 丁이 그 징계처분을 받은 후 해당 계급에서 경찰청장 표창을 받은 경우(그 외 일체의 포상을 받은 사실 없음)에는 징계처분의 집행이 끝난 날부터 18개월이 지나면 승진임용될 수 있다.

> **해설** 대법원 1997. 11. 14. 선고 97누7325 판결
> 시험승진후보자명부에서의 삭제행위는 결국 그 명부에 등재된 자에 대한 승진 여부를 결정하기 위한 행정청 내부의 준비과정에 불과하고, 그 자체가 어떠한 권리나 의무를 설정하거나 법률상 이익에 직접적인 변동을 초래하는 **별도의 행정처분이 된다고 할 수 없다.**
> 단, 승진임용 인사발령에서의 제외는 처분행위에 속한다.

Answer 11 ①

12 「경찰공무원 승진임용 규정」상 승진에 관한 설명 중 가장 적절하지 않은 것은? 22. 순경

① 경찰공무원의 승진임용은 심사승진임용·시험승진임용 및 특별승진임용으로 구분한다.
② 「경찰공무원 승진임용 규정」제6조 제1항 제2호에 따르면 소극행정으로 감봉으로 해당하는 징계처분을 받은 경찰공무원은 징계처분의 집행이 끝난 날부터 18개월이 지나지 아니하면 심사승진 임용될 수 없다.
③ 임용권자나 임용제청권자는 시험승진후보자 명부에 기록된 사람이 승진임용되기 전에 감봉 이상의 징계처분을 받은 경우에는 시험 승진후보자 명부에서 그 사람을 제외하여야 한다.
④ 총경이하의 경찰공무원에 대해서는 매년 근무성적을 평정하여야 하나 휴직·직위해제 등의 사유로 해당 연도의 평정기관에서 6개월 이상 근무하지 아니한 경찰공무원에 대해서는 근무성적을 평정하지 아니한다.

해설 제36조(시험승진후보자 명부의 작성 등)
③ 임용권자나 임용제청권자는 시험승진후보자 명부에 기록된 사람이 승진임용되기 전에 **정직 이상**의 징계처분을 받은 경우에는 시험승진후보자 명부에서 그 사람을 제외하여야 한다.

Answer 12 ③

CHAPTER 06 경찰공무원 징계령
[대통령령 시행 2022.3.15.]

01 「경찰공무원 징계령」상 경찰공무원 징계에 대한 설명으로 가장 적절한 것은?   21. 순경

① 징계위원회는 징계등 사건을 의결할 때에는 징계등 심의 대상자의 비위행위 당시 계급 및 직위, 비위행위가 공직 내외에 미치는 영향, 평소 행실, 공적(功績), 뉘우치는 정도나 그 밖의 정상과 징계등 의결을 요구한 자의 의견을 고려할 수 있다.

② 징계등 의결 요구를 받은 징계위원회는 그 요구서를 받은 날부터 60일 이내에 징계등에 관한 의결을 하여야 한다. 다만, 부득이한 사유가 있을 때에는 해당 징계등 의결을 요구한 경찰기관의 장의 승인을 받아 30일 이내의 범위에서 그 기간을 연장할 수 있다.

③ 징계등 심의 대상자의 소재가 분명하지 아니할 때에는 출석통지를 관보에 게재하고, 그 게재일부터 7일이 지나면 출석통지가 송달된 것으로 보며, 징계등 의결을 할 때에는 관보게재의 사유와 그 사실을 기록에 분명히 적어야 한다.

④ 징계위원회의 의결은 위원장을 포함한 위원 과반수의 출석과 출석위원 과반수의 찬성으로 의결하되, 의견이 나뉘어 출석위원 과반수의 찬성을 얻지 못한 경우에는 출석위원 과반수가 될 때까지 징계등 심의 대상자에게 가장 불리한 의견을 제시한 위원의 수를 그 다음으로 불리한 의견을 제시한 위원의 수에 차례로 더하여 그 의견을 합의된 의견으로 본다.

> **해설** ▶(①) 제16조(징계등의 정도)
> 징계위원회는 징계등 사건을 의결할 때에는 징계등 심의 대상자의 비위행위 당시 계급 및 직위, 비위행위가 공직 내외에 미치는 영향, 평소 행실, 공적(功績), 뉘우치는 정도나 그 밖의 정상과 징계등 의결을 요구한 자의 의견을 **고려해야 한다.**
> ▶(②) 제11조(징계등 의결 기한)
> ① 징계등 의결 요구를 받은 징계위원회는 그 요구서를 받은 날부터 **30일 이내에** 징계등에 관한 의결을 하여야 한다. 다만, 부득이한 사유가 있을 때에는 해당 징계등 의결을 요구한 경찰기관의 장의 승인을 받아 30일 이내의 범위에서 그 기한을 연기할 수 있다.
> ▶(③) 제12조(징계등 심의 대상자의 출석)
> ③ 징계위원회는 출석 통지를 하였음에도 불구하고 징계등 심의 대상자가 정당한 사유 없이 출석하지 아니하였을 때에는 그 사실을 기록에 분명히 적고 서면심사로 징계등 의결을 할 수 있다. 다만, 징계등 심의 대상자의 소재가 분명하지 아니할 때에는 출석 통지를 관보에 게재하고, **그 게재일부터 10일이** 지나면 출석 통지가 송달된 것으로 보며, 징계등 의결을 할 때에는 관보 게재의 사유와 그 사실을 기록에 분명히 적어야 한다.

 01 ④

02 「국가공무원법」, 「공무원연금법」 및 동법 시행령상 경찰공무원의 징계의 종류와 효과에 대한 설명 중 가장 적절하지 않은 것은?

▶ 20. 승진

① 공무원의 징계는 파면·해임·강등·정직·감봉·견책으로 구분한다.
② 강등은 1계급 아래로 직급을 내리고 공무원신분은 보유하나 3개월간 직무에 종사하지 못하며 그 기간 중 보수는 전액을 감한다.
③ 징계에 의하여 파면된 경우, 재직기간이 5년 이상인 사람의 퇴직급여는 2분의 1을 감액하고, 재직기간이 5년 미만인 사람의 퇴직급여는 3분의 1을 감액한다.
④ 금품 및 향응 수수로 징계 해임된 자의 경우 재직기간이 5년 이상인 사람의 퇴직급여는 4분의 3을 지급하고, 재직기간이 5년 미만인 사람의 퇴직급여는 8분의 7을 지급한다.

해설 징계의 효력 및 승진임용의 제한

종류		임용	처분기간/직무	보수 (퇴직급여+퇴직수당O)		승진제한
중징계	파면	향후경찰× 향후 5년간 일반×		급여: 5년↑ → 1/2↓ 5년↓ → 1/4↓ 수당: 재직× : 1/2↓		
	해임	향후경찰× 향후 3년간 일반×		㉠ 원칙: 전액지급, ㉡ 예외(금품 및 향응 수수, 공금의 횡령·유용에 해당하는 경우) 급여: 5년↑→ 1/4↓ 5년↓→ 1/8↓ 수당: 재직× : 1/4↓		
	강등	1계급	(3월 / ×)	전액감액	18월	금품 및 향응 수수, 공금의 횡령·유용에 해당하는 경우, 성매매, 성희롱, 성폭력, 소극행정, 음주(측정) + 6월
	정직		(1-3월 / ×)	전액감액	18월	
경징계	감봉		(1-3월 / ○)	1/3 감액	12월	
	견책		훈계 경고		6월	

Answer 02 ③

03. 경찰공무원의 징계에 대한 설명으로 가장 적절하지 않은 것은? _{응용문제}

① 「경찰공무원 징계령」상 각 징계위원회는 위원장 1명을 포함하여 11명 이상 51명 이하의 공무원위원과 민간위원으로 구성한다. 단, 징계위원회의 회의는 위원장과 징계위원회가 설치된 경찰기관의 장이 회의마다 지정하는 4명 이상 6명 이하의 위원으로 성별을 고려하여 구성하되, 민간위원의 수는 위원장을 포함한 위원 수의 2분의 1 이상이어야 한다.
② 행위자가 업무매뉴얼에 규정된 직무상의 절차를 충실히 이행한 경우에 징계요구권자 또는 징계위원회는 「경찰공무원 징계령 세부시행규칙」에 따라 징계책임을 감경하여 징계의결 요구 또는 징계의결하거나 징계책임을 묻지 아니할 수 있다.
③ '직무수행 능력이 부족한 때'는 「국가공무원법」상 징계 사유에 해당하지 않는다.
④ 「경찰공무원법」상 총경과 경정의 파면 및 해임, 경무관과 총경의 강등 및 정직은 경찰청장의 제청으로 행정안전부장관과 국무총리를 거쳐 대통령이 한다.

> **해설** 경찰공무원법 제33조(징계의 절차)
> 경찰공무원의 징계는 징계위원회의 의결을 거쳐 징계위원회가 설치된 소속 기관의 장이 하되, 「국가공무원법」에 따라 국무총리 소속으로 설치된 징계위원회에서 의결한 징계는 경찰청장 또는 해양경찰청장이 한다. 다만, 파면·해임·강등 및 정직은 징계위원회의 의결을 거쳐 해당 경찰공무원의 임용권자가 하되, **경무관 이상의 강등 및 정직과 경정 이상의 파면 및 해임은 경찰청장 또는 해양경찰청장의 제청으로 행정안전부장관 또는 해양수산부장관과 국무총리를 거쳐 대통령이 하**고, 총경 및 경정의 강등 및 정직은 경찰청장 또는 해양경찰청장이 한다.

04. 「경찰공무원 징계령」상 징계위원회의 회의에 대한 설명으로 가장 적절하지 않은 것은? _{73기 경간부}

① 징계위원회의 회의는 위원장과 징계위원회가 설치된 경찰기관의 장이 회의마다 지정하는 4명 이상 6명 이하의 위원으로 성별을 고려하여 구성하되, 민간위원의 수는 위원장을 포함한 위원수의 2분의 1 이상이어야 한다.
② 징계사유가 「성폭력범죄의 처벌 등에 관한 특례법」에 따른 성폭력범죄, 「양성평등기본법」에 따른 성희롱에 해당하는 징계 사건이 속한 징계위원회의 회의를 구성하는 경우에는 피해자와 같은 성별의 위원이 위원장을 포함한 위원 수의 3분의 1 이상 포함되어야 한다.
③ 위원장이 부득이한 사유로 직무를 수행할 수 없거나 위원장이 필요하다고 인정하는 경우에는 출석한 위원 중 최상위 계급 또는 이에 상응하는 직급에 있거나 최상위 계급 또는 이에 상응하는 직급에 먼저 승진임용된 공무원이 위원장이 된다.
④ 징계위원회의 위원장은 위원회의 사무를 총괄하며 위원회를 대표하고, 표결권을 가진다.

> **해설** 제7조(징계위원회의 회의)
> ② 징계사유가 다음 각 호의 어느 하나에 해당하는 징계 사건이 속한 징계위원회의 회의를 구성하는 경우에는 피해자와 같은 성별의 위원이 **위원장을 제외**한 위원 수의 3분의 1 이상 포함되어야 한다.
> 1. 「성폭력범죄의 처벌 등에 관한 특례법」에 따른 성폭력범죄
> 2. 「양성평등기본법」에 따른 성희롱

Answer 03 ④ 04 ②

05 「경찰공무원 징계령」에 관한 설명으로 가장 적절하지 않은 것은? 〔23. 승진〕

① 징계위원회는 위원과 징계등 심의 대상자, 징계등 의결을 요구하거나 요구를 신청한 자, 증인, 관계인 등 회의에 출석하는 사람이 동영상과 음성이 동시에 송수신되는 장치가 갖추어진 서로 다른 장소에 출석하여 진행하는 원격영상회의 방식으로 심의·의결할 수 있다.
② 징계위원회는 위원장 1명을 포함하여 11명 이상 51명 이하의 공무원위원과 민간위원으로 구성한다.
③ 징계등 의결 요구를 받은 징계위원회는 그 요구서를 받은 날로부터 30일 이내에 징계등에 관한 의결을 하여야 한다. 다만, 부득이한 사유가 있을 때에는 해당 징계심의대상자의 동의를 받아 30일 이내의 범위에서 그 기한을 연기할 수 있다.
④ 징계위원회가 설치된 경찰기관의 장은 위원 수의 2분의 1 이상을 자격이 있는 민간위원으로 위촉한다. 이 경우 특정 성별의 위원이 민간위원 수의 10분의 6을 초과하지 않도록 해야 한다.

해설 제11조(징계등 의결 기한)
① 징계등 의결 요구를 받은 징계위원회는 그 요구서를 받은 날부터 30일 이내에 징계등에 관한 의결을 하여야 한다. 다만, 부득이한 사유가 있을 때에는 **해당 징계등 의결을 요구한 경찰기관의 장의 승인을 받아** 30일 이내의 범위에서 그 기한을 연기할 수 있다.

06 「경찰공무원 징계령」에 관한 설명으로 가장 적절하지 않은 것은? 〔23. 경특〕

① 경찰기관의 장은 그 소속 경찰공무원에 대한 징계등 사건이 상급 경찰기관에 설치된 징계위원회의 관할에 속한 경우에는 그 상급 경찰기관의 장에게 징계의결서등을 첨부하여 징계등 의결의 요구를 신청하여야 한다.
② 징계위원회 회의는 위원장과 징계위원회가 설치된 경찰기관의 장이 회의마다 지정하는 4명 이상 6명 이하의 위원으로 성별을 고려하여 구성하되 「성폭력범죄의 처벌 등에 관한 특례법」에 따른 성폭력범죄, 「양성평등기본법」에 따른 성희롱에 해당하는 징계 사건이 속한 징계위원회의 회의를 구성하는 경우에는 피해자와 같은 성별의 위원이 위원장을 제외한 위원 수의 2분의 1 이상 포함되어야 한다.
③ 징계위원회는 징계등 심의 대상자가 그 징계위원회에 출석하여 진술하기를 원하지 아니할 때에는 진술권 포기서를 제출하게 하여 이를 기록에 첨부하고 서면심사로 징계등 의결을 할 수 있다.
④ 징계등 의결을 요구한 자 또는 징계등 의결의 요구를 신청한 자는 징계위원회에 출석하여 의견을 진술하거나 서면으로 의견을 진술할 수 있다. 다만, 중징계나 중징계 관련 징계부가금 요구 사건의 경우에는 특별한 사유가 없는 한 징계위원회에 출석하여 의견을 진술해야 한다.

Answer 05 ③ 06 ②

해설 제7조(징계위원회의 회의)
① 징계위원회의 회의는 위원장과 징계위원회가 설치된 경찰기관의 장이 회의마다 지정하는 4명 이상 6명 이하의 위원으로 성별을 고려하여 구성하되, 민간위원의 수는 위원장을 포함한 위원 수의 2분의 1 이상이어야 한다.
② 징계사유가 다음 각 호의 어느 하나에 해당하는 징계 사건이 속한 징계위원회의 회의를 구성하는 경우에는 피해자와 같은 성별의 위원이 위원장을 제외한 위원 수의 **3분의 1 이상** 포함되어야 한다.
  1. 「성폭력범죄의 처벌 등에 관한 특례법」에 따른 성폭력범죄
  2. 「양성평등기본법」에 따른 성희롱

07 경찰공무원 관련 법령에 따를 때, 다음 설명 중 가장 적절한 것은? 22. 순경

① OO경찰서 소속 지구대장 경감 甲과 동일한 지구대 소속 순경 乙이 관련된 징계등 사건(甲의 감독상 과실책임만으로 관련된 경우, 관련자에 대한 징계등 사건을 분리하여 심의·의결하는 것이 타당하다고 인정되는 경우는 제외)은 OO경찰서에 설치된 징계위원회에서 심의·의결한다.
② 경찰공무원 임용 당시 임용결격사유가 있었더라도 국가의 과실에 의해 임용결격자임을 밝혀내지 못했다면, 그 임용행위는 당연무효로 볼 수 없다.
③ 국가경찰사무를 담당하는 OO 경찰서 소속 경사 丙에 대한 정직처분은 소속기관장인 OO경찰서장이 행하지만, 그 처분에 대한 행정소송의 피고는 경찰청장이다.
④ 징계의결이 요구된 경정 丁에게 국무총리 표창을 받은 공적이 있는 경우에 징계위원회는 징계를 감경할 수 있지만, 그 표창이 丁에게 수여된 표창이 아니라 丁이 속한 OO경찰서에 수여된 단체표창이라면 감경할 수 없다.

해설 ▶(①) 제4조(징계위원회의 관할) - 경찰서 경감 甲은 시도경찰청 보통징계위원회에서 심의·의결
② 보통징계위원회는 해당 징계위원회가 설치된 경찰기관 소속 경감 이하 경찰공무원에 대한 징계등 사건을 심의·의결한다. 다만, 다음 각 호의 기관에 설치된 보통징계위원회는 각 호의 구분에 따른 경찰공무원에 대한 징계등 사건을 심의·의결한다.
  1. 경정 이상의 경찰공무원을 장으로 하는 경찰서, 경찰기동대·해양경찰서 등 총경 이상의 경찰공무원을 장으로 하는 경찰기관 및 정비창: **소속 경위 이하의 경찰공무원**
  2. 의무경찰대 및 경비함정 등 경찰청장 또는 해양경찰청장이 지정하는 경감 이상의 경찰공무원을 장으로 하는 경찰기관: 소속 경사 이하의 경찰공무원
④ 제2항 단서 또는 제6조 제2항 단서에 따라 **해당 보통징계위원회의 징계 관할에서 제외되는 경찰공무원의 징계등 사건은 바로 위 상급 경찰기관에 설치된 보통징계위원회에서 심의·의결**한다.

▶(②) 대법원 2005. 7. 28. 선고 2003두469 판결
경찰공무원법에 규정되어 있는 경찰관임용 결격사유는 경찰관으로 임용되기 위한 절대적인 소극적 요건으로서 임용 당시 경찰관임용 결격사유가 있었다면 비록 임용권자의 과실에 의하여 임용결격자임을 밝혀내지 못하였다 하더라도 그 임용행위는 **당연무효**이다.

▶(③) 경찰공무원법 제34조(행정소송의 피고)
징계처분, 휴직처분, 면직처분, 그 밖에 의사에 반하는 불리한 처분에 대한 행정소송은 경찰청장 또는 해양경찰청장을 피고로 한다. 다만, 제7조 제3항 및 제4항에 따라 **임용권을 위임한 경우에는 그 위임을 받은 자를 피고로 한다.** (경감이하 정직은 경찰청장이 행하지만 경감이하 임용권에 대해서는 시도경찰청장 등에게 위임하고 있으므로 시도경찰청장이 피고가 된다.)

Answer 07 ④

08 경찰공무원의 징계에 관한 설명으로 가장 적절하지 않은 것은?(다툼이 있는 경우 판례에 의함)

23. 순경

① 공무원인 피징계자에게 징계사유가 있어서 징계처분을 하는 경우 어떠한 처분을 할 것인가는 징계권자의 재량에 맡겨진 것이고, 다만 징계권자가 재량권의 행사로서 한 징계처분이 사회통념상 현저하게 타당성을 잃어 징계권자에게 맡겨진 재량권을 남용한 것이라고 인정되는 경우 한하여 그 처분을 위법하다고 할 수 있다.
② 동료 경찰관에 대한 성희롱을 이유로 징계에 의하여 해임처분을 받은 경찰관은 해임처분을 받은 때부터 3년이 지나면 경찰공무원으로 임용될 수 있다.
③ 징계등 의결 요구를 받은 징계위원회는 그 요구서를 받은 날부터 30일 이내에 징계등에 관한 의결을 하여야 하나, 부득이한 사유가 있을 때에는 해당 징계등 의결을 요구한 경찰기간의 장의 승인을 받아 30일 이내의 범위에서 그 기한을 연기할 수 있다.
④ 징계위원회는 징계등 의결을 하였을 때에는 지체 없이 징계등 의결을 요구한 자에게 의결서 정본(正本)을 보내어 통지하여야 한다.

해설 경찰공무원법 제8조(임용자격 및 결격사유)
② 다음 각 호의 어느 하나에 해당하는 사람은 **경찰공무원으로 임용될 수 없다.**
10. 징계에 의하여 파면 또는 해임처분을 받은 사람

09 「경찰공무원징계령」상 경찰공무원 징계에 대하여 설명한 것이다. 옳은 것을 모두 고른 것은?

응용문제

㉠ 경찰공무원 보통징계위원회는 해당 징계위원회가 설치된 경찰기관 소속 경정 이하 경찰공무원에 대한 징계등 사건을 심의·의결한다.
㉡ 「경찰공무원 징계령」상 각 징계위원회는 위원장 1명을 포함하여 11명 이상 51명 이하의 공무원위원과 민간위원으로 구성한다. 단, 징계위원회의 회의는 위원장과 징계위원회가 설치된 경찰기관의 장이 회의마다 지정하는 4명 이상 6명 이하의 위원으로 성별을 고려하여 구성하되, 민간위원의 수는 위원장을 포함한 위원 수의 2분의 1 이상이어야 한다.
㉢ 징계등 의결 요구를 받은 징계위원회는 그 요구서를 받은 날부터 30일 이내에 징계등에 관한 의결을 하여야 한다. 다만, 부득이한 사유가 있을 때에는 해당 징계등 의결을 요구한 경찰기관의 장의 승인을 받아 30일 이내의 범위에서 그 기간을 연기할 수 있다.
㉣ 징계위원회의 위원 중 징계등 심의 대상자의 친족이나 그 징계 사유와 관계가 있는 사람은 그 징계등 사건의 심의에 관여하지 못한다.
㉤ 징계위원회는 징계등 사건을 의결할 때에는 징계등 심의 대상자의 비위행위 당시 계급 및 직위, 비위행위가 공직 내외에 미치는 영향, 평소 행실, 공적(功績), 뉘우치는 정도나 그 밖의 정상과 징계등 의결을 요구한 자의 의견을 고려할 수 있다.

Answer 08 ② 09 ②

① ㉠㉥
② ㉡㉢㉣
③ ㉡㉢㉥
④ ㉡㉢㉣㉥

> **해설** ▶ (㉠)제4조(징계위원회의 관할)
> ② 보통징계위원회는 해당 징계위원회가 설치된 경찰기관 소속 **경감 이하** 경찰공무원에 대한 징계등 사건을 심의·의결한다. 다만, 다음 각 호의 기관에 설치된 보통징계위원회는 각 호의 구분에 따른 경찰공무원에 대한 징계등 사건을 심의·의결한다.
>
> ▶ (㉥) 제16조(징계등의 정도)
> 징계위원회는 징계등 사건을 의결할 때에는 징계등 심의 대상자의 비위행위 당시 계급 및 직위, 비위행위가 공직 내외에 미치는 영향, 평소 행실, 공적(功績), 뉘우치는 정도나 그 밖의 정상과 징계등 의결을 요구한 자의 의견을 **고려해야 한다.**

10 다음은 「경찰공무원 징계령」의 내용이다. 아래 ㉠부터 ㉣까지의 설명에 대해 옳고 그름의 표시(○, ×)가 바르게 된 것은? 응용문제

> ㉠ 「경찰공무원 징계령」상 각 징계위원회는 위원장 1명을 포함하여 11명 이상 51명 이하의 공무원위원과 민간위원으로 구성한다. 단, 징계위원회의 회의는 위원장과 징계위원회가 설치된 경찰기관의 장이 회의마다 지정하는 5명 이상 7명 이하의 위원으로 성별을 고려하여 구성하되, 민간위원의 수는 위원장을 포함한 위원 수의 2분의 1 이상이어야 한다.
> ㉡ 소속이 다른 2명 이상의 경찰공무원이 관련된 징계 등 사건으로서 관할 징계위원회가 서로 다른 경우에는 모두를 관할하는 바로 위 상급 경찰기관에 설치된 징계위원회에서 심의·의결한다.
> ㉢ 징계 등 의결 요구를 받은 징계위원회는 그 징계요구서를 받은 날부터 30일 이내에 징계 등에 관한 의결을 하여야 한다. 다만, 부득이한 사유가 있을 때에는 해당 징계 등 의결을 요구한 경찰기관의 장의 승인을 받아 30일 이내의 범위에서 그 기간을 연기할 수 있다.
> ㉣ 징계위원회는 출석 통지를 하였음에도 불구하고 징계 등 심의 대상자가 정당한 사유 없이 출석하지 아니하였을 때에는 그 사실을 기록에 분명히 적고 서면심사로 징계 등 의결을 할 수 있다. 다만, 징계 등 심의 대상자의 소재가 분명하지 아니할 때에는 출석 통지를 관보에 게재하고, 그 게재일 다음날부터 10일이 지나면 출석 통지가 송달된 것으로 보며, 징계 등 의결을 할 때에는 관보 게재의 사유와 그 사실을 기록에 분명히 적어야 한다.

① ㉠(○) ㉡(○) ㉢(○) ㉣(○)
② ㉠(×) ㉡(○) ㉢(○) ㉣(○)
③ ㉠(×) ㉡(○) ㉢(○) ㉣(×)
④ ㉠(×) ㉡(×) ㉢(×) ㉣(○)

Answer 10 ③

> 해설 ▶ (㉠) 제7조(징계위원회의 회의)
> ① 징계위원회의 회의는 위원장과 징계위원회가 설치된 경찰기관의 장이 회의마다 지정하는 **4명 이상 6명 이하의 위원**으로 성별을 고려하여 구성하되, 민간위원의 수는 위원장을 포함한 위원 수의 2분의 1 이상이어야 한다.
>
> ▶ (㉣) 제12조(징계등 심의 대상자의 출석)
> ③ 징계위원회는 출석 통지를 하였음에도 불구하고 징계등 심의 대상자가 정당한 사유 없이 출석하지 아니하였을 때에는 그 사실을 기록에 분명히 적고 서면심사로 징계등 의결을 할 수 있다. 다만, 징계등 심의 대상자의 소재가 분명하지 아니할 때에는 출석 통지를 관보에 게재하고, **그 게재일부터** 10일이 지나면 출석 통지가 송달된 것으로 보며, 징계등 의결을 할 때에는 관보 게재의 사유와 그 사실을 기록에 분명히 적어야 한다.

11 다음은 경찰공무원 징계를 설명한 것이다. 가장 적절한 것은? 응용문제

① 총경과 경정의 강등 및 정직은 경찰청장 또는 해양경찰청장이 행한다.
② 경무관 이상의 경찰공무원에 대한 징계의결은 「국가공무원법」에 따라 경찰청에 설치된 경찰공무원 중앙징계위원회에서 한다.
③ 징계 등 의결을 요구한 자는 경징계의 징계 등 의결을 통지 받았을 때에는 통지받은 날부터 30일 이내에 징계 등을 집행하여야 한다.
④ 징계의결등의 요구는 징계 등 사유가 징계 등 사유가 제78조의2 제1항 각 호의 어느 하나에 해당하는 경우에는 발생한 날부터 10년이 지나면 하지 못한다.

> 해설 ▶ (②) 경찰공무원법 제32조(징계위원회)
> ① 경무관 이상의 경찰공무원에 대한 징계의결은 「국가공무원법」에 따라 **국무총리 소속**으로 설치된 징계위원회에서 한다.
>
> ▶ (③) 제18조(경징계 등의 집행)
> ① 징계등 의결을 요구한 자는 경징계의 징계등 의결을 통지받았을 때에는 통지받은 날부터 **15일** 이내에 징계등을 집행하여야 한다.
>
> ▶ (④) 제83조의2(징계 및 징계부가금 부과 사유의 시효)
> ① 징계의결등의 요구는 징계 등 사유가 발생한 날부터 다음 각 호의 구분에 따른 기간이 지나면 하지 못한다.
>   1. 징계 등 사유가 다음 각 목의 어느 하나에 해당하는 경우 : 10년
>   가. 「성매매알선 등 행위의 처벌에 관한 법률」 제4조에 따른 금지행위
>   나. 「성폭력범죄의 처벌 등에 관한 특례법」 제2조에 따른 성폭력범죄
>   다. 「아동·청소년의 성보호에 관한 법률」 제2조 제2호에 따른 아동·청소년대상 성범죄
>   라. 「양성평등기본법」 제3조 제2호에 따른 성희롱
>   2. 징계 등 사유가 제78조의2 제1항 각 호의 어느 하나에 해당하는 경우 : **5년**
>   3. 그 밖의 징계 등 사유에 해당하는 경우 : 3년

Answer 11 ①

12 경찰공무원징계령에 대한 설명으로 가장 적절한 것은? 응용문제

① 「경찰공무원 징계령」상 각 징계위원회는 위원장 1명을 포함하여 11명 이상 51명 이하의 공무원위원과 민간위원으로 구성한다. 단, 징계위원회의 회의는 위원장과 징계위원회가 설치된 경찰기관의 장이 회의마다 지정하는 4명 이상 6명 이하의 위원으로 성별을 고려하여 구성하되, 민간위원의 수는 위원장을 포함한 위원 수의 3분의 1 이상이어야 한다.
② 경찰공무원 징계위원회 위원은 징계심의대상자보다 상위 계급의 경위 이상의 소속 공무원 중에서 당해 경찰기관의 장이 임명한다.
③ 경찰공무원 징계위원회의 위원장은 위원회의 사무를 총괄하며 위원회를 대표하지만 표결권을 가지지 아니한다.
④ 징계위원회가 징계 등 심의 대상자의 출석을 요구할 때에는 징계위원회 개최일 전일까지 그 징계 등 심의 대상자에게 도달되도록 하여야 한다.

> **해설** ▶(①) 제7조(징계위원회의 회의)
> ① 징계위원회의 회의는 위원장과 징계위원회가 설치된 경찰기관의 장이 회의마다 지정하는 4명 이상 6명 이하의 위원으로 성별을 고려하여 구성하되, 민간위원의 수는 위원장을 포함한 위원 수의 **2분의 1 이상**이어야 한다.
>
> ▶(③) 제7조(징계위원회의 회의)
> ③ 징계위원회의 위원장은 위원회의 사무를 총괄하며 위원회를 대표한다.
> ⑤ 위원장은 **표결권을** 가진다.
>
> ▶(④) 제12조(징계등 심의 대상자의 출석)
> ① 징계위원회가 징계등 심의 대상자의 출석을 요구할 때에는 별지 제2호서식의 출석 통지서로 하되, 징계위원회 **개최일 5일 전까지** 그 징계등 심의 대상자에게 도달되도록 해야 한다.

13 「경찰공무원 징계령」에 대한 설명으로 틀린 것은 몇 개인가? 응용문제

㉠ 중징계란 파면, 해임, 강등을 말하며, 경징계란 정직, 감봉 및 견책을 말한다.
㉡ 경찰공무원 보통징계위원회는 해당 징계위원회가 설치된 경찰기관 소속 경정 이하 경찰공무원에 대한 징계 등 사건을 심의·의결한다.
㉢ 「경찰공무원 징계령」상 각 징계위원회는 위원장 1명을 포함하여 11명 이상 51명 이하의 공무원위원과 민간위원으로 구성한다. 단, 징계위원회의 회의는 위원장과 징계위원회가 설치된 경찰기관의 장이 회의마다 지정하는 4명 이상 6명 이하의 위원으로 성별을 고려하여 구성하되, 민간위원의 수는 위원장을 포함한 위원 수의 2분의 1 이상이어야 한다.
㉣ 징계위원회의 의결은 위원장을 포함한 위원 과반수의 출석과 출석위원 2/3의 찬성으로 의결한다.
㉤ 소속이 다른 2명 이상의 경찰공무원이 관련된 징계 등 사건으로서 관할 징계위원회가 서로 다른 경우에는 모두를 관할하는 바로 위 상급 경찰기관에 설치된 징계위원회에서 심의·의결한다.

Answer 12 ② 13 ④

① 0개 ② 1개
③ 2개 ④ 3개

해설 ▶ (㉠) 제2조(정의)
1. "중징계"란 **파면, 해임, 강등 및 정직**을 말한다.
2. "경징계"란 감봉 및 견책을 말한다.

▶ (㉡) 제4조(징계위원회의 관할)
② 보통징계위원회는 해당 징계위원회가 설치된 경찰기관 소속 **경감 이하** 경찰공무원에 대한 징계등 사건을 심의·의결한다. 다만, 다음 각 호의 기관에 설치된 보통징계위원회는 각 호의 구분에 따른 경찰공무원에 대한 징계등 사건을 심의·의결한다.

▶ (㉣) 제14조(징계위원회의 의결)
① 징계위원회의 의결은 위원장을 포함한 위원 과반수의 출석과 **출석위원 과반수**의 찬성으로 의결하되, 의견이 나뉘어 출석위원 과반수의 찬성을 얻지 못한 경우에는 출석위원 과반수가 될 때까지 징계등 심의 대상자에게 가장 불리한 의견을 제시한 위원의 수를 그 다음으로 불리한 의견을 제시한 위원의 수에 차례로 더하여 그 의견을 합의된 의견으로 본다.

CHAPTER 07

경찰공무원 징계령 세부시행규칙
(경찰청 예규 시행 2021.12.30.)

01 「경찰공무원 징계령 세부시행규칙」상 감독자의 정상참작 사유로 가장 적절하지 <u>않은</u> 것은?

20. 승진

① 부임기간이 1개월 미만으로 부하직원에 대한 실질적인 감독이 곤란하다고 인정된 때
② 업무매뉴얼에 규정된 직무상의 절차를 충실히 이행한 때
③ 부하직원의 의무위반행위를 사전에 발견하여 적법 타당하게 조치한 때
④ 기타 부하직원에 대하여 평소 철저한 교양감독 등 감독자로서의 임무를 성실히 수행하였다고 인정된 때

해설 행위자 정상참작 사유
② 징계요구권자 또는 징계위원회는 다음 각 호의 어느 하나에 해당하는 사유가 있을 때에는 징계책임을 감경하여 징계의결 요구 또는 징계의결하거나 징계책임을 묻지 아니할 수 있다.
  1. 과실로 인하여 발생한 의무위반행위가 다른 법령에 의해 처벌사유가 되지 않고 비난가능성이 없는 때
  2. 국가 또는 공공의 이익을 증진하기 위해 성실하고 능동적으로 업무를 처리하는 과정에서 부분적인 절차상 하자 또는 비효율, 손실 등의 잘못이 발생한 때
  3. **업무매뉴얼에 규정된 직무상의 절차를 충실히 이행한 때**
  4. 의무위반행위의 발생을 방지하기 위해 최선을 다하였으나 부득이한 사유로 결과가 발생하였을 때
  5. 발생한 의무위반행위에 대하여 자진신고하거나 사후조치에 최선을 다하여 원상회복에 크게 기여한 때
  6. 간첩 또는 사회이목을 집중시킨 중요사건의 범인을 검거한 공로가 있을 때
  7. 제8조 제3항에 따른 감경 제외 대상이 아닌 의무위반행위 중 직무와 관련이 없는 사고로 인한 의무위반행위로서 사회통념에 비추어 공무원의 품위를 손상하지 아니한 때

Answer 01 ②

02 「경찰공무원 징계령 세부시행규칙」상 감독자의 정상참작 사유로 가장 적절하지 <u>않은</u> 것은?

응용문제

① 부하직원의 의무위반 행위를 사전에 발견하여 적법 타당하게 조치한 때
② 부임기간이 1년 미만으로 부하직원에 대한 실질적인 감독이 곤란하다고 인정된 때
③ 부하직원의 의무위반행위가 감독자 또는 행위자의 비번일, 휴가기간, 교육기간 등에 발생하거나, 소관업무와 직접 관련 없는 등 감독자의 실질적 감독범위를 벗어났다고 인정된 때
④ 교정이 불가능하다고 판단된 부하직원의 사유를 명시하여 인사상 조치(전출 등)를 상신하는 등 성실히 관리한 이후에 같은 부하직원이 의무위반행위를 야기하였을 때

해설 감독자에 대한 문책기준
② 징계요구권자 또는 징계위원회는 감독자에게 다음 각 호의 어느 하나에 해당하는 사유가 있을 때에는 징계책임을 감경하여 징계의결 요구 또는 징계의결하거나 징계책임을 묻지 아니할 수 있다.
1. **부하직원**의 의무위반행위를 사전에 발견하여 적법 타당하게 조치한 때
2. **부하직원**의 의무위반행위가 감독자 또는 행위자의 비번일, 휴가기간, 교육기간 등에 발생하거나, 소관업무와 직접 관련 없는 등 감독자의 실질적 감독범위를 벗어났다고 인정된 때
3. 부임기간이 **1개월 미만**으로 **부하직원**에 대한 실질적인 감독이 곤란하다고 인정된 때
4. 교정이 불가능하다고 판단된 **부하직원**의 사유를 명시하여 인사상 조치(전출 등)를 상신하는 등 성실히 관리한 이후에 같은 **부하직원**이 의무위반행위를 야기하였을 때
5. 기타 **부하직원**에 대하여 평소 철저한 교양감독 등 감독자로서의 임무를 성실히 수행하였다고 인정된 때

03 현행 「경찰공무원 징계양정 등에 관한 규칙」상 감독자에 대한 문책기준으로 가장 적절하지 <u>않은</u> 것은?

응용문제

① 교정이 불가능하다고 판단된 부하직원의 사유를 명시하여 인사상 조치를 상신하는 등 성실히 관리한 이후에 같은 부하직원이 의무위반행위를 야기하였을 때
② 부하직원의 의무위반행위를 사전에 발견하여 적법·타당하게 조치한 때
③ 간첩 또는 사회이목을 집중시킨 중요사건의 범인을 검거한 공로가 있을 때
④ 부임기간이 1개월 미만으로 부하직원에 대한 실질적인 감독이 곤란하다고 인정될 때

해설 간첩 또는 사회이목을 집중시킨 중요사건의 범인을 검거한 공로가 있을 때는 **행위자의 정상참작에 해당**한다.

Answer 02 ② 03 ③

04 다음 중 「경찰공무원 징계령 세부시행규칙」상 틀린 것은?

응용문제

① ㉠ 징계위원회는 징계의결이 요구된 자가 다음 각 호의 어느 하나에 해당하는 공적이 있는 경우 징계를 감경하여야 한다.
  1. 「상훈법」에 따라 훈장 또는 포장을 받은 공적
  2. ㉡ 「정부표창규정」에 따라 국무총리 이상의 표창을 받은 공적 다만, 경위이하의 경찰공무원등은 경찰청장 또는 중앙행정기관 차관급 이상 표창을 받은 공적
  3. ㉢ 「모범공무원규정」에 따라 모범공무원으로 선발된 공적
② ㉣ 경찰공무원등이 징계처분 또는 징계위원회의 권고에 의한 경고를 받은 사실이 있는 경우에는 그 징계처분 또는 경고처분 전의 공적은 제1항에 따른 감경대상 공적에서 포함한다.

① 1개
② 2개
③ 3개
④ 4개

4. ③(㉠, ㉡, ㉣)

해설 제8조(징계의 감경)
① 징계위원회는 징계의결이 요구된 자가 다음 각 호의 어느 하나에 해당하는 공적이 있는 경우 별표 9에 따라 징계를 **감경할 수 있다.**
  1. 「상훈법」에 따라 훈장 또는 포장을 받은 공적
  2. 「정부표창규정」에 따라 국무총리 이상의 표창을 받은 공적 다만, **경감이하**의 경찰공무원등은 경찰청장 또는 중앙행정기관 차관급 이상 표창을 받은 공적
  3. 「모범공무원규정」에 따라 모범공무원으로 선발된 공적
② 경찰공무원등이 징계처분 또는 징계위원회의 권고에 의한 경고를 받은 사실이 있는 경우에는 그 징계처분 또는 경고처분 전의 공적은 제1항에 따른 감경대상 공적에서 **제외한다.**

Answer 04 ③

CHAPTER 08 경찰청 공무원 행동강령
[경찰청훈령 시행 2022.10.7.]

01 「경찰청 공무원 행동강령」상 제4조(공정한 직무수행을 해치는 지시에 대한 처리)의 주요 내용으로 틀린 것은?

응용문제

① 공무원은 상급자가 자기 또는 타인의 부당한 이익을 위하여 공정한 직무수행을 현저하게 해치는 지시를 하였을 때에는 별지 제1호 서식 또는 전자우편 등의 방법으로 그 사유를 상급자에게 소명하고 지시에 따르지 아니하거나, 별지 제2호 서식 또는 전자우편 등의 방법으로 제23조에 따라 지정된 행동강령에 관한 업무를 담당하는 공무원(이하 '행동강령책임관'이라 한다)과 상담할 수 있다.

② ①에 따라 지시를 이행하지 아니하였는데도 같은 지시가 반복될 때에는 즉시 행동강령책임관과 상담할 수 있다.

③ ①이나 ②에 따라 상담 요청을 받은 행동강령책임관은 지시 내용을 확인하여 지시를 취소하거나 변경할 필요가 있다고 인정되면 소속기관의 장에게 보고하여야 한다. 다만, 지시 내용을 확인하는 과정에서 부당한 지시를 한 상급자가 스스로 그 지시를 취소하거나 변경하였을 때에는 소속기관의 장에게 보고하지 아니할 수 있다.

④ ③에 따른 보고를 받은 소속기관의 장은 필요하다고 인정되면 지시를 취소·변경하는 등 적절한 조치를 하여야 한다. 이 경우 공정한 직무수행을 해치는 지시를 ①에 따라 이행하지 아니하였는데도 같은 지시를 반복한 상급자에게는 징계 등 필요한 조치를 할 수 있다.

> **해설** 제4조(공정한 직무수행을 해치는 지시에 대한 처리)
> ① 공무원은 상급자가 자기 또는 타인의 부당한 이익을 위하여 공정한 직무수행을 현저하게 해치는 지시를 하였을 때에는 별지 제1호 서식 또는 전자우편 등의 방법으로 그 사유를 상급자에게 소명하고 지시에 따르지 아니하거나, 별지 제2호 서식 또는 전자우편 등의 방법으로 제23조에 따라 지정된 행동강령책임관과 상담할 수 있다.
> ② 제1항에 따라 지시를 이행하지 아니하였는데도 같은 지시가 반복될 때에는 즉시 행동강령책임관과 **상담하여야 한다.**

 01 ②

02 「경찰청 공무원 행동강령」에 대한 설명 중 가장 적절하지 않은 것은?

20. 승진

① 이 규칙은 경찰청 소속 공무원과 경찰청에 파견된 공무원에게 적용한다.
② 공무원은 상급자가 자기 또는 타인의 부당한 이익을 위하여 공정한 직무수행을 현저하게 해치는 지시를 하였을 때에는 그 사유를 상급자에게 소명하고 지시에 따르지 아니하거나, 행동강령책임관과 상담할 수 있다.
③ 위 ②와 관련 소명 후 지시를 이행하지 아니하였는데도 같은 지시가 반복될 때에는 즉시 행동강령책임관과 상담하여야 한다.
④ 위 ②, ③과 관련 상담 요청을 받은 행동강령책임관은 지시 내용을 확인하는 과정에서 부당한 지시를 한 상급자가 스스로 그 지시를 취소하거나 변경하였을 때에는 소속 기관의 장에게 보고하여야 한다.

해설 제4조(공정한 직무수행을 해치는 지시에 대한 처리)
③ 제1항이나 제2항에 따라 상담 요청을 받은 행동강령책임관은 지시 내용을 확인하여 지시를 취소하거나 변경할 필요가 있다고 인정되면 소속 기관의 장에게 보고하여야 한다. 다만, 지시 내용을 확인하는 과정에서 부당한 지시를 한 상급자가 스스로 그 지시를 취소하거나 변경하였을 때에는 소속 기관의 장에게 **보고하지 아니할 수 있다.**

03 「경찰청 공무원 행동강령」에 대한 설명으로 가장 적절하지 않은 것은?

22. 경간부

①공무원이 대가를 받고 수행하는 외부강의 등은 월 3회를 초과할 수 없다. 다만, 국가나 지방자치단체에서 요청하거나 겸직 허가를 받고 수행하는 외부강의 등은 그 횟수에 포함하지 아니한다.
②공무원은 「범죄수사규칙」 제30조에 따른 경찰관서 내 수사 지휘에 대한 이의제기와 관련하여 행동강령 책임관에게 상담을 요청할 수 있다.
③공무원은 직무 관련 여부 및 기부·후원·증여 등 그 명목에 관계없이 동일인으로부터 1회에 100만원 또는 매 회계연도에 200만원을 초과하는 금품등을 받거나 요구 또는 약속해서는 아니 된다.
④공무원은 직무관련자에게 직위를 이용하여 행사 진행에 필요한 직·간접적 경비, 장소, 인력, 또는 물품 등의 협찬을 요구하여서는 아니 된다.

해설 제14조(금품등을 받는 행위의 제한)
① 공무원은 직무 관련 여부 및 기부·후원·증여 등 그 명목에 관계없이 동일인으로부터 1회에 100만원 또는 매 회계연도에 **300만원**을 초과하는 금품등을 받거나 요구 또는 약속해서는 아니 된다.

Answer 02 ④ 03 ③

04 「경찰청 공무원 행동강령」에 대한 설명으로 가장 적절한 것은? 73기 경간부

① 공무원은 어떠한 경우에도 자신의 직무권한을 행사하여 직무 관련자로부터 사적 노무를 제공받거나 요구해서는 안된다.
② 공무원은 정치인이나 정당 등으로부터 부당한 직무수행을 강요받거나 청탁을 받은 경우에는 별지 제9호 서식 또는 전자우편 등의 방법으로 소속기관장에게 보고하거나 행동강령책임관과 상담할 수 있다.
③ 경찰유관단체원이 경찰 업무와 관련하여 경찰관에게 금품을 제공한 경우 행동강령책임관은 해당 경찰유관단체 운영 부서장과 협의하여 소속기관장에게 경찰유관단체원의 해촉 등 필요한 조치를 건의하여야 하며, 보고를 받은 소속기관장은 적절한 조치를 취해야 한다.
④ 공무원은 사례금을 받은 외부강의(외부강의 등을 요청한 자가 국가나 지방자치단체를 포함함)를 할 때에는 외부강의의 요청명세 등을 외부강의 등 신고서에 따라 소속 기관의 장에게 그 외부강의 등을 마친 날부터 10일 이내에 신고하여야 한다.

해설 ▶(①) 제13조의2(사적 노무 요구 금지)
공무원은 자신의 직무권한을 행사하거나 지위·직책 등에서 유래되는 사실상 영향력을 행사하여 직무관련자 또는 직무관련공무원으로부터 사적 노무를 제공받거나 요구 또는 약속해서는 아니 된다. 다만, **다른 법령 또는 사회상규에 따라 허용되는 경우에는 그러하지 아니하다.**

▶(②) 제8조(정치인 등의 부당한 요구에 대한 처리)
① 공무원은 정치인이나 정당 등으로부터 부당한 직무수행을 강요받거나 청탁을 받은 경우에는 별지 제9호 서식 또는 전자우편 등의 방법으로 소속 기관의 장에게 보고하거나 행동강령책임관과 **상담하여야 한다.**

▶(④) 제15조(외부강의등의 사례금 수수 제한)
② 공무원은 사례금을 받는 외부강의등을 할 때에는 외부강의등의 요청 명세 등을 별지 제12호서식의 외부강의등 신고서에 따라 소속 기관의 장에게 그 외부강의등을 마친 날부터 10일 이내에 신고하여야 한다. 다만, **외부강의등을 요청한 자가 국가나 지방자치단체인 경우에는 그러하지 아니하다.**

05 「경찰청 공무원 행동강령」에 해당하지 않는 것은? 23. 순경

① 공무원은 상급자가 자기 또는 타인의 부당한 이익을 위하여 공정한 직무수행을 현저하게 해치는 지시를 하였을 때에는 그 사유를 상급자에게 소명하고 지시에 따르지 아니하거나 행동강령책임관과 상담할 수 있다.
② 공무원은 수사·단속의 대상이 되는 업소 중 경찰청장이 지정하는 유형의 업소 관계자와 부적절한 사적 접촉을 하여서는 아니 되며, 공적 또는 사적으로 접촉한 경우 경찰청장이 정하는 방법에 따라 신고하여야 한다.

Answer 04 ③ 05 ④

③ 공무원은 직무수행 중 알게 된 정보를 이용하여 유가증권, 부동산 등과 관련된 재산상 거래 또는 투자를 하거나 타인에게 그러한 정보를 제공하여 재산상 거래 또는 투자를 돕는 행위를 해서는 아니 된다.
④ 경찰공무원은 정당이나 정치단체에 가입하거나 정치활동에 관여하는 행위를 하여서는 아니 된다.

> **해설** 경찰공무원법 제23조(정치 관여 금지)
> ① 경찰공무원은 정당이나 정치단체에 가입하거나 정치활동에 관여하는 행위를 하여서는 아니 된다.

06 「경찰청 공무원 행동강령」 제14조(금품등을 받는 행위의 제한)의 주요 내용으로 틀린 것은?

응용문제

> ㉠ 공무원은 직무 관련 여부 및 기부·후원·증여 등 그 명목에 관계없이 동일인으로부터 1회에 100만원 또는 매 회계연도에 200만원을 초과하는 금품 등을 받거나 요구 또는 약속해서는 아니 된다.
> ㉡ 공무원은 직무와 관련하여 대가성 여부를 불문하고 ㉠에서 정한 금액 이하의 금품 등을 받거나 요구 또는 약속해서는 아니 된다.
> ㉢ 외부강의 등에 관한 사례금 또는 사적 거래(증여는 포함)로 인한 채무의 이행 등 정당한 권원(權原)에 의하여 제공되는 금품, 공무원의 친족(「민법」 제777조에 따른 친족을 말한다)이 제공하는 금품 등은 ㉠ 또는 ㉡에서 수수(收受)를 금지하는 금품 등에 해당하지 아니한다.
> ㉣ 공무원은 특별히 장기적·지속적인 친분관계를 맺고 있는 자가 직무관련자 또는 직무관련공무원으로서 금품 등을 제공한 경우에는 그 수수 사실을 행동강령책임관에게 신고하여야 한다.
> ㉤ 공무원은 자신의 배우자나 직계 존속·비속이 자신의 직무와 관련하여 공무원이 받는 것이 금지되는 금품 등을 받거나 요구하거나 제공받기로 약속하지 아니하도록 하여야 한다.

① 1개 ② 2개
③ 3개 ④ 4개

> **해설** ▶ 제14조(금품등을 받는 행위의 제한)
> ① (㉠) 공무원은 직무 관련 여부 및 기부·후원·증여 등 그 명목에 관계없이 동일인으로부터 1회에 100만원 또는 매 회계연도에 **300만원**을 초과하는 금품등을 받거나 요구 또는 약속해서는 아니 된다.
> ③ (㉢) 제15조의 외부강의등에 관한 사례금 또는 다음 각 호의 어느 하나에 해당하는 금품등은 제1항 또는 제2항에서 수수(收受)를 금지하는 금품등에 해당하지 아니한다.
> 3. 사적 거래(**증여는 제외**)로 인한 채무의 이행 등 정당한 권원(權原)에 의하여 제공되는 금품등

Answer 06 ③

6. 공무원의 직무와 관련된 공식적인 행사에서 주최자가 참석자에게 통상적인 범위에서 일률적으로 제공하는 교통, 숙박, 음식물 등의 금품등
7. 불특정 다수인에게 배포하기 위한 기념품 또는 홍보용품 등이나 경연·추첨을 통하여 받는 보상 또는 상품 등

④ (㉣) 공무원은 제3항 제5호에도 불구하고 같은 호에 따라 특별히 장기적·지속적인 친분관계를 맺고 있는 자가 직무관련자 또는 직무관련공무원으로서 금품등을 제공한 경우에는 그 수수 사실을 **소속 기관의 장에게** 신고하여야 한다.

07 「경찰청 공무원 행동강령」에 대한 다음 설명 중 옳지 <u>않은</u> 것은? 응용문제

> 가. 공무원은 「범죄수사규칙」 제15조에 따른 경찰관서 내 수사지휘에 대한 이의제기와 관련하여 행동강령책임관에게 상담을 요청할 수 있다.
> 나. 공무원은 직무 관련 여부 및 기부·후원·증여 등 그 명목에 관계없이 동일인으로부터 1회에 100만원 또는 매 회계연도에 300만원을 초과하는 금품등을 받거나 요구 또는 약속해서는 아니 된다.
> 다. 공무원은 정치인이나 정당 등으로부터 부당한 직무수행을 강요받거나 청탁을 받은 경우에는 소속 기관의 장에게 보고하거나 행동강령책임관과 상담한 후 처리하여야 한다.
> 라. 공무원은 외부강의 등을 할 때에는 외부강의 등의 요청명세 등을 소속 기관의 장에게 미리 서면으로 신고하여야 한다. 다만 외부강의 등을 요청한 자가 국가나 지방자치단체인 경우에는 그러하지 아니하다. 공무원이 외부강의 등을 미리 신고하는 것이 곤란한 경우에는 그 외부강의 등을 마친 날부터 3일 이내에 서면으로 신고하여야 한다.
> 마. 공무원이 대가를 받고 수행하는 외부강의 등은 월 2회를 초과할 수 없다. 다만, 국가나 지방자치단체에서 요청하거나 겸직 허가를 받고 수행하는 외부강의 등은 그 횟수에 포함하지 아니한다.

① 1개　　　　　　　　　② 2개
③ 3개　　　　　　　　　④ 4개

해설 제15조(외부강의등의 사례금 수수 제한)
② (라) 공무원은 사례금을 받는 외부강의등을 할 때에는 외부강의등의 요청 명세 등을 별지 제12호서식의 외부강의등 신고서에 따라 소속 기관의 장에게 그 **외부강의등을 마친 날부터 10일 이내에** 신고하여야 한다. 다만, 외부강의등을 요청한 자가 국가나 지방자치단체인 경우에는 그러하지 아니하다.
④ (마) 공무원이 대가를 받고 수행하는 외부강의등은 **월 3회**를 초과할 수 없다. 국가나 지방자치단체에서 요청하거나 겸직 허가를 받고 수행하는 외부강의등은 그 횟수에 포함하지 아니한다.

Answer　07 ②

08 「경찰청 공무원 행동강령」상 외부강의등 사례금 상한액에 대한 내용으로 가장 적절한 것은?

응용문제

① 직급 구분없이 50만원을 초과할 수 없다.
② 사례금 상한액은 강의 등의 경우 1시간당, 기고의 경우 1건당 상한액으로 한다. 1시간을 초과하여 강의 등을 하는 경우에도 사례금 총액은 강의시간에 관계없이 1시간 상한액의 100분의 150에 해당하는 금액을 초과하지 못한다.
③ 상한액에는 강의료, 원고료, 출연료 등 명목에 관계없이 외부강의등 사례금 제공자가 외부강의등과 관련하여 공무원에게 제공하는 일체의 사례금을 제외한다.
④ 공무원이 소속 기관에서 교통비, 숙박비, 식비 등 여비를 지급받지 못한 경우에는 「공무원 여비 규정」의 기준 내에서 실비수준으로 제공되는 교통비, 숙박비 및 식비는 제1호의 사례금에 포함한다.

해설 ▶ 외부강의등 사례금 상한액(제15조 제1항 관련)
1. 사례금 상한액
   가. (①) 직급 구분없이 **40만원**
   나. 가목에도 불구하고 국제기구, 외국정부, 외국대학, 외국연구기관, 외국 학술단체, 그 밖에 이에 준하는 외국기관에서 지급하는 외부강의 등의 사례금 상한액은 사례금을 지급하는 자의 지급기준에 따른다.
2. 적용기준
   가. 제1호의 상한액은 강의 등의 경우 1시간당, 기고의 경우 1건당 상한액으로 한다.
   나. 1시간을 초과하여 강의 등을 하는 경우에도 사례금 총액은 강의시간에 관계없이 1시간 상한액의 100분의 150에 해당하는 금액을 초과하지 못한다.
   다. (③) 상한액에는 강의료, 원고료, 출연료 등 명목에 관계없이 외부강의등 사례금 제공자가 외부강의등과 관련하여 공무원에게 제공하는 일체의 사례금을 **포함한다.**
   라. (④) 다목에도 불구하고 공무원이 소속 기관에서 교통비, 숙박비, 식비 등 여비를 지급받지 못한 경우에는 「공무원 여비 규정」의 기준 내에서 실비수준으로 제공되는 교통비, 숙박비 및 식비는 제1호의 사례금에 **포함되지 않는다.**

▶ 음식물·경조사비·선물 등의 가액 범위
1. 음식물(제공자와 공직자등이 함께 하는 식사, 다과, 주류, 음료, 그 밖에 이에 준하는 것을 말한다) : **3만원**
2. 경조사비 : 축의금·조의금은 **5만원**. 다만, 축의금·조의금을 대신하는 화환·조화는 **10만원**으로 한다.
3. 선물 : 금전, 유가증권, 제1호의 음식물 및 제2호의 경조사비를 **제외한** 일체의 물품, 그 밖에 이에 준하는 것은 **5만원**. 다만, 「농수산물 품질관리법」 제2조 제1항 제1호에 따른 농수산물(이하 "농수산물"이라 한다) 및 같은 항 제13호에 따른 농수산가공품(농수산물을 원료 또는 재료의 50퍼센트를 넘게 사용하여 가공한 제품만 해당하며, 이하 "농수산가공품"이라 한다)은 **10만원**으로 한다. 다만 부정청탁 및 금품등 수수의 금지에 관한 법률 시행령 제17조 제2항에 따른 기간 중에는 20만원으로 한다.

Answer 08 ②

09 「경찰청 공무원 행동강령」 제15조의2(초과사례금의 신고등)의 주요 내용으로 가장 적절한 것은?

응용문제

① 공무원은 금액을 초과하는 사례금을 받은 경우에는 그 사실을 안 날로부터 2일 이내에 소속기관의 장에게 신고하여야 하며, 제공자에게 그 초과금액을 7일 이내 반환하여야 한다.
② ①에 따른 신고를 받은 소속기관의 장은 초과사례금을 반환하지 아니한 공무원에 대하여 신고사항을 확인한 후 5일 이내에 반환하여야 할 초과사례금의 액수를 산정하여 해당 공무원에게 통지하여야 한다.
③ ②에 따라 통지를 받은 공무원은 7일 이내 초과사례금(신고자가 초과사례금의 일부를 반환한 경우에는 그 차액으로 한정한다)을 제공자에게 반환하고 그 사실을 소속기관의 장에게 알려야 한다.
④ 공무원은 초과 사례금을 반환한 경우에는 증명자료를 첨부하여 그 반환비용을 소속기관의 장에게 청구할 수 있다.

해설 제15조의2(초과사례금의 신고등)
① 공무원은 제15조 제1항에 따른 금액을 초과하는 사례금(이하 "초과사례금"이라 한다)을 받은 경우에는 그 사실을 안 날로부터 2일 이내에 별지 제13호서식으로 소속기관의 장에게 신고하여야 하며, 제공자에게 그 초과금액을 **지체 없이** 반환하여야 한다.
② 제1항에 따른 신고를 받은 소속 기관의 장은 초과사례금을 반환하지 아니한 공무원에 대하여 신고사항을 확인한 후 **7일 이내에** 반환하여야 할 초과사례금의 액수를 산정하여 해당 공무원에게 통지하여야 한다.
③ 제2항에 따라 통지를 받은 공무원은 **지체 없이** 초과사례금(신고자가 초과사례금의 일부를 반환한 경우에는 그 차액으로 한정한다)을 제공자에게 반환하고 그 사실을 소속 기관의 장에게 알려야 한다.

10 다음 「경찰청 공무원 행동강령」상 내용으로 틀린 것은?

응용문제

① 공무원은 직무관련자와는 어떠한 경우에도 골프 또는 사적인 여행을 같이 하여서는 아니 된다.
② 직무관련자인 친족과 골프를 하는 경우, 동창회 등 친목단체에 직무관련자가 있어 부득이 골프를 하는 경우 등 부득이한 사정에 따라 골프를 같이 하는 경우에는 소속관서 행동강령 책임관에게 사전에 신고하여야 하며 사전에 신고하기 어려운 특별한 사유가 있는 경우에는 사후에 즉시 신고하여야 한다.
③ 공무원은 직무관련자에게 직위를 이용하여 행사 진행에 필요한 직·간접적 경비, 장소, 인력, 또는 물품 등의 협찬을 요구하여서는 아니 된다.
④ 경찰청장(소속기관장, 시·도경찰청장, 경찰서장 등을 포함)은 소속 공무원에 대하여 이 규칙의 준수를 위한 교육계획을 수립·시행하여야 하며, 매년 1회 이상 교육을 하여야 한다.

Answer 09 ④ 10 ①

해설   제16조의3(직무관련자와 골프 및 사적여행 제한)
① 공무원은 직무관련자와는 비용 부담 여부와 관계없이 골프를 같이 하여서는 아니 된다. 다만, 다음 각 호와 같은 부득이한 사정에 따라 골프를 같이 하는 경우에는 소속관서 행동강령 책임관에게 사전에 신고하여야 하며 사전에 신고하기 어려운 특별한 사유가 있는 경우에는 사후에 즉시 신고하여야 한다.
1. 정책의 수립·시행을 위한 의견교환 또는 업무협의 등 공적인 목적을 위하여 필요한 경우
2. 직무관련자인 친족과 골프를 하는 경우
3. 동창회 등 친목단체에 직무관련자가 있어 부득이 골프를 하는 경우
4. 그 밖에 위 각 호와 유사한 사유로 부득이하다고 인정되는 경우

11 다음 「경찰청 공무원 행동강령」상 내용으로 틀린 것은? 응용문제

① 공무원은 수사·단속의 대상이 되는 업소 중 경찰청장이 지정하는 유형의 업소 관계자와 부적절한 사적 접촉을 하여서는 아니 되며, 공적 또는 사적으로 접촉한 경우 경찰청장이 정하는 방법에 따라 신고하여야 한다.
② 공무원 자신이 소속된 종교단체·친목단체 등의 회원에게 알리는 경우에는 경조사를 알릴 수 있다
③ 공무원은 현재 근무하고 있거나 과거에 근무하였던 기관의 소속 직원에게 경조사를 알려서는 아니 된다.
④ 행동강령책임관에게 해당 공무원의 위반행위를 보고 받은 소속기관의 장은 해당 공무원을 징계하는 등 필요한 조치를 할 수 있다.

해설   제17조(경조사의 통지 제한)
공무원은 직무관련자나 직무관련공무원에게 경조사를 알려서는 아니 된다. 다만, 다음 각 호의 어느 하나에 해당하는 경우에는 경조사를 알릴 수 있다.
1. 친족(「민법」 제767조에 따른 친족을 말한다)에게 알리는 경우
2. 현재 근무하고 있거나 과거에 근무하였던 기관의 소속 직원에게 알리는 경우
3. 신문, 방송 또는 제2호에 따른 직원에게만 열람이 허용되는 내부통신망 등을 통하여 알리는 경우
4. 공무원 자신이 소속된 종교단체·친목단체 등의 회원에게 알리는 경우

12 「경찰청 공무원 행동강령」 제17조(경조사의 통지 제한)에 따르면 공무원은 직무관련자나 직무관련공무원에게 경조사를 알려서는 아니 된다. 다음 중 그 예외로 규정하지 않은 것은? 24. 순경

① 친족(「민법」 제767조에 따른 친족)에게 알리는 경우
② 현재 근무하고 있거나 과거에 근무하였던 기관의 소속 직원에게 알리는 경우
③ 공무원 자신의 배우자가 소속된 친목단체 회원에게 알리는 경우
④ 신문, 방송 등을 통하여 알리는 경우

해설   제17조(경조사의 통지 제한)
4. 공무원 **자신이** 소속된 종교단체·친목단체 등의 회원에게 알리는 경우

Answer   11 ③   12 ③

13 「경찰청 공무원 행동강령」에 관한 설명 중 가장 적절하지 않은 것은?

22. 순경

① 공무원은 「범죄수사규칙」제30조에 따른 경찰관서 내 수사지휘에 대한 이의제기와 관련하여 행동강령책임관에게 상담을 요청할 수 있다.
② 공무원은 직무 관련 여부 및 기부·후원·증여 등 그 명목에 관계없이 동일인으로부터 1회에 100만원 또는 매 회계연도에 200만원을 초과하는 금품등을 받거나 요구 또는 약속해서는 아니 된다.
③ 공무원은 동창회 등 친목단체에 직무관련자가 있어 부득이 골프를 하는 경우에는 소속관서 행동강령책임관에게 사전에 신고하여야 하며, 사전에 신고하기 어려운 특별한 사유가 있는 경우에는 사후에 즉시 신고하여야 한다.
④ 공무원은 직무관련자가 직무관련 공무원에게 경조사를 알려서는 아니 되나, 공무원 자신이 소속된 종교단체, 친목단체 등의 회원에게 알리는 경우에는 경조사를 알릴 수 있다.

> 해설) 제14조(금품등을 받는 행위의 제한)
> ① 공무원은 직무 관련 여부 및 기부·후원·증여 등 그 명목에 관계없이 동일인으로부터 1회에 100만원 또는 매 회계연도에 **300만원**을 초과하는 금품등을 받거나 요구 또는 약속해서는 아니 된다.

Answer 13 ②

CHAPTER 09 부정청탁 및 금품등 수수의 금지에 관한 법률
[법률 시행 2022.6.8.]

01 「부정청탁 및 금품등 수수의 금지에 관한 법률」에 대한 설명으로 가장 적절하지 않은 것은?
24. 순경

① 공직자등은 부정청탁을 받았을 때에는 부정청탁을 한 자에게 부정청탁임을 알리고 이를 거절하는 의사를 명확히 표시하여야 한다. 그럼에도 불구하고 동일한 부정청탁을 다시 받은 경우에는 이를 소속기관장에게 서면(전자문서를 포함한다)으로 신고하여야 한다.
② 누구든지 동법의 위반행위가 발생하였거나 발생하고 있다는 사실을 알게 된 때에는 자신의 인적사항을 밝히지 아니하고 변호사를 선임하여 신고를 대리하게 할 수 있다.
③ 공직자등은 외부기관(국가 및 지방자치단체를 포함한다)의 요청으로 사례금을 받는 외부강의등을 할 때에는 소속기관장에게 그 외부강의등을 마친 날부터 10일 이내에 서면으로 신고하여야 한다.
④ 공공기관의 장은 공직자등에게 부정청탁 금지 및 금품등의 수수 금지에 관한 내용을 정기적으로 교육하여야 하며, 교육의 실시를 위하여 필요하면 국민권익위원회에 지원을 요청할 수 있다.

> **해설** 제10조(외부강의등의 사례금 수수 제한)
> ② 공직자등은 사례금을 받는 외부강의등을 할 때에는 대통령령으로 정하는 바에 따라 외부강의등의 요청 명세 등을 소속기관장에게 그 외부강의등을 마친 날부터 10일 이내에 서면으로 신고하여야 한다. 다만, 외부강의등을 요청한 자가 국가나 지방자치단체인 경우에는 그러하지 아니하다.

02 「부정청탁 및 금품등 수수의 금지에 관한 법률」제8조 '금품등의 수수 금지'에 대한 설명으로 가장 적절하지 않은 것은?
21. 승진

① 경찰서장이 소속경찰서 경무계 직원들에게 격려의 목적으로 제공하는 회식비는 '수수를 금지하는 금품등'에 해당하지 아니한다.
② A경위가 휴일날 인근 대형마트 행사에서 추첨권에 당첨되어 수령한 수입차는 '수수를 금지하는 금품등'에 해당하지 아니한다.
③ 공직자등이 8촌 이내의 혈족, 4촌 이내의 인척, 배우자로부터 제공받는 금품등은 '수수를 금지하는 금품등'에 해당하지 아니한다.

Answer 01 ③ 02 ④

④ 공직자등은 직무 관련 여부 및 기부·후원·증여 등 그 명목에 관계없이 동일인으로부터 1회에 100만원 또는 매 회계연도에 200만원을 초과하는 금품등을 받거나 요구 또는 약속해서는 아니된다.

> **해설** 제8조(금품등의 수수 금지)
> ① 공직자등은 직무 관련 여부 및 기부·후원·증여 등 그 명목에 관계없이 동일인으로부터 1회에 100만원 또는 매 회계연도에 **300만원**을 초과하는 금품등을 받거나 요구 또는 약속해서는 아니된다.

03 「부정청탁 및 금품등 수수의 금지에 관한 법률」상 외부강의등의 사례금 수수 제한에 대한 설명 중 옳지 <u>않은</u> 것은?　　　　　　　20. 경간부

① 공직자등은 자신의 직무와 관련되거나 그 지위·직책 등에서 유래되는 사실상의 영향력을 통하여 요청받은 교육·홍보·토론회·세미나·공청회 또는 그 밖의 회의 등에서 한 강의·강연·기고 등(이하 "외부강의등")의 대가로서 대통령령으로 정하는 금액을 초과하는 사례금을 받아서는 아니 된다.
② 공직자등은 국가나 지방자치단체의 요청에 의해 외부강의등을 할 때에는 대통령령으로 정하는 바에 따라 외부강의등의 요청 명세 등을 소속기관장에게 미리 서면으로 신고하여야 한다.
③ 공무원은 제2항에 따른 신고를 할 때 신고사항 중 상세 명세 또는 사례금 총액 등을 10일 이내에 알 수 없는 경우에는 해당 사항을 제외한 사항을 신고한 후 해당 사항을 안 날부터 5일 이내에 보완하여야 한다.
④ 소속기관장은 공직자등이 신고한 외부강의등이 공정한 직무수행을 저해할 수 있다고 판단하는 경우에는 그 외부강의등을 제한할 수 있다.

> **해설** 제10조(외부강의등의 사례금 수수 제한)
> ② 공직자등은 사례금을 받는 외부강의등을 할 때에는 대통령령으로 정하는 바에 따라 외부강의등의 요청 명세 등을 소속기관장에게 그 외부강의등을 마친 날부터 10일 이내에 서면으로 신고하여야 한다. 다만, **외부강의등을 요청한 자가 국가나 지방자치단체인 경우에는 그러하지 아니하다.**

04 「부정청탁 및 금품등 수수의 금지에 관한 법률」에 대한 설명으로 가장 적절하지 <u>않은</u> 것은?　　　　　　　20. 승진

① 부정청탁을 받은 공직자등이 그에 따라 직무를 수행한 경우 2년 이하의 징역 또는 2천만원 이하의 벌금에 처한다.
② 공직자등은 직무 관련 여부 및 기부·후원·증여 등 그 명목에 관계없이 동일인으로부터 1회에 100만원 또는 매 회계연도에 300만원을 초과하는 금품등을 받거나 요구 또는 약속해서는 아니 된다.

Answer　03 ②　04 ④

③ 사적 거래(증여는 제외한다)로 인한 채무의 이행 등 정당한 권원에 의하여 제공되는 금품등은 동법 제8조(금품등의 수수 금지)에서 규정하는 수수가 금지된 금품등에 해당하지 않는다.
④ 공직자등과 관련된 직원상조회·동호인회·동창회·향우회·친목회·종교단체·사회단체 등이 정하는 기준에 따라 구성원에게 제공하는 금품등은 동법 제8조(금품등의 수수 금지)에서 규정하는 수수를 금지하는 금품등에 해당한다.

> **해설** 제8조(금품등의 수수 금지)
> ③ 제10조의 외부강의등에 관한 사례금 또는 다음 각 호의 어느 하나에 해당하는 금품등의 경우에는 제1항 또는 제2항에서 **수수를 금지하는 금품등에 해당하지 아니한다.**
> 3. 사적 거래(증여는 제외한다)로 인한 채무의 이행 등 정당한 권원(權原)에 의하여 제공되는 금품등
> 5. **공직자등과 관련된 직원상조회·동호인회·동창회·향우회·친목회·종교단체·사회단체 등이 정하는 기준에 따라 구성원에게 제공하는 금품등** 및 그 소속 구성원 등 공직자등과 특별히 장기적·지속적인 친분관계를 맺고 있는 자가 질병·재난 등으로 어려운 처지에 있는 공직자등에게 제공하는 금품등
> 6. 공직자등의 직무와 관련된 공식적인 행사에서 주최자가 참석자에게 통상적인 범위에서 일률적으로 제공하는 교통, 숙박, 음식물 등의 금품등
> 7. 불특정 다수인에게 배포하기 위한 기념품 또는 홍보용품 등이나 경연·추첨을 통하여 받는 보상 또는 상품 등

05 「부정청탁 및 금품등 수수의 금지에 관한 법률」 및 동법 시행령에 대한 설명으로 가장 적절하지 않은 것은?
20. 승진

① 원활한 직무수행 또는 사교·의례 또는 부조의 목적으로 제공되는 5만원 이하의 선물(금전, 유가증권 포함)은 동법 제8조 제3항에서 규정한 '금품등의 수수 금지'의 예외사유에 해당한다.
② 원활한 직무수행 또는 사교·의례 또는 부조의 목적으로 제공되는 5만원 이하의 경조사비(단, 화환·조화를 함께 보낼 시 경조사비와 합산하여 10만원까지 가능)는 동법 제8조 제3항에서 규정한 '금품등의 수수 금지'의 예외사유에 해당한다.
③ 공직자 등이 직무와 관련하여 금품을 수수하였고, 대가성까지 있었다면 형법상 뇌물죄 성립이 가능하다.
④ 기존에 직급별로 차이가 있던 동법 제2조 제2호 가목에 따른 공직자등의 외부강의 사례금 상한액(장관급 50만원, 차관급 40만원, 4급 이상 30만원, 5급 이하 20만원)은 모두 40만원으로 변경되었다.

> **해설** 부정청탁 및 금품등 수수의 금지에 관한 법률 시행령 음식물·경조사비·선물 등의 가액 범위(제17조 제1항 관련)
> 1. 음식물(제공자와 공직자등이 함께 하는 식사, 다과, 주류, 음료, 그 밖에 이에 준하는 것을 말한다) : 5만원

Answer 05 ①

2. 경조사비 : 축의금·조의금은 5만원. 다만, 축의금·조의금을 대신하는 화환·조화는 10만원으로 한다.
3. 선물 : **다음 각 목의 금품등을 제외한** 일체의 물품, 상품권(물품상품권 및 용역상품권만 해당하며, 이하 "상품권"이라 한다) 및 그 밖에 이에 준하는 것은 5만원. 다만, 「농수산물 품질관리법」 제2조 제1항 제1호에 따른 농수산물(이하 "농수산물"이라 한다) 및 같은 항 제13호에 따른 농수산가공품(농수산물을 원료 또는 재료의 50퍼센트를 넘게 사용하여 가공한 제품만 해당하며, 이하 "농수산가공품"이라 한다)과 농수산물·농수산가공품 상품권은 15만원(제17조 제2항에 따른 기간 중에는 30만원)으로 한다.
   가. 금전
   나. 유가증권(상품권은 제외한다)
   다. 제1호의 음식물
   라. 제2호의 경조사비

06 「부정청탁 및 금품등 수수의 금지에 관한 법률」에 위반되는 사례로 가장 적절한 것은?
22. 승진

① 예술의 전당 소속 공연 업무 담당공무원이 예술의 전당 초청공연작으로 결정된 뮤직드라마의 공연제작사 대표이사 甲등과 저녁식사를 하고 28만원 상당(1인당 7만원)의 음식 값을 甲이 지불한 경우
② 경찰서장이 소속부서 직원들에게 위로·격려·포상의 목적으로 회식비를 제공한 경우
③ 결혼식을 앞두고 있는 경찰관이 4촌 형으로부터 500만원 상당의 냉장고를 선물 받는 경우
④ 경찰관이 홈쇼핑에서 물품을 구매한 후 구매자를 대상으로 경품을 추첨하는 행사에서 당첨되어 300만원 상당의 안마의자를 받은 경우

> **해설** 부정청탁 및 금품등 수수의 금지에 관한 법률 시행령 음식물·경조사비·선물 등의 가액 범위(제17조 제1항 관련)
> 1. 음식물(제공자와 공직자등이 함께 하는 식사, 다과, 주류, 음료, 그 밖에 이에 준하는 것을 말한다) : 5만원

07 「부정청탁 및 금품등 수수의 금지에 관한 법률」에 대한 설명 중 가장 적절한 것은? 22. 승진

① 공직자등은 직무관련 여부 및 기부·후원·증여 등 그 명목에 관계없이 동일인으로부터 1회에 100만원 또는 매 회계연도에 300만원을 초과하는 금품을 받거나 요구 또는 약속해서는 아니된다.
② 이 법의 위반행위가 발생하였거나 발생하고 있다는 사실을 알게 된 경우에는 이해관계인만 수사기관에 신고할 수 있다.
③ 직급에 상관없이 모든 공직자의 외부강의 사례금 상한액은 1시간당 30만원이며 1시간을 초과하면 상한액은 45만원이다.
④ 부정청탁을 받은 공직자 등은 부정청탁을 한 자에게 부정청탁임을 알렸다며 이와 별도로 거절하는 의사는 명확하지 않아도 된다.

Answer 06 ① 07 ①

해설 ▶ (②) 제13조(위반행위의 신고 등)
① **누구든지** 이 법의 위반행위가 발생하였거나 발생하고 있다는 사실을 알게 된 경우에는 다음 각 호의 어느 하나에 해당하는 기관에 **신고할 수 있다.**
   1. 이 법의 위반행위가 발생한 공공기관 또는 그 감독기관
   2. 감사원 또는 수사기관
   3. 국민권익위원회

▶ (③) 부정청탁 및 금품등 수수의 금지에 관한 법률 시행령 외부강의등 사례금 상한액(제25조 관련)
1. 공직자등별 사례금 상한액
   가. 법 제2조 제2호 가목 및 나목에 따른 공직자등(같은 호 다목에 따른 각급 학교의 장과 교직원 및 같은 호 라목에 따른 공직자등에도 해당하는 사람은 제외한다) : **40만원**
   나. 법 제2조 제2호 다목 및 라목에 따른 공직자등 : 100만원
   다. 가목 및 나목에도 불구하고 국제기구, 외국정부, 외국대학, 외국연구기관, 외국학술단체, 그 밖에 이에 준하는 외국기관에서 지급하는 외부강의등의 사례금 상한액은 사례금을 지급하는 자의 지급기준에 따른다.

▶ (④) 제7조(부정청탁의 신고 및 처리)
① 공직자등은 부정청탁을 받았을 때에는 부정청탁을 한 자에게 부정청탁임을 알리고 이를 거절하는 의사를 **명확히 표시하여야 한다.**

CHAPTER 10 경찰관 직무집행법
[법률 시행 2024.9.20.]

01 「경찰관직무집행법」의 주요 개정과정에 관한 설명 중 틀린 것은? 예상문제

① 1차 개정 시(1981. 4. 13.) 유치장 설치 근거를 마련하였다.
② 2차 개정 시(1988. 12. 31.) 경찰관서 유치시한을 3시간으로 규정하고, 임시영치기간을 30일에서 10일로 단축하였다.
③ 3차 개정 시(1989. 6. 16.) 최루탄사용 조항을 추가하였다.
④ 4차 개정 시(1991. 3. 8.) 경찰장구·무기 등을 포괄한 장비 등의 규정을 신설하였다.

해설 「경찰관직무집행법」의 주요 개정

1차 개정(81.4.13)	① **유**치장 설치 근거마련 ② 경찰**장**구사용, **사**실조회 등을 명문으로 규정
2차 개정(88.12.31)	① 임의동행 시 경찰관서 **유**치시한을 3시간으로 규정 ② **임**시영치 기간을 30일에서 10일로 단축 ③ 경찰관의 **직**권남용 시 6월 이하에서 1년 이하의 징역 또는 금고에 처함.
3차 개정(89.6.16)	**최**루탄 사용 조항의 추가
4차 개정(91.3.8)	① 임의동행 시 경찰관서 **유**치시한을 6시간으로 완화 ② 경찰장구 사용대상에 **현**행범인 추가
5차 개정(96.8.8)	해양수산부를 신설, 해양수산부장관 소속하에 **해양**경찰청 신설
6차 개정(99.5.24)	경찰장구·무기 등을 포괄한 **장비** 등의 규정
7차 개정(04.12.23)	① 기존 여러 개의 파출소를 통합하여 하나의 **지**구대를 설치 ② 정무직 공무원으로 되어있던 경찰위원회 **상**임위원에 대한 법적 근거를 마련
8차 개정(06.2.21)	제주도를 폐지하고 **제**주특별자치도를 설치, **자**치경찰제 도입

▶ 두문자 : 유장사 유임직은 최유현과 함께 해양 장비를 지상 제자리에 두다.

Answer 01 ④

02 다음 중 「경찰관직무집행법」상 규정된 즉시강제에 해당하는 것은 모두 몇 개인가? 예상문제

㉠ 경찰장비의 사용 ㉡ 범죄의 예방 및 제지
㉢ 무기의 사용 ㉣ 보호조치
㉤ 위험방지를 위한 출입

① 2개 ② 3개
③ 4개 ④ 5개

해설 시강제 수단

경찰상 대인적 즉시강제	① 경찰장비의 사용 ② 무기의 사용 ③ 범죄의 예방과 제지 ④ 불심검문(학설상 논란이 있음) ⑤ 보호조치 등 ⑥ 경찰장구의 사용 ⑦ 분사기 등의 사용
경찰상 대물적 즉시강제	무기, 흉기 등 위험한 물건의 임시영치
경찰상 대가택적 즉시강제	위험방지를 위한 출입
경찰상 대인·대물·대가택적 즉시수단	위험발생의 방지

03 「경찰관 직무집행법」에 실정법상 경찰의 직무가 규정되어 있다. 이러한 직무의 범위는 사회환경 또는 범죄양상의 변화 등으로 인해서 확장될 수 있다. 다음 중 「경찰관 직무집행법」 제2조에 명시적으로 규정된 직무 중에서 가장 최근에 신설된 것은 무엇인가? 24. 순경

① 경비, 주요인사 경호 미 대간첩·대테러 작전 수행
② 외국 정부기관 및 국제기구와의 국제협력
③ 교통 단속과 교통 위해의 방지
④ 범죄피해자 보호

해설 제3조(경찰의 임무)
1. 국민의 생명·신체 및 재산의 보호
2. 범죄의 예방·진압 및 수사
3. 범죄피해자 보호 (▶최근 신설 2018.4.17. 시행)
4. 경비·요인경호 및 대간첩·대테러 작전 수행
5. 공공안녕에 대한 위험의 예방과 대응을 위한 정보의 수집·작성 및 배포
6. 교통의 단속과 위해의 방지
7. 외국 정부기관 및 국제기구와의 국제협력
8. 그 밖에 공공의 안녕과 질서유지

Answer 02 ④ 03 ④

04 「경찰관 직무집행법」에 대한 설명으로 가장 적절하지 않은 것은?

20. 승진

① 동법에 규정된 경찰관의 직권은 그 직무 수행에 필요한 최소한도에서 행사되어야 하며 남용되어서는 아니 된다.
② 제2조 직무 범위에서는 범죄피해자 보호도 경찰의 직무로 규정하고 있다.
③ 경찰관은 수상한 행동이나 그 밖의 주위 사정을 합리적으로 판단하여 볼 때 어떠한 죄를 범하였거나 범하려 하고 있다고 의심할 만한 상당한 이유가 있는 사람을 정지시켜 질문할 수 있다.
④ 최근 「경찰관 직무집행법」 개정(2019. 6. 25. 시행)을 통해 불심검문 시 제복을 착용한 경찰관의 신분증명을 면제하는 규정이 신설되었다.

해설 「경찰관 직무집행법」 개정(2019. 6. 25. 시행)을 통해 불심검문 시 **제복을 착용한 경찰관의 신분증명을 면제하는 규정이 제정된 적이 없다.**

05 「경찰관 직무집행법」 제3조에 규정된 불심검문에 관한 설명 중 옳고 그름의 표시(O, X)가 바르게 된 것은?

24. 승진

> ⊙ 경찰관은 수상한 행동이나 그 밖의 주위 사정을 합리적으로 판단하여 볼 때 어떠한 죄를 범하였거나 범하려 하고 있다고 의심할 만한 상당한 이유가 있는 사람을 정지시켜 질문하여야 한다.
> ⓒ 불심검문을 하던 중 정지시킨 장소에서 질문하는 것이 그 사람에게 불리하거나 교통에 방해가 된다고 인정될 때에는 질문을 하기 위하여 가까운 경찰서·지구대·파출소 또는 출장소(지방해양경찰관서 포함)로 동행할 것을 요구할 수 있다.
> ⓒ 경찰관은 동행한 사람의 가족이나 친지 등에게 동행한 경찰관의 신분, 동행 장소, 동행 목적과 이유를 알리거나 본인으로 하여금 즉시 연락할 수 있는 기회를 주어야 하나, 변호인의 도움을 받을 권리가 있음을 알릴 필요는 없다.
> ⓔ 경찰관은 불심검문 대상자를 임의동행한 경우 동행한 사람을 6시간을 초과하여 경찰서에 머물게 할 수 없다.

① ⊙(O) ⓒ(O) ⓒ(X) ⓔ(X)
② ⊙(X) ⓒ(O) ⓒ(O) ⓔ(O)
③ ⊙(O) ⓒ(X) ⓒ(O) ⓔ(X)
④ ⊙(X) ⓒ(O) ⓒ(X) ⓔ(O)

해설 제3조(불심검문)
① (⊙) 경찰관은 다음 각 호의 어느 하나에 해당하는 사람을 정지시켜 **질문할 수 있다.**
  1. 수상한 행동이나 그 밖의 주위 사정을 합리적으로 판단하여 볼 때 어떠한 죄를 범하였거나 범하려 하고 있다고 의심할 만한 상당한 이유가 있는 사람
  2. 이미 행하여진 범죄나 행하여지려고 하는 범죄행위에 관한 사실을 안다고 인정되는 사람
⑤ (ⓒ) 경찰관은 제2항에 따라 동행한 사람의 가족이나 친지 등에게 동행한 경찰관의 신분, 동행 장소, 동행 목적과 이유를 알리거나 본인으로 하여금 즉시 연락할 수 있는 기회를 주어야 하며, 변호인의 도움을 받을 권리가 있음을 **알려야 한다.**

Answer 04 ④ 05 ④

06 「경찰관 직무집행법」상 불심검문에 대한 설명으로 적절한 것은 모두 몇 개인가? (다툼이 있는 경우 판례에 따름)
22. 경간부

> 가. 경찰관은 동행한 사람의 가족이나 친지 등에게 동행한 경찰관의 신분, 동행 장소, 동행 목적과 이유를 알리거나 다른 사람으로 하여금 즉시 연락할 수 있는 기회를 주어야 하며, 변호인의 도움을 받을 권리가 있음을 알려야 한다.
> 나. 검문하는 사람이 경찰관이고 검문하는 이유가 범죄행위에 관한 것임을 충분히 알고 있었다고 보이는 경우에 신분증을 제시하지 않았다 하더라도 그 불심검문을 위법한 공무집행이라고 할 수 없다.
> 다. 경찰관은 불심검문시 그 장소에서 질문을 하는 것이 그 사람에게 불리하거나 교통에 방해가 된다고 인정될 때에는 질문을 하기 위하여 가까운 경찰청·경찰서·지구대·파출소 또는 출장소(해양경찰관서 미포함)로 동행할 것을 요구할 수 있다. 이 경우 동행을 요구받은 사람은 그 요구를 거절할 수 있다.
> 라. 경찰관은 질문을 하거나 동행을 요구할 경우 자신의 신분을 표시하는 증표를 제시하면서 소속과 성명을 밝히고 질문이나 동행의 목적과 이유를 설명할 수 있으며, 동행을 요구하는 경우에는 동행 장소를 밝힐 수 있다.

① 0개　　② 1개
③ 2개　　④ 3개

해설　제3조(불심검문)
⑤ (가) 경찰관은 제2항에 따라 동행한 사람의 가족이나 친지 등에게 경찰관의 신분, 동행 장소, 동행 목적과 이유를 알리거나 **본인으로** 하여금 즉시 연락할 수 있는 기회를 주어야 하며, 변호인의 도움을 받을 권리가 있음을 알려야 한다.
② (다) 경찰관은 제1항에 따라 같은 항 각 호의 사람을 정지시킨 장소에서 질문을 하는 것이 그 사람에게 불리하거나 교통에 방해가 된다고 인정될 때에는 질문을 하기 위하여 가까운 **경찰서·지구대·파출소 또는 출장소(지방해양경찰관서를 포함)**로 동행할 것을 요구할 수 있다. 이 경우 동행을 요구받은 사람은 그 요구를 거절할 수 있다.
④ (라) 경찰관은 제1항이나 제2항에 따라 질문을 하거나 동행을 요구할 경우 자신의 신분을 표시하는 증표를 제시하면서 소속과 성명을 밝히고 질문이나 동행의 목적과 이유를 **설명하여야 하며**, 동행을 요구하는 경우에는 동행 장소를 **밝혀야 한다**.

07 「경찰관 직무집행법」상 불심검문에 대한 설명으로 가장 적절하지 않은 것은? (다툼이 있는 경우 판례에 의함)
73기 경간부

① 미리 입수된 용의자에 대한 인상착의와 일부 일치되지 않는 부분이 있다고 하더라도 그것만으로 경찰관이 불심검문 대상자로 삼은 조치가 위법하다고 볼 수 없다.
② 경찰관은 불심검문 대상자에게 질문을 하기 위하여 범행의 경중, 범행과의 관련성, 상황의 긴박성, 혐의의 정도, 질문의 필요성 등에 비추어 목적 달성에 필요한 최소한의 범위 내에서 사회통념상 용인될 수 있는 상당한 방법으로 대상자를 정지시킬 수 있고 질문에 수반하여 흉기의 소지 여부도 조사할 수 있다.

Answer　06 ②　07 ④

③ 경찰관이 신분증을 제시하지 않고 불심검문을 하였으나, 검문하는 사람이 경찰관이고 검문하는 이유가 범죄행위에 관한 것임을 피고인이 알고 있었던 경우, 그 불심검문이 위법한 공무집행이라고 할 수 없다.
④ 경찰관이 불심검문 대상자 해당 여부를 판단할 때에는 불심검문 당시의 구체적 상황은 물론 사전에 얻은 정보가 전문적 지식 등에 기초하여 불심검문 대상자인지를 객관적·합리적인 기준에 따라 판단하여야 하며, 불심검문 대상자에게 「형사소송법」에 의한 체포나 구속에 이를 정도의 혐의가 있을 것을 요한다.

해설) 대법원 2014. 2. 27. 선고 2011도13999 판결
불심검문 대상자 해당 여부를 판단할 때에는 불심검문 당시의 구체적 상황은 물론 사전에 얻은 정보나 전문적 지식 등에 기초하여 불심검문 대상자인지를 객관적·합리적인 기준에 따라 판단하여야 하나, **반드시 불심검문 대상자에게 형사소송법상 체포나 구속에 이를 정도의 혐의가 있을 것을 요한다고 할 수는 없다.**

08 「경찰관직무집행법」상 불심검문에 대한 다음 설명 중 옳지 <u>않은</u> 것은 모두 몇 개인가?

예상문제

> ㉠ 경찰관은 거동불심자를 정지시켜 질문을 할 때에 그 사람이 흉기를 가지고 있는지 여부를 조사할 수 있다.
> ㉡ 경찰관은 거동불심자를 정지시켜 질문을 할 때에 미리 진술거부권이 있음을 상대방에게 고지하여야 한다.
> ㉢ 경찰관은 불심검문시 거동불심자를 정지시킨 장소에서 질문하는 것이 그 사람에게 불리하거나 교통에 방해가 된다고 인정될 때에는 질문을 하기 위하여 가까운 경찰관서로 동행할 것을 요구할 수 있다.
> ㉣ 거동불심자에 대한 동행요구시 당해인은 그 요구를 거절할 수 있으나, 이러한 내용이 「경찰관 직무집행법」에 규정되어 있는 것은 아니다.
> ㉤ 경찰관은 동행한 사람의 가족이나 친지 등에게 동행한 경찰관의 신분, 동행 장소, 동행 목적과 이유를 알리거나 본인으로 하여금 즉시 연락할 수 있는 기회를 주어야 하지만, 변호인의 도움을 받을 권리가 있음을 알릴 필요는 없다.

① 0개 ② 1개
③ 2개 ④ 3개

해설) 제3조(불심검문)
⑤ (㉡), (㉤) 경찰관은 제2항에 따라 동행한 사람의 가족이나 친지 등에게 동행한 경찰관의 신분, 동행 장소, 동행 목적과 이유를 알리거나 본인으로 하여금 즉시 연락할 수 있는 기회를 주어야 하며, **변호인의 도움을 받을 권리가 있음을 알려야 한다.**(진술거부권 고지 ×)
② (㉣) 경찰관은 제1항에 따라 같은 항 각 호의 사람을 정지시킨 장소에서 질문을 하는 것이 그 사람에게 불리하거나 교통에 방해가 된다고 인정될 때에는 질문을 하기 위하여 가까운 경찰서·지구대·파출소 또는 출장소(지방해양경찰관서를 포함하며, 이하 "경찰관서"라 한다)로 동행할 것을 요구할 수 있다. 이 경우 동행을 요구받은 사람은 그 요구를 거절할 수 있다.

Answer 08 ④

09 「경찰관 직무집행법」상 불심검문에 관한 설명으로 가장 적절하지 않은 것은? (다툼이 있는 경우 판례에 의함)

74기 경간부

① 불심검문을 하게 된 경위, 불심검문 당시의 현장상황과 검문을 하는 경찰관들의 복장, 불심검문 대상자가 공무원증 제시나 신분 확인을 요구하였는지 여부 등을 종합적으로 고려하여, 검문하는 사람이 경찰관이고 검문하는 이유가 범죄행위에 관한 것임을 불심검문 대상자가 충분히 알고 있었다고 보이는 경우라고 하더라도 신분증을 제시하지 않고서 한 불심검문은 위법한 공무집행에 해당한다.
② 「경찰관 직무집행법」은 경찰관이 불심검문 대상자에게 질문을 할 때에 그 사람이 흉기를 가지고 있는지를 조사할 수 있다는 규정을 두고 있다.
③ 불심검문 대상자를 정지시킨 장소에서 질문을 하는 것이 그 사람에게 불리하거나 교통에 방해가 된다고 인정될 때에는 질문을 하기 위하여 가까운 경찰서·지구대·파출소 또는 출장소(지방해양경찰관서를 포함한다)로 동행할 것을 요구할 수 있다. 이 경우 동행을 요구받은 사람은 그 요구를 거절할 수 있다.
④ 경찰관은 임의동행한 사람의 가족이나 친지 등에게 동행한 경찰관의 신분, 동행 장소, 동행 목적과 이유를 알리거나 본인으로 하여금 즉시 연락할 수 있는 기회를 주어야 하며, 변호인의 도움을 받을 권리가 있음을 알려야 한다.

해설 대법원 2014. 12. 11. 선고 2014도7976 판결
경찰관직무집행법 제3조 제4항은 경찰관이 불심검문을 하고자 할 때에는 자신의 신분을 표시하는 증표를 제시하여야 한다고 규정하고, 경찰관직무집행법 시행령 제5조는 위 법에서 규정한 신분을 표시하는 증표는 경찰관의 공무원증이라고 규정하고 있는데, 불심검문을 하게 된 경위, 불심검문 당시의 현장상황과 검문을 하는 경찰관들의 복장, 피고인이 공무원증 제시나 신분 확인을 요구하였는지 여부 등을 종합적으로 고려하여, 검문하는 사람이 경찰관이고 검문하는 이유가 범죄행위에 관한 것임을 피고인이 충분히 알고 있었다고 보이는 경우에는 **신분증을 제시하지 않았다고 하여 그 불심검문이 위법한 공무집행이라고 할 수 없다.**

10 「경찰관 직무집행법」상 보호조치에 대한 설명으로 적절하지 않은 것만을 모두 고른 것은?

22. 경간부

가. 경찰관은 적당한 보호자가 없는 부상자에 대해 응급구호가 필요하다고 인정할 만한 사유가 있다면 본인이 구호를 거절하더라도 보호조치를 할 수 있다.
나. 경찰관은 보호조치를 하였을 때에는 지체 없이 구호대상자의 가족, 친지 또는 그 밖의 연고자에게 그 사실을 알려야 하며, 연고자가 발견되지 아니할 때에는 구호대상자를 적당한 공공보건의료기관이나 공공구호기관에 즉시 인계할 수 있다.
다. 경찰관이 구호대상자를 공공보건의료기관이나 공공구호기관에 인계하였을 때에는 해당 경찰관이 즉시 그 사실을 해당 공공보건의료기관 또는 공공구호기관의 장 및 그 감독행정청에 통보하여야 한다.
라. 경찰관은 구호대상자를 발견하였을 때 보건의료기관이나 공공구호기관에 긴급구호를 요청할 수 있고, 긴급구호를 요청받은 기관이 정당한 이유없이 이를 거절하는 경우 「경찰관 직무집행법」에 따라 처벌하도록 규정되어 있다.

Answer 09 ① 10 ④

① 가, 나   ② 나, 다
③ 나, 다, 라   ④ 가, 나, 다, 라

해설 제4조(보호조치 등)
① (가) 경찰관은 수상한 행동이나 그 밖의 주위 사정을 합리적으로 판단해 볼 때 다음 각 호의 어느 하나에 해당하는 것이 명백하고 응급구호가 필요하다고 믿을 만한 상당한 이유가 있는 사람(이하 "구호대상자"라 한다)을 발견하였을 때에는 보건의료기관이나 공공구호기관에 긴급구호를 요청하거나 경찰관서에 보호하는 등 적절한 조치를 할 수 있다.
 1. 정신착란을 일으키거나 술에 취하여 자신 또는 다른 사람의 생명·신체·재산에 위해를 끼칠 우려가 있는 사람
 2. 자살을 시도하는 사람
 3. 미아, 병자, 부상자 등으로서 적당한 보호자가 없으며 응급구호가 필요하다고 인정되는 사람. 다만, **본인이 구호를 거절하는 경우는 제외한다.**
④ (나) 경찰관은 제1항의 조치를 하였을 때에는 지체 없이 구호대상자의 가족, 친지 또는 그 밖의 연고자에게 그 사실을 알려야 하며, 연고자가 발견되지 아니할 때에는 구호대상자를 적당한 공공보건의료기관이나 공공구호기관에 **즉시 인계하여야 한다.**
⑤ (다) 경찰관은 제4항에 따라 구호대상자를 공공보건의료기관이나 공공구호기관에 인계하였을 때에는 즉시 그 사실을 소속 경찰서장이나 해양경찰서장에게 보고하여야 한다.
⑥ (다) 제5항에 따라 보고를 받은 소속 경찰서장이나 해양경찰서장은 대통령령으로 정하는 바에 따라 구호대상자를 인계한 사실을 지체 없이 해당 공공보건의료기관 또는 공공구호기관의 장 및 그 감독행정청에 통보하여야 한다.
② (라) 제1항에 따라 긴급구호를 요청받은 보건의료기관이나 공공구호기관은 정당한 이유 없이 긴급구호를 거절할 수 없다. → 이를 거절하는 경우 **「응급의료에 관한 법률」에 따라 처벌하도록 규정**되어 있다.

11 「경찰관 직무집행법」 제4조(보호조치 등)에 관한 설명으로 괄호 안의 내용을 가장 적절하게 연결한 것은?

23. 승진

> 경찰관이 보호조치 등을 하였을 때에는 (㉠) 구호대상자의 가족, 친지 또는 그 밖의 연고자에게 그 사실을 알려야 하며, 연고자가 발견되지 아니할 때에는 구호대상자를 적당한 공공보건의료기관이나 공공구호기관에 즉시 인계하여야 한다. 구호대상자를 경찰관서에서 보호하는 기간은 (㉡)시간을 초과할 수 없고, 물건을 경찰관서에 임시로 영치하는 기간은 (㉢)일을 초과할 수 없다.

① ㉠-24시간 이내에   ㉡-12   ㉢-20
② ㉠-지체없이   ㉡-24   ㉢-10
③ ㉠-24시간 이내에   ㉡-24   ㉢-10
④ ㉠-지체없이   ㉡-12   ㉢-20

Answer **11** ②

> **해설** 제4조(보호조치 등)
> ④ 경찰관은 제1항의 조치를 하였을 때에는 **지체 없이** 구호대상자의 가족, 친지 또는 그 밖의 연고자에게 그 사실을 알려야 하며, 연고자가 발견되지 아니할 때에는 구호대상자를 적당한 공공보건의료기관이나 공공구호기관에 즉시 인계하여야 한다.
> ⑦ 제1항에 따라 구호대상자를 경찰관서에서 보호하는 기간은 **24시간**을 초과할 수 없고, 제3항에 따라 물건을 경찰관서에 임시로 영치하는 기간은 **10일을** 초과할 수 없다

12 「경찰관 직무집행법」상 보호조치에 대한 설명으로 가장 적절하지 않은 것은? (다툼이 있는 경우 판례에 의함) <small>73기 경간부</small>

① 「경찰관 직무집행법」에서 규정하는 술에 취한 상태로 인하여 자기 또는 타인의 생명·신체와 재산에 위해를 미칠 우려가 있는 피구호자에 대한 보호조치는 경찰 행정상 즉시강제에 해당한다.
② 술에 취한 상태란 피구호자가 술에 만취하여 정상적인 판단능력이나 의사능력을 상실한 정도에 이른 것을 말하지 않는다.
③ 경찰공무원이 보호조치된 운전자에 대하여 음주측정을 요구하였다는 이유만으로 음주측정 요구가 당연히 위법하거나 보호조치가 당연히 종료된 것으로 볼 수는 없다.
④ 술에 취한 피구호자의 가족 등에게 인계할 수 있다면 특별한 사정이 없는 한 경찰관서에서 피구호자를 보호하는 것은 허용되지 않는다.

> **해설** 대법원 2012. 12. 13. 선고 2012도11162 판결
> 경찰관직무집행법 제4조 제1항 제1호에서 규정하는 술에 취한 상태로 인하여 자기 또는 타인의 생명·신체와 재산에 위해를 미칠 우려가 있는 피구호자에 대한 보호조치는 경찰 행정상 즉시강제에 해당하므로, 그 조치가 불가피한 최소한도 내에서만 행사되도록 발동·행사 요건을 신중하고 엄격하게 해석하여야 한다. 따라서 이 사건 조항의 '**술에 취한 상태**'란 피구호자가 술에 만취하여 **정상적인 판단능력이나 의사능력을 상실할 정도에 이른 것을 말한다.**

13 「경찰관 직무집행법」상 보호조치 등에 관한 설명으로 가장 적절한 것은? <small>23. 순경</small>

① 긴급구호를 요청받은 공공보건의료기관이나 공공구호기관은 정당한 이유 없이 긴급구호를 거절할 수 있다.
② 경찰관은 보호조치를 하는 경우에 구호대상자가 휴대하고 있는 무기·흉기 등 위험을 일으킬 수 있는 것으로 인정되는 물건을 공공보건의료기관이나 공공구호기관에 임시로 영치하여 놓을 수 있다.
③ 경찰관은 보호조치를 하였을 때에는 지체 없이 구호대상자의 가족, 친지 또는 그 밖의 연고자에게 그 사실을 알려야 하며, 연고자가 발견되지 아니할 때에는 구호대상자를 적당한 공공보건의료기관이나 공공구호기관에 즉시 인계하여야 한다.
④ 구호대상자를 경찰관서에서 보호하는 기간은 48시간을 초과할 수 없고, 물건을 공공보건의료기관이나 공공구호기관에 임시로 영치하는 기간은 10일을 초과할 수 없다.

Answer 12 ② 13 ③

해설 제4조(보호조치 등)
  ② ① 제1항에 따라 긴급구호를 요청받은 보건의료기관이나 공공구호기관은 정당한 이유 없이 긴급구호를 거절할 수 **없다**.
  ⑦ ②,④ 제1항에 따라 구호대상자를 경찰관서에서 보호하는 기간은 **24시간**을 초과할 수 없고, 제3항에 따라 물건을 **경찰관서**에 임시로 영치하는 기간은 10일을 초과할 수 없다.

14 「경찰관 직무집행법」 제4조 '보호조치 등'에 대한 설명으로 가장 적절한 것은? 21. 승진

① 경찰관은 자살기도자를 발견하여 경찰관서에 보호할 경우 지체 없이 구호대상자의 가족, 친지 또는 그 밖의 연고자에게 그 사실을 알려야 하며, 연고자가 발견되지 아니할 때에는 구호대상자의 의사와 상관없이 공공보건의료기관이나 공공구호기관에 인계할 수 있다.
② 경찰관은 보호조치 등을 하는 경우에 구호대상자가 휴대하고 있는 무기・흉기 등 위험을 일으킬 수 있는 것으로 인정되는 물건을 경찰관서에 임시로 영치(領置)하여 놓을 수 있고, 그 기간은 10일을 초과할 수 없다.
③ 긴급구호요청을 받은 응급의료종사자가 정당한 이유 없이 긴급구호요청을 거절할 경우, 「경찰관 직무집행법」에 따라 3년 이하의 징역 또는 3천만원 이하의 벌금에 처한다.
④ 보호조치는 경찰관서에서 일시 보호하여 구호의 방법을 강구하는 것으로 경찰관의 재량행위에 해당하기 때문에 국가배상책임이 인정되는 경우는 없다.

해설 ▶(①) 제4조(보호조치 등)
  ④ 경찰관은 제1항의 조치를 하였을 때에는 지체 없이 구호대상자의 가족, 친지 또는 그 밖의 연고자에게 그 사실을 알려야 하며, 연고자가 발견되지 아니할 때에는 구호대상자를 적당한 공공보건의료기관이나 공공구호기관에 **즉시 인계하여야 한다**.

  ▶(③) 응급의료에 관한 법률 제60조(벌칙)
  ③ 다음 각 호의 어느 하나에 해당하는 사람은 3년 이하의 징역 또는 3천만원 이하의 벌금에 처한다.
    1. 제6조 제2항을 위반하여 응급의료를 거부 또는 기피한 응급의료종사자

  ▶(④) 대법원 2010.03.25. 선고 2009다84424 판결
  긴급구호권한과 같은 **경찰관의 조치권한**은 일반적으로 경찰관의 전문적 판단에 기한 합리적인 재량에 위임되어 있는 것이나, 그렇다고 하더라도 구체적 상황하에서 경찰관에게 그러한 조치권한을 부여한 취지와 목적에 비추어 볼 때 그 불행사가 현저하게 불합리하다고 인정되는 경우에는, 그러한 **불행사는 법령에 위반하는 행위에 해당하게 되어 국가배상법상의 다른 요건이 충족되는 한, 국가는 그로 인하여 피해를 입은 자에 대하여 국가배상책임을 부담한다**.

Answer 14 ②

15 A경찰서 소속 경찰관 甲은, 정신착란을 일으켜 타인의 생명·신체에 위해를 끼칠 우려가 있는 乙을 발견하였다. 甲은 「경찰관 직무집행법」에 따라 乙에 대한 응급구호가 필요하다고 판단하여 B보건의료기관에 긴급구호를 요청하였다. 이에 관한 설명으로 적절하지 않은 것은 모두 몇 개인가?

<small>74기 경간부</small>

> 가. 甲으로부터 긴급구호를 요청받은 B보건의료기관은 정당한 이유 없이 긴급구호를 거절할 수 없다.
> 나. 甲은 乙이 휴대하고 있는 흉기를 발견하였을 경우 경찰관서에 이를 임시로 영치하여 놓을 수 있다.
> 다. 乙의 연고자가 발견되지 아니할 때에는 甲은 乙을 적당한 공공보건의료기관이나 공공구호기관에 즉시 인계하여야 하고, 인계 즉시 그 사실을 A경찰서장에게 보고하여야 한다.
> 라. 甲이 乙을 적당한 공공보건의료기관이나 공공구호기관에 인계한 사실을 보고받은 A경찰서장은 대통령령으로 정하는 바에 따라 乙을 인계한 사실을 지체 없이 해당 공공보건의료기관 또는 공공구호기관의 장 및 그 감독행정청에 통보하여야 한다.

① 0개 ② 1개
③ 2개 ④ 3개

해설 모두 옳은 지문이다.

---

16 「경찰관 직무집행법」 제5조(위험 발생의 방지 등)에 관한 내용 중 가장 적절하지 않은 것은?

<small>23. 승진</small>

① 경찰관은 위험 발생의 방지 등에 관한 조치 중 매우 긴급한 경우에 위해를 입을 우려가 있는 사람을 필요한 한도에서 억류하거나 피난시킬 수 있다.
② 경찰관은 위험 발생의 방지 등에 관한 조치를 하였을 때에는 지체없이 그 사실을 소속 경찰관서의 장에게 보고하여야 한다.
③ 경찰관서의 장은 대간첩 작전의 수행이나 소요 사태의 진압을 위하여 필요하다고 인정되는 상당한 이유가 있을 때에는 대간첩 작전지역이나 경찰관서·무기고 등 다중이용시설에 대한 접근 또는 통행을 제한하거나 금지할 수 있다.
④ 경찰관은 위험한 동물 등의 출현으로 인해 사람의 생명 또는 신체에 위해를 끼치거나 재산에 중대한 손해를 끼칠 우려가 있는 경우 위험 발생 방지 등의 조치를 할 수 있다.

해설 제5조(위험 발생의 방지 등)
② 경찰관서의 장은 대간첩 작전의 수행이나 소요(騷擾) 사태의 진압을 위하여 필요하다고 인정되는 상당한 이유가 있을 때에는 대간첩 작전지역이나 경찰관서·무기고 등 **국가중요시설**에 대한 접근 또는 통행을 제한하거나 금지할 수 있다.

Answer 15 ① 16 ③

17 「경찰관 직무집행법」 제6조(범죄예방과 제지) 및 제7조(위험방지를 위한 출입)에 관한 내용 중 가장 적절하지 않은 것은? (다툼이 있는 경우 판례에 의함) 23. 승진

① 경찰관의 제지 조치가 적법한지는 제지 조치 당시의 구체적 상황을 기초로 판단하여야 하고 사후적으로 순수한 객관적 기준에서 판단할 것은 아니다.
② 경찰관은 위험 방지를 위해 필요한 장소에 출입할 때에는 그 신분을 표시하는 증표를 제시하여야 하며, 함부로 관계인이 하는 정당한 업무를 방해해서는 아니 된다.
③ 경찰관의 경고나 제지는 범죄의 예방을 위하여 범죄행위에 관한 실행의 착수 전에 행하여질 수 있을 뿐만 아니라, 이후 범죄행위가 계속되는 중에 그 진압을 위하여도 당연히 행하여질 수 있다고 보아야 한다.
④ 경찰관은 범죄행위가 목전(目前)에 행하여지려고 하고 있다고 인정될 경우 이를 예방하기 위하여 관계인에게 필요한 제지를 하여야 한다.

해설 제6조(범죄의 예방과 제지)
경찰관은 범죄행위가 목전(目前)에 행하여지려고 하고 있다고 인정될 때에는 이를 예방하기 위하여 관계인에게 필요한 **경고를 하고**, 그 행위로 인하여 사람의 생명·신체에 위해를 끼치거나 재산에 중대한 손해를 끼칠 우려가 있는 긴급한 경우에는 그 행위를 제지할 수 있다.

18 다음은 「경찰관 직무집행법」상 범죄의 예방과 제지에 관한 사례이다. 이와 관련한 설명 중 가장 적절한 것은? (다툼이 있는 경우 판례에 의함) 22. 순경

> 甲은 평소 집에서 심한 고성과 욕설, 시끄러운 음악 소리 등으로 이웃 주민들로부터 수 회에 걸쳐 112신고가 있어 왔던 사람이다. 사건 당일에도 甲이 자정에 가까운 한밤 중에 집 안에서 음악을 크게 켜놓고 심한 고성을 지른다는 112신고를 받고 경찰관이 출동하였다. 출동한 경찰관이 인터폰으로 甲에게 문을 열어달라고 하였으나, 甲은 심한 욕설을 할 뿐 출입문을 열어주지 않은 채, 소란행위를 멈추지 않았다. 이에 경찰관들이 甲을 만나기 위해 甲의 집으로 통하는 전기를 일시적으로 차단하여 甲이 집 밖으로 나오도록 유도하였다.

① 「경찰관 직무집행법」상 경찰관의 제지에 관한 부분은 눈앞의 급박한 경찰상 장해를 제거하여야 할 필요가 있고 의무를 명할 시간적 여유가 없거나 의무를 명하는 방법으로는 그 목적을 달성하기 어려운 상황에서 의무이행을 전제로 하지 않고 경찰이 직접 실력을 행사하여 경찰상 필요한 상태를 실현하는 비권력적 사실행위에 관한 근거조항이다.
② 甲의 행위는 「경범죄처벌법」상 '인근소란 등'에 해당하고 이로 인하여 인근 주민들이 잠을 이루지 못할 수 있으며 출동한 경찰관들을 만나지 않고 소란행위를 지속하고 있으므로, 甲의 행위를 제지하는 것은 경찰관의 직무상 권한이자 의무로 볼 수 있다.
③ 「경찰관 직무집행법」상 경찰관의 제지 조치의 위법 여부는 사후적으로 순수한 객관적 기준에서 판단해야 하고 제지 조치 당시의 구체적 상황을 기초로 판단하는 것은 아니다.

Answer 17 ④ 18 ②

④ 경찰관의 조치는 사람의 생명·신체에 위해를 끼치거나 재산에 중대한 손해를 끼칠 우려가 있는 긴급한 경우로 보기는 어려워 즉시강제가 아니라 직접강제의 요건에 부합한다.

해설 ① **권력적 사실행위**에 속한다.
▶ (②) **대법원 2018. 12. 13. 선고 2016도19417 판결**
甲과 乙이 피고인의 집으로 통하는 전기를 일시적으로 차단한 것은 피고인을 집 밖으로 나오도록 유도한 것으로서, 피고인의 범죄행위를 진압·예방하고 수사하기 위해 필요하고도 적절한 조치로 보이고, 경찰관 직무집행법 제1조의 목적에 맞게 제2조의 직무 범위 내에서 제6조에서 정한 즉시강제의 요건을 충족한 적법한 직무집행으로 볼 여지가 있다.

▶ (③) **대법원 2018. 12. 13. 선고 2016도19417 판결**
경찰관 직무집행법 제6조에 따른 경찰관의 제지 조치가 적법한 직무집행으로 평가되기 위해서는 형사처벌의 대상이 되는 행위가 눈앞에서 막 이루어지려고 하는 것이 객관적으로 인정될 수 있는 상황이고, 그 행위를 당장 제지하지 않으면 곧 인명·신체에 위해를 미치거나 재산에 중대한 손해를 끼칠 우려가 있는 상황이어서, 직접 제지하는 방법 외에는 위와 같은 결과를 막을 수 없는 절박한 사태이어야 한다. 다만 경찰관의 제지 조치가 적법한지는 제지 조치 당시의 구체적 상황을 기초로 판단하여야 하고 사후적으로 순수한 객관적 기준에서 판단할 것은 아니다.
④ **즉시강제요건**에 부합한다.

19. 「경찰관 직무집행법」 제6조(이하 '제6조')는 범죄의 예방과 제지에 관하여 규정하고 있다. 이에 관한 설명으로 적절한 것은 모두 몇 개인가? (다툼이 있는 경우판례에 의함) 74기 경간부

> 가. 경찰관은 범죄행위가 목전(目前) 행하여지려고 하고 있다고 인정될 때에는 이를 예방하기 위하여 관계인에게 필요한 경고를 하고, 그 행위로 인하여 사람의 생명·신체에 위해를 끼치거나 재산에 중대한 손해를 끼칠 우려가 있는 긴급한 경우에는 그 행위를 제지할 수 있다.
> 나. 제6조 중 경찰관의 제지에 관한 부분은 범죄의 예방을 위한 경찰행정상 즉시강제에 관한 근거조항이다.
> 다. 제6조에 의한 경찰관의 제지 조치는 그러한 조치가 불가피한 최소한도 내에서만 행사되도록 그 발동·행사 요건을 신중하고 엄격하게 해석하여야 하고, 그러한 해석·적용의범위 내에서만 우리 헌법상 신체의 자유 등 기본권 보장조항과 그 정신 및 해석 원칙에 합치될 수 있다.
> 라. 경찰관은 형사처벌의 대상이 되는 행위가 눈앞에서 막 이루어지려고 하는 것이 객관적으로 인정될 수 있는 상황이고 그 행위를 당장 제지하지 않으면 곧 인명·신체에 위해를 미치거나 재산에 중대한 손해를 끼칠 우려가 있는 상황이어서, 직접 제지하는 방법 외에는 위와 같은 결과를 막을 수 없는 급박한 상태일 때에만 제6조에 의하여 적법하게 그 행위를 제지할 수 있고, 그 범위 내에서만 경찰관의 제지조치가 적법하다고 평가될 수 있다.

① 1개 ② 2개
③ 3개 ④ 4개

해설 모두 옳은 지문이다.

Answer 19 ④

20 다음 설명으로 가장 적절하지 않은 것은?   22. 승진

① 「경찰관 직무집행법 시행령」상 경찰관의 적법한 직무집행으로 인하여 발생한 손실을 보상받으려는 사람은 보상금 지급 청구서에 손실내용과 손실금액을 증명할 수 있는 서류를 첨부하여 손실보상청구 사건 발생지를 관할하는 국가경찰관서의 장에게 제출하여야 한다.
② 「경찰관 직무집행법」에 따라 경찰관은 미아, 병자, 부상자 등으로서 적당한 보호자가 없으며 응급구호가 필요하다고 인정되는 사람은 본인이 구호를 거절하는 경우에도 보호조치를 할 수 있다.
③ 「경찰관 직무집행법」에 따라 경찰관이 불심검문을 하던 중 정지시킨 장소에서 질문하는 것이 불심자에게 불리하거나 교통에 방해가 된다고 인정될 때에는 질문을 하기 위하여 경찰관서로 동행할 것을 요구할 수 있다.
④ 「경찰관 직무집행법」상 '제지'는 행정상 즉시강제에 해당하며, 필요한 최소한도 내에서 행해져야 하므로 해당 집회 참가가 불법 행위라도, 집회 장소와 시간적·장소적으로 근접하지 않은 경우에는 이를 제지할 수 없다.

해설 제4조(보호조치 등)
① 경찰관은 수상한 행동이나 그 밖의 주위 사정을 합리적으로 판단해 볼 때 다음 각 호의 어느 하나에 해당하는 것이 명백하고 응급구호가 필요하다고 믿을 만한 상당한 이유가 있는 사람(이하 "구호대상자"라 한다)을 발견하였을 때에는 보건의료기관이나 공공구호기관에 긴급구호를 요청하거나 경찰관서에 보호하는 등 적절한 조치를 할 수 있다.
   1. 정신착란을 일으키거나 술에 취하여 자신 또는 다른 사람의 생명·신체·재산에 위해를 끼칠 우려가 있는 사람
   2. 자살을 시도하는 사람
   3. 미아, 병자, 부상자 등으로서 적당한 보호자가 없으며 응급구호가 필요하다고 인정되는 사람. 다만, **본인이 구호를 거절하는 경우는 제외**한다.

21 다음은 「경찰관직무집행법」 제6조 위험 발생의 방지조치를 설명한 것이다. 빈칸의 내용을 가장 적절하게 연결한 것은?   예상문제

> 경찰관은 사람의 생명 또는 신체에 위해를 끼치거나 재산에 중대한 손해를 끼칠 우려가 있는 천재, 사변, 인공구조물의 파손이나 붕괴, 교통사고, 위험물의 폭발, 위험한 동물 등의 출현, 극도의 혼잡, 그 밖의 위험한 사태가 있을 때에는 다음 각 호의 조치를 할 수 있다.
> 1. 그 장소에 모인 사람, 사물의 관리자, 그 밖의 관계인에게 필요한 (㉠)을(를) 하는 것
> 2. 매우 긴급한 경우에는 위해를 입을 우려가 있는 사람을 필요한 한도에서 (㉡)시키는 것
> 3. 그 장소에 있는 사람, 사물의 관리자, 그 밖의 관계인에게 위해를 방지하기 위하여 필요하다고 인정되는 조치를 하게 하거나 (㉢)을(를) 하는 것

Answer 20 ② 21 ②

① ㉠ - 경고   ㉡ - 제지   ㉢ - 억류하거나 피난
② ㉠ - 경고   ㉡ - 억류하거나 피난   ㉢ - 직접조치
③ ㉠ - 직접조치   ㉡ - 제지   ㉢ - 억류하거나 피난
④ ㉠ - 직접조치   ㉡ - 억류하거나 피난   ㉢ - 경고

해설 위험방지 조치를 취할 수 있는 구체적 수단

경고조치	**경찰관은** ㉠ 그 장소에 **모인자**, ㉡ 사물의 관리자, ㉢ 기타 관계인에게 필요한 경고를 발할 수 있다. • 경찰관은 통행인에게 붕괴위험이 있는 건물의 존재를 알려 건물 근처로 통행하지 말도록 주의를 주는 경우
억류 또는 피난의 조치	**경찰관은** 특히 긴급을 요할 때에는 위해를 받을 우려가 있는 자를 필요한 한도 내에서 억류하거나 피난시킬 수 있다. • 화재나 건물붕괴 현장에서 사람들을 대피시키는 경우
위험방지의 조치	**경찰관은** ㉠ 그 장소에 **있는 자**, ㉡ 사물의 관리자, ㉢ 기타 관계인에게 위해방지상 필요하다고 인정되는 조치를 하게 하거나 **스스로 그 조치를 취할 수 있다.** • 광견 등의 사살을 명하거나 경찰관이 직접 사살하는 경우
접근 또는 통행의 제한·금지	① **경찰서의 장은** 대간첩작전 수행 또는 소요사태 진압을 위하여 필요하다고 인정되는 상당한 이유가 있을 때에는 대간첩작전지역 또는 경찰관서·무기고 등 국가중요시설에 대한 **접근 또는 통행을 제한하거나 금지할 수 있다.** ② 접근 또는 통행의 제한·금지의 조치권자가 경찰관이 아니라 경찰관서장이다.

22 최근 개정된 「경찰관직무집행법」에 관한 다음 설명 중 옳지 <u>않은</u> 것은 몇 개인가? 예상문제

㉠ 국민의 자유와 권리를 보호하고 사회공공의 질서를 유지하기 위한 경찰관(경찰공무원만 해당한다.)의 직무수행에 필요한 사항을 규정함을 목적으로 한다.
㉡ 제2조 제3호에는 경비, 주요 인사 경호 및 대간첩·대테러 작전 수행을 직무범위로 규정하고 있다.
㉢ 경찰공무원은 직무수행을 위하여 필요하면 무기를 휴대할 수 있다고 규정하고 있다.
㉣ 경찰관서의 장은 대간첩 작전의 수행이나 소요 사태의 진압을 위하여 필요하다고 인정되는 상당한 이유가 있을 때에는 대간첩 작전지역이나 경찰관서·무기고 등 국가중요시설에 대한 접근 또는 통행을 제한하거나 금지하여야 한다.
㉤ 이 법에 규정된 경찰관의 직권은 그 직무 수행에 필요한 최소한도에서 행사되어야 하며 남용되어서는 아니 된다는 비례의 원칙을 규정하고 있다.

① 1개   ② 2개
③ 3개   ④ 4개

해설 ▶ (㉢) 제10조의4(무기의 사용) – 무기사용의 근거, 무기휴대근거는 경찰공무원법이다.
▶ (㉣) 제5조(위험 발생의 방지 등)
② 경찰관서의 장은 대간첩 작전의 수행이나 소요(騷擾) 사태의 진압을 위하여 필요하다고 인정되는 상당한 이유가 있을 때에는 대간첩 작전지역이나 경찰관서·무기고 등 **국가중요시설에 대한 접근 또는 통행을 제한하거나 금지할 수 있다.**

Answer 22 ②

23 「경찰관 직무집행법」에 대한 설명으로 가장 적절한 것은?

① 경찰관은 이미 행하여진 범죄나 행하여지려고 하는 범죄행위에 관한 사실을 안다고 인정되는 사람에 대하여 질문을 하는 경우 자신의 신분을 표시하는 증표를 제시하면서 소속과 성명을 밝히고 질문의 목적과 이유를 설명하여야 하며 변호인의 도움을 받을 권리가 있음을 알려야 한다.

② 경찰관은 수상한 행동이나 그 밖의 주위 사정을 합리적으로 판단해 볼 때 구호대상자에 해당함이 명백하여 응급의 구호를 요한다고 믿을 만한 상당한 이유가 있는 자를 발견한 때에는 보건의료기관이나 공공구호기관에 긴급구호를 요청하거나 경찰관서에 보호하는 등 적절한 조치를 하여야 한다.

③ 경찰관은 범죄행위가 목전에 행하여지려고 하고 있다고 인정될 때에는 이를 예방하기 위하여 관계인에게 필요한 경고를 하고 즉시 그 행위를 제지할 수 있다.

④ 경찰관은 자신이나 다른 사람의 생명·신체의 방어 및 보호를 위하여 필요하다고 인정되는 상당한 이유가 있을 때에는 그 사태를 합리적으로 판단하여 필요한 한도에서 경찰장구를 사용할 수 있다.

해설 ▶ (①) 제3조(불심검문)
④ 경찰관은 제1항이나 제2항에 따라 질문을 하거나 동행을 요구할 경우 자신의 신분을 표시하는 증표를 제시하면서 소속과 성명을 밝히고 질문이나 동행의 목적과 이유를 설명하여야 하며, 동행을 요구하는 경우에는 동행 장소를 밝혀야 한다.
⑤ 경찰관은 제2항에 따라 동행한 사람의 가족이나 친지 등에게 동행한 경찰관의 신분, 동행 장소, 동행 목적과 이유를 알리거나 본인으로 하여금 즉시 연락할 수 있는 기회를 주어야 하며, **변호인의 도움을 받을 권리가 있음을 알려야 한다.**

▶ (②) 제4조(보호조치 등)
① 경찰관은 수상한 행동이나 그 밖의 주위 사정을 합리적으로 판단해 볼 때 명백하고 응급구호가 필요하다고 믿을 만한 상당한 이유가 있는 사람(이하 "구호대상자"라 한다)을 발견하였을 때에는 보건의료기관이나 공공구호기관에 긴급구호를 요청하거나 경찰관서에 보호하는 등 **적절한 조치를 할 수 있다.**

▶ (③) 제6조(범죄의 예방과 제지)
경찰관은 범죄행위가 목전(目前)에 행하여지려고 하고 있다고 인정될 때에는 이를 예방하기 위하여 관계인에게 필요한 경고를 하고, **그 행위로 인하여 사람의 생명·신체에 위해를 끼치거나 재산에 중대한 손해를 끼칠 우려가 있는 긴급한 경우에는 그 행위를 제지할 수 있다.**

Answer 23 ④

24 다음 설명 중 가장 적절하지 않은 것은? (다툼이 있는 경우 판례에 의함) 　예상문제

① 경찰관이 범인을 제압하는 과정에서 총기를 사용하여 범인을 사망에 이르게 한 사안에서, 경찰관이 총기사용에 이르게 된 동기나 목적, 경위 등을 고려하여 형사사건에서 무죄판결이 확정되었다면 당해 경찰관의 과실의 내용과 그로 인하여 발생한 결과의 중대함은 상호 인과관계를 인정할 수 없으므로 민사상 불법행위책임을 인정할 수 없다.

② 수사관이 동행에 앞서 피의자에게 동행을 거부할 수 있음을 알려 주었거나 동행한 피의자가 언제든지 자유로이 동행과정에서 이탈 또는 동행장소로부터 퇴거할 수 있었음이 인정되는 등 오로지 피의자의 자발적인 의사에 의하여 수사관서 등에의 동행이 이루어졌음이 객관적인 사정에 의하여 명백하게 입증된 경우에 한하여 임의동행의 적법성이 인정되는 것으로 봄이 상당하다.

③ 「식품위생법」상의 일반음식점 영업허가를 받은 업소라고 하더라도 실제의 영업형태 중에서는 주간에는 주로 음식류를 조리·판매하고 야간에는 주로 주류를 조리·판매하는 형태도 있을 수 있는데, 이러한 경우 음식류의 조리·판매보다는 주로 주류를 조리·판매하는 야간의 영업형태에 있어서의 그 업소는 「청소년보호법」의 입법취지에 비추어 볼 때 청소년보호법상의 청소년고용금지업소에 해당한다.

④ 유흥주점 운영자가 업소에 들어온 미성년자의 신분을 의심하여 주문받은 술을 들고 룸에 들어가 신분증의 제시를 요구하고 밖으로 데리고 나온 사안에서, 미성년자가 실제 주류를 마시거나 마실 수 있는 상태에 이르지 않았으므로 술값의 선불지급 여부 등과 무관하게 주류판매에 관한 청소년보호법위반죄가 성립하지 않는다.

> **해설** 대법원 2008. 2. 1. 선고 2006다6713 판결
> 총기사용은 그 동기나 목적, 경위, 상황에 참작할 만한 사정이 있고 그 때문에 형사사건 무죄판결이 선고, 확정되었다고 하더라도 위와 같은 과실의 내용 및 총기사용의 구체적인 태양이 사람에게 결정적인 위해를 가할 수 있는 것이었고 실제로 K의 사망이라는 중대한 결과를 초래한 점에다가 이 사건 사고로 발생한 손해의 공평한 분담이라는 측면까지 종합하여 고찰하면, **민사상 불법행위를 구성한다고 판단하였다.**

25 「경찰관 직무집행법」에 관한 설명으로 가장 적절하지 않은 것은? (다툼이 있는 경우 판례에 의함) 　24. 순경

① 경찰관이 불심검문 대상자 해당 여부를 판단할 때에는 불심검문 당시의 구체적 상황은 물론 사전에 얻은 정보나 전문적 지식 등에 기초하여 불심검문 대상자인지를 객관적·합리적인 기준에 따라 판단하여야 하나, 반드시 불심검문 대상자에게 「형사소송법」상 체포나 구속에 이를 정도의 혐의가 있을 것을 요한다고 할 수는 없다.

② 술에 취한 상태로 인하여 자기 또는 타인의 생명·신체와 재산에 위해를 미칠 우려가 있는 피구호자에 대한 보호조치는 경찰 행정상 즉시강제에 해당하므로, 그 조치가 불가피한 최소한도 내에서만 행사되도록 발동·행사 요건을 신중하고 엄격하게 해석하여야 한다.

Answer 24 ① 25 ③

③ 경찰관의 경고나 제지는 범죄행위가 목전에 행하여지려고 하고 있다고 인정될 때에 이를 예방하기 위하여 이루어지는 조치로서, 범죄행위가 계속되는 중 그 진압을 위해서는 행하여질 수 없다.
④ 경찰관은 「경범죄 처벌법」상 경범죄에 해당하는 행위에 대해서도 필요한 경우 제지할 수 있다.

> **해설** 대판 2013.9.26. 2013도 643 판결
> 경찰관의 경고나 제지는 범죄의 예방을 위하여 범죄행위에 관한 실행의 착수 전에 행하여질 수 있을 뿐만 아니라, **이후 범죄행위가 계속되는 중에 그 진압을 위하여도 당연히 행하여질 수 있다고 보아야 한다.**

26 경찰장비와 그 사용에 관한 설명으로 가장 적절하지 않은 것은?(다툼이 있는 경우 판례에 의함)
24. 순경

① 경찰관은 경찰장비에 임의의 장비를 부착하여 일반적인 사용법과 달리 사용함으로써 다른 사람의 생명·신체에 위해를 끼쳐서는 안 된다.
② 경찰청장은 위해성 경찰장비를 새로 도입하려는 경우에는 대통령령으로 정하는 바에 따라 안전성 검사를 실시하여 그 안전성 검사의 결과보고서를 국회 소관 상임위원회에 제출하여야 한다. 이 경우 안전성 검사에는 외부 전문가를 참여시켜야 한다.
③ 경찰관이 농성 진압 과정에서 경찰장비를 적법하게 사용하였더라도, 상대방이 그로 인한 생명·신체에 대한 위해를 면하기 위하여 대항하는 과정에서 경찰장비를 손상시켰다면 이는 현재의 부당한 침해에서 벗어나기 위한 행위로서 정당방위에 해당한다.
④ 수사기관에서 구속된 피의자의 도주, 항거 등을 억제하는 데 필요하다고 인정할 상당한 이유가 있는 경우에는 필요한 한도 내에서 포승이나 수갑을 사용할 수 있으며, 이러한 조치가 무죄추정의 원칙에 위배되는 것이라고 할 수 없다.

> **해설** 대판 2022.11.30, 12016다 26662 판결
> 불법적인 농성을 진압하는 방법 및 그 과정에서 어떤 경찰장비를 사용할 것인지는 **구체적** 상황과 예측되는 피해 발생의 **구체적** 위험성의 내용 등에 비추어 경찰관이 그 재량의 범위 내에서 정할 수 있다. 그러나 그 직무수행 중 특정한 경찰장비를 필요한 최소한의 범위를 넘어 관계법령에서 정한 통상의 용법과 달리 사용함으로써 타인의 생명·신체에 위해를 가하였다면, 불법적인 농성의 진압을 위하여 그러한 방법으로라도 해당 경찰장비를 사용할 필요가 있고 그로 인하여 발생할 우려가 있는 타인의 생명·신체에 대한 위해의 정도가 **통상적**으로 예견되는 범위 내에 있다는 등의 특별한 사정이 없는 한 그 직무수행은 위법하다고 보아야 한다.
> 나아가 **경찰관이 농성 진압의 과정에서 경찰장비를 위법하게 사용함으로써 그 직무수행이 적법한 범위를 벗어난 것으로 볼 수밖에 없다면**, 상대방이 그로 인한 생명·신체에 대한 위해를 면하기 위하여 **직접적**으로 대항하는 과정에서 그 경찰장비를 손상시켰더라도 이는 **위법한 공무집행으로 인한 신체에 대한 현재의 부당한 침해에서 벗어나기 위한 행위로서 정당방위에 해당한다.**

Answer 26 ③

27 「경찰관 직무집행법」및 「경찰관의 정보수집 및 처리 등에 관한 규정」에 따른 경찰의 정보활동에 관한 설명으로 가장 적절하지 않은 것은? _{24. 순경}

① 경찰관은 범죄·재난·공공갈등 등 공공안녕과 공공질서에 대한 위험의 예방과 대응을 위한 정보의 수집·작성·배포와 이에 수반되는 사실의 확인을 할 수 있다.
② 경찰관은 정치에 관여하기 위해 정보를 수집·작성·배포하는 행위를 해서는 안 된다.
③ 경찰관은 민간기업에 상시적으로 출입해서는 안 되며, 정보활동을 위해 필요한 경우에 한정하여 일시적으로만 출입해야 한다.
④ 경찰관은 수집·작성한 정보가 그 목적이 달성되어 불필요하게 되었을 때에는 다른 법령에 따라 보존해야 하는 경우를 제외하고는 지체 없이 그 정보를 폐기해야 한다.

(해설) 제8조의2(정보의 수집 등)
① 경찰관은 **범죄·재난·공공갈등** 등 **공공안녕**에 대한 위험의 예방과 대응을 위한 정보의 수집·작성·배포와 이에 수반되는 사실의 확인을 할 수 있다.

28 「경찰관 직무집행법」및 「경찰관의 정보수집 및 처리 등에 관한 규정(대통령령)」상 경찰관이 정보활동을 위해 필요한 경우에 한정하여 일시적으로만 출입이 가능한 곳은 모두 몇 개인가? _{22. 순경}

㉠ 언론기관
㉡ 종교시설
㉢ 민간기업
㉣ 정당의 사무소
㉤ 시민사회 단체

① 2개
② 3개
③ 4개
④ 5개

(해설) 경찰관의 정보수집 및 처리 등에 관한 규정 제5조(정보 수집 등을 위한 출입의 한계)
경찰관은 다음 각 호의 장소에 상시적으로 출입해서는 안 되며, 정보활동을 위해 필요한 경우에 한정하여 일시적으로만 출입해야 한다.
1. **언론·교육·종교·시민사회 단체** 등 민간단체
2. **민간기업**
3. **정당의 사무소**

29 「경찰관 직무집행법」에 대한 설명으로 가장 적절하지 않는 것은? _{22. 승진}

① 국민의 자유와 권리 및 모든 개인이 가지는 불가침의 기본적 인권을 보호하고 사회공공의 질서를 유지하기 위한 경찰관의 직무 수행에 필요한 사항을 규정함을 목적으로 한다.
② 경찰관은 범죄행위가 목전에 행하여 지려고 하고 있다고 인정될 때에는 이를 예방하기 위하여 관계인에게 필요한 경고를 할 수 있다.

Answer 27 ① 28 ④ 29 ③

③ 경찰관이 위험방지를 위한 출입할 때에는 그 신분을 표시하는 증표의 제시의무는 없다.
④ 경찰관은 위험한 사태가 발생하여 사람의 생명·신체 또는 재산에 대한 위해가 임박한 때에 그 위해를 방지하거나 피해자를 구조하기 위하여 부득이하다고 인정하면 합리적으로 판단하여 필요한 한도에서 다른 사람의 토지·건물·배 또는 차에 출입할 수 있다.

> **해설** 제3조(불심검문)
> ④ 경찰관은 제1항이나 제2항에 따라 질문을 하거나 동행을 요구할 경우 **자신의 신분을 표시하는 증표를 제시하면서** 소속과 성명을 밝히고 질문이나 동행의 목적과 이유를 설명하여야 하며, 동행을 요구하는 경우에는 동행 장소를 밝혀야 한다.

30 「경찰관직무집행법」상 다음 설명 중 가장 적절하지 <u>않은</u> 것은? 예상문제

① 경찰관서의 장은 대간첩작전수행 또는 소요사태의 진압을 위하여 필요하다고 인정되는 상당한 이유가 있을 때에는 대간첩작전지역 또는 경찰관서·무기고 등 국가중요시설에 대한 접근 또는 통행을 제한하거나 금지할 수 있다.
② 경찰관은 범죄행위가 목전에 행하여지려고 하고 있다고 인정될 때에는 이를 예방하기 위하여 관계인에게 필요한 경고를 발하고, 그 행위로 인하여 인명·신체에 위해를 미치거나 재산에 중대한 손해를 끼칠 우려가 있어 긴급을 요하는 경우에는 그 행위를 제지할 수 있다.
③ 경찰관서의 장은 직무수행에 필요하다고 인정되는 상당한 이유가 있을 때에는 국가기관 또는 공사단체 등에 대하여 직무수행에 관련된 사실을 조회할 수 있다. 다만, 긴급을 요할 때에는 사실을 확인 후 당해 기관 또는 단체의 장에게 추후 통보해야 한다.
④ 경찰관은 미아를 인수할 보호자의 여부, 유실물을 인수할 권리자의 여부 또는 사고로 인한 사상자를 확인하기 위하거나 행정처분을 위한 교통사고조사상의 사실을 확인하기 위하여 필요한 때에는 관계인에게 출석을 요하는 사유·일시 및 장소를 명확히 한 출석요구서에 의하여 경찰관서에 출석할 것을 요구할 수 있다.

> **해설** 제8조(사실의 확인 등)
> ① 경찰관서의 장은 직무 수행에 필요하다고 인정되는 상당한 이유가 있을 때에는 국가기관이나 공사(公私) 단체 등에 직무 수행에 관련된 사실을 조회할 수 있다. 다만, **긴급한 경우에는 소속 경찰관으로 하여금 현장에 나가 해당 기관 또는 단체의 장의 협조를 받아 그 사실을 확인하게 할 수 있다.**

Answer 30 ③

31. 「경찰관 직무집행법」상 경찰장비에 대한 설명으로 적절한 것은?

22. 경간부

> 가. 경찰관은 현행범이나 사형·무기 또는 장기 3년 이상의 징역이나 금고에 해당하는 죄를 범한 범인의 체포 또는 도주 방지의 직무를 수행하기 위하여 필요하다고 인정되는 상당한 이유가 있을 때에는 그 사태를 합리적으로 판단하여 필요한 한도에서 경찰장구를 사용할 수 있다.
> 나. 경찰관은 직무수행 중 경찰장비를 사용할 수 있다. 다만, 재산의 침해 또는 생명이나 신체에 위해를 끼칠 수 있는 경찰장비를 긴급하게 사용할 때에는 안전검사 없이 안전교육을 받은 후 사용할 수 있다.
> 다. 위해성 경찰장비는 필요한 최소한도에서 사용하여야 하며, 위해성 경찰장비의 종류 및 그 사용기준, 안전교육·안전검사의 기준 등은 행정안전부령으로 정한다.
> 라. 경찰청장은 위해성 경찰장비를 새로 도입하려는 경우에는 대통령령으로 정하는 바에 따라 안전교육을 실시하여 그 안전교육의 결과보고서를 국회 소관 상임위원회에 제출하여야 한다. 이 경우 안전교육에는 외부 전문가를 참여시킬 수 있다.

① 0개   ② 1개
③ 2개   ④ 3개

해설 제10조(경찰장비의 사용 등)
① (나) 경찰관은 직무수행 중 경찰장비를 사용할 수 있다. 다만, 사람의 **생명이나 신체**에 위해를 끼칠 수 있는 경찰장비를 사용할 때에는 필요한 **안전교육과 안전검사를 받은 후 사용하여야 한다**.
ⓒ (다) 위해성 경찰장비의 종류 및 그 사용기준, 안전교육·안전검사의 기준 등은 **대통령령**으로 정한다.
ⓒ (라) 경찰청장은 위해성 경찰장비를 새로 도입하려는 경우에는 대통령령으로 정하는 바에 따라 **안전성 검사**를 실시하여 그 **안전성 검사**의 결과보고서를 국회 소관 상임위원회에 제출하여야 한다. 이 경우 **안전성 검사**에는 외부 전문가를 **참여시켜야 한다.**

32. 「경찰관직무집행법」상 명시된 경찰관의 경찰장구·분사기·최루탄·무기 등의 사용 관련 규정에 대한 설명으로 가장 적절하지 않은 것은?

예상문제

① 경찰장구는 사형·무기 또는 장기 3년 이상의 징역이나 금고에 해당하는 죄를 범한 범인의 체포 또는 도주 방지를 위해서 사용할 수 있다.
② 분사기 및 최루탄은 공무집행에 대한 항거의 제지를 위해서 사용할 수 있다.
③ "무기"라 함은 인명 또는 신체에 위해를 가할 수 있도록 제작된 권총·소총·도검 등을 말한다.
④ 살수차·분사기·최루탄·무기를 사용한 경우 그 책임자는 사용일시·장소·대상, 현장책임자, 종류, 수량 등을 기록하여 보관하여야 한다.

Answer 31 ② 32 ②

해설 경찰장비의 요건

경찰 장구 요건	① **자신**이나 또는 **다른 사람**(타인)의 **생명·신체**에 대한 방호 ② **공무집행**에 대한 항거의 억제를 위하여 필요하다고 인정되는 상당한 이유가 있을 때에는 그 사태를 합리적으로 판단하여 필요한 한도에서 경찰장구를 사용할 수 있다. ③ **현**행범인인 경우 ④ 사형·무기 또는 **장기 3년 이상**의 징역이나 금고에 해당하는 죄를 범한 범인의 체포·도주의 방지
분사기 및 최루탄 요건	① **범**인의 **체포·도주의 방지** ② **불법집회**·시위로 인한 자신이나 다른 사람의 **생명·신체·재산**의 방어 및 보호 ③ **공공시설안전**에 대한 현저한 위해의 발생을 억제하기 위하여 부득이한 경우(분사기·최루탄을 사용하지 않고는 달리 효율적으로 범인의 체포·도주방지 및 위해발생을 억제할 수 없는 경우) 현장책임자의 판단으로 필요한 최소한의 범위 안에서 분사기(총포·도검·화약류 등 단속법의 규정에 의한 분사기와 최루 등의 작용제) 또는 최루탄을 사용할 수 있다.
위해를 주지 않는 무기사용	① **범**인의 **체포·도주의 방지** ② **자**신이나 다른 사람의 **생명·신체**의 방어 및 보호 ③ **공무집행**에 대한 항거의 억제를 위하여 필요하다고 인정되는 상당한 이유가 있을 때에는 그 사태를 합리적으로 판단하여 필요한 한도 내에서 무기를 사용할 수 있다. ☞ 정당행위(×), 자구행위(×)

33 경찰관 무기사용에 대한 설명으로 적절한 것은? (다툼이 있는 경우 판례에 의함) 73기 경간부

가. 경찰관이 신호위반을 이유로 정지명령에 불응하고 도주하던 차량에 탑승한 동승자를 추격하던 중 수차례에 걸쳐 경고하고 공포탄을 발사했음에도 불구하고 계속 도주하자 실탄을 발사하여 사망케 한 경우, 위 총기 사용 행위는 허용 범위를 벗어난 위법행위이다.
나. 경찰관의 무기 사용이 특히 사람에게 위해를 가할 위험성이 큰 권총의 사용에 있어서는 그 요건을 더욱 엄격하게 판단하여야 한다.
다. 「경찰관 직무집행법」상 무기란 사람의 생명이나 신체에 위해를 끼칠 수 있도록 제작된 권총·소총·도검 등을 말하며, 대간첩·대테러 작전 등 국가안전에 관련되는 작전을 수행할 때에는 개인화기 외에 공용화기를 사용할 수 있다.
라. 경찰관이 길이 40cm 가량의 칼로 반복적으로 위협하며 도주하는 차량 절도 혐의자를 추적하던 중, 도주하기 위하여 등을 돌린 혐의자의 몸 쪽을 향하여 약 2m 거리에서 실탄을 발사하여 혐의자를 복부관통상으로 사망케 한 경우, 경찰관의 총기사용은 사회통념상 허용범위를 벗어난 위법행위이다.

① 1개 ② 2개
③ 3개 ④ 4개

해설 모두 옳은 지문이다.

Answer 33 ④

34. 「경찰관 직무집행법」에 관한 설명으로 가장 적절하지 않은 것은? (다툼이 있는 경우 판례에 의함)
23. 경특

① 경찰관은 범인의 체포 또는 범인의 도주 방지, 불법집회·시위로 인한 자신이나 다른 사람의 생명·신체와 재산 및 공공시설 안전에 대한 현저한 위해의 발생 억제를 위해서 부득이한 경우에는 현장사용자가 판단하여 최소한의 범위에서 「총포·도검·화약류 등의 안전관리에 관한 법률」에 따른 분사기를 사용할 수 있다.

② 경찰관이 경찰관 직무집행법 제3조 제1항에 규정된 불심검문 대상자 해당 여부를 판단함에 있어서는 불심검문 당시의 구체적 상황은 물론 사전에 얻은 정보나 전문적 지식 등에 기초하여 불심검문 대상자인지 여부를 객관적·합리적인 기준에 따라 판단하여야 할 것이나, 반드시 불심검문 대상자에게 형사소송법상 체포나 구속에 이를 정도의 혐의가 있을 것을 요한다고 할 수는 없다.

③ 경찰관은 현행범이나 사형·무기 또는 장기 3년 이상의 징역이나 금고에 해당하는 죄를 범한 범인의 체포 또는 도주 방지를 위해서 필요하다고 인정되는 상당한 이유가 있을 때에는 그 사태를 합리적으로 판단하여 필요한 한도에서 수갑, 포승, 경찰봉, 방패 등을 사용할 수 있다.

④ 경찰관의 제지 조치가 적법한지 여부는 제지 조치 당시의 구체적 상황을 기초로 판단하여야 하고 사후적으로 순수한 객관적 기준에서 판단할 것은 아니다.

> **해설** 제10조의3(분사기 등의 사용)
> 경찰관은 다음 각 호의 직무를 수행하기 위하여 부득이한 경우에는 **현장책임자가 판단**하여 필요한 최소한의 범위에서 분사기(「총포·도검·화약류 등의 안전관리에 관한 법률」에 따른 분사기를 말하며, 그에 사용하는 최루 등의 작용제를 포함) 또는 최루탄을 사용할 수 있다.
> 1. 범인의 체포 또는 범인의 도주 방지
> 2. 불법집회·시위로 인한 자신이나 다른 사람의 생명·신체와 재산 및 공공시설 안전에 대한 현저한 위해의 발생 억제

35. 경찰관의 직무수행 및 경찰장비의 사용과 관련한 재량의 범위 및 한계에 대한 설명으로 가장 적절하게 나열한 것은? (다툼이 있는 경우 판례에 의함)
73기 경간부

> 불법적인 농성을 진압하는 방법 및 그 과정에서 어떤 경찰장비를 사용할 것인지는 (가)인 상황과 예측되는 피해 발생의 (나) 위험성의 내용 등에 비추어 경찰관이 그 재량의 범위 내에서 정할 수 있다. 그러나 그 직무수행 중 특정한 경찰장비를 필요한 최소한의 범위를 넘어 관계 법령에서 정한 통상의 용법과 달리 사용함으로써 타인의 생명·신체에 위해를 가하였다면, 불법적인 농성의 진압을 위하여 그러한 방법으로라도 해당 경찰장비를 사용할 필요가 있고 그로 인하여 발생할 우려가 있는 타인의 생명·신체에 대한 위해의 정도가 (다)으로 예견되는 범위 내에 있다는 등의 특별한 사정이 없는 한 그 직무수행은 위법하다고 보아야 한다. 나아가 경찰관이 농성

Answer 34 ① 35 ④

진압의 과정에서 경찰장비를 위법하게 사용함으로써 그 직무수행이 적법한 범위를 벗어난 것으로 볼 수밖에 없다면, 상대방이 그로 인한 생명·신체에 대한 위해를 면하기 위하여 (라)으로 대항하는 과정에서 그 경찰장비를 손상시켰더라도 이는 위법한 공무집행으로 인한 신체에 대한 현재의 부당한 침해에서 벗어나기 위한 행위로서 정당방위에 해당한다.

	가	나	다	라
①	구체적	추상적	특수적	간접적
②	추상적	구체적	통상적	직접적
③	구체적	추상적	통상적	직접적
④	구체적	구체적	통상적	직접적

해설 대판 2022.11.30., 12016다 26662 판결
불법적인 농성을 진압하는 방법 및 그 과정에서 어떤 경찰장비를 사용할 것인지는 **구체적** 상황과 예측되는 피해 발생의 **구체적** 위험성의 내용 등에 비추어 경찰관이 그 재량의 범위 내에서 정할 수 있다. 그러나 그 직무수행 중 **특정한 경찰장비를 필요한 최소한의 범위를 넘어 관계법령에서 정한 통상의 용법과 달리 사용함으로써** 타인의 생명·신체에 위해를 가하였다면, 불법적인 농성의 진압을 위하여 그러한 방법으로라도 해당 경찰장비를 사용할 필요가 있고 그로 인하여 발생할 우려가 있는 **(타인의 생명·신체에 대한 위해의 정도가 통상적으로 예견되는 범위 내에 있다는 등의 특별한 사정이 없는 한)** 그 직무수행은 위법하다고 보아야 한다.
나아가 경찰관이 농성 진압의 과정에서 경찰장비를 위법하게 사용함으로써 그 직무수행이 적법한 범위를 벗어난 것으로 볼 수밖에 없다면, 상대방이 그로 인한 생명·신체에 대한 위해를 면하기 위하여 **직접적**으로 대항하는 과정에서 그 경찰장비를 손상시켰더라도 이는 위법한 공무집행으로 인한 신체에 대한 현재의 부당한 침해에서 벗어나기 위한 행위로서 정당방위에 해당한다.

36 「경찰관 직무집행법」상 즉시강제에 해당하는 것은? (다툼 있는 경우 판례에 의함) 22. 순경

㉠ 주택가에서 흉기를 들고 난동을 부리며 경찰관의 중지명령에 항거하는 사람에 대해 전자충격기를 사용하여 강제로 제압하는 것
㉡ 음주운전 등 교통법규 위반자에 대해 운전면허를 취소하는 것
㉢ 불법집회로 인한 공공시설의 안전에 대한 위해를 억제하기 위해 최루탄을 사용하는 것
㉣ 위험물의 폭발로 인해 매우 긴급한 경우에 위해를 입을 우려가 있는 사람을 억류하거나 피난시키는 것
㉤ 지정된 기한까지 체납액을 완납하지 않은 국세체납자의 재산을 압류하는 것
㉥ 무허가건물의 철거 명령을 받고도 이를 불이행하는 사람의 불법건축물을 철거하는 것

① 3개   ② 4개
③ 5개   ④ 6개

Answer 36 ①

해설   즉시강제 : ㉠㉢㉣
　　　㉡ 도로교통법
　　　㉤ 강제집행(강제징수)
　　　㉥ 강제집행(대집행)

37 「경찰관 직무집행법」에 관한 설명으로 가장 적절한 것은? (다툼이 있는 경우 판례에 의함)
23. 순경

① 경찰 병력이 행정대집행 직후 "A자동차 희생자 추모와 해고자 복직을 위한 범국민대책위원회"(이하 'A차 대책위'라 함)가 또다시 같은 장소를 점거하고 물건을 다시 비치하는 것을 막기 위해 당해 사건 장소를 미리 둘러싼 뒤 'A차 대책위'가 같은 장소에서 기자회견 명목의 집회를 개최하려는 것을 불허하면서 소극적으로 제지한 것은 범죄행위 예방을 위한 경찰 행정상 즉시강제로서 적법한 공무집행에 해당한다.

② 「아동학대범죄의 처벌 등에 관한 특례법」에 따른 아동학대범죄가 행하여지려고 하거나 행하여지고 있어 타인의 생명·신체에 대한 위해 발생의 우려가 명백하고 긴급한 상황에서, 경찰관이 그 위해를 예방하거나 진압하기 위한 행위 또는 범인의 검거 과정에서 경찰관을 향한 직접적인 유형력 행사에 대응하는 행위를 하여 그로 인하여 타인에게 피해가 발생한 경우, 그 경찰관의 직무 수행이 불가피한 것이고 필요한 최소한의 범위에서 이루어졌으며 해당 경찰관에게 고의 또는 중대한 과실이 없는 때에는 형을 감경하거나 면제한다.

③ 경찰관은 형사처벌의 대상이 되는 행위가 눈앞에서 막 이루어지려고 하는 것이 주관적으로 인정될 수 있는 상황이고 그 행위를 당장 제지하지 않으면 곧 인명·신체에 중대한 위해를 미치거나 재산에 손해를 끼칠 우려가 있는 상황이어서, 직접 제지하는 방법 외에는 위와 같은 결과를 막을 수 없는 급박한 상태일 때에만 「경찰관 직무집행법」 제6조에 의하여 적법하게 그 행위를 제지할 수 있다.

④ 「경찰관 직무집행법」 제1조 제2항에서 "경찰관의 직권은 그 직무 수행에 필요한 최소한도에서 행사되어야 하며 남용되어서는 아니 된다."라고 선언하여 경찰비례의 원칙을 명시적으로 규정하고 있는데, 이는 경찰행정 영역에서의 헌법상 과소보호금지원칙을 표현한 것이다.

해설   ▶ (②) 제11조의5(직무 수행으로 인한 형의 감면)
다음 각 호의 범죄가 행하여지려고 하거나 행하여지고 있어 타인의 생명·신체에 대한 위해 발생의 우려가 명백하고 긴급한 상황에서, 경찰관이 그 위해를 예방하거나 진압하기 위한 행위 또는 범인의 검거 과정에서 경찰관을 향한 직접적인 유형력 행사에 대응하는 행위를 하여 그로 인하여 타인에게 피해가 발생한 경우, 그 경찰관의 직무수행이 불가피한 것이고 필요한 최소한의 범위에서 이루어졌으며 해당 경찰관에게 고의 또는 중대한 과실이 없는 때에는 그 정상을 참작하여 **형을 감경하거나 면제할 수 있다.**
1. 「형법」 제2편제24장 살인의 죄, 제25장 상해와 폭행의 죄, 제32장 강간과 추행의 죄 중 강간에 관한 범죄, 제38장 절도와 강도의 죄 중 강도에 관한 범죄 및 이에 대하여 다른 법률에 따라 가중처벌하는 범죄
2. 「가정폭력범죄의 처벌 등에 관한 특례법」에 따른 가정폭력범죄, 「아동학대범죄의 처벌 등에 관한 특례법」에 따른 아동학대범죄

Answer   37 ①

▶ (③) 대법원 2018. 12. 13. 선고 2016도19417 판결
경찰관 직무집행법 제6조는 "경찰관은 범죄행위가 목전에 행하여지려고 하고 있다고 인정될 때에는 이를 예방하기 위하여 관계인에게 필요한 경고를 하고, 그 행위로 인하여 사람의 생명·신체에 위해를 끼치거나 재산에 중대한 손해를 끼칠 우려가 있어 긴급한 경우에는 그 행위를 제지할 수 있다."라고 정하고 있다. 위 조항 중 경찰관의 제지에 관한 부분은 범죄 예방을 위한 경찰 행정상 즉시강제, 즉 눈앞의 급박한 경찰상 장해를 제거할 필요가 있고 의무를 명할 시간적 여유가 없거나 의무를 명하는 방법으로는 그 목적을 달성하기 어려운 상황에서 의무불이행을 전제로 하지 않고 경찰이 직접 실력을 행사하여 경찰상 필요한 상태를 실현하는 권력적 사실행위에 관한 근거조항이다. 경찰관 직무집행법 제6조에 따른 경찰관의 제지 조치가 적법한 직무집행으로 평가되기 위해서는, 형사처벌의 대상이 되는 행위가 눈앞에서 막 이루어지려고 하는 것이 **객관적으로 인정될 수 있는 상황**이고, 그 행위를 당장 제지하지 않으면 곧 인명·신체에 위해를 미치거나 재산에 중대한 손해를 끼칠 우려가 있는 상황이어서, **직접 제지하는 방법 외에는 위와 같은 결과를 막을 수 없는 절박한 사태이어야 한다.**

▶ (④) 제1조(목적) – 비례의 원칙(과잉금지원칙)
② 이 법에 규정된 경찰관의 직권은 그 직무 수행에 필요한 최소한도에서 행사되어야 하며 남용되어서는 아니 된다.

38 「경찰관직무집행법」상 위해를 수반해서 무기를 사용할 수 있는 경우로 가장 적절하지 않은 것은?

예상문제

① 공무집행에 대한 항거의 억제를 위한 경우
② 「형법」상 정당방위 또는 긴급피난의 경우
③ 체포영장을 집행할 때 항거·도주의 방지를 위한 경우
④ 무기 등 소지자가 3회 이상의 투기, 투항명령에 불응, 항거할 때

해설 무기사용의 요건

	위해를 주지 않는 무기사용 (위협사격=비신체사격)	위해를 수반한 무기사용 (조준사격=신체사격)
사용 요건	① 범인의 체포·도주의 방지 ② 자신이나 다른 사람의 생명·신체의 방어 및 보호 ③ **공무집행에 대한 항거의 억제를 위하여 필요하다고 인정되는 상당한 이유가 있을 때**에는 그 사태를 합리적으로 판단하여 필요한 한도 내에서 무기를 사용할 수 있다. ☞ 정당행위(X), 자구행위(X)	1. 형법에 규정한 정당방위와 긴급피난에 해당하는 때 2. 다음 아래에 해당하는 때에 그 행위를 방지하거나 그 행위자를 체포하기 위하여 **무기를 사용하지 아니하고는 다른 수단이 없다고 인정되는 상당한 이유가 있을 때** ▶ 보충성 원칙 적용 가. 사형·무기 또는 장기 3년 이상의 징역이나 금고에 해당하는 죄를 범하거나 범하였다고 의심할 만한 충분한 이유가 있는 사람이 경찰관의 직무집행에 항거하거나 도주하려고 할 때 나. 체포·구속영장과 압수·수색영장을 집행하는 과정에서 경찰관의 직무집행에 항거하거나 도주하려고 할 때 다. 제3자가 가목 또는 나목에 해당하는 사람을 도주시키려고 경찰관에게 항거할 때 라. 범인이나 소요를 일으킨 사람이 무기·흉기 등 위험한 물건을 지니고 경찰관으로부터 3회 이상 물건을 버리라는 명령이나 항복하라는 명령을 받고도 따르지 아니하면서 계속 항거할 때 3. 대간첩 작전 수행 과정에서 무장간첩이 항복하라는 경찰관의 명령을 받고도 따르지 아니할 때

Answer 38 ①

39 다음 중 경찰관의 총기사용과 관련된 판례의 태도와 가장 부합하지 않는 것은? 예상문제

① 타인의 집 대문 앞에 은신하고 있다가 경찰관의 명령에 따라 순순히 손을 들고 나오면서 그대로 도주하는 범인을 경찰관이 뒤따라 추격하면서 등 부위에 권총을 발사하여 사망케 한 경우, 위와 같은 총기사용은 현재의 부당한 침해를 방지하거나 현재의 위난을 피하기 위한 상당성 있는 행위라고 볼 수 없다.

② 야간에 술이 취한 상태에서 병원에 있던 과도로 대형 유리창문을 쳐 깨뜨리고 자신의 복부에 칼을 대고 할복자살 하겠다고 난동을 부린 피해자가 출동한 2명의 경찰관들에게 칼을 들고 항거하였다고 하여도 위 경찰관 등이 공포를 발사하거나 소지한 가스총과 경찰봉을 사용하여 위 망인의 항거를 억제할 시간적 여유와 보충적 수단이 있었다고 보여지고, 또 부득이 총을 발사할 수밖에 없었다고 하더라도 하체 부위를 향하여 발사함으로써 그 위해를 최소한도로 줄일 여지가 있었다고 보여지므로, 칼빈소총을 1회 발사하여 피해자의 왼쪽 가슴아래 부위를 관통하여 사망케 한 경찰관의 총기사용 행위는 「경찰관직무집행법」 소정의 총기사용 한계를 벗어난 것이다.

③ 경찰관이 길이 40센티미터 가량의 칼로 반복적으로 위협하며 도주하는 차량 절도 혐의자를 추적하던 중, 도주하기 위하여 등을 돌린 혐의자의 몸쪽을 향하여 약 2미터 거리에서 실탄을 발사하여 혐의자를 복부관통상으로 사망케 하였다 하더라도 경찰관의 총기사용은 사회통념상 허용범위를 벗어나지 않은 것으로 위법하지 않다.

④ 50(cc) 소형 오토바이 1대를 절취하여 운전 중인 15~16세의 절도 혐의자 3인이 경찰관의 검문에 불응하며 도주하자, 경찰관이 체포목적으로 오토바이의 바퀴를 조준하여 실탄을 발사하였으나 오토바이에 타고 있던 1인이 총상을 입게 된 경우, 제반 사정에 비추어 경찰관의 총기사용이 사회통념상 허용범위를 벗어나 위법하다.

> **해설** 대법원 1999.3.23. 선고 98다 63445 판결
> 경찰관이 길이 40cm 가량의 칼로 반복적으로 위협하며 도주하는 차량 절도 혐의자를 추적하던 중, 도주하기 위하여 등을 돌린 혐의자의 몸 쪽을 향하여 약 2m 거리에서 실탄을 발사하여 혐의자를 복부관통상으로 사망케 한 경우, **경찰관의 총기사용은 사회통념상 허용범위를 벗어난 위법행위**이다.

40 「경찰관직무집행법」에 대한 다음의 설명 중 틀린 것은 모두 몇 개인가? 예상문제

> 가. 경찰청장 또는 해양경찰청장은 경찰관의 직무수행을 위하여 외국 정부기관, 국제기구 등과 자료교환, 국제협력 활동 등을 해야 한다.
> 나. 「경찰관직무집행법」 제1조는 국가경찰의 민주적인 관리·운영과 효율적인 임무수행을 위하여 국가경찰의 직무 범위와 그 밖에 필요한 사항을 규정함을 목적으로 한다.
> 다. 경찰청장은 위해성 경찰장비를 새로 도입하려는 경우 안전성 검사를 실시하여 그 안전성 검사의 결과보고서를 국회의장에게 제출하여야 한다.
> 라. 경찰관의 직권은 그 직무수행에 필요한 최소한도에서 행사되어야 하며 남용되어서는 안 된다.

Answer 39 ③ 40 ③

① 1개 ② 2개
③ 3개 ④ 4개

해설 ▶ (가) 제8조의3(국제협력)
경찰청장 또는 해양경찰청장은 이 법에 따른 경찰관의 직무수행을 위하여 외국 정부기관, 국제기구 등과 자료 교환, 국제협력 활동 등을 할 수 있다.

▶ (나) 국가경찰과 자치경찰의 조직 및 운영에 관한 법률 제1조(목적)
이 법은 경찰의 민주적인 관리·운영과 효율적인 임무수행을 위하여 경찰의 기본조직 및 직무 범위와 그 밖에 필요한 사항을 규정함을 목적으로 한다.

▶ (다) 제10조(경찰장비의 사용 등)
⑤ 경찰청장은 위해성 경찰장비를 새로 도입하려는 경우에는 대통령령으로 정하는 바에 따라 안전성 검사를 실시하여 그 안전성 검사의 결과보고서를 **국회 소관 상임위원회**에 제출하여야 한다. 이 경우 안전성 검사에는 외부 전문가를 참여시켜야 한다.

41
경찰장비에 대한 설명이다. 아래 ⊙부터 ㉣까지의 설명 중 옳고 그름의 표시(○, ×)가 바르게 된 것은?
22. 승진

> ⊙ 「경찰관 직무집행법」상 경찰청장은 위해성 경찰장비를 새로 도입하려는 경우에는 대통령령으로 정하는 바에 따라 안전성 검사를 실시하여 그 안전성 검사의 결과보고서를 행정안전부장관에게 제출하여야 한다.
> ⓛ 「위해성 경찰장비의 사용기준 등에 관한 규정」상 경찰관은 14세 미만의 자 또는 65세 이상의 고령자에 대하여 전자충격기를 사용하여서는 아니된다.
> ㉢ 「경찰관 직무집행법」상 경찰관은 범인의 체포 또는 범인의 도주 방지를 위하여 부득이한 경우에는 현장책임자가 판단하여 필요한 최소한의 범위에서 「총포·도검·화약류 등의 안전관리에 관한 법률」에 따른 분사기를 사용할 수 있다.
> ㉣ 「경찰관 직무집행법」상 경찰관은 범인의 체포, 범인의 도주방지, 자신이나 다른 사람의 생명·신체의 방어 및 보호, 공무집행에 대한 항거의 제지를 위하여 필요하다고 인정되는 상당한 이유가 있을 때에는 그 사태를 합리적으로 판단하여 필요한 한도에서 무기를 사용할 수 있다.

① ⊙(×), ⓛ(○), ㉢(○), ㉣(×) ② ⊙(○), ⓛ(×), ㉢(○), ㉣(×)
③ ⊙(×), ⓛ(×), ㉢(×), ㉣(○) ④ ⊙(×), ⓛ(×), ㉢(○), ㉣(○)

해설 ▶ (⊙) 제10조(경찰장비의 사용 등)
⑤ 경찰청장은 위해성 경찰장비를 새로 도입하려는 경우에는 대통령령으로 정하는 바에 따라 안전성 검사를 실시하여 그 안전성 검사의 결과보고서를 **국회 소관 상임위원회**에 제출하여야 한다. 이 경우 안전성 검사에는 외부 전문가를 참여시켜야 한다.

▶ (ⓛ) 제8조(전자충격기등의 사용제한)
① 경찰관은 **14세미만의 자 또는 임산부에 대하여** 전자충격기 또는 전자방패를 사용하여서는 아니된다.
② 경찰관은 전극침(電極針) 발사장치가 있는 전자충격기를 사용하는 경우 상대방의 얼굴을 향하여 전극침을 발사하여서는 아니된다.

Answer 41 ④

42 「경찰관 직무집행법」상 경찰장비와 장구에 관한 설명으로 가장 적절하지 않은 것은? 24. 순경

① "경찰장비"란 무기, 경찰장구, 경찰착용기록장치, 최루제와 그 발사장치, 살수차, 감식기구, 해안 감시기구, 통신기기, 차량·선박·항공기 등 경찰이 직무를 수행할 때 필요한 장치와 기구를 말한다.
② "경찰착용기록장치"란 경찰관이 신체에 착용 또는 휴대하여 직무수행 과정을 근거리에서 영상·음성으로 기록할 수 있는 기록장치 또는 그 밖에 이와 유사한 기능을 갖춘 기계장치를 말한다.
③ 경찰청장, 시·도경찰청장 및 경찰서장은 경찰착용기록장치로 기록한 영상·음성을 저장하고 데이터베이스로 관리하는 영상음성기록정보 관리체계를 구축·운영하여야 한다.
④ 경찰관은 경찰장비를 함부로 개조하거나 경찰장비에 임의의 장비를 부착하여 일반적인 사용법과 달리 사용함으로써 다른 사람의 생명·신체에 위해를 끼쳐서는 아니 된다.

> **해설** 10조의7(영상음성기록정보 관리체계의 구축·운영)
> **경찰청장 및 해양경찰청장은** 경찰착용기록장치로 기록한 영상·음성을 저장하고 데이터베이스로 관리하는 영상음성기록정보 관리체계를 구축·운영하여야 한다.

43 「경찰관 직무집행법」 및 「경찰관 직무집행법 시행령」상 손실보상에 관한 설명으로 가장 적절하지 않은 것은? 24. 순경

① 국가는 경찰관의 적법한 직무집행으로 인하여 손실발생의 원인에 대하여 책임이 있는 자가 자신의 책임에 상응하는 정도를 초과하는 생명·신체 또는 재산상의 손실을 입은 경우 정당한 보상을 하여야 한다.
② 경찰관의 적법한 직무집행으로 인하여 발생한 손실을 보상받으려는 사람은 보상금 지급청구서에 손실내용과 손실금액을 증명할 수 있는 서류를 첨부하여 손실보상청구 사건발생지를 관할하는 국가경찰관서의 장에게 제출하여야 한다.
③ 보상금은 다른 법률에 특별한 규정이 있는 경우를 제외하고는 현금으로 지급하여야 한다.
④ 소속 경찰공무원의 직무집행으로 인하여 발생한 손실보상청구사건을 심의하기 위하여 시·도경찰청, 지방해양경찰청, 경찰서 및 해양경찰서에 손실보상심의위원회를 설치한다.

> **해설** 경찰관 직무집행법 시행령 제11조(손실보상심의위원회의 설치 및 구성)
> ① 법 제11조의2 제3항에 따라 소속 경찰공무원의 직무집행으로 인하여 발생한 손실보상청구 사건을 심의하기 위하여 **경찰청, 해양경찰청, 시·도경찰청 및 지방해양경찰청에** 손실보상심의위원회(이하 "위원회"라 한다)를 설치한다.

Answer 42 ③ 43 ④

44 「경찰관 직무집행법」상 손실보상에 대한 설명으로 가장 적절하지 않은 것은? 〈73기 경간부〉

① 손실보상의 원인에 대하여 책임이 없는 자가 경찰관의 직무집행에 자발적으로 협조하거나 물건을 제공하여 생명·신체 또는 재산상의 손실을 입은 경우 정당한 보상을 하여야 한다.
② 손실발생의 원인에 대하여 책임이 있는 자가 자신의 책임에 상응하는 정도를 초과하는 생명·신체 또는 재산상의 손실을 입은 경우 정당한 보상을 하여야 한다.
③ 손실보상을 청구할 수 있는 권리는 손실이 발생한 날부터 3년, 손실이 있음을 안 날부터 5년간 행사하지 아니하면 시효의 완성으로 소멸한다.
④ 보상금이 지급된 경우 손실보상심의위원회는 대통령령으로 정하는 바에 따라 국가경찰위원회에 심사자료와 결과를 보고하여야 한다.

해설 제11조의2(손실보상)
③ 제1항에 따른 보상을 청구할 수 있는 권리는 **손실이 있음을 안 날부터 3년, 손실이 발생한 날부터 5년간** 행사하지 아니하면 시효의 완성으로 소멸한다.

45 「경찰관 직무집행법」에 관한 설명으로 가장 적절한 것은? 〈23. 순경〉

① 「경찰관 직무집행법」에 따르면 경찰관은 유실물을 인수할 권리자 확인의 직무를 수행하기 위하여 필요하면 관계인에게 출석하여야 하는 사유·일시 및 장소를 명확히 적은 출석 요구서를 보내 경찰관서에 출석할 것을 요구할 수 있다.
② 「경찰관 직무집행법」에 따르면 위해성 경찰장비의 종류 및 그 사용기준, 안전교육·안전검사의 기준 등은 행정안전부령으로 정한다.
③ 「경찰관 직무집행법」제11조의2 제1항에 따른 손실보상을 청구할 수 있는 권리는 손실이 있음을 안 날부터 3년, 손실보상이 확정된 때부터 5년간 행사하지 아니하면 시효의 완성으로 소멸한다.
④ 「경찰관 직무집행법」제2조 직무의 범위에 "테러경보 발령·대테러 작전 수행"을 명시하고 있다.

해설 ▶(②) 제10조(경찰장비의 사용 등)
⑥ 위해성 경찰장비의 종류 및 그 사용기준, 안전교육·안전검사의 기준 등은 **대통령령**으로 정한다.

▶(③) 제11조의2(손실보상)
② 제1항에 따른 보상을 청구할 수 있는 권리는 **손실이 있음을 안 날부터 3년, 손실이 발생한 날부터 5년간** 행사하지 아니하면 시효의 완성으로 소멸한다.

▶(④) 제2조(직무의 범위)
1. 국민의 생명·신체 및 재산의 보호
2. 범죄의 예방·진압 및 수사
2의2. 범죄피해자 보호
3. 경비, 주요 인사(人士) 경호 및 대간첩·대테러 작전 수행 (테러경보 발령x)

Answer 44 ③   45 ①

4. 공공안녕에 대한 위험의 예방과 대응을 위한 정보의 수집·작성 및 배포
5. 교통 단속과 교통 위해(危害)의 방지
6. 외국 정부기관 및 국제기구와의 국제협력
7. 그 밖에 공공의 안녕과 질서 유지

46 「경찰관 직무집행법」 및 「경찰관 직무집행법 시행령」상 손실보상에 대한 설명으로 가장 적절한 것은?

21. 순경

① 손실발생의 원인에 대하여 책임이 없는 자가 경찰관의 적법한 직무집행으로 인하여 생명·신체 또는 재산상의 손실을 입은 경우(손실발생의 원인에 대하여 책임이 없는 자가 경찰관의 직무집행에 자발적으로 협조하거나 물건을 제공하여 생명·신체 또는 재산상의 손실을 입은 경우를 제외한다), 국가는 그 손실을 입은 자에 대하여 정당한 보상을 하여야 한다.
② 경찰청장 또는 시·도경찰청장은 손실보상심의위원회의 심의·의결에 따라 보상금을 지급하고, 거짓 또는 부정한 방법으로 보상금을 받은 사람에 대하여는 해당 보상금을 환수할 수 있다.
③ 손실보상심의위원회는 위원장 1명을 포함한 5명 이상 7명 이하의 위원으로 구성하며, 위원장이 부득이한 사유로 직무를 수행할 수 없는 때에는 상임위원, 위원 중 연장자 순으로 위원장의 직무를 대행한다.
④ 보상금을 지급하기로 결정한 경우 경찰청장등(경찰청, 해양경찰청, 시·도경찰청 및 지방해양경찰청의 장)은 「경찰관 직무집행법 시행령」 제10조 제3항에 따른 결정일부터 10일 이내에 보상금 지급 청구 승인 통지서에 결정 내용을 적어서 청구인에게 통지하여야 한다.

해설 ▶ (①) 제11조의2(손실보상)
① 국가는 경찰관의 적법한 직무집행으로 인하여 다음 각 호의 어느 하나에 해당하는 손실을 입은 자에 대하여 정당한 보상을 하여야 한다.
1. 손실발생의 원인에 대하여 책임이 없는 자가 생명·신체 또는 재산상의 손실을 입은 경우(손실발생의 원인에 대하여 책임이 없는 자가 경찰관의 직무집행에 자발적으로 협조하거나 물건을 제공하여 생명·신체 또는 재산상의 손실을 입은 경우를 **포함한다**)
2. 손실발생의 원인에 대하여 책임이 있는 자가 자신의 책임에 상응하는 정도를 초과하는 생명·신체 또는 재산상의 손실을 입은 경우

▶ (②) 제11조의2(손실보상)
④ 경찰청장, 해양경찰청장, 시·도경찰청장 또는 지방해양경찰청장은 제3항의 손실보상심의위원회의 심의·의결에 따라 보상금을 지급하고, 거짓 또는 부정한 방법으로 보상금을 받은 사람에 대하여는 해당 보상금을 **환수하여야 한다.**

▶ (③) 제12조(위원장)
③ 위원장이 부득이한 사유로 직무를 수행할 수 없는 때에는 **위원장이 미리 지명한 위원이 그 직무를 대행한다.**

Answer 46 ④

47 「경찰관 직무집행법」 및 「동법 시행령」상 손실보상에 대한 내용으로 가장 적절하지 않은 것은?

예상문제

① 손실보상을 청구할 수 있는 권리는 손실이 있음을 안 날로부터 3년, 손실이 발생한 날로부터 5년간 행사하지 아니하면 시효의 완성으로 소멸한다.
② 손실보상심의위원회는 위원장 1명을 포함한 5명 이상 7명 이하의 위원으로 구성한다.
③ 손실보상심의위원회의 위원장은 위원회 위원 중 경찰청장등이 지명한다.
④ 위원회의 회의는 재적위원 과반수의 출석으로 개의하고, 출석위원 과반수의 찬성으로 의결한다.

해설 손실보상심의위원회

설치근거	경찰관직무집행법
설치장소	경찰청, 시·도경찰청
구성	위원장 1명을 포함한 5명 이상 7명 이하
위원장	위원 중에서 호선 유고시 위원장이 미리 지명한 위원이 직무대리
위원	경찰청장(시·도경찰청장) 위촉 및 임명 과반수 이상은 경찰공무원이 아닌 사람으로 임영
임기	위촉위원 임기 2년
간사	1명
정족수	재과출과

48 「경찰관직무집행법」에 대한 다음 설명 중 옳은 것은 모두 몇 개인가?

예상문제

㉠ 미아·병자·부상자 등으로서 적당한 보호자가 없으며 응급의 구호를 요한다고 인정되는 경우 당해인이 이를 거절하는 때에도 보호조치를 할 수 있다.
㉡ 위험 발생의 방지를 위한 조치수단 중 긴급을 요할 때 '억류 또는 피난조치를 할 수 있는 대상자'로 규정된 자는 그 장소에 모인 사람, 사물의 관리자, 그 밖의 관계인이다.
㉢ 법 제10조의4에 따른 무기를 사용하는 경우 그 책임자는 사용 일시·장소·대상, 현장책임자, 종류, 수량 등을 기록하여 보관하여야 한다.
㉣ 이 법에 규정된 경찰관의 의무를 위반하거나 직권을 남용하여 다른 사람에게 해를 끼친 사람은 1년 이하의 징역이나 금고에 처한다.
㉤ 손실보상을 청구할 수 있는 권리는 손실이 있음을 안 날로부터 2년, 손실이 발생한 날로부터 5년간 행사하지 아니하면 시효의 완성으로 소멸한다.

① 1개
② 2개
③ 3개
④ 4개

Answer 47 ③ 48 ②

해설 ▶ (㉠) 제4조(보호조치 등)
① 경찰관은 수상한 행동이나 그 밖의 주위 사정을 합리적으로 판단해 볼 때 다음 각 호의 어느 하나에 해당하는 것이 명백하고 응급구호가 필요하다고 믿을 만한 상당한 이유가 있는 사람(이하 "구호대상자"라 한다)을 발견하였을 때에는 보건의료기관이나 공공구호기관에 긴급구호를 요청하거나 경찰관서에 보호하는 등 적절한 조치를 할 수 있다.
  1. 정신착란을 일으키거나 술에 취하여 자신 또는 다른 사람의 생명·신체·재산에 위해를 끼칠 우려가 있는 사람
  2. 자살을 시도하는 사람
  3. 미아, 병자, 부상자 등으로서 적당한 보호자가 없으며 응급구호가 필요하다고 인정되는 사람. 다만, **본인이 구호를 거절하는 경우는 제외**한다.

▶ (㉡) 제5조(위험 발생의 방지 등)
① 경찰관은 사람의 생명 또는 신체에 위해를 끼치거나 재산에 중대한 손해를 끼칠 우려가 있는 천재(天災), 사변(事變), 인공구조물의 파손이나 붕괴, 교통사고, 위험물의 폭발, 위험한 동물 등의 출현, 극도의 혼잡, 그 밖의 위험한 사태가 있을 때에는 다음 각 호의 조치를 할 수 있다.
  1. 그 장소에 모인 사람, 사물(事物)의 관리자, 그 밖의 관계인에게 필요한 경고를 하는 것
  2. 매우 긴급한 경우에는 **위해를 입을 우려가 있는 사람**을 필요한 한도에서 억류하거나 피난시키는 것
  3. 그 장소에 있는 사람, 사물의 관리자, 그 밖의 관계인에게 위해를 방지하기 위하여 필요하다고 인정되는 조치를 하게 하거나 직접 그 조치를 하는 것

▶ (㉢) 제11조의2(손실보상)
② 제1항에 따른 보상을 청구할 수 있는 권리는 손실이 있음을 **안 날부터 3년**, 손실이 발생한 날부터 **5년간** 행사하지 아니하면 시효의 완성으로 소멸한다.

49 다음은 「경찰관직무집행법 및 동법 시행령」의 내용이다. 아래 ㉠부터 ㉥까지의 ( )에 들어갈 숫자가 바르게 나열된 것은?

예상문제

가. 경찰관은 보호조치를 하는 경우에 구호대상자가 휴대하고 있는 무기·흉기 등 위험을 일으킬 수 있는 것으로 인정되는 물건을 경찰관서에 임시로 영치하여 놓을 수 있다. 이때 물건을 경찰관서에 임시로 영치하는 기간은 (㉠)일을 초과할 수 없다.
나. 손실보상을 청구할 수 있는 권리는 손실이 있음을 안 날부터 (㉡)년, 손실이 발생한 날부터 (㉢)년간 행사하지 아니하면 시효의 완성으로 소멸한다.
다. 손실보상심의위원회는 위원장 1명을 포함한 (㉣)명 이상 (㉤)명 이하의 위원으로 구성한다.
라. 「경찰관직무집행법」에 규정된 경찰관의 의무를 위반하거나 직권을 남용하여 다른 사람에게 해를 끼친 사람은 (㉥)년 이하의 징역이나 금고 또는 300만원 이하의 벌금에 처한다.

① ㉠ 10 ㉡ 5 ㉢ 7 ㉣ 3 ㉤ 5 ㉥ 1
② ㉠ 10 ㉡ 3 ㉢ 7 ㉣ 3 ㉤ 5 ㉥ 1
③ ㉠ 10 ㉡ 3 ㉢ 5 ㉣ 5 ㉤ 7 ㉥ 1
④ ㉠ 7 ㉡ 5 ㉢ 7 ㉣ 3 ㉤ 7 ㉥ 2

Answer 49 ③

해설 ▶ (가) 제4조(보호조치 등)
⑦ 제1항에 따라 구호대상자를 경찰서에서 보호하는 기간은 24시간을 초과할 수 없고, 제3항에 따라 물건을 경찰관서에 임시로 영치하는 기간은 **10일**을 초과할 수 없다.

▶ (나) 제11조의2(손실보상)
② 제1항에 따른 보상을 청구할 수 있는 권리는 손실이 있음을 안 날부터 **3년**, 손실이 발생한 날부터 **5년간** 행사하지 아니하면 시효의 완성으로 소멸한다.

▶ (다) 경찰관 직무집행법 시행령 제11조(손실보상심의위원회의 설치 및 구성)
② 위원회는 위원장 1명을 포함한 **5명 이상 7명 이하**의 위원으로 구성한다.

▶ (라) 제12조(벌칙)
이 법에 규정된 경찰관의 의무를 위반하거나 직권을 남용하여 다른 사람에게 해를 끼친 사람은 **1년 이하**의 징역이나 금고 또는 300만원 이하의 벌금에 처한다.

50 「경찰관 직무집행법」및 「경찰관 직무집행법 시행령」상 손실보상에 대한 다음 설명 중 옳지 않은 것은 모두 몇 개인가?

예상문제

가. 국가는 경찰관의 적법한 직무집행으로 인하여 손실발생의 원인에 대하여 책임이 있는 자가 자신의 책임에 상응하는 정도를 초과하는 재산상의 손실을 입은 경우 손실을 입은 자에 대하여 정당한 보상을 하여야 한다.
나. 손실보상의 기준, 보상금액, 지급절차 및 방법, 손실보상 심의위원회의 구성 및 운영, 그 밖에 필요한 사항은 행정안전부령으로 한다.
다. 소속 경찰공무원의 직무집행으로 인하여 발생한 손실보상청구 사건을 심의하기 위하여 경찰청, 시·도경찰청 및 경찰서에 손실보상심의위원회(이하 "위원회"라 한다)를 설치한다.
라. 위원회는 위원장 1명을 포함한 5명 이상 7명 이하의 위원으로 구성한다. 이 경우 위원의 과반수 이상은 경찰공무원이 아닌 사람으로 하여야 한다.
마. 위원회의 위원은 소속 경찰공무원과 ⅰ) 판사·검사 또는 변호사로 5년 이상 재직한 사람, ⅱ) 고등교육법 제2조에 따른 학교에서 법학 또는 행정학을 가르치는 정교수 이상으로 5년 이상 재직한 사람, ⅲ) 경찰업무와 손실보상에 관하여 학식과 경험이 풍부한 사람 중에서 경찰청장 등이 위촉하거나 임명한다.
바. 위원회의 회의는 재적위원 과반수의 출석으로 개의하고, 출석위원 과반수의 찬성으로 의결한다.

① 1개 ② 2개
③ 3개 ④ 4개

해설 ▶ (나) 제11조의2(손실보상)
⑦ 제1항에 따른 손실보상의 기준, 보상금액, 지급 절차 및 방법, 제3항에 따른 손실보상심의위원회의 구성 및 운영, 제4항 및 제6항에 따른 환수절차, 그 밖에 손실보상에 관하여 필요한 사항은 **대통령령으로** 정한다.

Answer 50 ③

▶ (다) 경찰관 직무집행법 시행령 제11조(손실보상심의위원회의 설치 및 구성)
① 법 제11조의2 제3항에 따라 소속 경찰공무원의 직무집행으로 인하여 발생한 손실보상청구 사건을 심의하기 위하여 **경찰청, 해양경찰청, 시·도경찰청 및 지방해양경찰청**에 손실보상심의위원회(이하 "위원회"라 한다)를 설치한다.

▶ (마) 제11조(손실보상심의위원회의 설치 및 구성)
③ 위원회의 위원은 소속 경찰공무원과 다음 각 호의 어느 하나에 해당하는 사람 중에서 경찰청장 등이 위촉하거나 임명한다. 이 경우 위원의 과반수 이상은 경찰공무원이 아닌 사람으로 하여야 한다.
  1. 판사·검사 또는 변호사로 5년 이상 근무한 사람
  2. 「고등교육법」 제2조에 따른 학교에서 법학 또는 행정학을 가르치는 **부교수 이상**으로 5년 이상 재직한 사람
  3. 경찰 업무와 손실보상에 관하여 학식과 경험이 풍부한 사람

51 「경찰관 직무집행법」 및 「경찰관 직무집행법 시행령」상 손실보상에 대한 설명으로 옳지 않은 것은 모두 몇 개인가? 20. 경간부

> 가. 국가는 경찰관의 적법한 직무집행으로 인하여 손실발생의 원인에 대하여 책임이 없는 자가 생명·신체 또는 재산상의 손실을 입은 경우 손실을 입은 자에게 정당한 보상을 하여야 한다.
> 나. 손실을 입은 물건을 수리할 수 있는 경우에는 수리비에 상당하는 금액으로 보상한다.
> 다. 손실을 입은 물건을 수리할 수 없는 경우에는 보상 당시의 해당물건의 교환 가액으로 보상한다.
> 라. 영업자가 손실을 입은 물건의 수리나 교환으로 인하여 영업을 계속할 수 없는 경우에는 기간 중 영업상 이익에 상당하는 금액으로 보상한다.
> 마. 물건의 멸실·훼손으로 인한 손실 외의 재산상 손실에 대해서는 직무집행과 상당한 인과관계가 있는 범위에서 보상한다.
> 바. 보상금은 다른 법률에 특별한 규정이 있는 경우를 제외하고는 현금으로 지급하여야 한다.

① 1개   ② 2개
③ 3개   ④ 4개

해설 제9조(손실보상의 기준 및 보상금액 등)
① (다) 법 제11조의2 제1항에 따라 손실보상을 할 때 물건을 멸실·훼손한 경우에는 다음 각 호의 기준에 따라 보상한다.
  1. 손실을 입은 물건을 수리할 수 있는 경우: 수리비에 상당하는 금액
  2. 손실을 입은 물건을 수리할 수 없는 경우: **손실을 입은 당시**의 해당 물건의 교환가액
  3. 영업자가 손실을 입은 물건의 수리나 교환으로 인하여 영업을 계속할 수 없는 경우: 영업을 계속할 수 없는 기간 중 영업상 이익에 상당하는 금액

Answer 51 ①

52 「범인검거 등 공로자 보상에 관한 규정」에 대한 내용으로 가장 적절하지 않은 것은? 예상문제

① 사형, 무기징역 또는 무기금고, 장기 10년 이상의 징역 또는 금고에 해당하는 범죄에 대한 보상금 지급기준 금액은 100만원이다.
② 장기 10년 미만의 징역 또는 금고에 해당하는 범죄에 대한 보상금 지급기준 금액과 장기 5년 미만의 징역 또는 금고, 장기 10년 이상의 자격정지 또는 벌금 50만원을 초과하는 범죄에 대한 보상금 지급기준 금액의 합은 70만원이다.
③ 동일한 사람에게 지급결정일을 기준으로 연간(1월 1일부터 12월 31일까지를 말한다) 5회를 초과하여 보상금을 지급할 수 없다.
④ 보상금 지급 심사·의결을 거쳐 지급이 이루어진 이후에는 동일한 사건에 대하여 보상금을 지급할 수 없다.

(해설) 범인검거 등 공로자 보상에 관한 규정 제6조(보상금의 지급 기준)
① 시행령 제20조에 따른 보상금 지급기준 금액은 다음 각 호와 같다.
  1. 사형, 무기징역 또는 무기금고, 장기 10년 이상의 징역 또는 금고에 해당하는 범죄 : 100만원
  2. 장기 10년 미만의 징역 또는 금고에 해당하는 범죄 : **50만원**
  3. 장기 5년 미만의 징역 또는 금고, 장기 10년 이상의 자격정지 또는 벌금형 : **30만원**

53 「경찰관 직무집행법」상 범인검거 등 공로자 보상에 대한 ㉠부터 ㉢까지의 내용 중 옳은 것을 모두 고른 것은? 예상문제

제11조의3(범인검거 등 공로자 보상)
① 경찰청장, 시·도경찰청장 또는 경찰서장은 다음 각 호의 어느 하나에 해당하는 사람에게 ㉠ 보상금을 지급하여야 한다.
  1. 범인 또는 범인의 소재를 신고하여 검거하게 한 사람
  ㉡ 2. 범인을 검거하여 경찰공무원에게 인도한 사람
  ㉢ 3. 테러범죄의 예방활동에 현저한 공로가 있는 사람
② 경찰청장, 시·도경찰청장 및 경찰서장은 제1항에 따른 보상금 지급의 심사를 위하여 대통령령으로 정하는 바에 따라 각각 보상금심사위원회를 설치·운영하여야 한다.
③ 제2항에 따른 보상금심사위원회는 ㉣ 위원장 1명을 제외한 5명 이내의 위원으로 구성한다.

① ㉠㉡   ② ㉠㉣
③ ㉡㉢   ④ ㉡㉣

(해설) 제11조의3(범인검거 등 공로자 보상)
① 경찰청장, 해양경찰청장, 시·도경찰청장, 지방해양경찰청장, 경찰서장 또는 해양경찰서장(이하 이 조에서 "경찰청장등"이라 한다)은 다음 각 호의 어느 하나에 해당하는 사람에게 **보상금을 지급할 수 있다.**

Answer 52 ②   53 ③

1. 범인 또는 범인의 소재를 신고하여 검거하게 한 사람
2. 범인을 검거하여 경찰공무원에게 인도한 사람
3. 테러범죄의 예방활동에 현저한 공로가 있는 사람
4. 그 밖에 제1호부터 제3호까지의 규정에 준하는 사람으로서 대통령령으로 정하는 사람

③ 제2항에 따른 보상금심사위원회는 위원장 1명을 **포함한** 5명 이내의 위원으로 구성한다.

54. 「경찰관 직무집행법」 및 동법 시행령상 범인검거 등 공로자 보상에 관한 설명이다. ( ) 안에 들어갈 숫자의 합은?

〔74기 경간부〕

가. 보상금의 최고액은 ( )억원으로 하며, 구체적인 보상금지급 기준은 경찰청장이 정하여 고시한다.
나. 보상금심사위원회는 위원장 1명을 포함한 ( )명 이내의 위원으로 구성한다.
다. 부정한 방법으로 보상금을 지급받은 사람이 보상금 환수통지를 받은 경우, 보상금 환수 통지일부터 ( )일 이내의 범위에서 경찰청장, 시·도경찰청장 또는 경찰서장이 정하는 기한까지 환수금액을 납부하지 아니한 때에는 국세 체납처분의 예에 따라 징수할 수 있다.

① 35
② 40
③ 45
④ 50

해설 ▶ (가) 경찰관 직무집행법 시행령 제20조(범인검거 등 공로자 보상금의 지급 기준)
법 제11조의3 제1항에 따른 보상금의 최고액은 **5억원**으로 하며, 구체적인 보상금 지급 기준은 경찰청장이 정하여 고시한다.

▶ (나) 경찰관 직무집행법 제11조의3(범인검거 등 공로자 보상)
③ 제2항에 따른 보상금심사위원회는 위원장 1명을 포함한 **5명 이내**의 위원으로 구성한다.

▶ (다) 경찰관 직무집행법 제11조의3(범인검거 등 공로자 보상)
⑥ 경찰청장등은 제5항에 따라 보상금을 반환하여야 할 사람이 **대통령령으로 정한 기한까지(40일 이내)** 그 금액을 납부하지 아니한 때에는 국세강제징수의 예에 따라 징수할 수 있다.

55. 「경찰관 직무집행법」 및 동법 시행령상 손실보상에 관한 내용 중 가장 적절하지 않은 것은?

〔22. 순경〕

① 소속 경찰공무원의 직무집행으로 인하여 발생한 손실보상청구사건을 심의하기 위하여 경찰청, 해양경찰청, 시·도경찰청 및 지방해양경찰청에 손실보상심의위원회를 설치한다.
② 손실보상을 청구할 수 있는 권리는 손실이 있음을 안 날로부터 3년, 손실이 발생한 날부터 5년간 행사하지 아니하면 시효의 완성으로 소멸한다.
③ 손실보상금 지급 청구서를 받은 경찰청장 등은 손실보상심의위원회의 심의·의결에 따라 손실보상 여부 및 손실보상금액을 결정하되 손실보상 청구가 요건과 절차를 갖추지

Answer 54 ④ 55 ③

못한 경우(다만, 그 잘못된 부분을 시정할 수 있는 경우는 제외한다.) 그 청구를 기각하는 결정을 하여야 한다.
④ 손실보상금은 일시불로 지급하되, 예산 부족 등의 사유로 일시금으로 지급할 수 없는 특별한 사정이 있는 경우에는 청구인의 동의를 받아 분할하여 지급할 수 있다.

> **해설** 경찰관 직무집행법 시행령 제10조(손실보상의 지급절차 및 방법)
> ③ 제2항에 따라 보상금 지급 청구서를 받은 경찰청장등은 손실보상심의위원회의 심의·의결에 따라 보상 여부 및 보상금액을 결정하되, 다음 각 호의 어느 하나에 해당하는 경우에는 그 청구를 **각하(却下)하는 결정을 하여야 한다.**

56 「경찰관 직무집행법」에 관한 내용 중 가장 적절하지 않은 것은? 22. 순경

① 경찰관서의 장은 직무수행에 필요하다고 인정되는 상당한 이유가 있을 때에는 국가기관의 공사단체 등에 직무수행에 관련된 사실을 조회할 수 있다. 다만, 긴급한 경우에는 소속 경찰관으로 하여금 현장에 나가 해당 기관 또는 단체의 장의 협조를 받아 그 사실을 확인하게 할 수 있다.
② 국가경찰위원회 위원장은 경찰관이 「경찰관 직무집행법」 제2조(직무의 범위) 각 호에 따른 직무수행으로 인하여 민·형사상 책임과 관련된 소송을 수행할 경우 변호인 선임 등 소송 수행에 필요한 지원을 하여야 한다.
③ 경찰청장, 시·도경찰청장 또는 경찰서장은 「경찰관 직무집행법」 제11조의3 제2항에 따른 보상금심사위원회의 심사·의결에 따라 보상금을 지급하고, 거짓 또는 부정한 방법으로 보상금을 받은 사람에 대하여는 해당 보상금을 환수한다.
④ 보상금심사위원회는 위원장 1명을 포함한 5명 이내의 위원으로 구성한다.

> **해설** 제11조의4(소송 지원)
> 경찰청장과 해양경찰청장은 경찰관이 제2조 각 호에 따른 직무의 수행으로 인하여 민·형사상 책임과 관련된 소송을 수행할 경우 변호인 선임 등 소송 수행에 필요한 **지원을 할 수 있다.**

Answer 56 ②

CHAPTER 11 경찰장비관리규칙
[경찰청훈령 시행 2024.1.18.]

01 다음 「경찰장비관리규칙」상 물품관리기관에 대한 내용으로 틀린 것은?   예상문제

① 물품관리관이란 경찰청장으로부터 물품관리에 관한 사무를 위임받아 그 범위 내에서 물품관리사무를 집행하는 자로 지정된 경찰관을 말한다.
② 물품출납공무원이란 물품관리관으로부터 물품의 출납과 보관에 관한 사무를 위임받은 자로 지정된 경찰관을 말한다.
③ 물품운용관이란 물품관리관으로부터 물품의 사용에 관한 사무를 위임받은 자로 지정된 경찰관을 말한다.
④ 경찰청장은 물품관리관이 부득이한 사유로 직무를 수행할 수 없을 때에는 그 사무를 대리하는 공무원을 지정할 수 있고, 물품관리관은 물품출납공무원 또는 물품운용관이 부득이한 사유로 직무를 수행할 수 없을 때에는 그 사무를 대리하는 공무원을 지정하여야 한다.

> 해설 제7조(관리기관의 분임 및 대리)
> ② 경찰청장은 물품관리관이 부득이한 사유로 직무를 수행할 수 없을 때에는 그 사무를 대리하는 공무원을 지정할 수 있고, 물품관리관은 물품출납공무원 또는 물품운용관이 부득이한 사유로 직무를 수행할 수 없을 때에는 그 사무를 대리하는 공무원을 **지정할 수 있다.**

02 「경찰장비관리규칙」에 관한 다음 설명 중 옳은 것은 모두 몇 개인가?   예상문제

> 가. 전자충격기는 물품관리관의 책임하에 집중관리함을 원칙으로 하나, 운용부서에 대여하여 그 부서장의 책임하에 관리·운용하게 할 수 있다.
> 나. 차량의 차종은 승용·승합·화물·특수용으로 구분하고, 차형은 차종별로 대형·중형·소형·경형·다목적형으로 구분한다.
> 다. 각 경찰기관의 업무용차량은 운전요원의 부족 등 불가피한 사유가 없는 한 집중관리를 원칙으로 한다.
> 라. 부속기관 및 시·도경찰청의 장은 다음 년도에 소속기관의 차량정수를 증감시킬 필요가 있을 때에는 매년 3월 말까지 다음 년도 차량정수 소요계획을 경찰청장에게 제출하여야 한다.
> 마. 경찰기관의 장은 무기를 휴대한 자 중에서 사의를 표명한 자, 형사사건의 수사 대상이 된 자, 정신건강상 문제가 우려되어 치료가 필요한 자의 경우 대여한 무기·탄약을 회수할 수 있다

Answer 01 ④   02 ③

① 2개   ② 3개
③ 4개   ④ 5개

> **해설** 제120조(무기·탄약의 회수 및 보관)
> ① 경찰기관의 장은 무기를 휴대한 자 중에서 다음 각 호에 해당하는 자가 발생한 때에는 즉시 대여한 **무기·탄약을 회수해야 한다**. 다만, 대상자가 이의신청을 하거나 소속 부서장이 무기 소지 적격 여부에 대해 심의를 요청하는 경우에는 무기 소지 적격 심의위원회(이하 '심의위원회'라 한다.)의 심의를 거쳐 대여한 무기·탄약의 회수여부를 결정한다.
> 1. 직무상의 비위 등으로 인하여 중징계 의결 요구된 자
> 2. **사의를 표명한 자**

03. 「경찰장비의 사용기준 등에 관한 규정」 제2조에는 경찰장비의 종류가 경찰장구, 무기, 분사기·최루탄 등, 기타 장비로 구분되어 있다. 다음 중 '경찰장구'로 분류되어 있는 것은 모두 몇 개인가?
_{예상문제}

┌───┐
│ ㉠ 수갑   ㉡ 전자충격기   ㉢ 수류탄   │
│ ㉣ 권총   ㉤ 살수차   ㉥ 전자방패   │
│ ㉦ 가스차   ㉧ 물포   ㉨ 다목적발사기│
│ ㉩ 유탄발사기   ㉪ 호송용 포승   ㉫ 가스발사총 │
└───┘

① 2개   ② 3개
③ 4개   ④ 5개

> **해설** 제75조(구분)
> 경찰장구류는 경찰관이 휴대하여 범인검거와 범죄진압 등 직무수행에 사용하는 장비로서, **수갑, 포승, 벨트형 포승, 호송용 포승, 경찰봉, 호신용경봉, 전자충격기, 방패, 전자방패** 등을 말한다.

04. 「경찰장비관리규칙」상 차량관리에 대한 설명으로 적절하지 <u>않은</u> 것을 모두 고른 것은?
_{예상문제}

┌───┐
│ ㉠ 차량은 용도별로 전용·지휘용·행정용·순찰용·특수구난용 차량으로 구분한다.
│ ㉡ 부속기관 및 시·도경찰청의 장은 다음 연도에 소속기관의 차량정수를 증감시킬 필요가 있을 때에는 매년 11월 말까지 다음 연도 차량정수 소요계획을 경찰청장에게 제출하여야 한다.
│ ㉢ 차량교체를 위한 불용 대상차량은 주행거리와 차량의 노후상태를 최우선적으로 고려하여 선정하여야 하고, 주행거리가 동일한 경우에는 차량사용기간, 사용부서 등을 추가로 검토한다.
│ ㉣ 차량운행시 책임자는 1차 선임탑승자, 2차 운전자(사용자), 3차 경찰기관의 장으로 한다.
└───┘

Answer 03 ③   04 ④

① ㉠㉣
② ㉠㉡㉢
③ ㉡㉢㉣
④ ㉠㉡㉢㉣

해설 ▶ (㉠) 제88조(차량의 구분)
① 차량의 차종은 승용·승합·화물·특수용으로 구분하고, 차형은 차종별로 대형·중형·소형·경형·다목적형으로 구분한다.
② 차량은 용도별로 **전용 · 지휘용 · 업무용 · 순찰용 · 특수용** 차량으로 구분한다.

▶ (㉡) 제90조(차량소요계획의 제출)
① 부속기관 및 시·도경찰청의 장은 다음 년도에 소속기관의 차량정수를 증감시킬 필요가 있을 때에는 **매년 3월말까지** 다음 년도 차량정수 소요계획을 경찰청장에게 제출하여야 한다.

▶ (㉢) 제94조(교체대상차량의 불용처리)
① 차량교체를 위한 불용 대상차량은 부속기관 및 시·도경찰청에 배정되는 수량의 범위 내에서 내용연수 경과 여부 등 **차량사용기간을 최우선적으로 고려**하여 선정한다.
② 사용기간이 동일한 경우에는 주행거리와 차량의 노후상태, 사용부서 등을 종합적으로 검토 예산낭비 요인이 없도록 신중하게 선정한다.

▶ (㉣) 제98조(차량의 관리책임)
③ 차량운행시 책임자는 1차 운전자, 2차 선임탑승자(사용자), 3차 경찰기관의 장으로 한다.

05 다음은 「경찰장비관리규칙」에 대한 설명이다. ㉠부터 ㉣까지의 설명 중 옳고 그름의 표시(○, ×)가 바르게 된 것은?

예상문제

㉠ 부속기관 및 시·도경찰청은 소속기관 차량 중 다음 연도 교체대상 차량을 매년 3월 말까지 경찰청장에게 보고해야 한다.
㉡ 차량교체를 위한 불용 대상차량 선정에는 차량주행거리를 최우선적으로 고려하여 선정한다.
㉢ 업무용차량은 운전요원의 부족 등 불가피한 사유가 없는 한 집중관리를 원칙으로 한다.
㉣ 의경 신임운전요원은 2주 이상 운전교육을 실시한 후에 운행하도록 하여야 한다.

① ㉠(×) ㉡(×) ㉢(○) ㉣(×)
② ㉠(×) ㉡(○) ㉢(×) ㉣(○)
③ ㉠(○) ㉡(×) ㉢(○) ㉣(○)
④ ㉠(○) ㉡(○) ㉢(×) ㉣(×)

해설 ▶ (㉠) 제93조(차량의 교체)
① 부속기관 및 시·도경찰청은 소속기관 차량 중 다음 년도 교체대상 차량을 **매년 11월 말까지** 경찰청장에게 보고하여야 한다.

▶ (㉡) 제94조(교체대상차량의 불용처리)
① 차량교체를 위한 불용 대상차량은 부속기관 및 시·도경찰청에 배정되는 수량의 범위 내에서 내용연수 경과 여부 등 **차량사용기간을 최우선적으로 고려**하여 선정한다.
② 사용기간이 동일한 경우에는 주행거리와 차량의 노후상태, 사용부서 등을 종합적으로 검토 예산낭비 요인이 없도록 신중하게 선정한다.

▶ (㉣) 제102조(운전원 교육 및 출동태세 확립)
② 전·의경 신임운전요원은 **4주 이상** 운전교육을 실시한 후에 운행하도록 하여야 한다.

Answer 05 ①

06 「경찰장비관리규칙」상 무기관리에 관한 설명으로 옳은 것은 모두 몇 개인가? 24. 순경

> ⊙ 무기고와 탄약고는 견고하게 만들고 환기·방습장치와 방화 시설 및 총가시설 등이 완비되어야 한다.
> ⓒ 간이무기고는 근무자가 24시간 상주하는 지구대, 파출소, 상황실 등 경찰기관의 장이 필요하다고 인정하는 상당한 이유가 있는 장소에 설치할 수 있다.
> ⓒ 집중무기·탄약고의 열쇠보관은 일과시간의 경우 무기 관리부서의 장이, 일과시간 후에는 당직 업무(청사방호) 책임자(상황관리관 등 당직근무자)가 한다.
> ⓔ 경찰기관의 장은 무기를 휴대한 자 중에서 '정신건강상 문제가 우려되어 치료가 필요한 자'가 있을 때에는 즉시 대여한 무기·탄약을 회수하여야 한다.

① 1개   ② 2개
③ 3개   ④ 4개

해설 (ⓔ) 제120조(무기·탄약의 회수 및 보관)
② 경찰기관의 장은 무기를 휴대한 자 중에서 다음 각 호에 해당하는 자가 있을 때에는 심의위원회의 심의를 거쳐 대여한 **무기·탄약을 회수할 수 있다.** 다만, 심의위원회를 개최할 시간적 여유가 없거나 사고 방지 등을 위해 신속한 회수가 필요하다고 인정되는 경우에는 대여한 무기·탄약을 즉시 회수할 수 있으며, 회수한 날부터 7일 이내에 심의위원회를 개최하여 회수의 타당성을 심의하고 계속 회수 여부를 결정한다.
1. 직무상의 비위 등으로 인하여 감찰조사의 대상이 되거나 경징계의결 요구 또는 경징계 처분 중인 자
2. 형사사건의 수사 대상이 된 자
3. 경찰공무원 직무적성검사 결과 고위험군에 해당되는 자
4. **정신건강상 문제가 우려되어 치료가 필요한 자**
5. 정서적 불안 상태로 인하여 무기 소지가 적합하지 않은 자로서 소속 부서장의 요청이 있는 자
6. 그 밖에 경찰기관의 장이 무기 소지 적격 여부에 대해 심의를 요청하는 자

07 「경찰장비관리규칙」상 무기류에 관한 설명으로 가장 적절하지 않은 것은? 24. 승진

① 탄약고 내에는 전기시설을 하여서는 아니되며, 조명은 건전지 등으로 하고 방화시설을 완비하여야 한다. 단, 방폭설비를 갖춘 경우 전기시설을 설치할 수 있다.
② 집중무기·탄약고의 열쇠보관은 일과시간에는 무기 관리부서의 장이, 일과시간 후에는 당직 업무(청사방호) 책임자가 한다.
③ 경찰기관의 장은 무기를 휴대한 자가 술자리 또는 연회장소에 출입할 경우 즉시 대여한 무기·탄약을 회수해야 한다.
④ 경찰관이 권총을 휴대·사용하는 경우 1탄은 공포탄, 2탄 이하는 실탄을 장전한다. 다만, 대간첩작전, 살인·강도 등 중요범인이나 무기·흉기 등을 사용하는 범인의 체포 및 위해의 방호를 위하여 불가피한 경우에 1탄부터 실탄을 장전할 수 있다.

Answer 06 ③ 07 ③

> **해설** 제120조(무기·탄약의 회수 및 보관)
> ④ 경찰기관의 장은 무기를 휴대한 자 중에서 다음 각 호에 해당하는 경우에는 대여한 무기·탄약을 **무기고에 보관하도록 해야 한다.**
> 1. **술자리 또는 연회장소에 출입할 경우**
> 2. 상사의 사무실을 출입할 경우
> 3. 기타 정황을 판단하여 필요하다고 인정되는 경우

08 「경찰장비관리규칙」상 무기류관리에 대한 설명으로 가장 적절하지 않은 것은? 〔73기 경간부〕

① 경찰기관의 장은 무기를 휴대한 자 중에서 직무상의 비위 등으로 인하여 감찰조사의 대상이 되거나 경징계의결 요구 또는 경징계 처분 중인 자, 형사사건의 조사의 대상이 된 자, 경찰공무원 직무적성검사 결과 고위험군에 해당되는 자가 발생한 때에는 즉시 대여한 무기·탄약을 회수하여야 한다.
② 간이무기고는 근무자가 24시간 상주하는 지구대, 파출소, 상황실 및 112타격대 등 경찰기관의 장이 필요하다고 인정하는 상당한 이유가 있는 장소에 설치할 수 있다.
③ 탄약고 내에는 전기시설을 하여서는 아니되며, 조명은 건전지 등으로 하고, 방화시설을 완비하여야 한다. 단, 방폭설비를 갖춘 경우 전기시설을 설치할 수 있다.
④ 지구대 등의 간이무기고의 경우는 소속 경찰관에 한하여 무기를 지급하되 감독자 이회(감독자가 없을 경우 반드시 타 선임 경찰관 입회)하에 무기탄약 입출고부에 기재한 뒤 입출고하여야 한다. 다만, 긴급상황 발생시 경찰서장의 사전허가를 받은 경우의 대여는 예외로 한다.

> **해설** 제120조(무기·탄약의 회수 및 보관)
> ② 경찰기관의 장은 무기를 휴대한 자 중에서 다음 각 호에 해당하는 자가 있을 때에는 심의위원회의 심의를 거쳐 대여한 **무기·탄약을 회수할 수 있다.** 다만, 심의위원회를 개최할 시간적 여유가 없거나 사고 방지 등을 위해 신속한 회수가 필요하다고 인정되는 경우에는 대여한 무기·탄약을 즉시 회수할 수 있으며, 회수한 날부터 7일 이내에 심의위원회를 개최하여 회수의 타당성을 심의하고 계속 회수 여부를 결정한다.
> 1. **직무상의 비위 등으로 인하여 감찰조사의 대상이 되거나 경징계의결 요구 또는 경징계 처분 중인 자**
> 2. **형사사건의 수사 대상이 된 자**
> 3. **경찰공무원 직무적성검사 결과 고위험군에 해당되는 자**
> 4. 정신건강상 문제가 우려되어 치료가 필요한 자
> 5. 정서적 불안 상태로 인하여 무기 소지가 적합하지 않은 자로서 소속 부서장의 요청이 있는 자
> 6. 그 밖에 경찰기관의 장이 무기 소지 적격 여부에 대해 심의를 요청하는 자

Answer 08 ①

09 「경찰장비관리규칙」상 무기 및 탄약관리에 관한 설명으로 가장 적절하지 않은 것은?

23. 순경

① 간이무기고란 경찰인력 및 경찰기관별 무기책정기준에 따라 배정된 개인화기와 공용화기를 집중보관·관리하기 위하여 각 경찰기관에 설치된 시설을 말한다.
② 무기·탄약을 대여 받은 자는 그 무기를 휴대하고 근무하는 경우를 제외하고는 무기고에 보관하여야 하며, 근무 종료시에는 감독자 입회아래 무기탄약 입출고부에 기재한 뒤 즉시 입고하여야 한다.
③ 경찰기관의 장은 무기를 휴대한 자가 형사사건의 조사의 대상이 된 때에는 즉시 대여한 무기·탄약을 회수하여야 한다.
④ 경찰기관의 장은 무기를 휴대한 자가 상사의 사무실을 출입할 경우 무기·탄약을 무기고에 보관하도록 하여야 한다.

해설 제112조(정의)
2. "집중무기고"란 경찰인력 및 경찰기관별 무기책정기준에 따라 배정된 **개인화기와 공용화기를 집중보관·관리하기 위하여 각 경찰기관에 설치된 시설**을 말한다.
4. "간이무기고"란 경찰기관의 각 기능별 운용부서에서 효율적 사용을 위하여 집중무기고로부터 **무기·탄약의 일부를 대여 받아 별도로 보관·관리하는 시설**을 말한다.

10 「경찰장비관리규칙」에 관한 설명으로 옳고 그름의 표시(O, X)가 바르게 된 것은?

24. 순경

㉠ 경찰기관의 장은 무기를 휴대한 자 중에서 형사사건의 수사 대상이 된 자가 있을 때에는 무기 소지 적격 심의위원회(이하 "심의위원회"라 한다)의 심의를 거쳐 대여한 무기·탄약을 회수할 수 있다. 다만, 심의위원회를 개최할 시간적 여유가 없거나 사고 방지 등을 위해 신속한 회수가 필요하다고 인정되는 경우에는 대여한 무기·탄약을 즉시 회수 할 수 있으며, 회수한 날부터 7일 이내에 심의위원회를 개최하여 회수의 타당성을 심의하고 계속 회수여부를 결정한다.
㉡ 심의위원회는 위원장 1명 포함하여 총 5명 이상 7명 이내의 위원으로 구성하되 민간위원 1명 이상이 위원으로 참여하여야 한다.
㉢ 경찰기관의 장은 무기를 휴대한 자 중에서 정신건강상 문제가 우려되어 치료가 필요한 자의 경우 대여한 무기·탄약을 즉시 회수해야 한다.
㉣ 집중무기고란 경찰탄약을 집중 보관 및 관리하기 위해 각 경찰기관에 설치된 시설을 말한다.

① ㉠(O) ㉡(O) ㉢(X) ㉣(X)
② ㉠(O) ㉡(X) ㉢(O) ㉣(X)
③ ㉠(O) ㉡(X) ㉢(X) ㉣(O)
④ ㉠(X) ㉡(O) ㉢(X) ㉣(O)

Answer 09 ① 10 ①

해설 ▶ (ⓒ) 제120조(무기·탄약의 회수 및 보관)
② 경찰기관의 장은 무기를 휴대한 자 중에서 다음 각 호에 해당하는 자가 있을 때에는 심의위원회의 심의를 거쳐 대여한 **무기·탄약을 회수할 수 있다.** 다만, 심의위원회를 개최할 시간적 여유가 없거나 사고 방지 등을 위해 신속한 회수가 필요하다고 인정되는 경우에는 대여한 무기·탄약을 즉시 회수할 수 있으며, 회수한 날부터 7일 이내에 심의위원회를 개최하여 회수의 타당성을 심의하고 계속 회수 여부를 결정한다.
1. 직무상의 비위 등으로 인하여 감찰조사의 대상이 되거나 경징계의결 요구 또는 경징계 처분 중인 자
2. 형사사건의 수사 대상이 된 자
3. 경찰공무원 직무적성검사 결과 고위험군에 해당되는 자
4. **정신건강상 문제가 우려되어 치료가 필요한 자**
5. 정서적 불안 상태로 인하여 무기 소지가 적합하지 않은 자로서 소속 부서장의 요청이 있는 자
6. 그 밖에 경찰기관의 장이 무기 소지 적격 여부에 대해 심의를 요청하는 자

▶ (ⓔ) 제112조(정의)
2. "집중무기고"란 경찰인력 및 경찰기관별 무기책정기준에 따라 배정된 **개인화기와 공용화기를** 집중보관·관리하기 위하여 각 경찰기관에 설치된 시설을 말한다.

11 「경찰장비관리규칙」상 무기관리에 대한 설명으로 가장 적절하지 <u>않은</u> 것은? 예상문제

① 무기는 인명 또는 신체에 위해를 가할 수 있도록 제작된 권총·소총·도검 등을 말한다.
② 무기·탄약고 비상벨은 상황실과 숙직실 등 초동조치 가능장소와 연결하고, 외곽에는 철조망장치와 조명등 및 순찰함을 설치할 수 있다.
③ 탄약고는 무기고와 분리되어야 하며, 가능한 본 청사와 격리된 독립 건물로 하여야 한다.
④ 간이무기고는 근무자가 24시간 상주하는 지구대, 파출소, 상황실 및 112타격대 등 경찰기관의 장이 필요하다고 인정하는 상당한 이유가 있는 장소에 설치할 수 있다.

해설 ▶ 제115조(무기고 및 탄약고 설치)
⑤ 무기·탄약고 비상벨은 상황실과 숙직실 등 초동조치 가능장소와 연결하고, 외곽에는 철조망장치와 조명등 및 순찰함을 **설치하여야 한다.**

12 다음 「경찰장비관리규칙」상 무기 소지 적격 심의위원회에 대한 설명 중 가장 적절한 것은? 응용문제

① 심의위원회는 위원장 1명을 포함하여 총 5명이상 7명 이내의 위원으로 구성하되 민간위원 2명 이상이 위원으로 참여하여야 한다.
② 심의위원회의 위원장은 심의 대상자 소속 경찰기관의 장이 지명한다.
③ 심의위원회의 회의는 재적위원 과반수의 찬성으로 의결한다.
④ 심의위원회의 회의는 공개로 한다.

Answer 11 ② 12 ②

해설 무기 소지 적격 심의위원회

설치	각급 경찰기관의 장 소속 하에	
구성	위원장 1명을 포함하여 총 5명이상 7명 이내의 위원으로 구성하되 민간위원 1명 이상이 위원	
위원장	심의 대상자 소속 경찰기관의 장이 지명	
위원	내부위원	심의 대상자 소속 경찰기관의 장이 당해 경찰기관에 소속된 자 중 지명한 자
	민간위원	정신건강 분야에 관한 전문성을 갖춘 사람으로서 심의 대상자 소속 경찰기관의 장이 위촉하는 사람
의결정족수	재과출과	
회의	비공개	

13 「경찰장비관리규칙」상 무기고 및 탄약고 설치에 관한 설명 중 가장 적절하지 않은 것은?

22. 순경

① 무기·탄약고 비상벨은 상황실과 숙직실 등 초동조치 가능장소와 연결하고 외곽에는 철조망 장치와 조명 등 및 순찰함을 설치하여야 한다.
② 탄약고 내에는 전기시설을 하는 것이 원칙이나, 조명은 건전지 등으로 하고 방화시설을 완비하여야 한다.
③ 무기고와 탄약고의 환기통 등에는 손이 들어가지 않도록 쇠창살 시설을 하고, 출입문은 2중으로 하여 각 1개소 이상씩 자물쇠를 설치하여야 한다.
④ 탄약고는 무기고와 분리되어야 하며 가능한 본 청사와 격리된 독립 건물로 하여야 한다.

해설 ▶제115조(무기고 및 탄약고 설치)
⑦ **탄약고 내에는 전기시설을 하여서는 아니되며**, 조명은 건전지 등으로 하고 방화시설을 완비하여야 한다. 단, **방폭설비를 갖춘 경우 전기시설을 설치할 수 있다.**

Answer 13 ②

CHAPTER 12 위해성 경찰장비의 사용기준 등에 관한 규정
[대통령령 시행 2021.1.5.]

01 「위해성 경찰장비의 사용기준 등에 관한 규정」상 기타 장비는 모두 몇 개인가? 〔예상문제〕

㉠ 수갑	㉡ 방패	㉢ 전자방패
㉣ 최루탄 발사장치	㉤ 가스차	㉥ 다목적발사기
㉦ 석궁	㉧ 크레모아	㉨ 가스분사기
㉩ 살수차	㉪ 도주차량차단장비	㉫ 물포

① 4개 ② 5개
③ 6개 ④ 7개

해설 ▶ (㉤㉥㉦㉩㉪㉫) 제2조(위해성 경찰장비의 종류)

경찰장구	수갑·포승(捕繩)·호송용포승·경찰봉·호신용경봉·전자충격기·방패 및 전자방패
무기	권총·소총·기관총(기관단총을 포함)·산탄총·유탄발사기·박격포·3인치포·함포·크레모아·수류탄·폭약류 및 도검
분사기·최루탄등	근접분사기·가스분사기·가스발사총(고무탄 발사겸용을 포함) 및 최루탄(그 발사장치를 포함)
기타장비	**가스차·살수차·특수진압차·물포·석궁·다목적발사기 및 도주차량차단장비**

02 「위해성 경찰장비의 사용기준 등에 관한 규정」에 대한 설명으로 가장 적절하지 <u>않은</u> 것은? 〔21. 승진〕

① 경찰관은 불법집회·시위로 인하여 발생할 수 있는 경찰관의 생명·신체의 위해와 재산·공공시설의 위험을 방지하기 위해서는 경찰봉 또는 호신용경봉을 사용할 수 없다.
② 경찰관은 범인·술에 취한 사람 또는 정신착란자의 자살 또는 자해기도를 방지하기 위하여 필요한 때에는 수갑·포승 또는 호송용포승을 사용할 수 있다.
③ 경찰청장은 위해성 경찰장비를 새로 도입하려는 경우에는 신규 도입 장비에 대한 안전성 검사를 실시한 후 3개월 이내에 안전성 검사 결과보고서를 국회 소관 상임위원회에 제출하여야 한다.

Answer 01 ③ 02 ①

④ 경찰관은 가스차·살수차 또는 특수진압차의 최루탄발사대로 최루탄을 발사하는 경우에는 15도 이상의 발사각을 유지하여야 하고, 최루탄발사기로 최루탄을 발사하는 경우 30도 이상의 발사각을 유지하여야 한다.

> **해설** ▶ 제6조(불법집회등에서의 경찰봉·호신용경봉의 사용기준)
> 경찰관은 불법집회·시위로 인하여 발생할 수 있는 타인 또는 경찰관의 생명·신체의 위해와 재산·공공시설의 위험을 방지하기 위하여 필요한 때에는 최소한의 범위안에서 경찰봉 또는 호신용경봉을 사용할 수 있다.

03 다음은 「위해성 경찰장비의 사용기준 등에 관한 규정」에 대한 설명이다. 적절한 것만을 고른 것은 모두 몇 개인가?

21. 순경

> ㉠ 경찰관은 소요사태로 인해 타인의 법익이나 공공의 안녕질서에 대한 직접적인 위험이 명백하게 초래되어 살수차 외에 경찰장비로는 그 위험을 제거·완화시키는 것이 현저히 곤란한 경우에는 시·도경찰청장의 명령에 따라 살수차를 배치·사용할 수 있다.
> ㉡ 경찰관은 총기 또는 폭발물을 가지고 대항하는 경우를 제외하고는 14세미만의 자 또는 임산부에 대하여 권총 또는 소총을 발사하여서는 아니된다.
> ㉢ 「경찰관 직무집행법」 제10조 제5항 후단에 따라 안전성 검사에 참여한 외부 전문가는 안전성 검사가 끝난 후 3개월 이내에 신규 도입 장비의 안전성 여부에 대한 의견을 경찰청장에게 제출하여야 한다
> ㉣ 국가경찰관서의 장(경찰청장·해양경찰청장·시·도경찰청장·지방해양경찰청장·경찰서장 또는 해양경찰서장 기타 경무관·총경·경정 또는 경감을 장으로 하는 국가경찰관서의 장을 말한다)은 폐기대상인 위해성 경찰장비 또는 성능이 저하된 위해성 경찰장비를 개조할 수 있으며, 소속경찰관으로 하여금 이를 본래의 용법에 준하여 사용하게 할 수 있다.
> ㉤ 「위해성 경찰장비의 사용기준 등에 관한 규정」 제2조 제2호부터 제4호까지의 위해성 경찰장비(제4호의 경우에는 가스차만 해당한다)를 사용하는 경우 그 현장책임자 또는 사용자는 사용보고서를 작성하여 직근상급 감독자에게 보고하고, 직근상급 감독자는 이를 3년간 보관하여야 한다.

① 1개　　　　② 2개
③ 3개　　　　④ 4개

> **해설** ▶ (㉢) 신규도입장비 안전성 검사 보고절차
>
> 기존장비 　 안전검사 (소속 기관장)
>
> 신규장비 (외부전문가 참여) → 안전성 검사 (경찰청장) → 경찰청장 → 국회소관상임위원회
> 　　　　　　　　　　　　　 30일 이내　　　　　　　　　　　　　　3개월 이내
> 　　　　　　　　　　　　　 안전성 여부에　　　　　　　　　　　　안전성 검사 결과보고서 제출
> 　　　　　　　　　　　　　 대한 의견 제출

Answer 03 ③

▶ (ⓜ) 제20조(사용기록의 보관 등)
① 제2조 제2호부터 제4호까지의 위해성 경찰장비(제4호의 경우에는 **살수차만 해당**한다)를 사용하는 경우 그 현장책임자 또는 사용자는 별지 서식의 사용보고서를 작성하여 직근상급 감독자에게 보고하고, 직근상급 감독자는 이를 3년간 보관하여야 한다.

04 「위해성 경찰장비의 사용기준 등에 관한 규정」에 대한 설명 중 가장 옳은 것은? [예상문제]

① 경찰관은 최루탄발사기로 최루탄을 발사하는 경우 15도 이상의 발사각을 유지하여야 하고, 가스차·살수차 또는 특수진압차의 최루탄발사대로 최루탄을 발사하는 경우에는 30도 이상의 발사각을 유지하여야 한다.
② 경찰관은 14세 이하의 자 또는 임산부에 대하여 전자충격기 또는 전자방패를 사용하여서는 아니 된다.
③ 분사기·최루탄 등에는 근접분사기·가스분사기·가스발사총(고무탄 발사겸용을 제외) 및 최루탄(그 발사장치를 포함)이 있다.
④ 경찰관은 범인의 체포 또는 도주방지, 타인 또는 경찰관의 생명·신체에 대한 방호, 공무집행에 대한 항거의 억제를 위하여 필요한 때에는 최소한의 범위 안에서 가스발사총을 사용할 수 있다. 이 경우 경찰관은 1미터 이내의 거리에서 상대방의 얼굴을 향하여 이를 발사하여서는 아니 된다.

해설 ▶ (①) 제12조(가스발사총등의 사용제한)
② 경찰관은 최루탄발사기로 최루탄을 발사하는 경우 **30도이상**의 발사각을 유지하여야 하고, 가스차·살수차 또는 특수진압차의 최루탄발사대로 최루탄을 발사하는 경우에는 **15도이상**의 발사각을 유지하여야 한다.
▶ (②) 제8조(전자충격기등의 사용제한)
① 경찰관은 14세**미만**의 자 또는 임산부에 대하여 전자충격기 또는 전자방패를 사용하여서는 아니된다.
▶ (③) 제2조(위해성 경찰장비의 종류)
3. 분사기·최루탄등 : 근접분사기·가스분사기·가스발사총(고무탄 발사겸용을 **포함**) 및 최루탄(그 발사장치를 포함)

05 「위해성 경찰장비의 사용기준 등에 관한 규정」에 관한 설명 중 가장 적절하지 <u>않은</u> 것은? [22. 순경]

① 권총·소총·기관총·함포·크레모아·수류탄·가스발사총은 무기에 해당한다.
② 경찰관은 14세 미만의 자 또는 임산부에 대하여 전자충격기 또는 전자방패를 사용하여서는 아니된다.
③ 경찰관은 전극침 발사장치가 있는 전자충격기를 사용하는 경우 상대방의 얼굴을 향하여 전극침을 발사하여서는 아니된다.
④ 경찰관(경찰공무원으로 한정)은 체포·구속영장을 집행하거나 신체의 자유를 제한하는 판결 또는 처분을 받은 자를 법률이 정한 절차에 따라 호송하거나 수용하기 위하여 필요한 때에는 최소한의 범위안에서 수갑·포승 또는 호송용포승을 사용할 수 있다.

Answer 04 ④ 05 ①

해설 제2조(위해성 경찰장비의 종류)

경찰장구	수갑·포승(捕繩)·호송용포승·경찰봉·호신용경봉·전자충격기·방패 및 전자방패
무기	권총·소총·기관총(기관단총을 포함)·산탄총·유탄발사기·박격포·3인치포·함포·크레모아·수류탄·폭약류 및 도검
분사기·최루탄등	근접분사기·가스분사기·**가스발사총**(고무탄 발사겸용을 포함) 및 최루탄(그 발사장치를 포함)
기타장비	가스차·살수차·특수진압차·물포·석궁·다목적발사기 및 도주차량차단장비

CHAPTER 13 보안업무규정 [대통령령 시행 2021.1.1.]

01 「보안업무규정」제12조에 규정된 비밀분류의 원칙에 대한 설명으로 가장 적절하지 <u>않은</u> 것은?

20. 승진

① 알 사람만 알게 하고 한 번에 다량의 비밀이나 정보가 유출되지 않도록 하여야 한다.
② 외국 정부나 국제기구로부터 접수한 비밀은 그 생산기관이 필요로 하는 정도로 보호할 수 있도록 분류하여야 한다.
③ 비밀은 적절히 보호할 수 있는 최저등급으로 분류하되, 과도하거나 과소하게 분류해서는 아니 된다.
④ 비밀은 그 자체의 내용과 가치의 정도에 따라 분류하여야 하며, 다른 비밀과 관련하여 분류해서는 아니 된다.

해설 보안업무의 원칙

알 사람만이 알아야 하는 원칙 (한정의 원칙)	보안의 대상이 되는 사실은 전파할 때 전파가 꼭 필요한가 또는 피전파자가 반드시 전달받아야 하며 필요한 것인가 검토하여야 한다.
부분화 또는 구분화의 원칙 (적당의 원칙)	알 사람만 알게 하고 한 번에 다량의 비밀이나 정보가 유출되지 않도록 하는 원칙을 말한다.
보안과 업무효율의 조화 (보안과 능률의 원칙)	보안과 업무효율은 반비례관계가 있으므로 양자의 적절한 조화를 유지하는 방법을 강구해야 한다는 원칙이다.

02 「보안업무규정」에 대한 설명으로 가장 적절한 것은?

예상문제

① 비밀은 그 중요성과 가치의 정도에 따라 Ⅰ급 비밀, Ⅱ급 비밀, Ⅲ급 비밀, 대외비로 구분한다.
② 외국 정부나 국제기구로부터 접수한 비밀은 그 접수기관이 필요로 하는 정도로 보호할 수 있도록 분류하여야 한다.
③ 경찰청장은 Ⅰ급 비밀취급 인가권자이다.
④ 누설될 경우 국가안전보장에 막대한 지장을 끼칠 우려가 있는 비밀은 Ⅱ급 비밀이다.

Answer 01 ① 02 ④

해설 (①) 비밀의 구분

비밀 분류기준	비밀내용의 **중요성과 가치**의 정도
Ⅰ급 비밀	누설되는 경우 ㉠ 대한민국과 **외교관계가 단절**되고 ㉡ **전쟁을 유발**하며 ㉢ 국가의 방위계획·정보활동 및 국가방위상 필요불가결한 **과학과 기술의 개발을 위태롭게** 하는 등의 우려가 있는 비밀
Ⅱ급 비밀	① 누설되는 경우 국가안전보장에 **막대한 지장**을 초래할 우려가 있는 비밀 ② 영수증을 반드시 발행하고 발급
Ⅲ급 비밀	누설되는 경우 국가안전보장에 **해**를 끼칠 우려가 있는 비밀

☞ **대외비**란 비밀은 아니지만 직무상 특히 보호를 요하는 사항으로서 보호기간을 명시하고 비밀에 준하여 취급 및 관리하는 것을 말한다.
(②) 접수기관이 필요로 하는 정도로 보호하는 것이 아니라 **생산(발행)기관**에서 필요로 하는 정도로 보호해야 한다.
(③) 경찰청은 Ⅱ, Ⅲ급 비밀만 취급할 수 있다.

03 「보안업무규정」에 관한 내용으로 가장 적절한 것은?   24. 승진

① 비밀은 그 중요성과 가치의 정도에 따라 구분하는데, 누설될 경우 국가안전보장에 막대한 지장을 끼칠 우려가 있는 비밀은 Ⅰ급비밀로 구분한다.
② 지방자치단체의 장, 광역시·도의 교육감, 경찰청장은 Ⅱ급 및 Ⅲ급비밀 취급 인가권자와 Ⅲ급비밀 소통용 암호자재 취급 인가권자이다.
③ 비밀은 적절히 보호할 수 있는 최고등급으로 분류하되, 과도하거나 과소하게 분류해서는 아니 된다.
④ 각급기관의 장은 비밀 분류를 통일성 있고 적절하게 하기 위하여 세부 분류지침을 작성하여 시행하여야 하며 이 경우 세부 분류지침은 공개하는 것을 원칙으로 한다.

해설 ▶(①) 제4조(비밀의 구분)
비밀은 그 중요성과 가치의 정도에 따라 다음 각 호와 같이 구분한다.
1. Ⅰ급비밀: 누설될 경우 대한민국과 외교관계가 단절되고 전쟁을 일으키며, 국가의 방위계획·정보활동 및 국가방위에 반드시 필요한 과학과 기술의 개발을 위태롭게 하는 등의 우려가 있는 비밀
2. **Ⅱ급비밀: 누설될 경우 국가안전보장에 막대한 지장을 끼칠 우려가 있는** 비밀
3. Ⅲ급비밀: 누설될 경우 국가안전보장에 해를 끼칠 우려가 있는 비밀

▶(③) 제12조(분류원칙)
① 비밀은 적절히 보호할 수 있는 **최저등급으로 분류**하되, 과도하거나 과소하게 분류해서는 아니 된다.
② 비밀은 그 자체의 내용과 가치의 정도에 따라 분류하여야 하며, 다른 비밀과 관련하여 분류해서는 아니 된다.
③ 외국 정부나 국제기구로부터 접수한 비밀은 그 생산기관이 필요로 하는 정도로 보호할 수 있도록 분류하여야 한다.

▶(④) 제13조(분류지침)
각급기관의 장은 비밀 분류를 통일성 있고 적절하게 하기 위하여 세부 분류지침을 작성하여 시행하여야 한다. 이 경우 **세부 분류지침은 공개하지 않는다.**

Answer 03 ②

04 「보안업무규정」 및 「보안업무규정 시행규칙」의 내용으로 가장 적절한 것은?   예상문제

① 비밀은 그 중요성과 가치의 정도에 따라 'Ⅰ급비밀'·'Ⅱ급비밀'·'Ⅲ급비밀'로 구분하며, 비밀 중에 직무 수행상 특별히 보호가 필요한 사항은 '대외비'로 한다.
② 비밀의 분류원칙은 「보안업무규정」에 규정되어 있으며, 비밀은 적절히 보호할 수 있는 최고등급으로 분류하되, 과도하거나 과소하게 분류해서는 아니 된다.
③ Ⅰ급비밀의 일부 또는 전부에 대해서는 그 생산자의 허가를 받은 경우 모사(模寫)·타자(打字)·인쇄·조각·녹음·촬영·인화(印畵)·확대 등 그 원형을 재현(再現)하는 행위를 할 수 있다.
④ 비밀을 복제하거나 복사한 경우에는 그 원본과 동일한 비밀등급과 예고문을 기재하여야 하고, 이에 따른 예고문에 재분류 구분이 '파기'로 되어 있더라도 원본의 파기 시기보다 그 시기를 앞당길 수 없다.

해설 ① 대외비는 비밀이 아니다.
▶ (②) 제12조(분류원칙)
① 비밀은 적절히 보호할 수 있는 **최저등급으로 분류**하되, 과도하거나 과소하게 분류해서는 아니 된다.
② 비밀은 그 자체의 내용과 가치의 정도에 따라 분류하여야 하며, 다른 비밀과 관련하여 분류해서는 아니 된다.
③ 외국 정부나 국제기구로부터 접수한 비밀은 그 생산기관이 필요로 하는 정도로 보호할 수 있도록 분류하여야 한다.
▶ (④) 제23조(비밀의 복제·복사 제한)
④ 비밀을 복제하거나 복사한 경우에는 그 원본과 동일한 비밀등급과 예고문을 기재하고, 사본번호를 매겨야 한다.
⑤ 제4항에 따른 예고문에 재분류 구분이 "파기"로 되어 있을 때에는 **파기 시기를 원본의 보호기간보다 앞당길 수 있다.**

---

05 비밀에 대한 설명으로 가장 적절하지 않은 것은?   22. 승진

① 「보안업무규정 시행 세부규칙」상 모든 경찰공무원(전투경찰순경을 포함한다)은 임용과 동시에 Ⅲ급 비밀취급권을 가진다.
② 「보안업무규정 시행 세부규칙」상 정보부서에 근무하는 경찰공무원은 그 보직발령과 동시에 Ⅱ급 비밀취급권 인가받은 것으로 한다.
③ 「보안업무규정」과 「보안업무규정 시행 세부규칙」상 보호지역 중 제한구역은 비인가자가 비밀, 주요시설 및 Ⅲ급 비밀 소통용 암호자재에 접근하는 것을 방지하기 위하여 안내를 받아 출입하여야 하는 구역을 말한다.
④ 「보안업무규정」상 비밀은 그 중요성과 가치의 정도에 따라 구분하며 누설될 경우 국가안전보장에 해를 끼칠 우려가 있는 비밀은 Ⅱ급 비밀에 해당한다.

Answer 04 ③   05 ④

해설 제4조(비밀의 구분)

비밀은 그 중요성과 가치의 정도에 따라 다음 각 호와 같이 구분한다.
1. Ⅰ급비밀 : 누설될 경우 대한민국과 외교관계가 단절되고 전쟁을 일으키며, 국가의 방위계획·정보활동 및 국가방위에 반드시 필요한 과학과 기술의 개발을 위태롭게 하는 등의 우려가 있는 비밀
2. Ⅱ급비밀 : 누설될 경우 국가안전보장에 막대한 지장을 끼칠 우려가 있는 비밀
3. Ⅲ급비밀 : 누설될 경우 국가안전보장에 해를 끼칠 우려가 있는 비밀

06 비밀에 대한 설명 중 가장 적절한 것은? 〈예상문제〉

① 비밀분류의 원칙은 과도 또는 과소분류 금지의 원칙, 독립분류의 원칙, 보안과 효율의 조화가 있다.
② 비밀은 그 자체의 내용과 가치의 정도에 따라 분류하여야 한다는 원칙은 과도 또는 과소분류금지의 원칙이다.
③ A경찰서 경비과에서 생산한 중요시설 경비대책이란 제목의 비밀문건은 보안과에서 비밀분류를 담당한다.
④ 비밀의 보관용기 외부에는 비밀의 보관을 알리거나 나타내는 어떠한 표시도 하여서는 안 된다.

해설 ▶(①, ②) 제12조(분류원칙)
① 비밀은 적절히 보호할 수 있는 최저등급으로 분류하되, 과도하거나 과소하게 분류해서는 아니 된다. (**과도 또는 과소분류 금지의 원칙**)
② 비밀은 그 자체의 내용과 가치의 정도에 따라 분류하여야 하며, 다른 비밀과 관련하여 분류해서는 아니 된다. (**독립분류의 원칙**)
③ 외국 정부나 국제기구로부터 접수한 비밀은 그 생산기관이 필요로 하는 정도로 보호할 수 있도록 분류하여야 한다. (**외국비밀 존중의 원칙**)

▶(③) 제11조(비밀의 분류)
③ 비밀을 생산하거나 관리하는 사람은 비밀의 작성을 완료하거나 비밀을 접수하는 즉시 그 **비밀을 분류하거나 재분류할 책임**이 있다. (**경비과에서 분류**)

07 「보안업무규정」 및 동 시행규칙에 대한 설명으로 가장 적절하지 않은 것은? 〈22. 경간부〉

① 누설되는 경우 국가안전보장에 손해를 끼칠 우려가 있는 비밀은 이를 Ⅲ급 비밀로 하며, Ⅱ급 비밀은 누설되는 경우 국가안전보장에 막대한 지장을 초래할 우려가 있는 비밀을 말한다.
② 비밀취급 인가권자는 업무상 조정·감독을 받는 기업체나 단체에 소속된 사람에 대하여 소관 비밀을 계속적으로 취급하게 하여야 할 필요가 있을 때에는 미리 경찰청장과의 협의를 거쳐 해당하는 사람에게 Ⅱ급 이하의 비밀취급을 인가할 수 있다.

Answer 06 ④ 07 ②

③ 제한구역이란 비인가자가 비밀, 주요시설 및 Ⅲ급 비밀 소통용 암호자재에 접근하는 것을 방지하기 위하여 안내를 받아 출입하는 구역을 말한다.
④ 비밀열람기록전의 자료는 비밀과 함께 철하여 보관·활용하고, 비밀의 보호기간이 만료되면 비밀에서 분리한 후 각각 편철하여 5년간 보관해야 한다.

> **해설** 제13조(비밀취급 인가의 특례)
> ① 비밀취급 인가권자는 업무 상 조정·감독을 받는 기업체나 단체에 소속된 사람에 대하여 소관 비밀을 계속적으로 취급하게 하여야 할 필요가 있을 때에는 **미리 국가정보원장과의 협의**를 거쳐 해당하는 사람에게 Ⅱ급 이하의 비밀취급을 인가할 수 있다.

08 「보안업무규정」상 비밀보호에 관한 설명으로 가장 적절하지 않은 것은? 23. 순경

① 비밀은 그 중요성과 가치의 정도에 따라 구분되는데, 누설될 경우 대한민국과 외교관계가 단절되고 전쟁을 일으키며 국가의 방위계획·정보활동 및 국가방위에 반드시 필요한 과학과 기술의 개발을 위태롭게 하는 등의 우려가 있는 비밀은 'Ⅰ급비밀'에 속한다.
② 비밀은 해당 등급의 비밀취급 인가를 받은 사람만 취급할 수 있으며, 암호자재는 해당 등급의 비밀 소통용 암호자재취급인가를 받은 사람만 취급할 수 있다.
③ 검찰총장, 국가정보원장, 경찰청장은 Ⅰ급비밀 취급 인가권자와 Ⅰ급 및 Ⅱ급비밀 소통용 암호자재 취급 인가권자에 해당한다.
④ 비밀은 적절히 보호할 수 있는 최저등급으로 분류하되, 과도하거나 과소하게 분류해서는 아니 된다.

> **해설** 보안업무규정 시행 세부규칙 제11조(Ⅱ급 및 Ⅲ급 비밀취급인가)
> ① 「보안업무규정」 제7조 제2항의 규정에 따른 **Ⅱ급 및 Ⅲ급 비밀취급 인가권자**는 다음 각 호와 같다.
>   1. 경찰청장
>   2. 경찰대학장
>   3. 경찰교육원장
>   4. 중앙경찰학교장
>   5. 경찰수사연수원장
>   6. 경찰병원장
>   7. 시·도경찰청장
>   8. 〈'10.12.22 삭제〉
> ② 시·도경찰청장은 규정 제7조 제2항 제5호에 따라 경찰서장, 기동대장에게, Ⅱ급 및 Ⅲ급 비밀취급인가권을 위임한다. 이 경우 경정 이상의 경찰공무원을 장으로 하는 경찰기관의 장에게도 Ⅱ급 및 Ⅲ급 비밀취급인가권을 위임할 수 있다.
> ③ 제1항 및 제2항의 규정에 따라 Ⅱ급 및 Ⅲ급 비밀취급인가권을 위임받은 기관의 장은 이를 다시 위임할 수 없다.

Answer 08 ③

09 「보안업무규정」상 비밀보호에 관한 설명으로 가장 적절하지 않은 것은? 23. 순경

① 각급기관의 장은 비밀의 작성·분류·접수·발송 및 취급 등에 필요한 모든 관리사항을 기록하기 위하여 비밀관리기록부를 작성하여 갖추어 두어야 한다. 다만, Ⅱ급 이상 비밀관리기록부는 따로 작성하여 갖추어 두어야 한다.
② 각급기관의 장은 비밀문서의 접수·발송·복제·열람 및 반출 등의 통제에 필요한 규정을 따로 작성·운영할 수 있다.
③ 각급기관의 장은 연 2회 비밀 소유 현황을 조사하여 국가정보원장에게 통보하여야 한다.
④ 중앙행정기관등의 장은 국가안전보장을 위하여 국민에게 긴급히 알려야 할 필요가 있다고 판단될 때에는 그가 생산한 비밀을 「보안업무규정」 제3조의3에 따른 보안심사위원회의 심의를 거쳐 공개할 수 있다. 다만, Ⅰ급비밀의 공개에 관하여는 국가정보원장과 미리 협의해야 한다.

해설) 제22조(비밀관리기록부)
① 각급기관의 장은 비밀의 작성·분류·접수·발송 및 취급 등에 필요한 모든 관리사항을 기록하기 위하여 비밀관리기록부를 작성하여 갖추어 두어야 한다. 다만, **Ⅰ급비밀관리기록부는 따로 작성하여 갖추어 두어야 하며,** 암호자재는 암호자재 관리기록부로 관리한다.

10 보안업무에 관한 설명으로 가장 적절한 것은? 예상문제

① 경찰공무원은 임용과 동시에 Ⅰ급 비밀 취급권을 갖는다.
② 비밀의 등급은 보안과에서 일괄 결정한다.
③ 비밀의 보관용기는 외부에 비밀의 보관을 알리거나 나타내는 표시를 반드시 하여야 한다.
④ 비밀 분류시 과도 또는 과소분류 금지 원칙, 독립분류의 원칙, 외국비밀 존중의 원칙을 준수하여야 한다.

해설) ▶(①) 보안업무규정 시행 세부규칙 제15조(특별인가)
① 모든 경찰공무원(전투경찰순경을 포함한다)은 임용과 동시 **Ⅲ급 비밀취급권**을 가진다.

▶(②) 제11조(비밀의 분류)
③ **비밀을 생산하거나 관리하는 사람은** 비밀의 작성을 완료하거나 비밀을 접수하는 즉시 그 비밀을 분류하거나 재분류할 책임이 있다.

▶(③) 보안업무규정 시행규칙 제34조(보관용기)
① 비밀의 보관용기 외부에는 비밀의 보관을 알리거나 나타내는 **어떠한 표시도 해서는 아니 된다.**

Answer 09 ① 10 ④

11 비밀에 대한 설명 중 가장 적절한 것은?

① 경찰공무원 중 경비, 경호, 작전, 항공, 정보통신 담당부서(기동대, 전경대의 경우는 행정부서에 한한다), 정보, 보안, 외사부서, 감찰, 감사 담당부서 등에 근무하는 자(전투경찰순경을 포함한다)는 그 보직발령과 동시에 Ⅱ급 비밀취급권을 인가받은 것으로 한다.
② Ⅰ급 비밀과 Ⅱ급 비밀은 구분된 관리번호를 사용하여 동일관리기록부를 사용할 수 있다.
③ 비밀열람기록전은 비밀문서 말미에 첨부한 것으로 그 비밀을 파기하는 때에 비밀과 함께 파기한다.
④ 비밀관리부철[서약서철, 비밀영수증철, 비밀관리기록부, 비밀수발대장, 비밀열람기록전(철), 비밀대출부]은 3년간 보존하여야 한다.

> 해설 ▶ (②) 보안업무규정 제22조(비밀관리기록부)
> ① 각급기관의 장은 비밀의 작성·분류·접수·발송 및 취급 등에 필요한 모든 관리사항을 기록하기 위하여 비밀관리기록부를 작성하여 갖추어 두어야 한다. 다만, **Ⅰ급비밀관리기록부는 따로 작성하여 갖추어 두어야 하며**, 암호자재는 암호자재 관리기록부로 관리한다
>
> ▶ (③) 보안업무규정 시행규칙 제45조(비밀의 대출 및 열람)
> ③ 제2항에 따른 비밀열람기록전은 그 비밀의 생산기관이 첨부하며, **비밀을 파기하는 때에는 비밀에서 분리하여 따로 철하여 보관하여야 한다.**
>
> ▶ (④) 보안업무규정 시행규칙 제70조(비밀 및 암호자재 관련 자료의 보관)
> ① 다음 각 호의 자료는 비밀과 함께 철하여 보관·활용하고, 비밀의 보호기간이 만료되면 비밀에서 분리한 후 각각 편철하여 5년간 보관해야 한다.
>   1. 비밀접수증
>   2. 비밀열람기록전
>   3. 배부처
> ② 다음 각 호의 자료는 새로운 관리부철로 옮겨서 관리할 경우 기존 관리부철을 **5년간 보관해야 한다.**
>   1. **비밀관리기록부**
>   2. 비밀 접수 및 발송대장
>   3. 비밀대출부
>   4. 암호자재 관리기록부
> ③ 서약서는 서약서를 작성한 비밀취급인가자의 인사기록카드와 함께 철하여 인가 해제 시까지 보관하되, 인사기록카드와 함께 철할 수 없는 경우에는 별도로 편철하여 보관해야 한다.
> ④ 암호자재 증명서는 해당 암호자재를 반납하거나 파기한 후 5년간 보관해야 한다.
> ⑤ 암호자재 점검기록부는 최근 5년간의 점검기록을 보관해야 한다.

Answer 11 ①

12 「보안업무규정」에 따른 보호지역 중 비인가자가 비밀, 주요시설 및 Ⅲ급 비밀 소통용 암호자재에 접근하는 것을 방지하기 위하여 안내를 받아 출입하여야 하는 구역에 해당하는 장소는?

24. 순경

① 작전·경호·정보·안보업무 담당부서 전역
② 무기고 및 탄약고
③ 종합상황실
④ 종합조회처리실

해설 제60조(보호구역 설정)

제한지역	의의	비밀 또는 국·공유재산의 보호를 위하여 울타리 또는 방호·경비인력에 의하여 영 제34조 제3항에 따른 승인을 받지 않은 사람의 접근이나 출입에 대한 **감시가 필요한 지역**
	구역	경찰서 전지역
제한구역	의의	비인가자가 비밀, 주요시설 및 Ⅲ급 비밀 소통용 암호자재에 접근하는 것을 방지하기 위하여 **안내를 받아 출입하여야 하는 구역**
	구역	가. 전자교환기(통합장비)실, 정보통신실 나. 발간실 다. 송신 및 중계소, 정보통신관제센터 라. 경찰청 및 시·도경찰청 항공대 마. **작전·경호·정보·안보업무 담당부서 전역** 바. 과학수사센터
통제구역	의의	보안상 매우 중요한 구역으로서 비인가자의 **출입이 금지되는 구역**
	구역	가. 암호취급소 나. 정보보안기록실 다. 무기창·무기고 및 탄약고 라. 종합상황실·치안상황실 마. 암호장비관리실 바. 정보상황실 사. 비밀발간실 아. 종합조회처리실

13 「보안업무규정 시행 세부규칙」에 따른 제한구역을 모두 고른 것은?

20. 승진

㉠ 정보통신실　　　㉡ 과학수사센터
㉢ 암호취급소　　　㉣ 발간실
㉤ 치안상황실　　　㉥ 작전·경호·정보·보안업무 담당부서 전역

① ㉠㉡㉢㉣
② ㉠㉢㉤㉥
③ ㉠㉡㉣㉥
④ ㉡㉢㉤㉥

해설 • 제한구역 : ㉠㉡㉣㉥
　　　• 통제구역 : ㉢㉤

Answer　12 ①　13 ③

14 「보안업무규정」에 대한 설명으로 가장 적절한 것은?

① 각급기관의 장은 비밀의 작성·분류·접수·발송 및 취급 등에 필요한 모든 관리사항을 기록하기 위하여 비밀관리기록부를 작성하여 갖추어 두어야 한다. 다만, Ⅱ급 이상 비밀관리기록부는 따로 작성하여 갖추어 두어야 하며, 암호자재는 암호자재 관리기록부로 관리한다.

② 그 생산자가 특정한 제한을 하지 아니한 것으로서 해당 등급의 비밀취급 인가를 받은 사람이 공용으로 사용하는 경우 Ⅰ급 비밀의 일부 또는 전부에 대해서 모사·타자·인쇄·조각·녹음·촬영·인화·확대 등 그 원형을 재현하는 행위를 할 수 있다.

③ 비밀취급 인가를 받지 아니한 사람에게 비밀을 열람하거나 취급하게 할 때에는 국가정보원장이 정하는 바에 따라 소속 기관의 장(비밀이 군사와 관련된 사항인 경우에는 국방부장관)이 미리 열람자의 인적사항과 열람하려는 비밀의 내용 등을 확인하고 열람 시 비밀보호에 필요한 자체 보안대책을 마련하는 등의 보안조치를 하여야 한다. 다만, Ⅰ급비밀의 보안조치에 관하여는 국가정보원장과 미리 협의하여야 한다.

④ 각급기관의 장은 보안 업무의 효율적인 수행을 위하여 필요하다고 인정되는 경우에는 국가정보원장의 승인하에 해당 비밀의 보존기간 내에서 그 사본을 제작하여 보관할 수 있다.

해설

▶ (①) 제22조(비밀관리기록부)
① 각급기관의 장은 비밀의 작성·분류·접수·발송 및 취급 등에 필요한 모든 관리사항을 기록하기 위하여 비밀관리기록부를 작성하여 갖추어 두어야 한다. 다만, **Ⅰ급비밀관리기록부는 따로 작성하여 갖추어 두어야 하며**, 암호자재는 암호자재 관리기록부로 관리한다.

▶ (②) 제23조(비밀의 복제·복사 제한)
① 비밀의 일부 또는 전부나 암호자재에 대해서는 모사(模寫)·타자(打字)·인쇄·조각·녹음·촬영·인화(印畵)·확대 등 그 원형을 재현(再現)하는 행위를 할 수 없다. 다만, **다음 각 호의 구분에 따른 비밀의 경우에는 그러하지 아니하다.**
  1. Ⅰ급비밀 : 그 생산자의 허가를 받은 경우
  2. **Ⅱ급비밀 및 Ⅲ급비밀** : 그 생산자가 특정한 제한을 하지 아니한 것으로서 해당 등급의 비밀취급 인가를 받은 사람이 공용(共用)으로 사용하는 경우
  3. 전자적 방법으로 관리되는 비밀 : 해당 비밀을 보관하기 위한 용도인 경우

▶ (④) 제23조(비밀의 복제·복사 제한)
② 각급기관의 장은 보안 업무의 효율적인 수행을 위하여 필요하다고 인정되는 경우에는 (**국가정보원장의 승인 x**) 해당 비밀의 보존기간 내에서 제1항 단서에 따라 그 사본을 제작하여 보관할 수 있다.

Answer 14 ③

15 「보안업무규정」상 비밀에 대한 다음 설명 중 옳은 것은 모두 몇 개인가?

가. 비밀은 그 중요성과 가치의 정도에 따라 Ⅰ급, Ⅱ급, Ⅲ급 비밀로 구분된다.
나. 누설될 경우 국가안전보장에 해를 끼칠 우려가 있는 경우 Ⅱ급 비밀로 분류한다.
다. 외국 정부나 국제기구로부터 접수한 비밀은 그 접수기관이 필요로 하는 정도로 보호할 수 있도록 분류하여야 한다.
라. 비밀은 적절히 보호할 수 있는 최고등급으로 분류하되, 과도하거나 과소하게 분류해서는 아니 된다.
마. 국가정보원장은 비밀 소통용 암호자재를 제작하여 필요한 기관에 공급한다. 다만 국가정보원장이 필요하다고 인정하는 암호자재의 경우 그 암호자재를 사용하는 기관은 국가정보원장이 인가하는 암호체계의 범위에서 암호자재를 제작할 수 있다.
바. 암호자재를 사용하는 기관의 장은 사용기간이 끝난 암호자재를 지체 없이 국가정보원장에게 반납해야 한다.

① 1개
② 2개
③ 3개
④ 4개

해설 ▶ (나) 제4조(비밀의 구분)
비밀은 그 중요성과 가치의 정도에 따라 다음 각 호와 같이 구분한다.
1. Ⅰ급비밀 : 누설될 경우 대한민국과 외교관계가 단절되고 전쟁을 일으키며, 국가의 방위계획·정보활동 및 국가방위에 반드시 필요한 과학과 기술의 개발을 위태롭게 하는 등의 우려가 있는 비밀
2. Ⅱ급비밀 : 누설될 경우 국가안전보장에 막대한 지장을 끼칠 우려가 있는 비밀
3. Ⅲ급비밀 : 누설될 경우 국가안전보장에 해를 끼칠 우려가 있는 비밀

▶ (다, 라) 제12조(분류원칙)
① 비밀은 적절히 보호할 수 있는 **최저등급**으로 분류하되, 과도하거나 과소하게 분류해서는 아니 된다. (과도 또는 과소분류 금지의 원칙)
② 비밀은 그 자체의 내용과 가치의 정도에 따라 분류하여야 하며, 다른 비밀과 관련하여 분류해서는 아니 된다. (독립분류의 원칙)
③ 외국 정부나 국제기구로부터 접수한 비밀은 그 **생산기관**이 필요로 하는 정도로 보호할 수 있도록 분류하여야 한다. (외국비밀 존중의 원칙)

▶ (바) 제7조(암호자재 제작·공급 및 반납)
② 암호자재를 사용하는 기관의 장은 사용기간이 끝난 암호자재를 지체 없이 그 **제작기관의 장에게** 반납하여야 한다.

Answer 15 ②

16 「보안업무규정」상 신원조사에 대하여 설명한 것이다. 틀린 것을 모두 고른 것은?   예상문제

> ㉠ 관계 기관의 장은 국가정보원장에게 신원조사를 요청해야 한다.
> ㉡ 국가보안시설·보호장비를 관리하는 기관 등의 장(해당 국가보안시설 등의 관리업무를 수행하는 소속직원을 포함한다)은 신원 조사의 대상이 된다.
> ㉢ 공무원 임용 예정자와 비밀취급 인가 예정자는 신원조사의 대상이 된다.
> ㉣ 임직원을 임명할 때 정부의 승인이나 동의가 필요한 공공기관의 임직원은 신원조사의 대상이 된다.
> ㉤ 국가정보원장은 신원조사 결과 국가안전보장에 해를 끼칠 정보가 있음이 확인된 사람에 대해서는 관계기관의 장에게 통보할 수 있으며, 통보를 받은 관계기관의 장은 신원조사 결과에 따라 필요한 보안대책을 마련하여야 한다.

① 1개 ② 2개
③ 3개 ④ 4개

해설 ▶ (㉢),(㉣) 제36조(신원조사)
① 국가정보원장은 제3조 제2호에 해당하는 사람의 충성심·신뢰성 등을 확인하기 위하여 신원조사를 한다.
② 삭제 〈2020. 12. 31.〉
③ 관계 기관의 장은 다음 각 호에 해당하는 사람에 대하여 국가정보원장에게 신원조사를 요청해야 한다.
  1. 공무원 임용 예정자(국가안전보장에 한정된 국가 기밀을 취급하는 직위에 임용될 예정인 사람으로 한정한다)
  2. 비밀취급 인가 예정자
  3. 삭제 〈2020. 1. 14.〉
  4. 국가보안시설·보호장비를 관리하는 기관 등의 장(**해당 국가보안시설 등의 관리 업무를 수행하는 소속 직원을 포함**)
  5. 삭제 〈2020. 12. 31.〉 ← 임명할 때 정부의 승인이나 동의가 필요한 공공기관의 임원
  6. 그 밖에 다른 법령에서 정하는 사람이나 각급기관의 장이 국가안전보장을 위하여 필요하다고 인정하는 사람

▶ (㉤) 제37조(신원조사 결과의 처리)
① 국가정보원장은 신원조사 결과 국가안전보장에 해를 끼칠 정보가 있음이 확인된 사람에 대해서는 관계 기관의 장에게 그 사실을 **통보하여야 한다.**
② 제1항에 따라 통보를 받은 관계 기관의 장은 신원조사 결과에 따라 필요한 보안대책을 마련하여야 한다.

Answer 16 ③

17 「보안업무규정」상 비밀에 관한 설명 중 가장 적절하지 않은 것은? 22. 순경

① Ⅱ급 비밀은 누설될 경우 국가안전보장에 막대한 지장을 끼칠 우려가 있는 비밀을 말한다.
② 비밀은 적절히 보호할 수 있는 최고등급으로 분류하되, 과도하거나 과소하게 분류해서는 아니된다.
③ 비밀은 보관하고 있는 시설 밖으로 반출해서는 아니된다. 다만, 공무상 반출이 필요할 때에는 소속 기관의 장의 승인을 받아야 한다.
④ 비밀을 휴대하고 출장 중인 사람은 비밀을 안전하게 보호하기 위하여 국내 경찰기관 또는 재외공관에 보관을 위탁할 수 있으며, 위탁받은 기관은 그 비밀을 보관하여야 한다.

해설 제12조(분류원칙)
① 비밀은 적절히 보호할 수 있는 **최저등급으로 분류**하되, 과도하거나 과소하게 분류해서는 아니된다.
② 비밀은 그 자체의 내용과 가치의 정도에 따라 분류하여야 하며, 다른 비밀과 관련하여 분류해서는 아니 된다.
③ 외국 정부나 국제기구로부터 접수한 비밀은 그 생산기관이 필요로 하는 정도로 보호할 수 있도록 분류하여야 한다.

Answer 17 ②

황영구 경찰학(법령서)

PART 02

각론 1단계

CHAPTER 01 지역경찰의 조직 및 운영에 관한 규칙
[경찰청예규 시행 2022.5.31.]

01 「지역경찰의 조직 및 운영에 관한 규칙」에 관한 설명 중 가장 적절한 것은?   23. 승진

① "지역경찰관서"란 「국가경찰과 자치경찰의 조직 및 운영에 관한 법률」 제30조 제3항 및 「경찰청과 그 소속기관 직제」 제43조에 규정된 지구대, 파출소 및 치안센터를 말한다.
② 상황근무를 지정받은 지역경찰은 문서의 접수 및 처리와 중요 사건·사고 발생 시 보고·전파 업무를 수행한다.
③ 지역경찰은 근무 중 주요사항을 근무일지(을지)에 기재하여야 하고 근무일지는 5년간 보관한다.
④ 대기근무를 지정받은 지역경찰은 지정된 장소에서 휴식을 취하되, 무전기를 청취하며 10분 이내 출동이 가능한 상태를 유지하여야 한다.

> **해설**
> ▶ (①) 제2조(정의)
> 1. "지역경찰관서"란 「국가경찰과 자치경찰의 조직 및 운영에 관한 법률」 제30조 제3항 및 「경찰청과 그 소속기관 직제」 제43조에 규정된 **지구대 및 파출소**를 말한다.
> ▶ (②) 제23조(행정근무)
> **행정근무를 지정받은 지역경찰은** 지역경찰관서 내에서 다음 각 호의 업무를 수행한다.
> 1. 문서의 접수 및 처리
> 2. 시설·장비의 관리 및 예산의 집행
> 3. 각종 현황, 통계, 자료, 부책 관리
> 4. 기타 행정업무 및 지역경찰관서장이 지시한 업무
> ▶ (③) 제42조(근무일지의 기록·보관)
> ① 지역경찰은 근무 중 주요사항을 별지 제2호서식의 근무일지(을지)에 기재하여야 한다.
> ② 삭제
> ③ 근무일지는 3년간 보관한다.

02 「지역경찰의 조직 및 운영에 관한 규칙」에 관한 설명으로 가장 적절한 것은?   23. 순경

① 경찰청장은 인구, 면적, 행정구역, 교통·지리적 여건, 각종 사건사고 발생 등을 고려하여 경찰서의 관할구역을 나누어 지역경찰관서를 설치한다.
② 순찰팀은 범죄예방 순찰, 각종 사건사고에 대한 초동조치 등 현장 치안활동을 담당한다.
③ 지역경찰관서장은 지역경찰관서의 운영에 관하여 총괄 지휘·감독한다.
④ 「지역경찰의 조직 및 운영에 관한 규칙」 제23조는 "행정근무를 지정받은 지역경찰은 지역경찰관서 및 치안센터 내에서 방문 민원 및 각종 신고사건의 접수 및 처리업무를 수행한다."라고 규정하고 있다.

> Answer   01 ④   02 ②

해설 ▶(①) 제4조(설치 및 폐지)
① 시·도경찰청장은 인구, 면적, 행정구역, 교통·지리적 여건, 각종 사건사고 발생 등을 고려하여 경찰서의 관할구역을 나누어 지역경찰관서를 설치한다.

▶(③) 제9조(지휘 및 감독)
1. **경찰서장** : 지역경찰관서의 운영에 관하여 총괄 지휘·감독
2. **경찰서 각 과장 등 부서장** : 각 부서의 소관업무와 관련된 지역경찰의 업무에 관하여 경찰서장을 보좌
3. **지역경찰관서장** : 지역경찰관서의 시설·장비·예산 및 소속 지역경찰의 근무에 관한 제반사항을 지휘·감독
4. **순찰팀장** : 근무시간 중 소속 지역경찰을 지휘·감독

▶(④) 제24조(상황 근무)
① **상황근무를 지정받은 지역경찰은** 지역경찰관서 및 치안센터 내에서 다음 각 호의 업무를 수행한다.
 1. 시설 및 장비의 작동여부 확인
 2. **방문민원 및 각종 신고사건의 접수 및 처리**
 3. 요보호자 또는 피의자에 대한 보호·감시
 4. 중요 사건·사고 발생시 보고 및 전파
 5. 기타 필요한 문서의 작성

03 「지역경찰의 조직 및 운영에 관한 규칙」에 대한 설명으로 옳지 않은 것은 몇 개인가?

예상문제

㉠ 지역경찰관서의 순찰팀장은 근무시간 중 소속 지역경찰을 지휘·감독한다.
㉡ 치안센터는 설치목적에 따라 검문소형과 출장소형으로 구분하며, 검문소형 치안센터는 지리적 여건·치안수요 등을 고려하여 필요한 경우 직주일체형으로 운영할 수 있다.
㉢ 경찰서장은 직주일체형 치안센터에서 거주하는 근무자의 배우자에게 조력사례금을 지급하여야 한다.

① 0개 ② 1개
③ 2개 ④ 3개

해설 (㉡) 제15조(치안센터의 종류)
① 치안센터는 설치목적에 따라 검문소형과 출장소형으로 구분한다.
② **출장소형 치안센터는** 지리적 여건·치안수요 등을 고려하여 필요한 경우 직주일체형으로 운영할 수 있다.

Answer 03 ②

04
「지역경찰의 조직 및 운영에 관한 규칙」상 경찰서장이 정하는 사항으로 적절한 것은 모두 몇 개인가?

73기 경간부

> 가. 치안센터 관할구역의 크기
> 나. 순찰팀의 수
> 다. 치안센터 전담근무자의 근무형태 및 근무시간
> 라. 관리팀 및 순찰팀의 인원

① 1개 ② 2개
③ 3개 ④ 4개

해설 ▶ 경찰서장 결정 : **가, 다, 라**
▶ 권한자

경찰청장	① 조력사례금 지급 기준 및 금액 결정 ② 교육시간, 방법, 내용 등 지역경찰 교육과 관련된 세부적인 기준
시·도 경찰청장	① 지역경찰관서를 설치 및 폐지권자 ② 치안센터 설치 및 폐지권자 ③ 순찰팀의 수 결정 ④ 전투경찰순경을 배치 ⑤ 지역경찰 정원 충원 현황을 연 2회 이상 점검 ⑥ 비치 문서와 부책 ⑦ 지역경찰의 동원 ⑧ 순찰팀장 및 순찰팀원의 근무교대 시간 및 휴게시간, 휴무횟수 등 구체적인 사항 결정
경찰서장	① 관리팀 및 순찰팀의 인원수 결정 ③ 지역경찰관서의 운영에 관하여 총괄 지휘·감독 ④ 치안센터 관할구역의 크기 결정 ⑤ 치안센터를 지역 치안여건 및 인원여건을 고려, 운영시간을 탄력적으로 조정 ⑥ 근무자의 배우자에게 조력사례금을 지급 ⑦ 112순찰차의 탑재장비의 종류 및 수량 등 결정 ⑧ 지역경찰관서에 적정한 인원을 배치 ⑨ 지역경찰의 동원 ⑩ 치안센터 전담근무자의 근무형태 및 근무시간
지역경찰 관서장	① 지역경찰관서의 시설·장비·예산 및 소속 지역경찰의 근무에 관한 제반사항을 지휘·감독 ② 지역경찰관서 및 치안센터의 설치목적, 근무인원, 치안수요, 기타 업무량 등을 고려하여 근무의 종류 및 실시 기준을 정함 ③ 전투경찰순경의 근무형태 및 시간
순찰팀장	관리팀원에게 행정근무를 지정하고, 순찰팀원에게 상황 또는 순찰근무 지정

Answer 04 ③

05 경찰청 훈령인 「지역경찰 조직 및 운영에 관한 규칙」에 대한 다음 설명 중 가장 옳은 것은?

예상문제

① "지역경찰관서"란 함은 「국가경찰과 자치경찰의 조직 및 운영에 관한 법률」 제17조 및 「경찰청과 그 소속기관직제」 제44조에 규정된 지구대, 파출소 및 치안센터를 말한다.
② 경찰서장은 인구, 면적, 행정구역, 교통·지리적 여건, 각종 사건사고 발생 등을 고려하여 경찰서의 관할구역을 나누어 지역경찰관서를 설치한다.
③ 지역 치안수요 및 인력여건 등을 고려하여 지역경찰관서의 관리팀 및 순찰의 인원은 시·도경찰청장이 결정하고, 순찰팀의 수는 경찰서장이 결정한다.
④ 경찰 중요 시책의 홍보 및 협력치안 활동은 지역경찰관서장의 직무로, 관내 중요 사건 발생시 현장 지휘는 순찰팀장의 직무로 명시되어 있다.

해설 ▶ (①) 제2조(정의)
1. "지역경찰관서"란 「국가경찰과 자치경찰의 조직 및 운영에 관한 법률」제30조 제3항 및 「경찰청과 그 소속기관 직제」 제43조에 규정된 **지구대 및 파출소**를 말한다. (치안센터x)
▶ (②) 제4조(설치 및 폐지)
① **시·도경찰청장**은 인구, 면적, 행정구역, 교통·지리적 여건, 각종 사건사고 발생 등을 고려하여 경찰서의 관할구역을 나누어 지역경찰관서를 설치한다.
▶ (③) 제6조(하부조직)
② 순찰팀의 수는 지역 치안수요 및 인력여건 등을 고려하여 **시·도경찰청장이 결정**한다.
③ 관리팀 및 순찰팀의 인원은 지역 치안수요 및 인력여건 등을 고려하여 **경찰서장이 결정**한다.

06 「지역경찰의 조직 및 운영에 관한 규칙」상 순찰팀장의 직무 범위에 해당하는 것을 모두 고른 것은?

20. 승진

㉠ 관내 치안상황의 분석 및 대책 수립
㉡ 근무교대시 주요 취급사항 및 장비 등의 인수인계 확인
㉢ 관리팀원 및 순찰팀원에 대한 일일근무 지정 및 지휘·감독
㉣ 시설·예산·장비의 관리

① ㉠㉡
② ㉡㉢
③ ㉠㉢
④ ㉡㉣

해설 **지역경찰의 직무**

지역경찰관서장의 직무	1. 관내 치안상황의 분석 및 대책 수립 2. 지역경찰관서의 시설·예산·장비의 관리 3. 소속 지역경찰의 근무와 관련된 제반사항에 대한 지휘 및 감독 4. 경찰 중요 시책의 홍보 및 협력치안 활동

Answer 05 ④ 06 ②

순찰팀장의 직무	1. 근무교대시 주요 취급사항 및 장비 등의 인수인계 확인 2. **관리팀원 및 순찰팀원에 대한 일일근무 지정 및 지휘·감독** 3. 관내 중요 사건 발생시 현장 지휘 4. 지역경찰관서장 부재시 업무 대행 5. 순찰팀원의 업무역량 향상을 위한 교육
치안센터장의 직무	1. 경찰 민원 접수 및 처리 2. 관할지역 내 주민 여론 수렴 및 보고 3. 타기관 협조 등 협력방범활동 4. 기타 치안센터 운영과 관련된 문제점 및 개선대책 수립 및 보고

07 「지역경찰의 조직 및 운영에 관한 규칙」상 순찰팀장이 수행하는 직무 내용으로 가장 적절하지 <u>않은</u> 것은?

21. 경간부

① 관내 중요 사건 발생시 현장 지휘
② 지역경찰관서의 시설·예산·장비의 관리
③ 근무교대시 주요 취급사항 및 장비 등의 인수인계 확인
④ 관리팀원 및 순찰팀원에 대한 일일근무 지정 및 지휘·감독

해설 (②) 제5조(지역경찰관서장)
③ 지역경찰관서장은 다음 각 호의 직무를 수행한다.
1. 관내 치안상황의 분석 및 대책 수립
2. **지역경찰관서의 시설·예산·장비의 관리**
3. 소속 지역경찰의 근무와 관련된 제반사항에 대한 지휘 및 감독
4. 경찰 중요 시책의 홍보 및 협력치안 활동

08 다음 보기 중 「지역경찰의 조직 및 운영에 관한 규칙」상 지역경찰의 근무종류와 그 업무가 올바르게 연결된 것은?

예상문제

가. 시설 및 장비의 작동여부 확인
나. 방문민원 및 각종 신고사건의 접수 및 처리
다. 주민여론 및 범죄첩보 수집
라. 비상 및 작전사태 등 발생 시 차량, 선박 등의 통행 통제

① 가 - 순찰근무 나 - 행정근무 다 - 상황근무 라 - 순찰근무
② 가 - 상황근무 나 - 상황근무 다 - 순찰근무 라 - 경계근무
③ 가 - 상황근무 나 - 행정근무 다 - 상황근무 라 - 순찰근무
④ 가 - 순찰근무 나 - 상황근무 다 - 순찰근무 라 - 경계근무

Answer 07 ②   08 ②

해설 근무종류

행정근무	1. 문서의 접수 및 처리 2. 시설·장비의 관리 및 예산의 집행 3. 각종 현황, 통계, 자료, 부책 관리 4. 기타 행정업무 및 지역경찰관서장이 지시한 업무
상황근무 (가, 나)	1. **시설 및 장비의 작동여부 확인** 2. **방문민원 및 각종 신고사건의 접수 및 처리** 3. 요보호자 또는 피의자에 대한 보호·감시 4. 중요 사건·사고 발생시 보고 및 전파 5. 기타 필요한 문서의 작성
순찰근무 (다)	1. **주민여론 및 범죄첩보 수집** 2. 각종 사건사고 발생시 초동조치 및 보고, 전파 3. 범죄 예방 및 위험발생 방지 활동 4. 범법자의 단속 및 검거 5. 경찰방문 및 방범진단 6. 통행인 및 차량에 대한 검문검색 등
경계근무 (라)	1. 범법자 등을 단속·검거하기 위한 통행인 및 차량, 선박 등에 대한 검문검색 및 후속조치 2. **비상 및 작전사태 등 발생시 차량, 선박 등의 통행 통제**

09 지역경찰활동에 대한 설명으로 가장 적절한 것은?   20. 승진

① 「지역경찰의 조직 및 운영에 관한 규칙」상 관리팀원 및 순찰팀원에 대한 일일근무 지정 및 지휘·감독은 지역경찰관서장의 업무이다.
② 지역사회 경찰활동(community policing)은 주민의 경찰업무에의 협조도로 경찰업무의 효율성을 평가한다.
③ 「지역경찰의 조직 및 운영에 관한 규칙」상 비상 및 작전사태 등 발생시 차량, 선박 등의 통행 통제는 순찰근무에 해당한다.
④ 지역경찰관은 강제추행사건을 처리하는 경우 피해자에게 친고죄에 해당함을 설명하고, 피해자로부터 고소장을 제출받아 경찰서에 전달해야 한다.

해설
▶ (①) 제8조(순찰팀)
2. 관리팀원 및 순찰팀원에 대한 일일근무 지정 및 지휘·감독 → 순찰팀장의 업무

▶ (③) 제26조(경계근무)
2. 비상 및 작전사태 등 발생시 차량, 선박 등의 통행 통제

▶ (④) 강제추행죄는 2013년 6월 19일에 친고죄 규정이 폐지되어 **피해자의 고소 없이 처벌할 수 있다.**

Answer 09 ②

10 「지역경찰의 조직 및 운영에 관한 규칙」에 대한 설명으로 가장 적절하지 않은 것은?

22. 승진

① 지역경찰 동원은 근무자 동원을 원칙으로 하되, 불가피한 경우에 한하여 휴무자를 동원할 수 있다.
② 지역경찰관리자는 신고출동태세 유지 등을 위해 필요한 경우에는 휴게 및 식사시간도 기타 근무로 지정할 수 있다.
③ 순찰팀장은 관리팀원에게 행정근무를 지정하고, 순찰팀원에게 상황 또는 순찰근무 지정하는 것을 원칙으로 하되, 필요한 경우에는 다른 근무를 지정하거나 병행하여 수행하도록 지정할 수 있다.
④ 상황근무를 지정받은 지역경찰은 지역경찰관서 및 치안센터내에서 요보호자 또는 피의자에 대한 보호·감시, 방문민원 및 각종 신고사건의 접수 및 처리 등의 업무를 수행한다.

해설 제29조(일일근무 지정)
⑥ 지역경찰관리자는 신고출동태세 유지 등을 위해 필요한 경우에는 휴게 및 식사시간도 **대기** 근무로 지정할 수 있다.

11 「지역경찰의 조직 및 운영에 관한 규칙」에 관한 다음 설명 중 옳은 것은?

예상문제

가. 시·도경찰청장 및 경찰서장은 지역경찰의 올바른 직무수행 및 자질 향상을 위해 필요한 교육을 실시하여야 하며 교육시간, 방법, 내용 등 지역경찰 교육과 관련된 세부적인 기준은 시·도경찰청장이 따로 정한다.
나. 순찰근무의 근무종류 및 근무구역은 시간대별·장소별 치안수요, 각종 사건사고 발생, 순찰 인원 및 가용 장비, 관할 면적 및 교통·지리적 여건을 고려하여 지정하여야 한다.
다. 상황근무를 지정받은 지역경찰은 지역경찰관서 및 치안센터 내에서 시설 및 장비의 작동여부 확인, 방문민원 및 각종 신고사건의 접수 및 처리, 요보호자 또는 피의자에 대한 보호·감시, 중요 사건·사고 발생시 보고 및 전파, 기타 필요한 문서의 작성의 업무를 수행한다.
라. 행정근무를 지정받은 지역경찰은 지역경찰관서 내에서 문서의 접수 및 처리, 시설·장비의 관리 및 예산의 집행, 각종 현황·통계·자료·부책 관리, 기타 행정업무 및 지역경찰관서장이 지시한 업무를 수행한다.
마. 시·도경찰청장은 소속 시·도경찰청의 지역경찰 정원 충원 현황을 연 2회 이상 점검하고 현원이 정원에 미달할 경우, 지역경찰 정원충원 대책을 수립, 시행하여야 한다.

① 1개 ② 2개
③ 3개 ④ 4개

Answer 10 ② 11 ④

해설 (가) 제39조(교육)
① 시·도경찰청장 및 경찰서장은 지역경찰의 올바른 직무수행 및 자질 향상을 위해 필요한 교육을 실시하여야 한다.
② 교육시간, 방법, 내용 등 지역경찰 교육과 관련된 세부적인 기준은 **경찰청장**이 따로 정한다.

12 다음「지역경찰의 조직 및 운영에 관한 규칙」에 대한 설명 중 가장 옳지 않은 것은? 응용문제

① 경찰서장은 지역경찰관서의 관할면적, 치안수요 등을 고려하여 지역경찰관서에 적정한 인원을 배치하여야 한다. 경찰서장은 지역경찰의 정원을 다른 부서에 우선하여 충원하여야 한다.
② 시·도경찰청장은 소속 시·도경찰청의 지역경찰 정원 충원 현황을 연 2회 이상 점검하고 현원이 정원에 미달할 경우, 지역경찰 정원충원 대책을 수립, 시행하여야 한다.
③ 시·도경찰청장 및 경찰서장은 지역경찰의 올바른 직무수행 및 자질 향상을 위해 필요한 교육을 실시하여야 한다. 교육시간, 방법, 내용 등 지역경찰 교육과 관련된 세부적인 기준은 경찰청장이 따로 정한다.
④ 지역경찰 업무담당부서에서 지역경찰관서장에게 각종 현황 및 통계 등을 정기적으로 보고하도록 지시한 경우 지시의 효력은 최초 보고받은 날로부터 2년이 경과하면 자동으로 소멸한다. 지역경찰 업무담당부서에서는 지시의 효력을 연장할 필요가 있는 경우 소속 관서의 생활안전과장과 협의하여 2년 단위로 연장할 수 있다.

해설 제43조(정기보고 기간)
① 지역경찰 업무담당부서에서 지역경찰관서장에게 각종 현황 및 통계 등을 정기적으로 보고하도록 지시한 경우 지시의 효력은 최초 보고받은 날로부터 **1년이 경과**하면 자동으로 소멸한다.
② 지역경찰 업무담당부서에서는 지시의 효력을 연장할 필요가 있는 경우 소속 관서의 112치안종합상황실장과 협의하여 **1년 단위**로 연장할 수 있다.

13 「지역경찰의 조직 및 운영에 관한 규칙」에 관한 설명 중 옳은 것은? 22. 순경

㉠ 시·도경찰청장은 인구, 면적, 행정구역, 교통·지리적 여건, 각종 사건사고 발생 등을 고려하여 경찰서의 관할구역을 나누어 지역경찰관서를 설치한다.
㉡ 관리팀원 및 순찰팀원에 대한 일일근무 지정 및 지휘·감독과 관내 중요 사건 발생시 현장 지휘는 순찰팀장의 직무이다.
㉢ 직주일체형 치안센터에 배치된 근무자는 근무 종료 후(휴무일 포함)에도 관할 구역 내에 위치하며 지역경찰관서와 연락체계를 유지하여야 한다.
㉣ 지역경찰관서장은 관내 치안상황의 분석 및 대책을 수립하고 소속 지역경찰의 근무와 관련된 제반사항에 대해 지휘 및 감독한다.
㉤ 상황근무를 지정받은 지역경찰은 지역경찰관서 및 치안센터 내에서 방문민원 및 각종 신고사건의 접수 및 처리를 수행한다.

Answer 12 ④ 13 ②

① 5개 ② 4개
③ 3개 ④ 2개

해설 (ⓒ) **제18조(직주일체형 치안센터)**
③ 직주일체형 치안센터에 배치된 근무자는 근무 종료 후에도 관할구역 내에 위치하며 지역경찰관서와 연락체계를 유지하여야 한다. 다만, **휴무일은 제외**한다.

CHAPTER 02 가정폭력범죄의 처벌 등에 관한 특례법
[법률시행 2023.6.14.]

01 「가정폭력범죄의 처벌 등에 관한 특례법」에 대한 설명 중 가장 적절한 것은? 23. 승진

① "가족구성원"이란 배우자(사실상 혼인관계에 있는 사람은 제외한다) 또는 배우자였던 사람을 의미한다.
② 가정폭력범죄의 형사처벌 절차에 관한 특례를 정하고 가정폭력범죄를 범한 사람에 대하여 환경의 조정과 성행(性行)의 교정을 위한 보호처분을 함으로써 가정폭력범죄로 파괴된 가정의 평화와 안정을 회복하고 건강한 가정을 가꾸며 피해자와 가족구성원의 인권을 보호함을 목적으로 한다.
③ "가정폭력행위자"는 가정폭력범죄를 범한 사람만을 의미하고 가정구성원인 공범은 포함되지 않는다.
④ "가정폭력"이란 가정구성원 사이의 신체적, 정신적 피해를 수반하는 행위를 말하며, 재산상 피해를 수반하는 행위는 "가정폭력"에 해당하지 않는다.

> **해설** 제2조(정의)
> 1. (④) "가정폭력"이란 가정구성원 사이의 **신체적, 정신적 또는 재산상 피해를 수반하는** 행위를 말한다.
> 2. (①) "가정구성원"이란 다음 각 목의 어느 하나에 해당하는 사람을 말한다.
>   가. 배우자(사실상 혼인관계에 있는 사람을 **포함**) 또는 배우자였던 사람
>   나. 자기 또는 배우자와 직계존비속관계(사실상의 양친자관계를 포함)에 있거나 있었던 사람
>   다. 계부모와 자녀의 관계 또는 적모(嫡母)와 서자(庶子)의 관계에 있거나 있었던 사람
>   라. 동거하는 친족
> 4. (③) "가정폭력행위자"란 가정폭력범죄를 범한 사람 및 **가정구성원인 공범**을 말한다.

02 「가정폭력범죄의 처벌 등에 관한 특례법」에 대한 설명으로 가장 적절하지 <u>않은</u> 것은? 21. 순경

① 가정폭력으로서 출판물 등에 의한 명예훼손, 재물손괴, 유사강간, 주거침입의 죄는 가정폭력범죄에 해당한다.
② 사법경찰관은 「가정폭력범죄의 처벌 등에 관한 특례법」 제5조에 따른 응급조치에도 불구하고 가정폭력범죄가 재발될 우려가 있고, 긴급을 요하여 법원의 임시조치 결정을 받을 수 없을 때에는 직권 또는 피해자나 그 법정대리인의 신청에 의하여 긴급임시조치를 할 수 있다.

Answer   01 ②   02 ④

③ 법원은 가정폭력행위자에 대하여 유죄판결(선고유예는 제외)을 선고하거나 약식명령을 고지하는 경우에는 200시간의 범위에서 재범예방에 필요한 수강명령(「보호관찰 등에 관한 법률」에 따른 수강명령) 또는 가정폭력 치료프로그램의 이수명령을 병과할 수 있다.
④ 가정폭력범죄 중 아동학대범죄에 대해서는 「청소년 보호법」을 우선 적용한다.

> 해설) 제3조(다른 법률과의 관계)
> 가정폭력범죄에 대하여는 이 법을 우선 적용한다. 다만, 아동학대범죄에 대하여는 **「아동학대범죄의 처벌 등에 관한 특례법」을 우선 적용**한다.

03 「가정폭력범죄의 처벌 등에 관한 특례법」상 가정폭력범죄에 해당하지 않는 것은? 24. 순경

① 甲의 아버지가 甲의 명예를 훼손한 경우
② 乙의 계모였던 사람이 乙의 재물을 손괴한 경우
③ 丙과 같이 사는 사촌동생이 丙을 약취유인한 경우
④ 丁이 이혼한 전 부인을 강간한 경우

> 해설) **가정폭력범죄 유형(×)**
> **약취유인**, 강도, 절도, 사기, 횡령, 배임, 아동구걸, 업무방해, 공무집행방해, 살인, 상해치사, 중손괴죄 등

04 다음 중 「가정폭력범죄의 처벌 등에 관한 특례법」상 가정폭력범죄의 유형에 해당하지 않는 죄는 모두 몇 개인가? 예상문제

┌───┐
│ ㉠ 폭행죄   ㉡ 체포죄   ㉢ 모욕죄   │
│ ㉣ 유기죄   ㉤ 주거침입죄 ㉥ 공갈죄   │
│ ㉦ 재물손괴죄 ㉧ 사기죄   ㉨ 협박죄   │
└───┘

① 0개
② 1개
③ 2개
④ 3개

> 해설) ㉧ **사기죄**는 가정폭력범죄의 유형에 해당하지 않는다.

Answer 03 ③   04 ②

05 다음 사례에서 「가정폭력범죄의 처벌 등에 관한 특례법」상 A의 "가정구성원"에 해당하지 않는 자는?

22. 경간부

> A남은 B녀와 혼인하여 살다가 이혼하였고 C녀는 D남과 혼인하여 살다가 이혼하였다. 그 후 A와 C가 재혼하였다. A에게는 부친 E가 있으며, C에게는 모친 F가 있다. 한편 A의 형제자매로는 남동생 G가 있으며, C의 형제자매로는 여동생 H가 있다. G는 아직 결혼을 하지 않고, 충남 아산에 있는 A와 C의 집에서 같이 살고 있으며, H는 결혼하여 남편과 함께 미국에서 살고 있다.

① B
② F
③ G
④ H

해설) H는 여동생 즉 친족으로 동거하지 않고 있기 때문에 가정구성원에 해당되지 않는다.

06 「가정폭력범죄의 처벌 등에 관한 특례법」상 가정폭력범죄에 대해 사법경찰관이 취할 수 있는 긴급임시조치로 가장 적절하지 않은 것은?

23. 순경

① 국가경찰관서의 유치장 또는 구치소에의 유치
② 피해자 또는 가정구성원이나 그 주거·직장 등에서 100미터 이내의 접근금지
③ 피해자 또는 가정구성원의 주거 또는 점유하는 방실로부터의 퇴거 등 격리
④ 피해자 또는 가정구성원에 대한 「전기통신기본법」 제2조 제1호의 전기통신을 이용한 접근금지

해설) 제8조의2(긴급임시조치)
1. 피해자 또는 가정구성원의 주거 또는 점유하는 방실(房室)로부터의 퇴거 등 격리
2. 피해자 또는 가정구성원이나 그 주거·직장 등에서 100미터 이내의 접근 금지
3. 피해자 또는 가정구성원에 대한 「전기통신기본법」 제2조 제1호의 전기통신을 이용한 접근 금지

07 「가정폭력범죄의 처벌 등에 관한 특례법」에 관한 다음 설명 중 가장 적절한 것은?

예상문제

① 계부모와 자녀의 관계 또는 적모와 서자의 관계에 있었던 사람은 가족 구성원에 해당하지 않는다.
② 진행 중인 가정폭력범죄에 대하여 신고를 받은 사법경찰관리는 즉시 현장에 나가서 피해자가 동의하지 않는 경우에도 피해자를 가정폭력 관련 상담소 또는 보호시설로 인도할 수 있다.
③ 누구든지 가정폭력범죄를 알게 된 경우에는 수사기관에 신고할 수 있다.
④ 피해자는 행위자가 자기 또는 배우자의 직계존속인 경우 「형사소송법」 제224조 규정에 의하여 직계존속을 고소할 수 없다.

Answer 05 ④ 06 ① 07 ③

해설 ▶ (①) 제2조(정의)
　2. "가정구성원"이란 다음 각 목의 어느 하나에 해당하는 사람을 말한다.
　　가. 배우자(사실상 혼인관계에 있는 사람을 포함) 또는 배우자였던 사람
　　나. 자기 또는 배우자와 직계존비속관계(사실상의 양친자관계를 포함)에 있거나 있었던 사람
　　다. **계부모와 자녀의 관계 또는 적모(嫡母)와 서자(庶子)의 관계에 있거나 있었던 사람**
　　라. 동거하는 친족

▶ (②) 제5조(가정폭력범죄에 대한 응급조치)
　진행 중인 가정폭력범죄에 대하여 신고를 받은 사법경찰관리는 즉시 현장에 나가서 다음 각 호의 조치를 하여야 한다.
　1. 폭력행위의 제지, 가정폭력행위자·피해자의 분리
　1의2. 「형사소송법」 제212조에 따른 현행범인의 체포 등 범죄수사
　2. 피해자를 가정폭력 관련 상담소 또는 보호시설로 인도(피해자가 동의한 경우만 해당한다)
　3. 긴급치료가 필요한 피해자를 의료기관으로 인도
　4. 폭력행위 재발 시 제8조에 따라 임시조치를 신청할 수 있음을 통보
　5. 제55조의2에 따른 피해자보호명령 또는 신변안전조치를 청구할 수 있음을 고지

▶ (④) 제6조(고소에 관한 특례)
　② 피해자는 「형사소송법」 제224조에도 불구하고 가정폭력행위자가 자기 또는 배우자의 직계존속인 경우에도 고소할 수 있다. 법정대리인이 고소하는 경우에도 또한 같다.

08 「가정폭력범죄의 처벌 등에 관한 특례법」에 대한 설명으로 가장 적절하지 않은 것은?

22. 승진

① 사법경찰관은 가정폭력범죄에 대한 응급조치에도 불구하고 가정폭력범죄가 재발될 우려가 있고, 긴급을 요하여 법원의 임시조치 결정을 받을 수 없을 때에는 직권 또는 피해자나 그 법정 대리인의 신청에 의하여 긴급임시조치를 할 수 있다.
② 진행 중인 가정폭력범죄에 대하여 신고를 받은 사법경찰관리는 즉시 현장에 나가서 폭력행위의 제지, 가정폭력행위자·피해자의 분리, 현행범인의 체포 등 범죄수사, 피해자를 가정폭력 관련 상담소 또는 보호시설로 인도(피해자가 동의한 경우만 해당), 긴급치료가 필요한 피해자를 의료기관으로 인도, 폭력행위 재발 시 제8조에 따라 임시조치를 신청할 수 있음을 통보, 제55조의2에 따른 피해자보호명령 또는 신변안전조치를 청구할 수 있음을 고지해야 한다.
③ 甲의 배우자였던 乙이 甲에게 폭행을 당한 것을 이유로 112종합상황실에 가정폭력으로 신고하여 순찰 중이던 경찰관이 출동한 경우, 그 경찰관은 해당 사건에 대해 가정폭력범죄 사건으로 처리할 수 없다.
④ 피해자 또는 그 법정대리인은 가정폭력행위자를 고소할 수 있고, 피해자의 법정대리인이 가정폭력행위자인 경우 또는 가정폭력행위자와 공동으로 가정폭력범죄를 범한 경우에는 피해자의 친족이 고소할 수 있다.

해설 제6조(고소에 관한 특례)
　② 피해자는 「형사소송법」 제224조에도 불구하고 가정폭력행위자가 자기 또는 배우자의 직계존속인 경우에도 고소할 수 있다. 법정대리인이 고소하는 경우에도 또한 같다.
　따라서 甲의 배우자였던 乙이 甲에게 폭행을 당한 것을 경우라면 출동한 경찰관은 해당 사건에 대해 가정폭력범죄 사건으로 처리할 수 있다.

Answer 08 ③

09

「가정폭력범죄의 처벌 등에 관한 특례법」에 대한 다음 설명 중 옳지 <u>않은</u> 것은 모두 몇 개인가?

예상문제

> 가. "가정폭력범죄"란 가정폭력으로서 「형법」상 상해, 폭행, 유기, 학대, 아동혹사, 체포, 감금, 협박, 강간, 강제추행, 명예훼손, 모욕, 주거침입, 강요, 상해치사, 재물손괴 중 어느 하나에 해당하는 죄를 말한다.
> 나. 가정폭력행위자가 자기 또는 배우자의 직계존속일 경우에는 고소할 수 없다.
> 다. 피해자에게 고소할 법정대리인이나 친족이 없는 경우에 이해관계인이 신청하면 검사는 7일 이내에 고소할 수 있는 사람을 지정하여야 한다.
> 라. 아동, 70세 이상의 노인, 그 밖에 정상적인 판단 능력이 결여된 사람의 치료 등을 담당하는 의료인 및 의료기관의 장이 직무를 수행하면서 가정폭력범죄를 알게 된 경우에는 정당한 사유가 없으면 즉시 수사기관에 신고하여야 한다.

① 1개 ② 2개
③ 3개 ④ 4개

해설
▶ (가) 가정폭력범죄 유형(x)
약취유인, 강도, 절도, 사기, 횡령, 배임, 아동구걸, 업무방해, 공무집행방해, 살인, **상해치사**, 중손괴죄 등

▶ (나, 다) 제6조(고소에 관한 특례)
② 피해자는 「형사소송법」 제224조에도 불구하고 **가정폭력행위자가 자기 또는 배우자의 직계존속인 경우에도 고소할 수 있다.** 법정대리인이 고소하는 경우에도 또한 같다.
③ 피해자에게 고소할 법정대리인이나 친족이 없는 경우에 이해관계인이 신청하면 검사는 10일 이내에 고소할 수 있는 사람을 지정하여야 한다.

▶ (라) 제4조(신고의무 등)
② 다음 각 호의 어느 하나에 해당하는 사람이 직무를 수행하면서 가정폭력범죄를 알게 된 경우에는 정당한 사유가 없으면 즉시 수사기관에 신고하여야 한다.
  2. 아동, **60세 이상의 노인**, 그 밖에 정상적인 판단 능력이 결여된 사람의 치료 등을 담당하는 의료인 및 의료기관의 장

10

「가정폭력범죄의 처벌 등에 관한 특례법」에 대한 설명으로 가장 적절한 것은?

20. 승진

① 사법경찰관이 응급조치를 한 때에는 지체 없이 검사에게 임시조치를 신청하고, 신청받은 검사는 법원에 임시조치를 청구하여야 한다. 이 경우 임시조치의 청구는 응급조치를 한 때부터 48시간 이내에 청구하여야 하며, 긴급임시조치결정서를 첨부하여야 한다.
② '피해자'란 가정폭력범죄로 인하여 직접적 또는 간접적으로 피해를 입은 사람을 말한다.
③ 긴급임시조치는 사법경찰관이 할 수 있고, 임시조치는 판사가 할 수 있다.
④ 피해자와 같이 살고 있는 사촌동생이 피해자의 명예를 훼손한 경우 가정폭력 사건으로 처리할 수 없다.

Answer 09 ④ 10 ③

해설 ▶ (①) 제8조의3(긴급임시조치와 임시조치의 청구)
① 사법경찰관이 제8조의2 제1항에 따라 **긴급임시조치를 한 때에는** 지체 없이 검사에게 제8조에 따른 임시조치를 신청하고, 신청받은 검사는 법원에 임시조치를 청구하여야 한다. 이 경우 임시조치의 청구는 긴급임시조치를 한 때부터 48시간 이내에 청구하여야 하며, 제8조의2 제2항에 따른 긴급임시조치결정서를 첨부하여야 한다.

▶ (②) 제2조(정의)
5. "피해자"란 가정폭력범죄로 인하여 **직접적으로** 피해를 입은 사람을 말한다.

▶ (④) **명예훼손은 가정폭력 유형에 해당**하므로 가정폭력 사건으로 처리할 수 있다.

11. 「가정폭력범죄의 처벌 등에 관한 특례법」에 대한 설명으로 적절하지 않은 것은 모두 몇 개인가?

> 가. 피해자에게 고소할 법정대리인이나 친족이 없는 경우에 이해관계인이 신청하면 검사는 10일 이내에 고소할 수 있는 사람을 지정하여야 한다.
> 나. 검사는 가정폭력범죄로서 사건의 성질·동기 및 결과, 가정폭력행위자의 성행 등을 고려하여 이 법에 따른 보호처분을 하는 것이 적절하다고 인정하는 경우에는 가정보호사건으로 처리할 수 있다. 이 경우 검사는 피해자의 의사를 존중하여야한다.
> 다. 법원은 가정폭력행위자에 대하여 유죄판결(선고유예는 제외한다)을 선고하거나 약식명령을 고지하는 경우에는 200시간의 범위에서 재범예방에 필요한 수강명령(「보호관찰 등에 관한법률」에 따른 수강명령을 말한다)을 병과할 수 있다. 이 경우 수강명령은 형의 집행을 유예할 경우에는 그 집행유예기간이 종료된 다음날부터 6개월 이내에 집행한다.
> 라. 사법경찰관이 긴급임시조치를 한 때에는 지체 없이 검사에게 임시조치를 신청하고, 신청받은 검사는 법원에 임시조치를 청구하여야 한다. 이 경우 임시조치의 청구는 응급조치를 한 때부터 48시간 이내에 청구하여야 한다.

① 0개　　② 1개
③ 2개　　④ 3개

해설 ▶ (다) 제3조의2(형벌과 수강명령 등의 병과)
① 법원은 가정폭력행위자에 대하여 유죄판결(선고유예는 제외)을 선고하거나 약식명령을 고지하는 경우에는 200시간의 범위에서 재범예방에 필요한 수강명령(「보호관찰 등에 관한 법률」에 따른 수강명령을 말한다.) 또는 가정폭력 치료프로그램의 이수명령을 병과할 수 있다.
④ 제1항에 따른 **수강명령 또는 이수명령은** 형의 집행을 유예할 경우에는 그 집행유예기간 내에, 징역형의 실형을 선고할 경우에는 형기 내에, 벌금형을 선고하거나 약식명령을 고지할 경우에는 **형 확정일부터 6개월 이내에 각각 집행한다.**

▶ (라) 제8조의3(긴급임시조치와 임시조치의 청구)
① 사법경찰관이 제8조의2 제1항에 따라 긴급임시조치를 한 때에는 지체 없이 검사에게 제8조에 따른 임시조치를 신청하고, 신청받은 검사는 법원에 임시조치를 청구하여야 한다. 이 경우 임시조치의 청구는 **긴급임시조치를 한 때부터** 48시간 이내에 청구하여야 하며, 제8조의2 제2항에 따른 긴급임시조치결정서를 첨부하여야 한다.

Answer　11 ③

12. 다음은 「가정폭력범죄의 처벌 등에 관한 특례법」에 대한 설명이다. 다음 ㉠부터 ㉣까지의 설명 중 옳고 그름의 표시(O, X)가 바르게 된 것은?

예상문제

> ㉠ 가정폭력이란 가정구성원 사이의 신체적, 정신적 또는 재산상 피해를 수반하는 행위를 말한다.
> ㉡ 피해자 또는 그 법정대리인은 가정폭력행위자를 고소할 수 있다. 피해자의 법정대리인이 가정폭력행위자인 경우 또는 가정폭력행위자와 공동으로 가정폭력범죄를 범한 경우에는 피해자의 친족이 고소할 수 있다.
> ㉢ 사법경찰관은 가정폭력범죄를 신속히 수사하여 사건을 검사에게 송치하여야 한다. 이 경우 사법경찰관은 해당 사건을 가정보호사건으로 처리하는 것이 적절한지에 관한 의견을 제시할 수 있다.
> ㉣ 피해자에게 고소할 법정대리인이나 친족이 없는 경우에 이해관계인이 신청하면 검사는 10일 이내에 고소할 수 있는 사람을 지정하여야 한다.

① ㉠(O) ㉡(O) ㉢(O) ㉣(O)
② ㉠(O) ㉡(X) ㉢(O) ㉣(O)
③ ㉠(X) ㉡(O) ㉢(X) ㉣(O)
④ ㉠(O) ㉡(O) ㉢(O) ㉣(X)

해설 모두 옳은 지문이다.

13. 다음 중 「가정폭력범죄의 처벌 등에 관한 특례법」상 피해자보호명령에 대한 내용으로 틀린 것은?

예상문제

> ㉠ 피해자보호명령사건의 관할은 가정폭력행위자의 행위지·거주지 또는 현재지 및 피해자의 거주지 또는 현재지를 관할하는 가정법원으로 한다. 다만, 가정법원이 설치되지 아니하는 지역에 있어서는 해당 지역의 지방법원으로 한다.
> ㉡ 피해자보호명령사건의 심리와 결정은 판사가 한다.
> ㉢ 판사는 피해자의 보호를 위하여 필요하다고 인정하는 때에는 피해자, 그 법정대리인 또는 검사의 청구에 따라 결정으로 가정폭력행위자에게 피해자보호명령을 하여야 한다. 피해자보호명령은 이를 병과할 수 있다.
> ㉣ 법원은 피해자의 보호를 위하여 필요하다고 인정하는 경우에는 피해자 또는 그 법정대리인의 청구 또는 직권으로 일정 기간 동안 검사에게 피해자에 대하여 신변안전조치를 하도록 요청할 수 있다. 이 경우 검사는 피해자의 주거지 또는 현재지를 관할하는 경찰서장에게 신변안전조치를 하도록 요청할 수 있으며, 해당 경찰서장은 특별한 사유가 없으면 이에 따라야 한다.

Answer 12 ① 13 ②

◎ 피해자보호명령의 기간은 6개월을 초과할 수 없다. 다만, 피해자의 보호를 위하여 그 기간의 연장이 필요하다고 인정하는 경우에는 직권이나 피해자, 그 법정대리인 또는 검사의 청구에 따른 결정으로 2개월 단위로 연장할 수 있다. 피해자보호명령의 기간을 연장하거나 그 종류를 변경하는 경우 종전의 처분기간을 합산하여 3년을 초과할 수 없다.

㉤ 판사는 피해자보호명령의 청구가 있는 경우에 피해자의 보호를 위하여 필요하다고 인정하는 경우에는 결정으로 임시보호명령을 할 수 있다. 임시보호명령의 기간은 피해자보호명령의 결정 시까지로 한다. 다만, 판사는 필요하다고 인정하는 경우에 그 기간을 제한할 수 있다.

① 1개   ② 2개
③ 3개   ④ 4개

해설
▶ (㉣) 제55조의2(피해자보호명령 등)
① 판사는 피해자의 보호를 위하여 필요하다고 인정하는 때에는 피해자, **그 법정대리인 또는 검사의 청구에 따라** 결정으로 가정폭력행위자에게 다음 각 호의 어느 하나에 해당하는 피해자보호명령을 할 수 있다.

▶ (㉤) 제55조의3(피해자보호명령의 기간)
① 제55조의2 제1항 각 호의 피해자보호명령의 기간은 **1년을** 초과할 수 없다. 다만, 피해자의 보호를 위하여 그 기간의 연장이 필요하다고 인정하는 경우에는 직권이나 피해자, 그 법정대리인 또는 검사의 청구에 따른 결정으로 **2개월 단위로** 연장할 수 있다.
② 제1항 및 제55조의2 제3항에 따라 피해자보호명령의 기간을 연장하거나 그 종류를 변경하는 경우 종전의 처분기간을 합산하여 **3년을** 초과할 수 없다.

CHAPTER 03 청원경찰법 [법률시행 2021.1.1.]

01 청원경찰에 대한 설명으로 적절한 것은 모두 몇 개인가? (다툼이 있는 경우 판례에 따름)

22. 경간부

> 가. 시·도경찰청장은 청원경찰 배치가 필요하다고 인정하는 기관의 장 또는 시설사업장의 경영자에게 청원경찰을 배치할 것을 명령할 수 있다.
> 나. 청원경찰이 직무상의 의무 등을 위반하는 경우에는 청원주 및 관할 감독 경찰서장은 대통령령이 정하는 징계절차를 거쳐 징계처분을 하여야 한다.
> 다. 청원경찰은 「형법」이나 그 밖의 법령에 따른 벌칙을 적용할 때에는 공무원으로 보기 때문에 청원경찰의 불법행위에 대한 배상책임에 관하여는 「국가배상법」의 규정을 적용한다.
> 라. 국가나 지방자치단체에 근무하는 청원경찰의 근무관계는 사법상의 고용계약관계이다.

① 0개
② 1개
③ 2개
④ 3개

해설
▶ (가) 제4조(청원경찰의 배치)
③ 시·도경찰청장은 청원경찰 배치가 필요하다고 인정하는 기관의 장 또는 시설·사업장의 경영자에게 청원경찰을 배치할 것을 **요청할 수 있다.**

▶ (나) 제5조의2(청원경찰의 징계)
① **청원주는** 청원경찰이 다음 각 호의 어느 하나에 해당하는 때에는 대통령령으로 정하는 징계절차를 거쳐 징계처분을 하여야 한다.
  1. 직무상의 의무를 위반하거나 직무를 태만히 한 때
  2. 품위를 손상하는 행위를 한 때

▶ (다) 제10조의2(청원경찰의 불법행위에 대한 배상책임)
청원경찰(국가기관이나 지방자치단체에 근무하는 청원경찰은 제외한다)의 직무상 불법행위에 대한 배상책임에 관하여는 「**민법**」**의 규정**을 따른다.

▶ (라) 국가나 지방자치단체에 근무하는 청원경찰의 근무관계는 **공법상의 고용계약관계**이다.

Answer 01 ①

02 「청원경찰법 및 동법 시행령」상 청원경찰에 대한 설명으로 가장 적절한 것은? <예상문제>

① 청원경찰은 청원주와 배치된 기관·시설 또는 사업장 등의 구역을 관할하는 경찰서장의 감독을 받아 그 경비구역만의 경비를 목적으로 필요한 범위에서 「청원경찰법」에 따른 경찰관의 직무를 수행한다.
② 관할 경찰서장은 청원경찰이 직무상에 의무를 위반하거나 직무를 태만히 할 때 징계처분을 하여야 한다.
③ 관할 경찰서장은 매달 1회 이상 청원경찰을 배치한 경비구역에 대하여 복무규율과 근무상황을 감독하여야 한다.
④ 청원경찰의 임용자격은 19세 이상인 사람이며, 남자의 경우에는 군복무를 마쳤거나 군복무가 면제된 사람으로 한정한다.

해설
▶ (①) 제3조(청원경찰의 직무)
청원경찰은 제4조 제2항에 따라 청원경찰의 배치 결정을 받은 자(이하 "청원주"(請願主)라 한다)와 배치된 기관·시설 또는 사업장 등의 구역을 관할하는 경찰서장의 감독을 받아 그 경비구역만의 경비를 목적으로 필요한 범위에서 **「경찰관 직무집행법」**에 따른 경찰관의 직무를 수행한다.

▶ (②) 제5조의2(청원경찰의 징계)
① **청원주는** 청원경찰이 다음 각 호의 어느 하나에 해당하는 때에는 대통령령으로 정하는 징계절차를 거쳐 징계처분을 하여야 한다.
  1. 직무상의 의무를 위반하거나 직무를 태만히 한 때
  2. 품위를 손상하는 행위를 한 때

▶ (④) 청원경찰법 시행령 제3조(임용자격)
법 제5조 제3항에 따른 청원경찰의 임용자격은 다음 각 호와 같다.
1. 18세 이상인 사람
2. 행정안전부령으로 정하는 신체조건에 해당하는 사람

03 청원경찰에 대한 설명으로 적절한 것을 모두 고른 것은? <예상문제>

㉠ 「청원경찰법」 제3조에 청원주와 경찰서장이 청원경찰을 감독하도록 규정하고 있다.
㉡ 관할 경찰서장은 매달 1회 이상 청원경찰을 배치한 경비구역을 감독할 수 있다.
㉢ 시·도경찰청장은 청원경찰 배치가 필요하다고 인정하는 기관의 장 또는 시설·사업장의 경영자에게 청원경찰을 배치할 것을 요청해야 한다.
㉣ 청원경찰이 직무를 수행할 때 직권을 남용하여 국민에게 해를 끼친 경우에는 6개월 이하의 징역이나 금고에 처한다.
㉤ 청원경찰에 대한 징계의 종류는 파면, 해임, 강등, 정직, 감봉 및 견책으로 구분한다.

① ㉠㉡
② ㉠㉣
③ ㉡㉣㉤
④ ㉠㉣㉤

Answer 02 ③ 03 ②

해설 ▶ (ⓒ) **청원경찰법 시행령 제17조(감독)**
관할 경찰서장은 매달 1회 이상 청원경찰을 배치한 경비구역에 대하여 다음 각 호의 사항을 **감독하여야 한다.**
1. 복무규율과 근무 상황
2. 무기의 관리 및 취급 사항

▶ (ⓒ) 제4조(청원경찰의 배치)
③ 시·도경찰청장은 청원경찰 배치가 필요하다고 인정하는 기관의 장 또는 시설·사업장의 경영자에게 청원경찰을 배치할 것을 **요청할 수 있다.**

▶ (ⓜ) 제5조의2(청원경찰의 징계)
② 청원경찰에 대한 징계의 종류는 **파면, 해임, 정직, 감봉 및 견책**으로 구분한다.

04 청원경찰에 관한 설명으로 옳지 않은 것을 모두 고른 것은? 〔예상문제〕

㉠ 청원경찰이 직무를 수행할 때 직권을 남용하여 국민에게 해를 끼친 경우에는 6개월 이하의 징역이나 금고에 처한다.
㉡ 시·도경찰청장은 청원경찰이 직무를 수행하기 위하여 필요하다고 인정하면 청원주의 신청을 받아 관할 경찰서장으로 하여금 청원경찰에게 무기를 대여하여 지니게 하여야 한다.
㉢ 청원경찰의 임용권자는 청원주, 승인권자는 시·도경찰청장이다.
㉣ 청원주가 청원경찰을 면직시키고자 할 때에는 사전에 시·도경찰청장의 승인을 받아야 한다.

① ㉠, ㉡
② ㉠, ㉡, ㉣
③ ㉠, ㉢
④ ㉡, ㉣

해설 ▶ (ⓒ) 제8조(제복 착용과 무기 휴대)
② 시·도경찰청장은 청원경찰이 직무를 수행하기 위하여 필요하다고 인정하면 청원주의 신청을 받아 관할 경찰서장으로 하여금 청원경찰에게 **무기를 대여하여 지니게 할 수 있다.**

▶ (ⓔ) 제10조의4(의사에 반한 면직)
② 청원주가 청원경찰을 면직시켰을 때에는 그 사실을 관할 **경찰서장을 거쳐 시·도경찰청장에게 보고하여야 한다.**

05 청원경찰에 대한 다음 설명 중 옳은 것은 모두 몇 개인가? 〔예상문제〕

㉠ 청원경찰은 청원주가 임용하되, 임용을 할 때에는 미리 시·도경찰청장의 승인을 받아야 한다.
㉡ 청원경찰에 대한 징계의 종류는 파면, 해임, 강등, 정직, 감봉 및 견책으로 구분한다.
㉢ 시·도경찰청장은 청원경찰이 직무를 수행하기 위하여 필요하다고 인정하면 청원주의 신청을 받아 관할 경찰서장으로 하여금 청원경찰에게 무기를 대여하여 지니게 하여야 한다.

Answer 04 ④ 05 ②

② 청원경찰이 직무를 수행할 때 직권을 남용하여 국민에게 해를 끼친 경우에는 1년 이하의 징역이나 금고에 처한다.
⑩ 청원경찰의 임용자격은 20세 이상인 사람이다(다만, 남자의 경우에는 군복무를 마쳤거나 군복무가 면제된 사람으로 한정한다).

① 0개
② 1개
③ 2개
④ 3개

해설 ▶ (ⓒ) 제5조의2(청원경찰의 징계)
② 청원경찰에 대한 징계의 종류는 **파면, 해임, 정직, 감봉 및 견책**으로 구분한다.

▶ (ⓒ) 제8조(제복 착용과 무기 휴대)
② 시·도경찰청장은 청원경찰이 직무를 수행하기 위하여 필요하다고 인정하면 청원주의 신청을 받아 관할 경찰서장으로 하여금 청원경찰에게 **무기를 대여하여 지니게 할 수 있다.**

▶ (ⓔ) 제10조(직권남용 금지 등)
① 청원경찰이 직무를 수행할 때 직권을 남용하여 국민에게 해를 끼친 경우에는 **6개월 이하의 징역이나 금고**에 처한다.

▶ (ⓜ) **청원경찰법 시행령 제3조(임용자격)**
법 제5조 제3항에 따른 청원경찰의 임용자격은 다음 각 호와 같다.
1. **18세 이상인 사람**
2. 행정안전부령으로 정하는 신체조건에 해당하는 사람

06 「청원경찰법」에 관한 설명으로 가장 적절하지 않은 것은? 74기 경간부

① 청원주가 청원경찰을 폐지하거나 감축하였을 때에는 청원경찰배치 결정을 한 경찰관서의 장에게 알려야 하며, 그 사업장이 시·도경찰청장이 청원경찰의 배치를 요청한 사업장일 때에는 그 폐지 또는 감축 사유를 구체적으로 밝혀야 한다.
② 청원주가 청원경찰을 면직시켰을 때에는 그 사실을 관할 경찰서장을 거쳐 시·도경찰청장에게 보고하여야 한다.
③ 시·도경찰청장은 청원경찰이 직무상의 의무를 위반하거나 직무를 태만히 한 때 또는 품위를 손상하는 행위를 한 때에는 대통령령으로 정하는 징계절차를 거쳐 징계처분을 하여야한다.
④ 청원주는 청원경찰을 대체할 목적으로 「경비업법」에 따른 특수경비원을 배치하는 경우에는 청원경찰의 배치를 폐지하거나 배치인원을 감축할 수 없다.

해설 제5조의2(청원경찰의 징계)
① **청원주는** 청원경찰이 다음 각 호의 어느 하나에 해당하는 때에는 대통령령으로 정하는 징계절차를 거쳐 징계처분을 하여야 한다.
1. 직무상의 의무를 위반하거나 직무를 태만히 한 때
2. 품위를 손상하는 행위를 한 때

Answer 06 ③

CHAPTER 04 통합방위법 [법률시행 2024.1.16.]

01 「통합방위법」에 관한 설명 중 가장 적절하지 않은 것은? 23. 승진

① "갑종사태"란 일정한 조직체계를 갖춘 적의 대규모 병력 침투 또는 대량살상무기 공격 등의 도발로 발생한 비상사태로서 통합방위본부장 또는 지역군사령관의 지휘·통제 하에 통합방위작전을 수행하여야 할 사태를 말한다.
② "을종사태"란 적의 침투·도발 위협이 예상되거나 소규모의 적이 침투하였을 때에 시·도경찰청장, 지역군사령관 또는 함대사령관의 지휘·통제 하에 통합방위작전을 수행하여 단기간 내에 치안이 회복될 수 있는 사태를 말한다.
③ 국무총리 소속으로 중앙 통합방위협의회를 둔다.
④ 국가중요시설은 국방부장관이 관계 행정기관의 장 및 국가정보원장과 협의하여 지정한다.

해설 통합방위사태

	의의	작전 지휘관	건의사유	건의권자	선포권자
갑종 사태	적의 **대규모** 병력침투 또는 도발로 인한 비상사태	통합방위 본부장 또는 지역 군사령관	甲종사태 발생 시	국방부장관	대통령 (중앙협의회와 국무회의의 심의를 거쳐)
을종 사태	일부 또는 수개 지역에서 적의 침투·도발로 인한 비상사태	지역 군사령관	乙종 사태 발생시	시·도경찰청장·지역군사령관 또는 함대사령관	시·도지사 (시·도 협의회의 심의) → **대통령** 보고
			2 이상 시·도에 걸쳐 乙종 사태 발생 시	국방부장관	대통령 (중앙협의회와 국무회의의 심의를 거쳐)
병종 사태	**적의 침투·도발위협이 예상되거나 소규모의 적이 침투로 인한 비상사태**	지방 경찰청장·지역 군사령관 또는 함대 사령관	丙종 사태 발생시	시·도경찰청장·지역군사령관 또는 함대사령관	시·도지사 (시·도 협의회의 심의) → **대통령** 보고
			2 이상 시·도에 걸쳐 丙종 사태 발생 시	**행정안전부장관 또는 국방부장관**	대통령 (중앙협의회와 국무회의의 심의를 거쳐)

Answer 01 ②

02
통합방위사태가 선포된 때에는 「통합방위법」의 규정에 따라 통합방위작전을 신속하게 수행하여야 한다. 지역별 통합방위작전 수행 담당자로 가장 적절한 것은?   21. 경간부

① 갑종사태가 선포된 경우 경찰관할지역 : 경찰청장
② 을종사태가 선포된 경우 특정경비지역 : 통합방위본부장
③ 을종사태가 선포된 경우 경찰관할지역 : 시·도경찰청장
④ 병종사태가 선포된 경우 특정경비지역 : 지역군사령관

해설) 제25조(통합방위사태 선포 시의 지휘 및 협조 관계)

통합방위사태 선포	지휘관	
갑종사태가 선포된 때	① **통합방위본부장 또는 지역군사령관**	
을종사태가 선포된 때	②, ③ **지역군사령관**	
병종사태가 선포된 때	경찰관할지역	시·도경찰청장
	특정경비지역 및 군관할지역	④ **지역군사령관**
	특정경비해역 및 일반경비해역	함대사령관

03
「통합방위법」상 국가중요시설에 관한 다음 설명 중 가장 적절하지 <u>않은</u> 것은?   예상문제

① 국가중요시설의 관리자(소유자를 포함한다. 이하 같다)는 경비·보안 및 방호책임을 지며, 통합방위사태에 대비하여 자체방호계획을 수립하여야 한다. 이 경우 국가중요시설의 관리자는 자체방호계획을 수립하기 위하여 필요하면 시·도경찰청장 또는 지역군사령관에게 협조를 요청할 수 있다.
② 시·도경찰청장 또는 지역군사령관은 통합방위사태에 대비하여 국가중요시설에 대한 방호지원계획을 수립·시행하여야 한다.
③ 국가중요시설의 평시 경비·보안활동에 대한 지도·감독은 관계 행정기관의 장과 국가정보원장이 수행한다.
④ 국가중요시설은 경찰청장이 관계 행정기관의 장 및 국가정보원장과 협의하여 지정한다.

해설) 제21조(국가중요시설의 경비·보안 및 방호)
① 국가중요시설의 관리자(소유자를 포함한다. 이하 같다)는 경비·보안 및 방호책임을 지며, 통합방위사태에 대비하여 자체방호계획을 수립하여야 한다. 이 경우 국가중요시설의 관리자는 자체방호계획을 수립하기 위하여 필요하면 시·도경찰청장 또는 지역군사령관에게 협조를 요청할 수 있다.
② 시·도경찰청장 또는 지역군사령관은 통합방위사태에 대비하여 국가중요시설에 대한 방호지원계획을 수립·시행하여야 한다.
③ 국가중요시설의 평시 경비·보안활동에 대한 지도·감독은 관계 행정기관의 장과 국가정보원장이 수행한다.
④ 국가중요시설은 **국방부장관이** 관계 행정기관의 장 및 국가정보원장과 **협의하여 지정**한다.

Answer 02 ④   03 ④

04. 「통합방위법」상 국가중요시설 경비에 대한 내용이다. 다음 중 옳고 그름의 표시(O, X)가 바르게 된 것은?

예상문제

⊙ 국가중요시설의 관리자(소유자 포함)는 경비·보안 및 방호책임을 지며, 통합방위사태에 대비하여 자체방호계획을 수립하여야 한다.
⊙ 국가중요시설 방호는 평상시에는 산업발전으로 국력신장을 도모하고 전시에는 전쟁수행능력을 뒷받침하는 국가방호의 중요한 점이 된다는 점에서 재해에 의한 중요시설 침해의 방지도 중요시설 경비의 범주에 포함된다.
⊙ "국가중요시설"이란 공공기관, 공항·항만, 주요 산업시설 등 적에 의하여 점령 또는 파괴되거나 기능이 마비될 경우 국가안보와 국민생활에 심각한 영향을 주게 되는 시설을 말한다.
⊙ 국가중요시설은 국가정보원장이 관계행정기관의 장 및 국방부장관과 협의하여 지정한다.

① ⊙(O) ⊙(O) ⊙(O) ⊙(O)
② ⊙(O) ⊙(O) ⊙(O) ⊙(X)
③ ⊙(O) ⊙(X) ⊙(X) ⊙(O)
④ ⊙(X) ⊙(O) ⊙(X) ⊙(X)

해설 (⊙) 제21조(국가중요시설의 경비·보안 및 방호)
④ 국가중요시설은 **국방부장관이 관계 행정기관의 장 및 국가정보원장과 협의하여 지정**한다.

05. 「통합방위법」상 다음 설명 중 가장 옳지 않은 것은?

예상문제

① 통합방위본부는 합동참모본부에 두며, 통합방위본부장은 국방부장관이고 부본부장은 합동참모의장이다.
② 「통합방위법」상 대피명령을 위반하는 경우 처벌규정이 있다.
③ 국무총리 소속으로 중앙 통합방위협의회를 둔다.
④ 시·도경찰청장은 관할구역 중에서 적의 침투가 예상되는 곳 등에 검문소를 설치·운용할 수 있다.

해설 제8조(통합방위본부)
① 합동참모본부에 통합방위본부를 둔다.
② 통합방위본부에는 본부장과 부본부장 1명씩을 두되, **통합방위본부장은 합동참모의장**이 되고 **부본부장은 합동참모본부에서 군사작전에 대한 기획 등 작전 업무를 총괄하는 참모 부서의 장**이 된다.

Answer 04 ② 05 ①

06 「통합방위법」에 대한 다음 설명 중 옳지 않은 것은 모두 몇 개인가?

예상문제

가. 특별시장·광역시장·특별자치시장·도지사·특별자치도지사 소속으로 특별시·광역시·특별자치시·도·특별자치도 통합방위협의회를 두고, 그 의장은 시·도지사가 된다.
나. 대통령 소속으로 중앙 통합방위협의회를 둔다.
다. "을종사태"란 적의 침투·도발 위협이 예상되거나 소규모의 적이 침투하였을 때에 시·도경찰청장, 지역군사령관 또는 함대사령관의 지휘·통제하에 통합방위작전을 수행하여 단기간 내에 치안이 회복될 수 있는 사태를 말한다.
라. 시·도경찰청장, 지역군사령관 또는 함대사령관은 둘 이상의 시·도에 걸쳐 병종사태에 해당하는 상황이 발생하였을 때 즉시 국방부장관에게 통합방위사태의 선포를 건의하여야 한다.
마. 시·도지사 또는 시장·군수·구청장은 통합방위사태가 선포된 때에는 인명·신체에 대한 위해를 방지하기 위하여 즉시 작전지역에 있는 주민이나 체류 중인 사람에게 대피할 것을 명할 수 있다.

① 2개   ② 3개
③ 4개   ④ 5개

해설 ▶ (나) 제4조(중앙 통합방위협의회)
① **국무총리 소속**으로 중앙 통합방위협의회(이하 "중앙협의회"라 한다)를 둔다.
▶ (다) 제2조(정의)
8. "**병종사태**"란 적의 침투·도발 위협이 예상되거나 소규모의 적이 침투하였을 때에 시·도경찰청장, 지역군사령관 또는 함대사령관의 지휘·통제 하에 통합방위작전을 수행하여 단기간 내에 치안이 회복될 수 있는 사태를 말한다.
▶ (라) 제12조(통합방위사태의 선포)
⑥ 시·도지사는 제5항에 따라 을종사태 또는 병종사태를 선포한 때에는 지체 없이 **행정안전부장관 및 국방부장관**과 국무총리를 거쳐 대통령에게 그 사실을 보고하여야 한다

07 「통합방위법」에 대한 설명으로 가장 적절하지 않은 것은?

20. 승진

① 시·도경찰청장, 지역군사령관 또는 함대사령관은 을종사태나 병종사태에 해당하는 상황이 발생한 때에는 즉시 시·도지사에게 통합방위사태의 선포를 건의하여야 한다.
② 시·도지사는 위 ①에 따른 건의를 받은 때에는 중앙협의회의 심의를 거쳐 을종사태 또는 병종사태를 선포할 수 있다.
③ 「통합방위법」상 통합방위본부장은 합동참모의장, 부본부장은 합동참모본부 합동작전본부장이 되고, 지역 통합방위협의회 의장은 시·도지사이며, 중앙 통합방위협의회 의장은 국무총리이다.
④ 국방부장관은 둘 이상의 시·도에 걸쳐 을종사태에 해당하는 상황이 발생하였을 때 즉시 국무총리를 거쳐 대통령에게 통합방위사태의 선포를 건의하여야 한다.

Answer   06 ②   07 ②

> **해설** 제12조(통합방위사태의 선포)
> ⑤ 시·도지사는 ①에 따른 건의를 받은 때에는 **시·도 협의회의 심의를 거쳐** 을종사태 또는 병종사태를 선포할 수 있다.

08 「통합방위법」에 대한 설명으로 가장 적절한 것은? 20. 승진

① 중앙 통합방위협의회의 의장은 국무총리, 지역 통합방위협의회의 의장은 시·도지사, 통합방위본부장은 합동참모의장이다.
② 을종사태란 적의 침투·도발 위협이 예상되거나 소규모의 적이 침투하였을 때에 시·도경찰청장, 지역군사령관 또는 함대사령관의 지휘·통제하에 통합방위작전을 수행하여 단기간 내에 치안이 회복될 수 있는 사태를 의미한다.
③ 시·도경찰청장, 지역군사령관 또는 함대사령관은 통합방위사태가 선포된 때에는 인명·신체에 대한 위해를 방지하기 위하여 즉시 작전지역에 있는 주민이나 체류 중인 사람에게 대피할 것을 명할 수 있다.
④ 행정안전부장관 또는 국방부장관은 둘 이상의 시·도에 걸쳐 을종사태에 해당하는 상황이 발생하였을 때 즉시 국무총리를 거쳐 대통령에게 통합방위사태의 선포를 건의하여야 한다.

> **해설** ▶ (②) 제2조(정의)
> 8. "**병종사태**"란 적의 침투·도발 위협이 예상되거나 소규모의 적이 침투하였을 때에 시·도경찰청장, 지역군사령관 또는 함대사령관의 지휘·통제 하에 통합방위작전을 수행하여 단기간 내에 치안이 회복될 수 있는 사태를 말한다.
>
> ▶ (③) 제17조(대피명령)
> ① **시·도지사 또는 시장·군수·구청장**은 통합방위사태가 선포된 때에는 인명·신체에 대한 위해를 방지하기 위하여 즉시 작전지역에 있는 주민이나 체류 중인 사람에게 대피할 것을 명할 수 있다.
>
> ▶ (④) 제12조(통합방위사태의 선포)
> ② 제1항의 사태에 해당하는 상황이 발생하면 다음 각 호의 구분에 따라 해당하는 사람은 즉시 국무총리를 거쳐 대통령에게 통합방위사태의 선포를 건의하여야 한다.
>   1. 갑종사태에 해당하는 상황이 발생하였을 때 또는 둘 이상의 특별시·광역시·특별자치시·도·특별자치도(이하 "시·도"라 한다)에 걸쳐 을종사태에 해당하는 상황이 발생하였을 때 : 국방부장관
>   2. **둘 이상의 시·도에 걸쳐 병종사태에 해당하는 상황이 발생하였을 때 : 행정안전부장관 또는 국방부장관**

Answer 08 ①

09 「통합방위법」상 국가중요시설에 대한 설명으로 가장 적절하지 않은 것은?   21. 경간부

① 국가중요시설의 관리자는 경비·보안 및 방호책임을 지며, 통합방위사태에 대비하여 자체방호계획을 수립하여야 한다. 이 경우 국가중요시설의 관리자는 자체방호계획을 수립하기 위하여 시·도경찰청장 또는 지역군사령관에게 협조를 요청하여야 한다.
② 시·도경찰청장 또는 지역군사령관은 통합방위사태에 대비하여 국가중요시설에 대한 방호지원계획을 수립·시행하여야 한다.
③ 국가중요시설의 평시 경비·보안활동에 대한 지도·감독은 관계 행정기관의 장과 국가정보원장이 수행한다.
④ 국가중요시설은 국방부장관이 관계 행정기관의 장 및 국가정보원장과 협의하여 지정한다.

> 해설 제21조(국가중요시설의 경비·보안 및 방호)
> ① 국가중요시설의 관리자(소유자를 포함한다. 이하 같다)는 경비·보안 및 방호책임을 지며, 통합방위사태에 대비하여 자체방호계획을 수립하여야 한다. 이 경우 국가중요시설의 관리자는 자체방호계획을 수립하기 위하여 필요하면 시·도경찰청장 또는 지역군사령관에게 협조를 **요청할 수 있다.**

Answer **09** ①

CHAPTER 05 도로교통법 [법률시행 2021.10.21.]

01 다음 중 용어와 관련된 설명으로 가장 적절하지 않은 것은?   23. 경특

① 「도로교통법」상 어린이는 13세 미만인 사람을 말한다.
② 「도로교통법」상 "안전표지"는 교통안전에 필요한 주의·규제·지시 등을 표시하는 표지판이나 도로의 바닥에 표시하는 기호·문자 또는 선 등을 말한다.
③ 「교통사고조사규칙」상 "접촉"이란 차가 추월, 교행 등을 하려다가 차의 좌우측면을 서로 스친 것을 말한다.
④ 「도로교통법」상 "자동차전용도로"란 자동차등이 다닐 수 있도록 설치된 도로를 말한다.

(해설) 제2조(정의)
2. "자동차전용도로"란 **자동차만** 다닐 수 있도록 설치된 도로를 말한다.

02 「도로교통법」및 동법 시행규칙 상 노면표시 중 중앙선에 관한 설명으로 가장 적절하지 않은 것은?   23. 경특

① "중앙선"이란 차마의 통행 방향을 명확하게 구분하기 위하여 도로에 표시한 황색실선만을 의미한다.
② 중앙분리대가 없는 편도 2차로 이상인 도로의 중앙에 실선의 황색복선을 설치한다.
③ 황색점선은 반대방향의 교통에 주의하면서 일시적으로 반대편 차로로 넘어갈 수 있으나, 진행방향 차로로 다시 돌아와야 함을 표시하는 것이다.
④ 황색실선과 점선의 복선은 자동차가 점선이 있는 측에서는 반대방향의 교통에 주의하면서 넘어갔다가 다시 돌아올 수 있으나, 실선이 있는 쪽에서는 넘어갈 수 없음을 표시하는 것이다.

(해설) 제2조(정의)
5. "중앙선"이란 차마의 통행 방향을 명확하게 구분하기 위하여 도로에 황색 실선(實線)이나 황색 점선 등의 안전표지로 표시한 선 또는 **중앙분리대나 울타리 등으로 설치한 시설물을** 말한다. 다만, 제14조 제1항 후단에 따라 가변차로(可變車路)가 설치된 경우에는 신호기가 지시하는 진행방향의 가장 왼쪽에 있는 황색 점선을 말한다.

Answer 01 ④ 02 ①

03 중앙분리대에 관한 설명으로 가장 적절하지 않은 것은? 23. 경특

① 도로를 통행의 방향에 따라 분리하고 옆 부분의 여유를 확보하기 위하여 도로의 중앙에 설치하는 분리대와 측대를 말한다.
② 차로 이탈에 의한 정면충돌 사고와 유턴을 방지하는 등 안전성을 향상시키는 기능을 한다.
③ 도시부 4차로 이상의 모든 도로에서는 반드시 설치하여야 한다.
④ 중앙분리대 없이 중앙선을 두 줄로 표시하여 차로를 분리하는 경우, 각 중앙선의 중심 사이 간격은 50cm 이상으로 한다.

해설 도로의 구조·시설 기준에 관한 규칙 제11조(차로의 분리 등)
① 도로에는 차로를 통행의 방향별로 분리하기 위하여 중앙선을 표시하거나 중앙분리대를 설치하여야 한다. 다만, **4차로 이상인 도로**에는 도로기능과 교통 상황에 따라 안전하고 원활한 교통을 확보하기 위하여 **필요한 경우 중앙분리대를 설치하여야 한다.**

04 「도로교통법」에 대한 설명이다. 아래 가~ 마 까지 설명 중 옳고 그름의 표시(O, X)가 바르게 된 것은? 22. 경간부

> 가. "보도"(步道)란 연석선, 안전표지나 그와 비슷한 인공구조물로 경계를 표시하여 보행자(유모차, 보행보조용 의자차, 노약자용 보행기 등 행정안전부령으로 정하는 기구·장치를 이용하여 통행하는 사람 및 제21호의3에 따른 실외이동로봇을 제외)가 통행할 수 있도록 한 도로의 부분을 말한다.
> 나. 길가장자리구역이란 보도와 차도의 구분되지 않은 도로에서 보행자의 안전을 확보하기 위하여 안전표지 등으로 경계를 표시한 도로의 가장자리 부분을 말한다.
> 다. 자동차란 철길이나 가설된 선을 이용하지 아니하고 원동기를 사용하여 운전되는 차로서 승용자동차, 승합자동차, 화물자동차, 특수자동차, 이륜자동차, 원동기장치자전거와 건설기계를 말한다.
> 라. 어린이의 보호자는 어린이가 행정안전부령으로 정하는 인명보호 장구를 착용한 경우를 제외하고 도로에서 개인형 이동장치를 운전하게 하여서는 아니된다.
> 마. 모범운전자란 동법에 따라 무사고운전자 또는 유공운전자의 표시장을 받거나 2년 이상 사업용 자동차 운전에 종사하면서 교통사고를 일으킨 전력이 없는 사람으로서 시·도경찰청장이 정하는 바에 따라 선발되어 교통안전 봉사활동에 종사하는 사람을 말한다.

① 가.(×) 나.(○) 다.(×) 라.(○) 마.(×)
② 가.(×) 나.(○) 다.(○) 라.(×) 마.(○)
③ 가.(×) 나.(×) 다.(×) 라.(○) 마.(×)
④ 가.(×) 나.(○) 다.(×) 라.(×) 마.(×)

해설 ▶ 제2조(정의)

10. (가) "보도(步道)"란 연석선, 안전표지나 그와 비슷한 인공구조물로 경계를 표시하여 보행자(유모차, 보행보조용 의자차, 노약자용 보행기 등 행정안전부령으로 정하는 기구·장치를 이용하여 통행하는 사람 및 제21호의3에 따른 실외이동로봇을 **포함**)가 통행할 수 있도록 한 도로의 부분을 말한다.

18. (다) "자동차"란 철길이나 가설된 선을 이용하지 아니하고 원동기를 사용하여 운전되는 차(견인되는 자동차도 자동차의 일부로 본다)로서 다음 각 목의 차를 말한다.
    가. 「자동차관리법」 제3조에 따른 다음의 자동차. 다만, **원동기장치자전거는 제외**한다.
        1) 승용자동차
        2) 승합자동차
        3) 화물자동차
        4) 특수자동차
        5) 이륜자동차
    나. 「건설기계관리법」 제26조 제1항 단서에 따른 건설기계

33. (마) "모범운전자"란 제146조에 따라 무사고운전자 또는 유공운전자의 표시장을 받거나 2년 이상 사업용 자동차 운전에 종사하면서 교통사고를 일으킨 전력이 없는 사람으로서 **경찰청장**이 정하는 바에 따라 선발되어 교통안전 봉사활동에 종사하는 사람을 말한다.

▶ (라) 제11조(어린이 등에 대한 보호)
③ 어린이의 보호자는 도로에서 어린이가 자전거를 타거나 행정안전부령으로 정하는 위험성이 큰 움직이는 놀이기구를 타는 경우에는 어린이의 안전을 위하여 행정안전부령으로 정하는 인명보호 장구(裝具)를 착용하도록 하여야 한다. → **어린이는 인명보호 장구를 착용하더라도 개인형 이동장치를 운전하게 하여서는 아니된다.**

05 「도로교통법」상 용어에 대한 설명으로 가장 적절한 것은? 예상문제

① '도로'란 「도로법」에 따른 도로, 「유료도로법」에 따른 유료도로, 「농어촌도로 정비법」에 따른 농어촌도로에 한한다.
② '보도(步道)'란 연석선, 안전표지나 그와 비슷한 인공구조물로 경계를 표시하여 보행자(유모차와 행정안전부령으로 정하는 보행보조용 의자차를 포함한다)가 통행할 수 있도록 한 도로의 부분을 말한다.
③ '길가장자리구역'이란 보도와 차도가 구분된 도로에서 보행자의 안전을 확보하기 위하여 안전표지 등으로 경계를 표시한 도로의 가장자리 부분을 말한다.
④ '정차'란 운전자가 10분을 초과하지 아니하고 차를 정지시키는 것으로서 주차 외의 정지 상태를 말한다.

해설 제2조(정의)
1. (①) "도로"란 다음 각 목에 해당하는 곳을 말한다.
    가. 「도로법」에 따른 도로
    나. 「유료도로법」에 따른 유료도로
    다. 「농어촌도로 정비법」에 따른 농어촌도로
    라. 그 밖에 현실적으로 불특정 다수의 사람 또는 차마(車馬)가 통행할 수 있도록 공개된 장소로서 안전하고 원활한 교통을 확보할 필요가 있는 장소

Answer 05 ②

11. (③) "길가장자리구역"이란 보도와 차도가 구분되지 아니한 도로에서 보행자의 안전을 확보하기 위하여 안전표지 등으로 경계를 표시한 도로의 가장자리 부분을 말한다.
25. (④) "정차"란 운전자가 **5분을** 초과하지 아니하고 차를 정지시키는 것으로서 주차 외의 정지 상태를 말한다.

06 「도로교통법 시행규칙」상 안전표지에 대한 설명으로 가장 적절하지 <u>않은</u> 것은? 예상문제

① 노면표지 – 도로교통의 안전을 위하여 각종 주의·규제·지시 등의 내용을 노면에 기호·문자 또는 선으로 도로사용자에게 알리는 표지
② 규제표지 – 도로교통의 안전을 위하여 각종 제한·금지 등의 규제를 하는 경우에 이를 도로사용자에게 알리는 표지
③ 지시표지 – 도로의 통행방법·통행구분 등 도로교통의 안전을 위하여 필요한 지시를 하는 경우에 도로사용자가 이에 따르도록 알리는 표지
④ 보조표지 – 도로상태가 위험하거나 도로 또는 그 부근에 위험물이 있는 경우에 필요한 안전조치를 할 수 있도록 이를 도로사용자에게 알리는 표지

해설 도로교통법 시행규칙 제8조(안전표지)

주의표지	도로상태가 위험하거나 도로 또는 그 부근에 위험물이 있는 경우에 필요한 안전조치를 할 수 있도록 이를 도로사용자에게 알리는 표지
규제표지	도로교통의 안전을 위하여 각종 제한·금지 등의 규제를 하는 경우에 이를 도로사용자에게 알리는 표지
지시표지	도로의 통행방법·통행구분 등 도로교통의 안전을 위하여 필요한 지시를 하는 경우에 도로사용자가 이에 따르도록 알리는 표지
보조표지	주의표지·규제표지 또는 지시표지의 주기능을 보충하여 도로사용자에게 알리는 표지
노면표시	도로교통의 안전을 위하여 각종 주의·규제·지시 등의 내용을 노면에 기호·문자 또는 선으로 도로사용자에게 알리는 표지

07 긴급자동차에 대한 설명 중 틀린 것은? 예상문제

① 긴급자동차는 소방자동차, 구급자동차, 그 밖의 대통령령이 정하는 자동차로서 그 본래의 긴급한 용도로 사용되고 있는 자동차를 말한다.
② 긴급자동차에 준하는 자동차에는 경찰용의 긴급자동차에 의해 의하여 유도되고 있는 자동차, 국군 등 군부대의 질서 있는 이동유도용 자동차, 생명이 위급한 환자나 부상자 또는 수혈을 위한 혈액을 운반 중인 자동차를 들 수 있다.
③ 긴급자동차는 긴급하고 부득이한 때에는 도로의 중앙 좌측부분을 통행할 수 있고, 교차로에서 긴급자동차가 접근한 때에는 모든 차는 도로의 우측 가장자리로 일시정지해야 한다.
④ 긴급자동차가 긴급한 용도로 사용되는 중에 교통사고가 발생하면 다른 일반 승용차와 같이 위반 내용을 적용하여 책임을 진다.

Answer 06 ④ 07 ②

해설 긴급자동차의 유형

도로교통법		① 소방자동차　　　② 구급자동차 ③ 혈액공급차량　　④ 그 밖에 **대통령령**이 정하는 자동차
도로교통법 시행령	법정긴급 자동차	1. 경찰용 자동차 중 범죄수사, 교통단속, 그 밖의 긴급한 경찰업무 수행에 사용되는 자동차 2. 국군 및 주한 국제연합군용 자동차 중 군 내부의 질서 유지나 부대의 질서 있는 **이동을 유도하는 데** 사용되는 자동차 3. 수사기관의 자동차 중 범죄수사를 위하여 사용되는 자동차 4. 다음 아래에 해당하는 시설 또는 기관의 자동차 중 도주자의 체포 또는 수용자, 보호관찰 대상자의 호송·경비를 위하여 사용되는 자동차 　가. 교도소·소년교도소 또는 구치소 　나. 소년원 또는 소년분류심사원 　다. 보호관찰소 5. 국내외 요인(要人)에 대한 경호업무 수행에 공무(公務)로 사용되는 자동차
	시·도경찰청장 의 지정 (사용자의 신청)	6. 전기사업, 가스사업, 그 밖의 공익사업을 하는 기관에서 위험방지를 위한 **응급작업**에 사용되는 자동차 7. 민방위업무를 수행하는 기관에서 **긴급예방 또는 복구**를 위한 출동에 사용되는 자동차 8. 도로관리를 위하여 사용되는 자동차 중 도로상의 위험을 방지하기 위한 **응급작업**에 사용되거나 운행이 제한되는 자동차를 단속하기 위하여 사용되는 자동차 9. 전신·전화의 수리공사 등 **응급작업에** 사용되는 자동차 10. **긴급한 우편물의 운송**에 사용되는 자동차 11. **전파감시업무**에 사용되는 자동차
	준긴급 자동차	1. 경찰용 긴급자동차에 의하여 **유도되고 있는** 자동차 2. 국군 및 주한 국제연합군용의 긴급자동차에 의하여 **유도되고 있는** 국군 및 주한 국제연합군의 자동차 3. 생명이 위급한 환자 또는 부상자나 수혈을 위한 혈액을 운송 중인 자동차

08 다음 중 법정 긴급자동차가 아닌 것은? 　　　　　　　　　　　　　응용문제

① 국군 등 군부대의 질서 있는 이동시 유도하는데 사용되는 자동차
② 교도기관의 호송, 경비, 체포용 자동차
③ 경찰용의 긴급자동차에 의해 유도 되는 자동차
④ 수사기관의 범죄 수사용 자동차

해설 도로교통법 시행령 제2조(긴급자동차의 종류)
② 제1항 각 호에 따른 자동차 외에 다음 각 호의 어느 하나에 해당하는 자동차는 긴급자동차로 본다. (준긴급 자동차)
　1. 제1항 제1호에 따른 **경찰용 긴급자동차에 의하여 유도되고 있는 자동차**
　2. 제1항 제2호에 따른 국군 및 주한 국제연합군용의 긴급자동차에 의하여 유도되고 있는 국군 및 주한 국제연합군의 자동차
　3. 생명이 위급한 환자 또는 부상자나 수혈을 위한 혈액을 운송 중인 자동차

Answer 08 ③

09 "개인형 이동장치"에 대한 설명으로 옳은 것을 모두 고른 것은?

22. 경특

㉠ 원동기장치자전거 중 시속 20킬로미터 이상으로 운행할 경우 전동기가 작동하지 아니하고 차체 중량이 30킬로그램 미만 이어야 한다.
㉡ 속도 규정 및 차체 중량을 충족하면서 전동기의 동력만으로 움직일 수 있는 자전거는 개인형 이동장치에 해당한다.
㉢ 자전거·보행자 겸용도로에서는 개인형 이동장치 통행이 금지된다.
㉣ 개인형 이동장치는 자전거횡단도를 이용하여 일반도로를 횡단할 수 있다.
㉤ 전동킥보드와 전동이륜평행차의 경우 승차정원 1명을 초과하여 동승자를 태우고 운전하여서는 아니 된다.

① ㉠㉣㉤
② ㉡㉢㉣
③ ㉡㉣㉤
④ 모두 적절함

해설 ▶ (㉠) 제2조(정의)
19의2. "개인형 이동장치"란 제19호 나목의 원동기장치자전거 중 **시속 25킬로미터 이상**으로 운행할 경우 전동기가 작동하지 아니하고 차체 중량이 30킬로그램 미만인 것으로서 행정안전부령으로 정하는 것을 말한다.

▶ (㉢) 자전거 이용 활성화에 관한 법률 제3조(자전거도로의 구분)
1. 자전거 전용도로 : 자전거와 「도로교통법」 제2조 제19호의2에 따른 **개인형 이동장치**(이하 "자전거등"이라 한다)만 통행할 수 있도록 분리대, 경계석, 그 밖에 이와 유사한 시설물에 의하여 차도 및 보도와 구분하여 설치한 자전거도로
2. **자전거·보행자 겸용도로** : 자전거 등 외에 보행자도 통행할 수 있도록 분리대, 경계석, 그 밖에 이와 유사한 시설물에 의하여 차도와 구분하거나 별도로 설치한 자전거도로
3. 자전거 전용차로 : 차도의 일정 부분을 자전거 등만 통행하도록 차선 및 안전표지나 노면표시로 다른 차가 통행하는 차로와 구분한 차로
4. 자전거 우선도로 : 자동차의 통행량이 대통령령으로 정하는 기준보다 적은 도로의 일부 구간 및 차로를 정하여 자전거등과 다른 차가 상호 안전하게 통행할 수 있도록 도로에 노면표시로 설치한 자전거도로

10 회전교차로에 대한 설명으로 가장 적절하지 않은 것은?

22. 경특

① 회전교차로는 저속으로 운영되어 교통안전 수준을 높이는 장점이 있으나, 신호교차로에 비해 유지관리 비용이 많이 들고 인접 도로 및 지역에 대한 접근성이 줄어드는 단점이 있다.
② 네갈래 평면교차로에서는 교차상충이 16개 지점에서 발생하는 반면, 기본유형의 회전교차로에서는 발생하지 않는다.
③ 모든 차의 운전자는 회전교차로에 진입하거나 회전교차로에서 진출하는 경우에는 손이나 방향지시기 또는 등화로써 그 행위가 끝날 때까지 신호를 하여야 한다.
④ 중앙교통섬의 가장자리에 설치하는 화물차 턱(Truck Apron)은 대형자동차 또는 세미트레일러가 밟고 지나갈 수 있도록 만든 부분을 말한다.

Answer 09 ③ 10 ①

해설) 회전교차로 장점
1. **회전교차로는 신호교차로에 비해 유지관리 비용이 적으며,**
2. 인접 도로 및 지역에 대한 접근성을 높여주고,
3. 사고빈도가 낮아 교통안전 수준을 향상시키고,
4. 지체시간이 감소되어 연료 소모와 배기가스를 줄이는 등의 장점이 있다고 한다.

11 「도로교통법」 제26조(교통정리가 없는 교차로에서의 양보운전)에 관한 설명으로 가장 적절하지 않은 것은?

23. 승진

① 교통정리를 하고 있지 아니하는 교차로에 들어가려고 하는 차의 운전자는 이미 교차로에 들어가 있는 다른 차가 있을 때에는 그 차에 진로를 양보하여야 한다.
② 교통정리를 하고 있지 아니하는 교차로에 들어가려고 하는 차의 운전자는 그 차가 통행하고 있는 도로의 폭보다 교차하는 도로의 폭이 넓은 경우에는 서행하여야 하며, 폭이 넓은 도로로부터 교차로에 들어가려고 하는 다른 차가 있을 때에는 그 차에 진로를 양보하여야 한다.
③ 교통정리를 하고 있지 아니하는 교차로에 동시에 들어가려고 하는 차의 운전자는 좌측도로의 차에 진로를 양보하여야 한다.
④ 교통정리를 하고 있지 아니하는 교차로에서 좌회전하려고 하는 차의 운전자는 그 교차로에서 직진하거나 우회전하려는 다른 차가 있을 때에는 그 차에 진로를 양보하여야 한다.

해설) 제26조(교통정리가 없는 교차로에서의 양보운전)
① 교통정리를 하고 있지 아니하는 교차로에 들어가려고 하는 차의 운전자는 이미 교차로에 들어가 있는 다른 차가 있을 때에는 그 차에 진로를 양보하여야 한다.
② 교통정리를 하고 있지 아니하는 교차로에 들어가려고 하는 차의 운전자는 그 차가 통행하고 있는 도로의 폭보다 교차하는 도로의 폭이 넓은 경우에는 서행하여야 하며, 폭이 넓은 도로로부터 교차로에 들어가려고 하는 다른 차가 있을 때에는 그 차에 진로를 양보하여야 한다.
③ 교통정리를 하고 있지 아니하는 교차로에 동시에 들어가려고 하는 차의 운전자는 **우측도로의 차에** 진로를 양보하여야 한다.
④ 교통정리를 하고 있지 아니하는 교차로에서 좌회전하려고 하는 차의 운전자는 그 교차로에서 직진하거나 우회전하려는 다른 차가 있을 때에는 그 차에 진로를 양보하여야 한다.

Answer 11 ③

12 「도로교통법」상 진로양보 및 양보운전에 관한 설명이다. ( ) ㉠~㉤ 안에 들어갈 말로 올바르게 짝지어진 것은?   22. 경특

> 가. 비탈진 좁은 도로에서 긴급자동차 외의 자동차가 서로 마주보고 진행하는 경우에는 (㉠) 자동차가 도로의 우측 가장자리로 피하여 진로를 양보하여야 한다.
> 나. 교통정리를 하고 있지 아니하는 교차로에서 교차로에 들어가려고 하는 차의 운전자는 그 차가 통행하고 있는 도로의 폭보다 교차하는 도로의 폭이 (㉡)경우에는 서행하여야 하며, 폭이 (㉡) 도로로부터 교차로에 들어가려고 하는 다른 차가 있을 때에는 그 차에 진로를 양보하여야 한다.
> 다. 교통정리를 하고 있지 아니하는 교차로에 동시에 들어가려고 하는 차의 운전자는 (㉢)도로의 차에 진로를 양보하여야 한다.
> 라. 교통정리를 하고 있지 아니하는 교차로에서 (㉣)하려고 하는 차의 운전자는 그 교차로에서 직진하거나 (㉤)하려는 다른 차가 있을 때에는 그 차로 진로를 양보하여야 한다.

	㉠	㉡	㉢	㉣	㉤
①	올라가는	넓은	우측	좌회전	우회전
②	내려가는	좁은	좌측	좌회전	우회전
③	올라가는	넓은	우측	우회전	좌회전
④	내려가는	좁은	좌측	우회전	좌회전

해설 ㉠ 올라가는 ㉡ 넓은
㉢ 우측 ㉣ 좌회전
㉤ 우회전

13 교차로의 통행방법에 관한 설명으로 옳은 것만을 모두 고른 것은?   23. 경특

> ㉠ 우회전을 하기 위해 손이나 방향지시기 또는 등화로써 신호를 하는 차가 있는 경우에 그 뒤차의 운전자는 신호를 한 앞차의 진행을 방해하여서는 아니 된다.
> ㉡ 모든 차의 운전자는 회전교차로에 진입하려는 경우 정지선에서 반드시 정지하여야 하며, 이미 진행하고 있는 다른 차가 있는 때에는 그 차에 진로를 양보하고 반시계 방향을 통행하여야 한다.
> ㉢ 교통정리를 하고 있지 아니하는 교차로에 동시에 들어가려고 하는 차의 운전자는 좌측 도로의 차에 진로를 양보하여야 한다.
> ㉣ 교통정리를 하고 있지 아니하는 교차로에서 좌회전하려고 하는 차의 운전자는 그 교차로에서 직진하거나 우회전하려는 다른 차가 있을 때에는 그 차에 진로를 양보하여야 한다.

Answer 12 ① 13 ②

① ㄱㄴ ② ㄱㄹ
③ ㄴㄷ ④ ㄷㄹ

> **해설** ▶ (ㄴ) 제25조의2(회전교차로 통행방법)
> ② 모든 차의 운전자는 회전교차로에 진입하려는 경우에는 **서행하거나 일시정지하여야 하며**, 이미 진행하고 있는 다른 차가 있는 때에는 그 차에 진로를 양보하여야 한다.
>
> ▶ (ㄷ) 제26조(교통정리가 없는 교차로에서의 양보운전)
> ③ 교통정리를 하고 있지 아니하는 교차로에 동시에 들어가려고 하는 차의 운전자는 **우측도로의 차**에 진로를 양보하여야 한다.

14 일방통행에 관한 설명으로 가장 적절하지 않은 것은?   23. 경특

① 일방통행 도로는 상충이 줄어들어 안전성이 향상되며 용량이 증대된다.
② 모든 접근로에 안전표지 등의 시설이 추가로 설치되어야 하므로 통제설비의 비용이 증가할 수 있다.
③ 일방통행 도로에서는 순환 교통량이 감소하므로 모든 차량의 이동 거리가 감소한다.
④ 양방통행제를 일방통행제로 바꾸고 노상주차장을 설치할 경우, 주변의 주차조건을 개선할 수 있다.

> **해설** 일방통행 도로의 장·단점
>
> | | |
> |---|---|
> | 장점 | ① 일방통행은 차도 전체를 한쪽 방향으로 모두 사용할 수 있으므로 용량이 증대됨
② 교차로에서는 상충점이 감소되어 정면충돌사고 등을 배제할 수 있어 안전성이 향상된다.
③ 신호 조절이 용이하다. 신호현시 및 주기를 단축하여 교차로에서 신호대기 시간을 줄일 수 있다.
④ 교통 마찰이 줄어드므로 평균 통행 속도도 증가한다.
⑤ 주차 조건이 개선된다.
⑥ 교통운용이 개선된다.
⑦ 도로변 업무지역 효과가 발생한다. |
> | 단점 | ① **반대편으로는 통행할 수 없으므로 우회하는 만큼 통행거리가 필요하다.**
② 보행자의 횡단거리가 증가한다.
③ 역주행을 막기 위한 표지판, 통제시설 등 통제설비가 증가하며 비용 문제가 커진다.
④ 통행 속도가 증가하여 사고 심각도가 커진다.
⑤ 추돌사고가 우려된다.
⑥ 일방통행에 익숙하지 않은 운전자의 혼란과 보행자의 위험성이 증가할 수 있다. 특히 횡단보도에서 보행자가 차마의 통행방향과 다른 방향만 바라보다가 차에 치일 가능성이 커진다.
⑦ 일방통행 지정 초기에는 금지된 통행방향의 상업활동이 다소 감소될 우려가 존재한다. |

Answer 14 ③

15 다음 중 시·도경찰청장의 교통규제 내용이 아닌 것은?   응용문제

① 도로에서의 앞지르기 금지장소의 지정
② 고속도로에서의 신호기 관리
③ 도로에서의 주·정차 금지지역의 지정
④ 개별도로의 최고속도 제한

해설 시·도경찰청장의 교통규제

신호기 및 안전표지 설치·관리권자	고속도로	고속도로의 관리자(경찰청장과 협의, 경찰청장은 필요한 사항을 관리자에게 지시)
	고속도로 외 도로	시장 등(특별시장·광역시장 또는 시장·군수) → 시·도경찰청장에게 위임, 경찰서장에게 위탁
	유료도로	유료도로 관리자(시장 등의 지시 → 위임·위탁으로 시·도경찰청장, 경찰서장의 지시)
자동차의 속도제한	고속도로	경찰청장
	고속도로 외의 도로	시·도경찰청장
도로의 통행금지·제한권자	차마통행	금지·제한 / 시·도경찰청장
		우선금지·제한 / 경찰서장
		일시금지·제한 / 경찰공무원
도로의 점용허가 등에 관한 통보	고속도로	경찰청장
	고속도로 외 도로	경찰서장
차량의 통행 제한권자		경찰공무원, 해양수산부장관, 도로관리청
고속도로(버스)전용차로 설치권자		경찰청장
횡단보도 설치권자		시·도경찰청장
차로 및 가변차로의 설치권자		시·도경찰청장
승차인원 또는 적재용(중)량의 제한(총인원, 총중량)		시·도경찰청장
정차 및 주차금지구역의 지정		시·도경찰청장
자전거횡단도의 설치		시·도경찰청장
교차로 통행방법의 지정		시·도경찰청장
서행 및 일시정지 장소의 지정		시·도경찰청장
보행자 전용도로의 설치권자		경찰서장 또는 시·도경찰청장
안전기준 초과 (승차인원, 적재중량, 적재용량)		경찰서장
전용차로의 설치권자		시장 등(시·도경찰청장 또는 경찰서장과 협의를 요함)

Answer 15 ②

16 「도로교통법」 및 동법 시행령상 시·도경찰청장이 관할 경찰서장에게 위임할 수 있는 업무의 종류로 가장 적절하지 않은 것은?   22. 경특

① 운전면허 취소처분을 위한 사전통지
② 임시운전증명서 발급
③ 운전면허효력 정지처분
④ 전문학원강사 및 기능검정원에 대한 자격시험과 자격증 발급 업무

> **해설** 도로교통법 시행령 제86조(위임 및 위탁)
> ③ 시·도경찰청장은 법 제147조 제3항에 따라 다음 각 호의 권한을 관할 경찰서장에게 위임한다.
> 1. 법 제83조 제1항 각 호 외의 부분 단서 및 이 영 제43조 제1항에 따른 **원동기장치자전거 운전면허시험**
> 2. 법 제91조 제1항 제3호에 따른 **임시운전증명서 발급**
> 3. 법 제93조에 따른 **운전면허효력 정지처분**
> 4. 법 제93조 제4항에 따른 **운전면허 취소처분을 위한 사전 통지**
> 5. 법 제97조에 따른 **자동차등의 운전 금지**
> 6. 법 제106조 제4항 제6호 및 제107조 제4항 제7호에 따른 **자격정지처분**
> 7. 법 제161조에 따른 **과태료**(법 제160조 제1항에 따른 과태료는 제외한다)의 부과 및 징수

17 어린이 보호구역에 관한 설명으로 가장 적절하지 않은 것은?   23. 경특

① 우리나라에서 「도로교통법」상 어린이 보호구역 관련 규정이 신설된 연도는 1995년이다.
② 시·도경찰청장 또는 관할 경찰서장은 시설장 등의 신청을 받아 어린이 보호구역을 지정할 수 있다.
③ 유치원, 초등학교, 특수학교 및 정원이 100명 이상인 어린이집 등의 주변 도로는 어린이 보호구역으로 지정할 수 있다.
④ 어린이 보호구역에서는 차량의 주·정차를 금지하고, 차량의 속도를 30km/h 이내로 제한하는 등의 일반적인 규제조치를 할 수 있다.

> **해설** 어린이·노인 및 장애인 보호구역의 지정 및 관리에 관한 규칙 제3조(보호구역의 지정)
> ⑥ 시장등은 제4항에 따른 조사 결과 보호구역으로 지정·관리할 필요가 인정되는 경우에는 **관할 시·도경찰청장 또는 경찰서장과 협의하여** 해당 보호구역 지정대상 시설 또는 장소의 주(主)출입문(출입문이 없는 장소의 경우에는 해당 장소를 말한다. 이하 같다)을 기준으로 반경 300미터 이내의 도로 중 일정구간을 보호구역으로 지정한다. 다만, 시장등은 해당 지역의 교통여건 및 효과성 등을 면밀히 검토하여 필요한 경우 보호구역 지정대상 시설 또는 장소의 주 출입문을 기준으로 반경 500미터 이내의 도로에 대해서도 보호구역으로 지정할 수 있다.

Answer 16 ④ 17 ②

18 「도로교통법」상 경찰공무원이 조치할 수 있거나 또는 조치하여야만 하는 업무에 관한 설명으로 가장 적절하지 않은 것은? 23. 경특

① 횡단보도에서 보행에 어려움을 겪고 있는 노인을 발견한 경우, 노인의 안전을 위하여 취하는 적절한 조치
② 술에 취해 자전거를 운전하는 사람에게 정상적으로 운전할 수 있는 상태가 될 때까지 운전을 금지하고 자전거를 이동시키는 조치
③ 운전석 옆면 창유리의 가시광선 투과율이 대통령령으로 정한 기준보다 낮아 교통안전 등에 지장을 줄 수 있는 자동차의 운전자에게 위반사항을 제거하게 하는 조치(단, 요인 경호용, 구급용 및 장의용 자동차는 제외)
④ 교통사고 위험으로부터 장애인을 보호하기 위하여 일정 구간을 장애인 보호구역으로 지정하는 조치

> 해설 제12조의2(노인 및 장애인 보호구역의 지정·해제 및 관리)
> ① **시장등은** 교통사고의 위험으로부터 노인 또는 장애인을 보호하기 위하여 필요하다고 인정하는 경우에는 제1호부터 제3호까지 및 제3호의2에 따른 시설 또는 장소의 주변도로 가운데 일정 구간을 노인 보호구역으로, 제4호에 따른 시설의 주변도로 가운데 일정 구간을 장애인 보호구역으로 각각 지정하여 차마와 노면전차의 통행을 제한하거나 금지하는 등 필요한 **조치를 할 수 있다.**

19 어린이보호구역 안에서 시·도경찰청장 또는 경찰서장은 어린이보호구역의 보호를 위해 취할 수 있는 조치가 아닌 것은? 예상문제

① 자동차의 통행을 금지하거나 제한하는 것
② 자동차의 정차나 주차를 금지하는 것
③ 운행속도를 매시 20km 이내로 제한하는 것
④ 이면도로(도시지역에 있어서 간선도로가 아닌 도로로서 일반의 교통에 사용되는 도로를 말함)를 일방통행로 지정·운영하는 것

> 해설 어린이·노인 및 장애인 보호구역의 지정 및 관리에 관한 규칙 제9조(보호구역에서의 필요한 조치)
> ① 시·도경찰청장이나 경찰서장은 「도로교통법」 제12조 제1항 또는 제12조의2 제1항에 따라 보호구역에서 구간별·시간대별로 다음 각 호의 조치를 할 수 있다. 〈개정 2020. 12. 31.〉
>   1. 차마(車馬)의 통행을 금지하거나 제한하는 것
>   2. 차마의 정차나 주차를 금지하는 것
>   3. 운행속도를 **시속 30킬로미터 이내**로 제한하는 것
>   4. 이면도로(도시지역에 있어서 간선도로가 아닌 도로로서 일반의 교통에 사용되는 도로를 말한다)를 일방통행로 지정·운영하는 것

Answer 18 ④ 19 ③

20 어린이 보호구역 및 어린이 통학버스에 대한 설명으로 가장 적절하지 <u>않은</u> 것은? 예상문제

① 「도로교통법」상 모든 차의 운전자는 어린이나 영유아를 태우고 있다는 표시를 한 상태로 도로를 통행하는 어린이통학버스를 앞지르지 못한다.
② 「어린이·노인 및 장애인 보호구역의 지정 및 관리에 관한 규칙」상 시·도경찰청이나 경찰서장은 「도로교통법」 제12조 제1항 또는 제12조의2 제1항에 따라 보호구역에서 구간별·시간대별로 도시지역의 간선도로를 일방통행로로 지정·운영할 수 있다.
③ 「도로교통법 시행령」상 어린이 통학버스는 교통사고로 인한 피해를 전액 배상할 수 있도록 「보험업법」에 따른 보험 또는 「여객자동차 운수사업법」에 따른 공제조합에 가입되어 있어야 한다.
④ 「어린이·노인 및 장애인 보호구역의 지정 및 관리에 관한 규칙」상 시장등은 조사 결과 보호구역으로 지정·관리할 필요가 인정되는 경우에 관할 시·도경찰청장 또는 경찰서장과 협의하여 해당 보호구역 지정대상시설의 주(主) 출입문을 중심으로 반경 300미터 이내의 도로 중 일정구간을 보호구역으로 지정하나, 해당 지역의 교통여건 및 효과성 등을 면밀히 검토하여 필요한 경우에 보호구역 지정대상시설의 주 출입문을 중심으로 반경 500미터 이내의 도로에 대해서도 보호구역으로 지정할 수 있다.

해설 어린이·노인 및 장애인 보호구역의 지정 및 관리에 관한 규칙 제9조(보호구역에서의 필요한 조치)
① 시·도경찰청장이나 경찰서장은 「도로교통법」 제12조 제1항 또는 제12조의2 제1항에 따라 보호구역에서 구간별·시간대별로 다음 각 호의 조치를 할 수 있다. 〈개정 2020. 12. 31.〉
　4. **이면도로**(도시지역에 있어서 간선도로가 아닌 도로로서 일반의 교통에 사용되는 도로를 말한다)를 일방통행로로 지정·운영하는 것

21 2011년 1월 1일부터 시행된 「도로교통법」에서는 어린이보호구역 내 주요 법규위반에 대해 벌칙이 강화되었다. 이에 관한 다음 설명 중 가장 적절하지 <u>않은</u> 것은? (위반행위는 어린이보호구역 안에서 오후 1시에 이루어진 것으로 한다.) 예상문제

① 적용시간은 오전 8시부터 오후 8시까지이다.
② 적용대상 법규위반 행위에는 통행금지·제한위반, 주·정차위반, 속도위반, 신호·지시위반, 보행자보호의무불이행이 있다.
③ 승합자동차를 이용하여 신호를 위반하다 단속되는 경우, 범칙금 13만원과 운전면허 벌점 30점이 부과된다.
④ 승합자동차를 이용하여 규정 속도를 15Km/h 초과 운행하다 단속되는 경우, 범칙금 6만원과 운전면허 벌점 30점이 부과된다.

Answer 20 ② 21 ④

해설 어린이 등 보호구역 적용시간과 대상

적용시간	오전 8시부터 오후 8시까지
적용대상	㉠ 신호·지시위반　　　　　㉡ 속도위반 ㉢ 횡단보도 보행자 횡단 방해　㉣ 통행금지·제한 위반 ㉤ 주·정차위반 ▶ 두문자 : **신속**히 **보통주**를 처분하다.
내용	① 일반도로보다 범칙금·과태료·벌점 가중처벌 ② 벌점 2배가중하는 경우 　㉠ 신호·지시위반　㉡ 속도위반　㉢ 횡단보도 보행자 횡단 방해 ▶ 두문자 : **신 속 보**

▶ 운전면허 벌점 2배 가중(승용차 기준)

위반행위		범칙금		과태료		벌점	
		일반 도로	보호 구역	일반 도로	보호 구역	일반 도로	보호 구역
속도 위반	60km/h 초과	12	15	13	16	60	120
	40km/h 초과 60km/h 이하	9	12	10	13	30	60
	20km/h 초과 40km/h 이하	6	9	7	10	15	30
	20km/h 이하 (승용차 = 승합차)	3	6	4	7	0	15
신호 및 지시위반		6	12	7	13	15	30
횡단보도 보행자 횡단 방해		6	12			10	20

22 최근에 차량 운전자의 보행자 보호 의무가 강화되었다. 「도로교통법」상 이와 관련된 설명으로 옳은 것은 모두 몇 개인가?

22. 경특

> ㉠ 보도와 차도가 구분되지 아니한 도로 중 중앙선이 없는 도로에서 보행자는 도로의 전 부분으로 통행할 수 있다.(단, 고의로 차마의 진행을 방해하여서는 아니 된다)
> ㉡ 승용자동차의 운전자는 보행자가 횡단보도를 통행하고 있거나 통행하려고 하는 때에는 보행자의 횡단을 방해하거나 위험을 주지 아니하도록 그 횡단보도 앞에서 일시정지하여야 한다.
> ㉢ 승용자동차의 운전자는 어린이 보호구역 내에 설치된 횡단보도 중 신호기가 설치되지 아니한 횡단보도 앞에서는 보행자의 횡단 여부와 관계없이 일시정지하여야 한다.
> ㉣ 시·도경찰청장이나 경찰서장은 보행자우선도로에서 보행자를 보호하기 위하여 필요하다고 인정하는 경우에는 차마의 통행속도를 시속 20킬로미터 이내로 제한할 수 있다.
> ㉤ 승용자동차 운전자가 어린이 보호구역 내에서 신호 또는 지시에 따라 도로를 횡단하는 보행자의 통행을 방해할 경우 범칙금 6만원이 부과된다.

① 2개　　　　　　　　　　　　② 3개
③ 4개　　　　　　　　　　　　④ 5개

해설 ㉤ 승용자동차 운전자가 어린이 보호구역 내에서 신호 또는 지시에 따라 도로를 횡단하는 보행자의 통행을 방해할 경우 **범칙금 12만원이 부과**된다.

Answer 22 ③

23 어린이보호구역에 대한 설명으로 틀린 것은?   예상문제

① 어린이보호구역 내에서 시·도경찰청장 또는 경찰서장은 자동차의 통행을 금지하거나 제한할 수 있다.
② 어린이보호구역 내에서 시·도경찰청장 또는 경찰서장은 자동차의 정차나 주차를 금지할 수 있다.
③ 어린이 보호구역으로 설정할 수 있는 구간은 초등학교 등의 주 출입문을 중심으로 반경 300m 이내의 도로 중 일정구간이다.
④ 시장·군수 및 구청장은 보호구역으로 지정된 초등학교 등의 주 출입문과 직접 연결되어 있는 도로에는 노상주차장을 설치할 수 있다.

> **해설** 어린이·노인 및 장애인 보호구역의 지정 및 관리에 관한 규칙 제8조(노상주차장의 설치 금지)
> ① 특별시장·광역시장·특별자치도지사 또는 시장·군수·구청장(구청장은 자치구의 구청장을 말한다.)은 보호구역으로 **지정된 시설 또는 장소의 주 출입문과 직접 연결되어 있는 도로에는 노상주차장을 설치해서는 안 된다.**
> ② 특별시장·광역시장·특별자치도지사 또는 시장·군수·구청장은 어린이 보호구역에 이미 노상주차장이 설치되어 있는 경우에는 「주차장법」 제7조 제3항 제3호에 따라 지체 없이 이를 폐지해야 한다.

24 「도로교통법」상 자전거와 관련된 다음 설명 중 옳은 것은?   예상문제

> 가. 자전거의 운전자는 자전거도로가 설치되지 아니한 곳에서는 도로 좌측 가장자리에 붙어서 통행하여야 한다.
> 나. 자전거의 운전자는 길가장자리구역(안전표지로 자전거의 통행을 금지한 구간은 제외한다)을 통행할 수 있다. 이 경우 자전거의 운전자는 보행자의 통행에 방해가 될 때에는 서행하거나 일시정지하여야 한다.
> 다. 자전거의 운전자는 안전표지로 통행이 허용된 경우를 제외하고는 2대 이상이 나란히 차도를 통행하여서는 아니 된다.
> 라. 자전거의 운전자가 횡단보도를 이용하여 도로를 횡단할 때에는 보행자의 통행에 방해가 되지 않도록 서행하여야 한다.
> 마. 자전거의 운전자는 자전거에 어린이를 태우고 운전할 때에는 그 어린이에게 행정안전부령으로 정하는 인명보호 장구를 착용하도록 하여야 한다.
> 바. 자전거의 운전자는 밤에 도로를 통행하는 때에는 전조등과 미등을 켜거나 야광띠 등 발광장치를 착용하여야 한다.

① 1개
② 2개
③ 3개
④ 4개

Answer 23 ④ 24 ④

> **해설** 제13조의2(자전거등의 통행방법의 특례)
> ② (가) 자전거등의 운전자는 자전거도로가 설치되지 아니한 곳에서는 도로 우측 가장자리에 붙어서 통행하여야 한다.
> ⑥ (라) 자전거등의 운전자가 횡단보도를 이용하여 도로를 횡단할 때에는 **자전거등에서 내려서 자전거등을 끌거나 들고 보행하여야 한다.**

25 「도로교통법」 및 같은 법 시행령상 자전거의 운전에 관한 설명으로 가장 적절하지 않은 것은?
24. 승진

① 자전거 운전자는 안전표지로 통행이 허용된 경우를 제외하고는 2대 이상이 나란히 차도를 통행하여서는 아니 된다.
② 술에 취한 상태에서 자전거를 운전했을 경우의 범칙금은 3만원이며, 술에 취한 상태에 있다고 인정할 만한 상당한 이유가 있는 자전거 운전자가 경찰공무원의 호흡조사 측정에 불응한 경우의 범칙금은 10만원에 해당된다.
③ 자전거 운전자는 길가장자리구역(안전표지로 자전거등의 통행을 금지한 구간은 제외한다)을 통행할 수 있다. 이 경우 자전거 운전자는 보행자의 통행에 방해가 될 때에는 서행하거나 일시 정지하여야 한다.
④ 자전거 운전자는 서행하거나 정지한 다른 차를 앞지르려면 앞차의 좌측으로만 통행하여야 한다. 이 경우 자전거 운전자는 정지한 차에서 승차하거나 하차하는 사람의 안전에 유의하여 서행하거나 필요한 경우 일시정지하여야 한다.

> **해설** 제21조(앞지르기 방법 등)
> ② 자전거등의 운전자는 서행하거나 정지한 다른 차를 앞지르려면 제1항에도 불구하고 **앞차의 우측으로 통행할 수 있다.** 이 경우 자전거등의 운전자는 정지한 차에서 승차하거나 하차하는 사람의 안전에 유의하여 서행하거나 필요한 경우 일시정지하여야 한다.

26 「도로교통법」상 보행자 및 차마의 통행방법에 관한 설명으로 옳은 것만을 모두 고른 것은?
23. 경특

> ㉠ 도로관리청은 도로를 횡단하는 보행자의 안전을 위하여 행정안전부령으로 정하는 기준에 따라 횡단보도를 설치할 수 있다.
> ㉡ 시·도경찰청장이나 경찰서장은 보행자우선도로에서 보행자를 보호하기 위하여 필요하다고 인정하는 경우에는 차마의 통행속도를 시속 20킬로미터 이내로 제한할 수 있다.
> ㉢ 자전거 운전자가 횡단보도를 이용하여 도로를 횡단할 때에는 자전거에서 내려서 자전거를 끌거나 들고 보행하여야 한다.
> ㉣ 다리 위에서 다른 차를 앞지르려면 앞차의 좌측으로 통행하여야 한다.

Answer 25 ④ 26 ②

① ㉠㉡   ② ㉡㉢
③ ㉠㉢   ④ ㉢㉣

(해설) ▶ (㉠) 제10조(도로의 횡단)
① 시·도경찰청장은 도로를 횡단하는 보행자의 안전을 위하여 행정안전부령으로 정하는 기준에 따라 횡단보도를 설치할 수 있다.

▶ (㉣) 제22조(앞지르기 금지의 시기 및 장소)
③ 모든 차의 운전자는 다음 각 호의 어느 하나에 해당하는 곳에서는 다른 차를 앞지르지 못한다.
 1. 교차로
 2. 터널 안
 3. **다리 위**
 4. 도로의 구부러진 곳, 비탈길의 고갯마루 부근 또는 가파른 비탈길의 내리막 등 시·도경찰청장이 도로에서의 위험을 방지하고 교통의 안전과 원활한 소통을 확보하기 위하여 필요하다고 인정하는 곳으로서 안전표지로 지정한 곳

27
「도로교통법」및 「도로법 시행령」상 도로의 점용허가에 관한 설명으로 가장 적절하지 않은 것은?

23. 경특

① 도로관리청이 고속도로 외의 도로에서 점용허가를 한 경우 관할 경찰서장에게 그 내용을 즉시 통보하여야 한다.
② 도로의 점용허가를 받으려는 자는 점용 목적, 점용 장소와 면적, 점용 기간 및 공사 방법 등을 적은 신청서를 도로관리청에 제출하여야 한다.
③ 도로의 점용이 도로의 굴착을 수반하는 경우에는 신청서와 주요 지하매설물의 사후관리계획 및 도로관리심의회의 심의·조정 결과를 반영한 안전대책 등에 관한 서류를 반드시 첨부하여야 한다.
④ 경찰서장은 도로의 지상 인공구조물 등의 소유자·점유자 또는 관리자의 성명·주소를 알지 못하는 경우, 도로관리청으로 하여금 그 인공구조물 등을 제거하도록 조치하여야 한다.

(해설) 제72조(도로의 지상 인공구조물 등에 대한 위험방지 조치)
② 경찰서장은 인공구조물 등의 소유자·점유자 또는 관리자의 성명·주소를 알지 못하여 제1항에 따른 조치를 명할 수 없을 때에는 **스스로** 그 인공구조물 등을 제거하는 등 조치를 한 후 보관하여야 한다. 이 경우 닳아 없어지거나 파괴될 우려가 있거나 보관하는 것이 매우 곤란한 인공구조물 등은 매각하여 그 대금을 보관할 수 있다.

Answer 27 ④

28 「도로교통법」상 경찰공무원이 반드시 조치를 하여야 하는 내용에 해당하지 않는 것은?

21. 경간부

① 도로에서의 위험을 방지하고 교통의 안전과 원활한 소통을 확보하기 위하여 필요하다고 인정할 때, 행렬등에 대하여 구간을 정하고 그 구간에서 행렬등이 도로 또는 차도의 우측(자전거도로가 설치되어 있는 차도에서는 자전거도로를 제외한 부분의 우측을 말한다)으로 붙어서 통행할 것을 명하는 등 필요한 조치
② 신체에 장애가 있는 사람이 도로를 통행하거나 횡단하기 위하여 도움을 요청하거나 도움이 필요하다고 인정하는 경우, 그 사람이 안전하게 통행하거나 횡단할 수 있도록 필요한 조치
③ 앞을 보고 못하는 사람으로서 흰색 지팡이를 가지지 아니하거나 장애인 보조견을 동반하지 아니하는 등 필요한 조치를 하지 아니하고 다니는 사람을 발견한 경우, 그들의 안전을 위한 적절한 조치
④ 교통이 빈번한 도로에서 놀고 있는 어린이를 발견한 경우, 그들의 안전을 위한 적절한 조치

해설 제9조(행렬등의 통행)
③ 경찰공무원은 도로에서의 위험을 방지하고 교통의 안전과 원활한 소통을 확보하기 위하여 필요하다고 인정할 때에는 행렬등에 대하여 구간을 정하고 그 구간에서 행렬등이 도로 또는 차도의 우측(자전거도로가 설치되어 있는 차도에서는 자전거도로를 제외한 부분의 우측을 말한다)으로 붙어서 통행할 것을 명하는 등 **필요한 조치를 할 수 있다.**

29 긴급자동차에 대한 설명 중 가장 옳지 않은 것은?

응용문제

① 우편물의 운송에 사용되는 자동차 중 긴급배달 우편물의 운송에 사용되는 자동차는 시·도경찰청장의 지정을 받아야만 긴급자동차로 인정된다.
② 긴급자동차는 교차로에서의 우선통행권을 갖고 긴급하고 부득이한 경우에는 도로의 좌측 부분을 통행할 수 있다.
③ 긴급자동차는 자동차의 속도, 앞지르기의 방법, 끼어들기의 금지의 적용을 받지 않는다. 다만, 본래의 긴급한 용도로 사용 중인 때에 한한다.
④ 경찰용 긴급자동차에 의하여 유도되고 있는 자동차 역시 긴급자동차로 간주된다.

해설 제30조(긴급자동차에 대한 특례)
긴급자동차에 대하여는 다음 각 호의 사항을 적용하지 아니한다. 다만, 제4호부터 제12호까지의 사항은 긴급자동차 중 제2조 제22호 가목부터 다목까지의 자동차와 대통령령으로 정하는 경찰용 자동차에 대해서만 적용하지 아니한다.
1. 제17조에 따른 자동차등의 속도 제한. 다만, 제17조에 따라 긴급자동차에 대하여 속도를 제한한 경우에는 같은 조의 규정을 적용한다.
2. 제22조에 따른 앞지르기의 금지(시기·장소)
3. 제23조에 따른 끼어들기의 금지

Answer 28 ① 29 ③

4. 제5조에 따른 신호위반
5. 제13조 제1항에 따른 보도침범
6. 제13조 제3항에 따른 중앙선 침범
7. 제18조에 따른 횡단 등의 금지
8. 제19조에 따른 안전거리 확보 등
9. 제21조 제1항에 따른 앞지르기 방법 등
10. 제32조에 따른 정차 및 주차의 금지
11. 제33조에 따른 주차금지
12. 제66조에 따른 고장 등의 조치

▶ 1. 2. 3호는 모든 긴급자동차에 해당, 4~12호까지는 소방차, 혈액공급차, 구급차, 경찰차만 해당

30 도로교통법령 상 '국내외 요인에 대한 경호업무 수행에 공무로 사용되는 자동차'에 대한 특례로서 해당 긴급 자동차에 적용하지 않는 사항들은 모두 몇 개인가? 〔21. 경간부〕

가. 「도로교통법」 제17호에 따른 자동차등의 속도 제한
나. 「도로교통법」 제23조에 따른 끼어들기 금지
다. 「도로교통법」 제19조에 따른 안전거리 확보 등
라. 「도로교통법」 제33조에 따른 주차금지
마. 「도로교통법」 제21조 제1항에 따른 앞지르기 방법 등

① 2개
② 3개
③ 4개
④ 5개

해설 '국내외 요인에 대한 경호업무 수행에 공무로 사용되는 자동차'는 가, 나 항목은 적용되지 않는다.

31 「도로교통법」 및 동법 시행령 상 교통안전교육 및 지침에 관한 설명으로 가장 적절하지 않은 것은? 〔23. 경특〕

① 특별교통안전교육은 강의·시청각교육 또는 현장체험교육 등의 방법으로 실시한다.
② 긴급자동차 운전자는 특별교통안전의무교육 대상으로, 5년에 1번씩 해당 교육을 이수하여야 한다.
③ 경찰청장은 자동차등의 안전운전 및 친환경 경제운전에 관한 사항, 긴급자동차에 길 터주기 요령에 관한 사항 등을 포함하여 교통안전교육에 관한 지침을 제정하여 공표하여야 한다.
④ 교통안전교육의 과목·내용·방법 및 시간 등에 관하여 필요한 사항은 행정안전부령으로 정한다.

Answer 30 ① 31 ②

해설 제38조의2(긴급자동차 운전자에 대한 교통안전교육)
② 법 제73조 제4항에 따른 긴급자동차 교통안전교육은 다음 각 호의 구분에 따라 실시한다.
1. 신규 교통안전교육 : 최초로 긴급자동차를 운전하려는 사람을 대상으로 실시하는 교육
2. 정기 교통안전교육 : 긴급자동차를 운전하는 사람을 대상으로 **3년마다 정기적으로 실시하는 교육**. 이 경우 직전에 긴급자동차 교통안전교육을 받은 날부터 기산하여 3년이 되는 날이 속하는 해의 1월 1일부터 12월 31일 사이에 교육을 받아야 한다.

32 「도로교통법」상 반드시 서행하여야 하는 곳으로 가장 적절하지 <u>않은</u> 것은?   예상문제

① 교통정리가 행하여지고 있지 않은 교차로
② 도로가 구부러진 부근
③ 가파른 비탈길의 오르막
④ 비탈길의 고갯마루 부근

해설 제31조(서행 또는 일시정지할 장소)

서행장소	1. 교통정리를 하고 있지 아니하는 교차로 2. 도로가 구부러진 부근 3. 비탈길의 고갯마루 부근 4. 가파른 비탈길의 **내리막** 5. 시·도경찰청장이 도로에서의 위험을 방지하고 교통의 안전과 원활한 소통을 확보하기 위하여 필요하다고 인정하여 안전표지로 지정한 곳
일시정지장소	1. 교통정리를 하고 있지 아니하고 좌우를 확인할 수 없거나 교통이 빈번한 교차로 2. 시·도경찰청장이 도로에서의 위험을 방지하고 교통의 안전과 원활한 소통을 확보하기 위하여 필요하다고 인정하여 안전표지로 지정한 곳

33 도로교통법상 '정차 및 주차의 금지'에 해당하는 곳으로 틀린 것은?   응용문제

① 교차로의 가장자리나 도로의 모퉁이로부터 5미터 이내인 곳
② 안전지대가 설치된 도로에서는 그 안전지대의 사방으로부터 각각 10미터 이내인 곳
③ 도로공사를 하고 있는 경우에는 그 공사 구역의 양쪽 가장자리로부터 5미터 이내인 곳
④ 건널목의 가장자리 또는 횡단보도로부터 10미터 이내인 곳

해설 제32조(정차 및 주차의 금지)
모든 차의 운전자는 다음 각 호의 어느 하나에 해당하는 곳에서는 차를 정차하거나 주차하여서는 아니 된다. 다만, 이 법이나 이 법에 따른 명령 또는 경찰공무원의 지시를 따르는 경우와 위험방지를 위하여 일시정지하는 경우에는 그러하지 아니하다.
1. 교차로·횡단보도·건널목이나 보도와 차도가 구분된 도로의 보도(「주차장법」에 따라 차도와 보도에 걸쳐서 설치된 노상주차장은 제외한다)
2. **교차로의 가장자리나 도로의 모퉁이로부터 5미터 이내인 곳**
3. **안전지대가 설치된 도로에서는 그 안전지대의 사방으로부터 각각 10미터 이내인 곳**
4. 버스여객자동차의 정류지(停留地)임을 표시하는 기둥이나 표지판 또는 선이 설치된 곳으로부터 10미터 이내인 곳. 다만, 버스여객자동차의 운전자가 그 버스여객자동차의 운행시간 중에 운행노선에 따르는 정류장에서 승객을 태우거나 내리기 위하여 차를 정차하거나 주차하는 경우에는 그러하지 아니하다.

Answer 32 ③ 33 ③

5. 건널목의 가장자리 또는 횡단보도로부터 10미터 이내인 곳
6. 다음 각 목의 곳으로부터 5미터 이내인 곳
   가. 「소방기본법」 제10조에 따른 소방용수시설 또는 비상소화장치가 설치된 곳
   나. 「소방시설 설치 및 관리에 관한 법률」 제2조 제1항 제1호에 따른 소방시설로서 대통령령으로 정하는 시설이 설치된 곳
7. 시·도경찰청장이 도로에서의 위험을 방지하고 교통의 안전과 원활한 소통을 확보하기 위하여 필요하다고 인정하여 지정한 곳
8. 시장등이 제12조 제1항에 따라 지정한 어린이 보호구역

34 도로교통법상 '주차금지 장소'에 해당하는 곳으로 틀린 것은? 〈예상문제〉

① 터널 안 및 다리 위
② 도로공사를 하고 있는 경우에는 그 공사 구역의 양쪽 가장자리로부터 5미터 이내인 곳
③ 「다중이용업소의 안전관리에 관한 특별법」에 따른 다중이용업소의 영업장이 속한 건축물로 소방본부장의 요청에 의하여 시·도경찰청장이 지정한 곳으로부터 5미터 이내인 곳
④ 교차로의 가장자리나 도로의 모퉁이로부터 5미터 이내인 곳

해설 제33조(주차금지의 장소)
모든 차의 운전자는 다음 각 호의 어느 하나에 해당하는 곳에 차를 주차해서는 아니 된다.
1. **터널 안 및 다리 위**
2. 다음 각 목의 곳으로부터 **5미터 이내인 곳**
   가. 도로공사를 하고 있는 경우에는 그 공사 구역의 양쪽 가장자리
   나. 「다중이용업소의 안전관리에 관한 특별법」에 따른 다중이용업소의 영업장이 속한 건축물로 소방본부장의 요청에 의하여 시·도경찰청장이 지정한 곳
3. 시·도경찰청장이 도로에서의 위험을 방지하고 교통의 안전과 원활한 소통을 확보하기 위하여 필요하다고 인정하여 지정한 곳

35 다음 중 「도로교통법」 제35조(정차 및 주차의 금지)에 규정된 장소를 모두 고른 것은?(다만, 이 법이나 이 법에 따른 명령 또는 경찰공무원의 지시를 따르는 경우와 위험방지를 위하여 일시정지하는 경우는 고려하지 않는다. 〈24. 순경〉

㉠ 터널 안 및 다리 위
㉡ 교차로의 가장자리나 도로의 모퉁이로부터 5미터 이내인 곳
㉢ 시장등이 제12조 제1항에 따라 지정한 어린이 보호구역
㉣ 교차로, 횡단보도, 건널목이나 보도와 차도가 구분된 도로의 보도(「주차장법」에 따라 차도와 보도에 걸쳐서 설치된 노상 주차장은 제외한다)
㉤ 도로공사를 하고 있는 경우에는 그 공사 구역의 양쪽 가장자리로부터 5미터 이내인 곳

Answer 34 ④   35 ③

① ㄱㄴㄷ 　　　　　　　　　　② ㄱㄹㅁ
③ ㄴㄷㄹ 　　　　　　　　　　④ ㄷㄹㅁ

해설 제32조(정차 및 주차의 금지)
1. (ㄹ) 교차로·횡단보도·건널목이나 보도와 차도가 구분된 도로의 보도(「주차장법」에 따라 차도와 보도에 걸쳐서 설치된 노상주차장은 제외한다)
2. (ㄴ) 교차로의 가장자리나 도로의 모퉁이로부터 5미터 이내인 곳
3. 안전지대가 설치된 도로에서는 그 안전지대의 사방으로부터 각각 10미터 이내인 곳
4. 버스여객자동차의 정류지(停留地)임을 표시하는 기둥이나 표지판 또는 선이 설치된 곳으로부터 10미터 이내인 곳. 다만, 버스여객자동차의 운전자가 그 버스여객자동차의 운행시간 중에 운행노선에 따르는 정류장에서 승객을 태우거나 내리기 위하여 차를 정차하거나 주차하는 경우에는 그러하지 아니하다.
5. 건널목의 가장자리 또는 횡단보도로부터 10미터 이내인 곳
6. 다음 각 목의 곳으로부터 5미터 이내인 곳
   가. 「소방기본법」 제10조에 따른 소방용수시설 또는 비상소화장치가 설치된 곳
   나. 「소방시설 설치 및 관리에 관한 법률」 제2조 제1항 제1호에 따른 소방시설로서 대통령령으로 정하는 시설이 설치된 곳
7. 시·도경찰청장이 도로에서의 위험을 방지하고 교통의 안전과 원활한 소통을 확보하기 위하여 필요하다고 인정하여 지정한 곳
8. (ㄷ) 시장등이 제12조 제1항에 따라 지정한 어린이 보호구역

36 「도로교통법」에 관한 설명으로 가장 적절하지 않은 것은? (다툼이 있는 경우 판례에 의함)

23. 순경

① 모든 차의 운전자는 예외 없이 터널 안에 차를 주차해서는 아니 된다.
② 긴급자동차에 대하여는 동법 제23조에 따른 끼어들기의 금지를 적용하지 아니한다.
③ "정차"란 운전자가 5분을 초과하지 아니하고 차를 정지시키는 것으로서 주차 외의 정지 상태를 말한다.
④ 물로 입 안을 헹굴 기회를 달라는 피고인의 요구를 무시한 채 호흡측정기로 측정한 혈중알코올 농도 수치가 0.05%로 나타난 사안에서, 피고인이 당시 혈중알코올 농도 0.05% 이상의 술에 취한 상태에서 운전하였다고 단정할 수 없다.

해설 ▶ 제33조(주차금지의 장소)
모든 차의 운전자는 다음 각 호의 어느 하나에 해당하는 곳에 차를 주차해서는 아니 된다.
1. **터널 안 및 다리 위**

▶ 제30조(긴급자동차에 대한 특례)
긴급자동차에 대하여는 다음 각 호의 사항을 적용하지 아니한다. 다만, 제4호부터 제12호까지의 사항은 긴급자동차 중 제2조 제22호 가목부터 다목까지의 자동차와 대통령령으로 정하는 경찰용 자동차에 대해서만 적용하지 아니한다.
10. 제32조에 따른 정차 및 주차의 금지
11. **제33조에 따른 주차금지**

Answer 36 ①

37 다음 중 주·정차 금지구역에 해당하지 않은 것은?

20. 승진

① 도로공사를 하고 있는 경우 그 공사 구역의 양쪽 가장자리로부터 5m 이내인 곳
② 교차로의 가장자리나 도로의 모퉁이로부터 5m 이내인 곳
③ 건널목의 가장자리 또는 횡단보도로부터 10m 이내인 곳
④ 안전지대가 설치된 도로에서는 그 안전지대의 사방으로부터 각각 10m 이내인 곳

> **해설** 제33조(주차금지의 장소)
> 모든 차의 운전자는 다음 각 호의 어느 하나에 해당하는 곳에 차를 주차해서는 아니 된다.
> 1. 터널 안 및 다리 위
> 2. 다음 각 목의 곳으로부터 **5미터 이내인 곳**
>   가. **도로공사를 하고 있는 경우에는 그 공사 구역의 양쪽 가장자리**
>   나. 「다중이용업소의 안전관리에 관한 특별법」에 따른 다중이용업소의 영업장이 속한 건축물로 소방본부장의 요청에 의하여 시·도경찰청장이 지정한 곳
> 3. 시·도경찰청장이 도로에서의 위험을 방지하고 교통의 안전과 원활한 소통을 확보하기 위하여 필요하다고 인정하여 지정한 곳

38 「도로교통법」 및 「도로교통법 시행령」상 주·정차에 대한 설명으로 가장 적절하지 않은 것은?

22. 승진

① 경찰서장, 도지사 또는 시장등은 차를 견인하였을 때부터 24시간이 경과되어도 이를 인수하지 아니하는 때에는 해당 차의 보관장소 등 행정안전부령이 정하는 사항을 해당 차의 사용자 또는 운전자에게 등기우편으로 통지할 수 있다.
② 도로공사를 하고 있는 경우에 그 공사 구역의 양쪽 가장자리로부터 5미터 이내인 곳은 주차금지 장소에 해당한다.
③ 도로 또는 노상주차장에 정차하거나 주차하려고 하는 차의 운전자는 차를 차도의 우측 가장자리에 정차하는 등 대통령령으로 정하는 정차 또는 주차의 방법·시간과 금지사항 등을 지켜야 한다.
④ 경사진 곳에 정차하거나 주차(도로 외의 경사진 곳에서 정차하거나 주차하는 경우를 포함한다)하려는 자동차의 운전자는 대통령령으로 정하는 바에 따라 고임목을 설치하거나 조향장치(操向裝置)를 도로의 가장자리 방향으로 돌려놓는 등 미끄럼 사고의 발생을 방지하기 위한 조치를 취하여야 한다.

> **해설** 도로교통법 시행령 제13조(주차위반 차의 견인·보관 및 반환 등을 위한 조치)
> ③ 경찰서장, 도지사 또는 시장등은 차를 견인하였을 때부터 24시간이 경과되어도 이를 인수하지 아니하는 때에는 해당 차의 보관장소 등 행정안전부령이 정하는 사항을 해당 차의 사용자 또는 운전자에게 등기우편으로 **통지하여야 한다.**

Answer 37 ①   38 ①

39 「도로교통법」상 음주운전 처벌기준에 대한 설명이다. 처벌 내용이 틀린 것은? 응용문제

① 혈중알코올농도 0.03% 이상~0.08% 미만 - 1년 이하의 징역이나 500만원 이하의 벌금
② 혈중알코올농도 0.08% 이상~0.2% 미만 - 1년 이상 2년 이하의 징역이나 500만원 이상 1천만원 이하의 벌금
③ 혈중알코올농도 0.2% 이상 - 2년 이상 5년 이하의 징역이나 1천만원 이상 2천만원 이하의 벌금
④ 음주 또는 음주측정거부 2회 위반 - 1년 이상 5년 이하의 징역이나 500만원 이상 2천만원 이하의 벌금

해설) 음주운전단속 및 처벌 기준

위반내용		처벌내용
술취한 상태의 기준		0.03% 이상
음주측정 불응		1년이상 5년이하 징역이나 500만원이상 2천만원이하 벌금
측정수치	0.03~0.08% 미만	1년이하의 징역이나 500만원이하의 벌금
	0.08~0.2% 미만	1년이상 2년이하 징역이나 500만원이상 1천만원이하 벌금
	0.2% 이상	2년이상 5년이하 징역이나 1천만원이상 2천만원이하 벌금

④ 위헌판결로 틀린 지문이다.

40 음주운전 단속 및 처벌에 대한 설명으로 가장 적절하지 않은 것은?(다툼이 있으면 판례에 의함) 20. 승진

① 음주측정 시에 사용하는 불대는 1회 1개 사용함을 원칙으로 한다.
② 호흡측정기에 의한 음주측정치와 혈액검사에 의한 음주측정치가 불일치할 경우 혈액검사에 의한 음주측정치가 우선한다.
③ 음주로 인한 특정범죄가중처벌 등에 관한 법률 위반(위험운전치사상)죄와 도로교통법 위반(음주운전)죄는 실체적 경합관계에 있다.
④ 음주운전 최초 위반 시 혈중알코올농도가 0.15퍼센트인 경우 2년 이상 5년 이하의 징역이나 1천만원 이상 2천만원 이하의 벌금에 처한다.

해설) 음주운전 최초 위반 시 혈중알코올농도가 0.15퍼센트인 경우 **1년이상 2년이하 징역이나 500만원이상 1천만원이하 벌금**에 처한다.

41 다음 사례에서 A와 B에 대한 처분으로 옳은 것은? 22. 경특

A와 B는 친구 사이로 동시에 1종 보통운전면허 시험에 합격하여 면허를 발급받았다. 둘은 축하하기 위하여 알코올을 섭취 후 A는 도로교통법에서 정의하는 개인형 이동장치인 전동킥보드를, B는 전동기를 장착하지 않은 일반 자전거를 타고 도로교통법상 도로에 해당하는 골목길을 운전하여 주행하던 중 교통경찰관에게 단속되었다. 음주측정 결과 A는 혈중알코올 농도 0.09%, B는 혈중알코올 농도 0.1%로 각각 측정되었다.(단, A와 B에 대한 다른 교통법규 위반은 고려하지 않는 것으로 함)

Answer 39 ④ 40 ④ 41 ①

	A	B
①	운전면허 취소와 범칙금 10만원	범칙금 3만 원
②	운전면허 취소와 범칙금 10만원	운전면허 취소와 범칙금 3만원
③	운전면허 취소와 범칙금 13만원	운전면허 취소와 범칙금 10만원
④	운전면허 정지와 범칙금 10만원	범칙금 없음

해설 A : 전동킥보드, 음주운전 : 면허취소, 범칙금 10만원
B : 자전거 : 범칙금 3만원

범칙행위 및 범칙금액(운전자)(제93조 제1항 관련)

64의2. 술에 취한 상태에서의 자전거등 운전	1) 개인형 이동장치 : 10만원 2) 자전거 : 3만원
64의3. 술에 취한 상태에 있다고 인정할만한 상당한 이유가 있는 자전거등 운전자가 경찰공무원의 호흡조사 측정에 불응	1) 개인형 이동장치 : 13만원 2) 자전거 : 10만원

42 「도로교통법」 및 동법 시행규칙상 어린이 통학버스에 대한 설명 중 옳은 것을 모두 고른 것은?

22. 경특

㉠ 14세 미만인 어린이를 교육 대상으로 하는 시설에서 어린이의 통학 등에 이용되는 자동차를 말한다.
㉡ 모든 차의 운전자는 어린이나 영유아를 태우고 있다는 표시를 한 상태로 도로를 통행하는 어린이통학버스를 앞지르지 못한다.
㉢ 중앙선이 설치되지 아니한 도로와 편도 1차로인 도로에서는 반대방향에서 진행하는 차의 운전자는 정차하여 어린이가 타고 내리는 중임을 표시하는 점멸등이 작동하고 있는 어린이 통학버스에 이르기 전에 안전을 확인하며 서행하여 통과한다.(단, 긴급자동차는 제외)
㉣ 「자동차관리법」 제34조에 따라 튜닝 승인 받은 자가 9인승 이상의 승용자동차 또는 승합자동차를 장애아동의 승·하차 편의를 위하여 9인승 미만으로 튜닝한 경우 그 승용자동차 또는 승합자동차를 어린이통학버스로 사용할 수 있다.
㉤ 어린이통학버스를 운영하는 사람은 어린이통학버스 안전교육을 받지 아니한 사람에게 어린이통학버스를 운전하게 하거나 어린이통학버스에 동승하게 하여서는 아니 된다.

① ㉠㉢㉣
② ㉡㉢㉤
③ ㉡㉣㉤
④ ㉠㉡㉢

Answer 42 ③

해설 ▶ (㉠) 제2조(정의)
23. "어린이통학버스"란 다음 각 목의 시설 가운데 어린이(13세 **미만인 사람을 말한다.**)를 교육대상으로 하는 시설에서 어린이의 통학 등(현장체험학습 등 비상시적으로 이루어지는 교육활동을 위한 이동을 제외한다)에 이용되는 자동차와 「여객자동차 운수사업법」 제4조 제3항에 따른 여객자동차운송사업의 한정면허를 받아 어린이를 여객대상으로 하여 운행되는 운송사업용 자동차를 말한다.

▶ (㉢) 제51조(어린이통학버스의 특별보호)
② 제1항의 경우 중앙선이 설치되지 아니한 도로와 편도 1차로인 도로에서는 반대방향에서 진행하는 차의 운전자도 어린이통학버스에 이르기 전에 **일시정지하여 안전을 확인한 후** 서행하여야 한다.

43. 「도로교통법」상 어린이통학버스 등에 대한 다음 설명 중 틀린 것은 몇 개인가? 〔예상문제〕

㉠ 모든 차의 운전자는 어린이나 유아를 태우고 있다는 표시를 한 상태로 도로를 통행하는 어린이통학버스를 앞지르지 못한다.
㉡ 어린이의 통학 등에 이용되는 자동차를 운영하는 자가 「도로교통법」 제51조(어린이통학버스의 특별보호)에 따른 보호를 받으려는 경우에는 미리 관할 시·도경찰청장에게 신고하고 신고증명서를 발급받아야 한다.
㉢ 어린이통학버스를 운전하는 사람은 어린이나 유아가 어린이통학버스를 탈 때에는 어린이나 유아가 좌석에 앉았는지 확인한 후에 출발하여야 하며, 내릴 때에는 보도나 길가장자리구역 등 자동차로부터 안전한 장소에 도착한 것을 확인한 후에 출발하여야 한다.
㉣ 어린이통학버스 및 어린이통학용자동차(이하 '어린이통학버스 등'이라 한다)를 운영하는 사람과 운전하는 사람은 어린이통학버스 등에 관한 안전교육을 받아야 한다.

① 1개　　② 2개
③ 3개　　④ 없음

해설 ▶ (㉡) 제52조(어린이통학버스의 신고 등)
① 어린이통학버스(「여객자동차 운수사업법」 제4조 제3항에 따른 한정면허를 받아 어린이를 여객대상으로 하여 운행되는 운송사업용 자동차는 제외)를 운영하려는 자는 행정안전부령으로 정하는 바에 따라 **미리 관할 경찰서장에게 신고하고 신고증명서를 발급받아야 한다**

▶ (㉢) 제53조(어린이통학버스 운전자 및 운영자 등의 의무)
② 어린이통학버스를 운전하는 사람은 어린이나 영유아가 어린이통학버스를 탈 때에는 승차한 모든 어린이나 영유아가 **좌석안전띠를 매도록 한 후에** 출발하여야 하며, 내릴 때에는 보도나 길가장자리구역 등 자동차로부터 안전한 장소에 도착한 것을 확인한 후에 출발하여야 한다. 다만, 좌석안전띠 착용과 관련하여 질병 등으로 인하여 좌석안전띠를 매는 것이 곤란하거나 행정안전부령으로 정하는 사유가 있는 경우에는 그러하지 아니하다.

Answer　43 ②

44 「도로교통법」 및 동법 시행령상 긴급자동차 교통안전운전 교육에 대한 설명으로 가장 적절하지 않은 것은?

20. 승진

① 긴급자동차의 운전업무에 종사하는 사람은 정기적으로 긴급자동차의 안전운전 등에 관한 교육을 받아야 한다.
② 긴급자동차 안전운전 등에 관한 교육을 받아야 함에도 받지 않은 경우 과태료가 부과된다.
③ 긴급자동차를 운전하는 사람을 대상으로 실시하는 정기 교통안전교육은 2년마다 2시간 이상 실시한다.
④ 최초로 긴급자동차를 운전하려는 사람을 대상으로 실시하는 신규 교통안전교육은 3시간 이상 실시한다.

해설 교통안전교육

구분	종류	내용	교육시간
긴급자동차 교통안전교육	신규 교통안전교육	**최초로 긴급자동차를 운전하려는 사람을 대상으로** 실시하는 교육	3시간 이상
	정기 교통안전교육	긴급자동차를 운전하는 사람을 대상으로 **3년마다** 정기적으로 실시하는 교육.	2시간 이상
어린이 통학버스 안전교육	신규 안전교육	어린이통학버스를 운영하려는 사람과 운전하려는 사람 및 동승하려는 보호자를 대상으로 **그 운영, 운전 또는 동승을 하기 전에** 실시하는 교육	
	정기 안전교육	어린이통학버스를 계속하여 운영하는 사람과 운전하는 사람 및 동승한 보호자를 대상으로 **2년마다** 정기적으로 실시하는 교육	

45 「도로교통법」 및 「도로교통법 시행령」상 교통안전교육에 대한 설명으로 가장 적절하지 않은 것은?

21. 승진

① 교통안전교육은 운전면허를 받고자 하는 사람이 학과시험 응시 전 받아야 하는 1시간의 교통안전교육으로, 자동차운전 전문학원에서 학과교육을 수료한 사람은 제외된다.
② 특별교통안전교육 중 의무교육 대상은 운전면허효력 정지처분을 받게 되거나 받은 초보운전자로서 그 정지기간이 끝나지 아니한 사람 등이다.
③ 특별교통안전교육 중 권장교육 대상은 운전면허를 받은 사람 중 교육을 받으려는 날에 65세 이상인 사람 등으로, 권장교육을 받기 전 1년 이내에 해당 교육을 받지 아니한 사람에 한정한다.
④ 긴급자동차 교통안전교육 중 신규 교통안전교육은 긴급자동차를 운전하는 사람을 대상으로 3년마다 정기적으로 실시하는 교육이다.

Answer 44.③ 45.④

해설 제38조의2(긴급자동차 운전자에 대한 교통안전교육)
② 법 제73조 제4항에 따른 긴급자동차 교통안전교육은 다음 각 호의 구분에 따라 실시한다.
  1. 신규 교통안전교육 : 최초로 긴급자동차를 운전하려는 사람을 대상으로 실시하는 교육
  2. **정기 교통안전교육** : 긴급자동차를 운전하는 사람을 대상으로 **3년마다 정기적으로** 실시하는 교육. 이 경우 직전에 긴급자동차 교통안전교육을 받은 날부터 기산하여 3년이 되는 날이 속하는 해의 1월 1일부터 12월 31일 사이에 교육을 받아야 한다.

46 「도로교통법」에 관한 설명이다. (가)부터 (다)까지의 내용을 가장 적절하게 나열한 것은?

(가)은 도로에서의 위험을 방지하고 교통의 안전과 원활한 소통을 확보하기 위하여 필요하다고 인정할 때에는 우선 보행자, 차마 또는 노면전차의 통행을 금지하거나 제한한 후 그 도로관리자와 협의하여 금지 또는 제한의 대상과 구간 및 기간을 정하여 도로의 통행을 금지하거나 제한할 수 있다.

(나)은 교통사고의 위험으로부터 어린이를 보호하기 위하여 필요하다고 인정하는 경우에는 「유아교육법」 제2조에 따른 유치원의 주변도로 가운데 일정 구간을 어린이 보호구역으로 지정하여 자동차등과 노면전차의 통행속도를 시속 30킬로미터 이내로 제한할 수 있다.

(다)은 고속도로의 원활한 소통을 위하여 특히 필요한 경우에는 고속도로에 전용차로를 설치할 수 있다

	(가)	(나)	(다)
①	경찰서장	시장등	경찰청장
②	시·도경찰청장	경찰청장	시장등
③	경찰서장	시·도경찰청장	경찰청장
④	시·도경찰청장	시장등	경찰청장

해설 ▶(가) 제6조(통행의 금지 및 제한)
② **경찰서장은** 도로에서의 위험을 방지하고 교통의 안전과 원활한 소통을 확보하기 위하여 필요하다고 인정할 때에는 우선 보행자, 차마 또는 노면전차의 통행을 금지하거나 제한한 후 그 도로관리자와 협의하여 금지 또는 제한의 대상과 구간 및 기간을 정하여 도로의 통행을 금지하거나 제한할 수 있다.

▶(나) 제12조(어린이 보호구역의 지정·해제 및 관리)
① **시장등은** 교통사고의 위험으로부터 어린이를 보호하기 위하여 필요하다고 인정하는 경우에는 다음 각 호의 어느 하나에 해당하는 시설이나 장소의 주변도로 가운데 일정 구간을 어린이 보호구역으로 지정하여 자동차등과 노면전차의 통행속도를 시속 30킬로미터 이내로 제한할 수 있다.

▶(다) 제61조(고속도로 전용차로의 설치)
① **경찰청장은** 고속도로의 원활한 소통을 위하여 특히 필요한 경우에는 고속도로에 전용차로를 설치할 수 있다.

Answer 46 ①

47 다음은 「도로교통법 시행규칙」상 각종 운전면허로 운전할 수 있는 차량의 종류를 표로 정리한 것이다. ㉠부터 ㉣까지 (   ) 안에 들어갈 숫자를 순서대로 나열한 것은?

예상문제

【제1종 보통운전면허】
㉠ 적재중량 (   )톤 미만의 화물자동차

【제2종 보통운전면허】
㉡ 승차정원 (   )명 이하의 승합자동차
㉢ 적재중량 (   )톤 이하의 화물자동차
㉣ 총중량 (   )톤 이하의 특수자동차(구난차등은 제외한다)

① 10 − 12 − 4 − 3.5
② 12 − 10 − 4 − 3.5
③ 12 − 10 − 4 − 4
④ 12 − 10 − 3.5 − 4

해설 운전면허

운전면허		운전할 수 있는 차량
종별	구분	
제1종	대형면허	1. 승용자동차 2. 승합자동차 3. 화물자동차 4. 삭제 5. 건설기계 　가. 덤프트럭, 아스팔트살포기, 노상안정기 　나. 콘크리트믹서트럭, 콘크리트펌프, 천공기(트럭 적재식) 　다. 콘크리트믹서트레일러, 아스팔트콘크리트재생기 　라. 도로보수트럭, **3톤 미만**의 지게차 6. 특수자동차[대형견인차, 소형견인차 및 구난차(이하 "구난차등"이라 한다)는 **제외**] 7. 원동기장치자전거
	보통면허	1. 승용자동차 2. 승차정원 **15명 이하**의 승합자동차 3. 삭제 4. 적재중량 **12톤 미만**의 화물자동차 5. 건설기계(도로를 운행하는 **3톤 미만**의 **지게차**로 한정한다) 6. 총중량 **10톤 미만**의 특수자동차(구난차등은 **제외**) 7. 원동기장치자전거
	소형면허	1. 3륜화물자동차 2. 3륜승용자동차 3. 원동기장치자전거

Answer 47 ②

제1종	특수면허	대형견인차	1. 견인형 특수자동차 2. 제2종 보통면허로 운전할 수 있는 차량
		소형견인차	1. 총중량 3.5톤 이하의 견인형 특수자동차 2. 제2종 보통면허로 운전할 수 있는 차량
		구난차	1. 구난형 특수자동차 2. 제2종보통면허로 운전할 수 있는 차량
제2종	보통면허		1. 승용자동차 2. 승차정원 10명 이하의 승합자동차 3. 적재중량 4톤 이하의 화물자동차 4. 총중량 3.5톤 이하의 특수자동차(구난차등은 **제외**) 5. 원동기장치자전거
	소형면허		1. 이륜자동차(측차부를 **포함**) 2. 원동기장치자전거
	원동기장치 자전거면허		원동기장치자전거
연습 면허	제1종 보통		1. 승용자동차 2. 승차정원 15명 이하의 승합자동차 3. 적재중량 12톤 미만의 화물자동차
	제2종 보통		1. 승용자동차 2. 승차정원 10명 이하의 승합자동차 3. 적재중량 4톤 이하의 화물자동차

48 다음 중 무면허 운전에 해당하는 경우로 가장 적절한 것은? 　　　　예상문제

① 제1종 보통면허를 소지한 甲이 구난차 등이 아닌 10톤의 특수자동차를 운전한 경우
② 제1종 대형면허를 소지한 乙이 구난차 등이 아닌 특수자동차를 운전한 경우
③ 제2종 보통면허를 소지한 丙이 승차정원 10인의 승합자동차를 운전한 경우
④ 제2종 보통면허를 소지한 丁이 적재중량 4톤의 화물자동차를 운전한 경우

(해설) 제1종 보통면허로 **10톤 미만 특수자동차**(견인차, 구난차 제외)를 운전가능하므로 **10톤의 특수자동차를 운전한 경우에는 무면허 운전에 해당**한다.

49 다음 중 「도로교통법」 및 「도로교통법 시행규칙」에 따라 제2종 보통 연습면허만을 받은 사람이 운전할 수 있는 차량의 개수는? 　　　　21. 순경

> ㉠ 승차정원 10명 이하의 승합자동차
> ㉡ 총중량 3.5톤 이하의 견인형 특수자동차
> ㉢ 적재중량 4톤 이하의 화물자동차
> ㉣ 건설기계(도로를 운행하는 3톤 미만의 지게차로 한정)

Answer 48 ①　49 ②

① 1개 　　　　　　　　　② 2개
③ 3개 　　　　　　　　　④ 4개

> **해설**　2종 보통 - ㉠㉢
> 　　　1종 특수 - ㉡
> 　　　1종 보통 - ㉣

50 「도로교통법 시행규칙」상 운전면허와 운행할 수 있는 차량으로 짝지어진 것 중 가장 적절하지 않은 것은?　　23. 경특

① 제1종 대형면허 : 콘크리트믹서트레일러
② 제1종 보통면허 : 승차정원 15명 이하의 승합자동차
③ 제1종 보통면허 : 구난형 특수자동차
④ 제2종 소형면허 : 이륜자동차(운반차 포함)

> **해설**　제1종 특수운전면허 : 구난형 특수자동차

51 제2종 보통면허만을 취득한 자가 운전할 경우, 무면허운전이 되는 것은?　　24. 순경

① 원동기장치자전거　　　　② 화물자동차(적재중량 3톤)
③ 승합자동차(승차정원 8명)　　④ 특수자동차(총중량 4톤)

> **해설**　총중량 3.5톤 이하의 특수자동차(구난차등은 제외)

52 연습운전면허에 대한 설명으로 옳은 것을 모두 고른 것은?　　예상문제

> ㉠ 연습운전면허는 그 면허를 받은 날부터 1년 동안 효력을 가진다. 다만, 연습운전면허를 받은 날부터 1년 이전이라도 연습운전면허를 받은 사람이 제1종 보통면허 또는 제2종 보통면허를 받은 경우 연습운전면허는 그 효력을 잃는다.
> ㉡ 연습운전면허를 발급받은 사람이 운전 중 고의 또는 과실로 교통사고를 일으킨 경우 연습운전면허를 취소하여야 하고, 이때 도로교통공단의 도로주행시험을 담당하는 사람의 지시에 따라 운전하던 중 교통사고를 일으킨 경우도 마찬가지이다.
> ㉢ 연습운전면허를 발급받은 사람이 도로가 아닌 곳에서 교통사고를 일으킨 경우에는 연습운전면허를 취소하여야 한다.
> ㉣ 연습운전면허를 발급받은 사람이 교통사고를 일으켰으나 단순 물적 피해만 발생한 경우 면허가 취소되지 않는다.

Answer　50 ③　51 ④　52 ②

① ㉠㉡ ② ㉠㉢
③ ㉡㉣ ④ ㉢㉣

해설 ▶ (㉡, ㉢) 제93조(운전면허의 취소·정지)
③ 시·도경찰청장은 연습운전면허를 발급받은 사람이 운전 중 고의 또는 과실로 교통사고를 일으키거나 이 법이나 이 법에 따른 명령 또는 처분을 위반한 경우에는 연습운전면허를 취소하여야 한다. 다만, **본인에게 귀책사유(歸責事由)가 없는 경우 등 대통령령으로 정하는 경우에는 그러하지 아니하다.**

▶ 도로교통법 시행령 제59조(연습운전면허 취소의 예외 사유)

법 제93조 제3항 단서에서 "대통령령으로 정하는 경우"란 다음 각 호의 어느 하나에 해당하는 경우를 말한다.
1. 한국도로교통공단에서 도로주행시험을 담당하는 사람, **자동차운전학원의 강사, 전문학원의 강사** 또는 기능검정원(技能檢正員)의 지시에 따라 운전하던 중 **교통사고를 일으킨 경우**
2. **도로가 아닌 곳에서 교통사고를 일으킨 경우**
3. 교통사고를 일으켰으나 물적(物的) 피해만 발생한 경우

53 연습운전면허에 대한 다음 설명 중 옳지 않은 것은 모두 몇 개인가?   예상문제

가. 연습운전면허는 그 면허를 받은 날부터 1년 동안 효력을 가진다. 다만, 연습운전면허를 받은 날부터 1년 이전이라도 제1종 보통면허 또는 제2종 보통면허를 받은 경우 연습운전면허는 그 효력을 잃는다.
나. 시·도경찰청장은 연습운전면허를 발급받은 사람이 운전 중 고의 또는 과실로 교통사고를 일으키거나 「도로교통법」이나 「도로교통법」에 따른 명령 또는 처분을 위반한 경우에는 연습운전면허를 취소하여야 한다.
다. 다만, 연습운전면허를 받은 사람이 ⅰ) 도로교통공단의 도로주행시험을 담당하는 사람, 자동차운전학원의 강사, 전문학원의 강사 또는 기능검정원의 지시에 따라 운전하던 중 교통사고를 일으킨 경우, ⅱ) 도로가 아닌 곳에서 교통사고를 일으킨 경우, ⅲ) 교통사고를 일으켰으나 물적 피해만 발생한 경우에는 연습운전면허를 취소하지 않는다.
라. 연습운전면허를 받은 사람이 도로에서 주행연습을 하는 때에는 운전면허(연습하고자 하는 자동차를 운전할 수 있는 운전면허에 한한다)를 받은 날부터 2년이 경과된 사람(소지하고 있는 운전면허의 효력이 정지기간 중인 사람을 제외한다)과 함께 승차하여 그 사람의 지도를 받아야 한다.

① 없음 ② 1개
③ 2개 ④ 3개

해설 모두 옳은 설명이다.

Answer 53 ①

54. 운전면허 결격사유에 관한 다음 설명 중 가장 적절하지 않은 것은?

① 18세 이하(원동기장치자전거의 경우에는 16세 이하)인 사람은 운전면허를 받을 수 없다.
② 교통상의 위험과 장애를 일으킬 수 있는 정신질환자 또는 간질환자로서 대통령령으로 정하는 사람은 운전면허를 받을 수 없다.
③ 듣지 못하는 사람(제1종 운전면허 중 대형면허·특수면허만 해당한다), 앞을 보지 못하는 사람(한쪽 눈만 보지 못하는 사람의 경우에는 제1종 운전면허 중 대형면허·특수면허만 해당한다)이나 그 밖에 대통령령으로 정하는 신체장애인
④ 제1종 대형면허 또는 제1종 특수면허를 받으려는 경우로서 19세 미만이거나 자동차(이륜자동차는 제외한다)의 운전경험이 1년 미만인 사람은 운전면허를 받을 수 없다.

해설 제82조(운전면허의 결격사유)
① 다음 각 호의 어느 하나에 해당하는 사람은 운전면허를 받을 수 없다.
  1. **18세 미만**(원동기장치자전거의 경우에는 **16세 미만**)인 사람
  2. 교통상의 위험과 장해를 일으킬 수 있는 정신질환자 또는 뇌전증 환자로서 대통령령으로 정하는 사람
  3. 듣지 못하는 사람(제1종 운전면허 중 대형면허·특수면허만 해당한다), 앞을 보지 못하는 사람(한쪽 눈만 보지 못하는 사람의 경우에는 제1종 운전면허 중 대형면허·특수면허만 해당한다)이나 그 밖에 대통령령으로 정하는 신체장애인
  4. 양쪽 팔의 팔꿈치관절 이상을 잃은 사람이나 양쪽 팔을 전혀 쓸 수 없는 사람. 다만, 본인의 신체장애 정도에 적합하게 제작된 자동차를 이용하여 정상적인 운전을 할 수 있는 경우에는 그러하지 아니하다.
  5. 교통상의 위험과 장해를 일으킬 수 있는 마약·대마·향정신성의약품 또는 알코올 중독자로서 대통령령으로 정하는 사람
  6. 제1종 대형면허 또는 제1종 특수면허를 받으려는 경우로서 19세 미만이거나 자동차(이륜자동차는 제외한다)의 운전경험이 1년 미만인 사람
  7. 대한민국의 국적을 가지지 아니한 사람 중 「출입국관리법」 제31조에 따라 외국인등록을 하지 아니한 사람(외국인등록이 면제된 사람은 제외한다)이나 「재외동포의 출입국과 법적 지위에 관한 법률」 제6조 제1항에 따라 국내거소신고를 하지 아니한 사람

55. 「도로교통법」 및 동법 시행규칙상 운전면허에 대한 설명 중 가장 적절하지 않은 것은?

① 제1종 보통면허로는 승차정원 15명 이하의 승합자동차, 적재중량 12톤 미만의 화물자동차를 운전할 수 있다.
② 제2종 보통면허로는 승차정원 10명 이하의 승합자동차, 적재중량 4톤 이하의 화물자동차를 운전할 수 있다.
③ 운전면허증 소지자가 면허증의 반납사유가 발생하면 그 사유가 발생한 날부터 7일 이내에 반납하여야 한다.
④ 무면허운전 금지를 3회 위반하여 자동차등을 운전한 경우 위반한 날부터 3년간 운전면허시험응시가 제한된다.

해설 무면허운전 금지를 3회 위반하여 자동차등을 운전한 경우 **위반한 날부터 2년간** 운전면허 시험응시가 제한된다.

Answer 54 ① 55 ④

56 「도로교통법」상 다음의 사례로 운전면허가 취소되었을 때 운전면허 재취득에 필요한 결격 기간이 옳은 것은?

22. 경특

> 운전자 A(만 40세)는 술을 마시고 귀가하기 위해 운전하는 도중 횡단보도를 건너고 있는 보행자 B를 충격하여 2주간의 치료가 필요한 인적피해 교통사고를 낸 후, 도주하였다가 신고를 받고 출동한 경찰관에게 검거되어 운전면허가 취소되었다.(단, 운전자 A의 사고 시 혈중알코올농도 0.01%)

① 2년 ② 3년
③ 4년 ④ 5년

해설 음주 이외 사고로 조치를 취하지 않고 도주한 경우에는 운전면허 발급제한 기간이 **최소된 날부터 4년**이다.

57 다음은 운전면허시험 응시제한기간에 대한 내용이다. 괄호 안에 들어갈 숫자의 총합은?

예상문제

> ㉠ 과로운전 중 사상사고 야기 후 구호조치 및 신고 없이 도주한 경우, 취소된 날부터 ( )년
> ㉡ 2회 이상 음주운전으로 운전면허가 취소된 경우, 취소된 날부터 ( )년
> ㉢ 다른 사람의 자동차 등을 훔치거나 빼앗은 사람이 무면허 운전을 한 경우, 위반한 날부터 ( )년
> ㉣ 2회 이상의 공동위험행위로 운전면허가 취소된 경우, 취소된 날부터 ( )년
> ㉤ 운전면허효력의 정지기간 중 운전면허증 또는 운전면허증을 갈음하는 증명서를 발급받은 사실이 드러나 운전면허가 취소된 경우, 취소된 날부터 ( )년

① 13 ② 14
③ 15 ④ 16

해설 ㉠ 취소된 날부터 (5)년   ㉡ 취소된 날부터 (2)년
㉢ 위반한 날부터 (3)년   ㉣ 취소된 날부터 (2)년
㉤ 취소된 날부터 (2)년

Answer 56 ③   57 ②

58 「도로교통법」상 음주운전과 관련된 내용이다. 아래 ㉠부터 ㉣까지의 내용 중 옳고 그름의 표시(O, X)가 바르게 된 것은? (단, '술에 취한 상태'는 혈중알코올농도가 0.03퍼센트 이상인 경우로 전제함)

_{예상문제}

> ㉠ 술에 취한 상태에서 자전거를 운전한 사람은 처벌된다.
> ㉡ 음주운전 2회 이상 위반으로 벌금형을 확정받고 면허가 취소된 경우, 면허가 취소된 날부터 3년간 면허시험 응시자격이 제한된다.
> ㉢ 무면허인 자가 술에 취한 상태에서 자동차 등을 운전한 경우, 무면허운전죄와 음주운전죄는 실체적 경합관계에 있다.
> ㉣ 도로가 아닌 곳에서 술에 취한 상태로 자동차 등을 운전하더라도 음주단속의 대상이 된다.

① ㉠(O) ㉡(O) ㉢(X) ㉣(X)
② ㉠(O) ㉡(X) ㉢(O) ㉣(O)
③ ㉠(O) ㉡(X) ㉢(X) ㉣(O)
④ ㉠(X) ㉡(O) ㉢(O) ㉣(X)

[해설] ㉡ 취소된 날부터 **2년간** 면허시험 응시자격이 제한된다.

(㉢) 대법원 1987. 2. 24. 선고 86도2731 판결
형법 제40조에서 말하는 1개의 행위란 법적 평가를 떠나 사회관념상 행위가 사물자연의 상태로서 1개로 평가되는 것을 말하는 바, 무면허인데다가 술이 취한 상태에서 오토바이를 운전하였다는 것은 위의 관점에서 분명히 1개의 운전행위라 할 것이고 이 행위에 의하여 도로교통법 제111조 제2호, 제40조와 제109조 제2호, 제41조 제1항의 각 죄에 동시에 해당하는 것이니 두 죄는 형법 제40조의 **상상적 경합관계**에 있다고 할 것이다.

59 다음은 「도로교통법」에서 운전면허와 관련하여 규정하는 내용들이다. 괄호안에 들어갈 숫자를 모두 더한 값은? (㉠+㉡+㉢+㉣)

_{21. 경간부}

> 가. (㉠)세 미만(원동기장치자전거의 경우 제외)인 사람은 운전면허를 받을 수 없다.
> 나. (㉡)세 이상인 사람으로서 운전면허를 받으려는 사람은 시험에 응시하기 전에 '노화와 안전운전에 관한 사항'등에 관한 교통안전교육을 받아야 한다.
> 다. 연습운전면허는 그 면허를 받은 날부터 (㉢)년 동안 효력을 가진다.
> 라. 운전면허시험에서 부정행위를 하여 해당 시험이 무효로 처리된 사람은 그 처분이 있은 날부터 (㉣)년간 해당 시험에 응시하지 못한다.

① 94
② 96
③ 98
④ 99

[해설] ▶(가) 제82조(운전면허의 결격사유)
① 다음 각 호의 어느 하나에 해당하는 사람은 운전면허를 받을 수 없다.
　1. **18세 미만**(원동기장치자전거의 경우에는 16세 미만)인 사람

Answer 58 ③　59 ②

▶ (나) 제73조(교통안전교육)
⑤ **75세 이상인** 사람으로서 운전면허를 받으려는 사람은 제83조 제1항 제2호와 제3호에 따른 시험에 응시하기 전에, 운전면허증 갱신일에 75세 이상인 사람은 운전면허증 갱신기간 이내에 각각 다음 각 호의 사항에 관한 교통안전교육을 받아야 한다.
1. 노화와 안전운전에 관한 사항
2. 약물과 운전에 관한 사항
3. 기억력과 판단능력 등 인지능력별 대처에 관한 사항
4. 교통관련 법령 이해에 관한 사항

▶ (다) 제81조(연습운전면허의 효력)
연습운전면허는 그 **면허를 받은 날부터 1년 동안 효력**을 가진다. 다만, 연습운전면허를 받은 날부터 1년 이전이라도 연습운전면허를 받은 사람이 제1종 보통면허 또는 제2종 보통면허를 받은 경우 연습운전면허는 그 효력을 잃는다.

▶ (라) 제84조의2(부정행위자에 대한 조치)
① 경찰청장은 제106조에 따른 전문학원의 강사자격시험 및 제107조에 따른 기능검정원 자격시험에서, 시·도경찰청장 또는 한국도로교통공단은 제83조에 따른 운전면허시험에서 부정행위를 한 사람에 대하여는 해당 시험을 각각 무효로 처리한다.
② 제1항에 따라 시험이 무효로 처리된 사람은 그 **처분이 있은 날부터 2년간** 해당 시험에 응시하지 못한다.

60 운전면허에 대한 설명으로 가장 적절하지 않은 것은? 〔20. 승진〕

① 제2종 보통면허로는 승차정원 10명 이하의 승합자동차, 적재중량 4톤 이하의 화물자동차, 총중량 3.5톤 이하의 특수자동차(구난차등은 제외한다) 등을 운전할 수 있다.
② 임시운전증명서의 유효기간은 20일 이내로 하되, 운전면허의 취소 또는 정지처분 대상자의 경우 40일 이내로 할 수 있다. 다만, 시·도경찰청장이 필요하다고 인정하는 경우 그 유효기간을 1회에 한하여 20일의 범위 이내에서 연장할 수 있다.
③ 제1종 특수면허 중 소형견인차 면허를 가지고 총중량 3.5톤 이하의 견인형 특수자동차를 운전할 수 있다.
④ 국제운전면허증을 발급받은 사람은 국내에 입국한 날부터 1년 동안만 그 국제운전면허증으로 자동차 등을 운전할 수 있다.

해설 도로교통법 시행규칙 제88조(임시운전증명서)
② 제1항에 따른 임시운전증명서의 유효기간은 20일 이내로 하되, 법 제93조에 따른 운전면허의 취소 또는 정지처분 대상자의 경우에는 40일 이내로 할 수 있다. 다만, **경찰서장**이 필요하다고 인정하는 경우에는 그 유효기간을 1회에 한하여 20일의 범위에서 연장할 수 있다.

Answer 60 ②

61 다음 중 운전면허를 취소하거나 1년 이내의 범위에서 운전면허의 효력을 정지시킬 수 있는 사유에 속하지 않는 것은?

응용문제

① 교통사고로 사람을 사상한 후 필요한 조치 또는 신고를 하지 아니한 경우
② 공동 위험행위를 한 경우
③ 운전 중 고의 또는 과실로 교통사고를 일으킨 경우
④ 거짓이나 그 밖의 부정한 수단으로 운전면허를 받은 경우

> **해설** 제93조(운전면허의 취소·정지) - 임의적 취소사유
> 1. 제44조 제1항을 위반하여 술에 취한 상태에서 자동차등을 운전한 경우
> 4. 제45조를 위반하여 약물의 영향으로 인하여 정상적으로 운전하지 못할 우려가 있는 상태에서 자동차등을 운전한 경우
> 5. 제46조 제1항을 위반하여 공동 위험행위를 한 경우
> 5의2. 제46조의3을 위반하여 난폭운전을 한 경우
> 5의3. 제17조 제3항을 위반하여 제17조 제1항 및 제2항에 따른 최고속도보다 시속 100킬로미터를 초과한 속도로 3회 이상 자동차등을 운전한 경우
> 6. 교통사고로 사람을 사상한 후 제54조 제1항 또는 제2항에 따른 필요한 조치 또는 신고를 하지 아니한 경우
> 10. 운전 중 고의 또는 과실로 교통사고를 일으킨 경우
> 10의2. 운전면허를 받은 사람이 자동차등을 이용하여 「형법」제258조의2(특수상해)·제261조(특수폭행)·제284조(특수협박) 또는 제369조(특수손괴)를 위반하는 행위를 한 경우
> 11. 운전면허를 받은 사람이 자동차등을 범죄의 도구나 장소로 이용하여 다음 각 목의 어느 하나의 죄를 범한 경우
>   가. 「국가보안법」 중 제4조부터 제9조까지의 죄 및 같은 법 제12조 중 증거를 날조·인멸·은닉한 죄
>   나. 「형법」 중 다음 어느 하나의 범죄
>   1) 살인·사체유기 또는 방화
>   2) 강도·강간 또는 강제추행
>   3) 약취·유인 또는 감금
>   4) 상습절도(절취한 물건을 운반한 경우에 한정한다)
>   5) 교통방해(단체 또는 다중의 위력으로써 위반한 경우에 한정한다)
>   다. 「보험사기방지 특별법」 중 제8조부터 제10조까지의 죄
> 12. 다른 사람의 자동차등을 훔치거나 빼앗은 경우
> 13. 다른 사람이 부정하게 운전면허를 받도록 하기 위하여 제83조에 따른 운전면허시험에 대신 응시한 경우
> 15. 운전면허증을 부정하게 사용할 목적으로 다른 사람에게 빌려주거나 다른 사람의 운전면허증을 빌려서 사용한 경우
> 18. 다른 법률에 따라 관계 행정기관의 장이 운전면허의 취소처분 또는 정지처분을 요청한 경우
> 18의2. 제39조 제1항 또는 제4항을 위반하여 화물자동차를 운전한 경우
> 19. 이 법이나 이 법에 따른 명령 또는 처분을 위반한 경우

Answer 61 ④

62 다음 중 운전면허를 취소하여야 하는 사유에 속하지 않는 것은?   응용문제

① 적성검사를 받지 아니하거나 그 적성검사에 불합격한 경우(정기적성검사기간이 지난 경우 제외)
② 술에 취한 상태에 있다고 인정할 만한 상당한 이유가 있음에도 불구하고 경찰공무원의 측정에 응하지 아니한 경우
③ 다른 사람이 부정하게 운전면허를 받도록 하기 위하여 운전면허시험에 대신 응시한 경우
④ 적성검사를 받지 아니하거나 그 적성검사에 불합격한 경우

해설 ③은 임의적 취소사유에 해당한다.

63 「도로교통법」 및 관련 법령에 따를 때, 다음 명 중 가장 적절하지 않은 것은? (다툼이 있는 경우 판례에 의함)   22. 순경

① 운전자가 음주운전으로 교통사고를 야기한 후, 차에서 내려 피해자(진단 3주)에게 '왜 와서들이받냐'라는 말을 하고, 교통사고 조사를 위해 경찰서에 가자는 경찰관의 지시에 순순히 응하여 순찰차에 스스로 탑승하여 경찰서까지 갔을 뿐 아니라 경찰서에서 조사받으면서 사고 당시 상황에 대한 자신의 주장을 정확하게 진술하였다면, 비록 경찰관이 작성한 주취운전자 정황진술보고서에는 '언행상태'란에 '발음 약간 부정확', '보행상태'란에 '비틀거림이 없음', '운전자 혈색'란에 '안면 홍조 및 눈 충혈'이라고 기재되어 있다고 하더라도 음주로 인한 특정 범죄 가중처벌 등에 관한 법률 위반(위험운전치사상)이 아니라 도로교통법 위반(음주운전)으로 처벌해야 한다.
② 「도로교통법」 및 관련 법령에는 연습운전면허를 발급받은 사람이 본인에게 귀책사유(歸責事由)가 없는 경우 등 대통령령으로 정하는 경우를 제외하고, 운전 중 고의 또는 과실로 교통사고를 일으키거나 「도로교통법」이나 동법에 따른 명령 또는 처분을 위반한 경우에 시·도경찰청장은 연습운전면허를 취소하여야 한다고 규정하고 있으므로, 연습운전면허를 받은 사람이 운전을 함에 있어 주행연습 외의 목적으로 운전하여서는 아니된다는 준수사항을 지키지 않았다고 하더라도 무면허운전으로 처벌할 수는 없다.
③ 「도로교통법」상 도로가 아닌 곳에서 술에 취한 상태에서의 운전은 음주운전으로는 처벌할 수 있지만 운전면허의 정지 또는 취소처분을 부과할 수는 없다.
④ 개인형 이동장치를 타고 신호위반, 중앙선 침범과 진로변경 금지 위반행위를 연달아 하여 다른 사람에게 위협 또는 위해를 가할 뿐 아니라 교통상의 위험을 발생하게 한 운전자에 대해 난폭운전으로 처벌할 수 있다.

해설 제46조의3(난폭운전 금지)
자동차등(**개인형 이동장치는 제외한다**)의 운전자는 다음 각 호 중 둘 이상의 행위를 연달아 하거나, 하나의 행위를 지속 또는 반복하여 다른 사람에게 위협 또는 위해를 가하거나 교통상의 위험을 발생하게 하여서는 아니 된다.

Answer 62 ③   63 ④

1. 제5조에 따른 신호 또는 지시 위반
2. 제13조 제3항에 따른 중앙선 침범
3. 제17조 제3항에 따른 속도의 위반
4. 제18조 제1항에 따른 횡단·유턴·후진 금지 위반
5. 제19조에 따른 안전거리 미확보, 진로변경 금지 위반, 급제동 금지 위반
6. 제21조 제1항·제3항 및 제4항에 따른 앞지르기 방법 또는 앞지르기의 방해금지 위반
7. 제49조 제1항 제8호에 따른 정당한 사유 없는 소음 발생
8. 제60조 제2항에 따른 고속도로에서의 앞지르기 방법 위반
9. 제62조에 따른 고속도로등에서의 횡단·유턴·후진 금지 위반

64 운전면허 취소·정지처분 기준으로 사용되는 용어 및 개념 등의 설명으로 가장 적절하지 않은 것은?

22. 경특

① 누산점수란 위반·사고시의 벌점을 누적하여 합산한 점수에서 상계치(무위반·무사고 기간 경과 시에 부여되는 점수 등)를 뺀 점수를 말한다.
② 처분벌점이란 구체적인 법규위반·사고야기에 대하여 앞으로 정지처분기준을 적용하는 데 필요한 벌점으로서 누산점수에서 이미 정지처분이 집행된 벌점의 합계치를 뺀 점수를 말한다.
③ 법규위반 또는 교통사고로 인한 벌점은 행정처분기준을 적용하고자 하는 당해 위반 또는 사고가 있었던 날을 기준으로 하여 과거 3년간의 모든 벌점을 누산하여 관리한다.
④ 처분벌점이 40점 미만인 경우에 최종의 위반일 또는 사고일로부터 위반 및 사고 없이 6개월이 경과한 때에는 그 처분벌점은 소멸한다.

해설 도로교통법 시행규칙 [별표 28]
나. 벌점의 종합관리
(1) 누산점수의 관리
법규위반 또는 교통사고로 인한 벌점은 행정처분기준을 적용하고자 하는 당해 위반 또는 사고가 있었던 날을 기준으로 하여 과거 3년간의 모든 벌점을 누산하여 관리한다.
(2) 무위반·무사고기간 경과로 인한 벌점 소멸
처분벌점이 40점 미만인 경우에, 최종의 위반일 또는 사고일로부터 위반 및 사고 없이 **1년이 경과한 때**에는 그 처분벌점은 소멸한다.

Answer 64 ④

65 아래는 「도로교통법 시행규칙」 별표 28 운전면허 취소·정지처분 기준의 일부를 발췌한 것이다. 다음 중 옳은 것은?

예상문제

> 1. 일반기준
>   가.~마. 〈생략〉
>   바. 처분기준의 감경
>   (1) 감경사유
>   (가) 음주운전으로 운전면허 취소처분 또는 정지처분을 받은 경우
>   운전이 가족의 생계를 유지할 중요한 수단이 되거나, ㉠ 모범운전자로서 처분당시 2년 이상 교통봉사활동에 종사하고 있거나, 교통사고를 일으키고 도주한 운전자를 검거하여 경찰서장 이상의 표창을 받은 사람으로서 다음의 어느 하나에 해당되는 경우가 없어야 한다.
>   1) ㉡ 혈중알코올농도가 0.12퍼센트를 초과하여 운전한 경우
>   2) 음주운전 중 인적피해 교통사고를 일으킨 경우
>   3) 경찰관의 음주측정요구에 불응하거나 도주한 때 또는 단속경찰관을 폭행한 경우
>   4) ㉢ 과거 5년 이내에 3회 이상의 인적피해 교통사고의 전력이 있는 경우
>   5) ㉣ 과거 3년 이내에 음주운전의 전력이 있는 경우

① ㉠ ② ㉡
③ ㉢ ④ ㉣

해설 도로교통법 시행규칙 [별표 28]
(1) 감경사유
   (가) 음주운전으로 운전면허 취소처분 또는 정지처분을 받은 경우
      운전이 가족의 생계를 유지할 중요한 수단이 되거나, 모범운전자로서 처분당시 **3년 이상** 교통봉사활동에 종사하고 있거나, 교통사고를 일으키고 도주한 운전자를 검거하여 경찰서장 이상의 표창을 받은 사람으로서 다음의 어느 하나에 해당되는 경우가 없어야 한다.
      1) 혈중알코올농도가 **0.1퍼센트**를 초과하여 운전한 경우
      2) 음주운전 중 인적피해 교통사고를 일으킨 경우
      3) 경찰관의 음주측정요구에 불응하거나 도주한 때 또는 단속경찰관을 폭행한 경우
      4) 과거 5년 이내에 3회 이상의 인적피해 교통사고의 전력이 있는 경우
      5) 과거 **5년 이내**에 음주운전의 전력이 있는 경우

66 음주운전으로 운전면허 취소처분 또는 정지처분을 받았을 때 일정 요건을 갖춘 경우 면허행정처분을 감경하는 경우가 있다. 이때 「도로교통법 시행규칙」상 감경 제외 사유로 규정된 것이 아닌 것은?

20. 승진

① 혈중알코올농도 0.1퍼센트를 초과하여 운전한 경우
② 음주운전 중 인적피해 교통사고를 일으킨 경우
③ 과거 3년 이내에 3회 이상의 인적피해 교통사고의 전력이 있는 경우
④ 과거 5년 이내에 음주운전 전력이 있는 경우

Answer 65 ③ 66 ③

> **해설** 도로교통법 시행규칙 [별표 28]
> (1) 감경사유
>   (가) 음주운전으로 운전면허 취소처분 또는 정지처분을 받은 경우
>   운전이 가족의 생계를 유지할 중요한 수단이 되거나, 모범운전자로서 처분당시 3년 이상 교통봉사활동에 종사하고 있거나, 교통사고를 일으키고 도주한 운전자를 검거하여 경찰서장 이상의 표창을 받은 사람으로서 다음의 어느 하나에 해당되는 경우가 없어야 한다.
>   4) 과거 **5년 이내**에 3회 이상의 인적피해 교통사고의 전력이 있는 경우

67
「도로교통법 시행규칙」상 자동차등의 운전 중 교통사고를 일으킨 때 사고결과에 따른 벌점기준이다. 아래 ㉠부터 ㉥까지의 ( ) 안에 들어갈 숫자를 모두 합한 값으로 가장 적절한 것은? (단, 감면규정은 적용되지 않는다) 예상문제

구분		벌점	내용
인적피해 교통사고	사망 1명마다	(㉠)	사고발생 시부터 (㉤)시간 이내에 사망한 때
	중상 1명마다	(㉡)	3주 이상의 치료를 요하는 의사의 진단이 있는 사고
	경상 1명마다	(㉢)	3주 미만 5일 이상의 치료를 요하는 의사의 진단이 있는 사고
	부상신고 1명마다	(㉣)	(㉥)일 미만의 치료를 요하는 의사의 진단이 있는 사고

① 186 ② 187
③ 188 ④ 189

> **해설** 사고결과에 따른 벌점기준
>
> | 구분 | | 벌점 | 내용 |
> |---|---|---|---|
> | 인적피해 교통사고 | 사망 1명마다 | (90) | 사고발생 시부터 (72)시간 이내에 사망한 때 |
> | | 중상 1명마다 | (15) | 3주 이상의 치료를 요하는 의사의 진단이 있는 사고 |
> | | 경상 1명마다 | (5) | 3주 미만 5일 이상의 치료를 요하는 의사의 진단이 있는 사고 |
> | | 부상신고 1명마다 | (2) | (5)일 미만의 치료를 요하는 의사의 진단이 있는 사고 |

68
국제운전면허증의 발급에 관한 설명 중 틀린 것은 몇 개인가? 예상문제

㉠ 국제운전면허증을 발급받으려면 관할 경찰서장에게 신청하여야 한다.
㉡ 국제운전면허증의 유효기간은 발급한 날부터 3년으로 한다.
㉢ 국제운전면허증은 이를 발급받은 사람의 국내운전면허의 효력이 없어지거나 취소된 때에는 그 효력을 잃는다.
㉣ 국제운전면허증을 발급받은 사람의 국내운전면허의 효력이 정지된 때에는 그 정지기간 동안 효력이 정지된다.

Answer 67 ④ 68 ②

① 1개
② 2개
③ 3개
④ 4개

> **해설** 제98조(국제운전면허증의 발급 등)
> ① (㉠) 제80조에 따라 운전면허를 받은 사람이 국외에서 운전을 하기 위하여 제96조 제1항 제1호의 「도로교통에 관한 협약」에 따른 국제운전면허증을 발급받으려면 **시·도경찰청장에게** 신청하여야 한다.
> ② (㉡) 제1항에 따른 국제운전면허증의 유효기간은 **발급받은 날부터 1년**으로 한다.
> ③ 제1항에 따른 국제운전면허증은 이를 발급받은 사람의 국내운전면허의 효력이 없어지거나 취소된 때에는 그 효력을 잃는다.
> ④ 제1항에 따른 국제운전면허증을 발급받은 사람의 국내운전면허의 효력이 정지된 때에는 그 정지기간 동안 그 효력이 정지된다.

69 「도로교통법」상 국제운전면허증에 관한 다음 설명 중 옳고 그름의 표시 (O, X)가 바르게 된 것은?

예상문제

> 가. 국제운전면허증을 외국에서 발급받은 사람은 「여객자동차 운수사업법」 또는 「화물자동차 운수사업법」에 따른 사업용 자동차를 운전할 수 없다. 「여객자동차 운수사업법」에 따른 대여사업용자동차를 임차하여 운전하는 경우에도 마찬가지이다.
> 나. 국제운전면허증을 외국에서 발급받은 사람은 국내에 입국한 날부터 2년 동안만 그 국제운전면허증으로 자동차 등을 운전할 수 있다.
> 다. 국제운전면허는 모든 국가에서 통용된다.
> 라. 국제운전면허증을 발급받은 사람의 국내운전면허의 효력이 정지된 때에는 그 정지기간 동안 그 효력이 정지된다

① 가(×) 나(×) 다(×) 라(○)
② 가(○) 나(○) 다(×) 라(○)
③ 가(×) 나(○) 다(○) 라(×)
④ 가(×) 나(○) 다(×) 라(○)

> **해설** 제96조(국제운전면허증 또는 상호인정외국면허증에 의한 자동차등의 운전)
> ① (나, 다) 외국의 권한 있는 기관에서 제1호부터 제3호까지의 어느 하나에 해당하는 **협약·협정 또는 약정**에 따른 국제운전면허증 또는 상호인정외국면허증을 발급받은 사람은 **국내에 입국한 날부터 1년 동안** 그 국제운전면허증 또는 상호인정외국면허증으로 **자동차등을 운전할 수 있다.** 이 경우 운전할 수 있는 자동차의 종류는 그 국제운전면허증 또는 상호인정외국면허증에 기재된 것으로 한정한다.
> ② (가) 국제운전면허증을 외국에서 발급받은 사람 또는 상호인정외국면허증으로 운전하는 사람은 「여객자동차 운수사업법」 또는 「화물자동차 운수사업법」에 따른 사업용 자동차를 운전할 수 없다. 다만, 「여객자동차 운수사업법」에 따른 **대여사업용 자동차를 임차하여 운전하는 경우**에는 그러하지 아니하다.

Answer 69 ①

70 경찰청에서 시행하고 있는 운전면허에 관한 설명으로 가장 적절하지 않은 것은? 23. 경특

① 국제운전면허증은 경찰서 민원실이나 운전면허시험장에서 발급 받을 수 있다.
② 도로교통공단과 협조하여 75세 이상 고령운전자를 대상으로 교통안전교육을 실시하고 있다.
③ 자발적인 법질서 준수 분위기 조성을 위해 운전면허 특혜점수 부여(착한운전 마일리지) 제도를 시행하고 있다.
④ 영문 운전면허증을 발급받은 운전자는 해외 모든 국가에서 운전이 가능하다.

> **해설** 제96조(국제운전면허증 또는 상호인정외국면허증에 의한 자동차등의 운전)
> 운전할 수 있는 자동차의 종류는 그 **국제운전면허증 또는 상호인정외국면허증에 기재된 것으**로 한정한다.
> 1. 1949년 제네바에서 체결된 「도로교통에 관한 협약」
> 2. 1968년 비엔나에서 체결된 「도로교통에 관한 협약」
> 3. 우리나라와 외국 간에 국제운전면허증을 상호 인정하는 협약, 협정 또는 약정
> 4. 우리나라와 외국 간에 상대방 국가에서 발급한 운전면허증을 상호 인정하는 협약·협정 또는 약정

71 「도로교통법」상 통고처분에 대한 설명 중 맞는 것은 몇 개인가? 예상문제

> ⊙ 범칙금 통고처분 제도란 경미한 법규위반자에 대하여 경찰관이 범칙금을 납부할 것을 통고하는 형사처분으로 이행 시 확정판결과 같은 효력이 발생한다.
> ⓒ 「도로교통법」상 범칙자란 상습적 범칙행위자, 구류의 형에 해당하는 자, 18세 미만인 자를 제외한 범칙행위자를 말한다.
> ⓒ 「도로교통법」상의 범칙자 중 성명 또는 주소가 확실하지 아니한 사람, 달아날 우려가 있는 사람, 범칙금납부통고서를 받기 거부한 사람에 대해서는 통고처분 대상자의 예외에 해당한다.
> ⓔ 통고처분서를 받기 거부한 자에 대해서는 즉결심판을 청구할 수 있다.

① 1개　　② 2개
③ 3개　　④ 4개

> **해설** ▶(⊙) 대법원 1995. 6. 29. 선고 95누4674 판결
> 도로교통법 제118조에서 규정하는 **경찰서장의 통고처분은 행정소송의 대상이되는 행정처분이 아니므로 그 처분의 취소를 구하는 소송은 부적법**하고, 도로교통법상의 통고처분을 받은 자가 그 처분에 대하여 이의가 있는 경우에는 통고처분에 따른 범칙금의 납부를 이행하지 아니함으로써 경찰서장의 즉결심판청구에 의하여 법원의 심판을 받을 수 있게 될 뿐이다.
> **범칙금을 납부한 경우에는 확정판결에 준하는 효력이 있다.**

Answer　70 ④　71 ①

▶ (ⓒ) 도로교통법제162조(통칙) & 경범죄처벌법 통고처분 vs 범칙자 제외자

	범칙자 제외자	통고처분 적용 제외자
경범죄 처벌법	1. 범칙행위를 상습적으로 하는 사람 2. 죄를 지은 동기나 수단 및 결과를 헤아려볼 때 구류처분을 하는 것이 적절하다고 인정되는 사람 3. 피해자가 있는 행위를 한 사람 4. 18세 미만인 사람	1. 주거·신원불상자 2. 통고처분서를 받기를 거부한 사람 3. 통고처분하기가 매우 어려운 사람
도로 교통법	1. 운전면허증 등 또는 이를 갈음하는 증명서를 제시하지 못하는 자 2. 경찰공무원의 운전자 신원 및 운전면허 확인을 위한 질문에 응하지 아니한 운전자 3. 범칙행위로 교통사고를 일으킨 사람(단, 사고에 대한 형벌 면제자는 **제외**)	1. 달아날 염려가 있는 사람 2. 성명·주소불명자 3. 범칙금납부통고서 받기를 거부한 사람

▶ (ⓔ) 제165조(통고처분 불이행자 등의 처리)
① 경찰서장 또는 제주특별자치도지사는 다음 각 호의 어느 하나에 해당하는 사람에 대해서는 지체 없이 **즉결심판을 청구하여야 한다.** 다만, 제2호에 해당하는 사람으로서 즉결심판이 청구되기 전까지 통고받은 범칙금액에 100분의 50을 더한 금액을 납부한 사람에 대해서는 그러하지 아니하다.
  1. 제163조 제1항 각 호의 어느 하나에 해당하는 사람
  2. 제164조 제2항에 따른 납부기간에 범칙금을 납부하지 아니한 사람

72 다음은 「도로교통법」 제164조 범칙금의 납부에 대한 내용이다. ㉠부터 ㉣까지의 설명으로 적절하지 <u>않은</u> 것은?

예상문제

> 제164조(범칙금의 납부)
> 1. ㉠ 제163조에 따라 범칙금 납부통고서를 받은 사람은 10일 이내에 경찰청장이 지정하는 국고은행, 지점, 대리점, 우체국 또는 제주특별자치도지사가 지정하는 금융회사 등이나 그 지점에 범칙금을 내야 한다. ㉡ 다만, 천재지변이나 그 밖의 부득이한 사유로 말미암아 그 기간에 범칙금을 낼 수 없는 경우에는 부득이한 사유가 없어지게 된 날부터 7일 이내에 내야 한다.
> 2. ㉢ 제1항에 따른 납부기간에 범칙금을 내지 아니한 사람은 납부기간이 끝나는 날의 다음 날부터 20일 이내에 통고받은 범칙금에 100분의 20을 더한 금액을 내야 한다.
> 3. ㉣ 제1항이나 제2항에 따라 범칙금을 낸 사람은 범칙행위에 대하여 다시 벌 받지 아니한다.

① ㉠   ② ㉡
③ ㉢   ④ ㉣

해설 (ⓒ) 제165조(통고처분 불이행자 등의 처리)
① 제163조에 따라 범칙금 납부통고서를 받은 사람은 10일 이내에 경찰청장이 지정하는 국고은행, 지점, 대리점, 우체국 또는 제주특별자치도지사가 지정하는 금융회사 등이나 그 지점에 범칙금을 내야 한다. 다만, 천재지변이나 그 밖의 부득이한 사유로 말미암아 그 기간에 범칙금을 낼 수 없는 경우에는 부득이한 사유가 없어지게 된 날부터 **5일 이내**에 내야 한다.

Answer 72 ②

73 「도로교통법」 및 동법 시행령상 범칙금 납부와 통고처분 불이행자 처리에 대한 설명으로 가장 적절하지 <u>않은</u> 것은?　20. 승진

① 범칙금 납부통고서를 받은 사람은 10일 이내에 경찰청장이 지정하는 국고은행, 지점, 대리점 또는 우체국 또는 제주특별자치도지사가 지정하는 금융회사 등이나 그 지점에 범칙금을 내야 한다.
② 천재지변 그 밖의 부득이한 사유로 그 기간에 범칙금을 낼 수 없는 경우에는 그 사유가 없어지게 된 날부터 5일 이내 납부하여야 한다.
③ 마지막 범칙금 납부기간이 경과한 사람(도로교통법 제165조 제1항 제2호에 해당하는 통고처분 불이행자)에게는 납부기간 만료일부터 30일 이내에 범칙금액에 그 100분의 20을 더한 금액의 납부와 즉결심판을 위한 출석의 일시·장소 등을 알리는 즉결심판 및 범칙금 등 납부통지서를 발송하여야 한다.
④ 위 '③'의 경우 즉결심판을 위한 출석일은 범칙금 납부기간 만료일부터 40일이 초과되어서는 아니 된다.

해설 도로교통법 시행령 제99조(통고처분불이행자에 대한 즉결심판 청구 등)
① 경찰서장 또는 제주특별자치도지사는 법 제165조 제1항 제2호에 해당하는 사람(이하 "통고처분불이행자"라 한다)에게 범칙금 납부기간 만료일(법 제164조 제2항에 따라 범칙금을 낼 수 있는 기간의 마지막 날을 말한다. 이하 이 조에서 같다)부터 30일 이내에 다음 각 호의 사항을 적은 즉결심판 출석통지서를 범칙금등(범칙금에 그 **100분의 50을 더한 금액**을 말한다. 이하 같다) 영수증 및 범칙금등 납부고지서와 함께 발송하여야 한다. 이 경우 즉결심판을 위한 출석일은 범칙금 납부기간 만료일부터 40일이 초과되어서는 아니 된다.

74 「도로교통법」상 통고처분에 관한 설명이다. 적절한 것은 모두 몇 개인가?(다툼이 있으면 판례에 의에 의함)　74기 경간부

> 가. 경찰서장은 범칙자의 성명이나 주소가 확실하지 아니한 경우 이유를 분명하게 밝힌 범칙금 납부통고서로 범칙금을 낼 것을 통고할 수 있다.
> 나. 경찰서장의 통고처분은 항고소송의 대상이 되는 행정처분에 해당한다.
> 다. 「도로교통법」은 범칙금 납부통고서를 받은 사람이 그 범칙금을 낸 경우 범칙행위에 대하여 다시 벌 받지 아니한다고 규정하고 있는바, 이는 범칙금의 납부에 확정재판의 효력에 준하는 효력을 인정하는 취지로 해석하여야 한다.
> 라. 같은 일시, 장소에서 이루어진 안전운전의무 위반의 범칙행위와 중앙선을 침범한 과실로 사고를 일으켜 피해자에게 부상을 입혀 「교통사고처리 특례법」을 위반한 경우, 안전운전의무를 불이행하였음을 이유로 통고처분에 따른 범칙금을 납부하였음에도 「교통사고처리 특례법」 위반죄로 처벌하는 것은 이중처벌에 해당하므로 허용되지 아니한다.

Answer 73 ③　74 ②

① 0개 ② 1개
③ 2개 ④ 3개

해설 ▶ (가) 제163조(통고처분)
① 경찰서장이나 제주특별자치도지사(제주특별자치도지사의 경우에는 제6조 제1항·제2항, 제61조 제2항에 따라 준용되는 제15조 제3항, 제39조 제6항, 제60조, 제62조, 제64조부터 제66조까지, 제73조 제2항 제2호부터 제5호까지 및 제95조 제1항의 위반행위는 제외한다)는 범칙자로 인정하는 사람에 대하여는 이유를 분명하게 밝힌 범칙금 납부통고서로 범칙금을 낼 것을 통고할 수 있다. 다만, **다음 각 호의 어느 하나에 해당하는 사람에 대하여는 그러하지 아니하다.**
  1. **성명이나 주소가 확실하지 아니한 사람**
  2. **달아날 우려가 있는 사람**
  3. **범칙금 납부통고서 받기를 거부한 사람**

▶ (나) 헌재 1998.5.28. 96헌마4
통고처분은 **상대방의 임의의 승복을 그 발효요건**으로 하기 때문에 그 자체만으로는 통고이행을 강제하거나 상대방에게 아무런 권리 및 의무를 형성하지 않으므로 **행정심판이나 행정소송의 대상으로서의 처분성을 부여할 수 없다.**

▶ (라) 대판 2002.11.22. 2001도849
같은 일시, 장소에서 이루어진 안전운전의무 위반의 범칙행위와 중앙선을 침범한 과실로 사고를 일으켜 피해자에게 부상을 입혔다는 교통사고처리특례법 위반죄의 범죄행위사실은 시간, 장소에 있어서는 근접하여 있는 것으로 볼 수 있으나 범죄의 내용이나 행위의 태양, 피해법익 및 죄질에 있어 현격한 차이가 있어 동일성이 인정되지 아니하고 별개의 행위라고 할 것이어서 피고인이 안전운전의 의무를 불이행하였음을 이유로 통고처분에 따른 범칙금을 납부하였다고 하더라도 피고인을 교통사고처리특례법 제3조 위반죄로 처벌한다고 하여 도로교통법 제119조 제3항에서 말하는 **이중처벌에 해당한다고 볼 수 없다.**

75 행정청이 행하는 구체적 사실에 관한 법 집행으로 공권력의 행사 또는 그 거부와 그 밖에 이에 준하는 행정작용에 해당하는 것은 모두 몇 개인가? (다툼 있는 경우 판례에 의함) 22. 순경

㉠ 도로점용허가
㉡ 주민등록번호 변경신청 거부
㉢ 교통경찰관의 수신호
㉣ 교통신호등에 의한 신호
㉤ 경찰청장의 횡단보도 설치 기본계획 수립

① 1개 ② 2개
③ 3개 ④ 4개

해설 ㉤ 시도경찰청장의 **횡단보도 설치는 행정처분**이지만 **경찰청장의 횡단보도 설치 기본계획 수립은 행정처분이 아니다.**

Answer 75 ④

76. 「도로교통법」상 음주운전에 대한 설명으로 가장 적절하지 않은 것은? (다툼이 있는 경우 판례에 의함)
21. 승진

① 경찰공무원은 교통의 안전과 위험방지를 위하여 필요하다고 인정하거나, 술에 취한 상태에서 자동차등을 운전하였다고 인정할 만한 상당한 이유가 있는 경우에는 음주측정을 할 수 있다.
② 무면허인데다가 술이 취한 상태에서 오토바이를 운전하였다면 무면허운전죄와 음주운전죄는 실체적 경합관계에 있다.
③ 음주감지기에서 음주반응이 나온 경우, 그것만으로 술에 취한 상태에 있다고 인정할 만한 상당한 이유가 있다고 볼 수 없다.
④ 주차장, 학교 경내 등 「도로교통법」상 도로가 아닌 곳에서의 음주운전, 약물운전, 사고 후 미조치에 대하여 형사처벌이 가능하다.

해설) 대법원 1987. 2. 24. 선고 86도2731 판결
형법 제40조에서 말하는 1개의 행위란 법적 평가를 떠나 사회관념상 행위가 사물자연의 상태로서 1개로 평가되는 것을 말하는 바, 무면허인데다가 술이 취한 상태에서 오토바이를 운전하였다는 것은 위의 관점에서 분명히 1개의 운전행위라 할 것이고 이 행위에 의하여 도로교통법 제111조 제2호, 제40조와 제109조 제2호, 제41조 제1항의 각 죄에 동시에 해당하는 것이니 두 죄는 형법 제40조의 **상상적 경합관계**에 있다고 할 것이다.

77. 음주측정거부에 대한 설명으로 가장 적절하지 않은 것은? (다툼이 있는 경우 판례에 의함)
21. 승진

① 명시적인 의사표시를 하지 않으면서 경찰관이 음주측정 불응에 따른 불이익을 5분 간격으로 3회 이상 고지(최초 측정요구시로부터 15분 경과)했음에도 계속 음주측정에 응하지 않은 때에는 음주측정거부자로 처리한다.
② 음주측정거부 시 1년 이상 5년 이하의 징역이나 5백만원 이상 2천만원 이하의 벌금에 처한다.
③ 흉골골절 등으로 인한 통증으로 깊은 호흡을 할 수 없어 이십여차례 음주측정기를 불었으나 끝내 음주측정이 되지 아니한 경우 음주측정불응죄가 성립하지 아니한다.
④ 여러차례에 걸쳐 호흡측정기의 빨대를 입에 물고 형식적으로 숨을 부는 시늉만 하였을 뿐 숨을 제대로 불지 아니하여 호흡측정기에 음주측정수치가 나타나지 아니하도록 한 행위는 음주측정불응죄에 해당하지 않는다.

해설) 대법원 2000.4.21. 99도5210 판결
여러 차례에 걸쳐 호흡측정기의 빨대를 입에 물고 형식적으로 숨을 부는 시늉만 하였을 뿐 숨을 제대로 불지 아니하여 호흡측정기에 음주측정수치가 나타나지 아니하도록 한 행위는 **음주측정불응죄에 해당**한다.

Answer 76 ② 77 ④

78 「도로교통법」상 음주측정 거부에 해당하는 것은? (판례에 의함)　21. 경간부

① 경찰공무원이 운전자의 음주 여부나 주취 정도를 확인하기 위하여 음주측정기에 의한 측정의 사전절차로서 음주감지기에 의한 시험을 요구할 때, 그 시험결과를 따라 음주측정기에 의한 측정이 예정되어 있고 운전자가 그러한 사정을 인식하였음에도 음주감지기에 의한 시험에 명시적으로 불응한 경우
② 오토바이를 운전하여 자신의 집에 도착한 상태에서 단속경찰관으로부터 주취운전에 관한 증거 수집을 위한 음주측정을 위해 인근 파출소까지 동행하여 줄 것을 요구받고 이를 명백하게 거절하였음에도 위법하게 체포·감금된 상태에서 음주측정요구에 응하지 않은 행위
③ 신체 이상 등의 사유로 인하여 호흡조사에 의한 측정에 응할 수 없는 운전자가 혈액채취에 의한 측정을 거부하거나 이를 불가능하게 한 행위
④ 교통사고로 상해를 입은 피고인의 골절부위와 정도에 비추어 음주측정 당시 통증으로 인하여 깊은 호흡을 하기 어려웠고 그 결과 음주측정이 제대로 되지 아니한 경우

> **해설** 대법원 2017. 6. 8. 2016도16121 판결
> 경찰공무원이 운전자에게 음주 여부를 확인하기 위하여 음주측정기에 의한 측정의 전 단계에 실시되는 음주감지기에 의한 시험을 요구하는 경우 그 시험 결과에 따라 음주측정기에 의한 측정이 예정되어 있고, 운전자가 그러한 사정을 인식하였음에도 음주감지기에 의한 시험에 불응함으로써 음주측정을 거부하겠다는 의사를 표명한 것으로 볼 수 있다면, **음주감지기에 의한 시험을 거부한 행위도 음주측정기에 의한 측정에 응할 의사가 없음을 객관적으로 명백하게 나타낸 것으로 볼 수 있다.**

79 자동차 운전면허의 취소 또는 정지에 관한 설명으로 가장 적절하지 않은 것은? (다툼이 있는 경우 판례에 의함)　74기 경간부

① 운전면허 취소사유에 해당하는 음주운전을 적발한 경찰관의 소속 경찰서장이 사무착오로 위반자에게 운전면허정지처분을 한 상태에서 위반자의 주소지 관할 지방경찰청장이 위반자에게 운전면허취소처분을 한 것은 선행처분에 대한 당사자의 신뢰 및 법적 안정성을 저해하는 것으로서 허용될 수 없다.
② 250cc 오토바이의 운전은 제1종 대형면허나 보통면허와는 아무런 관련이 없는 것이므로 이를 음주 운전한 사유만 가지고서는 그 운전자가 보유하고 있는 제1종 대형면허나 보통면허까지 취소할 수는 없다.
③ 위드마크 공식을 사용해 운전 당시 혈중알코올농도를 추산하는 경우로서 알코올의 분해소멸에 따른 혈중알코올농도의 감소기(위드마크 제2공식, 하강기) 운전이 이루어진 것으로 인정되는 경우에는 음주 시작 시점부터 곧바로 생리작용에 의하여 분해소멸이 시작되는 것으로 보아야 한다. 이와 다르게 인정하려면 과학적 증명 또는 객관적인 반대 증거가 있거나 특별한 사정이 있어야 한다.

Answer　78 ①　79 ④

④ 제1종 보통 운전면허와 제1종 대형 운전면허를 취득한 자가 대형화물자동차를 운전하다가 교통사고를 낸 것과 관련하여 행정청이 운전면허정지처분을 하면서 면허의 종별을 기재하지 않고 면허번호만을 특정하였고, 운전면허정지처분의 기초자료가 되는 위반사고 점수 제조회와 임시운전면허증상의 면허의 종류 내지 소지 면허란에 1종 대형만을 기재한 경우에, 위 각운전면허가 1개의 면허번호에 의하여 통합관리 되고 있다면 제1종 대형 운전면허와 제1종 보통 운전면허는 모두 정지된다.

(해설) 대법원 2000. 9. 26. 선고 2000두5425 판결
제1종보통 운전면허와 제1종대형 운전면허를 취득한 자가 대형화물자동차를 운전하다가 교통사고를 낸 것과 관련하여 행정청이 운전면허정지처분을 하면서 면허의 종별을 기재하지 않고 면허번호만을 특정한 경우, 위 각 운전면허가 1개의 면허번호에 의하여 통합관리되고 있다고 하더라도 운전면허정지처분의 대상은 제1종대형 운전면허에 국한되므로 **제1종보통 운전면허는 정지되지 않는다**

80 다음 설명 중 가장 적절하지 <u>않은</u> 것은? (단, 다툼이 있으면 판례에 의함) 〔예상문제〕

① 교차로 직전의 횡단보도에 따로 차량보조등이 설치되어 있지 아니한 경우, 교차로 차량신호등이 적색이고 횡단보도 보행등이 녹색인 상태에서 횡단보도를 지나 우회전하다가 사람을 다치게 한 경우 교통사고처리특례법 상 특례조항인 신호위반에 해당한다.
② 신호위반으로 교통사고를 야기한 자가 신호위반의 범칙금을 납부하였다면, 「교통사고처리특례법」상 신호위반으로 인한 업무상과실치상죄의 죄책을 물을 수 없다.
③ 부득이한 사정으로 중앙선을 침범하여 교통사고를 야기한 경우 중앙선침범에 해당되지 않는다.
④ 횡단보도의 신호가 적색인 상태에서 반대차선에 정지 중인 차량 뒤에서 보행자가 건너올 것까지 예상하여 주의의무를 다하여야 한다고 할 수 없다.

(해설) 대법원 3007.4.12. 2006도4322 판결
사안의 경우 판례는 피해법익 등의 현저한 차이로 동일성을 부정하여 일사부재리 효력을 인정하지 않는다. 따라서 후행행위에 대해 교통사고처리특례법상 신호위반으로 인한 **업무상과실치상죄의 죄책**을 물을 수 있다.

81 음주운전 관련 판례에 대한 설명으로 가장 적절하지 <u>않은</u> 것은? 〔예상문제〕

① 경찰관이 음주운전 단속시 운전자의 요구에 따라 곧바로 채혈을 실시하지 않은 채 호흡측정기에 의한 음주측정을 하고 1시간 12분이 경과한 후에야 채혈을 하였다는 사정만으로는 위 행위가 법령에 위배된다거나 객관적 정당성을 상실하여 운전자가 음주운전 단속과정에서 받을 수 있는 권익이 현저하게 침해되었다고 단정하기 어렵다.
② 피고인의 음주와 음주운전을 목격한 참고인이 있는 상황에서 경찰관이 음주 및 음주운전 종료로부터 약 5시간 후 집에서 자고 있는 피고인을 연행하여 음주측정을 요구한 데에 대하여 피고인이 불응한 경우, 「도로교통법」상의 음주측정불응죄가 성립하지 않는다.

Answer 80 ② 81 ②

③ 어떤 사람이 자동차를 움직이게 할 의도 없이 다른 목적을 위하여 자동차의 원동기(모터)의 시동을 걸었는데, 실수로 기어 등 자동차의 발진에 필요한 장치를 건드려 원동기의 추진력에 의하여 자동차가 움직이거나 또는 불안전한 주차상태나 도로여건 등으로 인하여 자동차가 움직이게 된 경우는 자동차의 운전에 해당하지 아니한다.
④ 경찰관이 술에 취한 상태에서 자동차를 운전한 것으로 보이는 피고인을「경찰관직무집행법」에 따른 보호조치 대상자로 보아 경찰관서로 데려온 직후 음주측정을 요구하였는데 피고인이 불응하여 음주측정불응죄로 기소된 사안에서 위법한 보호조치 상태를 이용하여 음주측정 요구가 이루어졌다는 등의 특별한 사정이 없는 한 피고인의 행위는 음주측정불응죄에 해당한다.

> **해설** 대법원 2001. 8.24 2000도602 판결
> 피고인의 음주와 음주운전을 목격한 참고인이 있는 상태에서 음주운전 종료로부터 5시간 경과 후 음주측정을 요구한데 대하여 불응한 경우 **음주측정불응죄가 성립**한다.

CHAPTER 06 교통사고처리특례법
[법률시행 2017.12.3.]

01 「교통사고처리 특례법」에 관한 설명으로 가장 적절하지 않은 것은? 23. 경특

① 운전면허를 받지 아니한 자가 운전 중 업무상과실치상사고를 야기하여 적발된 경우 「교통사고처리 특례법」을 적용한다.
② 보험회사의 사무를 처리하는 사람이 제4조(보험 등에 가입된 경우의 특례) 제3항의 서면을 거짓으로 작성한 경우에는 3년 이하의 징역 또는 1천만원 이하의 벌금에 처한다.
③ 「교통사고처리 특례법」상 "교통사고"란 차의 교통으로 인하여 사람을 사상하는 것을 말하며, 물건을 손괴하는 것은 포함하지 않는다.
④ 차의 교통으로 업무상과실치상죄를 범한 운전자가 음주측정 요구에 불응하거나 채혈 측정 요청에 동의하지 아니한 경우에는 피해자의 명시적인 의사에 반하여 공소를 제기할 수 있다.

> 해설 제2조(정의)
> 2. "교통사고"란 차의 교통으로 인하여 사람을 사상(死傷)하거나 물건을 손괴(損壞)하는 것을 말한다.

02 「교통사고처리 특례법」상 처벌의 특례에 대한 설명으로 가장 적절하지 않은 것은? 22. 경특

① 차의 운전자가 교통사고로 인하여 「형법」 제268조의 죄(업무상과실·중과실 치사상)를 범한 경우에는 5년 이하의 금고 또는 2천만원 이하의 벌금에 처한다.
② 차의 교통으로 업무상과실치사상죄 또는 중과실치사상죄와 「도로교통법」 제151조의 죄(업무상과실·중과실 재물손괴죄)를 범한 운전자에 대하여는 피해자의 명시적인 의사에 반하여 공소를 제기할 수 없다.
③ 차의 운전자가 업무상과실치상죄 또는 중과실치상죄를 범하고도 피해자를 구호하는 등 「도로교통법」 제54조 제1항에 따른 조치를 하지 아니하고 도주한 경우에는 피해자의 명시적인 의사에 반하여 공소를 제기할 수 있다.
④ 차의 운전자가 업무상과실치상죄 또는 중과실치상죄를 범하고 음주측정 요구에 불응하거나 채혈 측정 요청에 동의하지 않을 경우에는 피해자의 명시적인 의사에 반하여 공소를 제기할 수 있다.

> 해설 제3조(처벌의 특례)
> ② 차의 교통으로 제1항의 죄 중 **업무상과실치상죄** 또는 **중과실치상죄**와 「도로교통법」 제151조의 죄를 범한 운전자에 대하여는 피해자의 명시적인 의사에 반하여 공소를 제기할 수 없다.

Answer 01 ③ 02 ②

03 「교통사고처리 특례법」 제3조 제2항 단서 '처벌특례 항목'들에 대한 설명 중 옳은 것들로 묶인 것은? (판례에 의함)

21. 경간부

가. 교차로 진입직전에 백색실선이 설치되어 있으면, 교차로에서의 진로변경을 금지하는 내용의 안전표지가 개별적으로 설치되어 있지 않다고 하더라도 자동차 운전자가 교차로에서 진로변경을 시도하다가 교통사고를 내었다면 이는 특례법상 '통행금지를 내용으로 하는 안전표지가 표시하는 지시를 위반하여 운전한 경우'에 해당한다.

나. 중앙선이 설치된 도로의 어느 구역에서 좌회전이나 유턴이 허용되어 중앙선이 백색 점선으로 표시되어 있는 경우, 그 지점에서 안전표지에 따라 좌회전이나 유턴을 하기 위하여 중앙선을 넘어 운행하다가 반대편 차로를 운행하는 차량과 충돌하는 교통사고를 내었더라도 이를 특례법에서 규정한 중앙선 침범 사고라고 할 것은 아니다.

다. 연습운전면허를 받은 사람은 운전을 함에 있어 '주행연습 외의 목적으로 운전하여서는 아니된다'는 사항을 준수해야하며 이에 위반하여 운전한 경우 그 운전은 특례법에서 규정한 무면허운전으로 보아 처벌할 수 있다.

라. 화물차 적재함에서 작업하던 피해자가 차에서 내린 것을 확인하지 않은 채 출발함으로써 피해자가 추락하여 상해를 입게 된 경우, 특례법 소정의 '승객의 추락방지 의무'를 위반하여 운전한 경우에 해당하지 않는다.

① 가, 나
② 가, 다
③ 나, 다
④ 나, 라

해설 특례 12개항

▶(가) 대법원 2015. 11. 12. 선고 2015도3107 판결
교차로 진입 직전에 설치된 백색실선을 교차로에서의 진로변경을 금지하는 내용의 안전표지와 동일하게 볼 수 없으므로, 교차로에서의 진로변경을 금지하는 내용의 안전표지가 개별적으로 설치되어 있지 않다면 자동차 운전자가 그 교차로에서 진로변경을 시도하다가 교통사고를 야기하였다고 하더라도 이를 교통사고처리 특례법 제3조 제2항 단서 제1호가 정한 '도로교통법 제5조에 따른 통행금지를 내용으로 하는 **안전표지가 표시하는 지시를 위반하여 운전한 경우**'에 해당한다고 할 수 없다.

▶(다) 대법원 2015. 6. 24. 선고 2013도15031 판결
운전을 할 수 있는 차의 종류를 기준으로 운전면허의 범위가 정해지게 되고, 해당 차종을 운전할 수 있는 운전면허를 받지 아니하고 운전한 경우가 무면허운전에 해당된다고 할 것이므로 실제 운전의 목적을 기준으로 운전면허의 유효범위나 무면허운전 여부가 결정된다고 볼 수는 없다. 따라서 연습운전면허를 받은 사람이 운전을 함에 있어 주행연습 외의 목적으로 운전하여서는 아니된다는 준수사항을 지키지 않았다고 하더라도 준수사항을 지키지 않은 것에 대하여 연습운전면허의 취소 등 제재를 가할 수 있음은 별론으로 하고 그 **운전을 무면허운전이라고 보아 처벌할 수는 없다**

Answer 03 ④

04 다음 ㉠부터 ㉣까지 중 「교통사고처리 특례법」 제3조 제2항 (처벌의 특례) 단서 각 호에 해당하는 것은 모두 몇 개인가?

22. 승진

> ㉠ 「도로교통법」 제39조 제4항을 위반하여 자동차의 화물이 떨어지지 아니하도록 필요한 조치를 하지 아니하고 운전한 경우
> ㉡ 「도로교통법」 제17조 제1항 또는 제2항에 따른 제한속도를 시속 20킬로미터 초과하여 운전한 경우
> ㉢ 「도로교통법」 제13조 제3항을 위반하여 중앙선을 침범하거나 같은 법 제62조를 위반하여 횡단, 유턴 또는 후진한 경우
> ㉣ 「도로교통법」 제24조에 따른 철길건널목 통과방법을 위반하여 운전한 경우

① 1개   ② 2개
③ 3개   ④ 4개

(해설) 모두 해당한다.

05 「교통사고처리 특례법」 제3조(처벌의 특례)에 규정된 12개 항목으로 가장 적절하지 않은 것은?

23. 경특

① 정차 및 주차의 금지를 위반한 경우
② 앞지르기의 방법·금지시기·금지장소 또는 끼어들기의 금지를 위반하고 운전한 경우
③ 승객의 추락 방지의무를 위반하여 운전한 경우
④ 자동차의 화물이 떨어지지 아니하도록 필요한 조치를 하지 아니하고 운전한 경우

(해설) 정차 및 주차의 금지를 위반한 경우에는 12개 항목에 해당하지 않는다.

Answer 04 ④   05 ①

06. 「교통사고처리 특례법」 제3조 제2항 단서의 '처벌특례 항목'에 해당하지 않는 것을 모두 고른 것은?

> ⊙ 중앙선을 침범한 경우
> ⓒ 제한속도를 시속 10킬로미터 초과하여 운전한 경우
> ⓒ 고속도로에서의 끼어들기 방법을 위반하여 운전한 경우
> ② 철길건널목 통과방법을 위반하여 운전한 경우
> ⑩ 횡단보도에서의 보행자 보호의무를 위반하여 운전한 경우
> ⑭ 정지선을 침범한 경우
> ⊘ 보도 횡단방법을 위반하여 운전한 경우

① ⊙ⓒ②
② ⓒⓒ⑭
③ ⓒ②⑭
④ ⑩ ⑭⊘

[해설] ⓒ 제한속도를 시속 20킬로미터 초과하여 운전한 경우
ⓒ, ⑭은 제3조 제2항 단서의 '처벌특례 항목'에 해당하지 않는다.

07. 다음 중 교통사고 처리요령으로 틀린 것은?

① 도로가 아닌 곳에서 발생한 단순 물피사고는 교통사고의 범주에 포함되지 않는다.
② 교통사고의 경우에는 일반적으로 「교통사고처리 특례법」이 적용된다.
③ 도로가 아닌 곳에서 인피사고를 야기하고 도주한 경우에는 「교통사고처리 특례법」으로 처벌한다.
④ 도로에서 물피사고를 야기하고 도주한 경우에는 「도로교통법」으로 처리한다.

[해설] 교통사고 적용법규

도로교통법	① 도로(○) + 물피사고 ② 도로(×) + 단순물피사고 : 교통사고 범주 × → 민사관계
	도로(○,×) + 물피사고 + 도주
교통사고처리 특례법	도로(○,×) + 인피사고
특정범죄가중처벌 등에 관한 법률	도로(○,×) + 인피사고 + 도주 → 가중처벌

08. 다음 중 교통사고의 처리요령에 대하여 틀린 것은?

① 치사사고의 경우에는 「교통사고처리 특례법」을 적용한다.
② 중앙선침범으로 치상사고를 발생하게 하였으나, 종합보험에 가입하여 있고 피해자와 합의가 된 경우라면 '공소권 없음' 의견으로 송치하여야 한다.
③ 인피사고의 경우 도주하면 「특정범죄 가중처벌 등에 관한 법률」의 적용을 받는다.
④ 단순 물피사고를 야기하고 도주한 경우 「도로교통법」을 적용한다.

Answer 06 ② 07 ③ 08 ②

해설 **인적피해사고**

치사사고	형사입건(○)	
	합의(○)	형사입건(공소권 없음
	합의(×)	형사입건(공소권 있음)
	합의불문	① 도주(구호하는 조치를 하지 아니하고 도주, 사고장소로부터 옮겨 유기하고 도주) ② 음주측정요구에 불응 ③ 특례 12개 항 모두 형사입건(○)
치상사고	종합보험에 가입(특례)	① 원칙 - 공소권 없음 ② 예외 - 공소권 있음 　㉠ 도주(구호하는 조치를 하지 아니하고 도주, 사고장소로부터 　　 옮겨 유기하고 도주) 　㉡ 음주측정요구에 불응 　㉢ 특례 12개 항목에 해당 　㉣ 중상해 　㉤ 보험계약 또는 공제계약이 무효 및 해지

09 다음은 안전거리에 관한 설명이다. 빈칸에 들어갈 용어가 가장 적절하게 연결된 것은?

예상문제

> 운전자가 위험을 느끼고 브레이크를 밟았을 때 자동차가 제동되기 시작하기까지의 사이에 주행하는 거리를 (㉠)라 하고, 자동차가 실제로 제동되기 시작하여 정지하기까지의 거리를 (㉡)라 하며, 이 둘을 더한 거리를 (㉢)라 한다

① ㉠ 공주거리 - ㉡ 제동거리 - ㉢ 정지거리
② ㉠ 제동거리 - ㉡ 정지거리 - ㉢ 공주거리
③ ㉠ 정지거리 - ㉡ 제동거리 - ㉢ 공주거리
④ ㉠ 공주거리 - ㉡ 정지거리 - ㉢ 제동거리

해설 **안전거리**
운전자가 위험을 느끼고 브레이크를 밟았을 때 자동차가 제동되기 시작하기까지의 사이에 주행하는 거리를 (**공주거리**)라 하고, 자동차가 실제로 제동되기 시작하여 정지하기까지의 거리를 (**제동거리**)라 하며, 이 둘을 더한 거리를 (**정지거리**)라 한다.

Answer 09 ①

CHAPTER 07 교통사고조사규칙
[경찰청훈령 2023.7.31.]

01 「교통사고조사규칙」상 용어 및 사고조사의 목적을 설명한 것으로 가장 적절하지 않은 것은?

22. 경특

① "대형사고"란 3명 이상이 사망(교통사고 발생일부터 30일 이내에 사망)하거나 20명 이상의 사상자가 발생한 사고를 말한다.
② 교통사고 조사의 목적은 부상자의 구호 및 사체의 처리, 사고 확대방지와 교통소통의 회복을 통한 가해자와 피해자들의 신속한 합의에 있다.
③ "요마크(Yaw mark)"란 급핸들 등으로 인하여 차의 바퀴가 돌면서 차축과 평행하게 옆으로 미끄러진 타이어의 마모흔적을 말한다.
④ "추돌"이란 2대 이상의 차가 동일방향으로 주행 중 뒤차가 앞차의 후면을 충격한 것을 말한다.

> 해설 제7조(사고조사의 목적)
> 1. 부상자의 구호 및 사체의 처리
> 2. **사고확대방지와 교통소통의 회복**
> 3. 사고방지 대책을 위한 정확한 원인조사
> 4. 형사책임의 규명
> 5. 그 밖의 사고와 관련된 자료의 수집 등
>   → 가해자와 피해자들의 신속한 합의(x)

02 「교통사고조사규칙」상 용어 정의에 대한 설명으로 가장 적절하지 않은 것은?

예상문제

① "전복"이란 차가 주행 중 도로 또는 도로 이외의 장소에 차체의 측면이 지면에 접하고 있는 상태를 말한다.
② "대형사고"란 3명 이상이 사망(교통사고 발생일부터 30일 이내에 사망한 것을 말한다)하거나 20명 이상의 사상자가 발생한 사고를 말한다.
③ "교통사고"란 차의 교통으로 인하여 사람을 사상하거나 물건을 손괴한 것을 말한다.
④ "충돌"이란 차가 반대방향 또는 측방에서 진입하여 그 차의 정면으로 다른 차의 정면 또는 측면을 충격한 것을 말한다.

Answer 01 ② 02 ①

해설 **용어**

1. "교통"이란 차를 운전하여 사람 또는 화물을 이동시키거나 운반하는 등 차를 그 본래의 용법에 따라 사용하는 것을 말한다.
2. "교통사고"란 차의 교통으로 인하여 사람을 사상하거나 물건을 손괴한 것을 말한다.
3. "대형사고"란 3명 이상이 사망(교통사고 발생일부터 30일 이내에 사망한 것을 말한다)하거나 20명 이상의 사상자가 발생한 사고를 말한다.
4. "교통조사관"이란 교통사고 조사업무를 처리하는 경찰공무원을 말한다.
5. "스키드마크(Skid mark)"란 차의 급제동으로 인하여 타이어의 회전이 정지된 상태에서 노면에 미끄러져 생긴 타이어 마모흔적 또는 활주흔적을 말한다.
6. "요마크(Yaw mark)"란 급핸들 등으로 인하여 차의 바퀴가 돌면서 차축과 평행하게 옆으로 미끄러진 타이어의 마모흔적을 말한다.
7. "충돌"이란 차가 반대방향 또는 측방에서 진입하여 그 차의 정면으로 다른 차의 정면 또는 측면을 충격한 것을 말한다.
8. "추돌"이란 2대 이상의 차가 동일방향으로 주행 중 뒤차가 앞차의 후면을 충격한 것을 말한다.
9. "접촉"이란 차가 추월, 교행 등을 하려다가 차의 좌우측면을 서로 스친 것을 말한다.
10. "전도"란 차가 주행 중 도로 또는 도로 이외의 장소에 차체의 측면이 지면에 접하고 있는 상태(좌측면이 지면에 접해 있으면 좌전도, 우측면이 지면에 접해 있으면 우전도)를 말한다.
11. "전복"이란 차가 주행 중 도로 또는 도로 이외의 장소에 뒤집혀 넘어진 것을 말한다.
12. "추락"이란 차가 도로변 절벽 또는 교량 등 높은 곳에서 떨어진 것을 말한다.
13. "뺑소니"란 교통사고를 야기한 차의 운전자가 피해자를 구호하는 등「도로교통법」제54조 제1항의 규정에 따른 조치를 취하지 아니하고 도주한 것을 말한다.

03 「교통사고조사규칙」상 정의된 용어 중 빈칸에 들어갈 내용으로 가장 적절한 것은? 23. 경특

(㉠)란 차의 급제동으로 인하여 타이어의 회전이 정지된 상태에서 노면에 미끄러져 생긴 타이어 마모흔적 또는 활주흔적을 말한다.
(㉡)란 급핸들 등으로 인하여 차의 바퀴가 돌면서 차축과 평행하게 옆으로 미끄러진 타이어의 마모흔적을 말한다.
(㉢)이란 2대 이상의 차가 동일방향으로 주행 중 뒤차가 앞차의 후면을 충격한 것을 말한다.
(㉣)(이)란 차가 주행 중 도로 또는 도로 이외의 장소에 뒤집혀 넘어진 것을 말한다.

① ㉠ 스키드마크　㉡ 요마크　㉢ 추돌　㉣ 전복
② ㉠ 요마크　㉡ 스키드마크　㉢ 충돌　㉣ 전복
③ ㉠ 스키드마크　㉡ 요마크　㉢ 충돌　㉣ 전도
④ ㉠ 요마크　㉡ 스키드마크　㉢ 추돌　㉣ 전복

해설 ㉠ 스키드마크
㉡ 요마크
㉢ 추돌
㉣ 전복

Answer 03 ①

04 「교통사고조사규칙」상 교통사고처리에 관한 설명 중 가장 적절하지 않은 것은?   예상문제

① 사람을 사망하게 한 교통사고의 가해자는 「교통사고처리특례법」 제3조 제1항을 적용하여 기소의견으로 송치한다.
② 교통사고를 야기한 차의 운전자가 피해자를 구호하는 등 「도로교통법」 제54조 제1항의 규정에 따른 조치를 취하지 아니하고 도주한 사고 중, 인피사고는 「도로교통법」 제148조를 적용하여 기소의견으로 송치한다.
③ 사람을 다치게 한 교통사고로써 피해자가 가해자에 대하여 처벌을 희망하지 아니하는 의사표시가 없거나 「교통사고처리특례법」 제3조 제2항 단서에 해당하는 경우에는 「교통사고처리특례법」 제3조 제1항을 적용하여 기소의견으로 송치한다.
④ 1,000만원의 피해가 발생한 물피사고 중 피해자가 가해자에 대하여 처벌을 희망하지 아니하는 의사표시가 없거나 보험 등에 가입되지 아니한 경우에는 「도로교통법」 제151조를 적용하여 기소의견으로 송치한다.

(해설) 인피사고＋도주사고는 「**특정범죄 가중처벌 등에 관한 법률**」 적용하여 기소의견으로 송치한다.

05 교통사고에 대한 다음 설명 중 가장 적절하지 않은 것은? (다툼이 있는 경우 판례에 의함)
20. 승진

① 선행 교통사고와 후행 교통사고 중 어느 쪽이 원인이 되어 피해자가 사망에 이르게 되었는지 밝혀지지 않은 경우 후행 교통사고를 일으킨 사람의 과실과 피해자의 사망 사이에 인과관계가 인정되기 위해서는 후행 교통사고를 일으킨 사람이 주의의무를 게을리하지 않았다면 피해자가 사망에 이르지 않았을 것이라는 사실이 증명되어야 하고, 그 증명책임은 검사에게 있다.
② 피고인이 야간에 오토바이를 운전하다가 전방좌우의 주시를 게을리한 과실로 도로를 횡단하던 피해자를 충격하여 피해자로 하여금 위 도로상에 넘어지게 하고, 그로부터 약 40초 내지 60초 후에 다른 사람이 운전하던 타이탄트럭이 도로 위에 전도되어 있던 피해자를 역과하여 사망하게 한 경우 피고인의 과실행위와 피해자의 사망 사이에는 상당인과관계가 있다.
③ 신호위반으로 교통사고를 야기한 자가 신호위반의 범칙금을 납부하였더라도, 「교통사고처리 특례법」상 신호위반으로 인한 업무상과실치상죄의 죄책을 물을 수 있다.
④ 사고 운전자가 자신의 명함을 주고 택시 기사에게 피해자의 병원 이송을 의뢰하였으나 피해자가 경찰이 도착하기 전에는 병원에 가지 않겠다고 하여 이송을 못하고 있는 사이 사고 운전자가 현장을 이탈한 경우 「특정범죄 가중처벌 등에 관한 법률」위반(도주차량)죄에 해당하지 않는다.

(해설) 대법원 2004. 3. 12. 선고 2004도250 판결
사고 운전자가 자신의 명함을 주고 택시 기사에게 피해자의 병원 이송을 의뢰하였으나 피해자가 경찰이 도착하기 전에는 병원에 가지 않겠다고 하여 이송을 못하고 있는 사이 사고 운전자가 현장을 이탈한 경우 「**특정범죄 가중처벌 등에 관한 법률**」 위반 (**도주차량**)죄에 해당한다.

Answer 04 ② 05 ②

06 A경찰서 교통사고조사계장 甲은 소속 직원들에게 교통사고 처리기준에 관한 교양을 하고 있다. 다음 중 甲의 교양 내용으로 가장 옳지 않은 것은? 예상문제

① 교통사고가 발생하여 치상의 결과가 야기되었더라도 「교통사고처리특례법」 제3조 제2항의 단서조항에 해당하지 않을 경우 합의가 되었다면 교통사고처리특례법 위반행위에 대하여는 공소권 없음으로 처리하되, 그 원인행위에 대하여는 「도로교통법」해당법조를 적용토록 하였다.
② 음주 또는 약물의 영향으로 정상적인 운전이 곤란한 상태에서 자동차(원동기장치자전거를 포함한다)를 운전하여 사람을 상해에 이르게 한 사람에게는 「특정범죄가중처벌 등에 관한법률」을 적용토록 하였다.
③ 학교 구내(담당 및 차단기가 있고, 경비원이 통제하는 곳)에서 단순 물적피해를 야기한 교통사고를 낸 경우에는 「교통사고처리특례법」을 적용하지 아니하고, 「도로교통법」제151조를 적용하여 형사입건하도록 하였다.
④ 단순 물적피해사고일 경우 피해자의 불벌의사가 있을 때는 「교통사고처리특례법」제3조 제2항과 「교통사고처리지침」을 적용하여 '내사종결'로 처리하되, 그 원인행위가 명확한 경우에는 「도로교통법」해당법조를 적용하여 통고처분을 하도록 하였다.

(해설) 도로가 아닌 곳에서 단순 물적피해를 야기한 교통사고를 낸 경우에는 교통사고 범주에 속하지 않으므로 민사상 손해배상문제에 **불과**하다.

07 교통과에 근무하는 경찰관 甲이 교통사고를 처리할 때 각 유형별 법률 적용이 가장 적절하지 않은 것은? (단, 교통사고처리 특례법, 도로교통법, 특정범죄가중처벌 등에 관한 법률 이외의 법률적용은 논외로 하고 자동차 보험 등에 가입되어 있음을 전제함) 예상문제

① 운전자 A가 치사사고를 발생시켰을 경우 「교통사고처리 특례법」을 적용하여 형사입건 처리하였다.
② 운전자 B가 치상사고를 발생시켜 피해자가 중상해를 입은 경우 피해자와 합의가 되지 않아 「교통사고처리 특례법」을 적용하여 형사입건 처리하였다.
③ 운전자 C가 필로폰을 복용하여 정상적인 운전이 곤란한 상태에서 자동차를 운전하여 사람을 상해한 경우 「특정범죄가중처벌 등에 관한 법률」을 적용하여 형사입건 처리하였다.
④ 운전자 D가 단순 물적피해를 야기한 경우라도 도주하였다가 검거된 경우에는 특정범죄가중처벌 등에 관한 법률을 적용하여 형사입건 처리하였다.

(해설) 단순 물적 피해사고인 때에는 도로교통법 제148조를 적용, 형사입건 처리한다. 물적 피해사고 야기 후 도주한 때 벌점을 15점이고 자수하더라도 감경제도는 없다.

Answer 06 ③ 07 ④

08 교통사고와 관련된 내용으로 가장 적절하지 않은 것은? (다툼이 있으면 판례에 의함)

예상문제

① 신호위반으로 교통사고를 일으킨 사람이 통고처분을 받아 신호위반의 범칙금을 납부하였다면, 「교통사고처리 특례법」상 신호위반으로 인한 업무상과실치상죄의 죄책을 물을 수 없다.
② 교차로와 횡단보도가 연접하여 설치되어 있고 차량용 신호기는 교차로에만 설치된 경우, 교차로의 차량신호등이 적색이고 교차로에 연접한 횡단보도 보행등이 녹색인 경우에 차량 운전자가 위 횡단보도 앞에서 정지하지 아니하고 횡단보도를 지나 우회전하던 중 업무상과실치상의 결과가 발생하면 「교통사고처리 특례법」 제3조 제1항, 제2항 단서 제1호의 '신호위반'에 해당한다.
③ 「특정범죄 가중처벌 등에 관한 법률」 제5조의3 도주차량운전자에 대한 가중처벌규정과 관련하여, 차의 교통으로 인한 업무상과실치사상의 사고는 「도로교통법」이 정하는 도로에서의 교통사고로 제한되지 않는다.
④ 「교통사고조사규칙」에 따라 차대차 사고로서 당사자 간의 과실이 동일한 경우 피해가 경한 당사자를 선순위로 지정한다.

해설 대법원 2007. 4. 12. 선고 2006도4322 판결
신호위반으로 교통사고를 일으킨 사람이 통고처분을 받아 신호위반의 범칙금을 납부하였다 하더라도, 「교통사고처리 특례법」상 신호위반으로 인한 **업무상과실치상죄의 죄책을 물을 수 있다.**

Answer 08 ①

CHAPTER 08 집회 및 시위에 관한 법률
[법률시행 2021.1.1.]

01 「집회 및 시위에 관한 법률」에 관한 설명으로 옳은 것을 모두 고른 것은? (다툼이 있는 경우 판례에 의함)
23. 순경

㉠ "질서유지인"이란 관할 경찰서장이 집회 또는 시위의 질서를 유지하게 할 목적으로 임명한 자를 말한다.
㉡ 집회의 자유가 가지는 헌법적 가치와 기능, 집회에 대한 허가 금지를 선언한 헌법정신, 신고제도의 취지 등을 종합하여 보면, 신고는 행정관청에 집회에 관한 구체적인 정보를 제공함으로써 공공질서의 유지에 협력하도록 하는 데 의의가 있는 것으로 집회의 허가를 구하는 신청으로 변질되어서는 아니 되므로, 신고를 하지 아니하였다는 이유만으로 옥외집회 또는 시위를 헌법의 보호 범위를 벗어나 개최가 허용되지 않는 집회 내지 시위라고 단정할 수 없다.
㉢ 관할경찰관서장은 옥외집회 및 시위에 관한 신고서의 기재 사항에 미비한 점을 발견하면 접수증을 교부한 때부터 24시간 이내에 주최자에게 48시간을 기한으로 그 기재 사항을 보완할 것을 통고할 수 있다.
㉣ 「집회 및 시위에 관한 법률」에 따른 신고 없이 이루어진 집회에 참석한 참가자들이 차로 위를 행진하는 등 도로교통법을 방해함으로써 통행을 불가능하게 하거나 현저하게 곤란하게 하는 경우라도 참가자 모두에게 당연히 일반교통방해죄가 성립하는 것은 아니다.

① ㉠㉡
② ㉡㉢
③ ㉡㉣
④ ㉢㉣

해설 ▶(㉠) 제2조(정의)
4. "질서유지인"이란 **주최자가** 자신을 보좌하여 집회 또는 시위의 질서를 유지하게 할 목적으로 임명한 자를 말한다.

▶(㉢) 제7조(신고서의 보완 등)
① 관할경찰관서장은 제6조 제1항에 따른 신고서의 기재 사항에 미비한 점을 발견하면 접수증을 교부한 때부터 **12시간 이내**에 주최자에게 **24시간을 기한**으로 그 기재 사항을 보완할 것을 통고할 수 있다.
② 제1항에 따른 보완 통고는 보완할 사항을 분명히 밝혀 서면으로 주최자 또는 연락책임자에게 송달하여야 한다.

Answer 01 ③

02 다음 중 집회 및 시위에 관한 내용으로서 빈 칸의 숫자가 옳은 것은?

15. 경간부

가. 옥외집회나 시위를 주최하려는 자는 그에 관한 사항 모두를 적은 신고서를 옥외집회나 시위를 시작하기 (　)시간 전부터 (　)시간 전에 관할 경찰서장에게 제출하여야 한다.
나. 관할경찰관서장은 신고서의 기재사항에 미비한 점을 발견하면 접수증을 교부한 때부터 (　)시간 이내에 주최자에게 (　)시간을 기한으로 그 기재사항을 보완할 것을 통고할 수 있다.
다. 신고서를 접수한 관할경찰관서장은 신고된 옥외집회 또는 시위가 다음 각 호의 어느 하나에 해당하는 때에는 신고서를 접수한 때부터 (　)시간 이내에 집회 또는 시위를 금지할 것을 주최자에게 통고할 수 있다.
라. 집회 또는 시위의 주최자는 제8조에 따른 금지 통고를 받은 날부터 (　)일 이내에 해당 경찰관서의 바로 위의 상급경찰관서의 장에게 이의를 신청할 수 있다.

① 가. (720) − (48), 나. (24) − (12), 다. (48), 라. (10)
② 가. (720) − (48), 나. (24) − (24), 다. (48), 라. (7)
③ 가. (720) − (48), 나. (12) − (24), 다. (48), 라. (10)
④ 가. (720) − (24), 나. (12) − (24), 다. (24), 라. (7)

해설 ▶ (가) 제6조(옥외집회 및 시위의 신고 등)
① 옥외집회나 시위를 주최하려는 자는 신고서를 옥외집회나 시위를 시작하기 (720)시간 전부터 (48)시간 전에 관할 경찰서장에게 제출하여야 한다. 다만, 옥외집회 또는 시위 장소가 두 곳 이상의 경찰서의 관할에 속하는 경우에는 관할 시·도경찰청장에게 제출하여야 하고, 두 곳 이상의 시·도경찰청 관할에 속하는 경우에는 주최지를 관할하는 시·도경찰청장에게 제출하여야 한다.

▶ (나) 제7조(신고서의 보완 등)
① 관할경찰관서장은 제6조 제1항에 따른 신고서의 기재 사항에 미비한 점을 발견하면 접수증을 교부한 때부터 (12)시간 이내에 주최자에게 (24)시간을 기한으로 그 기재 사항을 보완할 것을 통고할 수 있다.

▶ (다) 제8조(집회 및 시위의 금지 또는 제한 통고)
① 신고서를 접수한 관할경찰관서장은 신고된 옥외집회 또는 시위가 다음 각 호의 어느 하나에 해당하는 때에는 신고서를 접수한 때부터 (48)시간 이내에 집회 또는 시위를 금지할 것을 주최자에게 통고할 수 있다.

▶ (라) 제9조(집회 및 시위의 금지 통고에 대한 이의 신청 등)
① 집회 또는 시위의 주최자는 제8조에 따른 금지 통고를 받은 날부터 (10)일 이내에 해당 경찰관서의 바로 위의 상급경찰관서의 장에게 이의를 신청할 수 있다.

Answer 02 ③

03 「집회 및 시위에 관한 법률」에 대한 설명으로 가장 적절하지 않은 것은? 24. 승진

① 관할경찰관서장은 옥외집회 및 시위의 신고서를 접수하면 신고자에게 접수 일시를 적은 접수증을 즉시 내주어야 한다.
② 주최자는 신고한 옥외집회 또는 시위를 하지 아니하게 된 경우에는 신고서에 적힌 집회 일시 24시간 전에 그 철회사유 등을 적은 철회신고서를 관할경찰관서장에게 제출하여야 한다.
③ 관할경찰관서장은 신고서의 기재 사항에 미비한 점을 발견하면 접수증을 교부한 때부터 12시간 이내에 주최자에게 24시간을 기한으로 그 기재 사항을 보완할 것을 통고할 수 있다.
④ 관할경찰관서장이 신고서의 보완 통고를 할 때에는 보완할 사항을 분명히 밝혀 서면 또는 구두로 주최자 또는 연락책임자에게 통보해야 한다.

해설 제7조(신고서의 보완 등)
② 제1항에 따른 보완 통고는 보완할 사항을 분명히 밝혀 **서면으로** 주최자 또는 연락책임자에게 송달하여야 한다.

04 「집회 및 시위에 관한 법률」에 대한 설명 중 가장 옳은 것은? 응용문제

① 관할경찰관서장은 제6조 제1항에 따른 신고서의 기재 사항에 미비한 점을 발견하면 접수증을 교부한 때부터 24시간 이내에 주최자에게 12시간을 기한으로 그 기재사항을 보완할 것을 통고할 수 있다.
② 관할경찰관서장은 집회 또는 시위의 시간과 장소가 중복되는 2개 이상의 신고가 있는 경우 그 목적으로 보아 서로 상반되거나 방해가 된다고 인정되면 각 옥회집회 또는 시위 간에 장소를 분할하여 개최하도록 권유하는 등 각 옥회집회 또는 시위가 서로 방해되지 아니하고 평화적으로 개최·진행될 수 있도록 노력할 수 있다.
③ 집회 또는 시위의 주최자는 집회 또는 시위의 질서 유지에 관하여 자신을 보좌하도록 16세 이상의 사람을 질서유지인으로 임명할 수 있다.
④ 집회 또는 시위의 주최자는 금지통고를 받은 날부터 10일 이내에 해당 경찰관서의 바로 위의 상급경찰관서의 장에게 이의를 신청할 수 있다.

해설 ▶(①) 제7조(신고서의 보완 등)
① 관할경찰관서장은 제6조 제1항에 따른 신고서의 기재 사항에 미비한 점을 발견하면 접수증을 교부한 때부터 **12시간** 이내에 주최자에게 **24시간을** 기한으로 그 기재 사항을 보완할 것을 통고할 수 있다.
▶(②) 제8조(집회 및 시위의 금지 또는 제한 통고)
② 관할경찰관서장은 집회 또는 시위의 시간과 장소가 중복되는 2개 이상의 신고가 있는 경우 그 목적으로 보아 서로 상반되거나 방해가 된다고 인정되면 각 옥외집회 또는 시위 간에 시간을 나누거나 장소를 분할하여 개최하도록 권유하는 등 각 옥외집회 또는 시위가 서로 방해되지 아니하고 평화적으로 개최·진행될 수 있도록 **노력하여야 한다.**
▶(③) 제16조(주최자의 준수 사항)
② 집회 또는 시위의 주최자는 집회 또는 시위의 질서 유지에 관하여 자신을 보좌하도록 **18세 이상의** 사람을 질서유지인으로 임명할 수 있다.

Answer 03 ④ 04 ④

05 다음 보기 중 「집회 및 시위에 관한 법률」에 대한 설명으로 옳은 것은 몇 개인가? 응용문제

㉠ 옥외집회 또는 시위 장소가 두 곳 이상의 경찰서의 관할에 속하는 경우에는 관할 시·도경찰청장에게 제출하여야 하고, 두 곳 이상의 시·도경찰청 관할에 속하는 경우에는 경찰청장에게 제출하여야 한다.
㉡ 관할 경찰관서장은 「집회 및 시위에 관한 법률」 제6조 제1항에 따른 신고서의 기재 사항에 미비한 점을 발견하면 접수증을 교부한 때부터 24시간 이내에 주최자에게 12시간을 기한으로 그 기재 사항을 보완할 것을 통고할 수 있다.
㉢ 금지통고를 받은 주최자는 금지통고를 받은 날로부터 10일 이내에 해당 경찰관서의 바로 위의 상급 경찰관서의 장에게 이의를 신청할 수 있다.
㉣ '주최자'라 함은 자기 이름으로 자기 책임 아래 집회 또는 시위를 개최하는 사람 또는 단체를 말하며, 주최자는 질서유지인을 따로 두어 집회 또는 시위의 실행을 맡아 관리하도록 위임할 수 있다.
㉤ 집회 또는 시위의 주최자 및 질서유지인은 특정한 사람이나 단체가 집회나 시위에 참가하는 것을 막을 수 있다. 다만, 언론사의 기자는 출입이 보장되어야 하며, 이 경우 기자는 신분증을 제시하고 기자임을 표시한 완장을 착용하여야 한다.

① 1개
② 2개
③ 3개
④ 4개

해설 ▶ (㉠) 제6조(옥외집회 및 시위의 신고 등)
① 옥외집회나 시위를 주최하려는 자는 신고서를 옥외집회나 시위를 시작하기 720시간 전부터 48시간 전에 관할 경찰서장에게 제출하여야 한다. 다만, 옥외집회 또는 시위 장소가 두 곳 이상의 경찰서의 관할에 속하는 경우에는 관할 시·도경찰청장에게 제출하여야 하고, **두 곳 이상의 시·도경찰청 관할에 속하는 경우에는 주최지를 관할하는 시·도경찰청장에게** 제출하여야 한다.

▶ (㉡) 제7조(신고서의 보완 등)
① 관할경찰관서장은 제6조 제1항에 따른 신고서의 기재 사항에 미비한 점을 발견하면 접수증을 교부한 때부터 **12시간** 이내에 주최자에게 **24시간을** 기한으로 그 기재 사항을 보완할 것을 통고할 수 있다.

▶ (㉣) 제2조(정의)
3. "주최자(主催者)"란 자기 이름으로 자기 책임 아래 집회나 시위를 여는 사람이나 단체를 말한다. 주최자는 **주관자(主管者)를 따로** 두어 집회 또는 시위의 실행을 맡아 관리하도록 위임할 수 있다. 이 경우 주관자는 그 위임의 범위 안에서 주최자로 본다.

Answer 05 ②

06 「집회 및 시위에 관한 법률」상 다음 설명 중 옳은 것은 모두 몇 개인가?

응용문제

㉠ '시위'란 여러 사람이 공동의 목적을 가지고 도로, 광장, 공원 등 일반인이 자유로이 통행할 수 있는 장소를 행진하거나 위력 또는 기세를 보여, 불특정한 여러 사람의 의견에 영향을 주거나 제압을 가하는 행위를 말한다.

㉡ 옥외집회나 시위를 주최하려는 자는 그에 관한 신고서를 옥외집회나 시위를 시작하기 720시간 전부터 48시간 전에 관할 경찰서장에게 제출하여야 한다. 다만, 옥외집회 또는 시위 장소가 두 곳 이상의 경찰서의 관할에 속하는 경우에는 주최자를 관할하는 경찰서장에게 제출하여야 하고, 두 곳 이상의 시·도경찰청 관할에 속하는 경우에는 주최지를 관할하는 시·도경찰청장에게 제출하여야 한다.

㉢ 집회 또는 시위의 주최자는 금지통고를 받은 날부터 10일 이내에 금지통고를 한 경찰관서장에게 이의신청을 해야 한다.

㉣ 금지통고에 따른 이의신청을 받은 경찰관서의 장은 접수일시를 적은 접수증을 이의신청인에게 즉시 내주고 접수한 때부터 12시간 이내에 재결을 하여야 한다. 이 경우 접수한 때부터 24시간 이내에 재결서를 발송하지 아니하면 관할 경찰관서장의 금지통고는 소급하여 그 효력을 잃는다.

① 1개 ② 2개
③ 3개 ④ 4개

해설 ▶ (㉡) 제6조(옥외집회 및 시위의 신고 등)
① 옥외집회나 시위를 주최하려는 자는 신고서를 옥외집회나 시위를 시작하기 720시간 전부터 48시간 전에 관할 경찰서장에게 제출하여야 한다. 다만, 옥외집회 또는 시위 장소가 **두 곳 이상의 경찰서의 관할에 속하는 경우에는 관할 시·도경찰청장에게 제출**하여야 하고, 두 곳 이상의 시·도경찰청 관할에 속하는 경우에는 주최지를 관할하는 시·도경찰청장에게 제출하여야 한다.

▶ 제9조(집회 및 시위의 금지 통고에 대한 이의 신청 등)
(㉢) ① 집회 또는 시위의 주최자는 제8조에 따른 금지 통고를 받은 날부터 10일 이내에 **해당 경찰관서의 바로 위의 상급경찰관서의 장에게** 이의를 신청할 수 있다.
(㉣) ② 제1항에 따른 이의 신청을 받은 경찰관서의 장은 접수 일시를 적은 접수증을 이의 신청인에게 즉시 내주고 접수한 때부터 **24시간 이내**에 재결(裁決)을 하여야 한다. 이 경우 접수한 때부터 24시간 이내에 재결서를 발송하지 아니하면 관할경찰관서장의 금지 통고는 소급하여 그 효력을 잃는다.

Answer 06 ①

07 「집회 및 시위에 관한 법률」에 대한 설명 중 가장 적절한 것은?　　　　　응용문제

① 관할 경찰관서장은 신고내용을 검토하여 보완 또는 금지통고의 사유가 없는 경우에는 별도의 통지를 하지 않는다.
② 관할 경찰관서장은 신고서의 기재사항에 미비점을 발견하면 접수증을 교부한 때부터 24시간 이내에 주최자에게 12시간을 기한으로 그 기재 사항을 보완할 것을 통고할 수 있다.
③ 제한·금지통고서 및 보완통고서를 직접 송달할 수 없는 경우 대리송달은 가능하지만 유치송달은 효력이 없다.
④ 타인의 주거지역이나 이와 유사한 장소 또는 학교·군사시설, 상가밀집지역의 주변지역에서의 집회 또는 시위의 경우 그 거주자 또는 관리자가 시설이나 장소의 보호를 요청하는 때에는 집회 또는 시위의 금지 또는 제한을 통고할 수 있다.

해설　▶ (②) 제7조(신고서의 보완 등)
① 관할경찰관서장은 제6조 제1항에 따른 신고서의 기재 사항에 미비한 점을 발견하면 접수증을 교부한 때부터 **12시간** 이내에 주최자에게 **24시간**을 기한으로 그 기재 사항을 보완할 것을 통고할 수 있다.

▶ (③) 제한·금지통고서 및 보완통고서를 직접 송달할 수 없는 경우 대리송달과 유치송달 모두 가능하다.

▶ (④) 제8조(집회 및 시위의 금지 또는 제한 통고)
⑤ 다음 각 호의 어느 하나에 해당하는 경우로서 그 거주자나 관리자가 시설이나 장소의 보호를 요청하는 경우에는 집회나 시위의 금지 또는 제한을 통고할 수 있다. 이 경우 집회나 시위의 금지 통고에 대하여는 제1항을 준용한다.
　1. 제6조 제1항의 신고서에 적힌 장소(이하 이 항에서 "신고장소"라 한다)가 다른 사람의 **주거지역**이나 **이와 유사한 장소**로서 집회나 시위로 재산 또는 시설에 심각한 피해가 발생하거나 사생활의 평온(平穩)을 뚜렷하게 해칠 우려가 있는 경우
　2. 신고장소가 「초·중등교육법」 제2조에 따른 **학교의 주변 지역**으로서 집회 또는 시위로 학습권을 뚜렷이 침해할 우려가 있는 경우
　3. 신고장소가 「군사기지 및 군사시설 보호법」 제2조 제2호에 따른 **군사시설의 주변 지역**으로서 집회 또는 시위로 시설이나 군 작전의 수행에 심각한 피해가 발생할 우려가 있는 경우
　→ 상가밀집 주변지역(x)

08 「집회 및 시위에 관한 법률」 및 동법 시행령상 '질서유지선'에 관한 설명으로 가장 적절하지 않은 것은?　　　　　23. 승진

① 질서유지선을 경찰관의 경고에도 불구하고 정당한 사유 없이 상당 시간 침범하거나 손괴·은닉·이동 또는 제거하거나 그 밖의 방법으로 그 효용을 해친 자는 6개월 이하의 징역 또는 50만 원 이하의 벌금·구류 또는 과료에 처한다.
② 옥외집회 및 시위의 신고를 받은 경찰관서장이 질서유지선을 설정할 때에는 주최자 또는 연락책임자에게 이를 알려야 한다.

Answer　07 ①　08 ③

③ 질서유지선의 설정 고지는 구두 또는 서면으로 할 수 있다. 다만 집회 또는 시위 장소의 상황에 따라 질서유지선을 새로 설정하거나 변경하는 경우에는 집회 또는 시위의 장소에 있는 경찰공무원이 서면으로 알려야 한다.
④ 옥외집회나 시위의 신고를 받은 관할경찰관서장은 집회 및 시위의 보호와 공공의 질서 유지를 위하여 필요하다고 인정하면 최소한의 범위를 정하여 질서유지선을 설정할 수 있다.

> **해설** 집회 및 시위에 관한 법률 시행령 제13조(질서유지선의 설정·고지 등)
> ② 법 제13조 제2항에 따른 질서유지선의 설정 고지는 **서면으로 하여야 한다**. 다만, 집회 또는 시위 장소의 상황에 따라 질서유지선을 새로 설정하거나 변경하는 경우에는 집회 또는 시위의 장소에 있는 경찰공무원이 **구두로 알릴 수 있다**.

09 「집회 및 시위에 관한 법률」에 대한 설명 중 가장 적절하지 않은 것은? 〔응용문제〕

① "질서유지인"이란 주최자가 자신을 보좌하여 집회 또는 시위의 질서를 유지하게 할 목적으로 임명한 자를 말한다.
② 집회 또는 시위의 주최자는 평화적인 집회 또는 시위가 방해받을 염려가 있다고 인정되면 관할 경찰관서에 그 사실을 알려 보호를 요청할 수 있다. 이 경우 관할 경찰관서의 장은 정당한 사유 없이 보호 요청을 거절하여서는 안 된다.
③ 관할 경찰서장 또는 시·도경찰청장은 「집회 및 시위에 관한 법률」 제6조 제1항에 따른 신고서를 접수하면 신고자에게 접수 일시를 적은 접수증을 24시간 이내에 내주어야 한다.
④ 경찰관은 집회 또는 시위의 주최자에게 알리고 그 집회 또는 시위의 장소에 정복을 입고 출입할 수 있다. 다만, 옥내집회 장소에 출입하는 것은 직무 집행을 위하여 긴급한 경우에만 할 수 있다.

> **해설** 제6조(옥외집회 및 시위의 신고 등)
> ② 관할 경찰서장 또는 시·도경찰청장(이하 "관할경찰관서장"이라 한다)은 제1항에 따른 신고서를 접수하면 신고자에게 접수 일시를 적은 접수증을 **즉시** 내주어야 한다.

10 「집회 및 시위에 관한 법률」에 대한 설명으로 가장 적절한 것은? (다툼이 있는 경우 판례에 의함) 〔응용문제〕

① 甲단체가 A공원(전북군산경찰서 관할)에서 옥외집회를 갖고, B광장(충남서산경찰서 관할)까지 행진을 하려는 경우 甲단체의 대표자이자 주최자인 乙은 경찰청장에게 집회신고서를 제출하여야 한다.
② 경찰서장은 집회신고에 대해 집회신고서의 형식적인 미비점뿐만 아니라 내용에 대해서도 보완통고를 할 수 있다.
③ 주최자는 신고한 옥외집회 또는 시위를 하지 아니하게 된 경우에는 신고서에 적힌 집회 일시 24시간 전에 관할경찰관서장에게 철회신고서를 제출하여야 한다.

Answer 09 ③ 10 ③

④ 정당한 사유 없이 철회신고서를 관할경찰관서장에게 제출하지 아니한 모든 옥외집회 또는 시위의 주최자에 대해서는 100만원 이하의 과태료를 부과한다.

> **해설** ▶ (①) 제6조(옥외집회 및 시위의 신고 등)
> ① 옥외집회나 시위를 주최하려는 자는 신고서를 옥외집회나 시위를 시작하기 720시간 전부터 48시간 전에 관할 경찰서장에게 제출하여야 한다. 다만, 옥외집회 또는 시위 장소가 두 곳 이상의 경찰서의 관할에 속하는 경우에는 관할 시·도경찰청장에게 제출하여야 하고, 두 곳 이상(전북 군산경찰서와 충남서산경찰서)의 시·도경찰청 관할에 속하는 경우에는 **주최지를 관할하는 시·도경찰청장(전북시·도경찰청장)에게** 제출하여야 한다.
>
> ▶ (②) 서울고법 1998. 12. 29. 선고 98누11290 판결 : 확정
> 경찰서장이 집회의 실질적 내용에 관하여 시위 신고서의 보완을 요구할 수는 없다.
>
> ▶ (④) 제26조(과태료)
> ① 제8조 제4항에 해당하는 먼저 신고된 옥외집회 또는 시위의 주최자가 정당한 사유 없이 제6조 제3항을 위반한 경우에는 **100만원 이하의 과태료를 부과**한다.
>
> ▶ 집회 철회신고서 제출 의무는 모든 집회·시위에 해당하나 과태료 부과는 선·후순위 집회신고로 인해 후순위 집회가 금지통고 된 경우 선순위 집회 주최자가 집회를 열지 않거나 철회신고서를 제출하지 않았을 때만 해당한다.

11 「집회 및 시위에 관한 법률」에 대한 설명으로 가장 적절하지 않은 것은? 응용문제

① 군인·검사·경찰관이 폭행, 협박, 그 밖의 방법으로 평화적인 집회 또는 시위를 방해한 경우 3년 이하의 징역에 처한다.
② 관할 경찰관서장은 집회신고서의 기재 사항에 미비점을 발견하면 접수증을 교부한 때로부터 12시간 이내에 주최자에게 24시간을 기한으로 그 기재사항을 보완할 것을 통고할 수 있다.
③ 헌법재판소의 결정에 따라 해산된 정당의 목적을 달성하기 위한 집회 또는 시위는 주최하여서는 아니 된다.
④ 집회신고서를 접수한 때로부터 48시간이 경과한 이후에도 남은 기간의 집회시위에 대해 금지통고를 할 수 있는 경우가 있다.

> **해설** 제22조(벌칙)
> ① 제3조 제1항 또는 제2항을 위반한 자는 3년 이하의 징역 또는 300만원 이하의 벌금에 처한다. 다만, 군인·검사 또는 경찰관이 제3조 제1항 또는 제2항을 위반한 경우에는 **5년 이하의 징역**에 처한다.

Answer 11 ①

12 「집회 및 시위에 관한 법률」 및 동법 시행령에 대한 설명 중 가장 적절한 것은? 20. 승진

① 관할경찰관서장은 「집회 및 시위에 관한 법률」 제6조 제1항에 따른 신고서의 기재 사항에 미비한 점을 발견하면 접수증을 교부한 때부터 12시간 이내에 주최자 또는 질서유지인에게 24시간을 기한으로 그 기재 사항을 보완할 것을 통고할 수 있다.
② 위 ①에 따른 보완통고는 보완할 사항을 분명히 밝혀 서면 또는 구두로 주최자 또는 연락책임자에게 송달하여야 한다.
③ 「집회 및 시위에 관한 법률」 제6조 제1항에 따른 신고를 받은 관할경찰관서장이 집회 및 시위의 보호와 공공의 질서 유지를 위하여 필요하다고 인정하여 질서유지선을 설정할 때에는 주최자 또는 연락책임자에게 이를 알려야 한다.
④ 집회 또는 시위 장소의 상황에 따라 질서유지선을 새로 설정하거나 변경하는 경우 서면으로 통지해야 한다.

해설 ▶ (①, ②) 제7조(신고서의 보완 등)
① 관할경찰관서장은 제6조 제1항에 따른 신고서의 기재 사항에 미비한 점을 발견하면 접수증을 교부한 때부터 12시간 이내에 **주최자에게** 24시간을 기한으로 그 기재 사항을 보완할 것을 통고할 수 있다.
② 제1항에 따른 보완 통고는 보완할 사항을 분명히 밝혀 **서면으로** 주최자 또는 연락책임자에게 송달하여야 한다.

▶ (④) 제13조(질서유지선의 설정 · 고지 등)
② 법 제13조 제2항에 따른 질서유지선의 설정 고지는 서면으로 하여야 한다. 다만, 집회 또는 시위 장소의 상황에 따라 질서유지선을 새로 설정하거나 변경하는 경우에는 집회 또는 시위의 장소에 있는 **경찰공무원이 구두로** 알릴 수 있다.

13 「집회 및 시위에 관한 법률 시행령」 제14조 별표 2의 확성기 등의 소음기준[단위 : Leq dB(A)] 및 소음 측정 방법에 대한 내용으로 가장 적절하지 <u>않은</u> 것은? 응용문제

① 주거지역, 학교, 종합병원의 확성기등의 등가소음도는 주간(07:00~해지기 전)에는 65 이하, 야간(해진 후~24:00)에는 60 이하, 심야(00:00~07:00)에는 55이하 이다.
② 공공도서관의 확성기등의 등가소음도는 주간(07:00~해지기 전)에는 65 이하, 야간(해진 후~24:00)에는 60 이하, 심야(00:00~07:00)에는 60이하 이다.
③ 소음 측정 장소는 피해자가 위치한 건물의 외벽에서 소음원 방향으로 1~3.5m 떨어진 지점으로 하되, 소음도가 높을 것으로 예상되는 지점의 지면 위 1.2~1.5m 높이에서 측정한다. 다만, 주된 건물의 경비 등을 위하여 사용되는 부속 건물, 광장·공원이나 도로상의 영업시설물, 공원의 관리사무소 등은 소음 측정 장소에서 제외한다.
④ 확성기등의 대상소음이 있을 때 측정한 소음도를 측정소음도로 하고, 같은 장소에서 확성기등의 대상소음이 없을 때 10분간 측정한 소음도를 배경소음도로 한다.

Answer 12 ③ 13 ④

[해설] 확성기등의 소음기준(제14조 관련) [단위 : Leq dB(A)]

소음도 구분		대상 지역	시간대		
			주간 (07:00~해지기 전)	야간 (해진 후~24:00)	심야 (00:00~07:00)
대상 소음도	등가소음도 (Leq)	주거지역, 학교, 종합병원	65 이하	60 이하	55 이하
		공공도서관	65 이하	60 이하	
		그 밖의 지역	75 이하	65 이하	
	최고소음도 (Lmax)	주거지역, 학교, 종합병원	85 이하	80 이하	75 이하
		공공도서관	85 이하	80 이하	
		그 밖의 지역	95 이하		

1. 확성기등의 소음은 **관할 경찰서장(현장 경찰공무원)이** 측정한다.
2. 소음 측정 장소는 피해자가 위치한 건물의 외벽에서 소음원 방향으로 1~3.5m 떨어진 지점으로 하되, 소음도가 높을 것으로 예상되는 지점의 지면 위 1.2~1.5m 높이에서 측정한다. 다만, **주된 건물의 경비 등을 위하여 사용되는 부속 건물, 광장·공원이나 도로상의 영업시설물, 공원의 관리사무소 등은 소음 측정 장소에서 제외한다.**
3. 제2호의 장소에서 확성기등의 대상소음이 있을 때 측정한 소음도를 측정소음도로 하고, 같은 장소에서 확성기등의 **대상소음이 없을 때 5분간 측정한 소음도를 배경소음도로 한다.**
4. 측정소음도가 배경소음도보다 10dB 이상 크면 배경소음의 보정 없이 측정소음도를 대상소음도로 하고, 측정소음도가 배경소음도보다 3.0~9.9dB 차이로 크면 아래 표의 보정치에 따라 측정소음도에서 배경소음을 보정한 소음도를 대상소음도로 하며, 측정소음도가 배경소음도보다 3dB 미만으로 크면 다시 한 번 측정소음도를 측정하고, 다시 측정하여도 3dB 미만으로 크면 확성기등의 소음으로 보지 아니한다.
5. 등가소음도는 **10분간**(소음 발생 시간이 10분 이내인 경우에는 그 발생 시간 동안을 말한다) **측정**한다.
6. 최고소음도는 확성기등의 대상소음에 대해 매 측정 시 발생된 소음도 중 가장 높은 소음도를 측정하며, 동일한 집회·시위에서 측정된 최고소음도가 **1시간 내에 3회 이상** 위 표의 최고소음도 기준을 초과한 경우 소음기준을 위반한 것으로 본다.
7. 다음 각 목에 해당하는 행사(중앙행정기관이 개최하는 행사만 해당한다)의 진행에 영향을 미치는 소음에 대해서는 그 행사의 개최시간에 한정하여 위 표 및 제3호 후단에 따른 **주거지역의 소음기준을 적용**한다.
   가. 「국경일에 관한 법률」 제2조에 따른 국경일의 행사
   나. 「각종 기념일 등에 관한 규정」 별표에 따른 각종 기념일 중 주관 부처가 국가보훈부인 기념일의 행사

14 「집회 및 시위에 관한 법률」과 같은 법 시행령에 규정된 확성기등의 소음기준 및 측정방법에 관한 설명으로 가장 적절한 것은?(다툼이 있는 경우 판례에 의함) _{24. 순경}

① 확성기등의 소음은 관할 경찰서장(현장 경찰공무원)과 주최자가 임명한 자가 함께 측정한다.

② 등가소음도와 최고소음도를 측정하는 데 있어서 대상 지역을 주거지역, 학교, 종합병원, 공공도서관, 그 밖의 지역으로 구분하고 시간대를 주간과 야간으로만 구분하여 각기 차별적인 등가소음도와 최고소음도 기준을 적용한다.

③ 등가소음도는 10분간(소음 발생 시간이 10분 이내인 경우에는 그 발생 시간 동안을 말한다) 측정한다. 다만, 주거지역, 학교, 종합병원, 공공도서관의 경우에는 등가소음도를 5분간(소음 발생 시간이 5분 이내인 경우에는 그 발생 시간 동안을 말한다) 측정한다.

④ 확성기등 사용을 제한하는 규정 도입 취지에 따라 신고대상 집회·시위가 아닌 경우뿐만 아니라 1인 시위의 경우에도 소음 제한 규정을 동일하게 적용한다.

[해설] ① 확성기등의 소음은 **관할 경찰서장(현장 경찰공무원)이 측정**한다.
② 등가소음도 & 최고소음도
5. 등가소음도는 10분간(소음 발생 시간이 10분 이내인 경우에는 그 발생 시간 동안을 말한다) 측정한다. 다만, 다음 각 목에 해당하는 대상 지역의 경우에는 등가소음도를 5분간(소음 발생 시간이 5분 이내인 경우에는 그 발생 시간 동안을 말한다) 측정한다.
  가. 주거지역, 학교, 종합병원
  나. 공공도서관
6. 최고소음도는 확성기등의 대상소음에 대해 매 측정 시 발생된 소음도 중 가장 높은 소음도를 측정하며, 동일한 집회·시위에서 측정된 최고소음도가 1시간 내에 3회 이상 위 표 및 제3호 후단에 따른 최고소음도 기준을 초과한 경우 소음기준을 위반한 것으로 본다. 다만, 다음 각 목에 해당하는 대상 지역의 경우에는 1시간 내에 2회 이상 위 표 및 제3호 후단에 따른 최고소음도 기준을 초과한 경우 소음기준을 위반한 것으로 본다.
  가. 주거지역, 학교, 종합병원
  나. 공공도서관
④ 1인 시위는 사전에 집회 신고의 의무가 없고, 금지·제한 통고 및 해산명령의 대상이 아니며, **소음관리 규정도 적용되지 않는다.**

15 집회현장에서의 확성기 사용에 대한 설명으로 가장 적절하지 <u>않은</u> 것은? _{22. 승진}

① 중앙행정기관이 개최하는 국경일 행사의 경우 행사 개최시간에 한정하여 행사 진행에 영향을 미치는 소음에 대해서는, 「집회 및 시위에 관한 법률 시행령」 별표2에 따른 확성기등의 소음기준을 '그 밖의 지역'의 소음기준으로 적용한다.

② 「집회 및 시위에 관한 법률 시행령」 별표2에 따른 소음측정 장소에서 확성기등의 대상소음이 있을 때 측정한 소음도를 측정소음도로 하고, 같은 장소에서 확성기등의 대상소음이 없을 때 5분간 측정한 소음도를 배경소음도로 한다.

③ 「집회 및 시위에 관한 법률」상 관할경찰관서장은 집회 또는 시위의 주최자가 확성기등의 소음기준을 초과하는 소음을 발생시켜 타인에게 피해를 주는 경우에 그 기준 이하의 소

Answer **14** ② **15** ①

음 유지 또는 확성기등의 사용 중지를 명하거나 확성기 등의 일시보관 등 필요한 조치를 할 수 있다.
④ 「집회 및 시위에 관한 법률 시행령」 별표2에 따른 확성기등의 소음기준에서 주거지역의 주간(07 : 00~해지기 전)시간대 등가소음도(Leq)는 65dB 이하이다.

> 해설 확성기등의 소음기준(제14조 관련) [단위 : Leq dB(A)]
> 7. 다음 각 목에 해당하는 행사(중앙행정기관이 개최하는 행사만 해당한다)의 진행에 영향을 미치는 소음에 대해서는 그 행사의 개최시간에 한정하여 위 표 및 제3호 후단에 따른 **주거지역의 소음기준을 적용**한다.
>   가. 「국경일에 관한 법률」 제2조에 따른 국경일의 행사
>   나. 「각종 기념일 등에 관한 규정」 별표에 따른 각종 기념일 중 주관 부처가 국가보훈부인 기념일의 행사

16 「집회 및 시위에 관한 법률」상 옥외집회에 대한 설명으로 가장 적절한 것은?(다툼이 있는 경우 판례에 따름)

22. 경간부

① 대통령 관저, 국회의장 공관, 대법원장 공관, 헌법재판소장 공관, 전직 대통령이 현재 거주하는 사저의 경계 지점으로부터 100미터 이내의 장소에서는 옥외집회 또는 시위가 금지된다.
② 대규모 집회 또는 시위로 확산될 우려가 없는 경우라면 주한 일본대사관의 업무가 없는 휴일인 일요일에 주한일본대사의 숙소로부터 100미터 이내의 장소에서 그 숙소를 대상으로 하지 않고 그 숙소의 기능이나 안녕을 침해할 우려가 없다고 인정된다면 확성기를 사용한 옥외집회가 가능하다.
③ 옥외집회나 시위를 주최하려는 자가 집시법이 규정하는 각 호의 사항 모두를 적은 신고서를 옥외집회나 시위를 시작하기 720시간 전부터 48시간 전에 관할 경찰서장에게 제출한 경우, 집회 또는 시위의 주최자가 질서유지인을 두고 도로를 행진하는 경우에는 질서유지선을 설정할 수 없다.
④ 주최자가 질서유지인을 두고 부득이 새벽 1시에 집회를 하겠다고 미리 신고한 경우에는 집회의 성격상 부득이하다면 관할 경찰관서장은 질서유지를 위한 조건을 붙여 옥외집회를 허용할 수 있다.

> 해설 ③ 옥외집회나 시위를 주최하려는 자가 집시법이 규정하는 각 호의 사항 모두를 적은 신고서를 옥외집회나 시위를 시작하기 720시간 전부터 48시간 전에 관할 경찰서장에게 제출한 경우, 집회 또는 시위의 주최자가 질서유지인을 두고 도로를 행진하는 경우에는 **질서유지선을 설정할 수 있다**.
> ④ 집회는 **24시간 가능**하다. 시위는 0시부터 해가뜨기전까지는 못하게 되어 있다.
>
> ▶ (①) 제11조(옥외집회와 시위의 금지 장소)
> 누구든지 다음 각 호의 어느 하나에 해당하는 청사 또는 저택의 경계 지점으로부터 100 미터 이내의 장소에서는 옥외집회 또는 시위를 하여서는 아니 된다.
> 1. 국회의사당. 다만, 다음 각 목의 어느 하나에 해당하는 경우로서 국회의 기능이나 안녕을 침해

Answer 16 ②

할 우려가 없다고 인정되는 때에는 그러하지 아니하다.
  가. 국회의 활동을 방해할 우려가 없는 경우
  나. 대규모 집회 또는 시위로 확산될 우려가 없는 경우
2. 각급 법원, 헌법재판소. 다만, 다음 각 목의 어느 하나에 해당하는 경우로서 각급 법원, 헌법재판소의 기능이나 안녕을 침해할 우려가 없다고 인정되는 때에는 그러하지 아니하다.
  가. 법관이나 재판관의 직무상 독립이나 구체적 사건의 재판에 영향을 미칠 우려가 없는 경우
  나. 대규모 집회 또는 시위로 확산될 우려가 없는 경우
3. **대통령 관저(헌법불합치), 국회의장 공관(헌법불합치), 대법원장 공관, 헌법재판소장 공관**
4. 국무총리 공관. 다만, 다음 각 목의 어느 하나에 해당하는 경우로서 국무총리 공관의 기능이나 안녕을 침해할 우려가 없다고 인정되는 때에는 그러하지 아니하다.
  가. 국무총리를 대상으로 하지 아니하는 경우
  나. 대규모 집회 또는 시위로 확산될 우려가 없는 경우
5. 국내 주재 외국의 외교기관이나 외교사절의 숙소. 다만, 다음 각 목의 어느 하나에 해당하는 경우로서 외교기관 또는 외교사절 숙소의 기능이나 안녕을 침해할 우려가 없다고 인정되는 때에는 그러하지 아니하다.
  가. 해당 외교기관 또는 외교사절의 숙소를 대상으로 하지 아니하는 경우
  나. 대규모 집회 또는 시위로 확산될 우려가 없는 경우
  다. 외교기관의 업무가 없는 휴일에 개최하는 경우

▶ (③) 옥외집회나 시위를 주최하려는 자가 집시법이 규정하는 각 호의 사항 모두를 적은 신고서를 옥외집회나 시위를 시작하기 720시간 전부터 48시간 전에 관할 경찰서장에게 제출할 경우, 집회 또는 시위의 주최자가 질서유지인을 두고 도로를 행진하는 경우에는 **질서유지선을 설정할 수 있다.**

▶ (④) 집회는 **24시간 가능**하다. 시위는 0시부터 해가뜨기전까지는 못하게 되어 있다.

17 「집회 및 시위에 관한 법률」 및 「집회 및 시위에 관한 법률 시행령」상 질서유지선에 대한 설명으로 가장 적절한 것은?
21. 순경

① 관할 경찰관서장은 집회 및 시위의 보호와 공공의 질서유지를 위하여 집회·시위의 행진로를 확보하거나 이를 위한 임시횡단보도를 설치할 필요가 있을 경우에는 「집회 및 시위에 관한 법률」 제13조 제1항에 따라 질서유지선을 설정할 수 있다.

② 경찰관서장이 질서유지선을 설정할 때에는 주최자 또는 연락책임자에게 이를 서면으로 고지하여야 하며, 이러한 과정을 통해 설정·고지된 질서유지선은 추후에 변경할 수 없다.

③ 옥외집회 및 시위의 신고를 받은 관할 경찰관서장은 집회 및 시위의 보호와 공공의 질서유지를 위하여 필요하다고 인정하면 최대한의 범위를 정하여 질서유지선을 설정할 수 있다.

④ 「집회 및 시위에 관한 법률」 제13조에 따라 설정한 질서유지선을 경찰관의 경고에도 불구하고 정당사유 없이 상당 시간 침범하거나 손괴·은닉·이동 또는 제거하거나 그 밖의 방법으로 그 효용을 해친 자는 6개월 이하의 징역 또는 500만원 이하의 벌금·구류 또는 과료에 처한다.

Answer 17 ①

해설 ▶ (②) 제13조(질서유지선의 설정·고지 등)
② 법 제13조 제2항에 따른 질서유지선의 설정 고지는 서면으로 하여야 한다. 다만, 집회 또는 시위 장소의 상황에 따라 질서유지선을 **새로 설정하거나 변경하는 경우**에는 집회 또는 시위의 장소에 있는 **경찰공무원이 구두로 알릴** 수 있다.

▶ (③) 13조(질서유지선의 설정)
① 제6조 제1항에 따른 신고를 받은 관할경찰관서장은 집회 및 시위의 보호와 공공의 질서 유지를 위하여 필요하다고 인정하면 **최소한의 범위**를 정하여 질서유지선을 설정할 수 있다.

▶ (④) 제24조(벌칙)
다음 각 호의 어느 하나에 해당하는 자는 6개월 이하의 징역 또는 **50만원 이하**의 벌금·구류 또는 과료에 처한다.
3. 제13조에 따라 설정한 질서유지선을 경찰관의 경고에도 불구하고 정당한 사유 없이 상당 시간 침범하거나 손괴·은닉·이동 또는 제거하거나 그 밖의 방법으로 그 효용을 해친 자

18. 「집회 및 시위에 관한 법률 시행령」상 질서유지선을 설정할 수 있는 경우로서 가장 적절하지 않은 것은?

응용문제

① 집회·시위의 장소를 한정할 필요가 있을 때
② 공공의 질서유지 업무를 하는 경찰관의 신체를 보호할 필요가 있을 때
③ 집회·시위의 행진로를 위한 임시 횡단보도를 설치할 필요가 있을 때
④ 통신시설에 접근하는 것을 금지할 필요가 있을 때

해설 집회 및 시위에 관한 법률 시행령 제13조(질서유지선의 설정·고지 등)
① 관할 경찰관서장은 집회 및 시위의 보호와 공공의 질서 유지를 위하여 다음 각 호의 어느 하나에 해당하는 경우에는 법 제13조 제1항에 따라 질서유지선을 설정할 수 있다.
1. **집회·시위의 장소를 한정**하거나 집회·시위의 참가자와 일반인을 구분할 필요가 있을 경우
2. 집회·시위의 참가자를 일반인이나 차량으로부터 보호할 필요가 있을 경우
3. 일반인의 통행 또는 교통 소통 등을 위하여 필요할 경우
4. 다음 각 목의 어느 하나의 **시설 등에 접근하거나 행진하는 것을 금지하거나 제한할 필요가 있을 경우**
　가. 법 제11조에 따른 집회 또는 시위가 금지되는 장소
　나. **통신시설 등 중요시설**
　다. 위험물시설
　라. 그 밖에 안전 유지 또는 보호가 필요한 재산·시설 등
5. **집회·시위의 행진로를 확보하거나 이를 위한 임시횡단보도를 설치할 필요가 있을 경우**
6. 그 밖에 집회·시위의 보호와 공공의 질서 유지를 위하여 필요할 경우

Answer 18 ②

19. 다음 중 「집회 및 시위에 관한 법률」에 대한 설명으로 적절한 것을 모두 고른 것은? 응용문제

㉠ 집회 또는 시위의 주최자 및 질서유지인은 특정한 사람이나 단체가 집회나 시위에 참가하는 것을 막을 수 있다. 다만, 언론사의 기자는 출입이 보장되어야 하며, 이 경우 기자는 신분증을 제시하고 기자임을 표시한 완장을 착용하여야 한다.
㉡ 단체는 「집회 및 시위에 관한 법률」상 "주최자"가 될 수 없다.
㉢ 집회 또는 시위의 주최자는 집회 또는 시위의 질서 유지에 관하여 자신을 보좌하도록 18세 이상의 사람을 질서유지인으로 임명할 수 있다.
㉣ 학문, 예술, 체육, 종교, 의식, 친목, 오락, 관혼상제 및 국경행사에 관한 집회에는 '확성기등 사용의 제한'에 관한 규정을 적용하지 아니한다.

① ㉠㉡ ② ㉠㉢
③ ㉡㉢ ④ ㉠㉢㉣

(해설) ▶ (㉡) 제2조(정의)
3. "주최자"란 자기 이름으로 자기 책임 아래 집회나 시위를 여는 사람이나 **단체**를 말한다. 주최자는 주관자를 따로 두어 집회 또는 시위의 실행을 맡아 관리하도록 위임할 수 있다. 이 경우 주관자는 그 위임의 범위 안에서 주최자로 본다.

▶ (㉣) 제15조(적용의 배제)
학문, 예술, 체육, 종교, 의식, 친목, 오락, 관혼상제(冠婚喪祭) 및 국경행사(國慶行事)에 관한 집회에는 제6조부터 제12조까지의 규정을 적용하지 아니하지만 **"확성기 등 사용의 제한"에 관한 규정은 적용된다.**

20. 「집회 및 시위에 관한 법률」상 집회 및 시위에 대한 설명으로 가장 적절하지 않은 것은? (다툼이 있는 경우 판례에 의함) 21. 승진

① 「집회 및 시위에 관한 법률」 제2조 제2호가 규정한 '시위'에 해당하려면 '공중이 자유로이 통행할 수 있는 장소'라는 요건을 반드시 충족하여야 한다.
② 외형상 기자회견이라는 형식을 띠었지만, 용산철거를 둘러싸고 철거민의 입장을 옹호하면서 검찰에 수사기록을 공개하라는 내용의 공동 의견을 형성하여 이를 대외적으로 표명할 목적 아래 일시적으로 일정한 장소에 모인 것은 「집회 및 시위에 관한 법률」상 집회에 해당한다.
③ 「집회 및 시위에 관한 법률」은 옥외집회와 시위를 구분하여 개념을 규정하고 있고, 순수한 1인 시위는 동법의 적용 대상에 해당하지 않는다.
④ 집회가 성립하기 위한 최소한의 인원에 대해 종래의 학계와 실무에서는 2인설과 3인설이 대립하고 있었으나 대법원은 '2인이 모인 집회도 「집회 및 시위에 관한 법률」의 규제 대상'이라고 판시한 바 있다.

(해설) 헌재 2014. 3. 27. 2010헌가2
「집회 및 시위에 관한 법률」 제2조 제2호가 규정한 '시위'란 **공중이 자유로이 통행할 수 있는 장소에서 이루어져야 성립하는 것은 아니다.**

Answer 19 ② 20 ①

21 집회 및 시위에 관한 다음 설명 중 가장 적절하지 않은 것은? (단, 다툼이 있으면 판례에 의함)

응용문제

① 행진시위의 참가자들이 일부 구간에서 감행한 전차선 점거행진, 도로점거 연좌시위 등의 행위는 당초 신고된 범위를 현저히 일탈하거나 구 「집회 및 시위에 관한 법률」 제12조의 규정에 의한 조건을 중대하게 위반한 것으로서 그로 인하여 도로의 통행이 불가능하게 되거나 현저하게 곤란하게 된 이상 「형법」 제185조 소정의 일반교통방해죄에 해당한다고 할 것이다.

② 「집회 및 시위에 관한 법률」 제20조 제1항과 「집회 및 시위에 관한 법률 시행령」이 해산명령을 할 때 그 사유를 구체적으로 고지하도록 명시적으로 규정하고 있지 아니하므로, 해산명령을 할 때에는 해산 사유가 「집회 및 시위에 관한 법률」 제20조 제1항 각 호 중 어느 사유에 해당하는지에 관하여 구체적으로 고지하여야 하는 것은 아니다.

③ 구 「집회 및 시위에 관한 법률」에 의하여 금지되어 그 주최 또는 참가행위가 형사처벌의 대상이 되는 위법한 집회·시위가 장차 특정지역에서 개최될 것이 예상된다고 하더라도, 이와 시간적·장소적으로 근접하지 않은 다른 지역에서 그 집회·시위에 참가하기 위하여 출발 또는 이동하는 행위를 함부로 제지하는 것은 「경찰관직무집행법」 제6조 제1항의 행정상 즉시강제인 경찰관의 제지의 범위를 명백히 넘어 허용될 수 없다.

④ 「집회 및 시위에 관한 법률」 제20조 제1항 제2호가 미신고 옥외집회 또는 시위를 해산명령 대상으로 하면서 별도의 해산 요건을 정하고 있지 않더라도, 그 옥외집회 또는 시위로 인하여 타인의 법익이나 공공의 안녕질서에 대한 직접적인 위험이 명백하게 초래된 경우에 한하여 위 조항에 기하여 해산을 명할 수 있고, 이러한 요건을 갖춘 해산명령에 불응하는 경우에만 「집회 및 시위에 관한 법률」 제24조 제5호에 의하여 처벌할 수 있다.

해설 대법원 2012. 2. 9. 선고 2011도7193 판결
「집회 및 시위에 관한 법률」 제20조 제1항과 「집회 및 시위에 관한 법률 시행령」이 해산명령을 할 때 그 사유를 구체적으로 고지하도록 명시적으로 규정하고 있지 아니하나, 해산명령을 할 때에는 해산 사유가 「집회 및 시위에 관한 법률」 제20조 제1항 각 호 중 어느 사유에 해당하는지에 관하여 **구체적으로 고지하여야 한다.**

22 집회 및 결사의 자유에 관한 설명 중 가장 적절하지 않은 것은?(다툼이 있는 경우 판례에 의함)

20. 승진

① 집회의 자유에는 집회의 장소를 스스로 결정할 장소선택의 자유도 포함한다.
② 집회의 개념 요소인 공동의 목적은 '내적인 유대 관계'로 족하다.
③ 집회의 시간과 장소가 중복되는 2개 이상의 신고가 있을 경우 관할 경찰관서장은 먼저 신고된 집회가 다른 집회의 개최를 봉쇄하기 위한 가장집회신고에 해당하는지 여부에 관하여 판단할 권한이 없으므로 뒤에 신고된 집회에 대하여 집회 자체를 금지하는 통고를 하여야 한다.

Answer 21 ② 22 ③

④ 구「주택건설촉진법」상의 주택조합은 주택이 없는 국민의 주거생활의 안정을 도모하고 모든 국민의 주거수준 향상을 기한다는 공공목적을 위하여 법이 구성원의 자격을 제한적으로 정해 놓은 특수조합이어서, 이는 헌법상 결사의 자유가 뜻하는 헌법상 보호법익의 대상이 되는 단체가 아니다.

> **해설** 대법원 2014. 12. 11. 선고 2011도13299 판결
> 뒤에 신고된 집회에 다른 집회금지 사유가 있는 경우가 아닌 한, 관할경찰관서장이 **단지 먼저 신고가 있었다는 이유만으로 뒤에 신고된 집회에 대하여 집회 자체를 금지하는 통고를 하여서는 아니 되고**, 설령 이러한 금지통고에 위반하여 집회를 개최하였다고 하더라도 그러한 행위를 집시법상 금지통고에 위반한 집회개최행위에 해당한다고 보아서는 아니 된다

23. 집회 및 시위에 관한 법률에 대한 설명으로 가장 적절하지 <u>않은</u> 것은? (다툼이 있으면 판례에 의함) *응용문제*

① 옥외집회나 시위를 주최하려는 자는 신고서를 옥외집회나 시위를 시작하기 720시간 전부터 48시간 전에 관할 경찰서장에게 제출하여야 한다.
② 신고서를 접수하여 기재사항이 미비한 점을 발견하면 관할 경찰서장은 접수증을 교부한 때로부터 12시간 이내에 주최자에게 24시간을 기한으로 그 기재사항을 보완할 것을 통고할 수 있다.
③ 집회의 자유도 질서유지를 위해 예외적으로 제한할 수 있으므로 폭력사태 발생이 우려되는 경우에는 이후 상호 충돌을 피하기 위해 집회 시간 및 장소가 경합되는 두 개의 집회신고를 모두 반려하는 것이 허용된다.
④ 옥외집회 또는 시위가 개최될 것이라는 것을 관할 경찰서가 알고 있었다거나 그 집회 또는 시위가 평화롭게 이루어진다 하여 집회 및 시위에 관한 법률 소정의 신고의무가 면제되는 것이라고는 할 수 없다.

> **해설** 헌법재판소 2008. 5. 29. 선고 2007헌마712 전원재판부
> 집회신고에 관한 사무를 처리하는데 있어서도 적법한 절차에 따라 접수순위를 확정하려는 최선의 노력을 한 후, 집시법 제8조 제2항에 따라 후순위로 접수된 집회의 금지 또는 제한을 통고하였어야 한다. 만일 접수순위를 정하기 어렵다는 현실적인 이유로 중복신고된 모든 옥외집회의 개최가 법률적 근거 없이 불허되는 것이 용인된다면, 집회의 자유를 보장하고 집회의 사전허가를 금지한 헌법 제21조 제1항 및 제2항은 무의미한 규정으로 전락할 위험성이 있다. **결국 이 사건 반려행위는 법률의 근거 없이 청구인들의 집회의 자유를 침해한 것으로서 헌법상 법률유보원칙에 위반된다고 할 것이다.**

Answer 23 ③

24 집회·시위에 대한 판례의 태도로 가장 적절한 것은? 　　20. 승진

① 사전에 아무 계획이나 조직한 바 없었더라도, 즉흥적으로 현장에 모인 사람들과 함께 구호와 노래를 제창한 자는 시위의 주최자라고 볼 수 있다.
② 신고내용에 포함되지 않은 삼보일배 행진을 한 것은 신고제도의 목적 달성을 심히 곤란하게 하는 정도에 이른다고 볼 수 있다.
③ 신고한 행진경로를 따라 행진하면서 하위 1개 차로에서 2회에 걸쳐 약 15분 동안 연좌한 경우 신고한 범위를 뚜렷이 벗어나는 경우에 해당한다.
④ 사전 신고를 하지 아니한 옥외집회 참가자들에게 해산명령불응죄를 적용하기 위하여는 관할 경찰관서장 등이 적법한 해산명령의 절차와 방식을 준수하였음이 입증되어야 한다.

> 해설 ▶(①) 서울고등법원 1990. 8. 22. 선고 87노1404 제1형사부판결
> 집회및시위에관한법률 제6조 제1항 소정의 신고를 요하는 집회 또는 시위라 함은 그 집회 또는 시위의 주최자, 목적, 일시, 장소 등이 사전에 특정될 정도의 계획적인 집회 또는 시위를 말한다 할 것이고, 집회 또는 시위의 주최자, 목적 등이 특정되지 아니하고 사실상 사전신고가 불가능한 우발적 집회 또는 시위는 여기에 해당하지 아니한다고 해석함이 타당하다 할 것인바, 범국민 대토론회에 참석할 목적으로 그 개최장소인 대학교 정문앞에 도착한 피고인들이 학교당국과 경찰의 외부인 및 타교생에 대한 출입금지조치로 출입을 저지당하여 교내로 들어갈 수 없게 되자 그에 항의하기 위한 방편으로 자진해산하기에 앞서 **즉흥적으로 약 20분간에 걸쳐 당시 일반적으로 성행하던 반정부구호와 노래를 제창하였다면 이는 사전계획에 없었던 우발적 집회 또는 시위에 불과하다 할 것**이므로 사전에 이를 신고하지 아니하였다 하여 미신고시위죄를 구성한다고 볼 수 없다.
>
> ▶(②) 대법원 2009. 7. 23. 선고 2009도840 판결
> 건설업체 노조원들이 '임·단협 성실교섭 촉구 결의대회'를 개최하면서 차도의 통행방법으로 신고하지 아니한 삼보일배 행진을 하여 차량의 통행을 방해한 사안에서, 그 시위방법이 장소, 태양, 내용, 방법과 결과 등에 비추어 사회통념상 용인될 수 있는 다소의 피해를 발생시킨 경우에 불과하고, 구 집회 및 시위에 관한 법률(2006. 2. 21. 법률 제7849호로 개정되기 전의 것)에 정한 **신고제도의 목적 달성을 심히 곤란하게 하는 정도에 이른다고 볼 수 없어**, 사회상규에 위배되지 않는 정당행위에 해당한다.
>
> ▶(③) 대법원 2010. 3. 11. 선고 2009도10425 판결
> 피고인들이 이미 신고한 행진 경로를 따라 행진로인 하위 1개 차로에서 2회에 걸쳐 약 15분 동안 연좌하였다는 사실 외에 이미 신고한 집회방법의 범위를 벗어난 사항은 없고, 약 3시간 30분 동안 이루어진 집회시간 동안 연좌시간도 **약 15분에 불과한 사안에서, 위 옥외집회 등 주최행위가 신고한 범위를 뚜렷이 벗어나는 경우에 해당하지 아니한다**

25 「집회 및 시위에 관한 법률 시행령」상 집회시위의 해산절차로 가장 적절한 것은? 　　23. 승진

① 자진 해산의 요청 → 해산명령 → 종결선언의 요청 → 직접해산
② 자진 해산의 요청 → 종결선언의 요청 → 해산명령 → 직접해산
③ 종결선언의 요청 → 자진 해산의 요청 → 해산명령 → 직접해산
④ 종결선언의 요청 → 해산명령 → 자진 해산의 요청 → 직접해산

Answer　24 ④　25 ③

해설 **제17조(집회 또는 시위의 자진 해산의 요청 등)**
법 제20조에 따라 집회 또는 시위를 해산시키려는 때에는 관할 경찰관서장 또는 관할 경찰관서장으로부터 권한을 부여받은 경찰공무원은 다음 각 호의 순서에 따라야 한다. 다만, 법 제20조 제1항 제1호·제2호 또는 제4호에 해당하는 집회·시위의 경우와 주최자·주관자·연락책임자 및 질서유지인이 집회 또는 시위 장소에 없는 경우에는 종결 선언의 요청을 생략할 수 있다.

1. 종결 선언의 요청	주최자에게 집회 또는 시위의 종결 선언을 요청하되, 주최자의 소재를 알 수 없는 경우에는 주관자·연락책임자 또는 질서유지인을 통하여 종결 선언을 요청할 수 있다.
2. 자진 해산의 요청	제1호의 종결 선언 요청에 따르지 아니하거나 종결 선언에도 불구하고 집회 또는 시위의 참가자들이 집회 또는 시위를 계속하는 경우에는 직접 참가자들에 대하여 자진 해산할 것을 요청한다.
3. 해산명령 및 직접 해산	제2호에 따른 자진 해산 요청에 따르지 아니하는 경우에는 세 번 이상 자진 해산할 것을 명령하고, 참가자들이 해산명령에도 불구하고 해산하지 아니하면 직접 해산시킬 수 있다.

26 집회시위의 해산명령에 대한 설명으로 가장 적절한 것은? 20. 승진

① 자진해산의 요청 → 종결선언의 요청 → 해산명령 → 직접해산의 순서로 진행한다.
② 자진해산 요청은 직접 집회주최자에게 요청하여야 한다.
③ 종결선언은 주최자에게 요청하되, 주최자·주관자·연락책임자 및 질서유지인이 집회 또는 시위 장소에 없는 경우에는 종결 선언의 요청을 생략할 수 있다.
④ 자진해산을 요청할 때는 반드시 '자진해산'이라는 용어를 사용하여야 한다.

해설 ▶① 종결선언의 요청 → 자신해산의 요청 → 해산명령 → 직접해산의 순서로 진행한다.

▶② 자진 해산의 요청
제1호의 종결 선언 요청에 따르지 아니하거나 종결 선언에도 불구하고 집회 또는 시위의 참가자들이 집회 또는 시위를 계속하는 경우에는 **직접 참가자들에 대하여** 자진 해산할 것을 요청한다.

▶④ 대법원 2000. 11. 24. 선고 2000도2172 판결
집회 및 시위에 관한 법률 제10조, 제18조, 제21조, 같은법시행령 제9조의2의 각 규정에 의하면 집회신고시간을 넘어 일몰시간 후에 집회 및 시위를 한 경우에는 관할경찰관서장 또는 관할경찰관서장으로부터 권한을 부여받은 경찰관은 참가자들에 대하여 상당한 시간 내에 자진해산할 것을 요청한 다음, 그 자진해산요청에도 응하지 아니할 경우 자진해산할 것을 명령할 수 있다고 할 것이며, 여기서 해산명령 이전에 자진해산할 것을 요청하도록 한 입법 취지에 비추어 볼 때, 반드시 '자진해산'이라는 용어를 사용하여 요청할 필요는 없고, **그 때 해산을 요청하는 언행 중에 스스로 해산하도록 청하는 취지가 포함되어 있으면 된다.**

Answer 26 ③

27 「집회 및 시위에 관한 법률」 및 동법 시행령상 질서유지선에 대한 설명으로 가장 적절하지 않은 것은? (다툼이 있는 경우 판례에 의함)
74기 경부

① 질서유지선은 띠, 방책, 차선 등 물건 또는 도로교통법상 안전표지로 설정된 경계표지를 말하므로, 경찰관을 배치하는 방법으로 설정된 질서유지선은 이 법상 질서유지선에 해당하지 아니한다.
② 관할 경찰관서장은 집회 및 시위의 보호와 공공의 질서 유지를 위하여 집회·시위의 장소를 한정하거나 집회·시위의 참가자와 일반인을 구분할 필요가 있을 경우에는 질서유지선을 설정할 수 있다.
③ 집회 또는 시위 장소의 상황에 따라 질서유지선을 새로 설정하거나 변경하는 경우에는 집회 또는 시위의 장소에 있는 경찰공무원이 주최자 또는 연락책임자에게 이를 구두로 알릴 수 있다.
④ 질서유지선은 집회 및 시위의 보호와 공공의 질서 유지를 위하여 필요하다고 인정되는 경우로서 이 법령상 질서유지선을 설정할 수 있는 사유에 해당한다면 반드시 집회 또는 시위가 이루어지는 장소 외곽의 경계지역에만 설정되어야 한다.

> **해설** 대법원 2019. 1. 10. 선고, 2016도21311, 판결
> 질서유지선이 집회 및 시위의 보호와 공공의 질서유지를 위하여 필요하다고 인정되는 최소한의 범위를 정하여 설정되고 집시법 시행령 제13조(질서유지선의 설정·고지 등) 제1항에서 정한 사유에 해당한다면, **집회 또는 시위가 이루어지는 장소 외곽의 경계 지역뿐 아니라 집회 또는 시위의 장소 안에도 설정할 수 있다.**

28 「집회 및 시위에 관한 법률」상 해산명령에 대한 설명 중 옳지 <u>않은</u> 것은? (판례에 의함)
21. 경간부

① 경찰이 집회 및 시위에 관한 법률이 정한 해산명령을 할 때 해산 사유가 법률 조항 중 어느 사유에 해당하는지에 관하여 구체적으로 고지하여야 한다.
② 사전 금지 또는 제한된 집회라 하더라도 실제 이루어진 집회가 당초 신고 내용과 달리 타인의 법익이나 공공의 안녕질서에 직접적이고 명백한 위험을 초래하지 않은 경우, 사전에 금지 통고된 집회라는 이유만으로 해산을 명하고 이에 불응하였다고 처벌할 수는 없다.
③ 해산명령은 자진 해산 요청에 따르지 않는 시위 참가자들에게 자진 해산할 의무를 부과하는 것이므로 반드시 '자진 해산을 명령한다'는 용어가 사용되거나 말로 해산명령임을 표시해야 한다.
④ 해산명령의 대상은 '집회 또는 시위' 자체이므로 해산명령의 방법은 그 대상인 집회나 시위의 참가자들 전체 무리나 집단에 고지, 전달하는 방법으로 행하여야 한다.

Answer 27 ④ 28 ③

> **해설** 대법원 2017.12.22. 선고 2015도17738 판결
> 해산명령이 있었는지는 시위의 진행 경과에 따라 종결 선언이나 자진 해산 요청이 이미 있었는지 여부, 경찰 방송의 문언과 내용, 방송 당시 전광판 등 시각적 매체를 함께 사용한 경우에는 그 표시 내용과 위치, 방송의 간격과 횟수 등에 비추어 **사회 평균인의 입장에서 해산명령이 있었음을 알 수 있으면 충분하고, 반드시 '자진 해산을 명령한다'는 용어가 사용되거나 말로 해산명령임을 표시 해야 하는 것은 아니다.**

29 집회 및 시위에 대한 설명으로 가장 적절하지 않은 것은? (다툼이 있는 경우 판례에 의함)

22. 승진

① 집회참가자들이 망인에 대한 추모의 목적과 그 범위 내에서 이루어지는 노제 등을 위한 이동·행진의 수준을 넘어서서 그 기회를 이용하여 다른 공동의 목적을 가지고 일반인이 자유로이 통행할 수 있는 장소를 행진하거나 위력 또는 기세를 보여, 불특정한 여러 사람의 의견에 영향을 주거나 제압을 하는 행위에까지 나아가는 경우에는, 이미 「집회 및 시위에 관한 법률」이 정한 시위에 해당하므로 「집회 및 시위에 관한 법률」 제6조에 따라 사전에 신고서를 관할 경찰서장에게 제출할 것이 요구된다.

② 옥외집회 또는 시위 참가자들이 교통혼잡이 야기되었다고 볼 만한 사정은 없으나 이미 신고한 행진 경로를 따라 행진로인 하위 1개 차로에서 약 3시간 30분 동안 이루어진 집회시간 동안 2회에 걸쳐 약 15분 동안 연좌하였다는 사실만으로도 주최행위가 신고한 목적, 일시, 방법 등의 범위를 뚜렷이 벗어나는 경우에 해당한다고 볼 수 있다.

③ 집회란 '특정 또는 불특정 다수인이 공동의 의견을 형성하여 이를 대외적으로 표명할 목적 아래 일시적으로 일정한 장소에 모이는 것'을 말한다.

④ 옥외집회 또는 시위 당시의 구체적인 상황에 비추어 볼 때 옥외집회 또는 시위의 신고사항 미비점이나 신고범위 일탈로 인하여 타인의 법익 기타 공공의 안녕질서에 대하여 직접적인 위험이 초래된 경우에 비로소 그 위험의 방지·제거에 적합한 제한조치를 취할 수 있되, 그 조치는 법령에 의하여 허용되는 범위 내에서 필요한 최소한도에 그쳐야 한다.

> **해설** (②) 대법원 2010. 3. 11., 선고, 2009도10425, 판결
> 옥외집회 또는 시위 참가자들이 교통혼잡이 야기되었다고 볼 만한 사정은 없으나 이미 신고한 행진 경로를 따라 행진로인 하위 1개 차로에서 약 3시간 30분 동안 이루어진 집회시간 동안 2회에 걸쳐 약 15분 동안 연좌하였다는 사실만으로도 **주최행위가 신고한 목적, 일시, 방법 등의 범위를 뚜렷이 벗어나는 경우에 해당하지 아니한다.**
> ① 대법원 2012. 4. 26. 선고 2011도6294 판결
> ③ 대법원, 2013.10.24., 2012도11518 판결
> ④ 대법원 2001. 10. 9. 선고 98다20929 판결

Answer 29 ②

30 집회 및 시위에 관한 설명 중 옳고 그름의 표시(O, X)가 바르게 된 것은? (다툼이 있는 경우 판례에 의함)
24. 승진

㉠ 헌법에 따르면 집회에 대한 허가제는 인정되지 아니한다.
㉡ 집회 금지통고는 관할 경찰서장이 집회신고를 접수한 후 「집회 및 시위에 관한 법률」상 집회 사전금지조항에 근거하여 집회 주최자 등에게 해당 집회를 금지한다는 사실을 알리는 행정처분이므로 그 자체를 헌법에 위배되는 제도라고 볼 수 없다.
㉢ 집회의 금지와 해산은 원칙적으로 공공의 안녕질서에 대한 직접적인 위협이 명백하게 존재하는 경우에 한하여 허용될 수 있고, 집회의 자유를 보다 적게 제한하는 다른 수단, 예컨대 시위 참가자수의 제한, 시위 대상과의 거리 제한, 시위 방법, 시기, 소요시간의 제한 등 조건을 붙여 집회를 허용하는 가능성을 모두 소진한 후에 비로소 고려될 수 있는 최종적인 수단이다.
㉣ 사전 금지 또는 제한된 집회라 하더라도 실제 이루어진 집회가 당초 신고 내용과 달리 평화롭게 개최되거나 집회 규모를 축소하여 이루어지는 등 타인의 법익 침해나 기타 공공의 안녕질서에 대하여 직접적이고 명백한 위험을 초래하지 않은 경우에는 이에 대하여 사전 금지 또는 제한을 위반하여 집회를 한 점을 들어 처벌하는 것 이외에 더 나아가 이에 대한 해산을 명하고 이에 불응하였다 하여 처벌할 수는 없다.

① ㉠(O) ㉡(O) ㉢(O) ㉣(O)
② ㉠(×) ㉡(×) ㉢(O) ㉣(×)
③ ㉠(O) ㉡(O) ㉢(×) ㉣(O)
④ ㉠(O) ㉡(×) ㉢(×) ㉣(×)

해설 모두 옳은 지문이다.

31 「집회 및 시위에 관한 법률」에 관한 설명 중 가장 적절하지 않은 것은? (다툼이 있는 경우 판례에 의함)
22. 순경

① 집회의 신고가 경합할 경우, 먼저 신고된 집회의 목적, 장소 및 시간, 참여예정인원, 집회 신고인이 기존에 신고한 집회 건수와 실제로 집회를 개최한 비율 등 먼저 신고된 집회의 실제 개최 가능성 여부와 양 집회의 상반 또는 방해가능성 등 제반 사정을 확인하여 먼저 신고된 집회가 다른 집회의 개최를 봉쇄하기 위한 허위 또는 가장 집회신고에 해당함이 객관적으로 분명해 보이는 경우라도 관할 경찰관서장이 뒤에 신고된 집회에 대하여 금지통고를 했다면, 이러한 금지통고에 위반하여 집회를 개최한 행위는 「집회 및 시위에 관한 법률」에 위배된다.
② 질서유지선이 집회 및 시위의 보호와 공공의 질서유지를 위하여 필요하다고 인정되는 최소한의 범위를 정하여 설정되고 「집회 및 시위에 관한 법률 시행령」 관련 조항에서 정한 사유에 해당한다면, 집회 또는 시위가 이루어지는 장소 외곽의 경계 지역뿐 아니라 집회 또는 시위의 장소 안에도 설정할 수 있다.

Answer 30 ① 31 ①

③ 경찰관들이 옥외집회 또는 시위 장소에서 줄지어 서는 등의 방법으로 소위 '사실상 질서유지선'의 역할을 수행한다고 하더라도 이를 가리켜 「집회 및 시위에 관한 법률」에서 정한 질서유지선이라고 할 수는 없다.

④ 집회·시위 참가자들이 관할 경찰관서에 신고하지 않고 집회를 개최한 경우, 그 옥외집회 또는 시위로 인하여 타인의 법익이나 공공의 안녕질서에 대한 직접적인 위험이 명백하게 초래되지 않은 상황에서 경찰이 '미신고집회'라는 사유로 자진 해산 요청을 한 후, '불법적인 행진시도', '불법 도로 점거로 인한 도로교통법 제68조 제3항 제2호 위반'이라는 사유로 3회에 걸쳐 해산명령을 하였더라도 정당한 해산명령에 해당하지 않는다.

해설 대법원 2014. 12. 11. 선고 2011도13299 판결
집회의 신고가 경합할 경우 특별한 사정이 없는 한 관할경찰관서장은 집회 및 시위에 관한 법률 제8조 제2항의 규정에 의하여 신고 순서에 따라 뒤에 신고된 집회에 대하여 금지통고를 할 수 있지만, 먼저 신고된 집회의 참여예정인원, 집회의 목적, 집회개최장소 및 시간, 집회 신고인이 기존에 신고한 집회 건수와 실제로 집회를 개최한 비율 등 먼저 신고된 집회의 실제 개최 가능성 여부와 양 집회의 상반 또는 방해가능성 등 제반 사정을 확인하여 **먼저 신고된 집회가 다른 집회의 개최를 봉쇄하기 위한 허위 또는 가장 집회신고에 해당함이 객관적으로 분명해 보이는 경우에는, 뒤에 신고된 집회에 다른 집회금지 사유가 있는 경우가 아닌 한, 관할경찰관서장이 단지 먼저 신고가 있었다는 이유만으로 뒤에 신고된 집회에 대하여 집회 자체를 금지하는 통고를 하여서는 아니 되고, 설령 이러한 금지통고에 위반하여 집회를 개최하였다고 하더라도 그러한 행위를 집시법상 금지통고에 위반한 집회개최 행위에 해당한다고 보아서는 아니 된다.**

32 「집회 및 시위에 관한 법률」에 관한 설명 중 가장 적절하지 않은 것은? (다툼이 있는 경우 판례에 의함)
24. 순경

① 당초 옥외집회를 개최하겠다고 신고하였지만 신고 내용과 달리 아예 옥외집회는 개최하지 아니한 채 신고한 장소와 인접한 건물 등에서 옥내집회만을 개최한 경우에는, 그것이 건조물 침입죄 등 다른 범죄를 구성함은 별론으로 하고, 신고한 옥외집회를 개최하는 과정에서 그 신고범위를 일탈한 행위를 한 데 대한 「집회 및 시위에 관한 법률」 위반죄로 처벌할 수 없다.

② 옥외집회나 시위를 주최하려는 자는 신고서를 옥외집회나 시위를 시작하기 720시간 전부터 48시간 전에 관할 경찰서장에게 제출하여야 한다. 다만, 옥외집회 또는 시위장소가 두 곳 이상의 경찰서의 관할에 속하는 경우에는 관할 시·도경찰청장에게 제출하여야 하고, 두 곳 이상의 시·도경찰청장 관할에 속하는 경우에는 주최지를 관할하는 시·도경찰청장에게 제출하여야 한다.

③ 차도의 통행방법으로 신고하지 아니한 '삼보일배 행진'을 하여 차량의 통행을 방해한 사안에서, 그 시위 방법이 장소, 태양, 내용, 방법과 결과 등에 비추어 사회통념상 용인될 수 있는 다소의 피해를 발생시킨 경우, 신고제도의 목적 달성은 심히 곤란하게 하는 정도에 이른다고 볼 수 없어 사회상규에 위배되지 않는 정당행위에 해당한다.

Answer 32 ④

④ 장례에 관한 집회 참가자들이 망인에 대한 추모의 목적과 그 범위 내에서 이루어지는 노제 등을 위한 이동·행진의 수준을 넘어서서 그 기회를 이용하여 다른 공동의 목적으로 시위에 나아간 경우, 「집회 및 시위에 관한 법률」상 사전신고를 요하지 않으므로 '시위'에 해당하지 않는다.

> **해설** 대법원 2012. 4. 26. 선고 2011도6294 판결
> 집시법 제15조는 **관혼상제 등에 관한 집회**에는 옥외집회의 경우 사전에 신고서를 관할 경찰서장에게 제출하여야 한다는 **집시법 제6조 등의 규정을 적용하지 아니한다고 규정하고 있다.**(사전신고를 요하지 않음)
> 장례에 관한 집회 참가자들이 망인에 대한 추모의 목적과 그 범위 내에서 이루어지는 노제 등을 위한 이동·행진의 수준을 넘어서서 그 기회를 이용하여 다른 공동의 목적으로 시위에 나아간 경우, **이미 집시법이 정한 시위에 해당하므로** 집시법 제6조에 따라 사전에 신고서를 관할 경찰서장에게 제출할 것이 요구된다고 보아야 한다.

33 집회나 시위 해산을 위한 살수차의 사용에 관한 설명으로 가장 적절하지 않은 것은?(다툼이 있는 경우 판례에 의함)

74기 경간부

① 경찰관이 직사살수의 방법으로 집회나 시위 참가자들을 해산시키려면, 먼저 「집회 및 시위에 관한 법률」에서 정한 해산사유를 구체적으로 고지하는 적법한 절차에 따른 해산명령을 시행한 후에 직사살수의 방법을 사용할 수 있다.
② 집회나 시위 해산을 위한 살수차 사용요건이나 기준은 법률에 근거를 두어야 한다.
③ 살수차를 사용하는 경우 그 책임자가 기록하여 보관하여야하는 사항에는 사용 일시·장소·대상, 현장책임자, 종류, 수량 등이 포함된다.
④ 살수거리가 10미터 초과 20미터 이하인 경우 수압기준은 7바(bar) 이하라야 한다. 이 경우 사람의 생명 또는 신체에 치명적인 위해를 가하지 않도록 필요한 최소한의 범위에서 살수해야 한다.

> **해설** 위해성 경찰장비의 사용기준 등에 관한 규정 - 살수거리별 수압기준(제13조의2 제2항 전단 관련)
>
> | 살수거리 | 수압기준 |
> |---|---|
> | 10미터 이하 | 3바(bar) 이하 |
> | **10미터 초과 20미터 이하** | **5바(bar) 이하** |
> | 20미터 초과 25미터 이하 | 7바(bar) 이하 |
> | 25미터 초과 | 13바(bar) 이하 |

Answer 33 ④

CHAPTER 09 국가보안법 [법률시행 2017.7.7.]

01 「국가보안법」상 반국가단체와 이적단체에 대한 설명으로 가장 적절하지 <u>않은</u> 것은? (다툼이 있는 경우 판례에 의함)
20. 승진

① 반국가단체란 국가를 참칭하거나 정부를 변란할 것을 목적으로 하는 국내·외의 결사 또는 집단으로서 지휘통솔체제를 갖춘 단체를 말한다.
② 반국가단체에서 지도적 임무에 종사한 자란 실제에 있어서 당해 반국가단체를 위하여 중요한 역할 또는 지도적 활동을 한 자를 말한다.
③ 이적단체는 별개의 반국가단체의 존재를 전제로 한다.
④ 결사는 계속적인 집합체임에 반하여, 집단은 일시적인 집합체인 점에서 다르다.

해설) 제2조(정의)
① 이 법에서 "반국가단체"라 함은 **정부를 참칭**하거나 **국가를 변란**할 것을 목적으로 하는 국내외의 결사 또는 집단으로서 지휘통솔체제를 갖춘 단체를 말한다.

02 「국가보안법」 범죄에 대한 설명으로 가장 적절하지 <u>않은</u> 것은? (다툼이 있으면 판례에 의함)
응용문제

① 「국가보안법」 제2조에 의한 반국가단체로서의 지휘통솔체제를 갖춘 단체라 함은 2인 이상의 특정 다수인 사이에 단체의 내부질서를 유지하고 그 단체를 주도하기 위하여 일정한 위계 및 분담 등의 체계를 갖춘 결합체를 의미한다.
② 「국가보안법」 제10조의 불고지죄는 반국가단체구성죄, 목적수행죄, 자진지원죄 등의 죄를 범한 자라는 정을 알면서 수사기관 또는 정보기관에 고지하지 아니하는 경우에 성립하는 것으로, 5년 이하의 징역 또는 200만원 이하의 벌금에 처한다. 다만, 본범과 친족관계가 있는 때에는 그 형을 감경 또는 면제한다.
③ 「국가보안법」의 죄를 범한 후 자수한 때에는 그 형을 감경 또는 면제할 수 있다.
④ 「국가보안법」 제5조 제2항의 금품수수죄는 반국가단체의 구성원이나 그 지령을 받은 자라는 정을 알면서 또는 국가의 존립, 안전이나 자유민주적 기본질서를 위태롭게 한다는 정을 알면서 반국가단체의 구성원이 그 지령을 받은 자로부터 금품을 수수함에 의하여 성립하는 것으로서, 그 수수가액이나 가치는 물론 그 목적도 가리지 아니하고, 그 금품수수가 대한민국을 해할 의도가 있는 경우에 한하는 것도 아니다.

Answer 01 ① 02 ③

> **해설** 제16조(형의 감면)
> 다음 각호의 1에 해당한 때에는 **그 형을 감경 또는 면제한다.**
> 1. 이 법의 죄를 범한 후 자수한 때
> 2. 이 법의 죄를 범한 자가 이 법의 죄를 범한 타인을 고발하거나 타인이 이 법의 죄를 범하는 것을 방해한 때

03 「국가보안법」에 대한 설명으로 적절하지 않은 것은 모두 몇 개인가?   73기 경간부

> 가. 반국가단체라 함은 정부를 참칭하거나 국가를 변란할 것을 목적으로 하는 국내외의 결사 또는 집단으로서 지휘통솔체제를 갖춘 단체를 말한다.
> 나. 반국가단체의 구성·가입죄 및 가입권유죄는 미수뿐만 아니라 예비·음모도 처벌한다.
> 다. 범죄수사 또는 정보의 직무에 종사하는 공무원이 이 법의 죄를 범한 자라는 점을 알면서 그 직무를 유지한 때에는 10년 이하의 징역에 처한다. 다만, 본범과 친족관계가 있는 때에는 그 형을 감경 또는 면제한다.
> 라. 반국가단체나 그 구성원의 지령을 받거나 받기 위하여 또는 그 목적수행을 협의하거나 협의하기 위하여 잠입하거나 탈출한 자는 10년 이하의 징역에 처한다.

① 1개   ② 2개
③ 3개   ④ 4개

> **해설** ▶ **(나) 제3조(반국가단체의 구성등)**
> ① 반국가단체를 구성하거나 이에 가입한 자는 다음의 구별에 따라 처벌한다.
>   1. 수괴의 임무에 종사한 자는 사형 또는 무기징역에 처한다.
>   2. 간부 기타 지도적 임무에 종사한 자는 사형·무기 또는 5년 이상의 징역에 처한다.
>   3. 그 이외의 자는 2년 이상의 유기징역에 처한다.
> ② **타인에게 반국가단체에 가입할 것을 권유한 자는 2년 이상의 유기징역에 처한다.**
> ③ 제1항(미수범처벌o, 예비·음모 처벌o) 및 제2항(미수범처벌o, 예비·음모 처벌x)의 **미수범은 처벌**한다.
> ④ 제1항 제1호 및 제2호의 죄를 범할 목적으로 **예비 또는 음모한 자**는 2년 이상의 유기징역에 처한다.
> ⑤ 제1항 제3호의 죄를 범할 목적으로 **예비 또는 음모한 자**는 10년 이하의 징역에 처한다.
>
> ▶ **(다) 제11조(특수직무유기)**
> 범죄수사 또는 정보의 직무에 종사하는 공무원이 이 법의 죄를 범한 자라는 정을 알면서 그 직무를 유기한 때에는 10년 이하의 징역에 처한다. 다만, **본범과 친족관계가 있는 때에는 그 형을 감경 또는 면제할 수 있다.**
>
> ▶ **(라) 제6조(잠입·탈출)**
> ② 반국가단체나 그 구성원의 지령을 받거나 받기 위하여 또는 그 목적수행을 협의하거나 협의하기 위하여 잠입하거나 탈출한 자는 사형·무기 또는 **5년 이상**의 징역에 처한다.

Answer 03 ③

04 「국가보안법」의 보상과 원호에 대한 내용이다. 아래 ㉠부터 ㉢까지의 내용 중 옳고 그름의 표시(O, X)가 바르게 된 것은?

응용문제

> ㉠ 이 법의 죄를 범한 자를 수사기관 또는 정보기관에 통보하거나 체포한 자에게는 대통령령이 정하는 바에 따라 상금을 지급한다.
> ㉡ 반국가단체나 그 구성원 또는 그 지령을 받은 자로부터 금품을 취득하여 수사기관 또는 정보기관에 제공한 자에게는 그 가액의 2분의 1에 상당하는 범위 안에서 보로금을 지급할 수 있다. 반국가단체의 구성원 또는 그 지령을 받은 자가 제공한 때에도 또한 같다.
> ㉢ 보로금의 청구 및 지급에 관하여 필요한 사항은 대통령령으로 정한다.
> ㉣ 이 법에 의한 상금과 보로금의 지급 및 제23조에 의한 보상대상자를 심의·결정하기 위하여 법무부장관 소속하에 국가보안유공자 심사위원회를 둔다.

① ㉠(O) ㉡(X) ㉢(O) ㉣(X)
② ㉠(X) ㉡(O) ㉢(X) ㉣(O)
③ ㉠(O) ㉡(X) ㉢(X) ㉣(X)
④ ㉠(O) ㉡(O) ㉢(O) ㉣(O)

해설 모두 옳은 지문이다.

05 「국가보안법」 제5조(자진지원·금품수수)에 대한 설명으로 가장 적절한 것은? (다툼이 있는 경우 판례에 의함)

응용문제

① 제5조 제1항(자진지원)의 경우 반국가단체의 구성원이나 그 지령을 받은 자는 주체가 될 수 없다.
② 제5조 제1항(자진지원)의 경우 행위자에게 반국가단체의 구성원 또는 그 지령을 받은 자를 지원한다는 목적이 있어야 하는 것은 아니다.
③ 제5조 제2항(금품수수)의 경우 반국가단체의 이익이 된다는 정을 알고 금품을 수수하여야만 성립한다.
④ 제5조 제2항(금품수수)의 경우 반국가단체의 목적수행과 관련이 있어야만 성립한다.

해설
▶(②) 제5조(자진지원·금품수수)
① 반국가단체나 그 구성원 또는 그 지령을 받은 자를 지원할 목적으로 자진하여 제4조 제1항 각 호에 규정된 행위를 한 자는 제4조 제1항의 예에 의하여 처벌한다.

▶(③) 제5조(자진지원·금품수수)
② 국가의 존립·안전이나 자유민주적 기본질서를 위태롭게 한다는 정을 알면서 반국가단체의 구성원 또는 그 지령을 받은 자로부터 금품을 수수한 자는 7년 이하의 징역에 처한다. → **반국가단체의 이익이 된다는 정을 알 필요는 없다.**

▶(④) 제5조(자진지원·금품수수)
② 국가의 존립·안전이나 자유민주적 기본질서를 위태롭게 한다는 정을 알면서 반국가단체의 구성원 또는 그 지령을 받은 자로부터 금품을 수수한 자는 7년 이하의 징역에 처한다. → **반국단체의 목적수행과 관련이 요건이 아니다.**

Answer 04 ④ 05 ①

06 「국가보안법」에 대한 설명으로 가장 옳은 것은?

① 국가보안법 위반의 죄를 범한 후 자수한 때에는 그 형을 감경 또는 면제한다.
② 형사정책적 견지에서 검사가 「국가보안법」 위반 사범에 대해 「형법」 제51조의 양형조건을 참작하여 공소제기를 보류할 수 있는 제도를 '공소유예'라 한다.
③ 「국가보안법」 제5조 제2항(금품수수죄)는 금품수수의 목적이나 의도가 대한민국을 해할 의도가 있어야 한다.
④ 목적수행죄는 반국가단체의 구성원 또는 그 지령을 받은 자가 범죄의 주체가 될 수 없다.

해설 ▶ (②) **공소보류제도**
형사정책적 견지에서 검사가 「국가보안법」 위반 사범에 대해 「형법」 제51조의 양형조건을 참작하여 공소제기를 보류할 수 있는 제도를 '**공소보류**'라 한다.

▶ (③) 제5조(자진지원·금품수수)
② 국가의 존립·안전이나 자유민주적 기본질서를 위태롭게 한다는 정을 알면서 반국가단체의 구성원 또는 그 지령을 받은 자로부터 금품을 수수한 자는 7년 이하의 징역에 처한다. → **금품수수 목적 및 의도가 대한민국을 해할 의도가 있어야 하는 것은 아니다.**

▶ (④) 제4조(목적수행)
① **반국가단체의 구성원 또는 그 지령을 받은 자**가 그 목적수행을 위한 행위를 한 때에는 다음의 구별에 따라 처벌한다.

07 「국가보안법」에 대한 다음 설명 중 옳은 것은 모두 몇 개인가?

㉠ 「국가보안법」은 군사기밀보호법과 마찬가지로 과실범 처벌 규정을 두고 있다.
㉡ 「국가보안법」 제4조 제1항의 목적수행죄는 반국가단체 구성원이나 지령을 받은 자는 주체가 될 수 없다.
㉢ 「국가보안법」 제5조 제1항의 자진지원죄는 반국가단체 구성원이나 지령을 받은 자도 주체가 될 수 있지만, 「국가보안법」 제6조 제2항의 특수잠입·탈출죄는 반국가단체 구성원만 주체가 될 수 있다.
㉣ 「국가보안법」의 죄를 범한 후 자수하거나 「국가보안법」상의 죄를 범한 타인을 고발하거나 타인의 국가보안법상 죄를 범하는 것을 방해한 때에는 그 형을 감경 또는 면제한다

① 1개
② 2개
③ 3개
④ 4개

해설 ▶ (㉠) 국가보안법은 **과실범 처벌 규정을 두고 있지 않다.**

▶ (㉡) 제4조(목적수행)
① **반국가단체의 구성원 또는 그 지령을 받은 자**가 그 목적수행을 위한 행위를 한 때에는 다음의 구별에 따라 처벌한다.

▶ (㉢) 제5조(자진지원·금품수수)
① **반국가단체나 그 구성원 또는 그 지령을 받은 자를 지원할 목적으로** 자진하여 제4조 제1항 각 호에 규정된 행위를 한 자는 제4조 제1항의 예에 의하여 처벌한다.

Answer 06 ① 07 ①

08. 다음 중 「국가보안법」 제4조(목적수행죄)의 행위태양이 아닌 것은 모두 몇 개인가? 응용문제

- ㉠ 존속 살해
- ㉡ 유가증권 위조
- ㉢ 소요
- ㉣ 금품수수
- ㉤ 잠입·탈출

① 1개 ② 2개
③ 3개 ④ 4개

해설 행위태양

제1호	**외**환의 죄, **존**속살해, 강도살인, 강도치사 등의 범죄
제2호	간첩죄(형법 제98조에 규정된 행위), 간첩**방**조죄, 국가기밀탐지·수집·누설 등의 범죄 → 가장 중요한 범죄
제3호	소요, **폭**발물 사용, 방화, 살인 등의 범죄
제4호	**중**요시설파괴, **약**취·유인, 항공기, 무기 등의 이동·취거 등의 범죄
제5호	유가증권위조, **상**해, 국가기밀서류, 물품의 손괴·은닉 등의 범죄
제6호	**선**전·선동, **허**위사실 날조·유포 등의 범죄 ☞ **금품수수, 잠입·탈출(×)**

09. 「국가보안법」에 대한 설명 중 옳은 것은 모두 몇 개인가? 응용문제

- ㉠ 검사는 「국가보안법」의 죄를 범한 자에 대하여 소추를 하지 아니할 때에는 압수물의 폐기 또는 국고귀속을 명할 수 있다.
- ㉡ 「국가보안법」의 죄에 관하여 유기징역형을 선고할 때에는 그 형의 장기 이하의 자격정지를 병과할 수 있다.
- ㉢ 「국가보안법」에서 "반국가단체"라 함은 정부를 참칭하거나 국가를 변란할 것을 목적으로 하는 국내외의 결사 또는 집단으로서 지휘통솔체제를 갖춘 단체를 말한다.
- ㉣ 「국가보안법」의 죄를 범한 자가 동법의 죄를 범한 타인을 고발하거나 타인이 동법의 죄를 범하는 것을 방해한 때에는 그 형을 감경 또는 면제할 수 있다.

① 1개 ② 2개
③ 3개 ④ 4개

해설 ▶ (㉣) 제16조(형의 감면)
다음 각호의 1에 해당한 때에는 그 형을 감경 또는 면제**한다**.
1. 이 법의 죄를 범한 후 자수한 때
2. 이 법의 죄를 범한 자가 이 법의 죄를 범한 타인을 고발하거나 타인이 이 법의 죄를 범하는 것을 방해한 때

Answer 08 ②   09 ③

10 다음 보기 중 「국가보안법」에 관한 설명으로 틀린 것은 몇 개인가? 　　　　응용문제

> ⊙ 「국가보안법」 제10조 불고지죄는 법정형이 5년 이하의 징역 또는 300만원 이하의 벌금으로 국가보안법 중 유일하게 선택형으로 벌금형을 두고 있다.
> ⓒ 「국가보안법」의 죄를 범한 후 자수한 때에는 그 형을 감경 또는 면제한다.
> ⓒ 공소보류 결정을 받은 자가 공소제기 없이 2년이 경과한 때에는 소추할 수 없다.
> ⓔ 검사 또는 사법경찰관으로부터 「국가보안법」에 정한 죄의 참고인으로 출석을 요구받은 자가 정당한 이유 없이 2회 이상 출석요구에 불응한 때에는 관할법원판사의 구속영장을 발부받아 구인할 수 있다.

① 0개　　　　② 1개
③ 2개　　　　④ 3개

해설 ▶ (⊙) 제10조(불고지)
제3조, 제4조, 제5조 제1항·제3항(第1項의 未遂犯에 한한다)·제4항의 죄를 범한 자라는 정을 알면서 수사기관 또는 정보기관에 고지하지 아니한 자는 5년 이하의 징역 또는 **200만원 이하의 벌금**에 처한다. 다만, 본범과 친족관계가 있는 때에는 그 형을 감경 또는 면제한다.

11 「국가보안법」에 대한 설명으로 가장 적절하지 않은 것은? 　　　21. 경간부

① 이 법은 국가의 안전을 위태롭게 하는 반국가활동을 규제함으로써 국가의 안전과 국민의 생존 및 자유를 확보함을 목적으로 한다.
② 이 법에서 "반국가단체"라 함은 정부를 참칭하거나 국가를 변란할 것을 목적으로 하는 국내외의 결사 또는 집단으로서 지휘통솔체제를 갖춘 단체를 말한다.
③ 이 법의 죄를 범한 자를 수사기관 또는 정보기관에 통보하거나 체포한 자에게 「국가보안유공자 상금지급 등에 관한 규정」이 정하는 바에 따라 상금을 지급한다.
④ 사법경찰관리로부터 이 법에 정한 죄의 참고인으로 출석을 요구받은 자가 정당한 이유없이 출석요구에 불응한 때에는 관할법원판사의 구속영장을 발부받아 구인할 수 있다.

해설 제18조(참고인의 구인·유치)
① 검사 또는 사법경찰관으로부터 이 법에 정한 죄의 참고인으로 출석을 요구받은 자가 **정당한 이유없이 2회 이상 출석요구에 불응한 때**에는 관할법원판사의 구속영장을 발부받아 구인할 수 있다.

Answer　10 ②　11 ④

12 「국가보안법」에 대한 설명 중 가장 적절하지 <u>않은</u> 것은?

① 「국가보안법」 제6조의 잠입탈출죄는 국가의 존립·안전이나 자유민주적 기본질서를 위태롭게 한다는 점을 알면서 반국가단체의 지배하에 있는 지역으로부터 잠입하거나 그 지역으로 탈출함으로써 성립한다.
② 「국가보안법」 제5조 제2항(금품수수죄)은 주관적 구성요건으로서 국가의 존립·안전이나 자유민주적 기본질서를 위태롭게 한다는 정을 알아야 하나 금품수수의 목적이나 의도가 대한민국을 해할 의도가 있어야 하는 것은 아니라는 것이 판례의 태도이다.
③ 「국가보안법」 제2조에 의한 반국가단체로서의 지휘통솔체제를 갖춘 단체라 함은 2인 이상의 특정 다수인 사이에 단체의 내부질서를 유지하고, 그 단체를 주도하기 위하여 일정한 위계 및 분담의 체계를 갖춘 결합체를 의미한다는 것이 판례의 태도이다.
④ 「국가보안법」상 불고지죄는 법정형이 5년 이하의 징역 또는 200만원 이하 벌금으로 국가보안법상 유일하게 벌금형을 두고 있으며, 본범과 친족관계에 있는 때에는 그 형을 임의적으로 감면한다.

> **해설** 제10조(불고지)
> 제3조, 제4조, 제5조 제1항·제3항(第1項의 未遂犯에 한한다)·제4항의 죄를 범한 자라는 정을 알면서 수사기관 또는 정보기관에 고지하지 아니한 자는 5년 이하의 징역 또는 200만원 이하의 벌금에 처한다. 다만, 본범과 친족관계가 있는 때에는 그 **형을 감경 또는 면제한다.**

13 「국가보안법」에 대한 설명으로 가장 적절하지 <u>않은</u> 것은?

① 「국가보안법」 제5조 제2항(금품수수죄)은 금품수수의 목적이나 의도가 대한민국을 해할 의도가 있어야 한다.
② 「국가보안법」상 불고지죄 대상범죄로 반국가단체구성죄, 자진지원죄, 목적수행죄가 있다.
③ 검사 또는 사법경찰관으로부터 이 법에 정한 죄의 참고인으로 출석을 요구 받은 자가 정당한 이유 없이 2회 이상 출석요구에 불응한 때에는 관할법원판사의 구속영장을 발부받아 구인할 수 있다.
④ 「국가보안법」 위반죄를 범한 후 자수하거나 이 법의 죄를 범한 자가 이 법의 죄를 범한 타인을 고발하거나 타인이 이 법의 죄를 범하는 것을 방해한 때 그 형을 감경 또는 면제한다.

> **해설** 대법원 1995.9.26. 선고, 95도1624, 판결
> 국가보안법 제5조 제2항의 금품수수죄는 반국가단체의 구성원이나 그 지령을 받은 자라는 정을 알면서 또는 국가의 존립, 안전이나 자유민주적 기본질서를 위태롭게 한다는 정을 알면서 반국가단체의 구성원이나 그 지령을 받은 자로부터 금품을 수수함에 의하여 성립하는 것으로서, 그 수수가액이나 가치는 물론 그 목적도 가리지 아니하고, 그 금품수수가 **대한민국을 해할 의도가 있는 경우에 한하는 것도 아니다.**

Answer 12 ④ 13 ①

14. 「국가보안법」과 관련된 다음 설명 중 옳은 것은 모두 몇 개인가?

응용문제

㉠ 「국가보안법」에 정한 죄의 참고인이 정당한 이유 없이 2회 이상 출석요구에 불응하는 경우에는 법원으로부터 구속 영장을 발부받아 구인할 수 있다.
㉡ 「국가보안법」 위반죄를 범한 후 자수하거나 동법의 죄를 범한 자가 타인의 동법의 죄를 범한 것을 고발하거나 타인이 동법의 죄를 범하는 것을 방해하는 때에는 그 형을 감경 또는 면제할 수 있다.
㉢ 「국가보안법」의 죄에 관하여 유기징역형을 선고할 때에는 그 형의 장기 이하의 자격정지를 병과할 수 있다.
㉣ 「국가보안법」상 "반국가단체"라 함은 정부를 참칭하거나 국가를 변란할 것을 목적으로 하는 국내외의 결사 또는 집단을 말한다. 다만, 지휘·통솔 체계를 갖출 필요는 없다.
㉤ 「국가보안법」상 특수직무유기죄는 유일하게 법정형으로 벌금형을 규정하고 있다

① 1개   ② 2개
③ 3개   ④ 4개

해설 ▶ (㉡) 제16조(형의 감면)
다음 각호의 1에 해당한 때에는 **그 형을 감경 또는 면제한다.**
1. 이 법의 죄를 범한 후 자수한 때
2. 이 법의 죄를 범한 자가 이 법의 죄를 범한 타인을 고발하거나 타인이 이 법의 죄를 범하는 것을 방해한 때

▶ (㉣) 제2조(정의)
① 이 법에서 "반국가단체"라 함은 정부를 참칭하거나 국가를 변란할 것을 목적으로 하는 국내외의 결사 또는 집단으로서 **지휘통솔체제를 갖춘 단체**를 말한다.

▶ (㉤) 제10조(불고지) – 유일하게 벌금형을 규정
제3조, 제4조, 제5조 제1항·제3항(第1項의 未遂犯에 한한다)·제4항의 죄를 범한 자라는 정을 알면서 수사기관 또는 정보기관에 고지하지 아니한 자는 5년 이하의 징역 또는 200만원 이하의 **벌금**에 처한다. 다만, 본범과 친족관계가 있는 때에는 그 형을 감경 또는 면제한다.

15. 「국가보안법」으로 구속된 자에 대한 수사기관에서의 최장 구속기간이 50일이 아닌 범죄는?

응용문제

㉠ 특수직무유기죄   ㉡ 무고날조죄   ㉢ 반국가단체의 구성죄
㉣ 목적수행죄   ㉤ 자진지원죄   ㉥ 금품수수죄
㉦ 잠입·탈출죄   ㉧ 찬양·고무죄   ㉨ 회합·통신죄
㉩ 편의제공죄   ㉪ 불고지죄

① 1개   ② 2개
③ 3개   ④ 4개

Answer 14 ② 15 ④

해설 **구속기간**

국가보안법위반 사범		최대 구속기간
헌재 위헌판결 연장규정 無	① 찬양·고무　② 불고지 ③ 특수직무유기　④ 무고날조죄	최장 30일
	① 반국가단체구성　② 목적수행　③ 편의제공　④ 금품수수 ⑤ 자진지원　⑥ 잠입·탈출　⑦ 회합·통신	최장 50일

16. 다음은 「국가보안법」상의 죄명이다. 이 중 '행위주체에 아무런 제한이 없는 것'은 모두 몇 개인가?

응용문제

⊙ 금품수수죄(제5조 제2항)　　　　ⓒ 목적수행죄(제4조 제1항)
ⓒ 특수 잠입·탈출죄(제6조 제2항)　ⓔ 직권남용 무고·날조죄(제12조 제2항)
ⓜ 이적단체구성·가입죄(제7조 제3항)

① 2개　　　　　　② 3개
③ 4개　　　　　　④ 5개

해설 **범죄의 주체**

금품수수죄, 찬양고무, 이적단체구성가입죄, 회합통신죄, 안보위해문건제작죄, 잠입탈출죄, 이적동조죄, 불고지죄 등	주체에 제한없음
목적수행죄	**반국가단체의 구성원 또는 그 지령을 받은 자만** 주체가 될 수 있음
자진지원죄	**반국가단체의 구성원 또는 그 지령을 받은 자는** 주체가 될 수 없음
직권남용무고·날조죄	**범죄수사 또는 정보의 직무에 종사하는 공무원**이나 이를 보조하는 자 또는 이를 지휘하는 자
특수직무유기	범죄수사 또는 정보의 직무에 종사하는 공무원
이적단체구성원의 허위사실날조유포죄	반국가단체의 구성원

Answer 16 ②

17 「국가보안법」의 특성에 관한 다음 설명 중 가장 옳지 <u>않은</u> 것은? 응용문제

① 편의제공죄나 찬양·고무죄 등 형법상 종범의 성격을 가진 행위에 대하여 독립된 범죄로 처벌한다.
② 「국가보안법」, 「군형법」, 「형법」에 규정된 반국가적 범죄로 금고 이상의 형을 선고 받고 그 형의 집행을 종료하지 아니한 자 또는 그 집행을 종료하거나 집행을 받지 않기로 확정된 후 5년이 경과하지 않은 자가 재차 특정범죄를 범하였을 때는 최고형으로 사형을 정하고 있다.
③ 지방법원판사는 목적수행죄에 대해 사법경찰관이 검사에게 신청하여 검사의 청구가 있는 경우에 수사를 계속함에 상당한 이유가 있다고 인정한 때에는 「형사소송법」 제202조의 구속 기간의 연장을 2차에 한하여 허가할 수 있다.
④ 「국가보안법」위반죄를 범한 후 자수하거나 동법의 죄를 범한 자가 타인이 동법의 죄를 범하는 것을 방해하였을 때에는 그 형을 감경 또는 면제한다.

해설 제19조(구속기간의 연장)
① 지방법원판사는 제3조 내지 제10조의 죄로서 사법경찰관이 검사에게 신청하여 검사의 청구가 있는 경우에 수사를 계속함에 상당한 이유가 있다고 인정한 때에는 형사소송법 제202조의 구속기간의 연장을 **1차에 한하여 허가할 수 있다.**
② 지방법원판사는 제1항의 죄로서 검사의 청구에 의하여 수사를 계속함에 상당한 이유가 있다고 인정한 때에는 형사소송법 제203조의 구속기간의 연장을 2차에 한하여 허가할 수 있다.

Answer 17 ③

CHAPTER 10 보안관찰법 [법률시행 2020.8.5.]

01 「보안관찰법」에 관한 설명으로 가장 적절하지 않은 것은? 24. 승진

① '보안관찰처분대상자'라 함은 보안관찰해당범죄 또는 이와 경합된 범죄로 금고 이상의 형의 선고를 받고 그 형기합계가 3년 이상인 자로서 형의 전부 또는 일부의 집행을 면제받은 사실이 있는 자를 말한다.
② 보안관찰처분의 기간은 2년으로 하되, 법무부장관은 검사의 청구가 있는 때에는 보안관찰처분심의위원회의 의결을 거쳐 그 기간을 갱신할 수 있다.
③ 보안관찰처분대상자는 대통령령이 정하는 바에 따라 그 형의 집행을 받고 있는 교도소, 소년교도소, 구치소, 유치장 또는 군교도소에서 출소 전에 거주예정지 기타 대통령령으로 정하는 사항을 교도소등의 장을 경유하여 거주예정지 관할 경찰서장에게 신고하고, 출소 후 7일 이내에 그 거주예정지 관할 경찰서장에게 출소사실을 신고하여야 한다.
④ 보안관찰처분청구는 검사가 보안관찰처분청구서를 법무부장관에게 제출함으로써 행한다.

해설 제3조(보안관찰처분대상자)
이 법에서 "보안관찰처분대상자"라 함은 보안관찰해당범죄 또는 이와 경합된 범죄로 금고 이상의 형의 선고를 받고 그 형기합계가 3년 이상인 자로서 형의 전부 또는 일부의 **집행을 받은 사실이 있는 자**를 말한다.

02 「보안관찰법」에 관한 설명으로 가장 적절하지 않은 것은? 23. 순경

① "보안관찰처분대상자"라 함은 보안관찰해당범죄 또는 이와 경합된 범죄로 금고 이상의 형의 선고를 받고 그 형기 합계가 3년 이상인 자로서 형의 전부 또는 일부의 집행을 받은 사실이 있는 자를 말한다.
② 보안관찰처분청구는 검사가 행한다.
③ 보안관찰처분을 받은 자는 이 법이 정하는 바에 따라 소정의 사항을 주거지 관할경찰서장에게 신고하고, 재범방지를 필요한 범위 안에서 그 지시에 따라 보안관찰을 받아야 한다.
④ 보안관찰처분의 기간은 3년으로 한다.

해설 제5조(보안관찰처분의 기간)
① 보안관찰처분의 기간은 **2년**으로 한다.
② 법무부장관은 검사의 청구가 있는 때에는 보안관찰처분심의위원회의 의결을 거쳐 그 기간을 갱신할 수 있다.

Answer 01 ① 02 ④

03 「보안관찰법」상 보안관찰처분에 대한 설명으로 옳지 <u>않은</u> 것은?

21. 경간부

① 보안관찰처분은 보안처분의 일종을 본질, 추구하는 목적 및 기능에 있어 형벌과는 다른 독자적 의의를 가진 사회보호적 처분이므로 형벌과 병과하여 선고한다고 해서 일사부재리원칙에 위반하였다고 할 수 없다.
② 보안관찰처분에 관한 결정은 보안관찰처분심의위원회의 의결을 거쳐 법무부장관이 행하며, 법무부장관은 보안관찰처분심의위원회의 의결과 다른 결정을 할 수 없다. 다만, 보안관찰처분 대상자에 대하여 보안관찰처분심의위원회의 의결보다 유리한 결정을 하는 때에는 그러하지 아니하다.
③ 보안관찰처분의 기간은 2년으로 하며 법무부장관은 검사의 청구가 있는 때에는 보안관찰처분심의위원회의 의결을 거쳐 1회에 한해 그 기간을 갱신할 수 있다.
④ 보안관찰처분결정을 받은 자가 그 결정에 이의가 있을 때에는 행정소송법이 정하는 바에 따라 그 결정이 집행된 날부터 60일 이내에 서울고등법원에 소를 제기할 수 있다.

[해설] 제5조(보안관찰처분의 기간)
① 보안관찰처분의 기간은 2년으로 한다.
② 법무부장관은 검사의 청구가 있는 때에는 보안관찰처분심의위원회의 의결을 거쳐 그 기간을 갱신할 수 있다. (**갱신횟수는 제한이 없다.**)

04 「보안관찰법」상 보안관찰 해당범죄가 아닌 것은 몇 개인가?

응용문제

㉠ 「국가보안법」상 목적수행죄　　㉡ 「형법」상 내란목적살인죄
㉢ 「국가보안법」상 잠입탈출죄　　㉣ 「형법」상 간첩죄
㉤ 「국가보안법」상 찬양고무죄

① 0개　　② 1개
③ 2개　　④ 3개

[해설] 보안관찰 해당범죄

형법	해당 범죄	① 여적죄　③ 간첩죄　⑤ 외환유치죄　⑦ 시설제공이적죄	② 시설파괴이적죄　④ 내란목적살인죄　⑥ 모병이적죄　⑧ 물건제공이적죄
		▶ 두문자 : **여**유시간에 **내외**를 모시고 **물**가로 갔다.	
	제외 범죄	**내**란죄, **일**반이적죄, **전**시군수계약불이행죄 등 ▶ 두문자 : **내 일 전**	

Answer 03 ③　04 ②

군형법	해당 범죄	① 반란죄　　　　　　　　　② 반란목적의 군용물탈취 ③ 군대 및 군용시설제공죄　　④ 군용시설등파괴죄 ⑤ 간첩죄　　　　　　　　　⑥ **일반이적죄** ⑦ **반란불보고죄**
	제외 범죄	단순반란불보고죄
국가 보안법	해당 범죄	① **총**포·**탄**약·**무기** 등 편의제공죄　② **잠**입·**탈**출죄 ③ **자**진지원　　　　　　　　　　　　④ **목**적수행죄 ⑤ **금**품수수죄 ▶ 두문자 : **총 잠**자는 날은 **목금**
	제외 범죄	① **회**합·통신죄　　　　　　② **반**국가단체구성·가입·권유죄 ③ **찬**양·고무죄　　　　　　④ **기**타 편의제공죄(제9조②항) ▶ 두문자 : 2**기 반찬회**

05 「보안관찰법」상 보안관찰처분 결정절차를 나열한 것으로 가장 적절한 것은?　응용문제

㉠ 대상자의 신고　　　　　　　　㉡ 보안관찰처분의 청구
㉢ 보안관찰처분 사안의 조사　　　㉣ 보안관찰처분 사안의 송치
㉤ 보안관찰처분의 결정

① ㉠ → ㉡ → ㉢ → ㉣ → ㉤
② ㉠ → ㉡ → ㉢ → ㉤ → ㉣
③ ㉠ → ㉢ → ㉣ → ㉤ → ㉡
④ ㉠ → ㉢ → ㉣ → ㉡ → ㉤

해설　보안관찰처분 결정절차
㉠ 대상자의 신고 → ㉢ 보안관찰처분 사안의 조사 → ㉣ 보안관찰처분 사안의 송치 → ㉡ 보안관찰처분의 청구 → ㉤ 보안관찰처분의 결정

06 다음 (　) 안에 들어갈 내용으로 바르게 된 것은?　응용문제

보안관찰처분대상이 되는 자는 보안관찰처분대상자 신고와 교도소 등의 출소 후 출소 사실 신고 및 변동사항이 있을 경우 (　)일 이내에 관할 경찰서에 신고하여야 하며, 보안관찰처분(피보안관찰)을 받은 자는 관찰처분을 받은 날로부터 (　)일 이내에 관할 경찰서에 신고서를 제출하여야 하며, 추후 매 (　)개월마다 정기신고와 국외여행 혹은 국내 (　)일 이상 여행하거나 신고사항의 변경이 있는 경우에는 수사 신고하여야 한다.

① 7, 10, 2, 10
② 7, 7, 3, 10
③ 10, 7, 2, 7
④ 7, 7, 2, 10

Answer　05 ④　06 ②

해설 대상자의 신고 및 의무

보안관찰처분대상자의 신고	대상자 신고	보안관찰처분 대상자는 **출소 전까지** 교도소 등의 장을 경유하여 거주예정지 관할경찰서장에게 신고해야 한다.
	출소사실 신고	**출소 후 7일 이내**에 그 거주예정지 관할경찰서장에게 출소사실을 신고해야 한다.
	변동사항 신고	출소한 후 신고사항에 변동이 있을 때에는 **변동이 있는 날로부터 7일 이내**에 그 변동된 사항을 관할경찰서장에게 신고하여야 한다.
피보안관찰자 신고의무	피보안관찰자 신고	피보안관찰자는 보안관찰처분결정고지를 받은 **날부터 7일 이내**에 주거지를 관할하는 지구대 또는 파출소의 장을 거쳐 관할경찰서장에게 신고하여야 한다.
	정기신고	피보안관찰자는 보안관찰처분결정고지를 받은 날이 속한 달부터 **매3월이 되는 달의 말일까지** 지구대・파출소장을 거쳐 관할경찰서장에게 신고하여야 한다.
	변동신고 (수시신고)	피보안관찰자는 제1항의 신고사항에 변동이 있을 때에는 **7일 이내**에 지구대・파출소장을 거쳐 관할경찰서장에게 신고하여야 한다.
	이전신고 (사전신고)	피보안관찰자가 ㉠ 주거지를 이전하거나 ㉡ 국외여행 또는 ㉢ **10일 이상** 주거를 이탈하여 여행하고자 할 때에는 미리 지구대・파출소장을 거쳐 관할경찰서장에게 신고하여야 한다.

07 「보안관찰법」상 보안관찰처분을 받은 자(피보안관찰자)의 신고에 대한 다음 설명 중 가장 옳은 것은?

응용문제

① 최초 신고사항에 변동이 있을 때에는 10일 이내에 지구대장(파출소장)을 거쳐 관할경찰서장에게 변동사항을 신고하여야 한다.

② 주거지를 이전하거나 국외여행 또는 7일 이상 주거를 이탈하여 여행하고자 할 때에는 미리 지구대장(파출소장)을 거쳐 관할경찰서장에게 피보안관찰자 신고를 하여야 한다.

③ 보안관찰처분결정고지를 받은 날부터 10일 이내에 지구대장(파출소장)을 거쳐 관할경찰서장에게 피보안관찰자 신고를 하여야 한다.

④ 보안관찰처분결정고지를 받은 날이 속한 달부터 매3월이 되는 달의 말일까지 3월간의 주요활동사항 등 소정사항을 지구대장(파출소장)을 거쳐 관할경찰서장에게 신고를 하여야 한다.

해설 제18조(신고사항)

③ (①) 피보안관찰자는 신고사항에 변동이 있을 때에는 **7일 이내**에 지구대・파출소장을 거쳐 관할경찰서장에게 신고하여야 한다.

④ (②) 피보안관찰자가 주거지를 이전하거나 국외여행 또는 **10일 이상** 주거를 이탈하여 여행하고자 할 때에는 미리 거주예정지, 여행예정지 기타 대통령령이 정하는 사항을 지구대・파출소장을 거쳐 관할경찰서장에게 신고하여야 한다.

① (③) 보안관찰처분을 받은 자(=피보안관찰자)는 보안관찰처분결정고지를 받은 날부터 **7일 이내**에 주거지를 관할하는 지구대 또는 파출소의 장(이하 "지구대・파출소장"이라 한다)을 거쳐 관할경찰서장에게 신고하여야 한다.

08 다음은 「보안관찰법」상 '보안관찰처분'을 설명한 것이다. 가장 적절한 것은? 응용문제

① '보안관찰처분대상자'라 함은 보안관찰해당범죄 또는 이와 경합된 범죄로 금고 이상의 형의 선고를 받고 그 형기 합계가 2년 이상인 자로서 형의 전부 또는 일부의 집행을 받은 사실이 있는 자를 말한다.
② 보안관찰처분의 기간은 2년으로 하며, 법무부장관은 검사의 청구가 있는 때에는 보안관찰처분심의위원회의 의결을 거쳐 그 기간을 갱신할 수 있다.
③ 보안관찰처분대상자는 출소 후 2개월 이내에 그 거주예정지 관할경찰서장에게 출소사실을 신고하여야 한다.
④ 검사는 피보안관찰자가 도주하거나 1월 이상 그 소재가 불명한 때에는 보안관찰처분의 집행중지결정을 할 수 있으며, 그 사유가 소멸된 때에는 7일 이내에 그 결정을 취소하여야 한다.

해설 ▶ (①) 제3조(보안관찰처분대상자)
이 법에서 "보안관찰처분대상자"라 함은 보안관찰해당범죄 또는 이와 경합된 범죄로 금고 이상의 형의 선고를 받고 그 형기합계가 **3년 이상**인 자로서 형의 전부 또는 일부의 집행을 받은 사실이 있는 자를 말한다.

▶ (③) 제6조(보안관찰처분대상자의 신고)
① 보안관찰처분대상자는 대통령령이 정하는 바에 따라 그 형의 집행을 받고 있는 교도소, 소년교도소, 구치소, 유치장 또는 군교도소(이하 "교도소등"이라 한다)에서 출소 전에 거주예정지 기타 대통령령으로 정하는 사항을 교도소등의 장을 경유하여 거주예정지 관할경찰서장에게 신고하고, **출소후 7일이내**에 그 거주예정지 관할경찰서장에게 출소사실을 신고하여야 한다.

▶ (④) 제17조(보안관찰처분의 집행)
③ 검사는 피보안관찰자가 도주하거나 1월 이상 그 소재가 불명한 때에는 보안관찰처분의 집행중지결정을 할 수 있다. 그 사유가 소멸된 때에는 **지체없이** 그 결정을 취소하여야 한다.

09 「보안관찰법」에 대한 설명으로 가장 적절하지 않은 것은? 응용문제

① 보안관찰처분대상자라 함은 보안관찰해당범죄 또는 이와 경합된 범죄로 금고 이상의 형의 선고를 받고 그 형기합계가 3년 이상인 자로서 형의 전부 또는 일부의 집행을 받은 사실이 있는 자를 말한다.
② 보안관찰처분을 받은 자는 이 법이 정하는 바에 따라 소정의 사항을 주거지 관할 검사에게 신고하고, 재범방지에 필요한 범위 안에서 그 지시에 따라 보안관찰을 받아야 한다.
③ 법무부장관은 검사의 청구가 있는 때에는 보안관찰처분심의위원회의 의결을 거쳐 그 기간을 갱신할 수 있다.
④ 보안관찰처분청구는 검사가 행한다.

해설 제4조(보안관찰처분)
② 보안관찰처분을 받은 자는 이 법이 정하는 바에 따라 소정의 사항을 주거지 **관할경찰서장**에게 신고하고, 재범방지에 필요한 범위안에서 그 지시에 따라 보안관찰을 받아야 한다.

Answer 08 ② 09 ②

10 보안관찰처분심의위원회에 대한 설명으로 맞는 것은? 응용문제

① 위원 중 변호사 자격이 있는 자의 위촉에 대한 제한은 없다.
② 위원회는 법무부에 두고 법무부장관이 위원장이 된다.
③ 위촉된 위원의 임기는 2년으로 한다.
④ 재적위원 과반수의 출석으로 개의하고 출석위원 3분의 2의 찬성으로 의결한다.

해설) **보안관찰처분심의위원회**

의 의	보안관찰처분에 관한 사안을 심의·의결하기 위하여 **법무부에** 보안관찰처분심의위원회를 둔다.
근 거	보안관찰법
소 속	**법무부**
위원장	**법무부차관**
위 원	학식과 덕망이 있는 자로 하되, 그 **과반수는 변호사의 자격이 있는 자**
구 성	① 위원회는 **위원장 1인과 6인의 위원으로 구성**한다. ② 위원 중 공무원이 아닌 위원도 이 법 기타 다른 법률의 규정에 의한 벌칙의 적용에 있어서는 공무원으로 본다. ③ 위원장은 위원회의 회무를 통리하고 위원회를 대표하며, 위원회의 회의를 소집하고 그 의장이 된다. ④ 위원장이 사고가 있을 때에는 미리 그가 지정한 위원이 그 직무를 대행한다.
임 명	위원은 법무부장관의 제청으로 대통령이 임명 또는 위촉한다.
위원임기	위촉된 위원의 **임기는 2년**으로 한다. 다만, 공무원인 위원은 그 직을 면한 때에는 위원의 자격을 상실한다.
의결방법	위원회의 회의는 **위원장을 포함한 재적위원 과반수의 출석으로 개의하고 출석위원 과반수의 찬성으로 의결**한다.

11 보안관찰에 대한 설명으로 가장 적절하지 <u>않은</u> 것은? 20. 승진

① 「국가보안법」상 목적수행죄, 자진지원죄, 금품수수죄와 「형법상」 내란목적살인죄, 외환유치죄, 간첩죄, 물건제공이적죄, 모병이적죄, 시설제공이적죄는 보안관찰 해당범죄이다.
② 피보안관찰자는 보안관찰처분결정고지를 받은 날이 속한 달부터 매 3월이 되는 달의 말일까지 정기신고를 해야 한다.
③ 피보안관찰자는 국외여행 또는 10일 이상 국내여행을 하는 경우 신고를 해야 한다.
④ 「보안관찰법」상 보안관찰처분심의위원회는 위원장 1인(법무부장관)과 6인의 위원으로 구성되고, 위원은 법무부장관의 제청으로 대통령이 임명 또는 위촉한다.

해설) 제12조(보안관찰처분심의위원회)
③ 위원장은 **법무부차관**이 되고, 위원은 학식과 덕망이 있는 자로 하되, 그 과반수는 변호사의 자격이 있는 자이어야 한다.

Answer 10 ③ 11 ④

12 「보안관찰법」상 보안관찰과 관련한 다음 설명 중 가장 옳은 것은? 응용문제

① 검사는 보안관찰처분청구를 한 때에는 지체 없이 처분청구서 사본을 피청구자에게 송달하여야 한다.
② 검사는 피보안관찰자가 도주하거나 15일 이상 그 소재가 불명한 때에는 보안관찰처분의 집행중지결정을 하여야 한다.
③ 보안관찰처분심의위원회의 위원장은 법무부장관이다.
④ 보안관찰처분심의위원회는 보안관찰처분 또는 그 기각의 결정, 면제 또는 그 취소결정, 보안관찰처분의 취소 또는 기간의 갱신결정을 심의·의결한다.

해설 ▶(①) 제8조(청구의 방법)
④ 검사는 보안관찰처분청구를 한 때에는 지체없이 **처분청구서등본**을 피청구자에게 송달하여야 한다. 이 경우 송달에 관하여는 민사소송법중 송달에 관한 규정을 준용한다.
▶(②) 제17조(보안관찰처분의 집행)
③ 검사는 피보안관찰자가 도주하거나 **1월 이상** 그 소재가 불명한 때에는 보안관찰처분의 집행중지결정을 할 수 있다. 그 사유가 소멸된 때에는 지체없이 그 결정을 취소하여야 한다.
▶(③) 제12조(보안관찰처분심의위원회)
③ 위원장은 **법무부차관**이 되고, 위원은 학식과 덕망이 있는 자로 하되, 그 과반수는 변호사의 자격이 있는 자이어야 한다.

13 「보안관찰법」 및 「동법 시행령」상 보안관찰처분 면제결정에 대한 설명이다. 아래 ㉠부터 ㉣까지의 설명 중 옳고 그름의 표시(○, ×)가 바르게 된 것은? 응용문제

㉠ 보안관찰처분의 면제결정 신청을 하고자 하는 보안관찰처분 대상자는 처분을 한 검사에게 신청서를 제출하여야 한다.
㉡ 검사는 신청서와 관계서류를 제출받은 때에는 10일 이내에 의견서를 첨부하여 법무부장관에게 송부하여야 한다.
㉢ 법무부장관은 보안관찰처분대상자의 신청이 있을 때에는 부득이한 사유가 있는 경우를 제외하고는 2월 내에 보안관찰처분 면제여부를 결정하여야 한다.
㉣ 검사는 면제결정을 받은 자가 그 면제결정요건에 해당하지 아니하게 된 때에는 관할 지방법원장에게 면제결정 취소를 할 수 있다.

① ㉠(×) ㉡(×) ㉢(○) ㉣(×)　② ㉠(○) ㉡(○) ㉢(×) ㉣(×)
③ ㉠(×) ㉡(×) ㉢(×) ㉣(×)　④ ㉠(○) ㉡(×) ㉢(×) ㉣(○)

해설 ▶보안관찰법 시행령 제14조(보안관찰처분 면제결정 신청등)
① (㉠) 법 제11조 제2항에 따른 보안관찰처분면제결정 신청을 하려는 보안관찰처분대상자는 관할 **경찰서장에게** 다음 각 호의 서류를 첨부한 보안관찰처분면제결정신청서(전자문서로 된 신청서를 포함한다)를 제출해야 한다.

Answer 12 ④　13 ③

③ (ⓛ) 검사는 제2항의 규정에 의하여 신청서와 관계서류를 송부받은 때에는 **20일이내**에 의견서를 첨부하여 법무부장관에게 송부하여야 한다.

▶ **보안관찰법 제11조(보안관찰처분의 면제)**
② (ⓒ) 법무부장관은 제1항의 요건을 갖춘 보안관찰처분대상자의 신청이 있을 때에는 부득이한 사유가 있는 경우를 제외하고는 **3월내에** 보안관찰처분면제여부를 결정하여야 한다.
④ (ⓔ) 면제결정을 받은 자가 그 면제결정요건에 해당하지 아니하게 된 때에는 검사의 청구에 의하여 **법무부장관은** 면제결정을 취소할 수 있다.

CHAPTER 11 출입국관리법 [법률시행 2023.12.14.]

01 다음 중 「출입국관리법」상 용어 설명으로 타당하지 <u>않은</u> 것은?   응용문제

① '외국인'이라 함은 외국국적을 가진 자를 말한다.
② '난민'이라 함은 난민의 지위에 관한 협약 또는 난민의 지위에 관한 의정서에 의하여 난민협약의 적용을 받는 자이다.
③ '여권'이란 대한민국정부·외국정부 또는 권한 있는 국제기구에서 발급한 여권 또는 난민여행증명서 기타 여권에 갈음하는 증명서로 대한민국정부가 유효하다고 인정하는 것을 말한다.
④ '선원신분증명서'라 함은 대한민국 정부 또는 외국정부가 발급한 문자로서 선원임을 증명하는 것을 말한다.

해설 제2조(정의)
2. "외국인"이란 **대한민국의 국적을 가지지 아니한 사람**을 말한다.

02 「출입국관리법」에 대한 설명으로 가장 적절한 것은?   21. 순경

① 출국이 금지(「출입국관리법」 제4조 제1항 또는 제2항)되거나 출국금지기간이 연장(「출입국관리법」 제4조의2 제1항)된 사람은 출국금지결정이나 출국금지기간 연장의 통지를 받은 날 또는 그 사실을 안날부터 15일 이내에 법무부장관에게 출국금지결정이나 출국금지기간 연장결정에 대한 이의를 신청할 수 있다.
② 외국인이 입국할 때에는 유효한 여권과 외교부장관이 발급한 사증을 가지고 있어야 한다.
③ 수사기관이 「출입국관리법」 제4조의6 제3항에 따른 긴급출국금지 승인을 요청한 때로부터 12시간 이내에 법무부장관으로부터 긴급출국금지 승인을 받지 못한 경우, 법무부장관은 「출입국관리법」 제4조의6 제1항의 수사기관 요청에 따른 출국금지를 해제하여야 한다.
④ 법무부장관은 소재를 알 수 없어 기소중지결정이 된 사람 또는 도주 등 특별한 사유가 있어 수사진행이 어려운 사람에 대하여는 6개월 이내의 기간을 정하여 출국을 금지할 수 있다.

Answer   01 ①   02 ③

해설 (①) **제4조의5(출국금지결정 등에 대한 이의신청)**
① 제4조 제1항 또는 제2항에 따라 출국이 금지되거나 제4조의2 제1항에 따라 출국금지기간이 연장된 사람은 출국금지결정이나 출국금지기간 연장의 통지를 받은 날 또는 그 사실을 안 날부터 **10일 이내에** 법무부장관에게 출국금지결정이나 출국금지기간 연장결정에 대한 이의를 신청할 수 있다.
② 법무부장관은 제1항에 따른 이의신청을 받으면 그 날부터 15일 이내에 이의신청의 타당성 여부를 결정하여야 한다. 다만, 부득이한 사유가 있으면 15일의 범위에서 한 차례만 그 기간을 연장할 수 있다.

▶(②) **제7조(외국인의 입국)**
① 외국인이 입국할 때에는 유효한 여권과 **법무부장관**이 발급한 사증(査證)을 가지고 있어야 한다.

▶(④) **출국금지 및 출국정지 사유**

사유	출국금지 (국내인)	출국정지 (외국인)
1. 형사재판에 계속 중인 사람 2. 징역형이나 금고형의 집행이 끝나지 아니한 사람 3. **대통령령으로 정하는 금액** 이상의 벌금이나 추징금을 내지 아니한 사람 　▶ 벌금 등의 미납에 따른 출국금지 기준 　　1. 벌금 : **1천만원** 　　2. 추징금 : **2천만원** 4. **대통령령으로 정하는 금액** 이상의 국세·관세 또는 지방세를 정당한 사유 없이 그 납부기한까지 내지 아니한 사람 　▶ 벌금 등의 미납에 따른 출국금지 기준 　　1. 국세 : **5천만원** 　　2. 관세 : **5천만원** 　　3. 지방세 : **3천만원** 5. 그 밖에 제1호부터 제4호까지의 규정에 준하는 사람으로서 대한민국의 이익이나 공공의 안전 또는 경제질서를 해칠 우려가 있어 그 출국이 적당하지 아니하다고 **법무부령으로 정하는 사람**	6개월 이내	3개월 이내
범죄 수사를 위하여 출국이 적당하지 아니하다고 인정되는 사람	1개월 이내	
1. 소재를 알 수 없어 기소중지결정이 된 사람 2. 도주 등 특별한 사유가 있어 수사진행이 어려운 사람	**3개월 이내**	
기소중지 또는 수사중지(피의자중지로 한정한다)된 경우로서 체포영장 또는 구속영장이 발부된 사람	영장 유효기간 이내	

03. 「출입국관리법」상 외국인의 강제퇴거에 관한 설명으로 가장 적절하지 않은 것은?   23. 승진

① 강제퇴거명령서는 출입국관리공무원이 집행한다. 지방출입국·외국인관서의 장은 사법경찰관리에게 강제퇴거명령서의 집행을 의뢰할 수 있다.
② 대통령령으로 정하는 금액 이상의 국세·관세 또는 지방세를 정당한 사유 없이 그 납부기한까지 내지 아니한 사람은 강제퇴거 대상자에 해당한다.
③ 금고 이상의 형을 선고받고 석방된 사람은 강제퇴거의 대상이 된다.
④ 지방출입국·외국인관서의 장은 강제퇴거명령을 받은 사람을 보호할 때 그 기간이 3개월이 넘는 경우에는 3개월마다 미리 법무부장관의 승인을 얻어야 한다.

(해설) 대통령령으로 정하는 금액 이상의 국세·관세 또는 지방세를 정당한 사유 없이 그 납부기한까지 내지 아니한 사람(내국인, 외국인)에 대하여는 6개월 이내의 기간을 정하여 **출국을 금지(정지)**할 수 있다.

04. 「출입국관리법」 제4조에는 국민의 출국 금지 기간에 대하여 정하고 있다. 보기의 각 사유별 ( ) 안에 들어갈 출국 금지 기간을 가장 적절하게 연결한 것은?   응용문제

> ㉠ 범죄의 수사를 위하여 출국이 적당하지 아니하다고 인정되는 사람 : 원칙적으로 ( )개월 이내
> ㉡ 형사재판에 계속 중인 사람 : ( )개월 이내
> ㉢ 소재를 알 수 없어 기소중지결정이 된 사람 : ( )개월 이내
> ㉣ 징역형이나 금고형의 집행이 종료되지 아니한 사람 : ( )개월 이내

① ㉠ 1 ㉡ 3 ㉢ 3 ㉣ 6
② ㉠ 1 ㉡ 6 ㉢ 3 ㉣ 6
③ ㉠ 3 ㉡ 3 ㉢ 6 ㉣ 3
④ ㉠ 3 ㉡ 6 ㉢ 3 ㉣ 6

(해설) ㉠ 범죄의 수사를 위하여 출국이 적당하지 아니하다고 인정되는 사람 : 원칙적으로 **(1)개월 이내**
㉡ 형사재판에 계속 중인 사람 : **(6)개월 이내**
㉢ 소재를 알 수 없어 기소중지결정이 된 사람 : **(3)개월 이내**
㉣ 징역형이나 금고형의 집행이 종료되지 아니한 사람 : **(6)개월 이내**

05. 「출입국 관리법」에 대한 내용 중 ㉠과 ㉡에 들어갈 숫자의 합으로 적절한 것은?   응용문제

> 가. 수사기관은 긴급출국금지를 요청한 때로부터 (㉠)시간 이내에 법무부장관에게 긴급출국금지 승인을 요청하여야 한다.
> 나. 수사기관이 긴급출국금지 승인을 요청한 때로부터 (㉡)시간 이내에 법무부장관으로부터 긴급출국금지 승인을 받지 못한 경우에는 출국금지를 해제하여야 한다.

Answer 03 ② 04 ②

① 12 ② 18
③ 24 ④ 36

해설 ▶ 제4조의6(긴급출국금지)
③ (가) 수사기관은 제1항에 따라 긴급출국금지를 요청한 때로부터 **6시간 이내**에 법무부장관에게 긴급출국금지 승인을 요청하여야 한다. 이 경우 검사의 검토의견서 및 범죄사실의 요지, 긴급출국금지의 사유 등을 기재한 긴급출국금지보고서를 첨부하여야 한다.
④ (나) 법무부장관은 수사기관이 제3항에 따른 긴급출국금지 승인 요청을 하지 아니한 때에는 제1항의 수사기관 요청에 따른 출국금지를 해제하여야 한다. 수사기관이 긴급출국금지 승인을 요청한 때로부터 **12시간 이내**에 법무부장관으로부터 긴급출국금지 승인을 받지 못한 경우에도 또한 같다.

06 다음 중 사증 없이 입국할 수 있는 외국인이 아닌 것은? 응용문제

① 재입국허가를 받은 자 또는 재입국허가가 면제된 자로서 그 허가 또는 면제받은 기간이 만료되기 전에 입국하는 자
② 대한민국과 사증면제협정을 체결한 국가의 국민으로서 그 협정에 의하여 면제대상이 되는 자
③ 대한민국의 이익 등과 관련하여 외교부장관이 인정한 사람
④ 난민여행증명서를 발급받고 출국하여 그 유효기간이 만료되기 전에 입국하는 자

해설 제7조(외국인의 입국)
② 다음 각 호의 어느 하나에 해당하는 외국인은 제1항에도 불구하고 사증 없이 입국할 수 있다.
  1. 재입국허가를 받은 사람 또는 재입국허가가 면제된 사람으로서 그 허가 또는 면제받은 기간이 끝나기 전에 입국하는 사람
  2. 대한민국과 사증면제협정을 체결한 국가의 국민으로서 그 협정에 따라 면제대상이 되는 사람
  3. 국제친선, 관광 또는 대한민국의 이익 등을 위하여 입국하는 사람으로서 **대통령령으로 정하는 바에** 따라 따로 입국허가를 받은 사람

> 출입국관리법 시행령 제8조(국제친선 등을 위한 입국허가)
> ① 법 제7조 제2항 제3호에 따라 사증 없이 입국할 수 있는 외국인은 다음 각 호의 어느 하나에 해당하는 사람으로 한다.
>   1. 외국정부 또는 국제기구의 업무를 수행하는 사람으로서 부득이한 사유로 사증을 가지지 아니하고 입국하려는 사람
>   2. 법무부령으로 정하는 기간 내(30일)에 대한민국을 관광하거나 통과할 목적으로 입국하려는 사람
>   3. 그 밖에 **법무부장관이** 대한민국의 이익 등을 위하여 입국이 필요하다고 인정하는 사람

  4. 난민여행증명서를 발급받고 출국한 후 그 유효기간이 끝나기 전에 입국하는 사람

Answer 06 ③

07 「출입국관리법」상 외국인에 대한 입국금지 사유에 대한 설명으로 옳고 그름의 표시(O, X)가 바르게 된 것은? 20. 승진

> ㉠ 형사재판에 계속 중인 사람
> ㉡ 강제퇴거명령을 받고 출국한 후 5년이 지나지 아니한 사람
> ㉢ 경제질서 또는 사회질서를 해치거나 선량한 풍속을 해치는 행동을 할 염려가 있다고 인정할 만한 상당한 이유가 있는 사람
> ㉣ 유효한 여권과 사증 없이 입국하는 사람
> ㉤ 징역형이나 금고형의 집행이 끝나지 아니한 사람

① ㉠(O) ㉡(X) ㉢(X) ㉣(O) ㉤(O)
② ㉠(X) ㉡(O) ㉢(O) ㉣(O) ㉤(X)
③ ㉠(X) ㉡(O) ㉢(O) ㉣(X) ㉤(X)
④ ㉠(X) ㉡(O) ㉢(O) ㉣(X) ㉤(O)

해설 제11조(입국의 금지 등)
① 법무부장관은 다음 각 호의 어느 하나에 해당하는 외국인에 대하여는 입국을 금지할 수 있다.
　1. 감염병환자, 마약류중독자, 그 밖에 공중위생상 위해를 끼칠 염려가 있다고 인정되는 사람
　2. 「총포·도검·화약류 등의 안전관리에 관한 법률」에서 정하는 총포·도검·화약류 등을 위법하게 가지고 입국하려는 사람
　3. 대한민국의 이익이나 공공의 안전을 해치는 행동을 할 염려가 있다고 인정할 만한 상당한 이유가 있는 사람
　4. (㉢) **경제질서 또는 사회질서를 해치거나 선량한 풍속을 해치는 행동을 할 염려가 있다고 인정할 만한 상당한 이유가 있는 사람**
　5. 사리 분별력이 없고 국내에서 체류활동을 보조할 사람이 없는 정신장애인, 국내체류비용을 부담할 능력이 없는 사람, 그 밖에 구호(救護)가 필요한 사람
　6. (㉡) **강제퇴거명령을 받고 출국한 후 5년이 지나지 아니한 사람**
　7. 1910년 8월 29일부터 1945년 8월 15일까지 사이에 다음 각 목의 어느 하나에 해당하는 정부의 지시를 받거나 그 정부와 연계하여 인종, 민족, 종교, 국적, 정치적 견해 등을 이유로 사람을 학살·학대하는 일에 관여한 사람
　　가. 일본 정부
　　나. 일본 정부와 동맹 관계에 있던 정부
　　다. 일본 정부의 우월한 힘이 미치던 정부
　8. 제1호부터 제7호까지의 규정에 준하는 사람으로서 법무부장관이 그 입국이 적당하지 아니하다고 인정하는 사람
㉠㉤ : 출국금지(정지) 사유
㉣ : 외국인 강제퇴거대상자

Answer 07 ③

08 「출입국관리법」상 외국인의 입국금지 사항으로 규정된 경우(○)와 아닌 경우(×)가 바르게 연결된 것은?

응용문제

> ㉠ 「총포·도검·화약류 등의 안전관리에 관한 법률」에서 정하는 총포·도검·화약류 등을 위법하게 가지고 입국하려는 사람
> ㉡ 강제퇴거명령을 받고 출국한 후 5년이 지난 사람
> ㉢ 감염병환자, 마약류중독자, 그 밖에 공중위생상 위해를 끼칠 염려가 있다고 인정되는 사람
> ㉣ 사리 분별력이 없고 국내에서 체류활동을 보조할 사람이 없는 정신장애인, 국내체류비용을 부담할 능력이 없는 사람, 그 밖에 구호가 필요한 사람
> ㉤ 대한민국의 이익이나 공공의 안전을 해치는 행동을 할 염려가 있다고 인정할 만한 상당한 이유가 있는 사람
> ㉥ 경제질서 또는 사회질서를 해치거나 선량한 풍속을 해치는 행동을 할 염려가 있다고 인정할 만한 상당한 이유가 있는 사람

① ㉠(○) ㉡(×) ㉢(○) ㉣(○) ㉤(○) ㉥(○)
② ㉠(○) ㉡(○) ㉢(○) ㉣(×) ㉤(○) ㉥(×)
③ ㉠(×) ㉡(○) ㉢(×) ㉣(○) ㉤(○) ㉥(×)
④ ㉠(×) ㉡(×) ㉢(○) ㉣(×) ㉤(×) ㉥(○)

해설 ㉡ 강제처리 명령을 받고 출국한 후 5년이 지나지 아니한 사람

09 「출입국관리법」에 대한 설명이다. 아래 가.부터 라.까지 설명 중 옳고 그름의 표시(O, X)가 바르게 된 것은?

22. 경간부

> 가. 수사기관이 「출입국관리법」 제4조의6 제3항에 따른 긴급출국금지 승인을 요청한 때로부터 24시간 이내에 법무부장관으로부터 긴급출국금지 승인을 받지 못한 경우, 법무부장관은 출입국관리법 제4조의6 제1항의 수사기관 요청에 따른 출국금지를 해제하여야 한다.
> 나. 18세 미만의 외국인을 제외한 대한민국에 체류하는 외국인은 여권, 선원신분증명서, 외국인입국허가서, 외국인등록증 또는 상륙허가서를 지니고 있어야 한다.
> 다. 출입국관리공무원 외의 수사기관이 출입국사범에 해당하는 사건을 입건하였을 때에는 지체 없이 관할 지방출입국·외국인관서의 장에게 인계하여야 한다.
> 라. 감염병환자, 마약류중독자, 강제퇴거명령을 받고 출국한 후 5년이 지난 외국인은 입국금지 사항에 해당한다.

① 가.(○) 나.(×) 다.(○) 라.(○)
② 가.(×) 나.(○) 다.(○) 라.(○)
③ 가.(×) 나.(×) 다.(○) 라.(×)
④ 가.(○) 나.(×) 다.(○) 라.(×)

Answer 08 ① 09 ③

해설 ▶ **(가) 제4조의6(긴급출국금지)**
④ 법무부장관은 수사기관이 제3항에 따른 긴급출국금지 승인 요청을 하지 아니한 때에는 제1항의 수사기관 요청에 따른 출국금지를 해제하여야 한다. 수사기관이 긴급출국금지 승인을 요청한 때로부터 **12시간 이내**에 법무부장관으로부터 긴급출국금지 승인을 받지 못한 경우에도 또한 같다.

▶ **(나) 제27조(여권등의 휴대 및 제시)**
① 대한민국에 체류하는 외국인은 항상 여권·선원신분증명서·외국인입국허가서·외국인등록증·모바일외국인등록증 또는 상륙허가서(이하 "여권등"이라 한다)를 지니고 있어야 한다. 다만, **17세 미만인** 외국인의 경우에는 그러하지 아니하다.

▶ **(라) 제11조(입국의 금지 등)**
① 법무부장관은 다음 각 호의 어느 하나에 해당하는 외국인에 대하여는 입국을 금지할 수 있다.
  1. 감염병환자, 마약류중독자, 그 밖에 공중위생상 위해를 끼칠 염려가 있다고 인정되는 사람
  6. **강제퇴거명령을 받고 출국한 후 5년이 지나지 아니한 사람**

10 「출입국관리법」에 대한 설명으로 가장 적절하지 <u>않은</u> 것은?   20. 승진

① 법무부장관은 형사재판에 계속 중인 사람, 징역형이나 금고형의 집행이 끝나지 아니한 사람, 대통령령으로 정하는 금액 이상의 벌금이나 추징금을 내지 아니한 사람에 대해서는 6개월 이내의 기간을 정하여 출국을 금지할 수 있다.
② 재난상륙·긴급상륙·승무원상륙 허가기간은 각각 30일 이내이며, 난민임시상륙 허가기간은 90일 이내이다.
③ 수사기관이 출입국사범을 입건한 때에는 지체 없이 관할 지방출입국·외국인관서의 장에게 사건을 인계한다.
④ 법무부장관은 입국심사에 필요한 경우에는 관계 행정기관이 보유하고 있는 외국인의 지문 및 얼굴에 관한 자료의 제출을 요청할 수 있다.

해설 **종류**

승무원의 상륙허가	① **출입국관리공무원은** 아래에 해당하는 외국인승무원에 대하여 선박등의 장 또는 운수업자나 본인이 신청하면 **15일의 범위에서** 승무원의 상륙을 **허가할 수 있다.** 다만, 입국금지대상자에 해당하는 외국인승무원에 대하여는 그러하지 아니하다. 1. 승선 중인 선박등이 대한민국의 출입국항에 정박하고 있는 동안 휴양 등의 목적으로 상륙하려는 외국인승무원 2. 대한민국의 출입국항에 입항할 예정이거나 정박 중인 선박등으로 옮겨 타려는 외국인승무원
관광 상륙허가	① **출입국관리공무원은** 관광을 목적으로 대한민국과 외국 해상을 국제적으로 순회)하여 운항하는 여객운송선박 중 법무부령으로 정하는 선박에 승선한 외국인승객에 대하여 그 선박의 장 또는 운수업자가 상륙허가를 신청하면 **3일의 범위에서** 승객의 관광상륙을 **허가할 수 있다.** 다만, 입국금지대상자에 해당하는 외국인승객에 대하여는 그러하지 아니하다.

Answer 10 ②

긴급 상륙허가	① **출입국관리공무원은** 선박등에 타고 있는 외국인(승무원을 포함)이 질병이나 그 밖의 사고로 **긴급히 상륙할 필요**가 있다고 인정되면 그 선박등의 장이나 운수업자의 신청을 받아 30일의 범위에서 긴급상륙을 **허가할 수 있다.** ③ 선박등의 장이나 운수업자는 긴급상륙한 사람의 생활비·치료비·장례비와 그 밖에 상륙 중에 발생한 모든 비용을 부담하여야 한다.
재난 상륙허가	① **지방출입국·외국인관서의 장은** 조난을 당한 선박등에 타고 있는 외국인(승무원을 포함한다)을 **긴급히 구조할 필요**가 있다고 인정하면 그 선박등의 장, 운수업자, 「수상에서의 수색·구조 등에 관한 법률」에 따른 구호업무 집행자 또는 그 외국인을 구조한 선박등의 장의 신청에 의하여 **30일의 범위**에서 재난상륙을 **허가할 수 있다.**
난민임시 상륙허가	① **지방출입국·외국인관서의 장은** 선박등에 타고 있는 외국인이 「난민법」 제2조 제1호에 규정된 이유나 그 밖에 이에 준하는 이유로 그 생명·신체 또는 신체의 자유를 침해받을 공포가 있는 영역에서 도피하여 곧바로 대한민국에 비호를 신청하는 경우 그 외국인을 상륙시킬 만한 상당한 이유가 있다고 인정되면 **법무부장관의 승인**을 받아 90일의 범위에서 난민 임시상륙을 **허가할 수 있다.** 이 경우 **법무부장관은 외교부장관과 협의하여야 한다.**

11 「출입국관리법」에 규정된 상륙의 종류에 대한 설명 중 가장 옳은 것은? 〔응용문제〕

① 긴급상륙 – 조난을 당한 선박 등에 타고 있는 외국인(승무원을 포함한다)을 긴급히 구조할 필요가 있다고 인정될 때
② 관광상륙 – 외국인승무원이 승선 중인 선박 등이 대한민국의 출입국항에 정박하고 있는 동안 휴양 등의 목적으로 상륙하려할 때
③ 재난상륙 – 선박 등에 타고 있는 외국인(승무원을 포함한다)이 질병이나 그 밖의 사고로 긴급히 상륙할 필요가 있다고 인정될 때
④ 난민임시상륙 – 선박 등에 타고 있는 외국인이 「난민법」 제2조 제1호에 규정된 이유나 그 밖에 이에 준하는 이유로 그 생명·신체 또는 신체의 자유를 침해받을 공포가 있는 영역에서 도피하여 곧바로 대한민국에 비호를 신청한 경우 그 외국인을 상륙시킬 만한 상당한 이유가 있다고 인정될 때

[해설] ① 재난상륙
② 승무원 상륙
③ 긴급상륙

Answer 11 ④

12
「출입국관리법」상 상륙의 종류와 상륙허가 기간에 대한 설명으로 ㉠부터 ㉤ 까지 ( ) 안에 들어갈 숫자를 모두 합한 값으로 가장 적절한 것은? (단, 필요요건과 절차는 갖추어졌으며, 연장은 없는 것으로 본다)

> ㉠ 대한민국의 출입국항에 입항할 예정이거나 정박 중인 선박등으로 옮겨 타려는 외국인승무원 － ( )일 이내
> ㉡ 선박등에 타고 있는 외국인(승무원을 포함한다)이 질병이나 그 밖의 사고로 긴급히 상륙할 필요가 있다고 인정될 때 － ( )일 이내
> ㉢ 승선 중인 선박등이 대한민국의 출입국항에 정박하고 있는 동안 휴양 등의 목적으로 상륙하는 외국인승무원 － ( )일 이내
> ㉣ 조난을 당한 선박등에 타고 있는 외국인(승무원을 포함한다)을 긴급히 구조할 필요가 있다고 인정 될 때 － ( )일 이내
> ㉤ 선박등에 타고 있는 외국인이 「난민법」 제2조 제1호에 규정된 이유나 그 밖에 이에 준하는 이유로 그 생명·신체 또는 신체의 자유를 침해받을 공포가 있는 영역에서 도피하여 곧바로 대한민국에 비호를 신청하는 경우 － ( )일 이내

① 153
② 168
③ 180
④ 205

해설 ㉠ 15일 이내 ㉡ 30일 이내
㉢ 15일 이내 ㉣ 90일 이내

13
「출입국관리법 시행령」상 외국인의 체류자격에 대한 설명이다. ㉠~㉣의 괄호 안에 들어갈 내용이 가장 적절한 것은?

> • A － (㉠), 외교 : 대한민국정부가 접수한 외국정부의 외교사절단이나 영사기관의 구성원, 조약 또는 국제관행에 따라 외교사절과 동등한 특권과 면제를 받는 사람과 그 가족
> • (㉡) － 2, 유학 : 전문대학 이상의 교육기관 또는 학술연구기관에서 정규과정의 교육을 받거나 특정 연구를 하려는 사람
> • F － (㉢), 재외동포 : 「재외동포의 출입국과 법적 지위에 관한 법률」상 대한민국의 국적을 보유하였던 자(대한민국정부 수립 전에 국외로 이주한 동포를 포함) 또는 그 직계비속으로서 외국국적을 취득한 자 중 대통령령으로 정하는 자(단순 노무행위 등 법령에서 규정한 취업활동에 종사하려는 사람은 제외)
> • (㉣) － 6, 예술흥행 : 수익이 따르는 음악, 미술, 문학 등의 예술활동과 수익을 목적으로 하는 연예, 연주, 연극, 운동경기, 광고·패션 모델, 그 밖에 이에 준하는 활동을 하려는 사람

Answer 12 ③ 13 ④

	㉠	㉡	㉢	㉣			㉠	㉡	㉢	㉣
①	2	D	6	E		②	2	E	4	F
③	1	E	6	F		④	1	D	4	E

해설 ▶ (㉠) 출입국관리법 시행령 장기체류자격(제12조 관련)

1. 외교 (A-1)	대한민국정부가 접수한 외국정부의 외교사절단이나 영사기관의 구성원, 조약 또는 국제관행에 따라 외교사절과 동등한 특권과 면제를 받는 사람과 그 가족	재임기간
2. 공무 (A-2)	대한민국정부가 승인한 외국정부 또는 국제기구의 공무를 수행하는 사람과 그 가족	
3. 협정 (A-3)	대한민국정부와의 협정에 따라 외국인등록이 면제되거나 면제할 필요가 있다고 인정되는 사람과 그 가족	

▶ (㉡) 출입국관리법 시행령 장기체류자격(제12조 관련)

4. 문화예술 (D-1)	수익을 목적으로 하지 않는 문화 또는 예술 관련 활동을 하려는 사람(대한민국의 전통문화 또는 예술에 대하여 전문적인 연구를 하거나 전문가의 지도를 받으려는 사람을 포함한다)
5. 유학 (D-2)	전문대학 이상의 교육기관 또는 학술연구기관에서 정규과정의 교육을 받거나 특정 연구를 하려는 사람
6. 기술연수 (D-3)	법무부장관이 정하는 연수조건을 갖춘 사람으로서 국내의 산업체에서 연수를 받으려는 사람
7. 일반연수 (D-4)	법무부장관이 정하는 요건을 갖춘 교육기관이나 기업체, 단체 등에서 교육 또는 연수를 받거나 연구활동에 종사하려는 사람[연수기관으로부터 체재비를 초과하는 보수(報酬)를 받거나 유학(D-2)·기술연수(D-3) 체류자격에 해당하는 사람은 제외한다]
8. 취재 (D-5)	외국의 신문사, 방송사, 잡지사 또는 그 밖의 보도기관으로부터 파견되거나 외국 보도기관과의 계약에 따라 국내에 주재하면서 취재 또는 보도활동을 하려는 사람
9. 종교 (D-6)	가. 외국의 종교단체 또는 사회복지단체로부터 파견되어 대한민국에 있는 지부 또는 유관 종교단체에서 종교활동을 하려는 사람 나. 대한민국 내의 종교단체 또는 사회복지단체의 초청을 받아 사회복지활동을 하려는 사람 다. 그 밖에 법무부장관이 인정하는 종교활동 또는 사회복지활동에 종사하려는 사람
10. 주재 (D-7)	가. 외국의 공공기관·단체 또는 회사의 본사, 지사, 그 밖의 사업소 등에서 1년 이상 근무한 사람으로서 대한민국에 있는 그 계열회사, 자회사, 지점 또는 사무소 등에 필수 전문인력으로 파견되어 근무하려는 사람[기업투자(D-8) 체류자격에 해당하는 사람은 제외하며, 국가기간산업 또는 국책사업에 종사하려는 경우나 그 밖에 법무부장관이 필요하다고 인정하는 경우에는 1년 이상의 근무 요건을 적용하지 않는다]
11. 기업투자 (D-8)	가. 「외국인투자 촉진법」에 따른 외국인투자기업의 경영·관리 또는 생산·기술 분야에 종사하려는 필수전문인력으로서 법무부장관이 인정하는 사람[외국인이 경영하는 기업(법인은 제외한다)에 투자한 사람 및 국내에서 채용된 사람은 제외한다] 나. 지식재산권을 보유하는 등 우수한 기술력으로 「벤처기업육성에 관한 특별법」 제2조의2 제1항 제2호 다목에 따른 벤처기업을 설립한 사람 중 같은 법 제25조에 따라 벤처기업 확인을 받은 사람 또는 이에 준하는 사람으로서 법무부장관이 인정하는 사람

12. 무역경영 (D-9)	대한민국에 회사를 설립하여 경영하거나 무역, 그 밖의 영리사업을 위한 활동을 하려는 사람으로서 필수 전문인력에 해당하는 사람[수입기계 등의 설치, 보수, 조선 및 산업설비 제작·감독 등을 위하여 대한민국 내의 공공기관·민간단체에 파견되어 근무하려는 사람을 포함하되, 국내에서 채용하는 사람과 기업투자(D-8) 체류자격에 해당하는 사람은 제외한다]	
13. 구직 (D-10)	가. 교수(E-1)부터 특정활동(E-7)까지의 체류자격[예술흥행(E-6) 체류자격 중 법무부장관이 정하는 공연업소의 종사자는 제외한다]에 해당하는 분야에 취업하기 위하여 연수나 구직활동 등을 하려는 사람으로서 법무부장관이 인정하는 사람 나. 기업투자(D-8) 다목에 해당하는 법인의 창업 준비 등을 하려는 사람으로서 법무부장관이 인정하는 사람	

▶ (ⓒ) 출입국관리법 시행령 장기체류자격(제12조 관련)

23. 방문동거 (F-1)	가. 친척 방문, 가족 동거, 피부양(被扶養), 가사정리, 그 밖에 이와 유사한 목적으로 체류하려는 사람으로서 법무부장관이 인정하는 사람 다. 외교(A-1)부터 협정(A-3)까지의 체류자격에 해당하는 사람의 동일한 세대에 속하지 않는 동거인으로서 그 체류의 필요성을 법무부장관이 인정하는 사람 라. 그 밖에 부득이한 사유로 직업활동에 종사하지 않고 대한민국에 장기간 체류하여야 할 사정이 있다고 인정되는 사람	2년
24. 거주 (F-2)	가. 국민의 미성년 외국인 자녀 또는 별표 1의3 영주(F-5) 체류자격을 가지고 있는 사람의 배우자 및 그의 미성년 자녀 나. 국민과 혼인관계(사실상의 혼인관계를 포함한다)에서 출생한 사람으로서 법무부장관이 인정하는 사람 다. 난민의 인정을 받은 사람 등	5년
25. 동반 (F-3)	문화예술(D-1), 유학(D-2), 일반연수(D-4)부터 특정활동(E-7)까지, 거주(F-2), 재외동포(F-4) 및 방문취업(H-2)의 체류자격에 해당하는 사람의 배우자 및 미성년 자녀로서 배우자가 없는 사람. 다만, 거주(F-2)의 체류자격 중 타목의 체류자격에 해당하는 사람은 제외한다.	동반하는 본인에 정하여진 기간
26. 재외동포 (F-4)	「재외동포의 출입국과 법적 지위에 관한 법률」 제2조 제2호에 해당하는 사람	3년
27. 결혼이민 (F-6)	가. 국민의 배우자 나. 국민과 혼인관계(사실상의 혼인관계를 **포함한다**)에서 출생한 자녀를 양육하고 있는 부 또는 모로서 법무부장관이 인정하는 사람 다. 국민인 배우자와 혼인한 상태로 국내에 체류하던 중 그 배우자의 사망이나 실종, 그 밖에 자신에게 책임이 없는 사유로 정상적인 혼인관계를 유지할 수 없는 사람으로서 법무부장관이 인정하는 사람	3년

▶ (ㄹ) 출입국관리법 시행령 장기체류자격(제12조 관련)

14. 교수 (E-1)	「고등교육법」에 따른 자격요건을 갖춘 외국인으로서 전문대학 이상의 교육기관이나 이에 준하는 기관에서 전문 분야의 교육 또는 연구·지도 활동에 종사하려는 사람	5년
15. 회화지도 (E-2)	법무부장관이 정하는 자격요건을 갖춘 외국인으로서 외국어전문학원, **초등학교 이상**의 교육기관 및 부설어학연구소, 방송사 및 기업체 부설 어학연수원, 그 밖에 이에 준하는 기관 또는 단체에서 외국어 회화지도에 종사하려는 사람	2년
16. 연구 (E-3)	대한민국 내 공·사 기관으로부터 초청을 받아 각종 연구소에서 자연과학 분야의 연구 또는 산업상 고도기술의 연구·개발에 종사하려는 사람[교수(E-1) 체류자격에 해당하는 사람은 제외]	5년
17. 기술지도 (E-4)	자연과학 분야의 전문지식 또는 산업상 특수한 분야에 속하는 기술을 제공하기 위하여 대한민국 내 공·사 기관으로부터 초청을 받아 종사하려는 사람	5년
18. 전문직업 (E-5)	대한민국 법률에 따라 자격이 인정된 외국의 변호사, 공인회계사, 의사, 그 밖에 국가공인 자격이 있는 사람으로서 대한민국 법률에 따라 할 수 있도록 되어 있는 법률, 회계, 의료 등의 전문업무에 종사하려는 사람[교수(E-1) 체류자격에 해당하는 사람은 제외]	5년
19. 예술흥행 (E-6)	수익이 따르는 음악, 미술, 문학 등의 예술활동과 수익을 목적으로 하는 연예, 연주, 연극, 운동경기, 광고·패션 모델, 그 밖에 이에 준하는 활동을 하려는 사람	2년
20. 특정활동 (E-7)	대한민국 내의 공공기관·민간단체 등과의 계약에 따라 법무부장관이 특별히 지정하는 활동에 종사하려는 사람	3년
20의2. 계절근로 (E-8)	법무부장관이 관계 중앙행정기관의 장과 협의하여 정하는 농작물 재배·수확(재배·수확과 연계된 원시가공 분야를 포함한다) 및 수산물 원시가공 분야에서 취업 활동을 하려는 사람으로서 법무부장관이 인정하는 사람	5개월
21. 비전문 취업 (E-9)	「외국인근로자의 고용 등에 관한 법률」에 따른 국내 취업요건을 갖춘 사람(일정 자격이나 경력 등이 필요한 전문직종에 종사하려는 사람은 제외한다)	3년

14 「출입국관리법 시행령」상 외국인 체류자격에 관한 다음 설명 중 옳지 <u>않은</u> 모두 몇 개인가?

응용문제

> 가. A-1: 대한민국정부가 접수한 외국정부의 외교사절단이나 영사기관의 구성원, 조약 또는 국제관행에 따라 외교사절과 동등한 특권과 면제를 받는 사람과 그 가족
> 나. E-2: 법무부장관이 정하는 자격요건을 갖춘 외국인으로서 외국어전문학원, 초등학교 이상의 교육기관 및 부설어학 연구소, 방송사 및 기업체 부설 어학연수원 그 밖에 이에 준하는 기관 또는 단체에서 외국어 회화지도에 종사하려는 사람
> 다. E-6: 수익이 따르는 음악, 미술, 문학 등의 예술활동과 수익을 목적으로 하는 연예, 연주, 연극, 운동경기, 광고·패션모델, 그 밖에 이에 준하는 활동을 하려는 사람
> 라. E-9: 「외국인근로자의 고용 등에 관한 법률」에 따른 국내 취업요건을 갖춘 사람(일정 자격이나 경력 등이 필요한 전문직종에 종사하려는 사람은 제외)

Answer 14 ①

① 0개 ② 1개
③ 2개 ④ 3개

> **해설** 모두 옳은 지문이다.

15. 다음 설명 중 가장 옳지 <u>않은</u> 것은? _{응용문제}

① 외국인은 사증에 기재된 체류자격과 체류기간의 범위 내에서 대한민국에 체류할 수 있다.(체류자격외 활동을 하고자 할 때는 외교부장관의 사전허가를 받아야 함)
② 대한민국에 90일을 초과하여 체류하게 되는 외국인은 입국일로부터 90일 이내에 출입국관리소에 등록해야 하는 것이 원칙이다.
③ 원칙적으로 체류국은 외국인의 출국을 금지하지 못하나 예외적으로 출국을 정지할 수는 있다.
④ 재입국허가를 받고 재입국 허가기간이 만료되기 전에 입국하는 외국인은 사증 없이 입국할 수 있다.

> **해설** 제20조(체류자격 외 활동)
> 대한민국에 체류하는 외국인이 그 체류자격에 해당하는 활동과 함께 다른 체류자격에 해당하는 활동을 하려면 대통령령으로 정하는 바에 따라 미리 **법무부장관**의 체류자격 외 활동허가를 받아야 한다.

16. 「출입국관리법」상 외국인의 체류 및 등록에 대한 설명으로 가장 적절하지 <u>않은</u> 것은? _{20. 승진}

① 대한민국에 체류하는 외국인이 그 체류자격에 해당하는 활동과 함께 다른 체류자격에 해당하는 활동을 하려면 다른 체류자격에 해당하는 활동을 한 날로부터 3일 이내에 법무부장관의 체류자격 외 활동허가를 받아야 한다.
② 외국인이 입국한 날부터 90일을 초과하여 대한민국에 체류하려면 대통령령으로 정하는 바에 따라 입국한 날부터 90일 이내에 그의 체류지를 관할하는 지방출입국·외국인관서의 장에게 외국인등록을 하여야 한다.
③ 주한외국공관(대사관과 영사관 포함)과 국제기구의 직원 및 그의 가족은 외국인등록 제외 대상이다.
④ 대한민국 정부가 초청한 사람 등으로서 법무부령으로 정하는 사람은 외국인등록 제외 대상이다.

> **해설** 제20조(체류자격 외 활동)
> 대한민국에 체류하는 외국인이 그 체류자격에 해당하는 활동과 함께 다른 체류자격에 해당하는 활동을 하려면 대통령령으로 정하는 바에 따라 **미리** 법무부장관의 체류자격 외 활동허가를 받아야 한다.

Answer 15 ① 16 ①

17 「출입국관리법」상 외국인의 체류와 관련된 설명이다. ( ) 안에 들어갈 숫자로 가장 적절하게 짝지어진 것은?   응용문제

> 대한민국에서 출생하여 체류자격을 가지지 못하고 체류하게 되는 외국인은 출생한 날부터 (㉠)일 이내에, 대한민국에서 체류 중 대한민국의 국적을 상실하거나 이탈하는 등 그 밖의 사유로 체류자격을 가지지 못하고 체류하게 되는 외국인은 그 사유가 발생한 날부터 (㉡)일 이내에 체류자격을 받아야 한다.

① ㉠ 60, ㉡ 90
② ㉠ 90, ㉡ 30
③ ㉠ 30, ㉡ 90
④ ㉠ 90, ㉡ 60

해설 제23조(체류자격 부여)
① 다음 각 호의 어느 하나에 해당하는 외국인이 제10조에 따른 체류자격을 가지지 못하고 대한민국에 체류하게 되는 경우에는 다음 각 호의 구분에 따른 기간 이내에 대통령령으로 정하는 바에 따라 체류자격을 받아야 한다.
  1. 대한민국에서 출생한 외국인 : 출생한 날부터 **90일**
  2. 대한민국에서 체류 중 대한민국의 국적을 상실하거나 이탈하는 등 그 밖의 사유가 발생한 외국인 : 그 사유가 발생한 날부터 **60일**

18 다음 중 「출입국관리법」상 외국인 등록에 관한 설명으로 가장 적절하지 <u>않은</u> 것은?   응용문제

① 외국인은 원칙적으로 입국한 날로부터 90일을 초과하여 대한민국에 체류하는 경우 외국인등록을 하여야 한다.
② 체류자격 변경허가를 받은 자로서 그 변경허가일로부터 90일을 초과하여 체류하게 되는 외국인은 외국인등록을 하여야 한다.
③ 한국 정부가 초청한 자 등으로서 법무부령으로 정하는 외국인은 외국인등록 제외대상이다.
④ 출입국관리법상 외국인등록 의무를 위반한 자로서 대한민국에 영주할 수 있는 체류자격이 없는 외국인은 강제퇴거의 대상이다.

해설 제31조(외국인등록)
④ 제24조에 따라 체류자격 변경허가를 받는 사람으로서 **입국한 날부터** 90일을 초과하여 체류하게 되는 사람은 제1항 각 호 외의 부분 본문에도 불구하고 체류자격 변경허가를 받는 때에 외국인등록을 하여야 한다.

Answer 17 ④ 18 ②

19 「출입국관리법」 및 동법 시행령에 대한 설명 중 가장 적절하지 않은 것은?

① 법무부장관이 대한민국의 이익 등을 위하여 입국이 필요하다고 인정하는 외국인은 사증 없이 입국할 수 있다.
② 주한외국공관(대사관과 영사관 포함)과 국제기구의 직원 및 그의 가족은 외국인등록 대상이다.
③ 외국인의 강제퇴거 사유가 동시에 형사처분 사유가 되는 경우 강제퇴거와 형사처분을 병행할 수 있다.
④ 법무부장관은 입국심사에 필요한 경우에는 관계 행정기관이 보유하고 있는 외국인의 지문 및 얼굴에 관한 자료의 제출을 요청할 수 있다.

> **해설** 제31조(외국인등록)
> ① 외국인이 입국한 날부터 90일을 초과하여 대한민국에 체류하려면 대통령령으로 정하는 바에 따라 입국한 날부터 90일 이내에 그의 체류지를 관할하는 지방출입국·외국인관서의 장에게 외국인등록을 하여야 한다. **다만, 다음 각 호의 어느 하나에 해당하는 외국인의 경우에는 그러하지 아니하다.**
> 1. 주한외국공관(대사관과 영사관을 포함)과 국제기구의 직원 및 그의 가족
> 2. 대한민국정부와의 협정에 따라 외교관 또는 영사와 유사한 특권 및 면제를 누리는 사람과 그의 가족
> 3. 대한민국정부가 초청한 사람 등으로서 법무부령으로 정하는 사람

20 「출입국관리법」에 대한 설명으로 가장 적절하지 않은 것은?

① 취업활동을 할 수 있는 체류자격을 가지지 아니한 외국인의 고용을 업으로 알선하거나 권유한 자는 3년 이하의 징역 또는 2천만원 이하의 벌금에 처한다.
② 입국금지 해당사유가 입국 후에 발견되거나 발생한 외국인은 강제퇴거 대상자이다.
③ 외국인의 강제퇴거 대상자 여부를 심사·결정하기 위한 보호기간은 10일 이내로 한다. 다만, 부득이한 사유가 있으면 지방출입국·외국인관서의 장의 허가를 받아 10일을 초과하지 아니하는 범위에서 한 차례만 연장할 수 있다.
④ 출국심사 규정을 위반하여 출국하려고 한 외국인은 출국의 정지 대상자이다.

> **해설** 제46조(강제퇴거의 대상자)
> ① 지방출입국·외국인관서의 장은 이 장에 규정된 절차에 따라 다음 각 호의 어느 하나에 해당하는 외국인을 대한민국 밖으로 강제퇴거시킬 수 있다.
> 1. 제7조(외국인 입국)를 위반한 사람
> 2. 허위초청 등의 금지를 위반한 외국인 또는 허위초청 등의 행위로 입국한 외국인
> 3. 입국금지 사유가 입국 후에 발견되거나 발생한 사람
> 4. 입국심사 또는 제12조의3(선박등의 제공금지)을 위반한 사람
> 5. 지방출입국·외국인관서의 장이 붙인 허가조건을 위반한 사람
> 6. 상륙허가를 받지 아니하고 상륙한 사람
> 7. 지방출입국·외국인관서의 장 또는 출입국관리공무원이 붙인 허가조건을 위반한 사람
> 8. 제17조 제1항·제2항, 제18조, 제20조, 제23조, 제24조 또는 제25조를 위반한 사람

Answer 19 ② 20 ④

9. 허가를 받지 아니하고 근무처를 변경·추가하거나 외국인을 고용·알선한 사람
10. 법무부장관이 정한 거소 또는 활동범위의 제한이나 그 밖의 준수사항을 위반한 사람
10의2. 제26조(허위서류 제출 등의 금지)를 위반한 외국인
11. **출국심사를 위반하여 출국하려고 한 사람**
12. 외국인등록 의무를 위반한 사람
12의2. 제33조의3(외국인등록증 등의 채무이행 확보수단 제공 등의 금지)을 위반한 외국인
13. 금고 이상의 형을 선고받고 석방된 사람
14. 제76조의4 제1항 각 호의 어느 하나에 해당하는 사람

> 1. 자살 또는 자해행위를 하려는 경우
> 2. 다른 사람에게 위해를 가하거나 가하려는 경우
> 3. 출입국관리공무원의 직무집행을 정당한 사유 없이 거부 또는 기피하거나 방해하는 경우
> 4. 제1호부터 제3호까지에서 규정한 경우 외에 시설 및 다른 사람의 안전과 질서를 현저히 해치는 행위를 하거나 하려는 경우

15. 그 밖에 제1호부터 제10호까지, 제10호의2, 제11호, 제12호, 제12호의2, 제13호 또는 제14호에 준하는 사람으로서 법무부령으로 정하는 사람

21 다음 보기 중 「출입국관리법」상 외국인의 강제퇴거 대상으로 틀린 것은 몇 개인가? 응용문제

> ㉠ 유효한 여권 또는 사증 없이 입국한 자
> ㉡ 입국금지 해당사유가 입국 후에 발견되거나 발생한 자
> ㉢ 체류자격 외의 활동을 하거나 체류기간이 경과한 자
> ㉣ 상륙허가 없이 상륙하였거나 상륙허가 조건을 위반한 자
> ㉤ 금고 이상의 형의 선고를 받고 석방된 자

① 0개 ② 1개
③ 2개 ④ 3개

해설 모두 강제퇴거 대상자에 해당한다.

22 「출입국관리법」상 외국인 강제퇴거에 관한 설명 중 가장 적절하지 않은 것은? 응용문제

① 출입국관리공무원은 강제퇴거 대상자에 해당된다고 의심되는 외국인에 대하여는 그 사실을 조사할 수 있다.
② 강제퇴거명령서는 출입국관리공무원이 집행한다.
③ 지방출입국·외국인 관서장은 사법경찰관리에게 강제퇴거명령서의 집행을 의뢰할 수 없다.
④ 「출입국관리법」 제51조에 따라 보호된 외국인의 강제퇴거 대상자 여부를 심사·결정하기 위한 보호기간은 10일 이내로 한다. 다만, 부득이한 사유가 있으면 지방출입국 또는 외국인관서장의 허가를 받아 10일을 초과하지 아니하는 범위에서 한 차례만 연장할 수 있다.

Answer 21 ① 22 ③

해설) 제62조(강제퇴거명령서의 집행)
① 강제퇴거명령서는 출입국관리공무원이 집행한다.
② 지방출입국·외국인관서의 장은 사법경찰관리에게 강제퇴거명령서의 집행을 **의뢰**할 수 있다.

23 내·외국인이 「출입국관리법」을 위반하였을 경우 어떠한 절차를 거쳐 처벌되는가? 응용문제

① 일반 형사사건과 같이 검사는 아무런 제약 없이 공소제기할 수 있다.
② 피해자인 정부의 의사에 반하여 처벌할 수 없다.
③ 지방출입국·외국인관서장의 고발이 있어야만 검사가 공소제기할 수 있다.
④ 출입국관리 공무원 외의 수사기관이 출입국사범을 입건하더라도 지방출입국·외국인관서장에게 인계할 필요가 없다.

해설) 제101조(고발)
① 출입국사범에 관한 사건은 **지방출입국·외국인관서의 장의 고발**이 없으면 공소(公訴)를 제기할 수 없다.

24 다음은 외사경찰과 관련된 법률에 대한 설명이다. 보기의 ( )에 들어갈 숫자를 모두 더한 값은? 응용문제

㉠ ( )년 이상 계속하여 대한민국에 주소가 있을 것은 일반 귀하 요건 중의 하나이다.「국적법」
㉡ 외국인은 출입국관리공무원이나 권한 있는 공무원이 그 직무수행과 관련하여 여권 등의 제시를 요구하면 여권 등을 제시하여야 한다. 여권 등의 휴대 또는 제시의무를 위반한 사람은 ( )만원 이하의 벌금에 처한다.「출입국관리법」
㉢ 대한민국에 체류하는 외국인은 항상 여권·선원신분증명서·외국인입국허가서·외국인등록증 또는 상륙허가서를 지니고 있어야 한다. 다만, ( )세 미만인 외국인의 경우에는 그러하지 아니한다.「출입국관리법」
㉣ 외교부장관은 장기 ( )년 이상의 형에 해당하는 죄를 범하고 국외로 도피하여 기소중지된 사람에 대하여 여권의 발급 또는 재발급을 거부할 수 있다.「여권법」

① 124 ② 125
③ 126 ④ 127

해설) ▶(㉠) 국적법 제5조(일반귀화 요건)
외국인이 귀화허가를 받기 위해서는 제6조나 제7조에 해당하는 경우 외에는 다음 각 호의 요건을 갖추어야 한다.
1. **5년 이상** 계속하여 대한민국에 주소가 있을 것

Answer 23 ③ 24 ②

▶ (ⓒ) 출입국관리법 제98조(벌칙)
다음 각 호의 어느 하나에 해당하는 사람은 **100만원 이하의 벌금**에 처한다.
1. 제27조에 따른 여권등의 휴대 또는 제시 의무를 위반한 사람
2. 제36조 제1항에 따른 체류지 변경신고 의무를 위반한 사람

▶ (ⓒ) 출입국관리법 제27조(여권등의 휴대 및 제시)
① 대한민국에 체류하는 외국인은 항상 여권·선원신분증명서·외국인입국허가서·외국인등록증·모바일외국인등록증 또는 상륙허가서(이하 "여권등"이라 한다)를 지니고 있어야 한다. 다만, **17세 미만**인 외국인의 경우에는 그러하지 아니하다.

▶ (ⓔ) 여권법 제12조(여권의 발급 등의 거부)
① 외교부장관은 다음 각 호의 어느 하나에 해당하는 사람에 대하여는 여권의 발급 또는 재발급을 거부할 수 있다.
  1. 장기 2년 이상의 형(刑)에 해당하는 죄로 인하여 기소되어 있는 사람 또는 **장기 3년 이상**의 형에 해당하는 죄로 인하여 기소중지 또는 수사중지(피의자중지로 한정)되거나 체포영장·구속영장이 발부된 사람 중 국외에 있는 사람

CHAPTER 12 범죄인 인도법 [법률시행 2021.1.5.]

01 「범죄인인도법」에 관한 다음 설명 중 가장 적절하지 않은 것은? _{응용문제}

① 범죄인인도에 관하여 인도조약에 「범죄인인도법」과 다른 규정이 있는 경우, 「범죄인인도법」 규정에 따른다.
② 자국민불인도의 원칙과 관련하여 우리나라는 임의적 거절사유로 규정하고 있다.
③ 정치범불인도의 원칙에 대하여 우리나라도 명문규정을 두고 있으나, 정치범에 대하여는 별도의 개념 정의를 하고 있지 않다.
④ 군사범불인도의 원칙은 군사범죄자는 인도하지 않는다는 원칙이며, 우리나라는 명문규정을 두고 있지 않다.

> **해설** 제3조의2(인도조약과의 관계)
> 범죄인 인도에 관하여 인도조약에 이 법과 다른 규정이 있는 경우에는 그 **규정에 따른다.**

02 「범죄인 인도법」에 규정된 내용으로 가장 적절하지 않은 것은? _{21. 경간부}

① 「범죄인 인도법」에 규정된 범죄인의 인도심사 및 그 청구와 관련된 사건은 경찰청 외사국의 전속관할로 한다.
② 대한민국과 청구국의 법률에 따라 인도범죄가 사형, 무기징역, 무기금고, 장기(長期) 1년 이상의 징역 또는 금고에 해당하는 경우에만 범죄인을 인도할 수 있다.
③ 외교부장관은 청구국으로부터 범죄인의 긴급인도구속을 청구받았을 때에는 긴급인도구속 청구서와 관련 자료를 법무부장관에게 송부하여야 한다.
④ 「범죄인 인도법」에 따라 법무부장관이 검사장 등에게 하는 명령과 검사장·지청장 또는 검사가 법무부장관에게 하는 건의·보고 또는 서류 송부는 검찰총장을 거쳐야 한다. 다만, 고위공직자범죄수사처장 또는 그 소속 검사의 경우에는 그러하지 아니하다.

> **해설** 제3조(범죄인 인도사건의 전속관할)
> 이 법에 규정된 범죄인의 인도심사 및 그 청구와 관련된 사건은 **서울고등법원과 서울고등검찰청**의 전속관할로 한다.

Answer 01 ① 02 ①

03 「범죄인 인도법」에서 규정하는 절대적 인도거절 사유로 옳은 것만을 모두 고른 것은?

24. 순경

㉠ 범죄인이 대한민국 국민인 경우
㉡ 인도범죄의 전부 또는 일부가 대한민국 영역에서 범한 것인 경우
㉢ 범죄인이 인종, 종교, 국적, 성별, 정치적 신념 또는 특정 사회단체에 속한 것 등을 이유로 처벌되거나 그 밖의 불리한 처분을 받을 염려가 있다고 인정되는 경우
㉣ 인도범죄에 관하여 대한민국 법원에서 재판이 계속 중이거나 재판이 확정된 경우

① ㉠㉡
② ㉢㉣
③ ㉠㉡㉣
④ ㉡㉢㉣

해설 절대적 인도거절 사유 vs 임의적 인도거절 사유

제7조(절대적 인도거절 사유 (~인도하여서는 아니 된다.)	1. 대한민국 또는 청구국의 법률에 따라 인도범죄에 관한 공소시효 또는 형의 시효가 완성된 경우 2. (㉣) 인도범죄에 관하여 대한민국 법원에서 재판이 계속(係屬) 중이거나 재판이 확정된 경우 3. 범죄인이 인도범죄를 범하였다고 의심할 만한 상당한 이유가 없는 경우. 다만, 인도범죄에 관하여 청구국에서 유죄의 재판이 있는 경우는 제외한다. 4. (㉢) 범죄인이 인종, 종교, 국적, 성별, 정치적 신념 또는 특정 사회단체에 속한 것 등을 이유로 처벌되거나 그 밖의 불리한 처분을 받을 염려가 있다고 인정되는 경우
제9조(임의적 인도거절 사유) (~ 인도하지 아니할 수 있다.)	1. (㉠)범죄인이 대한민국 국민인 경우 2. (㉡) 인도범죄의 전부 또는 일부가 대한민국 영역에서 범한 것인 경우 3. 범죄인의 인도범죄 외의 범죄에 관하여 대한민국 법원에 재판이 계속 중인 경우 또는 범죄인이 형을 선고받고 그 집행이 끝나지 아니하거나 면제되지 아니한 경우 4. 범죄인이 인도범죄에 관하여 제3국(청구국이 아닌 외국을 말한다. 이하 같다)에서 재판을 받고 처벌되었거나 처벌받지 아니하기로 확정된 경우 5. 인도범죄의 성격과 범죄인이 처한 환경 등에 비추어 범죄인을 인도하는 것이 비인도적(非人道的)이라고 인정되는 경우

04 「범죄인 인도법」 제 7조에서 규정하고 있는 절대적 인도거절 사유로 올바르게 묶인 것은?

응용문제

가. 범죄인이 대한민국 국민인 경우
나. 대한민국 또는 청구국의 법률에 따라 인도범죄에 관한 공소시효 또는 형의 시효가 완성된 경우
다. 인도범죄의 전부 또는 일부가 대한민국 영역에서 범한 것인 경우
라. 인도범죄에 관하여 대한민국 법원에서 재판이 계속 중이거나 재판이 확정된 경우

Answer 03 ② 04 ③

> 마. 범죄인이 인종, 종교, 국적, 성별, 정치적 신념 또는 특정 사회단체에 속한 것 등을 이유로 처벌되거나 그 밖의 불리한 처분을 받을 염려가 있다고 인정되는 경우
> 바. 범죄인이 인도범죄에 관하여 제3국(청구국이 아닌 외국을 말한다)에서 재판을 받고 처벌되었거나 처벌받지 아니하기로 확정된 경우

① 가, 나, 라
② 가, 다, 마
③ 나, 라, 마
④ 나, 마, 바

해설 절대적 인도거절 사유 : **나, 라, 마**
임의적 인도거절 사유 : **가, 다, 바**

05 다음 중 「범죄인인도법」상 임의적 인도거절 사유가 아닌 것은? 응용문제

① 범죄인이 대한민국 국민인 경우
② 인도범죄의 전부 또는 일부가 대한민국 영역에서 범한 것인 경우
③ 범죄인이 인도범죄 외의 범죄에 관하여 대한민국 법원에 재판이 계속 중인 경우 또는 범죄인이 형을 선고받고 그 집행이 끝나거나 면제된 경우
④ 범죄인이 인도범죄에 관하여 제3국에서 재판을 받고 처벌되었거나 처벌받지 아니하기로 확정된 경우

해설 제9조(임의적 인도거절 사유)
3. 범죄인의 인도범죄 외의 범죄에 관하여 대한민국 법원에 재판이 계속 중인 경우 또는 범죄인이 형을 선고받고 그 집행이 끝나지 아니하거나 면제되지 아니한 경우

06 「범죄인 인도법」 제7조에 따른 절대적 인도거절 사유에 해당하지 않는 것은? 22. 순경

① 대한민국 또는 청구국의 법률에 따라 인도범죄에 관한 공소시효 또는 형의 시효가 완성된 경우
② 인도범죄에 관하여 대한민국 법원에서 재판이 계속 중이거나 재판이 확정된 경우
③ 인도범죄의 성격과 범죄인이 처한 환경 등에 비추어 범죄인을 인도하는 것이 비인도적이라고 인정되는 경우
④ 범죄인의 인종, 종교, 국적, 성별, 정치적 신념 또는 특정 사회단체에 속한 것 등을 이유로 처벌되거나 그 밖의 불리한 처분을 받을 염려가 있다고 인정되는 경우

해설 제9조(임의적 인도거절 사유)
5. 인도범죄의 성격과 범죄인이 처한 환경 등에 비추어 범죄인을 인도하는 것이 비인도적(非人道的)이라고 인정되는 경우

Answer 05 ③ 06 ③

07 「범죄인 인도법」에 관한 설명으로 가장 적절한 것은? 〔74기 경간부〕

① 범죄인의 인도를 청구하는 국가가 같은 종류 또는 유사한 인도범죄에 대한 대한민국의 범죄인 인도청구에 응한다는 보증을 하는 경우에는 이 법을 적용한다. 단, 인도조약이 체결되어 있지 않은 국가는 제외한다.
② 검사는 긴급인도구속영장에 의하여 구속된 범죄인에 대하여 그가 구속된 날부터 2개월 이내에 법무부장관의 인도심사청구명령이 없을 때에는 범죄인을 석방하고, 법무부장관에게 그 내용을 보고하여야 한다.
③ 대한민국 또는 청구국의 법률에 따라 인도범죄에 관한 공소시효 또는 형의 시효가 완성된 경우나 범죄인의 인도범죄 외의 범죄에 관하여 대한민국 법원에 재판이 계속 중인 경우 또는 범죄인이 형을 선고받고 그 집행이 끝나지 아니하거나 면제되지 아니한 경우에는 범죄인을 인도하여서는 아니 된다.
④ 외교부장관은 둘 이상의 국가로부터 동일 또는 상이한 범죄에 관하여 동일한 범죄인에 대한 인도청구를 받은 경우에는 범죄인을 인도할 국가를 결정하여야 하며, 이 경우 법무부장관과 협의하여야 한다.

해설 ▶ (①) 제4조(상호주의)
인도조약이 체결되어 있지 아니한 경우에도 범죄인의 인도를 청구하는 국가가 같은 종류 또는 유사한 인도범죄에 대한 대한민국의 범죄인 인도청구에 응한다는 보증을 하는 경우에는 이 법을 적용한다.

▶ (③) 제7조(절대적 인도거절 사유)
다음 각 호의 어느 하나에 해당하는 경우에는 **범죄인을 인도하여서는 아니 된다.**
1. 대한민국 또는 청구국의 법률에 따라 인도범죄에 관한 공소시효 또는 형의 시효가 완성된 경우
제9조(임의적 인도거절 사유)
다음 각 호의 어느 하나에 해당하는 경우에는 **범죄인을 인도하지 아니할 수 있다.**
3. 범죄인의 인도범죄 외의 범죄에 관하여 대한민국 법원에 재판이 계속 중인 경우 또는 범죄인이 형을 선고받고 그 집행이 끝나지 아니하거나 면제되지 아니한 경우

▶ (④) 제16조(인도청구의 경합)
① **법무부장관은** 둘 이상의 국가로부터 동일 또는 상이한 범죄에 관하여 동일한 범죄인에 대한 인도청구를 받은 경우에는 범죄인을 인도할 국가를 결정하여야 하며, 필요한 경우 **외교부장관과 협의**할 수 있다.

08 범죄인 인도에 관한 원칙에 대한 설명으로 가장 적절하지 않은 것은? 〔21. 승진〕

① 자국민불인도의 원칙은 자국민은 인도하지 않는다는 원칙으로서, 우리나라 「범죄인인도법」 제9조는 절대적 거절사유로 규정하고 있다.
② 쌍방가벌성의 원칙은 인도청구가 있는 범죄가 청구국과 피청구국 쌍방의 법률에 의하여 범죄를 구성하지 않는 경우에는 그 범죄에 관하여 범죄인을 인도하지 않는다는 원칙이다.
③ 최소한 중요성의 원칙은 어느 정도 중요성을 띤 범죄인만 인도한다는 원칙이다.

Answer 07 ② 08 ①

④ 특정성의 원칙은 인도된 범죄인이 인도가 허용된 범죄 외의 범죄로 처벌받지 아니하고, 제3국에 인도되지 아니한다는 청구국의 보증이 없는 경우에는 범죄인을 인도하여서는 아니된다는 원칙이다.

> **해설** 제9조(임의적 인도거절 사유)
> 1. 범죄인이 대한민국 국민인 경우

09 다음의 설명은 범죄인인도원칙 중 어떤 원칙에 대한 내용인가? [응용문제]

> 인도조약이 체결되어 있지 아니한 경우에도 범죄인의 인도를 청구하는 국가가 같은 종류 또는 유사한 인도범죄에 대한 대한민국의 범죄인 인도 청구에 응한다는 보증을 하는 경우에는 범죄인인도법을 적용한다.

① 쌍방가벌성의 원칙 ② 상호주의의 원칙
③ 특정성의 원칙 ④ 유용성의 원칙

> **해설** 범죄인인도에 관한 제한원칙

원칙	내용
쌍방가벌성의 원칙	청구국과 피청구국 **쌍방 모두의 법률에 의하여** 범죄를 구성하지 않는 경우에는 범죄인을 인도하지 않는다는 원칙
최소한 중요성의 원칙	대한민국과 청구국의 법률에 따라 인도범죄가 사형, 무기징역, 무기금고, **장기 1년 이상의 징역 또는 금고에 해당하는 경우에만** 범죄인을 인도할 수 있다.
상호주의	인도조약이 체결되어 있지 아니한 경우에도 범죄인의 인도를 청구하는 국가가 **같은 종류 또는 유사한 인도범죄에 대한 대한민국의 범죄인인도청구에 응한다는 보증이 있는 경우** 인도한다는 원칙
군사범 불인도의 원칙	① 군사범죄자는 인도하지 않는다는 원칙 ② 한국 범죄인인도법에 **명문규정을 두고 있지 않다.**
특정성의 원칙	인도된 범죄인이 **인도가 허용된 범죄** 외의 범죄로 처벌받지 않는다는 원칙
정치범 불인도의 원칙	정치적 성격을 지닌 범죄는 인도하지 않는다는 원칙이다. [예외적 인도사항] **범죄인인도법상의 예외적 인도사항** ㉠ 국가원수·정부수반 또는 그 가족의 생명·신체를 침해하거나 위협하는 범죄 ㉡ 다자간 조약에 따라 대한민국이 범죄인에 대해 재판권을 행사하거나 범죄인을 인도할 의무를 부담하고 있는 범죄 ㉢ 여러 사람의 생명·신체를 침해·위협하거나 이에 대한 위험을 발생시키는 범죄 **기타 예외적 인도사항** 국가원수 암살범, 항공기 불법납치, 집단학살, 전쟁범죄, 야만·약탈행위, 위조, 마약거래, 고문, 인종차별 등
유용성의 원칙	실제로 처벌하기 위해 필요한 범죄자만 인도한다는 원칙
자국민 불인도의 원칙	① 자국민은 인도하지 않는다는 원칙 ② **대륙법계 국가에서는 채택**, 영미법계 국가에서는 채택하지 않고 있다. 즉, 보편적인 국제규칙이 아니다.

Answer 09 ②

10. 다음 범죄인 인도의 원칙에 대한 설명 중 틀린 것은 모두 몇 개인가? <응용문제>

> 가. 정치범 불인도의 원칙과 관련하여 우리나라는 명문규정이 있으며, 집단살해·전쟁범죄는 예외적으로 인도한다.
> 나. 군사범 불인도의 원칙이란 군사적 의무관계에서 기인하는 범죄자는 인도하지 않는 다는 원칙으로, 우리나라는 군사범 불인도의 원칙을 명문으로 규정하고 있다.
> 다. 유용성의 원칙이란 어느정도 중요성을 띤 범죄만 인도한다는 원칙으로 우리나라는 명문으로 규정하고 있다.
> 라. 자국민 불인도의 원칙이란 범죄인 인도대상이 자국민일 경우 청구국에 인도하지 않는다는 원칙으로 영미법계 국가들은 이 원칙을 채택하고 있다.

① 1개 ② 2개
③ 3개 ④ 4개

[해설] 나. 군사범 불인도의 원칙은 **명문 규정이 없다.**
다. **최소한 중요성의 원칙**에 대한 내용이다.
라. 영미법계 국가들은 속지주의이므로 **자국민 불인도의 원칙을 채택하고 있지 않고** 대륙법계에서 채택하고 있다.

11. 범죄인인도에 관한 설명으로 가장 적절하지 않은 것은? <응용문제>

① 쌍방가벌성의 원칙은 청구국과 피청구국 쌍방의 법률에 의하여 범죄를 구성하지 않는 경우에는 범죄인을 인도하지 않는다는 원칙이다.
② 자국민 불인도의 원칙은 자국민은 인도하지 않는다는 원칙으로 대한민국은 절대로 자국민을 청구국에 인도하지 않는다.
③ 정치범 불인도의 원칙은 정치적 성격을 지닌 범죄는 인도하지 않는다는 원칙이다.
④ 특정성의 원칙은 인도된 범죄인이 인도가 허용된 범죄외의 범죄로 처벌받지 않는다는 원칙이다.

[해설] 자국민 불인도의 원칙은 자국민은 인도하지 않는다는 원칙으로 대한민국은 **임의적으로** 자국민을 청구국에 인도하지 않는다.

12. 우리나라에 외국으로부터 범죄인인도청구가 접수되었을 경우의 절차를 설명한 것 중 괄호 안에 알맞은 말을 순서대로 나열한 것은? <응용문제>

> (   )은 (   )으로부터 「범죄인인도법」 제11조의 규정에 의한 인도청구에 관한 서류를 받은 때에는 이를 (   )에게 송부하고 소속검사로 하여금 (   )에 범죄인의 인도허가여부에 관한 심사를 청구하도록 명하여야 한다.

Answer 10 ③ 11 ② 12 ①

① 법무부장관 - 외교부장관 - 서울고등검찰청 검사장 - 서울고등법원
② 외교부장관 - 법무부장관 - 대검찰청 검찰총장 - 대법원
③ 법무부장관 - 외교부장관 - 지방검찰청 검사장 - 서울지방법원
④ 외교부장관 - 법무부장관 - 서울고등검찰청 검사장 - 서울고등법원

> **해설** 제12조(법무부장관의 인도심사청구명령)
> ① **법무부장관**은 **외교부장관**으로부터 인도청구서 등을 받았을 때에는 이를 **서울고등검찰청 검사장**에게 송부하고 그 소속 검사로 하여금 **서울고등법원**에 범죄인의 인도허가 여부에 관한 심사를 청구하도록 명하여야 한다. 다만, 인도조약 또는 이 법에 따라 범죄인을 인도할 수 없거나 인도하지 아니하는 것이 타당하다고 인정되는 경우에는 그러하지 아니하다.

13 「범죄인 인도법」에 대한 설명 중 가장 적절한 것은? 응용문제

① 인도조약이 체결되어 있지 아니한 경우에도 범죄인의 인도를 청구하는 국가가 같은 종류 또는 유사한 인도범죄에 대한 대한민국의 범죄인 인도청구에 응한다는 보증을 하는 경우에 인도한다는 원칙을 상호주의 원칙이라고 하나 우리나라에 아직 명문의 규정은 없다.
② 대한민국과 청구국의 법률에 따라 인도범죄가 사형, 무기징역, 무기금고, 장기 3년 이상의 징역 또는 금고에 해당하는 경우에만 범죄인을 인도할 수 있다는 최소한 중요성의 원칙을 규정하고 있다.
③ 대한민국 또는 청구국의 법률에 따라 인도범죄에 관한 공소시효 또는 형의 시효가 완성된 경우에는 범죄인을 인도하여서는 아니 된다.
④ 범죄인의 인도범죄 외의 범죄에 관하여 대한민국 법원에 재판이 계속 중인 경우 또는 범죄인이 형을 선고받고 그 집행이 끝나지 아니하거나 면제되지 아니한 경우 범죄인을 인도하여서는 아니 된다.

> **해설** ▶(①) 제4조(상호주의) - **명문규정**
> 인도조약이 체결되어 있지 아니한 경우에도 범죄인의 인도를 청구하는 국가가 같은 종류 또는 유사한 인도범죄에 대한 대한민국의 범죄인 인도청구에 응한다는 보증을 하는 경우에는 이 법을 적용한다.
>
> ▶(②) 제6조(인도범죄)
> 대한민국과 청구국의 법률에 따라 인도범죄가 사형, 무기징역, 무기금고, **장기(長期) 1년 이상**의 징역 또는 금고에 해당하는 경우에만 범죄인을 인도할 수 있다.
>
> ▶(④) 제9조(임의적 인도거절 사유)
> 3. 범죄인의 인도범죄 외의 범죄에 관하여 대한민국 법원에 재판이 계속 중인 경우 또는 범죄인이 형을 선고받고 그 집행이 끝나지 아니하거나 면제되지 아니한 경우

Answer 13 ③

14 「범죄인인도법」에 대한 설명으로 가장 적절한 것은?
응용문제

① 청구국과 피청구국 쌍방의 법률에 의하여 범죄를 구성하지 않는 경우에는 범죄인을 인도하지 않는다는 것은 쌍방가벌성의 원칙으로, 우리나라 「범죄인 인도법」에 명문규정은 없다.
② 인도범죄 외의 범죄에 관하여 대한민국 법원에 재판이 계속 중인 경우 또는 범죄인이 형을 선고받고 그 집행이 끝나지 아니하거나 면제되지 아니한 경우 범죄인을 인도하여서는 아니된다.
③ 범죄인이 「범죄인 인도법」 제20조에 따른 인도구속영장에 의하여 구속되었을 때에는 구속된 때부터 48시간 이내에 인도심사를 청구하여야 한다.
④ 법원은 범죄인이 인도구속영장에 의하여 구속 중인 경우에는 구속된 날부터 2개월 이내에 인도심사에 관한 결정을 하여야 한다.

해설 ① 쌍방가벌성의 원칙에 대해 우리나라 「범죄인인도법」에 **명문규정이 있다.**

▶ (②) 제9조(임의적 인도거절 사유)
3. 범죄인의 인도범죄 외의 범죄에 관하여 대한민국 법원에 재판이 계속 중인 경우 또는 범죄인이 형을 선고받고 그 집행이 끝나지 아니하거나 면제되지 아니한 경우

▶ (③) 제13조(인도심사청구)
② 범죄인이 제20조에 따른 인도구속영장에 의하여 구속되었을 때에는 구속된 날부터 **3일 이내**에 인도심사를 청구하여야 한다.

15 「범죄인 인도법」에 대한 설명 중 가장 적절하지 않은 것은?
20. 승진

① 순수한 정치범은 인도하지 않는 것이 원칙이나 정치범일지라도 국가원수암살범은 예외가 되어 일반적으로 인도의 대상이 된다.
② 대한민국과 청구국의 법률에 따라 인도범죄가 사형, 무기징역, 무기금고, 장기 1년 이상의 징역 또는 금고에 해당하는 경우에만 범죄인을 인도할 수 있다.
③ 범죄인이 인도범죄에 관하여 제3국(청구국이 아닌 외국)에서 재판을 받고 처벌되었거나 처벌받지 아니하기로 확정된 경우는 청구국에 인도하지 아니할 수 있다.
④ 법무부장관은 범죄인이 인도구속영장에 의하여 구속 중인 경우에는 구속된 날부터 2개월 이내에 인도심사에 관한 결정을 하여야 한다.

해설 제14조(법원의 인도심사)
② **법원은** 범죄인이 인도구속영장에 의하여 구속 중인 경우에는 구속된 날부터 2개월 이내에 인도심사에 관한 결정(決定)을 하여야 한다.

Answer 14 ④   15 ④

16 「범죄인 인도법」에 대한 설명으로 가장 적절하지 않은 것은?

① 우리나라는 정치범불인도 원칙을 명문으로 규정하고 있고, 정치범죄는 국제법상 불확정적인 개념으로 정치범죄의 해당 여부는 전적으로 청구국의 판단에 의존한다.
② 범죄인이 인도범죄에 관하여 제3국(청구국이 아닌 외국)에서 재판을 받고 처벌되었거나 처벌받지 아니하기로 확정된 경우는 임의적 인도거절 사유에 해당한다.
③ 법무부장관의 인도명령 당시 범죄인이 구속되어 있는 경우 인도기한은 인도명령을 한 날부터 30일로 한다.
④ 법원은 범죄인이 인도구속영장에 의하여 구속 중인 경우에는 구속된 날부터 2개월 이내에 인도심사에 관한 결정을 하여야 한다.

해설) 정치범죄는 국제법상 불확정한 개념이기 때문에 정치범죄의 해당여부는 **전적으로 피청구국의 판단에 의존한다.** → 우리나라는 정치범에 대하여 개념정의를 하지 않고 있다.

Answer 16 ①

CHAPTER 13 국제형사사법 공조법
[법률시행 2021.1.5.]

01 다음 중 「국제형사사법공조법」에 규정된 임의적 공조거절 사유에 해당하지 않는 경우는?

응용문제

① 공조범죄가 정치적 성격을 지닌 다른 범죄에 대한 수사 또는 재판을 목적으로 행하여진 것이라고 인정된 경우
② 공조법에 요청국이 보증하도록 규정되어 있는데도 불구하고 요청국의 보증이 없는 경우
③ 공조범죄가 요청국의 법률에 의하여 범죄를 구성하지 아니하거나 공소를 제기할 수 없는 경우
④ 인종, 국적, 성별, 종교, 사회적 신분 등의 이유로 처벌받을 우려가 있는 경우

> **해설** 제6조(공조의 제한)
> 다음 각 호의 어느 하나에 해당하는 경우에는 공조를 하지 아니할 수 있다.
> 1. 대한민국의 주권, 국가안전보장, 안녕질서 또는 미풍양속을 해칠 우려가 있는 경우
> 2. 인종, 국적, 성별, 종교, 사회적 신분 또는 특정 사회단체에 속한다는 사실이나 정치적 견해를 달리한다는 이유로 처벌되거나 형사상 불리한 처분을 받을 우려가 있다고 인정되는 경우
> 3. 공조범죄가 정치적 성격을 지닌 범죄이거나, 공조요청이 정치적 성격을 지닌 다른 범죄에 대한 수사 또는 재판을 할 목적으로 한 것이라고 인정되는 경우
> 4. 공조범죄가 **대한민국의 법률**에 의하여는 범죄를 구성하지 아니하거나 공소를 제기할 수 없는 범죄인 경우
> 5. 이 법에 요청국이 보증하도록 규정되어 있음에도 불구하고 요청국의 보증이 없는 경우

02 국제형사사법 공조에 대한 설명으로 가장 적절하지 않은 것은?

20. 승진

① '사람 또는 물건의 소재에 대한 수사', '증거 수집, 압수·수색 또는 검증'은 「국제형사사법 공조법」에 따른 공조의 범위에 해당한다.
② 외국의 공조요청에 대해 「국제형사사법 공조법」상 공조를 연기할 수 있는 사유는 공조범죄가 정치적 범죄이거나 정치적 목적으로 행해진 경우이다.
③ 「국제형사사법 공조법」상 대한민국의 주권, 국가안전보장, 안녕질서 또는 미풍양속을 해칠 우려가 있는 경우는 임의적 공조거절 사유에 해당한다.
④ 특정성의 원칙이란 요청국이 공조에 따라 취득한 증거를 공조요청의 대상이 된 범죄 이외의 수사나 재판에 사용하여서는 안 된다는 원칙이다.

Answer 01 ③ 02 ②

해설 제7조(공조의 연기)
대한민국에서 수사가 진행 중이거나 재판에 계속(係屬)된 범죄에 대하여 외국의 공조요청이 있는 경우에는 그 수사 또는 재판 절차가 끝날 때까지 공조를 연기할 수 있다.

03 다음은 국제형사사법 공조에 대한 설명이다. 옳지 않은 것으로 묶인 것은? 응용문제

㉠ 요청국이 공조에 따라 취득한 증거를 공조요청의 대상이 된 범죄 이외의 수사나 재판에 사용해서는 안 된다는 원칙은 '특정성의 원칙'과 관련이 깊다.
㉡ 우리나라가 외국과 체결한 형사사법 공조조약과 「국제형사사법 공조법」의 규정이 상충되면 공조조약이 우선 적용된다.
㉢ 「국제형사사법 공조법」상 공조범죄가 대한민국의 법률에 의하여는 범죄를 구성하지 아니하거나 공소를 제기할 수 없는 범죄인 경우 공조를 하지 아니해야 한다.
㉣ 「국제형사사법 공조법」상 대한민국에서 수사가 진행 중이거나 재판에 계속된 범죄에 대하여 외국의 공조요청이 있는 경우에 수사의 진행, 재판의 계속을 이유로 공조를 연기할 수 없다.

① ㉠㉡
② ㉡㉢
③ ㉡㉣
④ ㉢㉣

해설 ▶(㉢) 제6조(공조의 제한)
다음 각 호의 어느 하나에 해당하는 경우에는 **공조를 하지 아니할 수 있다.**
1. 대한민국의 주권, 국가안전보장, 안녕질서 또는 미풍양속을 해칠 우려가 있는 경우
2. 인종, 국적, 성별, 종교, 사회적 신분 또는 특정 사회단체에 속한다는 사실이나 정치적 견해를 달리한다는 이유로 처벌되거나 형사상 불리한 처분을 받을 우려가 있다고 인정되는 경우
3. 공조범죄가 정치적 성격을 지닌 범죄이거나, 공조요청이 정치적 성격을 지닌 다른 범죄에 대한 수사 또는 재판을 할 목적으로 한 것이라고 인정되는 경우
4. **공조범죄가 대한민국의 법률에 의하여는 범죄를 구성하지 아니하거나 공소를 제기할 수 없는 범죄인 경우**
5. 이 법에 요청국이 보증하도록 규정되어 있음에도 불구하고 요청국의 보증이 없는 경우

▶(㉣) 제7조(공조의 연기)
대한민국에서 수사가 진행 중이거나 재판에 계속(係屬)된 범죄에 대하여 외국의 공조요청이 있는 경우에는 그 수사 또는 재판 절차가 끝날 때까지 **공조를 연기할 수 있다.**

Answer 03 ④

04 「국제형사사법 공조법」과 「범죄인 인도법」에 대한 내용으로 옳은 것은 모두 몇 개인가?

21. 경간부

> 가. 국제형사사법 공조와 범죄인 인도 과정 모두에게 상호주의 원칙과 조약우선주의를 천명하고 있다.
> 나. 대한민국에서 수사가 진행 중이거나 재판에 계속된 범죄에 대하여 외국의 공조요청이 있는 경우에는 즉시 공조해야 한다.
> 다. 외국의 요청에 따른 수사의 공조절차에서 공조요청 접수 및 요청국에 대한 공조자료의 송부는 법무부장관이 한다. 다만, 긴급한 조치가 필요한 경우나 특별한 사정이 있는 경우에는 외교부장관이 법무부장관의 동의를 받아 이를 할 수 있다.
> 라. 대한민국과 청구국의 법률에 따라 인도범죄가 사형, 무기징역, 무기금고, 장기 3년 이상의 징역 또는 금고에 해당하는 경우에만 범죄인을 인도할 수 있다.
> 마. 범죄인이 대한민국 국민이거나 인도범죄에 관하여 대한민국 법원에서 재판이 확정된 경우에는 범죄인을 인도하여서는 아니 된다.

① 1개 ② 2개
③ 3개 ④ 4개

해설 ▶(나) 제7조(공조의 연기)
대한민국에서 수사가 진행 중이거나 재판에 계속(係屬)된 범죄에 대하여 외국의 공조요청이 있는 경우에는 그 수사 또는 재판 절차가 끝날 때까지 **공조를 연기할 수 있다.**

▶(다) 제11조(공조요청의 접수 및 공조 자료의 송부)
공조요청 접수 및 요청국에 대한 공조 자료의 송부는 **외교부장관**이 한다. 다만, 긴급한 조치가 필요한 경우나 특별한 사정이 있는 경우에는 **법무부장관이 외교부장관의 동의를 받아** 이를 할 수 있다.

▶(라) 제6조(인도범죄)
대한민국과 청구국의 법률에 따라 인도범죄가 사형, 무기징역, 무기금고, **장기(長期) 1년 이상의** 징역 또는 금고에 해당하는 경우에만 범죄인을 인도할 수 있다.

▶(마) 제7조(절대적 인도거절 사유) vs 제9조(임의적 인도거절 사유)

제7조(절대적 인도거절 사유) (~인도하여서는 아니 된다.)	2. 인도범죄에 관하여 대한민국 법원에서 재판이 계속(係屬) 중이거나 재판이 확정된 경우
제9조(임의적 인도거절 사유) (~ 인도하지 아니할 수 있다.)	1. 범죄인이 대한민국 국민인 경우

Answer 04 ①

05 「국제형사사법공조법」상 외국의 요청에 따른 수사의 공조절차에서 '검사 등의 처분'에 대한 설명으로 가장 적절하지 않은 것은?

응용문제

① 검사는 공조에 필요한 경우에는 판사에게 청구하여 발부받은 영장에 의하여 압수·수색 또는 검증을 할 수 있다.
② 검사는 요청국에 인도하여야 할 증거물 등이 법원에 제출되어 있는 경우에는 법무부장관의 인도허가결정을 받아야 한다.
③ 검사는 사법경찰관리를 지휘하여 공조에 필요한 수사를 하게 할 수 있고, 사법경찰관은 검사에게 신청하여 검사의 청구로 판사가 발부한 영장에 의하여 공조에 필요한 압수·수색 또는 검증을 할 수 있다.
④ 검사는 공조에 필요한 자료를 수집하기 위하여 관계인의 출석을 요구하여 진술을 들을 수 있고, 감정·통역 또는 번역을 촉탁할 수 있으며, 서류나 그 밖에 물건의 소유자·소지자 또는 보관자에게 그 제출을 요구하거나, 행정기관이나 그 밖의 공사단체에 공조에 필요한 사실을 조회하거나 필요한 사항의 보고를 요구할 수 있다.

해설 제17조(검사 등의 처분)
③ 검사는 요청국에 인도하여야 할 증거물 등이 법원에 제출되어 있는 경우에는 **법원의** 인도허가결정을 받아야 한다.

06 「국제형사사법 공조법」상 공조절차이다. ( ) 안에 들어갈 경로가 바르게 연결된 것은?

20. 승진

경찰서 → 검사 → 대검찰청 → (㉠) → (㉡) → 상대국 주재 한국대사관 → 상대국 외무부장관 → 상대국 경찰기관

① ㉠ 외교부장관 ㉡ 법무부장관
② ㉠ 법무부장관 ㉡ 외교부장관
③ ㉠ 외교부장관 ㉡ 주한 상대국대사관
④ ㉠ 법무부장관 ㉡ 주한 상대국대사관

해설 공조절차

경찰서 → 검사 → 대검찰청 → **법무부장관** → **외교부장관** → 상대국 주재 한국대사관 → 상대국 외무부장관 → 상대국 경찰기관

Answer 05 ② 06 ②

황영구 경찰학(법령서)

PART 03

총론 2단계

CHAPTER 01 경찰 감찰 규칙
[경찰청훈령 시행 2022.10.7.]

01 「경찰 감찰 규칙」에 대한 설명으로 가장 적절하지 않은 것은? 21. 승진

① 감찰관은 소속 경찰기관의 관할구역 안에서 활동하여야 하나, 상급 경찰기관의 장의 지시가 있는 경우에는 관할구역 밖에서도 활동할 수 있다.
② 감찰관은 소속공무원의 의무위반행위에 관한 단서(현장인지, 진정·탄원 등을 포함한다)를 수집·접수한 경우 소속 경찰기관의 감찰부서장에게 보고하여야 한다.
③ 경찰기관의 장은 감찰관이 제5조에 따른 결격사유에 해당되는 것으로 밝혀졌을 경우와 제7조 제1항 각 호의 어느 하나에 해당하는 경우를 제외하고는 3년 이내에 본인의 의사에 반하여 전보하여서는 아니된다. 다만, 승진 등 인사관리상 필요한 경우에는 그러하지 아니하다.
④ 경찰기관의 장은 1년 이상 성실히 근무한 감찰관에 대해서는 희망부서를 고려하여 전보한다.

> 해설 ▶ 제7조(감찰관의 신분보장)
> ① 경찰기관의 장은 감찰관이 제5조에 따른 결격사유에 해당되는 것으로 밝혀졌을 경우와 다음 각 호의 어느 하나에 해당하는 경우를 제외하고는 **2년 이내에** 본인의 의사에 반하여 전보하여서는 아니 된다. 다만, 승진 등 인사관리상 필요한 경우에는 그러하지 아니하다.
>   1. 징계사유가 있는 경우
>   2. 형사사건에 계류된 경우
>   3. 질병 등으로 감찰업무를 수행할 수 없거나 직무수행 능력이 현저히 부족하다고 판단되는 경우
>   4. 고압·권위적인 감찰활동을 반복하여 물의를 야기한 경우
> ② 경찰기관의 장은 1년 이상 성실히 근무한 감찰관에 대해서는 희망부서를 고려하여 전보한다.

02 「경찰 감찰 규칙」에 관한 설명으로 가장 적절하지 않은 것은? 23. 순경

① "감찰"이란 복무기강 확립과 경찰행정의 적정성을 확보하기 위해 경찰기관 또는 소속공무원의 제반업무와 활동 등을 조사·점검·확인하고 그 결과를 처리하는 감찰관의 직무활동을 말한다.
② 감찰부서장은 소속 감찰관에 대하여 감찰관 보직 후 3년마다 적격심사를 실시하여 인사에 반영하여야 한다.

Answer 01 ③ 02 ②

③ 경찰기관의 장은 의무위반행위가 자주 발생하거나 그 발생 가능성이 높다고 인정되는 시기, 업무분야 및 경찰관서 등에 대하여는 일정기간 동안 전반적인 조직관리 및 업무추진 실태 등을 집중 점검할 수 있다.
④ 감찰관은 감찰관 본인이 의무위반행위로 인해 감찰대상이 된 때에는 당해 감찰직무(감찰조사 및 감찰업무에 대한 지휘를 포함한다)에서 제척된다.

> **해설** 제8조(감찰관 적격심사)
> ① 경찰기관의 장은 소속 감찰관에 대하여 감찰관 보직 후 **2년마다** 적격심사를 실시하여 인사에 반영하여야 한다.

03 다음 「경찰 감찰 규칙」상 내용으로 옳은 것은? 20. 승진

① 감찰관은 심야(22시부터 다음날 오전 6시까지를 말한다)에 조사를 하여서는 아니 된다.
② 감찰관은 조사에 장시간이 소요되는 경우 특별한 사정이 없는 한 조사 도중에 최소한 2시간마다 10분 이상의 휴식시간을 부여하여 조사대상자가 피로를 회복할 수 있도록 노력하여야 한다.
③ 감찰관은 소속공무원의 의무위반사실에 대한 민원을 접수한 경우 접수일로부터 1개월 내에 신속히 처리하여야 한다. 다만, 부득이한 사유로 민원을 기한 내에 처리할 수 없을 때에는 소속 경찰기관의 감찰부서장에게 보고하여 그 처리 기간을 연장할 수 있다.
④ 감찰관은 민원사건을 접수한 경우 접수 후 매 2개월이 경과한 때와 감찰조사를 종결하였을 때에 민원인 또는 피해자에게 사건처리 진행상황을 통지하여야 한다. 다만, 진행상황에 대한 통지가 감찰조사에 지장을 주거나 피해자 또는 사건관계인의 명예와 권리를 부당히 침해할 우려가 있는 때에는 통지하지 않을 수 있다.

> **해설** ▶(①) 제32조(심야조사의 금지)
> ① 감찰관은 심야(**자정부터** 오전 6시까지를 말한다)에 조사를 하여서는 아니 된다.
> ② 제1항에도 불구하고 감찰관은 조사대상자 또는 그 변호인의 별지 제6호 서식에 의한 심야조사 요청이 있는 경우에는 예외적으로 심야조사를 할 수 있다. 이 경우 심야조사의 사유를 조서에 명확히 기재하여야 한다.
>
> ▶제35조(민원사건의 처리)
> ① (③) 감찰관은 소속공무원의 의무위반사실에 대한 민원을 접수한 경우 접수일로부터 **2개월 내에** 신속히 처리하여야 한다. 다만, 부득이한 사유로 민원을 기한 내에 처리할 수 없을 때에는 소속 경찰기관의 감찰부서장에게 보고하여 그 처리 기간을 연장할 수 있다.
> ① (④) 감찰관은 민원사건을 접수한 경우 접수 후 **매 1개월이 경과한 때**와 감찰조사를 종결하였을 때에 민원인 또는 피해자에게 사건처리 진행상황을 통지하여야 한다. 다만, 진행상황에 대한 통지가 감찰조사에 지장을 주거나 피해자 또는 사건관계인의 명예와 권리를 부당히 침해할 우려가 있는 때에는 통지하지 않을 수 있다.

Answer 03 ②

04 「경찰 감찰 규칙」에 대한 설명으로 가장 적절한 것은? 응용문제

① 감찰관은 소속 경찰공무원등의 의무위반사실에 대한 민원을 접수하였을 때에는 부득이한 사유로 민원을 기한 내에 처리할 수 없는 경우가 아닌 한 접수일로부터 2개월 내에 신속히 처리하여야 한다.
② 감찰관은 직무상 증거품 등 자료 제출, 현지조사의 협조 등을 요구할 수 있으며, 경찰공무원등은 정당한 사유가 없더라도 감찰관의 요구에 응하지 않을 수 있다.
③ 감찰관은 감찰조사를 위해서 조사대상자의 출석을 요구할 때에는 조사기일 2일 전까지 출석요구서 또는 구두로 조사일시, 의무위반행위사실 요지 등을 통지하여야 한다. 다만, 사안이 급박한 경우에는 즉시 조사에 착수할 수 있다.
④ 감찰관의 의무위반행위 중 직무와 관련된 금품 및 향응 수수, 공금횡령·유용, 성폭력범죄에 한하여 「경찰공무원 징계령 세부시행규칙」의 징계양정에 정한 기준보다 가중하여 징계조치한다.

해설 ▶ (②) 제17조(자료 제출 요구 등)
① 감찰관은 직무상 다음 각 호의 요구를 할 수 있다. 다만, 제2호 및 제3호의 경우에는 필요 최소한의 범위 내에서 요구하여야 한다.
  1. 조사를 위한 출석
  2. 질문에 대한 답변 및 진술서 제출
  3. 증거품 등 자료 제출
  4. 현지조사의 협조
② 소속공무원은 감찰관으로부터 제1항에 따른 요구를 받은 때에는 **정당한 사유가 없는 한 그 요구에 응하여야 한다.**

▶ (③) 제25조(출석요구)
① 감찰관은 감찰조사를 위해서 조사대상자의 출석을 요구할 때에는 **조사기일 3일 전까지** 출석요구서 또는 구두로 조사일시, 의무위반행위사실 요지 등을 통지하여야 한다. 다만, 사안이 급박한 경우 또는 조사대상자의 요청이 있는 경우에는 즉시 조사에 착수할 수 있다.
▶ ④ 감찰관의 의무위반행위는 **모두** 「경찰공무원 징계령 세부시행규칙」의 징계양정에 정한 기준보다 가중하여 징계조치한다.

05 「경찰 감찰 규칙」의 내용으로 가장 적절한 것은? 18. 승진

① 「경찰 감찰 규칙」 제1조는 "경찰공무원등의 공직기강 확립과 경찰 행정의 효율성 확보를 위한 감찰에 필요한 사항을 규정함을 목적으로 한다."라고 명시하고 있다.
② 감찰관은 다른 경찰기관 또는 검찰, 감사원 등 다른 행정기관으로부터 통보받은 소속 직원의 의무위반행위에 대해서는 통보받은 날로부터 2개월 이내에 신속히 처리하여야 한다.
③ 「경찰 감찰 규칙」 제10조는 '특별감찰'에 대해 "감찰관은 상급 경찰기관장의 지시에 따라 일정기간 동안 소속 경찰기관이 아닌 다른 경찰기관의 소속 직원의 복무실태, 업무추진 실태 등을 점검할 수 있다."라고 규정하고 있다.

Answer 04 ① 05 ④

④ 감찰관은 경찰공무원등의 의무위반행위에 관한 첩보, 진정·탄원 등이 있을 때, 그 사실을 확인한 후 의무위반혐의가 있다고 판단될 때에는 감찰업무 담당 부서장에게 보고하고 감찰조사에 착수하여야 한다.

> **해설** ▶ (①) 제1조(목적)
> 이 규칙은 경찰청 및 그 소속기관에 소속하는 경찰공무원, 별정·일반직 공무원(무기계약 및 기간제 근로자를 포함), 의무경찰 등(이하 "소속공무원"이라 한다)의 공직기강 확립과 경찰 행정의 **적정성 확보**를 위한 감찰에 필요한 사항을 규정함을 목적으로 한다.
>
> ▶ (②) 제36조(기관통보사건의 처리)
> ① 감찰관은 다른 경찰기관 또는 검찰, 감사원 등 다른 행정기관으로부터 통보받은 소속공무원의 의무위반행위에 대해서는 통보받은 날로부터 **1개월 이내**에 신속히 처리하여야 한다.
>
> ▶ (③) 제14조(교류감찰)
> 경찰기관의 장은 상급 경찰기관의 장의 지시에 따라 소속 감찰관으로 하여금 일정기간 동안 다른 경찰기관 소속 직원의 복무실태, 업무추진 실태 등을 점검하게 할 수 있다.

06 다음 「경찰 감찰 규칙」상 내용으로 옳은 것은? _{응용문제}

① 경찰기관의 장은 감찰관 보직공모에 응모한 지원자 및 3인 이상의 동료로부터 추천 받은 자를 대상으로 적격심사를 거쳐 감찰관을 선발한다.
② 경찰기관의 장은 감찰관 결격사유에 해당되는 것으로 밝혀졌을 경우와 징계사유가 있는 경우, 형사사건에 계류된 경우, 질병 등으로 감찰업무를 수행할 수 없거나 직무수행 능력이 현저히 부족하다고 판단되는 경우, 고압·권위적인 감찰활동을 반복하여 물의를 야기한 경우를 제외하고는 1년 이내에 본인의 의사에 반하여 전보하여서는 아니 된다. 다만, 승진 등 인사관리상 필요한 경우에는 그러하지 아니하다.
③ 경찰기관의 장은 2년 이상 성실히 근무한 감찰관에 대해서는 희망부서를 고려하여 전보한다.
④ 경찰기관의 장은 소속 감찰관에 대하여 감찰관 보직 후 1년마다 적격심사를 실시하여 인사에 반영하여야 한다.

> **해설** ▶ 제7조(감찰관의 신분보장)
> ① (②) 경찰기관의 장은 감찰관이 제5조에 따른 결격사유에 해당되는 것으로 밝혀졌을 경우와 다음 각 호의 어느 하나에 해당하는 경우를 제외하고는 **2년 이내에** 본인의 의사에 반하여 전보하여서는 아니 된다. 다만, 승진 등 인사관리상 필요한 경우에는 그러하지 아니하다.
>   1. 징계사유가 있는 경우
>   2. 형사사건에 계류된 경우
>   3. 질병 등으로 감찰업무를 수행할 수 없거나 직무수행 능력이 현저히 부족하다고 판단되는 경우
>   4. 고압·권위적인 감찰활동을 반복하여 물의를 야기한 경우
> ② (③) 경찰기관의 장은 **1년 이상** 성실히 근무한 감찰관에 대해서는 희망부서를 고려하여 전보한다.
>
> ▶ (④) 제8조(감찰관 적격심사)
> ① 경찰기관의 장은 소속 감찰관에 대하여 감찰관 보직 후 **2년마다** 적격심사를 실시하여 인사에 반영하여야 한다.

Answer 06 ①

07 다음 「경찰 감찰 규칙」상 내용으로 옳은 것은? 응용문제

① 감찰관은 반드시 소속 경찰기관의 관할구역 안에서 활동하여야 한다.
② 경찰기관의 장은 의무위반행위가 자주 발생하거나 그 발생 가능성이 높다고 인정되는 시기, 업무분야 및 경찰관서 등에 대하여는 일정기간 동안 전반적인 조직관리 및 업무추진 실태 등을 집중 점검하는 것을 교류감찰이라 한다.
③ 경찰기관의 장은 소속 경찰기관의 장의 지시에 따라 소속 감찰관으로 하여금 일정기간 동안 다른 경찰기관 소속 직원의 복무실태, 업무추진 실태 등을 점검하게 할 수 있다.
④ 감찰관은 소속공무원의 의무위반행위에 관한 단서(현장인지, 진정·탄원 등을 포함)를 수집·접수한 경우 소속 경찰기관의 감찰부서장에게 보고하여야 한다.

해설 ▶(①) 제12조(감찰활동의 관할)
감찰관은 소속 경찰기관의 관할구역 안에서 활동하여야 한다. 다만, **상급 경찰기관의 장의 지시가 있는 경우에는 관할구역 밖에서도 활동할 수 있다.**

▶(②) 제13조(특별감찰)
경찰기관의 장은 의무위반행위가 자주 발생하거나 그 발생 가능성이 높다고 인정되는 시기, 업무분야 및 경찰관서 등에 대하여는 일정기간 동안 전반적인 조직관리 및 업무추진 실태 등을 집중 점검할 수 있다.

▶(③) 제14조(교류감찰)
경찰기관의 장은 **상급 경찰기관의 장**의 지시에 따라 소속 감찰관으로 하여금 일정기간 동안 다른 경찰기관 소속 직원의 복무실태, 업무추진 실태 등을 점검하게 할 수 있다.

08 「경찰 감찰 규칙」상 감찰활동에 대한 설명으로 가장 적절하지 않은 것은? 21. 경간부

① 경찰기관의 장은 의무위반행위가 자주 발생하거나 그 발생 가능성이 높다고 인정되는 시기, 업무분야 및 경찰관서 등에 대하여는 일정기간 동안 전반적인 조직관리 및 업무추진 실태 등을 집중 점검 할 수 있다.
② 감찰관은 소속공무원의 의무위반행위에 관한 단서(현장인지, 진정·타원 등을 포함한다)를 수집·접수한 경우 소속 경찰기관의 장에게 보고하여야 한다.
③ 감찰관은 직무상 조사를 위한 출석, 질문에 대한 답변 및 진술서 제출, 증거품 등 자료 제출, 현지조사의 협조를 요구할 수 있다.
④ 경찰기관의 장은 상급 경찰기관의 장의 지시에 따라 소속 감찰관으로 하여금 일정기간 동안 다른 경찰기관 소속 직원의 복무실태, 업무추진 실태 등을 점검하게 할 수 있다.

해설 제15조(감찰활동의 착수)
① 감찰관은 소속공무원의 의무위반행위에 관한 단서(현장인지, 진정·탄원 등을 포함한다)를 수집·접수한 경우 **소속 경찰기관의 감찰부서장에게** 보고하여야 한다.

Answer 07 ④ 08 ②

09 다음 「경찰 감찰 규칙」상 감찰계획의 수립 내용으로 옳은 것은? 응용문제

① 감찰관은 감찰활동에 착수할 때에는 감찰기간과 대상, 중점감찰사항 등을 제외한 감찰계획을 소속 경찰기관의 감찰부서장에게 보고하여 승인을 받아야 한다.
② 감찰관은 사전에 계획하고 보고한 범위에 한하여 감찰활동을 수행하여야 한다.
③ 감찰기간은 3개월의 범위 내에서 감찰부서장이 정한다.
④ 감찰관은 계속 감찰활동이 필요한 경우 그 사유를 소명하여 소속 경찰기관의 감찰부서장의 승인을 받아 3개월의 범위 내에서 감찰기간을 연장할 수 있다.

> 해설 ▶ (①) 제16조(감찰계획의 수립)
> ① 감찰관은 제15조에 따른 감찰활동에 착수할 때에는 감찰기간과 대상, 중점감찰사항 등을 **포함한** 감찰계획을 소속 경찰기관의 감찰부서장에게 보고하여 승인을 받아야 한다.
> ▶ 제16조(감찰계획의 수립)
> ③ (③) 제1항에 따른 감찰기간은 **6개월의 범위 내에서** 감찰부서장이 정한다.
> ④ (④) 감찰관은 계속 감찰활동이 필요한 경우 그 사유를 소명하여 소속 경찰기관의 감찰부서장의 승인을 받아 **6개월의 범위 내에서** 감찰기간을 연장할 수 있다

10 다음 「경찰 감찰 규칙」상 감찰정보에 대한 내용이다. 연결이 틀린 것은? 응용문제

① 즉시조사대상 - 신속한 진상확인 및 조사·처리가 필요한 사항
② 감찰대상 - 사실관계 확인 또는 감찰활동 착수 등 감찰활동이 필요한 사항
③ 참고대상 - 해당 경찰기관에서 직접 처리하는 것보다 다른 경찰기관이나 부서 등에서 처리·활용하는 것이 효과적이라고 판단되는 사항
④ 폐기대상 - 익명 제보 등 출처가 불분명한 정보 또는 이미 제출된 정보와 동일한 정보 등 그 내용상 감찰대상으로서의 가치가 없거나 감찰업무 활용도가 매우 낮을 것으로 예상되는 정보

> 해설 감찰정보의 구분(제21조)
>
> | | |
> |---|---|
> | 즉시조사대상 | 신속한 진상확인 및 조사·처리가 필요한 사항 |
> | 감찰대상 | 사실관계 확인 또는 감찰활동 착수 등 **감찰활동이 필요한 사항** |
> | (③) 이첩대상 | 해당 경찰기관에서 직접 처리하는 것보다 **다른 경찰기관이나 부서 등에서 처리·활용하는** 것이 효과적이라고 판단되는 사항 |
> | 참고대상 | 감찰업무에 **도움이 될 것**으로 판단되는 사항 |
> | 폐기대상 | 익명 제보 등 출처가 불분명한 정보 또는 이미 제출된 정보와 동일한 정보 등 그 내용상 감찰대상으로서의 **가치가 없거나 감찰업무 활용도가 매우 낮을 것으로** 예상되는 정보 |

Answer 09 ② 10 ③

11. 다음 「경찰 감찰 규칙」상 감찰정보심의회 내용으로 틀린 것은?

① 감찰부서장은 감찰정보의 구분, 감찰활동 착수와 관련된 사항을 결정하기 위하여 감찰정보심의회를 설치·운영할 수 있다.
② 감찰정보심의회는 위원장을 포함한 3명 이상 7명 이하의 위원으로 구성한다.
③ 위원장은 감찰부서장이 된다.
④ 위원은 감찰부서장이 소속 공무원 중에서 지명한다.

해설 감찰정보심의회(제22조) & 감찰처분심의회(제37조)

	감찰정보심의회	감찰처분심의회
구성	위원장을 포함한 3명 이상 5명 이하의 위원	위원장을 포함한 3명 이상 7명 이하의 위원
위원장	감찰부서장	
위원	감찰부서장이 소속 공무원 중에서 지명	감찰부서장이 소속 공무원 중에서 지명하거나 학식과 경험을 고루 갖춘 해당 분야의 **외부전문가 중에서 위촉**
심의 내용	1. 감찰정보의 구분 2. 감찰활동 착수와 관련된 사항	1. 감찰결과 처리 및 양정과 관련한 사항 2. 감찰결과에 대한 이의신청 처리와 관련한 사항 3. 감찰결과의 공개와 관련한 사항 4. 감찰관 기피 신청과 관련한 사항

12. 다음 「경찰 감찰 규칙」상 내용으로 옳은 것은?

① 감찰관은 다른 경찰기관 또는 검찰, 감사원 등 다른 행정기관으로부터 통보받은 소속공무원의 의무위반행위에 대해서는 통보받은 날로부터 2개월 이내에 신속히 처리하여야 한다.
② 감찰관은 검찰·경찰, 그 밖의 수사기관으로부터 수사개시 통보를 받은 경우에는 징계의결요구권자의 결재를 받아 해당 기관으로부터 수사결과의 통보를 받을 때까지 감찰조사, 징계의결요구 등의 절차를 진행하지 아니한다.
③ 감찰결과는 원칙적으로 공개하지 아니한다.
④ 감찰관은 조사대상자에게 감찰조사 결과 요지를 서면 또는 전화, 문자메시지(SMS) 전송 등의 방법으로 통지를 받은 조사대상자는 그 통지를 받은 날부터 7일 이내에 감찰을 주관한 경찰기관의 장에게 이의신청을 할 수 있다. 다만, 감찰결과 징계요구된 사건에 대해서는 징계위원회에서의 의견진술 등의 절차로 이의신청을 갈음할 수 있다.

해설 ▶ 제36조(기관통보사건의 처리)
① (①) 감찰관은 다른 경찰기관 또는 검찰, 감사원 등 다른 행정기관으로부터 통보받은 소속공무원의 의무위반행위에 대해서는 통보받은 날로부터 **1개월 이내**에 신속히 처리하여야 한다.
② (②) 감찰관은 검찰·경찰, 그 밖의 수사기관으로부터 수사개시 통보를 받은 경우에는 징계의결요구권자의 결재를 받아 해당 기관으로부터 수사결과의 통보를 받을 때까지 감찰조사, 징계의결요구 등의 절차를 **진행하지 아니 할 수 있다.**

Answer 11 ② 12 ③

▶(④) 제38조(감찰결과에 대한 이의신청)
① 제34조 제2항에 따른 통지를 받은 조사대상자는 그 통지를 받은 날부터 **10일 이내에** 감찰을 주관한 경찰기관의 장에게 이의신청을 할 수 있다. 다만, 감찰결과 징계요구된 사건에 대해서는 징계위원회에서의 의견진술 등의 절차로 이의신청을 갈음할 수 있다.

13. 「경찰 감찰 규칙」에 관한 설명으로 가장 적절한 것은? 〈74기 경간부〉

① 경찰기관의 장은 소속 감찰관에 대하여 감찰관 보직 후 3년마다 적격심사를 실시하여 인사에 반영하여야 한다.
② 감찰부서장은 감찰정보의 구분 및 감찰활동 착수와 관련된 사항을 결정하기 위하여 감찰정보심의회를 설치·운영해야한다. 감찰정보심의회는 위원장을 포함한 5명 이상 7명 이하의 위원으로 구성하며, 위원장은 감찰부서장이 되고 위원은 감찰부서장이 소속공무원 중에서 지명한다.
③ 감찰관은 소속공무원의 의무위반사실에 대한 민원을 접수한 경우 접수일로부터 2개월 내에 신속히 처리하여야 하며 그 처리 기간을 연장할 수 없다.
④ 감찰관은 민원사건을 접수한 경우 접수 후 매 1개월이 경과한 때와 감찰조사를 종결하였을 때에 민원인 또는 피해자에게 사건처리 진행상황을 통지하여야 한다. 다만, 진행상황에 대한 통지가 감찰조사에 지장을 주거나 피해자 또는 사건관계인의 명예와 권리를 부당히 침해할 우려가 있는 때에는 통지하지 않을 수 있다.

해설 ▶(①) 제8조(감찰관 적격심사)
① 경찰기관의 장은 소속 감찰관에 대하여 감찰관 보직 후 **2년마다** 적격심사를 실시하여 인사에 반영하여야 한다.

▶(②) 제22조(감찰정보심의회)
① 감찰부서장은 다음 각 호의 사항을 결정하기 위하여 감찰정보심의회를 설치·운영할 수 있다.
  1. 제21조에 따른 감찰정보의 구분
  2. 제15조에 따른 감찰활동 착수와 관련된 사항
② 감찰정보심의회는 **위원장을 포함한 3명 이상 5명 이하의 위원으로 구성**하며, 위원장은 감찰부서장이 되고 위원은 감찰부서장이 소속 공무원 중에서 지명한다.

▶(③) 제35조(민원사건의 처리)
① 감찰관은 소속공무원의 의무위반사실에 대한 민원을 접수한 경우 접수일로부터 2개월 내에 신속히 처리하여야 한다. 다만, 부득이한 사유로 민원을 기한 내에 처리할 수 없을 때에는 소속 경찰기관의 감찰부서장에게 보고하여 그 처리 기간을 **연장할 수 있다.**

Answer 13 ④

CHAPTER 02

경찰 인권보호 규칙
[경찰청훈령시행 2022.10.7.]

01 「경찰 인권보호 규칙」에 관한 설명으로 가장 적절하지 않은 것은?   23. 순경

① "경찰관등"이란 경찰청과 그 소속기관의 경찰공무원, 일반직 공무원을 말한다(단, 무기계약근로자 및 기간제근로자, 의무경찰은 제외한다).
② 경찰활동 전반에 걸친 민주적 통제를 구현하여 경찰력 오·남용을 예방하고, 경찰행정의 인권지향성을 높여 인권을 존중하는 경찰활동을 정립하기 위해 경찰청장 및 시·도경찰청장의 자문기구로서 각각 경찰청 인권위원회, 시·도경찰청 인권위원회를 설치하여 운영한다.
③ 경찰청장은 국민의 인권보호와 증진을 위하여 경찰 인권정책기본계획을 5년마다 수립해야 한다.
④ 인권보호담당관은 인권침해를 예방하고 제도를 개선하기 위해 연 1회 이상 인권 관련 정책 이행 실태, 인권교육 추진 현황, 경찰청과 소속기관의 청사 및 부속 시설 전반의 인권침해적 요소의 존재 여부를 진단하여야 한다.

> 해설   제2조(정의)
> 1. "경찰관등"이란 경찰청과 그 소속기관의 경찰공무원, 일반직공무원, **무기계약근로자 및 기간제근로자, 의무경찰을** 의미한다.

02 「경찰 인권보호규칙」(경찰청 훈령)에 대한 설명으로 가장 적절하지 <u>않은</u> 것은?   21. 승진

① 인권보호담당관은 반기 1회 이상 인권영향평가의 이행 여부를 점검하고, 이를 경찰청 인권위원회에 제출하여야 한다.
② 경찰청장은 경찰관등이 근무하는 동안 지속적·체계적으로 교육을 받을 수 있도록 매년 인권교육종합계획을 수립·시행하여야 한다.
③ 조사담당자는 사건을 조사하는 과정에서 동일한 사건에 대하여 경찰·검찰 등의 수사가 시작된 경우에는 사건 조사를 즉시 중단하고 종결하거나 해당 기관에 이첩할 수 있다. 다만, 확인된 인권침해 사실에 대한 구제 절차는 계속하여 이행할 수 있다.
④ 조사담당자는 제출자가 보관 중인 물건의 반환을 요구하는 경우에는 반환하여야 하며, 사건이 종결되어 더 이상 보관할 필요가 없는 경우에는 제출자가 요구하지 않더라도 반환할 수 있다.

   01 ①   02 ②

> **해설** 제18조의2(경찰 인권교육계획의 수립)
> ① **경찰청장은** 경찰관등(경찰공무원으로 신규 임용될 사람을 포함한다. 이하 이 조, 제20조, 제20조의2 및 제20조의3에서 같다)이 근무하는 동안 지속적·체계적으로 교육을 받을 수 있도록 **3년 단위로** 다음 각 호의 사항을 포함한 인권교육종합계획을 수립하여 시행해야 한다.
> 1. 경찰 인권교육의 기본방향과 추진목표
> 2. 인권교육 전문강사 양성 및 지원
> 3. 경찰 인권교육 실태조사·평가
> 4. 교육기관 및 대상별 인권교육 실시
> 5. 그 밖에 경찰관등의 인권 보호와 향상을 위하여 필요한 사항
> ② **경찰관서의 장은** 제1항의 내용을 반영하여 **매년** 인권교육 계획을 수립하여 시행하여야 한다.

03 「경찰 인권보호 규칙」에 관한 설명으로 가장 적절하지 않은 것은? 24. 승진

① 경찰청장은 국민의 인권보호와 증진을 위하여 경찰 인권정책 기본계획을 3년마다 수립해야 한다.
② 인권보호담당관은 반기 1회 이상 인권영향평가의 이행 여부를 점검하고, 이를 경찰청 인권위원회에 제출하여야 한다.
③ 경찰청 및 그 소속기관의 장은 진정의 원인이 된 사실이 공소시효, 징계시효 및 민사상 시효 등이 모두 완성된 경우에 그 진정을 각하할 수 있다.
④ 경찰 활동 전반에 걸친 민주적 통제를 구현하여 경찰력 오·남용을 예방하고, 경찰 행정의 인권지향성을 높여 인권을 존중하는 경찰 활동을 정립하기 위해 경찰청장 및 시·도경찰청장의 자문기구로서 각각 경찰청 인권위원회, 시·도경찰청 인권위원회를 설치하여 운영한다.

> **해설** 제18조(경찰 인권정책 기본계획의 수립)
> ① 경찰청장은 국민의 인권보호와 증진을 위하여 경찰 인권정책 기본계획을 **5년마다** 수립해야 한다.

04 「경찰 인권보호 규칙」상 경찰청 및 시·도경찰청 인권위원회에 관한 설명으로 가장 적절한 것은? 23. 순경

① 당연직 위원은 경찰청은 청문감사인권담당관, 시·도경찰청은 감사관으로 한다.
② 경찰청 인권위원회와 시·도경찰청 인권위원회 각각의 위원장과 위촉 위원의 임기는 위촉된 날로부터 2년으로 하며 위원장의 직은 연임할 수 없고, 위촉 위원은 세 차례만 연임할 수 있다.
③ 경찰청 인권위원회와 시·도경찰청 인권위원회의 정기회의는 각각 분기 1회 개최한다.
④ 경찰의 직에 있거나 그 직에서 퇴직한 날부터 3년이 지나지 아니한 사람은 경찰청 인권위원회나 시·도경찰청 인권위원회의 위촉 위원이 될 수 없다.

Answer 03 ① 04 ④

해설 경찰청(시·도경찰청) 인권위원회와 분과 위원회

		경찰청(지방청) 인권위원회	분과 위원회
구성		위원장 1명을 포함하여 7명 이상 13명 이하	3명 이상 5명 이하
위원장		위원회에서 호선	위원장이 지정
위원	당연직 위원	경찰청은 감사관 시·도경찰청은 청문감사인권담당관	
	위촉 위원	경찰청장 또는 시·도경찰청장이 위촉	
임기		위촉된 날로부터 2년(위원장의 직은 연임할 수 없고, 위촉 위원은 두 차례만 연임)	
회의	정기 회의	경찰청은 월 1회 시·도경찰청은 분기 1회 개최	① 위원장이 필요하다고 인정 ② 위원장 요청 ③ 분과위원회 위원 2명 이상의 요청
	임시 회의	① 위원장이 필요하다고 인정 ② 청장 ③ 재적위원 3분의 1이상 소집을 요구	
정족수		재적위원 과반수 출석과 출석위원 과반수 찬성	구성위원 3명 이상의 출석과 출석위원 과반수의 찬성

05 「경찰 인권보호 규칙」상 경찰청 및 시·도경찰청 인권위원회에 관한 설명으로 가장 적절한 것은?
23. 경특

① 위원회는 위원장 1명을 포함하여 7인 이상 15명 이하의 위원으로 구성한다. 이때, 특정 성별이 전체위원의 10분의 6을 초과하지 아니해야 한다. 위원장은 위원회에서 호선(互選)하며, 위원은 당연직 위원과 위촉 위원으로 구분한다.
② 경찰청장은 위원회의 위원이 특별한 사유 없이 연속적으로 임시회의에 2회 불참 등 직무를 태만히 한 경우 직권으로 위원을 해촉할 수 있다.
③ 위촉위원 중「공직선거법」에 따라 실시하는 선거에 의하여 취임한 공무원이거나 그 직에서 퇴직한 날부터 5년이 지나지 아니한 사람은 결격사유에 해당한다.
④ 위원회의 회의는 정기회의와 임시회의로 구분하며, 재적위원 과반수의 출석으로 개의(開議)하고, 출석위원 과반수의 찬성으로 의결한다.

해설 ▶(①) 제5조(구성)
① 위원회는 위원장 1명을 포함하여 **7명 이상 13명 이하의 위원**으로 구성한다. 이때, 특정 성별이 전체 위원 수의 10분의 6을 초과하지 아니해야 한다.

▶(②) 제8조(위원의 해촉)
다음 각 호의 어느 하나에 해당하는 경우에는 청장은 위원회의 의견을 들어 위원을 해촉할 수 있다.
1. 입건 전 조사·수사 중인 사건에 청탁 또는 경찰 인사에 관여하는 행위를 하거나 기타 직무 관련 비위사실이 있는 경우
2. 위원회의 명예를 실추시키거나 위원으로서의 품위를 손상시키는 행위를 한 경우
3. 특별한 사유 없이 연속으로 정기회의에 **3회 불참** 등 직무를 태만히 한 경우

Answer **05** ④

4. 위원 스스로 직무를 수행하는 것이 곤란하다고 의사를 밝힌 경우
5. 그 밖에 부득이한 사유로 업무를 수행할 수 없는 경우

▶ (③) 제6조(위촉 위원의 결격사유)
1. 「공직선거법」에 따라 실시하는 선거에 후보자(예비후보자 포함)로 등록한 사람
2. 「공직선거법」에 따라 실시하는 선거에 의하여 취임한 공무원이거나 그 직에서 퇴직한 날부터 **3년**이 지나지 아니한 사람
3. 경찰의 직에 있거나 그 직에서 퇴직한 날부터 3년이 지나지 아니한 사람
4. 「공직선거법」에 따른 선거사무관계자 및 「정당법」에 따른 정당의 당원

06
「경찰 인권보호 규칙」에 대한 설명이다. 아래 가.부터 라.까지 설명 중 옳고 그름의 표시(O, X)가 바르게 된 것은?

22. 경간부

> 가. 인권보호담당관은 분기별 1회 이상 인권영향평가의 이행 여부를 점검하고, 이를 경찰청 인권위원회에 제출하여야 한다.
> 나. 경찰청장은 경찰관 등이 근무하는 동안 지속적·체계적으로 교육을 받을 수 있도록 매년 단위로 인권교육종합계획을 수립하여 시행하여야 한다.
> 다. 경찰 활동 전반에 걸친 민주적 통제를 구현하여 경찰력 오·남용을 예방하고, 경찰 행정의 인권 지향성을 높여 인권을 존중하는 경찰 활동을 정립하기 위해 경찰청장 및 시·도경찰청장, 경찰서장의 자문기구로서 각각 경찰청 인권위원회, 시·도경찰청 인권위원회, 경찰서 인권위원회를 설치하여 운영한다.
> 라. 조사담당자는 사건을 조사하는 과정에서 동일한 사건에 대하여 경찰·검찰 등의 수사가 시작된 경우에는 사건 조사를 즉시 중단하고 종결하거나 해당 기관에 이첩할 수 없다. 다만, 확인된 인권침해 사실에 대한 구제절차는 계속하여 이행할 수 있다.

① 가.(O) 나.(×) 다.(O) 라.(×)
② 가.(×) 나.(×) 다.(O) 라.(O)
③ 가.(×) 나.(×) 다.(×) 라.(O)
④ 가.(×) 나.(×) 다.(×) 라.(×)

해설 ▶(가) 제24조(점검)
인권보호담당관은 **반기 1회 이상** 인권영향평가의 이행 여부를 점검하고, 이를 경찰청 인권위원회에 제출하여야 한다.

▶(나) 제18조의2(경찰 인권교육계획의 수립)
① **경찰청장은** 경찰관등(경찰공무원으로 신규 임용될 사람을 포함)이 근무하는 동안 지속적·체계적으로 교육을 받을 수 있도록 **3년 단위로** 다음 각 호의 사항을 포함한 인권교육종합계획을 수립하여 시행해야 한다.

▶(다) 제3조(설치)
경찰 활동 전반에 걸친 민주적 통제를 구현하여 경찰력 오·남용을 예방하고, 경찰 행정의 인권지향성을 높여 인권을 존중하는 경찰 활동을 정립하기 위해 **경찰청장 및 시·도경찰청장의 자문기구로서 각각 경찰청 인권위원회, 시·도경찰청 인권위원회**(이하 "위원회"라 한다)를 설치하여 운영한다.

Answer 06 ④

▶ (라) 제35조(조사중지)
① 조사담당자는 인권침해 사건을 조사하는 과정에서 다음 각 호의 어느 하나에 해당하는 사유로 사건 조사를 진행할 수 없는 경우에는 조사를 **중지할 수 있다.** 다만, 확인된 인권침해 사실에 대한 구제 절차는 계속하여 이행할 수 있다.
   1. 진정인이나 피해자의 소재를 알 수 없는 경우
   2. 사건 해결과 진상 규명에 핵심적인 중요 참고인의 소재를 알 수 없는 경우
   3. 그 밖에 제1호 또는 제2호와 유사한 사정으로 더 이상 사건 조사를 진행할 수 없는 경우
   4. 감사원의 조사, 경찰·검찰 등 수사기관에서 조사 또는 수사가 개시된 경우

07 「경찰 인권보호 규칙」상 인권침해사건 조사절차에 관한 설명으로 가장 적절하지 않은 것은?
23. 승진

① 조사담당자는 사건 조사 과정에서 진정인·피진정인 또는 참고인 등이 임의로 제출한 물건 중 사건 조사에 필요한 물건은 보관 할 수 있다.
② 조사담당자는 제출받은 물건에 사건번호와 표제, 제출자 성명, 물건 번호, 보관자 성명 등을 적은 표지를 붙인 후 봉투에 넣거나 포장하여 안전하게 보관하여야 한다.
③ 진정인이 진정을 취소한 사건에서 진정인이 제출한 물건이 있는 경우에는 진정인이 요구하는 경우에 한하여 반환할 수 있다.
④ 조사담당자는 사건을 조사하는 과정에서 동일한 사건에 대하여 경찰·검찰 등의 수사가 시작된 경우에는 사건 조사를 중지 할 수 있다. 다만, 확인된 인권침해 사실에 대한 구제 절차는 계속하여 이행할 수 있다.

해설 제32조(물건 등의 보관 등)
④ 조사담당자는 제출자가 보관 중인 물건의 반환을 요구하는 경우에는 반환하여야 하며, **다음 각 호의 어느 하나에 해당하는 경우에는 제출자가 요구하지 않더라도 반환할 수 있다.**
   1. 진정인이 진정을 취소한 사건에서 진정인이 제출한 물건이 있는 경우
   2. 사건이 종결되어 더 이상 보관할 필요가 없는 경우
   3. 그 밖에 물건을 계속 보관하는 것이 적절하지 않은 경우

08 「경찰 인권보호 규칙」상 경찰청 인권위원회에 대한 설명으로 가장 적절하지 않은 것은?
73기 경간부

① 위원회는 위원장 1명을 포함하여 7명 이상 13명 이하의 위원으로 구성한다. 이때, 특정 성별이 전체 위원 수의 10분의 6을 초과하지 아니해야 한다.
② 위원은 경찰의 직에 있거나 그 직에서 퇴직한 날부터 3년이 지나지 아니한 사람이어야 한다.
③ 위원장과 위촉 위원의 임기는 위촉된 날로부터 2년으로 하며 위원장의 직은 연임할 수 없고, 위촉 위원은 두 차례만 연임할 수 있다.
④ 입건 전 조사·수사 중인 사건에 청탁 또는 경찰 인사에 관여하는 행위를 하거나 기타 직무 관련 비위사실이 있는 경우 청장은 위원회의 의견을 들어 위원을 해촉할 수 있다.

Answer 07 ③   08 ②

> **해설** 제6조(위촉 위원의 결격사유)
> 3. 경찰의 직에 있거나 그 직에서 퇴직한 날부터 3년이 지나지 아니한 사람

09 인권과 관련한 다음 설명 중 가장 적절하지 않은 것은?

22. 승진

① 「경찰관 인권행동강령」상 경찰관은 직무를 수행하는 과정에서 합리적인 이유 없이 성별, 종교, 장애 등을 이유로 누구도 차별하여서는 아니 되고, 신체적·정신적·경제적·문화적인 차이 등으로 특별한 보호가 필요한 사람의 인권을 보호하여야 한다.
② 「경찰 인권보호 규칙」상 인권보호담당관은 분기 1회 이상 인권 영향평가의 이행 여부를 점검하고, 이를 경찰청 인권위원회에 제출하여야 한다.
③ 참가인원, 인원, 동원 경력의 규모, 배치 장비 등을 고려하여 인권침해 가능성이 높다고 판단되는 집회 및 시위의 경우는 「경찰 인권보호 규칙」상 인권영향평가 실시 대상에 해당한다.
④ 「경찰 인권보호 규칙」상 인권침해사건 조사절차에서 사건이 종결되어 더 이상 물건을 보관할 필요가 없는 경우, 조사담당자는 사건 조사 과정에서 진정인이 임의로 제출한 물건을 제출자가 요구하지 않더라도 반환할 수 있다.

> **해설** 제24조(점검)
> 인권보호담당관은 **반기 1회 이상** 인권영향평가의 이행 여부를 점검하고, 이를 경찰청 인권위원회에 제출하여야 한다.

10 「경찰 인권보호 규칙」에 대한 설명으로 가장 적절하지 않은 것은?

21. 경간부

① "경찰관등"이란 경찰청과 그 소속기관의 경찰공무원, 일반직공무원, 무기계약근로자 및 기간제근로자, 의무경찰을 의미한다.
② 경찰 활동 전반에 걸친 민주적 통제를 구현하여 경찰력 오·남용을 예방하고, 경찰 행정의 인권지향성을 높여 인권을 존중하는 경찰 활동을 정립하기 위해 인권문제에 대한 심의기구로서 각각 경찰청인권위원회, 시·도경찰청 인권위원회를 설치하여 운영한다.
③ "인권침해"란 경찰관등이 직무를 수행하는 과정에서 모든 사람에게 보장된 인권을 침해하는 것을 말한다.
④ "조사담당자"란 인권침해를 내용으로 하는 진정을 조사하고 이에 따른 구제 업무 등을 수행하는 경찰청과 그 소속기관에 근무하는 공무원을 말한다.

> **해설** 제3조(설치)
> 경찰 활동 전반에 걸친 민주적 통제를 구현하여 경찰력 오·남용을 예방하고, 경찰 행정의 인권지향성을 높여 인권을 존중하는 경찰 활동을 정립하기 위해 경찰청장 및 시·도경찰청장의 **자문기구**로서 각각 경찰청 인권위원회, 시·도경찰청 인권위원회(이하 "위원회"라 한다)를 설치하여 운영한다.

Answer 09 ② 10 ②

11. 「경찰 인권보호 규칙」에 관한 설명 중 가장 적절하지 않은 것은?

22. 순경

① '인권침해'란 경찰관등이 직무를 수행하는 과정에서 모든 사람에게 보장된 인권을 침해하는 것을 말한다.
② 경찰활동 전반에 걸친 민주적 통제를 구현하여 경찰력, 오·남용을 예방하고, 경찰 행정의 인권지향적을 높여 인권을 존중하는 경찰 활동을 정립하기 위하여 시·도경찰청장 및 경찰서의 심의·의결기구로서 각각 시·도경찰청 인권위원회, 경찰서 인권위원회를 설치하여 운영한다.
③ 경찰청장은 경찰관등이 근무하는 동안 지속적·체계적으로 교육을 받을 수 있도록 3년 단위로 인권교육종합계획을 수립하여 시행하여야 한다.
④ 인권보호담당관은 인권침해를 예방하고 제도를 개선하기 위해 연 1회 이상 인권 관련 정책 이행 실태, 인권교육 추진 현황, 경찰청과 소속기관의 청사 및 부속 시설 전반의 인권침해적 요소의 존재 여부를 진단하여야 한다.

해설 제3조(설치)
경찰 활동 전반에 걸친 민주적 통제를 구현하여 경찰력 오·남용을 예방하고, 경찰 행정의 인권지향성을 높여 인권을 존중하는 경찰 활동을 정립하기 위해 **경찰청장 및 시·도경찰청장의 자문기구**로서 각각 경찰청 인권위원회, 시·도경찰청 인권위원회(이하 "위원회"라 한다)를 설치하여 운영한다.

Answer 11 ②

CHAPTER 03 국가재정법 [법률시행 2024.5.17.]

01 「국가재정법」상 특별회계에 관한 설명으로 가장 적절한 것은? `20. 승진`

① 특별회계는 국가에서 특정한 사업을 운영하고자 할 때나 특정한 자금을 보유하여 운용하고자 할 때 대통령령으로 설치할 수 있다.
② 특별회계는 국가가 특정한 목적을 위하여 특정한 자금을 신축적으로 운용할 필요가 있을 때 설치한다.
③ 특별회계의 세입은 주로 조세수입으로 이루어진다.
④ 특별회계에서 발생한 잉여금을 일반회계로 전입시킬 수 있다.

> [해설] ▶(①) 제4조(회계구분)
> ③ 특별회계는 국가에서 특정한 사업을 운영하고자 할 때, 특정한 자금을 보유하여 운용하고자 할 때, 특정한 세입으로 특정한 세출에 충당함으로써 일반회계와 구분하여 회계처리할 필요가 있을 때에 **법률로써** 설치하되, 별표 1에 규정된 법률에 의하지 아니하고는 이를 설치할 수 없다.
> ▶(②), (③) 제5조(기금의 설치)
> ① 기금은 국가가 특정한 목적을 위하여 특정한 자금을 신축적으로 운용할 필요가 있을 때에 한정하여 법률로써 설치하되, 정부의 출연금 또는 법률에 따른 민간부담금을 재원으로 하는 기금은 별표 2에 규정된 법률에 의하지 아니하고는 이를 설치할 수 없다.
> ③ 특별회계는 조세수입이 아닌 **주로 자체수입과 일반회계로부터의 전입금 등으로 구성**된다.

02 우리나라에서 예산과 법률의 차이에 관한 설명으로 가장 적절한 것은? `20. 승진`

① 법률안과 예산안은 국회에서 의결된 후 공포 절차를 거쳐야 효력이 발생한다.
② 예산으로 법률의 개폐가 불가능하지만 법률로는 예산을 변경할 수 있다.
③ 예산은 국회의 의결로 성립하지만 정부의 수입·지출의 권한과 의무는 별도의 법률로 규정된다.
④ 국회에 발의·제출된 법률안은 의결기한에 제한이 없으나, 예산안은 매년 12월 2일까지 예산결산특별위원회의 심사를 마쳐야 한다.

> [해설] ① 예산은 공포절차를 필요로 하지 않으면 국회의결로서 확정된다.
> ② 예산과 법률이 형식이 달라 상호간에 변경이 불가능하다.
> ④ 국회에 제출된 법률안은 의결기한에 제한이 없으나, 예산안은 매년 12월 2일까지 **본회의의 의결을 완료**하여야 한다.

Answer 01 ④ 02 ③

03 예산을 성립과정 중심으로 분류할 때, 다음이 설명하는 예산제도로 가장 적절한 것은?

응용문제

> 회계연도 개시 전까지 예산의 불성립 시에 전년도 예산에 준하여 지출하는 예산제도로서 예산집행의 신축성을 부여하고 예산 불성립으로 인한 행정중단의 방지를 도모한다.

① 준예산 ② 본예산
③ 추가경정예산 ④ 수정예산

해설 예산성립 과정의 중심

본예산	정부가 회계연도 120일 전까지 국회에 제출하고 국회는 회계연도 개시 30일 전까지 의결하여 예산을 확정하는데, 이렇게 **의결·확정된 예산**을 말한다.
수정예산	정부가 예산안을 **국회에 제출한 후** 확정(성립) 전 국회에서 심의 중인 예산안을 부득이한 사정으로 그 내용의 일부를 수정하여 제출하는 예산을 말한다.
추가경정예산	예산이 확정(성립) 후 생긴 사유로 인하여 필요한 경비의 부족이 생길 때 **본예산에 추가 또는 변경을 가한 예산**을 말한다.
준예산	① 새로운 회계연도가 개시(매년 1월 1일)될 때까지 예산안이 성립되지 못할 경우 정부가 국회에서 예산안이 의결·확정될 때까지 전년도 예산에 준하여 지출하는 예산을 말한다. ② 예산집행의 신축성을 부여하고 예산 불성립으로 인한 행정의 중단을 방지한다. ③ 지출가능기간은 당해 연도 예산이 국회에서 의결될 때까지이다. ④ **국회의 사전동의가 필요하지 않다.**

04 경찰예산 과정에 대한 내용으로 옳지 않은 것은?

21. 경간부

① 경찰청장은 예산안편성지침에 따라 그 소관에 속하는 다음 연도의 예산요구서를 기획재정부장관에게 제출하고 기획재정부장관은 예산요구서에 따라 예산안을 편성하여 국무회의 심의를 거쳐 대통령의 승인을 얻은 후 회계연도 개시 120일 전까지 국회에 제출하여야 한다.
② 국회에 제출된 경찰예산안은 행정안전위원회에서 종합심사를 통해 구체적이고 실질적인 금액 조정이 이루어지며 종합심사가 끝난 예산안은 본회의에 상정되어 회계연도 개시 30일 전까지 본회의 의결을 거침으로써 확정된다.
③ 경찰청장은 예산이 확정된 후 예산배정요구서를 기획재정부장관에게 제출하고 기획재정부장관은 예산배정요구서에 따라 분기별 예산배정계획을 작성하여 국무회의 심의와 대통령 승인을 얻은 후 분기별 예산배정계획에 따라 경찰청장에게 예산을 배정한다.
④ 경찰청장은 결산보고서를 기획재정부장관에게 제출하여야 하며 정부는 감사원 검사를 거친 국가결산보고서를 다음 연도 5월 31일까지 국회에 제출하여야 한다.

해설 국회에 제출된 경찰예산안은 **국회 예산결산특별위원회에서** 종합심사를 통해 구체적이고 실질적인 금액 조정이 이루어지며 종합심사가 끝난 예산안은 본회의에 상정되어 회계연도 개시 30일 전까지 본회의 의결을 거침으로써 확정된다.

Answer 03 ① 04 ②

05 다음은 경찰예산의 과정을 순서 없이 나열한 것이다. 과정의 순서를 가장 바르게 나열한 것은?

20. 순경

> ㉠ 경찰청장은 다음 연도의 세입세출예산·계속비·명시이월비 및 국고채무부담행위 요구서를 작성하여 기획재정부장관에게 제출한다.
> ㉡ 기획재정부장관은 대통령의 승인을 받은 국가결산보고서를 감사원에 제출하여야 한다.
> ㉢ 정부는 국가결산보고서를 국회에 제출하여야 한다.
> ㉣ 경찰청장은 예산배정요구서를 기획재정부장관에게 제출하여야 한다.
> ㉤ 기획재정부장관은 국무회의 심의를 거쳐 대통령의 승인을 얻은 다음 연도의 예산편성지침을 경찰청장에게 통보한다.
> ㉥ 정부는 대통령의 승인을 얻은 예산안을 국회에 제출하고 국회는 심의와 의결을 거쳐 예산안을 확정한다.

① ㉤ - ㉠ - ㉣ - ㉥ - ㉢ - ㉡
② ㉠ - ㉤ - ㉥ - ㉣ - ㉢ - ㉡
③ ㉤ - ㉠ - ㉥ - ㉣ - ㉡ - ㉢
④ ㉣ - ㉤ - ㉠ - ㉥ - ㉡ - ㉢

해설 예산·결산 절차
㉤ (예산안편성지침의 통보) - ㉠ (예산요구서의 제출) - ㉥ (예산확정) - ㉣ (예산배정요구서의 제출) - ㉡ (국가결산보고서의 작성 및 제출) - ㉢ (국가결산보고서의 국회제출)

06 「국가재정법」상 예산안의 편성 절차를 순서대로 나열한 것으로 가장 적절한 것은?

23. 승진

> ㉠ 기획재정부장관은 국무회의의 심의를 거쳐 대통령의 승인을 얻은 다음 연도의 예산안편성지침을 각 중앙관서의 장에게 통보하여야 한다.
> ㉡ 기획재정부장관은 예산요구서에 따라 예산안을 편성하여 국무회의의 심의를 거친 후 대통령의 승인을 얻어야 한다.
> ㉢ 각 중앙관서의 장은 예산안편성지침에 따라 그 소관에 속하는 다음 연도의 세입세출예산·계속비·명시이월비 및 국고채무부담행위 요구서를 작성하여 기획재정부장관에게 제출하여야 한다.
> ㉣ 기획재정부장관은 각 중앙관서의 장에게 통보한 예산안편성지침을 국회 예산결산특별위원회에 보고하여야 한다.

① ㉠ → ㉡ → ㉢ → ㉣
② ㉠ → ㉣ → ㉢ → ㉡
③ ㉣ → ㉠ → ㉢ → ㉡
④ ㉣ → ㉢ → ㉠ → ㉡

해설 예산안의 편성
(㉠) 제29조(예산안편성지침의 통보) ①기획재정부장관은 국무회의의 심의를 거쳐 대통령의 승인을 얻은 다음 연도의 예산안편성지침을 매년 3월 31일까지 각 중앙관서의 장에게 통보하여야 한다.

Answer 05 ③   06 ②

(ㄹ) **제30조(예산안편성지침의 국회보고)** 기획재정부장관은 각 중앙관서의 장에게 통보한 예산안편성지침을 국회 예산결산특별위원회에 보고하여야 한다.
(ㄷ) **제31조(예산요구서의 제출)** ①각 중앙관서의 장은 예산안편성지침에 따라 그 소관에 속하는 다음 연도의 세입세출예산·계속비·명시이월비 및 국고채무부담행위 요구서(이하 "예산요구서"라 한다)를 작성하여 매년 5월 31일까지 기획재정부장관에게 제출하여야 한다.
(ㄴ) **제32조(예산안의 편성)** 기획재정부장관은 예산요구서에 따라 예산안을 편성하여 국무회의의 심의를 거친 후 대통령의 승인을 얻어야 한다.

07 「국가재정법」상 경찰예산에 관한 설명으로 가장 적절하지 않은 것은?   24. 순경

① 경찰청장은 매년 1월 31일까지 해당 회계연도부터 5회계연도 이상의 기간 동안의 신규사업 및 경찰청장이 정하는 주요 계속사업에 대한 중기사업계획서를 기획재정부장관에게 제출하여야 한다.
② 기획재정부장관은 국무회의의 심의를 거쳐 대통령의 승인을 얻은 다음 연도의 예산안편성지침을 매년 3월 31일까지 경찰청장에게 통보하여야 한다.
③ 감사원은 제출된 국가결산보고서를 검사하고 그 보고서를 다음 연도 5월 20일까지 기획재정부장관에게 송부하여야 한다.
④ 경찰청장은 예산이 확정된 후 예산배정요구서를 기획재정부장관에게 제출하여야 하고, 기획재정부장관은 제출된 예산배정요구서에 따라 분기별 예산배정계획을 작성하여 국무회의의 심의를 거친 후 대통령의 승인을 얻어야 한다.

해설 제28조(중기사업계획서의 제출)
각 중앙관서의 장은 매년 1월 31일까지 해당 회계연도부터 5회계연도 이상의 기간 동안의 신규사업 및 **기획재정부장관이 정하는** 주요 계속사업에 대한 중기사업계획서를 기획재정부장관에게 제출하여야 한다.

08 「국가재정법」상 경찰예산에 대한 설명으로 가장 적절하지 않은 것은?   22. 경간부

① 경찰청장은 매년 1월 31일까지 당해 회계연도부터 5회계연도 이상의 기간 동안의 신규사업 및 기획재정부장관이 정하는 주요 계속사업에 대한 중기사업계획서를 기획재정부장관에게 제출하여야 한다.
② 경찰청장은 예산이 확정된 후 사업운영계획 및 이에 따른 세입세출예산·계속비와 국고채무 부담행위를 포함한 예산배정요구서를 기획재정부장관에게 제출하여야 한다.
③ 경찰청장은 세출예산이 정한 목적 외에 경비를 사용할 수 없다.
④ 경찰청장은 「국가재정법」 제29조의 규정에 따른 예산안편성지침에 따라 그 소관에 속하는 다음 연도의 세입세출예산·계속비·명시이월비 및 국고채무부담행위 요구서를 작성하여 매년 6월 30일까지 우선 행정안전부장관에게 제출하여야 한다.

Answer 07 ① 08 ④

해설 제31조(예산요구서의 제출)
① 각 중앙관서의 장은 제29조의 규정에 따른 예산안편성지침에 따라 그 소관에 속하는 다음 연도의 세입세출예산·계속비·명시이월비 및 국고채무부담행위 요구서(이하 "예산요구서"라 한다)를 작성하여 **매년 5월 31일까지 기획재정부장관에게** 제출하여야 한다.

09 「국가재정법」상 예산안의 편성과 집행에 관한 설명으로 가장 적절하지 않은 것은? 23. 순경

① 각 중안관서의 장은 예산안편성지침에 따라 그 소관에 속하는 다음 연도의 세입세출예산·계속비·명시이월비 및 국고채무부담행위 요구서를 작성하여 매년 5월 31일까지 기획재정부장관에게 제출하여야 한다.

② 기획재정부장관은 예산요구서에 따라 예산안을 편성하여 국회심의를 거친 후 대통령의 승인을 얻어야 한다.

③ 각 중앙관서의 장은 예산이 확정된 후 사업운영계획 및 이에 따른 세입세출예산·계속비와 국고채무부담행위를 포함한 예산 배정요구서를 기획재정부장관에게 제출하여야 한다.

④ 기획재정부장관은 각 중앙관서의 장에게 예산을 배정한 때에는 감사원에 통지하여야 한다.

해설 제32조(예산안의 편성)
기획재정부장관은 제31조 제1항의 규정에 따른 예산요구서에 따라 예산안을 편성하여 **국무회의의 심의를 거친 후** 대통령의 승인을 얻어야 한다.

10 「국가재정법」에 대한 설명으로 적절한 것은 모두 몇 개인가? 73기 경간부

가. 기획재정부장관은 국무회의의 심의를 거쳐 대통령의 승인을 얻은 다음 연도의 예산안편성지침을 매년 1월 31일까지 각 중앙관서의 장에게 통보하여야 한다.

나. 각 중앙관서의 장은 예산의 목적범위 안에서 재원의 효율적 활용을 위하여 대통령령으로 정하는 바에 따라 국무회의의 심의를 거친 후 대통령의 승인을 얻어 각 세항 또는 목의 금액을 전용할 수 있다.

다. 각 중앙관서의 장은 「국가회계법」에서 정하는 바에 따라 회계연도마다 작성한 결산보고서를 다음 연도 2월 말까지 기획재정부장관에게 제출하여야 한다.

라. 기획재정부장관은 「국가회계법」에서 정하는 바에 따라 회계연도마다 작성하여 대통령의 승인을 받은 국가결산보고서를 다음 연도 5월 20일까지 감사원에 제출하여야 한다.

① 1개   ② 2개
③ 3개   ④ 4개

Answer 09 ② 10 ①

해설 ▶ (가) 제29조(예산안편성지침의 통보)
① 기획재정부장관은 국무회의의 심의를 거쳐 대통령의 승인을 얻은 다음 연도의 예산안편성지침을 **매년 3월 31일까지** 각 중앙관서의 장에게 통보하여야 한다.

▶ (나) 제46조(예산의 전용)
① 각 중앙관서의 장은 예산의 목적범위 안에서 재원의 효율적 활용을 위하여 대통령령으로 정하는 바에 따라 **기획재정부장관의 승인을 얻어** 각 세항 또는 목의 금액을 전용할 수 있다.

▶ (라) 제59조(국가결산보고서의 작성 및 제출)
기획재정부장관은 「국가회계법」에서 정하는 바에 따라 회계연도마다 작성하여 대통령의 승인을 받은 국가결산보고서를 다음 연도 **4월 10일까지** 감사원에 제출하여야 한다.

11 「국가재정법」상 경찰 예산안의 편성에 대한 설명으로 가장 적절하지 <u>않은</u> 것은? 〔20. 승진〕

① 경찰청장은 매년 1월 31일까지 당해 회계연도부터 5회계연도 이상의 기간 동안의 신규사업 및 기획재정부장관이 정하는 주요 계속사업에 대한 중기사업계획서를 기획재정부장관에게 제출하여야 한다.
② 기획재정부장관은 국무회의의 심의를 거쳐 대통령의 승인을 얻은 다음 연도의 예산안편성지침을 매년 3월 31일까지 경찰청장에게 통보하여야 한다.
③ 경찰청장은 예산안편성지침에 따라 그 소관에 속하는 다음 연도의 세입세출예산·계속비·명시이월비 및 국고채무부담행위 요구서를 작성하여 매년 5월 31일까지 기획재정부장관에게 제출하여야 한다.
④ 기획재정부장관은 예산요구서에 따라 예산안을 편성하여 국회의 심의를 거친 후 대통령의 승인을 얻어야 한다.

해설 제32조(예산안의 편성)
기획재정부장관은 제31조 제1항의 규정에 따른 예산요구서에 따라 예산안을 편성하여 **국무회의의 심의를 거친 후** 대통령의 승인을 얻어야 한다.

12 경찰예산에 대한 설명으로 가장 적절한 것은? 〔응용문제〕

① 정부 예산안이 국회를 통과하여 확정된 후에 새롭게 발생한 사유로 인하여 이미 성립한 예산에 변경을 가할 필요가 있을 때 편성하는 예산은 수정예산이다.
② 준예산은 회계연도 개시 전까지 예산의 불성립시 전년도 예산에 준하여 지출하는 제도로 예산 확정 전에는 경찰공무원의 보수와 경찰관서의 유지·운영 등 기본경비에는 사용할 수 없다.
③ 관서운영경비는 관서운영경비출납공무원이 아니면 지급할 수 없으며 관서운영경비출납공무원은 관서운영경비를 금융회사등에 예치하여 관리하여야 한다.
④ 예산의 집행은 예산의 배정으로부터 시작되며 예산이 확정되면 해당 예산이 배정되지 않은 상태에서도 지출원인행위를 할 수 있다.

Answer 11 ④ 12 ③

해설 ▶(①) 제89조(추가경정예산안의 편성)
① 정부는 다음 각 호의 어느 하나에 해당하게 되어 이미 확정된 **예산에 변경을 가할 필요가 있는 경우**에는 추가경정예산안을 편성할 수 있다.

▶(②) 준예산
준예산은 회계연도 개시 전까지 예산의 불성립시 전년도 예산에 준하여 지출하는 제도로 예산 확정 전에는 경찰공무원의 보수와 경찰관서의 유지·운영 등 **기본경비에는 사용할 수 있다.**

▶(④) 제43조(예산의 배정)
예산의 집행은 예산의 배정으로부터 시작되며 예산이 확정되면 해당 예산이 배정되지 않은 상태에서도 **지출원인행위를 할 수 없다.**

13 「국가재정법」상 예산의 집행에 대한 설명 중 가장 적절한 것은? 20. 승진

① 각 중앙관서의 장은 예산이 확정되기 전에 사업운영계획 및 이에 따른 세입세출예산·계속비와 국고채무부담행위를 포함한 예산배정요구서를 기획재정부장관에게 제출하여야 한다.
② 기획재정부장관은 예산배정요구서에 따라 분기별 예산배정계획을 작성하여 국무회의의 심의를 거친 후 대통령의 승인을 얻어야 한다.
③ 예산이 확정되면 해당 예산이 배정되지 않은 상태라도 지출원인행위를 할 수 있다.
④ 경찰청장은 예산이 정한 각 기관 간 또는 각 장·관·항 간에 상호 이용할 수 있는 것이 원칙이다.

해설 ▶(①) 제42조(예산배정요구서의 제출)
각 중앙관서의 장은 **예산이 확정된 후** 사업운영계획 및 이에 따른 세입세출예산·계속비와 국고채무부담행위를 포함한 예산배정요구서를 기획재정부장관에게 제출하여야 한다.

▶(③) 제43조(예산의 배정)
예산의 집행은 예산의 배정으로부터 시작되며 예산이 확정되면 해당 예산이 배정되지 않은 상태에서도 **지출원인행위를 할 수 없다.**

▶(④) 제47조(예산의 이용·이체)
① 각 중앙관서의 장은 예산이 정한 **각 기관 간 또는 각 장·관·항 간에 상호 이용(移用)할 수 없다.** 다만, 다음 각 호의 어느 하나에 해당하는 경우에 한정하여 미리 예산으로써 국회의 의결을 얻은 때에는 기획재정부장관의 승인을 얻어 이용하거나 기획재정부장관이 위임하는 범위 안에서 자체적으로 이용할 수 있다.

Answer 13 ②

14. 경찰예산 편성과 집행에 관한 다음 설명 중 적절하지 않은 것은 몇 개인가? _{응용문제}

⊙ 경찰청장은 매년 1월 31일까지 당해 회계연도부터 5회계연도 이상의 기간 동안의 신규 사업 및 기획재정부장관이 정하는 주요 계속사업에 대한 중기사업계획서를 기획재정부장관에게 제출하여야 한다.
ⓒ 기획재정부장관은 국회의 심의를 거쳐 대통령의 승인을 얻은 다음 연도의 예산안 편성지침을 매년 4월 30일까지 경찰청장에게 통보하여야 한다.
ⓒ 경찰청장은 예산안편성지침에 따라 그 소관에 속하는 다음 연도의 예산요구서를 작성하여 매년 6월 30일까지 기획재정부장관에게 제출하여야 한다.
ⓔ 경찰청장은 예산요구서에 따라 예산안을 편성하여 국무회의 심의와 대통령의 승인을 얻은 후 회계연도 개시 90일 전까지 국회에 제출하여야 한다

① 1개 ② 2개
③ 3개 ④ 4개

해설 ▶ (ⓒ) 제29조(예산안편성지침의 통보)
① 기획재정부장관은 국무회의의 심의를 거쳐 대통령의 승인을 얻은 다음 연도의 예산안편성지침을 **매년 3월 31일까지** 각 중앙관서의 장에게 통보하여야 한다.

▶ (ⓒ) 제31조(예산요구서의 제출)
① 각 중앙관서의 장은 제29조의 규정에 따른 예산안편성지침에 따라 그 소관에 속하는 다음 연도의 세입세출예산·계속비·명시이월비 및 국고채무부담행위 요구서(이하 "예산요구서"라 한다)를 작성하여 **매년 5월 31일까지** 기획재정부장관에게 제출하여야 한다.

▶ (ⓔ) 제33조(예산안의 국회제출)
정부는 제32조의 규정에 따라 대통령의 승인을 얻은 예산안을 **회계연도 개시 120일 전까지** 국회에 제출하여야 한다.

15. 「국가재정법」상 예산 편성 및 집행에 관한 설명 중 가장 적절하지 않는 것은? _{22. 순경}

① 각 중앙관서의 장은 제29조의 규정에 따른 예산안편성지침에 따라 그 소관에 속하는 당해 연도의 세입세출예산·계속비·명시이월비 및 국고채무부담행위 요구서를 작성하여 매년 3월 31일까지 기획재정부장관에게 제출하여야 한다.
② 각 중앙관서의 장은 매년 1월 31일까지 해당 회계연도부터 5회계 연도 이상의 기간 동안의 신규사업 및 기획재정부장관이 정하는 주요 계속사업에 대한 중기사업계획서를 기획재정부장관에 제출하여야 한다.
③ 기획재정부장관은 각 중앙관서의 장에게 예산을 배정한 때에는 감사원에 통지하여야 한다.
④ 정부는 제32조의 규정에 따라 대통령의 승인을 얻은 예산안을 회계연도 개시 120일 전까지 국회에 제출하여야 한다.

Answer 14 ③ 15 ①

> **해설** 제31조(예산요구서의 제출)
> ① 각 중앙관서의 장은 제29조의 규정에 따른 예산안편성지침에 따라 그 소관에 속하는 다음 연도의 세입세출예산·계속비·명시이월비 및 국고채무부담행위 요구서(이하 "예산요구서"라 한다)를 작성하여 **매년 5월 31일까지** 기획재정부장관에게 제출하여야 한다.

16 경찰활동의 인권지향성을 제고하기 위한 제도적 수단들로 옳은 것은? _{21. 경간부}

① 「국가재정법」에 따라 경찰은 예산을 편성할 때 예산이 인권에 미친 영향을 평가하는 보고서를 작성하여야 한다.
② 「경찰법」에 따라 인권보호와 관련된 국가경찰의 운영·개선에 관한 사항은 경찰위원회의 심의·의결을 거칠 수 있다.
③ 「경찰 인권보호 규칙」에 따라 경찰청장은 인권침해를 예방하고 인권친화적인 치안 행정이 구현되도록 소정의 사항에 대하여 인권영향평가를 실시하여야 한다.
④ 「국가인권위원회법」에 따라 국가인권위원회는 인권의 보호와 향상을 위하여 필요하다고 인정하면 경찰정책과 관행을 개선 또는 시정할 수 있다.

> **해설** ▶ (①) 국가재정법 제26조(성인지 예산서의 작성)
> ① **정부는** 예산이 여성과 남성에게 미칠 영향을 미리 분석한 보고서[이하 "성인지 예산서"라 한다]를 작성하여야 한다.
>
> ▶ (②) 국가경찰과 자치경찰의 조직 및 운영에 관한 법률 제10조(국가경찰위원회의 심의·의결 사항 등)
> ① 다음 각 호의 사항은 국가경찰위원회의 **심의·의결을 거쳐야** 한다.
>   2. 국가경찰사무에 관한 인권보호와 관련되는 경찰의 운영·개선에 관한 사항
>
> ▶ (④) 국가인권위원회법 제25조(정책과 관행의 개선 또는 시정 권고)
> ① 위원회는 인권의 보호와 향상을 위하여 필요하다고 인정하면 관계기관등에 정책과 관행의 개선 또는 시정을 권고하거나 **의견을 표명할 수 있다.**

Answer 16 ③

CHAPTER 04 | 물품관리법 [법률시행 2020.6.9.]

01 「물품관리법」상 물품관리에 대한 내용으로 가장 적절한 것은?   응용문제

① 기획재정부장관은 각 중앙관서의 장이 수행하는 물품관리에 관한 업무를 총괄·조정한다.
② 각 중앙관서의 장은 물품관리관의 사무의 일부를 분장하는 분임물품관리관을 대통령령으로 정하는 바에 따라 두어야 한다.
③ 분임물품관리관이란 물품출납공무원의 사무의 일부를 분장하는 공무원을 말한다.
④ 물품관리관으로부터 대통령령으로 정하는 바에 따라 물품의 사용에 관한 사무를 위임받은 공무원을 물품운용관이라 한다.

해설 ▶ (①) 제7조(총괄기관)
① 기획재정부장관은 물품관리의 제도와 정책에 관한 사항을 관장하며, 물품관리에 관한 정책의 결정을 위하여 필요하면 조달청장이나 각 중앙관서의 장으로 하여금 물품관리 상황에 관한 보고를 하게 하거나 필요한 조치를 할 수 있다.
② **조달청장은** 각 중앙관서의 장이 수행하는 물품관리에 관한 업무를 총괄·조정한다.
▶ (②)(③) 제12조(관리기관의 분임 및 대리)
① 각 중앙관서의 장은 **물품관리관의 사무의 일부를 분장하는 공무원을**, 물품관리관은 물품출납공무원의 사무의 일부를 분장하는 공무원을 대통령령으로 정하는 바에 따라 **각각 둘 수 있다.**

02 「물품관리법」상 물품관리기관에 대한 설명으로 가장 적절한 것은?   응용문제

① 조달청장은 물품관리의 제도와 정책에 관한 사항을 관장한다.
② 기획재정부장관은 각 중앙관서의 장이 수행하는 물품관리에 관한 업무를 총괄·조정한다.
③ 각 중앙관서의 장으로부터 물품관리에 관한 사무의 위임을 받은 공무원을 물품출납공무원이라 한다.
④ 물품관리관으로부터 물품의 사용에 관한 사무를 위임받은 공무원을 물품운용관이라 한다.

Answer   01 ④   02 ④

해설 ▶ (①)(②) 제7조(총괄기관)
① **기획재정부장관은** 물품관리의 제도와 정책에 관한 사항을 관장하며, 물품관리에 관한 정책의 결정을 위하여 필요하면 조달청장이나 각 중앙관서의 장으로 하여금 물품관리 상황에 관한 보고를 하게 하거나 필요한 조치를 할 수 있다.
② **조달청장은** 각 중앙관서의 장이 수행하는 물품관리에 관한 업무를 총괄·조정한다.

▶ (③) 제9조(물품관리관)
② 제1항에 따라 각 중앙관서의 장으로부터 물품관리에 관한 사무를 위임받은 공무원을 **물품관리관**이라 한다.

03 「물품관리법」상 물품관리기관에 대한 설명으로 가장 적절하지 않은 것은? 응용문제

① 조달청장은 각 중앙관서장이 행하는 물품관리의 총괄조정에 관한 사항을 관장한다.
② 각 중앙관서의 장으로부터 물품관리에 관한 사무의 위임을 받은 자를 물품관리관이라 한다.
③ 물품출납공무원은 물품관리관이 임명하는 의무적 설치기관이다.
④ 물품관리관으로부터 물품의 사용에 관한 사무를 위임받은 공무원을 물품출납공무원이라 한다.

해설 제11조(물품운용관)
② 제1항에 따라 물품의 사용에 관한 사무를 위임받은 공무원을 **물품운용관**이라 한다.

Answer 03 ④

CHAPTER 05 질서위반행위규제법
[법률 시행 2021.1.1.]

01 「질서위반행위규제법」에 대한 설명이다 옳지 <u>않은</u> 것은? 21. 경간부

① 심신장애로 인하여 행위의 옳고 그름을 판단할 능력이 없거나 그 판단에 따른 행위를 할 능력이 없는 자의 질서위반행위는 과태료를 부과하지 아니한다.
② 2인 이상이 질서위반행위에 가담한 때에는 각자가 질서위반행위를 한 것으로 본다. 또한 신분에 의하여 성립하는 질서위반행위에 신분이 없는 자가 가담한 때에는 신분이 없는 자에 대하여도 질서위반행위가 성립한다.
③ 하나의 행위가 2이상의 질서위반행위에 해당하는 경우에는 각 질서위반행위에 대하여 정한 과태료 중 가장 중한 과태료를 부과한다.
④ 과태료는 행정청의 과태료 부과처분이나 법원의 과태료 재판이 확정된 후 3년간 징수하지 아니하거나 집행하지 아니하면 시효로 인하여 소멸된다.

> **해설** 제15조(과태료의 시효)
> ① 과태료는 행정청의 과태료 부과처분이나 법원의 과태료 재판이 확정된 후 **5년간** 징수하지 아니하거나 집행하지 아니하면 시효로 인하여 소멸한다.

02 「질서위반행위규제법」 제3조 법 적용의 시간적 범위와 제4조 법 적용의 장소적 범위에 관한 내용으로 가장 적절하지 <u>않은</u> 것은? 24. 승진

① 질서위반행위의 성립과 과태료 처분은 행위 시의 법률에 따른다.
② 질서위반행위 후 법률이 변경되어 그 행위가 질서위반행위에 해당하지 아니하게 되거나 과태료가 변경되기 전의 법률보다 가볍게 된 때에는 법률에 특정한 규정이 없는 한 변경된 법률을 적용한다.
③ 이 법은 대한민국 영역 밖에 있는 대한민국의 선박 또는 항공기 안에서 질서위반행위를 한 외국인에게는 적용되지 아니한다.
④ 이 법은 대한민국 영역 안에서 질서위반행위를 한 자에게 적용한다.

> **해설** 제4조(법 적용의 장소적 범위)
> ① 이 법은 대한민국 영역 안에서 질서위반행위를 한 자에게 적용한다.
> ② 이 법은 대한민국 영역 밖에서 질서위반행위를 한 대한민국의 국민에게 적용한다.
> ③ 이 법은 대한민국 영역 밖에 있는 대한민국의 선박 또는 항공기 안에서 질서위반행위를 한 **외국인에게 적용한다.**

Answer 01 ④ 02 ③

03 다음 「질서위반행위규제법」 및 「질서위반행위규제법 시행령」에 대한 내용에서 괄호 안에 들어갈 숫자를 모두 더한 값은?

21. 승진

> ㉠ 과태료는 행정청의 과태료 부과처분이나 법원의 과태료 재판이 확정된 후 ( )년간 징수하지 아니하거나 집행하지 아니하면 시효로 인하여 소멸한다.
> ㉡ 동법 제19조 제1항에 따라 행정청은 질서위반행위가 종료된 날부터 ( )년이 경과한 경우에는 해당 질서위반행위에 대하여 과태료를 부과할 수 없다.
> ㉢ ( )세가 되지 아니한 자의 질서위반행위는 과태료를 부과하지 아니한다.
> ㉣ 행정청은 당사자가 동법 제24조의3 제1항에 따라 과태료를 납부하기가 곤란하다고 인정되면 ( )년의 범위에서 과태료의 분할납부나 납부기일의 연기를 결정할 수 있다.
> ㉤ 행정청은 ㉣에 따라 과태료의 분할납부나 납부기일의 연기(이하 "징수유예등"이라 한다)를 결정하는 경우 그 기간을 그 징수유예등을 결정한 날의 다음 날부터 ( )개월 이내로 하여야 한다.

① 26
② 28
③ 33
④ 34

해설

▶(㉠) 제15조(과태료의 시효)
① 과태료는 행정청의 과태료 부과처분이나 법원의 과태료 재판이 확정된 후 **5년간** 징수하지 아니하거나 집행하지 아니하면 시효로 인하여 소멸한다.

▶(㉡) 제19조(과태료 부과의 제척기간)
① 행정청은 질서위반행위가 종료된 날(다수인이 질서위반행위에 가담한 경우에는 최종행위가 종료된 날을 말한다)부터 **5년이** 경과한 경우에는 해당 질서위반행위에 대하여 과태료를 부과할 수 없다.

▶(㉢) 제9조(책임연령)
14세가 되지 아니한 자의 질서위반행위는 과태료를 부과하지 아니한다. 다만, 다른 법률에 특별한 규정이 있는 경우에는 그러하지 아니하다.

▶(㉣) 제24조의3(과태료의 징수유예 등)
① 행정청은 당사자가 다음 각 호의 어느 하나에 해당하여 과태료(체납된 과태료와 가산금, 중가산금 및 체납처분비를 포함한다. 이하 이 조에서 같다)를 납부하기가 곤란하다고 인정되면 **1년의 범위에서** 대통령령으로 정하는 바에 따라 과태료의 분할납부나 납부기일의 연기(이하 "징수유예등"이라 한다)를 결정할 수 있다.

▶(㉤) 질서위반행위규제법 시행령 제24조의3(과태료의 징수유예 등)
① 행정청은 법 제24조의3 제1항에 따라 과태료의 분할납부나 납부기일의 연기(이하 "징수유예등"이라 한다)를 결정하는 경우 그 기간을 그 징수유예등을 결정한 날의 다음 날부터 **9개월 이내로** 하여야 한다. 다만, 그 기간이 만료될 때까지 법 제24조의3 제1항에 따른 징수유예등의 사유가 해소되지 아니하는 경우에는 1회에 한정하여 3개월의 범위에서 그 기간을 연장할 수 있다.

Answer 03 ④

04 「질서위반행위규제법」에 대한 내용으로 가장 적절한 것은? 응용문제

① 18세가 되지 아니한 자의 질서위반행위는 과태료를 부과하지 아니한다. 다만, 다른 법률에 특별한 규정이 있는 경우에는 그러하지 아니하다.
② 행정청이 질서위반행위에 대하여 과태료를 부과하고자 하는 때에는 미리 당사자에게 대통령령으로 정하는 사항을 통지하고, 7일 이상의 기간을 정하여 의견을 제출할 기회를 주어야 한다. 이 경우 지정된 기일까지 의견 제출이 없는 경우에는 의견이 없는 것으로 본다.
③ 과태료는 행정청의 과태료 부과처분이나 법원의 과태료 재판이 확정된 후 3년간 징수하지 아니하거나 집행하지 아니하면 시효로 인하여 소멸한다.
④ 고의 또는 과실이 없는 질서위반행위는 과태료를 부과하지 아니한다.

해설 ▶ (①) 제9조(책임연령)
14세가 되지 아니한 자의 질서위반행위는 과태료를 부과하지 아니한다. 다만, 다른 법률에 특별한 규정이 있는 경우에는 그러하지 아니하다.

▶ (②) 제16조(사전통지 및 의견 제출 등)
① 행정청이 질서위반행위에 대하여 과태료를 부과하고자 하는 때에는 미리 당사자(제11조 제2항에 따른 고용주등을 포함한다. 이하 같다)에게 대통령령으로 정하는 사항을 통지하고, **10일 이상**의 기간을 정하여 의견을 제출할 기회를 주어야 한다. 이 경우 지정된 기일까지 의견 제출이 없는 경우에는 의견이 없는 것으로 본다.

▶ (③) 제15조(과태료의 시효)
① 과태료는 행정청의 과태료 부과처분이나 법원의 과태료 재판이 확정된 후 **5년간** 징수하지 아니하거나 집행하지 아니하면 시효로 인하여 소멸한다.

05 「질서위반행위규제법」에 대한 설명으로 가장 적절한 것은? 응용문제

① 질서위반행위의 성립과 과태료 처분은 처분 시의 법률에 따른다.
② 고의 또는 과실이 없는 질서위반행위에도 과태료를 부과한다.
③ 2인 이상이 질서위반행위에 가담한 때에는 각자가 질서위반행위를 한 것으로 본다.
④ 과태료는 행정청의 과태료 부과 처분이나 법원의 과태료 재판이 확정된 후 3년간 징수하지 아니하거나 집행하지 아니하면 시효로 인하여 소멸한다.

해설 ▶ (①) 제3조(법 적용의 시간적 범위)
① 질서위반행위의 성립과 과태료 처분은 **행위 시의** 법률에 따른다.

▶ (②) 제7조(고의 또는 과실)
고의 또는 과실이 없는 질서위반행위는 **과태료를 부과하지 아니한다.**

▶ (④) 제15조(과태료의 시효)
① 과태료는 행정청의 과태료 부과처분이나 법원의 과태료 재판이 확정된 후 **5년간** 징수하지 아니하거나 집행하지 아니하면 시효로 인하여 소멸한다.

Answer 04 ④ 05 ③

06 「질서위반행위규제법」상 행정청의 과태료 부과 및 징수에 관한 설명으로 가장 적절하지 않은 것은?

23. 순경

① 행정청은 법 제16조 제2항에 따라 당사자가 제출한 의견에 상당한 이유가 있는 경우에는 과태료를 부과하지 아니하거나 통지한 내용을 변경할 수 있다.
② 법 제20조 제1항에 따른 이의제기가 있는 경우에는 행정청의 과태료 부과처분은 그 효력을 상실하지 않는다.
③ 당사자가 법 제18조 제1항에 따라 감경된 과태료를 납부한 경우에는 해당 질서위반행위에 대한 과태료 부과 및 징수절차는 종료한다.
④ 행정청은 당사자가 납부기한까지 과태료를 납부하지 아니한 때에는 납부기한을 경과한 날부터 체납된 과태료에 대하여 100분의 3에 상당하는 가산금을 징수한다.

해설 제20조(이의제기)
① 행정청의 과태료 부과에 불복하는 당사자는 제17조 제1항에 따른 과태료 부과 통지를 받은 날부터 60일 이내에 해당 행정청에 서면으로 이의제기를 할 수 있다.
② 제1항에 따른 이의제기가 있는 경우에는 행정청의 과태료 부과처분은 **그 효력을 상실한다.**

07 「질서위반행위 규제법」에 관한 내용으로 가장 적절하지 않은 것은?

22. 경특

① 법률에 규정되지 않은 행위는 질서위반행위의 과태료 대상이 될 수 없다.
② 행정청의 과태료 처분이나 법원의 과태료 재판이 확정된 후 법률이 변경되어 그 행위가 질서위반행위에 해당하지 아니하게 된 때에는 변경된 법률에 특별한 규정이 없는 한 과태료의 징수 또는 집행을 면제한다.
③ 행정청은 당사자가 동법 제24조의3 제1항 각 호의 어느 하나에 해당하여 과태료(체납된 과태료와 가산금, 중가산금 및 체납 처분비를 포함한다)를 납부하기가 곤란하다고 인정되면 1년의 범위에서 대통령령으로 정하는 바에 따라 과태료의 분할납부나 납부기일의 연기를 결정할 수 있다.
④ 심신(心神)장애로 인하여 행위의 옳고 그름을 판단할 능력이 미약하거나 그 판단에 따른 행위를 할 능력이 미약한 자의 질서위반행위는 과태료를 부과하지 아니한다.

해설 제10조(심신장애)
① 심신(心神)장애로 인하여 행위의 옳고 그름을 판단할 능력이 없거나 그 판단에 따른 행위를 할 능력이 없는 자의 질서위반행위는 과태료를 부과하지 아니한다.
② 심신장애로 인하여 제1항에 따른 능력이 미약한 자의 질서위반행위는 **과태료를 감경한다.**
③ 스스로 심신장애 상태를 일으켜 질서위반행위를 한 자에 대하여는 제1항 및 제2항을 적용하지 아니한다.

Answer 06 ② 07 ④

08 「질서위반행위규제법」에 관한 설명으로 가장 적절하지 않은 것은? 24. 순경
① 질서위반행위의 성립과 과태료 처분은 행위 시의 법률에 따른다.
② 심신장애로 인하여 행위의 옳고 그름을 판단할 능력이 없거나 그 판단에 따른 행위를 할 능력이 없는 자의 질서위반행위는 과태료 감경한다.
③ 이 법은 대한민국 영역 밖에서 질서위반행위를 한 대한민국의 국민에게 적용한다.
④ 법률에 따르지 아니하고는 어떤 행위도 질서위반행위로 과태료를 부과하지 아니한다.

해설) 제10조(심신장애)
① 심신(心神)장애로 인하여 행위의 옳고 그름을 판단할 능력이 없거나 그 판단에 따른 행위를 할 능력이 없는 자의 질서위반행위는 **과태료를 부과하지 아니한다.**

09 「질서위반행위규제법」에 관한 설명 중 가장 적절하지 않은 것은? 22. 순경
① 행정청의 과태료 처분이나 법원의 과태료 재판이 확정된 후 법률이 변경되어 그 행위가 질서위반행위에 해당하지 아니하게 된 때에는 변경된 법률에 특별한 규정이 없는 한 과태료의 징수 또는 집행을 면제한다.
② 고의 또는 과실이 없는 질서위반행위는 과태료를 부과하지 아니한다.
③ 자신의 행위가 위법하지 아니한 것으로 오인하고 행한 질서 위반행위는 그 오인에 정당한 이유가 있는 때에도 과태료를 부과한다.
④ 과태료는 행정청의 과태료 부과처분이나 법원의 과태료 재판이 확정된 후 5년간 징수하지 아니하거나 집행하지 아니하면 시효로 인하여 소멸한다.

해설) 제8조(위법성의 착오)
자신의 행위가 위법하지 아니한 것으로 오인하고 행한 질서위반행위는 그 오인에 정당한 이유가 있는 때에 한하여 **과태료를 부과하지 아니한다.**

Answer 08 ② 09 ③

CHAPTER 06 언론중재 및 피해구제 등에 관한 법률
(법률 시행 2023.8.8.)

01 「언론중재 및 피해구제 등에 관한 법률」상 언론중재위원회에 대한 설명 중 가장 옳지 않은 것은? *응용문제*

① 언론 등의 보도 또는 매개로 인한 분쟁의 조정·중재 및 침해사항을 심의하기 위하여 언론중재위원회(이하 "중재위원회"라 한다)를 둔다.
② 중재위원회는 40명 이상 90명 이내의 중재위원으로 구성하며, 중재위원은 문화체육관광부장관이 위촉한다.
③ 중재위원회에 위원장 1명과 2명 이내의 부위원장 및 2명 이내의 감사를 두며, 각각 중재위원 중에서 호선한다.
④ 위원장·부위원장·감사 및 중재위원의 임기는 각각 2년으로 하며, 한 차례만 연임할 수 있다.

해설 언론중재위원회(제7조~제9조)

구성	① 40명 이상 90명 이내의 중재위원으로 구성 ② 중재위원은 문화체육관광부장관이 위촉 ③ **위원장 1명과 2명 이내의 부위원장 및 2명 이내의 감사를 두며**, 각각 중재위원 중에서 호선
임기	위원장·부위원장·감사 및 중재위원의 **임기는 각각 3년**, 한 차례만 연임할 수 있다.
의결 정족수	재적위원 과반수의 출석과 출석위원 과반수의 찬성
중재부	① 중재는 5명 이내의 중재위원으로 구성 ② 중재부의 장을 포함한 과반수의 출석과 출석위원 과반수의 찬성으로 의결

02 「언론중재 및 피해구제 등에 관한 법률」에 관한 설명 중 가장 적절하지 않은 것은? *23. 승진*

① 언론중재위원회에 위원장 1명과 2명 이내의 부위원장 및 3명의 감사를 두며, 각각 언론중재위원 중에서 호선(互選)한다.
② 사실적 주장에 관한 언론보도등이 진실하지 아니함으로 인하여 피해를 입은 자는 해당 언론보도등이 있음을 안 날부터 3개월 이내에 언론사, 인터넷뉴스서비스사업자 및 인터넷 멀티미디어 방송사업자에게 그 언론보도등의 내용에 관한 정정보도를 청구할 수 있다. 다만, 해당 언론보도등이 있은 후 6개월이 지났을 때에는 그러하지 아니하다.

Answer 01 ④ 02 ①

③ 언론중재위원회는 40명 이상 90명 이내의 중재위원으로 구성하며, 중재위원은 문화체육관광부장관이 위촉한다.
④ 피해자가 정정보도청구권을 행사할 정당한 이익이 없는 경우에는 언론사등은 정정보도청구를 거부할 수 있다.

> **해설** 제7조(언론중재위원회의 설치)
> ④ 중재위원회에 위원장 1명과 2명 이내의 부위원장 및 **2명 이내**의 **감사**를 두며, 각각 중재위원 중에서 호선한다.

03 「언론중재 및 피해구제 등에 관한 법률」에 관한 설명 중 가장 적절하지 않은 것은? 22. 순경

① '정정보도'란 언론의 보도 내용의 전부 또는 일부가 진실하지 아니한 경우 이를 진실에 부합되게 고쳐서 보도하는 것을 말한다.
② 「언론중재 및 피해구제 등에 관한 법률」 제16조 제1항, 제2항에 따르면, 사실적 주장에 관한 언론보도등으로 인하여 피해를 입은 자는 그 보도 내용에 관한 반론보도를 언론사등에 청구할 수 있고, 이러한 청구에는 언론사등의 고의·과실이나 위법성을 필요로 하지 아니하며, 보도 내용의 진실 여부와 상관없이 그 청구를 할 수 있다.
③ 「언론중재 및 피해구제 등에 관한 법률」 제19조 제3항에 따르면, 제2항의 출석요구를 받은 신청인이 2회에 걸쳐 출석하지 아니한 경우에는 조정신청을 취하한 것으로 보며, 피신청 언론사등이 2회에 걸쳐 출석하지 아니한 경우에는 조정신청 취지에 따라 정정보도 등을 이행하기로 합의한 것으로 본다.
④ 언론중재위원회는 40명 이상 90명 이내의 중재위원으로 구성하며, 위원장 1명과 2명 이내의 부위원장 및 2명 이내의 감사를 두는데, 위원장, 부위원장, 감사 및 중재위원의 임기는 각각 3년으로 하며, 연임할 수 없다.

> **해설** 제7조(언론중재위원회의 설치)
> ⑤ 위원장·부위원장·감사 및 중재위원의 임기는 각각 3년으로 하며, 한 차례만 **연임할 수 있다**.

04 다음은 「언론중재 및 피해구제 등에 관한 법률」에 대한 내용이다. 괄호 안에 들어갈 숫자의 총합은? 응용문제

> ⊙ 사실적 주장에 관한 언론보도가 진실하지 아니함으로 인하여 피해를 입은 자는 당해 언론보도가 있음을 안 날로부터 ( )개월 이내, 당해 언론보도가 있은 후 ( )개월 이내에 정정보도를 청구할 수 있다.
> ⓒ 정정보도 청구를 받은 언론사 등의 대표자는 ( )일 이내에 그 수용 여부에 대한 통지를 청구인에게 발송하여야 한다.
> ⓒ 언론사 등이 정정보도 청구를 수용할 때에는 지체 없이 피해자 또는 그 대리인과 정정보도의 내용·크기 등에 관하여 협의한 후, 그 청구를 받은 날부터 ( )일 이내에 정정보도문을 방송하거나 게재하여야 한다.

Answer 03 ④ 04 ②

① 18
② 19
③ 24
④ 25

해설
㉠ 안 날로부터 (3)개월 이내, 당해 언론보도가 있은 후 (6)개월 이내
㉡ (3)일 이내
㉢ 그 청구를 받은 날부터 (7)일 이내

▶ (㉠) 제14조(정정보도 청구의 요건)
① 사실적 주장에 관한 언론보도등이 진실하지 아니함으로 인하여 피해자는 해당 언론보도등이 있음을 안 날부터 **3개월 이내**에 언론사 등에게 그 언론보도 등의 내용에 관한 정정보도를 청구할 수 있다. 다만, 해당 언론보도등이 있은 후 **6개월이 지났을 때**에는 그러하지 아니하다.

▶ 제15조(정정보도청구권의 행사)
② (㉡) 제1항의 청구를 받은 언론사등의 대표자는 **3일 이내**에 그 수용 여부에 대한 통지를 청구인에게 발송하여야 한다. 이 경우 정정의 대상인 언론보도등의 내용이 방송이나 인터넷신문, 인터넷뉴스서비스 및 인터넷 멀티미디어 방송의 보도과정에서 성립한 경우에는 해당 언론사등이 그러한 사실이 없었음을 입증하지 아니하면 그 사실의 존재를 부인하지 못한다.
③ (㉢) 언론사등이 제1항의 청구를 수용할 때에는 지체 없이 피해자 또는 그 대리인과 정정보도의 내용·크기 등에 관하여 협의한 후, 그 청구를 받은 날부터 **7일 내**에 정정보도문을 방송하거나 게재(인터넷신문 및 인터넷뉴스서비스의 경우 제1항 단서에 따른 해당 언론보도등 내용의 정정을 포함)하여야 한다. 다만, 신문 및 잡지 등 정기간행물의 경우 이미 편집 및 제작이 완료되어 부득이할 때에는 다음 발행 호에 이를 게재하여야 한다.

05 「언론중재 및 피해구제 등에 관한 법률」에 대한 설명 중 옳지 않은 것은?   20. 경간부

가. 정정보도 청구를 받은 언론사 등의 대표자는 3일 이내에 그 수용 여부에 대한 통지를 청구인에게 발송하여야 한다.
나. 피해자가 정정보도청구권을 행사할 정당한 이익이 없는 경우 언론사는 정정보도 청구를 거부할 수 있다.
다. 청구된 정정보도의 내용이 명백히 사실과 다른 경우 언론사는 정정보도 청구를 거부할 수 있다.
라. 청구된 정정보도의 내용이 명백히 위법한 내용인 경우 언론사는 정정보도 청구를 거부할 수 있다.
마. 정정보도의 청구가 공익적인 광고만을 목적으로 하는 경우 언론사는 정정보도 청구를 거부할 수 있다.
바. 청구된 정정보도의 내용이 국가·지방자치단체 또는 공공단체의 공개회의와 법원의 비공개재판절차의 사실보도에 대한 것인 경우 언론사는 정정보도 청구를 거부할 수 있다.

① 가, 나, 마
② 다, 마, 바
③ 라, 바
④ 마, 바

Answer 05 ④

해설 제15조(정정보도청구권의 행사)
④ 다음 각 호의 어느 하나에 해당하는 사유가 있는 경우에는 언론사등은 정정보도 **청구를 거부할 수 있다.**
  1. 피해자가 정정보도청구권을 행사할 정당한 이익이 없는 경우
  2. 청구된 정정보도의 내용이 명백히 사실과 다른 경우
  3. 청구된 정정보도의 내용이 명백히 위법한 내용인 경우
  4. (마) 정정보도의 청구가 **상업적인 광고만을** 목적으로 하는 경우
  5. (바) 청구된 정정보도의 내용이 국가·지방자치단체 또는 공공단체의 공개회의와 **법원의 공개재판절차**의 사실보도에 관한 것인 경우

06 「언론중재 및 피해구제 등에 관한 법률」에 대한 설명으로 가장 적절한 것은? 22. 경간부

① 피해자가 정정보도청구권을 행사할 정당한 이익이 없더라도 피해자 권리 보호를 위해 해당 언론사는 정정보도의 청구를 거부할 수 없다.
② 정정보도 청구를 받은 언론사 등의 대표자는 7일 이내에 그 수용여부에 대한 통지를 청구인에게 발송하여야 한다.
③ 경찰관이 사실적 주장에 관한 언론보도가 진실하지 아니함으로 피해를 입은 경우 해당 언론보도가 있음을 안 날부터 3개월 이내에 해당 언론사 대표에게 서면으로 그 언론보도 내용에 관한 정정보도를 청구할 수 있다.
④ 청구된 정정보도의 내용이 국가·지방자치단체 또는 공공단체의 공개회의와 법원의 공개재판절차의 사실보도에 관한 것인 경우에는 언론사 등은 정정보도 청구를 거부할 수 없다.

해설 제15조(정정보도청구권의 행사)
② (②) 제1항의 청구를 받은 언론사등의 대표자는 **3일 이내에** 그 수용 여부에 대한 통지를 청구인에게 발송하여야 한다. 이 경우 정정의 대상인 언론보도등의 내용이 방송이나 인터넷신문, 인터넷뉴스서비스 및 인터넷 멀티미디어 방송의 보도과정에서 성립한 경우에는 해당 언론사등이 그러한 사실이 없었음을 입증하지 아니하면 그 사실의 존재를 부인하지 못한다.
④ 다음 각 호의 어느 하나에 해당하는 사유가 있는 경우에는 언론사등은 정정보도 **청구를 거부할 수 있다.**
  1. (①) **피해자가 정정보도청구권을 행사할 정당한 이익이 없는 경우**
  2. 청구된 정정보도의 내용이 명백히 사실과 다른 경우
  3. 청구된 정정보도의 내용이 명백히 위법한 내용인 경우
  4. 정정보도의 청구가 상업적인 광고만을 목적으로 하는 경우
  5. (④) **청구된 정정보도의 내용이 국가·지방자치단체 또는 공공단체의 공개회의와 법원의 공개재판절차의 사실보도에 관한 것인 경우**

Answer 06 ③

07 「언론중재 및 피해구제 등에 관한 법률」에 관한 설명으로 가장 적절하지 않은 것은? 24. 순경

① 언론, 인터넷뉴스서비스 및 인터넷 멀티미디어 방송(이하 "언론등"이라 한다)은 타인의 생명, 자유, 신체, 건강, 명예, 사생활의 비밀과 자유, 초상, 성명, 음성, 대화, 저작물 및 사적 문서, 그 밖의 인격적 가치 등에 관한 권리를 침해하여서는 아니 된다.

② 반론보도청구에는 언론사, 인터넷뉴스서비스사업자 및 인터넷 멀티미디어 방송사업자(이하 "언론사등"이라 한다)의 고의·과실이나 위법성을 필요로 하지 아니하며, 보도 내용의 진실여부와 상관없이 그 청구를 할 수 있다.

③ 언론등에 의하여 범죄혐의가 있거나 형사상의 조치를 받았다고 보도 또는 공표된 자는 그에 대한 형사절차가 무죄판결 또는 이와 동등한 형태로 종결되었을 때에는 그 사실을 안 날부터 3개월 이내에 언론사등에 이 사실에 관한 추후보도의 게재를 청구할 수 있다.

④ 언론사등이 정정보도청구를 수용할 때에는 지체없이 피해자 또는 그 대리인과 정정보도의 내용·크기 등에 관하여 협의한 후, 그 협의가 있은 날부터 7일 내에 정정보도문을 방송하거나 게재하여야 한다. 다만, 신문 및 잡지 등 정기간행물의 경우 이미 편집 및 제작이 완료되어 부득이할 때에는 게재하지 않을 수 있다.

> **해설** 제15조(정정보도청구권의 행사)
> ③ 언론사등이 제1항의 청구를 수용할 때에는 지체 없이 피해자 또는 그 대리인과 정정보도의 내용·크기 등에 관하여 협의한 후, 그 청구를 받은 날부터 7일 내에 정정보도문을 방송하거나 게재(인터넷신문 및 인터넷뉴스서비스의 경우 제1항 단서에 따른 해당 언론보도등 내용의 정정을 포함한다)하여야 한다. 다만, 신문 및 잡지 등 정기간행물의 경우 이미 편집 및 제작이 완료되어 부득이할 때에는 다음 발행 호에 이를 **게재하여야 한다.**

Answer 07 ④

CHAPTER 07 공공기관의 정보공개에 관한 법률
(법률 시행 2023.11.17.)

01 「공공기관의 정보공개에 관한 법률」상 비공개대상정보에 대한 설명으로 가장 적절하지 않은 것은? (다툼이 있는 경우 판례에 의함)   24. 순경

① 직무를 수행한 공무원의 성명·직위 등 「개인정보 보호법」 제2조 제1호에 따른 개인정보로서 공개될 경우 사생활의 비밀 또는 자유를 침해할 우려가 있다고 인정되는 정보는 공개하지 않을 수 있다.

② 피의자신문조서 등 조서에 기재된 피의자 등의 인적사항 이외의 진술내용 역시 개인의 사생활의 비밀 또는 자유를 침해할 우려가 인정되는 경우에는 비공개대상정보에 해당한다.

③ 수사기록 중 의견서, 보고문서, 메모, 법률검토 등은 그 실질적인 내용을 구체적으로 살펴 수사의 방법 및 절차 등이 공개됨으로써 수사기관의 직무수행을 현저히 곤란하게 한다고 인정할 만한 상당한 이유가 있어야만 비공개대상정보에 해당한다.

④ 의사결정 과정에 있는 사항으로서 공개될 경우 업무의 공정한 수행에 현저한 지장을 초래한다고 인정할 만한 상당한 이유가 있는 정보는 공개하지 않을 수 있다.

해설 제9조(비공개 대상 정보)
① 공공기관이 보유·관리하는 정보는 공개 대상이 된다. 다만, 다음 각 호의 어느 하나에 해당하는 정보는 **공개하지 아니할 수 있다.**
6. 해당 정보에 포함되어 있는 성명·주민등록번호 등 「개인정보 보호법」 제2조 제1호에 따른 개인정보로서 공개될 경우 사생활의 비밀 또는 자유를 침해할 우려가 있다고 인정되는 정보. **다만, 다음 각 목에 열거한 사항은 제외한다.**
   가. 법령에서 정하는 바에 따라 열람할 수 있는 정보
   나. 공공기관이 공표를 목적으로 작성하거나 취득한 정보로서 사생활의 비밀 또는 자유를 부당하게 침해하지 아니하는 정보
   다. 공공기관이 작성하거나 취득한 정보로서 공개하는 것이 공익이나 개인의 권리 구제를 위하여 필요하다고 인정되는 정보
   라. **직무를 수행한 공무원의 성명·직위**
   마. 공개하는 것이 공익을 위하여 필요한 경우로서 법령에 따라 국가 또는 지방자치단체가 업무의 일부를 위탁 또는 위촉한 개인의 성명·직업

Answer   01 ①

02 「공공기관의 정보공개에 관한 법률」과 관련된 설명으로 가장 적절하지 않은 것은?

21. 승진

① 민원인이 경찰관서에서 현재 수사 중인 '폭력단체 현황'에 대한 정보공개를 요청한 경우, 국민의 알 권리를 충족시킨다는 차원에서 해당 정보를 공개하여야 한다.
② 공공기관은 비공개 대상 정보가 기간의 경과 등으로 인하여 비공개의 필요성이 없어진 경우에는 그 정보를 공개 대상으로 하여야 한다.
③ 공공기관은 부득이한 사유로 정보공개의 청구를 받은 날부터 10일 이내에 공개 여부를 결정할 수 없을 때에는 그 기간이 끝나는 날의 다음 날부터 기산(起算)하여 10일의 범위에서 공개 여부 결정기간을 연장할 수 있다.
④ 공공기관은 공개 청구된 공개 대상 정보의 전부 또는 일부가 제3자와 관련이 있다고 인정할 때에는 그 사실을 제3자에게 지체 없이 통지하여야 하며, 통지 받은 제3자는 그 통지를 받은 날부터 3일 이내에 해당 공공기관에 자신과 관련된 정보를 공개하지 아니할 것을 요청할 수 있다.

> **해설** 제9조(비공개 대상 정보)
> ① 공공기관이 보유·관리하는 정보는 공개 대상이 된다. 다만, 다음 각 호의 어느 하나에 해당하는 정보는 공개하지 아니할 수 있다.
>   4. **진행 중인 재판에 관련된 정보와 범죄의 예방**, 수사, 공소의 제기 및 유지, 형의 집행, 교정(矯正), 보안처분에 관한 사항으로서 공개될 경우 그 직무수행을 현저히 곤란하게 하거나 형사피고인의 공정한 재판을 받을 권리를 침해한다고 인정할 만한 상당한 이유가 있는 정보

03 「공공기관의 정보공개에 관한 법률」상 정보공개의 절차상 내용으로 가장 적절하지 않은 것은?

23. 승진

① 공공기관은 비공개대상 정보에 해당하는 정보가 기간의 경과 등으로 인하여 비공개의 필요성이 없어진 경우에는 그 정보를 공개대상으로 하여야 한다.
② 정보의 공개를 청구하는 자는 해당 정보를 보유하거나 관리하고 있는 공공기관에 정보공개청구를 제출하거나 말로써 정보의 공개를 청구할 수 있다.
③ 공공기관은 부득이한 사유로 정보공개의 청구를 받은 날부터 10일 이내에 공개 여부를 결정할 수 없을 때에는 그 기간이 끝나는 날부터 기산(起算)하여 10일의 범위에서 공개 여부 결정기간을 연장할 수 있다. 이 경우 공공기관은 연장된 사실과 연장사유를 청구인에게 지체 없이 문서로 통지하여야 한다.
④ 청구인이 공개청구한 정보가 비공개대상 정보에 해당하는 부분과 공개 가능한 부분이 혼합되어 있는 경우 공개청구의 취지에 어긋나지 아니하는 범위에서 두 부분을 분리할 수 있는 경우에는 비공개 대상 정보에 해당하는 부분을 제외하고 공개하여야 한다.

> **해설** 제11조(정보공개 여부의 결정)
> ② 공공기관은 부득이한 사유로 제1항에 따른 기간 이내에 공개 여부를 결정할 수 없을 때에는 **그 기간이 끝나는 날의 다음 날부터 기산하여 10일의 범위에서 공개 여부 결정기간을 연장**할 수 있다. 이 경우 공공기관은 연장된 사실과 연장 사유를 청구인에게 지체 없이 문서로 통지하여야 한다.

Answer 02 ① 03 ③

04 「공공기관의 정보공개에 관한 법률」에 대한 설명으로 가장 적절한 것은? 20. 승진

① 정보의 공개를 청구하는 자는 해당 정보를 보유하거나 관리하고 있는 공공기관에 대하여 서면으로만 정보공개를 청구할 수 있다.
② 정보의 공개 및 우송 등에 드는 비용은 실비의 범위에서 정보공개 청구를 받은 행정청이 부담한다.
③ 청구인이 정보공개와 관련한 공공기관의 결정에 대하여 불복하는 경우 이의신청 절차를 거치지 않아도 행정심판을 청구할 수 있다.
④ 공공기관은 정보공개 청구를 받으면 그 청구를 받은 날부터 7일 이내에 공개 여부를 결정하여야 한다.

해설 ▶ (①) 제10조(정보공개의 청구방법)
① 정보의 공개를 청구하는 자(이하 "청구인"이라 한다)는 해당 정보를 보유하거나 관리하고 있는 공공기관에 다음 각 호의 사항을 적은 정보공개 **청구서를 제출하거나 말로써** 정보의 공개를 청구할 수 있다.

▶ (②) 제17조(비용 부담)
① 정보의 공개 및 우송 등에 드는 비용은 실비(實費)의 범위에서 **청구인이 부담**한다.

▶ (④) 제11조(정보공개 여부의 결정)
① 공공기관은 제10조에 따라 정보공개의 청구를 받으면 그 청구를 받은 날부터 10일 **이내에** 공개 여부를 결정하여야 한다.

05 「공공기관의 정보공개에 관한 법률」상 정보공개의 절차에 관한 설명 중 가장 적절한 것은? 22. 순경

① 정보의 공개를 청구하는 자는 해당 정보를 보유하거나 관리하고 있는 공공기관에 정보공개 청구서를 제출하여 정보의 공개를 청구할 수 있으나, 말로써 정보의 공개를 청구할 수 없다.
② 공공기관은 부득이한 사유로 「공공기관의 정보공개에 관한 법률」제11조 제1항에 따른 기간 이내에 공개 여부를 결정할 수 없을 때에는 그 기간이 끝난 날부터 기산하여 10일의 범위에서 공개여부 결정기간을 연장할 수 있다. 이 경우 공공기관은 연장된 사실과 연장 사유를 청구인에게 지체없이 구두로 통지하여야 한다.
③ 공공기관은 전자적 형태로 보유·관리하는 정보에 대하여 청구인이 전자적 형태로 공개하여 줄 것을 요청하는 경우에는 그 정보의 성질상 현저히 곤란한 경우를 제외하고는 청구인의 요청에 따라야 한다.
④ 정보의 공개 및 우송 등에 드는 비용은 실비의 범위에서 공공기관이 부담한다.

해설 ▶ (①) 제10조(정보공개의 청구방법)
① 정보의 공개를 청구하는 자(이하 "청구인"이라 한다)는 해당 정보를 보유하거나 관리하고 있는 공공기관에 다음 각 호의 사항을 적은 정보공개 **청구서를 제출하거나 말로써** 정보의 공개를 청구할 수 있다.

Answer 04 ③ 05 ③

▶(②) 제11조(정보공개 여부의 결정)
② 공공기관은 부득이한 사유로 제1항에 따른 기간 이내에 공개 여부를 결정할 수 없을 때에는 그 기간이 끝나는 날의 다음 날부터 **기산하여 10일의 범위**에서 공개 여부 결정기간을 연장할 수 있다. 이 경우 공공기관은 연장된 사실과 연장 사유를 청구인에게 지체 없이 문서로 통지하여야 한다.

▶(④) 제17조(비용 부담)
① 정보의 공개 및 우송 등에 드는 비용은 실비(實費)의 범위에서 **청구인이 부담**한다.

06 「공공기관의 정보공개에 관한 법률」상 정보공개의 절차에 관한 설명으로 가장 적절하지 않은 것은?

24. 순경

① 정보의 공개를 청구하는 자는 해당 정보를 보유하거나 관리하고 있는 공공기관에 정보공개 청구서를 제출하거나 말로써 정보의 공개를 청구할 수 있다.
② 공공기관은 전자적 형태로 보유·관리하는 정보에 대하여 청구인이 전자적 형태로 공개하여 줄 것을 요청하는 경우에는 그 정보의 성질상 현저히 곤란한 경우를 제외하고는 청구인의 요청에 따라야 한다.
③ 정보의 공개 및 우송 등에 드는 비용은 실비의 범위에서 공공기관이 부담한다.
④ 공공기관은 「공공기관의 정보공개에 관한 법률」 제11조에 따라 정보의 공개 결정을 한 경우에는, 청구인이 사본 또는 복제물의 교부를 원하는 경우에는 이를 교부하여야 한다.

(해설) 제17조(비용 부담)
① 정보의 공개 및 우송 등에 드는 비용은 실비(實費)의 범위에서 **청구인이 부담**한다.

07 「공공기관의 정보공개에 관한 법률」에 대한 설명으로 가장 적절한 것은?

응용문제

① 공공기관이 보유·관리하는 정보는 국민의 알권리 보장 등을 위하여 「공공기관의 정보공개에 관한 법률」에서 정하는 바에 따라 적극적으로 공개하여야 한다.
② 공공기관은 공개 청구된 공개 대상 정보의 전부 또는 일부가 제3자와 관련이 있다고 인정할 때에는 그 사실을 제3자에게 3일 이내에 통지하여야 하며, 필요한 경우에는 그의 의견을 들을 수 있다.
③ 청구인이 정보공개와 관련한 공공기관의 부분 공개 결정에 대하여 불복이 있는 때에는 공공기관으로부터 정보공개 여부의 결정 통지를 받은 날부터 20일 이내에 이의신청하여야 한다.
④ 공공기관은 이의신청을 받은 날부터 7일 이내에 그 이의신청에 대하여 결정하고 그 결과를 청구인에게 3일 이내에 문서로 통지하여야 한다.

Answer 06 ③ 07 ①

해설 ▶ (②) 제11조(정보공개 여부의 결정)
③ 공공기관은 공개 청구된 공개 대상 정보의 전부 또는 일부가 제3자와 관련이 있다고 인정할 때에는 그 사실을 제3자에게 **지체 없이** 통지하여야 하며, 필요한 경우에는 그의 의견을 들을 수 있다.

▶ 제18조(이의신청)
① (③) 청구인이 정보공개와 관련한 공공기관의 비공개 결정 또는 부분 공개 결정에 대하여 불복이 있거나 정보공개 청구 후 20일이 경과하도록 정보공개 결정이 없는 때에는 공공기관으로부터 정보공개 여부의 결정 통지를 받은 날 또는 정보공개 청구 후 20일이 경과한 날부터 **30일 이내**에 해당 공공기관에 문서로 이의신청을 할 수 있다.
③ (④) 공공기관은 이의신청을 받은 날부터 7일 이내에 그 이의신청에 대하여 결정하고 그 결과를 청구인에게 **지체 없이** 문서로 통지하여야 한다

08 「공공기관의 정보공개에 관한 법률」상 불복절차에 관한 다음 설명 중 가장 적절하지 않은 것은?
응용문제

① 공공기관은 이의신청을 받은 날부터 10일 이내에 그 이의신청에 대하여 결정하고 그 결과를 청구인에게 지체 없이 문서로 통지하여야 한다. 다만, 부득이한 사유로 정하여진 기간 이내에 결정할 수 없을 때에는 그 기간이 끝나는 날의 다음 날부터 기산하여 10일의 범위에서 연장할 수 있으며, 연장 사유를 청구인에게 통지하여야 한다.
② 청구인이 정보공개와 관련한 공공기관의 결정에 대하여 불복이 있거나 정보공개 청구 후 20일이 경과하도록 정보공개 결정이 없는 때에는 「행정심판법」에서 정하는 바에 따라 행정심판을 청구할 수 있다.
③ 청구인은 이의신청 절차를 거치지 아니하고 행정심판을 청구할 수 있다.
④ 청구인이 정보공개와 관련한 공공기관의 결정에 대하여 불복이 있거나 정보공개 청구 후 20일이 경과하도록 정보공개 결정이 없는 때에는 「행정소송법」에서 정하는 바에 따라 행정소송을 제기할 수 있다.

해설 제18조(이의신청)
③ 공공기관은 이의신청을 **받은 날부터 7일 이내에** 그 이의신청에 대하여 결정하고 그 결과를 청구인에게 지체 없이 문서로 통지하여야 한다. 다만, 부득이한 사유로 정하여진 기간 이내에 결정할 수 없을 때에는 그 기간이 끝나는 날의 다음 날부터 기산하여 **7일의 범위에서** 연장할 수 있으며, 연장 사유를 청구인에게 통지하여야 한다.

Answer 08 ①

09
다음은 「공공기관의 정보공개에 관한 법률」상 이의신청에 대한 설명이다. ㉠부터 ㉤ 까지에 들어갈 숫자를 모두 합한 값은?

응용문제

> 가. 청구인이 정보공개와 관련한 공공기관의 비공개 결정 또는 부분 공개 결정에 대하여 불복이 있거나 정보공개 청구 후 (㉠)일이 경과하도록 정보공개 결정이 없는 때에는 공공기관으로부터 정보공개 여부의 결정 통지를 받은 날 또는 정보공개 청구 후 (㉡)일이 경과한 날부터 (㉢)일 이내에 해당 공공기관에 문서로 이의신청을 할 수 있다.
> 나. 공공기관은 이의신청을 받은 날부터 (㉣)일 이내에 그 이의신청에 대하여 결정하고 그 결과를 청구인에게 지체 없이 문서로 통지하여야 한다. 다만, 부득이한 사유로 정하여진 기간 이내에 결정할 수 없을 때에는 그 기간이 끝나는 날의 다음 날부터 기산하여 (㉤)일의 범위에서 연장할 수 있으며, 연장 사유를 청구인에게 통지하여야 한다.

① 84 ② 90
③ 94 ④ 100

해설 (가) 제18조(이의신청)
① (가) 청구인이 정보공개와 관련한 공공기관의 비공개 결정 또는 부분 공개 결정에 대하여 불복이 있거나 정보공개 청구 후 **20일**이 경과하도록 정보공개 결정이 없는 때에는 공공기관으로부터 정보공개 여부의 결정 통지를 받은 날 또는 정보공개 청구 후 **20일**이 경과한 날부터 **30일 이내**에 해당 공공기관에 문서로 이의신청을 할 수 있다.
③ (나) 공공기관은 이의신청을 받은 날부터 **7일 이내**에 그 이의신청에 대하여 결정하고 그 결과를 청구인에게 지체 없이 문서로 통지하여야 한다. 다만, 부득이한 사유로 정하여진 기간 이내에 결정할 수 없을 때에는 그 기간이 끝나는 날의 다음 날부터 기산하여 **7일**의 범위에서 연장할 수 있으며, 연장 사유를 청구인에게 통지하여야 한다

10
「공공기관의 정보공개에 관한 법률」에 관한 설명으로 가장 적절하지 않은 것은?

23. 순경

① 청구인은 이의신청 절차를 거치지 아니하고 행정심판을 청구할 수 없다.
② "정보"란 공공기관이 직무상 작성 또는 취득하여 관리하고 있는 문서(전자문서를 포함한다) 및 전자매체를 비롯한 모든 형태의 매체 등에 기록된 사항을 말한다.
③ 공공기관은 부득이나 사유로 법 제11조 제1항에 따른 기간 이내에 공개 여부를 결정할 수 없을 때에는 그 기간이 끝나는 날의 다음 날부터 기산(起算)하여 10일의 범위에서 공개 여부 결정기간을 연장할 수 있다. 이 경우 공공기관은 연장된 사실과 연장 사유를 청구인에게 지체 없이 문서로 통지하여야 한다.
④ 공공기관은 청구인이 사본 또는 복제물의 교부를 원하는 경우에는 이를 교부하여야 한다.

해설 제19조(행정심판)
② 청구인은 제18조에 따른 이의신청 절차를 거치지 아니하고 **행정심판을 청구할 수 있다.**

Answer 09 ① 10 ①

11. 「공공기관의 정보공개에 관한 법률」의 설명 중 가장 적절하지 않은 것은?

① 공공기관은 정보공개와 관련한 결정에 대해 이의신청을 받은 날부터 7일 이내에 그 이의신청에 대하여 결정하고 그 결과를 청구인에게 지체 없이 문서로 통지하여야 한다.
② 공공기관은 공개청구된 공개대상정보의 전부 또는 일부가 제3자와 관련이 있다고 인정되는 때에는 그 사실을 제3자에게 통지하여야 하며, 그 사실을 통지받은 제3자는 통지받은 날부터 5일 이내에 당해 공공기관에 대하여 자신과 관련된 정보를 공개하지 않을 것을 요청할 수 있다.
③ 비공개대상정보에 해당하는 정보에 대한 공개청구에 대해서도 실시기관은 공개를 결정할 수 있다.
④ 정보공개청구에 대하여 실시기관이 공개거부결정을 내린 경우, 청구인은 이 결정에 대하여 30일 이내에 당해 공공기관에 이의신청을 할 수 있다.

해설 제21조(제3자의 비공개 요청 등)
① 제11조 제3항에 따라 공개 청구된 사실을 통지받은 제3자는 그 통지를 받은 날부터 **3일** 이내에 해당 공공기관에 대하여 자신과 관련된 정보를 공개하지 아니할 것을 요청할 수 있다.

12. 「공공기관의 정보공개에 관한 법률」에 대한 설명으로 틀린 것은 모두 몇 개인가?

㉠ 공공기관이 보유·관리하는 정보는 국민의 알권리 보장 등을 위하여 이 법에서 정하는 바에 따라 적극적으로 공개하여야 한다.
㉡ 모든 국민은 정보의 공개를 청구할 권리를 가진다. 외국인의 정보공개 청구에 관하여는 대통령령으로 정한다.
㉢ 청구인이 정보공개와 관련한 공공기관의 비공개 결정 또는 부분 공개 결정에 대하여 불복이 있거나 정보공개 청구 후 20일이 경과하도록 정보공개 결정이 없는 때에는 공공기관으로부터 정보공개 여부의 결정 통지를 받은 날 또는 정보공개 청구 후 20일이 경과한 날부터 30일 이내에 해당 공공기관에 문서로 이의신청을 할 수 있다.
㉣ 정보공개위원회는 위원장과 부위원장 각 1명을 포함한 9명의 위원으로 구성한다. 이 경우 위원장을 포함한 5명은 공무원이 아닌 사람으로 위촉할 수 있다.
㉤ 행정안전부장관은 정보공개위원회가 정보공개제도의 효율적 운영을 위하여 필요하다고 요청하면 공공기관(국회·법원·헌법재판소 및 중앙선거관리위원회를 포함한다)의 정보공개제도 운영실태를 평가할 수 있다.

① 1개 ② 2개
③ 3개 ④ 4개

Answer 11 ② 12 ②

해설 ▶ (ㄹ) 제23조(위원회의 구성 등)
① 위원회는 성별을 고려하여 위원장과 부위원장 각 1명을 포함한 **11명**의 위원으로 구성한다.
② 위원회의 위원은 다음 각 호의 사람이 된다. 이 경우 위원장을 포함한 **7명**은 공무원이 아닌 사람으로 위촉하여야 한다.

▶ (ㅁ) 제24조(제도 총괄 등)
② 행정안전부장관은 위원회가 정보공개제도의 효율적 운영을 위하여 필요하다고 요청하면 공공기관(국회·법원·헌법재판소 및 중앙선거관리위원회는 **제외**)의 정보공개제도 운영실태를 평가할 수 있다.

황영구 경찰학(법령서)

PART 04

각론 2단계

CHAPTER 01 풍속영업의 규제에 관한 법률
[법률시행 2021.1.1.]

01 「풍속영업의 규제에 관한 법률」 및 동법 시행령에 대한 내용으로 가장 적절한 것은? (다툼이 있는 경우 판례에 의함) 20. 승진

① 「식품위생법」상 일반음식점, 단란주점, 유흥주점은 풍속영업에 해당한다.
② '풍속영업을 영위하는 자'는 풍속영업의 범위에 해당되는 영업으로 허가나 신고, 등록의 절차를 마친 경우를 말한다.
③ 풍속영업소 내에서 음란한 물건을 대여하는 것만으로 처벌되지 않는다.
④ 풍속영업의 범위에는 청소년의 건강한 성장을 저해할 우려가 있는 「청소년보호법」상 청소년 출입·고용금지업소도 포함된다.

해설 (①) 제2조(풍속영업의 범위)

영화 및 비디오물의 진흥에 관한 법률	비디오물감상실업(비디오방) 단, 소극장, 음반 및 비디오물의 제작업·판매업·대여업 등은 제외
음악산업 진흥에 관한 법률	노래연습장(노래방)
게임산업진흥에 관한 법률	① 일반게임제공업 ② 청소년게임제공업게임제공업(오락실) ③ 복합유통게임제공업 단, 카지노, 사행기구를 갖춘 사행행위(PC방, 사행기구 제조, 판매업, 사행행위업으로서 복표발행업, 현상업, 추첨업, 경품업 등 제외)
공중위생관리법	① 숙박업(농어촌에 소재하는 민박 제외) ② 목욕장업 단, 이용업, 미용업, 세탁업 제외
식품위생법	① **단란주점영업** : 노래 + 맥주와 조리하지 않은 안주(과자료) 제공 + 유흥종사자(×) ② **유흥주점영업** : 노래 + 맥주와 조리하지 않은 안주(과자료) 제공 + 유흥종사자(○) **단, 일반음식점인 카페, 다방은 제외**
체육시설의 설치·이용에 관한 법률	① 무도학원업 ② 무도장업 단, 골프장업, 스키장업, 자동차경주장업(등록체육시설업), 요트장업, 조정장업, 카누장업, 빙상장업, 승마장업, 종합체육시설업, 수영장업, 체육도장업, 골프연습장업, 체력단련장업, 당구장업, 썰매장업(신고체육시설업 등) 제외

▶ (②)(③) 제3조(준수 사항)
풍속영업을 하는 자(허가나 인가를 받지 아니하거나 등록이나 신고를 하지 아니하고 풍속영업자 및 대통령령으로 정하는 종사자는 풍속영업소에서 다음 각 호의 행위를 하여서는 아니 된다.
1. 「성매매알선 등 행위의 처벌에 관한 법률」 제2조 제1항 제2호에 따른 성매매알선등행위

Answer 01 ④

2. 음란행위를 하게 하거나 이를 알선 또는 제공하는 행위
3. 음란한 문서·도화(圖畵)·영화·음반·비디오물, 그 밖의 음란한 물건에 대한 다음 각 목의 행위
   가. 반포(頒布)·판매·**대여하거나** 이를 하게 하는 행위
   나. 관람·열람하게 하는 행위
   다. 반포·판매·**대여**·관람·열람의 목적으로 진열하거나 보관하는 행위
4. 도박이나 그 밖의 사행(射倖)행위를 하게 하는 행위

02. 「풍속영업의 규제에 관한 법률」상 풍속영업자 및 종사자의 준수사항으로 가장 적절하지 않은 것은?

응용문제

① 도박 기타 사행행위를 하게 하는 행위금지
② 성매매, 음란행위를 하게 하거나 알선 또는 제공금지
③ 음란한 물건을 반포·판매·대여하는 행위금지
④ 19세 미만 청소년의 출입통제

해설 19세 미만 청소년의 출입통제는 **청소년보호법에서 규정**하고 있다.

03. 「풍속영업의 규제에 관한 법률」 제3조는 풍속영업자의 범위 및 풍속영업자의 준수사항에 관하여 규정하고 있다. 다음 중 이와 관련된 판례의 태도와 부합하는 것은?

응용문제

① 숙박업소에서 위성방송수신기를 이용하여 수신한 외국의 음란한 위성방송프로그램에 대해 일정한 잠금장치를 설치하여 관람을 원하는 성인만을 상대로 방송을 시청하게 한 경우, 그 시청 대상자가 관람을 원하는 성인에 한정되므로, 「풍속영업의 규제에 관한 법률」 위반으로 처벌할 수 없다.
② 풍속영업자가 지켜야 할 준수사항은 실제로 하고 있는 영업형태에 따라 정하여지는 것이 아니라 그 자가 받은 영업허가 등에 의하여 정하여지는 것이므로, 유흥주점 영업허가를 받고 실제로는 노래연습장 영업을 하고 있다 하더라도 유흥주점 영업에 따른 영업자 준수사항을 지켜야 할 의무가 있다.
③ 풍속영업자가 자신이 운영하는 여관에서 친구들과 일시 오락 정도에 불과한 도박을 한 경우, 「형법」상 도박죄는 성립되지 않는다 할지라도 형법과 그 제정목적이 다른 「풍속영업의 규제에 관한 법률」 제3조 제4호의 '도박이나 그 밖의 사행행위를 하게 하는 행위'에는 해당되고 위법성도 조각되지 않으므로 이를 처벌할 수 있다.
④ 유흥주점 여종업원들이 웃옷을 벗고 브래지어만 착용하거나 치마를 허벅지가 다 드러나도록 걷어 올리고 가슴이 보일 정도로 어깨 끈을 밑으로 내린 채 손님을 접대하였다는 정황만으로는 위 종업원들의 행위와 노출 정도가 형사법상 규제의 대상으로 삼을 만큼 사회적으로 유해한 영향을 끼칠 위험성이 있다고 평가할 수 있을 정도로 노골적인 방법에 의하여 성적 부위를 노출하거나 성적 행위를 표현한 것이라고 단정하기에 부족하므로 「풍속영업의 규제에 관한 법률」 제3조에 정한 '음란행위'에 해당한다고 판단하기 어렵다.

Answer 02 ④ 03 ④

> **해설** ▶ (①) 대법원 2010.7.15. 2009도4545 판결
> 숙박업소에서 위성방송수신기를 이용하여 수신한 외국의 음란한 위성방송프로그램에 대해 일정한 잠금장치를 설치하여 관람을 원하는 성인만을 상대로 방송을 시청하게 한 경우, **풍속영업의 규제에 관한 법률 제3조 제2호 위반으로 처벌**된다.
>
> ▶ (②) 대법원 1997.9.30. 97도1873 판결
> 풍속영업자가 지켜야 할 준수사항은 **실제로 하고 있는 영업형태에 따라 정하여지는 것이므로** 유흥주점 영업허가를 받고 실제로는 노래연습장 영업을 하고 있다면 노래방 영업자의 준수사항을 지켜야 할 의무가 있다.
>
> ▶ (③) 대법원 2004.4.9 2003도6351 판결
> 풍속영업자가 자신이 운영하는 여관에서 친구들과 일시 오락 정도에 불과한 도박을 한 경우, 형법상 도박죄는 성립되지 않는다 할지라도 형법과 그 제정목적이 다른 풍속영업의 규제에 관한 법률 제3조 제4호의 '도박이나 그 밖의 사행행위를 하게 하는 행위'에는 해당(구성요건 해당성 인정)되나 **사회상규에 위배되지 않는 행위로서 위법성이 조각되어 이를 처벌할 수 없다.**

CHAPTER 02 경범죄처벌법 [법률시행 2017.10.24.]

01 「경범죄처벌법」에 대한 설명으로 옳은 것은 몇 개인가? 응용문제

> ㉠ 과료를 납입하지 아니한 자는 1일 이상 30일 미만의 기간을 정하여 노역장에 유치하여 작업에 복무케 한다.
> ㉡ 벌금 또는 과료를 선고할 때에는 납입치 아니하는 경우의 유치기간을 정하여 동시에 선고한다.
> ㉢ 법인에 대해서도 금전벌에 한하여 처벌할 수 있다.
> ㉣ 법규위반에 해당하지 않고 단순한 주의의무 또는 감독의무를 위반한 자도 처벌된다.
> ㉤ 「경범죄처벌법」에 규정한 죄에 대하여는 집행유예의 선고가 가능하다.
> ㉥ 「경범죄처벌법」은 미수범 처벌규정이 있으므로 미수범 처벌이 가능하다.
> ㉦ 본범의 죄를 범한 범인을 은닉·도피하게 한 경우에는 범인은닉죄가 성립되지 않는다.
> ㉧ 종범에 관해서는 정범의 형보다 감경한다.

① 4개 ② 5개
③ 6개 ④ 7개

해설 「경범죄처벌법」의 성격 및 특징

성격	① 「경범죄처벌법」은 광의의 형법, 형법의 보충법, 형사실체법, 일반법이다. ② (㉥) 주로 추상적 위험범이다. 미수범 처벌규정이 없다. ③ 경범죄자를 벌함에 있어서는 그 사정과 형편을 헤아려서 그 형을 면제하거나 또는 구류와 과료를 함께 과할 수 있다. ④ 법인에 대하여도 금전벌에 한하여 처벌할 수 있다.
특징	① 「경범죄처벌법」에는 벌금 이하의 형으로만 규정되어 있어 3년 이하의 징역 또는 금고의 형을 선고할 경우에 가능한 **집행유예는 가능하다.** ② 벌금형의 선고시에는 **선고유예는 가능하다.** ③ (㉧) 교사범, 종범의 형은 감경하지 아니한다. 즉, 정범과 동일한 형으로 처벌한다. ④ (㉦) 벌금형이 규정되어 있으므로 본법의 죄를 범한 범인을 은닉·도피하게 한 경우에도 **범인은닉죄가 성립한다.** ⑤ 폭행·상해죄·강요죄·공갈죄·공무집행방해죄의 예비죄에 대한 처벌규정이 있다. ⑥ 과료를 납입하지 아니한 자는 1일 이상 30일 미만의 기간을 정하여 노역장에 유치하여 작업에 복무하게 한다. ⑦ 벌금 또는 과료를 선고할 때는 납입하지 아니하는 경우의 유치기간을 정하여 동시에 선고한다. ⑧ 법규위반에 해당하는 행위를 하지 않고 단순한 주의의무 또는 감독의무를 위반한 자도 처벌된다.

Answer 01 ②

02 「경범죄 처벌법」에 대한 설명 중 가장 적절하지 않은 것은?   21. 순경

① 장난전화, 광고물 무단부착, 행렬방해, 흉기의 은닉휴대는 10만원 이하의 벌금, 구류 또는 과료의 형으로 처벌한다.
② 「경범죄 처벌법」 제7조 제1항에 따라 범칙자로 인정되는 사람일지라도 통고처분서 받기를 거부한 사람, 주거 또는 신원이 확실하지 아니한 사람, 그 밖에 통고처분을 하기가 매우 어려운 사람에 대하여는 통고처분하지 않는다.
③ 경범죄를 짓도록 시키거나 도와준 사람은 죄를 지은 사람에 준하여 벌하며, 경범죄의 미수범도 처벌한다.
④ 「경범죄 처벌법」 제8조 제1항에 따른 납부기간에 범칙금을 납부하지 아니한 사람은 납부기간의 마지막 날의 다음 날부터 20일 이내에 통고받은 범칙금에 그 금액의 100분의 20을 더한 금액을 납부하여야 한다.

해설   경범죄처벌법은 **미수범 처벌 규정이 없다.**

03 「경범죄 처벌법」상 다음 ( ) 안에 들어갈 숫자로 알맞은 것은?   23. 순경

㉠ 출판물의 부당게재 등 – 올바르지 아니한 이익을 얻을 목적으로 다른 사람 또는 단체의 사업이나 사사로운 일에 관하여 신문, 잡지, 그 밖의 출판물에 어떤 사항을 싣거나 싣지 아니할 것을 약속하고 돈이나 물건을 받은 사람은 (가) 만원 이하의 벌금, 구류 또는 과료의 형으로 처벌한다.
㉡ 거짓 광고 – 여러 사람에게 물품을 팔거나 나누어 주거나 일을 해주면서 다른 사람을 속이거나 잘못 알게 할 만한 사실을 들어 광고한 사람은 (나) 만원 이하의 벌금, 구류 또는 과료의 형으로 처벌한다.
㉢ 업무방해 – 못된 장난 등으로 다른 사람, 단체 또는 공무 수행 중인 자의 업무를 방해한 사람은 (다) 만원 이하의 벌금, 구류 또는 과료의 형으로 처벌한다.
㉣ 암표매매 – 흥행장, 경기장, 역, 나루터, 정류장, 그 밖에 정하여진 요금을 받고 입장시키거나 승차 또는 승선시키는 곳에서 웃돈을 받고 입장권·승차권 또는 승선권을 다른 사람에게 되판 사람은 (라) 만원 이하의 벌금, 구류 또는 과료의 형으로 처벌한다.

	(가)	(나)	(다)	(라)
①	10	20	60	20
②	20	20	20	20
③	20	10	60	20
④	20	60	20	10

Answer   02 ③   04 ②

해설) 제3조(경범죄의 종류)
② 다음 각 호의 어느 하나에 해당하는 사람은 20만원 이하의 벌금, 구류 또는 과료의 형으로 처벌한다.
1. (㉠) (출판물의 부당게재 등) 올바르지 아니한 이익을 얻을 목적으로 다른 사람 또는 단체의 사업이나 사사로운 일에 관하여 신문, 잡지, 그 밖의 출판물에 어떤 사항을 싣거나 싣지 아니할 것을 약속하고 돈이나 물건을 받은 사람
2. (㉡) (거짓 광고) 여러 사람에게 물품을 팔거나 나누어 주거나 일을 해주면서 다른 사람을 속이거나 잘못 알게 할 만한 사실을 들어 광고한 사람
3. (㉢) (업무방해) 못된 장난 등으로 다른 사람, 단체 또는 공무수행 중인 자의 업무를 방해한 사람
4. (㉣) (암표매매) 흥행장, 경기장, 역, 나루터, 정류장, 그 밖에 정하여진 요금을 받고 입장시키거나 승차 또는 승선시키는 곳에서 웃돈을 받고 입장권·승차권 또는 승선권을 다른 사람에게 되판 사람

04 「경범죄 처벌법」에 관한 설명으로 가장 적절하지 않은 것은? 24. 순경

① 인터넷 중고거래 사이트를 통해 비대면으로 웃돈을 받고 유명 가수의 콘서트 티켓을 되판 사람은 이 법상 암표매매로 처벌된다.
② 있지 아니한 범죄나 재해 사실을 공무원에게 거짓으로 신고한 사람은 주거가 분명하여도 현행범으로 체포할 수 있다.
③ 피해자가 있는 범칙행위를 한 사람은 범죄자에 해당하지 아니한다.
④ 주거 또는 신원이 확실하지 아니한 사람에게는 통고처분을 하지 아니한다.

해설) 제3조(경범죄의 종류)
4. (암표매매) 흥행장, 경기장, 역, 나루터, 정류장, 그 밖에 정하여진 요금을 받고 입장시키거나 승차 또는 승선시키는 곳에서 웃돈을 받고 입장권·승차권 또는 승선권을 다른 사람에게 되판 사람 → **현실세계에서만 적용하며, 가상세계에는 적용되지 않는다.**

05 다음은 파출소장 A가 소속 직원들에게 현행 「경범죄처벌법」에 대하여 교양한 내용이다. 가장 적절하지 않은 것은? 응용문제

① 술에 취한 채로 관공서에서 몹시 거친 말과 행동으로 주정하거나 시끄럽게 한 사람에 대해서는 주거가 분명한 경우에도 현행범 체포가 가능하다.
② 있지 아니한 범죄나 재해 사실을 공무원에게 거짓으로 신고한 사람에 대해서는 주거가 분명한 경우 현행범 체포가 불가능하므로, 즉결심판 청구나 통고처분을 해야 한다.
③ 상대방의 명시적 의사에 반하여 지속적으로 접근을 시도하여 면회 또는 교제를 요구하거나 지켜보기, 따라다니기, 잠복하여 기다리기 등의 행위를 반복하여 하는 사람은 10만원 이하의 벌금, 구류 또는 과료의 형으로 처벌한다.
④ 여러 사람에게 물품을 팔거나 나누어 주거나 일을 해주면서 다른 사람을 속이거나 잘못 알게 할 만한 사실을 들어 광고한 사람은 20만원 이하의 벌금, 구류 또는 과료의 형으로 처벌한다.

해설) 거짓 신고는 60만원 이하 벌금형이 규정되어 있으므로 주거가 분명한 경우에도 **현행범인 체포가 가능**하므로, 반드시 즉결심판 청구나 통고처분을 해야 하는 것은 아니다.

Answer 04 ① 05 ②

06. 「경범죄 처벌법」에 관한 설명 중 가장 적절하지 않은 것은?
23. 승진

① 경범죄를 짓도록 시키거나 도와준 사람은 죄를 지은 사람에 준하여 처벌한다.
② 범칙행위를 상습적으로 하는 사람은 범칙자에 해당하지 아니한다.
③ 음주소란, 지속적 괴롭힘, 거짓 인적사항을 사용한 사람은 10만원 이하의 벌금, 구류 또는 과료의 형으로 처벌한다.
④ 술에 취한 채로 관공서에서 몹시 거친 말과 행동으로 주정하거나 시끄럽게 한 사람은 100만원 이하의 벌금, 구류 또는 과료의 형으로 처벌한다.

해설 제3조(경범죄의 종류)
③ 다음 각 호의 어느 하나에 해당하는 사람은 **60만원 이하의 벌금, 구류 또는 과료의 형으로 처벌**한다.
  1. (관공서에서의 주취소란) 술에 취한 채로 관공서에서 몹시 거친 말과 행동으로 주정하거나 시끄럽게 한 사람
  2. (거짓신고) 있지 아니한 범죄나 재해 사실을 공무원에게 거짓으로 신고한 사람

07. 「경범죄 처벌법」에 대한 설명으로 가장 적절하지 않은 것은? (다툼이 있는 경우 판례에 의함)
22. 승진

① 범칙행위를 한 사람이라도 18세 미만인 경우에는 범칙자에 해당하지 않는다.
② 주거지에서 음악 소리를 크게 내거나 큰 소리로 떠들어 이웃을 시끄럽게 하는 행위는 「경범죄 처벌법」상 '인근소란 등'에 해당한다.
③ '관공서에서의 주취소란'과 '거짓신고'의 법정형으로 볼 때, 두 경범죄의 경우에는 「형사소송법」 제214조(경미사건과 현행 범인의 체포)에 해당되지 않아 범인의 주거가 분명하더라도 현행범인 체포가 가능하다.
④ '폭행 등 예비'와 '거짓 광고'는 10만원 이하의 벌금, 구류 또는 과료의 형으로 처벌한다.

해설 제3조(경범죄의 종류)
① 다음 각 호의 어느 하나에 해당하는 사람은 **10만원 이하의 벌금, 구류 또는 과료(科料)의 형으로 처벌**한다.
  3. (폭행 등 예비) 다른 사람의 신체에 위해를 끼칠 것을 공모(共謀)하여 예비행위를 한 사람이 있는 경우 그 공모를 한 사람
② 다음 각 호의 어느 하나에 해당하는 사람은 **20만원 이하의 벌금, 구류 또는 과료의 형으로 처벌**한다.
  2. (거짓 광고) 여러 사람에게 물품을 팔거나 나누어 주거나 일을 해주면서 다른 사람을 속이거나 잘못 알게 할 만한 사실을 들어 광고한 사람

Answer 06 ④ 07 ④

08 「경범죄 처벌법」에 대한 내용으로 가장 적절하지 않은 것은?

① 「형법」의 보충법이고, 특정한 신분·사물·행위·지역에 제한이 없이 일반적으로 적용된다는 점에서 일반법이다.
② 형사실체법이지만 절차법적 성격도 가지고 있다.
③ 죄를 지은 동기나 수단 및 결과를 헤아려볼 때 구류처분을 하는 것이 적절하다고 인정되는 사람은 범칙자에 해당하지 않는다.
④ 거짓 광고, 거짓신고에 대해서 통고처분을 할 수 있다.

[해설] 거짓신고는 60만원 이하 벌금, 구류, 과료에 해당하므로 **통고처분 대상이 아니다**.

▶ 제3조(경범죄의 종류)
③ 다음 각 호의 어느 하나에 해당하는 사람은 60만원 이하의 벌금, 구류 또는 과료의 형으로 처벌한다.
  1. (관공서에서의 주취소란) 술에 취한 채로 관공서에서 몹시 거친 말과 행동으로 주정하거나 시끄럽게 한 사람
  2. (거짓신고) 있지 아니한 범죄나 재해 사실을 공무원에게 거짓으로 신고한 사람

▶ 제7조(통고처분)
① 경찰서장, 해양경찰서장, 제주특별자치도지사 또는 철도특별사법경찰대장은 **범칙자로 인정되는 사람(20만원 이하의 벌금, 구류 또는 과료)**에 대하여 그 이유를 명백히 나타낸 서면으로 범칙금을 부과하고 이를 납부할 것을 통고할 수 있다.

09 「경범죄 처벌법」에 대한 설명으로 적절하지 않은 것은 모두 몇 개인가?

가. 「경범죄 처벌법」 위반의 죄를 짓도록 시키거나 도와준 사람은 죄를 지은 사람에 준하여 벌한다.
나. 경찰청장, 해양경찰청장, 제주특별자치도지사 또는 철도특별사법경찰대장은 범칙자로 인정되는 사람에 대하여 그 이유를 명백히 나타낸 서면으로 범칙금을 부과하고 이를 납부할 것을 통고할 수 있다.
다. 통고처분서를 받은 사람은 통고처분서를 받은 날부터 10일 이내에 경찰청장, 해양경찰청장 또는 철도특별사법경찰대장이 지정한 은행, 그 지점이나 대리점, 우체국 또는 제주특별자치도지사가 지정하는 금융기관이나 그 지점에 범칙금을 납부하여야 한다. 다만, 천재지변이나 그 밖의 부득이한 사유로 말미암아 그 기간 내에 범칙금을 납부할 수 없을 때에는 그 부득이한 사유가 없어지게 된 날부터 5일 이내에 납부하여야 한다.
라. 범칙행위를 상습적으로 하는 사람은 경범죄 처벌의 특례를 규정한 장에서 범칙자에 해당하지 않는다.
마. 술에 취한 채로 관공서에서 몹시 거친 말과 행동으로 주정하거나 시끄럽게 한 사람은 20만원 이하의 벌금, 구류 또는 과료의 형으로 처벌한다.

Answer 08 ④ 09 ③

① 없음　　　　　　　　　　② 1개
③ 2개　　　　　　　　　　④ 3개

> **해설**　▶ (나) 제7조(통고처분)
> ① 경찰서장, 해양경찰서장, 제주특별자치도지사 또는 철도특별사법경찰대장은 범칙자로 인정되는 사람에 대하여 그 이유를 명백히 나타낸 서면으로 범칙금을 부과하고 이를 납부할 것을 통고할 수 있다.
>
> ▶ (마) 제3조(경범죄의 종류)
> ③ 다음 각 호의 어느 하나에 해당하는 사람은 60만원 이하의 벌금, 구류 또는 과료의 형으로 처벌한다.
> 　1. (관공서에서의 주취소란) **술에 취한 채로 관공서에서 몹시 거친 말과 행동으로 주정하거나 시끄럽게 한 사람**
> 　2. (거짓신고) 있지 아니한 범죄나 재해 사실을 공무원에게 거짓으로 신고한 사람

10 「경범죄처벌법」에 대한 설명으로 가장 옳지 <u>않은</u> 것은?　　응용문제

① 현행범은 누구나 체포할 수 있지만, 「경범죄처벌법」 위반 현행범은 주거가 분명하지 아니하더라도 현행범 체포가 가능한 경우가 있다.
② 선교행위가 「경범죄처벌법」상 소정의 인근소란행위에 해당된다고 판단하기 위해서는 제반 정황을 종합하여 그러한 행위가 통상의 범위를 일탈하여 다른 법익의 침해에 이를 정도가 된 것인지 여부 등 법익간의 비교형량을 통하여 사안별로 엄격하게 판단해야 한다.
③ 경미한 질서위반행위에 대한 범칙금 납부를 통고받고 이를 이행하면 확정판결과 동일한 효력이 발생하는 처분을 통고처분이라고 하며, 그 대상은 범칙행위를 상습적으로 행하는 사람·죄를 범한 동기나 수단 및 결과를 헤아려 구류처분함이 상당하다고 인정되는 사람·피해자가 있는 행위를 한 사람·18세 미만인 사람이다.
④ 통고처분서를 받은 날로부터 10일 이내에 납부하여야 하며 2차 납부기간(1차 납부기간의 마지막 날의 다음 날부터 20일 이내) 내에는 범칙금액의 100분의 20을 더한 금액을 납부하여야 하고, 범칙금을 납부한 사람은 그 범칙행위에 대하여 다시 벌 받지 아니한다.

> **해설**　범칙자 제외 대상자(제6조) & 통고처분 적용 제외자(7조)
>
> | 범칙자 제외 대상자 | 1. **범칙행위**를 상습적으로 하는 사람
2. **죄를 지은 동기**나 수단 및 결과를 헤아려볼 때 구류처분을 하는 것이 적절하다고 인정되는 사람
3. **피해자**가 있는 행위를 한 사람
4. **18세 미만**인 사람
▶ 두문자 : 18세 범죄 피해자 |
> |---|---|
> | 통고처분 적용 제외자 | 1. **주거**나 신원이 확실하지 아니한 자
2. **통고처분서** 받기를 거부한 자
3. 그 밖에 **통고처분**하기가 매우 어려운 자
▶ 두문자 : 주 통 통 |
>
> ③ 지문은 통고처분 적용 제외자가 아니라 범칙자 제외 대상자에 대한 내용이다.

Answer　10 ③

11 「경범죄 처벌법」에 대한 설명으로 가장 적절하지 않은 것은?

① 「경범죄 처벌법」은 「형법」의 보충법이다.
② 범칙금을 납부한 사람은 그 범칙행위에 대하여 다시 처벌받지 아니한다.
③ '범칙자'란 범칙행위를 한 사람으로서 '통고처분서 받기를 거부한 사람', '주거 또는 신원이 확실하지 아니한 사람', '그 밖에 통고처분하기가 매우 어려운 사람' 중 어느 하나에 해당하지 아니하는 사람을 말한다.
④ 못된 장난 등으로 다른 사람, 단체 또는 공무수행 중인 자의 업무를 방해한 사람은 20만원 이하의 벌금, 구류 또는 과료의 형으로 처벌한다.

> **해설** 제7조(통고처분)
> 다만, 다음 각 호의 어느 하나에 해당하는 사람에게는 **통고하지 아니한다.**
> 1. 통고처분서 받기를 거부한 사람
> 2. 주거 또는 신원이 확실하지 아니한 사람
> 3. 그 밖에 통고처분을 하기가 매우 어려운 사람

12 「경범죄 처벌법」에 대한 다음 설명 중 가장 적절하지 않은 것은? (다툼이 있는 경우 판례에 의함)

① 버스정류장 등지에서 소매치기할 생각으로 은밀히 성명불상자들의 뒤를 따라다닌 경우 「경범죄 처벌법」상 불안감 조성에 해당하지 않는다.
② 즉결심판이 청구된 피고인이 통고받은 범칙금에 그 금액의 100분의 50을 더한 금액을 납부하고 그 증명서류를 즉결심판 선고 전까지 제출하였을 때에는 경찰서장, 해양경찰서장 및 제주특별자치도지사는 그 피고인에 대한 즉결심판 청구를 취소할 수 있다.
③ 범칙금을 납부한 사람은 그 범칙행위에 대하여 다시 처벌받지 아니한다.
④ 통고처분서를 받은 날부터 10일 이내에 범칙금을 납부하여야 한다. 다만, 천재지변이나 그 밖의 부득이한 사유로 말미암아 그 기간 내에 범칙금을 납부할 수 없을 때에는 그 부득이한 사유가 없어지게 된 날부터 5일 이내에 납부하여야 한다.

> **해설** 제9조(통고처분 불이행자 등의 처리)
> ② 제1항 제2호에 따라 즉결심판이 청구된 피고인이 통고받은 범칙금에 그 금액의 100분의 50을 더한 금액을 납부하고 그 증명서류를 즉결심판 선고 전까지 제출하였을 때에는 경찰서장, 해양경찰서장 및 제주특별자치도지사는 그 피고인에 대한 즉결심판 청구를 **취소하여야 한다.**

Answer 11 ③ 12 ②

13. 「경범죄 처벌법」에 대한 설명이다. 아래 가.부터 라.까지 설명 중 옳고 그름의 표시(O, X)가 바르게 된 것은?

22. 경간부

가. 여러 사람에게 물품을 팔거나 나누어 주거나 일을 해주면서 다른 사람을 속이거나 잘못 알게 할 만한 사실을 들어 광고한 사람은 20만원 이하의 벌금, 구류 또는 과료의 형으로 처벌한다.

나. 「경범죄 처벌법」 제8조 제1항에 따른 납부기간에 범칙금을 납부하지 아니한 사람은 납부 기간의 마지막 날의 다음 날부터 30일 이내에 통고받은 범칙금에 그 금액의 100분의 30을 더한 금액을 납부하여야 한다.

다. 해양경찰서장을 제외한 경찰서장, 제주특별자치도지사 또는 철도특별사법경찰대장은 범칙자로 인정되는 사람에 대하여 그 이유를 명백히 나타낸 서면으로 범칙금을 부과하고 이를 납부할 것을 통고할 수 있다.

라. 범칙금 납부 기한 내 범칙금을 납부하지 않아 즉결심판이 청구된 피고인이 통고받은 범칙금에 그 금액의 100분의 50을 더한 금액을 납부하고 그 증명서류를 즉결심판 선고 전까지 제출하였을 때에는 경찰청장, 해양경찰청장, 제주특별자치도지사는 그 피고인에 대한 즉결심판 청구를 취소할 수 있다.

① 가.(X) 나.(X) 다.(X) 라.(X)
② 가.(O) 나.(X) 다.(O) 라.(X)
③ 가.(O) 나.(X) 다.(X) 라.(O)
④ 가.(O) 나.(X) 다.(X) 라.(X)

해설
▶ (나) 제8조(범칙금의 납부)
② 제1항에 따른 납부기간에 범칙금을 납부하지 아니한 사람은 납부기간의 **마지막 날의 다음 날부터 20일 이내**에 통고받은 범칙금에 그 금액의 **100분의 20을 더한 금액**을 납부하여야 한다.

▶ (다) 제7조(통고처분)
① **경찰서장, 해양경찰서장, 제주특별자치도지사 또는 철도특별사법경찰대장**은 범칙자로 인정되는 사람에 대하여 그 이유를 명백히 나타낸 서면으로 범칙금을 부과하고 이를 납부할 것을 통고할 수 있다.

▶ (라) 제9조(통고처분 불이행자 등의 처리)
② 제1항 제2호에 따라 즉결심판이 청구된 피고인이 통고받은 범칙금에 그 금액의 100분의 50을 더한 금액을 납부하고 그 증명서류를 즉결심판 선고 전까지 제출하였을 때에는 **경찰서장, 해양경찰서장 및 제주특별자치도지사**는 그 피고인에 대한 즉결심판 청구를 **취소하여야 한다**.

Answer 13 ④

14 「경범죄처벌법」에 관한 다음 설명 중 가장 적절하지 <u>않은</u> 것은? (다툼이 있으면 판례에 의함)

응용문제

① 버스정류장 등지에서 소매치기할 생각으로 은밀히 성명 불상자들의 뒤를 따라다닌 경우 「경범죄처벌법」상 '불안감 조성'에 해당한다.
② 「경범죄처벌법」 제3조(경범죄의 종류)에 따라 사람을 벌할 때에는 그 사정과 형편을 헤아려서 그 형을 면제하거나 구류와 과료를 함께 과할 수 있다.
③ 술에 취한 채로 관공서에서 몹시 거친 말과 행동으로 주정하거나 시끄럽게 한 사람은 60만원 이하의 벌금, 구류 또는 과료의 형으로 처벌한다.
④ 범칙자란 범칙행위를 한 사람으로서 범칙행위를 상습적으로 하는 사람, 피해자가 있는 행위를 한 사람, 죄를 지은 동기나 수단 및 결과를 헤아려볼 때 구류처분을 하는 것이 적절하다고 인정되는 사람, 18세 미만인 사람 중 어느 하나에 해당하지 않는 사람을 말한다.

해설 대법원 1999. 8. 24. 선고 99도2034 판결
버스정류장 등지에서 소매치기할 생각으로 은밀히 성명불상자들의 뒤를 따라 다닌 경우, **불안감조성에 해당하지 않는다.**

Answer 14 ①

CHAPTER 03 총포·도검·화약류 등의 안전관리에 관한 법률
[법률 시행 2021.1.1.]

01 다음 총포·도검·화약류에 대한 설명 중 틀린 것은 몇 개인가? _{응용문제}

> ㉠ 도검이라 함은 칼날 길이가 15cm 이상 되는 칼·검·창·치도·비수 등으로서 성질상 흉기로 쓰여질 수 있는 것과, 칼날 길이가 15cm 미만이라 할지라도, 흉기로 사용될 위험성이 뚜렷이 있는 것 중에서 대통령령으로 정하는 것을 말한다.
> ㉡ 재크나이프의 경우 칼날 길이가 5cm 이상의 것을 말한다.
> ㉢ 칼날 길이가 5cm이고 45° 이상 자동으로 펴지는 것을 비출나이프라 한다.
> ㉣ 총포·도검·화약류 취급연령은 20세 이상이다.
> ㉤ 엽총, 가스총, 전자충격기, 석궁 등의 소지허가는 경찰서장 허가를 받아야 한다.

① 2개   ② 3개
③ 4개   ④ 5개

해설 ▶ 총포·도검·화약류 등의 안전관리에 관한 법률 시행령 제4조(도검)
8. (㉡) 재크나이프(칼날의 길이가 **6센티미터 이상**의 것에 한한다)
9. (㉢) 비출나이프(칼날의 길이가 **5.5센티미터 이상**이고, 45도 이상 자동으로 펴지는 장치가 있는 것에 한한다)

▶ (㉣) 제19조(취급 금지)
다음 각 호의 어느 하나에 해당하는 자는 총포·도검·화약류·분사기·전자충격기·석궁을 취급하여서는 아니 되며, 누구든지 그들에게 이를 취급하게 하여서는 아니 된다.
1. **18세 미만인 자**. 다만, 대한체육회장이나 특별시·광역시·특별자치시·도 또는 특별자치도의 체육회장이 추천한 선수 또는 후보자가 사격경기용 총포나 석궁을 소지하는 경우는 제외한다.

02 다음 중 「총포·도검·화약류 등 단속법」상 주소지 시·도경찰청장의 소지허가 사항은 몇 개인가? _{응용문제}

> 엽총, 가스발사총, 공기총, 마취총, 산업용총, 구난구명총, 도검, 화약류, 분사기, 전자충격기, 석궁, 도살총, 총포의 부품, 권총, 소총, 기관총, 어획총

① 1개   ② 2개
③ 3개   ④ 4개

Answer 01 ② 02 ④

해설 소지허가

(주소지)경찰서장	㉠ 엽총 ㉣ 마취총 ㉤ 구난구명총 ㉥ 화약류 ㉦ 총포의 부품	㉡ 가스발사총 ㉢ 산업용총 ㉧ 전자충격기 ㉨ 분사기	㉢ 공기총 ㉦ 도살총 ㉪ 석궁 ㉫ 도검
(주소지)시·도경찰청장	㉠ **권총** ㉣ **어획총**	㉡ **소총** ㉢ 사격총	㉢ **기관총**

03 총포·도검·화약류 등의 제조·판매업 허가에 대한 설명으로 틀린 것은?

응용문제

① 전자충격기 제조업 허가는 시·도경찰청장의 권한이다.
② 권총 제조업 허가는 경찰청장의 권한이다.
③ 분사기 판매업 허가는 시·도경찰청장의 권한이다.
④ 총포 판매업 허가는 경찰청장의 권한이다.

해설 제조·판매업 허가

구분	내용	허가권자
제조업허가	㉠ 총포(권총·소총·기관총) ㉡ 화약류(화약·폭약)	경찰청장
	㉠ 화약류(화공품) ㉡ 엽총 ㉢ 도검 ㉣ 분사기 ㉤ 전자충격기 ㉥ 석궁	시·도경찰청장
판매업허가	제조나 판매의 경우 제조소나 판매소마다 경찰청장 또는 시·도경찰청장의 허가를 받아야 한다.	**시·도경찰청장**

04 「총포·도검·화약류 등 단속법」상 제조업자의 결격사유로 가장 적절하지 않은 것은?

응용문제

① 파산선고를 받은 자로서 복권되지 아니한 사람
② 금고 이상의 형의 집행유예 선고를 받고 그 집행유예의 기간이 끝난 날로부터 2년이 지나지 아니한 사람
③ 심신상실자, 마약·대마·향정신성의약품 또는 알코올의 중독자 그밖에 이에 준하는 정신장애인
④ 금고 이상의 형의 선고를 받고 그 집행이 끝나거나 집행을 받지 아니하기로 확정된 후 3년이 지나지 아니한 사람

해설 제5조(제조업자의 결격사유)
다음 각 호의 어느 하나에 해당하는 자는 총포·도검·화약류·분사기·전자충격기·석궁 제조업의 허가를 받을 수 없다.

Answer 03 ④ 04 ②

1. 금고 이상의 실형을 선고받고 그 집행이 끝나거나 집행을 받지 아니하기로 확정된 후 3년이 지나지 아니한 자
2. **금고 이상의 형의 집행유예를 선고받고 그 유예기간이 끝난 날부터 1년이 지나지 아니한 자**
3. 심신상실자, 마약·대마·향정신성의약품 또는 알코올 중독자, 그 밖에 이에 준하는 정신장애인
4. 20세 미만인 자
5. 피성년후견인 및 피한정후견인
6. 파산선고를 받고 복권되지 아니한 자
7. 제45조 제1항에 따라 허가가 취소(이 조 제4호부터 제6호까지의 어느 하나에 해당하여 허가가 취소된 경우는 제외한다)된 후 3년이 지나지 아니한 자
8. 임원 중에 제1호부터 제7호까지의 어느 하나에 해당하는 자가 있는 법인 또는 단체

05 「총포·도검·화약류 등의 안전관리에 관한 법률」에 대한 내용으로 가장 적절한 것은?

20. 승진

① 총포, 도검, 석궁, 분사기, 전자충격기, 화약류, 유해화학물질이 규율대상이다.
② '총포'란 권총, 소총, 기관총, 포, 엽총, 금속성 탄알이나 가스 등을 쏠 수 있는 장약총포 및 공기총(가스를 이용하는 것을 포함)을 말하고, 총포신·기관부 등 그 부품은 제외한다.
③ 도검·화약류·분사기·전자충격기·석궁을 소지하려는 자는 주소지를 관할하는 경찰서장의 허가를 받아야 한다.
④ 총포·도검·화약류·분사기·전자충격기·석궁의 판매업을 하려는 자는 경찰청장의 허가를 받아야 한다.

해설 ① 유해화학물질은 **화학물질관리법 규율대상**이다.
▶ (②) 제2조(정의)
① 이 법에서 **"총포"**란 권총, 소총, 기관총, 포, 엽총, 금속성 탄알이나 가스 등을 쏠 수 있는 **장약총포, 공기총(가스를 이용하는 것을 포함) 및 총포신·기관부 등 그 부품으로서 대통령령으로 정하는 것**을 말한다.
▶ (④) 제6조(판매업의 허가)
① 총포·도검·화약류·분사기·전자충격기·석궁의 판매업을 하려는 자는 판매소마다 행정안전부령으로 정하는 바에 따라 판매소의 소재지를 관할하는 **시·도경찰청장의 허가**를 받아야 한다.

Answer 05 ③

06

「총포·도검·화약류 등의 안전관리에 관한 법률」상 총포·도검·화약류·분사기·전자충격기·석궁 소지자의 결격사유에 대한 설명이다. ㉠부터 ㉣까지의 숫자로 가장 적절하지 않은 것은?

응용문제

> 제13조(총포·도검·화약류·분사기·전자충격기·석궁 소지자의 결격사유 등)
> ① 다음 각 호의 어느 하나에 해당하는 자는 총포·도검·화약류·분사기·전자충격기·석궁의 소지허가를 받을 수 없다.
>   1. (㉠)세 미만인 자. 다만, 대한체육회장이나 특별시·광역시·특별자치시·도 또는 특별자치도의 체육회장이 추천한 선수 또는 후보자가 사격경기용 총을 소지하려는 경우는 제외한다.
>   3. 금고 이상의 실형을 선고받고 그 집행이 끝나거나(집행이 끝난 것으로 보는 경우를 포함한다) 면제된 날부터 (㉡)년이 지나지 아니한 자
>   4. 이 법을 위반하여 벌금형을 선고받고 (㉢)년이 지나지 아니한 자
>   6. 이 법을 위반하여 금고 이상의 형의 집행유예를 선고받고 그 유예기간이 끝난 날부터 (㉣)년이 지나지 아니한 자

① ㉠ 20
② ㉡ 5
③ ㉢ 3
④ ㉣ 3

해설 제13조(총포·도검·화약류·분사기·전자충격기·석궁 소지자의 결격사유 등)
① 다음 각 호의 어느 하나에 해당하는 자는 총포·도검·화약류·분사기·전자충격기·석궁의 소지허가를 받을 수 없다.
  1. ㉠ **20세 미만인 자**. 다만, 대한체육회장이나 특별시·광역시·특별자치시·도 또는 특별자치도의 체육회장이 추천한 선수 또는 후보자가 사격경기용 총을 소지하려는 경우는 제외한다.
  2. ㉡ 심신상실자, 마약·대마·향정신성의약품 또는 알코올 중독자, 정신질환자 또는 뇌전증 환자로서 대통령령으로 정하는 사람
  3. ㉢ 금고 이상의 실형을 선고받고 그 집행이 끝나거나(집행이 끝난 것으로 보는 경우를 포함한다) 면제된 날부터 5년이 지나지 아니한 자
  4. ㉣ 이 법을 위반하여 벌금형을 선고받고 5년이 지나지 아니한 자
  5. 「특정강력범죄의 처벌에 관한 특례법」 제2조 제1항 각 호의 어느 하나에 해당하는 특정강력범죄를 범하여 벌금형의 선고 또는 징역 이상의 형의 집행유예를 선고받고 그 유예기간이 끝난 날부터 5년이 지나지 아니한 자
  6. **이 법을 위반하여 금고 이상의 형의 집행유예를 선고받고 그 유예기간이 끝난 날부터 3년이 지나지 아니한 자**
  6의2. 다음 각 목의 어느 하나에 해당하는 죄를 범하여 벌금형을 선고받고 5년이 지나지 아니하거나 금고 이상의 형의 집행유예를 선고받고 그 유예기간이 끝난 날부터 5년이 지나지 아니한 사람
    가. 「형법」 제114조의 죄
    나. 「형법」 제257조 제1항·제2항, 제260조 및 제261조의 죄
    다. 「아동·청소년의 성보호에 관한 법률」 제7조 및 제8조의 죄
  6의3. 「도로교통법」 제148조의2의 죄(이하 "음주운전 등"이라 한다)로 벌금 이상의 형을 선고받은 날부터 5년 이내에 다시 음주운전 등으로 벌금 이상의 형을 선고받고 그 집행이 종료(집행이 종료된 것으로 보는 경우를 포함한다)되거나 집행이 면제된 날부터 5년이 지나지 아니한 사람
  7. 제45조 또는 제46조 제1항에 따라 허가가 취소된 후 1년이 지나지 아니한 자

Answer 06 ③

07 「총포·도검·화약류 등의 안전관리에 관한 법률」에 대한 설명으로 가장 적절한 것은?

응용문제

① 총포 등의 제조업자는 허가를 받은 날부터 3년 이내에 그 시설 또는 설비에 대하여 허가관청의 검사를 받아야 한다. 다만, 허가관청은 부득이한 사유가 있는 경우에는 2년을 초과하지 아니하는 범위에서 그 기간을 연장할 수 있다.
② 이 법을 위반하여 벌금형을 선고받고 5년이 지나지 아니한 자는 총포·도검·화약류·분사기·전자충격기·석궁의 소지허가를 받을 수 없다.
③ 이 법을 위반하여 금고 이상의 형의 집행유예를 선고받고 그 유예기간이 끝난 날부터 5년이 지나지 아니한 자는 총포·도검·화약류·분사기·전자충격기·석궁의 소지허가를 받을 수 없다.
④ 화약류를 발파하거나 연소시키려는 자는 행정안전부령으로 정하는 바에 따라 화약류의 사용장소를 관할하는 시·도경찰청장의 화약류 사용허가를 받아야 한다.

해설

▶ (①) 제43조(완성검사)
제조업자, 판매업자 또는 화약류저장소설치자는 그 허가를 받은 날부터 **1년 이내**에 그 시설 또는 설비에 대하여 허가관청의 검사를 받아야 하며, 그 검사에 합격한 후가 아니면 업무를 시작하거나 시설 또는 설비를 사용할 수 없다. 다만, 허가관청은 부득이한 사유가 있는 경우에는 **1년을 초과**하지 아니하는 범위에서 그 기간을 연장할 수 있다.

▶ (③) 제13조(총포·도검·화약류·분사기·전자충격기·석궁 소지자의 결격사유 등)
① 다음 각 호의 어느 하나에 해당하는 자는 총포·도검·화약류·분사기·전자충격기·석궁의 소지허가를 받을 수 없다.
  6. 이 법을 위반하여 금고 이상의 형의 집행유예를 선고받고 그 유예기간이 끝난 날부터 **3년**이 지나지 아니한 자

▶ (④) 제18조(화약류의 사용)
① 화약류를 발파하거나 연소시키려는 자는 행정안전부령으로 정하는 바에 따라 화약류의 사용장소를 **관할하는 경찰서장**의 화약류 사용허가를 받아야 한다. 다만, 「광업법」에 따라 광물을 채굴하는 자와 그 밖에 대통령령으로 정하는 자는 그러하지 아니하다.

Answer 07 ②

CHAPTER 04 성매매알선 등 행위의 처벌에 관한 법률
[법률시행 2021.3.16.]

01 「성매매알선 등 행위의 처벌에 관한 법률」상 '성매매알선 등 행위'의 태양으로 명시하고 있지 않은 것은?　　　　　　　　　　　　　　　　　　　　　　　　　　　응용문제

① 성매매의 장소를 제공하는 행위
② 성매매에 이용됨을 알면서 정보통신망을 제공하는 행위
③ 성매매를 알선, 권유, 유인 또는 강요하는 행위
④ 성매매에 제공되는 사실을 알면서 자금, 토지 또는 건물을 제공하는 행위

> 해설　제2조(정의)
> 　　2. "성매매알선 등 행위"란 다음 각 목의 어느 하나에 해당하는 행위를 하는 것을 말한다.
> 　　　가. 성매매를 알선, 권유, 유인 또는 강요하는 행위
> 　　　나. 성매매의 장소를 제공하는 행위
> 　　　다. 성매매에 제공되는 사실을 알면서 자금, 토지 또는 건물을 제공하는 행위

02 「성매매알선 등 행위의 처벌에 관한 법률」에 관한 설명 중 옳지 않은 것은?　응용문제

① 위계·위력 그 밖의 이에 준하는 방법으로 성매매를 강요당한 자를 성매매 피해자라 한다.
② 성매매피해자의 성매매의 형은 감경 또는 면제할 수 있다.
③ 사법경찰관은 수사과정에서 피의자 또는 참고인이 성매매피해자에 해당한다고 볼 만한 상당한 이유가 있을 때에는 지체 없이 변호인 등에서 통지하여야 한다.
④ 수사에 지장을 초래할 우려가 있는 등 특별한 사유가 없는 한 신뢰관계에 있는 자를 동석하게 하여야 한다.

> 해설　제6조(성매매피해자에 대한 처벌특례와 보호)
> 　　① 성매매피해자의 성매매는 **처벌하지 아니한다**.

Answer　01 ②　02 ②

03 「성매매알선 등 행위의 처벌에 관한 법률」의 내용에 대한 기술로 잘못된 것은? _{응용문제}

① 성매매피해자가 청소년인 경우에는 수사지장 초래 등 특별한 사유가 있더라도 신뢰관계에 있는 자를 동석하게 하여야 한다.
② 위계·위력 그 밖에 이에 준하는 방법으로 성매매를 강요당한 자 등을 성매매피해자라 한다.
③ 성매매피해자의 성매매는 처벌하지 아니한다.
④ 사법경찰관이 수사과정에서 피의자가 성매매피해자에게 해당한다고 볼 만한 상당한 이유가 있을 때에는 지체 없이 법정대리인 등에게 통지하여야 한다.

해설 제8조(신뢰관계에 있는 사람의 동석)
③ 법원 또는 수사기관은 미성년자, 사물을 변별하거나 의사를 결정할 능력이 없거나 미약한 사람 또는 대통령령으로 정하는 중대한 장애가 있는 사람에 대하여 제1항 및 제2항에 따른 신청을 받은 경우에는 **재판이나 수사에 지장을 줄 우려가 있는 등 특별한 사유가 없으면** 신뢰관계에 있는 사람을 동석하게 하여야 한다.

04 「성매매알선 등 행위의 처벌에 관한 법률」에 관한 다음 설명 중 옳은 것은 모두 몇 개인가? _{응용문제}

㉠ "성매매"란 불특정인을 상대로 금품이나 그 밖의 재산상의 이익을 수수하거나 수수하기로 약속하고 성교행위 또는 구강·항문 등 신체의 일부 또는 도구를 이용한 유사 성교행위를 하거나 그 상대방이 되는 것을 말한다.
㉡ "성매매알선 등 행위"에는 성매매의 장소를 제공하는 것도 포함한다.
㉢ 성매매피해자의 성매매는 처벌하지 아니한다.
㉣ 이 법에 규정된 죄를 범한 사람이 수사기관에 신고하거나 자수한 경우에는 형을 감경하거나 면제해야 한다.

① 1개 ② 2개
③ 3개 ④ 4개

해설 (㉣) 제26조(형의 감면)
이 법에 규정된 죄를 범한 사람이 수사기관에 신고하거나 자수한 경우에는 **형을 감경하거나 면제할 수 있다.**

Answer 03 ① 04 ③

CHAPTER 05 아동·청소년의 성보호에 관한 법률
(법률 시행 2024.6.27.)

01 「아동·청소년의 성보호에 관한 법률」에 대한 설명으로 옳은 것은 모두 몇 개인가? 24. 순경

㉠ 아동·청소년성착취물을 제작한 자에 대한 미수범 처벌규정이 있다.
㉡ 폭행 또는 협박으로 아동·청소년을 강간할 목적으로 예비 또는 음모한 자에 대한 처벌규정이 있다.
㉢ 아동·청소년의 성을 사는 행위를 한 자에 대한 미수범 처벌규정이 있다.
㉣ 13세 미만의 사람에 대하여 강간죄를 범한 경우에는 공소시효를 적용하지 않는다.

① 1개 ② 2개
③ 3개 ④ 4개

해설 ▶ (㉢) 제13조(아동·청소년의 성을 사는 행위 등) : **미수범 처벌**(×)
▶ 미수범 처벌 (○)
  1. 제7조(아동·청소년에 대한 **강간·강제추행** 등) 모두
  2. 제11조(아동·청소년성착취물의 제작·배포 등) ①만
     ① 아동·청소년성착취물을 **제작·수입** 또는 수출
  3. 제12조(아동·청소년 **매매**행위) 모두
  4. 제14조(아동·청소년에 대한 강**요**행위 등) ①, ②만
     ①항 4호 **영업으로** 아동·청소년의 성을 사는 행위의 상대방이 되도록 유인·권유
     단, 아동·청소년의 성을 사는 행위의 상대방이 되도록 유인·권유 - 미수범 처벌(×)

02 「아동·청소년의 성보호에 관한 법률」에 대한 설명으로 가장 적절하지 <u>않은</u> 것은? 응용문제

① 아동·청소년성착취물임을 알면서 이를 소지한 자에 대한 처벌규정을 두고 있다.
② 영업으로 아동·청소년을 아동·청소년의 성을 사는 행위의 상대방이 되도록 유인·권유한 자에 대한 미수범 처벌규정을 두고 있다.
③ 아동·청소년성착취물을 제작·수입 또는 수출한 자에 대한 미수범 처벌규정을 두고 있다.
④ 아동·청소년성착취물을 배포·제공하거나 공연히 전시 또는 상영한 자에 대한 미수범 처벌규정을 두고 있다.

해설 아동·청소년성착취물을 배포·제공하거나 공연히 전시 또는 상영한 자 : **미수범 처벌규정**(×)

Answer 01 ③ 02 ④

03 현행 「아동·청소년의 성보호에 관한 법률」의 적용 사례 중 가장 적절하지 않은 것은? (단, '청소년'은 동법의 적용대상임을 전제로 함) _{응용문제}

① 회사원 A는 B가 청소년이 나오는 성착취물을 제작할 것이라는 정황을 알면서 잘 알고 지내던 청소년 甲을 알선하려다 적발되어 미수에 그쳤으나 동법에 의해 처벌되었다.
② 비디오 가게를 운영하는 C는 돈을 벌 목적으로 청소년이 나오는 성착취물을 수입하려다가 적발되어 미수에 그쳤으나 동법으로 처벌되었다.
③ 식당주인인 D는 업무상 위력으로 종업원인 청소년 乙을 간음하여 수사기관에 적발된 후 조사 과정에서 청소년 乙이 처벌을 원치 않았으나 동법에 의해 처벌되었다.
④ 대학생 E는 모텔에서 돈을 주고 청소년 丙과 성교를 한 후 적발되었고 丙의 보호자는 처벌을 원하지 않았으나 동법에 의해 처벌되었다.

해설 제11조(아동·청소년성착취물의 제작·배포 등)
④ 아동·청소년성착취물을 제작할 것이라는 정황을 알면서 아동·청소년을 아동·청소년성착취물의 제작자에게 알선한 자는 3년 이상의 유기징역에 처한다. – **미수범 처벌(×)**

04 「아동·청소년의 성보호에 관한 법률」의 적용으로 가장 옳은 것은? (단, 지문의 아동·청소년은 동법의 적용 대상으로 본다.) _{응용문제}

① 노래방을 운영하는 甲은 평소 알고 지내던 청소년 A가 놀러오자 손님방에 들어가 노래와 춤으로 손님의 유흥을 돋우게 하여 동법에 의하여 처벌받았다.
② 영화관 주인 乙은 심야에 웃돈을 받고 아동 B가 나오는 성착취물을 공연히 상영하려다가 영사기고장으로 미수에 그쳤으나, 동법에 의하여 처벌받았다.
③ 말년 휴가를 나온 丙은 놀이터에서 놀고 있는 아동 C를 발견하고, 맛있는 것을 사준다며 근처 학교로 유인해 강제추행하였으나, 피해자의 고소가 없어 동법에 의하여 공소가 제기되지 않았다.
④ 丁은 야간에 술을 마시고 근처에 있던 청소년 D의 성을 사려고 말을 걸었으나, 미수에 그쳐 동법에 의해 처벌되지 않았다.

해설 ▶(①) 청소년 보호법 제30조(청소년유해행위의 금지)
누구든지 청소년에게 다음 각 호의 어느 하나에 해당하는 행위를 하여서는 아니 된다.
2. 영리를 목적으로 청소년으로 하여금 손님과 함께 술을 마시거나 노래 또는 춤 등으로 손님의 유흥을 돋우는 접객행위를 하게 하거나 이러한 행위를 알선·매개하는 행위

▶(②) 제11조(아동·청소년성착취물의 제작·배포 등)
② 영리를 목적으로 아동·청소년성착취물을 판매·대여·배포·제공하거나 이를 목적으로 소지·운반·광고·소개하거나 **공연히 전시 또는 상영한 자**는 5년 이상의 유기징역에 처한다. – 미수범 처벌(×)

▶(③) **친고죄가 아니기 때문에** 피해자의 고소가 없어도 공소를 제기할 수 있다.

Answer 03 ① 04 ④

05 「아동·청소년의 성보호에 관한 법률」에 대한 설명으로 가장 적절하지 않은 것은? 응용문제

① 아동·청소년성착물을 제작·수입 또는 수출한 자(동법 제11조 제1항)에 대하여 미수범 처벌 규정을 두고 있다.
② 아동·청소년의 성을 사기 위하여 아동·청소년을 유인하거나 성을 팔도록 권유한 자(동법 제13조 제2항)의 경우 미수범 처벌규정이 없다.
③ 법원은 아동·청소년 대상 성범죄를 범한 「소년법」 제2조의 소년에 대하여 형의 선고를 유예하는 경우에는 반드시 보호관찰을 명하여야 한다.
④ 음주 또는 약물로 인한 심신장애 상태에서 아동·청소년대상 성폭력 범죄를 범한 때에는 「형법」 제10조 제1항·제2항 및 제11조(심신장애자·농아자 감면규정)를 적용하지 아니한다.

> 해설) 제19조(「형법」상 감경규정에 관한 특례
> 음주 또는 약물로 인한 심신장애 상태에서 아동·청소년대상 성폭력범죄를 범한 때에는 「형법」 제10조 제1항·제2항 및 제11조를 **적용하지 아니할 수 있다.**

06 「아동·청소년의 성보호에 관한 법률」에 관한 설명으로 가장 적절하지 않은 것은? 23. 순경

① "아동·청소년"이란 19세 미만의 자를 말한다.
② 위계(僞計) 또는 위력으로써 아동·청소년을 추행한 자에 대한 미수범 처벌규정을 두고 있다.
③ 사법경찰관리는 19세 이상의 사람이 성적 착취를 목적으로 정보통신망을 통하여 아동·청소년에게 성적 욕망이나 수치심 또는 혐오감을 유발할 수 있는 대화를 지속적 또는 반복적으로 하거나 그러한 대화에 지속적 또는 반복적으로 참여시키는 행위를 한 범죄에 대하여 신분을 비공개하고 범인을 추정되는 자들에게 접근하여 범죄행위의 증거 및 자료 등을 수집할 수 있다.
④ 사법경찰관서가 디지털 성범죄에 대한 신분위장수사를 할 때 신분을 위장하기 위한 문서, 도화 및 전자기록 등의 작성, 변경 또는 행사는 가능하지만, 아동·청소년성착취물을 소지, 판매 또는 광고할 수 없다.

> 해설) 제25조의2(아동·청소년대상 디지털 성범죄의 수사 특례)
> ② 사법경찰관리는 디지털 성범죄를 계획 또는 실행하고 있거나 실행하였다고 의심할 만한 충분한 이유가 있고, 다른 방법으로는 그 범죄의 실행을 저지하거나 범인의 체포 또는 증거의 수집이 어려운 경우에 한정하여 수사 목적을 달성하기 위하여 부득이한 때에는 다음 각 호의 행위(이하 "신분위장수사"라 한다)를 **할 수 있다.**
> 1. 신분을 위장하기 위한 문서, 도화 및 전자기록 등의 작성, 변경 또는 행사
> 2. 위장 신분을 사용한 계약·거래
> 3. 아동·청소년성착취물 또는 「성폭력범죄의 처벌 등에 관한 특례법」 제14조 제2항의 촬영물 또는 복제물(복제물의 복제물을 포함한다)의 **소지, 판매 또는 광고**

Answer 05 ④ 06 ④

07 「아동·청소년의 성보호에 관한 법률」에 관한 설명 중 가장 적절하지 않은 것은? 22. 순경

① 사법경찰관리는 「아동·청소년의 성보호에 관한 법률」 제11조 및 제15조의2의 죄, 아동·청소년에 대한 「성폭력범죄의 처벌 등에 관한 특례법」 제14조 제2항 및 제3항의 죄에 해당하는 '디지털 성범죄'에 대하여 신분을 비공개하고 범죄현장(정보통신망 포함) 또는 범인으로 추정되는 자들에게 접근하여 범죄행위의 증거 및 자료 등을 수집할 수 있다.
② 사법경찰관리가 신분비공개수사를 진행하고자 할 때에는 사전에 상급 경찰관서 수사부서의 장의 승인을 받아야 한다. 이 경우 그 수사기간은 1개월을 초과할 수 없다.
③ 사법경찰관리는 신분위장수사를 하려는 경우에는 검사에게 신분위장수사에 대한 허가를 신청하고, 검사는 법원에 그 허가를 청구한다. 다만 신분위장수사 절차를 거칠 수 없는 긴급을 요하는 때에는 동법 제25조의2 제2항의 요건을 구비하고 법원의 허가 없이 신분위장수사를 할 수 있다. 이 경우, 사법경찰관리는 신분위장수사 개시 후 지체 없이 검사에게 허가를 신청하여야 하고, 48시간 이내에 법원의 허가를 받지 못한 때에는 즉시 신분위장수사를 중지하여야 한다.
④ 국가수사본부장은 신분비공개수사가 종료된 즉시 대통령령으로 정하는 바에 따라 국가경찰위원회에 수사 관련 자료를 보고하여야 하며, 국가수사본부장은 대통령령으로 정하는 바에 따라 국회 소관 상임위원회에 신분비공개수사 관련 자료를 반기별로 보고하여야 한다.

해설 제25조의3(아동·청소년대상 디지털 성범죄 수사 특례의 절차)
② 사법경찰관리가 신분비공개수사를 진행하고자 할 때에는 사전에 상급 경찰관서 수사부서의 장의 승인을 받아야 한다. 이 경우 그 수사기간은 **3개월을 초과할 수 없다.**

08 「아동·청소년의 성보호에 관한 법률」에 대한 설명으로 가장 적절하지 않은 것은? (다툼이 있는 경우 판례에 의함) 21. 승진

① 아동·청소년이 이미 성매매 의사를 가지고 있었던 경우에도 그러한 아동·청소년에게 금품이나 그 밖의 재산상 이익, 직무·편의제공 등 대가를 제공하거나 약속하는 등의 방법으로 성을 팔도록 권유하는 행위는 동법에서 말하는 '성을 팔도록 권유하는 행위'에 포함된다.
② 아동·청소년의 '성을 사는 행위'를 알선하는 행위를 업으로 하는 사람이 알선의 대상이 아동·청소년임을 인식하면서 알선행위를 하였더라도, 아동·청소년의 성을 사는 행위를 한 사람이 상대방이 아동·청소년임을 인식하지 못하였다면 「아동·청소년의 성보호에 관한 법률」 위반으로 처벌할 수 없다.
③ 성을 사는 행위를 알선하는 행위를 업으로 하는 자가 성매매알선을 위한 종업원을 고용하면서 고용대상자에 대하여 연령확인의무 이행을 다하지 아니한 채 아동·청소년을 고용하였다면, 특별한 사정이 없는 한 적어도 아동·청소년의 성을 사는 행위의 알선에 관한 미필적 고의는 인정된다.

Answer 07 ② 08 ②

④ 아동·청소년의 성을 사기 위하여 아동·청소년을 유인하거나 성을 팔도록 권유한 행위(동법 제13조 제2항)는 미수범 처벌규정이 없다.

해설) 대법원 2016. 2. 18. 선고 2015도15664 판결
아동·청소년의 성을 사는 행위를 알선하는 행위를 업으로 하여 청소년성보호법 제15조 제1항 제2호의 위반죄가 성립하기 위해서는 알선행위를 업으로 하는 사람이 아동·청소년을 알선의 대상으로 삼아 그 성을 사는 행위를 알선한다는 것을 인식하여야 하지만, 이에 더하여 알선행위로 아동·청소년의 성을 사는 행위를 한 사람이 행위의 상대방이 **아동·청소년임을 인식하여야 한다고 볼 수는 없다.**

CHAPTER 06 성폭력범죄의 처벌 등에 관한 특례법
(법률 시행 2024.1.25.)

01 「성폭력범죄의 처벌 등에 관한 특례법」상 공소시효 기산에 관한 특례 규정에 대한 설명으로 가장 적절한 것은? <small>20. 승진</small>

① 특정한 성폭력범죄의 경우 디엔에이(DNA)증거 등 그 죄를 증명할 수 있는 과학적인 증거가 있는 때에는 공소시효가 15년 연장된다.
② 정신적인 장애가 있는 사람에 대하여 「형법」상 '강제추행'의 죄를 범한 경우에는 공소시효를 적용하지 아니한다.
③ 16세 미만의 사람에 대하여 「형법」상 '강간'의 죄를 범한 경우에는 공소시효를 적용하지 아니한다.
④ 「형법」상 '강간등 치사'의 죄를 범한 경우에는 피해자의 나이나 장애 여부를 불문하고 공소시효를 적용하지 아니한다.

> **해설** 제21조(공소시효에 관한 특례)
> ② ①) 제2조 제3호 및 제4호의 죄와 제3조부터 제9조까지의 죄는 디엔에이(DNA)증거 등 그 죄를 증명할 수 있는 과학적인 증거가 있는 때에는 공소시효가 **10년 연장**된다.
> ③ ③④ **13세 미만의 사람 및 신체적인 또는 정신적인 장애가 있는 사람에 대하여** 강간, 강제추행 등의 죄를 범한 경우에는 제1항과 제2항에도 불구하고 「형사소송법」 제249조부터 제253조까지 및 「군사법원법」 제291조부터 제295조까지에 규정된 공소시효를 적용하지 아니한다.

02 「성폭력범죄의 처벌 등에 관한 특례법」에 대한 다음 설명 중 옳지 않은 것은? <small>응용문제</small>

㉠ 미성년자에 대한 성폭력범죄의 공소시효는 해당 성폭력범죄로 피해를 당한 미성년자가 성년에 달한 날부터 진행한다.
㉡ 13세 미만의 사람 및 신체적인 또는 정신적인 장애가 있는 사람에 대하여 강간죄를 범한 경우에는 공소시효가 10년 연장된다.
㉢ 검사 또는 사법경찰관은 20세미만 피해자등의 진술 내용과 조사 과정을 영상녹화장치로 녹화(녹음이 포함된 것을 말하며, 이하 "영상녹화"라 한다)하고, 그 영상녹화물을 보존하여야 한다.

Answer 01 ② 02 ②

㉣ 검사와 사법경찰관은 성폭력범죄의 피의자가 죄를 범하였다고 믿을 만한 충분한 증거가 있고, 국민의 알권리 보장, 피의자의 재범방지 및 범죄예방 등 오로지 공공의 이익을 위하여 필요할 때에는 얼굴, 성명 및 나이 등 피의자의 신상에 관한 정보를 공개할 수 있다. 다만, 피의자가 「청소년보호법」상 청소년에 해당하는 경우에는 공개하지 아니한다

① 1개 ② 2개
③ 3개 ④ 4개

해설 (ⓒ) 제21조(공소시효에 관한 특례)
③ 13세 미만의 사람 및 신체적인 또는 정신적인 장애가 있는 사람에 대하여 다음 각 호의 죄를 범한 경우에는 제1항과 제2항에도 불구하고 「형사소송법」 제249조부터 제253조까지 및 「군사법원법」 제291조부터 제295조까지에 규정된 공소시효를 **적용하지 아니한다**.
  1. 「형법」 제297조(강간), 제298조(강제추행), 제299조(준강간, 준강제추행), 제301조(강간등 상해·치상), 제301조의2(강간등 살인·치사) 또는 제305조(미성년자에 대한 간음, 추행)의 죄
  2. 제6조 제2항, 제7조 제2항 및 제5항, 제8조, 제9조의 죄

▶ (ⓒ) 제30조(19세미만피해자등 진술 내용 등의 영상녹화 및 보존 등)
① 검사 또는 사법경찰관은 **19세미만 피해자등**의 진술 내용과 조사 과정을 영상녹화장치로 녹화(녹음이 포함된 것을 말하며, 이하 "영상녹화"라 한다)하고, 그 영상녹화물을 보존하여야 한다.

03 「성폭력범죄의 처벌 등에 관한 특례법」에 대한 내용이다. 가장 적절하지 않는 것은? 응용문제

㉠ 제10조(업무상 위력 등에 의한 추행)
㉡ 제11조(공중 밀집 장소에서의 추행)
㉢ 제12조(성적 목적을 위한 다중이용장소 침입행위)
㉣ 제13조(통신매체를 이용한 음란행위)
㉤ 제14조(카메라 등을 이용한 촬영)

① ㉠~㉣은 미수범을 처벌하지 않는다.
② ㉢은 자치경찰사무에 해당한다.
③ ㉤ 2~3항은 신분위장 수사대상에 해당한다.
④ 모두 예비·음모 처벌하지 않는다.

해설 ㉤ 2~3항은 **신분비공개 수사대상에 해당**한다.

Answer 03 ③

CHAPTER 07 청소년 보호법 [법률시행 2024.3.26.]

01 「청소년보호법」상 청소년유해업소 중 청소년출입·고용금지업소에 해당하지 않는 것은?

응용문제

- ㉠ 전화방
- ㉡ 비디오감상실
- ㉢ 유흥주점, 단란주점
- ㉣ 사행행위영업장
- ㉤ 비디오소극장업
- ㉥ 노래연습장
- ㉦ 목욕장업
- ㉧ 무도학원, 무도장

① 없음
② 1개
③ 2개
④ 3개

해설 청소년출입·고용금지업소

식품위생법	**유흥**주점영업, **단란**주점영업
영화 및 비디오물의 진흥에 관한 법률	**비**디오물감상실업 제한관람가 비디오물 소극장업 ▶ 비디오 소극장업(×)
음악산업진흥에 관한 법률	**노**래연습장(청소년실을 갖춘 노래연습장의 경우 청소년실은 출입가능)
체육시설의 설치·이용에 관한 법률	**무**도학원업, 무도장업
사행행위 등 규제 및 처벌특례법	**사**행행위영업
게임산업 진흥에 관한 법률	**복**합유통게임제공업, 일반**게**임제공업 단, 카지노업, 사행기구를 갖추어 사행행위를 하는 경우
전기통신설비를 갖추고 불특정한 사람 상호간의 음성대화 또는 화상대화를 매개하는 것을 주된 목적으로 하는 영업	음성대화방(**전화방**), **화상**대화방 다만, 전기통신사업법 등 다른 법률의 규정에 의하여 통신을 매개하는 영업을 제외
한국마사회법	제6조 제2항에 따른 **장외**발매소 (경마가 개최되는 날에 한정)
경륜·경정법	제9조 제2항에 따른 **장외**매장 (경륜·경정이 개최되는 날에 한정)
불특정한 사람 사이의 신체적인 접촉 또는 은밀한 부분의 노출 등 성적 행위가 이루어지거나 이와 유사한 행위가 이루어질 우려가 있는 서비스를 제공하는 영업	
청소년유해매체물 및 청소년유해약물등을 제작·생산·유통하는 영업 등 청소년의 출입과 고용이 청소년에게 유해하다고 인정되는 영업 - 성기구취급업소, 키스방, 대딸방, 전립선마사지, 유리방, 성인PC방, 휴게텔, 인형체험방 등	

Answer **01** ③

02

「청소년 보호법」 제2조 제5호의 "청소년유해업소"란 청소년의 출입과 고용이 청소년에게 유해한 것으로 인정되는 청소년출입·고용금지업소와 청소년의 출입은 가능하나 고용이 청소년에게 유해한 것으로 인정되는 청소년고용금지업소를 말한다. 다음 중 옳지 <u>않은</u> 것은? (이 경우 업소의 구분은 그 업소가 영업을 할 때 다른 법령에 따라 요구되는 허가·인가·등록·신고 등의 여부와 관계없이 실제로 이루어지고 있는 영업행위를 기준으로 한다) _{응용문제}

	청소년출입·고용금지업소	청소년고용금지업소
①	「게임산업진흥에 관한 법률」에 따른 '일반게임제공업'	「게임산업진흥에 관한 법률」에 따른 '청소년게임제공업'
②	「영화 및 비디오물의 진흥에 관한 법률」에 따른 '비디오물소극장업'	「영화 및 비디오물의 진흥에 관한 법률」에 따른 '비디오감상실업'
③	「사행행위 등 규제 및 처벌 특례법」에 따른 '사행행위영업'	「게임산업진흥에 관한 법률」에 따른 '인터넷컴퓨터게임시설제공업'
④	「체육시설의 설치·이용에 관한 법률」에 따른 '무도학원업'	회비 등을 받거나 유료로 만화를 빌려 주는 '만화대여업'

해설 비디오물소극장업 - **청소년고용금지업소**
비디오감상실업 - **청소년출입·고용금지업소**

03

「청소년보호법」상 청소년유해행위에 해당하는 것은 모두 몇 개인가? _{응용문제}

> 가. 청소년에게 구걸을 시키거나 청소년을 이용하여 구걸하는 행위
> 나. 영리나 흥행을 목적으로 청소년에게 음란한 행위를 하게 하는 행위
> 다. 영리를 목적으로 청소년으로 하여금 거리에서 손님을 유인하는 행위를 하게 하는 행위
> 라. 주로 차 종류를 조리·판매하는 업소에서 청소년을 고용하는 행위
> 마. 청소년을 남녀 혼숙하게 하는 등 풍기를 문란하게 하는 영업행위를 하거나 이를 목적으로 장소를 제공하는 행위
> 바. 영리를 목적으로 청소년으로 하여금 손님과 함께 술을 마시거나 노래 또는 춤 등으로 손님의 유흥을 돋우는 접객행위를 하게 하거나 이러한 행위를 알선·매개하는 행위

① 3개 ② 4개
③ 5개 ④ 6개

해설 (라) 제30조(청소년유해행위의 금지)
누구든지 청소년에게 다음 각 호의 어느 하나에 해당하는 행위를 하여서는 아니 된다.
9. 주로 차 종류를 조리·판매하는 업소에서 청소년으로 하여금 영업장을 **벗어나** 차 종류를 배달하는 행위를 하게 하거나 이를 조장하거나 묵인하는 행위

Answer 02 ② 03 ③

04 「청소년보호법」에 관한 다음 설명 중 옳지 <u>않은</u> 것은? 응용문제

① 청소년보호에 관한 국가와 지방자치단체의 책임뿐만 아니라 가정의 역할, 사회의 책임도 규정하고 있다.
② 「청소년보호법」은 청소년유해환경의 규제에 있어서 타 법률에 우선하여 적용한다.
③ 청소년보호를 위한 기본계획의 수립, 유해환경으로부터 청소년보호 등의 업무를 수행하기 위하여 대통령 소속 하에 청소년보호위원회를 둔다.
④ 위원의 임기는 2년으로 하며, 연임할 수 있다.

해설 청소년보호위원회(제36조~41조)

설치	**여성가족부장관 소속**
위원회의 구성	① 위원회는 **위원장 1명을 포함한 11명 이내의 위원으로 구성**하되, 고위공무원단에 속하는 공무원 중 여성가족부장관이 지명하는 **청소년 업무 담당 공무원 1명을 당연직 위원**으로 한다. ② **위원회의 위원장**은 청소년 관련 경험과 식견이 풍부한 사람 중에서 **여성가족부장관의 제청으로 대통령이 임명**하고, 그 밖의 위원은 다음 각 호의 어느 하나에 해당하는 사람 중에서 **위원장의 추천을 받아 여성가족부장관의 제청으로 대통령이 임명하거나 위촉**한다. 1. 판사, 검사 또는 변호사로 5년 이상 재직한 사람 2. 대학이나 공인된 연구기관에서 부교수 이상 또는 이에 상당하는 직에 있거나 있었던 사람으로서 청소년 관련 분야를 전공한 사람 3. 3급 또는 3급 상당 이상의 공무원이나 고위공무원단에 속하는 공무원과 공공기관에서 이에 상당하는 직에 있거나 있었던 사람으로서 청소년 관련 업무에 실무 경험이 있는 사람 4. 청소년 시설·단체 및 각급 교육기관 등에서 청소년 관련 업무를 10년 이상 담당한 사람
위원장의 직무 및 회의	① 위원장은 위원회를 대표하고 위원회의 업무를 총괄한다. ② 위원장이 부득이한 사유로 직무를 수행할 수 없을 때에는 **위원장이 지명한 위원이 그 직무를 대행**한다. ③ 위원장은 위원회의 회의를 소집하고 그 의장이 된다. ④ 위원회의 회의는 **재적위원 과반수의 출석**으로 개의하고, **출석위원 과반수의 찬성**으로 의결한다.
위원의 임기	① 위원의 **임기는 2년**으로 하며, **연임할 수 있다**. ② 당연직 위원이 아닌 위원에 결원이 생겼을 때에는 결원된 날부터 30일 이내에 보궐위원을 임명하거나 위촉하여야 하며, 보궐위원의 임기는 전임자 임기의 남은 기간으로 한다. 다만, 전임자 임기의 남은 기간이 3개월 미만이고 재임 중인 위원의 수가 8명 이상인 경우에는 보궐위원을 선임하지 아니할 수 있다.
위원의 직무상 독립과 신분보장	① 위원은 직무와 관련하여 외부의 지시나 간섭을 받지 아니한다. ② 위원은 다음 각 호의 어느 하나에 해당하는 경우가 아니면 본인의 의사에 반하여 면직되지 아니한다. 1. **금고 이상의 형**을 선고받은 경우 2. 장기간의 심신쇠약으로 직무를 수행할 수 없게 된 경우

Answer **04** ③

05 「청소년보호법」에 대한 판례의 입장으로 가장 적절한 것은?

① 일반음식점의 실제 영업형태 중에서 주간에는 주로 음식류를 조리·판매하고 야간에는 주로 주류를 조리·판매하는 형태도 있을 수 있는데, 이러한 경우 주간과 야간을 불문하고 그 업소는 「청소년보호법」상 청소년고용금지업소에 해당한다.
② 유흥주점 운영자가 업소에 들어온 미성년자의 신분을 의심하여 주문받은 술을 들고 룸에 들어가 신분증의 제시를 요구하고 밖으로 데리고 나온 경우 청소년보호법위반죄가 성립한다.
③ 단란주점의 업주가 청소년들을 고용하여 영업을 한 이상 그 중 일부가 대기실에서 대기중이었을 뿐 실제 접객행위를 한 바 없다 하더라도, 고용된 청소년 전부에 대하여 「청소년보호법 시행령」에 따라 과징금을 부과한 것은 정당하다.
④ 「청소년보호법」 제30조 제8호가 규정하는 '이성혼숙'은 남녀 모두가 청소년일 것을 요구하고 남녀 중 일방이 청소년이면 족하다고 볼 수 없다.

해설

▶(①) 대법원 2004. 2. 12. 선고 2003도6282 판결
청소년보호법 제2조 제5호는 청소년고용금지업소 등 청소년유해업소의 구분은 그 업소가 영업을 함에 있어서 다른 법령에 의하여 요구되는 허가·인가·등록·신고 등의 여부에 불구하고 실제로 이루어지고 있는 영업행위를 기준으로 하도록 규정하고 있으므로, 음식류를 조리·판매하면서 식사와 함께 부수적으로 음주행위가 허용되는 영업을 하겠다면서 식품위생법상의 일반음식점 영업허가를 받은 업소라고 하더라도 실제로는 음식류의 조리·판매보다는 주로 주류를 조리·판매하는 영업행위가 이루어지고 있는 경우에는 청소년보호법상의 청소년고용금지업소에 해당하며, 나아가 일반음식점의 실제의 영업형태 중에서는 주간에는 주로 음식류를 조리·판매하고 야간에는 주로 주류를 조리·판매하는 형태도 있을 수 있는데, 이러한 경우 **음식류의 조리·판매보다는 주로 주류를 조리·판매하는 야간의 영업형태에 있어서의 그 업소는** 위 청소년보호법의 입법취지에 비추어 볼 때 **청소년보호법상의 청소년고용금지업소에 해당한다.**

▶(②) 대법원 2008. 7. 24. 선고 2008도3211 판결
청소년보호법 제51조 제8호 소정의 '청소년에게 주류를 판매하는 행위'란 청소년에게 주류를 유상으로 제공하는 행위를 말하고, 청소년에게 주류를 제공하였다고 하려면 청소년이 실제 주류를 마시거나 마실 수 있는 상태에 이르러야 한다.
유흥주점 운영자가 업소에 들어온 미성년자의 신분을 의심하여 주문받은 술을 들고 룸에 들어가 신분증의 제시를 요구하고 밖으로 데리고 나온 사안에서, 미성년자가 실제 주류를 마시거나 마실 수 있는 상태에 이르지 않았으므로 술값의 선불지급 여부 등과 무관하게 주류판매에 관한 **청소년보호법 위반죄가 성립하지 않는다.**

▶(④) 대법원 2001. 8. 21. 선고 2001도3295 판결
청소년보호법 제26조의2 제8호는 누구든지 "청소년에 대하여 이성혼숙을 하게 하는 등 풍기를 문란하게 하는 영업행위를 하거나 그를 목적으로 장소를 제공하는 행위"를 하여서는 아니된다고 규정하고 있는바, 위 법률의 입법 취지가 청소년을 각종 유해행위로부터 보호함으로써 청소년이 건전한 인격체로 성장할 수 있도록 하기 위한 것인 점 등을 감안하면, 위 법문이 규정하는 **'이성혼숙'은 남녀 중 일방이 청소년이면 족하고, 반드시 남녀 쌍방이 청소년임을 요하는 것은 아니다.**

Answer 05 ③

06 다음 판례에 대한 설명 중 가장 옳지 <u>않은</u> 것은?

응용문제

① 「청소년보호법」의 입법취지와 목적 및 규정 내용 등에 비추어 볼 때, 18세 미만의 청소년에게 술을 판매함에 있어서 가사 그의 민법상 법정대리인의 동의를 받았다고 하더라도 그러한 사정만으로 술 판매행위가 정당화될 수는 없다.
② 「청소년보호법」상 '청소년'에 해당하는지의 판단기준은 호적 등 공부상의 나이가 아니라 실제의 나이를 기준으로 하여야 할 것이다.
③ 유흥주점 운영자가 업소에 들어온 미성년자의 신분을 의심하여 주문받은 술을 들고 룸에 들어가 신분증의 제시를 요구하고 밖으로 데리고 나온 사안에서, 미성년자가 실제 주류를 마시거나 마실 수 있는 상태에 이르지 않았으므로 술값의 선불지급 여부 등과 무관하게 주류판매에 관한 「청소년보호법」 위반죄가 성립하지 않는다.
④ 모텔에 동영상 파일 재생장치인 디빅 플레이어를 설치하고 투숙객에게 그 비밀번호를 가르쳐 주어 저장된 음란 동영상을 관람하게 한 사안에서, 이는 「풍속영업의 규제에 관한 법률」 제3조 제2호가 금지하고 있는 음란한 비디오물을 풍속영업소에서 관람하게 한 행위에 해당하지 않는다.

해설 대법원 2008. 8. 21. 선고 2008도3975 판결
모텔에 동영상 파일 재생장치인 디빅 플레이어(DivX Player)를 설치하고 투숙객에게 그 비밀번호를 가르쳐 주어 저장된 음란 동영상을 관람하게 한 사안에서, 이는 풍속영업의 규제에 관한 법률 제3조 제2호가 금지하고 있는 음란한 비디오물을 **풍속영업소에서 관람하게 한 행위에 해당한다**

Answer 06 ④

CHAPTER 08 아동학대범죄의 처벌 등에 관한 특례법
[법률시행 2023.12.26.]

01 「아동학대범죄의 처벌 등에 관한 특례법」에 대한 설명으로 가장 적절한 것은? 73기 경간부

① 피해아동에게 고소할 법정대리인이나 친족이 없는 경우에 이해관계인이 신청하면 검사는 20일 이내에 고소할 수 있는 사람을 지정하여야 한다.
② 아동학대범죄 신고를 접수한 사법경찰관리는 아동학대범죄가 행하여지고 있는 것으로 신고된 현장 또는 피해아동을 보호하기 위하여 필요한 장소에 출입하여 아동 또는 아동학대행위자 등 관계인에 대하여 조사를 하거나 질문을 할 수 있다. 이 경우 사법경찰관리는 피해아동의 보호 및 「아동복지법」 제22조의 4의 사례관리계획에 따른 사례관리를 위한 범위에서만 아동학대행위자 등 관계인에 대하여 조사해야 한다.
③ 법원은 아동학대행위자에 대하여 유죄판결(선고유예를 포함한다)을 선고하면서 200시간의 범위에서 재범예방에 필요한 수강명령 또는 아동학대 치료프로그램의 이수명령을 병과할 수 있다.
④ 사법경찰관은 아동학대행위자에 대한 긴급임시조치를 한 경우에는 즉시 긴급임시조치결정서를 작성하여야 하고, 그 내용을 시·도지사 또는 시장·군수·구청장에게 지체 없이 통지하여야 한다.

해설 ▶(①) 제10조의4(고소에 대한 특례)
③ 피해아동에게 고소할 법정대리인이나 친족이 없는 경우에 이해관계인이 신청하면 검사는 **10일 이내에** 고소할 수 있는 사람을 지정하여야 한다.

▶(②) 제11조(현장출동)
② 아동학대범죄 신고를 접수한 사법경찰관리나 아동학대전담공무원은 아동학대범죄가 행하여지고 있는 것으로 신고된 현장 또는 피해아동을 보호하기 위하여 필요한 장소에 출입하여 아동 또는 아동학대행위자 등 관계인에 대하여 조사를 하거나 질문을 할 수 있다. 다만, 아동학대전담공무원은 다음 각 호를 위한 범위에서만 아동학대행위자 등 관계인에 대하여 **조사 또는 질문**을 할 수 있다.
1. 피해아동의 보호
2. 「아동복지법」 제22조의4의 사례관리계획에 따른 사례관리(이하 "사례관리"라 한다)

▶(③) 제8조(형벌과 수강명령 등의 병과)
① 법원은 아동학대행위자에 대하여 유죄판결(**선고유예는 제외**)을 선고하면서 200시간의 범위에서 재범예방에 필요한 수강명령(「보호관찰 등에 관한 법률」에 따른 수강명령을 말한다. 이하 같다) 또는 아동학대 치료프로그램의 이수명령(이하 "이수명령"이라 한다)을 병과할 수 있다.

Answer 01 ④

02 「아동학대범죄의 처벌 등에 관한 특례법」에 대한 설명으로 가장 적절하지 않은 것은?

22. 승진

① 아동학대범죄 신고를 접수한 사법경찰관리나 아동학대전담공무원이 동행하여 현장출동하지 아니한 경우, 수사기관의 장이나 시·도지사 또는 시장·군수·구청장은 현장출동에 따른 조사 등의 결과를 서로에게 통지할 수 있다.
② 사법경찰관은 피해아동 등에 대한 응급조치에도 불구하고, 아동학대범죄가 재발될 우려가 있고 긴급을 요하여 법원의 임시조치결정을 받을 수 없을 때에는 직권으로 아동학대행위자에 대한 긴급임시조치를 할 수 있다.
③ 검사는 아동학대범죄사건의 증인이 피고인 또는 그 밖의 사람으로부터 생명·신체에 해를 입거나 입을 염려가 있다고 인정될 때에는 관할 경찰서장에게 증인의 신변안전을 위하여 필요한 조치를 할 것을 요청하여야 한다.
④ 판사가 아동학대범죄의 원활한 조사·심리 또는 피해아동등의 보호를 위하여 필요하다고 인정하는 경우에는 결정으로 아동학대행위자에게 경찰관서의 유치장 또는 구치소에 유치하는 조치를 할 수 있다.

해설 제11조(현장출동)
⑦ 제1항에 따른 현장출동이 동행하여 이루어지지 아니한 경우 수사기관의 장이나 시·도지사 또는 시장·군수·구청장은 현장출동에 따른 **조사 등의 결과를 서로에게 통지하여야 한다.**

03 「아동학대범죄의 처벌 등에 관한 특례법」상 응급조치에 대한 설명으로 가장 적절하지 않은 것은?

응용문제

① 현장에 출동하거나 아동학대범죄 현장을 발견한 경우 또는 학대현장 이외의 장소에서 학대피해가 확인되고 재학대의 위험이 급박·현저한 경우, 사법경찰관리 또는 아동학대전담공무원은 피해아동, 피해아동의 형제자매인 아동 및 피해아동과 동거하는 아동(이하 "피해아동등"이라 한다)의 보호를 위하여 즉시 응급조치를 하여야 한다.
② 사법경찰관리나 아동학대전담공무원은 제1항 제3호 및 제4호 규정에 따라 피해아동등을 분리·인도하여 보호하는 경우 지체 없이 피해아동등을 인도받은 보호시설·의료시설을 관할하는 시·도지사 또는 시장·군수·구청장에게 그 사실을 통보하여야 한다
③ 응급조치는 48시간을 넘을 수 없다. 다만, 본문의 기간에 공휴일이나 토요일이 포함되는 경우로서 피해아동등의 보호를 위하여 필요하다고 인정되는 경우에는 72시간의 범위에서 그 기간을 연장할 수 있다.
④ 사법경찰관리 또는 아동학대전담공무원이 제1항에 따라 응급조치를 한 경우에는 즉시 응급조치결과보고서를 작성하여야 한다. 이 경우 사법경찰관리가 응급조치를 한 경우에는 관할 경찰관서의 장이 시·도지사 또는 시장·군수·구청장에게, 아동학대전담공무원이 응급조치를 한 경우에는 소속 시·도지사 또는 시장·군수·구청장이 관할 경찰관서의 장에게 작성된 응급조치결과보고서를 지체 없이 송부하여야 한다.

Answer 02 ② 03 ③

해설 제12조(피해아동 등에 대한 응급조치)
③ 제1항 제2호부터 제4호까지의 규정에 따른 응급조치는 72시간을 넘을 수 없다. 다만, 본문의 기간에 공휴일이나 토요일이 포함되는 경우로서 피해아동등의 보호를 위하여 필요하다고 인정되는 경우에는 48시간의 범위에서 그 기간을 연장할 수 있다.

04 「아동학대범죄의 처벌 등에 관한 특례법」에 대한 설명 중 가장 적절하지 않은 것은? 20. 승진

① 아동학대범죄에 대하여는 이 법을 우선 적용한다. 다만, 「성폭력범죄의 처벌 등에 관한 특례법」, 「아동·청소년의 성보호에 관한 법률」에서 가중처벌되는 경우에는 그 법에서 정한 바에 따른다.

② 아동학대범죄 신고를 접수한 사법경찰관리나 「아동복지법」 제22조 제4항에 따른 아동학대전담공무원은 지체 없이 아동학대범죄의 현장에 출동하여야 한다.

③ 현장에 출동하거나 아동학대범죄 현장을 발견한 경우 또는 학대현장 이외의 장소에서 학대피해가 확인되고 재학대의 위험이 급박·현저한 경우, 사법경찰관리 또는 아동학대전담공무원은 피해아동, 피해아동의 형제자매인 아동 및 피해아동과 동거하는 아동(이하 "피해아동등"이라 한다)의 보호를 위하여 즉시 응급조치를 하여야 한다.

④ 피해아동에 대한 응급조치의 내용 중 '피해아동을 아동학대 관련 보호시설로 인도'하는 조치를 하는 때에는 피해아동 및 보호자의 동의를 받아야 한다.

해설 제12조(피해아동 등에 대한 응급조치)
① 제11조 제1항에 따라 현장에 출동하거나 아동학대범죄 현장을 발견한 경우 또는 학대현장 이외의 장소에서 학대피해가 확인되고 재학대의 위험이 급박·현저한 경우, 사법경찰관리 또는 아동학대전담공무원은 피해아동 등의 보호를 위하여 즉시 다음 각 호의 조치(이하 "응급조치"라 한다)를 하여야 한다. 이 경우 제3호(피해아동 등을 아동학대 관련 보호시설로 인도)의 조치를 하는 때에는 피해아동 등의 이익을 최우선으로 고려하여야 하며, 피해아동 등을 보호하여야 할 필요가 있는 등 **특별한 사정이 있는 경우를 제외하고는** 피해아동 등의 의사를 존중하여야 한다.

05 「아동학대범죄의 처벌 등에 관한 특례법」에 대한 설명 중 가장 옳지 않은 것은? 응용문제

① 피해아동이 보호자의 학대를 당연하게 받아들이고 이를 학대로 인식하지 못하는 미인지성 때문에 「아동학대범죄의 처벌 등에 관한 특례법」은 아동학대 신고의무자를 광범위하게 규정하고 있다.

② 아동학대범죄 행위의 제지는 72시간을 넘을 수 없다. 다만, 본문의 기간에 공휴일이나 토요일이 포함되는 경우로서 피해아동등의 보호를 위하여 필요하다고 인정되는 경우에는 48시간의 범위에서 그 기간을 연장할 수 있다.

③ 응급조치에도 불구하고 아동학대범죄가 재발될 우려가 있고, 긴급을 요하여 법원의 임시조치 결정을 받을 수 없을 때 사법경찰관은 직권이나 피해아동 등의 신청에 따라 긴급임시조치를 할 수 있다.

Answer 04 ④ 05 ②

④ 임시조치는 아동학대범죄의 원활한 조사·심리 또는 피해아동 보호를 위하여 필요하다고 인정되는 경우 판사의 결정으로 아동학대행위자의 권한 또는 자유를 일정기간 동안 제한하는 조치이다.

> **해설** 제12조(피해아동 등에 대한 응급조치)
> ③ 제1항 제2호부터 제4호까지의 규정에 따른 응급조치는 72시간을 넘을 수 없다. 다만, 본문의 기간에 공휴일이나 토요일이 포함되는 경우로서 피해아동등의 보호를 위하여 필요하다고 인정되는 경우에는 48시간의 범위에서 그 기간을 연장할 수 있다
> 2. 아동학대행위자를 피해아동등으로부터 격리
> 3. 피해아동등을 아동학대 관련 보호시설로 인도
> 4. 긴급치료가 필요한 피해아동을 의료기관으로 인도

06 「아동학대범죄의 처벌 등에 관한 특례법」상 사법경찰관의 긴급임시조치로 가장 적절하지 않은 것은?

23. 순경

① 피해아동등 또는 가정구성원의 주거로부터 퇴거 등 격리
② 경찰관서의 유치장 또는 구치소에의 유치
③ 피해아동등 또는 가정구성원의 주거, 학교 또는 보호시설 등에서 100미터 이내의 접근 금지
④ 피해아동등 또는 가정구성원에 대한 「전기통신기본법」 제2조 제1호의 전기통신을 이용한 접근 금지

> **해설** 제13조(아동학대행위자에 대한 긴급임시조치)
> 1. 피해아동등 또는 가정구성원(「가정폭력범죄의 처벌 등에 관한 특례법」 제2조 제2호에 따른 가정구성원을 말한다.)의 주거로부터 퇴거 등 격리
> 2. 피해아동등 또는 가정구성원의 주거, 학교 또는 보호시설 등에서 100미터 이내의 접근 금지
> 3. 피해아동등 또는 가정구성원에 대한 「전기통신기본법」 제2조 제1호의 전기통신을 이용한 접근 금지

07 아동학대 사건에 대한 설명으로 가장 적절한 것은?

20. 승진

① 응급학대범죄의 신고를 받아 현장에 출동하거나 아동학대범죄 현장을 발견한 사법경찰관리가 피해아동의 보호를 위하여 즉시 행하는 조치를 임시조치라 한다.
② 응급조치상 격리란 학대행위자를 48시간을 기한으로 피해아동으로부터 공간적으로 분리하는 조치를 의미한다.
③ 임시조치는 아동학대범죄의 원활한 조사·심리 또는 피해아동 보호를 위하여 필요하다고 인정되어 판사의 결정으로 학대행위자의 권한 또는 자유를 일정기간 동안 제한하는 조치이다.

Answer 06 ② 07 ③

④ 긴급임시조치에는 피해아동 또는 가정구성원의 주거로부터 퇴거 등 격리, 피해아동 또는 가정구성원의 주거, 학교 또는 보호시설 등에서 100미터 이내의 접근 금지, 경찰관서의 유치장 또는 구치소에의 유치 등이 있다.

> **해설** ▶제12조(피해아동 등에 대한 응급조치)
> ① (①) 제11조 제1항에 따라 현장에 출동하거나 아동학대범죄 현장을 발견한 경우 또는 학대현장 이외의 장소에서 학대피해가 확인되고 재학대의 위험이 급박·현저한 경우, 사법경찰관리 또는 아동학대전담공무원은 피해아동 등의 보호를 위하여 즉시 **응급조치**를 하여야 한다
> ③ (②)아동학대행위자를 피해아동등으로부터 격리는 **72시간을 넘을 수 없다.** 다만, 본문의 기간에 공휴일이나 토요일이 포함되는 경우로서 피해아동등의 보호를 위하여 필요하다고 인정되는 경우에는 48시간의 범위에서 그 기간을 연장할 수 있다.
> ▶(④) 제19조(아동학대행위자에 대한 임시조치)
> 7. 경찰관서의 유치장 또는 구치소에의 유치

CHAPTER 09 실종아동등의 보호 및 지원에 관한 법률
[법률시행 2021.6.9.]

01 「실종아동등의 보호 및 지원에 관한 법률」상 용어의 정의에 관한 설명 중 가장 적절하지 않은 것은?
_{22. 경특}

① "아동등"이란 실종 당시 18세 미만인 아동, 「장애인복지법」 제2조의 장애인 중 지적장애인, 자폐성장애인 또는 정신장애인, 「치매관리법」 제2조 제2호의 치매환자를 말한다.
② "실종아동등"이란 약취·유인 또는 유기되거나 사고를 당하거나 길을 잃은 등의 사유로 인하여 보호자로부터 이탈된 아동등을 말한다. 다만, 가출한 경우는 제외한다.
③ "보호자"란 친권자, 후견인이나 그 밖에 다른 법률에 따라 아동등을 보호하거나 부양할 의무가 있는 사람을 말한다. 다만, 동법 제2조 제4호의 보호시설의 장 또는 종사자는 제외한다.
④ "보호시설"이란 「사회복지사업법」 제2조 제4호에 따른 사회복지시설 및 인가·신고 등이 없이 아동등을 보호하는 시설로서 사회복지시설에 준하는 시설을 말한다.

해설 제2조(정의)
2. "실종아동등"이란 약취·유인 또는 유기되거나 사고를 당하거나 **가출하거나** 길을 잃는 등의 사유로 인하여 보호자로부터 이탈된 아동등을 말한다.

02 「실종아동등의 보호 및 지원에 관한 법률」에 대한 다음 설명 중 옳은 것은?
_{응용문제}

㉠ "보호시설"이라 함은 「사회복지사업법」 제2조 제4호에 따른 사회복지시설만을 의미하고, 인가·신고 없이 아동 등을 보호하는 시설로서 사회복지시설에 준하는 시설은 보호시설에 포함되지 않는다.
㉡ 직무를 수행하면서 실종아동등임을 알게 되었을 때에 경찰신고체계로 지체 없이 신고해야 하는 신고의무자로는 보호시설의 장, 사회복지전담공무원이 있고, 보호시설의 종사자는 신고의무자에 해당하지 않는다.
㉢ 경찰관서의 장은 실종아동등의 발생 신고를 접수하면 지체 없이 수색 또는 수사의 실시 여부를 결정하여야 한다.
㉣ 경찰관서의 장은 실종아동등(범죄로 인한 경우를 포함)의 조속한 발견을 위하여 필요한 때에는 「위치정보의 보호 및 이용 등에 관한 법률」에 따른 위치정보사업자에게 실종아동등의 개인위치정보의 제공을 요청할 수 있다.

Answer 01 ② 02 ①

① 1개 ② 2개
③ 3개 ④ 4개

해설 ▶ (㉠) 제2조(정의)
4. "보호시설"이란 「사회복지사업법」 제2조 제4호에 따른 사회복지시설 및 인가·신고 등이 없이 아동등을 보호하는 시설로서 **사회복지시설에 준하는 시설**을 말한다.

▶ (㉡) 제6조(신고의무 등)
① 다음 각 호의 어느 하나에 해당하는 사람은 그 직무를 수행하면서 실종아동등임을 알게 되었을 때에는 제3조 제2항 제1호에 따라 경찰청장이 구축하여 운영하는 신고체계(이하 "경찰신고체계"라 한다)로 지체 없이 신고하여야 한다.
  1. **보호시설의 장 또는 그 종사자**
  2. 「아동복지법」 제13조에 따른 아동복지전담공무원
  3. 「청소년 보호법」 제35조에 따른 청소년 보호·재활센터의 장 또는 그 종사자
  4. 「사회복지사업법」 제14조에 따른 사회복지전담공무원
  5. 「의료법」 제3조에 따른 의료기관에서 업무를 하는 의료인, 종사자 및 의료기관의 장
  6. 업무·고용 등의 관계로 사실상 아동등을 보호·감독하는 사람

▶ (㉣) 제9조(수색 또는 수사의 실시 등)
② 경찰관서의 장은 실종아동등(**범죄로 인한 경우를 제외**)의 조속한 발견을 위하여 필요한 때에는 다음 각 호의 어느 하나에 해당하는 자에게 실종아동등의 위치 확인에 필요한 「위치정보의 보호 및 이용 등에 관한 법률」 제2조 제2호에 따른 개인위치정보, 「인터넷주소자원에 관한 법률」 제2조 제1호에 따른 인터넷주소 및 「통신비밀보호법」 제2조 제11호 마목·사목에 따른 통신사실확인자료(이하 "개인위치정보등"이라 한다)의 제공을 요청할 수 있다. 이 경우 경찰관서의 장의 요청을 받은 자는 「통신비밀보호법」 제3조에도 불구하고 정당한 사유가 없으면 이에 따라야 한다.

CHAPTER 10 실종아동등 및 가출인 업무처리 규칙
(예규 2024.6.5. 시행) [경찰청 예규 시행 2021.6.14.]

01 「실종아동 등 및 가출인 업무처리 규칙」상 다음 설명으로 가장 적절한 것은?   응용문제

① "보호실종 아동 등"이란 보호자가 확인되어 경찰관이 보호하고 있는 실종아동 등을 말한다.
② "장기실종 아동 등"이란 보호자로부터 신고를 접수한 지 24시간이 경과한 후에도 발견되지 않은 찾는실종아동 등을 말한다.
③ "가출인"이란 신고 당시 보호자로부터 이탈된 18세 미만의 사람을 말한다.
④ "찾는실종 아동 등"이란 보호자가 찾고 있는 실종아동 등을 말한다.

> **해설** 제2조(정의)
> 4. (①) "보호실종아동등"이란 **보호자가 확인되지 않아** 경찰관이 보호하고 있는 실종아동등을 말한다.
> 5. (②) "장기실종아동등"이란 보호자로부터 신고를 접수한 지 **48시간이** 경과한 후에도 발견되지 않은 찾는실종아동등을 말한다.
> 6. (③) "가출인"이란 신고 당시 보호자로부터 이탈된 **18세 이상의** 사람을 말한다.

02 「실종아동등의 보호 및 지원에 관한 법률」과 「실종아동등 및 가출인 업무처리 규칙」상 용어에 대한 설명으로 가장 적절한 것은?   20. 승진

① '실종아동등'이란 신고 당시 18세 미만인 아동을 말한다.
② '보호시설'이란 「사회복지사업법」 제2조 제4호에 따른 사회복지시설 및 인가·신고 등이 없이 아동등을 보호하는 시설로서 사회복지시설에 준하는 시설을 말한다.
③ '장기실종아동등'이란 보호자로부터 신고를 접수한 지 24시간이 경과한 후에도 발견되지 않은 찾는실종아동등을 말한다.
④ '발생지'란 실종아동등 또는 가출인을 발견하여 보호 중인 장소를 말하며, 발견한 장소와 보호 중인 장소가 서로 다른 경우에는 보호 중인 장소를 말한다.

> **해설** 제2조(정의)
> 1. (①) "아동등"이란 「실종아동등의 보호 및 지원에 관한 법률」 제2조 제1호에 따른 **실종 당시** 18세 미만 아동, 지적·자폐성·정신장애인, 치매환자를 말한다.
> 2. "실종아동등"이란 법 제2조 제2호에 따른 사유로 인하여 보호자로부터 이탈된 아동등을 말한다.

Answer 01 ④ 02 ②

5. (③) "장기실종아동등"이란 보호자로부터 신고를 접수한 지 **48시간이** 경과한 후에도 발견되지 않은 찾는실종아동등을 말한다.
8. (④) "**발견지**"란 실종아동등 또는 가출인을 발견하여 보호 중인 장소를 말하며, 발견한 장소와 보호 중인 장소가 서로 다른 경우에는 보호 중인 장소를 말한다.

03 다음 중 「실종아동등·가출인 업무처리규칙」상 실종아동등 프로파일링시스템 입력대상에 속하는 사람은?
응용문제

① 민사 문제 해결 목적으로 신고된 사람
② 허위로 신고된 사람
③ 보호시설 입소자 중 보호자가 확인되지 않는 사람
④ 범죄혐의를 받고 형사관련 수배된 사람

해설 제7조(정보시스템 입력 대상 및 정보 관리)
① 실종아동등 프로파일링시스템에 입력하는 대상은 다음 각 호와 같다.
  1. 실종아동등
  2. 가출인
  3. 보호시설 입소자 중 **보호자가 확인되지 않는 사람**(이하 "보호시설 무연고자"라 한다)

04 「실종아동등의 보호 및 지원에 관한 법률」과 「실종아동등 및 가출인 업무처리 규칙」에 대한 설명 중 가장 옳지 <u>않은</u> 것은?
응용문제

① "발견지"란 실종아동등 또는 가출인을 발견하여 보호 중인 장소를 말하며, 발견한 장소와 보호 중인 장소가 서로 다른 경우에는 보호 중인 장소를 말한다.
② 실종아동등 프로파일링시스템에 입력하는 대상은 실종아동등, 가출인, 보호시설 입소자 중 보호자가 확인되지 않는 사람이다.
③ 발견된 18세 미만 아동 및 가출인의 경우 실종아동등 프로파일링시스템에 등록된 자료는 수배 해제 후로부터 10년간 보관한다.
④ 경찰관서의 장은 실종아동등(범죄로 인한 경우 제외)의 조속한 발견을 위하여 필요한 때에는 「위치정보의 보호 및 이용 등에 관한 법률」에 따른 위치정보사업자에게 실종아동등의 개인위치정보의 제공을 요청할 수 있다.

해설 제7조(정보시스템 입력 대상 및 정보 관리)
③ 실종아동등 프로파일링시스템에 등록된 자료의 보존기간은 다음 각 호와 같다. 다만, 대상자가 사망하거나 보호자가 삭제를 요구한 경우는 즉시 삭제하여야 한다.
  1. 발견된 18세 미만 아동 및 가출인 : 수배 해제 후로부터 **5년간 보관**
  2. 발견된 지적·자폐성·정신장애인 등 및 치매환자 : 수배 해제 후로부터 10년간 보관
  3. 미발견자 : 소재 발견 시까지 보관
  4. 보호시설 무연고자 : 본인 요청 시

Answer 03 ③   04 ③

05 「실종아동등의 보호 및 지원에 관한 법률」과 「실종아동등 및 가출인 업무처리 규칙」에 관한 설명 중 옳은 것은?   22. 순경

> ⊙ '장기실종아동등'이라 함은 보호자로부터 이탈한지 48시간이 경과한 후에도 발견되지 않은 '찾는실종아동등'을 말한다.
> ⓒ 경찰관서의 장은 실종아동등의 발생 신고를 접수하면 24시간 이내에 수색 또는 수사의 실시여부를 결정하여야 한다.
> ⓒ 발견된 18세 미만 아동 및 가출인의 경우, 실종아동등 프로파일링시스템에 등록된 자료는 수배 해제 후로부터 10년간 보관한다.
> ⓔ 실종아동등 프로파일링시스템에 등록된 미발견자의 자료는 소재 발견시까지 보관한다.
> ⓜ 경찰관서의 장은 실종아동등에 대하여 「실종아동등 및 가출인 업무처리 규칙」 제18조에 따른 현장 탐문 및 수색 후, 그 결과를 즉시 보호자에게 통보하여야 한다. 이후에는 실종아동등 프로파일링시스템에 등록한 날로부터 1개월까지는 15일에 1회, 1개월이 경과한 후부터는 분기별 1회 보호자에게 추적 진행사항을 통보한다.

① 1개   ② 2개
③ 3개   ④ 4개

해설 ▶ (⊙) 실종아동등 및 가출인 업무처리 규칙 제2조(정의)
5. "장기실종아동등"이란 보호자로부터 **신고를 접수한 지** 48시간이 경과한 후에도 발견되지 않은 찾는실종아동등을 말한다.

▶ (ⓒ) 실종아동등의 보호 및 지원에 관한 법률 제9조(수색 또는 수사의 실시 등)
① 경찰관서의 장은 실종아동등의 발생 신고를 접수하면 **지체 없이** 수색 또는 수사의 실시 여부를 결정하여야 한다.

▶ (ⓒ) 제7조(정보시스템 입력 대상 및 정보 관리)
③ 실종아동등 프로파일링시스템에 등록된 자료의 보존기간은 다음 각 호와 같다. 다만, 대상자가 사망하거나 보호자가 삭제를 요구한 경우는 즉시 삭제하여야 한다.
  1. 발견된 18세 미만 아동 및 가출인 : 수배 해제 후로부터 **5년간 보관**
  2. 발견된 지적·자폐성·정신장애인 등 및 치매환자 : 수배 해제 후로부터 10년간 보관
  3. 미발견자 : 소재 발견 시까지 보관
  4. 보호시설 무연고자 : 본인 요청 시

06 「실종아동등의 보호 및 지원에 관한 법률」 및 「실종아동등 및 가출인 업무처리 규칙」에 대한 설명 중 가장 적절한 것은?   20. 승진

① 「실종아동등 및 가출인 업무처리 규칙」상 '장기실종아동등'이란 실종된 지 48시간이 경과한 후에도 발견되지 않은 찾는 실종아동등을 말한다.
② 「실종아동등의 보호 및 지원에 관한 법률」상 「의료법」 제3조에 따른 의료기관의 장 또는 의료인은 신고의무자에 해당한다.

Answer 05 ② 06 ②

③ 「실종아동등 및 가출인 업무처리 규칙」 제7조 제2항에 따라 보호시설 무연고자는 실종아동등 프로파일링시스템에 입력하지 않을 수 있다.
④ 「실종아동등의 보호 및 지원에 관한 법률」상 '아동등'이란 약취·유인 또는 유기되거나 사고를 당하거나 길을 잃는 등의 사유로 인하여 보호자로부터 이탈된 아동등을 말한다.

[해설] ▶(①) 제2조(정의)
② 5. "장기실종아동등"이란 보호자로부터 신고를 접수한 지 48시간이 경과한 후에도 발견되지 않은 찾는실종아동등을 말한다.

▶(③) 제7조(정보시스템 입력 대상 및 정보 관리)
① 실종아동등 프로파일링시스템에 입력하는 대상은 다음 각 호와 같다.
　1. 실종아동등
　2. 가출인
　3. 보호시설 입소자 중 보호자가 확인되지 않는 사람(이하 "보호시설 무연고자"라 한다)

▶(④) **실종아동등의 보호 및 지원에 관한 법률 제2조(정의)**
2. "실종아동등"이란 약취(略取)·유인 또는 유기되거나 사고를 당하거나 가출하거나 길을 잃는 등의 사유로 인하여 보호자로부터 이탈된 아동등을 말한다.

CHAPTER 11 유실물법 [법률시행 2014.1.7.]

01 「유실물법」의 적용을 받는 대상으로 가장 적절하지 않은 것은?   응용문제

① 유실물   ② 습득물
③ 유기견   ④ 준유실물

해설 유형별 적용법규

유실물법	① 유실물 ② 습득물 ③ 매장물 ④ 준유실물
수상에서의 수색·구조 등에 관한 법률	① 표류물 ② 침몰물

③ 유기견 : 「동물보호법」 적용

02 유실물 처리에 대한 설명으로 틀린 것은?   응용문제

① 국가 또는 지방자치단체 기타 대통령령이 정하는 공공기관은 보상금을 청구할 수 없다.
② 습득물은 경찰서에 14일간 공고한 후 6개월 내에 그 소유자가 권리를 주장하지 아니하면 습득자가 그 소유권을 취득한다.
③ 물건을 반환받는 자는 물건가액(物件價額)의 100분의 5 이상 100분의 20 이하의 범위에서 보상금을 습득자에게 지급하여야 한다.
④ 습득물이 착오로 인하여 점유한 타인의 물건인 경우 보상금을 청구할 수 없다.

해설 유실물법 시행령 제3조(습득공고 등)
① 법 제1조 제1항에 따라 습득물을 제출받은 경찰서장 또는 제주특별자치도지사가 제출받은 습득물을 반환받을 자를 알 수 없어 법 제1조 제2항 후단에 따라 공고할 때에는 그 습득물을 제출받은 날부터 **다음 각 호의 어느 하나에 해당하는 날까지** 법 제16조에 따라 유실물에 관한 정보를 제공하는 인터넷 사이트에 해당 습득물에 관한 정보를 게시하여야 한다.
1. 습득물의 유실자 또는 소유자, 그 밖에 물건회복의 청구권을 가진 자 또는 습득자가 습득물을 찾아간 날
2. 습득물이 법 제15조에 따라 국고 또는 제주특별자치도의 금고에 귀속하게 된 날

Answer 01 ③ 02 ②

03 습득물 처리에 대한 설명으로 틀린 것은?
응용문제

① 유실물을 습득한 자는 급속히 유실자 또는 소유자 기타 물건회복 청구권자에게 반환하여야 한다.
② 경찰서장은 습득물이 현금일 경우 경리 담당자로 하여금 금고에 보관하도록 하여야 한다.
③ 물건을 반환받을 자가 권리를 포기한 경우 습득자가 소유권을 취득한다.
④ 법률에 의하여 소유 또는 소지가 금지된 물건은 반환을 요하지 않는다.

> **해설** 유실물법 시행령 제8조(습득금품의 보관과 예탁)
> ① 경찰서장 또는 제주특별자치도지사는 제출받은 유실물을 경리사무담당책임자로 하여금 보관하게 하여야 한다.
> ② 제1항의 경우에 습득한 현금 또는 물건을 매각한 대금은 **금융기관에 예탁하여야 한다**.

04 「유실물」 및 「동법 시행령」에 대한 설명으로 가장 적절하지 <u>않은</u> 것은?
응용문제

① 타인이 유실한 물건을 습득한 자가 습득일부터 10일 이내에 습득물을 유실자 또는 소유자 등에게 반환하거나 경찰서에 제출하지 않은 경우 보상금을 받을 권리를 상실한다.
② 경찰서장은 보관한 물건이 멸실되거나 훼손될 우려가 있을 때 또는 보관에 과다한 비용이나 불편이 수반될 때에는 대통령령으로 정하는 방법으로 이를 매각할 수 있다.
③ 습득자는 미리 신고하여 습득물에 관한 모든 권리를 포기하고 의무를 지지 아니할 수 있다.
④ 착오로 점유한 물건에 대하여는 보상금을 청구할 수 없다.

> **해설** 제9조(습득자의 권리 상실)
> 습득물이나 그 밖에 이 법의 규정을 준용하는 물건을 횡령함으로써 처벌을 받은 자 및 **습득일부터 7일 이내**에 제1조 제1항 또는 제11조 제1항의 절차를 밟지 아니한 자는 제3조의 비용과 제4조의 보상금을 받을 권리 및 습득물의 소유권을 취득할 권리를 상실한다.

05 유실물 처리와 관련된 다음 설명 중 틀린 것은 모두 몇 개인가?
응용문제

㉠ 습득물 공고 후 1년 이내에 소유자가 권리를 주장하지 않으면 습득자가 소유권을 취득한다.
㉡ 국가 또는 지방자치단체와 그 밖에 대통령령으로 정하는 공공기관도 보상금을 청구할 수 있다.
㉢ 물건의 반환을 받는 자는 물건 가액의 5/100 내지 30/100의 범위 내에서 보상금을 습득자에게 지급하여야 한다.
㉣ 습득물, 유실물, 준유실물, 유기동물은 「유실물법」의 규정에 따라 처리된다.

① 1개 ② 2개
③ 3개 ④ 4개

Answer   03 ②   04 ①   05 ④

해설
- (㉠) 제11조(장물의 습득)
  ② 제1항의 물건에 관하여는 법률에서 정하는 바에 따라 몰수할 것을 제외하고는 이 법 및 「민법」 제253조를 준용한다. 다만, 공소권이 소멸되는 날부터 **6개월간** 환부(還付)받는 자가 없을 때에만 습득자가 그 소유권을 취득한다.

- (㉡)(㉢) 제4조(보상금)
  물건을 반환받는 자는 물건가액의 100분의 5 이상 100분의 20 이하의 범위에서 보상금을 습득자에게 지급하여야 한다. 다만, 국가·지방자치단체와 그 밖에 대통령령으로 정하는 공공기관은 보상금을 청구할 수 없다.

- (㉣) 유기동물은 「동물보호법」 규정에 따라 처리된다.

06 「유실물법」에 대한 설명으로 가장 적절한 것은? 　　20. 승진

① 관리자가 있는 선박에서 물건을 습득한 자는 보상금 청구권이 없다.
② 착오로 인하여 점유한 물건을 신고한 자는 보상금을 청구할 수 있다.
③ 경찰서장은 보관한 물건이 보관 중 경제적 가치가 떨어질 때 매각할 수 있다.
④ 습득물, 유실물, 준유실물은 「유실물법」의 적용을 받는다.

6. ④

해설
- (①) 제10조(선박, 차량, 건축물 등에서의 습득)
  ② 제1항의 경우에는 선박, 차량, 건축물 등의 점유자를 습득자로 한다. 자기가 관리하는 장소에서 타인의 물건을 습득한 경우에도 또한 같다.
  ③ 이 조의 경우에 보상금은 제2항의 **점유자와 실제로 물건을 습득한 자가 반씩 나누어야 한다.**

- (②) 제12조(준유실물)
  착오로 점유한 물건, 타인이 놓고 간 물건이나 일실(逸失)한 가축에 관하여는 이 법 및 「민법」 제253조를 준용한다. 다만, **착오로 점유한 물건에 대하여는 제3조의 비용과 보상금을 청구할 수 없다.**

- (③) 제2조(보관방법)
  ① 경찰서장 또는 자치경찰단을 설치한 제주특별자치도지사는 **보관한 물건이 멸실되거나 훼손될 우려가 있을 때 또는 보관에 과다한 비용이나 불편이 수반될 때에는** 대통령령으로 정하는 방법으로 이를 매각할 수 있다.

Answer 06 ④

CHAPTER 12 경비업법[법률시행 2025.1.31.]

01 「경비업법」 제2조 제1호에서 정의하고 있는 "경비업"의 내용을 설명한 것이다. 아래 ㉠부터 ㉣까지의 설명 중 옳은 것을 모두 고른 것은?

응용문제

㉠ 특수경비업무는 공항(항공기 포함) 등 대통령령이 정하는 국가중요시설의 경비 및 도난·화재 그 밖의 위험발생을 방지하는 업무이다.
㉡ 신변보호업무는 사람의 생명이나 신체에 대한 위해의 발생을 방지하고 그 신변을 보호하는 업무이다.
㉢ 혼잡경비업무는 경비를 필요로 하는 시설 및 장소(이하 "경비대상시설"이라 한다)에서의 도난·화재 그 밖의 혼잡 등으로 인한 위험발생을 방지하는 업무이다.
㉣ 기계경비업무는 경비대상시설에 설치한 기기에 의하여 감지·송신된 정보를 그 경비대상시설 장소에 설치한 관제시설의 기기로 수신하여 도난·화재 등 위험발생을 방지하는 업무이다.

① ㉠㉡
② ㉠㉡㉢
③ ㉠㉡㉣
④ ㉠㉡㉢㉣

해설 제2조(정의) 경비업 업무의 유형

(㉢) 시설경비업무	경비를 필요로 하는 시설 및 장소에서의 도난·화재 그 밖의 혼잡 등으로 인한 위험발생을 방지하는 업무	
호송경비업무	운반 중에 있는 현금·유가증권·귀금속·상품 그 밖의 물건에 대하여 도난·화재 등 위험발생을 방지하는 업무	
신변보호업무	사람의 생명이나 신체에 대한 위해의 발생을 방지하고 그 신변을 보호하는 업무	
특수경비업무	공항(항공기를 포함) 등 대통령령이 정하는 국가중요시설의 경비 및 도난·화재 그 밖의 위험발생을 방지하는 업무	
(㉣) 기계경비업무	경비대상시설에 설치한 기기에 의하여 감지·송신된 정보를 **그 경비대상시설 외의 장소에** 설치한 관제시설의 기기로 수신하여 도난·화재 등 위험발생을 방지하는 업무	

Answer 01 ①

02 「경비업법」 제2조 정의에 관한 설명 중 가장 적절하지 않은 것은? _{22. 순경}

① '시설경비업무'란 경비를 필요로 하는 시설 및 장소에서의 도난·화재 그 밖의 혼잡 등으로 인한 위험발생을 방지하는 업무를 말한다.
② '호송경비업무'란 운반중에 있는 현금·유가증권·귀금속·상품 그 밖의 물건에 대하여 도난·화재 등 위험발생을 방지하는 업무를 말한다.
③ '신변보호업무'란 사람의 생명·신체·재산에 대한 위해의 발생을 방지하고 그 신변을 보호하는 업무를 말한다.
④ '기계경비업무'란 경비대상시설에 설치한 기기에 의하여 감지·송신된 정보를 그 경비대상시설외의 장소에 설치한 관제시설의 기기로 수신하여 도난·화재 등 위험발생을 방지하는 업무를 말한다.

해설 제2조(정의)
다. 신변보호업무 : 사람의 **생명이나 신체**에 대한 위해의 발생을 방지하고 그 신변을 보호하는 업무

03 「경비업법」상 경비업무에 대한 설명으로 가장 적절한 것은? _{응용문제}

① 시설경비업무 - 경비대상시설에 설치한 기기에 의하여 감지·송신된 정보를 그 경비대상시설 외의 장소에 설치한 관제시설의 기기로 수신하여 도난·화재 등 위험 발생을 방지하는 업무
② 호송경비업무 - 사람의 생명이나 신체에 대한 위해의 발생을 방지하고 그 신변을 보호하는 업무
③ 기계경비업무 - 경비를 필요로 하는 시설 및 장소에서의 도난·화재 그 밖의 혼잡 등으로 인한 위험발생을 방지하는 업무
④ 특수경비업무 - 공항(항공기를 포함한다) 등 대통령령이 정하는 국가중요시설의 경비 및 도난·화재 그 밖의 위험 발생을 방지하는 업무

해설 ① **기계경비업무**에 대한 내용이다.
② **신변보호업무**에 대한 내용이다.
③ **시설경비업무**에 대한 내용이다.

04 경비업법」에 대한 설명 중 가장 옳지 않은 것은? _{응용문제}

① 경비업을 영위하고자 하는 법인은 도급받아 행하고자 하는 경비업무를 특정하여 그 법인의 주사무소의 소재지를 관할하는 경찰서장의 허가를 받아야 한다. 도급받아 행하고자 하는 경비업무를 변경하는 경우에도 또한 같다.
② 경비업은 법인이 아니면 이를 영위할 수 없다.
③ 경비업 허가의 유효기간은 허가받은 날부터 5년으로 한다.

Answer 02 ③ 03 ④ 04 ①

④ 경비업자는 집단민원현장에 경비원을 배치하는 때에는 경비지도사를 선임하고 그 장소에 배치하여 행정안전부령으로 정하는 바에 따라 경비원을 지도·감독하게 하여야 한다.

> **해설** 제4조(경비업의 허가)
> ① 경비업을 영위하고자 하는 법인은 도급받아 행하고자 하는 경비업무를 특정하여 그 법인의 주사무소의 소재지를 관할하는 **시·도경찰청장의 허가**를 받아야 한다.

05 「경비업법」에 대한 내용으로 가장 적절하지 않은 것은? 응용문제

① 경비업은 법인이 아니면 이를 영위할 수 없다.
② 경비업을 영위하고자 하는 법인은 도급받아 행하고자 하는 경비업무를 특정하여 그 법인의 주사무소의 소재지를 관할하는 시·도경찰청장의 허가를 받아야 한다. 도급받아 행하고자 하는 경비업무를 변경하는 경우에도 또한 같다.
③ 이 법 제4조 제1항의 규정에 의한 경비업 허가의 유효기간은 허가받은 다음 날부터 5년으로 한다.
④ 경비업자는 집단민원현장에 경비원을 배치하는 때에는 경비지도사를 선임하고 그 장소에 배치하여 행정안전부령으로 정하는 바에 따라 경비원을 지도·감독하게 하여야 한다.

> **해설** 제6조(허가의 유효기간 등)
> ① 제4조 제1항의 규정에 의한 경비업 허가의 유효기간은 **허가받은 날부터** 5년으로 한다.

06 「경비업법」상 일반경비원의 결격사유에 해당하지 않는 것은 몇 개인가? 응용문제

㉠ 만 18세 미만인 자
㉡ 만 60세 이상인 자
㉢ 금고 이상의 형의 선고유예를 받고 그 유예기간 중에 있는 자
㉣ 파산선고를 받고 복권되지 아니한 자
㉤ 금고 이상의 실형의 선고를 받고 그 집행이 종료(집행이 종류된 것으로 보는 경우를 포함한다)되거나 집행이 면제된 날부터 5년이 지나지 아니한 자

① 없다
② 1개
③ 2개
④ 3개

> **해설** 제10조(경비지도사 및 경비원의 결격사유)
> ① 다음 각 호의 어느 하나에 해당하는 자는 경비지도사 또는 일반경비원이 될 수 없다.
> 1. (㉠) **18세 미만인 사람** 또는 피성년후견인
> 2. (㉣) **파산선고를 받고 복권되지 아니한 자**
> 3. (㉤) **금고 이상의 실형의 선고를 받고 그 집행이 종료(집행이 종료된 것으로 보는 경우를 포함한다)되거나 집행이 면제된 날부터 5년이 지나지 아니한 자**

Answer 05 ③ 06 ③

4. 금고 이상의 형의 집행유예선고를 받고 그 유예기간중에 있는 자
5. 다음 각 목의 어느 하나에 해당하는 죄를 범하여 벌금형을 선고받은 날부터 10년이 지나지 아니하거나 금고 이상의 형을 선고받고 그 집행이 종료된(종료된 것으로 보는 경우를 포함한다) 날 또는 집행이 유예·면제된 날부터 10년이 지나지 아니한 자
   가. 「형법」 제114조의 죄
   나. 「폭력행위 등 처벌에 관한 법률」 제4조의 죄
   다. 「형법」 제297조, 제297조의2, 제298조부터 제301조까지, 제301조의2, 제302조, 제303조, 제305조, 제305조의2의 죄
   라. 「성폭력범죄의 처벌 등에 관한 특례법」 제3조부터 제11조까지 및 제15조(제3조부터 제9조까지의 미수범만 해당한다)의 죄
   마. 「아동·청소년의 성보호에 관한 법률」 제7조 및 제8조의 죄
   바. 다목부터 마목까지의 죄로서 다른 법률에 따라 가중처벌되는 죄
6. 다음 각 목의 어느 하나에 해당하는 죄를 범하여 벌금형을 선고받은 날부터 5년이 지나지 아니하거나 금고 이상의 형을 선고받고 그 집행이 유예된 날부터 5년이 지나지 아니한 자
   가. 「형법」 제329조부터 제331조까지, 제331조의2 및 제332조부터 제343조까지의 죄
   나. 가목의 죄로서 다른 법률에 따라 가중처벌되는 죄
   다. 삭제
   라. 삭제
7. 제5호 다목부터 바목까지의 어느 하나에 해당하는 죄를 범하여 치료감호를 선고받고 그 집행이 종료된 날 또는 집행이 면제된 날부터 10년이 지나지 아니한 자 또는 제6호 각 목의 어느 하나에 해당하는 죄를 범하여 치료감호를 선고받고 그 집행이 면제된 날부터 5년이 지나지 아니한 자
8. 이 법이나 이 법에 따른 명령을 위반하여 벌금형을 선고받은 날부터 5년이 지나지 아니하거나 금고 이상의 형을 선고받고 그 집행이 유예된 날부터 5년이 지나지 아니한 자
② 다음 각 호의 어느 하나에 해당하는 자는 특수경비원이 될 수 없다.
1. (ⓒ) 18세 미만이거나 60세 이상인 사람 또는 피성년후견인
2. 심신상실자, 알코올 중독자 등 대통령령으로 정하는 정신적 제약이 있는 자
3. 제1항 제2호부터 제8호까지의 어느 하나에 해당하는 자
4. (ⓒ) 금고 이상의 형의 선고유예를 받고 그 유예기간중에 있는 자
5. 행정안전부령으로 정하는 신체조건에 미달되는 자

07 「경비업법」에 관한 설명으로 가장 적절하지 않은 것은? 24. 승진

① 주주총회와 관련하여 이해대립이 있어 다툼이 있는 장소, 100명 이상의 사람이 모이는 국제·문화·예술·체육 행사장, 「행정대집행법」에 따라 대집행을 하는 장소는 집단민원현장에 해당한다.
② 경비업법을 영위하고자 하는 법인은 도급받아 행하고자 하는 경비업무를 특정하여 그 법인의 주사무소의 소재지를 관할하는 시·도경찰청장의 허가를 받아야 한다.
③ 금고 이상의 형의 선고유예를 받고 그 유예기간 중에 있는 자는 경비지도사의 결격사유에 해당한다.
④ 경비업의 허가를 받으려는 법인이 갖추어야 할 요건 중 시설 경비업무의 경비인력 요건은 경비원 10명 이상 및 경비지도사 1명 이상이다.

Answer 07 ③

> **해설** 제10조(경비지도사 및 경비원의 결격사유)
> ① 다음 각 호의 어느 하나에 해당하는 자는 경비지도사 또는 일반경비원이 될 수 없다.
>   4. 금고 이상의 형의 **집행유예선고**를 받고 그 유예기간중에 있는 자

08 「경비업법」에 대한 내용으로 가장 적절한 것은?   20. 승진

① 경비업 허가의 유효기간은 허가받은 날부터 3년으로 한다.
② 경비업자는 집단민원현장에 경비원을 배치하는 때에는 특수 경비원을 선임하고 그 장소에 배치하여 행정안전부령으로 정하는 바에 따라 경비원을 지도·감독하게 하여야 한다.
③ 경비업자의 경비원 채용 시 무자격자나 부적격자 등을 채용하도록 관여하거나 영향력을 행사한 도급인은 3년 이하의 징역 또는 3천만원 이하의 벌금에 처한다.
④ 금고 이상의 형의 집행유예선고를 받고 그 유예기간 중에 있는 자는 특수경비원의 결격 사유에 해당하나, 경비지도사 또는 일반경비원의 결격사유에는 해당하지 않는다.

> **해설** ▶ (①) 제6조(허가의 유효기간 등)
> ① 제4조 제1항의 규정에 의한 경비업 허가의 유효기간은 허가받은 날부터 **5년**으로 한다.
>
> ▶ (②) 제7조(경비업자의 의무)
> ⑥ 경비업자는 집단민원현장에 경비원을 배치하는 때에는 **경비지도사를 선임**하고 그 장소에 배치하여 행정안전부령으로 정하는 바에 따라 경비원을 지도·감독하게 하여야 한다.
>
> ▶ (④) 제10조(경비지도사 및 경비원의 결격사유)
> ① 다음 각 호의 어느 하나에 해당하는 자는 **경비지도사 또는 일반경비원**이 될 수 없다.
>   4. 금고 이상의 형의 집행유예선고를 받고 그 유예기간중에 있는 자
> ② 다음 각 호의 어느 하나에 해당하는 자는 **특수경비원이 될 수 없다.**
>   1. 18세 미만이거나 60세 이상인 사람 또는 피성년후견인
>   2. 심신상실자, 알코올 중독자 등 대통령령으로 정하는 정신적 제약이 있는 자
>   3. 제1항 제2호부터 제8호까지의 어느 하나에 해당하는 자
>   4. 금고 이상의 형의 선고유예를 받고 그 유예기간중에 있는 자
>   5. 행정안전부령으로 정하는 신체조건에 미달되는 자

09 「경비업법」상 특수경비원의 결격 사유로 틀린 것은?   응용문제

① 파산선고를 받고 복권되지 아니한 자
② 만 19세 미만인 자
③ 금고 이상의 형의 선고유예를 받고 그 유예기간 중에 있는 자
④ 금고 이상의 실형을 선고를 받고 그 집행이 종료(집행이 종료된 것으로 보는 경우도 포함한다)되거나 집행이 면제된 날부터 5년이 지나지 아니한 자

> **해설** ▶ 제10조 특수경비원 결격사유
> ② 다음 각 호의 어느 하나에 해당하는 자는 **특수경비원이 될 수 없다.**
>   1. **18세 미만**이거나 60세 이상인 사람 또는 피성년후견인

Answer 08 ③   09 ②

10 「경비업법」과 「청원경찰법」상 관련자들에게 부여된 준수사항들로 옳지 않은 것은? 21. 경간부

① 경비업자는 경찰공무원 또는 군인의 제복과 색상 및 디자인 등이 명확히 구별되는 소속 경비원의 복장을 정하고 이를 확인할 수 있는 사진을 첨부하여 주된 사무소를 관할하는 시·도경찰청장에게 소정의 양식에 따라 신고하여야 한다.
② 경비원은 장비를 근무 중에만 휴대할 수 있고 경비업무를 위하여 필요하다고 인정되는 상당한 이유가 있을 때에는 필요한 최소한도에서 장비를 사용할 수 있다.
③ 청원경찰은 청원주와 배치된 기관·시설 또는 사업장 등의 구역을 관할하는 경찰서장의 감독을 받아 그 경비구역만의 경비를 목적으로 필요한 범위에서 「경찰관 직무집행법」에 따른 경찰관의 직무를 수행한다.
④ 청원경찰은 근무 중 제복을 착용하여야 하며 경찰청장은 청원경찰이 직무를 수행하기 위하여 필요하다고 인정하면 청원주의 신청을 받아 관할 시·도경찰청장으로 하여금 청원경찰에게 무기를 대여하여 지니게 할 수 있다.

> **해설** 청원경찰법 제8조(제복 착용과 무기 휴대)
> ① 청원경찰은 근무 중 제복을 착용하여야 한다.
> ② **시·도경찰청장은** 청원경찰이 직무를 수행하기 위하여 필요하다고 인정하면 청원주의 신청을 받아 **관할 경찰서장으로** 하여금 청원경찰에게 무기를 대여하여 지니게 할 수 있다.

Answer 10 ④

CHAPTER 13 경찰 비상업무 규칙
[경찰청훈령 시행 2024.7.24.]

01 「경찰 비상업무 규칙」에 대한 설명으로 가장 적절하지 않은 것은? 21. 승진
① "지휘선상 위치 근무"란 비상연락체계를 유지하며 유사시 1시간 이내에 현장지휘 및 현장근무가 가능한 장소에 위치하는 것을 말한다.
② "정착근무"란 사무실 또는 상황과 관련된 현장에 위치하는 것을 말한다.
③ "일반요원"이란 필수요원을 포함한 경찰관 등으로 비상소집시 2시간 이내에 응소하여야 할 자를 말한다.
④ "가용경력"이란 총원에서 휴가·출장·교육·파견 등을 제외하고 실제 동원될 수 있는 모든 인원을 말한다.

해설 제2조(정의)
6. "일반요원"이란 필수요원을 **제외한** 경찰관등으로 비상소집 시 2시간 이내에 응소해야 할 사람을 말한다.

02 「경찰 비상업무 규칙」에 대한 설명으로 가장 적절하지 않은 것은? 21. 순경
① 필수요원이라 함은 전 경찰관 및 일반직공무원(이하 "경찰관 등"이라한다) 중 경찰기관의 장이 지정한 자로 비상소집시 1시간 이내에 응소하여야 할 자를 말하며, 일반요원이라 함은 필수요원을 제외한 경찰관 등으로 비상소집시 2시간 이내에 응소하여야 할 자를 말한다.
② 비상근무는 경비 소관의 경비, 작전비상, 안보 소관의 안보비상, 수사 소관의 수사비상, 교통소관의 교통비상, 생활안전소관의 생활안전비상으로 구분하여 발령한다.
③ 비상근무 갑호가 발령된 때에는 연가를 중지하고 가용경력 100%까지 동원할 수 있고, 비상근무 을호가 발령된 때에는 연가를 중지하고 가용경력 50%까지 동원할 수 있으며, 비상근무 병호가 발령된 때에는 부득이한 경우를 제외하고는 연가를 억제하고 가용경력 30%까지 동원할 수 있다.
④ 작전준비태세가 발령된 때에는 별도의 경력동원 없이 경찰관서 지휘관 및 참모의 비상연락망을 구축하고 신속한 응소체제를 유지하며, 경찰작전부대는 상황발생 시 즉각 출동이 가능하도록 출동태세 점검을 실시하는 등의 비상근무를 한다.

Answer 01 ③   02 ②

해설 제4조(비상근무의 종류 및 등급)
① 비상근무는 비상상황의 유형에 따라 다음 각 호와 같이 구분하여 발령한다.
1. 경비 소관 : **경비, 작전, 재난비상**
2. 안보 소관 : 안보비상
3. 수사 소관 : 수사비상
4. 교통 소관 : 교통비상   ▶생활안전비상(x)

03 「경찰 비상업무 규칙」에 대한 설명으로 가장 적절한 것은? 73기 경간부

① 필수요원이라 함은 전 경찰공무원 및 일반직공무원 중 경찰기관의 장이 지정한 자로 비상소집시 2시간 이내에 응소하여야 할 자를 말한다.
② 비상근무는 비상상황의 유형에 따라 경비소관의 경비, 작전비상, 수사소관의 수사비상, 안보소관의 안보비상, 치안상황소관의 교통, 재난비상으로 구분하여 발령한다.
③ 경계강화 발령시 별도의 경력동원 없이 특정분야의 근무를 강화하며 지휘관과 참모는 정위치 근무를 원칙으로 한다.
④ 비상근무의 발령권자는 비상상황이 발생하여 비상근무를 실시하고자 할 경우에는 비상근무의 목적, 지역, 기간 및 동원대상 등을 특정하여 별지 제1호 서식의 비상근무발령서에 의하여 비상근무를 발령한다.

해설 ▶(①) 제2조(정의)
5. "필수요원"이란 모든 경찰공무원 및 일반직공무원(이하 "경찰관등"이라 한다) 중 경찰기관의 장이 지정한 사람으로 비상소집 시 **1시간 이내**에 응소해야 할 사람을 말한다.

▶(②) 제4조(비상근무의 종류 및 등급)
① 비상근무는 비상상황의 유형에 따라 다음 각 호와 같이 구분하여 발령한다.
1. 경비 소관 : 경비, 작전, 재난비상
2. 안보 소관 : 안보비상
3. 수사 소관 : 수사비상
4. **교통 소관 : 교통비상**

▶(③) 제7조(근무요령)
4. 경계 강화
가. 별도의 경력동원 없이 특정분야의 근무를 강화한다.
나. 경찰관등은 비상연락체계를 유지하고 상황발생 시 즉각 출동이 가능하도록 출동대기태세를 유지한다.
다. 지휘관과 참모는 **지휘선상 위치 근무를 원칙**으로 한다.

Answer 03 ④

04 「경찰비상업무규칙」에 대한 설명 중 옳은 것은 모두 몇 개인가? 응용문제

㉠ 비상상황이라 함은 대간첩·테러, 대규모 재난 등의 긴급 상황이 발생하거나 발생할 우려가 있는 경우 또는 다수의 경력을 동원해야 할 치안수요가 발생하여 치안활동을 강화할 필요가 있는 때를 말한다.
㉡ 지휘선상 위치 근무라 함은 비상연락체계를 유지하며 유사시 2시간 이내에 현장지휘 및 현장근무가 가능한 장소에 위치하는 것을 말한다.
㉢ 정위치 근무라 함은 감독순시·현장근무 및 사무실 대기 등 관할구역 내에 위치하는 것을 말한다.
㉣ 갑호 비상이 발령된 때에는 지휘관(지구대장, 파출소장은 지휘관에 준한다)과 참모는 정착 근무를 원칙으로 한다.
㉤ 을호 비상이 발령된 때에는 연가를 중지하고 가용경력 75%까지 동원할 수 있다.
㉥ 경찰지휘본부는 당해 지휘본부장이 필요하다고 인정할 때에 설치하며 경찰청 및 시·도경찰청은 치안상황실에 설치함을 원칙으로 한다.

① 1개 ② 2개
③ 3개 ④ 4개

해설 ▶ (㉡) 제2조(정의)
2. "지휘선상 위치 근무"란 비상연락체계를 유지하며 유사시 **1시간 이내**에 현장지휘 및 현장근무가 가능한 장소에 위치하는 것을 말한다.

▶ (㉤) 제7조(근무요령)
2. 을호 비상
   가. 연가를 중지하고 **가용경력 50%까지** 동원할 수 있다.
   나. 지휘관과 참모는 정위치 근무를 원칙으로 한다.

05 「경찰 비상업무 규칙」에 대한 설명으로 가장 적절한 것은? 응용문제

① "필수요원"이라 함은 전 경찰관 및 일반직공무원 중 경찰기관의 장이 지정한 자로 비상소집시 1시간 이내에 응소하여야 할 자를 말한다.
② "지휘선상 위치 근무"라 함은 감독순시·현장근무 및 사무실 대기 등 관할구역 내에 위치하는 것을 말한다.
③ 지휘관과 참모는 을호 비상 시 정위치 근무 또는 지휘선상 위치 근무를 원칙으로, 병호 비상 시 지휘선상 위치 근무를 원칙으로 한다.
④ 비상근무를 발령할 경우에는 정황의 특수성을 감안하여 비상근무의 목적이 원활히 달성될 수 있도록 가용경력을 최대한 동원하여야 한다.

Answer 04 ④ 05 ①

해설 ▶(②) 제2조(정의)
3. "**정위치 근무**"란 감독순시·현장근무 및 사무실 대기 등 관할구역 내에 위치하는 것을 말한다.

▶(③) 제7조(근무요령)
2. 을호 비상
  가. 연가를 중지하고 가용경력 50%까지 동원할 수 있다.
  나. 지휘관과 참모는 **정위치 근무를 원칙**으로 한다.
3. 병호 비상
  가. 부득이한 경우를 제외하고는 연가를 억제하고 가용경력 30%까지 동원할 수 있다.
  나. 지휘관과 참모는 **정위치 근무 또는 지휘선상 위치 근무**를 원칙으로 한다.

▶(④) 제5조(발령)
⑥ 비상근무를 발령할 경우에는 정황의 특수성을 고려하여 비상근무의 목적이 원활히 달성될 수 있도록 **적정한 인원, 계급, 부서를 동원하여 불필요한 동원이 없도록 해야 한다.**

06 「경찰 비상업무 규칙」에 대한 설명 중 가장 적절한 것은?   20. 승진

① 병호비상 시 연가를 중지하고 가용경력 30%까지 동원할 수 있다.
② 경계강화 시 지휘관과 참모는 비상연락망을 구축하고 신속한 응소체제를 유지한다.
③ '가용경력'이라 함은 총원에서 휴가·출장·교육·파견 등을 포함한 실제 동원될 수 있는 모든 인원을 말한다.
④ 비상근무 유형에 따른 분류에는 경비비상, 작전비상, 안보비상, 수사비상, 교통비상, 재난비상이 있다.

해설 ▶(①) 제7조(근무요령)
3. 병호 비상
  가. 부득이한 경우를 제외하고는 **연가를 억제**하고 가용경력 30%까지 동원할 수 있다.
  나. 지휘관과 참모는 정위치 근무 또는 지휘선상 위치 근무를 원칙으로 한다.

▶(②) 제7조(근무요령)
5. 작전준비태세(작전비상시 적용)
  가. 별도의 경력동원 없이 **경찰관서 지휘관 및 참모의 비상연락망을 구축하고 신속한 응소체제를 유지한다.**
  나. 경찰관등은 상황발생 시 즉각 출동이 가능하도록 출동태세 점검을 실시한다.
  다. 유관기관과의 긴밀한 연락체계를 유지하고, 필요시 작전상황반을 유지한다.

▶(③) 제2조(정의)
7. "가용경력"이란 총원에서 휴가·출장·교육·파견 등을 **제외하고** 실제 동원될 수 있는 모든 인원을 말한다.

07 경찰비상 근무요령에 관한 설명 중 틀린 것은?   응용문제

① 甲호 비상 - 지휘관과 참모는 정착 근무를 원칙으로 한다.
② 乙호 비상 - 지휘관과 참모는 정위치 근무를 원칙으로 한다.

Answer 06 ④ 07 ③

③ 丙호 비상 – 지휘관과 참모는 정위치 근무를 원칙으로 하며, 가용경력 50%까지 동원할 수 있다.
④ 경계강화 – 경찰작전부대는 상황발생 시 즉각 출동할 수 있도록 출동대기태세를 유지한다.

해설 제7조(근무요령)

갑호 비상	경력동원	비상근무 갑호가 발령된 때에는 **연가를 중지**하고 **가용경력 100%**까지 동원할 수 있다.
	근무요령	지휘관(지구대장, 파출소장은 지휘관에 준함)과 참모는 **정착 근무를 원칙**으로 한다.
을호 비상	경력동원	비상근무 을호가 발령된 때에는 **연가를 중지**하고 **가용경력 50%**까지 동원할 수 있다.
	근무요령	지휘관과 참모는 **정위치 근무를 원칙**으로 한다.
병호 비상	경력동원	비상근무 병호가 발령된 때에는 부득이한 경우를 **제외**하고는 **연가를 억제**하고 가용경력 30%까지 동원할 수 있다.
	근무요령	지휘관과 참모는 **정위치 근무 또는 지휘선상 위치 근무**를 원칙으로 한다.
경계 강화	경력동원	⊙ 별도의 **경력동원 없이** 특정분야의 근무를 강화한다. ⓒ 전 경찰관은 비상연락체계를 유지하고 경찰작전부대는 상황발생시 즉각 출동이 가능하도록 출동대기 태세를 유지한다.
	근무요령	지휘관과 참모는 **지휘선상 위치 근무**를 원칙으로 한다.
작전 준비 태세 (작전 비상시 적용)	경력동원	별도의 **경력동원 없이** 경찰관서 지휘관 및 참모의 비상연락망을 구축하고 신속한 응소체제를 유지한다.
	근무요령	⊙ 경찰작전부대는 상황발생시 즉각 출동이 가능하도록 출동태세 점검을 실시한다. ⓒ 유관기관과의 긴밀한 연락체계를 유지하고, 필요시 작전상황반을 유지한다.

08 「경찰비상업무규칙」에 대한 설명으로 가장 옳은 것은?   응용문제

① 同 규칙은 비상근무, 비상소집, 비상연락체계의 유지, 지휘본부의 운영 등을 규정하고 있다.
② 비상근무는 상황의 유형에 따라 경비·작전비상, 안보비상, 수사비상, 교통비상, 재난비상으로 구분하여 발령한다.
③ 기능별 상황의 긴급성 및 중요도에 따라 갑호·을호·병호비상 및 경계강화로 구분하여 실시한다.
④ 경찰기관의 장은 제17조 제2항에 의한 신고를 받은 때에는 비상소집 연락부와 비상소집 자동전파장치를 즉시 보완·입력해야 하며, 분기 1회 이상 비상소집연락부 또는 비상소집 자동전파장치를 점검해야 한다.

Answer 08 ①

해설 ▶ (②) 제4조(비상근무의 종류 및 등급)
① 비상근무는 비상상황의 유형에 따라 다음 각 호와 같이 구분하여 발령한다.
   1. 경비 소관 : 경비, 작전, 재난비상
   2. 안보 소관 : 안보비상
   3. 수사 소관 : 수사비상
   4. 교통 소관 : 교통비상

▶ (③) 제4조(비상근무의 종류 및 등급)
② 부서별 상황의 긴급성 및 중요도에 따라 비상등급을 다음과 같이 구분하여 실시한다.
   1. 갑호 비상
   2. 을호 비상
   3. 병호 비상
   4. 경계 강화
   5. 작전준비태세(작전비상시 적용)

▶ (④) 제19조(비상연락망의 정비·보완)
① 경찰기관의 장은 제17조 제2항에 의한 신고를 받은 때에는 별지 제6호서식의 비상소집 연락부와 비상소집 자동전파장치를 즉시 보완·입력해야 하며, **월 1회 이상** 비상소집연락부 또는 비상소집 자동전파장치를 점검해야 한다.

09 「경찰공무원 복무규정」및「경찰 비상업무 규칙」에 관한 설명으로 가장 적절한 것은?

74기 경간부

① 경찰기관의 장은 근무성적이 탁월하거나 다른 경찰공무원의 모범이 될 공적이 있는 경찰공무원에 대하여 1회 15일이내의 포상휴가를 허가할 수 있다. 이 경우의 포상휴가 기간은 연가일수에 산입하지 아니한다.
② 경찰기관의 장은 특별한 사정이 없는 한 연일근무자 및 철야근무자에 대하여는 그 다음 날 1일의 휴무를 허가하여야 한다.
③ 비상근무 을호가 발령된 때에는 부득이한 경우를 제외하고는 연가를 억제하고 가용경력 30%까지 동원할 수 있고, 지휘관과 참모는 정위치 근무 또는 지휘선상 위치 근무를 원칙으로 한다.
④ "지휘선상 위치 근무"라 함은 비상연락체계를 유지하며 유사시 1시간 이내에 현장지휘 및 현장근무가 가능한 장소에 위치하는 것을 말한다.

해설 ▶ (①) 경찰공무원 복무규정 제18조(포상휴가)
경찰기관의 장은 근무성적이 탁월하거나 다른 경찰공무원의 모범이 될 공적이 있는 경찰공무원에 대하여 **1회 10일이내**의 포상휴가를 허가할 수 있다. 이 경우의 포상휴가기간은 연가일수에 산입하지 아니한다.

▶ (②) 경찰공무원 복무규정 제19조(연일근무자 등의 휴무)
경찰기관의 장은 특별한 사정이 없는 한 다음과 같이 휴무를 허가하여야 한다.
1. 연일근무자 및 **공휴일근무자**에 대하여는 그 다음날 1일의 휴무
2. 당직 또는 철야근무자에 대하여는 다음 날 오후 2시를 기준으로 하여 오전 또는 오후의 휴무

Answer 09 ④

▶ (③) 경찰 비상업무 규칙 제7조(근무요령)
  2. 을호 비상
    가. **연가를 중지**하고 **가용경력 50%**까지 동원할 수 있다.
    나. 지휘관과 참모는 **정위치 근무**를 원칙으로 한다.
  3. 병호 비상
    가. 부득이한 경우를 제외하고는 **연가를 억제**하고 **가용경력 30%**까지 동원할 수 있다.
    나. 지휘관과 참모는 **정위치 근무 또는 지휘선상 위치 근무**를 원칙으로 한다.

10 「경찰 비상업무 규칙」상 비상근무의 종류별 정황에 대한 설명으로 가장 적절한 것은?

20. 승진

① 경비비상 갑호 – 대규모 집단사태·테러·재난 등의 발생으로 치안질서가 혼란하게 되었거나 그 징후가 예견되는 경우
② 작전비상 을호 – 적정이 발생하였거나 일부 적의 침투가 예상되는 경우
③ 안보비상 을호 – 간첩 또는 정보사범 색출을 위한 경계지역 내 검문검색 필요시
④ 수사비상 을호 – 사회이목을 집중시킬 만한 중대범죄 발생시

해설 비상근무의 종류별 정황 [별표1]

	경비비상
갑호	1. 계엄이 선포되기 전의 치안상태 2. 대규모 집단사태·테러 등의 발생으로 치안질서가 극도로 혼란하게 되었거나 그 징후가 현저한 경우 3. 국제행사·기념일 등을 전후하여 치안수요의 급증으로 경력을 동원할 필요가 있는 경우
을호	1. **대규모 집단사태·테러 등의 발생으로 치안질서가 혼란하게 되었거나 그 징후가 예견되는 경우** 2. 국제행사·기념일 등을 전후하여 치안수요가 증가하여 경력을 동원할 필요가 있는 경우
병호	1. 집단사태·테러 등의 발생으로 치안질서의 혼란이 예견되는 경우 2. 국제행사·기념일 등을 전후하여 치안수요가 증가하여 경력을 동원할 필요가 있는 경우
	작전비상
갑호	대규모 적정이 발생하였거나 발생 징후가 현저한 경우
을호	**적정이 발생하였거나 일부 적의 침투가 예상되는 경우**
병호	정·첩보에 의해 적 침투에 대비한 고도의 경계강화가 필요한 경우
	재난비상
갑호	대규모 재난의 발생으로 치안질서가 극도로 혼란하게 되었거나 그 징후가 현저한 경우
을호	대규모 재난의 발생으로 치안질서가 혼란하게 되었거나 그 징후가 예견되는 경우
병호	재난의 발생으로 치안질서의 혼란이 예견되는 경우

Answer 10 ②

안보비상	
갑호	간첩 또는 정보사범 색출을 위한 경계지역 내 검문검색 필요시
을호	상기 상황하에서 특정지역·요지에 대한 검문검색 필요시

수사비상	
갑호	사회이목을 집중시킬만한 중대범죄 발생시
을호	중요범죄 사건발생시

교통비상	
갑호	농무, 풍수설해, 화재 등에 따른 대규모 교통사고 등 교통혼란이 발생하였거나 발생할 가능성이 현저한 경우
을호	농무, 풍수설해, 화재 등에 따른 교통혼란 발생이 예상되는 경우

경계강화 (기능 공통)
"병호"비상보다는 낮은 단계로, 별도의 경력동원없이 평상시보다 치안활동을 강화할 필요가 있을 때

작전준비태세 (작전비상시 적용)
"경계강화"를 발령하기 이전에 별도의 경력동원 없이 필요한 작전사항을 미리 조치할 필요가 있을 때

11

「경찰 비상업무 규칙」상 비상근무의 종류별 정황에 대한 설명이다. 아래 ㉠부터 ㉣까지의 설명 중 옳고 그름의 표시 (O, X)가 바르게 된 것은?

22. 승진

> ㉠ 작전비상 – 갑호 – 대규모 적정이 발생하였거나 발생 징후가 현저한 경우
> ㉡ 교통비상 – 을호 – 농무, 풍수설해 및 화재로 극도의 교통혼란 및 사고발생시
> ㉢ 경비비상 – 병호 – 국제행사·기념일 등을 전후하여 치안수요가 증가하여 경력을 동원할 필요가 있는 경우
> ㉣ 수사비상 – 갑호 – 사회이목을 집중시킬만한 중대범죄 발생시

① ㉠(O) ㉡(X) ㉢(X) ㉣(O)
② ㉠(O) ㉡(X) ㉢(O) ㉣(O)
③ ㉠(X) ㉡(X) ㉢(O) ㉣(X)
④ ㉠(O) ㉡(O) ㉢(X) ㉣(X)

해설 ▶ (㉡) 비상근무의 종류별 정황 [별표1]

교통비상	
갑호	농무, 풍수설해, 화재 등에 따른 대규모 교통사고 등 교통혼란이 발생하였거나 발생할 가능성이 현저한 경우
을호	농무, 풍수설해, 화재 등에 따른 교통혼란 발생이 예상되는 경우

Answer 11 ①

▶ (ⓒ) 비상근무의 종류별 정황 [별표1]

	경비비상
갑호	1. 계엄이 선포되기 전의 치안상태 2. 대규모 집단사태·테러 등의 발생으로 치안질서가 극도로 혼란하게 되었거나 그 징후가 현저한 경우 3. 국제행사·기념일 등을 전후하여 치안수요의 급증으로 경력을 동원할 필요가 있는 경우
을호	1. 대규모 집단사태·테러 등의 발생으로 치안질서가 혼란하게 되었거나 그 징후가 예견되는 경우 2. **국제행사·기념일 등을 전후하여 치안수요가 증가하여 경력을 동원할 필요가 있는 경우**
병호	1. 집단사태·테러 등의 발생으로 치안질서의 혼란이 예견되는 경우 2. 국제행사·기념일 등을 전후하여 치안수요가 증가하여 경력을 동원할 필요가 있는 경우

CHAPTER 14

남북교류협력에 관한 법률
[법률시행 2024. 4. 17]

01 우리나라는 군사분계선 이남지역과 그 이북지역 간의 상호 교류의 협력을 촉진하여 한반도의 평화와 통일에 이바지하는 것을 목적으로 「남북교류협력에 관한 법률」을 제정하였다. 하지만, 반국가활동을 규제하여 국가의 안전과 국민의 생존 및 자유 확보를 목적으로 하는 「국가보안법」과는 상충된다는 논란이 있을 수 있다. 「남북교류협력에 관한 법률」과 「국가보안법」의 관계에 대한 설명 중 가장 적절하지 <u>않은</u> 것은? 〔응용문제〕

① 「남북교류협력에 관한 법률」에 의해 남북을 왕래하면서 승인없이 금품을 수수한 경우 정당성이 인정되면 「국가보안법」이 적용되지 않는다.
② 재외국민이 재외공관장에게 단순히 신고하지 않고 북한을 왕래하더라도 「남북교류협력에 관한 법률」의 적용을 받지 않는다.
③ 「남북교류협력에 관한 법률」이 시행됨으로써 북한에의 잠입, 탈출, 회합 등의 행위에 대하여 형의 폐지가 변경이 있었다고 볼 수는 없다는 것이 판례의 태도이다.
④ 「남북교류협력에 관한 법률」은 남북간의 왕래, 교역, 협력사업 및 통신역무의 제공 등 남북교류와 협력을 목적으로 하는 행위에 관하여 정당하다고 인정되는 범위 안에서 다른 법률에 우선하여 적용된다.

해설 「국가보안법」과 법리문제
① 처음부터 국가의 안전보장을 해칠 목적으로 또는 해가 될 것을 알면서 남북교류협력을 한 경우에는 국가보안법이 적용된다.
② 남북교류협력에 관한 법률에 의해 남북을 왕래하면서 승인없이 금품을 수수한 경우 정당성이 인정되면 국가보안법이 적용되지 않는다(판례).
③ 무승인·법정절차 위반시 남북교류협력에 관한 법률이 적용된다.
④ 단순히 증명서를 발급받지 않고 남북을 왕래하거나 신고 없이 회합하면 남북교류협력에 관한 법률이 적용된다.
⑤ 재외국민이 재외공관장에게 단순히 신고하지 않고 북한을 왕래하면 남북교류협력에 관한 법률이 적용된다.

Answer 01 ②

02 「남북교류협력에 관한 법률」에 관한 설명으로 가장 적절하지 않은 것은? 응용문제

① 남한의 주민이 북한을 방문하거나 북한의 주민이 남한을 방문하려면 통일부장관의 방문 승인을 받아야 하며, 통일부장관이 발급한 증명서를 소지하여야 한다.
② 남한의 주민이 북한의 주민과 접촉하려면 통일부장관에게 미리 신고하여야 하는 것이 원칙이나 대통령령으로 정하는 부득이한 사유에 해당하는 경우에는 접촉한 후에 신고할 수 있다.
③ 남한과 북한 간의 거래는 국가 간의 거래가 아닌 민족내부의 거래로 본다.
④ 「남북교류협력에 관한 법률」상 "반출·반입"이란 매매, 교환, 임대차, 사용대차, 증여, 사용 등을 목적으로 하는 남한과 북한 간의 물품 등의 이동을 말하며, 단순히 제3국을 거치는 물품 등의 이동은 포함하지 않는다.

해설 제2조(정의)
3. "반출·반입"이란 매매, 교환, 임대차, 사용대차, 증여, 사용 등을 목적으로 하는 남한과 북한 간의 물품등의 이동(**단순히 제3국을 거치는 물품등의 이동을 포함**)을 말한다.

03 「남북교류협력에 관한 법률」상 남북교류협력 추진협의회에 대한 내용으로 틀린 것은? 응용문제

① 남북교류·협력에 관한 정책을 협의·조정하고, 중요 사항을 심의·의결하기 위하여 통일부에 남북교류협력 추진협의회(이하 "협의회"라 한다)를 둔다.
② 위원장은 통일부장관이 되며, 협의회의 업무를 총괄한다.
③ 협의회는 위원장 1명을 포함한 18명 이내의 위원으로 구성한다.
④ 위원은 국무총리가 임명하거나 위촉한다. 이 경우 위원 중 7명 이상은 남북교류·협력에 관한 전문지식과 경험을 갖춘 민간전문가에 해당하는 사람으로 하되, 이 중 1명 이상은 「지방자치법」 제165조 제1항 제1호에 따라 설립된 협의체가 추천하는 사람으로 한다.

해설 남북교류협력 추진협의회(제4조~7조)

소속	통일부
성격	의결기관
구성	위원장 1명을 포함한 25명 이내의 위원
위원장	① 통일부장관 ② 위원장이 부득이한 사유로 직무를 수행할 수 없을 때에는 **위원장이 미리 지정한 위원이 직무를 대행**
위원	위원은 국무총리가 임명하거나 위촉한다. **위원 중 7명 이상은 남북교류·협력에 관한 전문지식과 경험을 갖춘 민간전문가에 해당하는 사람으로 하되, 이 중 1명 이상은 「지방자치법」 제165조 제1항 제1호에 따라 설립된 협의체가 추천하는 사람으로 한다.**
간사	1명
회의	위원장이 소집
정족수	재적위원 과반수의 출석과 출석위원 과반수의 찬성

Answer 02 ④ 03 ③

04 「남북교류협력에 관한 법률」에 대한 설명으로 가장 적절한 것은? 응용문제

① 남한의 주민이 북한을 방문하려면 법무부장관의 방문승인을 받아야 하며, 법무부장관이 발급한 증명서(이하 '방문증명서'라 한다)를 소지하여야 한다.
② 방문증명서는 한 차례만 사용할 수 있는 방문증명서와 유효기간이 끝날 때까지 여러 차례 사용할 수 있는 방문증명서(이하 '복수방문증명서'라 한다)가 있고, 복수방문증명서의 유효기간은 3년 이내로 하며, 3년의 범위에서 연장할 수 있다.
③ 남한의 주민이 북한의 주민과 회합·통신, 그 밖의 방법으로 접촉하려면 법무부장관에게 미리 신고하여야 한다. 다만, 대통령령으로 정하는 부득이한 사유에 해당하는 경우에는 접촉한 후에 신고할 수 있다.
④ 외국 국적을 보유하지 아니하고 대한민국의 여권을 소지하지 아니한 외국 거주 동포가 남한을 왕래하려면 「여권법」 제14조 제1항에 따른 여행증명서를 소지하여야 한다.

> **해설** ▶ 제9조(남북한 방문)
> ① (①)남한의 주민이 북한을 방문하거나 북한의 주민이 남한을 방문하려면 대통령령으로 정하는 바에 따라 통일부장관의 방문승인을 받아야 하며, **통일부장관이** 발급한 증명서(이하 "방문증명서"라 한다)를 소지하여야 한다.
> ③ (②) 복수방문증명서의 유효기간은 **5년 이내**로 하며, **5년의 범위**에서 연장할 수 있다.
> ▶ (③) 제9조의2(남북한 주민 접촉)
> ① 남한의 주민이 북한의 주민과 회합·통신, 그 밖의 방법으로 접촉하려면 **통일부장관에게** 미리 신고하여야 한다.

05 남북교류협력에 대한 설명으로 가장 적절하지 <u>않은</u> 것은? 20. 승진

① 재외국민이 외국에서 북한을 왕래할 때에는 통일부장관이나 재외공관의 장에게 신고하여야 한다.
② 거짓이나 부정한 방법으로 방문승인을 받은 경우 승인을 취소해야 한다.
③ 남한 주민이 북한을 방문하고자 하는 경우 방문 10일 전까지 통일부장관에게 '방문승인 신청서'를 제출해야 한다.
④ 「남북교류협력에 관한 법률」은 남북 교류·협력을 목적으로 하는 행위에 관하여는 이 법률의 목적 범위에서 다른 법률에 우선하여 이 법을 적용한다.

> **해설** 남북교류협력에 관한 법률 시행령 제12조(방문승인 신청)
> ① 북한을 방문하기 위하여 통일부장관의 방문승인을 받으려는 남한의 주민과 재외국민은 **방문 7일 전까지** 방문승인 신청서에 다음 각 호의 서류를 첨부하여 통일부장관에게 제출하여야 한다.

Answer 04 ④ 05 ③

06 「남북교류협력에 관한 법률」의 내용에 대한 설명으로 가장 적절하지 않은 것은? 20. 승진

① 군사분계선 이남지역과 그 이북지역 간의 상호 교류와 협력을 촉진하기 위하여 필요한 사항을 규정함으로써 한반도의 평화와 통일에 이바지하는 것을 목적으로 한다.
② 물품등을 반출하거나 반입하려는 자는 대통령령으로 정하는 바에 따라 그 물품등의 품목, 거래형태 및 대금결제 방법 등에 관하여 통일부장관에게 미리 신고하여야 한다.
③ 협력사업을 하려는 자는 협력사업마다 「남북교류협력에 관한 법률」상 요건을 모두 갖추어 통일부장관의 승인을 받아야 한다.
④ 협력사업에 대하여 통일부장관의 조정명령을 위반한 때는 협력사업자 승인의 취소사유이다.

해설 제13조(반출·반입의 승인)
① 물품등을 반출하거나 반입하려는 자는 대통령령으로 정하는 바에 따라 그 물품등의 품목, 거래형태 및 대금결제 방법 등에 관하여 **통일부장관의 승인을 받아야 한다**.

Answer 06 ②

CHAPTER 15 북한이탈주민의 보호 및 정착지원에 관한 법률
[법률시행 2024.8.7.]

01 「북한이탈주민의 보호 및 정착지원에 관한 법률」에 대한 내용으로 가장 적절하지 않은 것은?

24. 승진

① 통일부장관은 보호대상자가 거주지로 전입한 후 그의 신변안전을 위하여 국방부장관이나 경찰청장에게 협조를 요청할 수 있으며, 협조요청을 받은 국방부장관이나 경찰청장은 이에 협조한다.
② '보호대상자'란 이 법에 따라 보호 및 지원을 받는 북한이탈주민을 말한다.
③ 통일부장관은 보호대상자가 정착지원시설로부터 그의 거주지로 전입한 후 정착하여 스스로 생활하는 데 장애가 되는 사항을 해결하거나 그 밖에 자립·정착에 필요한 보호를 할 수 있다.
④ '북한이탈주민'이란 군사분계선 이북지역에 주소, 직계가족, 배우자, 직장 등을 두고 있는 사람으로서 북한을 벗어난 후 외국 국적을 취득한 사람을 말한다.

해설) 제2조(정의)
1. "북한이탈주민"이란 군사분계선 이북지역(이하 "북한"이라 한다)에 주소, 직계가족, 배우자, 직장 등을 두고 있는 사람으로서 북한을 벗어난 후 **외국 국적을 취득하지 아니한 사람**을 말한다.

02 「북한이탈주민의 보호 및 정착 지원에 관한 법률」에 관한 다음 설명 중 가장 옳지 않은 것은?

응용문제

① 위장탈출 혐의자, 국내 입국 후 3년이 지나서 보호신청한 사람은 보호대상자로 결정하지 않을 수 있다.
② 보호금품이란 이 법에 따라 보호대상자에게 지급하거나 빌려주는 금전 또는 물품을 말한다.
③ 관리대상자란 이 법에 따라 보호 및 지원을 받는 북한이탈주민을 말한다.
④ 통일부장관은 북한이탈주민에 대한 보호 및 지원 등을 위하여 북한이탈주민의 실태를 파악하고, 그 결과를 정책에 반영하여야 한다.

해설) 제2조(정의)
2. "**보호대상자**"란 이 법에 따라 보호 및 지원을 받는 북한이탈주민을 말한다.

Answer 01 ④ 02 ③

03 「북한이탈주민의 보호 및 정착지원에 관한 법률」에 대한 설명으로 옳지 않은 것은? 21. 경간부

① 북한이탈주민이란 군사분계선 이북지역에 주소, 직계가족, 배우자, 직장 등을 두고 있는 사람으로서 북한을 벗어난 후 외국 국적을 취득하지 아니한 사람을 말한다.
② 대한민국은 보호대상자를 상호주의에 입각하여 특별히 보호하고 외국에 체류하고 있는 북한이탈주민의 보호 및 지원 등을 위해 외교적 노력을 다하여야 한다.
③ 국가는 보호대상자의 성공적인 정착을 위하여 보호대상자의 보호·교육·취업·주거·의료 및 생활보고 등의 지원을 지속적으로 추진하고 이에 필요한 재원을 안정적으로 확보하기 위해 노력하여야 한다.
④ 통일부장관은 보호대상자가 거주지로 전입한 후 그의 신변안전을 위하여 국방부장관이나 경찰청장에게 협조를 요청할 수 있으며, 협조요청을 받은 국방부장관이나 경찰청장은 이에 협조한다.

해설 제4조(기본원칙)
① 대한민국은 보호대상자를 **인도주의에 입각**하여 특별히 보호한다.
④ 통일부장관은 북한이탈주민에 대한 보호 및 지원 등을 위하여 북한이탈주민의 실태를 파악하고, 그 결과를 정책에 반영하여야 한다.

04 「북한이탈주민의 보호 및 정착지원에 관한 법률」에 대한 설명으로 적절한 것은? 21. 승진

① "북한이탈주민"이란 군사분계선 이북지역에 주소, 직계가족, 배우자, 직장 등을 두고 있는 사람으로서 북한을 벗어난 후 외국 국적을 취득하지 아니한 사람을 말한다.
② 위장탈출 혐의자, 국내 입국 후 5년이 지나서 보호신청한 사람은 보호 대상자로 결정하지 않을 수 있다.
③ "구호물품"이란 이 법에 따라 보호대상자에게 지급하거나 빌려주는 금전 또는 물품을 말한다.
④ 북한이탈주민으로 보호를 받으려는 사람은 재외공관이나 그 밖의 행정기관의 장에게 보호를 직접 신청해야 하고, 국가정보원장은 '북한이탈주민 대책협의회'의 심의를 거쳐 보호여부를 결정한다.

해설 ▶(②) 제9조(보호 결정의 기준 등)
① 제8조 제1항 본문에 따라 보호 여부를 결정할 때 다음 각 호의 어느 하나에 해당하는 사람은 보호대상자로 결정하지 아니할 수 있다.
  1. 항공기 납치, 마약거래, 테러, 집단살해 등 국제형사범죄자
  2. 살인 등 중대한 비정치적 범죄자
  3. 위장탈출 혐의자
  4. 삭제
  5. 국내 입국 후 **3년**이 지나서 보호신청한 사람
  6. 그 밖에 국가안전보장·질서유지·공공복리에 대한 중대한 위해 발생 우려, 보호신청자의 경제적 능력 및 해외체류 여건 등을 고려하여 보호대상자로 정하는 것이 부적당하거나 보호 필요성이 현저히 부족하다고 대통령령으로 정하는 사람

Answer 03 ② 04 ①

▶ (③) 제2조(정의)
4. "보호금품"이란 이 법에 따라 보호대상자에게 지급하거나 빌려주는 금전 또는 물품을 말한다

▶ (④) 제7조(보호신청 등)
① 북한이탈주민으로서 이 법에 따른 보호를 받으려는 사람은 재외공관이나 그 밖의 행정기관의 장(각급 군부대의 장을 포함. 이하 "재외공관장등"이라 한다)에게 보호를 직접 신청하여야 한다. 다만, 보호를 직접 신청하지 아니할 수 있는 대통령령으로 정하는 사유가 있는 경우에는 그러하지 아니하다.

제8조(보호 결정 등)
① **통일부장관은** 통보를 받으면 북한이탈주민 보호 및 정착지원협의회의 심의를 거쳐 보호 여부를 결정한다.

05 「북한이탈주민의 보호 및 정착 지원에 관한 법률」과 관련된 설명으로 틀린 것은? 응용문제

① 북한이탈주민으로서 이법에 의한 보호를 받고자 하는 자는 재외공관 기타 행정기관의 장에게 보호를 직접 신청하여야 한다. 다만, 대통령령이 정하는 직접 신청하기 어려운 사유가 있는 경우에는 그러하지 아니한다.
② 국가정보원장이 북한이탈주민대책협의회의 심의를 거쳐 보호여부에 대한 결정을 한다.
③ 통일부장관은 보호대상자의 정착여건 및 생계유지능력 등을 고려하여 정착금 또는 그에 상응하는 가액의 물품을 지급할 수 있다.
④ 통일부장관은 보호대상자에게 대통령령이 정하는 바에 의하여 주거지원을 할 수 있다.

해설 제8조(보호 결정 등)
① **통일부장관은** 제7조 제3항에 따른 통보를 받으면 협의회의 심의를 거쳐 보호 여부를 결정한다. 다만, 국가안전보장에 현저한 영향을 줄 우려가 있는 사람에 대하여는 **국가정보원장이** 그 보호 여부를 결정하고, 그 결과를 지체 없이 통일부장관과 보호신청자에게 통보하거나 알려야 한다.

06 「북한이탈주민의 보호 및 정착지원에 관한 법률」 및 같은 법 시행령에 대한 설명으로 가장 적절한 것은? 응용문제

① 북한이탈주민이란 군사분계선 이북지역에 주소, 직계가족, 배우자, 직장 등을 두고 있는 사람으로서 북한을 벗어난 후 외국 국적을 취득한 사람을 말한다.
② 북한이탈주민으로서 「북한이탈주민의 보호 및 정착지원에 관한 법률」에 따른 보호를 받으려는 사람은 재외공관이나 그 밖의 행정기관의 장(각급 군부대의 장은 제외한다)에게 보호를 직접 신청하여야 한다.
③ 통일부장관은 '북한이탈주민 대책협의회'의 심의를 거쳐 북한이탈주민의 보호 여부를 결정한다. 단, 국가안보에 현저한 영향을 끼칠 우려가 있는 자의 경우 국방부장관이 보호 여부를 결정한다.
④ 통일부장관은 「북한이탈주민의 보호 및 정착지원에 관한 법률」에 따라 보호대상자가 거주지로 전입한 후 그의 신변안전을 위하여 국방부장관이나 경찰청장에게 협조를 요청할 수 있다.

Answer 05 ② 06 ④

해설 ▶(①) 제2조(정의)
1. "북한이탈주민"이란 군사분계선 이북지역(이하 "북한"이라 한다)에 주소, 직계가족, 배우자, 직장 등을 두고 있는 사람으로서 북한을 벗어난 후 **외국 국적을 취득하지 아니한 사람**을 말한다.

▶(②) 제7조(보호신청 등)
① 북한이탈주민으로서 이 법에 따른 보호를 받으려는 사람은 재외공관이나 그 밖의 행정기관의 장(각급 군부대의 장을 포함한다. 이하 "재외공관장등"이라 한다)에게 보호를 직접 신청하여야 한다.

▶(③) 제8조(보호 결정 등)
① 통일부장관은 제7조 제3항에 따른 통보를 받으면 협의회의 심의를 거쳐 보호 여부를 결정한다. 다만, 국가안전보장에 현저한 영향을 줄 우려가 있는 사람에 대하여는 **국가정보원장**이 그 보호 여부를 결정하고, 그 결과를 지체 없이 통일부장관과 보호신청자에게 통보하거나 알려야 한다.

07 「북한이탈주민 보호 및 정착지원에 관한 법률」 제9조에 규정된 보호대상자로 결정하지 아니할 수 있는 기준으로 가장 적절하지 <u>않은</u> 것은? 20. 승진

① 체류국에 5년 이상 생활 근거지를 두고 있는 사람
② 국내 입국 후 3년이 지나서 보호신청한 사람
③ 살인 등 중대한 비정치적 범죄자
④ 위장탈출 혐의자

해설 제9조(보호 결정의 기준 등)
① 제8조 제1항 본문에 따라 보호 여부를 결정할 때 다음 각 호의 어느 하나에 해당하는 사람은 보호대상자로 결정하지 아니할 수 있다.
1. 항공기 납치, 마약거래, 테러, 집단살해 등 국제형사범죄자
2. **살인 등 중대한 비정치적 범죄자**
3. **위장탈출 혐의자**
4. 삭제 → 체류국에 10년 이상 생활 근거지를 두고 있는 사람
5. **국내 입국 후 3년이 지나서 보호신청한 사람**
6. 그 밖에 국가안전보장·질서유지·공공복리에 대한 중대한 위해 발생 우려, 보호신청자의 경제적 능력 및 해외체류 여건 등을 고려하여 보호대상자로 정하는 것이 부적당하거나 보호 필요성이 현저히 부족하다고 대통령령으로 정하는 사람

08 「북한이탈주민의 보호 및 정착지원에 관한 법률」에 관한 설명으로 가장 적절하지 <u>않은</u> 것은? 응용문제

① 북한이탈주민이란 군사분계선 이북지역에 주소, 직계가족, 배우자, 직장 등을 두고 있는 사람으로서 북한을 벗어난 후 외국 국적을 취득하지 아니한 사람을 말한다.
② 보호대상자는 일정한 경우 북한 또는 외국에서 취득한 자격에 상응하는 자격 또는 학력의 인정을 받을 수 있다.
③ 통일부장관은 직업훈련을 희망하는 보호대상자에 대하여 직업훈련을 실시할 수 있다.

Answer 07 ① 08 ④

④ 보호대상자 중 북한의 군인이었던 자가 국군으로의 편입을 희망하더라도 보안문제상 국군으로 특별임용할 수 없다.

> 해설 제18조(특별임용)
> ② 북한의 군인이었던 보호대상자가 국군에 편입되기를 희망하면 북한을 벗어나기 전의 계급, 직책 및 경력 등을 고려하여 **국군으로 특별임용할 수 있다**.

09 「북한이탈주민의 보호 및 정착지원에 관한 법률령」 제22조의2의 내용 중 ㉠부터 ㉣까지 ( ) 안에 들어갈 용어를 나열한 것으로 가장 적절한 것은?   응용문제

> 법률 제22조의2(거주지에서의 신변보호)
> 1. 제1항 – 통일부장관은 법 제22조에 따라 보호대상자가 거주지로 전입한 후 그의 신변안전을 위하여 (㉠)이나 (㉡)에게 협조를 요청할 수 있다.
> 2. 제2항 – 제1항에 따른 신변보호에 필요한 사항은 통일부장관이 (㉢), 국가정보원장 및 경찰청장과 협의하여 정한다. 이 경우 해외여행에 따른 신변보호에 관한 사항은 외교부장관과 (㉣)의 의견을 들을 수 있다.

① ㉠ 국방부장관 ㉡ 경찰청장 ㉢ 국방부장관 ㉣ 법무부장관
② ㉠ 국방부장관 ㉡ 국가정보원장 ㉢ 법무부장관 ㉣ 국방부장관
③ ㉠ 법무부장관 ㉡ 경찰청장 ㉢ 국방부장관 ㉣ 법무부장관
④ ㉠ 법무부장관 ㉡ 국가정보원장 ㉢ 법무부장관 ㉣ 국방부장관

> 해설 제22조의2(거주지에서의 신변보호)
> ① 통일부장관은 제22조에 따라 보호대상자가 거주지로 전입한 후 그의 신변안전을 위하여 **국방부장관이나 경찰청장**에게 협조를 요청할 수 있으며, 협조요청을 받은 국방부장관이나 경찰청장은 이에 협조한다.
> ② 제1항에 따른 신변보호(이하 이 조에서 "신변보호"라 한다)에 필요한 사항은 통일부장관이 **국방부장관**, 국가정보원장 및 경찰청장과 협의하여 정한다. 이 경우 해외여행에 따른 신변보호에 관한 사항은 외교부장관과 **법무부장관**의 의견을 들을 수 있다.

10 「북한이탈주민의 보호 및 정착지원에 관한 법률」상 북한이탈주민의 보호에 대한 설명으로 가장 적절한 것은?   20. 승진

① 북한이탈주민이란 군사분계선 이북지역에 주소, 직계가족, 배우자, 직장 등을 두고 있는 사람으로서 북한을 벗어난 후 외국 국적을 취득한 사람을 말한다.
② 보호대상자를 정착지원시설에서 보호하는 기간은 3년 이내, 거주지에서 보호하는 기간은 5년을 원칙으로 한다.
③ 국내 입국 후 3년이 지나서 보호신청한 사람은 보호대상자로 결정하지 않을 수 있다.
④ 통일부장관은 보호대상자가 500만원의 벌금형을 선고받고 그 형이 확정된 경우 협의회의 심의를 거쳐 보호 및 정착지원을 중지하거나 종료할 수 있다.

Answer 09 ① 10 ③

해설 ▶ (①) **제2조(정의)**
1. "북한이탈주민"이란 군사분계선 이북지역(이하 "북한"이라 한다)에 주소, 직계가족, 배우자, 직장 등을 두고 있는 사람으로서 북한을 벗어난 후 **외국 국적을 취득하지 아니한 사람**을 말한다.

▶ (②) **제5조(보호기준 등)**
③ 보호대상자를 정착지원시설에서 보호하는 기간은 **1년 이내**로 하고, 거주지에서 보호하는 기간은 **5년**으로 한다. 다만, 특별한 사유가 있는 경우에는 제6조에 따른 북한이탈주민 보호 및 정착지원협의회의 심의를 거쳐 그 기간을 단축하거나 연장할 수 있다.

▶ (④) **제27조(보호의 변경)**
① 통일부장관은 보호대상자가 다음 각 호의 어느 하나에 해당하는 경우에는 협의회의 심의를 거쳐 보호 및 정착지원을 중지하거나 종료할 수 있다.
  1. **1년 이상의 징역 또는 금고의 형을 선고받고 그 형이 확정된 경우**
  2. 고의로 국가이익에 반하는 거짓 정보를 제공한 경우
  3. 사망선고나 실종선고를 받은 경우
  4. 북한으로 되돌아가려고 기도(企圖)한 경우
  5. 이 법 또는 이 법에 따른 명령을 위반한 경우
  6. 그 밖에 대통령령으로 정하는 사유에 해당한 경우

CHAPTER 16 국민보호와 공공안전을 위한 테러방지법
[법률 시행 2024.2.9.]

01 「국민보호와 공공안전을 위한 테러방지법」 제2조 정의에 관한 설명 중 가장 적절하지 않은 것은?

22. 순경

① '테러위험인물'이란 테러를 실행·계획·준비하거나 테러에 참가할 목적으로 국적국이 아닌 국가의 테러단체에 가입하거나 가입하기 위하여 이동 또는 이동을 시도하는 외국인을 말한다.
② '대테러활동'이란 제1호의 테러 관련 정보의 수집, 테러위험인물의 관리, 테러에 이용될 수 있는 위험물질 등 테러수단의 안전관리, 인원·시설·장비의 보호, 국제행사의 안전확보, 테러위협에의 대응 및 무력진압 등 테러 예방과 대응에 관한 제반활동을 말한다.
③ '테러단체'란 국제연합(UN)이 저정한 테러단체를 말한다.
④ '대테러조사'란 대테러활동에 필요한 정보나 자료를 수집하기 위하여 현장조사·문서열람·시료채취 등을 하거나 조사대상자에게 자료제출 및 진술을 요구하는 활동을 말한다.

(해설) 제2조(정의)
4. "**외국인테러전투원**"이란 테러를 실행·계획·준비하거나 테러에 참가할 목적으로 국적국이 아닌 국가의 테러단체에 가입하거나 가입하기 위하여 이동 또는 이동을 시도하는 내국인·외국인을 말한다.

02 「국민보호와 공공안전을 위한 테러방지법」에 대한 설명으로 가장 적절한 것은?

응용문제

① 국가테러대책위원회 위원장은 대통령으로 한다.
② '테러단체'란 국제연합(UN)이 지정한 테러단체를 말한다.
③ '테러위험인물'이란 테러를 실행·계획·준비하거나 테러에 참가할 목적으로 국적국이 아닌 국가의 테러단체에 가입하거나 가입하기 위하여 이동 또는 이동을 시도하는 내국인·외국인을 말한다.
④ 국가정보원장은 테러위험인물에 대하여 출입국·금융거래 및 통신이용 등 관련 정보를 수집하여야 한다.

(해설) ▶ (①) 제5조(국가테러대책위원회)
① 대테러활동에 관한 정책의 중요사항을 심의·의결하기 위하여 국가테러대책위원회를 둔다.
② 대책위원회는 국무총리 및 관계기관의 장 중 대통령령으로 정하는 사람으로 구성하고 **위원장은 국무총리**로 한다.

Answer 01 ① 02 ②

▶ (③) 제2조(정의)
4. "**외국인테러전투원**"이란 테러를 실행·계획·준비하거나 테러에 참가할 목적으로 국적국이 아닌 국가의 테러단체에 가입하거나 가입하기 위하여 이동 또는 이동을 시도하는 내국인·외국인을 말한다.

▶ (④) 제9조(테러위험인물에 대한 정보 수집 등)
① 국가정보원장은 테러위험인물에 대하여 출입국·금융거래 및 통신이용 등 **관련 정보를 수집할 수 있다.**

03 「국민보호와 공공안전을 위한 테러방지법」에서 규정하는 내용 중 적절한 것은 모두 몇 개인가?

23. 승진

⊙ "테러위험인물"이란 테러를 실행·계획·준비하거나 테러에 참가할 목적으로 국적국이 아닌 국가의 테러단체에 가입하거나 가입하기 위하여 이동 또는 이동을 시도하는 내국인·외국인을 말한다.
ⓒ 대테러활동에 관한 정책의 중요사항을 심의·의결하기 위하여 국가테러대책위원회를 두고 위원장은 국가정보원장으로 한다.
ⓒ 관계기관의 장은 테러의 계획 또는 실행에 관한 사실을 관계기관에 신고하여 테러를 사전에 예방할 수 있게 하였거나, 테러에 가담 또는 지원한 사람을 신고하거나 체포한 사람에 대하여 대통령령으로 정하는 바에 따라 포상금을 지급하여야 한다.
② 국가정보원장은 대테러활동에 필요한 정보나 자료를 수집하기 위하여 대테러조사 및 테러위험인물에 대한 추적을 할 수 있다. 이 경우 사전 또는 사후에 대책위원회 위원장에게 보고하여야 한다.

① 1개   ② 2개
③ 3개   ④ 4개

해설 ▶ (⊙) 제2조(정의)
4. "**외국인테러전투원**"이란 테러를 실행·계획·준비하거나 테러에 참가할 목적으로 국적국이 아닌 국가의 테러단체에 가입하거나 가입하기 위하여 이동 또는 이동을 시도하는 내국인·외국인을 말한다.

▶ (ⓒ) 제5조(국가테러대책위원회)
① 대테러활동에 관한 정책의 중요사항을 심의·의결하기 위하여 국가테러대책위원회를 둔다.
② 대책위원회는 국무총리 및 관계기관의 장 중 대통령령으로 정하는 사람으로 구성하고 **위원장은 국무총리**로 한다.

▶ (ⓒ) 제14조(신고자 보호 및 포상금)
② 관계기관의 장은 테러의 계획 또는 실행에 관한 사실을 관계기관에 신고하여 테러를 사전에 예방할 수 있게 하였거나, 테러에 가담 또는 지원한 사람을 신고하거나 체포한 사람에 대하여 대통령령으로 정하는 바에 따라 포상금을 **지급할 수 있다.**

Answer 03 ①

04 「국민보호와 공공안전을 위한 테러방지법」에 관한 설명으로 가장 적절한 것은? 23. 순경

① 「여권법」제17조 제1항 단서에 따른 외교부장관의 허가를 받지 아니하고 방문 및 체류가 금지된 국가 또는 지역을 방문·체류한 사람이 테러로 인해 생명의 피해를 입은 경우, 그 사람의 유족에 대해 특별위로금을 지급할 수 있다.
② 「국민보호와 공공안전을 위한 테러방지법」에서 말하는 "테러단체"란 국제형사경찰기구(ICPO)가 지정한 테러단체를 말한다.
③ 대테러활동을 수행하는 국가기관, 지방자치단체, 그 밖에 대통령령으로 정하는 기관의 대테러활동으로 인한 국민의 기본권 침해방지를 위하여 국가테러대책위원회 소속으로 대테러 인권보호관 1명을 둔다.
④ 테러로 인하여 신체·재산·명예의 피해를 입은 국민은 관계기관에 즉시 신고하여야 한다. 다만, 인질 등 부득이한 사유로 신고할 수 없을 때에는 법률관계 또는 계약관계에 의하여 보호 의무가 있는 사람이 이를 알게 된 때에 즉시 신고하여야 한다.

해설 ▶ (①) 제16조(특별위로금)
① 테러로 인하여 생명의 피해를 입은 사람의 유족 또는 신체상의 장애 및 장기치료가 필요한 피해를 입은 사람에 대해서는 그 피해의 정도에 따라 등급을 정하여 특별위로금을 지급할 수 있다. 다만, 「**여권법**」 제1조 제1항 단서에 따른 외교부장관의 허가를 받지 아니하고 **방문 및 체류가 금지된 국가 또는 지역을 방문·체류한 사람에 대해서는 그러하지 아니하다.**

▶ (②) 제2조(정의)
2. "테러단체"란 **국제연합(UN)**이 지정한 테러단체를 말한다.

▶ (④) 제15조(테러피해의 지원)
① 테러로 인하여 **신체 또는 재산의 피해**를 입은 국민은 관계기관에 즉시 신고하여야 한다. 다만, 인질 등 부득이한 사유로 신고할 수 없을 때에는 법률관계 또는 계약관계에 의하여 보호의무가 있는 사람이 이를 알게 된 때에 즉시 신고하여야 한다.

Answer 04 ③

CHAPTER 17 테러취약시설 안전활동에 관한 규칙
(훈련시행 2022.2.25.) [경찰청 훈령 시행 2021.1.22.]

01 다음 ( ) 안에 들어갈 말로 옳게 연결된 것은? 응용문제

> 「테러취약시설 안전활동에 관한 규칙」에 따르면, 테러취약시설 중 다중이용시설은 시설의 기능·역할의 중요성과 가치의 정도에 따라 A급, B급, C급으로 구분한다. 이 중에서 (㉠)급은 테러에 의하여 파괴되거나 기능 마비시 일부 지역의 대테러진압작전이 요구되고, 국민생활에 중대한 영향을 미칠 수 있는 시설로서 관할 경찰서장은 (㉡)에 (㉢)회 이상 지도·점검을 실시하여야 한다.

① ㉠ - B, ㉡ - 반기, ㉢ - 1
② ㉠ - C, ㉡ - 반기, ㉢ - 1
③ ㉠ - B, ㉡ - 분기, ㉢ - 1
④ ㉠ - C, ㉡ - 분기, ㉢ - 2

해설 제9조(다중이용건축물등의 분류), 제22조(다중이용건축물등 지도·점검)

① 경찰서장은 관할 내에 있는 다중이용건축물등 전체에 대해 해당 시설 관리자의 동의를 받아 다음 각 호와 같이 지도·점검을 실시하여야 한다.

A급	테러에 의하여 파괴되거나 기능 마비시 광범위한 지역의 대테러진압작전이 요구되고, 국민생활에 결정적인 영향을 미칠 수 있는 건축물 또는 시설	분기 1회 이상
B급	테러에 의하여 파괴되거나 기능 마비시 일부 지역의 대테러진압작전이 요구되고, 국민생활에 중대한 영향을 미칠 수 있는 건축물 또는 시설	반기 1회 이상
C급	테러에 의하여 파괴되거나 기능 마비시 제한된 지역에서 단기간 대테러진압작전이 요구되고, 국민생활에 상당한 영향을 미칠 수 있는 건축물 또는 시설	

② 시·도경찰청장은 관할 내 다중이용건축물등 중 일부를 선별하여 해당 시설 관리자의 동의를 받아 반기 1회 이상 지도·점검을 실시하여야 한다.

Answer 01 ①

02 「테러취약시설 안전활동에 관한 규칙」에 대한 설명으로 가장 적절하지 않은 것은? 20. 승진

① "테러취약시설"이라 함은 테러 예방 및 대응을 위해 경찰이 관리하는 국가중요시설, 다중이용건축물 등, 공관지역, 미군 관련 시설 등 중 경찰청장이 지정하는 시설·건축물 등을 말한다.
② 테러취약시설 심의위원회 위원장은 경찰청 경비국장이다.
③ 시·도경찰청장은 관할 내 국가중요시설 중 선별하여 연 1회 이상 지도·점검을 실시한다.
④ 테러에 의하여 파괴되거나 기능 마비시 광범위한 지역의 대테러진압작전이 요구되고, 국민생활에 결정적인 영향을 미칠 수 있는 건축물 또는 시설에 대하여 관할 경찰서장은 반기 1회 이상 지도·점검을 실시하여야 한다.

(해설) **제22조(다중이용건축물등 지도·점검)**
테러에 의하여 파괴되거나 기능 마비시 광범위한 지역의 대테러진압작전이 요구되고, 국민생활에 결정적인 영향을 미칠 수 있는 건축물 또는 시설은 A급시설로서 **분기 1회 이상 지도·점검**을 실시하여야 한다.

03 경찰의 대테러 업무에 대한 설명 중 옳은 것을 모두 고른 것은? 20. 승진

㉠ 「테러취약시설 안전활동에 관한 규칙」에 의하면 'B'급 다중이용건축물등의 경우 테러에 의해 파괴되거나 기능 마비시 일부 지역의 대테러진압작전이 요구되고, 국민생활에 중대한 영향을 미칠 수 있는 건축물 또는 시설이며, 관할 경찰서장은 분기 1회 이상 지도·점검을 실시해야 한다.
㉡ 「테러취약시설 안전활동에 관한 규칙」에 의하면 'C'급 다중이용건축물등의 경우 테러에 의하여 파괴되거나 기능 마비시 제한된 지역의 대테러진압작전이 요구되고, 국민생활에 상당한 영향을 미칠 수 있는 건축물 또는 시설이며, 관할 경찰서장은 반기 1회 이상 지도·점검을 실시해야한다.
㉢ '리마증후군'이란 인질범이 인질에게 일체감을 느끼게 되고 인질의 입장을 이해하여 호의를 베푸는 등 인질범이 인질에게 동화되는 현상이다.
㉣ 테러단체 구성죄는 미수범, 예비·음모 모두 처벌한다.

① ㉠㉢
② ㉡㉢
③ ㉡㉢㉣
④ ㉠㉡㉣

(해설) **제22조(다중이용건축물등 지도·점검)**
B급은 테러에 의하여 파괴되거나 기능 마비시 일부 지역의 대테러진압작전이 요구되고, 국민생활에 중대한 영향을 미칠 수 있는 건축물 또는 시설이며, 관할 경찰서장은 **반기 1회이상** 지도·점검을 실시해야 한다.

Answer 02 ④ 03 ③

CHAPTER 18 재난 및 안전관리 기본법
[법률시행 2024.7.17.]

01 「재난 및 안전관리 기본법」에 관한 설명으로 가장 적절하지 않은 것은? 24. 승진
① 특별재난지역의 선포는 재난관리 체계상 대응단계에 해당한다.
② 행정안전부장관은 국가 및 지방자치단체가 행하는 재난 및 안전관리 업무를 총괄·조정한다.
③ '재난관리'란 재난의 예방·대비·대응 및 복구를 위하여 하는 모든 활동을 말한다.
④ '재난'이란 국민의 생명·신체·재산과 국가에 피해를 주거나 줄 수 있는 것이며, 화재·붕괴·폭발·교통사고는 '사회재난'으로 구분한다.

해설 재난관리 4단계

재난의 예방	㉠ 재난관리책임기관의 장의 재난예방조치 ㉡ 국가기반시설의 지정 ㉢ 국가기반시설의 관리 ㉣ 특정관리대상지역의 지정 및 관리 ㉤ 지방자치단체에 대한 지원 ㉥ 재난방지시설의 관리 ㉦ 재난안전분야 종사자 교육 ㉧ 재난예방을 위한 긴급안전점검 ㉨ 재난예방을 위한 안전조치 ㉩ 정부합동 안전 점검 ㉪ 안전관리전문기관에 대한 자료요구 ㉫ 재난관리 실태 공시 ㉬ 재난관리체계 등에 대한 평가
재난의 대비	㉠ 재난관리자원의 비축·관리 ㉡ 재난현장 긴급통신수단의 마련 ㉢ 국가재난관리기준의 제정·운용 ㉣ 기능별 재난대응 활동계획의 작성·활용 ㉤ 재난분야 위기관리 매뉴얼 작성·운용 ㉥ 재난대비훈련 실시 ㉦ 안전기준의 등록 및 심의 ㉧ 재난안전통신망의 구축·운영 ㉨ 재난대비훈련 기본계획 수립 ㉩ 다중이용시설 등의 위기상황 매뉴얼 작성·관리 및 훈련

Answer 01 ①

재난의 대응	응급조치	㉠ 재난사태 선포 ㉡ 응급조치 ㉢ 위기경보의 발령 ㉣ 재난 예보·경보체계 구축·운영 ㉤ 동원명령 ㉥ 대피명령 ㉦ 위험구역의 설정 ㉧ 강제대피조치 ㉨ 통행제한 ㉩ 응원 ㉪ 응급부담
	긴급구조	㉠ 긴급구조활동에 대한 평가 ㉡ 긴급구조대응계획의 수립 ㉢ 긴급구조 관련 특수번호 전화서비스의 통합·연계 ㉣ 재난대비능력 보강
재난의 복구		㉠ 피해조사 및 복구계획 ㉡ **특별재난지역 선포 및 지원** ㉢ 재정 및 보상 등

02 「재난 및 안전관리 기본법」상 재난관리 체계에 대한 설명으로 옳은 것은? 응용문제

① 특별재난지역 선포는 대응 단계에서의 활동이다.
② 재난분야 위기관리 매뉴얼 작성은 예방 단계에서의 활동이다.
③ 재난관리체계 등의 평가는 대비 단계에서의 활동이다.
④ 재난피해조사는 복구 단계에서의 활동이다.

해설 ① 특별재난지역 선포는 **복구단계**에서의 활동이다.
② 재난분야 위기관리 매뉴얼 작성은 **대비 단계**에서의 활동이다.
③ 재난관리체계 등의 평가는 **예방 단계**에서의 활동이다.

03 「재난 및 안전관리 기본법」에 관한 설명으로 가장 적절하지 않은 것은? 23. 순경·23. 순경

① "재난"이란 국민의 생명·신체·재산과 국가에 피해를 주거나 줄 수 있는 것으로서 사회재난과 자연재난으로 구분한다.
② "재난관리"란 재난의 예방·대비·대응 및 복구를 위하여 하는 모든 활동을 말한다.
③ 경찰청장은 국가 및 지방자치단체가 행하는 재난 및 안전관리업무를 총괄·조정한다.
④ 대통령령으로 정하는 대규모 재난의 대응·복구 등에 관한 사항을 총괄·조정하고, 필요한 조치를 하기 위하여 행정안전부에 중앙재난안전대책본부를 둔다.

해설 제6조(재난 및 안전관리 업무의 총괄·조정)
행정안전부장관은 국가 및 지방자치단체가 행하는 재난 및 안전관리 업무를 총괄·조정한다.

Answer 02 ④   03 ③

04 「재난 및 안전관리 기본법」에 대한 설명으로 가장 적절한 것은?   73기 경간부

① 재난관리란 재난이나 그 밖의 각종 사고로부터 사람의 생명·신체 및 재산의 안전을 확보하기 위하여 하는 모든 활동을 말한다.
② 시장·군수·구청장과 지역통제단장(대통령령으로 정하는 권한을 행사하는 경우에만 해당한다)은 재난이 발생하거나 발생할 우려가 있는 경우에 사람의 생명 또는 신체나 재산에 대한 위해를 방지하기 위하여 필요하면 해당 지역 주민이나 그 지역 안에 있는 사람에게 대피하도록 명하거나 선박·자동차 등을 그 소유자·관리자 또는 점유자에게 대피시킬 것을 명할 수 있다. 이 경우 미리 대피장소를 지정할 수 있다.
③ 긴급구조기관이란 경찰청, 시·도경찰청 및 경찰서를 말한다. 다만, 해양에서 발생한 재난의 경우에는 해양경찰청·지방해양경찰청 및 해양경찰서를 말한다.
④ 국무총리는 대통령령으로 정하는 재난이 발생하거나 발생할 우려가 있는 경우 사람의 생명·신체 및 재산에 미치는 중대한 영향이나 피해를 줄이기 위하여 긴급한 조치가 필요하다고 인정하면 중앙안전관리위원회의 심의를 거쳐 재난사태를 선포할 수 있다. 다만, 국무총리는 재난상황이 긴급하여 중앙안전관리위원회의 심의를 거칠 시간적 여유가 없다고 인정하는 경우에는 중앙안전관리위원회의 심의를 거치지 아니하고 재난 사태를 선포할 수 있다.

> **해설** ▶ 제3조(정의)
> 4. (①) **"안전관리"**란 재난이나 그 밖의 각종 사고로부터 사람의 생명·신체 및 재산의 안전을 확보하기 위하여 하는 모든 활동을 말한다.
> 7. (③) "긴급구조기관"이란 **소방청·소방본부 및 소방서**를 말한다. 다만, 해양에서 발생한 재난의 경우에는 해양경찰청·지방해양경찰청 및 해양경찰서를 말한다.
>
> ▶ (④) 제36조(재난사태 선포)
> ① **행정안전부장관은** 대통령령으로 정하는 재난이 발생하거나 발생할 우려가 있는 경우 사람의 생명·신체 및 재산에 미치는 중대한 영향이나 피해를 줄이기 위하여 긴급한 조치가 필요하다고 인정하면 중앙위원회의 심의를 거쳐 재난사태를 선포할 수 있다. 다만, **행정안전부장관은** 재난상황이 긴급하여 중앙위원회의 심의를 거칠 시간적 여유가 없다고 인정하는 경우에는 중앙위원회의 심의를 거치지 아니하고 재난사태를 선포할 수 있다.

Answer 04 ②

CHAPTER 19 경찰 재난관리 규칙 [시행 2021.7.15.]

01 「경찰재난관리규칙」상 재난 상황실의 설치 및 운용에 관한 다음 설명 중 가장 적절하지 <u>않은</u> 것은? *응용문제*

① 재난은 관심 – 주의 – 경계 – 심각의 4단계로 구분하여 관리한다.
② '관심단계'는 전국적 기상특보 발령 등 재난발생 징후의 활동이 비교적 활발하여 재난으로 발전할 수 있는 일정 수준의 경향이 나타나는 상태를 말한다.
③ '경계단계'는 전국적 기상특보 발령 등 재난발생 징후의 활동이 활발하여 재난으로 발전할 가능성이 농후한 상태를 말한다.
④ '심각단계'는 재난이 발생하였거나 재난의 발생이 확실시되는 상태를 말한다.

해설 재난관리 단계(재난의 발생 가능 정도)

관심단계	일부지역 기상특보 발령 등 재난발생 징후와 관련된 현상이 나타나고 있으나 그 활동 수준이 낮아서 재난으로 발전할 **가능성이 적은 상태**
주의단계	전국적 기상특보 발령 등 재난발생 징후의 활동이 비교적 활발하여 재난으로 발전할 수 있는 일정수준의 **경향이 나타나는 상태**
경계단계	전국적 기상특보 발령 등 재난발생 징후의 활동이 활발하여 재난으로 발전할 **가능성이 농후한 상태**
심각단계	재난이 발생하였거나 재난의 **발생이 확실시되는 상태**

02 재난 및 대테러경비활동에 대한 설명으로 가장 적절하지 <u>않은</u> 것은? *22. 승진*

① 「재난 및 안전관리 기본법」상 '재난'은 '자연재난'과 '사회재난'으로 구분된다.
② 「테러취약시설 안전활동에 관한 규칙」상 C급 다중이용건축물등은 테러에 의하여 파괴되거나 기능 마비시 제한된 지역에서 단기간 대테러진압작전이 요구되고, 국민생활에 상당한 영향을 미칠 수 있는 건축물 또는 시설을 말한다.
③ 「국민보호와 공공안전을 위한 테러방지법」상 '테러위험인물'이란 테러단체의 조직원이거나 테러단체 선전, 테러자금 모금・기부, 그 밖에 테러 예비・음모・선전・선동을 하였거나 하였다고 의심 할 상당한 이유가 있는 사람을 말한다.
④ 「경찰 재난관리 규칙」상 시・도경찰청등의 장은 관할 지역 내에서 재난이 발생하였거나 발생할 우려가 있는 경우 재난상황실을 설치・운영할 수 있으나, 시・도경찰청등에 재난대책본부가 설치 되었거나, 「재난 및 안전관리 기본법」상 '경계'단계의 위기경보가 발령된 경우에는 재난상황실을 설치・운영하여야 한다.

Answer 01 ② 02 ④

해설 제4조(경찰청 재난상황실의 설치)
치안상황관리관은 재난이 발생하였거나 재난이 발생할 우려가 있는 경우에는 위기관리센터 또는 치안종합상황실에 재난상황실을 설치·운영할 수 있다. 다만, 제11조의 재난대책본부가 설치되었거나 「재난 및 안전관리 기본법」 제38조에 따라 '**심각**' 단계의 위기경보가 발령된 경우에는 재난상황실을 설치·운영하여야 한다.

03 「경찰 재난관리 규칙」에 대한 설명 중 가장 옳지 않은 것은? 응용문제

① 시·도경찰청등의 장은 관할 지역 내에서 재난이 발생하였거나 발생할 우려가 있는 경우 재난상황실을 설치·운영하여야 한다. 다만, 시·도경찰청등에 재난대책본부가 설치되었거나, 법 제38조에 따라 '심각' 단계의 위기경보가 발령된 경우에는 재난상황실을 설치·운영할 수 있다.
② "경계단계"는 전국적 기상특보 발령 등 재난발생 징후의 활동이 활발하여 재난으로 발전할 가능성이 농후한 상태를 말한다.
③ "관심단계"는 일부지역 기상특보 발령 등 재난발생 징후와 관련된 현상이 나타나고 있으나 그 활동수준이 낮아서 재난으로 발전할 가능성이 적은 상태를 말한다.
④ "주의단계"는 전국적 기상특보발령 등 재난발생 징후의 활동이 비교적 활발하여 재난으로 발전할 수 있는 일정수준의 경향이 나타나는 상태를 말한다.

해설 제9조(시·도경찰청등 재난상황실 설치 및 운영)
시·도경찰청등의 장은 관할 지역 내에서 재난이 발생하였거나 발생할 우려가 있는 경우 재난상황실을 **설치·운영할 수 있다**. 다만, 시·도경찰청등에 재난대책본부가 설치되었거나, 법 제38조에 따라 '심각' 단계의 위기경보가 발령된 경우에는 재난상황실을 **설치·운영하여야 한다**.

Answer 03 ①

PART 05

총론 3단계

CHAPTER 01 경찰공무원 복무규정 [시행 2021.1.5.]

01 「경찰공무원 복무규정」상 기본강령과 그에 대한 내용으로 가장 적절하게 연결된 것은?

응용문제

① 경찰사명 : 경찰공무원은 주어진 사명을 다하기 위하여 긍지를 가지고 한마음 한뜻으로 굳게 뭉쳐 임무수행에 모든 역량을 기울여야 한다.
② 경찰정신 : 경찰공무원은 국가와 민족을 위하여 충성과 봉사를 다하며, 국민의 생명·신체 및 재산을 보호하고, 공공의 안녕과 질서를 유지함을 그 사명으로 한다.
③ 규율 : 경찰공무원은 성실하고 청렴한 생활태도로써 국민의 모범이 되어야 한다.
④ 책임 : 경찰공무원은 창의와 노력으로써 소임을 완수하여야 하며, 직무수행의 결과에 대하여 책임을 진다.

해설 제3조(기본강령)

경찰사명	경찰공무원은 국가와 민족을 위하여 충성과 봉사를 다하며, 국민의 생명·신체 및 재산을 보호하고, 공공의 안녕과 질서를 유지함을 그 **사명**으로 한다
경찰정신	경찰공무원은 국민의 수임자로서 일상의 직무수행에 있어서 국민의 자유와 권리를 존중하는 **호국·봉사·정의의 정신**을 그 바탕으로 삼는다.
규율	경찰공무원은 법령을 준수하고 직무상의 명령에 복종하며, 상사에 대한 존경과 부하에 대한 신애로써 **규율**을 지켜야 한다.
단결	경찰공무원은 주어진 사명을 다하기 위하여 긍지를 가지고 **한마음 한뜻으로 굳게 뭉쳐** 임무수행에 모든 역량을 기울여야 한다.
책임	경찰공무원은 창의와 노력으로써 소임을 완수하여야 하며, 직무수행의 결과에 대하여 **책임**을 진다
성실·청렴	경찰공무원은 **성실**하고 **청렴**한 생활태도로써 국민의 모범이 되어야 한다.

02 「경찰공무원 복무규정」상 경찰공무원의 의무에 대한 설명으로 가정 적절하지 <u>않은</u> 것은?

21. 순경

① 경찰공무원은 상사의 허가를 받거나 그 명령에 의한 경우를 제외하고는 직무와 관계없는 장소에서 직무수행을 하여서는 아니된다.
② 경찰공무원은 신규채용·승진·전보·파견·출장·연가·교육훈련기관에의 입교, 기타 신분관계 또는 근무관계 또는 근무관계의 변동이 있는 때에는 소속상관에게 신고를 하여야 한다.

Answer 01 ④ 02 ④

③ 경찰공무원은 직위 또는 직권을 이용하여 부당하게 타인의 민사분쟁에 개입하여서는 아니된다.
④ 경찰공무원은 휴무일 또는 근무시간외에 2시간 이내에 직무에 복귀하기 어려운 지역으로 여행을 하고자 할 때에는 소속상관의 허가를 받아야 한다.

> **해설** 제13조(여행의 제한)
> 경찰공무원은 휴무일 또는 근무시간외에 **2시간 이내에** 직무에 복귀하기 어려운 지역으로 여행을 하고자 할 때에는 **소속 경찰기관의 장에게 신고를 하여야 한다.** 다만, 치안상 특별한 사정이 있어 경찰청장, 해양경찰청장 또는 경찰기관의 장이 지정하는 기간중에는 소속경찰기관의 장의 허가를 받아야 한다.

03 「경찰공무원 복무규정」에 관한 다음 설명 중 가장 적절하지 않은 것은? [응용문제]

① 경찰공무원은 상사의 허가를 받거나 그 명령에 의한 경우를 제외하고는 직무와 관계없는 장소에서 직무수행을 하여서는 아니 된다.
② 경찰공무원은 휴무일 또는 근무시간 외에 3시간 이내에 직무에 복귀하기 어려운 지역으로 여행을 하고자 할 때에는 소속 경찰기관의 장에게 신고를 하여야 한다.
③ 경찰공무원은 근무시간 중 음주를 하여서는 아니 된다. 다만, 특별한 사정이 있는 경우에는 예외로 하되, 이 경우 주기가 있는 상태에서 직무를 수행하여서는 아니 된다.
④ 경찰기관의 장은 근무성적이 탁월하거나 다른 경찰공무원의 모범이 될 공적이 있는 경찰공무원에 대하여 1회 10일 이내의 포상휴가를 허가할 수 있다. 이 경우의 포상휴가기간은 연가일수에 산입하지 아니한다.

> **해설** 제13조(여행의 제한)
> 경찰공무원은 휴무일 또는 근무시간외에 **2시간 이내에** 직무에 복귀하기 어려운 지역으로 여행을 하고자 할 때에는 소속 경찰기관의 장에게 신고를 하여야 한다. 다만, 치안상 특별한 사정이 있어 경찰청장, 해양경찰청장 또는 경찰기관의 장이 지정하는 기간중에는 소속경찰기관의 장의 허가를 받아야 한다.

04 다음 「경찰공무원 복무규정」상 사기진작 및 휴가등에 대한 내용으로 틀린 것은? [응용문제]

① 경찰기관의 장은 소속 경찰공무원에 대한 인사상담·고충처리 기타의 방법으로 직무의 욕을 고취시키고 사기진작에 노력하여야 한다.
② 경찰기관의 장은 소속 경찰공무원의 건강유지와 체력향상에 관한 보건대책을 강구하여야 한다. 경찰공무원은 항상 보건위생에 유의하여 건강을 유지하고 체력을 증진하는데 노력하여야 한다.
③ 경찰기관의 장은 근무성적이 탁월하거나 다른 경찰공무원의 모범이 될 공적이 있는 경찰공무원에 대하여 1회 15일이내의 포상휴가를 허가할 수 있다. 이 경우의 포상휴가기간은 연가일수에 산입하지 아니한다.

Answer 03 ② 04 ③

④ 경찰기관의 장은 특별한 사정이 없는 한 연일근무자 및 공휴일근무자에 대하여는 그 다음날 1일의 휴무, 당직 또는 철야근무자에 대하여는 다음 날 오후 2시를 기준으로 하여 오전 또는 오후의 휴무를 허가하여야 한다.

> **해설** 제18조(포상휴가)
> 경찰기관의 장은 근무성적이 탁월하거나 다른 경찰공무원의 모범이 될 공적이 있는 경찰공무원에 대하여 1회 10일이내의 포상휴가를 허가할 수 있다. 이 경우의 포상휴가기간은 연가일수에 산입하지 아니한다.

05 「국가공무원 복무규정」상 공가의 사유로 가장 적절하지 않은 것은? 23. 승진

① 원격지(遠隔地)로 전보(轉補) 발령을 받고 부임할 때
② 천재지변, 교통 차단 또는 그 밖의 사유로 출근이 불가능할 때
③ 신체·정신상의 장애로 장기 요양이 필요할 때
④ 「혈액관리법」에 따라 헌혈에 참가할 때

> **해설** 국가공무원 복무규정 제19조(공가)
> 행정기관의 장은 소속 공무원이 다음 각 호의 어느 하나에 해당하는 경우에는 이에 직접 필요한 기간 또는 시간을 공가로 승인해야 한다.
> 1. 「병역법」이나 그 밖의 다른 법령에 따른 병역판정검사·소집·검열점호 등에 응하거나 동원 또는 훈련에 참가할 때
> 2. 공무와 관련하여 국회, 법원, 검찰, 경찰 또는 그 밖의 국가기관에 소환되었을 때
> 3. 법률에 따라 투표에 참가할 때
> 4. 승진시험·전직시험에 응시할 때
> 5. **원격지(遠隔地)로 전보(轉補) 발령을 받고 부임할 때**
> 6. 「산업안전보건법」 제129조부터 제131조까지의 규정에 따른 건강진단, 「국민건강보험법」 제52조에 따른 건강검진 또는 「결핵예방법」 제11조 제1항에 따른 결핵검진등을 받을 때
> 7. **「혈액관리법」에 따라 헌혈에 참가할 때**
> 8. 「공무원 인재개발법 시행령」 제32조 제5호에 따른 외국어능력에 관한 시험에 응시할 때
> 9. 올림픽, 전국체전 등 국가적인 행사에 참가할 때
> 10. **천재지변, 교통 차단 또는 그 밖의 사유로 출근이 불가능할 때**
> 11. 「공무원의 노동조합 설립 및 운영 등에 관한 법률」 제9조에 따른 교섭위원으로 선임(選任)되어 단체교섭 및 단체협약 체결에 참석하거나 같은 법 제17조 및 「노동조합 및 노동관계조정법」 제17조에 따른 대의원회(「공무원의 노동조합 설립 및 운영 등에 관한 법률」에 따라 설립된 공무원 노동조합의 대의원회를 말하며, 연 1회로 한정한다)에 참석할 때
> 12. 공무국외출장등을 위하여 「검역법」 제5조 제1항에 따른 검역관리지역 또는 중점검역관리지역으로 가기 전에 같은 법에 따른 검역감염병의 예방접종을 할 때
> 13. 「감염병의 예방 및 관리에 관한 법률」에 따른 제1급감염병에 대하여 같은 법 제24조 또는 제25조에 따라 필수예방접종 또는 임시예방접종을 받거나 같은 법 제42조 제2항 제3호에 따라 감염 여부 검사를 받을 때

Answer 05 ③

CHAPTER 02 공직자윤리법 [법률시행 2021.10.2.]

01 다음은 甲총경과 친족의 재산 현황이다. 「공직자윤리법」을 기준으로 甲총경이 등록해야 하는 재산의 총액으로 가장 적절한 것은? (단, 제시한 자료 이외의 친족 및 재산은 없음)

73기 경간부

> 가. 甲총경이 소유한 미국에 있는 5천만원 상당의 아파트
> 나. 甲총경의 성년아들이 소유한 합계액 500만원의 예금
> 다. 甲총경의 배우자가 소유한 합계액 2천만원의 채권
> 라. 甲총경의 부친이 소유한 합계액 500만원의 현금
> 마. 甲총경의 외조모가 소유한 합계액 3천만원의 주식
> 바. 甲총경의 혼인한 딸이 소유한 합계액 5천만원의 현금

① 7천만원 ② 7천 500만원
③ 8천만원 ④ 8천 500만원

해설 제4조(등록대상재산)
① 등록의무자가 등록할 재산은 다음 각 호의 어느 하나에 해당하는 사람의 재산(소유 명의와 관계없이 사실상 소유하는 재산, 비영리법인에 출연한 재산과 **(가) 외국에 있는 재산**을 포함)으로 한다.
 1. 본인
 2. **(다) 배우자**(사실상의 혼인관계에 있는 사람을 포함)
 3. 본인의 **(라) 직계존속·(나) 직계비속**. 다만, **(바) 혼인한 직계비속인 여성**과 외증조부모, **(마) 외조부모**, 외손자녀 및 외증손자녀는 제외한다.
② 등록의무자가 등록할 재산은 다음 각 호와 같다.
 1. **(가) 부동산에 관한 소유권**·지상권 및 전세권
 2. 광업권·어업권·양식업권, 그 밖에 부동산에 관한 규정이 준용되는 권리
 3. 다음 각 목의 동산·증권·채권·채무 및 지식재산권
  가. 소유자별 합계액 1천만원 이상의 현금(수표를 포함)
  나. 소유자별 합계액 1천만원 이상의 예금
  다. 소유자별 합계액 1천만원 이상의 주식·국채·공채·회사채 등 증권
  라. 소유자별 합계액 **(다) 1천만원 이상의 채권**
  마. 소유자별 합계액 1천만원 이상의 채무
  바. 소유자별 합계액 500만원 이상의 금 및 백금(금제품 및 백금제품을 포함)
  사. 품목당 500만원 이상의 보석류
  아. 품목당 500만원 이상의 골동품 및 예술품

Answer 01 ①

　　　　　　자. 권당 500만원 이상의 회원권
　　　　　　차. 소유자별 연간 1천만원 이상의 소득이 있는 지식재산권
　　　　　　카. 자동차·건설기계·선박 및 항공기
　　　　4. 합명회사·합자회사 및 유한회사의 출자지분
　　　　5. 주식매수선택권
　　　　6. 「가상자산 이용자 보호 등에 관한 법률」 제2조 제1호에 따른 가상자산

> 소유자별 합계액 1천만원 이상 현금(수표), 소유자별 합계액 1천만원 이상 예금의 경우에는 등록의무 재산에 해당하므로 보기에서 **나, 라는 제외한다.**
> 결론적으로 **가, 다**만 등록재산에 해당하므로 금액은 **7천만원**이다.

02 다음 「공직자윤리법」상 공직자윤리위원회에 대한 내용으로 가장 적절한 것은? [응용문제]

① 공직자윤리위원회는 위원장과 부위원장 각 1명을 포함한 11명의 위원으로 구성한다.
② 위원장을 포함한 7명의 위원은 판사·검사·변호사, 교육자, 학식과 덕망이 있는 사람 또는 시민단체에서 추천한 사람 중에서 선임하여야 한다.
③ 공직자윤리위원회의 위원장과 위원의 임기는 3년으로 하되, 한 차례만 연임할 수 있다.
④ 공직자윤리위원회의 부위원장은 인사혁신처장이 된다.

해설
▶ (①)(②) 제9조(공직자윤리위원회)
③ 공직자윤리위원회는 **위원장과 부위원장 각 1명을 포함한 13명의 위원**으로 구성하되, **위원장을 포함한 9명의 위원**은 판사·검사·변호사, 교육자, 학식과 덕망이 있는 사람 또는 시민단체(「비영리민간단체 지원법」 제2조에 따른 비영리민간단체를 말한다. 이하 같다)에서 추천한 사람 중에서 선임하여야 한다.

▶ (③) 제14조의5(주식백지신탁 심사위원회의 직무관련성 심사 등)
⑤ 위원장 및 위원의 **임기는 2년**으로 하되, 1차례만 연임할 수 있다. 다만, 임기가 만료된 위원은 그 후임자가 임명되거나 위촉될 때까지 해당 직무를 수행한다.

03 「공직자윤리법」 및 「동법 시행령」의 내용으로 가장 적절한 것은? [응용문제]

① 「공직자윤리법」에서는 경정 이상의 경찰공무원을 재산등록의무자로 규정하고 있고, 「동법 시행령」에서는 경사 이상을 재산등록의무자로 규정하고 있다.
② 등록재산의 공개 대상자는 경무관 이상의 경찰공무원 및 특별시·광역시·특별자치시·도·특별자치도의 시·도경찰청장이다.
③ 공무원(지방의회의원을 포함한다) 또는 공직유관단체의 임직원은 외국으로부터 선물을 받거나 그 직무와 관련하여 외국인(외국단체를 포함한다)에게 선물을 받으면 지체 없이 소속 기관·단체의 장에게 신고하고 그 선물을 인도하여야 한다. 이들의 가족이 외국으로부터 선물을 받거나 그 공무원이나 공직유관단체 임직원의 직무와 관련하여 외국인에게 선물을 받은 경우에도 또한 같다.

02 ④　03 ③

④ 위 '③'에 따라 신고하여야 할 선물은 그 선물 수령 당시 증정한 국가 또는 외국인이 속한 국가의 시가로 미국화폐 1,000달러 이상이거나 국내 시가로 100만원 이상인 선물로 한다.

해설 ▶ (①) 제3조(등록의무자)
① 다음 각 호의 어느 하나에 해당하는 공직자는 이 법에서 정하는 바에 따라 재산을 등록하여야 한다.
9. 총경(자치총경을 포함) 이상의 경찰공무원과 소방정 이상의 소방공무원

▶ (②) 제10조(등록재산의 공개)
① 공직자윤리위원회는 관할 등록의무자 중 다음 각 호의 어느 하나에 해당하는 공직자 본인과 배우자 및 본인의 직계존속·직계비속의 재산에 관한 등록사항과 제6조에 따른 변동사항 신고내용을 등록기간 또는 신고기간 만료 후 1개월 이내에 관보(공보를 포함한다) 및 인사혁신처장이 지정하는 정보통신망을 통하여 공개하여야 한다.
8. 치안감 이상의 경찰공무원 및 특별시·광역시·특별자치시·도·특별자치도의 시·도경찰청장

▶ (④) 제15조(외국 정부 등으로부터 받은 선물의 신고)
① 공무원(지방의회의원을 포함) 또는 공직유관단체의 임직원은 외국으로부터 선물(대가 없이 제공되는 물품 및 그 밖에 이에 준하는 것을 말하되, 현금은 제외)을 받거나 그 직무와 관련하여 외국인(외국단체를 포함)에게 선물을 받으면 지체 없이 소속 기관·단체의 장에게 신고하고 그 선물을 인도하여야 한다. 이들의 가족이 외국으로부터 선물을 받거나 그 공무원이나 공직유관단체 임직원의 직무와 관련하여 외국인에게 선물을 받은 경우에도 또한 같다.

공직자윤리법 시행령 제28조(선물의 가액)
① 법 제15조 제1항에 따라 신고하여야 할 선물은 그 선물 수령 당시 증정한 국가 또는 외국인이 속한 국가의 시가로 **미국화폐 100달러 이상이거나 국내 시가로 10만원 이상인 선물**로 한다.

04 다음 「공직자윤리법」에 대한 내용으로 가장 적절한 것은? 응용문제

① 공무원(지방의회의원을 포함) 또는 공직유관단체의 임직원은 외국으로부터 선물(대가없이 제공되는 물품 및 그 밖에 이에 준하는 것을 말하되, 현금은 포함)을 받거나 그 직무와 관련하여 외국인(외국단체를 포함)에게 선물을 받으면 지체 없이 소속 기관·단체의 장에게 신고하고 그 선물을 인도하여야 한다. 이들의 가족이 외국으로부터 선물을 받거나 그 공무원이나 공직유관단체 임직원의 직무와 관련하여 외국인에게 선물을 받은 경우에도 또한 같다.
② ①에 따라 신고하여야 할 선물은 그 선물 수령 당시 증정한 국가 또는 외국인이 속한 국가의 시가로 미국화폐 100달러 이상이거나 국내 시가로 10만원 이상인 선물로 한다
③ ②에 따라 소속장관에게 신고된 선물은 신고 즉시 국가 또는 지방자치단체에 귀속된다.
④ 공직자와 부당한 영향력 행사 가능성 및 공정한 직무수행을 저해할 가능성 등을 고려하여 국회규칙, 대법원규칙, 헌법재판소규칙, 중앙선거관리위원회규칙 또는 대통령령으로 정하는 공무원과 공직유관단체의 직원은 퇴직일부터 2년간 취업심사대상기관에 취업을

Answer 04 ②

할 수 없다. 다만, 관할 공직자윤리위원회로부터 취업심사대상자가 퇴직 전 5년 동안 소속하였던 부서 또는 기관의 업무와 취업심사대상기관 간에 밀접한 관련성이 없다는 확인을 받거나 취업승인을 받은 때에는 취업할 수 있다.

> 해설 ▶ (①) 제15조(외국 정부 등으로부터 받은 선물의 신고)
> ① 공무원(지방의회의원을 포함) 또는 공직유관단체의 임직원은 외국으로부터 선물(대가 없이 제공되는 물품 및 그 밖에 이에 준하는 것을 말하되, **현금은 제외**)을 받거나 그 직무와 관련하여 외국인(외국단체를 포함)에게 선물을 받으면 지체 없이 소속 기관·단체의 장에게 신고하고 그 선물을 인도하여야 한다. 이들의 가족이 외국으로부터 선물을 받거나 그 공무원이나 공직유관단체 임직원의 직무와 관련하여 외국인에게 선물을 받은 경우에도 또한 같다
>
> ▶ (③) 제16조(선물의 귀속 등)
> ① **소속 기관·단체의 장에게** 신고된 선물은 신고 즉시 국가 또는 지방자치단체에 귀속된다.
>
> ▶ (④) 제17조(퇴직공직자의 취업제한)
> ① 공직자와 부당한 영향력 행사 가능성 및 공정한 직무수행을 저해할 가능성 등을 고려하여 취업심사대상자는 **퇴직일부터 3년간** 취업심사대상기관에 취업할 수 없다. 다만, 관할 공직자윤리위원회로부터 취업심사대상자가 **퇴직 전 5년 동안** 소속하였던 부서 또는 기관의 업무와 취업심사대상기관 간에 밀접한 관련성이 없다는 확인을 받거나 취업승인을 받은 때에는 취업할 수 있다.

CHAPTER 03 | 부패방지 및 국민권익위원회의 설치와 운영에 관한 법률[법률시행 2024.8.14]

01 「부패방지 및 국민권익위원회의 설치와 운영에 관한 법률」에 대한 설명으로 가장 적절하지 않은 것은?
　　　　　　　　　　　　　　　　　　　　　　　　응용문제

① 공무원이 법령에 위반하여 자기 또는 제3자의 이익을 도모하는 행위도 부패행위에 포함된다.
② 공직자는 그 직무를 행함에 있어 다른 공직자가 부패행위를 한 사실을 알게 되었거나 부패행위를 강요 또는 제의받은 경우에는 지체 없이 이를 수사기관, 감사원 또는 위원회에 신고하여야 한다.
③ 신고자가 신고의 내용이 허위라는 사실을 알았거나 알 수 있었음에도 불구하고 신고한 경우에도 이 법의 보호를 받을 수 있다.
④ 부패행위를 신고하고자 하는 자는 신고자의 인적사항과 신고취지 및 이유를 기재한 기명의 문서로써 하여야 하며, 신고대상과 부패행위의 증거 등을 함께 제시하여야 한다.

해설 제57조(신고자의 성실의무)
부패행위 신고를 한 자가 신고의 내용이 허위라는 사실을 알았거나 알 수 있었음에도 불구하고 신고한 경우에는 **이 법의 보호를 받지 못한다.**

02 「부패방지 및 국민권익위원회의 설치와 운영에 관한 법률」상 부패행위 등의 신고에 대한 설명으로 가장 적절하지 않은 것은?
　　　　　　　　　　　　　　　　　　　　　　　　24. 승진

① 신고를 하려는 자는 본인의 인적사항과 신고취지 및 이유를 기재한 기명의 문서로써 하여야 하며, 신고대상과 부패행위의 증거 등을 함께 제시하여야 한다.
② 국민권익위원회는 접수된 신고사항에 대하여 신고자를 상대로 신고대상자의 인적사항, 신고의 경위 및 취지 등 신고내용의 특정에 필요한 사항을 확인하여야 한다.
③ 공직자는 그 직무를 행함에 있어 다른 공직자가 부패행위를 한 사실을 알게 되었거나 부패행위를 강요 또는 제의받은 경우에는 지체 없이 이를 수사기관·감사원 또는 국민권익위원회에 신고하여야 한다.
④ 조사기관은 신고를 이첩 또는 송부받은 날부터 60일 이내에 감사·수사 또는 조사를 종결하여야 한다. 다만, 정당한 이유가 있는 경우에는 그 기간을 연장할 수 있으며, 국민권익위원회에 그 연장 사유 및 연장기간을 통보하여야 한다.

Answer　01 ③　02 ②

해설 제59조(신고내용의 확인 및 이첩 등)
① 위원회는 접수된 신고사항에 대하여 신고자를 상대로 다음 각 호의 사항을 **확인할 수 있다.**
   1. 신고자의 인적사항, 신고의 경위 및 취지 등 신고내용의 특정에 필요한 사항
   2. 신고내용이 제29조 제2항 각 호의 어느 하나에 해당하는지의 여부에 관한 사항

03 「부패방지 및 국민권익위원회의 설치와 운영에 관한 법률」에 대한 설명으로 옳지 <u>않은</u> 것은?
20. 경간부

① 국민권익위원회에 신고가 접수된 부패행위의 혐의대상자가 경무관급 이상의 경찰공무원이고, 부패혐의의 내용이 형사처벌을 위한 수사 및 공소제기의 필요성이 있는 경우에는 위원회의 명의로 검찰에 고발할 수 있다.
② 조사기관은 신고를 이첩 받은 날부터 60일 이내에 감사·수사 또는 조사를 종결하여야 한다. 다만, 정당한 사유가 있는 경우에는 그 기간을 연장할 수 있으며, 위원회에 그 연장사유 및 연장기간을 통보하여야 한다.
③ 신고를 하려는 자는 본인의 인적사항과 신고취지 및 이유를 기재한 기명의 문서로써 하여야 하며, 신고대상과 부패행위의 증거 등을 함께 제시하여야 한다.
④ 신고자가 신고의 내용이 허위라는 사실을 알았거나 알 수 있었음에도 불구하고 신고한 경우에는 「부패방지 및 국민권익위원회의 설치와 운영에 관한 법률」의 보호를 받을 수 없다.

해설 제59조(신고내용의 확인 및 이첩 등)
⑥ 국민권익위원회에 신고가 접수된 당해 부패행위의 혐의대상자가 다음 각 호에 해당하는 고위공직자로서 부패혐의의 내용이 형사처벌을 위한 수사 및 공소제기의 필요성이 있는 경우에는 위원회의 명의로 검찰, 수사처, 경찰 등 관할 수사기관에 **고발을 하여야 한다.**
   3. 경무관급 이상의 경찰공무원

Answer 03 ①

CHAPTER 04 행정절차법 [법률시행 2023.3.24.]

01 다음 중 「행정절차법」에 규정되어 있는 것은 모두 몇 개인가?

응용문제

㉠ 행정지도절차
㉡ 행정조사절차
㉢ 신고절차
㉣ 행정예고절차
㉤ 행정상 입법예고절차
㉥ 행정계획절차
㉦ 처분절차

① 3개
② 4개
③ 5개
④ 6개

해설 제3조(적용 범위)
㉠ 처분, ㉡ 신고, ㉢ 행정상 입법예고, ㉣ 행정예고, ㉤ 행정지도 ㉥ 확약
㉦ 위반사실 등의 공표 ⊙ 행정계획 ☞ 행정조사절차(✕), 입법확정절차(✕)

02 다음 〈보기〉의 내용 중 공통된 행정의 법 원칙은 무엇인가?

22. 순경

가. 「행정기본법」 제12조 제1항 "행정청은 공익 또는 제3자의 이익을 현저히 해칠 우려가 있는 경우를 제외하고는 행정에 대한 국민의 정당하고 합리적인 신뢰를 보호하여야 한다.
나. 「행정절차법」 제4조 제2항 "행정청은 법령등의 해석 또는 행정청의 관행이 일반적으로 국민들에게 받아들여졌을 때에는 공익 또는 제3자의 정당한 이익을 현저히 해칠 우려가 있는 경우를 제외하고는 새로운 해석 또는 관행에 따라 소급하여 불리하게 처리하여서는 아니 된다."

① 비례의 원칙
② 평등의 원칙
③ 신뢰보호의 원칙
④ 부당결부금지의 원칙

해설 ▶ 행정기본법 (가) 제12조(신뢰보호의 원칙)
① 행정청은 공익 또는 제3자의 이익을 현저히 해칠 우려가 있는 경우를 제외하고는 행정에 대한 국민의 정당하고 합리적인 신뢰를 보호하여야 한다.
② 행정청은 권한 행사의 기회가 있음에도 불구하고 장기간 권한을 행사하지 아니하여 국민이 그 권한이 행사되지 아니할 것으로 믿을 만한 정당한 사유가 있는 경우에는 그 권한을 행사해서는 아니 된다. 다만, 공익 또는 제3자의 이익을 현저히 해칠 우려가 있는 경우는 예외로 한다.

Answer 01 ④ 02 ③

▶ 행정절차법 (나) 제4조(신의성실 및 신뢰보호)
① 행정청은 직무를 수행할 때 신의(信義)에 따라 성실히 하여야 한다.
② 행정청은 법령등의 해석 또는 행정청의 관행이 일반적으로 국민들에게 받아들여졌을 때에는 공익 또는 제3자의 정당한 이익을 현저히 해칠 우려가 있는 경우를 제외하고는 새로운 해석 또는 관행에 따라 소급하여 불리하게 처리하여서는 아니 된다.

03 「행정절차법」 제8조에 따른 행정응원에 관한 설명으로 가장 적절하지 않은 것은? 24. 순경

① 행정청은 다른 행정청의 응원을 받아 처리하는 것이 보다 능률적이고 경제적인 경우 다른 행정청에 행정응원을 요청할 수 있다.
② 행정응원을 요청받은 행정청은 행정응원으로 인하여 고유의 직무 수행이 현저히 지장받을 것으로 인정되는 명백한 이유가 있는 경우에는 응원을 거부할 수 있다.
③ 행정응원을 위하여 파견된 직원은 다른 법령 등에 특별한 규정이 있는 경우를 제외하고는 원 소속 행정청의 지휘·감독을 받는다.
④ 행정응원에 드는 비용은 응원을 요청한 행정청이 부담하며, 그 부담금액 및 부담방법은 응원을 요청한 행정청과 응원을 하는 행정청이 협의하여 결정한다.

해설 ▶ 제8조(행정응원)
⑤ 행정응원을 위하여 파견된 직원은 응원을 요청한 행정청의 지휘·감독을 받는다. 다만, 해당 직원의 복무에 관하여 **다른 법령등에 특별한 규정이 있는 경우에는 그에 따른다.**

04 행정절차법」에 대한 설명 중 옳은 것은? 응용문제

① 행정절차에는 행정상 입법예고, 행정예고, 행정지도, 행정조사가 있다.
② 청문은 행정청의 소속직원이 선정되어 청문을 주재한다.
③ 게시판, 관보, 공고 등의 공고하는 방법으로 송달하였을 때 통상 공고일로부터 10일이 경과한 때 효력이 발생한다.
④ 공청회는 행정입법 예고 시 활용할 수 있으나, 그 성질상 행정처분 절차는 아니다.

해설 ▶ (①) 제3조(적용 범위)
㉠ 처분, ㉡ 신고, ㉢ 행정상 입법예고, ㉣ 행정예고, ㉤ 행정지도 ㉥ 확약
㉦ 위반사실 등의 공표 ㉧ 행정계획
☞ **행정조사절차(×), 입법확정절차(×)**

▶ (③) 제15조(송달의 효력 발생)
③ 송달받을 자가 알기 쉽도록 관보, 공보, 게시판, 일간신문 중 하나 이상에 공고하고 인터넷에도 공고한 경우에는 다른 법령등에 특별한 규정이 있는 경우를 제외하고는 **공고일부터 14일이 지난 때**에 그 효력이 발생한다. 다만, 긴급히 시행하여야 할 특별한 사유가 있어 효력 발생 시기를 달리 정하여 공고한 경우에는 그에 따른다.

Answer 03 ③ 04 ②

▶ (④) 제3조(적용 범위)
㉠ 처분(공청회, 청문, 의견제출), ㉡ 신고, ㉢ 행정상 입법예고, ㉣ 행정예고, ㉤ 행정지도, ㉥ 확약, ㉦ 위반사실 등의 공표, ㉧ 행정계획
☞ 행정조사절차(X), 입법확정절차(X)

05 「행정절차법」상 처분에 관한 설명으로 가장 적절한 것은? 24. 순경

① 의견제출기한에 따른 기한은 의견제출에 필요한 기간을 10일 이상으로 고려하여 정하여야 한다.
② 행정청이 정당한 처리기간 내에 처리하지 아니하였을 때에도 신청인은 해당 행정청 또는 그 감독 행정청에 신속한 처리를 요청할 수 없다.
③ 행정청에 처분을 구하는 신청은 구두 또는 문서로 하여야 한다. 다만, 다른 법령등에 특별한 규정이 있는 경우와 행정청이 미리 다른 방법을 정한 경우에는 그러하지 아니하다.
④ 행정청이 인허가 등의 취소처분을 하는 경우 공청회를 개최한다.

해설 ▶ (②) 제19조(처리기간의 설정·공표)
④ 행정청이 정당한 처리기간 내에 처리하지 아니하였을 때에는 신청인은 해당 행정청 또는 그 감독 행정청에 신속한 처리를 **요청할 수 있다**.

▶ (③) 제17조(처분의 신청)
① 행정청에 처분을 구하는 신청은 **문서로 하여야 한다**. 다만, 다른 법령등에 특별한 규정이 있는 경우와 행정청이 미리 다른 방법을 정하여 공시한 경우에는 그러하지 아니하다.

▶ (④) 제22조(의견청취)
① 행정청이 처분을 할 때 다음 각 호의 어느 하나에 해당하는 경우에는 **청문을 한다**.
  1. 다른 법령등에서 청문을 하도록 규정하고 있는 경우
  2. 행정청이 필요하다고 인정하는 경우
  3. 다음 각 목의 처분을 하는 경우
    가. **인허가 등의 취소**
    나. 신분·자격의 박탈
    다. 법인이나 조합 등의 설립허가의 취소

06 「행정절차법」상 행정청이 처분을 할 때 청문을 하여야 하는 경우가 아닌 것은? 23. 순경

① 다른 법령등에서 청문을 하도록 규정하고 있는 경우
② 해당 처분의 영향이 광범위하여 널리 의견을 수렴할 필요가 있다고 행정청이 인정하는 경우
③ 인허가 등의 취소의 처분을 하는 경우
④ 법인이나 조합 등의 설립허가의 취소의 처분을 하는 경우

Answer 05 ① 06 ②

해설 제22조(의견청취)
① 행정청이 처분을 할 때 다음 각 호의 어느 하나에 해당하는 경우에는 청문을 한다.
   1. **다른 법령등에서 청문을 하도록 규정하고 있는 경우**
   2. 행정청이 필요하다고 인정하는 경우
   3. 다음 각 목의 처분을 하는 경우
      가. **인허가 등의 취소**
      나. **신분·자격의 박탈**
      다. **법인이나 조합 등의 설립허가의 취소**

07 「행정절차법」상 의견청취절차에 대한 설명 중 적절하지 않은 것은 몇 개인가? [응용문제]

㉠ 현행법상 의견청취절차는 청문, 공청회, 의견제출로 나누어진다.
㉡ 현행법상 청문은 행정청이 필요하다고 인정하는 경우에만 실시하도록 규정되어 있다.
㉢ 현행법상 행정청은 청문을 실시하고자 하는 경우에 청문이 시작되는 날부터 10일 전까지 일정한 사항을 당사자 등에게 통지하여야 한다.
㉣ 현행법상 청문절차시 문서의 열람 또는 복사의 요청이 있는 경우 행정청은 다른 법령에 의하여 제한되는 경우를 제외하고는 거부할 수 없다.

① 없음
② 1개
③ 2개
④ 3개

해설 (②) 제22조(의견청취)
① 행정청이 처분을 할 때 다음 각 호의 어느 하나에 해당하는 경우에는 청문을 한다.
   1. 다른 법령등에서 청문을 하도록 규정하고 있는 경우
   2. 행정청이 필요하다고 인정하는 경우
   3. 다음 각 목의 처분을 하는 경우
      가. 인허가 등의 취소
      나. 신분·자격의 박탈
      다. 법인이나 조합 등의 설립허가의 취소

08 「행정절차법」상 규정된 내용이 아닌 것은? [응용문제]

① 청문주재자는 신청 또는 직권에 의하여 필요한 조사를 할 수 있으며, 당사자 등이 주장하지 아니한 사실에 대하여도 조사할 수 있다.
② 행정청은 공청회와 병행하여서만 정보통신망을 이용한 공청회를 실시할 수 있다.
③ 청문주재자가 필요하다고 인정할 경우 청문을 공개할 수 있다.
④ 청문에 관하여 문서의 열람복사청구권 규정이 없다.

Answer 07 ② 08 ④

> [해설] 제37조(문서의 열람 및 비밀유지)
> ① 당사자등은 **의견제출의 경우에는** 처분의 사전 통지가 있는 날부터 의견제출기한까지, **청문의 경우에는** 청문의 통지가 있는 날부터 청문이 끝날 때까지 행정청에 해당 사안의 조사결과에 관한 문서와 그 밖에 해당 처분과 관련되는 문서의 열람 또는 복사를 요청할 수 있다. 이 경우 행정청은 다른 법령에 따라 공개가 제한되는 경우를 제외하고는 그 요청을 거부할 수 없다.

09 「행정절차법」상 행정지도에 대한 설명으로 가장 적절하지 않은 것은?   응용문제

① 반드시 문서의 형식으로 하여야만 한다.
② 임의성 원칙을 명문화하고 있다.
③ 행정기관이 그 소관 사무의 범위에서 일정한 행정목적을 실현하기 위하여 특정인에게 일정한 행위를 하거나 하지 아니하도록 지도, 권고, 조언 등을 하는 행정작용을 말한다.
④ 행정지도의 상대방은 해당 행정지도의 방식·내용 등에 관하여 행정기관에 의견제출을 할 수 있다.

> [해설] 행정지도(제48조~제51조)

행정지도의 원칙	① 행정지도는 그 목적 달성에 **필요한 최소한도**에 그쳐야 하며, 행정지도의 상대방의 의사에 반하여 부당하게 강요하여서는 아니 된다. ② 행정기관은 행정지도의 상대방이 행정지도에 따르지 아니하였다는 것을 이유로 불이익한 조치를 하여서는 아니 된다.
행정지도의 방식	① 행정지도를 하는 자는 그 상대방에게 그 **행정지도의 취지 및 내용과 신분을 밝혀야** 한다. ② **행정지도가 말로 이루어지는 경우**에 상대방이 제1항의 사항을 적은 서면의 교부를 요구하면 그 행정지도를 하는 자는 직무 수행에 특별한 지장이 없으면 이를 교부하여야 한다.
의견제출	행정지도의 상대방은 해당 **행정지도의 방식·내용 등에 관하여 행정기관에 의견제출을** 할 수 있다.
다수인을 대상으로 하는 행정지도	행정기관이 같은 행정목적을 실현하기 위하여 많은 상대방에게 행정지도를 하려는 경우에는 특별한 사정이 없으면 행정지도에 공통적인 내용이 되는 사항을 공표하여야 한다.

Answer 09 ①

10 「행정절차법」상 행정지도에 관한 설명 가장 적절하지 않은 것은? 22. 순경

① 행정지도는 그 목적 달성에 필요한 최소한도에 그쳐야 하며, 행정지도의 상대방의 의사에 반하여 부당하게 강요하여서는 아니된다.
② 행정기관은 행정지도의 상대방이 행정지도에 따르지 아니하였다는 것을 이유로 불이익한 조치를 하여서는 아니된다.
③ 행정지도가 말로 이루어지는 경우에 상대방이 행정지도의 취지 및 내용과 신분의 사항을 적은 서면의 교부를 요구하면 그 행정지도를 하는 자는 직무 수행에 특별한 지장이 없으면 이를 교부하여야 한다.
④ 행정지도의 상대방은 해당 행정지도의 방식·내용 등에 관하여 행정기관에 의견제출을 할 수 없다.

해설 제50조(의견제출)
행정지도의 상대방은 해당 행정지도의 방식·내용 등에 관하여 행정기관에 **의견제출을 할 수 있다.**

Answer 10 ④

CHAPTER 05 국가배상법 [법률시행 2017.10.31.]

01 다음 중 국가배상제도에 관한 설명으로 옳지 <u>않은</u> 것을 모두 고른 것은?   응용문제

㉠ 판례에 의하면 시영버스운전사는 공무를 위탁받은 사인에 해당한다.
㉡ 우리 헌법은 배상책임의 주체로 국가와 지방자치단체를 규정하고 있다.
㉢ 「국가배상법」상 '공무원의 직무'에 권력적 작용과 관리작용은 포함되나, 사경제적 작용은 포함되지 않는다.
㉣ 경찰공무원의 불법행위에 의한 손해에 대해서는 경찰청장이 피고가 된다.
㉤ 영조물의 설치·관리상 하자 책임은 공무원의 과실을 요건으로 하지 않는다.

① ㉠, ㉡, ㉢
② ㉠, ㉡, ㉣
③ ㉡, ㉢, ㉣
④ ㉢, ㉣, ㉤

해설 (㉠)국가배상법상의 공무원 여부(판례)

공무원(○)	공무원(×)
① 전입신고에 확인印을 찍는 통장	① **의용소방대원**
② 시청소차량운전수	② 공무집행에 자진협력하는 사인
③ 소집중인 향토예비군	③ **시영버스운전사**
④ 수당을 지급받는 교통할아버지	④ 정부기관에서 아르바이트
⑤ 재판의 집행을 행하는 집행관	
⑥ 미군부대카투사	
⑦ 공탁공무원	
⑧ 조세원천징수의무자 등	

▶ (㉡) 헌법과 국가배상법 차이점

	헌법	국가배상법
주체	**국가, 공공단체**	국가, 지방자치단체
유형	공무원의 직무상 불법행위로 인한 손해배상	① 공무원의 직무상 불법행위로 인한 손해배상 ② 영조물의 설치·관리 하자로 인한 손해배상
특례	군인·군무원·경찰공무원 기타 법률이 정하는 자	군인·군무원·경찰공무원, 향토예비군 추가
구상권 조항	규정없음	규정있음

▶ (㉣) 배상책임자
경찰공무원에 의한 손해발생의 경우 국가경찰제를 유지하고 있으므로 **국가만이 손해배상의 책임자가 되며** 지방자치단체는 아직은 배상책임자가 될 수 없다. 다만, 제주특별자치도는 배상책임자가 될 수 있다.

Answer 01 ②

02 「국가배상법」상 손해배상에 관한 설명으로 가장 적절한 것은?

24. 순경

① 군인·군무원·경찰공무원 또는 예비군대원이 전투·훈련 등 직무집행과 관련하여 전사·순직하거나 공상을 입은 경우에 본인이나 그 유족이 다른 법령에 따라 재해보상금·유족연금·상이연금 등의 보상을 지급받을 수 있을 때에도 「국가배상법」 및 「행정기본법」에 따른 손해배상을 청구할 수 있다.
② 생명·신체에 대한 침해와 물건의 멸실·훼손으로 인한 손해 외의 손해는 불법행위와 상당한 인과관계가 있는 범위에서 배상한다.
③ 국가나 지방자치단체에 대한 배상신청사건을 심의하기 위하여 행정안전부에 본부심의회를 둔다. 다만, 군인이나 군무원이 타인에게 입힌 손해에 대한 배상신청사건을 심의하기 위하여 국방부에 특별심의회를 둔다.
④ 결정서의 송달에 관하여는 「행정소송법」의 송달에 관한 규정을 준용한다.

해설 ▶ (①) 제2조(배상책임)
① 국가나 지방자치단체는 공무원 또는 공무를 위탁받은 사인(이하 "공무원"이라 한다)이 직무를 집행하면서 고의 또는 과실로 법령을 위반하여 타인에게 손해를 입히거나, 「자동차손해배상보장법」에 따라 손해배상의 책임이 있을 때에는 이 법에 따라 그 손해를 배상하여야 한다. 다만, 군인·군무원·경찰공무원 또는 예비군대원이 전투·훈련 등 직무 집행과 관련하여 전사(戰死)·순직(殉職)하거나 공상(公傷)을 입은 경우에 본인이나 그 유족이 다른 법령에 따라 재해보상금·유족연금·상이연금 등의 보상을 지급받을 수 있을 때에는 **이 법 및 「민법」에 따른 손해배상을 청구할 수 없다.**

▶ (③) 제10조(배상심의회)
① 국가나 지방자치단체에 대한 배상신청사건을 심의하기 위하여 **법무부에** 본부심의회를 둔다. 다만, 군인이나 군무원이 타인에게 입힌 손해에 대한 배상신청사건을 심의하기 위하여 국방부에 특별심의회를 둔다.

▶ (④) 제14조(결정서의 송달)
① 심의회는 배상결정을 하면 그 결정을 한 날부터 1주일 이내에 그 결정정본(決定正本)을 신청인에게 송달하여야 한다.
② 제1항의 송달에 관하여는 「민사소송법」의 송달에 관한 규정을 준용한다.

03 「국가배상법」에 대한 설명으로 적절한 것은 모두 몇 개인가? (다툼이 있는 경우 판례에 따름)

22. 경간부

가. 경찰관들의 시위진압에 대항하여 시위자들이 던진 화염병에 의하여 발생한 화재로 인하여 손해를 입은 주민이 국가를 상대로 국가배상을 청구한 경우에는 국가의 배상책임이 인정되지 않는다.
나. 시위진압 과정에서 가해공무원인 전투경찰이 특정되지 않더라도 손해배상책임이 인정된다.
다. 전투경찰순경은 「국가배상법」 제2조 제1항 단서에 따라 손해배상청구가 제한되는 군인·군무원·경찰공무원 또는 예비군대원에 해당한다.

Answer 02 ② 03 ④

라. 경찰공무원이 전투·훈련 등 직무집행과 관련하여 순직한 경우에는 전투·훈련 또는 이에 준하는 직무집행뿐만 아니라 일반 직무집행에 관하여도 국가나 지방자치단체의 배상책임이 제한된다.
마. 「국가배상법」 제5조에 따라 도로나 하천은 물론 경찰견도 영조물에 포함된다.

① 2개 ② 3개
③ 4개 ④ 5개

해설 모두 옳은 지문이다.

04 「국가배상법」상 경찰공무원의 배상책임에 대한 설명으로 가장 적절하지 않은 것은?(다툼이 있는 경우 판례에 의함)
73기 경간부

① 경찰공무원이 공무를 수행하는 과정에서 위법행위로 타인에게 손해를 가한 경우에 국가 등이 손해배상책임을 지는 것 외에 그 개인은 고의 또는 중과실이 있는 경우에는 손해배상책임을 진다.
② 경찰공무원의 중과실이란 공무원에게 통상 요구되는 정도의 상당한 주의를 하지 않더라도 약간의 주의를 한다면 손쉽게 위법·위해한 결과를 예견할 수 있는 경우임에도 만연히 이를 간과한 경우와 같이, 거의 고의에 가까운 현저한 주의를 결여한 상태를 의미한다.
③ 경찰공무원이 직무를 수행함에 있어 경과실로 타인에게 손해를 입힌 경우에는 그로 인하여 발생한 손해에 대하여 경찰공무원 개인에게 배상책임을 부담시키지 아니하는 것은 공무원의 공무집행의 안정성을 확보하려는 데 있다.
④ 국민의 생명·신체·재산 등을 보호하는 것을 본래의 사명으로 하는 국가는 형식적 의미의 법령에 근거가 없다면 경찰공무원에 대하여 위험을 배제한 작위의무를 인정할 수 없으므로, 경찰공무원의 부작위를 이유로 국가배상책임을 인정할 수 없다.

해설 대법원 1998. 10. 13. 선고 98다18520 판결
판례는 공무원의 부작위로 인한 국가배상책임과 관련하여, "국민의 생명·신체·재산 등을 보호하는 것을 본래적 사명으로 하는 국가가 초법규적, 일차적으로 그 위험 배제에 나서지 아니하면 국민의 생명·신체·재산 등을 보호할 수 없는 경우에는 **형식적 의미의 법령에 근거가 없더라도** 국가나 관련 공무원에 대하여 그러한 **위험을 배제할 작위의무를 인정할 수 있다**"고 판시하여 긍정설의 입장이다.

Answer 04 ④

05 국가배상에 관한 설명 중 가장 적절하지 않은 것은? (다툼이 있는 경우 판례에 의함) 22. 순경

① 일반적으로 공무원이 직무를 집행함에 있어서 법령에 대한 해석이 그 문언 자체만으로는 명백하지 아니하여 여러 견해가 있을 수 있는 데다가 이에 대한 선례나 학설, 판례 등도 귀일된 바 없어 이의(異議)가 없을 수 없는 경우, 관계 국가공무원이 그 나름대로 신중을 다하여 합리적인 근거를 찾아 그 중 어느 한 견해를 따라 내린 해석이 후에 대법원이 내린 입장과 같지 않아 결과적으로 잘못된 해석에 돌아가고, 이에 따른 처리가 역시 결과적으로 위법하게 되어 그 법령의 부당집행이라는 결과를 가져오게 되었다고 하더라도「국가배상법」상 공무원의 과실을 인정할 수는 없다.

② 국가공무원이 고의 또는 과실로 직무상 의무를 위반하였을 경우라고 하더라도 국가는 그러한 직무상의 의무 위반과 피해자가 입은 손해 사이에 상당인과관계가 인정되는 범위 내에서만 배상책임을 지는 것이고, 이 경우 상당인과관계가 인정되기 위하여는 공무원에게 부과된 직무상 의무의 내용이 단순히 공공 일반의 이익을 위한 것이거나 행정기고 간 내부의 질서를 규율하기 위한 것이 아니고 전적으로 또는 부수적으로 사회구성원 개인의 안전과 이익을 보호하기 위하여 설정된 것이어야 한다.

③ 외국인이 피해자인 경우 국가배상청구권은 해당 국가와 상호보증이 있을 때에만 인정되므로, 그 상호 보증은 외국의 법령, 판례 및 관례 등에 의한 발생요건을 비교하여 인정되는 것이 아니라 반드시 당사국과의 조약이 체결되어 있어야 한다.

④ 국민의 생명, 신체 및 재산의 보호, 범죄의 예방·진압 및 수사, 기타 공공의 안녕과 질서유지 등의 직무를 수행하는 경찰은「경찰관 직무집행법」,「형사소송법」등 관련 법령에서 부여한 여러 권한을 제반 상황에 대응하여 적절하게 행사하여 필요한 조치를 취할 수 있고, 그 권한은 일반적으로 경찰관의 전문적 판단에 기한 합리적인 재량에 위임되어 있지만, 경찰관에게 권한을 부여한 취지와 목적에 비추어 볼 때 구체적인 사정에 따라 경찰관이 그 권한을 행사하여 필요한 조치를 취하지 아니하는 것이 현저하게 불합리하다고 인정되는 경우에는 그러한 권한의 불행사는 직무상의 의무를 위반한 것이 되어 위법하게 된다.

해설 대법원 2015. 6. 11. 선고 2013다208388 판결
국가배상법 제7조는 우리나라만이 입을 수 있는 불이익을 방지하고 국제관계에서 형평을 도모하기 위하여 외국인의 국가배상청구권의 발생요건으로 '외국인이 피해자인 경우에는 해당 국가와 상호 보증이 있을 것'을 요구하고 있는데, **상호보증은 외국의 법령, 판례 및 관례 등에 의하여 발생요건을 비교하여 인정되면 충분하고 반드시 당사국과의 조약이 체결되어 있을 필요는 없으며,** 당해 외국에서 구체적으로 우리나라 국민에게 국가배상청구를 인정한 사례가 없더라도 실제로 인정될 것이라고 기대할 수 있는 상태이면 충분하다.

Answer 05 ③

06 국가배상에 관한 설명으로 가장 적절하지 않은 것은? (다툼이 있는 경우 판례에 의함)

74기 경간부

① 지방자치단체의 도로에 관한 설치·관리상 하자로 인하여 대형낙석이 교통정리를 위해 이동 중이던 순찰차를 덮쳐 경찰공무원이 사망한 경우, 「국가배상법」 제2조 제1항 단서의 면책조항은 '일반 직무집행'에 관하여는 지방자치단체의 배상책임을 제한하지 않으므로, 위 지방자치단체의 국가배상책임은 면책되지 아니한다.

② 경찰관이 교통법규 등을 위반하고 도주하는 차량을 순찰차로 추적하는 직무를 집행하는 중에 그 도주차량의 주행에 의하여 제3자가 손해를 입었다고 하더라도 그 추적이 당해 직무 목적을 수행하는 데에 불필요하다거나 또는 도주차량의 도주의 태양 및 도로교통 상황 등으로부터 예측되는 피해발생의 구체적 위험성의 유무 및 내용에 비추어 추적의 개시·계속 혹은 추적의 방법이 상당하지 않다는 등의 특별한 사정이 없는 한 그 추적행위를 위법하다고 할 수는 없다.

③ 지방자치단체가 '교통할아버지 봉사활동 계획'을 수립한 후 관할 동장으로 하여금 '교통할아버지'를 선정하게 하여 어린이보호, 교통안내, 거리질서 확립 등의 공무를 위탁하여 집행하게 하던 중 '교통할아버지'로 선정된 노인이 위탁받은 업무범위를 넘어 교차로 중앙에서 교통정리를 하다가 교통사고를 발생시킨 경우, 지방자치단체가 「국가배상법」 제2조 소정의 배상책임을 부담한다.

④ 집회참가자들이 집회에서 사용할 조형물을 차량에 싣고 와 집회 장소 인근 도로에 정차한 후 내려놓으려고 하자 경찰관이 「도로교통법」 위반을 이유로 조형물이 실린 채로 차량을 견인하려고 하였고 이에 집회참가자들이 스스로 차량을 옮기겠다고 하였음에도 경찰관이 위 차량을 견인한 행위는 「경찰관 직무집행법」 제6조에 따른 적법한 행위라고 평가할 수 없다.

> **해설** 대법원 2011. 3. 10. 선고 2010다85942 판결
> 대법원은 "경찰공무원 등이 '전투·훈련 등 직무 집행과 관련하여' 순직 등을 한 경우 같은 법 및 민법에 의한 손해배상책임을 청구할 수 없다고 정한 국가배상법 제2조 제1항 단서의 면책조항은 구 국가배상법(2005.7.13. 법률 제7584호로 개정되기 전의 것) 제2조 제1항 단서의 면책조항과 마찬가지로 전투·훈련 또는 이에 준하는 직무집행뿐만 아니라 '일반 직무집행'에 관하여도 국가나 지방자치단체의 배상책임을 제한하는 것이다."라고 판시하였다(대법원 2011. 3. 10. 선고 2010다85942 판결). 위 판결에 비추어 볼 때, 경찰공무원이 낙석사고 현장 주변 교통정리를 위하여 사고현장 부근으로 이동하던 중 낙석이 순찰차를 덮쳐 사망한 경우 해당 도로를 관리하는 **지방자치단체는 국가배상법상 손해배상책임이 면책된다.**

Answer 06 ①

CHAPTER 06 행정심판법 [시행 2023.3.21.]

01 경찰작용 및 경찰공무원을 통제하는 행정기관의 역할과 기능에 관한 설명 중 옳은 것을 모두 고른 것은? (다툼이 있는 경우 판례에 의함) 22. 순경

> ㉠ 행정심판위원회는 경찰관청의 위법한 처분 및 대통령의 부작위에 대해서 심리하여 침해된 국민의 권리를 구제하고 경찰행정의 적정한 운영을 도모한다.
> ㉡ 시·도자치경찰위원회는 자치경찰사무 담당 경찰공무원에 대한 징계를 요구할 수 있다.
> ㉢ 국민권익위원회는 누구든지 경찰공무원 등의 부패행위를 알게 된 때에는 무기명으로 신고할 수 있도록 하고 있다.
> ㉣ 인사혁신처에 소청심사위원회를 설치하여, 경찰공무원이 징계처분, 그 밖에 그 의사에 반하는 불리한 처분이나 부작위를 구제받을 수 있도록 하고 있다.
> ㉤ 국가인권위원회는 경찰기관 및 경찰공무원 등에 의한 인권침해행위 또는 차별행위에 대해 조사하고 구제할 수 있다.
> ㉥ 감사원은 국회·법원 및 헌법재판소를 포함한 모든 국가기관 및 그에 소속한 공무원의 사무를 감찰하여 비위를 적발하고 시정한다.

① ㉠㉢㉤
② ㉡㉣㉤
③ ㉡㉢㉣
④ ㉢㉣㉥

해설
▶ (㉠) 행정심판법 제3조(행정심판의 대상)
② 대통령의 처분 또는 부작위에 대하여는 다른 법률에서 행정심판을 청구할 수 있도록 정한 경우 외에는 **행정심판을 청구할 수 없다**

▶ (㉢) 부패방지 및 국민권익위원회의 설치와 운영에 관한 법률 제58조(신고의 방법)
신고를 하려는 자는 본인의 인적사항과 신고취지 및 이유를 기재한 **기명의 문서로써** 하여야 하며, 신고대상과 부패행위의 증거 등을 함께 제시하여야 한다.

▶ (㉥) 부패방지 및 국민권익위원회의 설치와 운영에 관한 법률 제72조(감사청구권)
① 18세 이상의 국민은 공공기관의 사무처리가 법령위반 또는 부패행위로 인하여 공익을 현저히 해하는 경우 대통령령으로 정하는 일정한 수 이상의 국민의 연서로 감사원에 감사를 청구할 수 있다. 다만, 국회·법원·헌법재판소·선거관리위원회 또는 감사원의 사무에 대하여는 국회의장·대법원장·헌법재판소장·중앙선거관리위원회 위원장 또는 감사원장(이하 "당해 기관의 장"이라 한다)에게 감사를 청구하여야 한다.

Answer 01 ② 02 ②

02 「행정심판법」상 행정심판에 관한 설명으로 가장 적절하지 않은 것은?
24. 순경

① 심판청구는 서면으로 하여야 하며, 심판청구서를 작성하여 피청구인 또는 행정심판위원회에 제출하여야 한다.
② 시·도경찰청장의 처분 또는 부작위에 대한 행정심판의 청구에 대해서는 경찰청에 두는 행정심판위원회에서 심리·재결한다.
③ 행정심판위원회는 처분, 처분의 집행 또는 절차의 속행 때문에 중대한 손해가 생기는 것을 예방할 필요성이 긴급하다고 인정할 때에는 직권으로 또는 당사자의 신청에 의하여 처분의 효력, 처분의 집행 또는 절차의 속행의 전부 또는 일부의 정지를 결정 할 수 있다.
④ 행정심판위원회는 심판청구가 이유가 있다고 인정하는 경우에도 이를 인용하는 것이 공공복리에 크게 위배된다고 인정하면 심판청구를 기각하는 재결을 할 수 있다.

해설 제6조(행정심판위원회의 설치)
② 행정청의 처분 또는 부작위에 대한 심판청구에 대하여는 「부패방지 및 국민권익위원회의 설치와 운영에 관한 법률」에 따른 **국민권익위원회에 두는 중앙행정심판위원회에서 심리·재결**한다.

03 다음 중 「행정심판법」상 중앙행정심판위원회에 대한 내용 중 틀린 것은?
응용문제

① 중앙행정심판위원회는 위원장 1명을 포함하여 70명 이내의 위원으로 구성하되, 위원 중 상임위원은 3명 이내로 한다.
② 중앙행정심판위원회의 위원장은 국민권익위원회의 부위원장 중 1명이 되며, 위원장이 없거나 부득이한 사유로 직무를 수행할 수 없거나 위원장이 필요하다고 인정하는 경우에는 상임위원(상임으로 재직한 기간이 긴 위원 순서로, 재직기간이 같은 경우에는 연장자 순서로 한다)이 위원장의 직무를 대행한다.
③ 중앙행정심판위원회의 회의(제6항에 따른 소위원회 회의는 제외)는 위원장, 상임위원 및 위원장이 회의마다 지정하는 비상임위원을 포함하여 총 9명으로 구성한다
④ 중앙행정심판위원회 및 소위원회는 각각 제5항 및 제6항에 따른 구성원 과반수의 출석과 출석위원 과반수의 찬성으로 의결한다.

해설 제8조(중앙행정심판위원회의 구성)
① 중앙행정심판위원회는 위원장 1명을 포함하여 70명 이내의 위원으로 구성하되, 위원 중 상임위원은 **4명 이내**로 한다.

Answer 02 ② 03 ①

04 「행정심판법」상 중앙행정심판위원회에 관한 내용 중 가장 적절하지 않은 것은? [22. 경특]

① 위원장 1명을 포함하여 70명 이내의 위원으로 구성하되, 위원 중 상임위원은 4명 이내로 한다.
② 위원장은 국민권익위원회의 부위원장 중 1명이 된다.
③ 비상임위원은 제7조 제4항 각 호의 어느 하나에 해당하는 사람 중에서 중앙행정심판위원회 위원장의 제청으로 국무총리가 성별을 고려하여 위촉한다.
④ 비상임위원의 임기는 2년으로 하되, 1차에 한하여 연임할 수 있다.

> 해설) 제9조(위원의 임기 및 신분보장 등)
> ② 제8조 제3항에 따라 임명된 중앙행정심판위원회 상임위원의 임기는 3년으로 하며, 1차에 한하여 연임할 수 있다.
> ③ 제7조 제4항 및 제8조 제4항에 따라 위촉된 위원의 임기는 2년으로 하되, **2차에 한하여 연임**할 수 있다.

05 다음 중 「행정심판법」상 행정심판 청구에 대한 내용 중 틀린 것은? [응용문제]

① 행정심판을 청구하려는 자는 제28조에 따라 심판청구서를 작성하여 피청구인이나 위원회에 제출하여야 한다. 이 경우 피청구인의 수만큼 심판청구서 부본을 함께 제출하여야 한다.
② 피청구인이 제23조 제1항·제2항 또는 제26조 제1항에 따라 심판청구서를 접수하거나 송부받으면 10일 이내에 심판청구서(제23조 제1항·제2항의 경우만 해당된다)와 답변서를 위원회에 보내야 한다.
③ 행정심판은 처분이 있음을 알게 된 날부터 90일 이내에 청구하여야 한다. 청구인이 천재지변, 전쟁, 사변(事變), 그 밖의 불가항력으로 인하여 제1항에서 정한 기간에 심판청구를 할 수 없었을 때에는 그 사유가 소멸한 날부터 20일 이내에 행정심판을 청구할 수 있다. 다만, 국외에서 행정심판을 청구하는 경우에는 그 기간을 30일로 한다. 이 기간은 불변기간으로 한다.
④ 행정심판은 처분이 있었던 날부터 180일이 지나면 청구하지 못한다. 다만, 정당한 사유가 있는 경우에는 그러하지 아니하다.

> 해설) 제27조(심판청구의 기간)
> ① 행정심판은 처분이 있음을 알게 된 날부터 90일 이내에 청구하여야 한다.
> ② 청구인이 천재지변, 전쟁, 사변(事變), 그 밖의 불가항력으로 인하여 제1항에서 정한 기간에 심판청구를 할 수 없었을 때에는 그 사유가 **소멸한 날부터 14일 이내**에 행정심판을 청구할 수 있다. 다만, 국외에서 행정심판을 청구하는 경우에는 그 기간을 30일로 한다.
> ③ 행정심판은 처분이 있었던 날부터 180일이 지나면 청구하지 못한다. 다만, 정당한 사유가 있는 경우에는 그러하지 아니하다.
> ④ 제1항과 제2항의 기간은 불변기간으로 한다.

Answer 04 ④ 05 ③

06 「행정심판법」에 관한 설명으로 가장 적절한 것은?
23. 순경

① 대통령의 처분 또는 부작위에 대하여는 다른 법률에서 행정심판을 청구할 수 있도록 정한 경우 외에는 행정심판을 청구할 수 없다.
② 취소심판은 당사자의 신청에 대한 행정청의 위법 또는 부당한 거부처분이나 부작위에 대하여 일정한 처분을 하도록 하는 행정심판이다.
③ 처분 또는 부작위에 대한 행정심판은 청구서를 제출하거나 말로써 청구할 수 있다.
④ 행정심판위원회는 심판청구가 이유가 있다고 인정하는 경우에도 이를 인용(認容)하는 것이 공공복리에 크게 위배된다고 인정하면 그 심판청구를 기각하는 재결을 하여야 한다.

해설 ▶ (②) 제5조(행정심판의 종류)
3. 의무이행심판이란 당사자의 신청에 대한 행정청의 위법 또는 부당한 거부처분이나 부작위에 대하여 일정한 처분을 하도록 하는 행정심판

▶ (③) 제23조(심판청구서의 제출)
① 행정심판을 청구하려는 자는 제28조에 따라 **심판청구서를 작성하여 피청구인이나 위원회에 제출하여야 한다.** 이 경우 피청구인의 수만큼 심판청구서 부본을 함께 제출하여야 한다.

▶ (④) 제44조(사정재결)
① 위원회는 심판청구가 이유가 있다고 인정하는 경우에도 **이를 인용(認容)하는 것이 공공복리에 크게 위배된다고 인정하면 그 심판청구를 기각하는 재결을 할 수 있다.** 이 경우 위원회는 재결의 주문(主文)에서 그 처분 또는 부작위가 위법하거나 부당하다는 것을 구체적으로 밝혀야 한다.

07 「행정심판법」상 사정재결에 관한 설명 중 가장 적절하지 않은 것은? (다툼이 있는 경우 판례에 의함)
22. 순경

① 사정재결은 인용재결의 일종이다.
② 무효등확인심판에서는 사정재결을 할 수 없다.
③ 사정재결을 하는 경우 반드시 재결주문에 그 처분 또는 부작위가 위법하다는 것을 명시해야 한다.
④ 사정재결 이후에도 행정심판의 대상인 처분등의 효력은 유지된다.

해설 제44조(사정재결) - 기각재결의 일종
① 위원회는 심판청구가 이유가 있다고 인정하는 경우에도 **이를 인용(認容)하는 것이 공공복리에 크게 위배된다고 인정하면 그 심판청구를 기각하는 재결을 할 수 있다.** 이 경우 위원회는 재결의 주문(主文)에서 그 처분 또는 부작위가 위법하거나 부당하다는 것을 구체적으로 밝혀야 한다.

Answer 06 ① 07 ①

08 「행정심판법」상 재결에 관한 설명으로 가장 적절하지 않은 것은? (다툼이 있는 경우 판례에 의함)

23. 순경

① 재결은 서면으로 한다.
② 위원회는 심판청구가 이유가 없다고 인정하면 그 심판청구를 기각(棄却)한다.
③ 위원회는 지체 없이 당사자에게 재결서의 등본을 송달하여야 하며, 재결서가 청구인에게 발송되었을 때에 그 효력이 생긴다.
④ 재결의 기속력은 재결의 주문 및 그 전제가 된 요건사실의 인정과 판단, 즉 처분 등의 구체적 위법사유에 관한 판단에만 미친다고 할 것이고, 종전 처분이 재결에 의하여 취소되었다 하더라도 종전 처분시와는 다른 사유를 들어서 처분을 하는 것은 기속력에 저촉되지 않는다.

해설) 제48조(재결의 송달과 효력 발생)
① 위원회는 지체 없이 당사자에게 재결서의 정본을 송달하여야 한다. 이 경우 중앙행정심판위원회는 재결 결과를 소관 중앙행정기관의 장에게도 알려야 한다.
② 재결은 청구인에게 제1항 전단에 따라 **송달되었을 때에** 그 효력이 생긴다.

Answer 08 ③

CHAPTER 07 행정소송법 [시행 2017.7.26.]

01 다음 빈칸에 들어갈 말로 가장 적절한 것은? (다툼이 있는 경우 판례에 의함) 23. 순경

> 명예퇴직한 법관이 미지급 명예퇴직수당액에 대하여 가지는 권리는 명예퇴직수당 지급대상자 결정 절차를 거쳐 명예퇴직수당규칙에 의하여 확정된 공법상 법률관계에 관한 권리로서, 그 지급을 구하는 소송은「행정소송법」의 (　　　)에 해당하며, 그 법률관계의 당사자인 국가를 상대로 제기하여야 한다.

① 취소소송　　　　　　　　② 부작위위법확인소송
③ 기관소송　　　　　　　　④ 당사자소송

해설 제3조(행정소송의 종류)
1. 항고소송 : 행정청의 처분등이나 부작위에 대하여 제기하는 소송
2. **당사자소송** : 행정청의 처분등을 원인으로 하는 법률관계에 관한 소송 그 밖에 공법상의 법률관계에 관한 소송으로서 그 법률관계의 한쪽 당사자를 피고로 하는 소송
3. 민중소송 : 국가 또는 공공단체의 기관이 법률에 위반되는 행위를 한 때에 직접 자기의 법률상 이익과 관계없이 그 시정을 구하기 위하여 제기하는 소송
4. 기관소송 : 국가 또는 공공단체의 기관상호간에 있어서의 권한의 존부 또는 그 행사에 관한 다툼이 있을 때에 이에 대하여 제기하는 소송. 다만, 헌법재판소법 제2조의 규정에 의하여 헌법재판소의 관장사항으로 되는 소송은 제외한다.

02「행정소송법」상 항고소송에 해당하지 않는 것은? 22. 순경

① 국가 또는 공공단체의 기관이 법률에 위반되는 행위를 한 때에 직접 자기의 법률상 이익과 관계없이 그 시정을 구하기 위하여 제기하는 민중소송
② 행정청의 처분 등의 효력 유무 또는 존재여부를 확인하는 무효등 확인소송
③ 행정청의 부작위가 위법하다는 것을 확인하는 부작위위법확인소송
④ 행정청의 위법한 처분 등을 취소 또는 변경하는 취소소송

해설 제3조(행정소송의 종류)
3. **민중소송이란** 국가 또는 공공단체의 기관이 법률에 위반되는 행위를 한 때에 직접 자기의 법률상 이익과 관계없이 그 시정을 구하기 위하여 제기하는 소송
※ 민중소송은 행정소송의 종류이지만 항고소송 종류에는 해당하지 않는다.

Answer　01 ④　02 ①

03 현행 우리나라 「행정심판법」과 「행정소송법」에 관한 설명으로 가장 적절하지 않은 것은?

23. 경특

① 「행정소송법」은 행정소송을 항고소송, 당사자소송, 민중소송, 기관소송으로 구분하고 있다.
② 「행정심판법」은 행정심판의 종류로 취소심판, 무효등확인심판, 의무이행심판을 규정하고 있다.
③ 「행정심판법」상 중앙행정심판위원회는 위원장 1명을 포함하여 70명 이내의 위원으로 구성하되, 위원 중 상임위원은 4명 이내로 한다.
④ 「행정심판법」상 중앙행정심판위원회 상임위원의 임기는 2년으로 하며, 연임할 수 없다.

> **해설** 행정심판법 제9조(위원의 임기 및 신분보장 등)
> ② 제8조 제3항에 따라 임명된 중앙행정심판위원회 상임위원의 **임기는 3년**으로 하며, **1차에 한하여 연임할 수 있다**.
> ③ 제7조 제4항 및 제8조 제4항에 따라 위촉된 위원의 임기는 2년으로 하되, 2차에 한하여 연임할 수 있다.

04 다음 중 「행정소송법」에 대한 내용 중 틀린 것은?

응용문제

① 행정청의 재량에 속하는 처분이라도 재량권의 한계를 넘거나 그 남용이 있는 때에는 법원은 이를 취소할 수 있다.
② 처분등을 취소하는 확정판결은 제3자에 대하여도 효력이 있다.
③ 제3자에 의한 재심청구는 확정판결이 있음을 안 날로부터 30일 이내, 판결이 확정된 다음날로부터 1년 이내에 제기하여야 한다. 이 기간은 불변기간으로 한다.
④ 취소청구가 제28조의 규정에 의하여 기각되거나 행정청이 처분등을 취소 또는 변경함으로 인하여 청구가 각하 또는 기각된 경우에는 소송비용은 피고의 부담으로 한다.

> **해설** 제31조(제3자에 의한 재심청구)
> ② 제1항의 규정에 의한 청구는 확정판결이 있음을 안 날로부터 30일 이내, **판결이 확정된 날로부터 1년 이내**에 제기하여야 한다.
> ③ 제2항의 규정에 의한 기간은 불변기간으로 한다.

Answer 03 ④   04 ③

CHAPTER 08 행정기본법 [법률시행 2021 9. 24.]

01 다음 중 「행정기본법」에 대한 내용 중 틀린 것은? 응용문제

① 이 법은 행정의 원칙과 기본사항을 규정하여 행정의 민주성과 적법성을 확보하고 적정성과 효율성을 향상시킴으로써 국민의 권익 보호에 이바지함을 목적으로 한다.
② 제재처분이란 법령등에 따른 의무를 위반하거나 이행하지 아니하였음을 이유로 당사자에게 의무를 부과하거나 권익을 제한하는 처분을 말한다. 다만, 제30조 제1항 각 호에 따른 행정상 강제도 포함한다.
③ 법령등(훈령·예규·고시·지침 등을 포함)의 시행일을 정하거나 계산할 때에는 법령등을 공포한 날부터 시행하는 경우에는 공포한 날을 시행일로 한다.
④ 법령등(훈령·예규·고시·지침 등을 포함)의 시행일을 정하거나 계산할 때에는 법령등을 공포한 날부터 일정 기간이 경과한 날부터 시행하는 경우 법령등을 공포한 날을 첫날에 산입하지 아니한다.

해설 제2조(정의)
5. "제재처분"이란 법령등에 따른 의무를 위반하거나 이행하지 아니하였음을 이유로 당사자에게 의무를 부과하거나 권익을 제한하는 처분을 말한다. 다만, 제30조 제1항 각 호에 따른 **행정상 강제는 제외**한다.

02 「행정기본법」에 관한 설명으로 가장 적절한 것은? 23. 순경

① 행정에 관한 나이는 다른 법령등에 특별한 규정이 있는 경우에도 출생일을 산입하지 않고 만(滿) 나이로 계산하고, 연수(年數)로 표시하되, 1세에 이르지 아니한 경우에는 월수(月數)로 표시할 수 있다.
② 행정작용은 그 행정작용이 의도하는 공익이 행정작용으로 인한 국민의 이익 침해보다 크지 않아야 한다.
③ 행정청은 법률로 정하는 바에 따라 완전히 자동화된 시스템(인공지능 기술을 적용한 시스템을 포함)으로 처분을 할 수 있으나, 처분에 재량이 있는 경우는 그러하지 아니하다.
④ 공익 또는 제3자의 이익을 현저히 해칠 우려가 있는 경우에도 행정청은 권한 행사의 기회가 있음에도 불구하고 장기간 권한을 행사하지 아니하여 국민이 그 권한이 행사되지 아니할 것으로 믿을 만한 정당한 사유가 있는 경우에는 그 권한을 행사해서는 아니 된다.

Answer 01 ② 02 ③

해설 ▶(①) 제7조의2(행정에 관한 나이의 계산 및 표시)
행정에 관한 나이는 **다른 법령등에 특별한 규정이 있는 경우를 제외하고는 출생일을 산입하여 만(滿) 나이**로 계산하고, 연수(年數)로 표시한다. 다만, 1세에 이르지 아니한 경우에는 월수(月數)로 표시할 수 있다.

▶(②) 제10조(비례의 원칙)
행정작용은 다음 각 호의 원칙에 따라야 한다.
1. 행정목적을 달성하는 데 유효하고 적절할 것
2. 행정목적을 달성하는 데 필요한 최소한도에 그칠 것
3. **행정작용으로 인한 국민의 이익 침해가 그 행정작용이 의도하는 공익보다 크지 아니할 것**

▶(④) 제12조(신뢰보호의 원칙)
② 행정청은 권한 행사의 기회가 있음에도 불구하고 장기간 권한을 행사하지 아니하여 국민이 그 권한이 행사되지 아니할 것으로 믿을 만한 정당한 사유가 있는 경우에는 그 권한을 행사해서는 아니 된다. 다만, **공익 또는 제3자의 이익을 현저히 해칠 우려가 있는 경우는 예외로 한다.**

03 「행정기본법」상 신뢰보호의 원칙에 해당하는 것은? 23. 승진

① 행정청은 권한 행사의 기회가 있음에도 불구하고 장기간 권한을 행사하지 아니하여 국민이 그 권한이 행사되지 아니할 것으로 믿을 만한 정당한 사유가 있는 경우에는 그 권한을 행사해서는 아니 된다. 다만, 공익 또는 제3자의 이익을 현저히 해칠 우려가 있는 경우는 예외로 한다.
② 행정청은 합리적 이유 없이 국민을 차별해서는 아니된다.
③ 행정청의 행정작용은 행정목적을 달성하는 데 유효하고 적절해야 하며, 필요한 최소한도에 그칠 것이고, 행정작용으로 인한 국민의 이익 침해가 그 행정작용이 의도하는 공익보다 크지 아니해야 한다.
④ 행정청은 행정작용을 할 때 상대방에게 해당 행정작용과 실질적인 관련이 없는 의무를 부과해서는 아니 된다.

해설 ▶(②) 제9조(평등의 원칙)
행정청은 합리적 이유 없이 국민을 차별하여서는 아니 된다.

▶(③) 제10조(비례의 원칙)
행정작용은 다음 각 호의 원칙에 따라야 한다.
1. 행정목적을 달성하는 데 유효하고 적절할 것
2. 행정목적을 달성하는 데 필요한 최소한도에 그칠 것
3. 행정작용으로 인한 국민의 이익 침해가 그 행정작용이 의도하는 공익보다 크지 아니할 것

▶(④) 제13조(부당결부금지의 원칙)
행정청은 행정작용을 할 때 상대방에게 해당 행정작용과 실질적인 관련이 없는 의무를 부과해서는 아니 된다.

Answer 03 ①

04. 「행정기본법」상 부관에 관한 설명으로 가장 적절하지 않은 것은?

23. 순경

① 행정청은 처분에 재량이 있는 경우에는 부관을 붙일 수 있다.
② 행정청은 처분에 재량이 없는 경우에는 법률에 근거가 있는 경우에 부관을 붙일 수 있다.
③ 행정청은 부관을 붙일 수 있는 처분이 당사자의 동의가 있는 경우에는 그 처분을 한 후에도 부관을 새로 붙이거나 종전의 부관을 변경할 수 있다.
④ 부관은 해당 처분의 목적에 위배되지 아니하고, 실질적 관련이 없을 것을 요건으로 한다.

해설 제17조(부관)
④ 부관은 다음 각 호의 요건에 적합하여야 한다.
1. 해당 처분의 목적에 위배되지 아니할 것
2. 해당 처분과 **실질적인 관련이 있을 것**
3. 해당 처분의 목적을 달성하기 위하여 필요한 최소한의 범위일 것

05. 「행정기본법」상 행정상 강제에 관한 설명 중 가장 적절하지 않은 것은?

22. 경특

① 행정대집행은 의무자가 행정상 의무를 이행하지 아니하는 경우 행정청이 의무자의 신체나 재산에 실력을 행사하여 그 행정상 의무의 이행이 있었던 것과 같은 상태를 실현하는 것이다.
② 이행강제금의 부과는 의무자가 행정상 의무를 이행하지 아니하는 경우 행정청이 적절한 이행기간을 부여하고, 그 기한까지 행정상 의무를 이행하지 아니하면 금전급부의무를 부과하는 것이다.
③ 즉시강제는 현재의 급박한 행정상의 장해를 제거하기 위하여 행정청이 미리 행정상 의무이행을 명할 시간적 여유가 없는 경우 또는 그 성질상 행정상 의무의 이행을 명하는 것만으로는 행정목적 달성이 곤란한 경우에 행정청이 곧바로 국민의 신체 또는 재산에 실력을 행사하여 행정목적을 달성하는 것이다.
④ 강제징수는 의무자가 행정상 의무 중 금전급부의무를 이행하지 아니하는 경우 행정청이 의무자의 재산에 실력을 행사하여 그 행정상 의무가 실현된 것과 같은 상태를 실현하는 것이다.

해설 제30조(행정상 강제)
3. **직접강제란** 의무자가 행정상 의무를 이행하지 아니하는 경우 행정청이 의무자의 신체나 재산에 실력을 행사하여 그 행정상 의무의 이행이 있었던 것과 같은 상태를 실현하는 것

Answer 04 ④ 05 ①

06 경찰행정의 실효성 확보수단에 관한 설명으로 가장 적절하지 않은 것은? (다툼이 있는 경우 판례에 의함)
24. 순경

① 행정대집행은 대체적 작위의무 불이행에 대하여 다른 수단으로는 그 이행을 확보하기 곤란하고 불이행을 방치하면 공익을 크게 해칠 것으로 인정될 때에 행정청이 의무자가 하여야 할 행위를 스스로 하거나 제3자에게 하게 하고 그 비용을 의무자로부터 징수하는 것을 말한다.
② 행정청은 의무자가 행정상 의무를 이행할 때까지 이행강제금을 반복하여 부과할 수 있으나, 의무자가 의무를 이행하면 이미 부과한 이행강제금을 징수하여서는 안 된다.
③ 직접강제는 행정대집행이나 이행강제금 부과로는 행정상 의무이행을 확보할 수 없거나 그 실현이 불가능한 경우에 실시하여야 한다.
④ 경찰행정상 즉시강제는 눈앞의 급박한 경찰상 장해를 제거하여야 할 필요가 있고 의무를 명할 시간적 여유가 없거나 의무를 명하는 방법으로는 그 목적을 달성하기 어려운 상황에서 의무불이행을 전제로 하지 않고 경찰이 직접 실력을 행사하여 경찰상 필요한 상태를 실현하는 권력적 사실행위이다.

> **해설** ▶ 제31조(이행강제금의 부과)
> ⑤ 행정청은 의무자가 행정상 의무를 이행할 때까지 이행강제금을 반복하여 부과할 수 있다. 다만, 의무자가 의무를 이행하면 새로운 이행강제금의 부과를 즉시 중지하되, **이미 부과한 이행강제금은 징수하여야 한다.**

07 「행정기본법」상 이의신청에 관한 설명으로 가장 적절하지 않은 것은?
24. 순경

① 행정청의 처분에 이의가 있는 당사자는 처분을 받은 날부터 30일 이내에 해당 행정청에 이의신청을 할 수 있다.
② 행정청은 이의신청을 받으면 부득이한 사유가 있는 경우를 제외하고는 그 이의신청을 받은 날부터 14일 이내에 그 이의 신청에 대한 결과를 신청인에게 통지하여야 한다.
③ 이의신청을 한 경우에도 그 이의신청과 관계없이 「행정심판법」에 따른 행정심판 또는 「행정소송법」에 따른 행정소송을 제기할 수 있다.
④ 이의신청에 대한 결과를 통지받은 후 행정심판 또는 행정소송을 제기하려는 자는 그 결과를 통지받은 날부터 60일 이내에 행정심판 또는 행정소송을 제기하여야 한다.

> **해설** ▶ 제36조(처분에 대한 이의신청)
> ④ 이의신청에 대한 결과를 통지받은 후 행정심판 또는 행정소송을 제기하려는 자는 그 결과를 통지받은 날(제2항에 따른 통지기간 내에 결과를 통지받지 못한 경우에는 같은 항에 따른 통지기간이 만료되는 날의 다음 날을 말한다)부터 **90일 이내에** 행정심판 또는 행정소송을 제기할 수 있다.

Answer 06 ② 07 ④

CHAPTER 09 | 행정조사기본법[법률시행 2024.1.18]

01 다음 중 「행정조사기본법」에 대한 내용 중 틀린 것은? 응용문제

① 행정조사란 행정기관이 정책을 결정하거나 직무를 수행하는 데 필요한 정보나 자료를 수집하기 위하여 현장조사·문서열람·시료채취 등을 하거나 조사대상자에게 보고요구·자료제출요구 및 출석·진술요구를 행하는 활동을 말한다.
② 행정기관의 장은 매년 12월말까지 다음 연도의 행정조사운영계획을 수립하여 국무총리에게 제출하여야 한다. 다만, 행정조사운영계획을 제출해야 하는 행정기관의 구체적인 범위는 대통령령으로 정한다.
③ 행정조사는 법령등 또는 행정조사운영계획으로 정하는 바에 따라 정기적으로 실시함을 원칙으로 한다. 다만, 다음 각 호 중 어느 하나에 해당하는 경우에는 수시조사를 할 수 있다.
④ 출석한 조사대상자가 출석요구서에 기재된 내용을 이행하지 아니하여 행정조사의 목적을 달성할 수 없는 경우를 제외하고는 조사원은 조사대상자의 1회 출석으로 당해 조사를 종결하여야 한다.

> **해설** 제6조(연도별 행정조사운영계획의 수립 및 제출)
> ① 행정기관의 장은 매년 12월말까지 다음 연도의 행정조사운영계획을 수립하여 **국무조정실장에**게 제출하여야 한다. 다만, 행정조사운영계획을 제출해야 하는 행정기관의 구체적인 범위는 대통령령으로 정한다.

02 다음 중 「행정조사기본법」에 대한 내용 중 틀린 것은? 응용문제

① 행정기관의 장은 당해 행정기관 내의 2이상의 부서가 동일하거나 유사한 업무분야에 대하여 동일한 조사대상자에게 행정조사를 실시하는 경우에 해당하는 행정조사를 하는 경우에는 공동조사를 실시하여서는 아니된다.
② 정기조사 또는 수시조사를 실시한 행정기관의 장은 동일한 사안에 대하여 동일한 조사대상자를 재조사 하여서는 아니 된다.
③ 행정조사를 실시하고자 하는 행정기관의 장은 출석요구서, 보고요구서·자료제출요구서 및 현장출입조사서를 조사개시 7일 전까지 조사대상자에게 서면으로 통지하여야 한다.

Answer 01 ② 02 ①

④ 행정기관의 장은 제2항에 따라 행정조사의 연기요청을 받은 때에는 연기요청을 받은 날 부터 7일 이내에 조사의 연기 여부를 결정하여 조사대상자에게 통지하여야 하며, 행정기관의 장은 법령등에 특별한 규정이 있는 경우를 제외하고는 행정조사의 결과를 확정한 날부터 7일 이내에 그 결과를 조사대상자에게 통지하여야 한다.

> **해설** 제14조(공동조사)
> ① 행정기관의 장은 다음 각 호의 어느 하나에 해당하는 행정조사를 하는 경우에는 **공동조사를 하여야 한다.**
>   1. 당해 행정기관 내의 2 이상의 부서가 동일하거나 유사한 업무분야에 대하여 동일한 조사대상자에게 행정조사를 실시하는 경우
>   2. 서로 다른 행정기관이 대통령령으로 정하는 분야에 대하여 동일한 조사대상자에게 행정조사를 실시하는 경우

03 행정조사에 관한 설명으로 가장 적절한 것은? (다툼이 있는 경우 판례에 의함) 24. 승진

① 「고용보험법」상 '실업인정대상기간 중의 취업 사실'에 대한 행정조사 절차에는 수사절차에서의 진술거부권 고지의무에 관한 「행정소송법」 규정이 준용되지 않는다.
② 경찰공무원이 「도로교통법」 규정에 따라 호흡측정 또는 혈액검사 등의 방법으로 운전자가 술에 취한 상태에서 운전하였는지를 조사하는 것은 수사로서의 성격을 갖지만, 행정조사의 성격을 가지는 것은 아니다.
③ 조사대상자의 자발적 협조로 조사가 이루어지는 경우일지라도 행정의 적법성 및 공공성 등을 높이기 위해서 조사목적 등을 반드시 서면으로 통보하여야 한다.
④ 「행정조사기본법」상 행정기관은 행정조사를 통하여 알게 된 정보를 어떠한 경우에도 원래의 조사목적 이외의 용도로 이용 할 수 없다.

> **해설** (②) 대판 2016.12.27. 2014두46850 판결
> 경찰공무원이 「도로교통법」 규정에 따라 호흡측정 또는 혈액검사 등의 방법으로 운전자가 술에 취한 상태에서 운전하였는지를 조사하는 것은 수사기관과 경찰행정조사자의 지위를 겸하는 주체가 형사소송에서 사용될 증거를 수집하기 위한 **수사로서의 성격을 가짐**과 아울러 교통상 위험의 방지를 목적으로 하는 운전면허 정지 및 취소의 행정처분을 위한 자료를 수집하는 것은 **행정조사의 성격을 동시에 가지고 있다고 볼 수 있다.**
>
> ▶ (③) 제17조(조사의 사전통지)
> ① 행정조사를 실시하고자 하는 행정기관의 장은 출석요구서 등을 조사개시 7일 전까지 **조사대상자에게 서면으로 통지하여야 한다.** 다만, 다음 각 호의 어느 하나에 해당하는 경우에는 행정조사의 개시와 동시에 출석요구서등을 조사대상자에게 제시하거나 행정조사의 목적 등을 **조사대상자에게 구두로 통지할 수 있다.**
>   1. 행정조사를 실시하기 전에 관련 사항을 미리 통지하는 때에는 증거인멸 등으로 행정조사의 목적을 달성할 수 없다고 판단되는 경우
>   2. 「통계법」 제3조 제2호에 따른 지정통계의 작성을 위하여 조사하는 경우
>   3. 제5조 단서에 따라 조사대상자의 자발적인 협조를 얻어 실시하는 행정조사의 경우

Answer 03 ①

▶(④) 제4조(행정조사의 기본원칙)
⑥ 행정기관은 행정조사를 통하여 알게 된 정보를 **다른 법률에 따라 내부에서 이용하거나 다른 기관에 제공하는 경우**를 제외하고는 원래의 조사목적 이외의 용도로 이용하거나 타인에게 제공하여서는 아니 된다.

04. 행정조사에 관한 설명 중 가장 적절한 것은? (다툼이 있는 경우 판례에 의함) 〔22. 순경〕

① 「행정조사기본법」상 조사대상자의 자발적 협조를 얻어 조사를 실시하는 경우에는 법령의 근거를 요하지 아니하며 조직법상의 권한 범위 밖에서도 가능하다.
② 조사대상자의 자발적 협조로 조사가 이루어지는 경우일지라도 행정의 적법성 및 공공성 등을 높이기 위해서 조사목적 등을 반드시 서면으로 통보하여야 한다.
③ 경찰작용은 행정작용의 일환이므로 경찰의 수사에도 「행정조사기본법」이 적용되는 것이 원칙이다.
④ 행정조사는 행정기관이 향후 행정작용에 필요한 자료 및 정보를 얻기 위한 준비적·보조적 작용이다.

해설 ▶(①) 제5조(행정조사의 근거)
행정기관은 법령등에서 행정조사를 규정하고 있는 경우에 한하여 행정조사를 실시할 수 있다. 다만, 조사대상자의 자발적인 협조를 얻어 실시하는 행정조사의 경우에는 그러하지 아니하다.
→ **자발적 협조의 경우에도 조직법상 권한 범위내에서 가능하다.**

▶(②) 제17조(조사의 사전통지)
① 행정조사를 실시하고자 하는 행정기관의 장은 출석요구서 등을 조사개시 7일 전까지 조사대상자에게 서면으로 통지하여야 한다. 다만, 다음 각 호의 어느 하나에 해당하는 경우에는 행정조사의 개시와 동시에 출석요구서등을 조사대상자에게 제시하거나 행정조사의 목적 등을 **조사대상자에게 구두로 통지할 수 있다.**
1. 행정조사를 실시하기 전에 관련 사항을 미리 통지하는 때에는 증거인멸 등으로 행정조사의 목적을 달성할 수 없다고 판단되는 경우
2. 「통계법」 제3조 제2호에 따른 지정통계의 작성을 위하여 조사하는 경우
3. 제5조 단서에 따라 조사대상자의 **자발적인 협조를 얻어 실시하는 행정조사의 경우**

▶(③) 제3조(적용범위)
② 다음 각 호의 어느 하나에 해당하는 사항에 대하여는 이 법을 적용하지 아니한다.
5. 조세·**형사**·행형 및 보안처분에 관한 사항

Answer 04 ④

CHAPTER 10 경찰청 감사 규칙
[경찰청훈령 시행 2024.5.1.]

01 「경찰청 감사 규칙」에 대한 설명 중 틀린 것은? _{응용문제}

① 감사는 (감사대상기관의 바로 위 감독관청)이 실시하는 것을 원칙으로 하되, 필요한 경우에는 경찰청에서 직접 실시할 수 있다.
② 감사의 종류는 종합감사, 특정감사, 재무감사, 성과감사, 복무감사, 일상감사로 구분한다.
③ 종합감사의 주기는 1년에서 3년까지 하되 치안수요 등을 고려하여 조정 실시한다.
④ 감사관은 매년 3월말까지 연간 감사계획을 수립하여 감사대상기관에 통보한다.

> **해설** 제5조(감사계획의 수립)
> ② 감사관은 **매년 2월말까지** 연간 감사계획을 수립하여 감사대상기관에 통보한다.

02 「경찰청 감사 규칙」상 감사결과의 처리기준에 관한 설명 중 옳은 것은? _{22. 순경}

㉠ 변상명령 : 감사결과 경미한 지적사항으로서 현지에서 즉시 시정·개선조치가 필요한 경우
㉡ 경고·주의 요구 : 감사결과 위법 또는 부당하다고 인정되는 사실이 있으나 그 정도가 징계 또는 문책사유에 이르지 아니할 정도로 경미하거나, 감사대상기관 또는 부서에 대한 제재가 필요한 경우
㉢ 시정 요구 : 감사결과 법령상·제도상 또는 행정상 모순이 있거나 그 밖에 개선할 사항이 있다고 인정되는 경우
㉣ 개선 요구 : 감사결과 문제점이 인정되는 사실이 있어 그 대안을 제시하고 감사대상기관의 장 등으로 하여금 개선방안을 마련하도록 할 필요가 있는 경우

① 0개
② 1개
③ 2개
④ 3개

Answer 01 ④ 02 ②

해설 (ⓒ) 제10조(감사결과의 처리기준 등)

징계 또는 문책 요구	국가공무원법과 그 밖의 법령에 규정된 징계 또는 문책 사유에 해당하거나 정당한 사유 없이 자체감사를 거부하거나 자료의 제출을 게을리한 경우
시정 요구	감사결과 위법 또는 부당하다고 인정되는 사실이 있어 추징·회수·환급·추급 또는 원상복구 등이 필요하다고 인정되는 경우
경고·주의 요구	감사결과 위법 또는 부당하다고 인정되는 사실이 있으나 그 정도가 징계 또는 문책사유에 이르지 아니할 정도로 경미하거나, 감사대상기관 또는 부서에 대한 제재가 필요한 경우
(ⓒ)개선 요구	감사결과 법령상·제도상 또는 행정상 모순이 있거나 그 밖에 개선할 사항이 있다고 인정되는 경우
(ⓔ)권고	감사결과 문제점이 인정되는 사실이 있어 그 대안을 제시하고 감사대상기관의 장 등으로 하여금 개선방안을 마련하도록 할 필요가 있는 경우
통보	감사결과 비위 사실이나 위법 또는 부당하다고 인정되는 사실이 있으나 제1호부터 제5호까지의 요구를 하기에 부적합하여 감사대상기관 또는 부서에서 자율적으로 처리할 필요가 있다고 인정되는 경우
변상명령	「회계관계직원 등의 책임에 관한 법률」이 정하는 바에 따라 변상책임이 있는 경우
고발	감사결과 범죄 혐의가 있다고 인정되는 경우
(ⓙ)현지조치	감사결과 경미한 지적사항으로서 현지에서 즉시 시정·개선조치가 필요한 경우

03 「경찰청 감사 규칙」에 대한 설명 중 틀린 것은? 응용문제

① 감사처분심의회는 위원장을 포함한 3명 이상 7명 이하의 위원으로 구성하며, 위원장은 감사관이 되고 위원은 감사관이 경찰청 감사관실 소속 공무원 중에서 지명하거나 학식과 경험을 고루 갖춘 해당분야의 외부전문가 중에서 위촉할 수 있다.
② 경찰청장은 보고받은 감사결과를 감사대상기관의 장에게 통보하여야 한다. 감사결과를 통보받은 감사대상기관의 장은 정당한 사유가 없으면 감사결과의 조치사항을 이행하고 30일 이내에 그 이행결과를 경찰청장에게 통보하여야 한다.
③ 시·도경찰청장은 연간 감사계획에 포함되지 않은 감사를 실시하고자 할 때에는 감사계획을 수립하여 감사실시 예정일 전 30일까지 감사관에게 통보하여야 한다.
④ 시·도경찰청장이 감사를 실시한 때에는 감사종료 후 30일 이내에 중요감사내용 및 조치사항, 개선·건의사항, 그 밖에 특별히 기재할 사항을 기재한 감사결과보고서를 경찰청장에게 제출하여야 한다.

해설 제15조(시·도경찰청장의 감사)
② 시·도경찰청장은 제1항에 따른 연간 감사계획에 포함되지 않은 감사를 실시하고자 할 때에는 감사계획을 수립하여 감사실시 **예정일 전 15일까지** 감사관에게 통보하여야 한다.

Answer 03 ③

CHAPTER 11 경찰 물리력 행사의 기준과 방법에 관한 규칙
[경찰청예규시행 2019.11.24.]

01 경찰 물리력 행사의 기준과 방법에 관한 규칙」에 대한 설명으로 가장 적절하지 않은 것은?
20. 순경

① 경찰관이 물리력 사용 시 준수하여야 할 기본원칙, 물리력 사용의 정도, 각 물리력 수단의 사용 한계 및 유의사항을 규정함으로써 국민과 경찰관의 생명·신체를 보호하고 인권을 보장하며 경찰 법집행의 정당성을 확보하는 데에 그 목적이 있다.
② 경찰관은 성별, 장애, 인종, 종교 및 성정체성 등에 대한 선입견을 가지고 차별적으로 물리력을 사용하여서는 아니 된다.
③ 경찰관은 이미 경찰목적을 달성하여 더 이상 물리력을 사용할 필요가 없는 경우에는 물리력 사용을 즉시 중단하여야 한다.
④ 대상자가 경찰관의 지시, 통제를 따르지 않고 비협조적이지만 경찰관 또는 제3자에 대해 직접적인 위해를 가하지 않는 경우에 경찰봉이나 방패 등으로 대상자의 신체 중요 부위 또는 급소 부위를 가격할 수 있다.

해설 제2장 대상자 행위와 경찰 물리력 사용의 정도
대상자가 경찰관의 지시, 통제를 따르지 않고 비협조적이지만 경찰관 또는 제3자에 대해 직접적인 위해를 가하지 않는 상태를 소극적 저항이라 하며, 이 행위에 대해서는 **경찰봉, 방패, 신체적 물리력으로 대상자의 신체 중요 부위 또는 급소 부위 가격하는 물리력(고위험 물리력)을 사용할 수 없다.**

02 「경찰 물리력 행사의 기준과 방법에 관한 규칙」 제2장에 따른 대상자 행위에 대한 설명이다. 각 단계와 내용의 연결이 가장 적절하지 않은 것은?
22. 순경

① 소극적 저항 - 대상자가 경찰관 지시, 통제를 따르지 않고 비협조적이지만 경찰관 또는 제3자에 대해 직접적인 위해를 가하지 않는 상태
② 적극적 저항 - 대상자가 자신에 대한 경찰관이 체포·연행 등 정당한 공무집행을 방해하지만 경찰관 또는 제3자에 대해 위해 수준의 낮은 행위만을 하는 상태
③ 폭력적 공격 - 대상자가 경찰관 또는 제3자에 대해 신체적 위해를 가하는 상태
④ 치명적 공격 - 대상자가 경찰간에게 폭력을 행사하려는 자세를 취하여 그 행사가 임박한 상태, 주먹·발 등을 사용해서 경찰관에 대해 신체적 위해를 초래하고 있는 상태

Answer 01 ④ 02 ④

해설 **폭력적 공격**
대상자가 경찰관 또는 제3자에 대해 신체적 위해를 가하는 상태를 말한다.
대상자가 경찰관에게 폭력을 행사하려는 자세를 취하여 그 행사가 임박한 상태, 주먹·발 등을 사용해서 경찰관에 대해 신체적 위해를 초래하고 있거나 임박한 상태, 강한 힘으로 경찰관을 밀거나 잡아당기는 등 완력을 사용해 체포에서 벗어나려고 하는 상태 등이 이에 해당한다.

03 「경찰 물리력 행사의 기준과 방법에 관한 규칙」상 대상자의 행위와 내용의 연결이 가장 적절하지 않은 것은?
_{24. 승진}

① 순응 – 대상자가 경찰관의 지시, 통제에 따르는 상태를 말한다. 다만, 대상자가 경찰관의 요구에 즉각 응하지 않고 약간의 시간만 지체하는 경우는 '순응'으로 본다.

② 소극적 저항 – 대상자가 경찰관의 지시, 통제를 따르지 않고 비협조적이지만 경찰관 또는 제3자에 대해 직접적인 위해를 가하지 않는 상태를 말한다. 경찰관이 정당한 이동 명령을 발하였음에도 가만히 서있거나 앉아 있는 등 전혀 움직이지 않는 상태, 일부러 몸의 힘을 모두 빼거나, 고정된 물체를 꽉 잡고 버팀으로써 움직이지 않으려는 상태 등이 이에 해당한다.

③ 적극적 저항 – 대상자가 자신에 대한 경찰관의 체포·연행 등 정당한 공무집행을 방해하지만 경찰관 또는 제3자에 대해 위해 수준이 낮은 행위만을 하는 상태를 말한다. 대상자가 자신을 체포·연행하려는 경찰관으로부터 물리적으로 이탈하거나 도주하려는 행위, 체포·연행을 위해 팔을 잡으려는 경찰관에게 침을 뱉거나 경찰관을 밀치는 행위 등이 이에 해당한다.

④ 폭력적 공격 – 대상자가 경찰관 또는 제3자에 대해 사망 또는 심각한 부상을 초래할 수 있는 행위를 하는 상태를 말한다. 흉기(칼·도끼·낫 등)를 이용하여 경찰관, 제3자에 대해 위력을 행사하고 있거나 위해 발생이 임박한 경우, 경찰관이나 제3자의 목을 세게 조르거나 무차별 폭행하는 등 생명·신체에 대해 중대한 위해가 발생할 정도의 위험한 폭력을 행사하는 경우가 이에 해당한다.

해설 **치명적 공격**
대상자가 경찰관 또는 제3자에 대해 사망 또는 심각한 부상을 초래할 수 있는 행위를 하는 상태를 말한다.
총기류(공기총·엽총·사제권총 등), 흉기(칼·도끼·낫 등), 둔기(망치·쇠파이프 등)를 이용하여 경찰관, 제3자에 대해 위력을 행사하고 있거나 위해 발생이 임박한 경우, 경찰관이나 제3자의 목을 세게 조르거나 무차별 폭행하는 등 생명·신체에 대해 중대한 위해가 발생할 정도의 위험한 폭력을 행사하는 경우가 이에 해당한다.

Answer 03 ④ 04 ③

04 「경찰 물리력 행사의 기준과 방법에 관한 규칙」에서 정하는 대상자의 행위에 따른 경찰관의 대응 수준 중 중위험 물리력의 종류로 가장 적절하지 않은 것은? 23. 경특

① 손바닥, 주먹, 발 등 신체부위를 이용한 가격
② 경찰봉으로 중요부위가 아닌 신체부위를 찌르거나 가격
③ 분사기 사용
④ 방패로 강하게 압박하거나 세게 미는 행위

해설 **저위험 물리력**
신체적 부상을 당할 가능성은 낮은 물리력을 말한다. 그 종류는 다음과 같다.
가. 목을 압박하여 제압하거나 관절을 꺾는 방법, 팔·다리를 이용해 움직이지 못하도록 조르는 방법, 다리를 걸거나 들쳐 매는 등 균형을 무너뜨려 넘어뜨리는 방법, 대상자가 넘어진 상태에서 움직이지 못하게 위에서 눌러 제압하는 방법
나. **분사기 사용**(다른 저위험 물리력 이하의 수단으로 제압이 어렵고, 경찰관이나 대상자의 부상 등의 방지를 위해 필요한 경우)

05 「경찰 물리력 행사의 기준과 방법에 관한 규칙」상 '적극적 저항'을 하는 대상자에 대하여 경찰관이 사용할 수 있는 물리력의 종류로 가장 적절하지 않은 것은? (규칙 제2장 2.2의 설명에 따름) 24. 순경

① 언어적 통제
② 체포 등을 위한 수갑 사용
③ 손바닥, 주먹, 발 등 신체부위를 이용한 가격
④ 분사기 사용

해설 **중위험 물리력(폭력적 공격)**
'**폭력적 공격**' **이상의 상태**의 대상자에 대해 사용할 수 있는 물리력 수준으로서, 대상자에게 신체적 부상을 입힐 수 있으나 생명·신체에 대한 중대한 위해 발생 가능성은 낮은 물리력을 말한다. 그 종류는 다음과 같다. (중위험 물리력)
가. **손바닥, 주먹, 발 등 신체부위를 이용한 가격**
나. 경찰봉으로 중요부위가 아닌 신체 부위를 찌르거나 가격
다. 방패로 강하게 압박하거나 세게 미는 행위
라. 전자충격기 사용

Answer 04 ③ 05 ③

06 「경찰 물리력 행사의 기준과 방법에 관한 규칙」상 경찰 물리력 수준에 관한 설명으로 가장 적절하지 않은 것은?

23. 순경

① 협조적 통제는 '순응' 이상의 상태인 대상자에 대해 사용할 수 있는 물리력 수준으로서, 대상자의 협조를 유도하거나 협조에 따른 물리력을 말한다.
② 접촉 통제는 '소극적 저항' 이상의 상태인 대상자에 대해 사용할 수 있는 물리력 수준으로서, 대상자 신체 접촉을 통해 경찰목적 달성을 강제하지만 신체적 부상을 야기할 가능성은 극히 낮은 물리력을 말한다.
③ 저위험 물리력은 '적극적 저항' 이상의 상태인 대상자에 대해 사용할 수 있는 물리력 수준으로서, 대상자가 통증을 느낄 수 있으나 신체적 부상을 당할 가능성은 낮은 물리력을 말한다.
④ 중위험 물리력은 '치명적 공격' 상태의 대상자로 인해 경찰관 또는 제3자의 생명·신체에 급박하고 중대한 위해가 초래될 가능성이 있는 경우 최후의 수단으로 사용할 수 있는 물리력 수준으로서, 대상자의 사망 또는 심각한 부상을 초래 할 수 있는 물리력을 말한다.

해설 고위험 물리력
가. '치명적 공격' 상태의 대상자로 인해 경찰관 또는 제3자의 생명·신체에 급박하고 중대한 위해가 초래될 가능성이 있는 경우 최후의 수단으로 사용할 수 있는 물리력 수준으로서, 대상자의 사망 또는 심각한 부상을 초래할 수 있는 물리력을 말한다.
나. 경찰관은 대상자의 '치명적 공격' 상황에서도 현장상황이 급박하지 않은 경우에는 낮은 수준의 물리력을 우선적으로 사용하여 상황을 종결시킬 수 있도록 노력하여야 한다.
다. '고위험 물리력'의 종류는 다음과 같다.
 1) 권총 등 총기류 사용
 2) 경찰봉, 방패, 신체적 물리력으로 대상자의 신체 중요 부위 또는 급소 부위 가격, 대상자의 목을 강하게 조르거나 신체를 강한 힘으로 압박하는 행위

Answer 06 ④

CHAPTER 12 행정권한의 위임 및 위탁에 관한 규정
(대통령령 시행 2024.7.24.)

01 「행정권한의 위임 및 위탁에 관한 규정」에 관한 설명으로 가장 적절하지 않은 것은? (다툼이 있는 경우 판례에 의함) 23. 순경

① "위임"이란 법률에 규정된 행정기관의 장의 권한 중 일부를 다른 행정기관의 장에게 맡겨 그의 권한과 책임 아래 행사하도록 하는 것을 말한다.
② 위임 및 위탁기관은 수임 및 수탁기관의 수임 및 수탁사무 처리에 대하여 지휘·감독하고, 그 처리가 위법하거나 부당하다고 인정될 때에는 이를 취소하거나 정지시킬 수 있다.
③ 행정기관의 장은 행정권한을 위임 및 위탁할 때에는 위임 및 위탁하기 전에 단순한 사무인 경우를 제외하고는 수임 및 수탁기관에 대하여 수임 및 수탁사무 처리에 필요한 교육을 하여야 하며, 수임 및 수탁사무의 처리지침을 통보하여야 한다.
④ 수임 및 수탁사무의 처리가 부당한지 여부의 판단은 위법성 판단과 달리 합목적적·정책적 고려도 포함되므로, 위임 및 위탁기관이 그 사무처리에 관하여 일반적인 지휘·감독을 하는 경우는 물론이고 나아가 수임 및 수탁사무의 처리가 부당하다는 이유로 그 사무처리를 취소하는 경우에는 광범위한 재량이 허용된다고 보아야 한다.

해설 제2조(정의)
2. "**위탁**"이란 법률에 규정된 행정기관의 장의 권한 중 일부를 다른 행정기관의 장에게 맡겨 그의 권한과 책임 아래 행사하도록 하는 것을 말한다.

02 「행정권한의 위임 및 위탁에 관한 규정」상 행정기관 간 위임 및 위탁에 대한 설명 중 옳지 않은 것은 모두 몇 개인가? 20. 경간부

가. "위임"이란 법률에 규정된 행정기관의 장의 권한 중 일부를 그 보조기관 또는 하급행정기관의 장이나 지방자치단체의 장에게 맡겨 그의 권한과 책임 아래 행사하도록 하는 것을 말한다.
나. 행정기관의 장은 행정권한을 위임 및 위탁할 때에는 위임 및 위탁하기 전에 수임기관의 수임능력 여부를 점검하고, 필요한 인력 및 예산을 이관할 수 있다.
다. 위임 및 위탁기관은 수임 및 수탁기관의 수임 및 수탁사무 처리에 대하여 지휘·감독하고, 그 처리가 위법하거나 부당하다고 인정될 때에는 이를 취소하거나 정지시켜야 한다.

Answer 01 ① 02 ②

> 라. 수임 및 수탁사무의 처리에 관하여 위임 및 위탁기관은 수임 및 수탁기관에 대하여 사전승인을 받거나 협의를 할 것을 요구할 수 없다.
> 마. 수임 및 수탁사무의 처리에 관한 책임은 수임 및 수탁기관에 있으며, 위임 및 위탁기관의 장은 그에 대한 감독책임을 진다.
> 바. 위임 및 위탁기관은 위임 및 위탁사무 처리의 적정성을 확보하기 위하여 필요한 경우에는 수임 및 수탁기관의 수임 및 수탁사무 처리 상황을 수시로 감사할 수 있다.

① 1개 ② 2개
③ 3개 ④ 4개

해설 ▶(나) 제3조(위임 및 위탁의 기준 등)
② 행정기관의 장은 행정권한을 위임 및 위탁할 때에는 위임 및 위탁하기 전에 수임기관의 수임능력 여부를 점검하고, **필요한 인력 및 예산을 이관하여야 한다.**

▶(다) 제6조(지휘·감독)
위임 및 위탁기관은 수임 및 수탁기관의 수임 및 수탁사무 처리에 대하여 지휘·감독하고, 그 처리가 위법하거나 부당하다고 인정될 때에는 이를 **취소하거나 정지시킬 수 있다.**

03 「행정권한의 위임 및 위탁에 관한 규정」에 대한 내용으로 가장 적절하지 않은 것은? 응용문제

① 위임이란 법률에 규정된 행정기관의 장의 권한 중 일부를 그 보조기관 또는 하급행정기관의 장이나 지방자치단체의 장에게 맡겨 그의 권한과 책임 아래 행사하도록 하는 것을 말한다.
② 위임 및 위탁기관은 수임 및 수탁기관의 수임 및 수탁사무 처리에 대하여 지휘·감독하고, 그 처리가 위법하거나 부당하다고 인정될 때에는 이를 취소하거나 정지시킬 수 있다.
③ 수임 및 수탁사무의 처리에 관한 책임은 수임 및 수탁기관에 있으므로, 위임 및 위탁기관의 장은 그에 대한 감독책임을 지지 않는다.
④ 위임 및 위탁기관은 위임 및 위탁사무 처리의 적정성을 확보하기 위하여 필요한 경우에는 수임 및 수탁기관의 수임 및 수탁사무 처리 상황을 수시로 감사할 수 있다.

해설 제8조(책임의 소재 및 명의 표시)
① 수임 및 수탁사무의 처리에 관한 책임은 수임 및 수탁기관에 있으며, 위임 및 위탁기관의 장은 **그에 대한 감독책임을 진다.**

Answer 03 ③

04 「행정권한의 위임 및 위탁에 관한 규정」에 대한 설명으로 가장 적절하지 않은 것은? 21. 승진

① 위탁이란 법률에 규정된 행정기관의 장의 권한 중 일부를 다른 행정기관의 장에게 맡겨 그의 권한과 책임 아래 행사하도록 하는 것을 말한다.
② 수임 및 수탁사무의 처리에 관한 책임은 수임 및 수탁기관에 있으며, 수임 및 수탁사무에 관한 권한을 행사할 때에는 위임 및 위탁기관의 명의로 하여야 한다.
③ 위임 및 위탁기관은 수임 및 수탁기관의 수임 및 수탁사무 처리에 대하여 지휘·감독하고, 그 처리가 위법하거나 부당하다고 인정될 때에는 이를 취소하거나 정지시킬 수 있다.
④ 행정기관의 장은 행정권한을 위임 및 위탁할 때에는 위임 및 위탁하기 전에 수임기관의 수임능력 여부를 점검하고, 필요한 인력 및 예산을 이관하여야 한다.

> 해설) 제8조(책임의 소재 및 명의 표시)
> ② 수임 및 수탁사무에 관한 권한을 행사할 때에는 **수임 및 수탁기관의 명의로** 하여야 한다.

05 「행정권한의 위임 및 위탁에 관한 규정」에 대한 설명으로 가장 적절하지 않은 것은? (다툼이 있는 경우 판례에 의함) 24. 승진

① 행정 기관의 장은 허가·인가·등록 등 민원에 관한 사무, 정책의 구체화에 따른 집행사무 및 일상적으로 반복되는 사무로서 그가 직접 시행하여야 할 사무를 제외한 일부 권한을 그 보조기관 또는 하급행정기관의 장, 다른 행정기관의 장, 지방자치단체의 장에게 위임 및 위탁한다.
② 행정기관의 장은 행정권한을 위임 및 위탁할 때에는 위임 및 위탁하기 전에 수임기관의 수임능력 여부를 점검하고, 필요한 인력 및 예산을 이관하여야 한다.
③ 수임 및 수탁사무의 처리에 관하여 위임 및 위탁기관은 수임 및 수탁기관에 대하여 사전승인을 받거나 협의를 할 것을 요구할 수 있으나, 수임 및 수탁사무 처리상황은 감사할 수 없다.
④ 권한위임의 경우에는 수임관청이 자기의 이름으로 그 권한행사를 할 수 있지만 내부위임의 경우에는 수임관청은 위임관청의 이름으로만 그 권한을 행사할 수 있을 뿐 자기의 이름으로는 그 권한을 행사할 수 없다.

> 해설) ▶제7조(사전승인 등의 제한)
> 수임 및 수탁사무의 처리에 관하여 위임 및 위탁기관은 수임 및 수탁기관에 대하여 **사전승인을 받거나 협의를 할 것을 요구할 수 없다.**
>
> ▶제9조(권한의 위임 및 위탁에 따른 감사)
> 위임 및 위탁기관은 위임 및 위탁사무 처리의 적정성을 확보하기 위하여 필요한 경우에는 수임 및 수탁기관의 수임 및 수탁사무 처리 상황을 **수시로 감사할 수 있다.**

Answer 04 ② 05 ③

06 다음은 「행정권한의 위임 및 위탁에 관한 규정」에 대한 설명이다. 적절한 것만을 고른 것은 모두 몇 개인가?
21. 순경

⊙ 위임 및 위탁기관은, 수임 및 수탁기관의 수임 및 수탁사무처리에 대하여 지휘·감독하고, 그 처리가 위법하거나 부당하다고 인정될 때에는 이를 취소하거나 정지시킬 수 있다.
ⓒ 수임 및 수탁사무의 처리에 관하여 위임 및 위탁기관은 수임 및 수탁기관에 대하여 사전승인을 받거나 협의를 할 것을 요구할 수 없다.
ⓒ 수임 및 수탁 사무의 처리에 관한 책임은 수임 및 수탁기관에 있으며, 위임 및 위탁기관의 장은 그에 대한 감독책임을 진다.
ⓔ 수임 및 수탁사무에 관한 권한을 행사할 때에는 수임 및 수탁기관의 명의로 하여야 한다.

① 1개 ② 2개
③ 3개 ④ 4개

해설 모두 옳은 지문이다.

Answer 06 ④

CHAPTER 13 행정업무의 운영 및 혁신에 관한 규칙
(대통령령시행 2024.5.21.)

01 다음 중 「행정업무의 운영 및 혁신에 관한 규정」상 '공문서의 종류'에 대한 내용으로 틀린 것은?

응용문제

㉠ 법규문서 : 헌법·법률·대통령령·총리령·부령·조례·규칙(이하 "법령"이라 한다) 등에 관한 문서
㉡ 지시문서 : 훈령·지시·예규·일일명령 등 행정기관이 그 하급기관이나 소속 공무원에 대하여 일정한 사항을 지시하는 문서
㉢ 공고문서 : 고시·공고 등 행정기관이 일정한 사항을 일반에게 알리는 문서
㉣ 비치문서 : 행정기관이 일정한 사항을 기록하여 행정기관 내부에 비치하면서 업무에 활용하는 대장, 카드 등의 문서
㉤ 민원문서 : 민원인이 행정기관에 허가, 인가, 그 밖의 처분 등 특정한 행위를 요구하는 문서와 그에 대한 처리문서

① 0개 ② 1개
③ 2개 ④ 3개

해설 제4조(공문서의 종류)

법규문서	헌법·법률·대통령령·총리령·부령·조례·규칙 등에 관한 문서
지시문서	훈령·지시·예규·일일명령 등 행정기관이 그 하급기관이나 소속 공무원에 대하여 일정한 사항을 지시하는 문서
공고문서	고시·공고 등 행정기관이 일정한 사항을 일반에게 알리는 문서
비치문서	행정기관이 일정한 사항을 기록하여 행정기관 내부에 비치하면서 업무에 활용하는 대장, 카드 등의 문서
민원문서	민원인이 행정기관에 허가, 인가, 그 밖의 처분 등 특정한 행위를 요구하는 문서와 그에 대한 처리문서
일반문서	제1호부터 제5호까지의 문서에 속하지 아니하는 모든 문서

Answer 01 ①

02 「행정업무의 운영 및 혁신에 관한 규정」상 공문서에 관한 설명 중 가장 적절하지 않은 것은?

22. 순경

① '지시문서'란 훈령·지시·예규·일일명령 등 행정기관이 그 하급기관이나 소속 공무원에 대하여 일정한 사항을 지시하는 문서를 말한다.
② '공고문서'란 고시·공고 등 행정기관이 일정한 사항을 일반에게 알리는 문서를 말한다.
③ '일반문서'란 민원인이 행정기관에 허가, 인가, 그 밖의 처분 등 특정한 행위를 요구하는 문서와 그에 대한 처리문서를 말한다.
④ '법규문서'란 헌법·법률·대통령령·총리령·부령·조례·규칙 등에 관한 문서를 말한다.

해설 제4조(공문서의 종류)
민원문서란 민원인이 행정기관에 허가, 인가, 그 밖의 처분 등 특정한 행위를 요구하는 문서와 그에 대한 처리문서를 말한다.

03 다음 중 「행정업무의 운영 및 혁신에 관한 규정」에 대한 내용으로 옳은 것은?

응용문제

① 공문서란 행정기관에서 공무상 작성하거나 시행하는 문서(도면·사진·디스크·테이프·필름·슬라이드·전자문서 등의 특수매체기록을 제외)와 행정기관이 접수한 모든 문서를 말한다.
② 서명이란 기안자·검토자·협조자·결재권자 또는 발신명의인이 공문서(전자문서는 제외)에 자필로 자기의 성명을 다른 사람이 알아볼 수 있도록 한글로 표시하는 것을 말한다.
③ 문서는 결재권자가 해당 문서에 서명(전자이미지서명, 전자문자서명 및 행정전자서명을 제외)의 방식으로 결재함으로써 성립한다.
④ 문서는 수신자에게 도달(전자문서의 경우는 수신자가 관리하거나 지정한 전자적 시스템 등에 입력되는 것을 말한다)됨으로써 효력을 발생한다. 단, 공고문서는 그 문서에서 효력발생 시기를 구체적으로 밝히고 있지 않으면 그 고시 또는 공고 등이 있은 날부터 3일이 경과한 때에 효력이 발생한다.

해설 ▶(①) 제3조(정의)
1. "공문서"란 행정기관에서 공무상 작성하거나 시행하는 문서(도면·사진·디스크·테이프·필름·슬라이드·전자문서 등의 특수매체기록을 **포함**)와 행정기관이 접수한 모든 문서를 말한다.

▶제6조(문서의 성립 및 효력 발생)
① (③) 문서는 결재권자가 해당 문서에 서명(전자이미지서명, 전자문자서명 및 행정전자서명을 **포함**)의 방식으로 결재함으로써 성립한다.
③ (④) 제2항에도 불구하고 공고문서는 그 문서에서 효력발생 시기를 구체적으로 밝히고 있지 않으면 그 고시 또는 공고 등이 있은 날부터 **5일이 경과한 때**에 효력이 발생한다.

Answer 02 ③   03 ②

04 「행정업무의 운영 및 혁신에 관한 규정」에 대한 설명으로 가장 적절하지 않은 것은?

24. 승진

① 공문서는 「국어기본법」에 따른 어문규범에 맞게 한글로 작성하되, 뜻을 정확하게 전달하기 위하여 필요한 경우에는 괄호 안에 한자나 그 밖의 외국어를 함께 적을 수 있다.
② 공문서는 결재권자가 해당 문서에 서명(전자이미지서명, 전자문자서명 및 행정전자서명을 포함한다)의 방식으로 결재함으로써 성립된다.
③ 공문서는 수신자에게 도달(전자문서의 경우는 수신자가 관리하거나 지정한 전자적 시스템 등에 입력되는 것을 말한다)됨으로써 효력을 발생한다. 다만, 공고문서의 경우 그 문서에서 효력발생 시기를 구체적으로 밝히고 있지 않으면 그 고시 또는 공고 등이 있는 날부터 5일이 경과한 때에 효력이 발생한다.
④ 공문서에는 음성정보나 영상정보 등이 수록되거나 연계된 바코드 등을 표기할 수 없다.

해설 제7조(문서 작성의 방법)
③ 문서에는 음성정보나 영상정보 등이 수록되거나 연계된 바코드 등을 **표기할 수 있다.**

05 「행정업무의 운영 및 혁신에 관한 규정」에 대한 설명으로 가장 적절하지 않은 것은?

74기 경간부

① 보조기관 또는 보좌기관의 명의로 발신하는 공문서는 해당 행정기관의 장의 결재를 받아야 한다.
② 보조기관 또는 보좌기관이 결재권자의 결재 전에 기안문을 검토하는 경우에 그 내용과 다른 의견이 있으면 기안문을 직접 수정하거나 기안문 또는 별지에 그 의견을 표시하여야 한다.
③ 행정기관의 장은 업무의 내용에 따라 보조기관 또는 보좌기관이나 해당 업무를 담당하는 공무원으로 하여금 위임전결하게 할 수 있으며, 그 위임전결 사항은 해당 기관의 장이 훈령이나 지방자치단체의 규칙으로 정한다.
④ 공문서의 기안은 전자문서로 하는 것을 원칙으로 한다. 다만, 업무의 성질상 전자문서로 기안하기 곤란하거나 그 밖의 특별한 사정이 있으면 그러하지 아니하다.

해설 제10조(문서의 결재)
① 문서는 해당 행정기관의 장의 결재를 받아야 한다. 다만, 보조기관 또는 보좌기관의 명의로 발신하는 문서는 그 **보조기관 또는 보좌기관의** 결재를 받아야 한다.

Answer 04 ④ 05 ①

06 「행정업무의 운영 및 혁신에 관한 규정」 및 「행정업무의 운영 및 혁신에 관한 규정 시행규칙」에 대한 설명으로 가장 적절한 것은?

응용문제

① '업무관리시스템'이란 행정기관이 행정정보를 생산·수집·가공·저장·검색·제공·송신·수신하고 활용할 수 있도록 하드웨어·소프트웨어·데이터베이스 등을 통합한 시스템을 말한다.
② 문서는 수신자에게 도달(전자문서의 경우는 수신자가 관리하거나 지정한 전자적 시스템 등에 입력되는 것을 말한다)됨으로써 성립한다. 다만, 공고문서는 그 문서에서 효력발생 시기를 구체적으로 밝히고 있지 않으면 그 고시 또는 공고 등이 있은 날부터 5일이 경과한 때에 성립한다.
③ 수신자의 명칭이 변경된 경우에는 해당 문서를 접수한 처리과의 장의 승인을 받아 이미 발신한 문서의 수신자를 변경하거나 추가하여 다시 발신할 수 있다.
④ 「행정업무의 운영 및 혁신에 관한 규정」 제10조 제2항에 따라 위임전결하는 경우에는 전결하는 사람의 서명란에 '전결' 표시를 한 후 서명하여야 한다. 이 경우 서명 또는 '전결' 표시를 하지 아니하는 사람의 서명란은 만들지 아니한다.

해설
▶ (①) 제3조(정의)
12. "**행정정보시스템**"이란 행정기관이 행정정보를 생산·수집·가공·저장·검색·제공·송신·수신하고 활용할 수 있도록 하드웨어·소프트웨어·데이터베이스 등을 통합한 시스템을 말한다.

▶ (②) 제6조(문서의 성립 및 효력 발생)
① 문서는 결재권자가 해당 문서에 서명(전자이미지서명, 전자문서서명 및 행정전자서명을 포함한다. 이하 같다)의 방식으로 결재함으로써 성립한다.
② 문서는 수신자에게 **도달(전자문서의 경우는 수신자가 관리하거나 지정한 전자적 시스템 등에 입력되는 것을 말한다)**됨으로써 **효력을 발생**한다.
③ 제2항에도 불구하고 공고문서는 그 문서에서 효력발생 시기를 구체적으로 밝히고 있지 않으면 그 고시 또는 공고 등이 있은 날부터 **5일이 경과한 때**에 효력이 발생한다.

▶ (③) 제15조(문서의 발신)
④ 다음 각 호의 어느 하나에 해당하는 경우에는 해당 **문서를 생산한 처리과의 장의 승인**을 받아 이미 발신한 문서의 수신자를 변경하거나 추가하여 다시 발신할 수 있다.
  1. 결재권자나 해당 문서를 생산한 처리과의 장의 지시가 있는 경우
  2. 수신자의 명칭이 변경된 경우
  3. 착오로 인하여 수신자를 누락하였거나 잘못 지정한 경우
  4. 해당 업무와 관련된 기관의 요청이 있는 경우

Answer 06 ④

07 「행정업무의 운영 및 혁신에 관한 규정」 및 동 시행규칙상 공문서의 작성 및 처리, 발신에 대한 설명으로 가장 적절하지 않은 것은? 20. 승진

① 문서는 「국어기본법」 제3조 제3호에 따른 어문규범에 맞게 한글로 작성하되, 뜻을 정확하게 전달하기 위하여 필요한 경우에는 괄호 안에 한자나 그 밖의 외국어를 함께 적을 수 있으며, 특별한 사유가 없으면 가로로 쓴다.
② 「행정업무의 운영 및 혁신에 관한 규정」 제10조 제2항에 따라 위임전결하는 경우에는 전결하는 사람의 서명란에 "전결" 표시를 한 후 서명하여야 한다.
③ 문서는 정보통신망을 이용하여 발신하는 것을 원칙으로 하나, 업무의 성질상 정보통신망을 이용한 발신방법이 적절하지 아니하거나 그 밖의 특별한 사정이 있으면 우편·팩스 등의 방법으로 문서를 발신할 수 있으며, 내용이 중요한 문서는 등기우편이나 그 밖에 발신 사실을 증명할 수 있는 특수한 방법으로 발신하여야 한다.
④ 기안문에는 「행정업무의 운영 및 혁신에 관한 규정」 제8조 제4항에 따라 발의자와 보고자의 직위나 직급의 앞 또는 위에 발의자는 ⊙표시를, 보고자는 ★표시를 한다.

> **해설** 행정업무의 운영 및 혁신에 관한 규정 시행규칙 제6조(기안자 등의 표시)
> ① 기안문에는 영 제8조 제4항에 따라 발의자와 보고자의 직위나 직급의 앞 또는 위에 **발의자는 ★표시를, 보고자는 ⊙표시를 한다.**

Answer 07 ④

CHAPTER 14 경찰관의 정보수집 및 처리 등에 관한 규정
[대통령령 시행 2021.3.23.]

01 「경찰관의 정보수집 및 처리 등에 관한 규정」에 대한 설명으로 가장 적절하지 않은 것은?

23. 승진

① 경찰관의 정보수집·작성·배포에 있어 정보의 구체적인 범위에는 범죄의 예방과 대응에 필요한 정보가 포함된다.
② 경찰관은 정보를 수집하거나 정보의 수집·작성·배포에 수반되는 사실을 확인하려는 경우에는 상대방에게 자신의 신분을 밝히고 정보수집 또는 사실 확인의 목적을 설명해야 한다.
③ ②의 경우 강제적인 방법을 사용할 수 있다.
④ 범죄의 대응을 위한 정보활동에 현저한 지장을 초래할 우려가 있는 경우에는 ②의 절차를 생략할 수 있다.

해설 제4조(정보의 수집 및 사실의 확인 절차)
① 경찰관은 법 제8조의2 제1항에 따라 정보를 수집하거나 정보의 수집·작성·배포에 수반되는 사실을 확인하려는 경우에는 상대방에게 자신의 신분을 밝히고 정보 수집 또는 사실 확인의 목적을 설명해야 한다. **이 경우 강제적인 방법을 사용해서는 안 된다.**

02 「경찰관의 정보수집 및 처리 등에 관한 규정」에 대한 설명으로 가장 적절하지 않은 것은?

24. 승진

① 경찰관이 「경찰관 직무집행법」 제8조의2 제1항에 따라 수집·작성·배포할 수 있는 정보의 범위에는 국가중요시설의 안전 및 주요 인사(人士)의 보호에 필요한 정보가 포함된다.
② 경찰관은 정보활동과 관련하여 직무와 무관한 비공식적 직함을 사용하는 행위를 해서는 안 된다.
③ 경찰관은 언론·교육·종교·시민사회 단체 등 민간단체, 지방자치단체, 정당의 사무소에 상시적으로 출입해서는 안 되며 정보활동을 위해 필요한 경우에 한정하여 일시적으로만 출입해야 한다고 규정되어 있다.
④ 경찰관은 명백히 위법한 지시하고 판단되는 경우에는 그 집행을 거부할 수 있다.

Answer 01 ③ 02 ③

> **해설** 제5조(정보 수집 등을 위한 출입의 한계)
> 경찰관은 다음 각 호의 장소에 상시적으로 출입해서는 안 되며, 정보활동을 위해 필요한 경우에 한정하여 일시적으로만 출입해야 한다.
> 1. 언론·교육·종교·시민사회 단체 등 민간단체
> 2. 민간기업 (**공기업 ×, 지방자치단체 ×**)
> 3. 정당의 사무소

03 「경찰관의 정보수집 및 처리 등에 관한 규정」상 경찰관이 정보 수집을 위해 상시적으로 출입해서는 안되며, 정보활동을 위해 필요한 경우에 한정하여 일시적으로 출입할 수 있는 장소에 포함되지 않는 곳은? 21. 경간부

① 언론·교육·종교·시민사회 단체 등 민간단체
② 민간기업
③ 정당의 사무소
④ 공기업

> **해설** 제5조(정보 수집 등을 위한 출입의 한계)
> 경찰관은 다음 각 호의 장소에 상시적으로 출입해서는 안 되며, 정보활동을 위해 필요한 경우에 한정하여 일시적으로만 출입해야 한다.
> 1. 언론·교육·종교·시민사회 단체 등 민간단체
> 2. 민간기업 (**공기업 ×, 지방자치단체 ×**)
> 3. 정당의 사무소

Answer 03 ④

CHAPTER 15 경찰청과 그 소속기관 직제
[대통령령 시행 2024.8.14.]

01 「경찰청과 그 소속기관 직제」상 경찰청 생활안전교통국장의 분장사항에 해당하지 않는 것은 모두 몇 개인가? (다툼 있는 경우 판례에 의함) 22. 순경

㉠ 아동·청소년 대상 성매매 사범에 대한 지도 및 단속
㉡ 경비업에 관한 연구 및 지도
㉢ 아동학대 수사 및 피해자 보호에 관한 업무
㉣ 청원경찰의 운영 및 지도
㉤ 교통사고·교통범죄에 관한 수사 지휘·감독
㉥ 각종 안전사고의 예방에 관한 사항

① 3개   ② 4개
③ 5개   ④ 6개

해설 ㉠ 아동·청소년 대상 성매매 사범에 대한 지도 및 단속 – **형사국**
㉡ 경비업에 관한 연구 및 지도 – **범죄예방대응국**
㉢ 아동학대 수사(**형사국**) 및 피해자 보호(**생활안전교통국**)에 관한 업무
㉣ 청원경찰의 운영 및 지도 – **경비국**
㉤ 교통사고·교통범죄에 관한 수사 지휘·감독 – **형사국**
㉥ 각종 안전사고의 예방에 관한 사항 – **범죄예방대응국**

02 「경찰청과 그 소속기관 직제」상 각 기관과 업무분장 연결이 적절하지 <u>않은</u> 것은 모두 몇 개인가? 21. 경간부

가. 수사국 - 외국인 관련 범죄에 대한 통계 및 수사자료 분석
나. 안보수사국 - 보안관찰 및 경호안전대책 업무에 관한 사항
다. 교통국 - 교통사고·교통범죄에 관한 수사 지휘·감독
라. 치안정보국 - 집회·시위 등 공공갈등과 다중운집에 따른 질서 및 안전 유지 관한 정보활동
마. 경비국 - 예비군의 무기 및 탄약 관리의 지도

Answer   01 ④   02 ③

① 없음　　　　　　　　　　② 1개
③ 2개　　　　　　　　　　④ 3개

해설　가. 외국인 관련 범죄에 대한 통계 및 수사자료 분석은 **형사국 업무분장사항**이다.
　　　다. 교통사고·교통범죄에 관한 수사 지휘·감독은 **형사국 업무분장사항**이다.

03 「경찰청과 그 소속기관 직제」에 대한 내용으로 틀린 것은?　　　　응용문제

① 경찰청장의 관장사무를 지원하기 위하여 「책임운영기관의 설치·운영에 관한 법률」제4조 제1항, 같은 법 시행령 제2조 제1항에 따라 경찰청장 소속의 책임운영기관으로 경찰병원을 둔다.
② 「행정기관의 조직과 정원에 관한 통칙」제12조에 따라 경찰청에 두는 정책관등의 명칭과 그 소관업무는 대통령령으로 정한다.
③ 시·도경찰청장은 국가경찰사무에 대해서는 경찰청장의 지휘·감독을, 자치경찰사무에 대해서는 시·도자치경찰위원회의 지휘·감독을 받아 소관사무를 총괄하고, 소속 공무원을 지휘·감독한다. 다만, 수사에 관한 사무에 대해서는 국가수사본부장의 지휘·감독을 받는다.
④ 시·도경찰청장은 경찰서장의 소관사무를 분장하기 위하여 행정안전부령으로 정하는 바에 따라 경찰청장의 승인을 받아 지구대 또는 파출소를 둘 수 있다.

해설　제23조(위임규정)
　　　① 「행정기관의 조직과 정원에 관한 통칙」제12조에 따라 경찰청에 두는 정책관등의 명칭과 그 소관업무는 **행정안전부령으로** 정한다.

Answer 03 ②

CHAPTER 16 수사경찰 인사운영규칙
[경찰청훈령 시행 2021.11.23.]

01 「수사경찰 인사운용규칙」이 적용되는 수사경찰의 근무부서로 옳지 않은 것은? 21. 경간부
① 경찰청 사이버수사국장의 업무지휘를 받고 있는 경찰관서의 수사부서
② 경찰청 과학수사관리관의 업무지휘를 받고 있는 경찰관서의 수사부서
③ 경찰청 교통국장의 업무지휘를 받고 있는 경찰관서의 교통사고사범 수사부서
④ 경찰청 형사국장의 업무지휘를 받고 있는 경찰관서의 수사부서

해설 제3조(수사경찰 근무부서 등)
① 이 규칙이 적용되는 수사경찰의 근무부서는 다음 각 호와 같다.
  1. 경찰청 수사기획조정관의 업무지휘를 받고 있는 경찰관서의 수사부서
  2. 경찰청 수사국장의 업무지휘를 받고 있는 경찰관서의 수사부서
  3. **경찰청 형사국장의 업무지휘를 받고 있는 경찰관서의 수사부서**
  4. **경찰청 사이버수사국장의 업무지휘를 받고 있는 경찰관서의 수사부서**
  5. **경찰청 과학수사관리관의 업무지휘를 받고 있는 경찰관서의 수사부서**
  6. 경찰청 안보수사국장의 업무지휘를 받고 있는 경찰관서의 수사부서
  7. 경찰청 생활안전국장의 업무지휘를 받고 있는 경찰관서의 지하철범죄 및 생활질서사범 수사부서
  8. 경찰교육기관의 수사직무 관련 학과
  9. 국립과학수사연구원 등 직제상 정원에 경찰공무원이 포함되어 있는 정부기관내 수사관련 부서
  10. 「국가공무원법」제32조의4 및 「경찰공무원임용령」제30조 규정에 따른 파견부서 중 수사직무관련 부서
  11. 기타 경찰청장이 특별한 필요에 따라 지정하는 부서

02 「수사경찰 인사운영규칙」에 대한 설명으로 틀린 것은? 응용문제
① 선발시험에서 부정행위를 한 사람은 당해 시험을 정지 또는 무효로 하며, 향후 5년 간 선발시험에 응시할 수 없다.
② 선발교육은 4주이상의 기간동안 경찰수사연수원에서 실시한다.
③ 경찰관서장은 수사경과를 부여받지 못한 소속 수사부서 근무자 중 근무경력·수사역량 및 의지 등을 고려하여 수사경과 선발심사대상자로 적합하다고 인정하는 사람을 시·도경찰청장에게 추천할 수 있다.
④ 수사경과 유효기간은 수사경과를 부여일 또는 갱신일로부터 5년으로 한다.

해설 제12조의3(선발교육)
② 선발교육은 **2주이상**의 기간동안 경찰수사연수원에서 실시한다.

Answer 01 ③ 02 ②

03 「수사경찰 인사운영규칙」상 수사경과의 부여에 대한 설명으로 틀린 것은? 응용문제

① 경찰청장은 수사전문성 확보를 위해 경력경쟁채용시험으로 신규채용된 사람에 대하여 수사경과를 부여한다.
② 경찰청장은 변호사·공인회계사 및 이에 준하는 자격을 취득한 사람이 그 자격을 취득한 날로부터 3년 이내 수사경과 부여를 요청하는 경우에 대하여 수사경과를 부여한다.
③ 수사경과 부여일을 기준으로 직무와 관련한 청렴의무위반·인권침해 또는 부정청탁에 따른 직무수행으로 징계처분을 받은 사유가 있는 날부터 5년이 경과되지 않은 사람은 수사경과자 부여 대상에서 제외한다.
④ 수사경과 부여일을 기준으로 직무와 관련한 청렴의무위반·인권침해 또는 부정청탁에 따른 직무수행으로 징계처분을 받은 외의 사유로 징계처분을 받은 날부터 5년이 경과하지 않은 사람은 수사경과자 부여 대상에서 제외한다.

해설) 제13조(수사경과의 부여)
③ 수사경과 부여일을 기준으로 다음 각 호에 해당하는 사람은 **수사경과자 부여 대상에서 제외한다.**
  1. 직무와 관련한 청렴의무위반·인권침해 또는 부정청탁에 따른 직무수행 사유로 징계처분을 받은 사유가 있는 날부터 5년이 경과되지 않은 사람
  2. 직무와 관련한 청렴의무위반·인권침해 또는 부정청탁에 따른 **직무수행 외의 사유로 징계처분을 받은 날부터 3년이 경과하지 않은 사람**
  3. 그 밖에 수사업무 능력이 부족한 경우 등 경찰청장이 정하는 사유에 해당하는 사람

04 「수사경찰 인사운영규칙」상 해제사유 중 필수적 해제사유에 해당하지 않은 것은? 응용문제

㉠ 직무와 관련한 청렴의무위반·인권침해 또는 부정청탁에 따른 직무수행으로 징계처분을 받은 경우
㉡ 인권침해, 편파수사를 이유로 다수의 진정을 받는 등 공정한 수사업무 수행을 기대하기 곤란한 경우
㉢ 수사업무 능력·의욕이 현저하게 부족한 경우
㉣ 5년간 연속으로 제3조 제1항 외의 부서에서 근무하는 경우
㉤ 수사경과 해제를 희망하는 경우

① 1개 ② 2개
③ 3개 ④ 4개

Answer 03 ④ 04 ③

해설 제15조(해제사유 등)

필수적 해제사유	1. 직무와 관련한 청렴의무위반·인권침해 또는 부정청탁에 따른 직무수행으로 **징계**처분을 받은 경우 2. **5년**간 연속으로 제3조 제1항 외의 부서에서 근무하는 경우 3. 제14조에 따른 유효기간 내에 **갱신**이 되지 않은 경우
임의적 해제사유	1. 직무와 관련한 청렴의무위반·인권침해 또는 부정청탁에 따른 직무수행으로 징계처분을 받은 **외**의 사유로 징계처분을 받은 경우 2. 인권침해, **편파수사**를 이유로 다수의 진정을 받는 등 공정한 수사업무 수행을 기대하기 곤란한 경우 3. 수사업무 **능력**·의욕이 현저하게 부족한 경우 4. 수사경과 **해제**를 희망하는 경우

CHAPTER 17

법령 등 공포에 관한 법률
[법률시행 2018.10.16.]

01 「법령 등 공포에 관한 법률」에 대한 설명으로 틀린 것은? 응용문제

① 헌법개정·법률·조약 및 대통령령의 공포문과 헌법개정안·예산 및 예산 외 국고부담계약의 공고문에는 전문을 붙여야 한다.
② 헌법개정 공포문의 전문에는 헌법개정안이 대통령 또는 국회 재적의원 과반수의 발의로 제안되어 국회에서 재적의원 3분의 2 이상이 찬성하고 국민투표에서 국회의원 선거권자 과반수가 투표하여 투표자 과반수가 찬성한 사실을 적고, 대통령이 서명한 후 국새와 대통령인을 찍고 그 공포일을 명기하여 국무총리와 각 국무위원이 부서한다.
③ 조약 공포문의 전문에는 국회의 동의 또는 국무회의의 심의를 거친 사실을 적고, 대통령이 서명한 후 대통령인을 찍고 그 공포일을 명기하여 국무총리와 관계 국무위원이 부서한다.
④ 대통령령 공포문의 전문에는 국회의 동의 또는 국무회의의 심의를 거친 사실을 적고, 대통령이 서명한 후 대통령인을 찍고 그 공포일을 명기하여 국무총리와 관계 국무위원이 부서한다.

해설 제7조(대통령령)
대통령령 공포문의 전문에는 **국무회의의 심의를 거친** 사실을 적고, 대통령이 서명한 후 대통령인을 찍고 그 공포일을 명기하여 국무총리와 관계 국무위원이 부서한다.

02 「법령 등 공포에 관한 법률」에 대한 설명으로 가장 적절하지 않은 것은? 24. 순경

① 「법령 등 공포에 관한 법률」상 법률, 대통령령, 총리령 및 부령은 특별한 규정이 없으면 공포한 날부터 20일이 경과함으로써 효력을 발생한다.
② 「국회법」 제98조 제3항 전단에 따라 하는 국회의장의 법률 공포는 서울특별시에서 발행되는 둘 이상의 일간신문에 게재함으로써 한다.
③ 법령 등의 공포일 또는 공고일은 해당 법령 등을 게재한 관보 또는 신문이 발행된 날로 한다.
④ 헌법개정·법률·조약·대통령령·총리령 및 부령의 공포와 헌법개정안·예산 및 예산 외 국고부담계약의 공고는 관보에 게재함으로써 한다.

해설 제13조(시행일)
대통령령, 총리령 및 부령은 특별한 규정이 없으면 공포한 날부터 20일이 경과함으로써 효력을 발생한다.

Answer 01 ④ 02 ①

03 「법령 등 공포에 관한 법률」에 대한 설명으로 틀린 것은? *응용문제*

① 예산 및 예산 외 국고부담계약 공고문의 전문에는 국회의 의결을 받은 사실을 적고, 대통령이 서명한 후 대통령인을 찍고 그 공고일을 명기하여 국무총리와 관계 국무위원이 부서하여야 한다.
② 관보는 종이로 발행되는 관보와 전자적인 형태로 발행되는 관보로 운영한다. 관보의 내용 해석 및 적용 시기 등에 대하여 종이관보와 전자관보는 동일한 효력을 가진다.
③ 대통령령, 총리령 및 부령은 특별한 규정이 없으면 공포한 날부터 30일이 경과함으로써 효력을 발생한다.
④ 국민의 권리 제한 또는 의무 부과와 직접 관련되는 법률, 대통령령, 총리령 및 부령은 긴급히 시행하여야 할 특별한 사유가 있는 경우를 제외하고는 공포일부터 적어도 30일이 경과한 날부터 시행되도록 하여야 한다.

해설 제13조(시행일)
대통령령, 총리령 및 부령은 특별한 규정이 없으면 공포한 날부터 **20일이 경과**함으로써 효력을 발생한다.

Answer 03 ③

CHAPTER 18 개인정보 보호법[시행 2024.3.15.]

01 「개인정보 보호법」에 관한 설명으로 가장 적절하지 않은 것은? 23. 순경

① 살아 있는 개인에 관한 정보로서 성명, 주민등록번호 및 영상 등을 통하여 개인을 알아볼 수 있는 정보는 "개인정보"에 해당한다.
② "개인정보처리자"란 업무를 목적으로 개인정보파일을 운용하기 위하여 스스로 또는 다른 사람을 통하여 개인정보를 처리하는 공공기관, 법인 단체 및 개인 등을 말한다.
③ 정보주체는 자신의 개인정보 처리와 관련하여 개인정보의 처리 정지, 정정·삭제 및 파기를 요구할 권리를 가진다.
④ "익명처리"란 개인정보의 전부를 삭제하거나 일부를 대체하는 등의 방법으로 추가 정보가 없이는 특정 개인을 알아볼 수 없도록 처리하는 것을 말한다.

해설 제2조(정의)
1의2. "가명처리"란 개인정보의 **일부를 삭제**하거나 **일부 또는 전부를 대체**하는 등의 방법으로 추가 정보가 없이는 특정 개인을 알아볼 수 없도록 처리하는 것을 말한다.

02 「개인정보 보호법」상 정의 및 개념에 관한 설명 중 가장 적절하지 않은 것은? 22. 순경

① 살아있는 개인에 관한 정보로서 해당 정보만으로는 특정 개인을 알아볼 수 없더라도 다른 정보와 쉽게 결합하여 알아볼 수 있는 정보를 "개인정보"라 한다.
② 개인정보의 일부를 삭제하거나 일부 또는 전부를 대체하는 등의 방법으로 추가 정보가 없이는 특정 개인을 알아볼 수 없도록 처리하는 것을 "가명처리"라 한다.
③ 정보처리 기술을 활용하여 기존의 다양한 정보를 가공해서 만들어 낸 새로운 정보에 관한 독점적 권리를 가지는 사람을 "정보주체"라 한다.
④ 일정한 공간에 지속적으로 설치되어 사람 또는 사물의 영상 등을 촬영하거나 이를 유·무선망을 통하여 전송하는 장치로서 네트워크 카메라와 같은 장치를 "영상정보처리기기"라 한다.

해설 제2조(정의)
3. **"정보주체"**란 **처리되는 정보에 의하여 알아볼 수 있는 사람**으로서 그 정보의 주체가 되는 사람을 말한다.

Answer   01 ④   02 ③

03 「개인정보 보호법」에 대한 설명으로 틀린 것은? 응용문제

① 개인정보 보호에 관한 사무를 독립적으로 수행하기 위하여 국무총리 소속으로 개인정보 보호위원회(이하 "보호위원회"라 한다)를 둔다.
② 보호위원회는 상임위원 3명(위원장 1명, 부위원장 2명)을 포함한 9명의 위원으로 구성한다.
③ 보호위원회의 위원은 개인정보 보호에 관한 경력과 전문지식이 풍부한 사람 중에서 위원장과 부위원장은 국무총리의 제청으로, 그 외 위원 중 2명은 위원장의 제청으로, 2명은 대통령이 소속되거나 소속되었던 정당의 교섭단체 추천으로, 3명은 그 외의 교섭단체 추천으로 대통령이 임명 또는 위촉한다.
④ 위원장과 부위원장은 정무직 공무원으로 임명하며, 위원의 임기는 3년으로 하되, 한 차례만 연임할 수 있다.

해설 제7조의2(보호위원회의 구성 등)
① 보호위원회는 **상임위원 2명(위원장 1명, 부위원장 1명)**을 포함한 9명의 위원으로 구성한다.

04 「개인정보 보호법」에 대한 설명으로 틀린 것은? 응용문제

① 개인정보 보호위원회의 회의는 위원장이 필요하다고 인정하거나 재적위원 3분의 1 이상의 요구가 있는 경우에 위원장이 소집한다.
② 위원장 또는 2명 이상의 위원은 보호위원회에 의안을 제의할 수 있다.
③ 개인정보 보호위원회의 회의는 재적위원 과반수의 출석으로 개의하고, 출석위원 과반수의 찬성으로 의결한다.
④ 개인정보 보호위원회는 효율적인 업무 수행을 위하여 개인정보 침해 정도가 경미하거나 유사·반복되는 사항 등을 심의·의결할 소위원회를 둘 수 있으며, 소위원회는 3명의 위원으로 구성한다.

해설 제7조의10(회의)
① 보호위원회의 회의는 위원장이 필요하다고 인정하거나 **재적위원 4분의 1 이상의 요구**가 있는 경우에 위원장이 소집한다.
② 위원장 또는 2명 이상의 위원은 보호위원회에 의안을 제의할 수 있다.
③ 보호위원회의 회의는 재적위원 과반수의 출석으로 개의하고, 출석위원 과반수의 찬성으로 의결한다.

05 「개인정보 보호법」에 대한 설명으로 틀린 것은? 응용문제

① 중앙행정기관의 장은 소관 법령의 제정 또는 개정을 통하여 개인정보 처리를 수반하는 정책이나 제도를 도입·변경하는 경우에는 보호위원회에 개인정보 침해요인 평가를 요청하여야 한다.
② 개인정보 보호위원회는 개인정보의 처리에 관한 기준, 개인정보 침해의 유형 및 예방조치 등에 관한 표준 개인정보 보호지침(이하 "표준지침"이라 한다)을 정하여 개인정보처리자에게 그 준수를 권장할 수 있다.

Answer 03 ② 04 ① 05 ④

③ 개인정보처리자는 당초 수집 목적과 합리적으로 관련된 범위에서 정보주체에게 불이익이 발생하는지 여부, 암호화 등 안전성 확보에 필요한 조치를 하였는지 여부 등을 고려하여 대통령령으로 정하는 바에 따라 정보주체의 동의 없이 개인정보를 이용할 수 있다.
④ 개인정보처리자는 만 14세 미만 아동의 개인정보를 처리하기 위하여 법정대리인의 동의를 받기 위하여 필요한 최소한의 정보는 법정대리인의 동의 없이 해당 아동으로부터 직접 수집할 수 없다.

> **해설** 제22조의2(아동의 개인정보 보호)
> ① 개인정보처리자는 만 14세 미만 아동의 개인정보를 처리하기 위하여 이 법에 따른 동의를 받아야 할 때에는 그 법정대리인의 동의를 받아야 하며, 법정대리인이 동의하였는지를 확인하여야 한다.
> ② 제1항에도 불구하고 법정대리인의 동의를 받기 위하여 필요한 최소한의 정보로서 대통령령으로 정하는 정보는 법정대리인의 동의 없이 해당 아동으로부터 **직접 수집할 수 있다.**

06 「개인정보 보호법」에 관한 설명으로 가장 적절하지 않은 것은? (단, 동법 제3조의 개인정보 보호 원칙은 준수한 것으로 봄) 24. 순경

① 개인정보처리자는 법령상 의무를 준수하기 위하여 불가피한 경우에는 개인정보를 수집할 수 있으며 그 수집 목적의 범위에서 이용할 수 있다.
② 인명의 구조·구급 등을 위하여 필요한 경우로서 대통령령으로 정하는 경우에는 불특정 다수가 이용하는 목욕실, 탈의실 등 개인의 사생활을 현저히 침해할 우려가 있는 장소의 내부를 볼 수 있는 곳에서 이동형 영상정보처리기기로 사람 또는 그 사람과 관련된 사물의 영상을 촬영할 수 있다.
③ 개인정보처리자는 개인정보를 익명 또는 가명으로 처리하여도 개인정보 수집목적을 달성할 수 있는 경우 익명처리가 가능한 경우에는 익명에 의하여, 익명처리로 목적을 달성할 수 없는 경우에는 가명에 의하여 처리될 수 있도록 하여야 한다.
④ 개인정보처리자는 통계작성, 과학적 연구, 공익적 기록보존 등을 위하여 가명정보를 처리하는 경우에 정보주체에게 이를 알리고 동의를 받아야 한다.

> **해설** 제28조의2(가명정보의 처리 등)
> ① 개인정보처리자는 통계작성, 과학적 연구, 공익적 기록보존 등을 위하여 **정보주체의 동의 없이** 가명정보를 처리할 수 있다.

Answer 06 ④

황영구 경찰학(법령서)

PART

06

각론 3단계

CHAPTER 01 사격 및 사격장 안전관리에 관한 법률
[법률시행 2021.6.9.]

01 다음 「사격 및 사격장 안전관리에 관한 법률」상 사격장의 종류 중 연결이 틀린 것은? 응용문제

① 클레이사격장 - 산탄총을 사용하여 산탄으로 클레이피전을 사격하는 사격장
② 라이플사격장 - 라이플소총 또는 산탄총이나 산탄총 외의 활강총을 사용하여 외알탄으로 사격하는 사격장
③ 권총사격장 - 권총을 사용하여 사격하는 사격장
④ 공기총사격장 - 공기총(가스를 이용하는 것을 제외)을 사용하여 사격하는 사격장

해설 제5조(사격장의 종류 등) & 제6조(사격장의 설치허가)

종류	내용	설치 허가권자
1. 클레이사격장	산탄총을 사용하여 산탄으로 클레이피전을 사격하는 사격장	시·도경찰청장
2. 라이플사격장	라이플소총 또는 산탄총이나 산탄총 외의 활강총을 사용하여 외알탄으로 사격하는 사격장	
3. 권총사격장	권총을 사용하여 사격하는 사격장	
4. 공기총사격장	공기총(가스를 이용하는 것을 **포함**)을 사용하여 사격하는 사격장	경찰서장
5. 석궁사격장	석궁을 이용하여 사격하는 사격장	

02 다음 「사격 및 사격장 안전관리에 관한 법률」에 대한 내용 중 틀린 것은? 응용문제

㉠ 사격은 어떠한 경우에도 사격장 외의 장소에서는 하지 못한다.
㉡ 사격장은 실외사격장과 실내사격장으로 구분하고, 그 종류·구조·위치·설비 및 기준은 통령령으로 정한다.
㉢ 사격장을 설치하려는 자는 공기총(가스를 이용하는 것을 포함)사격장 및 석궁사격장은 시·도경찰청장에게, 클레이사격장, 라이플사격장, 권총사격장은 경찰서장의 허가를 받아야 한다.
㉣ 사격장설치자는 사격장을 2년 이내의 범위에서 휴업할 수 있다. 다만, 정당한 사유가 있는 경우에는 그 기간을 연장할 수 있다. 사격장설치자가 사격장을 폐업하거나 15일 이상 1년 이내의 기간 동안 휴업하려면 행정안전부령으로 정하는 바에 따라 사격장의 설치 허가관청에 신고하여야 한다. 그 기간을 연장하는 경우에도 또한 같다.

Answer 01 ④ 02 ④

⑩ 관공서, 병원, 공원, 사찰 또는 교회, 주택 등에 해당하는 시설 또는 장소로부터 100미터 이내의 주변에는 실외사격장을 설치하지 못한다. 다만, 위해를 예방하기 위하여 필요한 설비 또는 지형지물 등이 있는 장소로서 대통령령으로 정하는 경우에는 그러하지 아니하다.

① 1개
② 2개
③ 3개
④ 4개

해설

▶ (㉠) 제4조(사격의 금지)
사격은 사격장 외의 장소에서는 하지 못한다. 다만, **다른 법령에서 허용하는 경우에는 그러하지 아니하다.**

▶ (㉢) 제5조(사격장의 종류 등) & 제6조(사격장의 설치허가)
사격장을 설치하려는 자는 공기총(가스를 이용하는 것을 포함)사격장 및 석궁사격장은 **경찰서장에게**, 클레이사격장, 라이플사격장, 권총사격장은 **시·도경찰청장 허가**를 받아야 한다.

▶ (㉣) 제6조의2(휴업·폐업의 신고)
① 사격장설치자는 사격장을 **1년 이내**의 범위에서 휴업할 수 있다. 다만, 정당한 사유가 있는 경우에는 그 기간을 연장할 수 있다.

▶ (㉤) 제8조(사격장 설치의 제한)
관공서, 학교, 병원, 공원 등에 해당하는 시설 또는 장소로부터 **200미터 이내**의 주변에는 실외사격장을 설치하지 못한다. 다만, 위해를 예방하기 위하여 필요한 설비 또는 지형지물 등이 있는 장소로서 대통령령으로 정하는 경우에는 그러하지 아니하다.

CHAPTER 02 | 사행행위 등 규제 및 처벌 특례법
(법률시행 2021.1.1.)

01 「사행행위 등 규제 및 처벌 특례법」과 동법 시행령에 규정된 사행행위영업이 아닌 것은?

10. 승진

① 경마
② 복권발행업
③ 현상업
④ 회전판돌리기업

해설 제2조(정의) - 사행행위 유형

복권발행업	특정한 **표찰**(컴퓨터프로그램 등 정보처리능력을 가진 장치에 의한 전자적 형태를 포함)을 이용하여 여러 사람으로부터 재물 등을 모아 추첨 등의 방법으로 당첨자에게 재산상의 이익을 주고 다른 참가자에게 손실을 주는 행위를 하는 영업
현상업	특정한 설문 또는 예측에 대하여 그 **답을 제시**하거나 예측이 적중하면 이익을 준다는 조건으로 응모자로부터 재물 등을 모아 그 정답자나 적중자의 전부 또는 일부에게 재산상의 이익을 주고 다른 참가자에게 손실을 주는 행위를 하는 영업
회전판돌리기업	참가자에게 금품을 걸게 한 후 그림이나 숫자 등의 기호가 표시된 **회전판**이 돌고 있는 상태에서 화살 등을 쏘거나 던지게 하여 회전판이 정지되었을 때 그 화살 등이 명중시킨 기호에 따라 당첨금을 교부하는 행위를 하는 영업
추첨업	참가자에게 **번호**를 기입한 증표를 제공하고 지정일시에 추첨 등으로 당첨자를 선정하여 일정한 지급기준에 따라 당첨금을 교부하는 행위를 하는 영업
경품업	참가자에게 **등수**를 기입한 증표를 제공하여 당해 증표에 표시된 등수 및 당첨금의 지급기준에 따라 당첨금을 교부하는 행위를 하는 영업

02 다음 중 틀린 것은?

10. 경간부

① 「사행행위등 규제 및 처벌 특례법」상 사행행위영업은 그 영업의 대상범위가 2 이상의 특별시·광역시 또는 도에 걸치는 경우에는 시·도경찰청장의 허가를 받아야 한다.
② 김순경이 게임제공업 등록을 하고 손님으로 하여금 게임물을 이용하여 도박을 하게 한 업무 A를 단속하였을 경우 A에게 적용될 죄책은 게임산업진흥에 관한 법률위반이다.
③ 게임물 관련 사업자는 게임물 및 컴퓨터 설비 등에 음란물차단 프로그램을 설치해야 한다.
④ A는 카지노 영업허가를 받으려고 한다. 이 경우 허가권자는 문화체육관광부장관이다.

Answer 01 ① 02 ①

해설 제4조(허가 등)
① 사행행위영업을 하려는 자는 제3조에 따른 시설 등을 갖추어 행정안전부령으로 정하는 바에 따라 시·도경찰청장의 허가를 받아야 한다. 다만, **그 영업의 대상 범위가 둘 이상의 특별시·광역시·도 또는 특별자치도에 걸치는 경우에는 경찰청장의 허가를 받아야 한다.**
② 허가를 받은 자가 대통령령으로 정하는 중요 사항을 변경하려면 행정안전부령으로 정하는 바에 따라 경찰청장이나 시·도경찰청장의 허가를 받아야 한다.
③ 국가기관이나 지방자치단체가 사행행위영업을 하려면 경찰청장의 승인을 받아야 한다.

03 「사행행위등 규제 및 처벌 특례법」상 사행행위영업에 관한 설명 중 틀린 것은?   응용문제

① 그 영업의 대상 범위가 둘 이상의 특별시·광역시·도 또는 특별자치도에 걸치는 경우에는 시·도경찰청장의 허가를 받아야 한다.
② 영업허가의 유효기간이 지난 후 계속하여 영업을 하려는 자는 행정안전부령으로 정하는 바에 따라 다시 허가를 받아야 한다.
③ 경찰청장이나 시·도경찰청장은 허가를 받은 자가 정당한 사유 없이 정하여진 기간에 시설 및 사행기구를 갖추지 아니하면 그 허가를 취소하여야 한다.
④ 사행행위영업시간은 오전 9시부터 오후 12시까지로 한다.

해설 제4조(허가 등)
① 사행행위영업을 하려는 자는 제3조에 따른 시설 등을 갖추어 행정안전부령으로 정하는 바에 따라 시·도경찰청장의 허가를 받아야 한다. 다만, **그 영업의 대상 범위가 둘 이상의 특별시·광역시·도 또는 특별자치도에 걸치는 경우에는 경찰청장의 허가를 받아야 한다.**
② 허가를 받은 자가 대통령령으로 정하는 중요 사항을 변경하려면 행정안전부령으로 정하는 바에 따라 경찰청장이나 시·도경찰청장의 허가를 받아야 한다.
③ 국가기관이나 지방자치단체가 사행행위영업을 하려면 경찰청장의 승인을 받아야 한다.

04 「사행행위등 규제 및 처벌 특례법」상 사행행위영업에 관한 다음 설명 중 옳지 <u>않은</u> 것은?   응용문제

① 사행기구 제조업을 하려는 자는 경찰청장의 허가를 받아야 한다.
② 사행기구 제조업자는 판매업의 허가를 받은 것으로 본다.
③ 사행기구제조업자는 회전판돌리기업에 이용되는 사행기구를 제조한 때에는 매 품목마다 시·도경찰청장의 검사를 받아야 한다.
④ 사행행위 영업시간은 오전 9시부터 오후 12시까지로 한다.

Answer   03 ①   04 ③

해설 제13조(사행기구 제조업의 허가 등)
① **사행기구 제조업을 하려는 자**는 행정안전부령으로 정하는 시설·설비 및 인력 등을 갖추어 행정안전부령으로 정하는 바에 따라 **경찰청장의 허가**를 받아야 한다.
② **사행기구 판매업을 하려는 자**는 행정안전부령으로 정하는 바에 따라 **경찰청장의 허가**를 받아야 한다.
③ 제1항에 따른 사행기구 제조업의 허가를 받은 자와 사행기구 판매업의 허가를 받은 자가 대통령령으로 정하는 **중요 사항을 변경하려면** 행정안전부령으로 정하는 바에 따라 **경찰청장의 허가**를 받아야 한다.
⑤ 사행기구 제조업자는 사행기구 판매업의 허가를 받은 것으로 본다.

CHAPTER 03 112치안종합상황실 운영 및 신고처리규칙
[경찰청예규 시행 2024.7.24]

01 「112치안종합상황실 운영 및 신고처리 규칙」에 대한 내용으로 틀린 것은?   응용문제

① 112치안종합상황실이란 112신고의 처리와 대응 등을 위해 시·도경찰청 및 경찰서에 설치·운영하는 부서를 말한다.
② 지령이란 유선·무선망 또는 전산망을 통해 112신고사항을 전파하여 조치토록 하는 것을 말한다.
③ 112근무요원은 4개조로 나누어 교대 근무를 실시하는 것을 원칙으로 한다. 다만, 인력상황에 따라 3개조로 할 수 있다.
② 경찰청장, 시·도경찰청장 및 경찰서장(이하 "경찰청장등"이라 한다)은 근무수행에 지장이 없는 범위 내에서 「경찰기관 상시근무 공무원의 근무시간 등에 관한 규칙」 제4조 제1항에 따라 112근무요원에 대한 휴게를 지정해야 한다.
④ 112요원의 근무기간은 2년 이상으로 한다.

> **해설** 제2조(정의)
> 2. "112치안종합상황실"이란 112신고의 처리와 대응 등을 위해 **경찰청, 시·도경찰청 및 경찰서**에 설치·운영하는 부서를 말한다.

02 「112치안종합상황실 운영 및 신고처리 규칙」에 대한 내용으로 틀린 것은?   응용문제

① 112근무요원은 4개조로 나누어 교대 근무를 실시하는 것을 원칙으로 한다. 다만, 인력상황에 따라 3개조로 할 수 있다.
② 112근무요원은 112신고가 완전하게 수신되지 않는 경우와 같이 정확한 신고내용을 파악하기 힘든 경우라도 신속한 처리를 위해 우선 임의의 112신고 대응 코드를 부여할 수 있다.
③ 112근무요원 및 출동 경찰관은 112신고 대응 코드를 변경할 만한 사실을 추가로 확인한 경우 이미 분류된 112신고 대응 코드를 다른 112신고 대응 코드로 변경할 수 없다.
④ 112신고를 접수한 112근무요원은 접수한 신고의 내용이 코드 0 신고부터 코드 3 신고의 유형에 해당하는 경우에는 출동 경찰관에게 출동할 장소, 신고내용, 신고유형 등을 고지하고 신고의 현장출동, 조치, 종결하도록 지령해야 한다.

> **해설** 제7조(112신고의 대응체계)
> ④ 112근무요원 및 출동 경찰관은 112신고 대응 코드를 변경할 만한 사실을 추가로 확인한 경우 이미 분류된 112신고 대응 코드를 다른 112신고 대응 코드로 **변경할 수 있다.**

Answer 01 ① 02 ③

03 「112치안종합상황실 운영 및 신고처리 규칙」에 관한 설명으로 틀린 것은? 74기 경간부

① "상황팀장"이란 경찰청, 시·도경찰청 및 경찰서 112치안종합상황실장의 지휘를 받아 112신고의 처리 및 상황관리 등의 임무를 수행하는 사람을 말한다.
② 112근무요원은 「경찰복제에 관한 규칙」 제5조 제2호의 근무복을 착용하는 것을 원칙으로 한다. 다만, 상황에 따라 경찰청장등의 지시로 다른 복장을 착용할 수 있다.
③ 112신고는 법 제7조 제1항에 따라 현장출동이 필요한 지역의 관할과 관계없이 신고를 받은 경찰관서에서 신속하게 접수한다.
④ 112요원은 접수한 신고의 내용이 code 3 또는 code 4 신고의 유형에 해당하는 경우에는 출동요소에 지령하지 않고 자체종결하거나, 소관기관이나 담당 부서에 신고내용을 통보하여 처리하도록 조치해야 한다.

해설 제8조(지령)
② 112근무요원은 접수한 신고의 내용이 **코드 4 신고의 유형**에 해당하는 경우에는 출동 경찰관에게 지령하지 않고 자체 종결하거나, 담당 부서 또는 112신고 관계 기관에 신고내용을 통보하여 처리하도록 조치해야 한다.

Answer 03 ④

CHAPTER 04 | 112신고의 운영 및 처리에 관한 법률
[법률시행 2024.7.3.]

01 「112신고의 운영 및 처리에 관한 법률」과 같은 법 시행령상 112신고의 접수·처리 등에 관한 설명으로 가장 적절하지 않은 것은? 24. 순경

① 경찰청장, 시·도경찰청장 및 경찰서장(이하 "경찰청장등"이라 한다)은 112신고를 받으면 「경찰관 직무집행법」 제2조에 따른 경찰사무의 구분이나 현장 출동이 필요한 지역의 관할의 관계를 고려하여 해당 112신고를 신속하게 처리하여 처리하여야 한다.
② 경찰청장등은 112신고를 처리하는 과정에서 재난·재해, 범죄 또는 그 밖의 위급한 상황이 발생하여 사람의 생명·신체를 위험하게 할 것으로 인정할 때에는 일정한 구역을 정하여 그 구역에 있는 사람에게 그 구역 밖으로 피난할 것을 명할 수 있다.
③ 112치안종합상황실은 경찰청, 시·도경찰청 및 경찰서에 설치한다.
④ 112신고 접수 및 처리와 관련된 112시스템 입력자료는 3년간 보존한다. 다만, 단순 민원·상담 등 경찰청장이 정하는 경미한 내용의 112신고의 경우에는 1년으로 한다.

> **해설** 제7조(112신고의 접수 등)
> ① 경찰청장등은 112신고를 받으면 「국가경찰과 자치경찰의 조직 및 운영에 관한 법률」 제4조 제1항에 따른 경찰사무의 구분이나 현장 출동이 필요한 지역의 관할에 관계없이 해당 112신고를 신속하게 접수하여 처리하여야 한다.

02 「112신고의 운영 및 처리에 관한 법률」상 112신고의 접수·처리 등에 관한 설명으로 가장 적절하지 않은 것은? 응용문제

① 112신고의 운영 및 처리에 관하여 다른 법률에 특별한 규정이 있는 경우를 제외하고는 이 법에 따른다.
② 경찰청장, 시·도경찰청장 및 경찰서장은 112신고의 신속한 접수·처리와 이를 위한 112신고 정보의 분석·판단·전파와 공유·이관, 상황관리, 현장 지휘·조정·통제 및 공동대응 등의 업무를 수행하기 위하여 112치안종합상황실을 설치·운영하여야 한다.
③ 경찰청장등은 112신고를 처리할 때 112치안종합상황실에서 출동 현장의 상황 등을 실시간으로 확인하고 지휘하기 위한 목적으로 순찰차 등에 영상촬영장치를 설치하여 출동 현장을 촬영하여야 한다.
④ 경찰청 및 시·도경찰청장은 급박한 사람의 생명, 신체, 재산의 보호를 위한 112신고 처리를 위하여 112신고 정보 등의 공유가 필요한 경우 관계 기관의 장에게 112시스템과 해당 기관의 정보시스템과의 연계를 요청할 수 있다.

Answer 01 ① 02 ③

해설 **제11조(출동 현장의 촬영·관리)**
① 경찰청장등은 112신고를 처리할 때 112치안종합상황실에서 출동 현장의 상황 등을 실시간으로 확인하고 지휘하기 위한 목적으로 순찰차 등에 영상촬영장치를 설치하여 출동 현장을 **촬영할 수 있다.**

CHAPTER 05 국적법[법률시행 2022.10.1]

01 일반귀화의 요건과 가장 거리가 먼 것은?   응용문제

① 대한민국의 민법에 의하여 성년일 것
② 3년 이상 계속하여 대한민국에 주소가 있을 것
③ 품행이 단정할 것
④ 국어능력과 대한민국의 풍습에 대한 이해 등 대한민국 국민으로서의 기본 소양을 갖추고 있을 것

> **해설** 제5조(일반귀화 요건)
> 외국인이 귀화허가를 받기 위해서는 제6조나 제7조에 해당하는 경우 외에는 다음 각 호의 요건을 갖추어야 한다.
> 1. **5년 이상** 계속하여 대한민국에 주소가 있을 것
> 1의2. 대한민국에서 영주할 수 있는 체류자격을 가지고 있을 것
> 2. 대한민국의 「민법」상 성년일 것
> 3. 법령을 준수하는 등 법무부령으로 정하는 품행 단정의 요건을 갖출 것
> 4. 자신의 자산(資産)이나 기능(技能)에 의하거나 생계를 같이하는 가족에 의존하여 생계를 유지할 능력이 있을 것
> 5. 국어능력과 대한민국의 풍습에 대한 이해 등 대한민국 국민으로서의 기본 소양(素養)을 갖추고 있을 것
> 6. 귀화를 허가하는 것이 국가안전보장·질서유지 또는 공공복리를 해치지 아니한다고 법무부장관이 인정할 것

02 「국적법」상 일반귀화의 요건에 관한 내용이다. ㉠~㉤ 의 내용 중 옳고 그름의 표시(O, X)가 모두 바르게 된 것은?   응용문제

㉠ 10년 이상 계속하여 대한민국에 주소가 있을 것
㉡ 대한민국에서 영주할 수 있는 체류자격을 가지고 있을 것
㉢ 대한민국의 「민법」상 성년일 것
㉣ 법령을 준수하는 등 대통령령으로 정하는 품행 단정의 요건을 갖출 것
㉤ 귀화를 허가하는 것이 국가안전보장·질서유지 또는 공공복리를 해치지 아니한다고 법무부장관이 인정할 것

Answer 01 ② 02 ①

① ㉠(×) ㉡(○) ㉢(○) ㉣(×) ㉤(○)   ② ㉠(○) ㉡(×) ㉢(○) ㉣(○) ㉤(×)
③ ㉠(○) ㉡(○) ㉢(×) ㉣(×) ㉤(○)   ④ ㉠(×) ㉡(○) ㉢(○) ㉣(×) ㉤(×)

> **해설** 제5조(일반귀화 요건)
> 외국인이 귀화허가를 받기 위해서는 제6조나 제7조에 해당하는 경우 외에는 다음 각 호의 요건을 갖추어야 한다.
> 1. (㉠) **5년 이상** 계속하여 대한민국에 주소가 있을 것
> 1의2. 대한민국에서 영주할 수 있는 체류자격을 가지고 있을 것
> 2. 대한민국의 「민법」상 성년일 것
> 3. (㉣) 법령을 준수하는 등 **법무부령으로** 정하는 품행 단정의 요건을 갖출 것
> 4. 자신의 자산(資産)이나 기능(技能)에 의하거나 생계를 같이하는 가족에 의존하여 생계를 유지할 능력이 있을 것
> 5. 국어능력과 대한민국의 풍습에 대한 이해 등 대한민국 국민으로서의 기본 소양(素養)을 갖추고 있을 것
> 6. 귀화를 허가하는 것이 국가안전보장·질서유지 또는 공공복리를 해치지 아니한다고 법무부장관이 인정할 것

03 「국적법」상 국적에 대한 설명이다. ( ) 안에 들어갈 숫자로 바르게 연결된 것은? 응용문제

> 가. 만 (㉠)세가 되기 전에 복수국적자가 된 자는 만 (㉡)세가 되기 전까지, 만 (㉢)세가 된 후에 복수국적자가 된 자는 그때부터 (㉣)년 내에 하나의 국적을 선택하여야 한다.
> 나. 배우자가 대한민국 국민인 외국인으로서 그 배우자와 혼인한 후 (㉤)년이 지나고, 혼인한 상태로 대한민국에 1년 이상 계속하여 주소가 있는 자는 귀화허가를 받을 수 있다.
> 다. 대한민국 국적을 취득한 외국인으로서 외국 국적을 가지고 있는 자는 대한민국 국적을 취득한 날부터 (㉥)년 내에 그 외국 국적을 포기하여야 한다.

① ㉠ 20 ㉡ 22 ㉢ 20 ㉣ 2 ㉤ 3 ㉥ 1   ② ㉠ 20 ㉡ 22 ㉢ 20 ㉣ 2 ㉤ 2 ㉥ 2
③ ㉠ 19 ㉡ 20 ㉢ 22 ㉣ 3 ㉤ 2 ㉥ 2   ④ ㉠ 19 ㉡ 20 ㉢ 22 ㉣ 3 ㉤ 3 ㉥ 1

> **해설** ▶ (가) 제12조(복수국적자의 국적선택의무)
> ① **만 20세가 되기 전에 복수국적자가 된 자는 만 22세가 되기 전까지, 만 20세가 된 후에 복수국적자가 된 자는 그 때부터 2년 내에** 하나의 국적을 선택하여야 한다. 다만, 법무부장관에게 대한민국에서 외국 국적을 행사하지 아니하겠다는 뜻을 서약한 복수국적자는 제외한다.
>
> ▶ (나) 제6조(간이귀화 요건)
> ② 배우자가 대한민국의 국민인 외국인으로서 다음 각 호의 어느 하나에 해당하는 사람은 제5조 제1호 및 제1호의2의 요건을 갖추지 아니하여도 귀화허가를 받을 수 있다.
> 2. 그 배우자와 혼인한 후 **3년**이 지나고 혼인한 상태로 대한민국에 1년 이상 계속하여 주소가 있는 사람
>
> ▶ (다) 제10조(국적 취득자의 외국 국적 포기 의무)
> ① 대한민국 국적을 취득한 외국인으로서 외국 국적을 가지고 있는 자는 대한민국 국적을 취득한 날부터 **1년** 내에 그 외국 국적을 포기하여야 한다.

Answer 03 ①

CHAPTER 06 여권법 [법률시행 2024.8.14.]

01 「여권법」 및 「동법 시행령」상 여권의 유효기간에 대한 설명으로 가장 적절한 것은? 응용문제

① 관용여권의 유효기간은 3년으로 한다.
② 여행증명서의 유효기간은 2년 이내로 하되, 그 발급목적을 이루면 효력을 잃는다.
③ 외교관여권의 유효기간은 5년으로 하고, 특별사절 및 정부대표와 이들이 단장이 되는 대표단의 단원에게는 3년을 유효기간으로 하는 외교관여권을 발급할 수 있다.
④ 일반여권의 유효기간은 10년으로 하고, 18세 미만인 사람에게는 5년을 유효기간으로 하는 일반여권을 발급할 수 있다.

해설 ▶(①) 제5조(여권의 유효기간)
① 제4조에 따른 여권(긴급여권은 제외)의 종류별 유효기간은 다음 각 호와 같다.
  1. 일반여권 : 10년 이내
  2. 관용여권 : **5년 이내**
  3. 외교관여권 : 5년 이내

▶(②) 제14조(여권을 갈음하는 증명서)
여행증명서의 유효기간은 **1년 이내**로 하되, 그 여행증명서의 발급 목적을 이루면 그 효력을 잃는다.

▶(③) 여권법 시행령 제6조(일반여권의 유효기간)
외교관여권의 유효기간은 5년으로 한다. 다만, 다음 각 호의 어느 하나에 해당하는 사람에게는 해당 호에서 정하는 기간을 유효기간으로 하는 외교관여권을 발급할 수 있다.
1. ㉠ 특별사절 및 정부대표 ㉡ 특별사절 및 정부대표가 단장이 되는 대표단의 단원 또는 ㉢ 그 밖에 원활한 외교업무 수행이나 신변 보호를 위하여 외교관여권을 소지할 필요성이 특별히 있다고 외교부장관이 인정하는 사람에 해당하는 사람 : 외교업무 수행기간에 따라 **1년 또는 2년**. 다만, ㉢ 그 밖에 원활한 외교업무 수행이나 신변 보호를 위하여 외교관여권을 소지할 필요성이 특별히 있다고 외교부장관이 인정하는 사람의 외교업무 수행 목적의 외교관여권 발급의 경우 그 수행기간이 계속하여 2년 이상인 경우에는 5년의 한도에서 해당 기간에 6개월을 더한 기간의 만료일까지로 한다.

Answer 01 ④

02. 「여권법」 및 동법 시행령에 대한 설명으로 옳은 것을 모두 고른 것은?

20. 승진

㉠ 관용여권의 유효기간은 3년으로 한다.
㉡ 단수여권의 경우에는 여권의 명의인이 귀국한 때 그 효력을 잃는다.
㉢ 외교부장관은 장기 3년 이상의 형에 해당하는 죄로 인하여 체포영장이 발부된 사람 중 국외에 있는 사람에 대하여 여권의 발급 또는 재발급을 거부하여야 한다.
㉣ 여행증명서의 유효기간은 1년 이내로 하되, 그 여행증명서의 발급 목적을 이루면 그 효력을 잃는다.

① ㉠㉡
② ㉡㉢
③ ㉡㉣
④ ㉢㉣

해설

▶ (㉠) 제5조(여권의 유효기간)
① 제4조에 따른 여권(긴급여권은 제외)의 종류별 유효기간은 다음 각 호와 같다.
  1. 일반여권 : 10년 이내
  2. 관용여권 : **5년 이내**
  3. 외교관여권 : 5년 이내

▶ (㉢) 제12조(여권의 발급 등의 거부)
① 외교부장관은 다음 각 호의 어느 하나에 해당하는 사람에 대하여는 **여권의 발급 또는 재발급을 거부할 수 있다**
  1. **장기 2년 이상의 형(刑)에 해당하는 죄로 인하여 기소(起訴)되어 있는 사람 또는 장기 3년 이상의 형에 해당하는 죄로 인하여 기소중지 또는 수사중지(피의자중지로 한정한다)되거나 체포영장·구속영장이 발부된 사람 중 국외에 있는 사람**
  2. 제24조부터 제26조까지의 죄를 범하여 실형을 선고받고 그 집행이 끝나거나(집행이 끝난 것으로 보는 경우를 포함한다) 집행이 면제되지 아니한 사람
  2의2. 제2호의 죄를 범하여 형의 집행유예를 선고받고 그 유예기간 중에 있는 사람
  3. 제2호의 죄 외의 죄를 범하여 금고 이상의 실형을 선고받고 그 집행이 끝나거나(집행이 끝난 것으로 보는 경우를 포함한다) 집행이 면제되지 아니한 사람
  3의2. 제2호의 죄 외의 죄를 범하여 금고 이상의 형의 집행유예를 선고받고 그 유예기간 중에 있는 사람
  4. 국외에서 대한민국의 안전보장·질서유지나 통일·외교정책에 중대한 침해를 일으킬 우려가 있는 경우로서 다음 각 목의 어느 하나에 해당하는 사람
    가. 출국할 경우 테러 등으로 생명이나 신체의 안전이 침해될 위험이 큰 사람
    나. 「보안관찰법」 제4조에 따라 보안관찰처분을 받고 그 기간 중에 있으면서 같은 법 제22조에 따라 경고를 받은 사람

Answer 02 ③

03 「여권법」상 여권발급 등의 거부·제한 사유에 해당하는 것을 모두 고른 것은?

응용문제

> ㉠ 장기 2년 이상의 형에 해당하는 죄로 인하여 기소되어 있는 사람
> ㉡ 「여권법」 제24조부터 제26조까지에 규정된 죄를 범하여 금고 이상의 형을 선고받고 그 집행이 종료되지 아니하거나 그 집행을 받지 아니하기로 확정되지 아니한 사람
> ㉢ 장기 5년 이상의 형에 해당하는 죄로 인하여 기소중지 또는 수사중지(피의자중지로 한정한다)되거나 체포영장·구속영장이 발부된 사람 중 국외에 있는 사람
> ㉣ 국외에서 대한민국의 안전보장·질서유지나 통일·외교정책에 중대한 침해를 야기할 우려가 있는 경우로서 출국할 경우 테러 등으로 생명이나 신체의 안전이 침해될 위험이 큰 사람

① ㉠㉡   ② ㉠㉣
③ ㉡㉢   ④ ㉡㉣

해설 제12조(여권의 발급 등의 거부)
① 외교부장관은 다음 각 호의 어느 하나에 해당하는 사람에 대하여는 여권의 발급 또는 재발급을 거부할 수 있다
  1. (㉠) **장기 2년 이상의 형(刑)에 해당하는 죄로 인하여 기소(起訴)되어 있는 사람** 또는 (㉢) **장기 3년 이상의 형에 해당하는 죄로 인하여 기소중지 또는 수사중지(피의자중지로 한정한다)되거나 체포영장·구속영장이 발부된 사람 중 국외에 있는 사람**
  2. (㉡) **제24조부터 제26조까지의 죄를 범하여 실형을 선고받고 그 집행이 끝나거나(집행이 끝난 것으로 보는 경우를 포함한다) 집행이 면제되지 아니한 사람**
  2의2. 제2호의 죄를 범하여 형의 집행유예를 선고받고 그 유예기간 중에 있는 사람
  3. 제2호의 죄 외의 죄를 범하여 금고 이상의 실형을 선고받고 그 집행이 끝나거나(집행이 끝난 것으로 보는 경우를 포함) 집행이 면제되지 아니한 사람
  3의2. 제2호의 죄 외의 죄를 범하여 금고 이상의 형의 집행유예를 선고받고 그 유예기간 중에 있는 사람
  4. (㉣) **국외에서 대한민국의 안전보장·질서유지나 통일·외교정책에 중대한 침해를 일으킬 우려가 있는 경우로서 다음 각 목의 어느 하나에 해당하는 사람**
    가. 출국할 경우 테러 등으로 생명이나 신체의 안전이 침해될 위험이 큰 사람
    나. 「보안관찰법」 제4조에 따라 보안관찰처분을 받고 그 기간 중에 있으면서 같은 법 제22조에 따라 경고를 받은 사람

Answer 03 ②

CHAPTER 07 통신비밀보호법 [법률시행 2024.7.24.]

01 통신수사에 대한 설명으로 가장 적절하지 <u>않은</u> 것은? 22. 승진

① 「전기통신사업법」상 전기통신사업자는 법원, 검사 또는 수사관서의 장, 정보수사기관의 장이 재판, 수사, 형의 집행 또는 국가안전보장에 대한 위해를 방지하기 위한 정보수집을 위하여 통신자료제공을 요청하면 그 요청에 따를 수 있다.
② 「통신비밀보호법」상 검사 또는 사법경찰관은 수사 또는 형의 집행을 위하여 필요한 경우 「전기통신사업법」에 의한 전기통신사업자에게 '통신사실확인자료'의 열람이나 제출을 요청할 수 있다.
③ 「통신비밀보호법」 제3조(통신 및 대화비밀의 보호)의 규정에 위반하여, 불법검열에 의하여 취득한 우편물이나 그 내용 및 불법감청에 의하여 지득 또는 채록된 전기통신의 내용은 재판 또는 징계절차에서 증거로 사용 할 수 없다.
④ 「통신비밀보호법」상 발·착신 통신번호 등 상대방의 가입자번호는 '통신사실확인자료'에 해당되지 않는다.

> 해설 제2조(정의)
> 11. "통신사실확인자료"라 함은 다음 각목의 어느 하나에 해당하는 전기통신사실에 관한 자료를 말한다.
>   가. 가입자의 전기통신일시
>   나. 전기통신개시·종료시간
>   **다. 발·착신 통신번호 등 상대방의 가입자번호**
>   라. 사용도수
>   마. 컴퓨터통신 또는 인터넷의 사용자가 전기통신역무를 이용한 사실에 관한 컴퓨터통신 또는 인터넷의 로그기록자료
>   바. 정보통신망에 접속된 정보통신기기의 위치를 확인할 수 있는 발신기지국의 위치추적자료
>   사. 컴퓨터통신 또는 인터넷의 사용자가 정보통신망에 접속하기 위하여 사용하는 정보통신기기의 위치를 확인할 수 있는 접속지의 추적자료

Answer 01 ④

02. 다음 중 「통신비밀보호법」상 범죄수사를 위한 통신제한조치의 허가절차에 대한 내용으로 틀린 것은?
응용문제

① 사법경찰관(군사법경찰관을 포함)은 제5조 제1항의 요건이 구비된 경우에는 검사에 대하여 각 피의자별 또는 각 피내사자별로 통신제한조치에 대한 허가를 신청하고, 검사는 법원에 대하여 그 허가를 청구할 수 있다.
② 통신제한조치의 기간은 2개월을 초과하지 못하고, 그 기간 중 통신제한조치의 목적이 달성되었을 경우에는 즉시 종료하여야 한다. 다만, 제5조 제1항의 허가요건이 존속하는 경우에는 소명자료를 첨부하여 제1항 또는 제2항에 따라 2개월의 범위에서 통신제한조치기간의 연장을 청구할 수 있다.
③ 검사 또는 사법경찰관이 제7항 단서에 따라 통신제한조치의 연장을 청구하는 경우에 통신제한조치의 총 연장기간은 1년을 초과할 수 없다. 다만, 해당 특정범죄의 경우에는 통신제한조치의 총 연장기간이 4년을 초과할 수 없다.
④ 법원은 청구가 이유 있다고 인정하는 경우에는 각 피의자별 또는 각 피내사자별로 통신제한조치를 허가하고, 이를 증명하는 서류(이하 "허가서"라 한다)를 청구인에게 발부한다.

해설 제6조(범죄수사를 위한 통신제한조치의 허가절차)
⑧ 검사 또는 사법경찰관이 제7항 단서에 따라 통신제한조치의 연장을 청구하는 경우에 통신제한조치의 총 연장기간은 1년을 초과할 수 없다. 다만, 내란죄 등에 해당하는 범죄의 경우에는 통신제한조치의 **총 연장기간이 3년을 초과할 수 없다.**

03. 다음 중 「통신비밀보호법」상 긴급통신제한조치에 대한 내용으로 틀린 것은?
응용문제

① 검사, 사법경찰관 또는 정보수사기관의 장은 제1항의 규정에 의한 통신제한조치(이하 "긴급통신제한조치"라 한다)의 집행착수후 지체없이 제6조 및 제7조 제3항의 규정에 의하여 법원에 허가청구를 하여야 하며, 그 긴급통신제한조치를 한 때부터 36시간 이내에 법원의 허가를 받지 못한 때에는 즉시 이를 중지하여야 한다.
② 사법경찰관이 긴급통신제한조치를 할 경우에는 미리 검사의 지휘를 받아야 한다. 다만, 특히 급속을 요하여 미리 지휘를 받을 수 없는 사유가 있는 경우에는 긴급통신제한조치의 집행착수 후 지체없이 검사의 승인을 얻어야 한다.
③ 긴급통신제한조치가 단시간내에 종료되어 법원의 허가를 받을 필요가 없는 경우에는 그 종료후 7일 이내에 관할 지방검찰청검사장(제1항의 규정에 의하여 정보수사기관의 장이 제7조 제1항 제1호의 규정에 의한 요건을 구비한 자에 대하여 긴급통신제한조치를 한 경우에는 관할 고등검찰청검사장)은 이에 대응하는 법원장에게 긴급통신제한조치를 한 검사, 사법경찰관 또는 정보수사기관의 장이 작성한 긴급통신제한조치통보서를 송부하여야 한다.
④ 검사, 사법경찰관 또는 정보수사기관의 장은 긴급통신제한조치의 집행에 착수한 때부터 48시간 이내에 법원의 허가를 받지 못한 경우에는 해당 조치를 즉시 중지하고 해당 조치로 취득한 자료를 폐기하여야 한다.

Answer 02 ③ 03 ④

> **해설** 제8조(긴급통신제한조치)
>   ⑤ 검사, 사법경찰관 또는 정보수사기관의 장은 긴급통신제한조치의 집행에 착수한 때부터 **36시간 이내**에 법원의 허가를 받지 못한 경우에는 해당 조치를 즉시 중지하고 해당 조치로 취득한 자료를 폐기하여야 한다.

04 다음 중 「통신비밀보호법」상 긴급통신제한조치에 대한 내용으로 틀린 것은? 응용문제

① 검사는 제6조 제1항 및 제8조 제1항에 따라 통신제한조치를 집행한 사건에 관하여 공소를 제기하거나, 공소의 제기 또는 입건을 하지 아니하는 처분(기소중지결정, 참고인중지결정을 포함)을 한 때에는 그 처분을 한 날부터 30일 이내에 우편물 검열의 경우에는 그 대상자에게, 감청의 경우에는 그 대상이 된 전기통신의 가입자에게 통신제한조치를 집행한 사실과 집행기관 및 그 기간 등을 서면으로 통지하여야 한다.

② 고위공직자범죄수사처 검사는 「고위공직자범죄수사처 설치 및 운영에 관한 법률」 제26조 제1항에 따라 서울중앙지방검찰청 소속 검사에게 관계 서류와 증거물을 송부한 사건에 관하여 이를 처리하는 검사로부터 공소를 제기하거나 제기하지 아니하는 처분(기소중지결정, 참고인중지결정은 제외)의 통보를 받은 경우에도 그 통보를 받은 날부터 30일 이내에 서면으로 통지하여야 한다.

③ 사법경찰관은 제6조 제1항 및 제8조 제1항에 따라 통신제한조치를 집행한 사건에 관하여 검사로부터 공소를 제기하거나 제기하지 아니하는 처분(기소중지 또는 참고인중지 결정은 제외)의 통보를 받거나 검찰송치를 하지 아니하는 처분(수사중지 결정은 제외) 또는 내사사건에 관하여 입건하지 아니하는 처분을 한 때에는 그 날부터 30일 이내에 우편물 검열의 경우에는 그 대상자에게, 감청의 경우에는 그 대상이 된 전기통신의 가입자에게 통신제한조치를 집행한 사실과 집행기관 및 그 기간 등을 서면으로 통지하여야 한다.

④ 검사, 사법경찰관 또는 정보수사기관의 장은 제4항 각호의 사유가 해소된 때에는 그 사유가 해소된 날부터 30일 이내에 제1항 내지 제3항의 규정에 의한 통지를 하여야 한다.

> **해설** 제9조의2(통신제한조치의 집행에 관한 통지)
>   ① 검사는 제6조 제1항 및 제8조 제1항에 따라 통신제한조치를 집행한 사건에 관하여 공소를 제기하거나, 공소의 제기 또는 입건을 하지 아니하는 처분(**기소중지결정, 참고인중지결정을 제외**)을 한 때에는 그 처분을 한 날부터 30일 이내에 우편물 검열의 경우에는 그 대상자에게, 감청의 경우에는 그 대상이 된 전기통신의 가입자에게 통신제한조치를 집행한 사실과 집행기관 및 그 기간 등을 서면으로 통지하여야 한다.

Answer 04 ①

CHAPTER 08 피의자 유치 및 호송 규칙
[경찰청훈령 시행 2023.10.4.]

01 「피의자 유치 및 호송규칙」에 관한 설명으로 가장 적절하지 않은 것은?   24. 순경

① 외표검사란 죄질이 경미하고 동작과 언행에 특이사항이 없으며 위험물 등을 은닉하고 있지 않다고 판단되는 유치인에 대하여는 신체 등의 외부를 눈으로 확인하고 손으로 가볍게 두드려 만져 검사하는 것을 말한다.
② 동시에 2명 이상의 피의자를 입감시킬 때에는 경위 이상 경찰관이 입회하여 순차적으로 입감시켜야 한다.
③ 신체 등의 검사는 동성의 유치인보호관이 실시하여야 한다. 다만, 여성유치인보호관이 없을 경우에는 미리 지정하여 신체 등의 검사방법을 교양 받은 여성경찰관으로 하여금 대신하게 할 수 있다.
④ 호송은 원칙적으로 일출전 또는 일몰후에 할 수 없다.

> **해설** 제7조(피의자의 유치 등)
> ① 피의자를 유치장에 입감시키거나 출감시킬 때에는 유치인보호 주무자가 발부하는 별지 제2호 서식의 피의자 입감·출감 지휘서에 의하여야 하며 **동시에 3명 이상**의 피의자를 입감시킬 때에는 경위 이상 경찰관이 입회하여 순차적으로 입감시켜야 한다.

02 「피의자 유치 및 호송 규칙」상 신체 등의 검사에 대한 설명 중 가장 적절하지 <u>않은</u> 것은?   응용문제

① 신체, 의류, 휴대품(이하 '신체 등'이라 한다)의 검사는 동성의 유치인보호관이 실시하여야 한다. 다만, 여성유치인보호관이 없을 경우에는 미리 지정하여 신체 등의 검사방법을 교양 받은 여성경찰관으로 하여금 대신하게 할 수 있다.
② 신체 등의 검사는 유치인보호주무자가 피의자입(출)감지휘서에 지정하는 방법으로 유치장내 신체검사실에서 하여야 한다.
③ 정밀검사는 살인, 강도, 절도, 강간, 방화, 마약류, 조직폭력 등 죄질이 중하거나 근무자 및 다른 유치인에 대한 위해 또는 자해할 우려가 있다고 판단되는 유치인에 대하여는 탈의막 안에서 속옷을 벗고 신체검사의로 갈아입도록 한 후 정밀하게 위험물 등의 은닉여부를 검사하여야 한다.

Answer 01 ②   02 ④

④ 신체 등의 검사를 통하여 위험물 등을 은닉하고 있을 상당한 개연성이 있다고 판단되는 유치인에 대하여는 경찰서장에게 보고하고 정밀검사를 하여야 한다. 다만, 위험물 등의 제거가 즉시 필요한 경우에는 정밀검사 후 유치인보호주무자에게 신속히 보고하여야 한다.

> **해설** 제8조(신체 등의 검사)
> ⑤ 신체 등의 검사를 통하여 위험물 등을 은닉하고 있을 상당한 개연성이 있다고 판단되는 유치인에 대하여는 **유치인보호주무자에게 보고**하고 정밀검사를 하여야 한다. 다만, 위험물 등의 제거가 즉시 필요한 경우에는 정밀검사 후 유치인보호주무자에게 신속히 보고하여야 한다.

03 「피의자 유치 및 호송 규칙」에 대한 설명 중 가장 적절하지 <u>않은</u> 것은? 〔응용문제〕

① 피의자 유치시 남성과 여성은 분리하여 유치하여야 한다.
② 경찰서장은 유치인이 친권이 있는 18개월 이내의 유아의 대동(對同)을 신청한 때에는 유아가 질병·부상, 그 밖의 사유로 유치장에서 생활하는 것이 적당하지 않은 경우 등은 이를 허가하여야 한다.
③ 유치인보호관이 유치인으로부터 수사자료 기타 참고사항을 발견하였을 때에는 지체 없이 유치인보호 주무자 및 수사과장에게 보고하여야 한다.
④ 유치인보호관은 유치인에 대하여 유치인보호 주무자의 허가를 받아 근무일지에 그 사유와 시간을 기재한 후 유치장 내 보호유치실에 수용할 수 있다. 다만, 이 경우에도 8시간 이상 수용하여서는 아니 된다.

> **해설** 제22조의2(보호유치실에의 수용)
> ① 유치인보호관은 다음 각 호에 해당하는 행위를 하는 유치인에 대하여 유치인보호 주무자의 승인을 받아 근무일지에 그 사유와 시간을 기재한 후 유치장 내 보호유치실에 수용할 수 있다. 다만, 이 경우에도 **6시간 이상** 수용하여서는 아니 된다.
> 1. 자살 또는 자해하거나 하려고 하는 때
> 2. 다른 사람에게 위해 또는 괴롭힘을 가하거나 가하려고 하는 때
> 3. 유치인보호관의 제지에도 불구하고 소란행위 등을 계속하여 다른 유치인의 평온한 수용 생활을 방해하는 때
> 4. 유치장 등의 시설 또는 물건을 손괴하거나 하려고 하는 때
> 5. 신체적·정신적 질병으로 인하여 특별한 보호가 필요한 때

04 「피의자 유치 및 호송 규칙」상 피의자 유치 및 호송에 대한 설명 중 틀린 것은? 〔22. 승진〕

① 간이검사란 일반적으로 유치인에 대하여는 탈의막 안에서 속옷은 벗지 않고 신체검사의를 착용(유치인의 의사에 따른다)하도록 한 상태에서 위험물 등의 은닉여부를 검사하는 것을 말한다.
② 피의자를 유치장에 입감시키거나 출감시킬 때에는 유치인보호주무자가 발부하는 피의자 입(출)감지휘서에 의하여 하며 동시에 3명 이상의 피의자를 입감시킬 때에는 경위 이상 경찰관이 입회하여 순차적으로 입감시켜야 한다.

Answer 03 ④ 04 ③

③ 호송관은 호송중 피호송자가 도망하였을 때 도주한 자에 관한 호송관계서류 및 금품을 인수관서에 보관해야 한다.
④ 피호송자의 금전, 유가증권은 호송관서에서 인수관서에 직접 송부하나, 소액의 금전, 유가증권 또는 당일로 호송을 마칠 수 있을 때에는 호송관에게 탁송할 수 있다.

> **해설** 제65조(사고발생시의 조치)
> 1. 피호송자가 도망하였을 때
>   가. 즉시 사고발생지 관할 경찰서에 신고하고 도주 피의자 수배 및 수사에 필요한 사항을 알려주어야 하며, 소속장에게 전화, 전보 기타 신속한 방법으로 보고하여 그 지휘를 받아야 한다. 이 경우에 즉시 보고할 수 없는 때에는 신고 관서에 보고를 의뢰할 수 있다.
>   나. 호송관서의 장은 보고받은 즉시 상급경찰관서에 보고 및 인수관서에 통지하고 도주 피의자의 수사에 착수하여야 하며, 사고발생지 관할 경찰서장에게 수사를 의뢰하여야 한다.
>   다. 도주한 자에 관한 호송관계서류 및 금품은 **호송관서에 보관하여야 한다.**

05 「피의자 유치 및 호송 규칙」상 피호송자가 사망하였을 때에 대한 설명 중 가장 적절하지 않은 것은? 응용문제

① 즉시 사망시 관할 경찰관서에 신고하고 시체와 서류 및 영치금품은 신고 관서에 인도하여야 한다. 다만, 부득이한 경우에는 다른 도착지의 관할 경찰관서에 인도할 수 있다.
② 인도를 받은 경찰관서는 즉시 호송관서와 인수관서에 사망일시, 원인 등을 통지하고, 서류와 금품은 인수관서에서 보관한다.
③ 호송관서의 장은 통지받은 즉시 상급경찰관서에 보고하고 사망자의 유족 또는 연고자에게 이를 통지하여야 한다.
④ 통지 받을 가족이 없거나, 통지를 받은 가족이 통지를 받은 날부터 3일 내에 그 시신을 인수하지 않으면 구, 시, 읍, 면장에게 가매장을 하도록 의뢰하여야 한다.

> **해설** 제65조(사고발생시의 조치)
> 2. 피호송자가 사망하였을 때
>   가. 즉시 사망시 관할 경찰관서에 신고하고 시체와 서류 및 영치금품은 신고 관서에 인도하여야 한다. 다만, 부득이한 경우에는 다른 도착지의 관할 경찰관서에 인도할 수 있다.
>   나. 인도를 받은 경찰관서는 즉시 호송관서와 인수관서에 사망일시, 원인 등을 통지하고, 서류와 금품은 **호송관서에 송부한다.**
>   다. 호송관서의 장은 통지받은 즉시 상급경찰관서에 보고하고 사망자의 유족 또는 연고자에게 이를 통지하여야 한다.
>   라. 통지 받을 가족이 없거나, 통지를 받은 가족이 통지를 받은 날부터 3일 내에 그 시신을 인수하지 않으면 구, 시, 읍, 면장에게 가매장을 하도록 의뢰하여야 한다.

Answer 05 ②

CHAPTER 09 스토킹범죄의 처벌 등에 관한 법률
(법률시행 2024.1.12.) [법률 시행 2021.10.21.]

01 「스토킹범죄의 처벌 등에 관한 법률」에 관한 설명 중 가장 적절하지 않는 것은? 22. 순경

① '스토킹 범죄'란 지속적 또는 반복적으로 스토킹행위를 하는 것을 말한다.
② 사법경찰관리는 진행 중인 스토킹행위에 대하여 신고를 받은 경우 즉시 현장에 나가 스토킹 행위의 제지, 스토킹행위자와 파해자 분리, 유치장 또는 구치소에의 유치 등의 조치를 할 수 있다.
③ 스토킹범죄를 저지른 사람은 3년 이하의 징역 또는 3천만원 이하의 벌금에 처한다.
④ 흉기 또는 그 밖의 위험한 물건을 휴대하거나 이용하여 스토킹 범죄를 저지른 사람은 5년이하의 징역 또는 5천만원 이하의 벌금에 처한다.

> 해설 제3조(스토킹행위 신고 등에 대한 응급조치)
> 사법경찰관리는 진행 중인 스토킹행위에 대하여 신고를 받은 경우 즉시 현장에 나가 다음 각 호의 조치를 하여야 한다.
> 1. 스토킹행위의 제지, 향후 스토킹행위의 중단 통보 및 스토킹행위를 지속적 또는 반복적으로 할 경우 처벌 서면경고
> 2. 스토킹행위자와 피해자등의 분리 및 범죄수사
> 3. 피해자등에 대한 긴급응급조치 및 잠정조치 요청의 절차 등 안내
> 4. 스토킹 피해 관련 상담소 또는 보호시설로의 피해자등 인도(피해자등이 동의한 경우만 해당한다)
> ▶ 유치장 또는 구치소에의 유치 등은 잠정조치에 해당된다.

02 「스토킹범죄의 처벌 등에 관한 법률」에 관한 설명 중 가장 적절한 것은? 응용문제

① 사법경찰관리는 진행 중인 스토킹행위에 대하여 신고를 받은 경우 즉시 현장에 나가 응급조치를 할 수 있다.
② 사법경찰관은 스토킹행위 신고와 관련하여 스토킹행위가 지속적 또는 반복적으로 행하여질 우려가 있고 스토킹범죄의 예방을 위하여 긴급을 요하는 경우 스토킹행위자에게 직권으로 또는 스토킹행위의 상대방이나 그 법정대리인 또는 스토킹행위를 신고한 사람의 요청에 의하여 긴급응급조치를 할 수 있다.
③ 사법경찰관은 긴급응급조치를 하였을 때에는 즉시 스토킹행위의 요지, 긴급응급조치가 필요한 사유, 긴급응급조치의 내용 등이 제외된 긴급응급조치결정서를 작성하여야 한다.

Answer 01 ② 02 ②

④ 사법경찰관은 긴급응급조치를 하였을 때에는 지체 없이 검사에게 해당 긴급응급조치에 대한 사후승인을 지방법원 판사에게 청구하여 줄 것을 신청하여야 한다. 신청을 받은 검사는 긴급응급조치가 있었던 때부터 24시간 이내에 지방법원 판사에게 해당 긴급응급조치에 대한 사후승인을 청구한다.

> **해설** ▶ (①) 제3조(스토킹행위 신고 등에 대한 응급조치)
> 사법경찰관리는 진행 중인 스토킹행위에 대하여 신고를 받은 경우 즉시 현장에 나가 **응급조치를 하여야 한다**.
>
> ▶ (③) 제4조(긴급응급조치)
> ② 사법경찰관은 긴급응급조치를 하였을 때에는 즉시 스토킹행위의 요지, 긴급응급조치가 필요한 사유, 긴급응급조치의 내용 등이 **포함된** 긴급응급조치결정서를 작성하여야 한다.
>
> ▶ (④) 제5조(긴급응급조치의 승인 신청)
> ① 사법경찰관은 긴급응급조치를 하였을 때에는 지체 없이 검사에게 해당 긴급응급조치에 대한 사후승인을 지방법원 판사에게 청구하여 줄 것을 신청하여야 한다.
> ② 제1항의 신청을 받은 검사는 긴급응급조치가 있었던 때부터 **48시간 이내**에 지방법원 판사에게 해당 긴급응급조치에 대한 사후승인을 청구한다.

03 「스토킹범죄의 처벌 등에 관한 법률」에 관한 설명 중 가장 적절하지 않은 것은? 응용문제

① 검사는 스토킹범죄가 재발될 우려가 있다고 인정하면 직권 또는 사법경찰관의 신청에 따라 법원에 잠정조치를 청구할 수 있다.
② 법원은 스토킹범죄의 원활한 조사·심리 또는 피해자 보호를 위하여 필요하다고 인정하는 경우에는 결정으로 스토킹행위자에게 다음 각 호의 어느 하나에 해당하는 잠정조치를 할 수 있다.
③ 피해자나 그 주거등으로부터 100미터 이내의 접근 금지 및 피해자에 대한 「전기통신기본법」 제2조 제1호의 전기통신을 이용한 접근 금지에 따른 잠정조치기간은 2개월, 같은 항 제4호에 따른 잠정조치기간은 1개월을 초과할 수 없다. 다만, 법원은 피해자의 보호를 위하여 그 기간을 연장할 필요가 있다고 인정하는 경우에는 결정으로 피해자나 그 주거등으로부터 100미터 이내의 접근 금지 및 피해자에 대한 「전기통신기본법」 제2조 제1호의 전기통신을 이용한 접근 금지에 따른 잠정조치에 대하여 두 차례에 한정하여 각 2개월의 범위에서 연장할 수 있다.
④ 경찰관서의 장(국가수사본부장, 시·도경찰청장 및 경찰서장을 의미한다.)은 스토킹범죄 전담 사법경찰관을 지정하여 특별한 사정이 없으면 스토킹범죄 전담 사법경찰관이 피의자를 조사하게 하여야 한다.

> **해설** 제17조(스토킹범죄의 피해자에 대한 전담조사제)
> ② 경찰관서의 장(국가수사본부장, 시·도경찰청장 및 경찰서장을 의미한다. 이하 같다)은 스토킹범죄 전담 사법경찰관을 지정하여 특별한 사정이 없으면 스토킹범죄 전담 사법경찰관이 **피해자를** 조사하게 하여야 한다.

Answer 03 ④

CHAPTER 10 범죄피해자 보호법
[법률 시행 2017.3.14.]

01 「범죄피해자 보호법」에 관한 설명 중 가장 적절하지 않은 것은? _{22. 순경}

① '범죄피해자'란 타인의 범죄행위로 피해를 당한 사람과 그 배우자, 직계친족 및 형제자매를 말한다. 다만, 배우자의 경우 사실상의 혼인관계는 제외한다.
② 국가는 범죄피해자가 해당 사건과 관련하여 수사담당자와 상담하거나 재판절차에 참여하여 진술하는 등 형사절차상의 권리를 행사할 수 있도록 보장하여야 한다.
③ 국가는 범죄피해자가 요청하면 가해자에 대한 수사 결과, 공판기일, 재판 결과, 형 집행 및 보호관찰 집행 상황 등 형사절차 관련 정보를 대통령령으로 정하는 바에 따라 제공할 수 있다.
④ 국가 및 지방자치단체는 범죄피해자가 형사소송절차에 한 진술이나 증언과 관련하여 보복을 당할 우려가 있는 등 범죄 피해자를 보호할 필요가 있을 경우에는 적절한 조치를 마련하여야 한다.

해설 제3조(정의)
1. "범죄피해자"란 타인의 범죄행위로 피해를 당한 사람과 그 배우자(**사실상의 혼인관계를 포함**), 직계친족 및 형제자매를 말한다.

02 「범죄피해자 보호법」에 관한 설명 중 가장 적절하지 않은 것은? _{22. 경특}

① "범죄피해자 보호·지원"이란 복지 증진을 제외한 범죄피해자의 손실 복구, 정당한 권리 행사에 기여하는 행위를 말한다. 다만, 수사·변호 또는 재판에 부당한 영향을 미치는 행위는 포함되지 아니한다.
② 국가는 구조피해자나 유족이 해당 구조대상 범죄피해를 원인으로 하여 손해배상을 받았으면 그 범위에서 구조금을 지급하지 아니한다.
③ 이 법은 외국인이 구조피해자이거나 유족인 경우에는 해당 국가의 상호보증이 있는 경우에만 적용한다.
④ 구조금을 받으려는 사람은 법무부령으로 정하는 바에 따라 그 주소지, 거주지 또는 범죄 발생지를 관할하는 지구심의회에 신청하여야 한다.

해설 제3조(정의)
2. "범죄피해자 보호·지원"이란 범죄피해자의 손실 복구, 정당한 권리 행사 및 **복지 증진에 기여하는 행위**를 말한다. 다만, 수사·변호 또는 재판에 부당한 영향을 미치는 행위는 포함되지 아니한다.

Answer 01 ① 02 ①

03 「범죄피해자 보호법」에 관한 설명 중 가장 적절하지 않은 것은? 응용문제

① 범죄피해자 보호·지원이란 범죄피해자의 손실 복구, 정당한 권리 행사 및 복지 증진에 기여하는 행위를 말한다. 다만, 수사·변호 또는 재판에 부당한 영향을 미치는 행위는 포함되지 아니한다.
② 장해란 범죄행위로 입은 부상이나 질병이 치료(그 증상이 고정된 때를 포함)된 후에 남은 신체의 장해로서 대통령령으로 정하는 경우를 말한다.
③ 국가 및 지방자치단체는 범죄피해자의 피해정도 및 보호·지원의 필요성 등에 따라 상담, 의료제공(치료비 지원을 포함), 구조금 지급, 법률구조, 취업 관련 지원, 주거지원, 그 밖에 범죄피해자의 보호에 필요한 대책을 마련하여야 한다.
④ 법무부장관은 제15조에 따른 범죄피해자 보호위원회의 심의를 거쳐 범죄피해자 보호·지원에 관한 기본계획을 3년마다 수립하여야 한다.

> **해설** 제12조(기본계획 수립)
> 법무부장관은 제15조에 따른 범죄피해자 보호위원회의 심의를 거쳐 범죄피해자 보호·지원에 관한 기본계획을 **5년마다** 수립하여야 한다.

04 「범죄피해자 보호법」에 관한 설명 중 가장 적절한 것은? 응용문제

① 범죄행위 당시 구조피해자와 가해자 사이에 부부(사실상의 혼인관계를 포함), 직계혈족 등에 해당하는 친족관계가 있는 경우에는 구조금을 지급하지 아니할 수 있다.
② 범죄행위 당시 구조피해자와 가해자 사이에 제1항 각 호의 어느 하나에 해당하지 아니하는 친족관계가 있는 경우에는 구조금의 일부를 지급하지 아니한다.
③ 유족구조금은 구조피해자의 사망 당시(신체에 손상을 입고 그로 인하여 사망한 경우에는 신체에 손상을 입은 당시를 말한다)의 월급액이나 월실수입액 또는 평균임금에 12개월 이상 24개월 이하의 범위에서 유족의 수와 연령 및 생계유지상황 등을 고려하여 대통령령으로 정하는 개월 수를 곱한 금액으로 한다.
④ 장해구조금과 중상해구조금은 구조피해자가 신체에 손상을 입은 당시의 월급액이나 월실수입액 또는 평균임금에 2개월 이상 24개월 이하의 범위에서 피해자의 장해 또는 중상해의 정도와 부양가족의 수 및 생계유지상황 등을 고려하여 대통령령으로 정한 개월 수를 곱한 금액으로 한다.

> **해설** (①) 제19조(구조금을 지급하지 아니할 수 있는 경우)
> ① 범죄행위 당시 구조피해자와 가해자 사이에 다음 각 호의 어느 하나에 해당하는 친족관계가 있는 경우에는 구조금을 **지급하지 아니한다.**
> 　1. 부부(사실상의 혼인관계를 포함)
> 　2. 직계혈족
> 　3. 4촌 이내의 친족
> 　4. 동거친족

Answer 03 ④ 04 ②

▶ 제22조(구조금액)
① (③) 유족구조금은 구조피해자의 사망 당시(신체에 손상을 입고 그로 인하여 사망한 경우에는 신체에 손상을 입은 당시를 말한다)의 월급액이나 월실수입액 또는 평균임금에 **24개월 이상 48개월 이하의 범위**에서 유족의 수와 연령 및 생계유지상황 등을 고려하여 대통령령으로 정하는 개월 수를 곱한 금액으로 한다.
② (④) 장해구조금과 중상해구조금은 구조피해자가 신체에 손상을 입은 당시의 월급액이나 월실수입액 또는 평균임금에 2개월 이상 **48개월 이하의 범위**에서 피해자의 장해 또는 중상해의 정도와 부양가족의 수 및 생계유지상황 등을 고려하여 대통령령으로 정한 개월 수를 곱한 금액으로 한다.

05 「범죄피해자 보호법」에 관한 설명 중 가장 적절하지 않는 것은? _{응용문제}

① 구조금 지급에 관한 사항을 심의·결정하기 위하여 각 지방검찰청에 범죄피해구조심의회를 두고 법무부에 범죄피해구조본부심의회를 둔다.
② 지구심의회 및 본부심의회는 법무부장관의 지휘·감독을 받는다.
③ 구조금을 받으려는 사람은 법무부령으로 정하는 바에 따라 그 주소지, 거주지 또는 범죄 발생지를 관할하는 지구심의회에 신청하여야 한다. 신청은 해당 구조대상 범죄피해의 발생을 안 날부터 3년이 지나거나 해당 구조대상 범죄피해가 발생한 날부터 5년이 지나면 할 수 없다.
④ 지구심의회는 제25조 제1항에 따른 신청을 받으면 신속하게 구조금을 지급하거나 지급하지 아니한다는 결정(지급한다는 결정을 하는 경우에는 그 금액을 정하는 것을 포함)을 하여야 한다.

(해설) 제25조(구조금의 지급신청)
① 구조금을 받으려는 사람은 법무부령으로 정하는 바에 따라 그 주소지, 거주지 또는 범죄 발생지를 관할하는 지구심의회에 신청하여야 한다.
② 제1항에 따른 신청은 해당 구조대상 범죄피해의 **발생을 안 날부터 3년**이 지나거나 해당 구조대상 **범죄피해가 발생한 날부터 10년**이 지나면 할 수 없다.

06 「범죄피해자 보호법」에 관한 설명으로 가장 적절하지 않은 것은? _{23. 경특}

① 범죄피해자는 범죄피해 상황에서 빨리 벗어나 인간의 존엄성을 보장받을 권리가 있다.
② 범죄피해 방지 및 범죄피해자 구조 활동으로 피해를 당한 사람도 범죄피해자로 본다.
③ 국민은 범죄피해자의 명예와 사생활의 평온을 해치지 아니하도록 유의하여야 하고, 국가 및 지방자치단체가 실시하는 범죄피해자를 위한 정책의 수립과 추진에 최대한 협력하여야 한다.
④ 구조금을 받을 권리는 그 구조결성이 해당신청인에게 발송된 날부터 1년간 행사하지 아니하면 시효로 인하여 소멸된다.

(해설) 제31조(소멸시효)
구조금을 받을 권리는 그 구조결정이 해당 신청인에게 송달된 날부터 **2년간** 행사하지 아니하면 시효로 인하여 소멸된다.

Answer 05 ③ 06 ④

CHAPTER 11 공직자의 이해충돌 방지법
[법률 시행 2022.5.19.]

01 「공직자의 이해충돌 방지법」에 대한 설명으로 가장 적절하지 않은 것은?   24. 순경

① 이 법은 공직자의 직무수행과 관련한 사적 이익추구를 금지함으로써 공직자의 직무수행 중 발생할 수 있는 이해충돌을 방지하여 공정한 직무수행을 보장하고 공공기관에 대한 국민의 신뢰를 확보하는 것을 목적으로 한다.
② 「초·중등교육법」, 「고등교육법」 또는 그 밖의 다른 법령에 따라 설치된 각급 국립·공립학교는 '공공기관'에 해당한다.
③ 경무관인 세종특별자치시경찰청장은 '고위공직자'에 해당하지 않는다.
④ 최근 2년 이내에 퇴직한 공직자로서 퇴직일 전 2일 이내에 사적 이해관계 신고 대상 직무를 수행하는 공직자와 같은 부서에서 근무하였던 사람은 사적이해관계자에 포함된다.

> 해설 제2조(정의)
> 3. "고위공직자"란 다음 각 목의 어느 하나에 해당하는 공직자를 말한다.
>   아. **치안감 이상의 경찰공무원 및 특별시·광역시·특별자치시·도·특별자치도의 시·도경찰청장**

02 「공직자의 이해충돌 방지법」에 관한 설명으로 옳은 것을 모두 고른 것은?   22. 경특

> ㉠ 동법 제2조 제2항에 따른 공직자로부터 직무상 비밀 또는 소속 공공기관의 미공개 정보임을 알면서도 제공받거나 부정한 방법으로 취득하여 이를 이용함으로써 재물 또는 재산상의 이익을 취득한 자는 5년 이하의 징역 또는 5천만원 이하의 벌금에 처한다.
> ㉡ "고위공직자"에는 치안감 이상의 경찰공무원 및 특별시·광역시·특별자치시·도·특별자치도의 시·도경찰청장이 해당된다.
> ㉢ 사건의 수사·재판·심판·결정·조정·중재·화해 또는 이에 준하는 직무를 수행하는 공직자는 직무관련자(직무관련자의 대리인을 포함한다)가 사적이해관계자임을 안 경우 안 날부터 14일 이내에 소속기관장에게 그 사실을 서면(전자문서를 포함한다) 또는 구두로 신고하고 회피를 신청하여야 한다.
> ㉣ "이해충돌"이란 공직자가 직무를 수행할 때에 자신의 사적 이해관계가 관련되어 공정하고 청렴한 직무수행이 저해되거나 저해될 우려가 있는 상황을 말한다.

Answer   01 ③   02 ③

① ㉠㉡㉢   ② ㉢㉣
③ ㉠㉡㉣   ④ ㉠㉢

> 해설 (㉢) 제5조(사적이해관계자의 신고 및 회피·기피 신청)
> ① 다음 각 호의 어느 하나에 해당하는 직무를 수행하는 공직자는 직무관련자(직무관련자의 대리인을 포함)가 사적이해관계자임을 안 경우 안 날부터 14일 이내에 소속기관장에게 그 사실을 **서면(전자문서를 포함)**으로 신고하고 회피를 신청하여야 한다.
> 8. 사건의 수사·재판·심판·결정·조정·중재·화해 또는 이에 준하는 직무
> 10. 공직자의 채용·승진·전보·상벌·평가에 관계되는 직무

03 「공직자의 이해충돌 방지법」과 「부정청탁 및 금품 등 수수의 금지에 관한 법률」에 관한 설명 중 가장 적절한 것은?
22. 순경

① 「공직자의 이해충돌 방지법」상 부동산을 직접 또는 간접으로 취급하는 대통령령으로 정한 공공기관의 공직자가 소속 공공기관의 업무와 관련된 부동산을 보유하고 있거나 매수하는 경우 소속기관장에게 그 사실을 구두 또는 서면으로 신고하여야 한다.

② 「부정청탁 및 금품등 수수의 금지에 관한 법률」상 '공직자등'이 부정청탁을 받았을 때에는 부정청탁을 한 자에게 부정청탁임을 알리고 이를 거절하는 의사를 명확히 표시하여야 하며, 이러한 조치를 하였음에도 불구하고 동일한 부정청탁을 다시 받은 경우에는 이를 소속기관장에게 구두 또는 서면(전자서면을 포함)으로 신고하여야 한다.

③ 「부정청탁 및 금품등 수수의 금지에 관한 법률」에 따르면 OO경찰서 소속 경찰관 甲이 모교에서 자신의 직무와 관련된 강의를 요청받아 1시간 동안 강의를 하고 50만 원의 사례금을 받았다면 대통령령이 정하는 바에 따라 소속기관장에게 신고하고 그 초과금액을 소속기관장에게 지체없이 반환하여야 한다.

④ 「부정청탁 및 금품등 수수의 금지에 관한 법률」상 「국가공무원법」 또는 「지방공무원법」에 따른 공무원과 그 밖에 다른 법률에 따라 그 자격·임용·교육훈련·복무·보수·신분보장 등에 있어서 공무원으로 인정된 사람은 '공직자등' 개념에 포함된다.

> 해설 ▶(①) 제6조(공공기관 직무 관련 부동산 보유·매수 신고)
> ① 부동산을 직접적으로 취급하는 대통령령으로 정하는 공공기관의 공직자는 다음 각 호의 어느 하나에 해당하는 사람이 소속 공공기관의 업무와 관련된 부동산을 보유하고 있거나 매수하는 경우 소속기관장에게 그 사실을 **서면으로** 신고하여야 한다.
> 1. 공직자 자신, 배우자
> 2. 공직자와 생계를 같이하는 직계존속·비속(배우자의 직계존속·비속으로 생계를 같이하는 경우를 포함한다)
>
> ▶(②) 부정청탁 및 금품등 수수의 금지에 관한 법률 제7조(부정청탁의 신고 및 처리)
> ① 공직자등은 부정청탁을 받았을 때에는 부정청탁을 한 자에게 부정청탁임을 알리고 이를 거절하는 의사를 명확히 표시하여야 한다.
> ② 공직자등은 제1항에 따른 조치를 하였음에도 불구하고 동일한 부정청탁을 다시 받은 경우에는 이를 소속기관장에게 **서면(전자문서를 포함)**으로 신고하여야 한다.

Answer 03 ④

▶(③) 부정청탁 및 금품등 수수의 금지에 관한 법률 제10조(외부강의등의 사례금 수수 제한)
⑤ 공직자등은 제1항에 따른 금액을 초과하는 사례금을 받은 경우에는 대통령령으로 정하는 바에 따라 소속기관장에게 신고하고, **제공자에게 그 초과금액을 지체 없이 반환하여야 한다.**

04 「공직자의 이해충돌방지법」에 관한 내용 중 적절한 것은 모두 몇 개인가? 〈23. 승진〉

㉠ 공직자는 배우자가 공직자 자신의 직무관련자(「민법」제777조에 따른 친족 제외)와 토지 또는 건축물 등 부동산을 거래하는 행위(다만, 공개모집에 의하여 이루어지는 분양이나 공매·경매·입찰을 통한 재산상 거래 행위는 제외)를 한다는 것을 사전에 안 경우에는 안 날부터 14일 이내에 소속기관장에게 그 사실을 서면으로 신고하여야 한다.
㉡ 공직자는 직무관련자에게 사적으로 노무 또는 조언·자문 등을 제공하고 대가를 받는 행위를 해서는 아니된다(단, 「국가공무원법」 등 다른 법령·기준에 따라 허용되는 경우는 제외)
㉢ 공직자는 사회상규에 따라 허용되는 경우라 할지라도 직무 관련자인 소속 기관의 퇴직자(공직자가 아니게 된 날부터 2년이 지나지 아니한 사람만 해당)와 사적 접촉(골프, 여행, 사행성 오락을 같이 하는 행위)시 소속기관장에게 신고해야 한다.
㉣ 사적이해관계자에 공직자 자신 또는 그 가족(「민법」 제779조에 따른 가족)도 해당된다.

① 1개 ② 2개
③ 3개 ④ 4개

해설 (㉢) 제15조(퇴직자 사적 접촉 신고)
① 공직자는 직무관련자인 소속 기관의 퇴직자(공직자가 아니게 된 날부터 2년이 지나지 아니한 사람만 해당한다)와 사적 접촉(골프, 여행, 사행성 오락을 같이 하는 행위를 말한다)을 하는 경우 소속기관장에게 신고하여야 한다. 다만, **사회상규에 따라 허용되는 경우에는 그러하지 아니하다.**

05 「공직자의 이해충돌 방지법」에 관한 설명으로 가장 적절하지 않은 것은? 〈74기 경간부〉

① 누구든지 신고자등에게 신고등을 이유로 불이익조치(「공익신고자 보호법」 제2조 제6호에 따른 불이익조치를 말한다)를 하여서는 아니 된다.
② 이 법의 위반행위를 한 자가 위반사실을 자진하여 신고하거나 신고자등이 신고등을 함으로 인하여 자신이 한 이 법의 위반행위가 발견된 경우에는 그 위반행위에 대한 형사처벌, 과태료부과, 징계처분, 그 밖의 행정처분 등을 감경하거나 면제할 수 있다.
③ 국민권익위원회는 이 법의 위반행위에 대한 신고로 인하여 공공기관에 직접적인 수입의 회복·증대 또는 비용의 절감을 가져온 경우에는 그 신고자의 신청에 의하여 보상금을 지급할 수 있다.

Answer 04 ③ 05 ③

④ 국민권익위원회는 이 법의 위반행위에 대한 신고로 인하여공공기관에 재산상 이익을 가져오거나 손실을 방지한 경우또는 공익을 증진시킨 경우에는 그 신고자에게 포상금을지급할 수 있다.

> **해설** 제20조(신고자 등의 보호·보상)
> ⑥ 국민권익위원회는 이 법의 위반행위에 대한 신고로 인하여 공공기관에 직접적인 수입의 회복·증대 또는 비용의 절감을 가져온 경우에는 그 신고자의 신청에 의하여 보상금을 **지급하여야 한다**.

06 「공직자의 이해충돌 방지법」에 대한 설명으로 가장 적절한 것은? 〔73기 경간부〕

① 공직자가 소속된 공공기관과 계약을 체결하거나 체결하려는 것이 명백한 개인이나 법인 또는 단체는 직무관련자에 해당한다.
② 고위공직자는 그 직위에 임용되거나 임기를 개시하기 전 3년 이내에 민간 부문에서 업무활동을 한 경우, 그 활동 내역을 그 직위에 임용되거나 임기를 개시한 다음 날부터 30일 이내에 소속기관장에게 제출하여야 한다.
③ 직무와 관련된 다른 직위에 취임한 공직자는 3천만원 이하의 과태료를 부과한다.
④ 공직자로 채용·임용되기 전 3년 이내에 공직자 자신이 대리하거나 고문·자문 등을 제공했던 개인이나 법인 또는 단체는 사적이해관계자에 해당한다.

> **해설** ▶(②) 제8조(고위공직자의 민간 부문 업무활동 내역 제출 및 공개)
> ① 고위공직자는 그 직위에 임용되거나 임기를 개시하기 전 3년 이내에 민간 부문에서 업무활동을 한 경우, 그 활동 내역을 그 직위에 임용되거나 **임기를 개시한 날부터 30일 이내**에 소속기관장에게 제출하여야 한다.
>
> ▶(③) 제28조(과태료)
> ② 다음 각 호의 어느 하나에 해당하는 자에게는 **2천만원 이하의 과태료**를 부과한다.
> 　4. 제10조(직무와 관련된 다른 직위에 취임하는 행위. 다만, 소속기관장이 허가한 경우는 제외)를 위반하여 직무 관련 외부활동을 한 공직자
>
> ▶(④) 제2조(정의)
> 6. "사적이해관계자"란 다음 각 목의 어느 하나에 해당하는 자를 말한다.
> 　가. 공직자 자신 또는 그 가족(「민법」 제779조에 따른 가족을 말한다. 이하 같다)
> 　나. 공직자 자신 또는 그 가족이 임원·대표자·관리자 또는 사외이사로 재직하고 있는 법인 또는 단체
> 　다. 공직자 자신이나 그 가족이 대리하거나 고문·자문 등을 제공하는 개인이나 법인 또는 단체
> 　라. 공직자로 채용·임용되기 전 2년 이내에 공직자 자신이 재직하였던 법인 또는 단체
> 　마. 공직자로 **채용·임용되기 전 2년 이내에** 공직자 자신이 대리하거나 고문·자문 등을 제공하였던 개인이나 법인 또는 단체
> 　바. 공직자 자신 또는 그 가족이 대통령령으로 정하는 일정 비율 이상의 주식·지분 또는 자본금 등을 소유하고 있는 법인 또는 단체
> 　사. 최근 2년 이내에 퇴직한 공직자로서 퇴직일 전 2년 이내에 제5조 제1항 각 호의 어느 하나에 해당하는 직무를 수행하는 공직자와 국회규칙, 대법원규칙, 헌법재판소규칙, 중앙선거관리위원회규칙 또는 대통령령으로 정하는 범위의 부서에서 같이 근무하였던 사람
> 　아. 그 밖에 공직자의 사적 이해관계와 관련되는 자로서 국회규칙, 대법원규칙, 헌법재판소규칙, 중앙선거관리위원회규칙 또는 대통령령으로 정하는 자

Answer 06 ①

CHAPTER 12 | 적극행정 운영규정 [법률 시행 2024.8.14]

01 경찰의 적극행정에 관한 내용 중 가장 적절하지 않은 것은? 23. 승진

① 「경찰청 적극행정 면책제도 운영규정」상 자체감사를 받는 사람은 적극행정 면책요건에 해당된다 하더라도 자의적인 법 해석 및 집행으로 법령의 본질적인 사항을 위반한 경우 면책대상에서 제외된다.
② 「공공감사에 관한 법률」상 자체감사를 받는 사람은 불합리한 규제의 개선 등 공공의 이익을 위하여 업무를 적극적으로 처리한 결과에 대하여 그의 행위에 고의나 중대한 과실이 없는 경우에는 징계 요구 또는 문책 요구 등 책임을 묻지 아니한다.
③ 「공무원 징계령 시행규칙」상 징계위원회는 징계등 혐의자와 비위 관련 직무 사이에 사적인 이해관계가 없었고 대상 업무를 처리하면서 중대한 절차상 하자가 없었을 경우 해당 비위가 고의 또는 중과실에 의하지 않는 것으로 추정한다.
④ 「적극행정 운영규정」상 "적극행정"이란, 공무원이 불합리한 규제를 개선하는 등 공공의 이익을 위해 창의성과 신속성을 바탕으로 적극적으로 업무를 처리하는 행위를 말한다.

해설) 제2조(정의)
1. "적극행정"이란 공무원이 불합리한 규제를 개선하는 등 공공의 이익을 위해 **창의성과 전문성**을 바탕으로 적극적으로 업무를 처리하는 행위를 말한다.
2. "소극행정"이란 공무원이 부작위 또는 직무태만 등 소극적 업무행태로 국민의 권익을 침해하거나 국가 재정상 손실을 발생하게 하는 행위를 말한다.

02 경찰의 적극행정에 관한 내용으로 옳은 것을 모두 고른 것은? 24. 승진

㉠ 국가인권위원회는 중앙행정기관 소속 공무원의 소극행정예방 및 근절을 위해 소극행정 신고센터를 운영하고, 중앙 행정기관의 장에게 신고사항에 대해 적절한 조치를 하도록 권고할 수 있다.
㉡ 「경찰청 적극행정 면책제도 운영규정」상 '적극행정'이란 경찰청 및 그 소속기관의 공무원 또는 산하단체의 임·직원이 국가 또는 공공의 이익을 증진하기 위해 성실하고 능동적으로 업무를 처리하는 행위를 말한다.

Answer 01 ④ 02 ③

Part 06. 각론 3단계 547

ⓒ 「적극행정 운영규정」상 '소극행정'이란 공무원이 부작위 또는 직무태만 등 소극적 업무행태로 국민의 권익을 침해하거나 국가 재정상 손실을 발생하게 하는 행위를 말한다.
ⓔ '적당편의'는 법령이나 지침 등의 변화에도 불구하고 과거 규정에 따라 업무를 처리하거나, 기존의 불합리한 업무관행을 그대로 답습하는 형태를 말한다.

① ㉠㉡
② ㉠㉣
③ ㉡㉢
④ ㉢㉣

해설 ▶ (㉠) 제18조의3(소극행정 신고)
③ 국민권익위원회는 중앙행정기관 소속 공무원의 소극행정 예방 및 근절을 위해 소극행정 신고센터를 운영하고, 중앙행정기관의 장에게 제1항에 따른 신고사항에 대해 적절한 조치를 하도록 권고할 수 있다.

▶ (㉣) 소극행정의 유형

적당편의	문제해결을 위한 대책마련 보다는 적당히 형식만 갖추어 업무를 처리하는 행태
책임회피	소관 업무를 불이행 또는 태만히 하거나, 책임을 지지 않은 행태
불합리한 관례답습	법령이나 지침 등의 변화에도 불구하고, 과거 규정에 따른 업무처리, 기존의 불합리한 업무관행 답습, 규정 본래의 취지를 벗어나는 등 업무행태
기타 관중심 행정	직무권한을 부당하게 행사하거나, 본인이 처리해야할 업무를 명백한 이유 없이 처리하지 않거나, 대상자에게 전가하는 행태

03 「적극행정 운영규정」 및 「경찰청 적극행정 면책제도 운영규정」에 관한 설명으로 가장 적절하지 않은 것은?　　23. 순경

① 「적극행정 운영규정」상 공무원이 적극행정을 추진한 결과에 대해 그의 행위에 고의 또는 중대한 고실이 없는 경우에는 징계 관련 법령에 따라 징계의결 또는 징계부가금 부과의결을 하지 않는다.
② 「경찰청 적극행정 면책제도 운영규정」에 의한 면책은 경찰청 및 그 소속기관의 공무원 또는 산하단체의 임·직원 등에게 적용된다.
③ 「경찰청 적극행정 면책제도 운영규정」 제5조 제1항 제3호의 요건을 적용하는 경우 자체감사를 받는 사람이 '대상 업무를 처리하면서 중대한 절차상의 하자가 없었을 것'과 '자체감사를 받는 사람과 대상 업무 사이에 사적인 이해관계가 없을 것'이라는 요건을 모두 갖추어 업무를 처리한 것으로 인정되는 경우에는 그 행위에 고의나 중대한 과실이 없는 경우에 해당하는 것으로 추정한다.
④ 「적극행정 운영규정」 제18조의3은 "누구든지 공무원의 소극행정을 국가인권위원회가 운영하는 소극행정 신고센터에 신고할 수 있다"고 규정하고 있다.

Answer　03 ④

해설 **제18조의3(소극행정 신고)**
① 누구든지 공무원의 소극행정을 **소속 중앙행정기관의 장**이나 제3항에 따른 **소극행정 신고센터에 신고할 수 있다.**
③ **국민권익위원회는** 중앙행정기관 소속 공무원의 소극행정 예방 및 근절을 위해 **소극행정 신고센터를 운영하고**, 중앙행정기관의 장에게 제1항에 따른 신고사항에 대해 적절한 조치를 하도록 권고할 수 있다.

CHAPTER 13 경찰청 적극행정 면책제도 운영규정
[경찰청훈령 시행 2022.10.7.]

01 「경찰청 적극행정 면책제도 운영규정」에 관한 설명으로 가장 적절하지 않은 것은? 74기 경간부

① "사전컨설팅 감사"란 불합리한 제도 등으로 인해 적극적인 업무 수행이 어려운 경우, 해당 업무의 수행에 앞서 업무 처리방향 등에 대하여 미리 감사의견을 듣고 이를 업무처리에 반영하여 적극행정을 추진하는 것을 말한다.
② "사전컨설팅 대상 기관 및 대상 부서의 장"이란 경찰청장, 각 시·도경찰청장, 부속기관의 장을 말한다.
③ 사전컨설팅 감사 의견서를 통보받은 사전컨설팅 대상 기관등의장은 특별한 사정이 없으면 사전컨설팅 감사 의견을 반영하여 해당 업무를 처리하여야 한다.
④ 감사관은 사전컨설팅 감사 의견을 반영하여 적극행정을 추진한 결과에 대하여 자체감사규정에 따른 감사 시 책임을 묻지 아니한다.

> **해설** 제2조(정의)
> 5. "사전컨설팅 대상 기관 및 대상 부서의 장"이란 **각 시·도경찰청장, 부속기관의 장, 산하 공직유관단체의 장 및 경찰청 관·국의 장**을 말한다.

02 「경찰청 적극행정 면책제도 운영규정」에 대한 설명으로 가장 적절하지 않은 것은? 73기 경간부

① 적극행정이란 경찰청 및 그 소속기관의 공무원 또는 산하단체의 임·직원이 국가 또는 공공의 이익을 증진하기 위해 성실하고 능동적으로 업무를 처리하는 행위를 말한다.
② 면책이란 적극행정 과정에서 발생한 부분적인 절차상 하자 또는 비효율, 손실 등과 관련하여 그 업무를 처리한 경찰청 소속 공무원 등에 대하여 「경찰청 감사규칙」 제10조 제1호부터 제3호까지 및 제6호와 「경찰공무원 징계령」에 따른 징계 및 징계부가금의 어느 하나에 해당하는 책임을 묻지 않거나 감면하는 것을 말한다.
③ 법령·행정규칙 등의 해석에 대한 이견 등으로 인하여 능동적인 업무처리가 곤란한 경우와 행정심판, 수사 중인 사안 등은 사전컨설팅 감사의 대상이다.
④ 사전컨설팅 감사란 불합리한 제도 등으로 인해 적극적인 업무 수행이 어려운 경우, 해당 업무의 수행에 앞서 업무처리 방향 등에 대하여 미리 감사의 의견을 듣고 이를 업무처리에 반영하여 적극행정을 추진하는 것을 말한다.

> **해설** 제15조(사전컨설팅 감사의 대상)
> ② 행정심판, 소송, 수사 또는 타 기관에서 감사 중인 사항, 타 법령에서 정하고 있는 재심의 절차를 거친 사항 등은 사전컨설팅 감사 대상에서 **제외한다.**

Answer 01 ② 02 ③

CHAPTER 14 성폭력범죄의 수사 및 피해자 보호에 관한 규칙
[경찰청훈령 시행 2023.10.12.]

01 「성폭력범죄의 수사 및 피해자 보호에 관한 규칙」에 관한 설명 중 가장 적절하지 않은 것은?

22. 순경

① 경찰관은 성폭력범죄의 피해자가 13세 미만이거나 신체적인 또는 정신적인 장애로 사물을 변별하거나 의사를 결정할 능력이 미약한 경우에는 통합지원센터나 성폭력 전담의료기관과 연계하여 치료, 상담 및 조사를 병행한다. 다만, 피해자가 원하지 않는 경우에는 그러하지 아니하다.
② 경찰서장은 특별한 사정이 없는 한 성폭력 피해여성을 여성 성폭력범죄 전담조사관이 조사하도록 하여야 한다. 다만, 피해자가 원하는 경우에는 신뢰관계자, 진술조력인 또는 다른 경찰관으로 하여금 입회하게 하고 '피해자 조사 동의서'에 서면으로 동의를 받아 남성 성폭력범죄 전담조사관으로 하여금 조사하게 할 수 있다.
③ 경찰관은 영상녹화를 할 때에는 피해자등에게 영상녹화의 취지 등을 설명하고 동의 여부를 확인하여야 하며, 피해자등이 녹화를 원하지 않는 의사를 표시한 때에는 촬영을 하여서는 아니 된다. 다만, 가해자가 친권자 중 일방인 경우에는 그러하지 아니하다.
④ 경찰관은 성폭력범죄의 피해자가 13세 미만이거나 신체적인 또는 정신적인 장애로 의사소통이나 의사표현에 어려움이 있는 경우 진술조력인을 조사과정에 반드시 참여시켜야 한다.

> **해설** 제28조(진술조력인의 참여)
> ① 경찰관은 성폭력범죄의 피해자가 **19세미만 피해자등인 경우** 직권이나 피해자등 또는 변호사의 신청에 따라 **진술조력인이 조사과정에 참여**하게 할 수 있다. 다만, 피해자등이 이를 원하지 않을 때는 그렇지 않다.

Answer 01 ④

CHAPTER 15 특정중대범죄 피의자 등 신상정보 공개에 관한 법률[법률 시행 2024.1.25.]

01 「특정중대범죄 피의자 등 신상정보 공개에 관한 법률」상 피의자의 신상정보에 대한 설명이다. 아래 가.부터 라.까지의 설명 중 옳고 그름의 표시(O, X)가 바르게 된 것은? 74기 경간부

> 가. 검사는 이 법상 신상정보 공개요건을 모두 갖춘 특정중대범죄사건의 피의자에 대하여 법원에 신상정보 공개를 청구할 수 있다. 다만, 피의자가 미성년자인 경우에는 제외한다.
> 나. 검사와 사법경찰관은 피의자의 얼굴을 공개하기 위하여 필요한 경우 피의자를 식별할 수 있도록 피의자의 얼굴을 촬영할 수 있다. 이 경우 신상정보공개심의위원회에서 피의자의 의견을 청취해야 한다.
> 다. 검사와 사법경찰관은 피의자에게 신상정보 공개를 통지한 날부터 5일 이상의 유예기간을 두고 신상정보를 공개하여야 한다. 다만, 피의자가 신상정보 공개 결정에 대하여 서면으로 이의 없음을 표시한 때에는 유예기간을 두지 아니할 수 있다.
> 라. 신상정보를 공개하는 피의자의 얼굴은 특별한 사정이 없으면 공개 결정일 전후 30일 이내의 모습으로 한다. 이 경우 검사와 사법경찰관은 다른 법령에 따라 적법하게 수집·보관하고 있는 사진, 영상물 등이 있는 때에는 이를 활용하여 공개할 수 있다.

① 가.(O) 나.(O) 다.(O) 라.(O)
② 가.(O) 나.(X) 다.(O) 라.(X)
③ 가.(X) 나.(X) 다.(O) 라.(O)
④ 가.(X) 나.(O) 다.(O) 라.(X)

해설 ▶ (가) 제5조(피고인의 신상정보 공개)
① 검사는 공소제기 시까지 특정중대범죄사건이 아니었으나 재판 과정에서 특정중대범죄사건으로 공소사실이 변경된 사건의 피고인으로서 제4조 제1항 각 호의 요건을 모두 갖춘 **피고인에 대하여** 피고인의 현재지 또는 최후 거주지를 관할하는 법원에 신상정보의 공개를 청구할 수 있다. 다만, **피고인이** 미성년자인 경우는 제외한다.

▶ (나) 제4조(피의자의 신상정보 공개)
⑤ 검사와 사법경찰관은 제1항에 따라 피의자의 얼굴을 공개하기 위하여 필요한 경우 피의자를 식별할 수 있도록 피의자의 얼굴을 촬영할 수 있다. **이 경우 피의자는 이에 따라야 한다.**

Answer 01 ③

02 「특정중대범죄 피의자 등 신상정보 공개에 관한 법률」에 대한 설명으로 옳은 것은? 24. 순경

> ㉠ 검사와 사법경찰관은 이 법상 신상정보 공개 요건을 모두 갖춘 특정중대범죄사건의 피의자의 얼굴, 성명 및 나이를 공개할 수 있다. 다만, 피의자가 미성년자인 경우에는 공개하지 아니할 수 있다.
> ㉡ 검사와 사법경찰관은 이 법상 신상정보 공개를 결정할 때에는 범죄의 중대성, 범행 후 정황, 피해자 보호 필요성, 피해자(피해자가 사망한 경우 피해자의 유족을 포함한다)의 의사 등을 종합적으로 고려하여야 한다.
> ㉢ 법무부장관은 이 법상 신상정보 공개 여부에 관한 사항을 심의하기 위하여 신상정보공개심의위원회를 둘 수 있다.
> ㉣ 수사 및 재판 단계에서 신상정보의 공개에 대하여는 다른 법률의 규정이 있는 경우 그 법률에 따른다.

① 없음 ② 1개
③ 2개 ④ 3개

해설 ▶(㉠) 제4조(피의자의 신상정보 공개)
① 검사와 사법경찰관은 다음 각 호의 요건을 모두 갖춘 특정중대범죄사건의 피의자의 얼굴, 성명 및 나이(이하 "신상정보"라 한다)를 공개할 수 있다. 다만, 피의자가 미성년자인 경우에는 공개하지 **아니한다**.
  1. 범행수단이 잔인하고 중대한 피해가 발생하였을 것(제2조 제3호부터 제6호까지의 죄에 한정한다)
  2. 피의자가 그 죄를 범하였다고 믿을 만한 충분한 증거가 있을 것
  3. 국민의 알권리 보장, 피의자의 재범 방지 및 범죄예방 등 오로지 공공의 이익을 위하여 필요할 것

▶(㉢) 제8조(신상정보공개심의위원회)
① **검찰총장 및 경찰청장은** 제4조에 따른 신상정보 공개 여부에 관한 사항을 심의하기 위하여 신상정보공개심의위원회를 둘 수 있다.

▶(㉣) 제3조(다른 법률과의 관계)
수사 및 재판 단계에서 신상정보의 공개에 대하여는 다른 법률의 규정에도 불구하고 **이 법을 우선 적용한다**.

03 「특정중대범죄 피의자 등 신상정보 공개에 관한 법률」상 피의자 신상에 관한 정보공개의 요건으로 가장 적절하지 않은 것은? 23. 승진

① 피의자가 「청소년 보호법」 제2조 제1호의 청소년에 해당하지 아니할 것
② 국민의 알권리 보장, 피의자의 재범 방지 및 범죄예방 등 오로지 공공의 이익을 위하여 필요할 것
③ 피의자가 그 죄를 범하였다고 믿을 만한 충분한 증거가 있을 것
④ 범행수단이 잔인하고 중대한 피해가 발생하였을 것(제2조 제3호부터 제6호까지의 죄에 한정한다)

Answer 02 ② 03 ①

해설 제4조(피의자의 신상정보 공개)

① 검사와 사법경찰관은 다음 각 호의 요건을 모두 갖춘 특정중대범죄사건의 피의자의 얼굴, 성명 및 나이(이하 "신상정보"라 한다)를 공개할 수 있다. 다만, 피의자가 미성년자인 경우에는 공개하지 아니한다.

1. 범행수단이 잔인하고 중대한 피해가 발생하였을 것(제2조 제3호부터 제6호까지의 죄에 한정한다)

   3. 「형법」제119조(폭발물 사용)의 죄
   4. 「형법」제164조(현주건조물 등 방화)제2항의 죄
   5. 「형법」제2편제25장 상해와 폭행의 죄 중 제258조(중상해, 존속중상해), 제258조의2(특수상해), 제259조(상해치사) 및 제262조(폭행치사상)의 죄. 다만, 제262조(폭행치사상)의 죄의 경우 중상해 또는 사망에 이른 경우에 한정한다.
   6. 「특정강력범죄의 처벌에 관한 특례법」제2조의 특정강력범죄

2. 피의자가 그 죄를 범하였다고 믿을 만한 충분한 증거가 있을 것
3. 국민의 알권리 보장, 피의자의 재범 방지 및 범죄예방 등 오로지 공공의 이익을 위하여 필요할 것

CHAPTER 16 경찰수사규칙(행안부령시행 2024.5.24.) & 범죄수사규칙(경찰청훈령시행 2023.11.1.)

01 다음 설명 중 가장 적절하지 않은 것은? 24. 승진

① 「경찰수사규칙」에 따르면 사법경찰관리는 외국인을 체포·구속하는 경우 국내 법령을 위반하지 않는 범위에서 영사관원과 자유롭게 접견·교통할 수 있고, 체포·구속된 사실을 영사기관에 통보해 줄 것을 요청할 수 있다는 사실을 알려야 한다.
② 「경찰수사규칙」에 따르면 사법경찰관리는 외국인 변사사건이 발생한 경우에는 영사기관 사망 통보서를 작성하여 지체 없이 검사에게 통보해야 한다.
③ 「범죄수사규칙」에 따르면 경찰관은 외국군함에 관하여는 해당 군함의 함장의 청구가 있는 경우 외에는 이에 출입해서는 아니 된다.
④ 「범죄수사규칙」에 따르면 경찰관은 총영사, 영사 또는 부영사의 사무소는 해당 영사의 청구나 동의가 있는 경우 외에는 이에 출입해서는 아니 된다.

> **해설** 경찰수사규칙 제91조(외국인에 대한 조사)
> ④ 사법경찰관리는 외국인 변사사건이 발생한 경우에는 영사기관 사망 통보서를 작성하여 지체 없이 **해당 영사기관에** 통보해야 한다.

02 「경찰수사규칙」과 「범죄수사규칙」이 규정하고 있는 외국인에 대한 조사 및 수사에 관한 내용으로 가장 적절하지 않은 것은? 23. 순경

① 경찰관은 대한민국의 영해에 있는 외국 선박 내에서 발생한 범죄로서 대한민국 육상이나 항내의 안전을 해할 때, 승무원 이외의 사람이나 대한민국의 국민에 관계가 있을 때 또는 중대한 범죄가 행하여졌을 때는 수사를 하여야 한다.
② 사법경찰관리는 외국인을 조사하는 경우에는 조사를 받는 외국인이 이해할 수 있는 언어로 통역해 주어야 한다.
③ 사법경찰관은 주한 미합중국 군대의 구성원·외국인군무원 및 그 가족이나 초청계약자의 범죄 관련 사건을 인지하거나 고소·고발 등을 수리한 때에는 7일 이내에 한미행정협정사건 통보서를 미군 당국에게 통보해야 한다.
④ 경찰관은 외국군함에 속하는 군인이나 군속이 그 군함을 떠나 대한민국의 영해 또는 영토 내에서 죄를 범한 경우에는 신속히 국가수사본부장에게 보고하여 그 지시를 받아야 한다. 다만, 현행범 그 밖의 급속을 요하는 때에는 체포 그 밖의 수사상 필요한 조치를 한 후 신속히 국가수사본부장에게 보고하여 그 지시를 받아야 한다.

Answer 01 ② 02 ③

해설) 경찰수사규칙 제92조(한미행정협정사건의 통보)
① 사법경찰관은 주한 미합중국 군대의 구성원·외국인군무원 및 그 가족이나 초청계약자의 범죄 관련 사건을 인지하거나 고소·고발 등을 수리한 때에는 7일 이내에 한미행정협정사건 통보서를 **검사에게** 통보해야 한다.

03 경찰관의 외국인 관련 사건처리 조치 중 가장 적절하지 않은 것은? 23. 승진

① 사법경찰관 甲은 「경찰수사규칙」에 따라 중국인 피의자 A의 체포시 피의자에게 영사관원 접견 등 권리를 요청할 수 있다는 사실을 알려주었다.
② 사법경찰관 乙은 「대한민국과 중화인민공화국 간의 영사협정」에 따라 구속된 중국인 피의자 B의 요청이 없는 경우에도 4일이 넘지 아니하는 기간 내에 그 구속사실을 영사기관에 통보하였다.
③ 사법경찰관 丙은 「범죄수사규칙」에 따라 영사 C의 사무소 안에 있는 기록문서를 압수하지 않고 열람하였다.
④ 사법경찰관 丁은 「경찰수사규칙」에 따라 한미행정 협정사건에 관하여 주한 미합중국군 당국으로부터 공무증명서를 제출받아 지체없이 공무증명서의 사본을 검사에게 송부하였다.

해설) 제213조(영사 등에 관한 특칙)
④ 경찰관은 총영사, 영사 또는 부영사나 명예영사의 사무소 안에 있는 기록문서에 관하여는 이를 **열람하거나 압수하여서는 아니 된다.**

Answer 03 ③

저자 황영구

| 약력
- 경찰학 박사
- 계명대학교 대학원 경찰행정학과 석사 졸업
- 동대학원 박사 졸업
- 전) 영남이공대학교 경찰경호행정과 전임교수
  - 영남이공대학교 공무원양성계열(경찰행정전공)겸임교수
  - 경단기경찰학개론 대표 교수
  - 경찰승진단기 경찰실무(종합) 대표 교수
  - 대구/대전/부산 국민경찰학원 대표 교수
  - 부산금자탑경찰학원 대표 교수
  - 마산육서당경찰학원 대표 교수
- 현) 부산 한국경찰학원 경찰학 교수
  - 노량진 GWP경찰학원 경찰학 교수
  - 수원 공경단학원 경찰학 교수

2025대비
황영구 경찰학 기출 이론편·법령편 2판

1쇄 · 2023년 7월 7일
2쇄 · 2024년 11월 1일
편저자 · 황영구
발행인 · 김진연
발행처 · (주)도서출판 참다움
등 록 · 제2019-000035호
주 소 · 서울시 동작구 만양로 84, (노량진 삼익프라자) 1층 129호
T E L · 02) 6953-7038
F A X · 02) 6953-7039

※ 본서의 무단 전재. 복제행위는 저작권법 제136조에 의거 5년 이하의 징역 또는 5,000만원 이하의 벌금에 처하거나 이를 병과할 수 있습니다.
※ 파본은 구입처에서 교환하시기 바랍니다.

정가 40,000원